Res Romanæ

Littérature latine et vie romaine

Classes de Secondes, Premières et Terminales

Henri Marel
Agrégé des Lettres
Université de Valenciennes et du Hainault-Cambrésis

Anne-Marie Marel
Professeur honoraire au lycée Watteau de Valenciennes

Jean Coffigniez
Agrégé de l'Université
Université de Valenciennes et du Hainault-Cambrésis

Pierre Jonneaux
Agrégé de l'Université
Professeur au lycée Berthollet d'Annecy

Bordas

Conception maquette couverture et intérieure : STRATUS
Mise en pages : Jean-Claude Auger

ISBN 2-04-018116-4

Avant-Propos

En réalisant cet ouvrage, les auteurs ont voulu en faire essentiellement un outil de travail et un instrument de culture. Depuis un certain temps, on a tendance à considérer le latin comme pratiquement disparu de la culture française. Or, si on regarde la liste des romans et des livres d'histoire parus ces dernières années, on s'aperçoit que le grand public est toujours intéressé par l'histoire romaine. Un roman sur les temps néroniens a remporté un succès considérable et les derniers livres historiques consacrés à Cicéron, Catilina et Tibère ont trouvé de nombreux lecteurs. Par ailleurs, bien des étudiants de lettres modernes doivent consacrer obligatoirement une partie de leur temps à l'étude du latin et cette langue semble aussi intéresser à nouveau les lycéens, même dans les sections les plus scientifiques. Ce livre voudrait donc avant tout répondre à cette curiosité et à ces besoins.

Nous avons voulu offrir aux lycéens, aux étudiants, et éventuellement aux professeurs, tous les éléments d'information qui permettent de comprendre un texte, un auteur, ou même une époque de la latinité : une histoire des institutions, une littérature, une sorte d'aperçu de la civilisation sous le titre de « climat littéraire et social » (pour faciliter les recherches, nous n'avons pas réuni ces éléments en un seul bloc, mais nous les avons répartis par siècles ou par époques importantes, parfois même très courtes).

Enfin, pour les lycéens et les étudiants qui affrontent l'étude de la langue latine, il a été constitué une anthologie de cinq cents textes latins qui partent du début de la latinité pour aboutir à la « romanité ». Chacune de ces versions est numérotée, ce qui permettra un accès plus facile, et se trouve accompagnée d'une notice et de quelques notes. Des cartes et un glossaire : « Dieux, personnages et lieux » fournissent les détails nécessaires, le cas échéant, à la compréhension. Enfin, si on est en quête d'un point précis, on peut se reporter au remarquable ensemble intitulé « Index des centres d'intérêt », constitué par un de nos amis aujourd'hui décédé, Pierre Deraedt, que nous remercions ici.

Ce livre se veut aussi, nous l'avons dit, un instrument de culture, car les auteurs sont persuadés qu'il existe toujours des lecteurs à l'esprit ouvert, désireux de mieux connaître une époque où s'est formé le latin et par conséquent le français comme aussi plusieurs langues de même origine : l'espagnol, le portugais, l'italien, le roumain, le mexicain et les langues sud-américaines. Le regroupement de tous les renseignements en un seul lieu pourra, même s'ils ignorent le latin, leur faire découvrir ce que furent la latinité et la « romanité ».

On pardonnera aux auteurs de s'être parfois attardés sur des écrivains peu connus : c'est qu'ils voulaient montrer comment la langue et la culture romaines se sont étendues dans le monde antique et comment les centres de culture se trouvent, après Jésus-Christ, en Espagne, en Gaule, et à Carthage, ville symbolique s'il en est une.

Ils vous offrent cet ouvrage en espérant que vous avez compris leurs intentions et que vous l'aimerez. En ce cas, ils seront payés de leurs peines bien que, avouons-le, revoir toute l'histoire de Rome, toute sa civilisation, toute sa littérature, leur ait été un plaisir.

Les Auteurs

ROME À L'ÉPOQUE LÉGENDAIRE ET ROYALE

LÉGENDE ET HISTOIRE

AVANT ROME

Quand on raconte l'histoire de Rome, on a l'impression que le développement de cette ville s'est fait d'un mouvement continu jusqu'à la maîtrise du monde. En fait, durant la période de la royauté romaine, c'est-à-dire pendant la période légendaire et archaïque, l'histoire fut commune pour tout le centre-ouest de la Péninsule. On ne peut donc séparer, au début, la civilisation romaine de la civilisation latine dans son ensemble et de la civilisation étrusco-grecque.

Le Latium, territoire des Latins, est de peu d'étendue; il représente à peu près un département français moyen : plaine assez pauvre, dominée par le petit massif des monts Albains, côte plate peu faite pour intéresser les navigateurs. Mais les pâturages naturels de cette plaine, les possibilités réelles offertes à la culture des céréales, les collines ensoleillées favorisant la vigne et l'olivier, attirèrent ces peuplades venues du Nord qu'on appelle les *Latins*. Ces derniers appartenaient aux Indo-Européens italiques qui s'imposèrent aux peuples de l'Italie parfois plus civilisés qu'eux. C'est qu'ils possédaient chevaux et chars. Ils étaient pourtant peu nombreux.

Les Latins furent peu à peu repoussés dans la basse vallée du Tibre par d'autres tribus : ils auraient donc fait partie d'une première vague indo-européenne comme le semble prouver leur langue plus archaïque que celle des autres peuples indo-européens.

Au VIIIe siècle av. J.-C., ils se trouvent entourés au nord par les Étrusques (peuple aux origines mystérieuses mais probablement méditerranéennes) qui joueront un rôle important dans l'histoire de Rome, au nord-est par les Falisques, à l'est par les Sabins, au sud-est par les Herniques, au sud par les Volsques. Peuple de pasteurs, ils n'ont pas d'organisation politique : bourgades tantôt ennemies, tantôt unies en vagues ligues (par exemple celle d'Albe). Le lien véritable entre toutes ces bourgades, c'est la langue latine qui, d'après les inscriptions du début du VIe siècle, contient déjà beaucoup d'emprunts au grec et à l'étrusque.

NAISSANCE ET DÉBUTS DE ROME

En fait, nous n'avons pas de documents réels sur les débuts de Rome. Tite-Live, Virgile, Cicéron, Plutarque ne peuvent rapporter que des traditions ou des légendes, et nous avons perdu les travaux des anciens annalistes latins. Seules les recherches archéologiques ont pu nous fournir des indications sur la fondation de Rome et sur la période royale qui s'étend approximativement de la moitié du VIIIe siècle av. J.-C. (−753 ?) à −509, date traditionnelle de la fondation de la République.

Au début était donc la légende. Le Troyen *Énée*, fils d'*Anchise* et de *Vénus*, après la chute de Troie et bien des tribulations (épisode de ses amours avec Didon à Carthage), arrive aux rivages du Latium. Après avoir vaincu *Turnus*, roi des Rutules, il épouse *Lavinia*, fille de *Latinus*, roi des *Aborigènes* (la plus vieille population d'Italie). Il fonde une nouvelle ville : *Lavinium*; son fils *Ascagne* (ou *Iule*) fonde la ville d'*Albe la Longue* (*Alba Longa*). Douze rois règnent sur cette dernière ville. La nièce du dernier d'entre eux, *Rhéa Silvia*, fécondée par le dieu *Mars*, met au monde les jumeaux *Romulus* et *Rémus*. L'histoire d'Énée, le héros fugitif, symbole de la piété chère au cœur des Romains, fut probablement transmise par les Phocéens aux Étrusques qui, eux, la transmirent aux Latins et à Rome. Ce début est donc d'origine grecque, mais la suite est bien latine.

Romulus et Rémus, abandonnés sur les eaux par l'ordre d'*Amulius*, usurpateur du trône de leur grand-père *Numitor*, furent sauvés : une louve les éleva. Ils replacèrent Numitor sur le trône d'Albe et purent en récompense fonder une ville qui, le ciel ayant donné un présage favorable à Romulus, porta le nom de *Rome*, Romulus utilisa le rite romain de fondation : il traça un sillon sacré, le *pomoerium*; Rémus manifesta son dépit en franchissant le sillon, Romulus le tua.

Romulus est donc le roi fondateur (−753/−717). Il est évident que toutes les dates qui vont suivre appartiennent à une chronologie légendaire. Ayant peuplé sa ville de hors-la-loi, il enlève de jeunes Sabines pour donner à ceux-là des épouses. Il en résulte un conflit avec les *Sabins*. Mais, grâce à l'intervention des jeunes femmes, il y a une réconciliation générale : Romulus et *Tatius*, roi des Sabins, règnent conjointement. Romulus disparaît au cours d'un orage. On l'appellera *Quirinus*. Son successeur est un pieux Sabin : *Numa Pompilius* (−715/−673). Conseillé par la nymphe *Égérie*, il donne à Rome un calendrier et ses principales institutions religieuses : jours fastes et néfastes, flamines de Jupiter, prêtres saliens, Grand Pontife, temple de Janus. Puis viennent *Tullus Hostilius* (−672/−641), roi guerrier et romain qui soumet Albe (les Horaces et les Curiaces); *Ancus Martius*, Sabin, petit-fils de Numa (−640/−617) qui continue à fixer la législation romaine, fonde *Ostie*, jette le pont Sublicius sur le Tibre.

À partir de −616, d'après la chronologie antique, arrivent au pouvoir des *rois étrusques*. D'abord *Lucius Tarquinius Priscus* (son vrai nom, en fait son titre étrusque, est Lucumon; sa femme se nomme Tanaquil), originaire de Tarquinies, prend le pouvoir, fait de grands travaux (système d'égoûts), fonde le temple de Jupiter sur le Capitole, fait la guerre à des peuples de la Sabine et du Latium. Il meurt assassiné en −579, probablement par *Servius Tullius*. C'est ce dernier qui créera tout le système centuriate. Il achève l'enceinte de Rome. Il est assassiné à son tour par ses beaux-frères en −535. Le fils de Tarquin l'Ancien, *Tarquin le Superbe* (−534/−509), qui lui succède, est le type même du tyran. Certes il termine les grands travaux commencés (par exemple : la Cloaca Maxima, le temple de Jupiter), mais il viole *Lucrèce*, femme de son cousin. Le peuple soulevé par *Brutus* le chasse. La royauté est alors abolie.

L'archéologie, pour cette époque, nous fait distinguer deux périodes correspondant à celle des rois sabins et des rois étrusques : une période de *cabanes* avec un poteau central sur lequel s'appuyaient les deux versants du toit. Il n'y eut pas de ville de Rome, mais de petits villages qui auraient eu des liens avec la ville d'Albe, — villages peuplés ou de Latins ou de Sabins. Les Latins s'unirent peut-être en une confédération, le *Septimontium*. À l'époque historique, on célébrait encore la fête du Septimontium. À remarquer que trois collines célèbres de Rome n'y figuraient pas : le Capitole, le Quirinal et le Viminal. À partir de −600 naît la ville selon deux axes : nord-sud et est-ouest (la *Voie Sacrée*). À leur croisée, on retrouvera deux monuments vénérables, maintes fois remaniés, le temple de *Vesta* et la *Regia* (palais royal). Ce site intéressa rapidement les commerçants d'Orient et, surtout, les Étrusques. Leur mainmise sur le pays romain procura à la cité le véritable statut d'une ville : drainage, égoûts, mur d'enceinte, temple, organisation d'une armée. Et surtout, étant donné les préoccupations des cités étrusques, Rome devint un important point de passage vers le Sud, vers la Campanie hellénisée.

C'est à cette époque que Rome prend toute sa valeur. On a trop tendance à voir la Ville naître à partir du Tibre. Elle a dû être d'abord « un poste avancé des Latins établis sur les hauteurs d'Albe » (P. Grimal), car le gué n'existe qu'à plusieurs milles en amont. Il faudra le pont Sublicius pour en faire un véritable passage stratégique. Mais n'oublions pas les civilisations antérieures, celle des pasteurs de l'Aventin et des indigènes qui les précédèrent. Ils ont laissé leur marque dans les institutions, et des notions comme *gravitas*, *dignitas*, *pietas* ne leur sont pas étrangères.

CIVILISATION ET INSTITUTIONS ROMAINES

REMARQUES GÉNÉRALES

CONTINUITÉ sans rupture des institutions : même lorsqu'elles sont surannées et dépouillées de leur valeur par de nouvelles institutions, les anciennes sont conservées. Ainsi, à l'avènement de la République, on conserva un roi aux pouvoirs uniquement religieux *(rex sacrorum)*, et sous l'Empire, on continua à nommer des consuls.

DOMINATION CONSTANTE DES CLASSES SUPÉRIEURES : jamais Rome n'a eu de véritable démocratie, au sens moderne du mot, même aux époques les plus évoluées de la République. Toujours la société reposa sur une classification selon l'origine ou la fortune qui réserva le pouvoir réel à une minorité de citoyens (lesquels ne constituaient pas eux-mêmes toute la population).

Distinguer APPARENCE et RÉALITÉ du POUVOIR : par exemple, le rôle du Sénat, théoriquement limité, est en fait considérable; ou encore Auguste détient réellement tout le pouvoir, alors qu'il semble se contenter de quelques titres et fonctions traditionnels.

Considérable INFLUENCE DES ÉVÉNEMENTS HISTORIQUES sur l'évolution des institutions : toujours se reporter au résumé d'histoire. Elles n'ont jamais du reste formé un tout organique comme les constitutions françaises. Leur ensemble est souvent désigné par des termes assez imprécis comme *civitas* ou *civitatis status* ou même *res publica.*

LES INSTITUTIONS SOUS LA ROYAUTÉ

Il n'y a pas d'organisation véritable avant la domination des Étrusques qui ont marqué les institutions fondamentales de leur empreinte.

Il convient, pour cette période et les débuts de la République, de distinguer entre nos conceptions et celles qu'avaient les historiens latins. Trompés par la légende et désireux de souligner l'antiquité et la continuité de leur cité, ils transposent dans le passé ce qu'ils connaissaient de leur temps (ainsi, selon eux, les comices curiates ont eu réellement un pouvoir législatif et électoral), ou bien encore ils font remonter à une date plus ancienne des innovations plus récentes (par exemple, ils attribuent à Servius Tullius une réforme capitale qui date de la République).

■ *L'ORGANISATION SOCIALE*

Les classes sociales

On distingue *patriciat* et *plèbe*; il existe aussi des esclaves et des affranchis.

Le *patriciat* comprend les *gentes* et s'appuie sur les clients. *Gens* = ensemble des membres d'un même groupe qui reconnaissent un ancêtre commun et ont un culte commun. Propriété collective : élevage. L'ensemble des *gentes* forme les *quirites*, pourvus des droits politiques et constituant la *civitas* (ultérieurement, ce terme de *quirites*, employé dans les discours, sert à interpeller les citoyens romains). Les clients sont des parasites liés à la gens; en échange de sa protection, ils se dévouent à sa cause.

La *plèbe* est constituée de cultivateurs et artisans qui vivent sur le territoire, possèdent certains droits (de propriété, par exemple), mais sont privés de tout droit politique.

Les divisions administratives

À l'origine, le peuple *(populus)* ne comprend que les membres des gentes et est divisé en trois *tribus*, qui ont des traits religieux et ethniques (Ramnes, Luceres, Tities); mais il semble qu'ensuite les tribus devinrent des cadres territoriaux pour toute la population, y compris la plèbe. Chaque tribu est divisée en dix curies, cadre militaire et aussi politico-religieux *(comitia curiata* ou *calata)*. À la fin apparaît une quatrième tribu (plèbe ?).

■ *LES INSTITUTIONS POLITIQUES*

Le roi

Grand prestige (douze licteurs). Chef religieux, militaire et politique, revêtu de l'*imperium* (le pouvoir souverain). Non héréditaire, il semble nommé par son prédécesseur. En cas de mort sans successeur désigné, le Sénat désigne un *interrex* pour quelques jours, qui transmet ses fonctions à un autre, etc., jusqu'à ce que l'un d'eux devienne roi avec approbation de tous les chefs des *gentes*.

Le Sénat

Organe représentatif des *gentes* auprès du roi, et simplement consultatif. Rôle important dans les déclarations de guerre et les interrègnes. À l'origine cent membres, mais déjà trois cents à la fin de la royauté.

Les comices

Réunion des trente curies, par les pontifes ou le roi, pour recevoir différentes communications et pour des cérémonies (calendrier, traités...). Leur forme religieuse porte le nom de *comitia calata*.

■ *LES AUTRES INSTITUTIONS*

Les institutions religieuses

Le roi détient de grands pouvoirs en cette matière et est assisté de prêtres. Ceux-ci sont groupés en confréries et en collèges : *Luperques* (fécondité), *Arvales* (terre et morts), *Saliens* (rites militaires), quinze *Flamines* (attachés chacun au service d'une divinité, les trois principaux étant ceux de Jupiter, Mars et Quirinus), *Vestales* (feu de la cité), *Féciaux* (diplomatie et guerre), *Augures* (vol des oiseaux), *Pontifes* (qui, simples auxiliaires au début, veillent au respect des choses religieuses en général et prendront de plus en plus d'importance : aide religieuse aux magistrats, archives religieuses, calendrier dressé par le Grand Pontife...), *Haruspices* (prêtres de rang inférieur qui examinent les entrailles des victimes). Nombreuses divinités honorées par un culte domestique, comme les *Lares* et les *Pénates* qui protègent la maison.

Les institutions militaires

Chaque curie doit fournir cent soldats et dix cavaliers; l'armée compte donc trois mille fantassins et trois cents cavaliers. Officiers : *tribuni celerum* (cavalerie) et *tribuni militum* (infanterie), (*tribuni :* chef des soldats d'une tribu ?).

LA CULTURE

Il ne faut pas voir dans le latin une simple langue indo-européenne. Il possède évidemment un fonds italique et, au fil des siècles, se sont ajoutés un certain nombre de mots *étrusques* (concernant surtout la religion), un grand nombre de termes *grecs*, termes usuels, philosophiques, artistiques et scientifiques, et enfin quelques emprunts aux langues dites *barbares* (gaulois, germain, punique).

Si le latin manque de légèreté et de souplesse, il possède de l'ampleur et de la majesté. Il ne se prête pas, on le comprend aisément, à l'intelligence spéculative, et le domaine où il excelle sera celui des lois. Sa poésie ne pourra s'attacher qu'aux réalités concrètes et les *Géorgiques* de Virgile en sont la meilleure illustration.

Les Latins n'ont pu écrire leur langue que grâce aux Étrusques qui leur transmirent un alphabet, plus adapté d'ailleurs au toscan qu'au latin et qui se modifia par la suite. On trouve alors très vite des écoles pour les petits patriciens. De cette époque il reste peu de traces écrites. Sous la *pierre noire* qui marquait, en principe, l'emplacement de la tombe de Romulus, on a découvert une stèle brisée où purent être péniblement déchiffrés quelques termes comme *sacros* (« *sacer* »), *esed* (« *erit* »), *recei* (« *regi* »)... On a retrouvé également une poterie, appelée *vase de Duenos*. Malheureusement on n'a pu déchiffrer l'inscription qui court de droite à gauche du vase, mais, parmi les quelques phrases compréhensibles, l'une rappelle la formule de la fibule de Préneste : *Dvenos med feked (« Duenos me fecit »).*

La véritable littérature mettra encore un certain temps à naître, mais un début de civilisation est apparu, confirmé par l'existence de monuments comme le *temple du Capitole* et la *Louve* de bronze, fondue par un artiste étrusque à la demande des Tarquins.

LA RÉPUBLIQUE

DE 509 À LA MORT DES GRACQUES

ÉVÉNEMENTS HISTORIQUES

I. Les deux premiers siècles (509-272)

Le départ du conquérant étrusque va créer à Rome une longue période d'instabilité :

• *intérieure :* le pouvoir central disparaissant, naissent les luttes entre le patriciat et la plèbe qui vont se prolonger;

• *extérieure :* avant de s'imposer au monde, Rome s'imposera très lentement et très difficilement à ses voisins immédiats.

LA LIQUIDATION DE LA ROYAUTÉ ÉTRUSQUE

D'après les récits traditionnels, les Tarquins demandent de l'aide à *Porsenna*, roi étrusque de Clusium. Celui-ci marche sur Rome, s'installe sur le Janicule; mais arrêté par Horatius Coclès au pont Sublicius, effrayé par le fanatisme de Mucius Scaevola (qui est venu pour l'assassiner et qui place sa main dans les flammes pour montrer son mépris de la souffrance), il repart sans prendre Rome. Dans la réalité, Rome a été prise et démantelée, mais les Étrusques ont dû néanmoins quitter le Latium, car ils ont été vaincus par les gens de Cumes, commandés par Aristodème et alliés aux Latins.

À l'intérieur, on remplace le roi par *deux consuls* (Junius Brutus et Collatinus; mais Collatinus, faisant partie de la famille royale, doit s'exiler; P. Valerius lui succède). Ils ont les pouvoirs du roi, limités par la collégialité et l'annalité. On crée aussi le *dictateur*, assisté du *magister equitum* pour les dangers graves. Les pouvoirs religieux du roi passent au *Grand Pontife* et au *Rex sacrorum*. Toutes ces fonctions sont aux mains du patriciat.

L'INSTABILITÉ INTÉRIEURE

L'histoire intérieure de Rome pendant deux siècles est caractérisée par la lutte que livrent les plébéiens pour obtenir l'égalité politique avec les patriciens. Ils réclament le droit d'épouser des patriciennes. Les pauvres demandent la publication des lois, l'adoucissement du régime des dettes, la distribution de lots de terre. Les guerres fréquentes et la diminution du nombre des patriciens vont favoriser cette action. En voici quelques étapes :

• En 494, la plèbe fait sécession et se retire sur le mont Sacré pour fonder une nouvelle ville (intervention de Ménénius Agrippa, qui raconte à la plèbe l'apologue des Membres et de l'Estomac). On abolit les dettes. On crée les tribuns (deux, puis dix) : personnages sacrés, inviolables, ils ont le droit d'assistance et le droit de veto. Deux édiles les aideront. En outre, l'assemblée de la plèbe peut voter des plébiscites qui auront force de loi pour la plèbe.

• *Au milieu du* Ve siècle, les décemvirs rédigent un code de lois applicables à tous, la loi des Douze Tables.

• En 445, le tribun Canuleius obtient l'autorisation des mariages entre plébéiens et patriciens.

Les plébéiens vont maintenant conquérir les magistratures.

• En 444 : les patriciens suppriment le consulat et le remplacent par le tribunat (militaire) à pouvoir consulaire, accessible aux plébéiens (ce qui permettra aux plébéiens l'entrée au Sénat). On rétablira le consulat en 376 : un des deux consuls doit être obligatoirement plébéien. Mais des magistratures nouvellement créées et réservées aux patriciens affaiblissent le consulat (censure, préture, édilité curule). Peu à peu, les plébéiens vont également accéder à ces fonctions (en 364 : édilité curule; en 351 : censure; en 337 : préture).

• En 300 : les plébéiens sont admis dans les collèges de prêtres.

• En 287 : les plébiscites, sans ratification du Sénat, ont force de loi pour tous les Romains.

En conclusion, les plébéiens riches ont obtenu satisfaction, mais on n'a pas donné droit aux revendications des pauvres. Les plébéiens riches et les patriciens vont former une aristocratie nouvelle : la *nobilitas* (noblesse). Désormais les conflits intérieurs opposeront les riches et les pauvres.

L'INSTABILITÉ EXTÉRIEURE

Les Romains vont d'abord se défendre contre leurs voisins immédiats, Latins, Èques, Volsques, Étrusques, et contre les invasions gauloises. Puis ils vont s'agrandir aux dépens des Campaniens, des Samnites et des cités grecques du sud de l'Italie.

■ *ROME CONTRE SES VOISINS*

Les Latins. Les Romains vont s'attaquer d'abord aux Latins qui, après le départ des Étrusques, veulent leur indépendance, se liguent contre Rome, mais sont battus en 496 au lac Régille, près des monts Albains. Ils ne veulent accepter de Rome qu'une alliance. Ils aideront les Romains contre les autres peuples. Mais en 340, ils se rebellent; Rome s'empare des cités latines et met fin à leur confédération durant le consulat de Manlius et Decius Mus.

Les Volsques et les Èques. Il fallut de longues guerres pour venir à bout de ces deux peuples. Leur territoire sera conquis seulement vers la fin du IVe siècle. Pourtant ils sont une première fois maîtrisés au Ve siècle.

Les Volsques auraient menacé Rome entre 491 et 486; ils étaient menés par un patricien romain exilé : Coriolan. Il fut fléchi par les prières de sa mère Véturie et de sa femme Volumnie et retira ses troupes.

Les Èques arrivent aux portes de Rome qui est sauvée par Cincinnatus. Celui-ci, nommé dictateur, bat les Èques, puis retourne à sa charrue.

Les Étrusques. Longue sera la lutte contre eux. Une ville étrusque, Véiès (18 km au nord de Rome) sera l'adversaire le plus redoutable de Rome. Après un siège de dix ans, Camille s'empare de cette ville (395). Occupation de l'Étrurie méridionale.

■ *LES INVASIONS GAULOISES*

Les Gaulois, maîtres de la Cisalpine, commencent leurs incursions dans les régions situées plus au sud. En 387, ils foncent à travers l'Étrurie, écrasent les Romains sur le bord de l'Allia, s'emparent de Rome (le Capitole est sauvé par les oies sacrées et par Manlius Capitolinus). La ville est brûlée, les Romains paient rançon et les Gaulois se retirent chargés de butin.

Ces invasions gauloises se renouvelèrent. L'une d'elles sera écrasée en 367 sur les bords de l'Anio par Camille, du moins d'après les annalistes latins. Chaque invasion gauloise provoquera le *tumultus :* levée en masse de tous les hommes capables de se battre. Ces invasions usent également la puissance étrusque et permettent à Rome la conquête de l'Étrurie.

■ *LES PREMIÈRES CONQUÊTES*

D'après les traditions annalistiques, Rome s'installe en *Campanie* à la prière de la cité de *Capoue*, menacée par les Samnites. C'est de toute façon le début des fameuses guerres contre les Samnites.

En 343, la première guerre samnite n'est pas décisive, car le soulèvement des Latins (voir plus haut) oblige les Romains à se retirer. C'est de 327 à 290 que va se jouer la partie définitive.

- *Dans une première phase,* les Romains sont d'abord vaincus à *Caudium :* ayant subi les conditions du vainqueur, toute leur armée défile sous le joug (*les Fourches Caudines*). Mais ils battent finalement les Samnites en les traquant dans leurs montagnes. Ils atteignent ainsi l'Adriatique.
- *Dans une seconde phase,* il se forme de véritables coalitions entre Samnites, Étrusques, Ombriens et Gaulois. Les Étrusques sont écrasés au lac Vadimon (309); les Ombriens, les Samnites et les Gaulois Sénons à Sentinum (295).

Tout n'est pas terminé; il y aura encore quelques secousses, mais Rome se tourne alors vers les cités grecques de l'Italie méridionale, car les Romains sont maîtres de l'Italie, depuis la plaine du Pô jusqu'aux abords du golfe de Tarente.

Les quelques cités grecques qui restaient indépendantes durent accepter l'alliance de Rome. *Tarente* essaya de résister; elle fit appel à Pyrrhus, roi d'Épire. La guerre dura de 281 à 272 : d'abord vainqueur grâce à ses éléphants à Héraclée (280) et Asculum (279), Pyrrhus fut vaincu en 273 à Bénévent. Il retourna en Épire. Tarente capitula en 272.

Rome était maintenant maîtresse de l'Italie et elle se trouvait désormais en face de Carthage.

II. Rome jusqu'à l'époque des Gracques : la conquête du bassin de la Méditerranée (IIIe et IIe siècles av. J.-C.)

LE IIIe SIÈCLE AV. J.-C. : ROME ET CARTHAGE

Jusqu'alors il n'y avait pas eu de rivalité entre Rome et Carthage. Mais une fois que Rome eut conquis l'Italie du Sud, elle devait être tentée par une île aussi riche que la Sicile, se heurtant alors à Carthage qui y luttait depuis des siècles. La cause immédiate de la guerre fut une querelle entre *Messine*, occupée alors par des Italiotes, les *Mamertins*, qui appelèrent Rome à leur aide, et les habitants de Syracuse, soutenus par les Carthaginois.

■ *LA PREMIÈRE GUERRE PUNIQUE (264-241 AV. J.-C.)*

D'abord, *Syracuse* se rallia tout de suite aux Romains et le tyran *Hiéron* aida les Romains à conquérir la Sicile (prise d'*Agrigente*). Puis les Romains construisirent des navires, auxquels ils adaptèrent des grappins appelés « corbeaux », et le consul *Duilius* battit les Carthaginois à *Myles* (260) : ce fut le premier triomphe naval et la construction de la colonne rostrale.

Les Romains voulurent alors porter la guerre en Afrique : débarquement de *Regulus* (256). Il fut écrasé et pris en 255 par Xanthippe, un Lacédémonien qui commandait les Carthaginois.

Puis les opérations se déroulèrent à nouveau en Sicile (défaite romaine à *Drépane* en 249). Les Romains eurent beaucoup de mal; ils durent affronter un grand général carthaginois : *Hamilcar Barca.* Finalement, Rome remporta en 241, grâce au consul Lutatius, une grande victoire navale aux *îles Aegates.* Les Carthaginois demandèrent la paix : ils abandonnaient la Sicile et payaient une forte indemnité.

■ *L'ENTRE-DEUX-GUERRES (241-219 AV. J.-C.)*

Les Romains entreprennent d'étendre leurs conquêtes. Ils pénètrent en Gaule Cisalpine et la soumettent entièrement (224-218); ils occupent la Corse, la Sardaigne (239), prennent sous leur protection les cités grecques de la côte illyrienne.

Mais, pendant ce temps, *Carthage conquiert l'Espagne.* Elle doit d'abord réprimer la révolte des Mercenaires (*Guerre Inexpiable :* 241-237); *Hamilcar Barca* les enferme dans le défilé de la Hache. Puis ce général entreprend la conquête de l'Espagne (238). Son œuvre sera poursuivie par son beau-fils *Hasdrubal* (à partir de 229). À la mort d'Hasdrubal (221), *Hannibal,* fils d'Hamilcar, prend le pouvoir. Avec la prise de *Sagonte* (219), il défie Rome et provoque le début de la seconde guerre punique. C'est, du moins, la version romaine des faits. Nous ne possédons pas de version carthaginoise.

■ *LA SECONDE GUERRE PUNIQUE (218-201 AV. J.-C.)*

Ce fut une *guerre surprise.* Hannibal part de Carthagène (218), traverse l'Èbre, les Pyrénées, le Rhône, les Alpes, et bat les Romains en Gaule Cisalpine au *Tessin* et à la *Trébie* (218 av. J.-C.) Au printemps 217, après avoir franchi l'Apennin et traversé une région de marais (il y perd un œil), il bat le consul Flaminius, au lac *Trasimène.* La guerre traîne un moment : Fabius Maximus évite les batailles rangées (d'où son surnom de *Cunctator,* le Temporisateur). Mais, en août 216, Paul-Émile et Varron sont écrasés par Hannibal à *Cannes.* Capoue ouvre ses portes aux Carthaginois.

À la guerre éclair succéda *la guerre d'usure* (215-205). Hannibal attend des renforts de Carthage, il ne reçoit rien; il n'a pas d'instruments de siège; il piétine donc : les Romains en profitent pour relever la situation. Fabius et Marcellus harcèlent constamment Hannibal. En outre, Marcellus reprend Syracuse (malgré la défense d'Archimède), car Syracuse était passée dans le camp carthaginois (214-212). En 211, les Romains reprennent également Capoue.

En Espagne, après des alternatives de succès et de revers, *P. Cornélius Scipion* prend le commandement et s'empare de Carthagène (210). En 206, l'Espagne deviendra province romaine. Mais un frère d'Hannibal, *Hasdrubal,* avait réussi à passer en Italie avec une armée de secours. Il est battu et tué sur les bords du *Métaure* (207) par Claudius Néron et Livius Salinator. Hannibal est refoulé dans le Bruttium.

Rome porte alors *la guerre en Afrique* (204-201). En 204, Cornélius Scipion part de Sicile et débarque en Afrique. Aidé par *Masinissa,* il capture le roi de Numidie, *Syphax,* allié des Carthaginois (épisode de Sophonisbe). Hannibal est rappelé à Carthage, et il est battu à *Zama* (202). Carthage fait la paix : grosse indemnité de guerre, cession de l'Espagne, interdiction de faire la guerre sans l'autorisation de Rome (201). Scipion reçoit le surnom d'*Africain.* Rome va pouvoir maintenant se livrer aux grandes conquêtes.

LE IIe SIÈCLE AV. J.-C.

■ LA CONQUÊTE DU BASSIN MÉDITERRANÉEN ORIENTAL

La première guerre de Macédoine. Les Romains se méfient de Philippe V de Macédoine (il s'était allié à Hannibal). Se posant en protecteur de la Grèce, le Sénat déclare la guerre à Philippe en 200 av. J.-C. Le consul Flamininus se rend populaire en Grèce et, avec l'aide des Étoliens, bat Philippe V à *Cynoscéphales* en Thessalie (197). Les cités grecques sont proclamées indépendantes.

La guerre contre Antiochus, roi de Syrie (192-190). Antiochus, conseillé par Hannibal, envahit la Grèce; il est battu aux *Thermopyles* en 191. Enfin, Scipion l'Africain et son frère Lucius l'écrasent en Asie à *Magnésie* (190). Antiochus doit renoncer à l'Asie Mineure. Hannibal s'enfuit auprès du roi de Bithynie, Prusias, mais doit s'empoisonner pour échapper aux Romains (183). En 189, prise d'Ambracie, victoire de Fulvius Nobilior sur les Étoliens qui s'étaient alliés à Antiochus.

La seconde guerre de Macédoine (172-168). *Persée,* fils de Philippe V, voulut venger son père, mais le Sénat lui déclara la guerre en 171. Persée fut vaincu en 168 à *Pydna* par Paul-Émile. La Macédoine cessa d'exister comme royaume.

La guerre contre la Macédoine et la Grèce. Ces deux pays se soulèvent en 149. Mummius écrase leur armée près de Corinthe qui est complètement détruite (146). La Macédoine devient une province à laquelle est rattachée la Grèce.

Enfin, *Attale III de Pergame* lègue son royaume aux Romains (133), qui devient la province d'Asie en 129.

■ LA CONQUÊTE DU BASSIN OCCIDENTAL

La guerre contre les Gaulois Cisalpins et les Ligures. Les Romains achèvent de conquérir la Cisalpine et doivent soutenir de rudes combats contre les Ligures (198-180).

La troisième guerre punique. Carthage était redevenue prospère. Caton l'Ancien entretenait la crainte des Romains (*delenda est Carthago*). Sous un vague prétexte, la guerre éclata (149); pendant deux ans les Carthaginois résistèrent; enfin Scipion Émilien, après un siège d'un an, prit et rasa Carthage (146). On assista là pratiquement à un génocide.

La guerre d'Espagne (154-133). Les indigènes se révoltent contre les exactions des Romains. Ils trouvent en 149 un chef en la personne d'un simple berger, *Viriathe,* qui tient les Romains dix ans en échec. Ils s'en débarrassèrent en le faisant assassiner en 139. La lutte se concentra autour de Numance près du Douro. Scipion Émilien prit la ville en 133. L'Espagne était soumise.

La Gaule Transalpine. Appelés par Marseille, les Romains pénètrent en Gaule Transalpine, battent les Allobroges et les Arvernes, fondent Aix et Narbonne (125-118). La Province Romaine, qu'on appellera aussi Narbonnaise, est ainsi créée.

■ LES CONSÉQUENCES DE CES CONQUÊTES

L'afflux des richesses, le développement du luxe, l'adoption des idées et de la civilisation helléniques entraînent des transformations sociales considérables. La noblesse forme une caste orgueilleuse et jalouse de ses privilèges (pratique de la corruption électorale). Une classe d'hommes d'affaires très riches se forme à côté d'elle : on appelle ces hommes *chevaliers*, car, s'ils renoncent aux magistratures, ils ont pourtant la fortune exigée autrefois pour servir dans la cavalerie. Les guerres continuelles ont ruiné et fait disparaître la classe moyenne; il se forme à Rome une plèbe misérable, oisive et corrompue, réduite à la mendicité, prête à se vendre à qui la payera le mieux : *entre riches et pauvres, il n'y a plus de classes intermédiaires.* La disparition de ces classes, la toute-puissance de la noblesse sénatoriale, la corruption électorale faussent le jeu de la constitution traditionnelle. Enfin, le nombre et la misère des esclaves vont poser à la République des problèmes de plus en plus graves (135 av. J.-C. : révolte en Sicile d'esclaves commandés par *Eunus*).

III. Les Gracques et la réaction nobiliaire

Au seuil de l'année 133 av. J.-C., les problèmes qui se posent sont les suivants :

- Question de la *réforme agraire :* il faut recréer une classe intermédiaire pour rétablir le libre jeu de la constitution et freiner le pouvoir de la *nobilitas.*
- Question des *chevaliers :* ils veulent davantage de pouvoir dans l'État et, en particulier, les tribunaux contrôlant l'administration de l'empire, ils veulent en faire partie.
- Question des *alliés.*
- Question des *esclaves.*
- Question de *l'armée :* la disparition de la classe moyenne provoque la pénurie de soldats. L'armée pourra-t-elle demeurer une armée civique ?

Toute l'histoire romaine jusqu'à la chute de la République est commandée par ces problèmes, qu'il s'agisse de la tentative des Gracques, de la réaction nobiliaire qui suivit, ou qu'il s'agisse des luttes fratricides du Ier siècle av. J.-C.

Tibérius et *Caius Gracchus,* entre 133 et 121 av. J.-C., essaient de recréer la classe moyenne des petits propriétaires; l'hostilité de la *nobilitas,* l'inertie des masses font échouer leur tentative.

T. Sempronius Gracchus, petit-fils de Scipion l'Africain, tribun en 133, fait voter une loi agraire qui reprend aux riches une partie de l'*ager publicus* (domaine public) pour le redistribuer aux pauvres. Un de ses collègues, Octavius, gagné à la cause de la *nobilitas* fait opposition. Tibérius commet deux illégalités : il fait déposer Octavius et brigue le tribunat pour l'année suivante. Son cousin, le Grand Pontife Scipion Nasica, et les nobles le font massacrer au Capitole (133).

C. Sempronius Gracchus, frère de Tibérius, tribun en 123, reprend l'œuvre de son frère et la complète : il applique énergiquement la loi agraire; il fait vendre régulièrement du grain à bon marché à la plèbe (loi frumentaire); il introduit des chevaliers dans les tribunaux (loi judiciaire); en outre, il entreprend la fondation d'une colonie à Carthage et propose de donner le droit de cité complet à tous les alliés latins et le statut latin aux autres.

Le consul Opimius, conservateur acharné, et les nobles provoquent une émeute où Caius trouve la mort (121).

La réaction nobiliaire va durer jusqu'en 107 av. J.-C. L'État est dirigé par les Metelli et par Aemilius Scaurus qui a épousé une Metella. On paralyse la loi agraire par la loi Thoria (111). Cette loi agraire deviendra le cheval de bataille de tous les chefs populaires. L'oligarchie se ferme de plus en plus : le consulat a tendance à devenir le monopole d'une noblesse héréditaire qui accapare les charges lucratives de gouverneurs de provinces (un exemple : entre 93 et 48 av. J.-C., Cicéron est le seul homme nouveau qui accèdera au consulat). C'est donc dans la période qui nous intéresse que se forme cet esprit de caste. Pourtant, le gouvernement intérieur se révèle très mauvais. Des scandales atteignent les plus hauts magistrats. À l'extérieur, les humiliations de la guerre contre Jugurtha permettront l'ascension de *Marius,* personnage qui va occuper la scène romaine pendant tout le premier quart du Ier siècle av. J.-C.

LES INSTITUTIONS

LES INSTITUTIONS RÉPUBLICAINES AVANT LES GRACQUES

■ L'ORGANISATION SOCIALE

Les classes sociales

• *Les esclaves (servi) :* de plus en plus nombreux; citoyens déchus, esclaves de naissance, mais surtout prisonniers de guerre. Bétail humain plus ou moins bien traité selon les maîtres; à la fin, des esclaves spécialisés: gérants, pédagogues, secrétaires... Mais la masse reste malheureuse.

• *Les affranchis (liberti) :* esclaves libérés, qui continuent à être protégés par leurs maîtres (dont ils prennent le nom).

• La distinction *patriciat-plèbe* continue à jouer un rôle jusqu'à la fin du IIIe siècle av. J.-C., mais perd de son importance après la réalisation de l'égalité politique. Cependant, l'inégalité des richesses s'accentuant alors, et ensuite avec la ruine des classes moyennes (IIe siècle), de nombreux plébéiens pauvres et oisifs forment à Rome la *clientèle* des riches (mais sans statut juridique spécial, à la différence des clients de la royauté).

• Les plus riches forment deux classes. La première est la *noblesse (nobilitas)*, pratiquement confondue avec l'*ordo senatorius*, du fait qu'elle parvient à se réserver à elle seule l'accès aux magistratures; elle comprend tous ceux dont un ancêtre a exercé une magistrature curule. (À ne pas confondre avec le *patriciat:* la *nobilitas* comprend des plébéiens; les «nobles» sont de gros propriétaires fonciers). Les *chevaliers (equites, ordo equester)* forment l'autre classe riche, la bourgeoisie d'affaires (gros commerce, banques, ferme des impôts..., toutes choses interdites aux sénateurs).

Les cadres sociaux

La *citoyenneté* est le privilège des hommes libres, nés de pères eux-mêmes citoyens. Le citoyen est assujetti aux obligations militaires, mais jouit de certains droits civils et politiques (de propriété, de mariage, de vote, d'éligibilité...), dont l'ensemble forme la *civitas* (droit de cité). Ces droits ne sont pas toujours concédés entièrement aux nouveaux citoyens (fils d'affranchis, naturalisés italiens plus tard...).

Les citoyens sont répartis en:

• *tribus:* les citoyens y sont classés d'après leur résidence (les divisions territoriales). On distingue quatre tribus urbaines et dix-sept rurales (trente et une par la suite). Total: trente-cinq;

• *classes et centuries:* hiérarchie officielle fondée sur la fortune. Attribuée à Servius Tullius (578), cette réforme est du Ve siècle av. J.-C. et ne se fit pas d'un coup. Les citoyens sont répartis en cinq classes, comportant un total de 193 centuries (certaines hors classes), d'après leur degré de fortune. Classement d'abord fondé sur la propriété foncière (au profit du patriciat), puis après 312, sur la fortune mobilière (au profit des plébéiens riches). Les centuries des plus riches comptent peu de membres, tandis que celles des plus pauvres sont surchargées (inégalité). Classes et centuries groupent tous les citoyens et forment un cadre à la fois administratif (impôts), social, militaire (recrutement) et politique (voir *comices centuriates*).

■ LES INSTITUTIONS POLITIQUES

On distingue trois organes essentiels: les *magistrats* (pouvoir exécutif) issus des élections; le *Sénat* (permanence du pouvoir); le *peuple* (*populus;* à ne pas confondre avec plèbe), qui, par les comices, vote les lois et élit les magistrats. Les magistrats étant faits par le peuple, tout se résume dans la formule *« Senatus Populusque Romanus »* (S.P.Q.R.).

Le peuple. Les comices

Il existe trois sortes de comices :

• *Les comices curiates* (attention : en français, comices est un mot masculin) : reposant sur les gentes (voir *Royauté*), ils perdent peu à peu leur importance et n'ont plus qu'un rôle formel (par exemple conférer l'*imperium* aux magistrats élus par les autres comices).

• *Les comices centuriates* (l'armée, au début) acquièrent au ve siècle leurs pouvoirs législatifs et électoraux. Leurs compétences : paix et guerre, alliance, diverses lois, jugement en appel des condamnations à mort infligées par un magistrat (*provocatio ad populum*), élection des magistrats supérieurs (censeurs, consuls, préteurs).

• *Les comices tributes*, d'origine plébéienne (d'abord la plèbe réunie par tribus; mais devant l'accroissement de leur importance, les patriciens y viennent). Leurs compétences : élection des magistrats inférieurs (édiles curules et questeurs); vote de la quasi-totalité des lois; quelques pouvoirs judiciaires aussi.

Ces assemblées sont nécessairement convoquées et *présidées par un magistrat* (préteur ou consul). Il existe aussi des assemblées non délibérantes pour entendre une communication d'un magistrat (une telle assemblée se nomme *contio*; on y harangue le peuple depuis la tribune des rostres [« rostra »]. Enfin, il existe un organe purement plébéien : les *concilia plebis* (à l'origine, la plèbe organisée face aux *gentes*); leurs décisions, *« plebis scita »*, devinrent de vraies lois, mais les comices tributes les relayèrent dans ce rôle, et il leur resta l'élection des tribuns de la plèbe et des édiles plébéiens.

Le vote aux différents comices se fait à deux degrés : chaque centurie a *une voix*, qui est définie par un vote intérieur à la majorité relative. Le vote de l'ensemble des centuries ou tribus se fait, lui, à la majorité absolue, et on interrompt les opérations dès que la majorité est acquise. Cela assurait aux riches le monopole effectif des décisions. En effet, aux comices centuriates, on votait en descendant des plus riches aux plus pauvres et, à elles seules, les deux premières classes avaient la majorité absolue (118 et même 158 centuries sur 193). Quant aux tribus, les pauvres s'entassaient dans les quatre tribus urbaines, tandis que les riches dominaient par leur nombre ou leur influence les autres tribus au nombre de trente et une. En fait, certains citoyens ne votaient donc jamais. Les élections se déroulent au Champ de Mars; les centuries ou les tribus sont parquées dans les enclos (*saepta*); les électeurs en sortent un à un par le *pons suffragiorum* en déposant leur bulletin.

Les magistratures

Au début, deux magistrats (appelés *praetores*) héritèrent des pouvoirs politiques et militaires des rois. Le développement de la cité imposa une division des tâches qui entraîna la création de nouvelles magistratures spécialisées (les patriciens cherchaient aussi par là à limiter les progrès de la plèbe en ne cédant qu'un morceau des pouvoirs à la fois). Ultérieurement se créa une hiérarchisation des magistratures en un *« cursus honorum »* définitivement établi au IIe siècle av. J.-C. seulement.

On distingue des magistratures exceptionnelles (dictateur, maître de cavalerie, interroi) et des magistratures régulières. Toutes sont des fonctions gratuites (réservées aux riches) et reposent sur des élections. Les pouvoirs réels des magistrats sont limités par deux principes :

• *la collégialité* (toute magistrature est exercée par plusieurs magistrats ensemble; égaux en droits, ils peuvent casser les décisions des collègues [*jus intercessionis*]);

• *la durée limitée* en général à un an, sans possibilité de renouvellement immédiat. Limitation encore de ces pouvoirs par le droit de veto des tribuns de la plèbe et les pouvoirs immenses du Sénat. Toutes ces limitations traduisent la crainte de voir se reformer le *« regnum »* (le pouvoir royal).

Tous les magistrats ont la *potestas*, c'est-à-dire la puissance administrative (droit de faire exécuter leurs ordres dans le domaine qui est le leur). Seuls les préteurs et consuls (plus le dictateur et le maître de cavalerie) ont l'*imperium*, qui comporte la *potestas*, le droit de commander à l'armée et un droit de coercition et de justice. La plupart des magistrats ont le droit de prendre les *auspices* (acte nécessaire lors de la convocation des comices, de la nomination des magistrats, etc.). Les magistrats sont responsables de leurs actes. Ils convoquent et président le Sénat, les comices, la *contio*. Des *licteurs*, porteurs de faisceaux, accompagnent honorifiquement les magistrats supérieurs.

Un ordre et des délais se sont fixés pour aborder les magistratures. Il faut avoir répondu à dix appels annuels de l'armée (c'est-à-dire avoir 27 ans) pour pouvoir aborder la questure; on passe ensuite par l'édilité et la préture avant d'atteindre le consulat; entre chaque magistrature, il faut respecter un intervalle de trois ans. On aboutit au consulat à 37 ans au minimum (43 ans, après les Gracques et Sylla, avec intercalation fréquente du tribunat entre la questure et l'édilité). C'est le *cursus honorum*.

Quelles sont *les différentes magistratures et leurs compétences?*

• *Les questeurs* (2 à l'origine, puis 4) : gestion des finances; centralisation des recettes et règlement des dépenses. Le questeur militaire a le même rôle auprès de l'armée en campagne.

• *Les édiles* (2 curules et 2 plébéiens) : à l'origine, chargés d'organiser les jeux (d'où leur grande popularité et leur fonction coûteuse); ensuite, ils s'occupent en plus de faire respecter l'ordre public et de ravitailler la ville (police, voirie, marchés, prix...).

• *Les préteurs :* chargés de la justice. Un seul en 367 (*praetor urbanus*), un deuxième en 242 (*praetor peregrinus* pour la justice entre citoyens et étrangers), plusieurs autres au Iᵉʳ siècle av. J.-C. Le préteur fixe dans son édit les conditions dans lesquelles se rendra la justice; il indique aux juges la règle juridique à suivre dans les procès (qu'il ne juge pas lui-même). En l'absence des consuls, il peut exercer leurs pouvoirs. À sa sortie de charge, il porte le titre de *praetorius* (ancien préteur).

• *Les deux consuls* (établis définitivement par les lois Liciniae, en 367, après une longue période où ils furent remplacés parfois par des tribuns militaires, *« consulari potestate »*). Leurs pouvoirs furent immenses au début (tous les pouvoirs laïcs des rois), puis peu à peu restreints au profit des magistratures spécialisées (questeurs, édiles, préteurs, censeurs). Mais ils gardèrent toujours un prestige immense : ils lèvent et commandent l'armée, dirigent la politique courante, convoquent et président les comices et le Sénat. Ils donnent le nom de l'année. Ils exercent le pouvoir soit un mois à tour de rôle, soit l'un à l'armée et l'autre en ville. Entre leur élection et leur entrée en charge, ils jouissent déjà de certaines prérogatives, comme *« consules designati »*. À leur sortie de charge, ils portent le titre de « personnage consulaire » *(consularis)*.

• *Les deux censeurs,* élus tous les 5 ans parmi les anciens consuls (*consulares*), ne restent en fonction que 18 mois. Ils font le *« cens »* (vérification des fortunes et classement des citoyens dans les centuries). Ils gèrent l'*ager publicus,* afferment les impôts et les travaux publics. Ils dressent la liste (*album*) des sénateurs (ils peuvent en exclure un membre indigne) et surveillent les mœurs (*nota censoria :* blâme public avec exclusion pour 5 ans de la vie publique). Ils terminent leur ministère par un grand sacrifice pour la purification de la communauté (*lustrum »*, qui prend par suite le sens d'espace de 5 années). La charge de censeur disparaîtra sous Sylla.

• *Les tribuns de la plèbe* (2 en 491, puis 10) doivent être rangés à part, car ce ne sont pas à proprement parler des magistrats, mais des défenseurs de la plèbe, élus par elle seule en *concilia plebis.* Ils ne possèdent ni imperium, ni droit d'auspices, ni présidence des assemblées, mais l'inviolabilité (on dit que le tribun est «*sacrosanctus*») qui peut être étendue à tout citoyen. De plus, ils ont le droit de veto (*jus intercessionis*) sur tous les actes publics (ordres des consuls, délibérations du Sénat, propositions de lois, élections, votes des comices). En somme, une opposition légalisée, mais seulement dans Rome et un mille autour. Il ne faut pas confondre tribuns de la plèbe et tribuns militaires.

• *Le dictateur* est nommé par l'un des consuls lorsque le Sénat a jugé la situation très grave. Il a tous les pouvoirs des autres magistrats, qui sont suspendus, et les tribuns ne peuvent rien contre lui. Véritable roi laïc, mais pour six mois seulement et avec une « doublure » : le *maître de cavalerie*, choisi par lui et qui commande à la cavalerie (*magister equitum*).

• *L'interroi :* si l'État vient à être privé de consuls (décès, vice de forme dans les élections), le pouvoir revient au Sénat qui nomme un interroi pour cinq jours; celui-ci nomme son successeur pour la même durée, et ainsi de suite jusqu'à ce qu'on ait procédé à des élections régulières (voir *Interrex* sous la royauté).

Le Sénat

Il est recruté, comme sous les rois, parmi les représentants des gentes, puis parmi les membres nommés par les hauts magistrats; enfin, depuis 318, deviennent sénateurs (*« patres conscripti »*) les anciens magistrats curules. A la fin du IIe et au Ier siècle av. J.-C., y entreront aussi les anciens tribuns de la plèbe et même les anciens questeurs. En 179, 304 sénateurs, sous Sylla jusqu'à 600, et sous César 900, portent la *toge prétexte* (à bande pourpre) et l'anneau d'or. Ils se réunissent à la *curie*.

Ses *compétences théoriques* sont limitées à deux rôles :

1) *conseiller les magistrats* qui le convoquent et lui soumettent leurs questions; le Sénat donne son avis par un *senatus consultum* qui n'oblige en rien les magistrats, mais est le plus souvent suivi;

2) *valider les votes des comices* en les couvrant de son *auctoritas* (qui leur confère la force juridique). Au début, il donne son *auctoritas* après le vote des comices, mais, dès la fin du IIIe siècle av. J.-C., il doit la donner avant le vote, c'est-à-dire le valider d'avance, quel qu'il puisse être.

Mais ses *pouvoirs réels* sont bien plus considérables que cela ne le ferait croire. Vis-à-vis des magistrats qui changent chaque année et sont soumis à la collégialité, il est l'institution permanente, qui est d'ailleurs arbitre en cas d'*intercessio*. Vis-à-vis des comices, il procède à des tractations avant les votes, s'assure souvent l'appui d'un tribun du peuple, interprète, étend et restreint quasi à volonté les lois votées, etc. Enfin, le Sénat a la haute main sur les *finances* (fixation des impôts, autorisation de dépenses; les questeurs ne sont que ses agents d'exécution) et sur la *politique étrangère* (envoi de *legati* [ambassadeurs], réception des ambassades, alliances, délimitation des provinces, nomination des gouverneurs des provinces avec budget et armée, prorogation de l'imperium des magistrats pour les provinces...).

En conclusion, le Sénat est donc de fait *le principal organe* du gouvernement, et l'on comprend pourquoi il jouit d'un tel prestige (établissement d'une noblesse sénatoriale avec de larges privilèges).

■ *L'ITALIE ET LES PROVINCES*

Toutes les institutions citées ci-dessus ne concernent à proprement parler que Rome et son territoire immédiat. Les conquêtes, de plus en plus étendues, posèrent des problèmes d'administration qui furent résolus diversement.

L'Italie

Les rapports avec Rome changent d'une ville à l'autre :

• Rome prend vite la tête de la *confédération latine*. L'égalité théorique donne aux Latins le droit de cité à Rome (*jus civitatis*, ou plus simplement *civitas* : les droits dont jouissent les Romains); mais si chaque ville garde ses institutions propres, Rome, en fait, impose ses exigences.

• Des villes sont liées à Rome par des traités d'*alliance* particuliers qui leur laissent leur organisation propre (ce sont les *socii :* alliés).

• *Les villes vaincues* sont soumises à discrétion; Rome s'empare de leurs terres (qui forment l'*ager publicus)*; elle en restitue une partie contre impôt (*stipendium*).

• Certaines villes reçoivent un droit de cité incomplet (*civitas sine suffragio*) : ce sont les *praefecturae* (à leur tête un préfet délégué par Rome) et les *municipia* (à leur tête des magistrats librement élus).

• Enfin, les citoyens romains (parfois des Latins) ont créé, sur décision du Sénat, des *colonies* (*coloniae*) sur le territoire des peuples vaincus. Les « colons » gardent tous leurs droits à Rome et organisent leurs institutions locales à l'image de celles de Rome. Ces colonies permettent à Rome de surveiller étroitement l'Italie.

Les provinces

Ce sont les vastes territoires conquis par Rome et administrés comme sa propriété personnelle par le Sénat. Les provinces doivent de lourds impôts et subissent des réquisitions (de blé, par exemple; pour nourrir la plèbe romaine). D'abord gouvernées par des préteurs nommés pour un an (pouvoirs très étendus), aidés par un questeur pour les questions financières, ensuite, devenues trop nombreuses, par des magistrats sortis de charge que le Sénat y nomme en qualité de *« pro praetore »* ou de *« pro consule »*, en prorogeant leur imperium pour un an et en le renouvelant au besoin. Ce sera une source prodigieuse d'enrichissement pour les magistrats dans ces fonctions (dotation de l'État, « cadeaux » des administrés, arrangements avec les chevaliers pour les levées d'impôts, etc.).

Toutefois, à l'intérieur d'une province, il pouvait exister des statuts particuliers pour certaines villes (villes directement assujetties à Rome, villes alliées...). D'autre part, au IIe siècle av. J.-C., le Sénat utilisa un système de simple protectorat pour certains peuples (comme en Syrie ou en Macédoine) ou d'alliance pour certains autres (ligue achéenne, c'est-à-dire Grèce; Égypte; Pergame). Mais peu à peu les conditions disparurent au profit du système des provinces.

■ *L'ARMÉE*

Les débuts

La base de recrutement est le système des centuries (voir page 9 et page 16). Seuls sont soldats les possédants, qui s'équipent à leurs frais selon leur degré de fortune : les plus riches (18 centuries hors-classe) formaient la cavalerie, les trois premières classes donnaient l'infanterie lourde et les deux dernières la légère. La multiplication des guerres imposa la création de la solde (*stipendium*) sur l'initiative de Camille (406) et la réorganisation de la légion.

Aux IIIe et IIe siècles av. J.-C.

Tous les citoyens deviennent égaux dans l'armée, les différences provenant surtout de la valeur du soldat et de son âge. On distingue *juniores* (17-45 ans : troupes de campagne) et *seniores* (45-60 ans : les « territoriaux »). Les consuls sont chargés de lever les légions (*dilectus*) et de les commander, assistés par des officiers (tribuns militaires et centurions).

La légion

La grande unité de manœuvre est la légion. Elle est divisée en 30 *manipules* de chacun 2 *centuries* (centurie = 100 hommes en théorie, moins en fait) et comprend en fait 4 200 hommes. Cavalerie = 300 hommes par légion (10 *turmae* = escadrons, de chacun 3 *décuries*). Alliés italiens et mercenaires étrangers (*auxilia*) fournissent des forces d'appoint et de la cavalerie supplémentaire. Dans la légion même, on distingue les *vélites* (infanterie légère) et, sur trois rangs de profondeur, d'après leur âge, les *hastati*, les *principes* et les *triarii* (infanterie lourde).

■ *AUTRES INSTITUTIONS*

La justice

À l'origine, la justice est l'affaire des magistrats et des comices, et elle est à base religieuse. Les XII tables rendent la justice laïque. Le peuple garde ses pouvoirs dans le cas de *« provocatio ad populum »* : appel devant le peuple d'une condamnation à mort prononcée par un magistrat.

Pour les affaires ordinaires, on utilise des juges, soit librement choisis par les parties, soit pris sur une liste (qui est en fait celle des sénateurs).

Depuis le IIIᵉ siècle av. J.-C., il existe des tribunaux permanents (*quaestiones perpetuae*) pour les affaires spéciales (propriété, succession, assassinat, concussion...).

Les finances

Au début, l'impôt essentiel était dû par les citoyens en proportion de leur fortune, d'après leur classement dans les centuries. Cet impôt (*tributum*) finit par ne plus être levé lorsque les *stipendia* et *vectigalia*, payés par les vaincus, et le butin suffirent à couvrir les dépenses publiques (après 167). Le Sénat décide des impôts et de leur utilisation : des chevaliers, les *publicains*, groupés en sociétés, se chargent de les lever pour l'État; les questeurs tiennent la comptabilité.

LES INSTITUTIONS RÉPUBLICAINES À L'ÉPOQUE DES GRACQUES

Ce sont les mêmes institutions que dans la période précédente. Mais les conquêtes, avec leurs conséquences sociales, administratives, militaires, etc., modifient profondément l'esprit de toutes les institutions, et parfois leur forme. Ces modifications se perpétueront après les Gracques, jusqu'à César.

■ *L'ORGANISATION SOCIALE*

Les classes moyennes achevant de disparaître, il reste trois classes distinctes de citoyens (en dehors des esclaves, des affranchis et des étrangers) :

- Le *prolétariat romain* (de *proles :* descendance; ceux dont les enfants sont la seule fortune) vit des dons de l'État et des riches. Masse de manœuvre pour les riches et les ambitieux, il fournit des soldats à l'armée (voir la réforme de Marius) et des hommes de main aux chefs politiques.
- La *nobilitas* s'enrichit outrageusement sur les provinces et par le détournement à son profit exclusif des terres de l'*ager publicus*. Elle défend âprement ses privilèges que lui conteste parfois la *chevalerie*.
- La chevalerie achève alors de se constituer comme classe. Les entreprises financières des chevaliers sont de plus en plus hardies (apparition de genres de sociétés capitalistes). Contre les sénateurs, les chevaliers revendiquent le droit de former des tribunaux, et certains entrent carrément dans la politique (un tel homme, dont les ancêtres ne furent pas magistrats et qui force ainsi les portes de la nobilitas, s'appelle un « *homo novus* » : Marius, Cicéron...). Parfois, la lutte entre parti de la noblesse et parti populaire recouvre la lutte sénateurs-chevaliers, car ceux-ci tendent à s'appuyer sur la masse des prolétaires qu'ils prétendent représenter politiquement.

■ *LES INSTITUTIONS POLITIQUES*

L'intégration des Italiens. La transformation des comices

La tendance est à l'unification par le bas des différents statuts des cités italiennes. En réaction, les Italiens demandent et obtiennent finalement (guerre sociale) l'égalité juridique et le droit de cité (90-89), ce qui supprime le privilège des citoyens romains et modifie profondément le caractère des comices. Divers artifices, comme l'intégration de toute la masse des Italiens dans 8 seulement des 35 tribus, cherchent à limiter la portée de ces transformations.

Les généraux naturalisent massivement les légionnaires gaulois, espagnols, et étendent le droit de cité aux Gaulois Cisalpins. Ils unifient en même temps l'administration des cités italiennes : la « Ville » tend à devenir la capitale d'un « État ».

Le fonctionnement des comices électoraux (où le vote est maintenant secret) est de plus en plus vicié par la corruption des électeurs (*ambitus*), voire par des violences.

Les violations de la constitution

Au gré des circonstances politiques, on viole la constitution traditionnelle qui finit par succomber, malgré la nostalgie d'un Cicéron. Par exemple, on ne respecte plus le cursus : Tiberius Gracchus reçoit pour 132 un second tribunat consécutif à celui de 133; Marius est 6 fois consul de 107 à 100; Sylla est dictateur pour le temps qu'il lui plaît (82-79); Pompée est consul unique en 52, etc.

Le Sénat lui-même adoptera à partir de 121, toutes les fois qu'il le jugera bon, un *senatus consultum ultimum* qui suspend les garanties constitutionnelles et donne les pleins pouvoirs aux consuls. Il ira jusqu'à laisser concéder à César ou à Pompée un *»imperium»* valable pour plusieurs années ou même *« infinitum »*, avec droit de paix et de guerre.

Les essais de réformes politiques

• *Caius Gracchus* (123) chercha à favoriser le peuple et les chevaliers aux dépens des magistrats et du sénat : aux seuls chevaliers les jurys des procès de concussion; modification de l'ordre de vote des centuries; possibilité de déposer des magistrats dans certains cas. Réforme qui meurt avec son auteur.

En débordant l'époque des Gracques, on peut citer comme réformateurs :

• *Sylla, « dictator legibus scribendis et reipublicae constituendae »* (82), qui abaissa au contraire les chevaliers et les magistrats au profit du Sénat : jurys aux seuls sénateurs; suppression des censeurs et du droit de veto des tribuns; multiplication des magistrats (ce qui affaiblit leurs pouvoirs et les rend purement administratifs : 8 préteurs, 20 questeurs); remise au Sénat de la direction générale des affaires et du contrôle de toute la législation. Après sa mort, la lutte reprend et peu de choses subsistent de son œuvre.

• *César,* dans sa dictature (49-44), qui centralisa les pouvoirs en ses mains aux dépens de tous les organismes : il recrute lui-même le Sénat et lui enlève presque tous ses pouvoirs (même sur les provinces, où il nomme lui-même les gouvernements); il dégrade les magistratures (16 préteurs, 40 questeurs), nomme des *« consuls suffects »* (auxquels il délègue une partie de ses pouvoirs) et se fait même accorder en 45 le droit de recruter lui-même les consuls et la moitié des autres magistrats. En revanche, il se réserve tout le pouvoir exécutif, voire législatif (dictateur, imperator à vie, grand pontife, préfet des mœurs : censeur, puissance tribunitienne...). Il cherche même à instaurer son pouvoir sur une base religieuse (culte du Divus Julius). À sa mort, la République est incapable de se relever, malgré Brutus, Cassius et Cicéron.

■ *LA JUSTICE*

Elle est de plus en plus complexe; affaires de plus en plus nombreuses. Aspects fréquemment politiques des procès; rôle accru des *avocats* (on prend même l'habitude d'en avoir plusieurs sur la même affaire). Importance des *jurisconsultes* (p. ex. Q. Mucius Scaevola et Servius Sulpicius) qui débrouillent les questions juridiques difficiles.

Chevaliers et Sénateurs se disputent les tribunaux. Sylla organise de manière durable les *quaestiones perpetuae* en les spécialisant; il réforme certains points du droit en définissant de nouveaux délits (usage de faux, corruption des juges, diffamation...). Les juges (*judices*) sont constitués en jurys (*consilia*).

■ L'ARMÉE

La réforme de Marius de 107 av. J.-C. doit être traitée ici. Elle est capitale pour comprendre toutes les batailles du Ier siècle. Elle crée l'armée purement professionnelle par l'intégration des prolétaires, jusque-là exclus du recrutement. Les soldats font désormais carrière par engagements et réengagements (20 à 25 ans de service). On a de moins en moins besoin de recruter tous les citoyens, les engagements étant souvent suffisants. Les soldats recherchent le butin et suivent inconditionnellement leurs chefs plutôt qu'ils ne servent la patrie. On prend l'habitude de donner des terres aux vétérans, et la guerre devient une industrie (butin, conquêtes, ager publicus, esclaves).

En même temps, il y a toute une réforme de structures.

- Les vélites sont supprimés et les cohortes créées. Un cohorte comporte 3 manipules (600 hommes) : c'est une nouvelle unité tactique, ayant une enseigne, le *signum*.
- Une légion est composée désormais de 10 cohortes (6000 hommes).
- Les centuries ont chacune à leur tête un centurion dont l'insigne de commandement est un cep de vigne (*vitis*); elles sont hiérarchisées : dans un manipule, on distingue la 1re centurie et la 2e, et le chef de manipule est le centurion de la 1re centurie; de même pour les manipules et les cohortes; ainsi, on trouve à la tête de la 1re cohorte le centurion le plus élevé appelé *primipile*, qui a la garde de l'aigle de la légion. À la tête se trouvent 6 tribuns militaires, qui régissent chacun 10 centuries et commandent tour à tour la légion.
- Le chef de la légion est le *dux* ou l'*imperator*, qui délègue souvent son rôle à un *legatus*, car il a très souvent lui-même plusieurs légions sous ses ordres.
- La *cavalerie* comprend généralement une *vexillatio* (600 hommes) par légion, plus des *alae* de cavaliers alliés. Divisions : 10 *turmae* (escadrons de 30 à 50 hommes; à leur tête un *praefectus*); chaque escadron compte 3 ou 5 décuries (à leur tête le décurion). Enseigne : le *vexillum*.
- Le *génie* et *l'artillerie* ont à leur tête un *praefectus fabrum*.
- Les *alliés* sont toujours commandés par des officiers romains : *praefectus sociorum* et *praefecti cohortis* (le préfet des alliés et les préfets de chaque cohorte).

Les généraux ambitieux vont pouvoir maintenant conquérir, mais aussi combattre entre eux. Ils ont l'outil parfait pour réussir.

LA LITTÉRATURE LATINE (JUSQU'AUX GRACQUES)

L'ÉPOQUE ARCHAÏQUE

Pendant une longue période qui va de la fondation de la République à la fin de la première moitié du IIIe siècle av. J.-C., il n'existe pas à Rome de littérature au sens exact du mot. Ces siècles semblent marqués de stérilité. Ce qui nous reste n'a pas grande valeur esthétique, mais nous indique déjà certains penchants de la littérature à venir.

■ LA POÉSIE

Les Latins ont utilisé de bonne heure un vers d'origine indigène, le *vers saturnien*, qu'on trouve souvent dans les *elogia* (inscriptions funéraires gravées sur les tombeaux des grands hommes) — la plus célèbre est celle de Lucius Cornelius Scipion — ou dans les inscriptions triomphales placées au Capitole par les généraux vainqueurs de l'ennemi. Il reste des fragments de l'inscription que Duilius fit graver sur la colonne rostrale. Le vers saturnien le plus célèbre, assez tardif d'ailleurs, est cité par toutes les littératures :

Dabunt malum Metelli Naevio poetae
(Les Metellus feront des ennuis au poète Naevius)

On a beaucoup discuté sur la métrique de ce vers. Partant de la métrique latine, on a voulu y trouver une alternance de longues et de brèves. Il semble plutôt reposer sur l'accent et le rythme.

En réalité, la distinction entre la prose et la poésie se fait assez tard. On rechercha pour certains cas spéciaux un mode d'expression plus rythmé qui différait de la prose proprement dite et qu'on pourrait comparer au vers libre. Ce fut le *carmen* (formule); on le retrouve dans la poésie religieuse : *carmen Saliorum* (chant des Saliens, conservé par Varron); *carmen fratrum Arvalium* (chant des frères Arvales); les oracles, les prédictions. On peut ajouter toute une « poésie » profane : éloges funèbres par exemple.

Un genre assez original fait son apparition; il se rapproche de la représentation théâtrale : paroles, chant, musique, danse. Les acteurs portent des masques. C'est la *satura*. Le nom est d'origine controversée : il viendrait soit de *satura lanx*, plat chargé de prémices et d'autres nourritures, soit du mot *Satyri*, désignant les compagnons de Bacchus, soit enfin d'un terme étrusque.

■ *LA PROSE*

Le droit

Le *droit* rédigé répond au génie naturel des Romains qui resteront pendant toute la durée de leur État des législateurs. La jurisprudence représente l'aspect le plus original de la culture latine. Aussi ne faut-il pas s'étonner qu'on trouve très tôt un document qui fut conservé précieusement par les Romains et célébré par de grands écrivains comme Cicéron ou Tite-Live : la *Loi des XII Tables*.

Rédigées vers −450 par les *decemviri legibus scribundis*, ces lois, par leur style, se rattachent au genre du *carmen*, mais, par l'effort de concision, la recherche d'une compréhension facile, elles s'en différencient. Nous avons conservé ce document, mais nous ne sommes pas sûrs que toutes les citations qui nous sont parvenues soient conformes au texte original. Il demeure néanmoins le monument majestueux des débuts de la littérature latine par sa rigueur et son ton solennel.

L'histoire

L'*histoire* a été un genre littéraire très cultivé par les écrivains latins, genre dans lequel ils ont excellé. Il y a dès le début de Rome comme une sorte de préparation à cette discipline littéraire.

On a perdu presque complètement les documents publics et privés où l'on rapportait tous les plus anciens souvenirs concernant la cité et les familles. Ces documents, par leur recherche du pratique, se distinguaient du *carmen* et constituent les premiers témoignages de la vraie prose latine.

Il s'agissait de documents sacerdotaux comme les *fasti consulares,* tableau des jours fastes ou néfastes (on ne pouvait rendre la justice que les jours fastes), les *calendriers*, les *Grandes Annales* (*Annales Maximi*) et les *livres pontificaux* (*libri pontificum*); tous ces documents étaient rédigés par les *Pontifes*. On avait aussi des livres tenus par les augures (*libri augurales*). En outre, les familles conservaient dans leurs archives personnelles des *laudationes funebres*, discours solennels prononcés à la mort d'un personnage important. Il s'agit d'un genre qui aura une suite glorieuse chez les Romains : on pense à Marc-Antoine prononçant l'éloge de César quand ce dernier fut tué. Bien des annalistes romains ont puisé leurs renseignements à ces diverses sources.

APPIUS CLAUDIUS CAECUS

Le premier écrivain latin dont on puisse discerner les traits (il ne nous reste que d'intimes fragments de son œuvre) est APPIUS CLAUDIUS CAECUS (IVe-IIIe siècle av. J.-C.). Ce fut certainement un homme énergique car, patricien, il voulut protéger la démocratie. Censeur de −312 à −308, il fit entrer au Sénat des hommes d'humble naissance et prévaloir la fortune mobilière en face de la fortune foncière pour la répartition des citoyens dans les comices centuriates; il introduisit les affranchis dans les tribus rurales pour en terminer avec leur prédominance sur les tribus urbaines. Il s'attaqua même aux vieux usages de la religion romaine. Enfin, malgré son âge et sa cécité, il se fit porter au Sénat pour relever les énergies et faire refuser par les sénateurs la paix avec Pyrrhus.

Ce fut un constructeur; il est à l'origine du premier aqueduc de Rome (*aqua Claudia*) et surtout de la route qui conduisait vers la Campanie (*via Appia*). Son idée était de la prolonger ensuite vers Brindes (Brindisi). Ce projet n'est pas innocent : il indiquait en effet chez lui le goût de l'hellénisme et en même temps une volonté politique d'orienter Rome vers le sud de l'Italie et vers la Grèce.

Cicéron, dans le *Brutus*, lui reconnaît des qualités d'orateur. Mais il se distingua aussi dans d'autres domaines :

- il inventa la lettre *r* et rendit définitif le passage de *s* à *r* (rhotacisme) : ainsi *Valesii* donne *Valerii* et *Fusii Furii* (*ut pro Valesii essent Valerii et pro Fusiis Furiis*, POMPONIUS). Il supprima la lettre *z* qui reparut plus tard pour noter la lettre grecque ζ.
- Il écrivit des *sententiae* (*sentences*; Cicéron dit « poèmes ») en vers saturniens à valeur moralisante. On en trouve quelques exemples dans Priscien, Festus et le Pseudo-Salluste, encore sont-ils très discutés. Cicéron compare ce *Carmen de moribus* aux vers dorés de Pythagore (voir les *Tusculanes*).
- Enfin il rédigea un traité juridique : *De usurpationibus.*

Nous nous sommes attardés sur ce personnage car, à une époque peu cultivée, il a su, lui, un homme politique, montrer des goûts de lettré et surtout il a senti la force de l'hellénisme qui devait, dans les générations suivantes, aider les Romains à créer une littérature nationale. Les Romains, au départ, étaient peu doués pour l'art. La littérature grecque leur servit de tremplin.

L'HELLÉNISME ROMAIN

Horace affirmait que « la Grèce conquise avait conquis son farouche vainqueur et importé les arts dans le Latium rustique ». En fait, Rome et le Latium ont été soumis à l'influence grecque bien avant la conquête de la Grèce, par l'intermédiaire de l'Étrurie, de la Campanie et de la Lucanie déjà hellénisées, enfin des cités grecques de l'Italie du Sud.

L'hellénisation a été progressive; si elle fut d'abord lente, elle s'accéléra après la conquête de l'Italie, APPIUS CLAUDIUS CAECUS étant l'un des agents de cette accélération. Mais d'autres éléments intervinrent. Tout d'abord le *commerce* : la plèbe romaine, depuis des siècles, était en relations avec les commerçants grecs qui, en même temps que leurs marchandises, importaient leurs légendes, leurs dieux et sans doute des mots nécessaires à la communication. Ensuite, la *guerre* : elle a plusieurs conséquences. Les esclaves grecs, souvent lettrés, deviennent précepteurs et attirent les familles vers la langue grecque. Par ailleurs, lorsqu'ils sont affranchis, ils répandent dans la plèbe leur langue et doublent pour le reste l'action des marchands. N'oublions pas les généraux, les soldats, les magistrats qui ont conquis l'Italie du Sud, la Sicile et bientôt la Grèce et la Macédoine. Ils ont découvert une autre façon de vivre et rapportent de leurs campagnes beaucoup d'objets d'art. Arrivent à leur suite des artistes grecs. Avec eux, c'est toute la civilisation grecque qui s'introduit à Rome.

L'aristocratie va se transformer à partir du début du IIIe siècle av. J.-C. : les jeunes gens ont maintenant des précepteurs grecs (*pédagogues*). Ils iront bientôt dans des écoles de grammairiens qui leur commenteront la littérature grecque, sans oublier toutefois les œuvres latines. Le grec deviendra la langue élégante de ces Romains comme le français l'était en Pologne et en Russie au XIXe siècle.

Mais, sous l'influence du peuple, qui va accéder à une telle culture, il y aura aussi une assimilation qu'on distinguera nettement au IIe siècle, époque à partir de laquelle la littérature latine deviendra elle-même. L'hellénisme exercera également son influence sur les mœurs : ce qui explique la résistance d'un CATON à cet envahissement.

Les effets principaux de l'hellénisme se révèleront dans le théâtre, dans l'épopée et dans la métrique. Les premiers écrivains de la littérature hellénisante furent LIVIUS ANDRONICUS, NAEVIUS et ENNIUS. Ensuite, « un philhellénisme intellectuel et savant va succéder à la poussée inconsciente de l'hellénisme italique » (P. Grimal, *Le Siècle des Scipions*).

LIVIUS ANDRONICUS

ANDRONICUS, jeune Grec de Tarente, fut fait prisonnier tout enfant avec la garnison de la ville en −272. Il devint, à Rome, esclave de la gens Livia. Comme il était bilingue, il fut précepteur des enfants. Affranchi, il prit le *nomen* de la gens Livia. Son *praenomen* semble avoir été LUCIUS. Il ouvrit une école où il enseigna le grec et le latin et, par des lectures commentées, prépara les esprits à une lecture hellénisante.

En 240, pour célébrer la victoire sur Carthage, on joua une de ses pièces, une tragédie probablement. C'est le début « officiel » de la littérature latine (Cicéron, *Brutus*, 72). En 207, lors de la bataille du Métaure, les Pontifes le chargèrent de composer un hymne propitiatoire à Juno Regina, que chanta un chœur de jeunes filles. Devenu une sorte de poète officiel, il reçut une marque d'honneur du Sénat qui reconnut le « *collegium scribarum histrionumque* », corporation de poètes et d'acteurs (il en faisait partie). Le temple de Minerve en devint le lieu de réunion. Il mourut avant −200. Il avait écrit huit *tragédies* et une *Odyssée* en latin dont il nous reste très peu de choses.

Son œuvre théâtrale fut vite oubliée; pourtant elle eut son importance. Le poète introduisit à Rome un nouveau type de pièces imité directement du théâtre grec. Il composa des pièces sur des sujets suivis, tournant ainsi le dos aux *saturae*. Il jouait un rôle muet pendant qu'un artiste spécialisé chantait les parties lyriques. C'est ce que nous dit Tite-Live, qui masque l'innovation essentielle : l'adaptation des pièces de la comédie nouvelle grecque (*Ménandre*). Cependant, les pièces de LIVIUS ne sont pas des traductions, mais des adaptations d'un genre étranger à un mode théâtral original, celui de la tradition latine antérieure et contemporaine. L'élément lyrique prend un rôle plus important que dans le théâtre où le dialogue prédominait : cinq de ses tragédies appartiennent au cycle troyen, car ces légendes sont liées à *Énée* et l'on sait l'importance qu'il avait pour le peuple romain. Mais il s'attaqua aussi à des mythes romanesques (*Andromède, Danaé, Térée*) où l'on retrouve la tendance d'Euripide vers les éléments rhétoriques et pathétiques.

Il traduisit *L'Odyssée* en vers saturniens, traduction exacte et précise, mais plus lourde et plus gauche que l'original grec. Son choix était judicieux : préférant Ulysse à Achille, il évoquait le souvenir nostalgique de la *patrie* et mettait à l'arrière-plan les exploits guerriers. Il offrait aux Romains un véritable roman d'aventures qui rappelaient toutes celles d'Énée. Cicéron et Horace ont dédaigné cette œuvre, mais, au IIe siècle apr. J.-C., le goût archaïsant de l'époque la remettra en valeur.

On ne peut dire de LIVIUS ANDRONICUS qu'il est un grand écrivain. Mais son rôle historique est capital. Il apporte des modèles aux écrivains qui le suivront.

NAEVIUS

GNAEUS NAEVIUS, né en Campanie (peut-être vers −270), était citoyen romain. Il sera donc le premier poète latin par la race. Il servit pendant la première guerre punique et apparut d'après Aulu-Gelle (V, II, 4) sur la scène romaine en −235. C'était un plébéien d'esprit indépendant. Lié aux Marcelli, il critiqua dans un vers plaisant Scipion l'Africain et surtout Q. Cecilius Metellus : « *Fato Metelli Romae fiunt consules* », vers que l'on peut traduire indifféremment par : « Il est fatal qu'à Rome *ou* Il est fatal pour Rome que les Metelli deviennent consuls. » Les Metelli lui répondirent par le vers que nous avons cité plus haut à propos du vers saturnien. Il subit d'ailleurs un emprisonnement pour diffamation, mais fut libéré sur intercession des tribuns du peuple. Il dut cependant s'exiler et mourut sans doute en −201 à Utique, en Afrique.

Il composa des tragédies, des comédies et un poème épique, le *Bellum punicum*. Il ne nous reste que quelques fragments de son œuvre.

Les tragédies

Elles connurent un grand succès, et cela malgré un style assez grandiloquent. On jouait encore les tragédies de Naevius du temps de Cicéron. Son originalité ne vient pas de la tragédie à sujet grec (*fabula cothurnata*), comme par exemple *Danaé, Iphigénie, Lycurgue*, mais de la tragédie à sujet romain (*fabula praetextata*) qu'il créa. Deux sont bien connues : *Clastidium*, qui célèbre la victoire de M. Claudius Marcellus sur les Gaulois en 222, et *Romulus*, tragédie sur les débuts de l'histoire romaine.

Les comédies

Nous possédons une trentaine de titres qui sont tantôt grecs tantôt latins. Le poète utilise beaucoup la *contamination* qui consiste à mélanger deux pièces grecques pour en faire une latine, procédé que nous retrouverons chez Plaute. Cependant toutes ces œuvres sont de style grec (*fabulae palliatae*). On a pu difficilement reconstruire l'intrigue de l'une d'elles, *Tarentilla* (*La Jeune Tarentine*).

Le *Bellum punicum*. Les fragments que nous possédons nous ont été conservés par Cicéron (*Cato*, 50). NAEVIUS compose avec cet ouvrage la première épopée nationale romaine. Il s'agit d'un *carmen continuum* qui fut divisé plus tard en sept chants par le grammairien C. Octavius Lampadio (IIe siècle av. J.-C.). Poème relativement bref et de style concis, il a, comme le titre l'indique, la première guerre punique pour sujet : en somme, des faits vécus. NAEVIUS innova en pratiquant *l'insertion*, qui permettait des digressions vers l'antiquité : il utilisait alors un style solennel, ce qui produisait un contraste peut-être un peu gênant avec son style habituel. Mais il mêlait ainsi légende et faits récents, ce qui ne pouvait que plaire aux Romains de cette époque.

Cet homme original et courageux, répugnant à l'imitation servile, bien jugé par les Anciens, est considéré par les Modernes comme le *premier poète latin digne de ce nom*.

ENNIUS

QUINTUS ENNIUS, né à *Rudies* de Calabre en −239, passa quelques années à Tarente. Dans la région, on parlait l'osque et le grec. Il accomplit son service militaire en Sardaigne, en tant que *socius* de Rome. C'est là que Caton l'Ancien, questeur de Scipion l'Africain, le distingua et l'emmena avec lui à Rome. ENNIUS possédait une solide culture grecque mais, d'après Aulu-Gelle, il se vantait d'avoir trois « âmes » (le texte latin exact est *corda* [cœurs]) parce que, disait-il, il savait parler grec, osque et latin. Il donnait des leçons de grec et fut bientôt remarqué et protégé par Scipion l'Africain, Scipion Nasica et M. Fulvius Nobilior. Ce dernier l'emmena en Étolie pour chanter ses exploits (−189) et Quintus, fils de ce haut personnage, agit de même en −184 et en fit un citoyen romain. ENNIUS devait être fier de ce titre : « *Nos sumus Romani, qui fuimus ante Rudini* » (*Annales*, V, 377). Il mourut en −167. Sa statue fut placée dans le tombeau des Scipions. On a retrouvé à Pompéi une mosaïque le représentant.

Il eut une grande influence sur la poésie latine, surtout épique. Il était d'ailleurs conscient de sa valeur. Il a écrit une épopée (*Les Annales*), de nombreuses tragédies, des comédies, des *saturae* et des œuvres diverses.

Le théâtre

Il ne nous reste que quatre fragments des *comédies* d'ENNIUS qui semblent d'ailleurs n'avoir été que très peu cotées. On ne le cite à ce titre qu'à cause de son ancienneté. En revanche, la carrière de ses *tragédies* fut longue et brillante à Rome; on en jouait encore à l'époque d'Auguste. Nous en avons gardé quatre cents vers et une vingtaine de titres. En dehors de deux « *prétextes* », *Les Sabines* (légende de Rome) et *Ambracie* (prise de cette ville par M. Fulvius Nobilior), il garda l'inspiration de ses prédécesseurs et chercha ses sujets dans le cycle troyen et les tragiques grecs, surtout Euripide.

Remarquons sa prédilection pour *L'Iliade*. Ainsi, l'une de ses tragédies les plus célèbres concerne *Andromaque prisonnière*. Si, dans son style, on retrouve la simplicité d'Euripide, il montre toute la force de son tempérament et il arrive à des effets saisissants en utilisant l'allitération et la consonance.

Les Annales

Quintus Ennius écrivit ce poème épique pour rivaliser avec Naevius. Il y chante toute l'histoire de Rome. Il commence par les origines : légende d'*Ilia* (*Rhea Silvia*), descendante d'Énée et mère de Romulus et Rémus; il continue par l'histoire des sept rois, les guerres des Romains contre les Samnites, contre Pyrrhus. Il traite rapidement la première guerre punique, pour s'attarder longuement sur la seconde, au fur et à mesure des événements. Il nous reste 600 vers de cette épopée qui comporte 18 livres.

Contraste saisissant, dans une œuvre essentiellement romaine, ENNIUS renonce au vers saturnien pour adopter, à l'imitation d'Homère, l'hexamètre dactylique qui aura une grande fortune chez ses successeurs. Il renonce également à trouver son inspiration, comme ses prédécesseurs, chez les *Camènes*, nymphes des sources chères au cœur des Romains : il invoque les *Muses*, vivant sur l'Olympe et à qui M. Fulvius avait dédié un temple (−187).

Il ne faut pas voir, dans ce choix, du dédain à l'égard de Rome, car il exprime dans ce poème son admiration et son affection pour la Ville et pour ses grands hommes. Il sait montrer l'obstination et la valeur de ces derniers, non pas en abaissant les adversaires, mais au contraire en montrant leur mérite. C'est ce qui lui permet de donner de l'élévation et de la grandeur à son poème. Par son sens de la beauté et la qualité pittoresque de son vers, par la peinture magistrale de grandes scènes, il atteint souvent à la très haute poésie.

Malheureusement l'œuvre garde un caractère hybride, ne serait-ce que par le mélange d'une mythologie grecque dans un sujet romain et aussi, parfois, par le manque de souplesse et même de goût. Malgré ces défauts, ce poème épique eut l'honneur de lectures publiques. Lucrèce en admirait le style et voyait en ENNIUS le premier poète latin (*De natura rerum*, v. 117 sqq.).

Œuvres diverses

ENNIUS écrivit des *Saturae* (4 livres) qui s'éloignaient des *saturae* traditionnelles mais n'annonçaient encore que par occasion la *Satire* à venir (HORACE). En fait, il s'agissait de « poésies mêlées » où il traitait de sujets variés comme « L'Alouette et ses petits ». Les mètres étaient aussi très divers.

Pour les autres œuvres, on sait peu de choses. Retenons pourtant un poème épique sur Scipion l'Africain, dont il nous reste un pentamètre dactylique et une traduction en prose de *L'Histoire sacrée* d'Evhémère (écrivain des environs de −300). On peut dire qu'il est par ces ouvrages un propagateur à Rome de la philosophie grecque.

De son vivant, la renommée d'ENNIUS fut considérable; il fit accepter par l'aristocratie romaine la profession d'écrivain et il lui apporta une poésie nationale qui respectait à la fois son patriotisme et sa culture hellénique. Par la suite, il fut admiré par Lucrèce, nous l'avons dit, par Tite-Live et par Cicéron. Catulle et les *poetae novi* le jugeaient trop archaïque. Virgile l'a souvent imité dans *L'Énéide.* Il prit sa revanche sur ses détracteurs à partir de Quintilien. Celui-ci, dans le *De institutione oratoris* (X, I, 82), invite à l'admirer « comme les vieux bois sacrés ». ENNIUS, « le Messapien, qui apprit le latin comme une langue étrangère, donne l'utile exemple du Grec qui se voulut Romain; ses satires, ses tragédies, ses épopées ont utilisé les modèles grecs pour exalter l'idéal politique de Rome et sa conception du monde et de la vie » (H. Bardon). Le lecteur pourra juger de la valeur de cet écrivain par le texte qui suit, tiré des *Annales.*

1 Romulus et Rémus prennent les auspices dans le site de Rome

753 av. J.-C. Romulus et Rémus ne veulent pas partager le trône. C'est une cérémonie religieuse, l'observation des oiseaux, qui donnera à l'un des deux le trône et le droit de donner un nom à la ville.

Curantes magna cum cura, tum cupientes
regni, dant operam simul auspicio augurioque.
In monte[1]
Remus auspicio se devovet atque secundam
solus avem servat. At Romulus pulcher in alto
quaerit Aventino, servat genus altivolantum.
Certabant urbem Romam Remoramne vocarent.
Omnibus cura viris uter esset induperator.
Exspectant; veluti consul cum mittere signum
vult, omnes avidi spectant ad carceris[2] oras,
quam mox[3] emittat pictis e faucibus currus,
sic exspectabat populus atque ore timebat
rebus, utri magni victoria sit data regni...
.... Simul aureus exoritur sol,
cedunt de caelo ter quatuor corpora sancta
avium, praepetibus sese pulchrisque locis dant.
Conspicit inde sibi data Romulus esse priora,
auspicio regni stabilita scamna solumque.

ENNIUS, *Annales* 1, fragment 55.

1. *in monte :* sur le mont Palatin. — 2. *carceris :* il s'agit d'enceintes voûtées, placées, dans un cirque romain, de chaque côté de l'entrée. De là partaient les chars. On les fermait avec des portes de bois peintes (voir *faucibus pictis*). — 3. *mox = cito.*

LA LITTÉRATURE HELLÉNISANTE : IIe et Ier siècles av. J.-C.

L'hellénisme s'était propagé à Rome sans difficulté avec les échanges économiques. La plèbe romaine commençait à s'ouvrir à toutes les influences méditerranéennes, nous l'avons dit plus haut. C'est alors que son argot se charge de termes grecs. Les légendes grecques, en particulier celles qui étaient relatives à la guerre de Troie, les croyances aux divinités qui protègent le commerce apparaissent quelquefois modifiées par tous ceux qui les ont véhiculées. Les Latins deviennent plus jouisseurs. Restée saine et fruste au IIIe siècle, la plèbe romaine, sous l'influence des mœurs grecques, se tourne vers des plaisirs nouveaux avec moins de retenue et de délicatesse que ses initiateurs. La vie à la grecque n'est pas seulement la vie des Grecs contemporains, mais une certaine façon de s'abandonner aux passions individualistes, avec les plaisirs divers que peut procurer une vie citadine dégagée du rigorisme et de l'ignorance ancestrale des paysans italiens. Cette vie à la grecque sera par exemple le tableau de fond de la comédie latine qui la reflète, mais un auteur comme Plaute ne l'adopte pas intégralement, loin de là.

L'aristocratie romaine qui vit davantage à la campagne, sur ses domaines, ne peut pas se couper de la plèbe qui s'hellénise; la politique mène cette aristocratie romaine vers un hellénisme raisonné parce que les généraux et les diplomates doivent connaître le peuple et la langue grecs.

C'est la guerre contre Hannibal qui provoque la première méfiance vis-à-vis des Grecs apparus parfois aux Romains comme les complices de l'envahisseur. Hannibal noue une alliance avec Philippe V de Macédoine en −215, les cités grecques du sud de l'Italie, ou celles qui étaient fortement hellénisées ouvrent leurs portes à Hannibal. Rome a eu l'impression que c'était le retour à l'esprit de tradition, à la ténacité des ancêtres qui l'avaient sauvée. Une fois délivrée d'Hannibal, elle se sent supérieure aux Grecs; certains Romains, comme Caton, persuadés que Rome a une vocation d'abord italienne, sont hostiles aux conquêtes et aux Hellènes; d'autres, comme Scipion, restent des admirateurs de la Grèce et pensent que le devoir de Rome est de protéger la civilisation hellénique, de libérer les Grecs des Macédoniens, comme le dira Flamininus en −196 aux jeux Isthmiques, mais ils s'intéressent plus à la pensée et à l'art grecs de tous les temps qu'aux Grecs, leurs contemporains, qu'ils protègent tout en les méprisant un peu. Aussi l'hellénisme romain va-t-il changer de nature.

Il se manifeste ainsi une méfiance particulière à l'égard des philosophies grecques, en particulier à l'égard de l'épicurisme. On en arrivera à expulser de Rome rhéteurs et philosophes (−173).

Le Sénat restait hostile à cette hellénisation. Le représentant de cette hostilité, c'est CATO (Caton l'Ancien) qui avait d'ailleurs la même attitude envers les Scipions. Élu censeur en −184, il manifesta dans tous ses actes publics cette virulente méfiance pour une civilisation qu'il jugeait corruptrice. Il se comportait de la même façon dans la vie privée. Cette résistance à ce qui est grec développera l'art des annalistes. Pourtant Caton apprit le grec dans sa vieillesse.

S'il était officiellement réprimé, l'hellénisme se cantonna dans des cercles relativement restreints et aristocratiques. Raffiné, il perdit son accent national et atteignit un purisme inattendu. On ne s'inspirait plus que de la littérature grecque des Ve-IVe siècles av. J.-C.; les œuvres seront donc artificielles. Le cercle le plus connu est celui dit *« des Scipions »*; il se constitua en fait autour de SCIPION ÉMILIEN, qui joignait les vertus traditionnelles comme homme public à une vie privée toute d'harmonie et d'élégance, et de LAELIUS, son ami, qui vivait dans son ombre. De grands écrivains fréquentaient ce cercle : TÉRENCE, LUCILIUS et POLYBE LE GREC.

Le peuple, de son côté, se modifiait sous l'influence des guerres de conquête et de l'hellénisme. Ce n'est plus le peuple du IIIe siècle : on trouve maintenant dans Rome des esclaves venus de partout, des paysans refoulés par la grande propriété. Il se crée une clientèle famélique qui vit aux crochets de l'aristocratie. Il se constitue un prolétariat misérable, envieux à l'égard des riches, voulant vivre en parasite aux dépens de l'État. C'est ce bouleversement social qui va faire naître le grand art de l'éloquence. Être un grand orateur donnait l'espoir de devenir un homme public important.

En somme, cette époque est une époque de transition où l'art encore artificiel prépare l'épanouissement du classicisme du Ier siècle av. J.-C.

■ *LA PROSE*

Une forme d'art s'est développée grâce à l'annalistique et à l'éloquence.

L'annalistique ne correspond pas à notre conception de l'histoire. Considérée comme un genre noble, elle est avant tout moralisante et nationaliste. À cette époque, les historiens, comme les orateurs, sont surtout des hommes politiques qui travaillent pour leur patrie par l'action et par l'écriture. Il n'est pas étonnant que les premiers d'entre eux aient écrit en grec. Le plus célèbre fut Q. FABIUS PICTOR qui vécut à l'époque de la seconde guerre punique. Il écrivit des *Annales* (de l'arrivée d'Énée à la seconde guerre punique). On peut citer également L. CINCIUS ALIMENTUS : il a laissé des renseignements sur Hannibal dont il fut le prisonnier. Tite-Live les utilisa. Citons encore P. CORNELIUS SCIPION, fils de l'Africain, C. ACILIUS GLABRIO, A. POSTUMIUS ALBINUS. Certaines œuvres de ces écrivains furent traduites en latin.

Sous l'influence de Caton l'Ancien, les annalistes écrivent en latin comme L. CASSIUS HEMINA, contemporain de Térence, qui rompt avec la tradition d'écrire en grec; L. CALPURNIUS PISO FRUGI, consul en −133, C. FANNIUS, ami des Gracques, C. SEMPRONIUS TUDITANUS, ennemi des Gracques, consul en −129, auteur de livres sur les magistratures (*libri magistratuum*). Ce dernier ouvre la vie sur la curiosité archéologique, ainsi que CN. GALLIUS.

L. CAELIUS ANTIPATER, ami de C. Gracchus, avant tout un juriste, donne naissance à la monographie historique et à l'histoire. Mais c'est SEMPRONIUS ASELLIO, tribun de Scipion Émilien au siège de Numance (−134/−133) qui établit un programme strict de recherche historique pour ses *Rerum gestarum libri*. Ses contacts avec Polybe l'avaient probablement aidé à distinguer annalistique et histoire. À cette époque apparaît également le genre des *Mémoires* avec M. AEMILIUS SCAURUS (consul en −105). La grande histoire romaine va bientôt apparaître.

L'éloquence se développa à Rome sous l'influence des rhéteurs grecs, quand ils purent revenir dans la Ville. La coutume d'aller étudier à Athènes et à Rhodes entra dans les mœurs. Cette éloquence marquée par l'hellénisme garde une dignité et une gravité bien latines. Le manque de documents est compensé par le *Brutus* de Cicéron qui contient une histoire résumée de l'éloquence latine avant lui.

On peut citer parmi les plus connus M. CORNELIUS CETHEGUS, CATON L'ANCIEN, SCIPION L'AFRICAIN, M. AEMILIUS LEPIDUS PORCINUS, à l'éloquence musicale, SCIPION EMILIEN et LAELIUS, à l'éloquence recherchée. Parmi tous les orateurs, les frères GRACQUES se distinguent particulièrement.

Fils de Sempronius Gracchus et de Cornélia, TIBERIUS (−163 à −133) et CAIUS (−151 à −121), élevés à la romaine par leur mère dans un milieu cultivé, firent de l'éloquence un véritable genre littéraire. On pourra connaître leur carrière en se reportant à l'histoire de la *République de −509 à la mort des Gracques*. Le premier s'exprimait avec calme et gravité, le second avec fougue et passion. Mais, différents dans l'attitude et l'expression, ils exercèrent également une profonde impression sur la foule, en particulier Caius. Malgré leur disparition rapide, ils laissèrent le souvenir de grands orateurs.

Après les Gracques, deux autres orateurs sont représentatifs de l'évolution de l'éloquence. Cicéron les considérait comme ses maîtres. L'éloquence, avec eux, devient une arme redoutable. Élèves des maîtres grecs qu'ils ont écoutés à Athènes, ce sont des artistes, en pleine possession de toutes les ressources de la parole.

MARCUS ANTONIUS (−143 à −87), aïeul du futur triumvir Marc-Antoine, participa aux luttes politiques. Marius le fit égorger. Il se faisait remarquer par sa mémoire, son argumentation et son action (Cicéron, *Brutus*, 137-138), mais son latin manquait de raffinement. Il écrivit aussi un traité de rhétorique (*De oratore*). Velleius, Valère-Maxime et Macrobe confirment la valeur de cet orateur.

Son rival, L. LICINIUS CRASSUS, eut une carrière politique. Questeur en −109, il partit pour l'Asie. À son retour, il s'entretint à Athènes avec les philosophes et les rhéteurs les plus fameux. Tribun en −107, puis édile en −103, il donna des Jeux magnifiques; préteur, augure, il fut consul en −95 et censeur en −92. Pour avoir dispersé quelques bandes de brigands en Gaule Cisalpine, il obtint le triomphe. Il mourut en −91 d'une pleurésie. Cicéron a fait de lui le porte-parole de ses idées et le protagoniste de ses dialogues (voir en particulier le *De oratore* et certains passages du *Brutus*). Son langage était parfait, la forme charmante. Il avait de la grâce et de l'enjouement; il excellait dans la plaisanterie. Il mettait de la dignité et de la force dans le pathétique. Sa phrase, pénétrante et ramassée, le rendait invincible dans la République. Possesseur d'une vaste culture, c'était un esprit de grande élévation.

CATON L'ANCIEN

Mais la *première œuvre de prose latine* qui compte vraiment pour nous, c'est celle de MARCUS PORCIUS CATO, dit CATON L'ANCIEN ou le CENSEUR (−234 à −149).

Plébéien de Tusculum (Frascati), il vécut son adolescence en Sabine. Toute sa vie, il demeurera un rural. Jeune, il participa à la seconde guerre punique. Blessé, il retourna par la suite au combat en Sicile. Après un repos de trois ans, il prit part à la bataille du Métaure; questeur en −205 à la suite de Scipion l'Africain dont il critiqua les méthodes, édile plébéien en −199, préteur en −198, gouverneur de la Sardaigne, il fut consul en −195 et pacifia l'Espagne. Le Sénat lui accorda le triomphe. En −191, il prit du service dans l'armée des Scipions contre Antiochus. À son retour, il les attaqua violemment et leur demanda des comptes. En −184, il exerça sa célèbre censure. Il expulsa du Sénat ses ennemis politiques, réaffirma les traditions romaines. Plus tard, il poursuivit Carthage de sa haine (*Delenda est Carthago*) tout en s'opposant aux conquêtes et aux aventures. Il mourut en −149.

Il se révéla un personnage extraordinaire; en lui se confondaient en un mélange inextricable les qualités les plus brillantes et les pires défauts. C'était un Romain de son temps, mais dont toutes les caractéristiques étaient grossies démesurément. Il avait beaucoup d'ennemis, mais, orateur brillant, il se tira toujours d'affaire. Il écrivit beaucoup. On peut citer en particulier : *Ad filium libri*, *Carmen de moribus*, les *Discours*, les *Origines*, le *De agricultura*, et aussi des *Apophtegmes* et des *Lettres*.

Les Discours

CATON plaida de sa jeunesse jusqu'à sa mort. Il intervint également au Sénat. Aussi Cicéron connaissait-il de CATON plus de 150 discours. Il les rédigeait à l'avance, sans grand souci de la composition qu'il remplaçait par la combativité. Son éloquence était âpre et sarcastique et il faisait emploi spontanément des procédés rhétoriques. Nous possédons encore des fragments de ses harangues, comme le *Discours pour les Rhodiens* (*Pro Rhodiensibus*), bon exemple de son art oratoire.

Les Origines

Sur cette œuvre, nous avons des renseignements dans la *Vita Catonis* de Cornelius Nepos : « Il commença à écrire des histoires dans sa vieillesse. Il y en a 7 livres » (II, 6, 3). Nepos nous explique qu'il publia, en −168, trois livres qui constituaient les *Origines* (de Rome), de l'arrivée des Troyens jusqu'à la fin de la période royale (livre I); dans les livres suivants, il parlait des Ligures, des Gaulois, des Sabins, etc., bouleversant ainsi les habitudes des annalistes. Les quatres autres livres, publiés après sa mort, furent rattachés aux *Origines*. Il y traitait d'événements plus proches de lui : guerres contre les Carthaginois, contre Antiochus, guerre d'Espagne.

CATON rompt résolument avec la tradition annalistique. Le premier, il introduit dans l'histoire des éléments pris dans la géographie, l'ethnographie, l'économie domestique. Le premier, il écrit l'histoire de Rome en latin. Le premier, il ne se borne pas à la ville de Rome, mais s'intéresse à d'autres nations. La patrie, pour lui, c'est l'Italie. Enfin, il ne se contente pas de raconter les faits, il les explique. Il devait faire école auprès des futurs historiens. Nous n'avons gardé que des fragments de ces *Origines*.

Le De agricultura (*Sur l'agriculture*)

Ce traité que nous avons conservé montre la haute dignité de l'agriculture. Elle est utile à l'État. « C'est parmi les cultivateurs que naissent les meilleurs citoyens et les soldats les plus courageux », nous dit CATON. En rappelant qu'elle donne « les profits les plus honorables, les plus sûrs et les moins sujets à l'envie », il essaie de lutter contre la dépopulation et de retenir à la campagne la bourgeoisie fortunée tentée par le profit.

Il ne s'agit pas d'une œuvre d'art. Ce livre fournit surtout d'excellentes données économiques. Virgile, pour les *Géorgiques*, a pu y puiser plus d'un renseignement. Mais il y a une différence capitale entre ces deux écrivains : « Caton s'efforce de montrer que les moyens propriétaires peuvent encore vivre et réussir... à condition de substituer à la polyculture d'autrefois une répartition plus productive, des emblavures, des cultures fruitières et arborescentes » (E. de Saint-Denis), tandis que Virgile semble s'adresser à de petits propriétaires. CATON s'inspire de *L'Économique* de Xénophon et de son expérience personnelle. On trouve de tout dans ce traité, depuis l'achat d'un domaine jusqu'à des recettes culinaires. La valeur de cet ouvrage est avant tout documentaire.

Autres ouvrages

Le *Ad filium libri*, livre de raison, est une sorte d'encyclopédie sur l'éloquence, le droit, l'agriculture, la guerre, à l'usage de « l'honnête homme ». Le *Carmen de moribus* (*Poème sur les mœurs*) est un recueil de sentences faisant éloge du bon vieux temps.

L'œuvre de CATON, caractéristique du génie romain de cette époque, aide à comprendre ce que nous appelons « les vieux Romains ». Elle montre la lutte de la vieille tradition romaine contre l'hellénisme envahissant. CATON, certes, échoue dans cette lutte. Lui-même l'avoue puisque, âgé, il apprit le grec. Néanmoins, c'est dans son œuvre que les grands écrivains du Iᵉʳ siècle av. J.-C. prirent conscience de l'originalité de l'esprit romain.

■ *LE THÉÂTRE*

La comédie

La comédie et la tragédie étaient jouées avec succès dans les théâtres de l'Italie du Sud. Cependant, la comédie ne s'y présentait pas sous les mêmes traits qu'à Athènes. Ainsi la parodie de la tragédie reçut sa forme littéraire de RHINTON de Syracuse ou de Tarente vers −300 : c'est l'*hilaro-tragédie*. Les acteurs de cette farce grossière sont les *phlyakes* (les *bavards*). Nous connaissons ces pièces surtout par des représentations de « sketches » figurant sur des vases du IVᵉ siècle, dont les plus beaux sont signés d'Assteas de Paestum. Plusieurs des thèmes préférés des phlyakes seront recueillis par Plaute. La comédie populaire de la Grande Grèce avait gagné le pays osque où elle donna naissance à l'*atellane*, puis le Latium. L'atellane doit son nom à la ville campanienne d'*Atella* : ce n'était qu'une farce grossière faite d'un canevas sur lequel brodaient les acteurs. Les personnages en étaient traditionnels. Cette farce sera éclipsée par le *mime*, parade dansante, bouffonne et souvent vulgaire. Elle subsista en province.

Les phlyakes se jouent d'abord sur une scène assez semblable à celle que connut Shakespeare : provisoire, en bois, protégée par un toit, soutenue par deux colonnes doriques. Des acteurs pouvaient évoluer dans cette sorte de galerie ouverte. Ce type de scène a pu être utilisé par Plaute dans l'*Amphitryon*. Mais souvent la scène est beaucoup plus modeste : provisoire, en bois, elle est faite essentiellement d'une plate-forme soutenue par quelques poteaux de bois, rarement des colonnes. Parfois des draperies dissimulent les poteaux. Le mur du fond est décoré et comporte une ou plusieurs portes, des fenêtres. Le toit s'avance au-dessus de la scène, soutenu par des poutres ou des corbeaux. Cette scène, transportable, pouvait être dressée n'importe où. La scène des phlyakes sera celle de Plaute et, combinée avec le théâtre grec hellénistique, elle donnera naissance au théâtre romain, ancêtre du théâtre européen occidental.

À l'origine, les représentations théâtrales sont un élément du culte public. Les *ludi*, les jeux, sont promis aux dieux : ce sont des moyens de les apaiser ou de les remercier. Le théâtre est un de ces moyens. On a vu que la première représentation de théâtre littéraire fut donnée par Livius Andronicus, en −240, lors des *Jeux romains*, en l'honneur de Jupiter Capitolin. En −238 sont instaurés les *Ludi florales*. En −220 ou −216, les *Ludi plebei* sont officialisés, puis les *Ludi apollinares* (à partir de −208). Enfin, les *Ludi megalenses*, en l'honneur de la Grande Déesse, créés en −204, s'ouvrent au théâtre en −194. La durée des Jeux est allongée : d'une journée à l'origine, ils compteront seize jours à la mort de César. Le spectacle, d'abord de quelques heures, se poursuit, au cours du Iᵉʳ siècle, toute la journée, devant des spectateurs à moitié endormis (Cicéron, *Correspondance*, CXXVII; voir également les versions nᵒˢ 53 et 54 où Cicéron évoque des représentations scéniques).

Le spectacle est gratuit. Le magistrat qui préside reçoit une subvention. Pour se rendre populaire, le magistrat, de son côté, fait de grands frais personnels. Il fait appel à un entrepreneur de spectacles et directeur de troupe (*dominus gregis*) qui achète la pièce au poète. Ambivius Turpio paya 8 000 sesterces *L'Eunuque* de Térence. Il recrute des acteurs (esclaves, affranchis, hommes libres étrangers), distribue les rôles, fait répéter, met en scène et joue lui-même. Un *choragus* se charge des costumes et des décors. Un musicien écrit l'accompagnement musical (*Marcipor* pour les pièces de Plaute). Chaque troupe possède un joueur de flûte (*tibicen*), un *cantor* pour les *cantica* ou parties lyriques. Le nombre d'acteurs n'est pas fixe, mais chaque acteur n'est pas affecté à un rôle unique. Les hommes jouent les rôles féminins. Le métier d'acteur semble déshonorant, mais certains acteurs furent riches et célèbres (par exemple Roscius, ami de Cicéron).

Il n'y avait pas de lieu fixe pour les premières représentations (*Circus Maximus*, *forum*, voisinage d'un temple, ou encore *Circus Flaminius*). L'estrade, appelée *pulpitum* ou *proscaenium*, ne permet guère de changements de décor. Le *podium*, avec son mur de fond, représente tout ce que l'on désire. Certains auteurs prétendent qu'un *angiportus* formait un retrait sur la scène. Ce qui se passait dans la maison pouvait se jouer devant la maison, ou dans le *vestibulum* ou *ambulacrum*, mentionné par Plaute, sans doute un porche extérieur à colonnes.

Pour les spectateurs, au début, il n'y a ni sièges, ni gradins. Ils se tassent dans une enceinte (*cavea*) délimitée par une barrière. Scipion l'Africain fit réserver les premiers rangs à l'ordre sénatorial. Des gradins temporaires, attestés par Plaute lui-même (*Miles*, v. 81-83), furent ensuite construits. Après une tentative infructueuse en −155, le premier théâtre en pierre ne fut bâti qu'en −55, par Pompée.

Les acteurs portent en général le costume grec : le *pallium*, manteau enroulé autour du corps en Grèce, qui donna son nom à la *palliata* (comédie à sujet grec). Les jeunes gens, les voyageurs et les soldats fanfarons portent la *chlamyde*, rejetée parfois sur l'épaule. Tous portent une tunique. Certains grotesques ont un rembourrage qui leur fait un ventre énorme, une croupe rebondie. La chaussure est le *soccus*; les voyageurs portent le *pétase* sur la tête. Il y a des accessoires pour distinguer les catégories (épée, fourchette, panier à provisions). Les perruques sont rousses pour les esclaves, blondes pour les jeunes gens. Les fards sont utilisés. La question du *masque* est discutée. Il est utilisé dans la *satura* et l'*atellane*. Mais il semble qu'à l'époque de Plaute, il ne le soit plus. Cependant certaines pièces comme les *Ménechmes* peuvent faire penser que le masque disparut plus tard.

L'art de l'acteur atteignit sous la République un haut développement. Les acteurs travaillent beaucoup (Cicéron, *De Oratore*, III, 22-83, 59, 220). Comme pour l'acteur grec, le corps et la gesticulation peuvent signifier avec beaucoup de précision les sentiments du personnage. Les vêtements légers favorisent l'expression gestuelle. Avec le temps, la part de l'acteur devient de plus en plus importante : de tout temps, le public avait donné le prix à l'acteur, non à la pièce.

Ce public est mêlé et bruyant : en témoignent certains prologues de Plaute. Le silence réclamé par le héraut n'est pas obtenu. Tout le monde crie. Le récitant du *prologue* s'efforce d'obtenir le contact avec la foule en annonçant le sujet et en le présentant. Pour intéresser ce public, tous les moyens de faire éclater le rire sont bons. Il est visible chez Plaute qu'il utilise tout ce qui peut plaire à la foule, ce qu'il réussit d'ailleurs.

PLAUTE

PLAUTE (vers −254 à −184) est né à *Sarsina*, en Ombrie, aux frontières du pays gaulois où se faisaient sentir les influences celtique et étrusque. Sa vie est si mal connue qu'on a discuté sur le libellé exact de son nom. TITUS MACCIUS PLAUTUS en est la forme la plus vraisemblable. Pauvre, mais de naissance libre, il vint sans doute très tôt à Rome. En effet, il parle un latin très pur, au dire de Cicéron lui-même (*De Oratore*, 12, 44 sqq.). Il apprit le grec, puisqu'il adapte de nombreuses pièces de la Comédie nouvelle. D'après Aulu-Gelle (*Nuits attiques*, III, 3, 14 sqq.), PLAUTE, après avoir gagné beaucoup d'argent dans des entreprises théâtrales, le perdit pour l'avoir aventuré dans le commerce. Il aurait alors loué ses services à un boulanger et tourné une meule à bras chez ce dernier. De quelles entreprises théâtrales s'agit-il ? PLAUTE fut-il acteur ? directeur de troupe ? ou « technicien de la scène » ? L'expression « tourner la meule » est elle-même équivoque et peut signifier simplement que PLAUTE connut une extrême misère. Il est vraisemblable qu'il a composé des comédies d'environ −215 jusqu'à sa mort (Cicéron la fixe à −184 dans *Brutus*, XV, 60). Sa période la plus active aurait été de −200 à −190.

D'après Varron, cité par Aulu-Gelle, il faut réduire le nombre de pièces authentiques de PLAUTE à 21, alors que la tradition voulait qu'il en eût écrit 130. Voici par ordre alphabétique la liste de ces pièces : *Amphitruo, Asinaria, Aulularia, Bacchides, Captivi, Casina, Cistellaria, Curculio, Epidicus, Menaechmi, Mercator, Miles Gloriosus, Mostellaria, Persa, Poenulus, Pseudolus, Rudens, Stichus, Trinummus, Truculentus, Vidularia.* Ces pièces nous sont parvenues, sauf la *Vidularia*. Deux sont solidement datées : le *Stichus* (−200) et le *Pseudolus* (−191).

D'après les circonstances de sa vie, il paraît vraisemblable que PLAUTE a rempli des emplois multiples, ce qui suppose chez lui du dynamisme, de la volonté, un rythme de vie trépidant. Ce n'est pas un homme de « cercle ». Malgré ses difficultés, il est resté indépendant. Horace affirme qu'il avait l'amour de l'argent. Mais il cherche aussi le succès, qu'il obtient par une acceptation sans réticence de tout son public et le désir de lui plaire. Ses procédés comiques, il les a trouvés chez les Grecs de la Comédie nouvelle, dans la farce populaire italienne, dans les saillies du peuple. Ce don d'assimilation n'exclut cependant pas le génie créateur. Son originalité consiste à avoir créé un spectacle complet en réintroduisant dans la comédie grecque la farce populaire et la comédie musicale. Il fait penser à Molière, comme lui auteur, comédien, directeur de troupe, administrateur de théâtre. Ils ont en commun l'expérience du théâtre vécu, le sens du public. Ce sont avant tout des hommes de théâtre.

Voici l'argument de quatre pièces de PLAUTE. C'est de ces pièces que sont tirées les versions que l'on trouvera plus loin.

• L'*Asinaria* (*fabula* : la comédie des ânes) : cette pièce met en scène un esclave qui, par la vente d'un certain nombre d'ânes, veut permettre au fils de son maître de payer une intermédiaire pour racheter à des corsaires la jeune fille dont il est amoureux.

• L'*Aulularia*, dont s'est inspiré Molière pour *L'Avare*, est la comédie de la marmite (*aula*, terme archaïque pour *olla*) trouvée pleine d'argent par le vieil et pauvre Euclion. Il craint qu'on ne lui vole son trésor et finit par soupçonner tout le monde. Il a une fille, Phaedra, que veulent épouser Megadorus et son neveu Lyconides. L'esclave de ce dernier, Strobile, épie Euclion qui cache sa marmite dans le temple de la Bonne Foi. L'esclave s'empare du trésor. En le restituant, Lyconides obtient la main de Phaedra.

• Les *Menaechmes* : deux jumeaux du même nom, séparés depuis leur plus tendre jeunesse, se trouvent réunis par hasard dans la même ville. Ils se ressemblent de façon étonnante. On devine tous les quiproquos qui vont naître de cette situation. Tout se termine par la reconnaissance des deux frères. On pense à la pièce de Shakespeare *La Comédie des erreurs*.

• Le *Miles gloriosus* (*Le Soldat fanfaron*) : un militaire vantard est raillé et bâtonné. On peut avoir une idée de cette farce et de ce personnage par *le Matamore*, dans *L'Illusion comique* de Corneille, par *Le Capitaine Fracasse* de Th. Gautier et par *Le Capitan* (film).

Les manuscrits de PLAUTE commencent parfois par une *didascalie*, sorte de procès-verbal, et un *argument* ou résumé de la pièce. Ils ne sont pas de PLAUTE. La représentation commence par une *ouverture musicale* (flûte). Le *prologue* est récité par un personnage de la pièce, l'orateur de la troupe ou un personnage qu'on ne reverra plus. Le corps de la pièce est divisé en « grands mouvements coupés de temps morts et de points d'orgue » (B.A. Taladoire, *Essai sur le comique de Plaute*, p. 70-73). Un court *épilogue* sollicite les applaudissements des spectateurs. Le prologue répond à divers besoins : il expose à un public peu cultivé et peu attentif la *situation*, surtout si elle est complexe, et cherche à capter la bienveillance des spectateurs. Ce prologue prend souvent l'allure d'une parade burlesque.

Le thème général est traité par Plaute avec beaucoup de variété. On a pu distinguer opéras-comiques à divertissement final, comédies d'intrigue, comédies mêlées de peinture morale, comédies psychologiques (Lejay, *Plaute*). Mais on peut aussi classer les pièces selon les proportions de chanté, de parlé et de récitatif. Certaines pièces semblent livrées au plus grand hasard, tandis que d'autres obéissent à un mécanisme rigoureux (*Menaechmes*). PLAUTE observe toujours une alternance entre les scènes mouvementées et les scènes plus calmes, entre la farce déchaînée et le dialogue psychologique. Il établit des symétries entre des scènes parallèles et, par les procédés les plus variés, imprime un mouvement très net à la pièce. La technique est celle du *vaudeville* à laquelle s'ajoute la *fantaisie* de l'auteur. Toutes ces remarques montrent la vanité du découpage en cinq actes; la notion d'acte et d'entr'acte est moderne. En fait, tout se déroule d'un seul tenant, à la manière d'un poème. L'auteur ne pense pas par moments distincts, il avance simplement, s'abandonnant au jaillissement de sa verve comique, avec des pauses et des changements de rythme.

PLAUTE a fait de la comédie une sorte d'opérette, d'opéra-comique, en introduisant l'élément lyrique local (*satura*) dans le cadre importé de la Comédie nouvelle. Les proportions du parlé, du récitatif (ton soutenu avec accompagnement de flûte) et du chanté (*canticum*) varient de pièce à pièce. Le parlé est composé en sénaires iambiques, le récitatif en septénaires trochaïques ordinairement et parfois en septénaires iambiques. Au *canticum* sont réservés des mètres variés : crétiques, bacchiques, anapestiques. De toute façon, « la maîtrise du poète lui fait subordonner la consécution des rythmes à l'expression de la pensée » (Lejay). Il y a harmonie constante entre les diverses phases du drame et la combinaison rythmique.

PLAUTE en a usé librement avec ses modèles. L'étude de la *contamination* ne doit pas nous faire oublier que PLAUTE s'inspire beaucoup de la farce italienne. Les personnages traditionnels de l'*atellane* peuvent servir de modèles à ses parasites. Le mélange désinvolte de traits romains et de traits grecs montre la liberté que prenait le poète à l'égard des pièces grecques. On peut avoir l'impression que les éléments grecs produisaient un effet de dépaysement exotique. Ce n'est pas sûr. En fait, il est toujours difficile d'analyser complètement ce qu'a recherché un écrivain : voyez Corneille ou Molière.

Après quelques remarques sur la langue de PLAUTE et de certains écrivains, on trouvera des exemples de l'art de ce grand auteur comique.

REMARQUES SUR LA LANGUE DE PLAUTE, TÉRENCE, LUCRÈCE, SALLUSTE

CONTRACTIONS OU MOTS ABRÉGÉS

1) COMBINAISON DE est AVEC FIN DU MOT PRÉCÉDENT.
— *us* + *est* = *ust usust*
— *a* + *est* = *ast itast, nimiast*
— *um* + *est* = *umst flagitiumst*
— *e* + *est* = *est incredibilest*
— *i* + *est* = *ist ornatist*
— *o* + *est* = *ost religiost*
2) COMBINAISON — *us* + *es* = *u's missuru's* = *missurus es*
3) COMBINAISON DE LA PARTICULE *-ne* AVEC UN AUTRE MOT.
viden = *videsne; itan* = *itane*
hancine = *hanc* + *ne; ten* = *tene; hacine* = *hac* + *ne; scin* = *scisne*
4) DÉMONSTRATIFS AVEC LA PARTICULE D'INSISTANCE *-ce*
istuc = *istud* + *ce; istaec* = *ista* + *ce* (cf. *haec*); *hisce* = *his* + *ce; illic* = *ille* + *ce*
5) QUELQUES CONTRACTIONS, SYNCOPES ET HAPLOLOGIES.
— gén. en *i* pour *ii* : *fili* = *filii*
— *periclum, saeclum* = *periculum, saeculum*
— *sis* = *si vis*
— *amisti* = *amisisti; induxti* = *induxisti*

AUTRES PARTICULARITÉS

1) acc. sing. de thème en *-i* : *navim* pour *navem*
2) acc. sing. de la 2e déclinaison en *-om* au lieu de *-um* : *servom*
3) *vostrum* = *vestrum*
4) *maxumas* = *maximas; lubet* = *libet; lubido* = *libido*
5) *face* pour *fac*
6) subj. de *sum* : *siem, sies, siet, sient* pour *sim, sis, sit, sint* (Plaute)
7) adjectif verbal en *-undus* au lieu de *-endus* : *faciundus*
8) Lucrèce : gén. sg. de la première déclinaison en *ai*; ex. : *triviai*
9) Lucrèce et Plaute : inf. présent passif en *-arier* au lieu de *-ari*

Remarques sur la langue dans toute la latinité

1) *nil* pour *nihil*
2) 3e pers. pl. ind. parfait actif en *ere* : *amavere* = *amaverunt*
3) finales déponentes ou passives en *-re* au lieu de *-ris* (2e sing.) : *consolare* = *consolaris; amabere* = *amaberis*
4) suppression de *ve* ou *vi* par contraction ou analogie de formes contractées régulières : *amasse (amavisse), amarant (amaverant), amasti (amavisti), amaro (amavero).*

2 Un enfant perdu

Dans le prologue des Ménechmes, Plaute présente le sujet de sa pièce aux spectateurs.

Mercator quidam fuit Syracusis senex.
Ei sunt nati filii gemini duo,
ita forma simili pueri, ut mater[1] sua
non internosse posset quae mammam dabat
neque adeo mater ipsa quae illos pepererat,
ut quidem ille dixit mihi qui pueros viderat;
ego illos non vidi, nequis vostrum censeat.
Postquam jam pueri septuennes sunt, pater
oneravit navim magnam multis mercibus.
Imponit geminum alterum in navem pater,
Tarentum avexit secum ad mercatum simul;
illum reliquit alterum apud matrem domi.
Tarenti ludei[2] forte erant, cum illuc venit;
mortales multi, ut ad ludos, convenerant.
Puer inter homines aberravit a patre.
Epidamniensis quidam ibi mercator fuit;
is puerum tollit avehitque Epidamnum eum.
Pater ejus autem postquam puerum perdidit,
animum despondit, eaque is aegritudine
paucis diebus post Tarenti emortuust[3].

PLAUTE, *Menaechmi*, v. 17-36.

1. *mater* = « mère nourrice » par opposition à la mère véritable. — 2. *ludei* = *ludi*. — 3. *emortuust* = *emortuus est*.

3 C'est avec de la saucisse qu'on attache les esclaves

*Le parasite est un personnage classique des comédies antiques (cf. Térence, version n° 14). Celui que nous voyons ici est un pique-assiette qui a reçu le nom de « Labrosse » (*peniculus *désigne l'instrument dont on se sert pour nettoyer la table). Il nous expose quelle conception il se fait de « l'attachement ».*

Juventus nomen fecit Peniculo[1] mihi,
ideo quia mensam, quando edo, detergeo.
Homines captivos qui catenis vinciunt
et qui fugitivis servis indunt compedes
nimis[2] stulte faciunt mea quidem sententia.
Nam homini misero si ad malum accedit malum,

major libido est fugere et facere nequiter.
Nam se ex catenis eximunt aliquo modo,
tum[3] compediti aut anum lima praeterunt
aut lapide excutiunt clavum[4]; nugae sunt eae.
Quem tu adservare recte, ne aufugiat, voles,
esca atque potione vinciri decet:
apud mensam plenam homini rostrum deliges.
Dum tu illi quod edit[5] et quod potet praebeas
suo arbitratu usque adfatim cottidie,
numquam edepol fugiet, tametsi capital fecerit;
facile adservabis, dum eo vinclo vincies.
Ita istaec nimis lenta vincla sunt escaria:
quam magis[6] extendas, tanto adstringunt artius.

PLAUTE, *Menaechmi*, v. 77-96.

1. *Peniculo* = au datif par attraction de *mihi*. — 2. *nimis* = *valde* (de même au v. 18). — 3. *tum* = d'autre part. — 4. *clavum* = la clavette (par laquelle l'anneau est fixé à la chaîne). — 5. *edit* = subjonctif archaïque. — 6. *quam magis* = *quanto magis*.

4 *Un mari fait des reproches à sa femme*

Ménechme, le dos tourné aux spectateurs, parle à sa femme, dans la maison.

Ni mala, ni stulta sies[1], ni indomita imposque animi,
quod[2] viro esse odio videas, tute[3] tibi odio habeas.
Praeterhac si mihi tale post hunc diem
faxis[4], faxo foris vidua[5] visas patrem.
Nam quotiens foras ire volo, me retines, revocas, rogitas
quo ego eam, quam rem agam, quid negoti geram,
quid petam, quid feram, quid foris egerim.
Portitorem domum duxi, ita omnem mihi
rem necesse eloqui est, quicquid egi atque ago.
Nimium ego te habui delicatam. Nunc adeo, ut facturus[6] dicam.
Quando ego tibi ancillas, penum,
lanam, aurum, vestem, purpuram
bene praebeo nec quicquam eges,
malo cavebis, si sapis;
virum observare desines.

PLAUTE, *Menaechmi*, v. 110-122.

1. *sies* = *sis*. — 2. *quod* a pour antécédent s. e. *id*, cplt. d'objet de *habeas*; ici *habeo* = tenir, considérer. — 3. *te* renforce *tu; tute* = toi, toi-même. — 4. *faxis* = *feceris; faxo* = *faciam*, fut. simple; après *faxo* s. e. *ut*. — 5. *vidua* = privée de mari. — 6. *ut facturus* s.e. *sim*.

5 À la recherche de vingt mines

Argyrippe, fils de Déménète, a besoin de 20 mines qu'il désire offrir à celle qu'il aime. Le père veut venir en aide à son fils. Il demande à son esclave Liban de les trouver, au besoin par une escroquerie aux dépens de sa femme, Artémone. Celle-ci est riche, elle avait apporté une grosse dot et ses esclaves, parmi lesquels figure l'intendant Sauréa, et c'est elle qui commande.

LI : Dotalem servum Sauream uxor tua
adduxit, cui plus in manu sit quam tibi.
DE : Argentum accepi, dote imperium vendidi.
Nunc verba in pauca conferam quid te velim.
Viginti jam usust[1] filio argenti minis :
face id ut paratum jam sit.
LI : Unde gentium ?
DE : Me defraudato.
LI : Maxumas nugas agis;
nudo[2] detrahere vestimenta me jubes.
Defrudem te ego ? age, sis, tu, sine pennis vola[3].
Ten ego defrudem, cui ipsi nihil est in manu,
nisi quid tu porro uxorem defrudaveris ?
DE : Qua me, qua uxorem, qua tu servum Sauream
potes, circumduce, aufer; promitto tibi
non obfuturum, si id hodie effeceris.
LI : Jubeas una opera[4] me piscari in aere.
DE : Tibi optionem sumito Leonidam;
fabricare quidvis, quidvis comminiscere;
perficito argentum hodie ut habeat filius
amicae quod det.

PLAUTE, *Asinaria,* v. 85-104.

1. *usust* = *opus est.* — 2. *nudo* = s.e. *homini.* — 3. *sine pennis vola,* ex. d'adynaton, cf. plus loin *piscari in aere.* — 4. *una opera* = par une même activité, c'est-à-dire « cela n'est pas plus difficile ».

6 Scène de supplications bouffonnes

Argyrippe a besoin d'argent. Les esclaves Liban et Léonide ont réussi à en trouver. Mais avant de le remettre au jeune homme, ils veulent que celui-ci les supplie. Liban exige même que son maître le porte sur son dos.

LI : Vehes pol hodie me, si quidem hoc argentum ferre speras.
AR : Ten ego veham ?
LI : Tun hoc feras argentum aliter a me ?
AR : Perii hercle ! si verum quidem est decorum erum vehere servom,
inscende[1].
LI : Sic isti solent superbi subdomari.
Asta[2] igitur, ut consuetus es puer olim : scin ut dicam ?

Em sic[3] abi, laudo, nec te equo magis est equus ullus sapiens.
AR : Inscende actutum.
LI : Ego fecero. Hem, quid istuc est ? ut tu incedis ?
Demam hercle jam de hordeo, tolutim ni badizas.
AR : Amabo[4], Libane, jam sat est.
LI : Numquam hercle hodie exorabis;
nam jam calcari quadrupedo[5] agitabo advorsum clivom,
postea ad pistores dabo, ut ibi cruciere currens.
Asta, ut descendam nunciam in proclivi, quamquam nequam es.
AR : Quid nunc, amabo ? quoniam ut est libitum nos delusistis,
datisne argentum ?
LI : Si quidem mihi statuam et aram statuis
atque ut deo mihi hic immolas bovem : nam ego tibi Salus sum.

PLAUTE, *Asinaria*, v. 699-713.

1. s.e. sur mon dos. — 2. *asta* : impératif, 2e pers. sing. de *asto, as, are; ut dicam* = comment je veux dire. — 3. *sic* : Argyrippe s'est mis à quatre pattes; *laudo* : s.e. *te*. — 4. *amabo* = je t'en prie. — 5. *quadrupedo* = au galop; *agitabo* : s.e. *te; dabo* : s.e. *te*.

7 Les inquiétudes d'un avare

Euclion a trouvé une marmite pleine d'or. Il a mis sa servante Staphyla à la porte pour vérifier si le trésor est toujours intact. Il la fait rentrer ensuite en lui donnant l'ordre de ne laisser pénétrer personne et se dispose à sortir.

EUC : Occlude, sis,
fores ambobus pessulis. Jam ego hic ero.
Discrucior animi[1] quia ab domo abeundum est mihi.
Nimis hercle invitus abeo; sed quid agam scio.
Nam noster nostrae qui est magister curiae[2]
dividere argenti dixit nummos in viros.
Id si relinquo ac non peto, omnes ilico
me suspicentur, credo, habere aurum domi.
Nam non est veri simile hominem pauperem
pauxillum parvi facere quin nummum petat.
Nam nunc cum[3] celo sedulo omnes, ne sciant,
omnes videntur scire, et me benignius
omnes salutant quam salutabant prius.
Adeunt, consistunt, copulantur dexteras;
rogitant me ut valeam, quid agam, quid rerum geram.
Nunc quo profectus sum[4] ibo; postidea domum
me rursum, quantum potero, tantum recipiam.

PLAUTE, *Aulularia*, v. 103-119.

1. *animi* : génitif de relation; m. à m. sous le rapport de l'esprit. — 2. *curiae* = curie (Romulus avait divisé la population en 30 curies); après *viros* s.e. *singulos; dividere* = *divisurum esse*. — 3. *cum* + ind. = bien que. — 4. *quo profectus sum* = *quo dixi me profecturum esse*.

8 Deux mauvais sujets

Deux esclaves, Liban et Léonide, se lancent à la tête l'un de l'autre la liste interminable de leurs méfaits. Voir notice version n° 5.

LE : Ne[1] illa edepol pro merito tuo memorari multa possunt :
ubi fidentem fraudaveris, ubi ero infidelis fueris,
ubi verbis conceptis sciens libenter perjuraris,
ubi parietes perfoderis, in furto ubi sis prehensus,
ubi saepe causam dixeris pendens[2] adversus octo
artutos audaces viros, valentes virgatores !
LI : Fateor profecto ut praedicas, Leonida, esse vera;
verum edepol ne etiam tua quoque malefacta iterari multa
et vero[3] possunt : ubi sciens fideli infidus fueris,
ubi prensus in furto sies[4] manifesto et verberatus,
ubi perjuraris, ubi sacro manus sis admolitus,
ubi eris damno et molestiae et dedecori saepe fueris,
ubi creditum quod sit tibi datum esse pernegaris,
ubi amicae quam amico tuo fueris magis fidelis,
ubi saepe ad languorem tua duritia[5] dederis octo
validos lictores, ulmeis adfectos lentis virgis !
Num male relata est gratia, ut collegam collaudavi ?

PLAUTE, *Asinaria*, v. 560-576.

1. adv. d'affirmation. — 2. l'esclave est puni par des coups de baguette; il est suspendu par les mains; *causam dixeris* est employé ici ironiquement. — 3. *vero* = en disant la vérité. — 4. *sies* = *sis*. — 5. *duritia* = dureté de ta peau.

9 Un homme trop admiré des femmes

Pyrgopolinice, chef de bande au service d'un roi étranger, est revenu à Athènes. Son parasite, Artotrogus, vient d'énumérer ses succès guerriers imaginaires.

AR : Quid tibi ego dicam quod omnes mortales sciunt,
Pyrgopolinicem te unum in terra vivere
virtute et forma et factis invictissumis ?
Amant te omnes mulieres, neque injuria,
qui sis tam pulcher. Vel[1] illae quae here pallio
me reprehenderunt.
PY : Quid eae dixerunt tibi ?
AR : Rogitabant : « Hicine Achilles est ? » inquit[2] mihi.
« Immo ejus frater » inquam « est ». Ibi illarum altera
« Ergo mecastor pulcher est » inquit mihi
« et liberalis; vide caesaries quam decet. »
PY : Itane aibant tandem ?
AR : Quaen[3] me ambae obsecraverint

ut te hodie quasi pompam illa praeterducerem?
PY: Nimiast miseria nimis pulchrum esse hominem.
AR: Immo itast:
molestae sunt; orant, ambiunt, exobsecrant
videre ut liceat; ad sese arcessi jubent[4];
ut tuo non liceat dare operam negotio.

PLAUTE, *Miles Gloriosus*, v. 55-71.

1. *vel* = notamment. — 2. s.e. *una mulierum*. — 3. *quaen* = n'est-ce pas elles qui; *illa*: adverbe de lieu. — 4 s.e. *te*, cplt d'objet de *videre* et *te* sujet de *arcessi; ut* devant *tuo* = au point que.

10 Un célibataire explique pourquoi il ne veut pas se marier

Pleusiclès a fait devant Périplectomène l'éloge du mariage. Celui-ci répond.

Nam bona uxor suave[1] ductust, si sit usquam gentium
ubi ea possit inveniri. Verum egone eam ducam domum,
quae mihi numquam hoc dicat: «eme, mi vir, lanam, unde tibi pallium
malacum et calidum conficiatur tunicaeque hibernae bonae,
ne algeas hac hieme» (hoc numquam verbum ex uxore audias),
verum prius quam galli cantent, quae me e somno suscitet,
dicat «da, mi vir, Calendis meam qui[2] matrem munerem;
da qui faciam condimenta; da quod dem Quinquatribus
praecantrici, conjectrici, hariolae atque haruspicae;
flagitiumst si nil mittetur, quae supercilio spicit[3].
Jam pridem, quia nil abstulerit, suscenset ceraria;
tum obstetrix expostulavit mecum parum missum sibi;
quid? nutrici non missuru's quicquam quae vernas alit?»
Haec atque horum similia alia damna multa mulierum
me uxore prohibent, mihi quae hujus similes sermones serat.

PLAUTE, *Miles Gloriosus*, v. 685-700.

1. *suave*: m. à m. une chose agréable; *ductu*: supin de *ducere; uxorem ducere* = introduire une épouse chez soi. *Ducam*: subj. de protestation = j'irais introduire. — 2. *qui* = avec quoi (ancien ablatif de quis), d'où = de quoi; *condimenta* = confits; *Quinquatrus, uum* = fêtes en l'honneur de Minerve; *praecantrix* = conjureuse de sorts. — 3. *quae supercilio spicit* = qui lit l'avenir dans les sourcils.

11 Des tonneaux qui se vident tout seuls

Le sommelier Scélédrus, après s'être enivré, s'est endormi. Son aide Lurcion est interrogé par un autre esclave Palestrion qui menace de révéler au maître la disparition du vin.

PA: Alii ebrii sunt, alii poscam potitant.
Bono subpromo et promo cellam creditam!

LU : Tu hercle idem faceres, si tibi esset credita;
quoniam aemulari non licet, nunc invides.
PA : Eho, an umquam prompsit[1] antehac ? responde, scelus.
Atque ut tu scire possis, ego dico tibi :
si falsa dices, Lurcio, excruciabere.
LU : Numquam edepol vidi promere; verum hoc erat :
mihi imperabat, ego promebam postea.
PA : Hoc[2] illi crebro capite sistebant cadi.
LU : Non hercle tam istoc valide cassabant[3] cadi.
Sed in cella erat paulum nimis loculi[4] lubrici.
Ibi erat bilibris aula sic propter cados;
ea saepe deciens complebatur in die :
ubi bacchabatur aula, cassabant cadi.

PLAUTE, *Miles Gloriosus*, v. 836-842 et 849-856.

1. s.e. *vinum*; sujet de *prompsit* : Scélédrus. — 2. *hoc* (et vers suivant *istoc*) : ablatif de cause. — 3. *cassabant* = chancelaient. — 4. *paulum loculi* = *parvus loculus*.

La comédie entre Plaute et Térence

Plaute ayant fait une synthèse des éléments fort divers qui constituent la comédie latine, on pourrait croire à une évolution linéaire qui aboutirait finalement à Térence. En fait, chaque auteur comique refait cette synthèse selon son tempérament.

Entre Plaute et Térence, il existe d'autres auteurs comiques. Nous avons déjà parlé d'ENNIUS. Nous connaissons simplement le nom de certains autres. Cependant trois auteurs peuvent retenir l'attention.

• TITINIUS qui, d'après Varron, précéda Térence, est le plus ancien auteur de *togatae* (sujets romains). D'après les fragments de son œuvre, il aurait eu une certaine verve réaliste appliquée à la peinture de la vie romaine. « Pourtant, ne le croyons pas dégagé des modèles grecs. Si national que se prétende son théâtre, l'on y perçoit les influences helléniques : les types en sont souvent ceux de la *palliata* » (H. Bardon).

• CAECILIUS STATIUS (vers −220 à vers −166). Gaulois Cisalpin, amené à Rome comme prisonnier, il fut esclave sous le nom de STATIUS et prit lors de son affranchissement le nom de son maître CAECILIUS. Il vécut dans l'intimité du poète Ennius et se consacra à la comédie sous costume grec (*palliata*). Il ne réussit que grâce aux efforts du chef de troupe L. Ambivius Turpio. Il mourut peu de temps après Ennius, aux environs de −166. Il écrivit une quarantaine de pièces dont il nous reste moins de 300 vers.

« En Caecilius, nous trouvons un poète de talent qui, pour l'intrigue et les caractères, s'est montré disciple fidèle de la comédie nouvelle : beaucoup plus proche de Térence, dont il patronne les débuts, que de Plaute » (H. Bardon). Cicéron déclare que son latin n'était pas pur, que Caecilius est « sans autorité pour la langue ». Il ne pratiquait pas la *contamination* des modèles grecs. Il s'est surtout inspiré de Ménandre. Il jouit d'une grande réputation auprès des Anciens. Varron vante de belles qualités dans ses intrigues et dans l'expression des passions. Cicéron, malgré ses réserves, voit en lui « peut-être le meilleur auteur comique ». Horace louait sa *gravitas* (énergie du style). Enfin Aulu-Gelle reconnaît son mérite. Caecilius est donc plus qu'auteur de transition. C'est un créateur.

• LUSCIUS de Lavinium, cadet de Caecilius, continue son effort en l'exagérant. Concurrent hargneux de Térence (sans doute pour des motifs politiques), il nous est connu surtout par les prologues de son rival qui n'était pas tendre pour lui. Il ne pratiquait pas la contamination, recherchait l'effet : par exemple, il n'hésite pas à écrire des scènes d'hallucination. Ses pièces étaient certainement appréciées. Térence le reconnaît dans le *Phormion* (prologue, v. 9 sqq.)

TÉRENCE

PUBLIUS TERENTIUS AFER, né à Carthage vers −185, esclave à Rome du sénateur Terentius Lucanus, reçut une éducation d'homme libre à cause de son intelligence et de sa beauté. Il fut bientôt affranchi et sa première pièce, *L'Andrienne*, fut représentée en −166 grâce à l'appui de Caecilius. Il devint le familier d'un grand nombre de nobles, en particulier des Scipions, de Laelius et des Aemilii, à cause de son charme, a-t-on dit. En leur compagnie, il s'affina. On a prétendu que Scipion Émilien et Laelius l'auraient aidé dans son travail. En fait, ils étaient très jeunes. S'il eut vraiment besoin d'aide, il dut plutôt la recevoir d'hommes lettrés comme Caius Sulpicius Gallus ou Quintus Fabius Labeo. De toute façon, Térence exprime bien les tendances aristocratiques et hellénisantes des Scipions.

Après avoir donné six comédies, en −160 il quitta Rome où il ne revint plus. En Grèce, il aurait traduit 108 pièces de Ménandre, ce qui paraît peu vraisemblable. Pour sa mort (−159), il existe deux versions; dans l'une, il aurait péri en mer, à son retour, dans la baie de Leucate et avec lui auraient disparu ses traductions; dans l'autre, il serait mort à Stymphale, découragé et attristé par la disparition de ses bagages et de ses manuscrits. Il laissa une fille qui, plus tard, épousa un chevalier romain. Etait-il Carthaginois ou Berbère ? On ne le sait, le terme AFER pouvant s'appliquer aux deux races. De taille moyenne, il avait le corps frêle et le teint basané. C'était un esprit sensible et un écrivain très réfléchi. On doit tous ces détails à une *Vita Terenti* de Suétone, qui nous a été transmise par Donat (IVe siècle apr. J.-C.).

Ses six comédies sont les suivantes :

- *L'Andrienne* (−166, *Andria*, la jeune fille d'Andros), contamination de deux pièces de Ménandre. Glycère, cette Andrienne, comme l'Arlésienne, ne paraît pas sur scène. Maîtresse de Pamphile, fils de Simon, elle donne naissance à un enfant. Simon veut marier son fils à la fille de son ami Chrémès : mariage empêché par ce scandale. On découvre que Glycère est citoyenne d'Attique et... fille de Chrémès. Tout s'arrange, même pour l'autre fille de Chrémès.
- *L'Hécyre* (−165; *hecura*, mot grec pour belle-mère). La jeune épouse de Pamphile, brouillée avec sa belle-mère, retourne dans sa famille où elle accouche d'un enfant de père inconnu. Douleur du mari. Tout finit bien : le père inconnu, c'est lui.
- *L'Heautontimoroumenos* (−163; mot grec : *Le Bourreau de soi-même*). À plus de soixante ans, Ménédème, qui a provoqué le départ de son fils en s'opposant à son mariage avec une jeune fille pauvre et étrangère, travaille durement à la campagne pour se punir. Le fils revient, Ménédème consent au mariage, d'autant que la jeune fille est reconnue comme la fille de son voisin Chrémès.
- *L'Eunuchus* (−161; *L'Eunuque*), contamination de deux piéces de Ménandre. L'intrigue compliquée ne permet guère le résumé. Elle repose au départ sur deux jeunes filles de bonne famille, mais, par suite de malheurs, l'une est devenue courtisane, l'autre esclave. Après des péripéties multiples, on apprend que les jeunes filles sont de naissance libre et tout finit par des mariages. Personnages intéressants : Thaïs, la courtisane, remarquable d'humanité; Thrason, un *miles gloriosus*, et son *parasite*, Gnathon (mot tiré du grec : « celui qui est toute mâchoire »).
- *Phormio* (−161; *Phormion*). C'est le nom du parasite, meneur de jeu. Deux cousins, en l'absence de leurs pères, mènent joyeuse vie. L'un d'eux a épousé une pauvre orpheline. Au retour du père de celui-ci, Phormion, par la ruse, s'entremet pour arranger les affaires. On apprend d'ailleurs que la jeune orpheline est en réalité la fille de l'oncle du jeune homme.
- *Adelphoe* (−160; *Les Adelphes* : Les *Frères*), pièce imitée de Ménandre. Cet ouvrage, dont le meneur de jeu est l'esclave Syrus, est une comédie psychologique et de mœurs où deux systèmes d'éducation s'affrontent. On y retrouve les pères habituels, les jeunes gens (deux frères) et deux jeunes filles évidemment. On aboutit à un heureux dénouement après bien des quiproquos et des malentendus.

En lisant ces résumés bien incomplets, on peut déjà se rendre compte de l'influence que TÉRENCE a exercée sur la littérature classique française. On trouvera des extraits de toutes ces œuvres un peu plus loin. Mais ce n'est pas sur les intrigues qu'il faut juger l'auteur.

Il est à remarquer que TÉRENCE ne s'est jamais contenté de combiner deux pièces grecques ou de les imiter. Il les transforme selon ses tendances littéraires. Il tend pour cela à la complexité (voir ci-dessus) pour placer ses personnages dans des situations plus riches de signification. Cette forme de réflexion littéraire aboutit à l'unité et à l'originalité, qualités que certains critiques modernes lui ont déniées. Pour reprendre un auteur classique, on pourrait dire que « son imitation n'est pas un esclavage ». Ajoutons que les tréteaux latins, différents de « l'orchestre » grec, ne permettaient pas la même esthétique. Chez TÉRENCE, hellénisme, gravité romaine, sensibilité romaine s'unissent pour former une œuvre originale.

Les différences qu'on a pu constater entre PLAUTE et TÉRENCE ne supposent pas un public différent. Il est toujours ni plus ni moins cultivé, ni plus ni moins turbulent. Les malheurs de *L'Hécyre*, qui ne réussit qu'à sa troisième représentation, ne prouvent cependant pas que le public de TÉRENCE ait été incapable de comprendre ce qu'il lui apportait.

Ainsi TÉRENCE renouvelle-t-il les *prologues*; il se débarrasse de l'*argumentum* (résumé de l'action) et ne consacre que quelques vers à la *captatio benevolentiae*. Le prologue devient un plaidoyer personnel. L'auteur prend le public à témoin de la mauvaise foi de ses rivaux et contre-attaque d'ailleurs avec une égale mauvaise foi. On a de cette façon un document unique sur la vie littéraire de l'époque, dominée par une âpre concurrence, le public servant d'arbitre. Les prologues réunissent donc la fermeté des principes et la déférence (estelle réelle ?) envers le public, pris comme juge suprême. TÉRENCE cherche donc à éduquer ce public, mais en obtenant son adhésion. Il n'est pas étonnant que l'on ait continué à jouer Térence pendant toute la durée de l'histoire de Rome, comme le dit Marouzeau. Avec Virgile, il est étudié à l'école. Les *grammatici* le commentent. Adoré par notre Moyen Âge, il est exalté par la Renaissance et l'âge classique. Fénelon le préfère à Molière, et c'est de son œuvre que Diderot tire une définition du « genre sérieux ».

TÉRENCE possède une réelle maîtrise du comique. Comme ses prédécesseurs, il utilise les types du répertoire qui provoquent le rire : le soldat fanfaron, le vieillard irascible, le parasite, l'esclave rusé. En donnant de l'humanité à ces caricatures, il diminue peut-être leur valeur comique, mais il les anime par d'autres procédés : variété de ton et adroits changements de rythmes, ou encore déplacement inattendu du comique. Enfin, le sourire naît parfois de l'émotion même.

J. Bayet a dit qu'il avait « des qualités de romancier plutôt que de dramaturge. » C'est que ses pièces ont un caractère essentiellement psychologique. Il cherche à approfondir l'esprit des œuvres dont il s'inspire. Il saisit ses personnages de l'intérieur : ce qui donne une grande importance aux monologues et aux intrigues doubles; les caractères en se heurtant et en se confrontant se mettent mutuellement en valeur. On se trouve presque toujours en présence de deux pères, de deux jeunes gens, par exemple. Il faut voir aussi combien TÉRENCE a de l'amitié pour ses personnages : on peut penser à la courtisane Thaïs pour laquelle il montre une sympathie particulière. Les oppositions entre les *pères* sont faciles à relever : si l'un pratique l'amitié, la tendresse et la sensibilité, avec une touche de malice, l'autre se montre morose et irascible, se rend parfois insupportable par sa grandiloquence et sa tyrannie. Ils ont pu servir de modèles à Molière pour certaines de ses pièces. Les *jeunes gens* ont l'âge de la timidité et des passions nobles, ou du cynisme et de la naïveté, ou encore des tourments sentimentaux et des scrupules de conscience. Par ces affrontements, on peut comprendre que TÉRENCE s'intéresse aux problèmes de l'éducation (voir *Les Adelphes*), déjà effleurés par Plaute. Elle est subordonnée à l'amour et au respect de la liberté humaine et ne doit s'adresser qu'à l'intelligence et au cœur. Le respect de l'homme ne se divise pas et les jeunes gens y ont droit pour se sentir responsables.

La comédie n'est pas, comme on peut le croire, le miroir de la société contemporaine et la vision de TÉRENCE n'est pas en fait réaliste. Il entrevoit les problèmes qui se posent : l'inégalité croissante des fortunes, l'afflux de plébéiens ruinés qui deviennent des clients, l'avenir difficile de l'exploitation agricole familiale, mais il crée des images virtuelles où le possible se superpose au réel. Entravé par ses modèles grecs, il finit par créer une société homogène et de bon ton, où tous agissent et parlent de la même façon, ce qui peut donner parfois l'impression de la monotonie. Mais la volonté de TÉRENCE de ne rechercher aucun personnage hors du commun, de croire qu'un homme n'est ni tout à fait bon, ni tout à fait mauvais, donne à son théâtre une portée morale réelle. On a pu y voir un épicurisme raffiné, hérité du cercle des Scipions : il faut garder de la mesure en tout.

En fait le théâtre de TÉRENCE est « le théâtre d'une élite, en réalité ni tout à fait grec, ni tout à fait romain, qui porte plutôt la marque d'une époque et d'un âge de la vie. Théâtre un peu "désincarné" certes, mais qui, faisant fi des exigences du parterre et bravant le goût du commun, "s'engage" délibérément... dans la voie de la conquête humaine — autre chose qu'un divertissement » (B. A. Taladoire).

12 Le serment à la morte

Pamphile est amoureux de Glycère, toute jeune fille sans parents que protégeait Chrysis, qui vient de mourir. Or le père de Pamphile veut obliger son fils à épouser la fille d'un de ses amis. Pris entre son amour et l'autorité paternelle, Pamphile est bien malheureux, et voilà que Mysis, servante de Glycère, vient le prier de ne pas abandonner celle-ci.

MY : Unum hoc scio, hanc meritam esse ut memor esses sui.
PA : Memor essem ? Ô Mysis, Mysis ! Etiam nunc mihi
scripta illa dicta sunt in animo Chrysidis[1]
de Glycerio : jam ferme moriens me vocat;
accessi; vos[2] semotae, nos soli; incipit :
« Mi Pamphile, hujus[3] formam atque aetatem vides;
nec clam te est[4] quam illi nunc utraeque inutiles
et ad pudicitiam et ad rem[5] tutandam sient.
Quod[6] ego per hanc te dextram oro et genium tuum,
per tuam fidem perque hujus solitudinem
te obtestor ne abs te hanc segreges neu deseras.
Si te in germani fratris dilexi loco,
sive haec te solum semper fecit maxumi,
seu tibi morigera fuit in rebus omnibus,
te isti virum do, amicum, tutorem, patrem;
bona nostra haec tibi permitto et tuae mando fidei ».
Hanc mihi in manum dat[7]; mors continuo ipsam occupat.
Accepi : acceptam servabo.

TÉRENCE, *L'Andrienne*, v. 281-298.

1. construire : *illa dicta Chrysidis... scripta sunt...* — 2. *vos* = toi, Mysis, et les autres servantes. — 3. *hujus* = *Glycerii.* — 4. *nec clam te est* = *nec te fugit.* — 5. *ad rem (familiarem).* — 6. *quod* = *itaque. Hanc dextram* = *tuam dextram.* — 7. *hanc (manum)* (autrement dit : *Glycerii manum) in manum (meam).*

13 Remède au désespoir d'amour

Un jeune homme vient d'être congédié par sa maîtresse. Devant ce désespoir d'amour, l'esclave, qui est le confident de son jeune maître, va, avec une discrète ironie, lui donner une leçon de bon sens.

SERVUS : Ere, quae res[1] in se neque consilium neque modum
habet ullum, eam consilio regere non potes.
In amore haec omnia insunt vitia : injuriae,

suspiciones, inimicitiae, indutiae,
bellum, pax rursum; incerta haec si tu postules
ratione certa[2] facere, nihilo plus agas
quam si des operam ut cum ratione insanias.
Et quod nunc tute[3] tecum iratus cogitas :
« Egone illam... quae illum... quae me... quae non... Sine[4] [modo !
Mori me malim ! Sentiet qui vir siem ! »,
haec verba una mehercle falsa lacrimula,
quam oculos terendo misere vix vi expresserit,
restinguet, et te ultro accusabit, et dabis
ultro supplicium.

ADULESCENS : O indignum facinus ! Nunc ego
et illam scelestam esse et me miserum sentio;
et taedet[5], et amore ardeo, et prudens sciens
vivus vidensque pereo, nec quid agam scio !

SERVUS : Quid agas, nisi ut te redimas captum quam queas
minimo, — si nequeas paululo, at quanti queas, —
et ne te adflictes[6].

ADULESCENS : Itane suades ?

SERVUS : Si sapis;
neque praeterquam quas ipse amor molestias
habet addas, et illas quas habet recte feras.

TÉRENCE, *L'Eunuque*, v. 57-78.

1. *quae res* = *rem quae*. — 2. *ratione certa : certa* (ablatif) se rapporte à *ratione*. — 3. *tute* = *tu* renforcé de la particule *te*. — 4. *sine* : forme verbale. Les guillemets enferment des propos incohérents et des exclamations du genre de ceux que le jeune homme prononce dans son désespoir. — 5. *taedet (me amoris)*. — 6. *nisi ut... et ne te adflictes* : ces deux conjonctions dépendent de *agas*. « Sinon faire en sorte que... », « sinon te proposer de... »

14 Tout flatteur vit aux dépens de celui qui l'écoute

Voici un personnage familier des comédies antiques : le parasite. Mais celui-ci a mis au point des méthodes bien particulières pour vivre aux dépens d'autrui.

Conveni hodie adveniens quemdam mei loci hinc[1] atque ordinis,
hominem haud inpurum, itidem patria qui abligurrierat bona.
Video sentum, squalidum, aegrum, pannis annisque obsitum : « Oh !
Quid istuc, inquam, ornati[2] est ? — Quoniam miser quod habui perdidi, em,
quo redactus sum ! Omnes noti me atque amici deserunt. »
Hic[3] ego illum contempsi prae me : « Quid, homo, inquam, ignavissime !
itan parasti te ut spes nulla reliqua in te siet tibi ?
Simul consilium cum re amisti ? Viden me, ex eodem ortum loco,
qui color, nitor, vestitus, quae habitudo est corporis !
Omnia habeo, neque quicquam habeo; nihil cum est[4], nihil defit tamen.

— At ego infelix neque ridiculus[5] esse neque plagas pati
possum. — Quid? tu his rebus credis fieri? Tota erras via.
Olim isti[6] fuit generi quondam quaestus apud saeclum prius.
Hoc novum est aucupium; ego adeo[7] hanc primus inveni viam.
Est genus hominum qui esse primos se omnium rerum volunt,
nec sunt; hos consector, hisce ego non paro me ut rideant,
sed eis ultro adrideo et eorum ingenia admiror simul.
Quidquid dicunt, laudo; id rursum si negant, laudo id quoque;
negat quis: nego; ait: aio; postremo imperavi egomet mihi
omnia adsentari. Is quaestus nunc est multo uberrimus. »

TÉRENCE, *L'Eunuque*, v. 234-253.

1. *hinc* = d'ici (Athènes, où le personnage vient d'arriver); *loci* = « condition de naissance ». — 2. *ornati*: génitif de *ornatus, -us* résulte d'une confusion avec la 2e décl. et *istuc ornati* équivaut à *istum ornatum*. *Em* (interjection) = vois ! — 3. *hic*: au sens temporel. — 4. *cum* (concessif) *est*: à l'époque classique, ce serait *cum sit*. — 5. *ridiculus* = bouffon. — 6. *isti* = dont tu parles (démonstratif de la 2e pers.). — 7. *adeo* = « justement ».

15 *Heurs et malheurs d'une comédie*

L'Hécyre *de Térence subit deux échecs devant le public avant de réussir. Pour inciter les spectateurs à être plus cléments, le chef de troupe, lors de la troisième représentation, rappela les circonstances des échecs : tous deux étaient dus à la concurrence d'autres spectacles populaires dans la période des jeux (cf. Horace, version nº 175).*

Hecyram ad vos refero, quam mihi per silentium
numquam agere licitumst; ita[1] eam oppressit calamitas.
Eam calamitatem vestra intelligentia
sedabit, si erit adjutrix nostrae industriae.
Cum primum eam agere coepi, pugilum gloria
(funambuli eodem[2] accessit exspectatio),
comitum conventus, strepitus, clamor mulierum
fecere ut ante tempus exirem foras[3].
Vetere in nova[4] coepi uti consuetudine,
in experiendo ut essem[5]: refero denuo.
Primo actu placeo, cum interea rumor venit
datum iri gladiatores; populus convolat,
tumultuantur, clamant, pugnant de loco;
ego interea meum non potui tutari locum[6].
Nunc[7] turba non est; otium et silentium est;
agendi tempus mihi datum est; vobis datur
potestas condecorandi ludos scaenicos.
Nolite sinere per vos artem musicam[8]
recidere ad paucos; facite ut vestra auctoritas
meae auctoritati fautrix adjutrixque sit.

TÉRENCE, *L'Hécyre*, prologue, II, v. 29-48.

1. *ita :* exclamatif. — 2. *eodem :* adverbe de lieu pris au sens figuré = à cela aussi. — 3. *foras exire* = (ici) quitter la scène. Au vers précédent, *comitum* fait allusion aux esclaves et clients qui escortent leurs maîtres et les attendent dehors : ils viennent les prévenir qu'on annonce un autre spectacle. — 4. *in nova (fabula)* : entendez une pièce qui n'a pas encore été représentée auparavant. *Vetere consuetudine :* le présentateur a expliqué auparavant qu'il a déjà ainsi sauvé, par de nouvelles représentations, des pièces qui avaient d'abord échoué. — 5. *ut essem in experiendo : ut* complétif développe *consuetudine;* l'expression prend un sens fort comme si *essem* équivalait à *permanerem.* — 6. *locum meum* : jeu de mot sur *locus.* Au vers 13 = place; ici, le même mot désigne son rôle, ou la scène. — 7. *nunc* = aujourd'hui (jour de la 3e représentation). — 8. *artem musicam :* au sens étymologique = l'art des Muses, la poésie.

16 **Y a-t-il quelqu'un de plus malheureux que moi ?**

Pamphile, qui aimait une autre femme, a épousé Philumène, sur l'ordre de son père. Il a fini par se faire une raison. Mais, nouveau malheur, au retour d'un voyage qu'il a fait pour son père, il apprend que Philumène est repartie chez ses parents après s'être querellée avec sa belle-mère. L'esclave Parménon essaie en vain de consoler son maître.

PAMP : Nemini ego plura acerba credo esse ex amore homini umquam [oblata
quam mihi. Heu me infelicem ! Hancine ego vitam parsi[1] perdere !
Hacine causa ego eram tantopere cupidus redeundi domum ! Cui[2]
quanto fuerat praestabilius ubivis gentium agere aetatem
quam huc redire atque haec ita esse miserum me resciscere !...
PARM : Levia sunt quae tu pergravia esse in animum induxti tuum.
PAMP : Quid consolare me ? An quisquam usquam gentiumst aeque miser ?
Prius quam hanc uxorem duxi, habebam alibi animum amori [deditum;
tamen numquam ausus sum recusare eam quam mihi obtrudit [pater;
jam in hac re, ut[3] taceam, cuivis facile scitu est quam fuerim [miser;
vix me illim abstraxi atque impeditum in ea[4] expedivi animum [meum
vixque huc contuleram : em nova res ortast porro ab hac quae me [abstrahat.
Tum matrem ex ea re me aut uxorem in culpa inventurum [arbitror;
quod cum ita esse invenero, quid restat nisi porro ut fiam miser ?
Nam matris ferre injurias me, Parmeno, pietas jubet;
tum uxori obnoxius sum, ita olim suo me ingenio pertulit,
tot meas injurias[5], quae numquam in ullo patefecit loco.

TÉRENCE, *L'Hécyre,* v. 281-285 et 292-303.

1. *parsi :* forme assez rare pour *peperci.* — 2. *cui :* relatif de liaison pour reprendre *ego.* — 3. *ut* = à supposer que. — 4. *in ea :* celle qu'il aimait d'abord. *Huc* = *ad hanc* (sa femme). — 5. *injurias :* car, même après son mariage, Pamphile avait fait peu de cas d'elle; *ita,* au vers précédent, a un sens exclamatif.

17 Entre père et maîtresse : les problèmes d'un fils

Clitiphon vient de s'entretenir avec Chrémès, son père. Ils ont parlé de leur jeune voisin Clinia qui, contrarié dans ses amours par son père, a quitté sa maison. Chrémès inclinait à approuver la sévérité du père de Clinia. Or Clitiphon est lui aussi amoureux, et d'une femme qui lui réclame beaucoup d'argent. D'où ces réflexions qu'il se fait après le départ de Chrémès.

Quam iniqui sunt patres in omnes adulescentes judices!
Qui aequum esse[1] censent nos jam a pueris ilico nasci senes
neque illarum adfines esse rerum quas fert adulescentia.
Ex sua libidine moderantur, nunc quae est, non quae olim fuit.
Mihi si umquam filius erit, ne[2] ille facili me utetur patre;
nam et cognoscendi et ignoscendi dabitur peccatis locus.
Non ut meus[3], qui mihi per alium ostendit suam sententiam.
Perii[4], is mihi ubi adbibit plus paulo, sua quae narrat facinora!
Nunc ait : « Periclum[5] ex aliis facito, tibi quod ex usu siet. »
Astutus! Ne ille haud scit quam mihi nunc surdo narret fabulam!
Magis nunc me amicae dicta stimulant : « Da mihi ! » atque « Adfer mihi ! »
Cui quod respondeam nihil habeo; neque me quisquamst miserior...
Meast potens, procax, magnifica, sumptuosa, nobilis;
tum quod dem ei « Recte » est; nam nihil esse mihi religiost dicere.
Hoc ego mali[6] non pridem inveni; neque etiamdum scit pater.

TÉRENCE, *Heautontimoroumenos*, v. 213-229, sauf 225-226.

1. *aequum esse :* sens du conditionnel et non de l'indicatif pour cet infinitif. (Cf verbes de possibilité, de convenance, d'obligation.). — 2. *ne* : ici, adverbe d'affirmation (et non négation). De même au vers 10. — 3. *meus (pater)* : il vient de quitter la scène. *Per alium* = « en parlant d'un autre ». — 4. *perii :* valeur d'interjection. — 5. *periclum :* expérience. Des guillemets, parce que ce sont les paroles mêmes qu'a prononcées son père. — 6. *hoc mali* = *hoc malum.*

18 Les maîtresses coûtent cher aux esclaves

Si parfois les esclaves atteignaient à une certaine autonomie, ils restaient néanmoins dans la dépendance des maîtres par de nombreuses obligations. Témoin ce texte, où un esclave nous explique à quoi passeront les menues économies de Géta, un de ses camarades, qui avait peut-être envisagé de racheter un jour sa liberté.

Amicus summus meus et popularis Geta
heri ad me venit (erat ei de ratiuncula
jam pridem apud me reliquum pauxillulum
nummorum), id ut conficerem; confeci, adfero.
Nam erilem filium ejus duxisse audio
uxorem; ei, credo, munus[1] hoc conraditur.
Quam inique comparatumst hi qui minus habent
ut semper aliquid addant ditioribus!
Quod ille unciatim vix de demenso suo
suum defraudans genium compersit miser,

id illa universum abripiet, haud existimans
quanto labore partum. Porro autem Geta
ferietur alio munere ubi era pepererit,
porro alio autem ubi erit puero natalis dies,
ubi initiabunt[2]... Omne hoc mater auferet,
puer causa erit mittendi[3].

TÉRENCE, *Phormion*, v. 35-50.

1. *munus :* attribut de *hoc*. — 2. *initiabunt :* avec, pour sujet, un mot comme *parentes*. Ici, *initiare* prend certainement un sens figuré pour désigner l'inscription sur la liste des citoyens. — 3. *mittendi* (s.e. *munera*).

19 Maître et esclave devant le malheur

Un père qui revient de voyage vient d'apprendre que son fils s'est marié en son absence et il en est fort fâché. Pendant qu'il se lamente, son esclave, qui avait la garde du fils et s'attend à être puni, se tient caché et ajoute ses propres réflexions à celles de son maître.

DOMINUS : Incertumst quid agam, quia praeter spem atque incredibile hoc [mihi obtigit;
ita sum irritatus animum ut nequeam ad cogitandum instituere.
Quam ob rem omnes, cum secundae res sunt maxime, tum [maxime
meditari secum oportet quo pacto adversam aerumnam ferant :
pericla, damna, exilia...; peregre rediens semper cogitet aut fili
peccatum aut uxoris mortem aut morbum filiae; communia esse[1]
haec, fieri posse, ut ne quid animo sit novum; quidquid praeter
spem eveniat, omne id deputare[2] esse in lucro.
SERVUS : O Phaedria[3], incredibilest quantum erum anteeo sapientia !
Meditata mihi sunt[4] omnia mea incommoda, erus si redierit :
molendum usque in pistrino, vapulandum; habendae compedes,
opus ruri faciendum; horum nihil quicquam accidet animo novum;
quidquid praeter spem eveniet, omne id deputabo esse in lucro.

TÉRENCE, *Phormion*, v. 239-251.

1. *(cogitet) communia esse. Ut ne quid = ne quid.* — 2. *deputare (oportet).* — 3. *Phaedria :* le neveu du maître, avec qui l'esclave est caché. — 4. *meditata mihi sunt = meditatu sum.*

20 Un fourbe qui ne craint pas le châtiment

Phormion le fourbe a facilité le mariage d'Antiphon avec la jeune Phanium pendant l'absence du père du jeune homme. Mais Démiphon, le père, revient et se fâche de ce mariage. L'esclave Géta vient maintenant demander à Phormion d'aider le fils à se tirer d'affaire, en affrontant lui-même Démiphon.

PH : Cedo[1] senem ! Jam instructa sunt mihi in corde consilia omnia.
GE : Quid ages ?

PH : Quid vis, nisi uti maneat Phanium atque ex crimine hoc[2]
Antiphonem eripiam atque in me omnem iram derivem senis ?
GE : O vir fortis atque amicus ! Verum hoc saepe, Phormio,
vereor ne istaec fortitudo in nervum erumpat denique.
PH : Ah !
Non itast. Factum est periclum[3] jam pedum, visast via.
Quot me censes homines jam deverberasse usque ad necem
hospites[4], tum cives ? Quo magis novi, tanto saepius...
Cedo dum, enumquam injuriarum audisti mihi scriptam dicam[5] ?
GE : Qui[6] istuc ?
PH : Quia non rete accipitri tenditur neque miluo,
qui male faciunt nobis; illis qui nihil faciunt tenditur;
quia enim in illis fructus est, in illis[7] opera luditur.
Aliis aliunde[8] est periclum, unde aliquid abradi potest;
mihi sciunt nihil esse. Dices : « Ducent[9] damnatum domum »;
alere nolunt hominem edacem; et sapiunt, mea sententia,
pro maleficio si beneficium summum nolunt reddere.

TÉRENCE, *Phormion*, v. 321-336.

1. *cedo :* impératif. Cf. v. 9. — 2. *crimine* : son père l'accusait d'avoir trop vite consenti à se marier (car Antiphon prétendait y avoir été contraint par Phormion). — 3. *periclum* = épreuve (et non danger, ici). Phormion veut dire qu'il n'en est pas à son premier tour. — 4. *hospites* : des étrangers (par opposition à cives). *Tum* = *etiam.* — 5. *scriptam (esse) dicam* (transcription du grec δίκην : cf. *dica* au dictionnaire). — 6. *qui* = *quomodo.* — 7. *in illis ... in illis* : on devrait avoir *in his ... in illis* (deux catégories opposées). — 8. *aliis aliunde* = pour les uns d'un côté, pour les autres d'un autre. *Unde...* reprend et précise *aliunde.* — 9. *ducent* : pour payer les dommages; un condamné insolvable pouvait être obligé à servir comme esclave chez son créancier.

21 Une éducation libérale

Un homme a adopté tout enfant le fils de son frère; c'est maintenant un jeune homme. Le père adoptif explique dans quelle atmosphère de liberté il l'a éduqué et pourquoi.

Eduxi a parvulo, habui[1], amavi pro meo;
in eo me oblecto, solum id[2] est carum mihi.
Ille ut item contra[3] me habeat, facio sedulo :
do, praetermitto; non necesse habeo omnia
pro meo jure[4] agere. Postremo, alii clanculum
patres quae faciunt, quae fert adulescentia[5],
ea ne me celet consuefeci filium.
Nam qui mentiri aut fallere insuerit patrem,
audacter tanto magis audebit ceteros[6].
Pudore et liberalitate liberos
retinere satius esse credo quam metu...
Malo coactus qui suum officium facit,
dum id rescitum iri credit, tantisper pavet;
si sperat fore clam[7], rursum ad ingenium redit.

Ille quem beneficio adjungas ex animo facit;
studet par referre, praesens absensque idem erit.
Hoc patriumst, potius consuefacere filium
sua sponte recte facere quam alieno metu...
Hoc[8] pater ac dominus interest; hoc qui nequit,
fateatur nescire imperare liberis.

TÉRENCE, *Les Adelphes,* 48-58 et 69-77.

1. *habui (pro meo).* — 2. *solum id* = le seul être. — 3. *contra*: adverbe. — 4. *jure*: les droits du père de famille sont très étendus. — 5. *quae fert adulescentia*: ce relatif a pour antécédent le *quae* de la relative précédente, dont l'antécédent propre est *ea.* Le premier *quae* est d'ailleurs à reporter, dans la construction, avant *alii.* — 6. *audebit ceteros (fallere).* — 7. *(id) fore clam.* — 8. *hoc* = en cela.

La tragédie

La tragédie romaine va suivre les traces de la comédie : elle devient savante et hellénisante, mais en créant ses propres différences. Elle est forcément hellénisante, puisqu'elle imite en général Eschyle, Sophocle et en particulier Euripide, et adapte surtout des pièces du cycle troyen. Son originalité proviendra de la contamination et de sa structure propre. Si elle se divise comme la tragédie grecque en prologue, en épisodes et en épilogue, si elle contient aussi une partie déclamée, le *diverbium*, elle a peu à peu remplacé les chœurs par des *cantica*, passages chantés ou déclamés avec accompagnement de musique. On distingue la tragédie à sujet grec et la tragédie à sujet romain (*fabula praetextata*, créée par Naevius). PACUVIUS et ACCIUS sont les seuls poètes latins à s'être vraiment illustrés dans ce genre, à l'exception de SÉNÈQUE.

PACUVIUS

Il est né à Brindes, en −220, et mort à Tarente, à l'âge de 90 ans environ. Son oncle Ennius l'emmena très tôt à Rome où il s'adonna à la peinture et à la poésie. Il décora d'ailleurs le temple d'Hercule d'une fresque qui existait encore à l'époque de Pline l'Ancien. Il vécut dans le cercle des Scipions. Vers 80 ans, accablé d'infirmités, il se retira à Tarente.

De ses œuvres, nous n'avons que les titres et 400 vers :

- une dizaine de *tragédies palliatae*, comme *Antiope, Le Jugement des armes, Atalante, Chrysès, Oreste esclave (Doulorestes)...;*
- une *tragédie prétexte, Paulus*, en l'honneur de Paul-Émile vainqueur de Persée;
- des *Saturae* et une *Épitaphe.*

Bien qu'il imite Sophocle, ses tragédies proviennent souvent d'originaux mal connus. Il aimait les situations complexes et les situations pathétiques. Il intercalait, à la manière d'Euripide, des morceaux de philosophie raisonneuse, mais aussi des descriptions qui, grâce à ses qualités de peintre, avaient de la force, de l'éclat et du pittoresque : « Joyeux d'être partis, nous regardions les dauphins folâtrer et nous ne pouvions nous rassasier de les observer. Cependant, au soleil presque déjà couchant, la mer se hérisse, les ténèbres redoublent, et l'obscurité de la nuit et des nuages nous aveugle. » PACUVIUS décrit ainsi la tempête qui assaille les bateaux achéens au départ de Troie.

Souvent abondant, il aimait la beauté du langage et savait montrer de l'élévation et de l'éloquence. Dans les *Tusculanes* (II, 49, sqq.), Cicéron fait l'éloge de certains de ses vers.

ACCIUS

Il fut le grand poète de l'époque archaïque. C'est un provincial, né à Pisaurum en Ombrie, en −170. Aulu-Gelle (XIII, 2, 2) rapporte qu'il aurait lu sa tragédie *Atrée* à Pacuvius, alors retiré à Tarente, qui la loua, mais la trouva un peu dure. Il vint à Rome, fut apprécié des grands. Il mourut très âgé (vers −85) : Cicéron (*Brutus*, 107) déclare avoir eu des relations avec lui.

Il était de petite taille, *admodum brevis* (Pline l'Ancien, *Histoires Naturelles*, XXXIV, 19), mais il se fit élever de son vivant une statue de grande taille dans le temple des Muses, *maxima forma statuam*, car il ne pouvait supporter, à cause de son orgueil, qu'on se moquât de lui sur ce point. Il faisait partie du *Collège des poètes* : quand le consulaire Julius César Strabo, qui en était membre, arrivait, les autres écrivains se levaient, mais lui ne le faisait pas, parce qu'il se considérait supérieur en talent et non par oubli du rang de celui-ci (Valère Maxime, III, 7, 11). Nous connaissons 45 de ses tragédies à sujet grec et il faut ajouter deux prétextes (*Brutus* et *Decius* ou *Aeneadae*). Il composa des *Didascalies*, histoire de la poésie grecque et latine, des *Pragmatica* (en vers), sur la technique théâtrale et sur des questions grammaticales, et d'autres œuvres (*Parerga*, *Épigrammes*). Nous n'avons conservé qu'un certain nombre de vers de ses ouvrages (environ 600).

Auteur fécond, il s'inspirait surtout d'Eschyle mais en restant original grâce à l'emploi de la contamination. Il semble qu'il n'ignorait pas la psychologie et que son œuvre contenait beaucoup d'allusions politiques. En dehors du théâtre, il faisait également autorité pour les questions grammaticales. Mais il était remarquable par son « action », souvent farouche et effrayante, par son style, et en particulier par sa puissance descriptive, ainsi qu'en témoigne ce passage où un berger, dans la tragédie *Médée*, décrit l'arrivée du navire des Argonautes : « Une masse, si énorme, s'en vient, frémissante, du large, à grand bruit et grand fracas. Devant elle, elle bouleverse les ondes, par sa force elle provoque d'énormes tourbillons. Elle se précipite en avant et fait gonfler et bouillonner la mer. »

Après lui, le peuple, désorienté, abandonne la tragédie parce qu'elle est trop savante, malgré des auteurs doués, certes, mais également trop lettrés, Julius Cesar Strabo, C. Titius, Quintus Cicéron, Pollion, Varus, Ovide. Sénèque, au Ier siècle apr. J.-C., pose un problème différent.

■ *LA SATIRE*

LUCILIUS

Caius Lucilius naquit à *Suessa Aurunca* (dans la province actuelle de Caserte). Il appartenait à une famille de rang sénatorial qui donnera naissance à la mère de Pompée. Il ne fit pas de politique. Citoyen de l'ordre équestre, il devait être très riche et possédait des propriétés dans diverses parties de l'Italie. D'après Velleius Paterculus, il aurait servi comme cavalier sous les ordres de Scipion Émilien au siège de Numance (−134/−133). Il vécut dans le cercle des Scipions, en grande amitié avec Scipion Émilien et Laelius (voir Horace, *Satires*, II, 1, 72). Il a dû connaître Polybe et fut en relation avec le philosophe grec Clitomaque (voir Cicéron, *Académiques*, II, 102). Il devint célèbre quand, après la guerre de Numance, il commença à publier ses *Satires*. Cicéron le considère comme savant et très raffiné, tandis qu'Horace attaque son exubérance et le compare à un fleuve boueux (*lutulentus*) au nom d'un idéal de sobriété. Lucilius écrivit 30 livres de *Satires* dont il nous reste environ 1 300 vers. Il mourut en −103.

L'esprit satirique était pratiqué par les Grecs (par ex. Archiloque ou Aristophane), et les Latins, au tempérament vraiment ardent, devaient s'y complaire. C'est LUCILIUS qui dégagea de la *Satura* une forme définitive où l'hexamètre prédominait. Il donne à la satire ses trois aspects principaux : la satire littéraire, la satire morale et la satire politique. Il ne ménage pas les personnes qu'il nomme d'ailleurs et n'épargne même pas la religion. Ses attaques portent bien grâce à sa justesse d'observation, sa fantaisie et ses dons littéraires. Il s'agit bien d'un écrivain novateur. On a pu estimer son style défectueux (*Mendosus*), mais, au Iᵉʳ siècle av. J.-C., il trouvera un défenseur dans P. Valerius Caton qui, « sous la rudesse de la forme... goûtait la subtilité souvent délicate de la pensée ». Il appréciait d'ailleurs aussi sa violence.

« Son indépendance et sa franchise le situent loin des Grecs flagorneurs. Son amour pour les choses de la réalité, la verve avec laquelle il décrit le spectacle quotidien du monde, le bon sens, quelque peu paysan et à coup sûr latin, de sa morale, ses railleries à caractère politique font de lui le plus romain des écrivains d'alors. Son hellénisme, très discret, relève de culture étrangère ce fonds si puissamment national » (H. Bardon). Il ouvrait la route à Horace, Perse et Juvénal.

LA RÉPUBLIQUE

AU Ier SIÈCLE AVANT JÉSUS-CHRIST

L'HISTOIRE

Après l'échec et la mort des Gracques, c'est aux mains d'une caste que tombe le gouvernement. Mais dès −109, les *nobiles* ne s'entendent plus avec les *chevaliers* qui condamnent, dans les tribunaux, des consulaires pour négligence au cours de la guerre contre Jugurtha. En outre, un parti populaire existe toujours (*populares*). Ce parti compte désormais sur la force, l'action des grands chefs, pour satisfaire ses revendications. Ce qui donne au Ier siècle un aspect totalement différent des siècles qui précèdent, c'est la marche vers l'Empire.

MARIUS ET SYLLA (107-78 av. J.-C.)

■ L'ASCENSION DE MARIUS

La guerre contre Jugurtha (111-104 av. J.-C.)

La Numidie, à la mort de Micipsa, avait été partagée, mais Jugurtha refit l'unité du royaume en massacrant en particulier Adherbal, soutenu par Rome, et des marchands romains de Cirta (112). Rome intervint en 111, mais les commissaires envoyés en Afrique furent achetés à prix d'or. Jugurtha corrompit ensuite le consul envoyé contre lui, vint à Rome comparaître devant le Sénat et soudoya un tribun. En 109, il cerna l'armée romaine qui capitula. Ce fut un immense scandale; heureusement, Q. Caecilius Metellus rétablit la situation (bataille du Muthul, 108). Profitant de l'état d'esprit du peuple, *Marius*, un bourgeois d'Arpinum, qui s'était fait connaître à l'armée, allié par sa femme à la gens Julia, se fait nommer consul malgré l'opposition de son chef Metellus (il était son lieutenant à l'armée d'Afrique).

Marius réforme l'armée : il unifie l'armement et regroupe les manipules en cohortes (dix par légion); il enrôle des prolétaires qui sont attirés par la solde. L'armée romaine devient une armée de métier.

Marius termine rapidement la guerre : il prend Cirta (106), et Bocchus, roi de Maurétanie, livre Jugurtha au questeur *Sylla* (105). Popularité de Marius.

La guerre contre les Cimbres et les Teutons

Ces peuples germains ravageaient la Gaule et la Province Romaine depuis 113, et même ils avaient écrasé les Romains à Orange (105). Marius battit les Teutons à Aix (102) et les Cimbres à Verceil en Cisalpine (101). Le peuple l'appela *le troisième fondateur de Rome.*

Malheureusement pour lui, Marius n'a guère de capacité politique; il s'allie à des démagogues ambitieux : Saturninus et Glaucia. Les émeutes succèdent aux émeutes. Marius finit par réprimer lui-même ces désordres et fait périr les deux hommes. L'artistocratie peut reprendre le pouvoir et Marius est déconsidéré aux yeux du peuple (100-99 av. J.-C.).

■ *LA RIVALITÉ DE MARIUS ET DE SYLLA*

C'est la *guerre sociale* (91-88) qui va porter Sylla au premier plan. Les alliés (*socii*) italiens souffraient de la condition inférieure que leur faisaient les Romains, malgré tous les services rendus par eux sur les champs de bataille; ils réclamaient le droit de cité qui leur fut encore refusé en 91 av. J.-C. Ils se révoltèrent (Sabins, Samnites, Marses, Lucaniens). Il y eut deux ans de luttes acharnées, mais Rome triompha. Elle accorda le droit de cité aux autres Italiens qui n'avaient pas suivi la révolte. Enfin, Sylla sut mater la rébellion (Marius, vieilli, ne se distingua guère). En 87, les révoltés obtinrent eux aussi le droit de cité. Toute la péninsule avait désormais le droit de cité complet.

Sylla, un patricien, fut élu consul, en 88, avec l'appui des nobles et se fit adjuger la guerre contre Mithridate. Marius voulait ce commandement. Il fit casser la décision du Sénat et à son tour s'adjugea cette guerre. Mais Sylla marcha sur Rome avec ses troupes, franchit l'enceinte sacrée du *Pomérium*; Marius fut chassé de Rome et Sylla s'embarqua pour l'Orient (88).

Marius revient à Rome et s'appuie sur le parti populaire. Il fait régner la terreur dans la ville (87) : proscriptions et confiscations. Mais il meurt en 86. Les partisans de Marius garderont le pouvoir jusqu'au retour de Sylla.

La guerre contre Mithridate (87-84). Le roi du Pont, Mithridate Eupator, écrase en 89 le roi de Bithynie, allié de Rome, et massacre 80 000 Italiens résidant dans la province d'Asie. Les cités grecques se rallient à lui. Sylla reprend Athènes (86), bat deux armées de Mithridate à Chéronée et Orchomène (86), passe en Asie et impose au roi la paix de Dardanos (85) : Mithridate livre sa flotte et restitue toutes ses conquêtes.

Le retour et la dictature de Sylla (83-79). De retour en Italie, Sylla écrase toutes les armées de Carbon et du fils de Marius (Marius le Jeune). Il s'empare de Rome par la bataille de la porte Colline (82). Il inaugure sa prise de pouvoir par ses fameuses proscriptions, qui n'étaient plus que des massacres organisés. Il se fait nommer dictateur sans limite de temps et crée ainsi une véritable monarchie de fait. Il rétablit l'ancien régime aristocratique, rend au Sénat la première place. Il ramène les chevaliers à l'état où ils étaient avant Caius Gracchus : les tribunaux sont restitués aux seuls sénateurs. Le tribunat est affaibli (interdiction du droit de veto). Il abdique en 79, se retire en Campanie où il meurt en 78.

La constitution de Sylla avait rendu le pouvoir au Sénat et à la nobilitas; ils n'en jouirent pas longtemps. Encore quelques années et les généraux vont s'emparer du gouvernement (premier triumvirat : 60 av. J.-C.).

CÉSAR ET POMPÉE (78-44 av. J.-C.)

Pendant cette période, on va assister à la liquidation de l'œuvre de Sylla (79-70), à la grandeur de Pompée (70-62), à l'ascension de César (62-49), à la guerre civile et à la victoire de César (49-44).

■ *LA LIQUIDATION DE L'ŒUVRE DE SYLLA (79-70 AV. J.-C.).*

La noblesse et le Sénat ont repris, grâce à Sylla, le haut du pavé, mais pour peu de temps. Leur gouvernement se heurte à de multiples difficultés intérieures et extérieures sur lesquelles il va se briser.

La révolte de Lépide (à ne pas confondre avec le futur triumvir). Lépide est un ambitieux, un ancien partisan de Marius. Proconsul de Cisalpine, il se révolte en 77 contre le Sénat. Il est vaincu successivement par Pompée et par Catulus. Il meurt peu après. Mais, pour le vaincre, les *patres* ont dû reconstituer l'imperium militaire des consuls en Italie et donner un commandement extraordinaire à Pompée.

Sertorius, officier de Marius, chassé par Sylla d'Espagne dont il était gouverneur, y revient en 80, se rend populaire parmi les indigènes. Les armées du Sénat se révèlent impuissantes à le déloger. Pompée, nommé proconsul et chargé de cette guerre (77), ne se montre pas plus heureux. S'il peut reconquérir une partie de l'Espagne, il ne se débarrasse de Sertorius que par l'assassinat (72). Ensuite la pacification de l'Espagne se fait rapidement: c'est une victoire , mais le Sénat a dû donner à Pompée, simple particulier alors, un pouvoir proconsulaire indéfini; on oubliait donc encore la légalité.

En 73, *quelques gladiateurs,* commandés par *Spartacus,* se soulèvent et entraînent avec eux des milliers d'esclaves. Ils battent successivement cinq armées romaines. On doit confier un commandement extraordinaire à M. Licinius *Crassus* qui finit par vaincre Spartacus et le tuer. Pompée, qui revenait d'Espagne, extermine les quelques bandes qui fuyaient vers le Nord (71).

En 70, *les deux vainqueurs,* dont les armées sont aux portes de Rome, obtiennent le consulat et *détruisent l'œuvre de Sylla*: les tribuns de la plèbe récupèrent tous leurs pouvoirs, les chevaliers rentrent dans les tribunaux. Il y a désormais de l'espoir pour les ambitieux. En cette année 70, éclate la *corruption* de l'ordre sénatorial dans le procès de Verrès qui avait honteusement pillé sa province, la Sicile. Cicéron obtient la condamnation de Verrès qui s'enfuit. La nobilitas se trouve donc discréditée et a perdu une partie de ses pouvoirs.

■ *LA PRÉPONDÉRANCE DE POMPÉE (70-62 AV. J.-C.)*

Pompée, qui est devenu le grand homme du régime, obtient une série de commandements extraordinaires contre les pirates, contre Mithridate, et pour l'organisation de l'Orient.

La guerre contre les pirates. À la faveur des guerres civiles, les pirates s'étaient organisés en Méditerranée et en arrivaient à affamer Rome. La *loi Gabinia* (67) donne à Pompée tous les pouvoirs. En trois mois, il réduit les pirates. Sa popularité devient immense.

La guerre contre Mithridate. En 73, Mithridate, allié à Tigrane, roi d'Arménie, a repris la guerre contre Rome et s'est emparé de la Bithynie. *Lucullus* le chasse du Pont (72) et le poursuit jusqu'en Arménie (69). Mais les soldats de Lucullus se révoltent contre lui et il doit se retirer (67). Par la *loi Manilia* (66), Pompée obtient le commandement contre Mithridate. Il oblige celui-ci à s'enfuir jusqu'en Crimée où il se tue (63).

L'organisation de l'Orient. Pompée, après avoir parcouru l'Arménie, s'empare de la Cilicie, de la Syrie, et prend d'assaut Jérusalem (63). Il crée une province de Pont et Bithynie et une province de Syrie.

Grâce à ses conquêtes, Pompée est devenu le chef incontesté de la République. Mais, rentré à Rome en 62, il licencie ses troupes; son prestige commence alors à faiblir.

■ *L'ASCENSION DE CÉSAR (62-49)*

Pendant l'absence de Pompée, Rome a été profondément troublée par les chefs du parti populaire: Crassus, César, Catilina. César attendait son heure, Catilina prit l'initiative.

La conjuration de Catilina. Ayant essayé de s'emparer du pouvoir par des moyens légaux, mais ayant échoué (il n'obtint pas le consulat), Catilina décide d'établir son pouvoir par un coup de force. Mais Cicéron, consul en 63, découvre la conjuration et fait exécuter les complices de Catilina. Celui-ci s'enfuit, mais est tué à *Pistoia* (62).

Le premier Triumvirat (60). Le Sénat, débarrassé de Catilina et ne craignant plus Pompée qui a licencié ses troupes, fait des difficultés à ce dernier pour ratifier son œuvre en Orient. *Pompée* se rejette vers *César* et *Crassus:* c'est le premier Triumvirat (60). César, nommé consul fait ratifier en 59 les actes de Pompée et se fait attribuer le proconsulat de la

Gaule Cisalpine et de la Narbonnaise pour cinq ans (ce proconsulat sera prolongé de cinq ans par la suite.)

La conquête de la Gaule (58-51)

Comme les Helvètes voulaient traverser la Gaule, les Éduens appellent César. Celui-ci bat les Helvètes à *Bibracte*, puis écrase Arioviste et ses Suèves dans la *bataille d'Alsace* (58). César s'est donc installé dans la Gaule du Sud-Est.

En 57, il soumet la Gaule du Nord : guerre contre les Nerviens et les Atrébates.

En 56, César doit entreprendre une véritable guerre navale contre les Vénètes qu'il finit par vaincre pendant que P. Crassus, fils de L. Crassus, soumet les Aquitains. En 55, César fait campagne en Germanie (traversée du Rhin) et, en 54, il s'attaque à la Bretagne (Angleterre). Au moment où il se croit vainqueur, deux révoltes éclatent successivement :

• En 54, un soulèvement dirigé par l'Éburon Ambiorix dans le nord de la Gaule met les légions en danger. D'autres révoltes éclatent chez les Sénons et les Carnutes. César réprime ces révoltes en 53.

• En 52, Vercingétorix dresse la Gaule contre César et pratique la tactique de la terre brûlée. Mais César réussit à prendre *Avaricum* (Bourges) et, s'il échoue devant Gergovie, il bloque Vercingétorix dans *Alésia* et le force à se rendre (fin 52) : c'est la fin de l'indépendance gauloise. Cependant, César passe encore l'année 51 à achever la pacification.

Désormais César est sûr de lui-même. Il a la force militaire, il a la gloire et la renommée : il peut essayer maintenant de s'emparer du pouvoir suprême.

Anarchie à Rome. Rupture du Triumvirat

En l'absence de César les troubles renaissent; Clodius et ses bandes sévissent à Rome. Devant cette agitation, le Triumvirat resserre d'abord ses liens à la conférence de Lucques (56). Mais Crassus, consul en 55 avec Pompée, entreprend ensuite une campagne contre les Parthes. Il est vaincu et tué à *Carrhes (53)*. La mort de Julie, fille de César et femme de Pompée, brise les liens entre les deux hommes. Pompée manœuvre pour rester le seul maître. Comme, en 52, Clodius est tué par les bandes de Milon, *Pompée est nommé seul consul* avec pouvoirs discrétionnaires : il devient ainsi le grand rival de César.

■ *LA GUERRE CIVILE ET LE TRIOMPHE DE CÉSAR (49-44)*

Le prétexte de la guerre sera la prolongation des pouvoirs proconsulaires de César. Il voulait garder ces pouvoirs jusqu'aux élections de juillet 49. Le Sénat refuse et le déclare « ennemi public ». En janvier 49, César franchit le *Rubicon.*

Sans coup férir, César se trouve maître de Rome et de l'Italie. Il oblige Pompée à fuir en Grèce. Avant d'attaquer Pompée, il se débarrasse des troupes pompéiennes d'Espagne à *Ilerda* (août 49) et fait capituler *Marseille* (octobre 49).

Malgré la supériorité navale des Pompéiens, César et son armée passent en Épire, puis Marc-Antoine lui amène des renforts. Ils assiègent Pompée dans Dyrrachium. À la suite d'échecs, César s'éloigne en Thessalie et Pompée l'y suit. La *bataille de Pharsale* (août 48) voit la défaite de Pompée qui s'enfuit. Il est assassiné en Égypte par les ministres du roi Ptolémée. César débarque à Alexandrie. Un moment en danger, il punit les assassins de Pompée et place Cléopâtre sur le trône (47). Il écrase ensuite à *Zéla* (47) le roi Pharnace, fils de Mithridate (*Veni, vidi, vici*).

César va maintenant liquider les *armées pompéiennes*. Les Pompéiens s'étaient concentrés en Afrique où ils avaient trouvé l'appui de Juba, roi de Numidie. César les bat à *Thapsus* (46). Caton se suicide dans la ville d'Utique. César rentre à Rome où il célèbre un quadruple triomphe. Puis il repart pour l'Espagne où son ancien lieutenant Labiénus et les fils de Pompée tiennent campagne. Il les bat à *Munda* (45).

Revenu à Rome, *César est nommé dictateur à vie.* Il accumule tous les pouvoirs : imperium, puissance tribunicienne, censure des mœurs. Il réforme les tribunaux, les finances, le calendrier, commence de grands travaux. Il était sur la voie de la royauté et voulait entreprendre une campagne contre les Parthes. Brutus et Cassius l'assassinent aux *Ides de mars* 44 (15 mars). Rome va se trouver à nouveau plongée dans la guerre civile.

L'HÉRITAGE DE CÉSAR (44-27 av. J.-C.) : OCTAVE ET ANTOINE

■ LA GUERRE DE MODÈNE ET LE SECOND TRIUMVIRAT

Les conjurés croyaient rétablir le parti « pompéien », mais le peuple resta indifférent et le consul *Marc-Antoine*, lieutenant et ami de César, ameuta Rome contre les meurtriers de César et les força à fuir. Il restait maître du pouvoir. Mais le Sénat, poussé par Cicéron, lui suscita un rival : *Octave* (ou Octavien), neveu et héritier de César. Il avait dix-neuf ans.

Antoine se réfugie en Cisalpine qu'il veut enlever à son gouverneur, Decimus Brutus. Il assiège celui-ci dans Modène (43 av. J.-C.). Attaqué par Octave, il est battu et passe en Gaule Transalpine.

Le Sénat refuse le consulat à Octave qui marche sur Rome et se fait nommer consul par le peuple. Mais, pendant ce temps, Antoine réunit une nombreuse armée et rallie à sa cause Lépide, ancien maître de cavalerie de César, gouverneur de l'Espagne du Nord et de la Narbonnaise. Octave préfère s'entendre avec eux et c'est le *second Triumvirat.* Ce Triumvirat est cette fois une magistrature officiellement conférée pour cinq ans par le peuple (*tres viri reipublicae constituendae*), en octobre 43. C'est une dictature à trois têtes.

■ LA LIQUIDATION DU PARTI RÉPUBLICAIN

Les triumvirs reprennent les fameuses proscriptions de Sylla et font massacrer tous leurs adversaires; les républicains, *Cicéron* en tête, sont tués en masse (fin 43). Ils se tournent ensuite contre *Brutus* et *Cassius*, maîtres de la Grèce et de l'Orient, et les écrasent à *Philippes* en Macédoine (42).

Désormais la république n'a plus de défenseurs.

■ LA RIVALITÉ D'OCTAVE ET D'ANTOINE (41-31)

Après Philippes, Antoine reste en Orient pour rétablir l'ordre, et Octave rentre en Italie. Mais la femme et le frère d'Antoine suscitent des difficultés à Octave. Octave attaque L. Antonius, l'enferme dans Pérouse et l'oblige à capituler (40) : c'est ce qu'on a appelé la *guerre de Pérouse.* Marc-Antoine revient en toute hâte en Italie et les adversaires se réconcilient; *traité de Brindes* (40), médiation de Mécène : à Antoine l'Orient, à Octave l'Occident, à Lépide l'Afrique.

Octave rétablit l'ordre et la paix en Occident, pacifie la Sicile et, grâce à son ami Agrippa, réussit à vaincre sur mer Sextus Pompée, fils du Grand Pompée, à la bataille de *Nauloque* près de Messine (36). Il dépose ensuite Lépide qui réclame la Sicile, mais dont les soldats se rallient à Octave. L'agriculture renaît; on entreprend de grands travaux; le peuple s'attache de jour en jour à Octave.

Antoine, en Orient, commence par échouer dans une campagne contre les Parthes (36) et devient le jouet de Cléopâtre qu'il épouse après avoir répudié Octavie, sœur d'Octave et sa seconde femme. Il fait don aux enfants de Cléopâtre de provinces romaines : Cilicie, Arménie, Syrie.

Le Sénat indigné et bien manœuvré par Octave déclare la guerre à Antoine. La bataille décisive a lieu sur mer à *Actium* (rive occidentale de la Grèce). La flotte d'Octave, commandée par Agrippa, écrase la flotte égyptienne (2 sept. 31).

■ *OCTAVE, SEUL MAÎTRE*

Octave pacifie l'Orient et marche sur l'Égypte. Antoine et Cléopâtre se suicident. L'Égypte devient une province romaine (30). Après avoir réglé toutes les questions orientales, Octave rentre à Rome (29 av. J.-C.). Il est accueilli par un enthousiasme débordant. C'est la fin des guerres civiles, mais aussi de la République.

Le 16 janvier 27 av. J.-C., le Sénat décerne à Octave le titre d'*Auguste*, réservé aux dieux. Octave ou plutôt Auguste a le droit de parler au nom du peuple romain, de commander les armées, de traiter en son nom. L'Empire est fondé.

LES INSTITUTIONS RÉPUBLICAINES AU Ier SIÈCLE AV. J.-C.

Elles ont été traitées, pour plus de commodité, au moment où l'on étudiait les *Institutions à l'époque des Gracques* (se rapporter à ce chapitre).

LE NOUVEAU CLIMAT SOCIAL ET LITTÉRAIRE

Avec les premières guerres civiles se créent un nouveau climat social et un nouveau climat littéraire.

La haute société est atteinte de plus en plus par le goût du luxe et de l'argent, à l'exception de quelques sénateurs, comme *Lucullus*, qui se contente des revenus de ses propriétés foncières et de l'argent de ses butins. À l'inverse, *Crassus* pratique tous les moyens pour augmenter son énorme fortune, et que dire des chevaliers ! « Ainsi la République finissante est encore plus ploutocratique qu'oligarchique et les aristocrates ruinés doivent lutter pour ne pas sombrer (Catilina, César lui-même). Du moins ces nantis jouissent-ils avec raffinement de leur fortune » (M. Bordet).

Les *femmes*, dont on parlait peu jusqu'alors, se manifestent dans la haute société : *Cornélia* : la mère des Gracques, *Sempronia,* décrite par Salluste à propos de Catilina et de ses amis, et la belle *Clodia*, sœur du tribun Clodius, un des meilleurs agents de César. Cicéron eut pour elle un tendre sentiment; rebuté, il ne cessa de l'attaquer. Citons encore *Fulvia*, qui épousa Antoine en troisièmes noces. César utilisa beaucoup le goût de ces femmes pour la politique et il obtint ainsi nombre de renseignements sur ses ennemis. D'ailleurs, ces dames sont riches, car elles peuvent désormais garder leur dot en cas de dissolution du mariage.

La *plèbe*, surtout la plèbe urbaine, très nombreuse à Rome, a conservé ses droits politiques. Comme elle est pauvre et redoutable, les ambitieux font voter pour elle des *lois frumentaires* qui finirent par n'être plus que des distributions gratuites et constantes de blé. On la flatte par de nombreux spectacles, payés par les riches magistrats. Comme les programmes des *populares* se révèlent insuffisants, la plèbe soutient les grands généraux dans leur conquête du pouvoir. Mais où est la démocratie ?

Il se crée donc une nette cassure entre la noblesse et la plèbe. Elle se retrouve dans le domaine littéraire et culturel. Ainsi s'explique la mort du théâtre : la plèbe préfère de loin les mimes et les jeux du cirque. L'aristocratie, sous l'influence de la politique et de la Grèce, perdant peut à peu toutes ses traditions, se cherche un nouveau mode de vie. Les épicuriens et les nouveaux poètes, occupés par des problèmes *individuels*, conseillent à leur entourage d'échapper à l'emprise du *negotium*, c'est-à-dire à l'activité politique et à l'activité commerciale pour se consacrer à l'*otium*, loisir ouvert aux agréments et aux plaisirs de l'esprit. C'est ainsi que les riches Romains, suivant en cela le caractère de leur lignée, s'installent dans des *villas* à la périphérie de la ville pour jouir de la nature : d'où l'importance de ce qu'on appelle les *jardins*, qui deviennent de véritables créations artistiques. Il est à remarquer que les *thermes* mettent le loisir même à la portée de la plèbe : en dehors des bains, on y trouve bibliothèque, portiques, bosquets. Cicéron, quant à lui, propose à ses amis de reprendre et de renouveler l'idéal de l'humanisme de Scipion.

Concentrer l'intérêt sur l'individuel signifie privilégier l'intimisme et l'analyse psychologique qui conviennent à la littérature lyrique et suivent les exigences de la langue poétique. La recherche de formes neuves, adaptées à l'indépendance de l'individu par rapport au pouvoir, coupent les poètes du contact direct avec la foule. Les cercles littéraires ne dépendent plus des gens riches, comme au temps des Scipions. Ils sont formés par des écrivains, très souvent aisés eux-mêmes et qui se veulent indépendants.

Les livres, en fait des *volumina* (rouleaux de papier), se répandent et la diffusion de la culture est désormais confiée en grande partie aux éditeurs-libraires — ainsi l'ami de Cicéron, T. Pomponius Atticus — qui ont un personnel de scribes et fournissent le commerce.

De nouveaux modes de pensée, épicurisme, matérialisme, probabilisme, stoïcisme, remplacent progressivement la foi patriarcale. Ce mouvement est hâté par les jeunes gens riches qui font leurs études en Grèce et même par la plèbe qui, sans cesse en contact avec des étrangers, laisse pénétrer à Rome cultes et superstitions variés, les cultes égyptiens en particulier. Seules, les campagnes résistent mieux, sous l'influence des prêtres de l'ancienne foi.

Le premier siècle av. J.-C. est donc marqué par un bouleversement total des habitudes, de la politique, des mœurs et du climat littéraire. Il va chercher un équilibre, mais cette recherche détruira la République et aboutira à l'Empire.

■ *LA POÉSIE*

LUCRÈCE

La vie de TITUS LUCRETIUS CARUS (LUCRÈCE) n'est guère connue que par un passage très discuté de saint Jérôme, de douteuses indications de Donat et une allusion contemporaine de Cicéron. Né vers 99-98 av. J.-C., il serait d'origine campanienne. Selon saint Jérôme, il serait devenu fou sous l'effet d'un philtre d'amour qu'on lui aurait fait boire; il aurait composé dans les intervalles de sa folie les six livres de son poème *De la nature* (*De natura rerum*) et se serait suicidé vers 55. Toutes ces assertions sont fortement contestées par la critique contemporaine. Il ne nous reste en fait que des dates approximatives. Cicéron paraît avoir été l'éditeur du poème. LUCRÈCE semble avoir voyagé. Il avait des amis : probablement Catulle, Cicéron et Memmius à qui il dédia son œuvre.

DE NATURA RERUM

Dans ce poème didactique et épique, Lucrèce entend exposer la doctrine d'Épicure et par conséquent la physique de Démocrite. Il a groupé ses six livres par paires.

• Dans les deux premiers, il expose les principes fondamentaux d'une physique atomiste et matérialiste : rien ne naît de rien ; l'univers est formé de matière et de vide et la matière, divisée, aboutit à l'atome dont les multiples combinaisons forment les objets et les êtres. En dehors de cela, rien. Les propriétés des atomes expliquent la totalité de l'univers. On voit les conséquences : le monde est dirigé par des lois rigoureuses, il ne peut y avoir de phénomènes sans cause.

• Dans les livres III et IV, LUCRÈCE étudie les rapports de l'âme et du corps. Tous deux sont matériels et mortels. On n'a donc rien à redouter de la mort et des enfers. Tout étant matériel, la connaissance du monde extérieur provient des images (*simulacra*), émanées des corps à tout instant et venant frapper nos sens. Ceux-ci n'étant pas faillibles, ce sont des erreurs de jugement qui provoquent les erreurs des sens. Par la théorie des simulacres, LUCRÈCE explique la naissance du désir et de l'amour. Il est visible que dans ces deux livres le poète cherche à délivrer l'homme de ses vaines terreurs, de ses désirs dus aux préjugés et aux croyances.

• Enfin dans les livres V et VI, il expose sa physique : tout est l'effet des combinaisons d'atomes et les Dieux n'ont rien fait. D'où sa cosmologie, son histoire de la civilisation et l'application de son analyse à la météorologie et aux fléaux naturels (foudre, éruptions, épidémies). Il termine par l'épisode de la peste d'Athènes.

La pensée et l'art

Nous trouvons donc dans le *De natura rerum* un exposé philosophique de l'atomisme, avec ses intuitions scientifiques : théorie des atomes, théorie de l'odorat, évolutionnisme, etc. Nous ne nous attarderons pas sur ces questions que l'on approfondit en lisant Démocrite et Épicure. Ce qui est notre propos, c'est ce qui différencie LUCRÈCE des deux Grecs. Il est net que ses deux grands principes — illuminer ce qui est obscur par ce qui est clair et savoir que rien ne naît de rien — sont empruntés à Empédocle et qu'il n'a donc pas hésité à suivre cet écrivain pour compléter la biologie et la physique épicuriennes. Il ajoute encore aux principes épicuriens une théorie de la civilisation, semblable à celle qu'on trouvait chez ses contemporains, en la dépouillant de tout caractère religieux (hommes ressemblant à l'origine aux animaux ; fondation des cités par les sages). De son époque aussi est l'idée que les cités sont nées d'un pacte imposé aux hommes par la nécessité. Il s'attaque à la religion parce qu'à ses yeux elle est à l'origine de la volonté de puissance et de l'ambition. Enfin, en condamnant le luxe, il est bien de son siècle. Dans notre temps, il fait songer, « avec la philosophie du hasard, à la réflexion moderne sur l'absurde » (A. Michel). « Car l'Homme est condamné dès son origine, perdu sans recours , étranger à un monde redoutable, « emmuré » dans l'Univers, comme dira Kierkegaard ; la mort, la terreur, l'angoisse sont partout, en lui et autour de lui. La Nature lui est cruelle, le Ciel irrémédiablement fermé, et tout, l'amour, la religion, la philosophie, le progrès même, n'est que mensonge et illusion » (B.-A. Taladoire).

Mais ce qui distingue le plus LUCRÈCE, c'est sa personnalité et son âme d'artiste.

Par moments, il règne visiblement sur le *De natura rerum* une lourde tristesse, due peut-être à l'anxiété qui étreint l'âme sensible de l'auteur et qui fait penser à Vigny, à Pascal aussi ; mais à d'autres instants il semble sortir de lui comme des hymnes à la joie. LUCRÈCE est un esprit partagé, déchiré, en quête d'un salut humain, comme certains esprits modernes. Ni ce que nous savons de sa vie, ni son œuvre ne nous permettent de savoir s'il trouva une solution.

L'artiste est doué des plus grandes qualités. D'abord, la conviction passionnée, celle qui fait franchir des montagnes. Rien ne lui résiste. Véritable apôtre, il sait trouver des accents enthousiastes pour célébrer Épicure et sa doctrine. Sa vive sensibilité, ensuite, lui permet d'être en sympathie avec tout ce qui vit. Cette sympathie s'accompagne de tendresse, de pitié : il peut donner ainsi à beaucoup de ses tableaux des accents dramatiques. N'oublions pas son réalisme. LUCRÈCE est un observateur qui s'empare de l'univers par tous les sens et sait en rendre les détails les plus infimes. Tout cela enfin est transfiguré par une prodigieuse imagination. L'artiste accumule les comparaisons, les tableaux, les mythes, et aboutit, par la force même de l'inspiration, à la grandeur épique.

En dépit de défauts certains, l'écrivain n'est pas inférieur à ses dons. La composition du livre est claire dans son ensemble, et, si on a discuté de sa langue archaïsante, de son style parfois lourd, d'une versification en retard sur son époque, on doit reconnaître à l'ouvrage de la variété et de la puissance. En outre, ce style ne se veut-il pas proche de celui d'Empédocle qui, lui aussi, avait enseigné la sagesse par la langue poétique? En fait « Lucrèce continue la manière des vieux poètes... Il transforme l'emploi malhabile en une technique plus avisée : il soumet l'archaïsme à ses préoccupations didactiques ou à des effets esthétiques » (A. Cordier). L'archaïsme est devenu un moyen d'art.

Lucrèce est un grand poète de tous les temps. Son œuvre, « c'est l'histoire d'une tentative hautaine pour sauver l'homme par la connaissance et qui, nourrie au départ d'une chaude illusion, aboutit, de déception en déception, ... à la constatation amère de l'impossible » (B.-A. Taladoire).

22 Le premier, un Grec, Épicure, a lutté contre la croyance superstitieuse

Lucrèce s'attaque à la religion, ou plus exactement à la superstition religieuse, car il ne nie pas l'existence des dieux. En cela il suit Épicure, philosophe grec (340-270 av. J.-C.) qui a voulu affranchir l'homme de toute crainte superstitieuse et religieuse.

Humana ante oculos foede cum vita[1] jaceret
in terris, oppressa gravi sub religione
quae caput a caeli regionibus ostendebat,
horribili super[2] aspectu mortalibus instans,
primum Graius homo mortales tollere contra
est oculos ausus, primusque obsistere contra;
quem neque fama deum nec fulmina nec minitanti
murmure compressit caelum, sed eo magis acrem
irritat[3] animi virtutem, effringere ut arta
naturae primus portarum claustra cupiret[4].
Ergo vivida vis animi pervicit, et extra
processit longe flammantia moenia mundi[5],
atque omne[6] immensum peragravit mente animoque,
unde refert nobis victor quid possit oriri,
quid nequeat, finita potestas denique cuique
quanam sit ratione atque alte terminus haerens.
Quare religio pedibus subjecta vicissim
obteritur, nos exaequat victoria caelo.

Lucrèce, *De natura rerum*, I, v. 62-79.

1. *humana... vita* = l'humanité. — 2. *super* = *desuper* (adverbe). — 3. *irritat* = *irritavit*. — 4. *cupiret* = *cuperet*. — 5. pour les Anciens et pour Lucrèce, le monde est enveloppé d'une matière légère et volatile, l'éther, qui glisse autour de lui d'un mouvement régulier. Les astres en sont les parcelles (voir livre V, vers 509 et suivants). — 6. *omne* a une valeur nominale; il signifie « le tout, l'univers ».

23 La mort d'Iphigénie

Les Grecs vont faire la guerre aux Troyens pour reprendre Hélène, femme de Ménélas, enlevée par Pâris. Agamemnon est le chef de l'expédition. Celle-ci ne peut partir d'Aulis où elle s'est réunie, à cause de la colère contre Agamemnon de Diane Artémis (appelée aussi Trivia parce qu'on lui élevait des autels aux carrefours). Elle exige le sacrifice de la fille aînée du roi, Iphigénie. On cède à son désir. Mais, au dernier moment, la jeune fille est remplacée par une biche grâce à l'intervention de la déesse qui l'emmène en Tauride. Pour cette légende, voir Euripide : Iphigénie en Aulide. *Pour une autre version du sacrifice, cf. Racine :* Iphigénie. *Lucrèce, lui, pense que le sacrifice eut lieu jusqu'au bout, car il s'attaque à la superstition, et la mort d'Iphigénie est pour lui l'illustration même des crimes provoqués par cette superstition.*

Aulide quo[1] pacto Triviai virginis aram
Iphianassai turparunt sanguine foede
ductores Danaum delecti, prima virorum[2].
Cui simul[3] infula virgineos circumdata comptus
ex utraque pari malarum parte[4] profusast,
et maestum simul ante aras adstare parentem
sensit, et hunc propter[5] ferrum celare ministros,
aspectuque suo lacrimas effundere cives,
muta metu terram genibus summissa petebat.
Nec miserae prodesse in tali tempore quibat
quod patrio princeps donarat nomine regem[6].
Nam sublata virum manibus tremebundaque ad aras
deductast, non ut sollemni more sacrorum[7]
perfecto posset claro comitari Hymenaeo[8],
sed casta inceste, nubendi tempore in ipso,
hostia concideret mactatu maesta parentis,
exitus ut classi felix faustusque daretur.
Tantum religio potuit suadere malorum!

LUCRÈCE, *De natura rerum*, I, v. 84-101.

1. *quo* est un relatif de liaison; *quo pacto* = « c'est ainsi que ». — 2. *prima virorum = primi viri.* — 3. *simul = simul atque.* — 4. = *ex utraque (parte) malarum, pari parte (pari parte = pariter).* — 5. *hunc propter = propter hunc* (anastrophe). — 6. *regem* = Agamemnon; *princeps = prima.* — 7. *sacrorum* = cérémonies du mariage. — 8. *Hymenaeo* = le chant d'hyménée; *comitari* : sens passif.

24 Description du vent : il est invisible et pourtant il a les mêmes effets que les fleuves

Pour dégager l'âme humaine des vaines superstitions, Lucrèce va montrer que tout s'explique dans la nature sans l'intervention des dieux. Il part du principe que rien ne sort du néant et rien ne retourne au néant. Tout s'explique par les atomes qui, évidemment, sont invisibles. Pour prouver que les corps invisibles peuvent avoir une existence réelle, il prend l'exemple du vent.

Principio venti vis verberat incita pontum,
ingentesque ruit naves et nubila differt,
interdum rapido percurrens turbine campos

arboribus magnis sternit, montesque supremos
silvifragis vexat flabris : ita perfurit acri
cum fremitu saevitque minaci murmure ventus.
Sunt igitur venti nimirum corpora caeca,
quae mare, quae terras, quae denique nubila caeli
verrunt, ac subito vexantia turbine raptant,
nec ratione[1] fluunt alia stragemque propagant
et cum mollis aquae fertur natura[2] repente
flumine abundanti, quam largis imbribus auget
montibus ex altis magnus decursus aquai,
fragmina conjiciens silvarum arbustaque tota...
Sic igitur debent venti quoque flamina ferri,
quae veluti validum cum[3] flumen procubuere
quamlibet in partem, trudunt res ante ruuntque
impetibus crebris, interdum vertice torto
corripiunt, rapidique rotanti turbine portant.

LUCRÈCE, *De natura rerum*, I, v. 271-284 et 290-294.

1. *nec ratione alia :* à joindre avec le *et* du vers suivant; *non ratione alia et = non aliter atque.* — 2. *mollis natura aquae* = la substance souple de l'eau; l'eau naturellement souple. — 3. placer *cum* après *quae : quae cum = et ea cum.*

25 *Quel bonheur possède le sage épicurien !*

Avant d'exposer les règles de base de la physique épicurienne : vide, atomes, déviation de ces atomes dans le vide, Lucrèce chante le bonheur du sage épicurien.

Suave, mari magno turbantibus aequora ventis,
e terra magnum alterius spectare laborem;
non quia vexari quemquamst jucunda voluptas,
sed quibus ipse malis careas[1] quia cernere suave est.
Suave etiam belli certamina magna tueri
per campos instructa tua[1] sine parte pericli.
Sed nil dulcius est bene quam munita tenere
edita doctrina sapientum templa serena[2],
despicere unde queas alios passimque videre
errare, atque viam palantes quaerere vitae,
certare ingenio, contendere nobilitate,
noctes atque dies niti praestante labore
ad summas emergere opes rerumque potiri.
O miseras hominum mentes, o pectora caeca !
Qualibus in tenebris vitae quantisque periclis
degitur hoc aevi quodcumquest ! Nonne videre[3]

nil aliud sibi naturam latrare, nisi ut qui
corpore sejunctus dolor absit, mensque fruatur
jucundo sensu cura semota metuque?

LUCRÈCE, *De natura rerum*, II, v. 1-19.

1. *careas* = 2e pers. du subjonctif pour rendre l'idée de « on »; attention à *tua* dans *tua sine parte* qui continue cette idée. — 2. construire : *editā templā* (= espaces), *munitā doctrinā serenā sapientum*. Certains commentateurs rapportent également *serena* à *templa*. — 3. *nonne videre*? = est-il possible de ne pas voir? (infinitif exclamatif employé avec la particule enclitique *-ne*). Au vers suivant, *qui* = *aliqui*, ancien abl. adverbial.

26 La terre contient en elle des corps premiers qui donnent naissance aux choses et aux êtres. C'est pourquoi on l'a appelée la Grande Mère et symbolisée par Cybèle.

Lucrèce étudie les atomes (corps premiers ou corps générateurs). Leurs combinaisons, dans le vide, forment toutes choses, car rien ne se perd, rien ne se crée. Les atomes ont des formes variées et ont donc des propriétés variées. Aucun corps n'est composé d'une seule sorte d'éléments. Ainsi en est-il de la terre elle-même.

Principio tellus habet in se corpora prima
unde mare immensum volventes frigora fontes
assidue renovent, habet ignes unde[1] oriantur.
Nam multis succensa locis ardent sola terrae[2],
eximiis vero furit ignibus impetus Aetnae.
Tum porro nitidas fruges arbustaque laeta
gentibus humanis habet[3] unde extollere possit,
unde etiam fluvios, frondes, et pabula laeta
montivago generi possit praebere ferarum.
Quare magna deum mater, materque ferarum,
et nostri genetrix haec dicta est corporis una.
Hanc veteres Graium docti cecinere poetae
sublimem in curru bijugos agitare leones,
aeris in spatio magnam pendere docentes
tellurem, neque posse in terra sistere terram.
Adjunxere feras, quia quamvis effera proles
officiis debet molliri victa parentum;
muralique caput summum cinxere corona,
eximiis munita locis quia sustinet[4] urbes.
Quo nunc insigni[5] per magnas praedita terras
horrifice fertur divinae matris imago.

LUCRÈCE, *De natura rerum*, II, v. 589-609.

1. comprendre : *habet (corpora prima) unde ignes oriantur*. — 2. *sola terrae* = la surface de la terre. — 3. comprendre : *(tellus) habet (corpora prima) unde possit extollere gentibus humanis nitidas fruges arbustaque laeta*. — 4. *sustineo* = assurer la conservation. — 5. *insigni* : voir *insignĕ, is* = parure.

27 La persistance des caractères spécifiques nous empêche de croire à la métempsycose

Épicure nous a appris à ne plus craindre les dieux ni la mort. La peur des enfers est à l'origine de tous nos maux. Elle nous rend lâches : nous préférons la vie à tout, même à l'honneur. L'âme n'est que matière : preuves tirées des rapports de l'âme et du corps (les âges, les maladies). L'âme ne peut se transporter d'un corps dans un autre. Il n'y a pas de métempsycose. Noter l'opposition avec Platon et sa théorie de la réminiscence.

Denique cur acris violentia triste leonum
seminium sequitur, vulpes dolus, et fuga cervis
a patribus datur et patrius pavor incitat artus,
et jam cetera de genere hoc cur omnia membris
ex ineunte aevo generascunt ingenioque[1],
si non, certa suo quia semine seminioque[2]
vis animi pariter crescit cum corpore quoque ?
Quod si immortalis foret et mutare soleret[3]
corpora, permixtis animantes moribus essent[4],
effugeret canis Hyrcano de semine saepe
cornigeri incursum cervi, tremeretque per auras
aeris accipiter fugiens veniente columba;
desiperent homines, saperent fera saecla ferarum.
Illud enim falsa fertur ratione, quod aiunt
immortalem animam mutato corpore flecti[5].
Quod mutatur enim dissolvitur, interit ergo.
... Sin animas hominum dicent in corpora semper
ire humana, tamen quaeram cur e sapienti
stulta queat fieri, nec prudens sit puer ullus.
... Scilicet in tenero tenerascere corpore mentem
confugient[6]. Quod si jam fit, fateare necesse est
mortalem esse animam, quoniam mutata per artus
tanto opere amittit vitam sensumque priorem.

LUCRÈCE, *De natura rerum*, III, v. 741-756, 761-762, 765-768.

1. *ingenioque : -que* réunit *ingenio* à *membris.* — 2. construire : *quia vis animi, certa semine seminioque,...* — 3. *foret* et *soleret* : sujet *vis animi* sous-entendu; *mutare* = changer de. — 4. *essent :* sujet *animantes.* — 5. *flecti* = subir des modifications. — 6. *confugient :* le pluriel rend l'idée de « on »; sens : avoir comme refuge.

28 Les hommes craignent la mort, car ils prêtent de la sensibilité au corps après le trépas

Voir version précédente; l'âme est donc périssable; pourquoi craindre la mort ? Les hommes ont tort de se lamenter à ce sujet.

Proinde ubi se videas[1] hominem indignarier ipsum[2],
post mortem fore ut aut putescat corpore posto[3],
aut flammis interfiat malisve[4] ferarum,

scire licet non sincerum sonere, atque subesse
caecum aliquem cordi stimulum, quamvis neget ipse
credere se quemquam sibi sensum in morte futurum.
Non, ut opinor, enim dat quod promittit et unde[5],
nec radicitus e vita se tollit et ejicit,
sed facit esse sui quiddam super[6] inscius ipse.
Vivus enim sibi cum[7] proponit quisque futurum
corpus uti volucres lacerent in morte feraeque,
ipse sui miseret; neque enim se dividit illim[8],
nec removet satis a projecto corpore, et illum[9]
se fingit, sensuque suo contaminat astans.
Hinc indignatur se mortalem esse creatum,
nec videt in vera nullum fore morte alium se[10]
qui possit vivus sibi se lugere peremptum,
stansque jacentem se lacerari urive dolere.

LUCRÈCE, *De natura rerum*, III, v. 870-887.

1. *videas* : 2e pers. du subj. = on. — 2. *se... ipsum* : rupture de construction; ces mots auraient été sujets de l'infinitive qu'on attendait. Avec la construction *fore ut*, ils deviennent sujets de *putescat* et *interfiat*. — 3. *posto* = *posito*. — 4. *malisve* : *malis* vient de *mala, ae*. — 5. *unde (promittit)*. — 6. *esse... super* = *superesse; facit* = il suppose. — 7. construire : *cum vivus quisque sibi proponit futurum (esse) uti (= ut) corpus...* — 8. *illim* = *illinc* (comprendre : *ab illo corpore*). — 9. *illum* : on attendrait *illud*, puisque ce pronom renvoie à *corpus* (soit personnification du corps, soit attraction due à « *se* »). — 10. *alium se* = un autre lui.

29 La nature s'adresse à l'homme qui a peur de mourir

Par sa théorie atomique, Lucrèce repousse la crainte des dieux et il montre que le principe de la vie et celui de la pensée sont corporels, composés d'atomes : par conséquent l'âme subit la destinée du corps et disparaît avec lui. Pourquoi donc craindre la mort ? Elle est la fin de tout. C'est ce que dit la nature personnifiée (ce texte est donc une prosopopée) aux êtres humains. Elle s'adresse ici aux hommes d'un certain âge et non aux vieillards.

Denique si vocem rerum natura repente
mittat, et hoc alicui nostrum sic increpet ipsa :
« Quid tibi tanto operest, mortalis, quod[1] nimis aegris
luctibus indulges ? Quid mortem congemis ac fles ?
Nam si grata fuit tibi vita ante acta priorque,
et non omnia pertusum congesta quasi in vas
commoda perfluxere atque ingrata interiere,
cur non ut plenus vitae conviva recedis,
aequo animoque capis securam, stulte, quietem ?
Sin ea quae fructus cumque[2] es periere profusa,
vitaque in offensust[3], cur amplius addere quaeris,
rursum quod pereat male et ingratum occidat omne,
non potius vitae finem facis atque laboris ?
Nam tibi praeterea quod machiner inveniamque,
quod placeat, nihil est : eadem sunt omnia semper.

Si tibi non annis corpus jam marcet, et artus
confecti languent, eadem tamen omnia restant,
omnia si pergas vivendo vincere saecla,
atque etiam potius, si numquam sis moriturus. »
Quid respondemus[4], nisi justam intendere litem
naturam, et veram verbis exponere causam ?

LUCRÈCE, *De natura rerum,* III, v. 931-951.

1. *quid tibi tanto operest (= tantopere est)... quod* = quelle raison si grave as-tu pour... ? — 2. *quae... cumque :* tmèse. — 3. *in offensust (in offensu est)* = t'importune. — 4. malgré la ponctuation, *quid respondemus* est la proposition principale correspondant aux subordonnées des deux premiers vers (rupture de construction). En outre, on attendrait *respondeamus* au lieu de *respondemus.*

30 *Apothéose d'Épicure*

Avant de décrire l'origine de l'humanité et de l'univers, Lucrèce, comme il le fait presque à chaque livre, va louer Épicure. Ici, il le met au nombre des dieux : c'est ce qu'on appelle une apothéose, au sens propre du mot. (Caius Memmius, voir v. 8, gouverneur de Bithynie en 57 av. J.-C., mort exilé en Grèce en 49. C'est à lui que Lucrèce a dédié le De natura rerum.)

Quis potis est dignum pollenti pectore carmen
condere pro rerum majestate hisque repertis[1] ?
Quisve valet verbis tantum qui fingere laudes
pro meritis ejus possit, qui talia nobis
pectore parta suo quaesitaque praemia liquit ?
Nemo, ut opinor, erit mortali corpore cretus.
Nam si, ut ipsa petit majestas cognita rerum,
dicendum est, deus ille fuit, deus, inclute Memmi,
qui princeps vitae rationem invenit eam quae
nunc appellatur sapientia, quique per artem
fluctibus e tantis vitam tantisque tenebris
in tam tranquillo[2] et tam clara luce locavit.
Confer enim divina aliorum antiqua reperta.
Namque Ceres fertur fruges Liberque liquoris
vitigeni laticem mortalibus instituisse;
cum tamen his posset sine rebus vita manere,
ut fama est aliquas etiam nunc vivere gentes.
At bene non poterat sine puro pectore vivi;
quo magis hic merito nobis deus esse videtur,
ex quo nunc etiam per magnas didita gentes
dulcia permulcent animos solacia vitae.

LUCRÈCE, *De natura rerum,* V, v. 1-21.

1. *his repertis* = les découvertes d'Épicure. — 2. *tranquillum* = la mer calme (ce mot est construit avec *tam* comme s'il était un adjectif).

31 Ce ne sont pas les dieux qui ont créé le monde : il a trop de défauts

Lucrèce veut décrire l'origine de l'humanité et de l'univers, car l'univers a eu un commencement comme il aura une fin; il n'est pas l'œuvre des dieux et il n'a pas été fait pour nous : il s'est formé de lui-même par la rencontre fortuite des atomes.

Quod si jam rerum ignorem primordia quae sint,
hoc tamen ex ipsis caeli rationibus ausim
confirmare aliisque ex rebus reddere multis,
nequaquam nobis divinitus esse paratam
naturam rerum : tanta stat praedita culpa[1].
Principio quantum caeli tegit impetus ingens,
inde[2] avidam partem montes silvaeque ferarum
possedere, tenent rupes vastaeque paludes,
et mare quod late terrarum distinet oras.
Inde duas porro prope partes fervidus ardor
adsiduusque geli casus mortalibus aufert.
Quod superest arvi, tamen id natura sua vi
sentibus obducat, ni vis humana resistat
vitai causa valido consueta bidenti
ingemere, et terram pressis proscindere aratris.
Si non fecundas vertentes vomere glebas
terraique solum subigentes cimus ad ortus[3],
sponte sua nequeant liquidas existere in auras;
et tamen interdum magno quaesita labore,
cum jam per terras frondent atque omnia florent,
aut nimiis torret fervoribus aetherius sol,
aut subiti peremunt imbres gelidaeque pruinae,
flabraque ventorum violento turbine vexant.

LUCRÈCE, *De natura rerum*, V, v. 195-217.

1. scander ce vers. — 2. *inde* = *ex eo*, antécédent de *quantum*. — 3. *cimus ad ortus* = nous amenons les semences à germer. Reprendre le mot semences pour en faire le sujet de *nequeant*.

32 C'est la terre qui a produit à l'origine les végétaux et les animaux

Après avoir exposé les grands principes de l'atomisme (L. I et II) et montré comment ils expliquent les faits relatifs à l'homme (L. III et IV), Lucrèce se sert de ces principes pour étudier les phénomènes naturels (cosmogonie, astronomie, météorologie, etc.). C'est ainsi qu'il en arrive à parler des premières productions de la terre : végétaux, animaux.

Principio genus herbarum viridemque nitorem
terra dedit circum colles camposque per omnes,
florida fulserunt viridanti prata colore,
arboribusque datumst variis exinde per auras

crescendi magnum immissis certamen habenis[1],
Ut pluma atque pili primum saetaeque creantur
quadripedum membris et corpore pennipotentum,
sic nova tum tellus herbas virgultaque primum
sustulit, inde loci[2] mortalia saecla creavit,
multa modis multis varia ratione coorta.
Nam neque de caelo cecidisse animalia possunt
nec terrestria de salsis exisse lacunis.
Linquitur ut merito maternum nomen adepta
terra sit, e terra quoniam sunt cuncta creata.
Multaque nunc etiam exsistunt animalia terris,
imbribus et calido solis concreta vapore;
quo minus est mirum, si tum sunt plura coorta
et majora, nova tellure atque aethere adulta.

LUCRÈCE, *De natura rerum*, V, v. 784-800.

1. construire : *magnum certamen crescendi per auras, immisis habenis, datum est arboribus variis.* — 2. *inde loci* = ensuite, puis.

33 *La vie des premiers hommes*

Voir la notice de la version précédente : Lucrèce continue à parler des premières productions de la terre, l'espèce humaine par exemple. Il faut remarquer l'effort de Lucrèce qui refuse de croire à l'âge d'or et qui ne voit dans la vie primitive qu'une vie remplie de rudesse et de dangers.

At genus humanum multo fuit illud in arvis
durius, ut decuit, tellus quod dura creasset,
et majoribus et solidis magis ossibus intus
fundatum, validis aptum per viscera nervis,
nec facile ex aestu nec frigore quod[1] caperetur
nec novitate cibi nec labe corporis ulla.
Multaque per caelum solis volventia lustra
volgivago vitam tractabant more ferarum.
Nec robustus erat curvi moderator aratri
quisquam, nec scibat ferro molirier arva,
nec nova defodere in terram virgulta, neque altis
arboribus veteres decidere falcibus ramos.
Quod sol atque imbres dederant, quod terra crearat
sponte sua, satis id placabat pectora donum.
Glandiferas inter curabant corpora quercus
plerumque; et quae nunc hiberno tempore cernis
arbuta puniceo fieri matura colore,
plurima tum tellus etiam majora ferebat.
Multaque praeterea novitas tum florida mundi
pabula dura tulit, miseris mortalibus ampla.

LUCRÈCE, *De natura rerum*, V, v. 925-944.

1. comprendre : *nec quod = et tale ut non...* (relative au subjonctif).

34 Comment mouraient les hommes primitifs

Suite de la version précédente; voir sa notice.

Nec nimio tum plus quam nunc mortalia saecla
dulcia linquebant lamentis lumina vitae.
Unus enim tum quisque magis[1] deprensus eorum
pabula viva feris praebebat, dentibus haustus,
et nemora ac montes gemitu silvasque replebat
viva videns vivo sepeliri viscera busto.
At quos effugium servarat corpore adeso,
posterius tremulas super ulcera taetra tenentes
palmas, horriferis accibant vocibus Orcum[2],
donique[3] eos vita privarant vermina saeva
expertes opis, ignaros quid vulnera vellent.
At non multa virum sub signis milia ducta
una dies dabat exitio nec turbida ponti
aequora lidebant[4] naves ad saxa virosque.
Hic temere incassum frustra mare saepe coortum
saevibat, leviterque minas ponebat inanes,
nec poterat quemquam placidi pellacia ponti
subdola pellicere in fraudem ridentibus undis.
Improba navigii ratio[5] tum caeca jacebat.
Tum penuria deinde cibi languentia leto
membra dabat, contra nunc rerum copia mersat.
Illi imprudentes ipsi sibi saepe venenum
vergebant, nunc dant aliis sollertius ipsi.

LUCRÈCE, *De natura rerum*, V, v. 988-1010.

1. *magis = saepius quam nunc.* — 2. *Orcus :* cf. glossaire. — 3. *donique = donec.* — 4. *lidebant = laedebant.* — 5. *ratio improba navigii :* l'art funeste de la navigation.

35 Quelques remarques intéressantes de Lucrèce à propos du tonnerre et de l'éclair

Lucrèce aborde ici les phénomènes météorologiques, c'est-à-dire, entre terre et lune, les phénomènes différents qui supposent le feu, l'air et l'eau (cf. Aristote). C'est ainsi qu'il traite du tonnerre et de l'éclair.

Principio tonitru quatiuntur caerula caeli,
propterea quia concurrunt sublime volantes
aetheriae nubes contra pugnantibus ventis.
Nec fit enim sonitus caeli de parte serena,
verum ubicumque magis denso sunt agmine nubes,
tam magis hinc magno fremitus fit murmure saepe...
Fulgit item, nubes ignis cum semina multa
excussere suo concursu; ceu lapidem si

percutiat lapis aut ferrum; nam tum quoque lumen
exilit et claras scintillas dissipat ignis.
Sed tonitrum fit uti post auribus accipiamus,
fulgere quam cernant oculi, quia semper ad aures
tardius adveniunt quam visum quae moveant res[1].
Id licet hinc etiam cognoscere, caedere si quem
ancipiti videas ferro procul arboris auctum,
ante fit ut cernas ictum quam plaga per aures
det sonitum, sic fulgorem quoque cernimus ante
quam tonitrum accipimus, pariter qui mittitur igni[2]
e simili causa, concursu natus eodem.

LUCRÈCE, *De natura rerum*, VI, v. 96-101 et 160-172.

1. expression raccourcie qui équivaut presque à la phrase suivante : *quia res quae moveant aures adveniunt ad aures tardius quam ad visum adveniunt res quae visum moveant.* — 2. *igni :* datif construit sur *pariter.*

LES « NOUVEAUX POÈTES » (Néôteroi ou Novi Poetae)

Cette nouvelle école s'oppose aux admirateurs des anciens et n'a aucune considération pour la vieille littérature nationale; elle se tourne vers la poésie alexandrine, admirée par le public aristocratique.

Ce refus des anciens repose sur la crise du théâtre, supplanté par le mime et d'ailleurs déjà attaqué par un LUCILIUS, adversaire de l'épopée comme de la tragédie, cet écrivain, nous l'avons vu, recherchant une écriture plus adéquate et plus expressive. Il n'est donc pas étonnant que CATULLE, le représentant le plus éminent de cette « nouvelle vague », se moque des *Annales* d'un VOLUSIUS, qu'il considère comme souillées par les ingrédients venus d'Ennius (*cacata charta*). Les nouveaux poètes auront plus de considération pour des auteurs comme Q. LUCIUS CATULUS qui, déjà avant Sylla, avait écrit des œuvres de prose et de vers raffinées et avait fait preuve d'ouverture d'esprit. D'autres écrivains avaient cette même attitude littéraire : VALERIUS EDITUUS, PORCIUS LICINIUS, VOLCACIUS SEGIDITUS. Des poètes grecs comme ANTIPATER de Sidon ou ARCHIAS d'Antioche (défendu par Cicéron dans le *Pro Archia*) assurent la transition entre l'attitude littéraire des Scipions et cette nouvelle culture, entre la poésie latine et la poésie grecque.

La ville d'Alexandrie d'Égypte avait été, durant le IIIe siècle av. J.-C., le centre d'élaboration et de diffusion de la culture grecque. Alexandre le Grand, par son mariage avec la Perse Roxane, une *barbare*, avait amoindri l'influence de la Grèce au profit des monarchies de Pergame, de Syrie et d'Égypte. Il s'ensuivit une décadence de la « ville » (*polis*, en grec), Athènes, au profit des *cours* royales : c'est ce qui favorise l'individualisme et sépare peu à peu la littérature de la vie. La Comédie nouvelle et MÉNANDRE déjà étaient marqués par cette orientation. C'est ainsi qu'au IIIe siècle av. J.-C., à Alexandrie, autour du Musée et de la Bibliothèque des Ptolémées, s'étaient groupés des savants et des écrivains. Les poètes y étaient érudits, raffinés, mondains : on peut citer CALLIMAQUE, ARATOS, THÉOCRITE — Virgile s'inspira de cet écrivain pour ses *Bucoliques* —, HÉRONDAS. Ce mouvement se poursuivit et fut illustré par de nouveaux poètes parmi lesquels, par exemple, ARCHIAS (voir ci-dessus) et MÉLÉAGRE. Les nouveaux poètes latins s'inspirèrent d'eux et accueillirent leurs rythmes, leurs thèmes, leur manière.

Ces nouveaux poètes, sous ces influences, vont emprunter leurs sujets aux légendes les moins connues de la mythologie (surtout galantes), mais aussi à leurs propres vies. Ils s'exerceront essentiellement à de petits poèmes, comme l'*épyllion* (une sorte d'idylle à base mythologique), l'élégie ou l'ode. Ce qui leur importe, c'est la forme. Ils l'obtiennent par ce qui est *rare* : termes, métrique, sévérité poétique. Ce sera une « littérature raffinée, pénétrée à la fois de préciosité pittoresque, tour à tour galante et érudite, mais dans laquelle perce toujours, sous la recherche artistique et la fantaisie mondaine, le goût de l'expression personnelle » (B.-A. Taladoire). Les plus connus de ces écrivains sont VALERIUS CATON et CATULLE.

PUBLIUS VALERIUS CATON

P. VALÉRIUS CATON, originaire de Gaule Cisalpine et de naissance libre (bien qu'on ait prétendu qu'il était un affranchi), surnommé par Furius Bibaculus la *Sirène latine* (*Latina Siren*) parce que seul il savait lire les vers et former les poètes, grammairien et poète lui-même, vivait au Ier siècle av. J.-C. et parvint à un grand âge. Il fut l'introducteur à Rome de l'alexandrinisme et forma beaucoup de poètes nouveaux qui donnèrent toujours la meilleure part aux Grecs et méprisèrent ceux qui, en latin, n'écrivaient pas comme eux. Il est également l'auteur d'une *Indignatio* (il y raconte ses jeunes années), de deux épyllions, *Diana* et *Lydia* (ou *Dictynna*), poème dédié à sa maîtresse, et des *Dirae* (*Imprécations*) où il montre sa sympathie pour Lucilius.

Parmi les jeunes gens qui l'entouraient (Ticida, M. Furius Bibaculus, Cinna), il a fait figure de précepteur à la mode, commentant remarquablement les poètes de façon approfondie. Il avait du talent comme grammairien, de la dignité comme homme. En tant qu'écrivain, il introduisit de nouveaux mètres grecs dans la poésie latine. Il chantait ses champs, ses bois, ses vergers. Il écrivit ses *Dirae* quand il perdit ses terres. Malgré le succès de ses œuvres, il mourut dans la gêne et peut-être dans la misère.

36 Imprécations

Valérius Caton, originaire de Gaule, avait émigré en Sicile et y possédait un riche domaine, probablement sur la côte de l'île. Mais ces terres, qu'il avait célébrées dans ses chants, ont fait l'objet d'une mesure d'expropriation — sans doute pour une distribution de terres à des vétérans (cf. Virgile à Mantoue). Le poète maudit ici l'auteur de cette mesure, Lycurgue, et voue aux dieux infernaux le pays qui désormais sera à un étranger. N.B. : ce poème a été imité par Antoine de Baïf dans une de ses églogues.

Battare[1], cycneas repetamus carmine voces,
divisas iterum sedes et rura canamus,
rura quibus diras indiximus, impia vota[2].
Ante lupos rapient haedi, vituli ante leones,
delphini fugient pisces, aquilae ante columbas,
et conversa retro[3] rerum discordia gliscet,
multa prius fient, quam non mea libera avena.
Montibus et silvis dicam tua facta, Lycurge,
impia : Trinacriae sterilescant gaudia nobis,
nec fecunda sinus nostri felicia rura,
semina parturiant segetes, non pascua colles,
non arbusta novas fruges, non pampinus uvas,
ipsae non silvae frondes, non flumina montes.
Rursus, et hoc iterum repetamus, Battare, carmen.
... Tu nemus, et multum nostris cantata libellis,

optima silvarum, formosis densa viretis
non fundes virides umbras, nec laeta comantes
jactabis molles ramos inflantibus auris,
nec mihi saepe meum resonabit, Battare, carmen.
Militis[4] impia cum succidet dextera ferro,
formosaeque cadent umbrae, formosior illis
ipsa cades: veteris domini felicia ligna,
nequidquam nostris toties devota libellis,
ignibus aethereis flagrabunt. Jupiter ipse,
Jupiter hanc aluit: cinis haec mihi fiat oportet.

VALÉRIUS CATON, *Imprécations*, v. 1-14 et 26-36.

1. *Battare*: ami de V. Caton, victime de la même mesure. — 2. *impia vota:* allusion à un premier poème d'imprécations. — 3. *conversa retro* = dans une évolution régressive (une sorte de retour au chaos). — 4. *militis:* le vétéran qui défrichera pour cultiver ce qui était un domaine de luxe.

CATULLE

On ne connaît pas les dates exactes de la vie de C. VALERIUS CATULLUS. Saint Jérôme le fait naître en −87 (V, XI, 6), mais ce qu'il affirme est peu sûr. En tout cas, il est mort très jeune, ceci nous est confirmé par saint Jérôme et Ovide (*Amores*, III, 9, 61 sqq.). On fixe généralement sa vie entre −87 et −54.

Il naquit à Vérone, en Gaule Cisalpine, d'une excellente famille, maîtresse d'un grand domaine dans la presqu'île de Sirmio, sur les bords du lac de Garde. Ses parents étaient riches, c'est pourquoi il possédait de nombreux biens: une maison à Vérone, peut-être une à Rome, une terre à Tivoli, et une bibliothèque fournie. Il vint très jeune à Rome: il considère que là est sa demeure, là son séjour, là le lieu où il passe sa vie: « *Romae vivimus: illa domus, illa mihi sedes, illic mea carpitur aetas* » (*Carmina*, 68, 34 sq.).

Par Suétone, nous savons que César était lié à son père et qu'il logeait chez lui à Vérone: CATULLE l'attaqua d'abord violemment, mais César sut le reconquérir. Il fut l'ami de Calvus, d'Elvius Cinna et de Cornelius Nepos. Il conçut pour celle qu'il appelle Lesbie (sans doute Clodia, sœur du tribun Clodius) une passion insensée qui lui arracha ses vers les plus beaux et les plus personnels. La jeune femme était très infidèle. Il rompit avec elle et accompagna en Bithynie le préteur Memmius. À son retour, la bourse vide, il fit un pèlerinage sur la tombe de son frère, inhumé en Troade. Après un séjour à Vérone, il regagna Rome où il retomba dans les rets de Clodia, qu'il méprisait pourtant. C'est à cette époque qu'il se réconcilia avec César. Il mourut peu après, consumé par les excès, les plaisirs et les travaux littéraires.

On possède 116 *carmina* de CATULLE, divisés en trois groupes selon des critères métriques, à la façon alexandrine. Il est plus intéressant de distinguer les épigrammes de forme lyrique, les *nugae* (bagatelles) où l'inspiration est personnelle, née de la passion, de l'amitié ou de la haine, et les poèmes savants, où l'inspiration alexandrine est très nette. Le recueil, à travers l'homme et le poète, est la peinture d'une société de jeunes écrivains mondains, gais, dissipés, mais amoureux de l'art et des recherches esthétiques. Ils aident à créer à Rome une politesse légère et cultivée qui supplante peu à peu dans la société la sévérité et la *gravitas* de la société ancestrale.

La poésie est donc alors celle d'une classe cultivée et élégante, mais aussi pleine de force et de combativité. Elle révèle derrière les problèmes poétiques, de façon plus ou moins claire, une crise sociale. « C'est dans cette société que s'est formé le poète Catulle. Sa poésie est l'expression de cette société aussi bien par la langue que par le style. Les amours et les haines qui brûlent dans ses *nugae* ainsi que le ton hellénistique de ses poèmes savants, sont le produit de toute une expérience, mûrie à la chaleur d'une puissante personnalité qui fond dans le creuset de l'expression artistique les éléments variés qu'elle a reçus : culture grecque, vicissitudes de la vie intime personnelle, ambiance sociale et, par-dessus tout, le besoin d'une âme sincèrement expansive qui [...] rompt à un certain moment les freins traditionnels des canons littéraires et artistiques » (A. Ronconi).

On peut ranger dans les poèmes alexandrins des pièces comme *La Chevelure de Bérénice*, imitée de Callimaque (Bérénice, reine d'Égypte, a consacré sa chevelure à Vénus pour l'heureux retour de guerre de Ptolémée III, son mari. Les dieux font de cette chevelure une constellation. C'est la chevelure qui parle : on voit la préciosité extrême du procédé). *Athis* et *Les Noces de Thétis et de Pélée* (œuvre qui célèbre le mariage de la Néréide Thétis et de l'Argonaute Pélée) ont le même caractère. Les dieux assistent aux noces. Le récit est somptueux, parfois familier, coupé de digressions comme l'*épyllion* décrivant Ariane abandonnée par Thésée dans l'île de Dia. On perçoit immédiatement les défauts que peuvent comporter de telles œuvres : érudition pédante, proportions mal équilibrées, digressions fréquentes, style savant ou, au contraire, apprêté, recherche du trait pour lui-même. Cependant on y rencontre des sentiments personnels, des émotions ressenties (passion d'Ariane). Il faut remarquer au passage que CATULLE, nourri de toute la culture grecque, s'inspire aussi de Pindare, Homère, Alcée, Sappho, et qu'il est un maître pour le style et la versification.

C'est dans les petits poèmes que se révèlent toutes ses qualités. Nous ne reviendrons pas sur son talent poétique. Mais, grâce à ces petits chefs-d'œuvre, on peut reconstituer ce que fut la vie du poète et de l'homme CATULLE : sensibilité (passion pour Clodia), nostalgie de son terroir (Sirmio), amour pour son frère. Il ne faut pas cependant oublier chez lui les possibilités de joie, d'esprit et ses capacités d'attaque et de critique. En outre, il atteint à une réelle perfection de métier. Toutes ces petites pièces révèlent « la pénétration de l'artiste par l'homme » (F. Plessis). Il est en somme le créateur de la poésie amoureuse dont profiteront Horace, Tibulle, Properce, Martial.

Il a donc enrichi la littérature latine dans la langue et dans les rythmes. Il est déjà classique par l'équilibre profond qu'il a su établir entre les apports étrangers et l'âme romaine.

37 **Un convive dérobe les mouchoirs de son voisin de table**

Asinius, par plaisanterie, a dérobé pendant un festin ses « sudaria » à Catulle. Celui-ci trouve la plaisanterie peu spirituelle et réclame son bien. Le sudarium jouait le rôle de mouchoir ou de serviette. Asinius, venu de Téate, ville du pays des Marrucini, s'établit à Rome; il était le frère d'Asinius Pollion.

Marrucine Asini, manu sinistra
non belle uteris in joco atque vino;
tollis lintea neglegentiorum.
Hoc salsum esse putas ? Fugit[1] te, inepte;
quamvis sordida res et invenusta est.
Non credis mihi ? crede Pollioni
fratri, qui tua furta vel talento
mutari velit; est enim leporum
dissertus puer ac facetiarum.
Quare aut hendecasyllabos[2] trecentos
expecta aut mihi linteum remitte;
quod me non movet aestimatione,
verum est mnemosynum mei sodalis.

Nam sudaria Saetaba[3] ex Hibereis
miserunt mihi muneri Fabullus
et Veranius; haec amem necesse est
ut Veraniolum meum et Fabullum.

CATULLE, *Carmina*, 12.

1. *fugit*: impersonnel. — 2. hendécasyllabes: type de vers utilisé par Catulle dans ses pièces satiriques. — 3. *Saetaba* = de *Saetabis*: ville d'Espagne renommée pour ses toiles. *Fabullus* et *Veranius*, amis de Catulle furent sans doute attachés à un gouverneur de province d'abord en Espagne, puis en Macédoine.

38 *N'offrez jamais un mauvais livre à vos amis*

Catulle adresse cette pièce à son ami l'avocat Calvus, qui lui avait fait cadeau d'un livre de poésie. Peut-être était-ce un cadeau que Sulla le grammairien avait fait à l'avocat. En tout cas, Catulle se propose de lui rendre la pareille.

Ni te plus oculis meis amarem,
jucundissime Calve, munere isto
odissem te odio Vatiniano;
nam quid feci ego quidve sum locutus,
cur me tot male perderes[1] poetis?
Isti dei mala multa dent clienti,
qui tantum tibi misit impiorum[2].
Quod si, ut suspicor, hoc novum ac repertum
munus dat tibi Sulla litterator,
non est mi male, sed bene ac beate,
quod non dispereunt tui labores[3].
Dei magni, horribilem et sacrum libellum!
Quem tu scilicet ad tuum Catullum
misti, continuo ut die periret
Saturnalibus[4], optimo dierum.
Non, non hoc tibi, salse, sic abibit;
nam, si luxerit, ad librariorum
curram scrinia; Caesios, Aquinos,
Suffenum[5], omnia colligam venena
ac te his suppliciis[6] remunerabor.
Vos hinc interea valete, abite
illuc unde malum pedem[7] attulistis,
saecli incommoda, pessimi poetae.

CATULLE, *Carmina*, 14.

1. *perderes* = sens figuré: tu me fasses périr, tu m'assassines (tellement ces poésies sont mauvaises). — 2. *impiorum*: masc. ou neutre = sacrilèges (à l'égard des Muses les mauvais poètes sont sacrilèges). — 3. *labores* = les peines (celles du métier d'avocat). — 4. les Saturnales: jour où on échangeait des cadeaux, où parfois les maîtres servaient les esclaves. — 5. mauvais poètes, peu connus; les œuvres *(volumina)* sont enfermées dans des boîtes cylindriques (*scrinium*, on dit aussi *capsa*). — 6. *suppliciis:* cf. note 1. — 7. *pedem attulistis:* jeu de mots = poser, mettre le pied (les vers sont composés de pieds).

39 La presqu'île de Sirmio

Catulle, né à Vérone, n'a pas aimé seulement la ville. Il a aimé la campagne et les sites de son beau pays véronais, comme Sirmio, presqu'île qui s'avance dans le lac de Garde, au sud. Il y possédait d'ailleurs une « villa ». Il revient d'un voyage en Bithynie quand il écrit ce poème (56 av. J.-C.). Comparer à du Bellay.

Paene insularum, Sirmio, insularumque
ocelle, quascumque in liquentibus stagnis
marique vasto fert uterque Neptunus,
quam te libenter quamque laetus inviso,
vix mi ipse credens Thyniam[1] atque Bithynos
liquisse campos et videre te in tuto!
O quid solutis est beatius curis,
cum mens onus reponit ac peregrino
labore fessi venimus larem ad nostrum
desideratoque acquiescimus lecto?
Hoc est quod unum est pro laboribus tantis.
Salve, o venusta Sirmio, atque ero gaude,
gaudete vosque, o Lydiae lacus undae,
ridete, quicquid est domi cachinnorum!

CATULLE, *Carmina*, 31.

1. *Thynia :* partie septentrionale de la Bithynie, occupée par les Thynes.

40 Regrets sur la mort d'un frère

En 57, Catulle avait accompagné dans sa province de Bithynie le propréteur Memmius. Au retour, il revient par la Troade où était le tombeau de son frère, au cap Rhoété. Cette mort était récente. La douleur avait abattu Catulle un moment, mais il envoie à l'orateur Q. Hortensius Ortalus des vers qu'il lui avait promis. Il s'agit d'une traduction d'un poème de Callimaque, poème à la fois érudit et galant, ce qui explique peut-être le ton précieux et léger qui apparaît dans la comparaison finale (vers 19-24).

Etsi[1] me assiduo confectum cura dolore
    sevocat a doctis, Ortale, virginibus,
nec potis est dulces Musarum expromere fetus[2]
    mens animi : tantis fluctuat ipsa malis!
Namque mei nuper Lethaeo in gurgite fratris
    pallidulum manans alluit unda pedem,
Troia Rhoeteo quem subter litore tellus
    ereptum nostris obterit ex oculis;
alloquar[3], audiero numquam tua facta loquentem,
    numquam ego te, vita frater amabilior,
aspiciam posthac; at certe semper amabo,
    semper maesta tua carmina morte tegam[4],
qualia sub densis ramorum concinit umbris

Daulias[5] absumpti fata gemens Ityli.
Sed tamen in tantis maeroribus, Ortale, mitto
haec expressa tibi carmina Battiadae[6],
ne tua dicta vagis nequiquam credita ventis
effluxisse meo forte putes animo,
ut missum sponsi furtivo munere malum[7]
procurrit casto virginis e gremio,
quod miserae oblitae molli sub veste locatum,
dum adventu matris prosilit, excutitur;
atque illud prono praeceps agitur decursu,
huic manat tristi conscius ore rubor.

CATULLE, *Carmina,* 65.

1. *etsi* = et pourtant; *cura* = chagrin. — 2. les poèmes sont comme les enfants des Muses; *mens animi* = mon esprit. — 3. *alloquar* s.e. *te*: Catulle s'adresse à son frère; *audiero* = *audiam* s.e. *te.* — 4. *tegam* = je composerai en secret; *morte tua*: scander depuis *maesta.* — 5. *Daulias* = la Daulienne: Philomèle de la ville de Daulis. Son fils Ityle avait été égorgé par Procné, sœur de Philomèle. Philomèle changée en rossignol pleurait toujours son fils. — 6. *Battiadae* = le descendant de Battos, c'est-à-dire Callimaque, auteur imité ou traduit par Catulle. — 7. Les amoureux envoyaient une pomme à celle qu'ils aimaient.

41 Un poète dit adieu à son amour

Catulle a aimé sincèrement et avec violence Lesbie, mais leur liaison n'a pas été longtemps heureuse, car Lesbie le trompait souvent. Sans doute s'agit-il de Clodia, la sœur de Clodius Pulcher, l'ennemi de Cicéron. Dans cette pièce, il dit un adieu définitif à son amour. Le poème est une sorte de dialogue entre Catulle et son Genius qui représente sa propre raison. Celui-ci parle dans les vers 1 à 6, et 8 à 10.

Nam[1] quaecumque homines bene cuiquam aut dicere possunt
aut facere, haec a te dictaque factaque sunt;
omniaque ingratae perierunt credita menti.
Quare cur te jam amplius excrucies?
Quin tu animum offirmas atque istinc teque reducis[2]
et deis invitis desinis esse miser?
Difficile est longum subito deponere amorem.
Difficile est, verum hoc qua lubet efficias[3].
Una salus haec est, hoc est tibi pervincendum;
hoc facias, sive id non pote sive pote.
O dei, si vestrum est misereri, aut si quibus umquam
extremam jam ipsa in morte tulistis opem,
me miserum aspicite et, si vitam puriter egi,
eripite hanc pestem[4] perniciemque mihi,
quae mihi subrepens imos ut torpor in artus,
expulit ex omni pectore laetitias.

Non jam illud quaero, contra[5] ut me diligat illa,
aut, quod non potis est, esse pudica velit;
ipse valere opto et taetrum hunc deponere morbum[6].
O di, reddite mi hoc pro pietate mea!

CATULLE, *Carmina*, 76, v. 7 à 26.

1. *nam:* le poète, dans les vers précédents, rappelle que celui qui n'a rien à se reprocher est heureux; que lui, Catulle, dans ce cas, doit être heureux. En effet...; *bene* = pour son bien. — 2. *te reducis* = tu te dégages. — 3. *hoc efficias* = tu dois arriver à un tel résultat. — 4. désigne son amour. — 5. *illa:* désigne Lesbie; *contra* = en retour; *potis est* = *potest*. — 6. l'amour est considéré comme une maladie.

■ *LA PROSE*

La prose, qui avait déjà beaucoup évolué au IIe siècle av. J.-C., recherchait encore son équilibre, en particulier dans le genre historique. L'éloquence, elle, n'était pas loin d'atteindre le niveau classique. La prose va parvenir à son apogée à cette époque grâce à deux grands créateurs, Cicéron et César, bien que leur façon d'écrire diffère complètement. « La prose sobre et précise de César est typiquement classique dans la tradition attique, mais si la période cicéronienne, conformément aux exigences de l'art oratoire, est plus ample et nombreuse, elle n'a rien de commun avec l'éloquence fleurie et déclamatoire en honneur à Pergame, qui fut d'ailleurs pratiquée à Rome avec succès par Hortensius, rival de Cicéron. [...] Ainsi, lorsque meurt la République, la langue latine est arrivée à la maturité et à l'indépendance » (M. Bordet). Il est à remarquer d'ailleurs qu'un grand nombre de ces prosateurs sont des hommes publics et politiques. Nous citerons deux écrivains très peu connus en tant que tels, mais nécessaires pour comprendre mieux la vie et l'œuvre de Cicéron.

ATTICUS

T. POMPONIUS ATTICUS, né à Rome en −109, était un chevalier romain, d'une extrême richesse. Condisciple de Cicéron dont il était l'aîné, il en fut l'ami, l'éditeur et le banquier. Il vécut à Athènes entre −88 et −85, d'où son surnom d'ATTICUS. En bon disciple d'Épicure, il resta éloigné des luttes politiques et mena sa vie de manière frugale. Atteint d'une maladie incurable, il se laissa mourir de faim.

Il écrivit une chronologie détaillée de l'histoire politique et romaine, *Liber annalis*: Cicéron en tira grand parti pour son *Brutus*. L'orateur lui adressa 396 lettres «*Ad Atticum*», écrites entre −65 et −44. Cornelius Nepos, son ami également, a rédigé une *Vie d'Atticus*. Pour lui, Atticus était le plus pur représentant de l'*humanisme*: «Ses mérites n'ont pas paru moindres comme maître de maison que comme citoyen. Car, bien qu'il fût fort riche, personne moins que lui ne s'abandonna à la passion d'acheter, ni de bâtir [...]. Du bon goût, non de la magnificence; de la distinction, non de la somptuosité; tous les soins visant à une tenue élégante, non à la superfluité. Un mobilier visant sans excès en l'un et l'autre sens [...]. Et je l'affirme non par ouïdire, mais de science certaine, mon amitié m'ayant souvent conduit à prendre connaissance de ses affaires privées» (Cornelius Nepos, XXV, 13; trad. J. Bayet-Nougaret).

QUINTUS TULLIUS CICERO

Le frère du célèbre orateur est né vers −103/102 et est mort en −43.

La carrière

Quintus Tullius Cicero fut élevé avec son frère, d'après les mêmes leçons, par les mêmes maîtres. Il le suivit aussi dans la carrière des honneurs, mais d'assez loin. Édile en −65, il était préteur en −61 : en cette qualité, il présida le jury devant lequel Marcus Cicero défendit le poète Archias. Il fut gouverneur d'Asie (−61 à avril/mai −58). À son retour, son frère était exilé. Il s'employa en sa faveur, luttant contre Clodius et les démagogues. En −56, il fut envoyé en Sardaigne comme lieutenant de Pompée. Il s'y ruina et, sur le conseil de Marcus, il devint l'un des lieutenants de César en Gaule. Il n'y trouva pas la fortune, mais obtint la réputation militaire pour la défense de *Samobriva* (ou *Samarobriva* : Amiens) contre l'Éburon Ambiorix. Selon Boissier, « un tel fait d'armes efface les petitesses de son caractère et l'aide à soutenir le rôle ingrat et difficile de frère cadet d'un grand homme ». Il servit comme lieutenant de ce dernier, devenu proconsul de Cilicie et l'aida considérablement à remporter quelques succès sur les Barbares de l'Amanus.

Au moment de la guerre civile (−49), malgré son amitié pour César, il suivit son frère et Pompée. Mais, après Pharsale (−48), il fit sa soumission en rejetant sur Marcus tous les torts de sa conduite. À la mort de César, il se rangea aux côtés du Sénat contre Antoine et se réconcilia avec son frère aîné. Il mourut lui aussi en −43 dans les proscriptions du second Triumvirat. Les deux frères étaient à Tusculum et durent se séparer, comme nous le dit Plutarque (*Cicéron*, LIX) : « S'entrebrassant et plorant tendrement, ils se départirent l'un de l'autre. Peu de jours après, Quintus, ayant été trahi et décelé par ses propres serviteurs à ceux qui le cherchaient, fut occis lui et son fils » (Plutarque, traduction J. Amyot).

L'homme

Il avait un caractère difficile, faible et violent à la fois : il échoua dans la vie publique et fut malheureux dans la vie privée. Il épousa *Pomponia*, la sœur d'*Atticus*, mais ne put s'entendre avec sa femme et divorça. Ayant peu de goût pour l'éloquence, il déclara que c'était assez d'un beau parleur dans la famille (*De Oratore*, II, 3,10); passionné de littérature et de poésie, il écrivait des vers sous sa tente en Gaule. Il rédigea une fois quatre tragédies en seize jours. Ces œuvres n'avaient probablement pas grande valeur : Marcus en parle en plaisantant bien qu'il félicite Quintus pour ses descriptions (*Ad Quintum fratrem*, 2, 16). Comme le dit H. Bardon, « un peu de talent, mais peu de talent ». De Quintus on a gardé le traité *De petitione consulatus*, ou *Commentarium petitionis*, en forme de lettres adressées à son frère (voir dans Cicéron : versions n°s 43, 44 et 45). Il aurait également composé des *Annales* en −59 (guerre des Gaules, guerre de Bretagne ?). En fait, c'était surtout un soldat.

Il savait cependant se montrer un homme d'affaires avisé et s'occupait activement de sa fortune qui, malgré les difficultés du début, devint considérable. En dépit de certaines brouilles, les deux frères étaient très liés et s'aimaient beaucoup.

On connaît bien Quintus par la *Correspondance* de Cicéron (*Ad Quintum fratrem*, *Ad Atticum*) et par la *Vie de Cicéron* de Plutarque.

■ *L'ÉLOQUENCE*

Nous avons vu que cette discipline avait déjà atteint une certaine grandeur grâce à M. Antonius et L. Licinius Crassus, ainsi qu'à d'autres orateurs comme L. Marcius Philippus, C. Aurelius Cotta et C. Julius Caesar Strabo.

En −94, L. Plotius Gallus ouvrit la première école de rhétorique. Il fut rapidement imité. Malgré l'abondante clientèle de ces écoles, le gouvernement les fit fermer, fermeture assez brève d'ailleurs, au gré d'une fluctuation politique. On écrivit également des traités pour diffuser cet enseignement, en particulier la *Rhétorique à Hérennius*, peut-être due à un certain *Cornificius*, imitée fortement du Grec *Hermagoras*. Cet ouvrage en quatre livres, malgré son inspiration grecque, cherche à faire une œuvre romaine et pratique. C'est un exposé net, précis, mais mal écrit.

Le développement de l'éloquence est provoqué par la corruption des mœurs privées et publiques (concussion, péculat, brigue) et par l'abondance des crimes. L'éloquence judiciaire est très nettement concurrencée par l'éloquence politique, tant les démocrates et les conservateurs s'affrontent avec violence, parfois haineusement.

La différence des modèles grecs crée dans l'éloquence romaine trois écoles et donc trois manières de plaider :

- L'*école asiatique*, inspirée par les rhéteurs d'Asie Mineure et des îles de la Grèce, verse dans l'abondance, l'ampleur, la fougue et le style fleuri. HORTENSIUS en est le principal représentant.
- L'*école rhodienne*, tout en gardant abondance, ampleur et brillant, recherche plus de mesure et plus de goût. Les orateurs de cette école, dont le plus célèbre est CICÉRON, ont suivi les enseignements du rhéteur MOLON de Rhodes.
- L'*école néo-attique* prend le contre-pied des deux précédentes et revient à la concision, à la sobriété de LYSIAS. CICÉRON en parle dans les *Tusculanes*. Groupés autour de LICINIUS CALVUS, ces jeunes orateurs se distinguent par leurs actions publiques : ainsi D. JUNIUS BRUTUS (−85 à −42), l'assassin de César et le vaincu de la bataille de *Philippes*, et M. PORCIUS CATO (−95 à −46), dit CATON D'UTIQUE, nature intègre, mais esprit étroit et caractère inflexible.

HORTENSIUS

Nous nous intéressons particulièrement à ce représentant des *Asiatiques*, car il fut l'ami et le rival de Cicéron qui parle de lui dans le *Brutus* pour louer l'éclat de son style et ses dons physiques extraordinaires. Sa mémoire, arme importante pour un orateur, demeure légendaire.

Q. HORTENSIUS HORTALUS, né en −114, se rendit célèbre au Forum dès l'âge de 19 ans (−95). Pendant quarante-cinq ans, les Romains ne se lasseront pas de son éloquence. Cependant, à partir de −81, le talent de Cicéron jette une ombre sur sa brillante carrière. Il est édile en −75, prêteur en −72, consul en −69. Il défend Verrès en −70, combat Pompée. Pendant l'exil de Cicéron, il ne cesse de réclamer son rappel et plus tard le fait entrer dans le collège des augures. Il meurt en −50, victime de sa fougue professionnelle. Cicéron lui consacre des pages célèbres au début du *Brutus*. Il y dit « avec une évidente sincérité son chagrin d'avoir perdu moins un rival qu'un compagnon dans la tâche glorieuse de l'éloquence » (H. Bardon). « Aristocrate de naissance et de goûts, Hortensius fut toute sa vie l'avocat du parti conservateur. C'est pourquoi il a été l'adversaire de Cicéron dans la première partie de sa carrière [...] et son collaborateur dans la seconde [...]. Il était un peu paresseux, et Cicéron observe malicieusement : « *Quand nous plaidions ensemble, il me laissait à peu près tout faire : c'était, je pense, à cause de sa vive amitié pour moi.* » (J. Humbert).

En fait, HORTENSIUS était un épicurien qui recherchait le luxe et le repos.

CICÉRON

C'est de façon arbitraire que nous plaçons CICÉRON à cet endroit car, s'il fut le plus grand orateur de son temps, il s'est livré à bien d'autres activités littéraires : traités de rhétorique, de philosophie, poésies. En outre, il nous a laissé de nombreuses lettres qui nous permettent de bien connaître sa vie personnelle et son époque. Plutarque a écrit une *Vie de Cicéron* à laquelle nous ferons des emprunts, dans la traduction de Jacques Amyot.

Vie de Cicéron (−106 à −43)

MARCUS TULLIUS CICERO est né en −106 à Arpinum, dans les montagnes du pays volsque. Le *cognomen* de CICERO pourrait prêter à moquerie, comme le dit Plutarque : « Le premier de cette race qui fut surnommé Cicéron fut quelque personnage notable et [...] pour l'amour de lui ses descendants ne jetèrent pas ce surnom, mais furent bien aises de le retenir, encore que plusieurs s'en moquassent, parce que *cicer* en langage latin signifie un pois chiche. » Et l'orateur lui-même dit « qu'il se mettrait en peine de rendre le nom des Cicérons plus clair et plus luisant que ceux des Scaurus, ni des Catulus » (trad. J. Amyot). Sa mère *Helvia* était de famille distinguée; son père, un homme cultivé, chevalier romain, vint s'intaller à Rome (−100) pour l'éducation de ses deux fils, Marcus et Quintus. Au sortir des « premières et puériles » lettres, il eut des maîtres remarquables : Archias, le poète; les orateurs Crassus, Antonius. Il fut aussi « auditeur de Philon, philosophe académique, celui de tous les disciples de Clitomaque que les Romains estimèrent pour son éloquence, et aimèrent le plus pour ses mœurs et ses façons de faire. Il hanta aussi à l'entour de Mucius Scévola (*Q. Mucius Scaevola*), qui pour lors était homme d'affaires, et la première personne du Sénat, duquel il apprenait le droit et l'intelligence des lois ». Ces études, très complètes puisqu'elles réunissent la rhétorique, la philosophie et le droit, furent interrompues par la Guerre sociale (−89). Enrôlé, il combattit sans grand éclat sous les ordres de *Pompeius Strabo*, père du grand Pompée. À son retour, il complète ses études auprès d'un certain nombre de grands rhéteurs; il fait des débuts oratoires éclatants en −81 avec le *Pro Quinctio*; son adversaire était le fameux Hortensius. Il sortit vainqueur du débat. Entre −88 et −81, comme il était peu connu, il passa au travers des proscriptions de Marius et de Sylla.

Il affronte les procès criminels en −79 en défendant Roscius d'Amérie (*Pro Roscio Amerino*) qu'il fait acquitter. Mais il offense ainsi de tout-puissants amis de Sylla. Il se met à l'abri de toute vengeance en partant pour un voyage en Grèce de −79 à −77. « Arrivé qu'il fut à Athènes, il ouït Antiochus natif de la ville d'Ascalone (*Ascalon*), prenant plaisir à la douceur coulante et à la bonne grâce de son langage, encore qu'il n'approuvât pas les nouvelletés qu'il avait introduites en la philosophie [...]. Il s'en alla en Asie et à Rhodes, et entre les orateurs asiatiques il hanta Xenoclès Adramettin (d'*Adramyttium*) et Denys Magnésien (de *Magnésie*) et étudia aussi avec Ménippe Carien (de *Carie*) et à Rhodes il ouït Apollonius Molon et le philosophe Posidonius. »

Il rentra à Rome pour se marier en −76 avec *Terentia* (17 ans), de famille illustre, très solidement dotée. Elle avait un caractère difficile, des goûts dispendieux et un penchant pour l'intrigue. Il eut d'elle deux enfants : Tullia et Marcus. Sa préférence allait vers sa fille *Tullia* dont il parle avec tendresse dans ses lettres. « En elle, il retrouvait avec ravissement les traits de son visage, le timbre de sa voix et jusqu'aux battements de son cœur, comme en un autre soi-même » (J. Carcopino).

Il entra dans le *cursus honorum* à partir de −75. Nous reviendrons peu sur cette carrière dont nous avons déjà parlé dans l'*Histoire de la République au Iᵉʳ siècle av. J.-C.* Il est questeur en −75 et, affecté en Sicile, il lutte avec Pompée, César et Crassus contre l'aristocratie, par exemple en attaquant le propréteur de Sicile, *Verrès (Les Verrines)*. D'autres procès retentissants comme ceux de *Cluentius*, *Cornelius*, *Murena*, retiennent l'attention sur lui. Il est édile en −69, préteur en −66. Grâce à l'appui de Pompée dont il défend la politique (*Pro lege Manilia* ou *De imperio C. Pompei*, en −66), il est nommé consul (−63) contre Catilina. Il se rapproche de la noblesse et essaie de créer un parti du centre en s'appuyant sur les fractions modérées des deux partis, plébéien et patricien, et sur la riche bourgeoisie des chevaliers. En fait, en réprimant avec dureté la conjuration de Catilina, il a lié son destin au parti des oligarques. Son parti ne vivra que quelques années. C'est à cette époque qu'il a peut-être eu une attirance vers *Clodia*, qui le rebuta par ses coquetteries.

Arrive maintenant la période des revers. Poursuivi par les démocrates et par un démagogue à leur service, *Clodius*, il est banni en avril −58. Il est rappelé en −57. Il espérait jouer encore un rôle politique, mais il doit déchanter. Par prudence, il se rapproche des triumvirs. Il continue à plaider (voir le *Pro Milone*) et reste le maître du barreau.

Il exerce son proconsulat en Cilicie (−51 à −50); à sa rentrée, lors de la rupture entre César et Pompée, il se décide après bien des hésitations pour Pompée. Gracié par César, il rentre à Rome, mais il n'est plus qu'un homme politique déchu. C'est l'époque des malheurs : il divorce d'avec Terentia (−46), perd sa fille (−45). Il avait épousé sa pupille Publilia, probablement pour des questions d'intérêt; il la répudie sept mois après. Il cherche une consolation dans la philosophie, en essayant de créer une littérature philosophique de langue latine.

Après la mort de César, il lutte contre Antoine et pour Octave en prononçant ses *Philippiques* (−44/43). Mais Antoine et Octave se réconcilient et établissent avec Lépide le second Triumvirat. CICÉRON et son frère font partie des proscrits. L'orateur fut rejoint par les soldats envoyés à sa poursuite non loin de Formies. Quand il les vit arriver, « il recommanda à ses serviteurs qu'ils posassent sa litière et, prenant sa barbe avec la main gauche, comme il avait accoutumé, regarda franchement les meurtriers au visage [...], tendit le cou hors de sa litière, étant âgé de soixante-quatre ans, et lui fut la tête coupée par le commandement d'Antoine, avec les deux mains, desquelles il avait fait les oraisons Philippiques contre lui ». Lire, sur cette mort, Tite-Live, version n° 233. « J'ai entendu que César Auguste longtemps depuis alla un jour voir un de ses neveux, lequel tenait en ses mains un livre de Cicéron, et que lui, craignant que son oncle ne fût malcontent de lui trouver le livre en la main, le voulut cacher sous la robe. César le vit et le lui prit et en lut tout debout une grande partie, puis le rendit au jeune homme en lui disant : "C'était un savant homme, mon fils, et qui aimait fort son pays". Et après qu'il eut défait Antoine étant consul, il choisit pour son compagnon au consulat le fils de Cicéron. »

L'homme

Certes il avait des défauts : il était très vaniteux, mais il étale sa vanité avec une telle naïveté qu'on ne peut s'empêcher de la lui pardonner. On lui a reproché aussi son irrésolution et les petitesses de sa vie politique. Mais n'était-ce pas l'envers de ses qualités qui firent de lui un grand orateur et un homme d'État de très moyenne envergure ? Son goût du travail, son intelligence, son imagination et sa sensibilité expliquent ses faiblesses. On ne peut lui refuser l'amour de la patrie et la vertu civique. « S'il fut quelquefois hésitant et trop faible, il a toujours fini par défendre ce qu'il regardait comme la cause de la justice et du droit [...]. Il l'a honorée par sa mort » (G. Boissier). Chose rare pour l'époque, il fut un administrateur scrupuleux et ne s'enrichit ni en Sicile ni en Cilicie, contrairement à la pratique de ses contemporains. Il eut quelques faiblesses dans sa vie privée, mais il fut un bon frère, un bon époux, un bon père et un bon maître pour ses esclaves. Grand écrivain, faible politique, homme estimable, il a marqué, c'est évident, le Ier siècle av. J.-C. qu'on appelle parfois le siècle de CICÉRON.

L'œuvre

L'œuvre de CICÉRON est considérable. On peut y distinguer les discours juridiques (civils et criminels), les discours politiques, les traités de rhétorique, les ouvrages philosophiques et la correspondance. On peut donc constater que Cicéron a largement dépassé le domaine de l'éloquence.

LA CORRESPONDANCE

Nous commençons par la *Correspondance*, car elle recouvre une grande partie de la vie de CICÉRON. Si celui-ci est la personnalité la mieux connue du monde antique, nous le devons à ses lettres; dans l'ensemble, elles n'étaient pas conçues pour la publication et elles étaient souvent confidentielles. Pourtant, dans les dernières années de sa vie, se souvenant des lettres de Platon et d'Épicure, il pensait en publier une partie, avec les corrections qui s'imposaient (*Ad Atticum*, XVI, 5,5). La mort l'en empêcha. C'est Atticus lui-même qui publia les lettres *Ad Atticum*; malheureusement il n'y a pas joint ses réponses. C'est, pense-t-on, Tiron, l'affranchi de CICÉRON, qui s'occupa du recueil *Ad familiares*. Pour les autres lettres, on ne sait qui furent les éditeurs, peut-être les correspondants eux-mêmes ou leurs héritiers. En fait, nous ne possédons que la moitié de la correspondance de CICÉRON. Dans l'antiquité, il existait des lettres à Pompée, à César, Octave, Hirtius, Cornelius Nepos. Pour celles qui nous restent, on peut dire que « ces lettres, écrites avec abandon [...], nous font pénétrer dans l'intimité de Cicéron et mettent en pleine lumière les faiblesses et les beaux côtés de son caractère : vanité insatiable, mobilité d'humeur, facilité à se laisser dominer par les événements, indécision, mais aussi patriotisme actif, tendresse profonde pour les siens, délicatesse d'âme très rare à l'époque. Elles diminuent peut-être notre admiration pour lui, mais il semble qu'elles nous le font aimer davantage» (H. Bertaut et Ch. Georgin).

La correspondance de CICÉRON se divise en quatre recueils.

• *Epistulae ad Atticum*, en 16 livres, écrites entre −68 et −44. Atticus, dont nous avons vu la vie un peu plus haut, participa constamment à celle de CICÉRON. Dans cette correspondance on peut voir les différentes phases de leur amitié, les besoins d'argent de CICÉRON. Et n'oublions pas qu'Atticus fut son éditeur.

• *Epistulae ad familiares*, en 16 livres, écrites de −62 à la mort de CICÉRON. Elles ont été regroupées selon le destinataire, on y a ajouté quelques dizaines de lettres appartenant aux correspondants de notre auteur (César, Caton d'Utique, Asinius Pollion). Le ton peut y être très familier, en particulier dans le livre XIV (lettres à Térentia) ou dans le livre XVI où CICÉRON s'adresse à son fidèle et savant affranchi Tiron.

• *Epistulae ad Quintum fratrem*, en 3 livres, écrites entre −60 et −54. Par celles-ci, nous connaissons la personnalité de Quintus, les relations des deux frères, leur affection. La première lettre est un véritable opuscule politique sur les devoirs d'un bon gouverneur.

• *Epistulae ad Brutum* (*Marcus Junius Brutus*), en 2 livres. L'authenticité du second livre suscite la perplexité. Ces lettres couvrent l'année −43.

• A été intégré dans la *Correspondance* le *Commentarium* (ou *Commentariolum*) *petitionis* de Quintus Cicéron, dont nous avons parlé précédemment. On a jugé que la lettre *Ad Octavianum* était fausse et ne représentait qu'un exercice d'école.

Si cette *Correspondance* nous fait mieux comprendre l'homme CICÉRON, elle nous apporte également sa vision de l'histoire de son temps. CICÉRON a fréquenté tous les grands hommes de son époque, leur a écrit, en a reçu des réponses. C'est tout un univers où se mêlent la politique, l'amitié, parfois l'hostilité et même la haine. Nous découvrons aussi certains bas côtés de l'histoire que nous ignorerions sans CICÉRON. Il nous restitue sous un jour familier tous ces personnages que l'histoire a statufiés.

Cette *Correspondance* est, comme on l'a souvent dit, un monument de la littérature universelle. Le ton des lettres varie selon les correspondants et les circonstances. Variété, naturel, pittoresque, en sont les qualités essentielles. Le style est émouvant et spontané, proche de la conversation de tous les jours, détaché de tout purisme syntaxique et de toutes les obligations littéraires.

LES ŒUVRES ORATOIRES

Il faut évidemment distinguer les plaidoyers judiciaires et les harangues politiques, et même distinguer les plaidoyers civils et les plaidoyers criminels. Mais, en fait, il est peu de cas où l'activité politique ne s'imbrique pas dans l'activité professionnelle.

Ces œuvres oratoires, conservées soit complètes, soit en fragments, ou perdues, sont si nombreuses qu'il est impossible de les énumérer toutes.

CICÉRON fut d'abord un avocat d'affaires. Il se révéla dans cette discipline à ses débuts par le *Pro P. Quinctio* (−81) et le *Pro Roscio Amerino* (−81) où il défendit l'acteur Roscius, son ami. Il subit à cette époque l'influence de l'école asiatique. Mais, de plus en plus, il est devenu un avocat de causes criminelles, surtout après son retour de Rhodes où il avait trouvé le style qui serait désormais le sien.

Les discours tels que nous les possédons, il faut le dire, ne sont pas tels qu'ils ont été prononcés. CICÉRON, souvent forcé d'improviser, parlait à partir d'un plan d'ensemble. Les érudits anciens avaient encore sous les yeux les brouillons des plaidoyers de l'orateur. À partir de ces notes et de celles qu'avaient prises ses secrétaires — Tiron avait même inventé une sorte de sténographie pour prendre au vol les paroles de son maître —, CICÉRON rédigeait chez lui les discours que nous lisons.

Les procès politiques portaient sur des accusations de concussion, de haute trahison ou encore de brigue. Le procès qui rendit CICÉRON célèbre sur le plan politique est celui de Verrès: les *Verrines* ou *Contre-Verrès* (−70), au total sept discours. CICÉRON s'attaque au propréteur de Sicile C. Cornelius Verrès pour malversations, trafics, jugements honteux et même vols d'objets d'art, bref, pour concussion. Dès la production des témoins, Verrès préféra s'exiler. CICÉRON fit éditer ses sept discours, que nous avons conservés: les plus connus sont le *De re frumentaria*, le *De signis* (sur les objets d'art) et le *De suppliciis*. En s'attaquant à Verrès, CICÉRON portait un coup au parti sénatorial. Il plaidera d'autres procès portant sur le même genre d'accusation dans le *Pro Fonteio* (−69), le *Pro Flacco* (−59), le *Pro Rabirio Postumo* (−54). Notons qu'il est intervenu en faveur de *Murena*, consul désigné pour l'année −62, alors qu'il était lui-même consul en exercice. Murena était accusé par Caton et Sulpicius de manœuvres frauduleuses, accusation d'ailleurs peut-être fondée. Si l'élection était annulée, Catilina aurait pu en profiter pour créer de nouveaux troubles. CICÉRON obtint gain de cause et se fit remarquer par une satire virulente de l'esprit stoïcien représenté par Caton (*Pro Murena*, −63).

Il défendit également Milon qui était un agitateur et un chef de bande au même titre que Clodius. Milon avait été un de ceux qui l'avaient fait rappeler d'exil. Les bandes armées de Milon et de Clodius s'étaient affrontées sur la *via Appia* et Clodius avait trouvé la mort au cours de l'échauffourée. CICÉRON plaida dans une atmosphère d'émeute. Milon fut exilé, car CICÉRON, troublé par ce climat, n'eut pas son éloquence habituelle. Cela n'empêcha pas notre auteur de publier son discours, refait après coup (*Pro Milone*, −52).

Citons d'autres plaidoyers renommés: le *Pro Archia* où il défend le poète grec A. Licinius Archias, son ancien maître, menacé d'expulsion sous le prétexte qu'il n'est pas citoyen romain, et où il fait un éloge enthousiaste de la poésie (−62), le *Pro Cluentio* (−66), le *Pro Sestio* (−56), le *Pro Caelio* (−56), le *Pro Q. Ligario* (−46).

Il applique les principes de la *Rhétorique à Herennius*, qu'il avait reproduits dans son traité inachevé: *De inventione*, à savoir l'invention (rassemblement des éléments de la cause), la narration des faits, la réfutation des arguments adverses, la disposition des éléments de la défense, tout ce travail soutenu par la mémoire, l'élocution et l'action. CICÉRON, avec l'expérience, cherchera en outre à plaire et à émouvoir. Son esprit, sa culture générale, son expérience du public lui permettront de se hisser au sommet de l'art judiciaire.

« Cicéron est un écrivain instruit et la situation judiciaire et politique donne l'occasion aux techniques de la rhétorique, recherchées et comme courtisées dans l'abstrait, de s'incarner dans des passions et des intérêts concrets. Ouvert aux impulsions multiples de l'âme humaine, [Cicéron] vit ces passions en lui-même et les fait vivre [...] par leur extraordinaire évidence plastique. Toute faute ou tout mérite deviennent crime abject ou vertu exemplaire [...] par son art de colorer et d'exagérer les contrastes du monde dans lequel il se trouve vivre sa vie » (d'après I. Mariotti).

Les harangues politiques, si elles sont brillantes au point de vue oratoire, sont bien plus médiocres pour le fond. Comme homme d'État, CICÉRON laisse à désirer. Pendant presque toute sa carrière, il a manqué d'un véritable programme d'action: il fait preuve d'imprévoyance (quand il soutient Octave par exemple), ne voit pas les grands côtés des problèmes, aussi bien extérieurs qu'intérieurs, et se laisse guider par ses préoccupations personnelles. Cependant le talent de l'orateur masque très souvent ses faiblesses: c'est pourquoi un certain nombre de ses harangues sont très connues du public pour l'ampleur du style, les attaques extrêmement violentes et une ironie mordante.

Avant son consulat, une fois rallié à Pompée, il prononça une harangue très remarquée en faveur de ce dernier: le *De Imperio Cn. Pompei* ou *Pro lege Manilia*. Dans ce discours, CICÉRON, alors préteur, soutient devant le peuple le projet de *loi de Manilius* qui demande l'attribution de pouvoirs extraordinaires à Pompée dans la guerre contre Mithridate.

Pendant son consulat, il prononça plusieurs harangues importantes:

• Le *De lege agraria* (−63): en trois discours, il réussit à faire repousser par le peuple lui-même la proposition de loi agraire du tribun Rullus qui tendait à acheter des terres dans le sud de l'Italie et à les attribuer à des citoyens romains.

• Les *Catilinaires* (*In Catilinam orationes quattuor*): il s'agit, à son point de vue, de l'acte le plus important de son consulat. Ces discours sont prononcés en novembre et début décembre −63. Dans le premier, il révèle en plein Sénat les menées de Catilina et de ses complices et attaque celui-ci violemment. On connaît la fameuse invective: « Jusques à quand, Catilina, abuseras-tu de notre patience? Combien de temps encore ta folie furieuse se jouera-t-elle de nous? Jusqu'à quel point se portera ta témérité effrénée? » (I,1). Lorsque Catilina eut quitté Rome pour lever des troupes, CICÉRON se justifia devant le peuple de sa conduite envers Catilina et le mit au courant de la scène du Sénat (II). Début décembre, il annonce au peuple l'arrestation des conjurés demeurés à Rome et assure que la République est sauvée (III). Enfin, dans le IVe discours, prononcé peu après, il requiert devant les sénateurs des peines sévères contre les conjurés, dont la peine de mort. Il est soutenu par Caton d'Utique. Le Sénat vota la mort. CICÉRON a profondément remanié ces discours pour les publier.

En −56, il marque son ralliement aux triumvirs en prononçant le *De provinciis consularibus* où il propose la prorogation des pouvoirs de César en Gaule. Enfin, en −46, il essaie de flatter César en prononçant au Sénat le *Pro M. Marcello*. Il y remercie César du rappel du pompéien *M. Claudius Marcellus*. Discours remarquable d'ailleurs.

Mais c'est dans ses derniers discours contre Marc-Antoine qu'il se révèle enfin comme grand orateur politique et homme courageux. Il se conduit entre décembre −44 et mai −43 comme un véritable chef d'État. Ces discours portent le nom de *Philippiques*, en souvenir des harangues violentes prononcées par Démosthène, contre l'ambitieux roi de Macédoine. Les discours de CICÉRON sont au nombre de XIV; prononcés à la hâte devant le Sénat ou le peuple, il les rédige ensuite et les fait répandre dans le monde romain : ils deviennent ainsi de véritables pamphlets. Résumer ces discours est impossible; le plus célèbre est la seconde *Philippique*, discours fictif d'ailleurs, où CICÉRON répond aux calomnies de Marc-Antoine et l'attaque avec virulence dans sa vie privée et dans sa conduite de consul.

En somme, CICÉRON s'est mis à la tête des gens qui s'alarment de voir disparaître le sentiment national, « lui qui rêve de jouer, avec quelques hommes de bonne volonté, le rôle d'un arbitre contre les diverses forces qui se disputent la République, et qui tente jusqu'au bout de sauver la République [...], représente à merveille le type de l'homme romain, à la fois raisonneur et fait pour l'action, simple et obstiné [...], avant tout citoyen patriote et défenseur tenace des impératifs traditionnels » (B.-A. Taladoire).

LES ŒUVRES DE RHÉTORIQUE

Les discours de CICÉRON s'accompagnent constamment d'une réflexion sur les modes et les fins de l'éloquence, réflexion d'ailleurs stimulée par son activité d'orateur, comme le dit I. Mariotti. Il va ainsi devenir le plus éminent représentant de l'art de dire, un grand maître de rhétorique.

Il a été poussé vers ce genre d'œuvres pour plusieurs raisons. Tout d'abord, il faut l'avouer, les rhéteurs fournissaient alors un enseignement trop abstrait et se bornaient le plus souvent à des exercices d'école. En second lieu, riche de sa culture et de son expérience, il croyait pouvoir apporter quelque chose de nouveau dans ce domaine. Enfin, il avait à se défendre contre les jeunes orateurs, les néo-attiques dont nous avons déjà parlé.

Il faut aussi se représenter que, à cette époque, rhétorique et philosophie rivalisaient auprès des jeunes : chacune de ces disciplines prétendait fournir l'accès au plus haut savoir. CICÉRON prit une position intermédiaire et voulut concilier l'un et l'autre savoir. Pour lui, un grand orateur ne peut exister sans culture philosophique et un philosophe ne peut se tenir à l'écart de la vie pratique et de la rhétorique. Selon I. Mariotti, c'est à partir de là qu'il a créé des œuvres d'une absolue originalité, dans lesquelles la sagesse pratique de Rome se confond avec la culture et la technique des Grecs et l'idéal de l'*humanitas* trouve sa formulation la plus élevée.

Le *De inventione* est un ouvrage de jeunesse (−86) inachevé, sorte de manuel d'enseignement encore peu original avec quelques passages très bien venus.

Dans le *De oratore libri III* (−55), il met en scène les orateurs Crassus et Antoine, deux de leurs disciples, Cotta et Sulpicius, et quelques autres personnages. Ces trois livres sont dédiés à son frère Quintus. Les acteurs de l'ouvrage discutent des qualités et de la culture nécessaires à l'orateur, du rôle social de l'éloquence (livre I), puis de l'invention et de la disposition (livre II), enfin de l'élocution (livre III).

Le *Brutus* (−46) ne comporte qu'un livre inachevé. C'est un dialogue qui se passe à Tusculum, chez CICÉRON : y participent CICÉRON et deux amis, M. Junius Brutus et T. Pomponius Atticus. En s'aidant du *Liber Annalis* d'Atticus, il fait l'histoire de l'art oratoire chez les Grecs et chez les Latins, CICÉRON étant au sommet d'une progression constante car, pour lui, l'éloquence latine a perfectionné l'éloquence grecque. C'est dans le prélude de cet ouvrage qu'il déplore la mort de son rival et ami Hortensius. Ce traité est en même temps une réplique aux néo-attiques qui s'attaquent à lui et montre que l'art oratoire de

CICÉRON est l'aboutissement même de l'éloquence romaine.

L'*Orator* (fin −46), dédié à Brutus, à la requête de qui il a été composé, forme une sorte de trilogie avec les deux ouvrages précédents. Il est écrit sous forme didactique et non sous forme de dialogue. Il trace le portrait de l'orateur idéal: connaissance de la philosophie, adéquation du style et des exigences de la cause, obligation de prouver, de charmer et d'émouvoir, adaptation du genre et du style aux exigences qui se présentent en cours de route. Enfin, guidé par la musicalité de son style, il prône la recherche de fins de phrases élégantes (les clausules) et préfère terminer une période par *esse videatur* qui correspond à un rythme crético-trochaïque plutôt que par *esse videtur* qui pourrait être une fin d'hexamètre: c'est ce qu'on appelle traiter du *nombre oratoire*. L'*Orator* est une espèce d'adaptation des théories de Platon à l'éloquence, un traité polémique contre les néo-attiques et un éloge personnel.

CICÉRON a écrit d'autres traités de moindre importance comme:

- le *De optime genere oratorum* (−44) où il reprend beaucoup des mêmes idées et continue le même combat; le meilleur atticisme est représenté par Démosthène et lui-même et non par Lysias et les jeunes orateurs latins;
- le *Partitiones oratoriae* (−45), dédié à son fils, simple abrégé de l'art oratoire;
- les *Topica* (−44), adressés au jurisconsulte Trebatius: c'est un résumé d'Aristote sur les *lieux communs*.

Cet ensemble forme une œuvre unique dans la littérature romaine. Des traités présentés souvent sous forme de dialogues à la façon de Platon constituent une originalité, surtout pour ce genre de discipline. CICÉRON montre la souplesse de son style. Ce travail est le fruit d'une forte culture générale et d'une adaptation pénétrante à une longue tradition. Enfin l'avocat nous fait part de ses observations de chaque jour et nous donne parfois l'impression de vivre avec lui. César, qui dominait l'Empire, ne laissait pas de place à l'homme politique, l'écrivain prit donc sa revanche dans sa retraite.

LES TRAITÉS POLITIQUES ET PHILOSOPHIQUES

CICÉRON avait porté intérêt à la philosophie dès sa jeunesse et avait su en tirer parti pour sa formation oratoire. En vieillissant, avec les épreuves, il en comprit l'intérêt social et moral. Il serait donc arbitraire de séparer ses œuvres politiques et philosophiques. Les théories philosophiques se retrouvent souvent dans les sciences politiques, témoins les ouvrages de Platon: la *République* (*Politeia*) et les *Lois* (*Nomoi*) où l'on trouve la forme du dialogue utilisé déjà par CICÉRON dans le *De oratore*, issu de la connaissance de Platon et d'Aristote. CICÉRON, dans son travail politique, passe toujours du support philosophique théorique à l'exemple concret, comme les œuvres philosophiques sont reliées à la politique romaine qui leur donne vie. Son originalité, dans ce cas, est de s'appuyer sur la république romaine alors que Platon est essentiellement utopique, même s'il reste près de la société grecque de son temps.

Il commença par écrire des œuvres politiques: le *De Republica* et le *De legibus* mais, après la mort de sa fille Tullia, il chercha refuge dans la philosophie pour y trouver des consolations. C'est alors qu'il rédigea ses œuvres philosophiques.

Les traités politiques

Le *De Republica* a été composé entre −54 et −51 dans un moment de repos forcé. C'est un dialogue (en 6 livres et 3 journées) entre Scipion Émilien, Laelius, Scaevola l'augure et d'autres personnages. Le gouvernement idéal est le sujet de ce traité.

En premier lieu, les interlocuteurs admettent que la participation à la politique est un devoir. Puis, ils évoquent les différentes formes de gouvernement: monarchie, aristocratie, démocratie. L'équilibre entre ces trois formes de direction de l'État formera la meilleure constitution. On évoque alors avec nostalgie la constitution romaine du siècle précédent, où Sénat et Comices, pouvoir oligarchique et pouvoir populaire, s'équilibraient sans empiéter l'un sur l'autre, sous la direction des consuls. Mais CICÉRON ne perd pas de vue l'actualité. D'où son idée d'un *moderator rei publicae*, « sorte de personnage charismatique, sans contours nets, entouré d'un grand prestige plus que d'une autorité reconnue » (I. Mariotti), dont le modèle serait Scipion Émilien, homme de culture et grand général. CICÉRON traite ensuite de la justice et de l'éducation romaine considérée comme supérieure à l'éducation grecque. Il termine par le *Songe de Scipion* (*Somnium Scipionis*), adaptation habile du mythe d'Er le Pamphylien (Platon,

La République). CICÉRON supprime la partie fantastique pour raconter un rêve de Scipion Émilien à qui son ancêtre Scipion l'Africain est apparu : pour obtenir le bonheur éternel, il faut consacrer sa vie au salut de l'État.

Le *De Republica* est très mutilé. C'est en somme une glorification de l'ancienne constitution romaine avec des adaptations provoquées par les événements récents.

Le *De legibus*, commencé en −52, continué en −44, nous est arrivé incomplet : il nous en reste trois livres. C'est le complément du *De Republica*. Au gouvernement idéal, il faut des lois appropriées. Le dialogue se déroule à Arpinum, entre CICÉRON, son frère Quintus et son ami Atticus. Les trois hommes font en sorte une apologie des lois romaines. Ce recueil est d'un grand intérêt documentaire pour nous.

Les traités philosophiques et moraux

Après la mort de sa fille, CICÉRON se tourna vers la réflexion philosophique. Avouons-le, il ne se montre pas original dans cette discipline. D'ailleurs, il ne prétend pas l'être, il se veut surtout un vulgarisateur. Son originalité est d'introduire dans la littérature romaine la philosophie, domaine réservé jusqu'alors aux gens qui savaient le grec. « Cicéron [...] avait lu (et même traduit) Platon, étudié et écouté stoïciens et néo-académiciens. C'est à ces derniers qu'il se rattache, préservant ainsi sa liberté de choix, refusant de s'asservir à une doctrine systématique, dont la rigueur parfois paradoxale répugnait à son tempérament » (P.-M. Schuhl). Il est donc éclectique, ne montrant de l'hostilité qu'à l'égard des épicuriens qui s'opposent à l'activité politique.

Les traités de CICÉRON sont nombreux. Nous n'étudierons que quelques-uns d'entre eux pour permettre de mieux comprendre les versions latines qui seront soumises au lecteur.

Le *De finibus bonorum et malorum* (*Sur les fins des biens et des maux*, été −45) : le fond du problème est celui du bonheur, qui repose sur la connaissance du souverain bien et du souverain mal. La première partie « décrit l'idéal du sage, son indépendance à l'égard des choses extérieures; la seconde montre le sage dans sa vie concrète et "usant" de ces mêmes choses "comme n'en usant pas". Que cette double attitude n'implique pas contradiction [...] la seule lecture attentive du texte suffirait à le montrer » (V. Goldsmidt).

Les *Tusculanae disputationes* (les *Tusculanes*), composées en −45, illustrent les thèses du *De finibus*. A *Tusculum*, devant des auditeurs, CICÉRON prononce cinq conférences où il montre que la vertu suffit pour vivre heureux, que le sage ne craint ni la mort, ni la douleur, ni le chagrin. Toute la thèse repose sur une intéressante démonstration de la spiritualité et de l'immortalité de l'âme.

Le *De senectute* (*De la vieillesse*) ou *Cato major*, écrit en −44 et dédié à Atticus : Caton l'Ancien fait l'éloge de la vieillesse en présence de ses amis Laelius et Scipion. M. Ruch a parfaitement résumé le problème posé dans ce traité : « On fait en général à la vieillesse quatre griefs : 1) elle détourne des affaires; 2) elle affaiblit le corps; 3) elle prive de tous les plaisirs; 4) elle n'est pas éloignée de la mort. Ces quatre griefs vont tour à tour être réfutés [...]. La conclusion est claire : même le dernier acte de la vie nous impose certains devoirs et, d'autre part, présente un certain charme. »

Le *De amicitia* ou *Laelius* (−44) où CICÉRON nous parle de l'amitié. « Équilibre, intelligence, générosité du cœur, le meilleur de l'homme passe dans l'amitié qui, telle que la décrit Cicéron, a eu sans doute un rôle littéraire plus important dans l'Antiquité gréco-latine que de nos jours » (J. Trotin).

Ces deux traités, tous deux assez brefs, semblent inséparables. C'est une sorte de regard de CICÉRON sur sa vie. Nous ne ferons que citer les autres traités qui ont d'ailleurs un caractère plus religieux et où CICÉRON marque un certain scepticisme à l'égard du culte traditionnel. Le plus caractéristique à cet égard est le *De natura deorum* (−45/−44), c'est-à-dire *Sur la nature des dieux* (3 livres). Le *De divinatione libri II* (*De la divination*, −44) traite de la divination et de la crédulité populaire : CICÉRON y révèle complètement son scepticisme religieux.

Enfin, le *De officiis* ou le *Traité des devoirs* (−44/−43) est le dernier traité que CICÉRON ait écrit (3 livres). Il y suit de près la morale stoïcienne de Panétius : « Vivez conformément aux dispositions dont vous a doués la nature ». L'homme peut s'abandonner à toutes les passions, mais selon un code détaillé de devoirs.

Ajoutons qu'on a perdu des traités comme une *Consolatio* (−45), un *Hortensius*, un *Caton*, etc. Plus que le contenu de tous ces écrits philosophiques et politiques, ce qui fait leur valeur, c'est la richesse du style où, par le dialogue le plus souvent, on retrouve les qualités de l'orateur.

Ouvrages divers

CICÉRON s'est exercé dans d'autres genres, mais sans succès considérable, en particulier dans la poésie. Il avait traduit en hexamètres l'ouvrage astronomique d'Aratos et composé des poèmes personnels comme *Marius, sur son consulat* (*De consulatu suo*) en trois livres, etc. Le résultat est médiocre. CICÉRON n'est qu'un versificateur habile. Il se serait également essayé dans des travaux historiques et géographiques que nous avons perdus.

Grâce à CICÉRON, l'un des plus grands écrivains de son temps, la prose latine est arrivée à sa perfection. Gardé en réserve à l'époque d'Auguste, il fait, à partir de Tibère, l'objet d'un véritable culte, à part quelques réticences sous les Flaviens, et saint Jérôme s'accusera d'être plus cicéronien que chrétien (voir version n° 489). Moins lu au Moyen Âge, il est à nouveau profondément admiré à partir de la Renaissance et servira de modèle aux orateurs chrétiens (Bossuet) et aux orateurs politiques de la IIIe République, malgré les réserves de la critique allemande. CICÉRON reste un écrivain de tous les temps; on comprend pourquoi un grand spécialiste de l'antiquité, comme P. Grimal, lui a consacré un livre en 1986.

42 Cicéron s'excuse auprès d'un ami de refuser une cause qui nuirait à sa propre carrière

Avant le 17 juillet 65. On est à un an de la campagne où Cicéron pense briguer le consulat. Cicéron écrit à Atticus pour lui conter une affaire ennuyeuse dans sa vie d'avocat et d'homme politique. L'oncle d'Atticus, Caecilius, est en procès (ainsi que d'autres personnages importants) avec un certain Satyrus pour une affaire d'extorsion de fonds. Caecilius a demandé à Cicéron de l'assister, et Cicéron a dû refuser. Il est brouillé avec Caecilius, et fort gêné à l'égard d'Atticus, frère de la femme de Quintus Cicéron.

Nunc cognosce rem. Rogavit me Caecilius ut adessem contra Satyrum. Dies fere nullus est quin hic Satyrus domum meam ventitet; observat L. Domitium[1] maxime, me habet proximum[2]; fuit et mihi et Q. fratri magno usui in nostris petitionibus. Sane sum perturbatus cum ipsius Satyri familiaritate tum Domiti, in quo uno maxime ambitio nostra nititur. Demonstravi haec Caecilio simul et illud ostendi, si ipse unus cum illo uno contenderet, me ei satis facturum fuisse; nunc in causa universorum creditorum, hominum praesertim amplissimorum, qui sine eo quem Caecilius suo nomine perhiberet facile causam communem sustinerent, aequum esse eum et officio meo consulere et tempori. Durius accipere hoc mihi visus est quam vellem et quam homines belli[3] solent, et postea prorsus ab instituta nostra paucorum dierum consuetudine longe refugit. Abs te peto ut mihi hoc ignoscas et me existimes humanitate esse prohibitum ne contra amici summam existimationem miserrimo ejus tempore venirem, cum is omnia sua studia et officia in me contulisset. Quod si voles in me esse durior, ambitionem putabis mihi obstitisse. Ego autem arbitror, etiam si id sit, mihi ignoscendum esse... Vides enim in quo cursu simus et quam omnes gratias non modo retinendas verum etiam acquirendas putemus. Spero tibi me causam probasse, cupio quidem certe.

CICÉRON, *Correspondance*, X, *Ad Atticum*, I, 1.

1. L. Domitius Ahenobarbus, beau-frère de Caton d'Utique, partisan de l'aristocratie. Consul en 54. — 2. En second lieu. — 3. *homines belli* = hommes de bonne compagnie.

43 *Quintus Cicéron conseille son frère Marcus pour sa campagne électorale*

Premiers mois de 64. Préparation au consulat. M. Cicéron sera nommé aux comices de 64 pour l'année 63. Quintus Cicéron rédige à l'intention de son frère un petit manuel du parfait candidat qui est un amusant document sur les mœurs électorales de l'époque.

Civitas quae sit cogita, quid petas, qui sis. Prope cottidie tibi hoc ad forum descendenti meditandumst[1] : « Novus sum, consulatum peto, Roma est ».

Nominis novitatem dicendi gloria maxime sublevabis. Semper ea res plurimum dignitatis habuit. Non potest qui dignus habetur patronus consularium indignus consulatu putari. Quamobrem quoniam ab hac laude proficisceris et quicquid es ex hoc es, ita paratus ad dicendum venito quasi in singulis causis judicium de omni ingenio futurum sit. Etiam hoc multum videtur adjuvare posse novum hominem, hominum nobilium voluntas et maxime consularium. Prodest, quorum in locum ac numerum pervenire velis, ab his ipsis illo loco ac numero dignum putari. Hi rogandi omnes sunt diligenter et ad eos adlegandum persuadendumque est iis[2] nos semper cum optimatibus de re publica sensisse, minime populares[3] fuisse; si quid locuti populariter videamur, id nos eo consilio fecisse ut nobis Cn. Pompeium adjungeremus, ut eum qui plurimum posset aut amicum in nostra petitione haberemus aut certe non adversarium. Praeterea adulescentes nobiles elabora ut habeas vel ut teneas studiosos quos habes. Multum dignitatis adferent. Plurimos habes; perfice ut sciant quantum in iis putes esse. Si adduxeris ut ii qui non nolunt cupiant, plurimum proderunt.

QUINTUS CICÉRON, *Correspondance*, XII, *Commentarium petitionis* I, 2-4 et 5-6.

1. *meditandumst* = *meditandum est*. — 2. *iis* = complément d'attribution. — 3. *populares* = dévoués au peuple (avec sens péjoratif); cf. plus loin : *populariter*.

44 Portraits d'Antonius et de Catilina par Q. Cicéron

64 av. J.-C. On prépare les élections au consulat pour 63. Cicéron est candidat; or, parmi ses compétiteurs, il y a — marque du trouble des temps — deux personnages tarés : deux anciens partisans de Sylla, Catilina, qui va fomenter la révolution que l'on sait sous le consulat de Cicéron; et Gaius Antonius Hybridus, fils de Marcus Antonius l'orateur, tribun de la plèbe en 71, préteur en 66. Ces deux hommes sont aux mains de Crassus, le futur collègue de César dans le triumvirat, parce qu'ils sont engagés envers lui par d'énormes dettes qu'ils ont contractées. Antonius s'est rendu coupable de pillages en Achaïe; traduit devant le tribunal du préteur M. Lucullus par les Grecs, il fut condamné en 76 av. J.-C. et protesta contre le jugement. Pendant ses campagnes électorales, il s'est fait donner une « legatio libera », mission honoraire ou fictive dont le Sénat investissait des hommes de distinction qui voyageaient pour leur plaisir ou leurs affaires (Cicéron lui-même se proposa de le faire ou le fit, cf. lettre à Atticus I, 1-2*). Quant à Catilina, il a trempé dans les proscriptions de Sylla. De ces deux hommes, un seul sera élu : Antonius, qui aura quelques voix de plus que Catilina. Mais le portrait que fait Quintus Cicéron des deux hommes nous laisse rêveurs...*

At[1] Antonius et Catilina molesti sunt. Immo homini navo, industrio, innocenti, diserto, gratioso apud eos qui res judicant, optandi competitores ambo a pueritia sicarii, ambo libidinosi, ambo egentes. Eorum alterius bona proscripta vidimus, vocem denique audivimus jurantis se Romae judicio aequo cum homine Graeco certare non posse, ex senatu ejectum scimus optima ac vera censorum existimatione... In petitione autem consulatus copones omnes compilare per turpissimam legationem[2] maluit quam adesse et populo Romano supplicare. Alter vero, Di boni! quo splendore est? Primum nobilitate eadem[3]. Num majore[4]? Non. Sed virtute[5]. Quamobrem? Quod Antonius umbram suam metuit, hic ne leges quidem, natus in patris egestate, educatus in sororis stupris[6], corroboratus in caede civium, cujus primus ad rem publicam aditus in equitibus Romanis occidendis fuit: nam hominem optimum, Q. Caecilium, sororis suae virum, equitem Romanum, nullarum partium, cum semper natura tum etiam aetate jam quietum, suis manibus occidit.

QUINTUS CICÉRON, *Correspondance*, XII, *Commentarium petitionis*, II, 8-9.

1. objection prévue par Quintus, à laquelle il répondra : *immo.* — 2. voir l'explication de cette *legatio* dans la notice. Une telle mission comportait le paiement des frais par l'État. On comprend le parti qu'en tirait un homme malhonnête. — 3. sous-entendre : *qua Antonius.* — 4. *majore (nobilitate).* — 5. *virtute (majore).* — 6. voir à cet égard Salluste, *Catilina.*

45 De la séduction électorale. Conseil à un « homo novus »

Quintus Cicéron, poursuivant son petit manuel du parfait candidat à l'intention de son frère Marcus, vient de lui expliquer l'usage rationnel qu'il doit faire de ses amis, intimes et moins intimes, dans sa campagne. Il passe à présent à la seconde partie de son exposé : comment capter la bienveillance populaire. Comparer aux actuelles campagnes électorales, en France et en Amérique.

Quoniam de amicitiis constituendis satis dictum est, dicendum est de illa altera parte petitionis quae in populari ratione[1] versatur. Ea desiderat nomenclationem[2], blanditiam, assiduitatem, benignitatem, rumorem, spem in re publica. Primum id quod facis, ut homines noris, significa ut appareat, et auge ut cottidie melius fiat. Nihil mihi tam populare neque tam gratum videtur. Deinde id quod natura non habes, induc in animum ita simulandum esse ut natura facere videare. Nam comitas tibi non deest, ea quae bono ac suavi homine digna est, sed opus est magnopere blanditia, quae, etiam si vitiosa est et turpis in cetera vita, tamen in petitione necessariast[3]. Etenim cum deteriorem aliquem adsentando facit, tum improba est, cum amiciorem, non tam vituperanda, petitori vero necessaria est, cujus frons et vultus et sermo ad eorum quoscumque convenerit sensum et voluntatem commutandus et accommodandus est... Benignitas autem late patet. Est in conviviis, quae fac et abs te et ab amicis tuis concelebrentur et passim et tributim; est etiam in opera, quam pervulga et communica, curaque ut aditus ad te diurni nocturnique pateant, neque solum foribus aedium tuarum, sed etiam vultu ac fronte, quae est animi janua; quae si significat voluntatem abditam esse ac retrusam, parvi refert patere ostium. Homines enim non modo promitti sibi, praesertim quod a candidato petant, sed etiam large atque honorifice promitti volunt.

QUINTUS CICÉRON, *Correspondance*, XII, *Commentarium petitionis*, XI, 41-42 et 44.

1. *ratio :* la méthode (qui permet d'acquérir la faveur populaire). — 2. *nomenclatio :* le fait de connaître par leur nom les électeurs. — 3. *necessariast = necessaria est.*

46 — *Lettre de Cicéron à Pompée (avril 62 av. J.-C.)*

Les rapports de Cicéron avec Pompée sont aigres-doux. Cicéron, obligé de ménager le grand Pompée, dont l'influence est énorme, se trouve en position délicate avec lui (voir les conseils de son frère Quintus). Tantôt Cicéron se dit au mieux avec Pompée, tantôt il affirme que celui-ci lui est hostile et même le jalouse. La présente lettre nous donne la mesure de cette politesse acidulée. Pompée, vainqueur de Mithridate, est en train de réorganiser l'Orient. Il vient d'adresser au Sénat une lettre officielle dont Cicéron est très content. Mais il est probable que Pompée a senti que le triomphe de Cicéron (63 : affaire de Catilina) ne sera pas durable, car il est moins aimable dans une lettre qu'il lui a adressée personnellement.

Ex litteris tuis, quas publice misisti, cepi una cum omnibus incredibilem voluptatem; tantam enim spem otii ostendisti, quantam ego semper omnibus te uno fretus pollicebar. Sed hoc scito, tuos veteres hostes, novos amicos, vehementer litteris perculsos atque ex magna spe deturbatos jacere. Ad me autem litteras quas misisti, quamquam exiguam significationem tuae erga me voluntatis habebant, tamen mihi scito jucundas fuisse; nulla enim re tam laetari soleo quam meorum officiorum conscientia; quibus si quando non mutue respondetur, apud me plus officii residere facillime patior. Illud non dubito quin, si te mea summa erga te studia parum mihi adjunxerint, res publica nos inter nos conciliatura conjuncturaque sit.

Ac ne ignores quid ego in tuis litteris desiderarim, scribam aperte, sicut et mea natura et nostra amicitia postulat. Res eas gessi, quarum aliquam in tuis litteris et nostrae necessitudinis et rei publicae causa gratulationem exspectavi; quam ego abs te praetermissam esse arbitror, quod vererere ne cujus animum offenderes. Sed scito ea, quae nos pro salute patriae gessimus[1], orbis terrae judicio ac testimonio comprobari...

CICÉRON, *Correspondance*, *Ad familiares*, V, 7, 1-3.

1. ici : pluriel de majesté.

47 Le scandale dont tout Rome parle

61 av. J.-C., sous le consulat de M. Pupius Piso Calpurnianus et de M. Valerius Messalla.

25 janvier. - Le tribun Clodius, qui faisait partie de la bande (opera) de Catilina, cette bande de jeunes débauchés que Cicéron appelle barbatuli juvenes, *était l'amant de la femme de César, alors préteur. Il s'était introduit sous un déguisement de femme dans la maison de ce dernier, la nuit où on y célébrait les Mystères de la Bonne Déesse, strictement réservés aux femmes. Il avait été reconnu, mais avait pu s'enfuir. Ce fut un grand scandale, qui n'aurait pas eu l'importance qu'il prit, s'il n'avait pas eu des résonances politiques. Tous les éléments troubles s'étant regroupés autour de Clodius, on put croire que renaissait le danger qu'avait fait courir à la République Catilina lui-même. Cicéron, d'abord indulgent, intervint ensuite durement contre Clodius, ce qui lui valut la haine du tribun. On sait l'importance que cette haine aura pour l'orateur : elle le conduira à l'exil. Dans la présente lettre, Cicéron met Atticus, qui se trouve en Grèce, au courant des faits tels qu'il les connaît.*

Sunt autem post discessum a me tuum res dignae litteris nostris, sed non committendae ejusmodi periculo ut aut interire aut aperiri aut intercipi possint... Credo enim te audisse, cum apud Caesarem pro populo fieret[1], venisse eo muliebri vestitu virum, idque sacrificium cum virgines[2] instaurassent, mentionem a Q. Cornificio[3] in senatu factam... Postea rem ex senatusconsulto ad virgines atque ad pontifices relatam idque ab iis nefas esse decretum; deinde ex senatusconsulto consules rogationem promulgasse; uxori Caesarem nuntium remisisse[4]. In hac causa Piso, amicitia P. Clodi ductus, operam dat ut ea rogatio, quam ipse fert et fert ex senatusconsulto et de religione, antiquetur. Messalla vehementer adhuc agit severe. Boni viri precibus Clodi removentur a causa, operae comparantur, nosmet ipsi, qui Lycurgei[5] a principio fuissemus, cotidie demitigamur; instat et urget Cato. Quid multa? Vereor ne haec infecta a bonis, defensa[6] ab improbis magnorum rei publicae malorum causa sit.

CICÉRON, *Correspondance*, XIX, *Ad Atticum* I, 13 (début 2 et 3).

1. *fieret (sacrificium)*. — 2. *virgines* = vestales. — 3. *Q. Cornificius* : ancien préteur. — 4. *nuntium remisisse :* il s'agit de la notification de divorce. — 5. *Lycurgei :* pluriel d'un adj. plaisant formé sur le nom de Lycurgue, le sévère législateur spartiate. — 6. *defensa* = repoussée par; s'oppose à *infecta* non faite, non achevée.

48 Ambiance houleuse à Rome à propos de la loi sur le sacrilège de Clodius

13 février 61 av. J.-C. Atticus est toujours en Grèce. Cicéron le tient au courant des développements de l'affaire de Clodius (cf. notice précédente). Le sacrilège ayant été déclaré, après senatus-consulte, les consuls Messala et Pison ont affiché un projet de mise en accusation contre Clodius. Les esprits s'échauffent, on prend parti, Clodius fait appel au peuple. Cicéron dresse ici pour Atticus un tableau de la situation.

Romanae autem se res sic habent. Senatus: « Areopagos » : nihil constantius, nihil severius, nihil fortius. Nam, cum dies venisset rogationi ex senatusconsulto ferendae, concursabant barbatuli juvenes, totus ille grex Catilinae, duce filiola[1] Curionis, et populum ut antiquaret rogabant. Piso autem consul lator rogationis eidem erat dissuasor. Operae Clodianae pontes[2] occuparant; tabellae ministrabantur ita ut nulla daretur « uti rogas ». Hic tibi in rostra Cato advolat, commulcium[3] Pisoni consuli mirificum facit, si id est commulcium vox plena gravitatis, plena auctoritatis, plena denique salutis. Accedit eodem noster Hortensius[4], multi praeteraea boni... Hoc concursu optimatium comitia dimittuntur, senatus vocatur. Cum decerneretur frequenti senatu, contra pugnante Pisone, ad pedes omnium singillatim accidente Clodio, ut consules populum cohortarentur ad rogationem accipiendam, homines ad quindecim Curioni nullum senatusconsultum facienti adsenserunt; facile ex altera parte quadringenti fuerunt. Acta est res. Clodius contiones miseras habebat, in quibus Lucullum, Hortensium, C. Pisonem, Messallam consulem contumeliose laedebat; me tantum « comperisse » omnia criminabatur... Habes res Romanas.

CICÉRON, *Correspondance,* XX, *Ad Atticum,* 1-14 (5).

1. *filiola* : terme de dérision pour désigner un jeune homme de mœurs efféminées. — 2. *pontes* : les passerelles établies pour le vote; « *uti rogas* » est la formule d'acceptation dans un vote. — 3. *commulcium* (sans doute de *commulcare* = rosser) : mot rare, du langage populaire, qui se retrouve chez Plaute. — 4. *Hortensius* : orateur, ami et rival de Cicéron.

49 Compte rendu de la séance du tribunal qui jugea Clodius. Cicéron se taille un succès

Fin juin ou juillet 61. Le procès de Clodius a eu lieu, mais il a manœuvré de telle sorte, avec l'appui d'un tribun du peuple, Fufius, qu'il a été acquitté. Les gens de bien (boni) considèrent ce résultat comme une insulte. Cicéron explique à Atticus comment a eu lieu la première partie du procès, alors qu'on pouvait encore espérer une condamnation.

Clodius invoquait un alibi : il prétendait s'être trouvé à une centaine de kilomètres de Rome le jour de la fête de la Bonne Déesse. Cicéron témoigna au contraire que Clodius était venu le voir ce même jour, trois heures avant le scandale... Le témoignage était éclatant, mais les juges étaient choisis !

Judicium si quaeris quale fuerit, incredibili exitu[1], sic uti nunc ex eventu ab aliis (a me tamen ex ipso initio) consilium Hortensii reprehendatur. Nam ut rejectio facta est clamoribus maximis, cum accusator tamquam censor bonus homines nequissimos reiceret, reus tamquam clemens lanista frugalissimum quemque secerneret, ut primum judices consederunt, valde diffidere boni coeperunt. Non enim umquam turpior in ludo talario consessus fuit, maculosi senatores, nudi[2] equites, tribuni non tam aerati quam, ut appellantur, aerarii. Pauci tamen boni inerant quos rejectione fugare ille non potuerat, qui maesti inter sui dissimiles et maerentes sedebant et contagione turpitudinis vehementer permovebantur...Me vero teste producto, credo te ex acclamatione Clodi advocatorum audisse quae consurrectio judicum facta sit, ut me circumsteterint, ut aperte jugula sua pro meo capite P. Clodio ostentarint... Itaque judicum vocibus, cum ego sic ab iis ut salus patriae defenderer, fractus reus et una patroni omnes conciderunt; ad me autem eadem frequentia postridie convenit quacum abiens consulatu sum domum reductus.

CICÉRON, *Correspondance,* XX, *Ad Atticum* I, 16, 3-4-5.

1. ablatif de qualité, qui répond à la question *quale.* Comprendre : *judicium fuit incredibili exitu.* — 2. sens figuré : sans fortune.

50 *Le discours de Cicéron contre Clodius*

Fin juin ou juillet 61. Après l'acquittement de Clodius, Cicéron, dont la sévérité n'a fait qu'augmenter à son égard, va achever de se l'aliéner en le fustigeant en plein Sénat par un discours dont il n'est pas peu fier.

Idem ego ille (non enim mihi videor insolenter gloriari cum de me apud te loquor, in ea praesertim epistula quam nolo aliis legi) idem, inquam, ego recreavi afflictos animos bonorum, unumquemque confirmans, excitans... Clodium praesentem fregi in senatu... Nam ut Idibus Maiis in senatum convenimus, rogatus ego sententiam multa dixi de summa re publica, atque ille locus inductus a me est divinitus ne, una plaga accepta, patres conscripti conciderent, ne deficerent; vulnus esse ejusmodi quod mihi nec dissimulandum nec pertimescendum videretur, ne aut ignorando stultissimi aut metuendo ignavissimi judicaremur; bis absolutum esse Lentulum, bis Catilinam, hunc tertium jam esse a judicibus in rem publicam immissum. « Erras, Clodi; non te judices urbi sed carceri reservarunt, neque te retinere in civitate sed exsilio privare voluerunt. Quamobrem, patres conscripti, erigite animos, retinete vestram dignitatem. Manet illa in republica bonorum consensio; dolor accessit bonis viris, virtus non est imminuta; nihil est damni factum novi, sed quod erat inventum est. In unius hominis perditi judicio plures similes reperti sunt ». Sed quid ago ? Paene orationem in epistulam inclusi !

CICÉRON, *Correspondance,* XXII, *Ad Atticum,* I, 16, 8 début, 9-10.

51 L'amitié de Cicéron pour Atticus

Après son frère Quintus, l'homme que Cicéron chérit le plus au monde est Atticus, frère de la femme de son frère. Il trouve pour exprimer cette amitié des accents qui font penser à ceux de Montaigne parlant de La Boétie.

Mihi enim perspecta est et ingenuitas et magnitudo animi tui; neque ego inter me atque te quicquam interesse umquam duxi praeter voluntatem institutae vitae, quod me ambitio[1] quaedam ad honorum studium, te autem alia minime reprehendenda ratio ad honestum otium duxit. Vera quidem laude probitatis, diligentiae, religionis neque me tibi neque quemquam antepono, amoris vero erga me, cum a fraterno amore domesticoque discessi, tibi primas[2] defero. Vidi enim, vidi penitusque perspexi in meis variis temporibus et sollicitudines et laetitias tuas. Fuit mihi saepe et laudis nostrae gratulatio tua jucunda et timoris consolatio grata. Quin mihi nunc, te absente, non solum consilium quo tu excellis, sed etiam sermonis communicatio, quae mihi suavissima tecum solet esse, maxime deest — quid dicam ? in publica re, quo in genere mihi neglegenti esse non licet, an in forensi labore, quem antea propter ambitionem sustinebam, nunc ut dignitatem tueri gratia possim, an in ipsis domesticis negotiis, in quibus ego, cum antea tum vero post discessum fratris, te sermonesque nostros desidero ? Postremo non labor meus, non requies, non negotium, non otium, non forenses res, non domesticae, non publicae, non privatae carere diutius tuo suavissimo atque amantissimo consilio ac sermone possunt.

CICÉRON, *Correspondance*, XXIII, *Ad Atticum*, I, 17, 5 et 6.

1. *ambitio* = ici, désir de gloire. — 2. *primas (partes)*.

52 Un retour triomphal

Cicéron raconte à son ami Atticus son triomphal retour d'exil. Clodius, son ennemi, l'avait obligé en 58 à quitter Rome pour la Thessalie, mais ses amis au Sénat ont réussi à faire voter une loi de rappel en août 57. Aussitôt Cicéron s'est mis en route.

Pridie Nonas Sextiles[1] Dyrrachio sum profectus ipso illo die quo lex est lata de nobis. Brundisium veni Nonis Sextilibus[2]. Ibi mihi Tulliola[3] mea fuit praesto natali suo ipso die, qui casu idem natalis erat et Brundisinae coloniae et tuae vicinae Salutis[4]; quae res, animadversa a multitudine, summa Brundisiorum gratulatione celebrata est. Idibus Sextilibus[5] cognovi, cum Brundisii essem, Q. fratris litteris mirifico studio omnium aetatum atque ordinum, incredibili concursu Italiae, legem comitiis centuriatis esse perlatam[6]. Inde a Brundisinis honestissime ornatus, iter ita feci ut undique ad me cum gratulatione legati convenerint. Ad Urbem ita veni ut nemo ullius ordinis homo nomenclatori notus fuerit qui mihi obviam non venerit, praeter eos inimicos quibus id ipsum, se inimicos esse, non liceret aut dissimulare aut negare. Cum venissem ad portam Capenam[7], gradus templorum ab infima plebe completi erant; a qua plausu maximo cum esset mihi gratulatio significata, similis et frequentia et plausus me usque ad Capitolium celebravit, in foroque et in ipso Capitolio miranda multitudo fuit.

CICÉRON, *Correspondance*, IV, *Ad Atticum*, I, 4-5.

1. *pridie Nonas Sextiles* : le 4 août. — 2. *Nonis Sextilibus* : le 5 août. — 3. *Tulliola* : diminutif affectueux. *Tullia* est la fille de Cicéron et il la chérissait beaucoup. — 4. *tuae vicinae Salutis* : la déesse *Salus* avait à Rome sur le Quirinal un temple proche d'une des maisons d'Atticus. — 5. *Idibus Sextilibus* : le 13 août. — 6. *perlatam* : la loi proposée par le Sénat (*lata*, 1re ligne) était votée par les comices où les Italiens (*Italiae*) pouvaient voter depuis la fin de la guerre sociale. — 7. *ad portam Capenam* : au sud, où arrivait la *via Appia* empruntée par Cicéron.

53 — Il vaut mieux rester à lire dans sa villa que s'ennuyer aux jeux

Cicéron écrit à Marius son ami, pour lui raconter les jeux offerts par Pompée. Ces jeux furent donnés par Pompée pour l'inauguration de son théâtre et du temple de Vénus Victrix (année 55). La villa de Marius est à Castellamare di Stabia. Cicéron avait une villa à Pompéi. Ce Marius n'a rien de commun avec les Marii d'Arpinum. C'est un homme riche, cultivé, de santé délicate. Sur les jeux, voir versions n° 192 et 422.

Si te dolor aliqui corporis aut infirmitas valetudinis tuae tenuit quominus ad ludos venires, fortunae magis tribuo quam sapientiae tuae; sin haec quae ceteri mirantur contemnenda duxisti et, cum per valetudinem posses, venire tamen noluisti, utrumque laetor, et sine dolore corporis te fuisse et animo valuisse, cum ea quae sine causa mirantur alii neglexeris, modo[1] ut tibi constiterit fructus otii tui; quo quidem tibi perfrui mirifice licuit, cum esses in ista amoenitate paene solus relictus. Neque tamen dubito quin tu ex illo cubiculo[2] tuo, ex quo tibi Stabianam perforasti et patefecisti scenam[3], per eos dies matutina tempora lectiunculis consumpseris, cum illi interea, qui te istic reliquerunt, spectarent communes mimos semisomni.

CICÉRON, *Correspondance*, CXXVII, 1.

1. *modo ut* : seulement dans des conditions telles que; d'où = j'y mets toutefois une condition, c'est que... — 2. *ex illo cubiculo tuo* = au fond de cette chambre qui est tienne; *ex quo* = devant laquelle. — 3. *scenam* = berceau de verdure; *Stabianam* = au-dessus de Stabies (comprendre que Marius a fait percer le rideau de verdure qui fait au-dessus de Stabies comme le fond d'une scène).

54 Des jeux peu intéressants

Suite de la version précédente, voir la notice; dans ces jeux figuraient des représentations théâtrales dont parle ici Cicéron. Leur principale caractéristique semble avoir été une mise en scène gigantesque. Cf. version d'Horace n° 175.

Omnino, si quaeris, ludi apparatissimi, sed non tui stomachi; conjecturam enim facio de meo. Nam primum honoris causa[1] in scenam redierant ii quos ego honoris causa de scena decesse[2] arbitrabar. Deliciae vero tuae, noster Aesopus, ejusmodi[3] fuit ut ei desinere per omnes homines liceret. Is jurare cum coepisset, vox eum defecit in illo loco : « Si sciens fallo ». Quid tibi ego alia narrem? nosti enim reliquos ludos; qui ne id quidem leporis habuerunt, quod solent mediocres ludi. Apparatus[4] enim spectatio tollebat omnem hilaritatem, quo quidem apparatu non dubito quin animo aequissimo carueris. Quid enim delectationis habent sescenti muli in « Clytaemnestra » aut in « Equo Trojano » creterrarum tria milia aut armatura varia peditatus et equitatus in aliqua pugna? quae popularem admirationem habuerunt, delectationem tibi nullam attulissent.

CICÉRON, *Correspondance*, CXXVII, 2.

1. *honoris causa* = pour honorer. Pour ces représentations extraordinaires, on avait fait revenir sur la scène de vieilles gloires comme Ésope. Mais Ésope avait quitté la scène pour s'honorer lui-même, pour rester digne de ce qu'il avait été. — 2. *decesse* = *decessisse*. — 3. *ejusmodi* : allusion au mauvais jeu d'Ésope. — 4. *apparatus, us* = mise en scène. *Clytemnestre*, tragédie d'Attius.

55 Un avocat dégoûté de son métier

Suite des deux versions précédentes, voir les notices.

Cicéron a été contraint de renier son idéal politique : depuis son retour d'exil (57), il est protégé par Pompée, en bons termes avec César, alors en Gaule. Mais il a perdu toute liberté d'action. Il ne peut pas toujours refuser de défendre tel ou tel Romain. Il n'a plus aucun loisir. Il aspire à une vie plus tranquille où il pourrait se livrer aux études philosophiques et littéraires.

Nam me cum antea taedebat[1], cum et aetas et ambitio me hortabatur et licebat denique quem nolebam non defendere, tum vero hoc tempore vita nullast[2]. Neque enim fructum ullum laboris exspecto et cogor nonnumquam homines non optime de me meritos rogatu eorum qui bene meriti sunt defendere. Itaque quaero causas omnes aliquando vivendi arbitratu meo teque et istam rationem otii tui et laudo vehementer et probo, quodque[3] nos minus intervisis, hoc fero animo aequiore quod, si Romae esses, tamen neque nos lepore tuo neque te, si qui est in me, meo frui liceret propter molestissimas occupationes meas. Quibus si me relaxaro (nam, ut plane exsolvam non postulo), te ipsum, qui multos annos nihil aliud commentaris, docebo profecto quid sit humaniter[4] vivere.

CICÉRON, *Correspondance*, CXXVII, 4-5.

1. c'est de son métier (terme ici non exprimé, à tirer de ce qui précède) que Cicéron est dégoûté. — 2. *nulla* = d'aucune valeur. — 3. bien distinguer ce *quod*, conjonction développant *hoc* (à savoir que), du *quod* suivant, conjonction de cause. — 4. *humaniter* : mettre en évidence dans la traduction la racine du mot.

56 Lettre de recommandation

César est en Gaule. Cicéron lui écrit pour lui recommander Trébatius. C'est un jeune jurisconsulte qui cherche à s'enrichir et à acquérir de hautes protections (avril 54).

Hunc, mi Caesar, sic velim omni tua comitate complectare[1], ut omnia, quae per me possis adduci ut in meos[2] conferre velis, in unum hunc conferas. De quo tibi homine haec spondeo non illo vetere verbo meo[3], quod, cum ad te de Milone scripsissem, jure lusisti, sed more Romano, quo modo homines non inepti loquuntur, probiorem hominem, meliorem virum, pudentiorem esse neminem; accedit etiam quod familiam ducit in jure civili singulari memoria, summa scientia. Huic ego neque tribunatum[4] neque praefecturam neque ullius beneficii certum nomen peto, benevolentiam tuam et liberalitatem peto neque impedio quominus, si tibi ita placuerit, etiam hisce eum ornes gloriolae insignibus; totum denique hominem tibi ita trado « de manu », ut aiunt, « in manum » tuam istam et victoria et fide praestantem. Simus[5] enim putidiusculi quam per te vix licet, verum, ut video, licebit. Cura ut valeas, et me, ut amas, ama.

CICÉRON, *Correspondance*, CXXXIV, *Ad familiares*, VII, 5.

1. *complectare* = *complectaris*. — 2. *meos* = ceux que j'aime, mes protégés. — 3. allusion à la précédente recommandation en faveur de Milon, que César n'aimait pas; *meo* = qui m'est cher, habituel, s'oppose à *Romano*, d'un vrai Romain; *haec* annonce la proposition infinitive de *probiorem* jusqu'à *neminem*. — 4. le tribunat et la préfecture sont des grades militaires. — 5. subjonctif de concession; devant *quam* s.e. *magis*.

57 La brigue électorale fait fureur

Deux candidats au consulat, C. Memmius et Cn. Domitius Calvinus, concluent un pacte avec les deux consuls en exercice, Ap. Claudius Pulcher et L. Domitius Ahenobarbus, et se mettent à acheter les voix. Les autres candidats sont Scaurus et Messala. Cicéron donne à son ami Atticus les dernières nouvelles (27 juillet 54). Les élections au tribunat au contraire, placées sous l'arbitrage du vertueux Caton, semblent se dérouler dans des conditions normales.

Sequere nunc me in Campum[1]. Ardet ambitus; σῆμα δέ τοι ἐρέω[2] : faenus ex triente Idibus Quintil. factum erat bessibus. Dices : « Istuc quidem non moleste fero[3] ». O virum ! O civem ! Memmium Caesaris omnes opes confirmant. Cum eo Domitium consules junxerunt, qua pactione[4] epistulae committere non audeo. Pompeius fremit, queritur, Scauro studet, sed utrum fronte an mente dubitatur. 'Ἐξοχὴ[5] in nullo est; pecunia omnium dignitatem exaequat. Messala languet, non quo aut animus desit aut amici, sed coitio consulum et Pompeius obsunt. Ea comitia puto fore ut ducantur[6]. Tribunicii candidati jurarunt se arbitrio Catonis petituros[7]. Apud eum HS quingena[8] deposuerunt ut, qui a Catone damnatus esset, id perderet et competitoribus tribueretur.

Haec ego pridie scribebam[9] quam comitia fore putabantur. Sed ad te, quinto Kal. Sextil. si facta erunt et tabellarius non erit profectus, tota comitia perscribam. Quae si, ut putantur, gratuita fuerint, plus unus Cato potuerit quam omnes leges omnesque judices.

CICÉRON, *Correspondance,* CXLII, 7-8.

1. *Campum* = le Champ de Mars (où se réunissent les comices centuriates qui éliront les consuls pour l'année 53). — 2. = je vais t'en donner un signe; *factum erat :* plus-que-parfait épistolaire. — 3. Atticus est un homme d'affaires ! — 4. s.e. *hoc fecerint.* — 5. = saillie (traduire la proposition par « Aucun ne se détache, ne se distingue »). — 6. *duco* = reporter. — 7. *peto* = faire campagne. — 8. *HS quingena* = cinq cent mille sesterces chacun. — 9. *scribebam :* imparfait épistolaire.

58 *Aménagements en vue pour une villa*

Quintus Cicéron est légat en Gaule près de César. Il possède une villa à Arpinum et a fait acheter par l'intermédiaire de son frère Marcus un domaine voisin dont il compte utiliser les eaux pour l'agrément de sa villa. Gardera-t-il l'eau et le terrain, ou vendra-t-il le terrain en s'assurant la propriété de l'eau ? Lettre de Marcus à Quintus (septembre 54).

Ex eo loco recta Vitularia via profecti sumus in Fufidianum fundum, quem tibi proximis nundinis Arpini de Fufidio HS CCCI ƆƆƆ CIƆ[1] emeramus. Ego locum aestate umbrosiorem vidi numquam, permultis[2] locis aquam profluentem et eam uberem. Quid quaeris ? Jugera L prati Caesius[3] inrigaturum facile te arbitrabatur. Equidem hoc quod melius intellego, adfirmo mirifica suavitate te villam habiturum piscina et salientibus additis, palaestra etiam silva viridicata[4]. Fundum audio te hunc Fufidianum velle retinere. De eo quid videatur ipse constitues. Caesius aiebat[5], aqua dempta et ejus aquae jure constituto et servitute fundo illi imposita, tamen nos pretium servare posse, si vendere vellemus.

CICÉRON, *Correspondance,* CXLV, II, 3.

1. HS CCIƆƆƆ CIƆ = 101 000 sesterces; *emeramus* = *emimus*; plus loin *arbitrabatur* = *arbitratur; aiebat* = *ait.* — 2. s.e. *vidi* dans ce membre de phrase. — 3. *Caesius,* ami d'Arpinum qui accompagne Cicéron. *Fufidius* est aussi un habitant d'Arpinum. — 4. *viridicare* = rendre verdoyant; *silva*: en fait, il s'agit du bosquet d'un parc. — 5. il s'agit ici de réserver juridiquement l'utilisation de l'eau tout en revendant le terrain (cf. en français le sens juridique du mot servitude).

59 Un scandale politique

Les deux candidats aux élections pour le consulat, C. Memmius et Cn. Domitius Calvinus, avaient fait un pacte avec les deux consuls en exercice (cf. la version n° 57). C. Memmius révèle les conditions scandaleuses de ce pacte : les candidats s'engagent à verser 40 000 sesterces aux consuls en exercice, si une fois élus ils ne produisent pas de faux témoins, augures et consulaires, qui déclareront avoir assisté au vote d'une loi et d'un décret qui intéressent les deux consuls en exercice; ces derniers veulent en effet avoir le droit de mener des opérations militaires dans leur province en 53 (lex curiata de imperio) *et obtenir des troupes, de l'argent, etc.* (ornatio provinciae). *Lettre adressée à Atticus.*

Consules flagrant infamia, quod C. Memmius candidatus pactionem in senatu recitavit quam ipse et suus competitor Domitius cum consulibus fecisset... Haec pactio non verbis, sed nominibus et perscriptionibus[1] multorum in tabulas cum esse facta diceretur, prolata a Memmio est, nominibus inductis[2] auctore Pompeio. Hic Appius erat idem[3] : nihil sane jacturae. Corruerat alter et plane, inquam, jacebat. Memmius autem, dirempta coitione invito Calvino, plane refrixerat, et eo magis nunc quod jam intellegebamus enuntiationem illam Memmii valde Caesari displicere. Messalla noster et ejus competitor Domitius liberalis in populo valde fuit. Nihil gratius. Certi erant consules. At senatus decernit ut judicium ante comitia fieret ab iis consiliis[4] quae erant omnibus sortita in singulos candidatos. Magnus timor candidatorum.

CICÉRON, *Correspondance*, CXLVI, 2-3.

Il y a dans cette version plusieurs exemples de l'emploi des temps dans le style épistolaire.
1. *perscriptionibus* = billets à ordre (où les candidats reconnaissent devoir cette somme) inscrits sur les livres de comptes d'intermédiaires; *haec pactio* est sujet de *diceretur.* — 2. *inductis* = effacés. — 3. = notre Appius ne bouge pas : c'est un des consuls; *alter* = l'autre consul. — 4. *consiliis* = jurys; *omnibus* = pour l'ensemble des procès de brigue (traduction Constans).

60 Incident au Sénat

Gabinius, qui a rétabli Ptolémée Aulète sur le trône d'Egypte sans autorisation du Sénat, est de retour à Rome. Il est fortement attaqué. C'est un ennemi de Cicéron, mais il est protégé par Pompée. Lettre à Quintus (11 octobre 54). Cicéron n'a plus d'illusions sur le sort du régime républicain traditionnel, mais il se réjouit d'un sursaut de l'opinion publique.

Cognosce nunc hominis audaciam et aliquid in re publica perdita delectare[1]. Cum Gabinius, quacumque veniebat, triumphum se postulare dixisset subitoque bonus imperator noctu in urbem hostium[2] plane invasisset, in senatum se non committebat. Interim ipso decimo die, quo eum oportebat hostiarum numerum et militum renuntiare, inrepsit summam in frequentiam[3]. Cum vellet exire, a consulibus retentus est;

introducti publicani[4]. Homo undique actus et, cum a me maxime vulneraretur[5], non tulit et me trementi voce exulem appellavit. Hic (o dii! nihil umquam honorificentius nobis accidit) consurrexit senatus cum clamore ad unum[6] sic ut ad corpus ejus accederet; pari clamore atque impetu publicani. Quid quaeris? omnes, tamquam si tu esses, ita fuerunt. Nihil hominum sermone foris clarius[7]. Ego tamen teneo ab accusando, vix me hercule, sed tamen teneo, vel quod nolo cum Pompeio pugnare[8] (satis est quod instat de Milone), vel quod judices nullos habemus.

CICÉRON, *Correspondance,* CXLVII, 2.

1. *delectare:* 2 sg. prés. impératif passif; *in*: au moment où. — 2. *urbem hostium*: c'est Rome, composée d'un grand nombre d'ennemis de Gabinius. *Plane* porte sur *hostium.* — 3. *frequentiam*: cf. *frequens senatus.* — 4. les publicains sont chargés de la ferme des impôts dans les provinces; ici ils devaient témoigner contre Gabinius. — 5. *actus* et *vulneraretur* ne sont pas à prendre au sens propre: il s'agit d'invectives. — 6. *ad unum* = jusqu'au dernier; ils sont prêts à faire un mauvais parti à Gabinius (*ad corpus ejus accedere* = porter la main sur lui). — 7. *nihil clarius,* s.e. *mihi* = rien de plus flatteur pour moi. — 8. Milon voulait être consul en 52 et Pompée lui était hostile. *Nullos*: les juges sont trop influençables.

61 *Un acquittement scandaleux (24 octobre 54)*

Gabinius, d'accord avec Pompée et César, avait rétabli sans autorisation du Sénat Ptolémée Aulète sur le trône d'Égypte. Il est accusé par conséquent « de majestate » (lèse-majesté à l'égard de la souveraineté de l'État et du Sénat). Il avait jadis secondé P. Clodius dans ses attaques contre Cicéron. Mais Gabinius est protégé par Pompée, et Cicéron se contente de témoigner au procès, au lieu de l'accuser. Plus tard, il le défendra même dans un second procès « de repetundis » (pour concussion). Le destinataire de la lettre est Quintus Cicéron.

Gabinius absolutus est. Omnino nihil accusatore Lentulo[1] subscriptoribusque ejus infantius, nihil consilio[2] sordidius. Sed tamen, nisi incredibilis contentio, preces Pompei, dictaturae etiam rumor plenus timoris fuisset, ipsi Lentulo non respondisset[3], qui tamen illo accusatore illoque consilio sententiis condemnatus sit XXXII, cum LXX tulissent[4]. Est omnino tam gravi fama hoc judicium ut videatur reliquis judiciis[5] periturus et maxime de pecuniis repetundis. Sed vides nullam esse rem publicam, nullum senatum, nulla judicia, nullam in ullo nostrum dignitatem. Quid plura de judicibus? Duo praetorii sederunt, Domitius Calvinus (is aperte absolvit, ut omnes viderent) et Cato (is, diribitis tabellis, de circulo se subduxit et Pompeio primus nuntiavit).

CICÉRON, *Correspondance,* CLI, 1.

1. Lentulus n'a attaqué Gabinius que mollement. Cicéron laisse entendre que l'accusateur ne voulait pas que Gabinius fût condamné. — 2. *consilio* = jury. — 3. *ipsi Lentulo non respondisset* = l'accusé (c'est-à-dire le sort de l'accusé) n'aurait pas répondu à l'attente de Lentulus lui-même. *Qui...* = puisqu'il... — 4. *tulissent* s.e. *sententiam.* — 5. Gabinius doit être jugé pour d'autres chefs d'accusation. Cf. notice.

62 Cicéron, désabusé par les conditions de la vie politique, renonce à y jouer un rôle et se consacre aux lettres, à la philosophie et aux joies de la vie privée

Toute la vie politique est aux mains de Pompée et de César. Les mœurs politiques sont effroyablement corrompues. Le régime républicain traditionnel n'a plus de partisans sincères. Cicéron abdique toute prétention à un rôle réel, il ne croit plus lui-même en la république qu'il a illustrée, rappelle-t-il, sous son consulat. Il s'adresse à son ami Titus Pomponius Atticus (fin octobre 54).

Dices : « Tu ergo haec quomodo fers ? » Belle mehercule, et in eo me valde amo. Amisimus, mi Pomponi, omnem non modo sucum ac sanguinem, sed etiam colorem et speciem pristinam civitatis. Nulla est res publica quae delectet, in qua acquiescam. « Idne igitur » inquies « facile fers ? » Id ipsum; recordor enim quam bella paulisper nobis gubernantibus[1] civitas fuerit, quae mihi gratia relata sit[2]. Nullus dolor me angit unum omnia posse[3]; dirumpuntur ii qui me aliquid posse doluerunt. Multa mihi dant solacia, nec tamen ego de meo statu demigro, quaeque vita maxime est ad naturam ad eam me refero, ad litteras et studia nostra. Dicendi[4] laborem delectatione oratoria consolor; domus me et rura nostra delectant; non recordor unde ceciderim, sed unde surrexerim[5]. Fratrem mecum et te si habebo, per me isti pedibus[6] trahantur; vobis ἐμφιλοσοφησαι possum. Locus ille animi nostri stomachus ubi habitabat olim concalluit : privata modo et domestica nos delectant.

CICÉRON, *Correspondance*, CLII, 2.

1. allusion au consulat de Cicéron (63) où il a réalisé l'union des chevaliers et sénateurs (*boni*), où il a cru sauver la république. — 2. il fut exilé à cause des attaques de Clodius, tribun de la plèbe. — 3. *unum omnia posse* : prop. inf. qui développe *dolor*. Allusion aux menaces de dictature, au pouvoir illimité d'hommes comme Pompée. — 4. *dicendi* : il s'agit des causes que soutient l'avocat Cicéron. — 5. *unde ceciderim* : allusion au rang élevé qu'il a occupé; *unde surrexerim* : allusion aux attaques de Clodius, à son exil, à son retour favorisé par Pompée, à sa position actuelle moins pénible. — 6. *per me isti pedibus trahantur* = m. à m. je consens (subj. de concession) à ce que ces gens-là soient tirés par les pieds (à ce qu'on les envoie au diable); ἐμφιλοσοφῆσαι = philosopher avec.

63 J'ai perdu ma consolation

Triste fut pour Cicéron la fin de sa vie. Il avait perdu sous César toute chance (et tout désir) de jouer un rôle politique, puisqu'il avait été un partisan de Pompée. Mais dans le même temps il était touché dans sa vie privée : après avoir dû divorcer (46) et s'être brouillé avec son frère, il eut l'immense chagrin de perdre sa fille Tullia (45) qu'il chérissait tout particulièrement (cf. version n° 52 et spécialement la note 3). Il répond ici à la lettre affectueuse d'un ami sur ce deuil.

Mihi autem, amissis ornamentis iis quae ipse commemoras quaeque eram maximis laboribus adeptus, unum manebat illud solacium quod ereptum est. Non amicorum negotiis, non reipublicae procuratione impediebantur cogitationes meae, nihil in foro agere[1] libebat, aspicere curiam non poteram; existimabam, id quod erat, omnes me et industriae meae fructus et fortunae perdidisse. Sed cum cogitarem haec mihi tecum et cum quibusdam esse communia, et cum frangerem[2] jam ipse me cogeremque illa ferre toleranter, habebam quo confugerem, ubi conquiescerem, cujus in sermone et suavitate omnes curas doloresque deponerem. Nunc autem hoc tam gravi vulnere etiam illa[3] quae consanuisse videbantur recrudescunt. Non[4] enim, ut tum me a republica maestum domus excipiebat quae levaret, sic nunc domo maerens ad rempublicam confugere possum, ut in ejus bonis acquiescam. Itaque et domo absum et foro, quod nec eum dolorem quem de republica capio domus jam consolari potest nec domesticum respublica.

CICÉRON, *Correspondance, Ad familiares*, IV, 6,2.

1. *agere* = « plaider ». — 2. *frangerem* : au sens de « maîtriser, dominer ». — 3. *illa (vulnera)*. — 4. *non*, malgré sa place, porte pour le sens sur *confugere possum* seulement. *Tum* = quand Tullia vivait encore.

64 Rome a le devoir moral de combattre Mithridate

67 av. J.-C. Depuis plus de vingt ans (cf. H.R.) Mithridate, roi de Pont, est l'ennemi du peuple romain. Il a, en 88, conquis toute l'Asie Mineure et massacré 80 000 citoyens romains. Sylla, à cette époque, l'a battu et lui a imposé la paix. Mais, depuis 74, Mithridate a repris les armes contre Rome, occupé la Bithynie, que le roi Nicomède avait léguée aux Romains. Lucullus, envoyé contre lui, l'a d'abord battu, mais ses armées se sont mutinées et, en 67, Lucullus doit se retirer. Mithridate a pénétré en Cappadoce et la province romaine d'Asie court un grand danger. Or Pompée se trouve en Cilicie, où il achève d'écraser les derniers des pirates qui infestaient la Méditerranée. Un tribun du peuple, C. Manilius, propose au peuple de donner à Pompée les pleins pouvoirs pour conduire la guerre, conclure les traités et les alliances. Les aristocrates et les chevaliers sont hostiles à la loi parce qu'ils craignent la concentration de tels pouvoirs dans les mains d'un seul. Le peuple, lui, est enthousiasmé par les succès de Pompée contre les pirates. Cicéron, cette fois, se déclare nettement pour Pompée. Il prend la parole devant le peuple pour soutenir la loi; il se porte garant de l'intégrité de Pompée. Sur des arguments simples, il fonde en raison l'enthousiasme déjà acquis. Il fait preuve, sans doute, d'une grande naïveté politique, dont il se repentira plus tard, après l'expérience cruelle de la guerre civile, mais il faut admirer les sentiments patriotiques qui l'animent et la clarté de son exposé.

De vestri imperi dignitate atque gloria, quoniam is est exorsus orationis meae, videte quem vobis animum suscipiendum putetis. Majores nostri saepe, mercatoribus aut naviculariis nostris injuriosius tractatis, bella gesserunt : vos, tot milibus civium Romanorum uno nuntio atque uno tempore necatis, quo tandem animo esse debetis ? Legati quod erant appellati superbius[1], Corinthum patres vestri, totius Graeciae lumen, exstinctum esse voluerunt; vos eum regem inultum esse patiemini qui legatum[2] populi Romani consularem vinculis ac verberibus atque omni supplicio excruciatum necavit ? Illi libertatem imminutam civium Romanorum non tulerunt; vos ereptam vitam neglegetis ? Jus legationis verbo violatum illi persecuti sunt; vos legatum omni supplicio interfectum relinquetis ? Videte ne, ut illis pulcherrimum fuit tantam vobis imperi gloriam tradere, sic vobis turpissimum sit id quod accepistis tueri et conservare non posse.

CICÉRON, *De Imperio Cn. Pompei*, IV, v, 11-12.

1. en 148 avant J.-C.; *appellati superbius* = traités avec trop d'arrogance; les députés romains à la Ligue achéenne furent expulsés, peut-être frappés. — 2. en 89, M. Aquilius, fils de l'organisateur de la province d'Asie, fit la guerre à Mithridate en dépit de sa qualité d'ambassadeur. Il fut battu. Livré à Mithridate, il fut effectivement maltraité : Mithridate, par mépris pour la cupidité romaine, lui aurait fait verser de l'or fondu dans la bouche ! Voir Trogue-Pompée : *Discours de Mithridate* (n° 452).

65 **Rome a intérêt à défendre sa province d'Asie contre Mithridate**

Voir la notice de la version précédente.

In ceteris rebus cum venit calamitas, tum detrimentum accipitur; at in vectigalibus[1] non solum adventus mali, sed etiam metus ipse adfert calamitatem. Nam cum hostium copiae non longe absunt, etiam si irruptio nulla facta est, tamen pecua relinquuntur, agri cultura deseritur, mercatorum navigatio conquiescit. Ita neque ex portu neque ex decumis neque ex scriptura vectigal[2] conservari potest; qua re saepe totius anni fructus uno rumore periculi atque uno belli terrore amittitur. Quo tandem igitur animo esse existimatis aut eos qui vectigalia nobis pensitant, aut eos qui exercent atque exigunt, cum duo reges cum maximis copiis propter adsint, cum una excursio equitatus perbrevi tempore totius anni vectigal auferre possit, cum publicani familias[3] maximas quas in salinis habent, quas in agris, quas in portibus atque custodiis magno periculo se habere arbitrentur ? Putatisne vos illis rebus frui posse, nisi eos qui vobis fructui sunt conservaritis non solum, ut ante dixi, calamitate, sed etiam calamitatis formidine liberatos ?

CICÉRON, *De Imperio Cn. Pompei*, VI, 15-16.

1. *vectigalibus* : les revenus de l'État (c'est-à-dire les impôts sur la province d'Asie, fixés par la loi de 143 av. J.-C.; le fermage en est donné à une société de publicains fixée à Éphèse). — 2. *vectigal* : il s'agit ici soit des droits payés dans les ports (*ex portu*), soit de l'impôt payé par les propriétaires fonciers (*ex decumis*) et fixé au dixième du produit annuel, soit des taxes payées pour les bestiaux ou des impôts sur les pâturages (*ex scriptura*). — 3. *familias* : le personnel des esclaves (employé dans les services des publicains).

66 Cicéron définit sa politique

64-63 av. J.-C. La loi agraire (dont le contenu est exposé plus bas) est du 10 décembre 64 (Cicéron est consul désigné). Le discours est de 63. Cicéron avait été porté au consulat pour 63 par une coalition assez instable : les conservateurs (chevaliers et démocrates modérés) et les plus conciliants des aristocrates. Depuis les Gracques, il n'y avait plus à Rome de véritable majorité et la lutte sourde entre César (qui soutient les démocrates) et Pompée (l'homme du Sénat) était ressentie. Par exemple, un des compétiteurs de Cicéron avait été Catilina, soutenu par César. Il avait échoué parce qu'on avait vu en Cicéron l'honnête homme capable de barrer la route aux menées personnelles; mais les démocrates n'avaient pas renoncé. Dès avant l'installation de Cicéron, l'offensive fut prise par un tribun du peuple, P. Servilius Rullus, qui proposa (sans doute conseillé par César et Crassus, en quête de popularité) une importante loi agraire. Celle-ci, fort complexe, proposait entre autres de donner tous pouvoirs à des décemvirs pour vendre et acheter des terres qu'ils distribueraient à des « colons ». En Italie, il s'agissait des territoires de Capoue; hors d'Italie, des domaines royaux acquis par Rome dans ses conquêtes. Cicéron était mis en danger dès son entrée au pouvoir. Si la loi passait devant le peuple, alors qu'il y était opposé, il perdait la confiance du Sénat, et son autorité sur le peuple. Si elle ne passait pas, il devenait impopulaire. De là sa prise de position devant le Sénat, puis ici devant le peuple; il se donne pour un consul vraiment « populaire » voulant le bien du peuple, mais non démagogue, refusant de flatter le peuple aux dépens de l'État. Il garantit que, lui consul, nul ne touchera au domaine de l'État.

Ego, qualem Kalendis Januariis acceperim rem publicam, Quirites, intellego, plenam sollicitudinis, plenam timoris; in qua nihil erat mali, nihil adversi quod non boni metuerent, improbi exspectarent: omnia turbulenta consilia contra hunc rei publicae statum et contra vestrum otium partim iniri, partim nobis consulibus designatis inita esse dicebantur; sublata erat de foro fides non ictu aliquo novae calamitatis, sed suspicione ac perturbatione judiciorum, infirmatione rerum judicatarum; novae dominationes, extraordinaria non imperia sed regna quaeri putabantur. Quae cum ego non solum suspicarer, sed plane cernerem — neque enim obscure gerebantur — dixi in senatu in hoc magistratu me popularem consulem futurum. Quid enim est tam populare quam pax? Qua non modo ei quibus natura sensum dedit, sed etiam tecta atque agri mihi laetari videntur. Quid tam populare quam libertas? Quam non solum ab hominibus, verum etiam a bestiis expeti atque omnibus rebus anteponi videtis... Qua re qui[1] possum non esse popularis, cum videam haec omnia, Quirites, pacem externam, libertatem propriam generis ac nominis vestri, otium domesticum, denique omnia, quae vobis cara atque ampla sunt, in fidem et quodam modo in patrocinium mei consulatus esse conlata?

CICÉRON, *De lege agraria,* II, III, IV, 8-9.

1. *qui* = comment.

67 Ma gloire sera d'avoir sauvé la République

Cicéron, devant le Sénat, se félicite d'avoir agi comme il l'a fait contre la conjuration de Catilina. Sa vie est peut-être en danger, mais la mort n'est rien pour lui, qui est sûr d'avoir atteint la gloire.

Ego, quanta manus est conjuratorum, quam videtis esse permagnam, tantam me inimicorum multitudinem suscepisse video; sed eam esse turpem judico et infirmam et abjectam. Quod si aliquando alicujus furore et scelere concitata manus ista plus valuerit quam vestra ac rei publicae dignitas, me tamen meorum factorum atque consiliorum numquam, patres conscripti, paenitebit. Etenim mors, quam illi fortasse minitantur, omnibus est parata; vitae tantam laudem, quanta vos me vestris decretis honestastis, nemo est assecutus; ceteris enim bene gesta, mihi uni conservata re publica gratulationem decrevistis. Sit[1] Scipio clarus ille, cujus consilio atque virtute Hannibal in Africam redire atque Italia decedere coactus est; ornetur alter eximia laude Africanus, qui duas urbes huic imperio infestissimas, Carthaginem Numantiamque, delevit; habeatur vir egregius Paulus[2] ille, cujus currum rex potentissimus quondam et nobilissimus, Perses, honestavit; sit aeterna gloria Marius, qui bis Italiam obsidione et metu servitutis liberavit[3]; anteponatur omnibus Pompeius, cujus res gestae atque virtutes iisdem, quibus solis cursus, regionibus ac terminis continentur : erit profecto inter horum laudes aliquid loci nostrae gloriae, nisi forte majus est patefacere nobis provincias quo exire possimus, quam curare ut etiam illi qui absunt habeant quo victores revertantur.

Cicéron, IVᵉ *Catilinaire*, 20, 21.

1. *sit :* ce subjonctif et ceux qui suivent donnent une valeur concessive à leurs propositions. — 2. *Paulus* = Paul-Émile, qui, dans la 3ᵉ guerre de Macédoine, vainquit Persée, le dernier roi de ce pays (cf. résumé d'histoire). — 3. *liberavit*: allusion aux invasions des Cimbres et des Teutons (cf. résumé d'histoire, de même que pour les autres allusions historiques).

68 — *Les poètes seuls confèrent l'immortalité*

Un poète grec, citoyen d'Héraclée, se voyait contester la citoyenneté romaine, bien que la loi Plautia Papiria l'eût accordée en 89 à tous les Italiens. Cicéron veut montrer que les poètes servent la gloire d'un État et que celui-ci peut servir Rome même en écrivant en grec. Il vient de rappeler la gloire d'Ennius, premier grand poète latin, qui, originaire de Rudies, en Calabrie, fut pourtant fait sans difficulté citoyen romain.

Ergo illum Rudinum hominem majores nostri in civitatem receperunt : nos hunc Heracliensem multis civitatibus expetitum, in hac autem legibus constitutum, de nostra civitate ejiciamus ?

Nam, si quis minorem gloriae fructum putat ex Graecis versibus percipi quam ex Latinis, vehementer errat, propterea quod Graeca leguntur in omnibus fere gentibus[1], Latina suis finibus, exiguis sane, continentur. Quare, si res eae quas gessimus orbis terrae regionibus definiuntur, cupere debemus, quo minus manuum nostrarum tela pervenerint, eodem gloriam famamque penetrare, quod cum ipsis populis, de quorum rebus scribitur, haec ampla sunt, tum iis certe, qui de vita gloriae causa dimicant, hoc maximum et periculorum incitamentum est et laborum.

Quam multos scriptores rerum suarum magnus ille Alexander secum habuisse dicitur ! Atque is tamen, cum in Sigeo ad Achillis tumulum adstitisset, « o fortunate », inquit, « adulescens, qui tuae virtutis Homerum praeconem inveneris! » Et vere; nam, nisi Ilias illa exstitisset, idem tumulus, qui corpus contexerat, nomen etiam obruisset.

CICÉRON, *Pro Archia*, X, 22-24.

1. *in omnibus fere gentibus*: après les conquêtes d'Alexandre, le grec est devenu en effet la langue de tous les pays de la Méditerranée orientale, en plus de son aire naturelle qui couvre la Grèce, la Sicile et toutes les colonies grecques (comme Marseille, Cyrène, etc.).

69 Regrets sur la mort d'Hortensius

Hortensius (114-50), orateur réputé et défenseur attitré de l'aristocratie, fut un temps l'adversaire de Cicéron; c'est par exemple lui qui fut l'avocat de Verrès en 70, contre Cicéron. Mais l'évolution politique de Cicéron, la création du parti modéré, sa lutte contre Catilina et Clodius le rapprochèrent d'Hortensius qui fut dès lors son ami. Cicéron nous raconte ici quelle douleur il a ressentie quand il a appris la mort de cet ami. Il vient de rappeler qu'Hortensius avait été son parrain pour l'accueillir en 53 dans le collège des augures, ce qui créait entre eux comme un lien de parenté. À cette douleur d'homme privé s'ajoute une douleur d'homme public dont il va maintenant parler.

Augebat etiam molestiam quod, magna sapientium civium bonorumque penuria, vir egregius conjunctissimusque mecum consiliorum omnium societate, alienissimo[1] reipublicae tempore exstinctus, et auctoritatis et prudentiae suae triste nobis desiderium reliquerat; dolebamque quod non, ut plerique putabant, adversarium aut obtrectatorem laudum mearum, sed socium potius et consortem gloriosi laboris amiseram. Etenim si in leviorum artium[2] studio memoriae proditum est poetas nobiles poetarum aequalium morte doluisse[3], quo tandem animo ejus interitum ferre debui, cum quo certare erat gloriosius quam omnino adversarium non habere? cum praesertim non modo numquam sit aut illius a me cursus impeditus aut ab illo meus, sed contra semper alter ab altero adjutus et communicando et monendo et favendo.

CICÉRON, *Brutus*, I, 2-3.

1. *alienissimo :* se rappeler que la guerre civile allait éclater en 49 entre César et Pompée. — 2. *leviorum artium :* pour les Romains, l'éloquence, à cause de son importance pratique, est le premier des arts; les autres, qui ne visent qu'à plaire, sont à leurs yeux de moindre importance. — 3. *doluisse :* ainsi, dit-on, Sophocle prit le deuil à la mort de son rival Euripide.

70 Le public est-il bon juge de l'éloquence ?

Perpétuel débat : le public est-il moins capable de juger des œuvres que les critiques de profession ? Cicéron, qui doit une grande partie de son succès au peuple, soutient que, pour l'éloquence du moins, son jugement est en accord avec celui des doctes.

Necesse est, qui ita dicat ut a multitudine probetur, eumdem doctis probari. Nam quid in dicendo rectum sit aut pravum ego judicabo, si modo is sum qui id possim[1] aut sciam judicare; qualis vero sit orator, ex eo quod is dicendo efficiet poterit intellegi. Tria sunt enim, ut quidem ego sentio, quae sint efficienda dicendo : ut doceatur is apud quem dicetur, ut delectetur, ut moveatur vehementius. Quibus virtutibus oratoris horum quidque efficiatur, aut quibus vitiis orator aut non assequatur haec aut etiam in his[2] labatur et cadat, artifex aliquis judicabit. Efficiatur autem ab oratore necne[3], ut ei qui audiunt ita afficiantur ut orator velit, vulgi assensu et populari approbatione judicari solet... Itaque numquam de bono oratore aut non bono doctis hominibus cum populo dissensio fuit.

CICÉRON, *Brutus*, XLIX, 184-185.

1. *possim* se réfère aux capacités et au goût personnel, *sciam* à la connaissance des règles de l'art. — 2. *in his (assequendis)*. — 3. *efficiatur... necne* : interrogation double = *utrum efficiatur... necne*. Le premier *ut* qui suit, complétif, dépend de *efficiatur*; le second est comparatif avec subj. d'attraction modale.

71 Cicéron, au début d'un de ses livres, expose les péjugés et les objections contre les ouvrages de philosophie écrits en latin. Son avis est différent

45 av. J.-C., Cicéron vient de se retirer dans sa villa d'Antium, inconsolable de la mort de sa fille (janvier 45). Il écrit alors toute une série d'ouvrages. Dans le début de l'un d'eux, début qui sert de préface et qui est dédié à Brutus, neveu de Caton, futur assassin de César, Cicéron expose les préjugés qu'on a à Rome contre les ouvrages de philosophie écrits en latin. Seul le grec était jugé digne de telles œuvres. Cicéron n'est pas de cet avis. Attitude à rapprocher de celle des gens du XVI*e siècle qui considéraient le français comme incapable d'exprimer la poésie et la philosophie (avant Descartes).*

Non eram nescius, Brute, cum, quae summis ingeniis exquisitaque doctrina philosophi Graeco sermone tractavissent, ea Latinis litteris mandaremus, fore ut[1] hic noster labor in varias reprehensiones incurreret. Nam quibusdam, et his quidem non admodum indoctis, totum hoc displicet, philosophari. Quidam autem non tam id reprehendunt, si remissius agatur, sed tantum studium tamque multam operam ponendam in eo non arbitrantur. Erunt etiam, et hi quidem eruditi Graecis litteris, contemnentes Latinas, qui se dicant in Graecis legendis operam malle consumere. Postremo aliquos futuros suspicor, qui me ad alias litteras vocent, genus hoc scribendi, etsi sit elegans, personae tamen et dignitatis esse negent. Contra quos omnes dicendum breviter existimo; quamquam philosophiae quidem vituperatoribus satis responsum est eo libro[2] quo a nobis philosophia defensa et collaudata est, cum esset accusata et vituperata ab Hortensio[3]. Qui liber cum et tibi probatus videretur et iis quos ego posse judicare arbitrarer, plura suscepi, veritus ne movere hominum studia viderer, retinere non posse.

CICÉRON, *De finibus*, I, 1-2.

1. *fore ut* marque le début de la proposition complétive gouvernée par *non eram nescius*. — 2. ce livre est aujourd'hui perdu. Il s'intitulait *Hortensius*. — 3. *Hortensio* : il s'agit de l'orateur célèbre (voir glossaire et notice de la version 69). Il a été traité de lui avant Cicéron.

72 Deux conceptions opposées du bonheur
A. - Un épicurien : L. Thorius Balbus

Cicéron discute devant deux amis la conception épicurienne du bien. Elle n'a pas ses sympathies, et il va la critiquer en faisant successivement le portrait d'un épicurien voluptueux (version ci-dessous) et celui d'un héros selon son cœur : Régulus (version suivante).

L. Thorius Balbus fuit, Lanuvinus, quem meminisse tu[1] non potes. Is ita vivebat ut nulla tam exquisita posset inveniri voluptas qua non abundaret. Erat et cupidus voluptatum et ejus generis intellegens[2] et copiosus, ita non superstitiosus ut illa plurima in sua patria sacrificia et fana contemneret, ita non timidus ad mortem ut in acie sit ob rem publicam interfectus. Cupiditates non Epicuri divisione[3] finiebat, sed sua satietate. Habebat tamen rationem valetudinis; utebatur iis exercitationibus ut ad cenam et sitiens et esuriens veniret, eo cibo qui et suavissimus esset idem et facillimus ad concoquendum, vino[4] et ad voluptatem et ne noceret. Cetera illa adhibebat, quibus demptis negat se Epicurus intellegere quid sit bonum. Aberat omnis dolor, qui si adesset[5] nec molliter ferret et tamen medicis plus quam philosophis uteretur. Color egregius, integra valetudo, summa gratia, vita denique conferta voluptatum omnium varietate. Hunc vos beatum[6]; ratio quidem vestra sic cogit.

CICÉRON, *De finibus,* II, 63-65.

1. *tu :* Cicéron s'adresse à l'un de ses deux amis, L. Manlius Torquatus, plus jeune que lui et adepte de l'école épicurienne. — 2. *ejus generis intellegens :* « connaisseur en cette matière ». — 3. *Epicuri divisione :* Épicure classait les désirs en trois groupes : les désirs naturels et nécessaires, les désirs naturels et non nécessaires, les désirs non naturels et non nécessaires; ces derniers étaient à éviter. — 4. *vino,* comme *eo cibo,* sont des compléments de *utebatur,* sur le même plan que *exercitationibus.* — 5. *qui si adesset :* le *qui* est sujet de *adesset,* mais en même temps il faut le remplacer par *eum* auprès de *ferret,* dont le sujet est *Balbus.* Les trois subjonctifs imparfaits de la phrase ont le sens d'irréels du passé. — 6. *hunc vos beatum (fuisse putatis). Vos* = Torquatus et les autres partisans de l'épicurisme.

73 Deux conceptions opposées du bonheur
B. - L'héroïsme de Régulus

A la vie délicieuse de L. Thorius Balbus (cf. version précédente), Cicéron préfère la grandeur du sacrifice de Régulus. Saint Augustin (cf. version n° 498), en tant que chrétien, ne se fera pas la même conception de cette grandeur.

At ego quem huic[1] anteponam, non audeo dicere; dicet pro me ipsa virtus[2] nec dubitabit isti vestro beato M. Regulum anteponere, quem quidem, cum sua voluntate, nulla vi coactus praeter fidem quam dederat hosti, ex patria Carthaginem revertisset, tum ipsum, cum vigiliis et fame cruciaretur, clamat virtus beatiorem fuisse quam potantem in rosa Thorium. Bella magna gesserat, bis consul fuerat, triumpharat nec tamen sua illa superiora tam magna neque tam praeclara ducebat quam illum ultimum casum, quem propter fidem constantiamque susceperat, qui nobis miserabilis videtur audientibus, illi perpetienti erat voluptarius. Non enim hilaritate nec lascivia nec risu aut joco, comite levitatis[3], saepe etiam tristes firmitate et constantia sunt beati.

CICÉRON, *De finibus*, II, 65.

1. *huic* désigne l'épicurien L. Thorius Balbus. — 2. *virtus* = « la vertu ». *Vestro :* cf. note 6 de la version précédente. — 3. après *levitatis*, sous-entendre *homines sunt beati.*

74

Vantardises d'un Romain : nous sommes bien supérieurs aux Grecs

On sait tout ce que la culture et la vie romaines doivent aux Grecs (ceux de l'Italie du Sud et de la Sicile notamment). Mais quand Rome domina le monde, la Grèce n'était plus rien, et les Grecs bavards et ratiocineurs (« Graeculi ») étaient passablement méprisés. De là à croire qu'on fait mieux qu'eux, il n'y a qu'un pas, vite franchi même par un adepte de l'hellénisme comme Cicéron.

Meum semper judicum fuit omnia nostros aut invenisse per se sapientius quam Graecos aut accepta ab illis fecisse meliora, quae quidem digna statuissent in quibus elaborarent. Nam mores et instituta vitae resque domesticas ac familiares nos profecto et melius tuemur et lautius, rem vero publicam nostri majores certe melioribus temperaverunt et institutis et legibus. Quid loquar de re militari ? in qua cum virtute nostri multum valuerunt tum[1] plus etiam disciplina. Jam illa quae natura, non litteris adsecuti sunt[2], neque cum Graecia neque ulla cum gente sunt conferenda. Quae enim tanta gravitas, quae tanta constantia, magnitudo animi, probitas, fides, quae tam excellens in omni genere virtus in ullis fuit ut sit cum majoribus nostris comparanda ? Doctrina[3] Graecia nos et omni litterarum genere superabat; in quo erat facile vincere non repugnantes.

CICÉRON, *Tusculanes*, I.I, 1-3.

1. *cum..., tum :* parallélisme. — 2. *adsecuti sunt :* parfait d'expérience à traduire par un présent. — 3. *doctrina :* la culture.

75

La vraie gloire et sa contrefaçon

Problème important que celui de la gloire pour un Romain. Cicéron, ici, fidèle à son idéal politique de modération, tient à la distinguer de la popularité et des crimes auxquels elle conduit (ce texte date de 45, après Pharsale, alors que César tient tout le pouvoir).

Ad quam[1] fertur optimus quisque veramque illam honestatem expetens quam unam natura maxime anquirit, in sumna inanitate versatur consectaturque nullam eminentem effigiem virtutis, sed adumbratam imaginem gloriae. Est enim gloria solida quaedam res et expressa, non adumbrata; ea est consentiens laus bonorum, incorrupta vox bene judicantium de excellente virtute, ea virtuti resonat tamquam imago. Quae quia recte factorum plerumque comes est, non est bonis viris repudianda. Illa autem[2], quae se ejus imitatricem esse vult, temeraria atque inconsiderata et plerumque peccatorum vitiorumque laudatrix, fama popularis, simulatione honestatis formam ejus pulchritudinemque corrumpit. Qua caecitate homines, cum quaedam etiam praeclara cuperent eaque nescirent nec ubi nec qualia essent, funditus alii everterunt suas civitates, alii ipsi occiderunt.

CICÉRON, *Tusculanes*, III, II, 3-4

1. *ad quam :* relatif de liaison = vers cet idéal que la nature grave en tout homme, mais que les préjugés et les mœurs faussent constamment, comme vient de l'expliquer Cicéron. — 2. *illa autem (gloria); ejus* = la vraie gloire, qui vient d'être décrite.

76 **Comment Cicéron découvrit le tombeau d'Archimède**

Une découverte émouvante : Cicéron, questeur en Sicile en 75, retrouve sous les ronces le tombeau du plus fameux savant de l'Antiquité, Archimède, qui vécut à Syracuse de 287 à 212 et y fut tué lors de la prise de la ville par Marcellus. Sur Archimède, voir aussi la version de Tite-Live, nº 221.

Archimedis ego quaestor ignoratum ab Syracusanis, cum esse omnino negarent, saeptum undique et vestitum vepribus et dumetis indagavi sepulcrum. Tenebam[1] enim quosdam senariolos, quos in ejus monumento esse inscriptos acceperam, qui declarabant in summo sepulcro sphaeram esse positam cum cylindro. Ego autem cum omnia collustrarem oculis (est enim ad portas Agragantinas magna frequentia sepulcrorum), animum adverti columellam non multum e dumis eminentem, in qua inerat sphaerae figura et cylindri. Atque ego statim Syracusanis (erant autem principes mecum) dixi me illud ipsum arbitrari esse quod quaererem. Immissi cum falcibus multi purgarunt et aperuerunt locum. Quo cum patefactus esset aditus, ad adversam[2] basim accessimus. Apparebat epigramma exesis posterioribus partibus versiculorum dimidiatis fere. Ita nobilissima Graeciae civitas[3], quondam vero etiam doctissima, sui civis unius acutissimi monumentum ignorasset, nisi ab homine Arpinate[4] didicisset.

CICÉRON, *Tusculanes*, V, XXIII, 64-66.

1. *tenebam (memoria).* — 2. *adversam* = la partie antérieure de, le devant de (celle qui est en face, tournée vers celui qui regarde). — 3. *Graeciae civitas :* se souvenir que la Sicile fut une île grecque. — 4. *Arpinate* = Cicéron, natif d'Arpinum, dans le Latium.

77 — *Histoire d'un grain de blé*

Cicéron ne pense pas que la vieillesse soit sevrée de tous les plaisirs. Elle laisse au minimum la possibilité de goûter le charme de la campagne et d'admirer la puissance de la nature. C'est Caton l'Ancien qui parle.

Venio nunc ad voluptates agricolarum, quibus ego incredibiliter delector; quae nec ulla impediuntur senectute et mihi ad sapientis vitam proxime videntur accedere. Habent[1] enim rationem cum terra, quae numquam recusat imperium nec umquam sine usura reddit quod accepit, sed alias[2] minore, plerumque majore cum fenore. Quamquam me quidem non fructus modo, sed etiam ipsius terrae vis ac natura delectat. Quae eum gremio mollito ac subacto sparsum semen excepit, primum id occaecatum[3] cohibet, (ex quo occatio quae hoc efficit nominata est); dein tepefactum vapore compressu suo diffundit[4] et elicit herbescentem ex eo viriditatem, quae nixa fibris stirpium sensim adulescit, culmoque erecta geniculato vaginis jam quasi pubescens includitur; ex quibus cum emersit, fundit frugem spici ordine structam, et contra avium minorum morsus munitur vallo aristarum.

CICÉRON, *De senectute*, XV, 51.

1. *habent (agricolae); rationem :* à rapprocher de *usura* et de *fenore* pour trouver le sens correct. — 2. *alias* est un adverbe. — 3. *occaecatum :* on utilisait une herse *(occa)* pour recouvrir le grain. L'étymologie de Cicéron est fantaisiste. *Quae = quod :* attraction du sujet neutre de *nominata est* au genre de l'attribut *occatio*, avec lequel s'accorde le verbe lui-même. — 4. *diffundit :* sujet *terra.*

78 — *Une belle leçon de politesse*

Cicéron pense que la vieillesse n'est pas un âge malheureux (cf. version précédente), et qu'elle offre bien des avantages, notamment le privilège de la considération..., du moins dans les cités où la morale est en honneur. C'est toujours Caton l'Ancien qui parle ; voir la version n° 77.

Haec ipsa sunt honorabilia, quae videntur levia atque communia, salutari, appeti, decedi, assurgi, deduci, reduci, consuli; quae et apud nos et in aliis civitatibus, ut quaeque optime morata est, ita diligentissime observantur. Lysandrum Lacedaemonium dicere aiunt solitum Lacedaemonem esse honestissimum domicilium senectutis : nusquam enim tantum tribuitur aetati, nusquam est senectus honoratior. Quin etiam memoriae proditum est, cum Athenis ludis quidam in theatrum grandis natu venisset, magno consessu, locum nusquam ei datum a suis civibus; cum autem ad Lacedaemonios accessisset, qui, legati cum essent, certo in loco consederant, consurrexisse omnes illi dicuntur et senem sessum[1] recepisse. Quibus cum a cuncto consessu plausus esset multiplex datus, dixisse ex eis quemdam Athenienses scire quae recta essent, sed facere molle.

CICÉRON, *De senectute*, XV, 63-64.

1. *sessum :* supin.

79 Un songe télépathique

Voici une simple anecdote, d'une troublante précision, comme aiment à en conter ceux qui croient aux songes (voir Valère Maxime, version n° 247).

Traditum clarum admodum somnium. Cum duo quidam Arcades familiares iter una facerent et Megaram venissent, alterum ad cauponem devertisse[1], ad hospitem alterum. Qui ut cenati quiescerent, concubia nocte visum esse in somnis ei qui erat in hospitio illum alterum orare ut subveniret, quod sibi a caupone interitus pararetur; eum primo perterritum somnio surrexisse; dein cum se collegisset, idque visum pro nihilo habendum esse duxisset, recubuisse; tum ei dormienti eumdem illum visum esse rogare ut, quoniam sibi vivo non subvenisset, mortem suam ne inultam esse pateretur; se interfectum in plaustrum a caupone esse conjectum, et supra stercus injectum; petere ut mane ad portam adesset, priusquam plaustrum ex oppido exiret. Hoc vero eum somnio commotum, mane bubulco praesto ad portam fuisse; quaesisse ex eo quid esset in plaustro; illum perterritum fugisse; mortuum erutum esse; cauponem, re patefacta, poenas dedisse.

CICÉRON, *De divinatione,* I, XXVII.

1. *devertisse,* comme le reste du texte, dépend de *traditum (est)*; = style indirect.

80 Cicéron répond aux accusations de Marc-Antoine

Après le meurtre de César (15 mars 44 av. J.-C.), il y avait eu une sorte d'accord général : ratification des actes de César; amnistie pour les meurtriers. Cicéron s'était félicité de cette réconciliation. Mais les abus de Marc-Antoine lui firent craindre la tyrannie. Il se réfugia dans ses propriétés. Il entreprit même en juillet d'aller finir l'année en Grèce. Il y renonça à cause des vents contraires. Il rentra à Rome le 31 août. Il n'assista pas à la séance du Sénat le lendemain, séance où on devait accorder les honneurs divins à César. Antoine s'étant montré menaçant, Cicéron vint au Sénat en son absence, et prononça la première Philippique où il donnait une leçon de conduite à Marc-Antoine. Celui-ci, furieux, répondit par un discours plein de fiel et d'insinuations. Cicéron se devait de répondre. Il le fit plusieurs semaines après. La lutte à mort était commencée entre les deux hommes. Marc-Antoine a reproché à Cicéron d'avoir provoqué la rupture entre Pompée et César et l'a accusé d'être responsable de la guerre civile. Voici la réponse de Cicéron.

Ego M. Bibulo, praestantissimo civi[1], consule, nihil praetermisi, quantum facere enitique potui, quin Pompeium a Caesaris conjunctione avocarem. Postea vero quam se totum Pompeius Caesari tradidit, quid ego illum ab eo distrahere conarer ? Stulti erat sperare, suadere impudentis. Duo tamen tempora inciderunt, quibus aliquid contra Caesarem Pompeio suaserim; ea velim reprehendas, si potes : unum ne quinquenni imperium Caesari prorogaret, alterum ne pateretur ferri[2] ut absentis ejus ratio haberetur. Quorum si utrumvis persuasissem, in has miserias nunquam incidissemus. Atque idem ego, cum jam opes omnes et suas et populi Romani Pompeius ad Caesarem detulisset seroque ea sentire coepisset quae ego multo ante provideram, inferrique patriae bellum viderem nefarium, pacis, concordiae, compositionis auctor esse non destiti, meaque illa vox est nota multis : « Utinam, Cn. Pompei, cum C. Caesare societatem aut numquam coisses aut numquam diremisses. Fuit alterum gravitatis, alterum prudentiae tuae ».

CICÉRON, *Philippiques*, II, 10.

1. *civi :* abl. = *cive*. Bibulus était collègue de César cette année-là (59). L'omission de son nom par Cicéron est significative. — 2. *ferri :* infinitif passif de *ferre (legem)*, expression qui signifie « présenter une loi ».

81 Cicéron expose ce que, selon lui, les honnêtes gens pensaient du meurtre de César

Les circonstances sont les mêmes que dans la version précédente. Marc-Antoine accuse maintenant Cicéron d'avoir poussé Cassius, Brutus et leurs complices au meurtre de César. Cicéron se défend de deux manières :
1° il n'était pas complice;
2° tous les honnêtes gens souhaitaient la mort de César.

At quemadmodum me coarguerit homo acutus recordamini. « Caesare interfecto, inquit, statim cruentum alte extollens M. Brutus pugionem, Ciceronem nominatim exclamavit atque ei reciperatam libertatem est gratulatus » — Cur mihi potissimum ? Quia sciebam ? Vide ne illa causa fuerit appellandi mei quod, cum rem gessisset consimilem rebus iis quas ipse gesseram[1], me potissimum testatus est se aemulum mearum laudum exstitisse. Tu autem, omnium stultissime, non intellegis, si, id quod me arguis, voluisse interfici Caesarem, crimen sit, etiam laetatum esse morte Caesaris crimen esse ? Quid enim interest[2] inter suasorem facti et probatorem ? aut quid refert utrum voluerim fieri an gaudeam factum ? Ecquis est igitur, exceptis iis qui illum regnare gaudebant, qui illud aut fieri noluerit aut factum improbarit ? Omnes ergo in culpa. Etenim omnes boni, quantum in ipsis fuit, Caesarem occiderunt : aliis consilium, aliis animus, aliis occasio defuit, voluntas[3] nemini.

CICÉRON, *Philippiques*, II, 12.

1. sans doute allusion à l'affaire de Catilina. — 2. *quid interest... ? :* quelle différence y a-t-il... ? — 3. *voluntas :* l'intention.

■ *L'HISTOIRE*

Le premier siècle av. J.-C. est le siècle où l'on peut tout acheter à Rome : gouvernements, commandements, honneurs. Un parvenu peut se procurer à bon prix des ancêtres célèbres. C'est, hélas !, l'époque où l'on falsifie les documents officiels et souvent l'histoire suit le mouvement. Pourtant c'est l'époque qui va enfanter une grande génération d'écrivains.

Nous ne pouvons parler des *Mémoires* de Sylla (on écrit aussi Sulla) qu'on a complètement perdus. Mais avant les très grands historiens que sont César et Salluste, et aussi en même temps qu'eux, des historiens se sont manifestés.

Ainsi SEMPRONIUS ASELLIO, dont nous avons déjà parlé, est le véritable doyen des historiens du Ier siècle. Il refusait, comme dans les annales, de raconter année par année les événements, de relater simplement les faits. Il voulait aller au fond des choses et montrer dans quel dessein et de quelle façon on les avait accomplies : « *Nobis non modo satis esse video, quod factum est, id pronuntiare, sed etiam quo consilio quaque ratione gesta essent, demonstrare* » (fragment tiré d'Aulu-Gelle, V, 18). Il semble n'avoir eu que peu d'audience auprès de ses contemporains.

Il n'en est pas de même de Q. CLAUDIUS QUADRIGARIUS, un homme instruit, peut-être professeur de grammaire ou de rhétorique. C'était un écrivain soigneux qui décomposait ses livres en petits récits en cherchant le pittoresque; sans doute inventait-il même certaines choses pour corser son récit. Son travail commence à l'invasion gauloise et devait comporter plus de vingt-trois livres : les derniers racontant la guerre entre marianistes et syllaniens.

LUCIUS CORNELIUS SISENNA (−120 à −67) peut être considéré comme le père de l'histoire romancée à Rome, en émule du Grec Clitarque qu'il était. Grand seigneur, riche et raffiné, brillant orateur, fin lettré, il avait l'expérience de la vie politique : préteur en −78, propréteur en Sicile, titulaire d'un commandement important dans la guerre des Pirates. Cicéron signale sa culture et son goût pour les arts libéraux, mais émet, chose curieuse, de graves restrictions sur son talent d'orateur. S'il jouissait d'une forte imagination, il s'appuyait sur une bonne documentation. Il écrivit des *Historiae* en 12 livres, dont nous avons des fragments très incomplets (guerre sociale et première guerre civile), entre −91 et −69 probablement. Cependant, dans le livre I, il donnait un aperçu des temps anciens. C'était un esprit facétieux et il n'hésitait pas à le montrer dans ses ouvrages. Par ses origines aristocratiques, il était poussé à prendre parti et à glorifier la *gens Cornelia* à laquelle il appartenait. Il donnait une place prépondérante aux batailles et aux sièges. Il se plut à écrire dans une langue archaïsante et avait le talent de la clarté, de la précision et du pittoresque. Il ajoutait à ses récits des digressions philosophiques et des observations psychologiques. « Sisenna joignait à des qualités d'historien, le talent — parfois maniéré — d'un artiste. Son œuvre eut du retentissement : Cicéron, qui n'avait pas de sympathie pour l'homme, le met au-dessus de ses prédécesseurs » (H. Bardon). Il fut admiré de Salluste qui en fit l'éloge et le suivra dans son goût de la langue archaïsante.

VALERIUS ANTIAS semble né entre −120 et −115 et on l'a souvent fait vivre jusqu'en −30. Ces chiffres sont douteux. En fait on ignore tout de lui. Il a écrit une *Histoire romaine* en 75 ou 76 livres, (il en reste 66 fragments !) qui allait des origines jusqu'à Sylla. Ce qu'il y a d'intéressant chez lui, c'est que de savantes recherches ont permis de déterminer « l'énormité des emprunts faits par Tite-Live à Valerius Antias, surtout dans la troisième décade. D'autre part, la confrontation avec Polybe a rendu possible le décantage d'une certaine quantité d'informations valables puisées dans la partie purement descriptive de l'œuvre de Valerius Antias » (G. Walter). Il apparaît bien, d'un autre côté, que, conteur inépuisable, il saisissait le moindre prétexte pour amplifier et développer son exposé. Bref, une œuvre peu critique, mais assez souvent écrite dans une langue châtiée.

C. LICINIUS MACER est un historien de l'époque de César, père du poète *Licinius Calvus*. Il fut tribun de la plèbe en −73. Accusé de malversations, il se suicida en −66. Comme orateur, Cicéron lui reconnaît des qualités plus solides que séduisantes. Il écrivit des *Annales* qui allaient de Romulus peut-être jusqu'à la seconde guerre punique. Nous n'avons conservé que quelques fragments de son œuvre. Comme Licinius était passionnément attaché à la cause populaire, les jugements de Cicéron prêtent à méfiance. Il l'accusait, par exemple, d'être diffus. Gérard Walter le considère au contraire comme un historien véritable, sérieux et scrupuleux. Il n'est pas étonnant que Tite-Live et Denys d'Halicarnasse se soient intéressés à son œuvre.

N'oublions pas au passage l'œuvre d'ATTICUS et la *Correspondance* de CICÉRON. Ce dernier, s'il n'a pas voulu être vraiment un historien, sauf quand il parle de son consulat, nous a laissé des documents irremplaçables sur son époque.

Mais l'histoire se ressent de l'influence de l'historien grec Thucydide, et la tendance littéraire néo-attique va s'imposer dans ce domaine avec trois historiens dont nous allons parler maintenant : CÉSAR, SALLUSTE et CORNELIUS NEPOS. Ils sont les trois créateurs de l'histoire classique romaine.

CÉSAR

La vie

Exposer ici la vie de CAÏUS JULIUS CAESAR pose un problème très difficile. Tout d'abord sa vie publique fait partie de l'histoire et il vaut mieux se reporter, pour en connaître les détails, à l'*Histoire de la République au Iᵉʳ siècle av. J.-C.* Ensuite, nous connaissons mal sa jeunesse, car Suétone et Plutarque ont bien écrit chacun une *Vie de César*, mais le début nous manque. Enfin, sa célébrité fait que la légende s'est vite emparée du personnage. Nous ne donnerons donc que les faits essentiels permettant d'éclairer la figure.

Si l'on se réfère à J. Carcopino, JULES CÉSAR est né le 13 juillet −101. À cette époque, la République était déjà en décomposition. L'extension des conquêtes en avait corrompu tous les organes : magistrats, électeurs. Marius était déjà sur la scène et tous les grands chefs militaires allaient pendant un siècle se disputer le Principat. Cicéron pourra dire, après les Ides de mars −44, que « César avait convoité la souveraineté absolue et qu'il y était parvenu ».

CÉSAR appartenait à une vieille famille patricienne qui prétendait descendre de la déesse Vénus (par l'intermédiaire d'Iule ou Julius et d'Énée) et des rois légendaires de Rome comme Ancus Martius. En fait, la famille des *Julii* ne s'était guère distinguée dans les affaires de l'État. En outre, CÉSAR appartenait à la branche cadette, de fortune médiocre. Son père mourut en −86, alors que CÉSAR avait 15 ans. On le connaît fort peu. Sa mère *Aurélia*, sœur de l'orateur *M. Aurelius Cotta*, femme élégante et raffinée, prit soin de son éducation aussi bien pour les études et les devoirs écrits que pour les détentes et les jeux, comme nous le dit Tacite dans le *Dialogue des orateurs* (XXVIII, 6). À partir de dix ans, il eut comme précepteur un célèbre grammairien, *M. Antonius Gnipho*; ce dernier resta auprès de lui pendant six ans. La base de son éducation fut Homère, d'abord en traduction latine, puis dans le texte grec. CÉSAR possédait donc les deux langues, latine et grecque, à la perfection, et Gnipho avait veillé à la pureté de son expression et de son vocabulaire. Élève appliqué et intelligent, il s'intéressait à la poésie et à la déclamation.

Les Julii prenaient volontiers des attitudes favorables aux *populares*. Il faut ajouter que la tante de CÉSAR avait épousé Marius et que lui-même eut pour femme *Cornelia*, une fille de Cinna. Ce dernier avait été un partisan de Marius et avait participé aux proscriptions des amis de Sylla. Aussi, dès sa jeunesse, CÉSAR n'hésita-t-il pas à revendiquer l'héritage de son oncle et de son beau-père. Mais Sylla ayant remarqué « qu'en ce jeune homme y avait plusieurs tels que Marius » (Plutarque), CÉSAR, averti, partit pour l'Orient (−81 à −78). Il y fit ses premières armes. Jusqu'alors sa jeunesse s'était déroulée plutôt dans la débauche et les amours passagères. Mais rentré à Rome, après la mort de Sylla, il se distingua en plaidant contre Dolabella, accusé de concussion (−77). Puis il repartit pour l'Orient et y suivit les cours des maîtres grecs et de Molon de Rhodes entre −75 et −73. Il prit alors nettement position en prononçant, lors des funérailles de sa tante *Julia*, l'éloge de Marius. Il devenait l'un des chefs du parti populaire (−69). Il entama la carrière des honneurs par la questure (−68), entra donc au Sénat où il soutint la politique de Pompée. Édile en −65, il put faire des dépenses considérables grâce à l'argent de Crassus. Enfin il fut élu en −63 *Grand Pontife*. À partir de la conjuration de Catilina, il devint politiquement un personnage important et sa carrière appartient désormais à l'Histoire.

Donc, en −63, préteur, il chercha à sauver les complices de Catilina. En −60, il forme avec Pompée et Crassus le premier Triumvirat. Consul en −59, il obtient le gouvernement de la Gaule Cisalpine, de l'Illyrie et de la Narbonnaise. La guerre des Gaules lui apporte une gloire militaire aussi grande que celle de Pompée, une armée dévouée pour renverser le régime. En −56, le Triumvirat se reforme : César voit son consulat prorogé de cinq ans. La conquête est achevée en −51. À Rome, Pompée, consul unique en −51, est tout-puissant. César refuse de licencier ses légions et *franchit le Rubicon* le 12 janvier −49. La guerre civile est marquée par les victoires de CÉSAR. Pompée s'étant enfui en Macédoine pour reconstituer une forte armée, CÉSAR dégage d'abord ses arrières en écrasant les pompéiens *Afranius* et *Petreius* en Espagne à *Ilerda* (−49). En revenant, il reçoit au passage la soumission de Marseille dont il avait laissé le siège à son légat *Trebonius*. Il réussit à débarquer en Épire et amène Pompée à lui livrer bataille à Pharsale (9 août −48).

Son armée ayant été écrasée, Pompée s'enfuit vers l'Orient et fut assassiné sur la plage d'Alexandrie par ordre de Ptolémée Aulète. CÉSAR arriva en Égypte, châtia les meurtriers, donna le trône à Cléopâtre dont il devint l'amant. Les Alexandrins se révoltèrent et CÉSAR, en grand danger, fut dégagé par l'armée d'un prince ami, Mithridate de Pergame. Puis il fit campagne contre Pharnace, qui tentait de conquérir la province du *Pont* en Asie Mineure. Il l'écrasa en −47, à Zéla. C'est à propos de cette victoire qu'il dit un jour : « *Veni, vidi, vici* » (je suis venu, j'ai vu, j'ai vaincu). Revenu à Rome, il débarque en −47 en Afrique, où il écrase une armée pompéienne. Afranius et Metellus Scipion sont parmi les morts; Caton se suicide à Utique plutôt que de se rendre. CÉSAR passe alors sept mois à Rome. Mais il doit repartir en Espagne où se trouvait encore une armée pompéienne, avec les deux fils de Pompée et Labienus, ancien légat de César en Gaule. Il les bat en −45 à Munda. Sauf Sextus Pompée, tous les chefs pompéiens sont morts. Nommé dictateur à vie, CÉSAR exerce un pouvoir absolu. Pendant les mois qui lui restent à vivre, il entreprend de grands travaux, essaie de créer une société équilibrée, fait montre de sa clémence, entreprend de romaniser l'Empire. Il commence à élever tout un édifice institutionnel. Mais sa mort trop rapide ne nous permet pas de deviner ses intentions réelles. Songeait-il à se faire nommer roi ? On ne le sait. En tout cas, il périt assassiné aux Ides de mars −44 (15 mars) à la suite d'une conspiration dirigée par les républicains *Cassius* et *Brutus* au Sénat. Plutarque (*Vie de César*, LXXIV) a décrit cette horrible scène où tous les conjurés s'acharnent sur son corps : « Car on dit qu'il y eut vingt-trois coups d'épée et y eut plusieurs des conjurés qui, en tirant tant de coups sur un seul corps, s'entre-blessèrent eux-mêmes » (trad. J. Amyot). Il était dans sa cinquante-cinquième année.

L'historien

L'œuvre historique de JULES CÉSAR est rassemblée dans les *Commentarii rerum gestarum* ou *Commentaires* (des faits militaires de César). Ils comprennent un *Bellum gallicum* (ou *De bello gallico*) et un *Bellum civile* (ou *De bello civili*). Le premier comporte sept livres et le second trois. Le *Bellum gallicum* traite des sept premières années de l'entreprise gauloise; chaque livre raconte une année d'opérations militaires de −58 à −52. Le *Bellum civile* narre la guerre entre citoyens romains jusqu'à la mort de Pompée.

Le titre de *Commentaires* a été donné à l'œuvre de CÉSAR par un proche collaborateur, *Aulus Hirtius*. Ce terme, qui pouvait désigner des notes détachées, ou les sommaires que les orateurs utilisaient pour ne pas perdre le fil de leurs discours, ou les carnets relatant pour une famille les événements marquants, servait aussi comme titre pour un ouvrage consacré à un sujet historique où l'auteur intervenait en principe personnellement « en renonçant à tous ces arts rhétoriques et stylistiques qui faisaient de l'*histoire* [...] un genre littérairement élaboré, plus voisin de l'éloquence — sinon de la poésie — que d'une œuvre de science » (M. Scaffai). Les comptes-rendus de Sylla et de Cicéron sont dans ce sens les modèles les plus connus. Il faut étudier le *Bellum gallicum* et le *Bellum civile*, car les tons en sont différents. Le premier ouvrage nous décrit la lutte des armées romaines contre les Barbares (ici les Gaulois) et une conquête impérialiste; le second une guerre où s'affrontent deux armées romaines pour le pouvoir au nom d'intérêts différents : l'une s'appuyant sur le parti populaire, l'autre sur le parti aristocratique.

BELLUM GALLICUM

Cet ouvrage n'a pas été écrit en une seule fois et, si l'on suit G. Walter, « il faut se résigner à ne pas dater (sa rédaction) et se borner à la circonscrire entre les années −58 (date de l'arrivée de César en Gaule) et −49 (début de la guerre civile) ». L'avis de M. Scaffai montre pourtant que l'on peut poser le problème différemment : « Il est plus vraisemblable que le *Bellum gallicum* a été réuni, provisoirement, année par année, quand César pouvait mieux se servir des rapports de ses légats et des informations orales récentes. La rédaction définitive, cependant, doit remonter à la fin des opérations et la publication en −51, avant la rupture ouverte avec Pompée. En tout cas, la rédaction fut rapide, selon le témoignage d'Hirtius. » Il est bien difficile de se rallier à l'une de ces deux thèses qui semblent également pertinentes. Tout ce qu'on peut dire c'est que la composition chronologique donne à l'écriture de César l'apparence de l'objectivité qui peut emporter l'adhésion du lecteur, d'autant qu'il ne parle jamais à la première personne, mais à la troisième : par exemple « *Caesar jussit* » (César ordonna). De Gaulle se souviendra de la leçon dans ses écrits.

Les sept livres sont de dimension variable selon les circonstances de l'année traitée et l'ampleur des drames qui s'y sont déroulés. Le Ier livre est consacré, après une description de la Gaule, à la guerre contre les Helvètes et contre Arioviste; le IIe à la guerre contre les Belges; le IIIe, outre la campagne de P. Crassus en Aquitaine et de César en Flandre, à la soumission de l'Armorique; le IVe, à la première campagne de Germanie et à la première expédition en Angleterre (appelée *Bretagne* alors); le Ve à la seconde expédition de Bretagne et à la répression de certaines révoltes en particulier celle d'Ambiorix; le VIe à la seconde campagne de Germanie et à l'extermination des Éburons; le VIIe au soulèvement de la Gaule, à Vercingétorix qui se rend en −52. La conquête est pratiquement achevée. Les livres I et VII sont les plus longs et les plus dramatiques, le livre III est le plus court.

Ces *Commentaires de la guerre des Gaules* sont pour nous extrêmement précieux, car ils nous mettent en présence d'un moment décisif de notre histoire et nous renseignent sur nos premiers ancêtres. César peut parler, à partir de ses souvenirs personnels, de ses contacts avec les chefs gaulois ou germains, de cet immense pays où nous sommes nés. Cet ouvrage est également intéressant par les contacts de César avec ses officiers et même avec les hommes de troupe. Sa connaissance des pays et même de leur géographie, en dépit des incertitudes de la cartographie de l'époque, est remarquable et Tacite, quand il parlera de la Germanie, se servira du travail de César. Ce dernier aimait aussi les contacts directs et n'hésitait pas à interroger toute personne qu'il rencontrait. Enfin, beaucoup d'éléments qui peuvent paraître fastidieux, comme la description du pont du Rhin ou des remparts des Gaulois, ont pour notre époque une valeur documentaire considérable.

Il apparaît clairement que le *Bellum gallicum* est une œuvre apologétique, même si l'auteur a prétendu fournir tout simplement des matériaux aux historiens de l'avenir. Si l'on relit l'ouvrage, on s'aperçoit, à quelques exceptions près, que les Romains placés sous ses ordres font figure de pâles exécutants. Présent ou absent, le chef est toujours là. Au contraire, César rehausse la valeur de ses ennemis, qu'il s'agisse d'Arioviste ou de Vercingétorix. « Tout ce monde, évidemment, ne sert que de fond de décor au monument que César est en train de dresser de lui-même [...]. Il ne déforme pas la vérité, il la fait dévier dans le sens qui lui convient : celui de sa propre grandeur » (G. Walter).

Enfin n'oublions pas l'écrivain. Il s'améliore, pourrait-on dire, de livre en livre. Mais il faut lui reconnaître les qualités d'un grand historien : apparente impartialité du narrateur, refus de s'attendrir — de toute façon il s'agit pour lui de Barbares —, capacité d'une analyse lucide, magnifiques descriptions — comme celle de la forêt hercynienne — et connaissance des hommes. Il n'est pas étonnant que pour ces raisons il ait été lu avec admiration par tous les lettrés, même s'ils n'étaient pas d'accord avec le personnage, et aussi par tous les grands généraux.

BELLUM CIVILE

C'est un ouvrage inachevé. Il fut interrompu par la mort de César. Sans doute avait-il été conçu pour couvrir la guerre contre Pompée, la guerre d'Alexandrie (contre les habitants d'Alexandrie et contre Pharnace), la guerre d'Afrique et la guerre d'Espagne. Les trois livres que nous possédons vont de l'année −49 à la mort de Pompée, en −48, et au début de la guerre d'Alexandrie. Écrits probablement entre −46 et −44, ils furent publiés après la mort de César. Il semble que le début manque et la fin brusque doit coïncider avec la disparition de l'auteur. On comprend les imperfections de l'œuvre : omissions, répétitions par exemple. Il est évident que le travail n'a pas été revu. Cependant il demeure très intéressant par sa documentation historique, et même pour sa valeur littéraire. Il nous éclaire sur la personnalité politique de CÉSAR.

Dans le livre I, CÉSAR rappelle les causes de la guerre. Puis il expose le début de la campagne : franchissement du Rubicon, tentative manquée de réconciliation avec Pompée qui s'enfuit d'Italie. Le livre II raconte la première guerre d'Espagne contre les lieutenants de Pompée et la prise de Marseille. Dans le livre III, on voit CÉSAR partir en Grèce, faire le siège de Dyrrachium et on assiste à la bataille de Pharsale où Pompée est vaincu. Ensuite, Pompée est assassiné par les émissaires du roi d'Égypte. CÉSAR, qui arrive en Égypte, punit les assassins, rend hommage à Pompée. Commence alors la guerre d'Alexandrie (novembre −48).

Il est beaucoup plus évident dans le *Bellum civile* qu'il s'agit d'un ouvrage apologétique. CÉSAR veut montrer la mesquinerie, la médiocrité et les manœuvres du parti oligarchique qu'il rend responsable de la guerre et, en somme, de la mort de Pompée : celui-ci ne fut qu'un instrument dans les mains de ce parti. Mais le *Bellum civile* nous révèle aussi un homme différent de celui du *Bellum gallicum*. Les conditions de la guerre lui font perdre de son apparente objectivité. La froideur disparaît pour faire place à l'émotion, car on se bat entre citoyens romains. Adieu l'impassibilité ! S'il attaque violemment le parti sénatorial et montre les faits sous un jour favorable à sa renommée, il n'hésite pas à rendre, cependant, hommage à ses adversaires. S'il s'assimile à son armée, il sait apprécier lieutenants et simples recrues. On découvre un homme sensible et on comprend sa clémence envers ses adversaires à la fin de sa vie.

Mais il ne faut pas voir dans CÉSAR uniquement l'homme qui raconte ses exploits et attaque des adversaires à qui il a su d'ailleurs rendre justice bien souvent. On oublie trop qu'avant de rédiger les *Commentarii rerum gestarum*, il avait écrit d'autres ouvrages. Il avait l'ambition, comme les gens cultivés de son temps, d'être un homme complet et surtout un écrivain. S'il a voulu éclairer ses contemporains sur ses actions militaires, il a voulu aussi laisser une œuvre à la postérité. Il y a réussi. On peut dire de CÉSAR qu'il a fait l'Histoire par ses actes et par ses écrits.

On a réuni sous le nom de *Corpus caesarianum* les deux ouvrages précédents et trois autres rédigés par d'autres personnes qui ont voulu achever ce que CÉSAR avait commencé. Ainsi *Hirtius*, l'ami fidèle de CÉSAR, écrivit un huitième livre pour compléter la *Guerre des Gaules*. Il mourut un an après CÉSAR et son travail fut continué par des gens qui nous sont inconnus. La *Guerre d'Alexandrie* raconte parmi d'autres choses la campagne d'Égypte et la guerre contre Pharnace. La *Guerre d'Afrique* s'en tient à l'expédition de CÉSAR en Afrique du Nord avec comme points d'orgue la bataille de Thapsus et la mort de Caton d'Utique. Hirtius avait un certain talent, les autres écrivains sont médiocres. L'ensemble reste émouvant : on sent que les narrateurs racontent ce qu'ils ont vu et entendu, en suivant toutefois selon toute probabilité les idées d'Hirtius.

Les autres œuvres

On se doute que, dans cette République, pour atteindre le rang que CÉSAR désirait, il devait être un redoutable orateur. Ses discours étaient célèbres pour leur netteté, leur précision. Ils étaient le modèle même du néo-atticisme. On peut s'en rendre compte dans les discours qu'il prête aux autres et à lui-même dans ses ouvrages historiques. Mais la tradition nous rapporte qu'il s'était exercé dans d'autres domaines. Comme poète, il avait composé une tragédie, *Œdipe*, et un poème en l'honneur d'Hercule. Comme grammairien, il écrivit un traité *Sur l'analogie* qu'il dédia à Cicéron. Enfin, il pouvait s'exercer dans la satire et il rédigea des épigrammes et un *Anti-Caton* en réponse à l'apologie du même personnage, œuvre de Cicéron. C'était aussi un ouvrage politique, puisque Caton était un pompéien et un républicain acharné. Malheureusement, si ces œuvres étaient connues dans l'antiquité, elles ne nous sont pas parvenues.

On peut conclure en disant que CÉSAR était un homme remarquable, aussi capable de s'adapter aux problèmes politiques qu'aux questions militaires. Esprit cultivé, il s'est en somme attaqué à tous les genres littéraires de son temps. Enfin, dans la victoire, il s'est montré clément et humain. L'équilibre et la volonté sont ses ressorts. Il est, en dépit des attaques qu'on a portées et qu'on porte contre lui, un des modèles de l'*humanitas* de son époque.

82 Le début de la bataille de Montmort

58 av. J.-C., les Helvètes, habitant en Suisse, devant la menace des Germains d'Arioviste, décident d'émigrer dans le sud-ouest de la Gaule. Après avoir détruit leurs villes et leurs villages, ils se mettent en route vers l'ouest, accompagnés des Boïens et de quelques peuplades du sud de l'Allemagne, atteignent la Saône au nord de Lyon, la remontent jusqu'à Mâcon, puis obliquent vers le nord-ouest. Ils se trouvent alors dans la région d'Autun, non loin de la ville gauloise de Bibracte (mont Beuvray), capitale des Éduens, exactement sur la colline de Montmort. César engage un combat contre les Helvètes et leurs compagnons dont il va sortir vainqueur (juin 58). Pour comprendre la bataille il faut savoir que les Gaulois et les Germains se formaient en phalange (ligne continue et profonde) et que, pour mieux protéger leur dispositif, ils serraient leurs boucliers les uns contre les autres; d'un bout à l'autre de la ligne, il n'y avait donc aucune ouverture.

Ipse[1] interim in colle medio triplicem aciem instruxit legionum quattuor veteranarum, ita uti supra se in summo jugo duas legiones, quas in Gallia citeriore proxima conscripserat, et omnia auxilia conlocaret ac totum montem hominibus compleret; interea sarcinas[2] in unum locum conferri et eum ab his qui in superiore acie constiterant muniri jussit. Helvetii, cum omnibus suis carris[3] secuti, impedimenta in unum locum contulerunt; ipsi, confertissima acie, rejecto nostro equitatu, phalange facta, sub primam nostram aciem successerunt.

Caesar, primum suo, deinde omnium ex conspectu remotis equis, ut aequato omnium periculo spem fugae tolleret, cohortatus suos, proelium commisit. Milites, e loco superiore pilis missis, facile hostium phalangem perfregerunt. Ea disjecta, gladiis destrictis in eos impetum fecerunt. Gallis[4] magno ad pugnam erat impedimento quod, pluribus eorum scutis uno ictu pilorum transfixis et colligatis, cum ferrum se inflexisset, neque evellere, neque, sinistra impedita, satis commode pugnare poterant; multi ut[5], diu jactato bracchio, praeoptarent scuta e manu emittere et nudo corpore pugnare. Tandem vulneribus defessi, et pedem referre, et, quod mons suberat circiter mille passuum, eo se recipere coeperunt.

CÉSAR, *Bellum gallicum,* I, XXIV, 2-4; XXV,1-5.

1. *ipse* = César. — 2. *sarcinas*: les bagages individuels. — 3. *carris*: chariots gaulois de transport à quatre roues. — 4. *Gallis* = les Helvètes. — 5. *multi ut* = *ita ut multi...*; *praeoptarent* = *mallent.*

83 Arioviste répond au discours de César

58 av. J.-C. : au livre I de la guerre des Gaules, après avoir exposé sa campagne contre les Helvètes, César nous parle d'Arioviste. Ce chef du peuple germain des Suèves, appelé en Gaule par les Séquanes et les Arvernes pour les aider dans leurs querelles avec les Éduens, avait introduit 120 000 hommes en Gaule, avait exigé un tiers du territoire des Séquanes, et en réclamait un second tiers. Il fallait aussi nourrir et entretenir ses guerriers. À l'appel des Gaulois et surtout des Éduens, César va s'attaquer à Arioviste. Nous sommes en Alsace. Les deux chefs ont une entrevue. Voici la réponse d'Arioviste aux reproches et aux demandes de César. Les pourparlers en resteront là. Arioviste sera vaincu. Ironie du sort, c'est César qui, l'année précédente (59), avait obtenu du Sénat et du peuple romain le titre d'ami de Rome pour Arioviste.

Ariovistus ad postulata Caesaris pauca respondit, de suis virtutibus multa praedicavit : « Transisse Rhenum sese non sua sponte, sed rogatum et arcessitum a Gallis; non sine magna spe magnisque praemiis domum propinquosque reliquisse; sedes habere in Gallia ab ipsis concessas; obsides ipsorum voluntate datos; stipendium capere jure belli, quod victores victis imponere consuerint; non sese Gallis, sed Gallos sibi bellum intulisse; omnes Galliae civitates ad se oppugnandum venisse ac contra se castra habuisse; eas omnes copias a se uno proelio[1] fusas ac superatas esse; si iterum experiri velint, se iterum paratum esse decertare; si pace uti velint, iniquum esse de stipendio recusare, quod sua[2] voluntate ad id tempus pependerint. Amicitiam populi Romani sibi ornamento et praesidio, non detrimento esse oportere; idque se ea spe petisse. Si per populum Romanum stipendium remittatur et dediticii subtrahantur, non minus libenter sese recusaturum populi Romani amicitiam, quam appetierit.

CÉSAR, *Bellum gallicum*, I, XLIV.

1. *uno proelio*: cette bataille eut lieu en 61/60 av. J.-C. à Magetobriga (site mal localisé). — 2. *sua*: renvoie aux Gaulois.

84 La bataille d'Alsace

Septembre 58 av. J.-C.: après l'entrevue manquée avec Arioviste et la rupture des pourparlers (voir version précédente), une grande bataille eut lieu entre Arioviste et ses Suèves d'une part, et les Romains d'autre part. Ce fut la bataille d'Alsace. C'est à peine si Arioviste put repasser le Rhin avec une poignée de soldats, laissant 80 000 hommes couchés sur le sol d'Alsace (d'après Plutarque). César a rangé ses troupes sur trois rangs. Les Suèves se sont établis par peuplades et se sont interdit tout espoir de fuite en formant à l'arrière de leur front une barrière continue faite de chariots et de voitures.

Ita nostri acriter in hostes, signo dato, impetum fecerunt, itaque[1] hostes repente celeriterque procurrerunt ut spatium pila in hostes conjiciendi non daretur. Rejectis pilis, comminus gladiis pugnatum est. At Germani, celeriter ex consuetudine sua phalange[2] facta, impetus gladiorum exceperunt. Reperti sunt complures nostri milites, qui in phalangas insilirent, et scuta manibus revellerent, et desuper vulnerarent. Cum hostium acies a sinistro cornu pulsa atque in fugam conversa esset, a dextro cornu vehementer multitudine suorum nostram aciem premebant. Id cum animadvertisset P. Crassus[3] adulescens, qui equitatui praeerat, quod expeditior erat quam ii qui inter aciem versabantur, tertiam aciem laborantibus nostris subsidio misit.

Ita proelium restitutum est, atque omnes hostes terga verterunt, neque prius fugere destiterunt quam ad flumen Rhenum milia passuum ex eo loco circiter quinque pervenerunt. Ibi perpauci aut, viribus confisi, tranare contenderunt, aut, lintribus inventis, sibi salutem reppererunt. In his fuit Ariovistus qui, naviculam deligatam ad ripam nactus, ea profugit: reliquos omnes equitatu consecuti nostri interfecerunt.

CÉSAR, *Bellum gallicum*, I, LII-LIII.

1. *itaque = et ita*; construire: *et hostes ita acriter celeriterque... ut.* — 2. *phalanx* = la phalange (voir introduction de la version n° 82). — 3. *P. Crassus*: voir glossaire.

85 Le site des places vénètes pose un sérieux problème à César

56 av. J.-C. : les Armoricains se sont soumis à P. Crassus qui, résidant en Anjou, fait réquisitionner des vivres chez les Vénètes (Morbihan : cf. Vannes). Ceux-ci arrêtent les lieutenants chargés de cette tâche et forment une coalition avec les autres peuples de l'Océan. César va se trouver devant une situation complexe : un peuple de marins, un Océan avec des marées (n'oublions pas que César est méditerranéen), une forme de civilisation particulière.

Erant ejusmodi fere situs oppidorum ut, posita in extremis lingulis promunturiisque, neque pedibus aditum haberent, cum ex alto se aestus incitavisset, quod bis accidit semper horarum duodenarum spatio, neque navibus, quod, rursus minuente aestu, naves in vadis afflictarentur[1]. Ita utraque re oppidorum oppugnatio impediebatur; ac, si quando magnitudine operis forte superati, extruso mari aggere ac molibus, atque his[2] oppidi moenibus adaequatis, suis fortunis desperare coeperant, magno numero navium appulso, cujus rei summam facultatem habebant, sua deportabant omnia seque in proxima oppida recipiebant : ibi se rursus iisdem opportunitatibus loci defendebant. Haec eo facilius magnam partem aestatis faciebant, quod nostrae naves tempestatibus detinebantur, summaque[3] erat vasto apertoque mari, magnis aestibus, raris ac prope nullis portibus, difficultas navigandi... Compluribus expugnatis oppidis, Caesar, ubi intellexit frustra tantum laborem sumi, neque hostium fugam, captis oppidis, reprimi neque iis noceri posse, statuit exspectandam classem.

César, *Bellum gallicum*, III, XII.

1. *afflictarentur* : valeur d'irréel du passé. — 2. *his* : reprend *aggere ac molibus ; moenibus (oppidi)* : datif, complément de *adaequatis*. — 3. *summa* : joindre à *difficultas navigandi*.

86 Les soldats de César se heurtent, en Grande-Bretagne, à un nouveau genre de combat

54 av. J.-C. : les Gaulois étaient souvent poussés à la guerre contre César par des agitateurs venus d'Angleterre. Ils trouvaient également asile en ce pays. Il fallait que César soumît cette île pour consolider son œuvre gauloise. Il débarqua donc non loin de Douvres et dut sur place livrer une bataille victorieuse aux Bretons. Nous sommes maintenant à l'époque de la deuxième expédition de César en Grande-Bretagne. Les Bretons ont commencé contre lui, sous la direction de Cassivellaun, une vraie guerre de partisans. Voir la bataille du Sabis (livre II). Même technique des ennemis des Romains.

Equites hostium essedariique[1] acriter proelio cum equitatu nostro in itinere conflixerunt, tamen ut[2] nostri omnibus partibus superiores fuerint atque eos in silvas collesque compulerint; sed, compluribus[3] interfectis, cupidius insecuti nonnullos ex suis amiserunt. At illi[4], intermisso spatio, imprudentibus[5] nostris atque occupatis in munitione castrorum, subito se ex silvis ejecerunt, impetuque in eos facto qui erant in statione pro castris collocati, acriter pugnaverunt... Toto hoc in genere pugnae, cum sub oculis omnium ac pro castris dimicaretur, intellectum est nostros propter gravitatem armorum, quod neque insequi cedentes possent neque ab signis discedere auderent, minus aptos esse ad hujus generis hostem; equites autem magno cum periculo proelio dimicare, propterea quod illi[6] etiam consulto plerumque cederent, et, cum paulum ab legionibus nostros removissent, ex essedis desilirent et pedibus dispari proelio contenderent.

CÉSAR, *Bellum gallicum* V, XV, 1-3; XVI, 1-2.

1. *essedarii* : essédaires (occupants des chars bretons, les *esseda*). L'*essedum* est un char à 2 roues et 2 chevaux monté par un cocher et un soldat armé de traits. — 2. *tamen ut* = mais dans de telles conditions que. — 3. *compluribus (hostibus)*. — 4. *illi* = *hostes*. — 5. *imprudentibus* : n'étant pas sur leurs gardes. — 6. voir note 4.

87 Les Druides

César vient de parler de la puissance politique et judiciaire des Druides; il passe maintenant à leur formation et à leur doctrine.

Druides a bello abesse consuerunt neque tributa una cum reliquis pendunt, militiae vacationem omniumque rerum habent immunitatem. Tantis excitati praemiis, et sua sponte multi in disciplinam conveniunt et a parentibus propinquisque mittuntur. Magnum ibi numerum versuum[1] ediscere dicuntur. Itaque annos nonnulli vicenos in disciplina permanent. Neque fas esse existimant ea[2] litteris mandare, cum in reliquis fere rebus, publicis privatisque rationibus, Graecis litteris utantur. Id mihi duabus de causis instituisse videntur, quod neque in vulgum disciplinam efferri velint, neque eos qui discunt, litteris confisos, minus memoriae studere; quod[3] fere plerisque accidit ut praesidio[4] litterarum diligentiam in perdiscendo ac memoriam remittant. In primis hoc volunt persuadere, non interire animas, sed ab aliis post mortem transire ad alios, atque hoc maxime ad virtutem excitari putant, metu mortis neglecto. Multa praeterea de sideribus atque eorum motu, de mundi ac terrarum magnitudine, de rerum natura, de deorum immortalium vi ac potestate[5] disputant et juventuti tradunt.

CÉSAR, *Bellum gallicum*, VI, XIV.

1. *versuum* : poèmes qui contiennent sans doute la doctrine. — 2. *ea* : la matière de leur enseignement — 3. *quod* = *id enim*. Relatif qui reprend l'idée précédente et est à son tour développé par *ut*. — 4. *praesidio* : idée de sécurité donnée par l'écriture. — 5. *vi* : la puissance des dieux en général; *potestate* : les attributions de chacun d'eux.

88 Grandeur et décadence des Gaulois

César a entrepris une comparaison entre les mœurs des Gaulois et celles des Germains. Il conclut en rappelant les vicissitudes dans les rapports entre les deux groupes de peuples.

Ac fuit antea tempus cum Germanos Galli virtute superarent, ultro bella inferrent, propter hominum multitudinem agrique inopiam trans

Rhenum colonias mitterent. Itaque ea quae fertilissima Germaniae sunt loca circum Hercyniam silvam[1], quam Eratostheni et quibusdam Graecis fama notam esse video[2], quam illi Orcyniam appellant, Volcae Tectosages occupaverunt atque ibi consederunt : quae gens ad hoc tempus his sedibus sese continet summamque habet justitiae et bellicae laudis opinionem. Nunc, quod in eadem inopia, egestate patientiaque Germani permanent, eodem victu et cultu corporis utuntur, Gallis autem provinciarum[3] propinquitas et transmarinarum rerum notitia multa ad copiam atque usus[4] largitur, paulatim adsuefacti superari multisque victi proeliis, ne se quidem ipsi cum illis virtute comparant.

CÉSAR, *Bellum gallicum*, VI, XXIV.

1. *Hercyniam silvam* : énorme forêt qui couvrait alors toute l'Allemagne du Sud jusqu'au Rhin (la Forêt-Noire en est un reste). — 2 . *video* : dans les livres. Ératosthène de Cyrène, bibliothécaire d'Alexandrie et auteur d'un ouvrage de géographie (IIIe siècle av. J.-C.). — 3. *provinciarum* : Gaule Cisalpine et Gaule Transalpine (la Narbonnaise). — 4. *usus* = les différentes façons d'utiliser les ressources abondantes (*copiam*), les différentes manières d'en jouir.

89 Une pénible guerre d'extermination

Une grande partie de la Gaule se souleva en 53 av. J.-C. César réussit à mater les différents peuples à l'exception des Éburons qui habitaient les pays de la Meuse (Ardennes d'une part, plaines marécageuses d'autre part). Il poursuivit en vain de juillet à septembre 53 leur chef Ambiorix qui, après un échec, avait donné à son peuple et à ses troupes l'ordre de se disperser.

Erat, ut supra demonstravimus, manus certa[1] nulla, non oppidum, non praesidium, quod se armis defenderet, sed in omnes partes dispersa multitudo. Ubi cuique aut valles abdita aut locus silvestris aut palus impedita spem praesidii aut salutis aliquam offerebat, consederat.

Haec loca vicinitatibus erant nota, magnamque res diligentiam requirebat non in summa exercitus tuenda (nullum enim poterat universis[2] a perterritis ac dispersis periculum accidere), sed in singulis militibus conservandis; quae tamen ex parte res[3] ad salutem exercitus pertinebat. Nam et praedae cupiditas multos longius evocabat, et silvae incertis occultisque itineribus confertos adire prohibebant. Si negotium confici stirpemque hominum sceleratorum interfici vellent, dimittendae plures manus diducendique erant milites : si continere ad signa manipulos vellent, ut instituta ratio et consuetudo exercitus Romani postulabat, locus ipse erat praesidio barbaris, neque ex occulto insidiandi et dispersos circumveniendi singulis[4] deerat audacia. Ut in ejus modi difficultatibus, quantum diligentia provideri poterat providebatur, ut potius in nocendo aliquid praetermitteretur, etsi omnium animi ad ulciscendum ardebant, quam cum aliquo militum detrimento noceretur. Dimittit ad finitimas civitates nuntios Caesar; omnes ad se vocat spe praedae ad diripiendos Eburones, ut potius in silvis Gallorum vita quam legionarius miles periclitetur, simul ut, magna multitudine circumfusa, pro tali facinore[5] stirps ac nomen civitatis tollatur. Magnus undique numerus celeriter convenit.

CÉSAR, *Bellum gallicum*, VI, XXXIV.

1. *manus certa* = troupe régulière. — 2. *universis (Romanis)*. — 3. *quae res* : ce qui est dit à la fin de la phrase précédente; *ex parte* = dans une certaine mesure. — 4. *singulis (Eburonibus)*. — 5. *pro tali facinore* : leur longue et insidieuse résistance à César. Un peu plus haut, *quam legionarius miles* (singulier collectif) = *quam vita legionariorum militum*.

90 (X) Un chef résolu : Vercingétorix

La révolte couvait en Gaule au début de 52 av. J.-C. Les Carnutes en donnèrent le signal en massacrant les marchands romains de Genabum (Orléans). Un chef va se révéler, Vercingétorix, et tout d'abord en conquérant le pouvoir chez lui, au pays des Arvernes.

Simili ratione[1] ibi Vercingetorix, Celtilli filius, Arvernus, summae potentiae adulescens, cujus pater principatum Galliae totius obtinuerat et ob eam causam quod regnum appetebat ab civitate erat interfectus, convocatis suis clientibus, facile incendit[2]. Cognito ejus consilio, ad arma concurritur. Prohibetur ab Gobannitione, patruo suo, reliquisque principibus, qui hanc temptandam fortunam non existimabant; expellitur ex oppido Gergovia; non desistit tamen atque in agris habet dilectum egentium ac perditorum. Hac coacta manu, quoscumque adit ex civitate[3] ad suam sententiam perducit; hortatur ut communis libertatis causa arma capiant; magnis coactis copiis, adversarios suos, a quibus paulo ante erat ejectus, expellit ex civitate. Rex ab suis appellatur[4]...

Summae diligentiae summam imperii severitatem addit; magnitudine supplicii dubitantes cogit. Nam, majore commisso delicto, igni atque omnibus tormentis necat; leviore de causa, auribus desectis aut singulis effossis oculis[5], domum remittit, ut sint reliquis documento et magnitudine poenae perterreant alios.

CÉSAR, *Bellum gallicum*, VII, IV (sauf 5-8).

1. *simili ratione* = comme l'avaient fait les Carnutes; *ibi* = chez les Arvernes. — 2. *incendit (eos)*. — 3. *ex civitate* : porte sur *quoscumque*. — 4. *appellatur* : ici, nous coupons une partie du texte où César raconte la rapide ascension de Vercingétorix; celui-ci reçoit le commandement suprême de nombreux peuples gaulois et organise l'armée commune. — 5. *singulis...* : un œil à chacun (distributif).

91 (X) Facultative. Une méthode de guerre : la terre brûlée

La révolte est commencée, mais César s'est emparé de quelques villes. Vercingétorix convoque un conseil de guerre pour proposer une nouvelle tactique : la terre brûlée.

Docet longe alia ratione esse bellum gerendum atque antea gestum sit. Omnibus modis huic rei studendum ut pabulatione et commeatu

Romani prohibeantur. Id esse facile, quod equitatu ipsi[1] abundent et quod anni tempore subleventur. Pabulum secari non posse; necessario dispersos hostes ex aedificiis petere: hos omnes cotidie ab equitibus deleri posse. Praeterea, communis salutis causa, rei familiaris commoda neglegenda, vicos atque aedificia incendi oportere hoc spatio ab via quoquoversus quo[2] pabulandi causa adire posse videantur. Harum ipsis rerum[3] copiam suppetere, quod, quorum in finibus bellum geratur, eorum opibus subleventur; Romanos aut inopiam non laturos aut magno cum periculo longius ab castris processuros; neque interesse ipsosne interficiant impedimentisne exuant, quibus amissis bellum geri non possit. Praeterea oppida incendi oportere quae non munitione et loci natura ab omni sint periculo tuta, ne suis[4] sint ad detrectandam militiam receptacula neu Romanis proposita ad copiam commeatus praedamque tollendam. Haec si gravia aut acerba videantur, multi illa[5] gravius aestimari debere, liberos, conjuges in servitutem abstrahi, ipsos interfici; quae sit necesse accidere victis.

César, *Bellum gallicum,* VII, XIV (sauf 1).

1. *ipsi* = les Gaulois. *Anni tempore*: on est à la fin de l'hiver (mars 52). — 2. *hoc spatio...quo*: dans la zone où... — 3. *harum rerum* = *commeatus pabulique*. — 4. *suis* = les Gaulois. — 5. *illa* représente, par opposition à *haec*, les infinitifs en fin de phrase.

92 César trompe Vercingétorix et franchit l'Allier

Mai 52 : César marche sur Gergovie, située au-delà de l'Allier, sur la rive gauche. Vercingétorix a coupé les ponts et surveille la marche de César sur l'autre rive.

Cum uterque utrique esset exercitus in conspectu fereque e regione[1] castris castra poneret, dispositis exploratoribus necubi, effecto ponte, Romani copias traducerent, erat in magnis Caesari difficultatibus res, ne[2] majorem aestatis partem flumine impediretur, quod non fere ante autumnum Elaver vado transiri solet. Itaque, ne id accideret, silvestri loco castris positis, e regione unius eorum pontium, quos Vercingetorix rescindendos curaverat, postero die cum duabus legionibus in occulto restitit; reliquas copias cum omnibus impedimentis, ut consueverat, misit, carptis quibusdam cohortibus ut numerus legionum constare videretur. His quam longissime possent progredi jussis, cum jam ex diei tempore conjecturam caperet in castra perventum, isdem[3] sublicis, quarum pars inferior integra remanebat, pontem reficere coepit. Celeriter effecto opere legionibusque traductis et loco castris idoneo delecto, reliquas copias revocavit. Vercingetorix, re cognita, ne contra suam voluntatem dimicare cogeretur, magnis itineribus antecessit.

César, *Bellum gallicum,* VII, XXXV.

1. *e regione* = en droite ligne (*regio* est de la même famille que *rectus*); on attendrait *castrorum* plutôt que *castris*; expression volontairement symétrique de *uterque utrique*. Plus bas, la même expression est construite avec le génitif. — 2. *ne*: conjonction amenée par l'idée d'empêchement et de crainte contenue dans *difficultatibus* — 3. *isdem* = *iisdem*: les mêmes que ceux de l'ancien pont; *in castra perventum (esse)*.

93 À l'exemple de nos ancêtres, tout plutôt que la servitude

Dans Alésia assiégée et privée de nourriture, un chef gaulois exhorte les hommes à résister à tout prix, comme leurs ancêtres le firent parfois. C'est ici la fin de son discours, qui, fait assez rare, est reproduit par César en style direct.

Quid ergo mei consilii[1] est? Facere quod nostri majores nequaquam pari bello Cimbrorum Teutonumque[2] fecerunt; qui, in oppida compulsi ac simili inopia subacti, eorum corporibus qui aetate ad bellum inutiles videbantur vitam toleraverunt neque se hostibus tradiderunt. Cujus rei si exemplum non haberemus, tamen libertatis causa institui[3] et posteris prodi pulcherrimum judicarem. Nam quid illi simile bello fuit[4]? Depopulata Gallia Cimbri magnaque illata calamitate finibus quidem nostris aliquando excesserunt atque alias terras petierunt, jura, leges, agros, libertatem nobis reliquerunt. Romani vero quid petunt aliud aut quid volunt nisi, invidia adducti, quos[5] fama nobiles potentesque bello cognoverunt, horum in agris civitatibusque considere atque his aeternam injungere servitutem? Neque enim ulla alia condicione bella gesserunt. Quod si ea quae in longinquis nationibus geruntur ignoratis, respicite finitimam Galliam[6], quae, in provinciam redacta, jure et legibus commutatis, securibus subjecta, perpetua premitur servitute.

CÉSAR, *Bellum gallicum*, VII, LXXVII, 12 à la fin.

1. *quid consilii* = *quod consilium.* — 2. *Cimbrorum Teutonumque*: on sait qu'ils furent vaincus par Marius, les premiers à Verceil (−101), les seconds à Aix (−102); mais ils ravageaient auparavant la Gaule environ depuis l'année 110 avant J.-C. — 3. *institui*: sujet *exemplum.* — 4. *illi bello*: datif de possession avec le verbe *fuit.* Sous-entendu *hujus belli* auprès de *simile.* — 5. *quos*: antécédent *horum.* — 6. *finitimam Galliam* = la Narbonnaise, province romaine depuis 120 avant J.-C. *Quod si*: formule redondante = *si* tout seul.

94 Une perfidie romaine

Il est ici expliqué pourquoi Commios, chef des Atrébates, puis l'un des chefs de l'armée de secours gauloise devant Alésia, ne voulut jamais se rendre aux Romains. L'affaire s'est déroulée fin 52 av. J.-C., après la prise d'Alésia, mais est rapportée parmi les événements de l'année 51.

Superiore anno T. Labienus, Caesare in Gallia citeriore jus dicente, cum Commium comperisset sollicitare civitates et conjurationem contra Caesarem facere, infidelitatem ejus sine ulla perfidia judicavit comprimi posse. Quem quia non arbitrabatur vocatum in castra venturum[1], ne temptando cautiorem faceret, C. Volusenum Quadratum misit, qui eum per simulationem colloquii curaret interficiendum. Ad eam rem delectos idoneos ei tradit centuriones. Cum in colloquium ventum esset et, ut convenerat, manum Commii Volusenus arripuisset, centurio, vel insueta re permotus, vel celeriter a familiaribus prohibitus Commii, conficere hominem non potuit; graviter tamen primo ictu gladio caput percussit.

Cum utrimque gladii destricti essent, non tam pugnandi quam diffugiendi fuit utrorumque consilium : nostrorum, quod mortifero vulnere Commium credebant affectum, Gallorum, quod, insidiis cognitis, plura quam videbant extimescebant. Quo facto statuisse Commius dicebatur numquam in conspectum cujusquam Romani venire.

CÉSAR, HIRTIUS, *Bellum gallicum*, VIII, XXIII, 3 à la fin.

1. *venturum (esse).*

95 César se décide à entrer en rébellion ouverte

49 av. J.-C. : rentré de Gaule, César, installé d'abord à Ravenne, vient de passer les limites de sa province en se postant à Ariminum (Rimini). Il négocie encore avec Pompée qui lui a envoyé le préteur Roscius et le jeune L. Caesar, fils de l'ancien légat de César, petit cousin de celui-ci, mais partisan de Pompée. César voudrait obtenir que Pompée dépose les armes en même temps que lui, mais le Sénat le traite en ennemi public.

Roscius cum Caesare[1] Capuam pervenit ibique consules Pompeiumque invenit; postulata Caesaris renuntiat. Illi, deliberata re, respondent scriptaque ad eum mandata per eos remittunt, quorum haec erat summa : Caesar in Galliam reverteretur, Arimino excederet, exercitus dimitteret; quae si fecisset, Pompeium in Hispanias iturum.Interea, quoad fides data esset Caesarem facturum quae polliceretur, non intermissuros consules Pompeiumque dilectus.

Erat iniqua condicio postulare ut Caesar Arimino excederet atque in provinciam reverteretur, ipsum[2] et provincias et legiones alienas tenere; exercitum Caesaris velle dimitti, dilectus habere; polliceri se in provinciam iturum neque ante quem diem iturus sit definire, ut, si peracto consulatu[3] Caesaris non profectus esset, nulla tamen mendaci religione obstrictus videretur; tempus vero colloquio non dare neque accessurum polliceri magnam pacis desperationem adferebat. Itaque ab Arimino M. Antonium cum cohortibus quinque Arretium mittit : ipse Arimini cum duabus legionibus subsistit, ibique dilectum habere instituit; Pisaurum, Fanum, Anconam singulis cohortibus occupat.

CÉSAR, *Bellum civile*, I, X et XI.

1. L. Caesar. — 2. *ipsum* = Pompée. — 3. *consulatus* : proconsulat. Revoir les règles du style indirect.

96 Un allié de Pompée en difficulté

Début de 49 av. J.-C. : Domitius Ahenobarbus, beau-frère de Caton et allié de Pompée, s'est laissé enfermer dans la place de Corfinium, sur l'Aternus (N.-E. de Rome). César a bousculé ses troupes sur le fleuve et campe à présent sous les murs de la ville. Domitius envoie des agents de liaison demander du secours à Pompée. Il attend la réponse.

Reliquis diebus Caesar oppidum vallo castellisque circumvenire instituit. Cujus operis maxima parte effecta, eodem fere tempore missi ad Pompeium revertuntur.

Perlectis litteris, Domitius dissimulans in consilio pronuntiat Pompeium celeriter subsidio venturum, hortaturque eos[1] ne animo deficiant, quaeque usui ad defendendum oppidum sint parent. Ipse arcano cum paucis familiaribus suis conloquitur consiliumque fugae capere constituit. Cum vultus Domitii cum oratione non consentiret atque omnia trepidantius timidiusque ageret quam superioribus diebus consuesset, multumque cum suis consiliandi causa secreto praeter consuetudinem conloqueretur, concilia conventusque hominum fugeret, res diutius tegi dissimularique non potuit. Pompeius enim rescripserat sese rem in summum periculum deducturum non esse, neque suo consilio aut voluntate Domitium se in oppidum Corfinium contulisse : proinde, si qua fuisset facultas, ad se cum omnibus copiis veniret. Id ne fieri posset obsidione atque oppidi circummunitione fiebat.

CÉSAR, *Bellum civile*, I, XVIII, 6, XIX.

1. les officiers qu'il a appelés au conseil.

97 *Mutinerie dans l'armée de Domitius, allié de Pompée*

Suite de la version précédente, voir sa notice.

Divulgato Domitii consilio, milites qui erant Corfini primo vesperi secessionem faciunt atque ita inter se per tribunos militum centurionesque atque honestissimos sui generis conloquuntur : obsideri se a Caesare; opera munitionesque prope esse perfectas; ducem suum Domitium, cujus spe ac fiducia permanserint, projectis omnibus, fugae consilium capere; debere se suae salutis rationem habere. Ab his primo Marsi[1] dissentire incipiunt eamque oppidi partem quae munitissima videretur occupant, tantaque inter eos dissensio exsistit ut manum conserere atque armis dimicare conentur; post paulo tamen, internuntiis ultro citroque missis, quae ignorabant de L. Domitii fuga cognoscunt[2]. Itaque omnes uno consilio Domitium productum in publicum circumsistunt et custodiunt legatosque ex suo numero ad Caesarem mittunt : sese paratos esse portas aperire, quaeque imperaverit facere et L. Domitium vivum in ejus potestatem tradere.

CÉSAR, *Bellum civile*, I, XX.

1. *Marsi* : peuple montagnard qui occupait la région du lac Fucin à 80 km de Rome. — 2. sujet : *Marsi*.

98 Pompéiens et césariens fraternisent

49 av. J.-C. : César vient d'infliger un échec aux pompéiens Afranius et Pétréius en Espagne près d'Ilerda : il leur a coupé la route de l'Èbre, et rendu difficile l'approvisionnement en eau. Il espère ainsi les forcer à quitter la colline où ils se sont retranchés et à gagner la campagne sans bataille. Pétréius et Afranius décident de faire établir une ligne de tranchées jusqu'à un point d'eau pour que les corvées y circulent à l'abri du retranchement. Ils s'éloignent pour commander eux-mêmes les travaux. Pendant ce temps...

Quorum discessu liberam nacti milites[1] colloquiorum facultatem, vulgo procedunt, et quem quisque in Caesaris castris notum aut municipem habebat conquirit atque evocat. Primum agunt gratias omnes omnibus, quod sibi perterritis pridie pepercissent; eorum se beneficio vivere. Dein de imperatoris[2] fide quaerunt, rectene se illi sint commissuri, et quod non ab initio fecerint armaque quod cum hominibus necessariis et consanguineis contulerint queruntur. His provocati sermonibus, fidem ab imperatore de Petrei atque Afrani vita petunt, ne quod in se scelus concepisse neu suos prodidisse videantur. Quibus confirmatis rebus, se statim signa translaturos confirmant legatosque de pace primorum ordinum centuriones ad Caesarem mittunt. Interim alii suos in castra invitandi causa adducunt, alii ab suis abducuntur, adeo ut una castra jam facta ex binis viderentur; complures tribuni militum et centuriones ad Caesarem veniunt seque ei commendant; idem hoc fit a principibus Hispaniae quos illi[3] evocaverant et secum in castris habebant obsidum loco... Afrani etiam filius adulescens de sua ac parentis sui salute cum Caesare per Sulpicium legatum agebat.

CÉSAR, *Bellum civile*, I, LXXIV.

1. les soldats d'Afranius. — 2. *Caesaris*. — 3. *illi* = *Pompeiani*.

99 Marseille assiégée se prépare à la bataille

Après sa victoire en Italie, comme Pompée s'était enfui et avait abordé à Dyrrachium (Albanie actuelle), César, au lieu de le poursuivre, décida de s'assurer d'abord de l'Espagne et des Gaules; il apprit alors que L. Domitius, à qui il avait laissé la vie sauve à Corfinium (voir versions nos 96 et 97), se rendait à Marseille avec sept vaisseaux rapides pour dresser la ville contre lui. Il essaya de négocier avec les Marseillais, mais l'arrivée de Domitius empêcha tout accord; César, outré de l'accueil fait par les Marseillais à Domitius, décida de faire assiéger la ville. Il mit devant elle trois légions, commandées par D. Brutus et C. Trebonius, et fit construire douze vaisseaux à Arles pour les porter ensuite devant Marseille. Pendant ce temps, il se rendit en Espagne où se préparait la bataille d'Ilerda. C'est à cette époque (avril 49 av. J.-C.) que se place le texte suivant. Un premier engagement a eu lieu, où les Marseillais ont été battus, ils ont perdu neuf navires.

Massilienses, post superius[1] incommodum, veteres ad eumdem numerum ex navalibus productas naves refecerant summaque industria armaverant (remigum, gubernatorum magna copia suppetebat), piscatoriasque adjecerant atque contexerant, ut essent ab ictu telorum remiges tuti; has sagittariis tormentisque compleverunt. Tali modo instructa classe, omnium seniorum, matrum familiae, virginum precibus et fletu excitati, extremo tempore civitati subvenirent[2], non minore animo ac fiducia quam ante dimicaverant naves conscendunt... Facile erat ex castris C. Treboni atque omnibus superioribus locis prospicere in urbem ut omnis juventus quae in oppido remanserat, omnesque superioris aetatis cum liberis atque uxoribus publicis locis custodiisque aut muro ad caelum manus tenderent aut templa deorum immortalium adirent et ante simulacra projecti victoriam ab dis exposcerent. Neque erat quisquam omnium quin in ejus diei casu suarum omnium fortunarum eventum consistere existimaret.

CÉSAR, *Bellum civile*, II, IV, 1 à 3; V, 3 et 4.

1. voir la dernière phrase de la notice. — 2. *subvenirent*: construit sans subordonnant sur *excitati (Massilienses)*.

100 *Bataille navale*

Même notice que la version précédente.

Commisso proelio, Massiliensibus res nulla ad virtutem defuit; sed memores eorum praeceptorum quae paulo ante ab suis acceperant, hoc animo decertabant ut nullum aliud tempus ad conandum habituri viderentur et, quibus in pugna vitae periculum accideret, non ita multo se reliquorum civium fatum antecedere existimarent, quibus urbe capta eadem esset belli fortuna patienda. Diductisque nostris paulatim navibus, et artificio gubernatorum et mobilitati navium locus dabatur, et si quando nostri facultatem nacti, ferreis manibus injectis, navim religaverant, undique suis laborantibus succurrebant.

[...] Conspicataeque naves triremes duae navim D. Bruti, quae ex insigni[1] facile agnosci poterat, duabus ex partibus sese in eam incitaverant. Sed tantum, re provisa, Brutus celeritate navis enisus est ut parvo momento antecederet. Illae adeo graviter inter se incitatae conflixerunt ut vehementissime utraque ex concursu laborarent, altera vero, praefracto rostro, tota conlabefieret. Qua re animadversa, quae proximae ei loco ex Bruti classe naves erant, in eas impeditas impetum faciunt celeriterque ambas deprimunt.

CÉSAR, *Bellum civile*, II, VI, 1-2 et 4-8.

1. il s'agit de l'insigne de commandement.

101 Les Marseillais aux abois

Même notice que les deux versions précédentes. Ajouter qu'après la défaite navale, les Marseillais voient le siège de leur ville prendre une tournure inquiétante. Les légionnaires de César ont construit une haute tour pour se prémunir contre les sorties des Marseillais (à qui César rend un hommage habile, lui qui n'a que mépris pour les troupes pompéiennes); ils ont petit à petit fait de cet ouvrage un véritable blockhaus de six étages, puis ils ont entrepris la construction d'une galerie couverte qu'ils comptent amener sur des rouleaux, comme les navires, jusqu'à la tour du rempart marseillais. Ils viennent d'y parvenir lorsque commence le texte.

Quo malo perterriti subito oppidani saxa quam maxima possunt vectibus promovent praecipitataque muro in musculum devolvunt. Ictum firmitas materiae sustinet et quicquid incidit fastigio musculi elabitur. Id ubi vident, mutant consilium; cupas taeda ac pice refertas incendunt easque de muro in musculum devolvunt. Involutae labuntur, delapsae ab lateribus longuriis furcisque ab opere removentur. Interim sub musculo milites vectibus infima saxa turris hostium, quibus fundamenta continebantur, convellunt. Musculus ex turri latericia a nostris telis tormentisque defenditur; hostes ex muro ac turribus summoventur; non datur libera muri defendendi facultas. Compluribus jam lapidibus ex illa quae suberat turri subductis, repentina ruina pars ejus turris concidit, pars reliqua consequens procumbebat, cum hostes, urbis direptione perterriti, inermes cum infulis se porta foras universi proripiunt, ad legatos atque exercitum supplices manus tendunt.

César, *Bellum civile*, II, XI.

102 Reddition de Marseille à César

Octobre 49. Même notice que les versions précédentes, sur Marseille, nos 99 à 101. Ajouter que, après leur reddition lors de la chute de leur tour, les Marseillais n'ont pas longtemps observé la trêve. César avait ordonné à Trébonius de ne pas prendre la place d'assaut, pour empêcher ses soldats de se livrer au massacre. Trébonius essaya de laisser les choses en état, mais les Marseillais mirent le feu aux ouvrages romains qui brûlèrent comme torches à cause du vent violent. Ce furent donc de nouveau les hostilités. Les Romains refirent des ouvrages, plus robustes, et à l'épreuve du feu, et le siège se poursuivit pendant que César finissait de pacifier l'Espagne. Enfin il vient en personne devant Marseille.

Massilienses omnibus defessi malis, rei frumentariae ad summam inopiam adducti, bis proelio navali superati, crebris eruptionibus fusi, gravi etiam pestilentia conflictati ex diutina conclusione et mutatione victus (panico enim vetere atque hordeo corrupto omnes alebantur, quod ad hujus modi casus antiquitus paratum in publicum[1] contulerant), dejecta turri, labefacta magna parte muri, auxiliis provinciarum et exercituum desperatis, quos in Caesaris potestatem venisse cognoverant, sese dedere sine fraude constituunt. Sed paucis ante diebus L. Domitius, cognita Massiliensium voluntate, navibus tribus comparatis, ex quibus duas familiaribus suis attribuerat, unam ipse conscenderat, nactus turbidam tempestatem profectus est... Massilienses arma tormentaque ex oppido, ut est imperatum, proferunt, naves ex portu navalibusque educunt, pecuniam ex publico[2] tradunt. Quibus rebus confectis, Caesar magis eos pro nomine et vetustate quam pro meritis in se civitatis conservans, duas ibi legiones praesidio relinquit, ceteras in Italiam mittit; ipse ad Urbem proficiscitur.

CÉSAR, *Bellum civile*, II, XXII, 1-2 et 5-6.

1. = les greniers publics. — 2. = le trésor public.

103 *Curion relève le moral de ses troupes avant une bataille contre le pompéien Varus*

Mi-août 49 av. J.-C. : P. Attius Varus, désigné par Pompée comme « legatus pro praetore », s'est imposé en Afrique par son talent. Curion, lieutenant de César, a débarqué au N.-O. du cap Bon (Tunisie), il a fait masser ses vaisseaux en face du port d'Utique et, par terre, il s'est avancé jusqu'au Bagrada, a dispersé avec sa cavalerie les fantassins de Varus, sortis d'Utique. Nommé imperator, il va camper au sud d'Utique. P. Attius Varus et Curion se trouvent face à face de chaque côté d'un ravin étroit. Les troupes de Curion sont constituées en majorité par des légions qui se sont rendues, à Corfinium, à César. Le pompéien S.Q. Varus profite de ce qu'un centurion et vingt-deux hommes sont à nouveau passés à Pompée pour haranguer les troupes de Curion en essayant d'entamer leur moral. Curion, qui se méfie de l'effet de ce discours, harangue à son tour ses troupes. Il vient d'apprendre la victoire de César à Ilerda (2 août) et en parle à ses hommes. Attius attaquera, mais sera écrasé.

« Vos vestrumque factum, inquit, omnia deinceps municipia sunt secuta, neque sine causa et Caesar amicissime de vobis et illi[1] gravissime judicaverunt. Pompeius enim, nullo proelio pulsus, vestri facti praejudicio demotus Italia excessit; Caesar me, quem sibi carissimum habuit, provinciam Siciliam atque Africam, sine quibus urbem atque Italiam tueri non potest, vestrae fidei commisit. Adsunt qui vos hortentur ut a nobis desciscatis. Quid enim est illis optatius quam uno tempore et nos circumvenire et vos nefario scelere obstringere? Aut quid irati gravius de vobis sentire possunt quam ut eos prodatis qui se vobis omnia debere judicant, in eorum potestatem veniatis qui se per vos perisse existimant? An vero in Hispania res gestas Caesaris non audistis? Duos pulsos exercitus; duos superatos duces; duas receptas provincias; haec acta diebus quadraginta, quibus in conspectum adversariorum venerit Caesar. An, qui incolumes resistere non potuerunt, perditi resistant? Vos autem, incerta victoria Caesarem secuti, dijudicata jam belli fortuna victum sequamini, cum vestri officii praemia percipere debeatis? »

CÉSAR, *Bellum civile*, II, XXXII.

1. *illi* = leurs adversaires.

104 Défaite et mort de Curion (bataille du Bagrada)

49 av. J.-C. Voir la notice précédente. Ajouter qu'après son succès momentané, Curion entreprend le siège de la ville. Mais Juba, roi de Numidie, allié de Pompée, arrive en renfort. En avant de lui (10 km) s'avance son lieutenant Saburra avec une forte armée. Curion pensa d'abord à battre en retraite dans une presqu'île où sa flotte lui permettrait de se ravitailler, mais, trompé par le dispositif en échelons de l'armée numide et parce que ses cavaliers avaient mis à mal l'avant-garde de Saburra, il attaqua dans une plaine située entre le Bagrada (la Medjerda) et les collines de Chaouat. C'est alors qu'il fut battu complètement et tué (20 août 49).

Curio ubi, perterritis omnibus, neque cohortationes suas neque preces audiri intellegit, unam, ut in miseris rebus, spem reliquam salutis esse arbitratus, proximos colles capere universos atque eo signa inferri jubet. Hos quoque praeoccupat missus a Saburra[1] equitatus. Tum vero ad summam desperationem nostri perveniunt et partim fugientes ab equitatu interficiuntur, partim integri procumbunt. Hortatur Curionem Cn. Domitius[2], praefectus equitum, cum paucis equitibus circumsistens, ut fuga salutem petat atque in castra contendat, et se ab eo non discessurum pollicetur. At Curio numquam se amisso exercitu, quem a Caesare fidei commissum acceperit, in ejus conspectum reversurum confirmat atque ita proelians interficitur. Equites ex proelio perpauci se recipiunt; sed ii, quos ad novissimum agmen equorum reficiendorum causa substitisse demonstratum est, fuga totius exercitus procul animadversa, sese incolumes in castra conferunt. Milites[3] ad unum omnes interficiuntur.

CÉSAR, *Bellum civile*, II, XLII.

1. *Saburra* : lieutenant de Juba. — 2. *Cn. Domitius* : peu connu. — 3. *milites = pedites.*

105 César essaie de ranimer le courage de ses troupes

Pompée vient de bousculer par deux fois les troupes de César qui essayaient de le bloquer dans Dyrrachium et de percer la ligne de siège (juin-juillet 48). César, qui va être obligé de battre en retraite, exhorte auparavant ses hommes.

Caesar, ab superioribus consiliis[1] depulsus, omnem sibi commutandam belli rationem existimavit. Itaque uno tempore praesidiis omnibus[2] deductis et oppugnatione dimissa coactoque in unum locum exercitu, contionem apud milites habuit hortatusque est ne ea quae accidissent graviter ferrent neve his rebus terrerentur multisque secundis proeliis unum adversum et id[3] mediocre opponerent. Habendam fortunae gratiam quod Italiam sine aliquo vulnere cepissent, quod duas Hispanias bellicosissimorum hominum[4], peritissimis atque exercitatissimis ducibus, pacavissent, quod finitimas frumentariasque provincias in potestatem redegissent; denique recordari debere qua felicitate inter medias hostium classes[5] oppletis non solum portibus, sed etiam litoribus omnes incolumes essent transportati. Si non omnia caderent secunda, fortunam esse industria sublevandam.

CÉSAR, *Bellum civile*, III, LXXIII, 1 à 4.

1. *superioribus consiliis*: qui visaient à enfermer Pompée dans Dyrrachium. — 2. *praesidiis omnibus*: César avait établi de nombreux fortins qui encerclaient les positions des pompéiens. — 3. *et id*: reprend l'idée précédente en renchérissant («et encore»). — 4. *bellicosissimorum hominum*: génitif de qualité portant sur *duas Hispanias*. L'ablatif absolu *ducibus*..., employé très librement, complète l'idée donnée par ce génitif. — 5. *inter medias classes*: en effet, César avait réussi à faire passer toutes ses troupes d'Italie en Épire malgré la maîtrise de la mer que détenaient les pompéiens.

106 *Jusqu'où la certitude de la victoire menait les pompéiens*

Scipion, arrivé d'Asie avec de nouvelles troupes, est rejoint par Pompée à Larisa en Thessalie, le 1er août 48. En face, César n'a que huit légions, et déjà bien décimées. La bataille approche : ce sera Pharsale (9 août 48); et les pompéiens, dans leur outrecuidance, ne doutent pas un moment de la victoire....

Pompeius paucis post diebus in Thessaliam pervenit contionatusque apud cunctum exercitum suis agit gratias, Scipionis milites cohortatur ut, parta jam victoria, praedae ac praemiorum velint esse participes, receptisque omnibus in una castra legionibus suum cum Scipione honorem[1] partitur classicumque apud eum cani et alterum illi jubet praetorium tendi. Auctis copiis Pompeii duobusque magnis exercitibus conjunctis, pristina omnium confirmatur opinio et spes victoriae augetur, adeo ut, quicquid intercederet temporis, id morari reditum in Italiam videretur, et si quando quid Pompeius tardius aut consideratius faceret, unius esse negotium diei, sed illum delectari imperio et consulares praetoriosque servorum habere numero[2] dicerent. Jamque inter se palam de praemiis ac de sacerdotiis contendebant in annosque consulatum definiebant, alii domos bonaque eorum qui in castris erant Caesaris petebant.

CÉSAR, *Bellum civile*, III, LXXXII, 1-3.

1. *honorem* = les honneurs du commandement. Pompée va traiter Scipion, qui est son beau-père, comme un véritable général en chef. — 2. *numero* = *in numero*: forme expression avec *habere*.

107 *Prise du camp de Pompée par les césariens à Pharsale*

48 av. J.-C.: à Pharsale, en Thessalie, César prend d'assaut le camp de Pompée, trop confiant dans la victoire depuis qu'il avait tenu en échec César à Dyrrachium (Durazzo) en Illyrie (Albanie actuelle) et l'avait poursuivi sans l'atteindre jusqu'à Pharsale (voir version n°106).

Castra a cohortibus, quae ibi praesidio erant relictae, industrie defendebantur, multo etiam acrius a Thracibus barbarisque auxiliis. Nam qui acie refugerant milites et animo perterriti et lassitudine confecti, missis plerique armis signisque militaribus, magis de reliqua fuga quam de castrorum defensione cogitabant. Neque vero diutius qui in vallo constiterant multitudinem telorum sustinere potuerunt, sed confecti vulneribus locum reliquerunt, protinusque omnes ducibus usi centurionibus tribunisque militum in altissimos montes, qui ad castra pertinebant, confugerunt.

In castris Pompei videre licuit trichilas structas, magnum argenti pondus expositum, recentibus caespitibus tabernacula constrata, Luci etiam Lentuli[1] et nonnullorum tabernacula protecta edera, multaque praeterea quae nimiam luxuriam et victoriae fiduciam designarent, ut facile existimari posset nihil eos de eventu ejus diei timuisse, qui non necessarias conquirerent voluptates. At hi miserrimo ac patientissimo exercitui Caesaris luxuriem objiciebant, cui semper omnia ad necessarium usum defuissent.

CÉSAR, *Bellum civile*, III, XCV, 3-5, XCVI, 12.

1. *Lucius Cornelius Lentulus Crus*, principal accusateur de Clodius en 51, violent adversaire de César, commande peut-être une aile pompéienne à Pharsale, débarque en Égypte le lendemain de la mort de Pompée, est arrêté, puis égorgé dans sa prison.

108 Les Égyptiens coupent l'eau aux Romains

Après Pharsale (48 av. J.-C.), César s'était élancé à la poursuite de Pompée. Quand il arriva à Alexandrie (2 octobre 48 av. J.-C.), il apprit que Pompée avait été assassiné par les ministres du roi Ptolémée XIV (28 septembre 48). L'Égypte était alors divisée par la guerre civile : Ptolémée et sa sœur se disputaient le trône. César rappela Cléopâtre et l'associa au trône. Les Alexandrins, furieux, se soulevèrent. César se retrancha dans le Palais Intérieur, le théâtre attenant, et il installa des postes aux alentours dans les maisons voisines. Après quelques péripéties, les Alexandrins se trouvèrent commandés par l'eunuque du palais, Ganymède; celui-ci se révéla un stratège habile et entreprit de couper l'eau aux troupes ennemies (César dut se tirer de ce mauvais pas en creusant des puits).

Alexandria est fere tota suffossa specusque[1] habet ad Nilum pertinentes quibus aqua in privatas domos inducitur, quae paulatim spatio temporis liquescit ac subsidit[2]. Hac uti domini aedificiorum atque eorum familiae consuerunt : nam quae flumine Nilo fertur, adeo est limosa ac turbida ut multos variosque morbos efficiat; sed ea[3] plebes ac multitudo contenta est necessario, quod fons urbe tota nullus est. Hoc tamen flumen[4] in ea parte erat urbis quae ab Alexandrinis tenebatur. Quo facto[5] est admonitus Ganymedes posse nostros aqua intercludi; qui distributi munitionum tuendarum causa vicatim, ex privatis aedificiis specibus ac puteis extracta aqua utebantur.

Hoc probato consilio, magnum ac difficile opus aggreditur. Intersaeptis enim specibus atque omnibus urbis partibus exclusis quae ab ipso tenebantur, aquae magnam vim ex mari rotis ac machinationibus exprimere contendit; hanc locis superioribus fundere in partem Caesaris non intermittebat. Quam ob causam salsior paulo praeter consuetudinem aqua trahebatur ex proximis aedificiis magnamque hominibus admirationem praebebat quam ob rem id accidisset... Parvo temporis spatio haec propior[6] bibi omnino non poterat, illa inferior[6] corruptior jam salsiorque reperiebatur.

CÉSAR, *Bellum Alexandrinum*, V et VI, 1 à 3.

1. *specus* = canaux. — 2. *subsidit* = se décante. — 3. *ea (aqua)* : ablatif. — 4. *hoc... flumen* : la branche (canopique) du Nil. — 5. *facto* est un nom. — 6. *haec propior* = l'eau de la région la plus proche; *illa inferior* = l'eau de la région située plus bas.

109 César remporte la victoire de Zéla, en Asie Mineure, sur le roi Pharnace

Après en avoir terminé avec l'Égypte (mai 47 av. J.-C.), César se tourne vers l'Asie Mineure où il va faire une campagne éclair; c'est à propos de cette campagne qu'il a écrit à un de ses amis : « Veni, vidi, vici ». Pharnace, fils de Mithridate, roi du Bosphore Cimmérien (Crimée), s'est emparé du Pont et de la Cappadoce (région située à l'ouest de l'Arménie) en profitant de la guerre civile. César décide de lui faire rendre gorge. Les deux armées se rencontrent dans le Pont au sud de Zéla. César y remporte une victoire totale (2 août 47 av. J.-C.). Voici les circonstances qui éclairent le texte : Pharnace s'était fortifié sur une éminence. César s'empare alors d'une colline située en face et qui en était séparée par un profond ravin. Alors Pharnace tente un acte inouï : ses chars et ses troupes se lancent de leur éminence, franchissent le ravin, et arrivent grâce à la vitesse acquise en haut de la colline où se trouvait César. Cette manœuvre était tellement insensée que César ne l'avait pas prévue et fut surpris; ses troupes piochaient encore la terre pour faire des retranchements.

Nondum ordinibus instructis, falcatae regiae quadrigae permixtos milites perturbant. Quae tamen celeriter multitudine telorum opprimuntur. Insequitur has[1] acies hostium, et, clamore sublato, confligitur, multum adjuvante[2] natura loci, plurimum deorum immortalium benignitate; qui cum omnibus casibus belli intersunt, tum[3] praecipue eis quibus nihil ratione potuit administrari.

Magno atque acri proelio comminus facto, dextro cornu, quo veterana legio sexta erat conlocata, initium victoriae natum est. Ab ea parte cum in proclivi detruderentur hostes, multo tardius, sed tamen, eisdem dis adjuvantibus, sinistro cornu mediaque acie totae profligantur copiae regis. Quae quam facile subierant iniquum locum, tam celeriter gradu pulsae premebantur loci iniquitate. Itaque, multis militibus partim interfectis, partim suorum ruina[4] oppressis, qui[5] velocitate effugere poterant, armis tamen projectis, vallem transgressi nihil ex loco superiore inermi[6] proficere poterant. At nostri, victoria elati, subire iniquum locum munitionesque aggredi non dubitarunt.

CÉSAR, *Bellum Alexandrinum*, LXXV, 2-3, et LXXVI, 1-2.

1. *has* reprend le mot *quadrigae* et ne se rapporte pas à *acies*. — 2. César veut dire que les Romains sont aidés par la nature des lieux. — 3. *cum... tum* = d'une part... d'autre part en particulier... — 4. *ruina* = chute. — 5. *qui* : comprendre *(ei) qui... effugere poterant; ei*, sous-entendu, est sujet de *proficere poterant*. — 6. *inermi* : nominatif pluriel de *inermus*.

110 En Afrique, César entraîne ses troupes à lutter contre les Numides

Après avoir pacifié l'Orient (48-47 av. J.-C.), c'est-à-dire l'Égypte et l'Asie Mineure, César dut partir pour l'Afrique, car tous les républicains, Caton, Varus, Labiénus, Scipion, s'y étaient réunis, et avaient l'alliance de Juba, roi de Numidie. N'oublions pas (version n°104) qu'une armée césarienne commandée par Curion avait été détruite. César débarqua le 1er janvier 45 av. J.-C. dans le voisinage d'Hadrumète (Sousse); il s'empara des deux petites villes de Ruspina et de Leptis. Il installa un camp à Azitta, non loin de Ruspina (nous sommes toujours dans la région de Sousse); de là il entraîna ses troupes et surtout les Gaulois à lutter contre les Numides et contre les éléphants; car c'était pour eux un nouveau genre de combat (penser à la campagne d'Afrique du Nord en 1830 et dans les années suivantes).

Caesar, contra ejusmodi hostium genera, copias suas, non ut imperator exercitum veteranum victoremque maximis rebus gestis, sed ut lanista tirones gladiatores, condocefacere[1] : quot pedes se reciperent ab hoste et quemadmodum[2] obversi adversariis et in quantulo spatio resisterent, modo procurrerent, modo recederent comminarenturque impetum, ac prope quo loco et quemadmodum tela mitterent praecipere. Mirifice enim hostium levis armatura anxium exercitum nostrum atque sollicitum habebat, quia et equites deterrebat proelium inire propter equorum interitum, quod eos jaculis interficiebat, et legionarium militem defatigabat propter velocitatem; gravis enim armaturae miles simul atque ab iis insectatus constiterat in eosque impetum fecerat, illi[3] veloci cursu periculum facile vitabant.

Quibus ex rebus Caesar vehementer commovebatur, quod, quotienscumque proelium erat commissum, equitatu suo sine legionario milite hostium equitatui levique armaturae eorum nullo modo par esse poterat. Sollicitabatur[4] autem his rebus, quod nondum legiones hostium cognoverat, et quonam modo sustinere se posset ab eorum equitatu levique armatura, si legiones quoque accessissent.

CÉSAR, *Bellum africanum*, LXXI et LXXII, 1-2.

1. *condocefacere*, et plus bas *praecipere*: infinitifs de narration; après *imperator* et *lanista*, sous-entendre *condocefacit*. — 2. *quemadmodum* porte sur *obversi*. — 3. *illi* = l'infanterie ennemie. — 4. *sollicitabatur* est construit d'abord avec *his rebus quod... cognoverat* (subj. de cause), puis avec *quonam modo... posset* (interr. ind.).

111 Bataille de Thapsus

Voir notice de la version précédente. L'appauvrissement de la région d'Azitta incite César à brûler son camp (15 mars 46 av. J.-C.) et à s'acheminer vers Aggar où il reçoit des renforts de Sicile. Il marche vers Thapsus, à 15 km au sud de Leptis Minor, à 25 km au nord d'Aggar. C'est là que va avoir lieu la bataille de Thapsus (6 avril 46 av. J.-C.) qui mettra pratiquement fin à la campagne d'Afrique. Les armées sont rangées l'une en face de l'autre, César hésite à livrer bataille, mais ses troupes sont pleines d'ardeur.

Ab universis cohortibus signa in hostem coepere inferri, cum centuriones pectore adverso resisterent vique continerent milites, ne injussu imperatoris concurrerent, nec quicquam proficerent.

Quod postquam Caesar intellexit, incitatis militum animis, resisti nullo modo posse, signo[1] Felicitatis dato, equo admisso in hostem inter principes[2] ire contendit. A dextro interim cornu funditores sagittariique concita tela in elephantos frequenter injiciunt. Quo facto, bestiae stridore fundarum, lapidum plumbique jactatu perterritae, sese convertere, et suos post se frequentes stipatosque proterere, et in portas valli semifactas ruere contendunt. Item Mauri equites, qui in eodem cornu elephantis erant praesidio, deserti[3], praecipites fugiunt. Ita celeriter bestiis circumitis, legiones vallo hostium sunt potitae, et paucis acriter repugnantibus interfectisque, reliqui concitati in castra unde pridie erant egressi, confugiunt.

CÉSAR, *Bellum Africanum*, LXXXII, 4, et LXXIII.

1. *signo Felicitatis* = le mot d'ordre de « Bonne Chance ». — 2. *inter principes* = au premier rang. — 3. *deserti* : participe à valeur causale.

SALLUSTE

Caius Sallustius Crispus est né en −86, mort en −36/−35. S'il est un grand historien, il fut aussi un homme politique. Les deux aspects de sa personnalité ne sont pas séparables.

Salluste naquit à Amiterne, d'une famille libre, plébéienne, mais au moins aisée, car il reçut une instruction solide, probablement à Rome où ses parents semblent avoir possédé une maison. Il se lança fougueusement dans la vie du monde, se liant avec la jeunesse dorée qu'il décrira dans le *Catilina*, fréquentant Nigidius Figulus, attiré peut-être par son néopythagorisme. Il exerça la questure en −55 ou −54. Quand il fut élu tribun de la plèbe, il se prononça nettement pour le parti démocratique. Il entreprit même une violente campagne contre Milon et Cicéron (−52). Il semble être parti alors comme légat (*propraetore*) de Bibulus en Syrie : pendant son absence, il fut exclu du Sénat pour immoralité sur le rapport des censeurs (−50). Il se tourna définitivement vers César, qui lui fit obtenir une seconde questure et réintégrer le Sénat. Il prit part sans grand succès à différentes opérations militaires. Malgré ses échecs, il garda la faveur de César qui l'emmena dans la campagne d'Afrique (−47) et il devint proconsul muni des pleins pouvoirs de la province d'*Africa nova*, ancien royaume de Juba. Il pressura de belle manière sa province et fut accusé de concussion. César lui évita d'être poursuivi. Après la mort du dictateur (−44), Salluste se retira dans ses propriétés, les *Jardins de Salluste*, situés entre le Quirinal, le Pincio et la villa de César à Tibur, et se consacra à ses études jusqu'à la mort qui le surprit jeune encore (50 ans environ).

Il n'a pas réussi comme politique, peut-être parce que deux grandes figures comme Pompée et César ne permettaient à personne d'autre de briller; peut-être parce qu'il était plus un homme de lettres qu'un homme d'action ou un politique et que, voluptueux, il ne sut pas renoncer à tout pour réussir dans cette voie. Il était, semble-t-il, plus un amateur d'âmes, un observateur de la comédie humaine qu'un de ces hommes qui bouleversent les données politiques. Il devait conquérir l'immortalité non en faisant l'histoire mais en l'écrivant. Comme homme, il fut certainement dissolu et pillard sans vergogne; Lactance l'appelle un vaurien. Mais sa corruption n'est-elle pas celle de son époque ? En outre, n'a-t-il pas eu la nette conscience de cette corruption ?

Il a composé la *Conjuration de Catilina* (*De conjuratione Catilinae*), la *Guerre de Jugurtha* (*Bellum Jugurthinum*) et les *Histoires*.

L'historien et l'écrivain

Salluste, à l'imitation de Thucydide, conçoit l'histoire en philosophe et en artiste.

Comme historien, il s'attache à l'exactitude, il pousse loin la recherche de la documentation précise, n'hésitant pas à consulter les pièces les plus diverses, parlant d'ailleurs souvent d'événements auxquels il a assisté ou auxquels des amis à lui ont participé. Ce qui n'empêche pas les erreurs ou les lacunes; on ne sait si c'est par insuffisance ou par esprit de parti. SALLUSTE a voulu être impartial et maintenir l'équilibre entre les factions. Mais il a beau faire, il est très visiblement démocrate.

Ce qui fait la fortune de SALLUSTE, c'est son goût de la morale, sa tendance à exposer des idées générales (dans ses préfaces en particulier), tendance qui était nouvelle à l'époque. Il est en outre plus intéressé par les causes que par les événements, et ces causes sont morales : les mœurs et les passions humaines expliquent les faits et la décadence de la République romaine. Il y a mis une véritable pénétration, s'attaquant au matérialisme et aux vices de son temps. Il ne lui a pas échappé que les fluctuations de l'État étaient dues à la liaison intime de l'histoire intérieure et de l'histoire extérieure et que les fortes individualités pouvaient avoir leur influence également sur ces fluctuations. C'est pourquoi il s'est attaché à peindre les portraits particuliers des acteurs du drame. Grâce à lui, se dressent encore devant nos yeux Catilina, Caton, César, Jugurtha, Metellus, Marius, Sylla. Il sait d'ailleurs tracer la silhouette des comparses avec une très grande netteté. C'est que SALLUSTE dépasse Thucydide sur le plan de la pénétration psychologique. Il comprend les individus, les groupes sociaux, les races. Il sait en quelques mots leur donner la vie, suggérer les sentiments intimes. L'artiste n'est pas inférieur au penseur.

Pour tracer ces portraits, pour faire vivre ces personnages, SALLUSTE a eu recours à la forme la plus traditionnelle de l'histoire ancienne : le discours; il y a trouvé son véritable mode d'expression. Il sait s'y montrer vivant, dramatique, philosophe, flattant d'ailleurs le lecteur de l'époque par son réel talent oratoire. Si tous ces discours ne sont pas vraisemblables, ils convergent tous vers le même but : peindre l'homme, analyser la situation. En dehors de quelques menues disparates, la composition est solide, les faits sont reliés tous au sujet central, si bien que l'œuvre bénéficie d'une robuste unité, le récit étant lui-même dominé par la figure du héros. Si ce récit clair est parfois sec, toutes ses proportions sont calculées. SALLUSTE n'est pas loin du théâtre ou du roman par la manière dont il sait tenir le lecteur en haleine par l'intérêt dramatique, les rebondissements de l'action. Rarement pittoresque, SALLUSTE peut être cependant évocateur, lorsqu'il parle de l'Afrique par exemple. Enfin l'œuvre est tendue par l'ardeur même de l'écrivain : il se veut détaché, mais il a vécu beaucoup de ces actions ou encore en a entendu parler par des témoins et ne peut pas l'oublier.

SALLUSTE s'est créé un style à la manière de Thucydide, recherchant la concision et la dissymétrie, la surprise. C'est un styliste qui oppose à la rhétorique de Cicéron une nouvelle rhétorique. Il sait utiliser le style abstrait, les sentences, les traits. Il recherche avant tout la rapidité et la simplicité. Il s'est également forgé un style où se mélangent hellénismes, termes familiers, archaïsmes. On ne s'étonnera pas qu'un tel artiste ait pu influencer des orateurs et des écrivains comme Tite-Live et Tacite.

DE CONJURATIONE CATILINAE (*De la conjuration de Catilina*)

Cette monographie historique sur la conjuration dite de Catilina a été probablement rédigée en −47. Le titre, adopté par l'époque moderne, est tiré du chapitre IV : « *Igitur de Catilinae conjuratione...* » Les manuscrits portent *Bellum Catilinarium* ou *Liber Catilinarius*. L'auteur entreprend de narrer dans un esprit favorable à César les événements de −63. Il s'intéresse surtout à la monstruosité du personnage de Catilina, au danger couru par l'État. Voici les éléments essentiels de cet ouvrage :

- Après un prélude où l'auteur affirme qu'il faut rechercher la gloire par l'exercice de ses facultés intellectuelles et notamment en s'adressant à l'histoire, il introduit le sujet par un portrait de Catilina et par une digression sur les anciennes mœurs et leur décadence.
- Puis ce sont les débuts de la conjuration avec la réunion des complices chez *Porcius Laeca* et le discours de Catilina. Mais *Fulvie* se montre indiscrète. Cicéron est nommé consul. Catilina tente de le faire assassiner. Cicéron obtient des pouvoirs extraordinaires. Il attaque Catilina en plein Sénat. Les protestations de celui-ci sont accueillies par des huées. Il part rejoindre le camp de *Manlius*, laissant à Rome *Lentulus* et *Cethegus* pour mettre la ville à feu et à sang.
- Les complices de Catilina préparent donc leur coup et, en particulier, s'abouchent avec des députés allobroges qui révèlent ces

avances à Cicéron. Les conjurés sont arrêtés. On délibère sur la peine à infliger. César et Caton s'opposent en des discours remarquables : SALLUSTE compare les deux hommes en donnant l'avantage à César. Les conjurés sont exécutés.

• SALLUSTE décrit enfin la défaite de Catilina à *Pistoia* et sa mort.

Ce récit vivant et pittoresque, au ton varié, à l'analyse psychologique fine, montre déjà la grande valeur de SALLUSTE. Il écrit une histoire dramatique où, avec un art savant, l'auteur ménage l'intérêt et compose avec netteté. Les sentiments sont précisés par les portraits. Les individus, par leur action, créent des états d'âme collectifs. Enfin la narration est claire, sobre, rapide.

SALLUSTE recherche les différents facteurs de l'évolution historique : action des hommes, action des milieux moraux, physiques. Une des caractéristiques de l'époque est l'affaiblissement de la noblesse. Enfin, Salluste classe personnages et groupes sociaux selon une théorie très personnelle — deux groupes se partagent le monde : la masse, bestiale, et les êtres qui choisissent la partie supérieure, commune avec les dieux.

Le récit repose sur une documentation solide, mais il y a des lacunes, des inexactitudes. Cependant, grâce à une synthèse de qualités remarquables, il faut le dire, la *Conjuration* est un chef-d'œuvre qui se lit, émeut et fait penser.

BELLUM JUGURTHINUM (*La Guerre de Jugurtha*)

On a raconté les circonstances de cette guerre (−111 à −104) dans l'*Histoire de la République au Ier siècle av. J.-C.* La noblesse ne s'y était pas montrée à son avantage et avait parfois étalé sa corruption. C'est un membre du parti populaire qui vint à bout de Jugurtha. Remarquons cependant qu'un membre de la famille des *Metelli*, *Q. Caecilius Metellus*, avait déjà rétabli la situation. Mais, continuant sur sa lancée de la *Conjuration de Catilina*, SALLUSTE s'empare de cette guerre déjà vieille pour continuer ses attaques contre la noblesse.

Il était avantagé par le séjour qu'il avait fait en *Africa nova*, comme proconsul. Il ne s'était pas contenté d'y amasser de l'argent, mais il avait parcouru les lieux, consulté les documents locaux et écouté des récits indigènes. Pour sa documentation, il avait probablement étudié les historiens qui s'étaient occupés de la question, comme *L. Cornelius Sisenna* ou le Grec *Posidonios*, et il a lu les *Mémoires* de Sylla.

• Après une préface assez amère (car on avait vu dans son premier ouvrage un exercice frivole), il justifie ses raisons d'écrire l'histoire. Il fait ensuite le portrait de Jugurtha, raconte ses débuts et décrit l'Afrique au passage. Les Romains interviennent, mais se laissent acheter par Jugurtha. Sommé de venir à Rome, celui-ci refuse de répondre aux questions. En outre, il fait assassiner un autre prétendant au trône.

• Jugurtha est expulsé d'Italie. On lui déclare la guerre et les Romains commencent par essuyer un désastre. Pendant qu'on poursuit les complices de Jugurtha à Rome, Q. Metellus est chargé de la guerre. Marius, son lieutenant, prend un congé pour se faire nommer consul et obtenir le commandement en Afrique. Metellus, pendant ce temps, prend l'avantage sur Jugurtha. À son retour, Marius est amené à faire une guerre de sièges, le plus célèbre étant celui de *Cirta* (*Constantine* ou Qacentina). Sylla le rejoint en qualité de questeur. Marius bat Jugurtha et son allié Bocchus, roi de Mauritanie, qui, finalement, livre Jugurtha à Sylla. Marius, quoique absent, est nommé consul pour la seconde fois et reçoit la Gaule comme province pour combattre les Gaulois (en fait, les Cimbres). Il célèbre à Rome « son triomphe avec le plus grand éclat ».

SALLUSTE a bien indiqué ses intentions dès le chapitre V. S'il entreprend ce récit, c'est parce que cette guerre marque le début de « la lutte contre l'arrogance des nobles ». Cet ouvrage est donc un travail de partisan. Cependant SALLUSTE reste historien dans l'âme; aussi rend-il justice à Q. Metellus, un des chefs de l'aristocratie. La *Guerre de Jugurtha* présente un caractère documentaire et une valeur historique certaine.

Dans le *Catilina*, l'art de SALLUSTE s'était ressenti de la passion intense de l'écrivain. Mais c'est « avec une main plus ferme qu'il a représenté le personnage de Jugurtha dans lequel [...] se retrouvent beaucoup d'éléments du caractère de Catilina avec le même mélange de valeur et de perfidie [...]. Aussi cette seconde monographie, d'une ampleur à peu près double par rapport à la précédente, est-elle plus cohérente que celle-ci » (A. Setaioli). Dans cette œuvre, SALLUSTE, en dépit de certaines critiques d'écrivains modernes ou contemporains, prend la stature d'un grand écrivain.

LES HISTOIRES (Historiarum libri V)

Cette œuvre de longue haleine fut entreprise par SALLUSTE alors qu'il était en plein talent et venait d'achever la *Guerre de Jugurtha*. Il continuait l'histoire de l'annaliste *Cornelius Sisenna* et voulait raconter les douze années qui s'étendent de la mort de Sylla (−78) à l'an −67. Les événements intéressants y abondaient : guerre contre Sertorius (−80/−72), révolte de Spartacus (−73/−71), guerre contre les pirates (−78/−67), commencements de la troisième guerre contre Mithridate. Le récit s'interrompait, probablement à cause de la mort de l'écrivain aux environs de −36/−35; elle l'empêcha de continuer une œuvre qui aurait été capitale. Cet ouvrage a malheureusement disparu et il ne nous reste que quelques fragments des cinq livres qu'il comportait. Ils ne nous permettent ni de juger l'ouvrage ni même de les replacer eux-mêmes dans l'œuvre. Les plus importants figuraient dans un manuscrit d'*Excerpta*; d'autres manuscrits nous fournissent des fragments concernant les événements de −75/−74. On a retrouvé chez d'autres écrivains cinq cents citations assez courtes. Les fragments les plus intéressants sont *quatre discours* :

- le premier, de M. Aemilius Lepidus, père du triumvir, consul en −78, discours prononcé, malgré la violence du ton, avant la mort de Sylla, probablement en −79;
- le second, de L. Marcius Philippus, prononcé contre Lepidus devant le Sénat et qui fit mettre ce dernier hors la loi;
- le troisième, de C. Aurelius Cotta, consul en −75, qui s'efforçait de faire comprendre au peuple les causes qui avaient amené la misère dont il souffrait et dont le gouvernement n'était pas responsable;
- le quatrième, de C. Licinius Macer, tribun, qui montre la vanité des avantages obtenus par la plèbe et la volonté des nobles de la maintenir sous leur pouvoir. Il conseille à ses auditeurs de refuser le service militaire;

et *deux lettres :*

- l'une de Pompée au Sénat (−75), pendant la guerre d'Espagne. Ne recevant ni vivres, ni soldes, il rappelle ses réclamations précédentes et passe à la menace;
- l'autre de Mithridate à Arsace, roi des Parthes, dont il essaie d'obtenir l'alliance.

On trouvait dans ces *Histoires* la coutumière sévérité de SALLUSTE pour le parti aristocratique et sa misanthropie habituelle, du moins d'après ce qu'on peut en juger à partir de ces minces fragments.

Salluste (Pseudo-)

On possède sous le nom de SALLUSTE deux lettres à César âgé sur la conduite de l'État (*Ad Caesarem senem de republica*), une invective de C. Sallustius Crispus contre M. Tullius Cicéron (*C. Sallusti Crispi in M. Tullium Ciceronem invectiva*). S'y joint une invective de Cicéron contre Salluste (*M. Tulli Ciceronis in C. Sallustium Crispum invectiva*). Les deux lettres ont été l'enjeu d'une vaste et longue bataille. Sont-elles authentiques ou non ? « Je ne trouve (donc) rien qui permette d'affirmer péremptoirement l'authenticité des deux *Epistulae*, mais au contraire de nombreuses raisons se présentent pour la leur dénier » (A. Ernout). Il s'agirait d'exercices d'école appartenant au genre des *Suasoriae*. Tout comme appartiennent au genre des *Controversiae* (mise en parallèle de deux thèses contradictoires) les deux *Invectives*. Les Anciens les considéraient comme formant un tout, ce qui confirme la thèse qu'elles ne sont pas de SALLUSTE. « Les *Lettres* comme les *Invectives* sont de bons spécimens d'un genre mineur, qui a eu grand succès dans les écoles de rhéteurs et les lectures publiques et dont l'influence s'est maintenue longtemps encore après la chute de l'Empire romain » (A. Ernout).

112 Une mesure d'exception sans efficacité et dangereuse

Le 5 décembre 63 av. J.-C., le Sénat délibère sur le châtiment à infliger aux membres de la conjuration de Catilina qui ont été arrêtés. Silanus avait proposé la mort immédiate. Or, cette mesure est illégale. En vertu de la lex Sempronia, *un citoyen condamné peut se soustraire à la peine capitale par un exil volontaire qui met fin au procès (cf. Verrès). D'une façon générale, une consultation du peuple est nécessaire pour condamner un citoyen à la peine de mort. Ce sont ces arguments que César met en avant pour essayer de sauver les conjurés arrêtés. C'est César qui parle.*

Sententia ejus[1] mihi non crudelis — quid enim in tales homines crudele fieri potest? — sed aliena a re publica[2] nostra videtur. Nam profecto aut metus aut injuria[3] te subegit, Silane, consulem designatum, genus poenae novum decernere[4]. De timore supervacaneum est disserere, cum praesertim diligentia clarissumi viri consulis[5] tanta praesidia sint in armis. De poena possum equidem dicere id quod res habet[6]: in luctu atque miseriis mortem aerumnarum requiem, non cruciatum esse; eam cuncta mortalium mala dissolvere; ultra neque curae neque gaudio locum esse... At enim quis reprehendet quod in parricidas rei publicae decretum erit? Tempus, dies, fortuna cujus lubido gentibus moderatur. Illis[7] merito accidet quicquid evenerit; ceterum vos, patres conscripti, quid in alios statuatis, considerate. Omnia mala exempla[8] ex rebus bonis orta sunt; sed ubi imperium ad ignaros aut minus bonos pervenit, novum illud exemplum ab dignis et idoneis[9] ad indignos et non idoneos transfertur.

SALLUSTE, *De conjuratione Catilinae,* LI, 17, 20, 25 et 27.

1. *ejus :* désigne Silanus. — 2. *res publica* = la constitution ou la vie politique. — 3. *injuria* = violation du droit (que constitue le crime des conjurés). — 4. *decernere* = proposer de décider. — 5. *consulis :* c'est-à-dire Cicéron. — 6. *quod res habet* = ce qu'il en est réellement. — 7. *illis :* les conjurés; *ceterum* = *sed; in alios* = pour les autres. — 8. *mala exempla* = châtiments exemplaires abusifs. — 9. *idoneis :* sens passif = à qui cela convient.

113 Étrange proposition de César dans la discussion sur le sort des complices de Catilina arrêtés

Caton prend la parole après César au Sénat le 5 décembre 63 (voir version précédente). César avait proposé la confiscation des biens et la détention perpétuelle dans des municipes. Il avait même avancé l'idée qu'un tel châtiment était plus dur qu'une mort rapide. Caton trouve toutes ces raisons discutables et même bizarres. Quel est le vrai jeu de César?

Bene et composite C. Caesar paulo ante in hoc ordine de vita et morte disseruit[1], credo, falsa existumans ea quae de inferis memorantur: divorso itinere malos a bonis[2] loca taetra, inculta, foeda atque formidulosa habere. Itaque censuit pecunias eorum publicandas, ipsos per municipia in custodiis habendos, videlicet[3] timens ne, si Romae sint, aut a popularibus conjurationis aut a multitudine conducta per vim eripiantur. Quasi vero mali atque scelesti tantummodo in urbe et non per totam Italiam sint, aut non ibi plus possit[4] audacia, ubi ad defendendum opes minores sunt. Quare vanum equidem hoc consilium est, si periculum ex illis[5] metuit; si in tanto omnium metu solus non timet[6], eo magis refert me mihi atque vobis timere. Quare, cum de P. Lentulo ceterisque statuetis, pro certo habetote vos simul de exercitu Catilinae et de omnibus conjuratis decernere.

SALLUSTE, *De conjuratione Catilinae,* LII, 13-17.

1. *bene et composite disseruit :* ironique; *credo* porte sur ce qui suit et est aussi ironique. — 2. constr. *itinere divorso ab itinere bonorum. Habere* = *habitare.* — 3. *videlicet :* ironique. *Popularibus* = complices. *Conducta :* de *conduco* = louer les services de, « soudoyer ». — 4. *possit* = était puissante. — 5. *illis* désigne les conjurés. — 6. *solus non timet :* dans ce cas, César serait complice.

114 Désintéressement des ancêtres, avidité et immoralité des contemporains

Voir la notice de la version précédente.

Nolite existumare majores nostros armis rem publicam ex parva magnam fecisse. Si ita res esset, multo pulcherrumam eam nos haberemus : quippe sociorum atque civium, praeterea armorum atque equorum major copia nobis quam illis est. Sed alia fuere quae illos magnos fecere, quae nobis nulla sunt : domi industria, foris[1] justum imperium, animus in consulendo liber, neque delicto[2] neque lubidini obnoxius. Pro his nos habemus luxuriam[3] atque avaritiam, publice egestatem, privatim opulentiam; laudamus divitias, sequimur inertiam; inter bonos et malos discrimen nullum; omnia virtutis praemia ambitio[3] possidet. Neque mirum : ubi[4] vos separatim sibi quisque consilium capitis, ubi domi[5] voluptatibus, hic pecuniae aut gratiae servitis, eo[6] fit ut impetus fiat in vacuam rem publicam.

SALLUSTE, *De conjuratione Catilinae,* LII, 19-23.

1. *domi* = à l'intérieur (à Rome); *foris* = à l'extérieur. — 2. *delicto* = remords (causés par une faute). — 3. *luxuriam, avaritiam :* faux-frères ainsi que *ambitio.* — 4. *ubi* = *ubi primum.* — 5. *domi..., hic* = chez vous..., ici (au Sénat). — 6. *eo :* ablatif de cause.

115 Exécution à Rome des complices de Catilina

Le 5 décembre 63, le Sénat délibère sur le sort des conjurés arrêtés. César insiste sur le danger d'une sanction prise illégalement et sur le danger des mesures d'exception. Caton demande la mort immédiate. Le Sénat se range à son avis. Cicéron, qui désirait que le Sénat prît une part de responsabilité, presse l'exécution. Parmi les condamnés se trouvait P. Cornelius Lentulus Sura, de la gens Cornelia, consul en 71, exclu du Sénat en 70 pour malversations et scandales, qui espérait tirer un grand parti de la conjuration.

Postquam, ut dixi, senatus in Catonis sententiam discessit,[1] consul optumum[2] factu ratus noctem, quae instabat, antecapere, ne quid eo spatio novaretur[3], tresviros[4], quae supplicium postulabat, parare jubet;

ipse, praesidiis dispositis, Lentulum in carcerem deducit; idem fit ceteris per praetores. Est in carcere locus, quod Tullianum appellatur, ubi paululum ascenderis[5] ad laevam, circiter duodecim pedes humi depressus. Eum muniunt undique parietes atque insuper camera lapideis fornicibus juncta; sed incultu, tenebris, odore foeda atque terribilis ejus facies est. In eum locum postquam demissus est Lentulus, vindices rerum capitalium, quibus praeceptum erat, laqueo gulam fregere. Ita ille patricius, ex gente clarissuma Corneliorum, qui consulare imperium Romae habuerat, dignum moribus factisque suis exitium[6] vitae invenit. De Cethego, Statilio, Gabinio, Caepario[7] eodem modo supplicium sumptum est.

SALLUSTE, *De conjuratione Catilinae*, LV.

1. *in sententiam Catonis discessit* = se fut rangé à l'avis de Caton. — 2. *optumum (esse)*. — 3. *novaretur :* rapprochez, pour le sens, de *novae res* révolution. — 4. *tresviros (capitales) :* magistrats subalternes qui s'occupaient des arrestations, des prisons; ils avaient sous leurs ordres les bourreaux (*vindices rerum capitalium*). — 5. 2ᵉ personne du singulier, parfait subjonctif, à sens indéfini. — 6. *exitium* a ici le sens de fin, mort. — 7. Salluste rappelle ici le nom des conjurés arrêtés.

116 Une seule solution pour les soldats de Catilina : se battre avec l'énergie du désespoir

Catilina et ses troupes sont bloqués dans les montagnes du centre de l'Italie. L'armée du préteur Métellus Celer leur barre la route de la Gaule dans le Picenum, l'armée du consul Antonius leur barre celle de Rome. Catilina décide de livrer bataille à Antonius, la rencontre aura lieu près de Pistoia, au pied des Apennins (à 7 km de Florence). Catilina harangue une dernière fois ses troupes.

Exercitus hostium duo, unus ab urbe, alter a Gallia, obstant; diutius in his locis esse, si[1] maxume animus ferat, frumenti atque aliarum rerum egestas prohibet. Quocumque ire placet, ferro iter aperiundum est. Quapropter vos moneo uti forti atque parato animo sitis et, cum proelium inibitis, memineritis vos divitias, decus, gloriam, praeterea libertatem atque patriam in dextris[2] vostris portare. Si vincimus, omnia nobis tuta erunt : commeatus abunde[3], municipia atque coloniae patebunt. Si metu cesserimus, eadem illa[4] advorsa fient neque locus neque amicus quisquam teget quem arma non texerint. Praeterea, milites, non eadem nobis et illis necessitudo impendet : nos pro patria, pro libertate, pro vita certamus; illis supervacaneum est pro potentia paucorum[5] pugnare. Quo audacius aggredimini, memores pristinae[6] virtutis.

SALLUSTE, *De conjuratione Catilinae*, LVIII, 6-12.

1. *si* = même si. — 2. *dextris* = mains (parce que c'est la main qui porte l'épée et qu'ils ne peuvent être sauvés que par une victoire); *patriam :* s'ils sont vaincus, ils ne seront plus citoyens romains. Ce seront des ennemis publics. — 3. s.e. *erunt*. — 4. *eadem illa* fait allusion aux vivres, à l'accueil des municipes. — 5. *potentia paucorum :* Catilina affirme que le régime sous lequel vivent les Romains est, en réalité, une oligarchie et que les soldats se battent pour une cause qui n'est pas la leur. — 6. il y a parmi eux beaucoup d'anciens soldats de Sylla; *quo* = *eo igitur*.

117 *Champ de bataille d'une guerre civile*

À la bataille de Pistoia, Manlius et Catilina, chefs des conjurés, sont morts en braves au premier rang. (Voir notices des versions précédentes.) Le chef de l'armée régulière est Petreius.

Sed confecto proelio, tum vero cerneres quanta audacia quantaque animi vis fuisset in exercitu Catilinae. Nam fere[1] quem quisque vivus pugnando locum ceperat, eum amissa anima corpore tegebat. Pauci autem, quos medios[2] cohors praetoria disjecerat, paulo divorsius, sed omnes tamen advorsis volneribus conciderant. Catilina vero longe a suis inter hostium cadavera repertus est, paululum etiam spirans ferociamque animi, quam habuerat vivus, in voltu retinens. Postremo ex omni copia neque in proelio neque in fuga quisquam civis ingenuus captus est : ita cuncti suae hostiumque vitae juxta[3] pepercerant... Multi autem, qui e castris visendi aut spoliandi gratia processerant, volventes hostilia cadavera, amicum alii, pars hospitem aut cognatum reperiebant; fuere item qui inimicos suos cognoscerent. Ita varie per omnem exercitum laetitia, maeror, luctus atque gaudia agitabantur.

SALLUSTE, *De conjuratione Catilinae,* LXI, 1 à 6, 8 et 9.

1. *fere* = d'une façon générale. — 2. *medios* = au centre. — 3. *juxta* = également, d'où ici : aussi peu.

118 *Réflexions sur la nature humaine*

Avant de s'engager dans une période particulièrement instructive de l'histoire romaine, Salluste s'abandonne à quelques réflexions sur la nature humaine.

Falso queritur de natura sua genus humanum, quod[1] imbecilla atque aevi brevis forte potius quam virtute regatur. Nam contra reputando neque majus aliud neque praestabilius invenias, magisque naturae industriam hominum quam vim aut tempus deesse. Sed dux atque imperator vitae mortalium animus est. Qui ubi ad gloriam virtutis via grassatur, abunde pollens potensque et clarus est, neque fortuna eget, quippe probitatem, industriam, aliasque artes bonas neque dare neque eripere cuiquam potest. Sin captus[2] pravis cupidinibus ad inertiam et voluptates corporis pessum datus est, perniciosa libidine paulisper usus, ubi per socordiam vires, tempus, ingenium diffluxere, naturae infirmitas accusatur; suam quisque culpam auctores[3] ad negotia transferunt. Quod si hominibus bonarum rerum tanta cura esset, quanto studio aliena ac nihil profutura multaque etiam periculosa petunt, neque regerentur magis quam regerent casus, et eo magnitudinis procederent ubi pro mortalibus gloria aeterni fierent.

SALLUSTE, *Bellum Jugurthinum,* I en entier.

1. *quod... regatur :* subordonnée de cause. — 2. *sin captus... pessum datus est;* comprendre : *si homo, captus... cupidinibus, ad inertiam... pessum datus est.* — 3. *auctores :* mot apposé au sujet de *transferunt* avec valeur concessive.

119 Un tribun du peuple attaque la noblesse romaine (111 av. J.-C.)

Jugurtha, en Numidie, s'est emparé du trône en assassinant les héritiers légitimes; en prenant la ville de Cirta (Constantine) où se trouvait Adherbal, son dernier rival, il a massacré les commerçants romains. Rome intervient militairement (été 112 av. J.-C.). Le consul Calpurnius Bestia et son adjoint Aemilius Scaurus le forcent à capituler... Bestia et Scaurus, achetés par Jugurtha, lui accordent des conditions de paix inespérées : pardon et amende insignifiante (automne 111 av. J.-C.). Colère du peuple à Rome. Aux comices, le tribun Memmius attaque ces deux généraux prévaricateurs et fait le procès de la noblesse qui gouverne l'État depuis la mort de Caius Gracchus (121 av. J.-C.), c'est-à-dire depuis dix ans. Bestia, à son retour à Rome, sera exilé pour concussion.

Qui sunt ei qui rem publicam occupavere? Homines sceleratissimi, cruentis manibus, immani avaritia, nocentissimi et idem superbissimi, quibus fides, decus, pietas, postremo honesta atque inhonesta omnia quaestui sunt. Pars eorum occidisse tribunos plebis, alii quaestiones[1] injustas, plerique caedem in vos fecisse pro munimento habent. Ita, quam quisque pessime fecit, tam maxime[2] tutus est; metum ab scelere suo ad ignaviam vestram transtulere, quos omnes eadem cupere, eadem odisse, eadem metuere in unum coegit. Sed haec inter bonos amicitia, inter malos factio[3] est. Quod si tam vos libertatis curam haberetis quam illi ad dominationem accensi sunt, profecto neque res publica sicuti nunc vastaretur, et beneficia vestra penes optimos, non audacissimos[4], forent. Majores vestri, parandi juris et majestatis constituendae gratia, bis per secessionem armati Aventinum occupavere; vos pro libertate quam ab illis accepistis, nonne summa ope nitemini, atque eo vehementius quo majus dedecus est parta amittere quam omnino non paravisse[5]?

SALLUSTE, *Bellum Jugurthinum,* XXXI, 12-17.

1. *quaestiones* = poursuites judiciaires, enquêtes. — 2. *quam... pessime..., tam maxime...* = *quo... pejus... eo majus...* — 3. *factio* = coterie, collusion. — 4. *audacissimos :* sens péjoratif. — 5. Dans cette phrase, Salluste fait allusion aux retraites de la plèbe sur le mont Sacré (494-493); voir Histoire romaine.

120 Corruption de l'État due à la lutte des partis

111-109 av. J.-C. : Jugurtha, convoqué à Rome, s'y rend et, en achetant les magistrats, est acquitté. Il fait assassiner un petit-fils de Masinissa : Massiva. La guerre reprend sous la direction de Sp. Postumius Albinus. Fin 110, aucun combat décisif n'était livré. Albinus rentre à Rome pour tenir les comices et laisse le commandement de l'armée à son frère Aulus qui s'avance témérairement jusqu'à Suthul (Guelma). Ses troupes sont attaquées par Jugurtha et se dispersent sans combattre. Aulus capitule en rase campagne et Jugurtha humilie les Romains en faisant passer cette armée sous le joug. Indignation du peuple à Rome. On refuse de reconnaître le traité signé par Aulus. On soupçonne tous les généraux de s'être laissé acheter par Jugurtha. Création d'une commission d'enquête. C'est alors que Salluste fait une digression sur la lutte engagée entre le peuple et la noblesse, et l'état de la République à cette époque.

Mos partium[1] et factionum, ac deinde omnium malarum artium, paucis ante annis, Romae ortus est otio atque abundantia earum rerum quae prima[2] mortales ducunt. Nam ante Carthaginem deletam populus et senatus Romanus placide modesteque inter se rem publicam tractabant, neque gloriae neque dominationis certamen inter cives erat : metus hostilis in bonis artibus civitatem retinebat. Sed ubi illa formido mentibus decessit, scilicet ea quae res secundae amant, lascivia atque superbia, incessere. Ita, quod in adversis rebus optaverant otium, postquam adepti sunt, asperius acerbiusque fuit. Namque coepere nobilitas dignitatem, populus libertatem in libidinem vertere, sibi quisque ducere, trahere, rapere. Ita omnia in duas partes abstracta sunt; res publica, quae media fuerat, dilacerata. Ceterum nobilitas factione[3] magis pollebat; plebis vis soluta atque dispersa in multitudine minus poterat. Paucorum arbitrio belli domique agitabatur; penes eosdem aerarium, provinciae, magistratus, gloriae triumphique erant; populus militia atque inopia urgebatur.

SALLUSTE, *Bellum Jugurthinum,* XLI, 1 à 7.

1. *partes* = parti plébéien; *factiones* = patriciat; traduire « *mos partium et factionum* » par « l'habitude des luttes entre le parti plébéien et le patriciat ». — 2. *earum rerum quae prima* = *earum rerum quas primas.* — 3. *factione* = coterie, esprit de corps.

121 *L'armée d'Afrique à l'arrivée de Métellus*

109 av. J.-C. : un membre considérable de l'aristocratie, Q. Caecilius Métellus, consul en 109, va essayer de réparer les dégâts en Afrique. Énergique, intègre, il a l'expérience de la guerre. Il part pour l'Afrique avec deux lieutenants : P. Rutilius Rufus et C. Marius. Il reprend l'armée aux mains de Spurius Postumius Albinus et la réorganise (pour mieux comprendre, voir les notices des deux précédentes versions).

Ubi Metellus in Africam venit, exercitus ei traditur a Sp. Albino proconsule iners, imbellis, neque periculi neque laboris patiens, lingua quam manu promptior, praedator ex sociis et ipse praeda hostium, sine imperio et modestia habitus[1]. Ita imperatori novo plus ex malis moribus sollicitudinis quam ex copia militum auxilii aut spei bonae accedebat. Statuit[2] tamen Metellus, quamquam et aestivorum tempus comitiorum mora[3] imminuerat, et expectatione eventus civium animos intentos putabat, non prius bellum attingere quam majorum disciplina milites laborare coegisset. Nam Albinus, Auli fratris exercitusque clade perculsus, postquam decreverat non egredi provincia, quantum temporis aestivorum in imperio fuit[4], plerumque milites stativis castris habebat, nisi cum odor aut pabuli egestas locum mutare subegerat. Sed neque muniebantur ea, neque more militari vigiliae deducebantur; uti cuique libebat, ab signis aberat; lixae permixti cum militibus diu[5] noctuque vagabantur, et palantes agros vastare, villas expugnare, pecoris et mancipiorum praedas certantes agere.

SALLUSTE, *Bellum Jugurthinum,* XLIV, 1 à 5.

1. *habitus :* participe de *habeo.* — 2. *statuit* gouverne *attingere bellum.* — 3. *comitiorum mora :* au lieu de se tenir en 110, les comices avaient eu lieu en janvier 109. Le temps d'arriver en Afrique, Métellus voyait sa campagne d'été singulièrement raccourcie. — 4. *quantum... fuit :* porte sur la proposition qui suit (*plerumque... habebat*). — 5. *diu* = *die.*

122 *Jugurtha harangue ses troupes avant la bataille du Muthul*

109 av. J.-C. (août). Voir les notices des versions précédentes. Après avoir réorganisé l'armée, Métellus envahit la Numidie par la vallée du Bagrada (aujourd'hui la Medjerda, qui se jette dans le golfe de Tunis près d'Utique) et s'empare de Vaga, grenier à blé des grandes plaines. Finalement, Métellus va se heurter sans s'y attendre aux troupes de Jugurtha, sur les bords du Muthul, affluent du Bagrada. Jugurtha est en train d'exhorter ses troupes quand enfin Métellus se rend compte de la présence des Numides.

Singulas turmas et manipulos circumiens monet atque obtestatur uti, memores pristinae virtutis et victoriae, sese[1] regnumque suum ab Romanorum avaritia defendant : « cum eis certamen fore quos antea victos sub jugum miserint[2]; ducem illis, non animum mutatum; quae ab imperatore decuerint[3], omnia suis provisa : locum superiorem, ut prudentes cum imperitis, ne pauciores cum pluribus aut rudes cum belli melioribus manum consererent; proinde parati intentique essent, signo dato, Romanos invadere; illum diem aut omnes labores et victorias confirmaturum, aut maximarum aerumnarum initium fore. » Ad hoc viritim, uti quemque ob militare facinus pecunia aut honore extulerat, commonefacere benefici sui et eum ipsum aliis ostentare; postremo, pro cujusque ingenio, pollicendo, minitando, obtestando, alium alio modo excitare; cum interim Metellus, ignarus hostium, monte degrediens cum exercitu conspicatur.

SALLUSTE, *Bellum Jugurthinum*, XLIX, 2 à 4.

1. *sese :* représente le sujet de la proposition principale (= lui, Jugurtha). — 2. *sub jugum miserint :* voir notice de la version 120. — 3. *decuerint :* suppléer *provideri*; de même comprendre : *provisa (esse a se);* la proposition *omnia provisa* va être développée par *locum..., ut... consererent.*

123 *Seconde phase de la bataille du Muthul*

Août 109 av. J.-C. : la bataille du Muthul (cf. la version précédente) est une des grandes batailles de la guerre; Jugurtha y sera vaincu. Dans une première phase du combat, les Numides attaquent selon leur habitude en harcelant la ligne romaine par la cavalerie : attaque, retraite, nouvelle attaque, etc. Des Romains suivent, ils se font massacrer. Maintenant le combat n'est plus que confusion.

Facies totius negoti varia, incerta, foeda atque miserabilis; dispersi[1] a suis pars cedere, alii insequi; neque signa neque ordines observare; ubi quemque periculum ceperat, ibi resistere ac propulsare; arma, tela, equi, viri, hostes atque cives permixti; nihil consilio neque imperio agi; fors omnia regere. Itaque multum diei processerat, cum etiamtum eventus in incerto erat. Denique omnibus labore et aestu languidis, Metellus, ubi videt Numidas minus instare, paulatim milites in unum conducit, ordines restituit et cohortes legionarias[2] quattuor adversum pedites hostium conlocat. Eorum magna pars superioribus locis fessa consederat. Simul orare[3] et hortari milites ne deficerent neu paterentur hostes fugientes vincere; neque illis[4] castra esse neque munimentum ullum quo cedentes tenderent; in armis omnia sita... Denique Romani, ubi intellegunt neque sibi perfugium esse neque ab hoste copiam pugnandi fieri — et jam diei vesper erat —, adverso colle, sicuti praeceptum fuerat, evadunt. Amisso loco Numidae fusi fugatique; pauci interiere; plerosque velocitas et regio hostibus ignara tutata sunt.

SALLUSTE, *Bellum Jugurthinum,* LI, 1 à 4 + LII, 3-4.

1. *dispersi (Romani).* — 2. cohortes formées uniquement de citoyens romains (une cohorte est la dixième partie d'une légion). — 3. *orare et hortari :* infinitifs de narration. Le sujet est Métellus. — 4. *illis* désigne les Romains.

124 Nouvelle tactique de Métellus. Réactions de Jugurtha

109 av. J.-C. : après la bataille du Muthul et la défaite, Jugurtha ne se décourage pas. Il rassemble de nouvelles troupes. « Voyant son orgueil indomptable », Métellus se « décide à employer d'autres méthodes de guerre ».

Metellus, ubi videt regis etiamtum animum ferocem esse, bellum renovari, quod, nisi ex illius libidine, geri non posset, praeterea iniquum certamen sibi cum hostibus, minore detrimento illos[1] vinci quam suos vincere, statuit non proeliis neque in acie, sed alio more bellum gerendum. Itaque in loca Numidiae opulentissima pergit, agros vastat, multa castella et oppida temere[2] munita aut sine praesidio capit incenditque, puberes interfici jubet, alia omnia militum praedam esse. Ea[3] formidine multi mortales Romanis dediti obsides, frumentum et alia, quae usui forent, adfatim praebita, ubicumque res postulabat, praesidium impositum.

Quae negotia multo magis quam proelium male pugnatum ab suis regem terrebant; quippe cujus[4] spes omnis in fuga sita erat, sequi cogebatur et qui sua loca defendere nequiverat, in alienis bellum gerere. Tamen ex copia[5], quod optimum videbatur consilium capit; exercitum plerumque in isdem locis opperiri jubet; ipse cum delectis equitibus Metellum sequitur, nocturnis et aviis itineribus ignoratus Romanos palantes repente aggreditur. Eorum plerique inermes cadunt, multi capiuntur, nemo omnium intactus profugit.

SALLUSTE, *Bellum Jugurthinum,* LIV, 5 à 10.

1. *illos = hostes.* — 2. *temere* = insuffisamment. — 3. *ea formidine = formidine earum rerum.* — 4. *quippe cujus* = car lui dont...; *et qui* = et lui qui... — 5. *ex copia (rerum)* = étant donné les circonstances.

125 Portrait de Marius

En novembre 109 av. J.-C., Métellus assiège Zama (Zonarim en Tunisie). Marius essaie vainement d'en escalader les murs. Métellus lève le siège et revient dans la province romaine. Tractations avec un lieutenant de Jugurtha, Bomilcar. Mais Jugurtha reprend les hostilités. Le Sénat proroge Métellus dans son commandement pour l'année 108. Vers la même époque, Marius, apprenant par un haruspice que les dieux lui présagent une grande destinée, songe au consulat. Comme bientôt il va jouer le rôle principal, Salluste nous trace son portrait.

Illum jam antea consulatus ingens cupido exagitabat, ad quem capiendum, praeter[1] vetustatem familiae, alia omnia abunde erant : industria, probitas, militiae magna scientia, animus belli ingens, domi modicus, libidinis et divitiarum victor, tantummodo gloriae avidus. Sed is natus et omnem pueritiam Arpini alitus[2], ubi primum aetas militiae patiens fuit, stipendiis[3] faciendis, non Graeca facundia neque urbanis munditiis sese exercuit; ita inter artes bonas[4] integrum ingenium brevi adolevit. Ergo, ubi primum tribunatum militarem a populo petit, plerisque faciem ejus ignorantibus, facile notus per omnes tribus declaratur. Deinde ab eo magistratus alium post alium sibi peperit, semperque in potestatibus[5] eo modo agitabat ut ampliore[6] quam gerebat dignus haberetur. Tamen is ad id locorum talis vir[7] consulatum adpetere non audebat : etiam tum alios magistratus plebes[8], consulatum nobilitas inter se per manus tradebat. Novus nemo tam clarus neque tam egregiis factis erat quin is indignus illo honore et quasi pollutus haberetur.

SALLUSTE, *Bellum Jugurthinum*, LXIII, 2 à 7.

1. *praeter* = excepté (en dépit de la loi qui, depuis 367, autorisait les plébéiens à briguer le consulat, l'ancienneté de la famille restait essentielle pour l'obtenir). — 2. *alitus* vient de *alo, ere*. — 3. *stipendia* = service militaire. — 4. *artes bonas* = les occupations qui font le bon citoyen (ou l'honnête homme). — 5. *potestas* = magistrature civile (*imperium* = commandement militaire). — 6. *ampliore (potestate)*. — 7. *talis vir*, apposition à *is*, valeur concessive. — 8. sous-entendu *habebat* (ou *gerebat*).

126 Métellus refuse à Marius le congé qui lui permettrait d'aller briguer le consulat

109/108 av. J.-C. (voir notice précédente). Marius décide de briguer le consulat. Il demande un congé à son chef, Métellus. Celui-ci, malgré toutes ses qualités, est un aristocrate : il manifeste alors dans son refus toute sa morgue et son mépris.

Marius ab Metello petendi gratia missionem rogat. Cui quamquam virtus, gloria atque alia optanda bonis[1] superabant, tamen inerat contemptor animus et superbia, commune nobilitatis malum. Itaque primum commotus insolita re, mirari ejus consilium, et quasi per amicitiam monere ne tam prava inciperet neu super fortunam animum gereret : « non omnia omnibus cupienda esse; debere illi res suas satis placere; postremo caveret id petere a populo Romano quod illi jure negaretur. » Postquam haec atque talia dixit, neque animus Mari flectitur, respondit[2], ubi primum potuisset per negotia publica, facturum sese quae peteret. Ac postea saepius eadem postulanti[3] fertur dixisse ne festinaret abire; satis mature illum cum filio suo consulatum petiturum. Is[4] eo tempore contubernio patris ibidem militabat, annos natus circiter viginti. Quae res Marium cum pro honore quem adfectabat, tum contra Metellum vehementer accenderat.

SALLUSTE, *Bellum Jugurthinum*, LXIV, 1 à 4.

1. *bonis* = les gens de bien. — 2. le sujet de *respondit* est Métellus; de *peteret*, Marius. — 3. *postulanti (Mario)*. — 4. *is* = le fils de Métellus.

127 Le massacre de Vaga

Dans sa lutte contre Jugurtha, le consul Métellus a réussi à occuper la riche ville numide de Vaga (aujourd'hui Béja, en Tunisie, dans la vallée de la Medjerda). Mais les habitants, qui sont du parti de Jugurtha, profitent de la fête de Cérès (13 décembre 109), au cours de laquelle se déroulent de grandes réjouissances, pour préparer le massacre des Romains.

Ubi tempus fuit, centuriones tribunosque militares et ipsum praefectum oppidi, T. Turpilium Silanum, principes civitatis alius alium domos suas invitant; eos omnes, praeter Turpilium, inter epulas obtruncant; postea milites palantes inermes, quippe in tali die ac sine imperio[1], aggrediuntur. Idem plebes facit, pars edocti ab nobilitate, alii studio talium rerum incitati, quis[2] acta consiliumque ignorantibus tumultus ipse et novae res satis placebant. Romani milites, improviso metu incerti ignarique quid potissimum facerent, trepidare; arce oppidi, ubi signa et scuta erant, praesidium hostium, portae ante clausae fuga[3] prohibebant; ad hoc mulieres puerique pro tectis aedificiorum saxa et alia quae locus praebebat certatim mittere. Ita neque caveri anceps malum, neque a fortissimis infirmissimo generi resisti posse; juxta boni malique, strenui et imbelles inulti[4] obtruncari.

SALLUSTE, *Bellum Jugurthinum*, LXVI, 3-4 + LXVII, 1-2.

1. *sine imperio* = sans commandement = en l'absence des officiers; *quippe* introduit l'explication de *inermes*. — 2. *quis :* archaïsme pour *quibus*. — 3. *arce... fuga :* ablatifs compl. de *prohibebant* (phrases parallèles). — 4. *inulti :* sens réfléchi.

128 Comment fut fixée la frontière entre Carthage et Cyrène

La région des Syrtes est particulièrement déserte et aucun élément naturel ne permettait d'y fixer la frontière entre deux grandes villes commerçantes rivales : Carthage, la ville phénicienne, et Cyrène, colonie grecque fondée au VIIe siècle. Elles employèrent, pour la déterminer, une curieuse méthode.

Postquam utrimque legiones, item classes saepe fusae fugataeque et alteri alteros aliquantum adtriverant, veriti ne mox victos victoresque defessos alius aggrederetur, per indutias sponsionem faciunt uti certo die legati domo proficiscerentur: quo in loco inter se obvii fuissent, is communis utriusque populi finis haberetur[1]. Igitur Carthagine duo fratres missi, quibus nomen Philaenis[2] erat, maturavere iter pergere; Cyrenenses tardius iere. Id socordiane an casu acciderit, parum cognovi... Postquam Cyrenenses aliquanto posteriores se esse vident, et ob rem corruptam domi poenas metuunt, criminari Carthaginienses ante tempus domo digressos, conturbare rem, denique omnia malle quam victi abire. Sed cum Poeni aliam condicionem, tantummodo aequam, peterent, Graeci[3] optionem Carthaginiensium faciunt ut vel illi, quos fines populo suo peterent, ibi vivi obruerentur, vel eadem condicione sese quem in locum vellent processuros. Philaeni, condicione probata, seque vitamque suam rei publicae condonavere : ita vivi obruti. Carthaginienses in eo loco Philaenis fratribus aras consecravere, aliique illis domi honores instituti.

SALLUSTE, *Bellum Jugurthinum,* LXXIX, 4 à 10 sauf 6.

1. *haberetur :* ce subj. dépend toujours de *uti.* — 2. *Philaenis :* au datif par attraction de *quibus.* — 3. *Graeci* = ici « les Cyrénéens » d'origine grecque.

129 Invectives contre les nobles

Marius le démocrate vient d'être élu au consulat. Homme nouveau, il a eu à souffrir de la noblesse qui tenait toutes les places (cf. version n° 126) et était souvent corrompue. Devant le peuple, il dénonce la turpitude de ses adversaires politiques.

Quis[1] nobilitas freta, ipsa dissimilis moribus, nos illorum aemulos contemnit, et omnes honores non ex merito, sed quasi debitos a vobis repetit. Ceterum homines superbissimi procul errant. Majores eorum omnia quae licebat illis reliquere, divitias, imagines, memoriam sui praeclaram; virtutem non reliquere, neque poterant: ea sola neque datur dono neque accipitur. Sordidum me et incultis moribus aiunt, quia parum scite convivium exorno, neque histrionem ullum neque pluris preti[2] coquum quam villicum habeo. Quae mihi libet confiteri, Quirites. Nam ex parente meo et ex aliis sanctis viris ita accepi, munditias mulieribus, viris laborem convenire, omnibusque bonis oportere plus gloriae quam divitiarum esse; arma, non supellectilem decori esse. Quin ergo, quod juvat, quod carum aestimant, id semper faciant; ament, potent; ubi adulescentiam habuere, ibi senectutem agant, in conviviis, dediti ventri et turpissimae parti corporis; sudorem, pulverem et alia talia relinquant nobis, quibus illa epulis jucundiora sunt.

SALLUSTE, *Bellum Jugurthinum,* LXXXV, 37 à 41.

1. *quis* = *quibus* (abl. archaïque du relatif); ce relatif de liaison représente les ancêtres glorieux dont il vient d'être question. — 2. *preti* = *pretii.*

130 Un discours plein de diplomatie

Voici un discours de Sylla à Bocchus, roi de Maurétanie. Celui-ci a demandé à Marius de lui envoyer des négociateurs, et Marius a envoyé Sylla. L'ambassadeur romain trouve habile de présenter le premier ses propositions, bien que d'ordinaire l'invité ne parle pas avant son hôte. Naturellement, Sylla ne pense pas tout ce qu'il dit : Bocchus est jusqu'alors un ennemi allié à Jugurtha; mais il serait bon de le rallier aux Romains.

Rex Bocche, magna laetitia nobis est, cum[1] te talem virum di monuere uti aliquando pacem quam bellum malles, neu te optimum cum pessimo omnium Jugurtha miscendo commaculares, simul nobis demeres[2] acerbam necessitudinem pariter te errantem et illum sceleratissimum persequi. Ad hoc populo Romano jam a principio inopi melius visum amicos quam servos quaerere, tutiusque rati[3] volentibus quam coactis imperitare. Tibi vero nulla[4] opportunior nostra amicitia, primum quia procul absumus, in quo[5] offensae minimum, gratia par ac si prope adessemus; dein quia parentes[6] abunde habemus, amicorum neque nobis neque cuiquam omnium satis fuit. Atque hoc[7] utinam a principio tibi placuisset! Profecto ex populo Romano multo plura bona accepisses quam mala perpessus es. Sed quoniam humanarum rerum fortuna pleraque regit, cui scilicet placuit et vim et gratiam nostram te experiri, nunc, quando per illam licet, festina atque uti coepisti perge. Multa atque opportuna habes quo facilius errata officiis superes. Postremo hoc in pectus tuum demitte, numquam populum Romanum beneficiis victum esse. Nam bello quid valeat, tute[8] scis.

SALLUSTE, *Bellum Jugurthinum,* CII, 5 à 11.

1. *cum* + indic. équivaut ici à un *quod* compl. des verbes de sentiment (*laetitia est nobis* équivaut en effet à *gaudemus*). — 2. *demeres :* sous-entendre *uti* devant ce verbe. — 3. *rati (sunt Romani)*; ces mots sont à tirer de *populo Romano.* En somme, la phrase change très librement de construction d'après le sens (c'est ce qu'on appelle une syllepse). — 4. *nulla (amicitia).* — 5. *in quo,* neutre = chose par laquelle. Après *offensae* et *gratia,* sous-entendre le verbe être. — 6. *parentes :* ne pas traduire par « parents » ! *Fuit* est un parfait d'expérience à traduire par un présent. — 7. *hoc* = « ton attitude actuelle ». — 8. *tute :* forme renforcée de *tu* = *tu ipse.*

131 Les hésitations du roi Bocchus

Bocchus, roi de Maurétanie, était allié à Jugurtha. Mais, très versatile, il avait déjà ouvert plusieurs négociations avec les Romains (cf. version précédente). Nous sommes en 105, à un moment capital : une conférence pour la paix, à laquelle participeront Jugurtha et Sylla, doit avoir lieu en Maurétanie. Mais Sylla, alors questeur, a demandé à Bocchus d'en profiter pour se saisir de Jugurtha et le lui livrer, et Jugurtha vient de lui suggérer la même chose en ce qui concerne Sylla. Quelle sera finalement la victime ? (cf. Histoire romaine).

Haec[1] Maurus secum ipse diu volvens tandem promisit; ceterum dolo an vere cunctatus[2], parum comperimus. Sed plerumque regiae[3] voluntates ut vehementes sic mobiles, saepe ipsae sibi adversae. Postea tempore et loco constituto, in colloquium uti[4] de pace veniretur, Bocchus Sullam modo, modo Jugurthae legatum appellare, benigne habere, idem ambobus polliceri; illi pariter laeti ac spei bonae pleni esse. Sed nocte ea quae proxima fuit ante diem colloquio decretum, Maurus, adhibitis amicis ac statim immutata voluntate remotis, dicitur secum ipse multum agitavisse, vultu et oculis pariter atque animo varius; quae[5] scilicet ita tacente ipso occulta pectoris patefecisse. Tamen postremo Sullam arcessi jubet et ex illius sententia Numidae insidias tendit. Deinde ubi dies advenit et ei nuntiatum est Jugurtham haud procul abesse, cum paucis amicis et quaestore nostro quasi obvius honoris causa procedit in tumulum facillimum visu insidiantibus. Eodem Numida cum plerisque necessariis suis inermis[6], uti dictum erat, accedit, ac statim, signo dato, undique simul ex insidiis invaditur. Ceteri obtruncati; Jugurtha Sullae vinctus traditur, et ab eo ad Marium deductus est.

SALLUSTE, *Bellum Jugurthinum,* CXIII.

1. *haec* = les propositions de Jugurtha. *Maurus :* Bocchus; comme plus bas *Numida :* Jugurtha. — 2. (*utrum*) *dolo an vere cunctatus* (*sit*). — 3. *regiae* = *regum.* Constatation d'ordre général que fait Salluste. — 4. *in colloquium uti* = *ut in colloquium.* — 5. *quae,* neutre pluriel = cette agitation. *Patefecisse* (*dicuntur*). — 6. *inermis* = nominatif.

132 Lépide contre Sylla. Le peuple romain doit être énergique : la faiblesse de Sylla est réelle. Il ne peut compter sur ses soldats

79 av. J.-C. ou début 78. Un ancien partisan de Sylla, M. Aemilius Lepidus, ambitieux et rapace, est passé au parti démocratique après l'abdication du dictateur. Il attaque violemment son ancien maître devant le peuple romain et pousse celui-ci à détruire les actes de Sylla.

Neque jam quid existimetis de illo, sed quantum audeatis vereor, ne alius alium principem[1] expectantes ante capiamini non opibus ejus, quae futiles et corruptae sunt, sed vestra socordia, qua captum ire licet et, quam audeas[2], tam videri felicem. Nam praeter satellites commaculatos quis eadem vult, aut quis non omnia mutata praeter victoriam ? Scilicet milites quorum sanguine Tarulae Scirtoque[3], pessimis servorum, divitiae partae sunt ? An quibus praelatus in magistratibus capiendis Fufidius[4], ancilla turpis, honorum omnium dehonestamentum? Itaque maximam mihi fiduciam parit victor exercitus, cui per tot vulnera et labores nihil praeter tyrannum quaesitum est; nisi forte tribuniciam potestatem eversum profecti sunt[5], per arma conditam a majoribus suis, utique[6] jura et judicia sibimet extorquerent: egregia scilicet mercede, cum relegati in paludes et silvas contumeliam atque invidiam[7] suam, praemia penes paucos intellegerent.

SALLUSTE, *Histoires, lettres et discours*, I, 20-23.

1. *principem* (attribut de *alium*) = sens étymologique: qui met le premier la main à l'œuvre. — 2. *audeas:* valeur indéfinie de la 2ᵉ pers. du sing. — 3. *Tarula* et *Scirtus:* sans doute d'anciens esclaves de Sylla, à peu près inconnus. — 4. *Fufidius:* ancien centurion, favori de Sylla. — 5. sujet: *milites* (à tirer de *victor exercitus*). — 6. *utique* = *et uti (ut)*; le but, d'abord indiqué par le supin (*eversum*), est rendu maintenant par *ut*. — 7. comprendre: *contumeliam atque invidiam esse suam, praemia esse penes paucos*.

133 Lettre de Pompée au Sénat (75 av. J.-C.)

En 77 av. J.-C., devant les succès remportés par Sertorius en Espagne, craignant qu'il n'envahît l'Italie, les sénateurs avaient confié à Pompée la guerre d'Espagne. Pompée en quarante jours leva une armée en Italie, franchit les Alpes et arriva en Espagne au printemps 76. Guerre difficile; ennemis rudes et braves. Par ailleurs Rome, considérablement appauvrie à l'époque, n'envoyait ni soldats, ni solde. Exaspéré par l'indifférence apparente de Rome devant ses nombreuses demandes, Pompée écrivit cette lettre au Sénat. Le Sénat s'occupa de la question au commencement de l'année 74 et les nouveaux consuls donnèrent rapidement satisfaction à Pompée.

Si adversus vos patriamque et deos penates tot labores et pericula suscepissem quotiens a prima adulescentia ductu meo scelestissimi hostes fusi et vobis salus quaesita est, nihil amplius in absentem me statuissetis quam adhuc agitis, patres conscripti, quem contra aetatem projectum ad bellum saevissimum, cum exercitu optime merito, quantum est in vobis, fame, miserrima omnium morte, confecistis. Hacine spe populus Romanus liberos suos ad bellum misit? Haec sunt praemia pro vulneribus et totiens ob rem publicam fuso sanguine? Fessus scribendo mittendoque legatos, omnes opes et spes privatas meas consumpsi, cum interim a vobis per triennium vix annuus sumptus datus est. Per deos immortales, utrum censetis me vicem aerari praestare an exercitum sine frumento et stipendio habere posse?

...Quod[1] ego vos moneo quaesoque ut animadvertatis, neu cogatis necessitatibus privatim mihi consulere... Ego non rem familiarem modo, verum etiam fidem consumpsi. Reliqui vos estis; qui[2] nisi subvenitis, invito et praedicente me, exercitus hinc et cum eo omne bellum Hispaniae in Italiam transgredientur.

SALLUSTE, *Histoires, lettres et discours*, IV, 1 à 3 et 8 à 10.

1. *quod:* relatif de liaison, rappelle ce qui précède; complément de *animadvertatis*. — 2. *qui:* relatif de liaison; antécédent: *vos;* sujet de *subvenitis*.

CORNELIUS NEPOS

Cet historien latin vécut entre −100 et −27. Originaire de Gaule Cisalpine, peut-être de Padoue, il fut l'ami de Cicéron, d'Atticus, de Catulle. Très lié également avec Varron, il se tourna vers l'histoire après s'être occupé de poésie. On sait peu de chose sur lui. Il fut marié, perdit un enfant: c'est Cicéron qui nous le dit. Il se tint à l'écart de la vie publique. Il survécut à ses amis, mais pratiquement nous ignorons la date de sa mort. Catulle lui dédia son recueil de poèmes.

Ses œuvres

Il nous reste de lui un traité *Des grands généraux des nations étrangères*, probablement dans son entier, deux traités *Des historiens latins*, une *lettre de Cornélie* détachée de son contexte, et quelques fragments. En fait, il écrivit beaucoup plus et son œuvre comprenait:

- quelques poésies légères;
- les *Chronica* ou *Chroniques* en trois livres (−54), ouvrage savant et consciencieux consacré à la période la plus reculée de l'histoire;
- les *Exempla* ou *Exemples,* comprenant au moins cinq livres, sorte d'histoire de la civilisation romaine;
- le *De viris illustribus (Sur les hommes illustres)*, composé de 16 livres, dont en particulier *Des grands généraux des nations étrangères* et *Des historiens latins;* cet ouvrage contenait, en séries parallèles, l'histoire des grands hommes qui, à Rome et hors de Rome, se sont distingués dans la vie militaire, la politique ou les lettres;
- deux *Vies* détachées, celle de *Caton* et celle de *Cicéron;*
- et probablement une *Géographie.*

Son art

Il n'a pas voulu écrire une histoire, il s'en défend. Il n'expose que des biographies où le point essentiel est moral et édifiant. Il crée en quelque sorte l'abrégé, la compilation anecdotique et la biographie. Il manque d'ailleurs de presque toutes les qualités du grand historien et en particulier de l'imagination dramatique et des idées générales. Cependant, il nous présente des personnages bien caractérisés, susceptibles de nous émouvoir, car il est très habile à conter des anecdotes et il est doté de qualités oratoires. Si la pensée est pauvre, toutes les finesses de la rhétorique entrent en jeu.

Ne cherchons donc pas chez lui une valeur historique, ne faisons pas de lui un styliste: sa langue est moins pure qu'on ne l'a dit et les archaïsmes y abondent. Retenons cependant que les anciens lui ont attribué assez de valeur pour en faire l'instrument de l'éducation de la jeunesse.

■ *L'ÉRUDITION*

«Chez les Romains, l'érudition s'inspire, comme l'histoire, du sentiment patriotique. À l'époque de Cicéron, les troubles sociaux qui menacent l'ordre des choses avivent l'esprit de tradition; il en est de même des critiques dont la vieille école poétique romaine est l'objet de la part des néo-alexandrins» (J. Humbert).

On s'intéresse à toutes les connaissances sous l'influence de la philosophie grecque, mais avec une avidité encyclopédique et des préoccupations morales bien romaines.

Ateius Praetextatus, Grec affranchi, ouvrit une école: on a dit de lui qu'il était «un rhéteur parmi les grammairiens,un grammairien parmi les rhéteurs». Il écrivit de nombreux ouvrages où il montra du talent. Ami de Salluste et d'Asinius Pollion, il les aida dans leurs études historiques.

L. Orbilius Pupilius, chevalier romain, né en −114 à Bénévent, possédait une forte culture. Après bien des épreuves, il se mit à enseigner. Il est surtout connu pour avoir été le maître d'Horace (*Épitres*, II, 1, 70). Mais ses travaux, qui avaient de la valeur, sont perdus pour nous.

P. NIGIDIUS FIGULUS, préteur en −58, mort exilé par César en −45. Il s'est occupé de vocabulaire dans ses *Commentaires grammaticaux*. Il s'occupa également d'astronomie, de physique, d'histoire naturelle et se livra à une théologie imprégnée de pythagorisme. D'après J. Carcopino, son prestige et son action furent essentiels.

Pour la jurisprudence, on peut citer SER. SULPICIUS RUFUS, consul en −51. Il introduisit les méthodes de la philosophie dans la science du droit, lui donnant ainsi de l'unité. C. TREBATIUS TESTA, mis en scène par Horace dans une *Satire*, s'occupa de droit civil et de droit sacré.

Mais le plus érudit de l'époque fut, sans conteste, VARRON.

VARRON

MARCUS TERENTIUS VARRO est un écrivain polygraphe latin dont la vie se situe entre −116 et −27.

VARRON est le plus illustre représentant de l'érudition romaine. Il était natif de Réate (Rieti) en Sabine, issu d'une vieille et illustre famille apparentée à des chevaliers. Il étudia, à Rome, la grammaire avec *Aelius Stilpon*, à Athènes, la philosophie avec *Antiochus d'Ascalon*. Il fit une carrière sénatoriale, fut lieutenant de Pompée en Espagne en 76, puis, contre les pirates (67), commandant d'une partie de la flotte en Méditerranée. Il devint successivement édile, tribun, préteur. Il participa à la guerre civile dans les rangs des pompéiens, mais, après Pharsale, il se réconcilia avec César qui le chargea d'organiser les premières bibliothèques publiques à Rome. Il fut proscrit par Antoine, sauvé par Calienus. La paix était rétablie; il se consacra alors à son œuvre et mourut à un âge avancé en −27. Sa longue existence lui avait permis d'être le contemporain à la fois de Lucilius, de César, de Cicéron, d'Horace et de Virgile.

Passionné par l'étude, même pendant ses campagnes il effectuait des recherches; il était grand dévoreur de livres. Son milieu familial, ses goûts le portaient vers le passé, ce qui explique chez cet ami de Cicéron un mélange d'archaïsme et d'actualité. Sa longue vie, en dehors de ses actions politiques et militaires, est faite essentiellement de lectures et d'écrits en tout genre. Il a rédigé 74 ouvrages en 620 livres environ. De cette œuvre immense, nous possédons encore les livres V à X, d'ailleurs mutilés, du *De lingua latina*, les 3 livres de l'*Économie rurale* (*Res rusticae* ou *Rerum rusticarum libri III*), des fragments des *Satires Ménippées* et des *Antiquités*. Parmi les ouvrages perdus citons :

- les livres de philosophie : *Logistorici*, discours prêtés à des personnages célèbres de l'histoire ou de la légende; *De forma philosophiae*, en trois livres; *De philosophia*, traité sur le souverain bien;
- les ouvrages d'érudition comme les *Imagines* (ou *Hebdomades*), biographie de 700 hommes illustres;
- des traités d'histoire littéraire; VARRON s'est en particulier préoccupé de l'authenticité des pièces de Plaute;
- des traités techniques sur l'art nautique, l'arpentage, la géographie, les mathématiques;
- un manuel traitant des sciences nécessaires à l'éducation du jeune Romain : *Disciplinae* ou *Disciplinarum libri VIII*;
- enfin des livres de droit, des poésies, des discours, des lettres.

Assurément VARRON n'est pas un grand écrivain. Sa documentation est peut-être bonne à cause de ses lectures et de son sens du passé; mais il ne possède pas assez d'esprit critique, il enregistre plus qu'il ne discerne. Cependant, son bon sens lui permet souvent de se sauver des grosses erreurs. Il est peut-être pédant et trop méthodique, mais il sait apporter à l'organisation de son œuvre une volonté de composition littéraire; celle-ci pourtant tourne encore à l'excès : une preuve en est son goût de la subdivision infinie.

Mais n'oublions pas qu'il a été un novateur en philosophie et en archéologie : il résuma la science de son temps, s'éleva au-dessus des préjugés de sa race. Il nous a conservé des renseignements très intéressants sur la Rome archaïque, notant les usages, les rituels. Car il était fort attaché à la coutume des ancêtres et il tenta une reconstruction et une apologie du passé. Il a peut-être encouragé Auguste dans le retour qu'il a tenté à la religion des Anciens. Il est l'homme de la tradition, mais cet amour du temps jadis ne l'empêchait pas de jouir du présent.

Il exerça une influence considérable sur l'érudition, la critique littéraire, la philologie de son temps. Ses ouvrages ont été considérés comme une encyclopédie où l'on pouvait puiser (témoin saint Augustin) et ceci pendant toute l'antiquité et le Moyen Âge. VARRON demeure pour nous une mine d'informations.

DE LINGUA LATINA

Si nous ne possédons pas cet ouvrage en entier, nous avons l'avantage d'en avoir gardé autre chose que des fragments. VARRON s'y occupe de l'origine de la langue, de questions d'étymologie, des déclinaisons et de la syntaxe.

Il ne faut pas demander à cet écrivain des qualités de linguiste qu'on ne pouvait avoir à cette époque. Et, comme nous l'avons dit, il n'est pas un grand écrivain. Mais ce travail a pour nous une grande valeur documentaire et, à l'occasion, VARRON a des aperçus originaux.

RES RUSTICAE (ou *Rerum rusticarum libri III*)

Ce traité de VARRON est appelé habituellement: *Économie rurale.* Il l'avait dédié à sa femme Fundania. Il fut écrit vers 36 av. J.-C., VARRON avait 80 ans. L'ouvrage se divise en trois livres ou plutôt trois dialogues qui traitent:

- de la culture en général, des qualités du sol, des travaux appropriés (livre I);
- du pâturage et des troupeaux; le bétail petit et gros: brebis, chèvres, porcs, bœufs, ânes, chevaux, mulets, chiens et bergers (livre II);
- des volières, garennes, basses-cours, ruches, viviers (livre III).

Techniquement, VARRON connaît son sujet: il est gros propriétaire en Sabine; il a lu d'autres agronomes, Caton, Magon par exemple. Il a fait des enquêtes auprès d'autres fermiers. Il permet de voir les progrès accomplis depuis Caton l'Ancien: on ne croit plus aux formules magiques, mais on admire les superfluités du luxe. Le lecteur y trouve également des éléments sympathiques: bonté pour les animaux et les esclaves, amour de la nature, inquiétude devant la décadence de l'agriculture italienne.

Adoptant le genre du dialogue, VARRON s'est ingénié à varier lieu, cadre, circonstances, personnages. Il a soigné la composition, le plan, proportionné les parties, introduisant la variété par des anecdotes et des détails. Le style manque peut-être de sentiment, mais possède de la bonhomie.

Voici quelques exemples de la prose de VARRON, tirés du *Res rusticae* (trad. M. Wolf).

- Il présente son ouvrage de cette façon: «Si j'avais du loisir, Fundania, je donnerais une meilleure forme à cet ouvrage. Tu l'auras tel que peut le faire un homme qui se dépêche: car si l'on peut dire que l'existence n'est qu'une bulle d'air, c'est encore plus vrai quand on est vieux. J'ai quatre-vingts ans; c'est l'annonce de plier bagage et de se tenir prêt à partir. Tu viens d'acheter un fonds de terre [...] et tu réclames à ce sujet mes soins et mes conseils. J'y ferai de mon mieux.» (I, 1).

- Voici comment il faut organiser une *villa* (ferme): «Ménagez à vos domestiques un lieu de réunion où, lorsqu'ils souffrent de la fatigue, de la chaleur, ou du froid, ils puissent se reposer et se remettre [...]. On devra ménager dans la basse-cour des remises spacieuses pour les charrettes et les autres ustensiles, afin qu'ils soient couverts de la pluie» (I,13). Et il continue de cette manière, parlant de la cour, du fumier, de l'écoulement des eaux, etc.

- Il déplore la décadence de l'agriculture: «Nos grands aïeux avaient bien raison de mettre l'homme des champs au-dessus de l'homme des villes. En effet, autant les habitudes d'une maison de plaisance semblent oiseuses à nos campagnards, s'ils les comparent à la laborieuse agitation d'une ferme, autant cette première existence paraissait-elle active à nos ancêtres auprès de la paresse des citadins. Aussi avaient-ils partagé leur temps de façon à ne donner aux affaires de la ville que deux jours sur neuf, consacrant les sept autres exclusivement aux occupations rivales [...]. Comme de nos jours il n'est guère de chef de famille qui, laissant là faux et charrue, n'ait émigré dans l'enceinte de Rome, et ne consacre à applaudir au cirque et au théâtre les mains jadis occupées aux champs et aux vignobles, il en résulte qu'aujourd'hui nous payons pour qu'on nous apporte d'Afrique et de Sardaigne le blé qui nous nourrit, et que nous allons par mer faire vendange à Cos et à Chio» (II, *Préface*).
- Enfin, comme Virgile, il sait parler des abeilles: «Le changement de ruche sans changement de place exige [...] certaines précau-

tions. On frotte par exemple les nouvelles ruches de mélisse, ce qui est pour les abeilles un grand appât, et dans chacune on place près de l'ouverture quelques rayons de miel; cette provision toute faite leur donne le change sur leur translation [...]. On appelle *propolis* la matière dont se servent les abeilles, surtout en été, pour boucher l'ouverture de leur ruche. C'est la même substance que les médecins emploient pour les emplâtres [...]. Quand les abeilles se montrent paresseuses à sortir et restent dans les ruches en trop grand nombre, il faut avoir recours aux fumigations, et placer dans leur voisinage quelques herbes odoriférantes, surtout de la mélisse et du thym. Les plus grands soins sont indispensables pour les empêcher de périr de l'excès de froid ou de la chaleur» (III, 16).

L'EMPIRE ROMAIN

LE HAUT-EMPIRE (27 av. J.-C. - 235 apr. J.-C.)

ÉVÉNEMENTS HISTORIQUES

I. Le premier siècle apr. J.-C.

AUGUSTE OU L'ÉTABLISSEMENT DU PRINCIPAT (27 av. J.-C.-14 apr. J.-C.)

■ *L'ÉTABLISSEMENT DU PRINCIPAT*

Auguste ne voulut jamais être désigné par le nom de dictateur ou de roi. Il n'est que le *Princeps* (premier personnage du Sénat et de la République), mais il s'attribue les pouvoirs essentiels : puissance tribunicienne (23 av. J.-C.), imperium proconsulaire (28 av. J.-C.), grand pontificat (12 av. J.-C.). Il porte constamment le titre d'imperator, peut présenter des candidats aux magistratures. En outre, il exerce les pouvoirs des anciens censeurs et s'occupe du ravitaillement de Rome. De plus, se répand à Rome et dans l'empire la coutume du *culte impérial :* on sacrifie à Rome et à Auguste. Celui-ci réorganise par ailleurs l'ordre sénatorial et l'ordre équestre, paralyse les anciennes magistratures tout en les laissant subsister, crée de nouveaux organes : conseil de l'Empereur, préfets de la Ville, du Prétoire, des Vigiles (police nocturne et incendie), de l'Annone (ravitaillement), etc. Auguste essaie également de lutter contre la désorganisation de la famille et l'affaiblissement de la croyance religieuse : les résultats qu'il obtiendra seront médiocres.

■ *POLITIQUE EXTÉRIEURE*

Auguste crée une armée permanente faite de légions de citoyens, d'ailes de cavalerie et de cohortes d'auxiliaires. Ces armées seront commandées par Agrippa et par Tibère et Drusus, les deux fils d'un premier mariage de la femme d'Auguste, Livie.

À partir de 26 av. J.-C., on achève la soumission et la conquête de l'*Espagne* (pays des Cantabres).

L'Orient. Par la diplomatie, Auguste établit une sorte de protectorat sur l'Arménie; il échoue avec les Parthes, cependant il les intimide et, en 20 av. J.-C., ils lui rendent les drapeaux pris sur Crassus.

Les Alpes et le front danubien. Drusus et Tibère conquièrent en de dures campagnes la Suisse orientale, la Bavière, l'Autriche, la Hongrie occidentale, la Yougoslavie et la Bulgarie actuelles. Les campagnes commencent en 15 av. J.-C. Pratiquement, vers 10 av. J.-C., cinq provinces sont constituées de l'ouest à l'est : Rhétie, Norique, Pannonie, Dalmatie, Mésie. En fait, les campagnes dureront jusqu'au début de notre ère.

La Germanie. Le meilleur moyen de protéger la Gaule, c'est d'occuper la Germanie. Drusus et Tibère commencent en 12 av. J.-C.; Drusus, en 9 av. J.-C., atteint l'Elbe, quand il meurt. En 6 av. J.-C. la conquête de la Germanie paraît achevée sous la direction de Tibère. Le massacre des légions de Varus dans les forêts de Teutobourg par les Germains que commande Arminius révèle la précarité de cette conquête (9 apr. J.-C.).

En 14 apr. J.-C., meurt Auguste : il a établi solidement l'Empire. Il a assuré la succession en associant *Tibère* aux pouvoirs proconsulaire et tribunicien. Il a rétabli l'équilibre dans tous les territoires. La paix a fait son œuvre : toute une littérature fleurit à son époque, celle du « Siècle d'Auguste ».

LES SUCCESSEURS D'AUGUSTE : LA DYNASTIE JULIO-CLAUDIENNE (14-68 apr. J.-C.)

■ TIBÈRE (TIBERIUS CLAUDIUS NERO), 14-37

Il accède facilement au trône : quelques révoltes de légions furent réprimées par Drusus, son fils, et par Germanicus, son neveu et fils adoptif.

À l'extérieur : il ne voulut pas de conquêtes. En Germanie, il se contente de faire venger Varus : campagne de Germanicus (14-16). On ne peut d'ailleurs venir à bout d'Arminius. Germanicus est envoyé ensuite en Orient (17); il rétablit l'ordre troublé par une nouvelle dynastie parthe. Germanicus achève sa tâche en 19. Il meurt. On soupçonne Tibère de l'avoir fait empoisonner.

À l'intérieur : évolution de son gouvernement. Tibère, avec un brillant passé de général et d'administrateur, était pourtant un homme aigri et triste. Il essaya d'abord de vivre en bonne intelligence avec le Sénat et il donna tous ses soins à l'administration des provinces (qui n'eurent jamais à se plaindre de lui). Mais, à la mort de Sallustius Crispus (fils de Salluste), il devient plus méfiant et se sert de la loi *de majestate* contre la noblesse. Il encourage les délations et va s'enfermer dans l'île de Capri en laissant le pouvoir au préfet du prétoire *Séjan*. Celui-ci décime les sénateurs et fait disparaître le fils de Tibère, Drusus, et les princes de la famille impériale. Tibère ne se laisse pas surprendre et le fait exécuter (31). Son règne devient de plus en plus sombre. Mais à la mort de l'empereur, le trésor public est abondamment pourvu. C'est sous le règne de Tibère que *Jésus de Nazareth* fit sa prédication : il était né sous Auguste, en −6 ou −4.

■ CALIGULA (CAIUS JULIUS GERMANICUS), 37-41

Populaire à son avènement (il était fils de Germanicus), pendant quelques mois il inspira les plus vives espérances. Malheureusement il les déçut très vite.

À l'extérieur : il abandonna l'Arménie, fit exécuter Ptolémée, fils de Juba II et voulut annexer la Maurétanie (40).

À l'intérieur : il donna vite des signes de déséquilibre et voulut imposer une monarchie absolue. Il se livra surtout à des extravagances, se déclara dieu et voulut nommer son cheval consul. Il se complut à de sanglantes exécutions. Il fut assassiné par un tribun prétorien : Chaerea.

■ CLAUDE (TIBERIUS CLAUDIUS CAESAR AUGUSTUS), 41-54

Frère de Germanicus, oncle de Caligula dont il était le souffre-douleur, il est nommé empereur par les prétoriens et à prix d'argent : c'est là un précédent dangereux.

Politique extérieure

- Écrasement des soulèvements en Maurétanie par Suetonius Paulinus (41-42).
- Annexion de l'État juif d'Agrippa (44).
- L'acte le plus glorieux du règne est la conquête de la Bretagne (Angleterre); jusqu'alors les Romains n'y avaient fait que des incursions. En quelques années (43-47), toute la Bretagne méridionale est conquise.

• Sur le Rhin, Corbulon s'avance victorieusement contre les Frisons et les Chauques, mais Claude le rappelle en arrière. On fonde une colonie romaine à Cologne *(Colonia Claudia Augusta Agrippinensium)*, en 47-50.

Politique intérieure

• C'est le gouvernement des affranchis, Grecs arrogants, cupides, mais au courant des affaires : Polybe, Narcisse, Pallas, Calliste; ils gouvernent fort bien. Mais il y a encore de sanglantes exécutions, car Claude était peureux.

• Claude et les femmes. Il subit l'influence de ses deux femmes : d'abord *Messaline* qui, si elle lui donna un fils, Britannicus, le ridiculisa (elle fut exécutée); puis *Agrippine*, qui lui fit adopter le futur Néron et finalement empoisonna Claude.

■ *NÉRON (L. DOMITIUS AHENOBARBUS, PAR ADOPTION « NERO CLAUDIUS »), 54-68*

Formé par Sénèque le philosophe et par Burrhus, préfet du prétoire, il régna pendant cinq ans à la satisfaction de tous (pourtant meurtre de Britannicus en 55).

Mais sous l'influence de sa seconde femme Poppée, il sombre dans la tyrannie et le crime : assassinat de sa mère (59), persécution des chrétiens accusés de l'incendie de Rome (64), exécution de nombreux nobles (ou ordre de s'ouvrir les veines) à la suite de la conjuration de Pison dont Pison, Sénèque, Lucain, Pétrone, etc. (65).

Politique intérieure : elle fut faible et caractérisée par la haine de Néron à l'égard de la noblesse (ce qui explique que cet empereur a pu être « populaire »). Il s'occupa surtout de ses ambitions d'histrion, car il se croyait un grand artiste, un grand acteur et un grand cocher. Il ruina le trésor par ses dilapidations : construction de la Maison Dorée après le grand incendie de Rome.

Politique extérieure

• En Bretagne (Angleterre), soulèvement de la reine Boudicca, réprimé par Suetonius Paulinus (61).

• En Orient (58-63), Corbulon réoccupe l'Arménie, convoitée par Vologèse, roi des Parthes. Les Parthes infligent en 62 une lourde défaite sur le front de Cappadoce au successeur de Corbulon. Celui-ci doit rétablir la situation. Comme récompense, il devra s'ouvrir les veines.

• En 66, les Juifs se révoltent. Vespasien est chargé de la répression.

• L'insurrection de Vindex, gouverneur de la Lugdunaise, provoque, malgré la défaite de celui-ci, la marche de Galba sur Rome. Néron, abandonné par les prétoriens, se fait tuer par un esclave (juin 68).

LA CRISE DE 68-69

L'action de l'armée qui s'était déjà manifestée par l'élection de Claude va s'accentuer ici : quatre empereurs se succéderont en dix-huit mois.

■ *GALBA (juin 68-15 janvier 69)*

Gouverneur de la Tarragonaise et proclamé empereur par son armée à 73 ans, Galba se signale par sa dureté (il fait décimer les soldats de la flotte) et par son avarice (il refuse des gratifications aux prétoriens). Il essaie de collaborer avec le Sénat et les nobles. Mais le peuple regrette Néron, et l'armée de Germanie se soulève en faveur de son chef, Vitellius. Galba, pour assurer la succession, adopte Pison, peu populaire lui aussi (9 janvier 69). Othon, premier époux de Poppée, s'appuyant sur les prétoriens et la populace, le fait assassiner (15 janv.) ainsi que Pison.

■ *OTHON (15 janvier-14 avril 69)*

Othon doit faire face à la révolte de l'armée de Germanie qui descend en deux colonnes sur l'Italie. Il est battu à *Bédriac* près de Crémone et se suicide. Vitellius devient empereur.

■ *VITELLIUS (14 avril-21 décembre 69)*

Cet empereur se distingua surtout par son insatiable gloutonnerie. Par ailleurs il remplaça les prétoriens par une garde formée de l'élite des légions et prit pour ministres des chevaliers.

Mais l'armée d'Orient se soulève et proclame *Vespasien* empereur. Mucien, légat de Syrie, et Antonius Primus se rallient à lui. Antonius Primus à la tête des armées du Danube descend sur l'Italie, bat l'armée vitellienne à *Bédriac* (remarquer la coïncidence), le 24 octobre, puis entre dans Rome où Vitellius est tué (21 décembre 69). Vespasien est proclamé empereur par le Sénat (22 décembre). Mucien, en attendant l'arrivée de Vespasien, assure le gouvernement provisoire.

LES EMPEREURS BOURGEOIS OU LA DYNASTIE DES FLAVIENS (69-96)

■ *VESPASIEN (T. FLAVIUS VESPASIANUS), 69-79*

Avec lui arrive au pouvoir non plus la haute aristocratie romaine, mais la bourgeoisie italienne. Comme il n'est pas empereur par la noblesse du sang, il se veut l'objet d'une désignation céleste. Grâce à des qualités solides, il répare les désastres de la guerre civile et restaure l'Empire.

Politique extérieure: il fallait rétablir la paix; ce fut l'œuvre de Vespasien.

• *Révolte des Gaulois et des Bataves* (69-70): ceux-ci profitent de la guerre civile et se soulèvent sous la direction du Batave *Civilis* et du Gaulois *Sabinus*. Mais Petilius Cerialis réprime cette révolte (Nimègue, ville des Bataves, est brûlée en 70).

• *Les Juifs:* ils s'étaient soulevés en 66 sous Néron. C'est Titus, fils de Vespasien, qui achève la guerre. Prise de Jérusalem en 70, destruction de la ville et du temple. Beaucoup de Juifs se dispersent alors dans les villes de la Méditerranée (la dispersion: en grec, la *« diaspora »).*

Politique intérieure: Vespasien, dans sa censure de 75, reconstitue le Sénat très largement décimé. Il y intègre des chevaliers et des provinciaux; cette nouvelle noblesse se distingue par les mœurs et le talent. Il reconstitue les finances par l'économie et par la création de nouveaux impôts parfois impopulaires.

■ *TITUS (T. FLAVIUS VESPASIANUS; MÊME NOM QUE SON PÈRE), 79-81*

Il aurait pu être un excellent empereur, mais son court règne ne laisse que le souvenir de catastrophes:

• 79: éruption du Vésuve. Destruction de Pompéi, Herculanum, Stabies; mort de Pline l'Ancien.

• 80: incendie violent de Rome.

Cependant en 81, on est en train d'achever l'amphithéâtre flavien, connu maintenant sous le nom de Colisée. Il sera terminé en 82.

■ *DOMITIEN (T. FLAVIUS DOMITIANUS), 81-96*

On le connaît surtout comme un empereur cruel, parce qu'il a persécuté la noblesse et le Sénat et qu'il a voulu gouverner en souverain absolu. Pourtant il avait des qualités d'administrateur.

Politique extérieure

Il intervint activement sur plusieurs points :

• *En Bretagne,* il continua la conquête. Petilius Cerialis avait soumis la région du Yorkshire (71-74) sous Vespasien, mais Julius Agricola (77-84) entreprend de conquérir l'Écosse après avoir soumis le pays jusqu'à l'isthme. Domitien le rappelle.

• *En Germanie,* campagne contre les Suèves (89). Annexion de la vallée du Neckar et création des « Champs Décumates » (90). Des opérations indécises ont lieu, à partir de 92, contre les Suèves et les Sarmates.

• *Sur le bas Danube,* les campagnes sont moins heureuses contre les Daces. Pourtant vers 89-90 on aboutit à un accord avec Décébale, roi des Daces.

Politique intérieure

• Il veille à ce que la justice soit bien rendue. Bonne administration des provinces.

• Mais orgueilleux et jaloux, il veut être le « maître et dieu » : il s'attaque à la noblesse. Les délateurs réapparaissent. En outre il persécute stoïciens, juifs et chrétiens. Il gouverne avec les provinciaux et les chevaliers.

Sa cruauté s'accroissant avec les complots, il est assassiné dans son palais en 96. Il n'avait pas de successeur. Avec Domitien disparaissait le dernier de ceux que Suétone a appelé les *Douze Césars* (y compris J. César).

CONCLUSION SUR LE PREMIER SIÈCLE APRÈS J.-C.

L'Empire, à l'extérieur, a élargi ses frontières : par exemple en Écosse, en Maurétanie, en Thrace, en Germanie (Champs Décumates), etc. Cependant, du côté de la Germanie, les Flaviens inaugurent le système du *« limes »* (ligne fortifiée; penser à la grande muraille de Chine). Cet arrêt de l'expansion vers la Germanie sera dangereux pour Rome. On inaugure également le recrutement provincial des légions.

À l'intérieur, le pouvoir impérial s'est renforcé grâce à certains empereurs qui lui ont donné des bases religieuses, et par la décimation de l'aristocratie sénatoriale. Les empereurs julio-claudiens et flaviens administrent bien les provinces qui jouissent de la prospérité et de la fameuse *Pax romana*. Un nuage à l'horizon : l'influence trop grande des militaires.

II. IIe siècle et début du IIIe apr. J.-C.

LE IIe SIÈCLE APR. J.-C. : LES ANTONINS (96-192)

On appelle *Antonins* les six empereurs qui se succédèrent de la mort de *Domitien* à celle de *Commode :* terme impropre, car seuls les trois derniers portèrent ce nom. On trouve une certaine unité dans cette dynastie : elle se recrute dans la *bourgeoisie* d'Espagne et de Gaule et non plus d'Italie (les Flaviens). Ces empereurs se transmettent le pouvoir par adoption : ils précisent donc la règle qui avait porté au pouvoir Tibère et Néron. Ils sont enfin d'excellents administrateurs en dépit des guerres qu'ils doivent faire. Leur principal souci est la paix et la gestion des finances et de la justice. L'histoire offre peu d'exemples d'une suite de règnes aussi remarquables.

■ *NERVA (M. COCCEIUS NERVA), 96-98*

Proclamé empereur par le Sénat, il s'occupe surtout des questions financières et réorganise les distributions de blé aux pauvres. Comme les prétoriens font vivre Rome sous la menace d'une guerre civile, il adopte *Trajan*, légat de Germanie supérieure.

■ *TRAJAN (M. ULPIUS TRAJANUS), 98-117*

D'origine espagnole, simple et affable, il ne fera que de courts séjours à Rome.

Politique intérieure. Il mérita d'être appelé *Optimus Princeps,* témoigna les plus grands égards aux institutions et au Sénat (cependant c'est lui qui y intégra le plus grand nombre de sénateurs provinciaux : grecs, africains par exemple). Administrateur remarquable, il diminua le taux des impôts et assura une très grande équité dans la justice. Il créa *l'Institution alimentaire* où il combinait le crédit foncier (prêts aux propriétaires ruraux) et l'assistance publique (entretien des enfants pauvres). Il se préoccupa beaucoup de la décadence de l'Italie proprement dite.

Grâce aux mines de Dacie, il fut un empereur constructeur; il fit édifier par Apollodore de Damas le Forum (112) et la Colonne (113) qui portent son nom.

Politique extérieure : ce fut un prince conquérant.

- *Guerre contre les Daces* (101-107). Ils occupaient la Roumanie, la Transylvanie, et une partie de la Hongrie. Le roi *Décébale* les avait organisés en un véritable état. Ils menaçaient la frontière du Danube. Il fallut trois campagnes à Trajan pour en venir à bout. Le roi Décébale se tua. Le pays fut ravagé, bien des habitants massacrés. Trajan attira des colons dans cette *province de Dacie,* la future Roumanie.
- *En Orient,* Cornelius Palma s'empara du *royaume nabatéen* sur les confins du désert de Syrie : création de la *province d'Arabie* (105).
- *Les Parthes* venaient de chasser d'Arménie le prince que Rome y avait installé (113). Trajan occupa l'Arménie et le nord de la Mésopotamie, entra dans Ctésiphon et atteignit le golfe Persique, mais des révoltes le forcèrent à revenir sur ses pas et il mourut en Asie Mineure (117) après avoir adopté *Hadrien* (c'est du moins ce que prétendit Plotine, épouse de Trajan).

■ *HADRIEN (P. AELIUS HADRIANUS), 117-138*

On peut dire qu'il fut un « absolutiste éclairé », amoureux de la paix, et un grand voyageur.

Politique extérieure. Il renonce aux conquêtes de Trajan en Orient (sauf à la province d'Arabie). L'Arménie devient un royaume vassal. Il fait établir des forteresses sur le Danube et construit le double « limes » de Germanie et de Rhétie (500 km) de Coblence à Ratisbonne. En Bretagne, il fait édifier un mur gigantesque de l'embouchure de la Tyne au golfe de Solway : le rempart d'Hadrien (122-127). L'Empire se cantonne de plus en plus dans la défensive. Pour les légions, il revient au recrutement régional, mais les tient sans cesse en haleine.

La paix ne fut troublée que par une révolte en Judée : Hadrien ayant décidé de rebâtir Jérusalem et d'y construire un temple de Jupiter Capitolin. La guerre et la répression furent terribles (132-135); le peuple juif cessa d'exister comme nation.

Politique intérieure. S'il respecta le Sénat, c'est aux chevaliers qu'il confia les organes du gouvernement. Il créa un conseil permanent : le Conseil du Prince *(Consilium Principis)* et établit les règles de justice pour l'ensemble de l'Empire par l'Édit Perpétuel (dont l'auteur était le jurisconsulte Salvien). Il voyagea beaucoup non en curieux, mais pour se rendre compte de l'état des provinces (deux grands voyages en 121-125 et 128-134). Ce fut un grand constructeur : on connaît par exemple son mausolée (Château Saint-Ange). Dans sa villa de Tibur, il fit reproduire les sites et les monuments qu'il avait le plus admirés.

La fin du règne fut troublée, semble-t-il, par des conspirations, mais le pouvoir passa facilement à *Antonin* qu'il avait adopté.

■ *ANTONIN LE PIEUX (TITUS AELIUS HADRIANUS ANTONINUS PIUS), 138-161*

C'était par excellence l'homme qui accomplit son devoir envers les hommes et les dieux. Son règne fut celui de la paix. Il y eut bien quelques troubles et quelques incursions barbares, mais tout cela fut sans importance. En Bretagne, il construisit, entre les golfes de Forth et de la Clyde, un rempart parallèle à celui d'Hadrien. Il se signala surtout en améliorant la justice; les *jurisconsultes* de son époque, *Ulpien* et *Gaius*, sont célèbres. Il fut un grand constructeur (arènes de Nîmes, pont du Gard), mais il administra avec économie. Enfin il essaya comme Auguste de remettre en honneur les divinités gréco-latines devant l'invasion des cultes orientaux. Il avait adopté *Marc-Aurèle* sur l'ordre d'Hadrien.

■ *MARC-AURÈLE (MARCUS AURELIUS ANTONINUS), 161-180*

C'est un véritable philosophe qui accède à la couronne. Il a été formé par des philosophes stoïciens. Il se conformera à leurs principes (on connaît son idéal par son livre : les *Pensées*). Il associe au trône L. Verus qui avait été également adopté par Antonin. L. Verus mourra en 169.

Politique intérieure. Il développa son idéal de justice et de charité et donna une grande extension aux institutions en faveur des enfants et des indigents. Il témoigna le plus grand respect au Sénat, se montra difficile dans le choix des fonctionnaires et n'eut aucun égard pour la naissance. Il dépensait quand il le fallait, mais n'était pas prodigue.

Politique extérieure. Cet homme, fait pour la paix, passa presque toute sa vie à défendre les frontières.

• *Guerre d'Orient* (161-165). Les Parthes envahirent encore l'Arménie et même la Syrie. Le légat de Syrie, Avidius Cassius, reprit en main l'armée et rétablit la situation. Rome recouvra le protectorat de l'Arménie et les Parthes cédèrent la Mésopotamie occidentale. Avidius Cassius en profita pour se révolter en 175, mais ses soldats l'assassinèrent.

• *Sur le Danube,* les Quades et les Marcomans (peuples de la Bohême et de la Hongrie) se ruent à l'assaut de l'Empire en 167. C'est le premier signe des grandes invasions barbares. Ils arrivent jusqu'à Aquilée. Marc-Aurèle passera la fin de son règne à combattre ces Barbares. Il essayait de conquérir la Bohême quand il mourut à Vienne. Il laissait l'Empire à son fils, *Commode.*

■ *COMMODE (M. AURELIUS COMMODUS ANTONINUS), 180-192*

C'était une simple brute sanguinaire qui décima le Sénat et s'exhibait comme gladiateur. Il ne s'occupa point du gouvernement. Heureusement, quelques hommes comme Pertinax, Septime-Sévère et Ulpius Marcellus limitèrent les dégâts. Un des seuls actes de Commode est de signer une paix honteuse avec les Marcomans (181). Il est tué en 192 par sa favorite Marcia et son chambellan Eclectus.

■ *CONCLUSION*

Cette dynastie a fait fonctionner harmonieusement le système du principat tout en renforçant le pouvoir impérial (*Consilium Principis*, Bureaux). L'Empire a atteint sa plus grande extension, mais le système du « limes » le réduit à la défensive. La *Pax romana* permet la romanisation des provinces, mais un grand danger s'annonce : celui des Barbares (Quades et Marcomans par exemple), et l'armée romaine, limitée au recrutement provincial, se révèle peu apte à contenir ces barbares.

LES SÉVÈRES (193-235)

À la mort de *Commode*, l'Empire fut déchiré par une guerre civile semblable à celle qui suivit la mort de Néron.

Les prétoriens nommèrent empereur PERTINAX, préfet de la ville (193). Plein de bonnes intentions, il se mit à l'ouvrage, mais les prétoriens ne le trouvèrent plus à leur goût, le tuèrent et vendirent l'Empire à DIDIUS JULIANUS (mars 193).

Les armées refusèrent de reconnaître cet empereur et elles proclamèrent chacune le leur :

- celle du Danube : SEPTIME SÉVÈRE;
- celle de Syrie : NIGER;
- celle de Bretagne : ALBINUS.

Septime Sévère marcha sur Rome, et fit égorger Julianus. Puis il battit Niger à Issos : Niger fut décapité (194). Enfin, il écrasa Albinus près de Lyon (197); celui-ci se suicida. Septime Sévère était maître de la situation.

■ SEPTIME SÉVÈRE (LUCIUS SEPTIMIUS SEVERUS), 193-211

C'est un Africain de Leptis Magna. Il a l'accent punique et il a épousé une Syrienne : Julia Domna.

Politique intérieure. Il n'a aucun respect pour les traditions et les préjugés romains. Avec lui, le régime impérial devient un despotisme militaire; le Sénat n'est plus rien. Septime Sévère enrichit l'armée, recrute les prétoriens dans l'élite des légions, c'est-à-dire chez les provinciaux. Rome et l'Italie perdaient leurs derniers privilèges. Cependant, il gouverna bien, publia des lois excellentes, aidé par Papinien et Ulpien. La prospérité de l'Empire est attestée par la construction des monuments.

Politique extérieure

- Les Parthes attaquent à nouveau; cela devient une habitude; Septime Sévère contre-attaque, pénètre à Babylone, Séleucie, Ctésiphon, et annexe la Mésopotamie (199).
- En 208, campagne en Bretagne contre les Calédoniens qu'il refoule. Il réussit à atteindre la côte septentrionale, mais la frontière ne dépassa pas le retranchement d'Antonin. C'est là que meurt Septime Sévère à York en 211.

■ CARACALLA (MARCUS AURELIUS ANTONINUS, SURNOMMÉ CARACALLA), 211-217

Ce fils de Septime Sévère commença par assassiner son frère *Géta* (212). Une seule chose l'intéressait : ses soldats. Le Sénat ne servit qu'à lui fournir des victimes. Mais, comme il passa la plus grande partie de son règne en Orient, c'est sa mère *Julia Domna* qui régna en Occident avec l'aide de jurisconsultes comme Ulpien.

Politique intérieure

La mesure la plus fameuse fut la *constitution de 212* qui accordait le droit de cité à tous les hommes libres de l'Empire habitant un municipe, mesure prise probablement pour des raisons financières : Caracalla pour ses guerres, ses soldats, ses constructions (Thermes de Caracalla), avait besoin d'argent. Les impôts, par ailleurs augmentés, furent d'un plus grand rapport grâce à l'accroissement du nombre des contribuables. Conséquence de cette politique : Rome n'est plus qu'une simple capitale.

Politique extérieure

- *Germanie et Danube :* il défend avec vigueur les Champs Décumates contre les Alamans et la Dacie contre les Goths.

• *Orient :* il se mêle des affaires intérieures parthes (compétition au trône entre deux frères). Finalement ce fut la guerre. Les troupes romaines remportèrent des succès en 216. La campagne allait reprendre en 217 quand Caracalla fut assassiné par son préfet du prétoire *Macrin,* 217.

■ *MACRIN (MARCUS OPELLIUS MACRINUS), 217-218*

Il était originaire de Cherchell (Caesarée). Il avait fait assassiner l'empereur par peur et non par ambition. Il liquida rapidement la guerre contre les Parthes en achetant la paix et se disposa à repartir pour Rome; avec lui sans doute y aurait-il eu une réaction en faveur du Sénat contre l'armée. Mais *Julia Moesa,* belle-sœur de Septime-Sévère et ses deux filles, *Julia Soaemias* et *Julia Mammaea,* soulevèrent les troupes; Macrin fut battu et tué (juin 218).

■ *L'EMPIRE EN QUENOUILLE : ÉLAGABAL (218-222) et ALEXANDRE SÉVÈRE (222-235)*

Ce sont les trois femmes nommées ci-dessus qui mènent le jeu. *Julia Soaemias* fait d'abord nommer son fils empereur :

ÉLAGABAL (VARIUS AVITUS BASSIANUS), 218-222; il avait pris le nom du dieu solaire Élagabal dont il était le prêtre. C'est un pur Levantin. Il avilit le Sénat et les usages les plus respectés. Son règne n'est qu'une longue débauche. En fait, ce sont sa mère et sa grand-mère qui règnent. Il avait adopté son cousin Alexandre (221). Ce fut désormais une rivalité incessante entre les deux mères. Les soldats y mirent bon ordre en massacrant Élagabal et Julia Soaemias.

ALEXANDRE SÉVÈRE (MARCUS AURELIUS SEVERUS ALEXANDER), 222-235 : ce sont encore Julia Moesa et Julia Mammaea qui auront le pouvoir. Cependant ce jeune homme plein de bonnes intentions est très pieux, consulte le Sénat, suit les conseils d'Ulpien. L'Empire semble même se relever; on développe l'institution alimentaire. Malheureusement Alexandre est un faible; il laissera par exemple assassiner Ulpien par les soldats en 228.

À la guerre il se révéla peu heureux.

• Il dut lutter contre les Parthes et ne subit que des échecs. Par bonheur, l'ennemi affaibli se retira de lui-même et la Mésopotamie resta aux Romains (231-232).

• Les Barbares menaçaient le Rhin et le Danube; il accourut et acheta la paix. Ses soldats le tuèrent (235) à Mayence.

Une crise effroyable allait s'ouvrir : l'*Anarchie militaire.*

■ *CONCLUSION*

L'empereur est devenu un monarque du type oriental qui s'appuie sur l'armée et la bureaucratie. Rome n'est plus que la capitale de l'Empire. L'armée a pris la première place : c'est elle qui va provoquer l'anarchie.

Pendant ces deux siècles et demi, la doctrine que *Jésus de Nazareth* a prêchée sous le règne de Tibère, s'est répandue dans tout l'Empire, grâce à toutes les communautés juives qui se trouvent autour de la Méditerranée à la suite de la Diaspora. D'ailleurs, *Saint-Paul* (vers 36-67 ?) se révéla un excellent propagandiste. Les Chrétiens sont déjà nombreux à Rome au Iᵉʳ siècle. Aux IIᵉ et IIIᵉ siècles on trouve des Chrétiens dans toutes les provinces; l'Église s'organise avec ses évêques, ses prêtres, ses diacres. Elle aura bientôt des savants et des hérétiques.

L'opinion est souvent hostile au christianisme au début. On le représente comme un danger pour la société et pour l'État. C'est ce qui explique les persécutions :

- sous Néron en 64;
- sous Domitien;
- sous les Antonins, d'après la règle qu'on se met hors la loi en s'affiliant à des sectes ennemies des dieux de l'Empire (persécutions à Lyon sous Marc-Aurèle).

Enfin, Septime Sévère interdit la conversion au christianisme. Mais le christianisme devenait toujours plus fort et c'est après une lutte longue et terrible qu'il finira par triompher sous Constantin en 313.

LES INSTITUTIONS SOUS LE HAUT-EMPIRE

LE PRINCIPAT D'AUGUSTE

POLITIQUE ET ADMINISTRATION

Derrière une façade républicaine (maintien des institutions antérieures), Auguste crée un nouveau régime caractérisé par la concentration des pouvoirs dans les mains du *Princeps* (centralisation) et par la mise en place d'organes nouveaux qui formeront l'*administration impériale* (fonctionnaires). Sur ces bases va se créer un *véritable État* très différent de la *civitas* antérieure.

Le Princeps

Auguste ne crée à son profit aucune magistrature nouvelle et se contente d'accumuler entre ses mains certains pouvoirs traditionnels, avec quelques modifications, et de les garder en permanence.

- *Puissance tribunicienne :* ne pouvant être tribun (étant patricien), il s'en fit attribuer la puissance et l'inviolabilité à perpétuité (cf. César), avec confirmation annuelle pour la forme (23 av. J.-C.). Conséquence : droit de veto contre Sénat et magistrats, droit de présenter des projets de loi, de convoquer et présider Sénat et comices; cette puissance lui est accordée pour tout l'Empire (et non pour Rome seulement comme aux autres tribuns).
- *Imperium proconsulare* dans les provinces impériales d'abord (−27), puis pour tout l'Empire (−23), c'est-à-dire l'ensemble des pouvoirs militaires (*imperator* de toutes les légions, à la tête desquelles il nomme des légats), civils (pleins pouvoirs dans les provinces impériales, contrôle de toute l'administration ailleurs) et judiciaires. Par son *imperium,* Auguste prend des décrets, mais il laisse aux organes réguliers leurs pouvoirs législatifs.
- *Pontifex Maximus* (−12), il contrôle la vie religieuse nationale et cherche à associer la religion à la politique. Le titre d'Augustus qui lui est décerné en −27 fait qu'on lui élève des autels et prélude à la religion impériale.
- *Princeps Senatus* (−28) : Premier des sénateurs, il a au Sénat des prérogatives spéciales. C'est un des titres qu'il utilise le plus, car il associe étroitement le prestige du Sénat à son pouvoir.
- Occasionnellement ou de façon permanente, il a encore divers pouvoirs : fixer la liste du Sénat en tant que préfet des mœurs (−19), battre la monnaie, diriger la politique étrangère, recommander des candidats aux élections, nommer les fonctionnaires...

Les autres empereurs auront approximativement les mêmes pouvoirs, mais un problème sera toujours mal réglé : celui de la succession. Les fonctions républicaines dont Auguste était dépositaire n'étaient pas transmissibles directement. D'où le procédé d'attribuer d'avance de larges pouvoirs au successeur choisi (sorte de « corégent ») que le Sénat n'a plus qu'à investir à la mort de l'empereur. En fait, par la suite, les empereurs furent soit ainsi choisis, soit imposés par l'armée ou les prétoriens.

Les institutions traditionnelles

Elles sont toutes maintenues :

• Les *comices,* régulièrement réunis, conservent leurs pouvoirs législatifs et électoraux.

• Le *Sénat :* 600 membres recrutés par l'empereur dans l'*ordo senatorius* selon les règles de Sylla (avoir été au moins questeur). Il partage théoriquement le pouvoir avec Auguste, mais il a perdu la conduite des affaires étrangères, des provinces impériales et d'une partie des finances (à côté de l'ancien *aerarium Saturni,* c'est-à-dire le trésor public dont le Sénat s'occupe toujours, l'empereur a son *fiscus,* organisation financière impériale confondue avec sa fortune privée). Le Sénat vote toujours des *senatus consultes,* valables comme lois, et constitue une sorte de haute cour politique (pouvoirs judiciaires).

• Les *magistrats :* dictature et censure sont définitivement supprimées. Tout le reste subsiste, y compris le cursus, et les consuls restent en théorie les premiers magistrats de l'État; mais leur pouvoir est affaibli par la création possible, pour quelques mois par an, de *consuls suffects,* ajoutés aux ordinaires par l'empereur. D'une manière générale, les magistrats voient leurs pouvoirs affaiblis.

Les organes nouveaux

• Le *Consilium* est le conseil privé de l'empereur, où il convoque qui lui plaît (amis, fonctionnaires, spécialistes...); ce conseil donne des avis et n'a aucune compétence officielle.

• Les *fonctionnaires,* nommés par l'empereur et rétribués, doublent — et souvent remplacent — les magistrats officiels (avec un prestige moindre, mais un pouvoir effectif plus grand). Leur rôle est purement administratif, et non politique. Ce sont des cadres recrutés, selon des principes fixés, soit dans l'ordre sénatorial, soit dans l'ordre équestre, soit dans la classe des affranchis. Pour les détails, voir ci-dessous.

L'administration de Rome et de l'Italie

L'unification se poursuit. Rome est maintenant la *patria communis* et le droit romain est étendu partout. L'administration est assurée par des préfets et des commissions. Les préfets (*praefecti*) assument par délégation une partie des pouvoirs de l'empereur.

• Le *préfet du prétoire* (création en −2 : *praefectus praetorio*) joue un rôle considérable; commandant de la garde prétorienne, il dirige bien vite toutes les armées d'Italie, est conseiller privé du Princeps et le supplée en cas d'absence.

• Les *trois préfets urbains :* 1) le préfet de la ville (*praefectus Urbi,* −26) doit être consulaire : police (3 000 hommes), juridiction criminelle; 2) le préfet de l'annone (*praefectus annonae,* −8), est d'ordre équestre : ravitaillement et juridiction économique; 3) le préfet des vigiles (*praefectus vigilum,* 6 apr. J.-C.) dirige 7 cohortes de 1 200 pompiers chacune, qui veillent aux incendies dans les 14 quartiers de la ville.

• Les *commissions exécutives* (curatelles) sont formées de *curatores* et occupées chacune de questions particulières : approvisionnement en eau et hygiène, édifices publics, routes et voirie...

• La *Ville* est divisée en 14 régions administratives, et l'Italie en 11 régions où siègent des commissions exécutives locales.

L'administration des provinces

Elles sont partagées entre le Sénat et l'empereur.

• Les *provinces sénatoriales* sont formées par les provinces pacifiées (donc sans armées), où les gouverneurs sont d'anciens consuls ou préteurs nommés pour un an, selon l'ancien système (tirage au sort); ils y ont un rôle civil et judiciaire, mais sous le contrôle de l'empereur, qui peut recommander de nommer tel gouverneur, transformer la province en province impériale, juger en appel les sentences des gouverneurs, lever des impôts impériaux par ses procurateurs.

• Les *provinces impériales* sont celles qui en −27 exigeaient la présence de l'armée. Le gouverneur d'une telle province est un *legatus pro praetore,* nommé par l'empereur et assisté d'un procurateur pour les finances. D'ordre sénatorial, ce légat a un imperium complet avec pouvoirs militaires. L'Égypte, propriété privée du Princeps, est régie par un *praefectus;* des provinces récentes reçoivent aussi des préfets d'ordre équestre.

Dans toutes les provinces, certaines villes obtiennent le *droit de cité* romain (les habitants ont alors deux droits possibles : le droit local ou le droit romain). D'autre part, création de nombreuses *colonies*, sur l'initiative impériale : elles contribuent à la romanisation de l'Empire.

■ *LA HIÉRARCHIE SOCIALE*

Toujours à base de richesse, elle est maintenue et codifiée.

La société se divise comme suit :

L'*Ordo Senatorius* comprend ceux qui possèdent 1 million de sesterces; la dignité sénatoriale est héréditaire; cette classe fournit les magistrats traditionnels et différents fonctionnaires; elle se consacre surtout à la propriété foncière. Insignes : souliers rouges et toge laticlave (large bande pourpre).

L'*Ordo Equester* est constitué par ceux qui possèdent 400 000 sesterces. Cette classe fournit d'importants fonctionnaires et se consacre aux opérations financières et au commerce. Insignes : anneau d'or et toge angusticlave (étroite bande pourpre).

La *plèbe (humiliores)* désigne désormais tous les citoyens non membres des classes supérieures; énorme clientèle qui vit des *sportules* des riches et des distributions de vivres du *Princeps :* 200 000 inscrits pour recevoir blé et huile gratuits. Auguste ajoute parfois des cadeaux d'argent (*congiaires*) et des ventes de blé à bas prix.

Les *affranchis* deviennent très nombreux, et certains entrent dans la plèbe, voire dans les ordres supérieurs à la longue. On crée de nombreuses lois pour limiter les affranchissements.

Les *esclaves* demeurent toujours nombreux.

Les provinces et les cités ont, chacune, leurs statuts locaux particuliers.

■ *FINANCES ET JUSTICE*

Les finances

Auguste supprime la dîme, très impopulaire, dans les provinces; il y rationalise le système du *stipendium* (dont il fixe le montant global chaque année, avec répartition ensuite sur l'empire) par l'organisation d'un cadastre de tout l'empire. Les non-propriétaires paient le *tributum capitis*, les propriétaires le *tributum soli*; bien sûr, il y a aussi des impôts indirects, des douanes, des fournitures obligatoires de vivres, de métaux, etc.

Rome et l'Italie (exemptes auparavant depuis −167) sont soumises à deux impôts : 1/20 sur les successions en ligne indirecte, 1/100 sur les ventes.

Il existe deux trésors (voir ci-dessus : le Sénat) : l'ancien *aerarium Saturni* (Sénat) et le *fiscus Caesaris* (empereur).

La justice

On maintient les tribunaux traditionnels après des modifications de détails; on fixe une hiérarchie de juges, issus des différentes classes pour les différentes affaires.

Le Sénat a la haute juridiction politique, et le jugement de toutes les affaires qui concernent les membres de l'ordre sénatorial.

Le Princeps possède la juridiction suprême, qu'il peut déléguer (préfets, légats).

Dans les provinces, on partage la justice entre les magistrats municipaux et les représentants de Rome.

L'ÉVOLUTION DES INSTITUTIONS IMPÉRIALES AVANT DIOCLÉTIEN

Dans cette partie et la suivante, nous donnerons de simples indications sur les tendances sans entrer dans tous les détails.

■ *LA POLITIQUE ET L'ADMINISTRATION*

L'Empereur

Les pouvoirs du Princeps deviennent vraiment impériaux dans cette période, avant de devenir nettement monarchiques à la fin du IIᵉ et au IIIᵉ siècle. La *lex de majestate* de Tibère transforme en délit d'État tout délit contre l'empereur. Domitien prend le titre de *Censor perpetuus* (contrôle total du Sénat) et de *Deus* et *Dominus* (l'Empire étant sa propriété). Les Antonins règnent en accord avec le Sénat en général, mais, au IIIᵉ siècle, l'administration de toutes les provinces et de toutes les ressources revient à l'empereur seul, qui, devenant par surcroît un dieu vivant, prend tous les caractères d'un monarque oriental et sacré.

La succession continue à poser des problèmes; trois solutions : choix de l'empereur avant sa mort; choix de l'armée; quelques essais d'hérédité (les Flaviens, les Sévères).

L'administration

Il y a prédominance des fonctionnaires impériaux.

On assiste au développement du *conseil impérial* qui remplace progressivement le Sénat. Son travail est législatif et judiciaire; le personnel surtout administratif et judiciaire (Hadrien y fera entrer des juristes dont le rôle sera grand).

- La *chancellerie* et les *bureaux* (*scrinia*) sont créés par Claude pour diriger et centraliser l'appareil administratif. Alors aux mains des affranchis, Hadrien y mettra des chevaliers.
- Les *assemblées :* elles disparaissent dans cette période. Tibère accorde au Sénat le droit de désigner les candidats à élire aux magistratures, les comices ratifient. On cesse de les réunir après Trajan, et c'est alors le Sénat lui-même qui élit les magistrats de type républicain. L'extension de la citoyenneté n'a donc plus qu'une valeur juridique (l'édit de Caracalla en 212, qui étend la citoyenneté à tous les habitants des municipes, vise surtout à donner la possibilité de prélever l'impôt du 1/20 sur toutes les successions).
- Le *Sénat :* son rôle varie avec les empereurs et leur autorité. Il nomme les magistrats et ses senatus consultes sont de vraies lois au IIᵉ siècle (mais en général, c'est l'empereur qui les propose). Vespasien et Trajan laissent au Sénat un rôle important (Trajan, y rendant le vote secret, lui donne même une certaine indépendance). Mais après Commode (fin du IIᵉ siècle) c'est le déclin : le Sénat ne peut voter que ce que veut l'empereur, et ne fait bientôt plus figure que de chambre d'enregistrement.
- Les *magistrats* sont nommés directement par le Sénat depuis 14; les titres deviennent purement honorifiques, et ceux qui, comme les préteurs, gardent des pouvoirs effectifs sont nombreux et très spécialisés, ils s'intègrent peu à peu ainsi dans l'administration impériale. Certaines fonctions (édiles et tribuns) disparaissent au IIIᵉ siècle. Quant aux magistrats nouveaux, fonctionnaires impériaux, leur rôle est plus ou moins grand selon les empereurs. Au IIᵉ siècle, il y a deux préfets du prétoire.

Rome. L'Italie. Les provinces

À Rome, le rôle de plus en plus grand du *praefectus Urbi* s'effectue au détriment des magistrats républicains.

L'Italie est découpée par Hadrien en 4 districts (un *juridicus* à la tête de chacun, avec compétence administrative et judiciaire). La multiplication des curateurs, procurateurs et préfets de toutes sortes imposa la création d'une sorte de gouverneur au début du IIIe siècle; il fut plus tard appelé le *corrector*. Dioclétien ratifia la création et l'Italie devint ainsi une véritable province, sans aucun privilège désormais.

Les cités des provinces connaissent une grande diversité: colonies et municipes de tous genres voisinent avec les villes de pérégrins (étrangers). Mais peu à peu et sans trop de contrainte, les statuts municipaux locaux s'unifient: 1) des magistrats (appelés en latin *duoviri*, mais dont le nom varie selon les provinces: *vergobrets* en Gaule, *archontes* en Grèce, *suffètes* en Afrique); 2) une assemblée du peuple (*comices* en latin) qui disparaît au IIIe siècle (comme à Rome au Ier siècle) au profit des curies; 3) un Sénat ou curie (tenu par la classe des curiales). Rome a un *curator* (contrôleur et ultérieurement tuteur) auprès de chaque cité. Étiolement de la vie municipale à la fin du IIIe siècle.

Pour les provinces, il y a une atténuation progressive de la différence entre provinces sénatoriales et impériales, au bénéfice des secondes. Vers la fin de cette période, les gouverneurs se nomment souvent *praesides*, et on crée des préfets qui contrôlent plusieurs provinces (d'où une centralisation accrue, qui correspond à une romanisation de plus en plus profonde). De plus, dans le cadre du culte impérial apparaît une députation des municipes à des *concilia provinciae* qui transmettent des vœux et des réclamations.

■ *LES CLASSES SOCIALES*

Grandes transformations. Les classes sont de plus en plus hiérarchisées et cloisonnées. Les privilèges, longtemps honorifiques, qui distinguaient certains citoyens tendent à devenir juridiques: l'échelle des peines n'est plus la même pour *honestiores* et *humiliores*.

Honestiores

L'ordre sénatorial a été détruit au cours du Ier siècle, par les proscriptions et les épurations des empereurs. L'ordre équestre a pris peu à peu sa place (IIe siècle et début du IIIe siècle) tant au Sénat que dans les postes élevés de l'administration. Une nouvelle noblesse se constitue ainsi, avec de nouveaux grades officiels: *clarissimi* (Sénateurs), *eminentissimi* (haute administration), *perfectissimi* (chevaliers dans l'administration).

Humiliores

Une bourgeoisie riche gère les municipalités en province (*curiales*). Mais elle est finalement écrasée sous ses responsabilités financières: ses membres doivent assumer les charges municipales publiques (*munera*) et sont responsables, à la fin pécuniairement, des impôts levés pour leurs cités et même pour Rome, car le système des publicains a presque entièrement disparu à la fin du IIe siècle.

La plèbe provinciale n'est guère propriétaire à cause de l'extension des colonies et des fermes (domaines impériaux découpés et alloués contre redevances). Il se crée des corporations pour les différents métiers. On attribue un régime privilégié à la plèbe romaine, pratiquement nourrie, et même payée par l'empereur.

L'armée enfin tend de plus en plus à former une caste sociale indépendante.

Quant aux esclaves, ils peuvent racheter leur liberté et se voient reconnaître quelques droits humains codifiés. Ils restent toujours nombreux, une véritable traite s'organisant avec les pays barbares.

Les affranchis jouent un rôle très important au Ier siècle et finissent par se mêler aux autres classes, selon leur rang acquis.

LA LITTÉRATURE DU HAUT-EMPIRE

L'ÉPOQUE D'AUGUSTE

LE CLIMAT SOCIAL ET POLITIQUE

« Les difficultés que nous éprouvons à définir le Principat ne sont sans doute pas fortuites : Auguste s'est efforcé de dissimuler la nature profonde du régime. La séance du 13 janvier — 27 au Sénat visait à accréditer l'idée d'un partage entre le *Princeps* et les *patres* [...]. De même, aucun des pouvoirs d'Auguste qui ne trouvât sa justification dans la *tradition* romaine, sauf peut-être le pouvoir global résultant de leur cumul » (M. Bordet). Un obstacle cependant se présentait, celui de la succession. Il s'y prépara par tous les moyens, malgré la perte de nombreux héritiers.

Il a utilisé la propagande pour glorifier son œuvre. En témoignent les *Res gestae divi Augusti*. Ces commentaires d'Auguste sont une véritable autobiographie conduite jusqu'en −25. Il s'agit d'un récit, pour le grand public, des actes par lesquels Auguste avait bien mérité de la patrie. Gravés sur les portes de bronze de son mausolée, ils nous sont parvenus par une copie contemporaine (avec traduction grecque) faite sur les murs du temple de Rome et d'Auguste à Ancyre (Ankara). Auguste énumère d'abord les charges et les honneurs reçus ou refusés par lui, ensuite ses dépenses en faveur de l'État et du peuple, enfin ses succès militaires et ses conquêtes. Il s'agit visiblement d'un récit apologétique destiné à la plèbe de Rome pour consolider l'idée du Principat.

La prédominance d'un seul homme provoque des bouleversements dans la société. Il se crée une sorte de cour autour du prince où se définissent les activités privées et les fonctions publiques. En outre, on a vu combien la société est maintenant hiérarchisée et combien les fonctions politiques ont perdu de leur valeur (voir les *Institutions*). Tous ces éléments vont avoir une répercussion certaine sur la société, sur la religion, sur la vie artistique et littéraire.

Avant d'en venir à ces considérations, il ne faut pas oublier qu'Auguste est celui qui rétablit la paix. Si les contemporains se rendaient évidemment compte que le régime républicain était mort, ce qui comptait pour la population c'était la fin des guerres civiles. Il faut se souvenir qu'un grand nombre de membres de la *nobilitas* avaient disparu et que, par voie de conséquence, le Sénat, remanié d'ailleurs, n'avait plus son pouvoir d'opposition. Enfin, par sa politique extérieure, Auguste assure l'hégémonie de Rome sur tout le bassin méditerranéen et au-delà. Rome victorieuse, c'est également la tranquillité, le calme et la sécurité.

La noblesse augustéenne n'a plus les traditions de la vieille *nobilitas*. Les héritiers réels ne savent plus que faire : il n'y a plus d'activité au forum, plus d'activités guerrières. Les nouveaux nobles ont les défauts des parvenus. Tous ces gens riches et désœuvrés ne recherchent plus que les plaisirs, la jouissance, voire la débauche. Ils aiment la somptuosité dans l'habitation, l'ameublement, la table. La famille se désagrège au point que le mariage n'a plus grande signification. Auguste aura beau faire des lois sur le mariage, l'adultère, le luxe : il échouera.

Par le biais de la religion, il tente de rétablir une certaine morale et de donner à son trône un solide soutien. Il reconstruit les temples détruits, en crée de nouveaux à l'intérieur de la religion traditionnelle, essaie de donner l'exemple, en dépit d'un certain scepticisme personnel et pousse les grands poètes à célébrer les vieilles légendes et la piété de jadis. Mais cette tentative échoue également. On se tourne beaucoup plus vers les religions orientales qui émeuvent l'esprit et le cœur. L'essor de ces religions et la diaspora des Juifs favoriseront plus tard l'extension du christianisme dans l'Empire.

La philosophie connaît un très grand essor. On recherche dans cette discipline une direction de vie. Elle attire de grands esprits comme Virgile, Tite-Live, Properce, Horace ou Vitruve. Les uns sont séduits par l'*épicurisme*, non pas celui de Lucrèce, mais celui qui recherche une morale facile (ce n'est qu'une déformation du véritable épicurisme), d'autres le sont par le stoïcisme. Mais ce qui progresse le plus, à tous les niveaux, c'est la superstition, d'où l'intérêt porté à l'astrologie — le successeur d'Auguste, Tibère, aura toujours son astrologue à ses côtés —, la sorcellerie et la magie.

En somme, il s'agit d'une époque à la fois de stabilisation et de désarroi. Mais, chose curieuse, l'art et la littérature vont connaître leur période peut-être la plus éclatante. On la considère d'ailleurs comme l'âge *classique* de Rome.

La politique de grandeur fut « particulièrement vigoureuse en architecture et en sculpture au point que l'empereur pourra affirmer avoir trouvé Rome en briques et l'avoir laissée en marbre. Les monuments publics devaient démontrer à chaque instant aux citadins ou à ceux qui venaient de la province dans la Ville le caractère religieux du prince et la grandeur invincible du pouvoir » (d'après A. Setaioli).

L'architecture est favorisée par une nouvelle technique, le *blocage*, qui donne à toute construction sous une fine couche de marbre la solidité du roc, et va permettre l'édification multiple d'amphithéâtres, de thermes et d'aqueducs sur arcades et imprime enfin à l'art romain son originalité propre. Agrippa, l'ami et le lieutenant d'Auguste, fut le réalisateur d'un plan artistique qui comprenait monuments utilitaires, temples, théâtres, portiques, statues. Ces dernières se multipliaient pour mieux célébrer le prince. Ses effigies se rencontraient partout. Le Panthéon, reconstruit au deuxième siècle, porte encore la date de −27. Les plus belles réussites de l'époque sont le *forum d'Auguste* et l'*ara Pacis* (*autel de la Paix.*). La seule chose qu'on puisse regretter, c'est le manque d'artistes de génie dans la sculpture.

Les mondains, rassemblés autour d'Auguste, et d'autres se tenant plus à l'écart, tous hommes lettrés, formés par les grammairiens, les rhéteurs, les voyages en Grèce, constituent à la manière des Scipions des cercles littéraires où l'on rencontre les plus grands écrivains du temps. Ils les aident d'ailleurs avec l'appui du prince. L'un d'eux donnera son nom à cette activité : le *mécénat*.

M. VALERIUS MESSALLA CORVINUS (−64/+8), après une vie politique mouvementée, s'était rallié à Octave. Il réunit autour de lui des poètes (le plus célèbre est Tibulle) qui cherchaient à conserver une certaine indépendance à l'égard du régime. Si, comme écrivain, il est sans grande importance, il était renommé pour son éloquence qui plut à Cicéron, puis à Quintilien.

Mais les deux plus renommés parmi ces amis des lettres sont MÉCÈNE et ASINIUS POLLION.

MÉCÈNE

MÉCÈNE (CAIUS CILNIUS MAECENAS) est un chevalier et écrivain romain qui vécut de −69 à −8. Il était originaire d'Étrurie, peut-être d'Aretium (Arezzo). Il prétendait descendre des rois étrusques et tenait à cette origine illustre, lui qui refusa par ailleurs les honneurs officiels. Les Cilnii auraient régné à Aretium. Ses ancêtres proches étaient des chevaliers romains. Il apparut vers −40 dans l'entourage du jeune Octave et accomplit pour lui diverses missions auprès d'Antoine (paix de Brindes en −40, accords de Tarente en −37, entrevue d'Athènes en −33). Il administra Rome en −37, pendant l'absence d'Octave. Il épousa Terentia, sœur du consul Terentius Varron : union peu heureuse. Il resta dans l'ombre et ne parcourut pas la carrière des honneurs : il aimait trop la vie paisible.

Le caractère

Élégant, raffiné, voluptueux même, on l'a cru d'appartenance épicurienne, mais il semble improbable qu'il ait fait partie d'une école. Riche, il menait une vie délicate et luxueuse. Ses vastes jardins avaient nécessité l'aménagement de tout un quartier sur l'Esquilin. Sa vie amoureuse fut libre et variée jusqu'au jour où il épousa Terentia : Auguste devint amoureux d'elle et ce fut peut-être l'origine de la semi-disgrâce où MÉCÈNE parut tomber vers la fin de sa vie. Dans sa vieillesse, attristée, hantée par la peur de la mort, MÉCÈNE trouva la seule consolation de ses nuits sans sommeil dans sa passion pour la musique et les concerts privés qu'il se faisait donner.

Le rôle de Mécène

Il fut le conseiller et le ministre fidèle d'Octave. Il semble avoir joué auprès de lui un rôle modérateur. Affable et bon connaisseur d'hommes, il était naturellement doué pour la diplomatie. Octave se fiait à lui et n'hésita pas, comme on l'a vu, à lui laisser le gouvernement de Rome lorsqu'il dut la quitter. On ne le vit jamais à la tête des armées, mais il est possible qu'il ait assisté à Actium.

Il a légué son nom à tous les riches amateurs d'art protecteurs des artistes. Tout le portait au « mécénat » et peut-être même un génie familial. Il eut ses musiciens, aima le théâtre, se complut à la poésie et protégea les poètes.

Du même âge que Virgile, plus âgé qu'Horace et Properce, c'est son affection qu'il leur donna et non la protection officielle d'un ministre. Il leur procura l'amitié d'Octave mais n'en fit nullement des poètes engagés. Comme l'a dit P. Boyancé, il n'y eut pas sous son égide d'art officiel. Il se contenta d'aimer les lettres.

L'homme de lettres

MÉCÈNE a été prosateur et poète. Nous ne possédons de ses œuvres que de minces fragments qui attestent un talent étudié, précieux, un art essentiellement baroque. Parmi ses écrits, Sénèque cite un *Prométhée*. Il composa par ailleurs un *Banquet* (*Symposion*) où il mettait en scène Virgile, Horace, Messalla et où figure un éloge du vin. Son *De cultu suo* semble un plaidoyer pour sa conduite de vie et sa mise vestimentaire, d'après les fragments que nous a cités Sénèque. Quelques-uns de ses vers expriment sa crainte de la mort. Il aurait également écrit une *Octavie*, une *Histoire des animaux*, un *Traité des pierres précieuses*.

« Par son style, par l'attitude de l'esprit, Mécène est un baroque. Il s'élève au-delà du formel, le jeu verbal ne le satisfait pas, le goût de l'inattendu et un vif besoin de dérouter et de surprendre s'allient à une insatisfaction plus profonde : l'affectif, en lui, commande l'intellectuel » (H. Bardon).

ASINIUS POLLION

C. ASINIUS POLLION, né en −76, mort en +4, se distingua comme orateur, écrivain et général. Partisan de César pendant la guerre civile, il s'attacha ensuite, non sans quelque hésitation, à Antoine qui le chargea d'administrer la Gaule Transpadane : c'est alors que

POLLION sauva le patrimoine de Virgile. Il fut, avec Mécène, choisi par les soldats comme arbitre du différend entre Antoine et Octave. Consul en −40, il obtint le triomphe pour une expédition contre les Dalmates et, depuis, ne s'occupa plus que de lettres et d'éloquence, tout en défendant avec talent les accusés qui se réclamaient de lui. Le premier, il établit à Rome une bibliothèque publique. Il créa aussi une école de déclamation.

De ses écrits, il ne reste que trois lettres dans la correspondance de Cicéron (*Ad familiares*), quelques fragments de ses discours. Horace (*Ode* I, livre II) a esquissé le contenu de l'*Histoire des guerres civiles* qu'il avait composée. Il aurait été aussi l'auteur de tragédies complètement perdues.

Si ASINIUS POLLION eut le mérite de créer la première bibliothèque publique (−38), Auguste le suivit de près en créant la *bibliothèque Octavienne*, dans les portiques construits en l'honneur de sa sœur Octavie, puis la *Palatine* (−33) dans les portiques d'Apollon Palatin. Très bien gérées par une administration soigneusement organisée, elles devinrent, par leurs richesses, le lieu de rendez-vous de tous ceux qui aimaient la littérature. Ce goût de la culture se manifeste également par la création de *lectures publiques* (*recitationes*) : l'idée en revient encore à ASINIUS POLLION. Alors qu'autrefois il lisait ses œuvres dans des cercles restreints, l'écrivain invite désormais des amis à ces lectures. Avec le temps, le nombre des auditeurs devient de plus en plus grand et ces lectures finissent par devenir publiques; elles seront importantes pour les auteurs tout en nuisant parfois à leur génie.

Tous ces gens, y compris Auguste, étaient saisis d'une véritable passion de l'écriture. Auguste versifiait. On relève de lui un poème en hexamètres *Sur la Sicile,* une tragédie, et des *Épigrammes*. Nous avons vu que MÉCÈNE et ASINIUS POLLION s'étaient intéressés à l'art d'écrire. Parmi eux, un vrai poète apparaît, c'est celui qui donna à l'élégie romaine sa forme classique : CORNELIUS GALLUS.

■ *LA POÉSIE*

CORNELIUS GALLUS

Cet écrivain, né à Fréjus, vécut approximativement entre −69 et −26. Il fut un homme politique et un poète. Il était l'ami d'Octave et de Virgile.

Compagnon d'études d'Octave, il participa aux guerres civiles; il reçut l'ordre de procéder au partage de terres entre les vétérans en Gaule Cisalpine (−41). Il accompagna Antoine à Actium, participa à la conquête et à la pacification de l'Égypte, dont il fut le premier préfet. Il se compromit, dans sa préfecture, en se comportant en roi. Victime de la jalousie d'Octave et du Sénat, tombé en disgrâce, il se suicida en −26.

Il a écrit quatre livres d'élégies amoureuses, *Amores,* entre −50 et −42, en l'honneur de l'affranchie Volumnia dont le nom de théâtre, comme mime, était Cythéris et que Virgile appelle Lycoris dans la *Xe Bucolique*. GALLUS fut le premier en date des élégiaques latins et l'un des plus grands. Il n'atteignit pas la perfection, car il était trop alexandrin, trop influencé par Euphorion de Chalcis et Parthénios. Mais il connut une vraie douleur amoureuse et s'approcha donc de très près de l'authentique sincérité.

Virgile l'a chanté dans les VIe et Xe *Bucoliques*. Les *Géorgiques* se terminaient-elles par son éloge ? Virgile a-t-il remplacé cet éloge, après la disgrâce de GALLUS, par l'épyllion d'Aristée ? Ce point paraît douteux et en tout cas difficile à résoudre.

C'est à l'intérieur et autour de ces cercles cultivés que se forme la grande littérature classique latine. Grâce à Auguste, à Mécène et à ses semblables, la poésie donne l'aisance et la gloire. Nous allons étudier tous ces grands écrivains qui sont restés dans les mémoires depuis deux millénaires. On les classe à part dans l'époque d'Auguste, car un certain nombre d'entre eux ne virent pas le premier siècle apr. J.-C. Mais le classicisme n'est qu'un moment d'équilibre dans le temps. C'est ainsi que « *les habitudes vicieuses des déclamations se glissent en poésie*. Ovide, élève des rhéteurs, renonce à la belle ordonnance et à la simplicité des maîtres » (H. Berthaut et Ch. Georgin). La tentation du baroque va bientôt survenir.

VIRGILE

Les dates traditionnelles de la naissance et de la mort de PUBLIUS VERGILIUS MARO sont −70 et −19.

VIRGILE naquit le 15 octobre −70 à Mantoue ou peut-être à Andes (Pistoia, selon Dante), à quelques kilomètres de Mantoue. Il est né dans une région où les races se brassent (Grecs, Étrusques, Gaulois ombriens). Son nom, VERGILIUS MARO, fait penser, d'après l'épigraphie, à une origine étrusque. Le nom de sa mère, *Magia Polla*, semble être osque. Son appartenance à la race étrusque pourrait expliquer son amitié avec Mécène et l'importance qu'il donne aux Étrusques dans l'*Énéide*. Malgré la légende qui fait de son père un paysan d'humble origine parvenu à l'aisance par le travail, il semble bien qu'en fait VIRGILE ait appartenu à la bourgeoisie provinciale, ce qui expliquerait qu'il connaissait C. Cornelius Gallus, C. Asinius Pollion, Alfenus Varus. Il avait deux frères, Silon et Flaccus, qui moururent prématurément. Magia Polla ne survécut que peu de temps à la mort de Flaccus.

VIRGILE fit d'abord un séjour à Crémone pour ses études, puis alla à Milan et enfin à Rome. Il aurait peut-être suivi les cours du rhéteur Épidius, le maître d'Antoine et d'Octave. Il ne plaida qu'une fois et n'insista pas. Il avait peut-être eu des ambitions politiques, mais il les abandonna et rejoignit en −50/−49 le groupe épicurien du philosophe Siron où se rencontraient L. Varius Rufus et Quintilius Varus Cremonensis, Plotius Tucca, Cornelius Gallus. Le caractère principal de cette société épicurienne était son culte de l'amitié.

En −44/−43, VIRGILE habitait Andes et fut présenté à Asinius Pollion, légat d'Antoine en Cisalpine. En −41 eut lieu la fameuse répartition des terres entre les vétérans d'Octave au cours de laquelle VIRGILE aurait été spolié. La restitution de ses terres sur l'intervention d'Alfenus Varus, Pollion et Gallus semble douteuse, car, à partir de −37, si VIRGILE a une maison à Rome, près des jardins de Mécène, il vit surtout en Campanie et même en Sicile. C'est l'époque où il connaît par Cornelius Gallus les *poetae novi*, jeunes gens qui se groupaient autour de Catulle et prenaient leur mot d'ordre à Alexandrie. VIRGILE a donc subi à ses débuts l'influence de l'alexandrinisme. Il a dû également rencontrer Mécène vers −39/−38. Il venait de composer entre −42 et −39 les *Bucoliques* qui connurent un succès considérable quand elles furent publiées en −38 ou −37.

Désormais, on connaît VIRGILE par son œuvre, ou par quelques allusions contemporaines, d'Horace par exemple, son ami. Il semble qu'à partir de −37 il vive à l'écart, peut-être à cause du travail, ou par goût personnel. Les *Géorgiques* sont publiées vers −29 ou −28. Enfin VIRGILE fit un voyage en Grèce, qu'on place en général en −19. Mais, malade à Mégare, il rentra en Italie et mourut à Brindes en cette année −19. Il fut inhumé à Naples, sur le chemin de Pouzzoles. Cependant, tout cela est traditionnel. D'après certaines indications de *l'Énéide*, on sait que VIRGILE vivait encore en −22; l'allusion qu'Horace fait au voyage de VIRGILE en Grèce laisse supposer qu'il aurait eu lieu en −23. Bref, la fin de VIRGILE est plus obscure qu'on ne croit.

On sait encore, par tradition, qu'il aurait demandé que son *Énéide* fût jetée au feu, parce qu'elle n'était pas complètement achevée. Auguste, avec une pieuse déférence pour la mémoire du poète, chargea Varius et Tucca de publier l'œuvre inachevée, à condition de n'y pas changer un mot.

On s'aperçoit finalement que, sur un personnage aussi célèbre de l'Antiquité, on ne sait que peu de chose. La légende s'est emparée de VIRGILE, l'œuvre a absorbé le poète, le mythe a effacé l'homme.

L'homme

Il était fort de taille et de corps, avait le teint foncé, la physionomie rustique. Sa santé était instable : il souffrait de l'estomac, de la gorge, et avait des maux de tête. Il crachait souvent du sang et usait peu de nourriture et de vin. C'est ce qui l'amena sans doute à vivre à la campagne, en Campanie. Il avait d'ailleurs tendance à se replier sur lui-même. Il n'était certes pas un modèle de vertu mais, compte tenu de son époque, il avait de la retenue, savait même montrer de la profondeur et de la discrétion dans la tendresse. Il avait, paraît-il, une voix charmante et disait les vers avec beaucoup de séduction.

Il semble qu'il y eut toujours entre les siens et lui-même une douce affection et un respect mutuel. On ne sait trop pourquoi il ne se maria pas. Il est toutefois difficile de se représenter le poète dans son cadre social car, si jusqu'en −37 il est entouré d'amis, à partir de cette date il semble s'isoler de plus en plus. Remarquons que, lorsque VIRGILE meurt, ni Horace, ni Ovide n'expriment une ligne de regret. Il était peut-être « médiocrement fait pour la vie sociale » (J. Perret).

Il devait avoir une vive sensibilité. Il était « divers et ondoyant ». Il a suivi Lucrèce et Épicure, mais le stoïcisme n'a pas dû le laisser indifférent : son Jupiter ressemble au Zeus des stoïciens. VIRGILE croyait à la primauté du vouloir, à la déification des souverains. On a pu le prendre aussi pour un pythagoricien. Bref, c'est un homme contradictoire; peut-être un mystique, un initié, déjà au courant d'une doctrine hermétique qui commençait à s'ébaucher.

C'est T.S. Eliot qui, semble-t-il, a le mieux compris le poète romain : « Du moins avons-nous l'impression, chez Virgile, de nous mouvoir dans une espèce de crépuscule de l'émotion. Virgile, entre tous les auteurs de l'antiquité, est celui pour qui le monde a un sens, a de l'ordre et de la dignité, et pour qui, comme pour personne d'autre avant son temps, si ce n'est les prophètes hébreux, l'histoire avait un sens. »

L'œuvre

Il est difficile de parler de l'art de VIRGILE car, à première vue, son œuvre est d'une considérable variété. *Bucoliques*, *Géorgiques*, *Énéide* ne relèvent pas des mêmes genres ni de la même inspiration. Sur sa tombe, le poète a fait inscrire une épitaphe dont nous citons la fin : « *cecini pascua, rura, duces* » (« pâturages, campagnes, meneurs d'hommes, tels furent les thèmes de mes chants »). Pourtant, on trouve chez lui une constante : il s'agit du souffle épique. Dans les *Bucoliques*, il n'apparaît que quelques instants et dans quelques épilogues; dans les *Géorgiques*, il enflamme certains passages comme celui de l'Épizootie du Norique et de l'Iapydie, l'histoire d'Aristée, d'Orphée et d'Eurydice et d'autres encore à chaque chant; il s'épanouit enfin dans *l'Énéide* où il rejoint Homère et son propre prédécesseur, Lucrèce.

À travers cette œuvre, on peut également dégager une évolution, toujours orientée dans le même sens. À l'origine, Virgile est à l'école des *poetae novi* et de l'alexandrinisme : la meilleure preuve en serait l'*Appendix Vergiliana*, si l'on pouvait à coup sûr lui en attribuer les différentes pièces. Mais les *Bucoliques* répondent originellement aussi à un goût alexandrin : ce genre de courtes poésies a été illustré par Théocrite; les *Géorgiques* subissent l'influence d'Hésiode, d'Aratos, écrivains prônés par les alexandrins, et Virgile s'y adonne au genre de l'épyllion (épisode d'Aristée); enfin, le fait d'écrire une épopée ne peut, à certains points de vue, être considéré comme de l'indépendance à l'égard d'Alexandrie, car les poètes alexandrins aimaient ce genre tout en le recherchant plus court et, disons-le, plus brillant. Cependant, de toute évidence VIRGILE, à mesure que son œuvre se développe, se dégage de l'imitation servile pour devenir lui-même, pour devenir un écrivain original. Certes, il n'est pas un créateur de la stature d'Homère en Grèce, de Dante en Italie ou de Shakespeare en Angleterre. Il n'invente guère, son génie réside dans l'adaptation et la mise en œuvre. L'*Énéide* est la reprise et la combinaison de l'*Iliade* et de l'*Odyssée*. Il emprunte à ses prédécesseurs, mais il a su fondre ses emprunts en un tout qui portait sa marque propre. Il pratiquait déjà cette innutrition que devait recommander Chénier.

Son imagination a magnifié ses créations. Elle n'est point de celles qui jouent avec les faits, les types, mais elle est l'une des plus sensibles au monde extérieur, l'une des plus impressionnées par les couleurs et les sons. Voyez la fin du livre I dans les *Géorgiques* ou encore le tableau de l'Italie, ou la description de la cavale aux prises avec l'amour. Voyez, dans l'*Énéide*, le banquet de Carthage. C'est à croire qu'il s'est inspiré parfois « de l'œuvre d'un peintre et qu'il l'a transposée dans des vers plus brillants que la peinture » (A. Bellessort). Il sait joindre aux couleurs et aux effets lumineux les sonorités, « le fracas des rochers battus par les mers, le craquement des forêts, le retentissement des armes ». Tous les sons provoquent des émotions de crainte ou d'horreur. « Ces appels rapides à l'imagination, ces éclairs qui jaillissent des mots les plus simples, ces paysages qui tiennent en un ou deux traits, ce mouvement qui entraîne les contrastes et qui les fond en lui» (A. Bellessort), voilà ce qui constitue les plus beaux dons de VIRGILE. Ajoutons que cette imagination puissante sait joindre la variété à la grâce : il n'est que de se reporter à ses descriptions.

En outre, il est bien latin, car dans toutes ses œuvres il manifeste des qualités oratoires et en particulier dans l'*Énéide* où, comme chez les historiens, l'analyse psychologique se traduit en discours, discours impossibles à retrouver en poésie ailleurs que chez Corneille ou Racine (et ceux-ci ne se souviennent-ils pas de Virgile ?). Florus a d'ailleurs, paraît-il, traité dans un opuscule aujourd'hui disparu de la question de savoir si VIRGILE était un poète ou un orateur.

À tout moment, on retrouve aussi dans ces poèmes l'âme de VIRGILE, sa sensibilité si vive devant les spectacles de la nature, la hantise qu'il garde de sa terre natale, de sa petite patrie, pays de plaines, de marais et de brumes, son amour et sa compréhension des animaux, moutons, chèvres, bovidés, chevaux, son attendrissement devant le paysan courbé sur la terre, s'affairant aux travaux quotidiens et minutieux de l'agriculture. Cette sympathie vraie vivifie la connaissance qu'il a des travaux des champs. La terre est devenue pour lui une créature vivante, une amie accueillante. Que de sentiments encore lui sont propres : la pieuse admiration des vertus d'autrefois, de l'autorité du père de famille se fondant sur la tendresse, de l'amitié qu'il a apprise dans l'intimité du cercle épicurien et que reflètent si bien Nisus et Euryale, l'attendrissement devant la jeunesse parée de beauté, de générosité, d'amour de la gloire, insoucieuse de la vie. Et la passion elle-même, l'a-t-il ignorée ? On hésite à l'affirmer quand on lit certaines *Bucoliques*, les chants III et IV des *Géorgiques*, le récit de l'amour de Didon pour Énée dans l'*Énéide*. De tout cela il ressort que, grâce à cette sensibilité, VIRGILE a été aussi un analyste pénétrant de l'âme humaine. Il en a sondé les misères. Plein d'une profonde tendresse pour l'humanité comme pour toutes les créatures en général, il a senti comme personne le destin tragique des êtres et des choses.

Il est enfin de son époque et un contemporain de Tite-Live par le culte passionné, plein d'orgueil et de ferveur, de son pays, de cette Rome qui domine le monde et dont, au IVe siècle, un autre poète, Rutilius Namatianus, se souvenant sans doute de VIRGILE, dira : « Écoute, ô reine toute belle du monde qui t'appartient, Rome que les étoiles des cieux ont accueillie parmi elles ! Écoute, nourrice et mère des dieux [...], c'est toi que je chante ! » (*Sur son retour*, V, 47-51). Mais, chez VIRGILE, ce n'est pas un patriotisme étroit : il ne se limite pas à Rome, il voit l'Italie, ses populations, leurs vertus, leur passé respectif. Ce culte qu'il rend à sa patrie, il le rend également à Auguste. Virgile est l'homme de la paix plus que de la guerre. Il a chanté les campagnes autant que les meneurs d'hommes : Énée n'est pas le guerrier enivré par les batailles mais Turnus, qui a ce caractère, est l'ennemi juré d'Énée. VIRGILE peint dans Énée l'homme qui fait son devoir, mais aspire au repos, au calme, qui respecte les dieux et la famille. Or Auguste, par ses victoires, n'avait-il pas permis à chacun de retourner à ses occupations, de se consacrer à sa terre, à sa maison, aux êtres qu'il aimait ? On comprend ainsi l'admiration indéfectible que l'écrivain éprouvait pour le souverain, son enthousiasme qui ne s'est jamais démenti et que partageaient ses contemporains.

Parler du style de VIRGILE est encore une difficulté : ce style varie avec les œuvres. Pourtant, quelques qualités ressortent qui font de lui un écrivain classique. Il a recherché avant tout la convenance, la mesure et l'harmonie. Le mot reproduit fidèlement les objets et les sentiments et VIRGILE sait toujours se limiter, car la sobriété de l'expression est sa première loi. Maniant et disciplinant la langue poétique avec génie, il lui donne toute sa valeur par le rythme : VIRGILE, comme plus tard Racine, est essentiellement un musicien. Bien des passages de l'*Énéide* (pensons à la tempête du livre I) pourraient paraître conventionnels si l'on ne se laissait bercer par la magie sonore des mots, des rythmes et des coupes. VIRGILE possédait en effet une science inégalée de la versification, science que tempéraient un goût très sûr et la volonté de faire coïncider constamment la forme et le fond.

VIRGILE a été le poète aimé des dieux : adopté par la gloire dès les *Bucoliques*, il était déjà considéré comme un classique avant sa mort. Il resta un modèle incontesté de la poésie latine et son œuvre tenait une grande place dans les écoles. Le Moyen Âge ne l'abandonna pas et, à cause de la *IVe Bucolique*, en fit un précurseur du christianisme. Dans la *Divine Comédie*, c'est lui qui guide Dante à travers son *Enfer*. À la Renaissance, sa gloire littéraire s'affermira et, plus tard, classiques et romantiques auront le même culte pour lui, qu'il s'agisse de Racine, de Voltaire, de Chateaubriand ou de Victor Hugo. Notre époque respecte encore en lui l'auteur d'une œuvre de grâce, de beauté et de perfection et un écrivain si proche de la nature que Giono a su pleinement l'apprécier.

LES BUCOLIQUES

VIRGILE est le premier romain à s'exercer dans le genre bucolique. Il le dit lui-même dans la *VIe Bucolique:* « C'est notre muse Thalie [*muse jadis agricole*] qui, la première, a jugé digne d'entonner le vers syracusain. Alors que je chantais rois et combats, le dieu du Cynthe [*Apollon*] me prit par l'oreille en me faisant remarquer : "*Tityre, il convient à un berger de faire paître de grasses brebis et de chanter d'humbles chansons*". »

Le modèle de VIRGILE était le Syracusain Théocrite qui avait composé des *Idylles* rustiques. Mais Théocrite était un homme de la ville et il voulait plaire à un public souvent blasé : son œuvre était à base de réalisme, de précisions et même de crudités. Ne lui enlevons pas la beauté plastique et la vie familière, mais ce n'était pas là le but de VIRGILE, ni son domaine. Homme de la campagne, il y avait vécu, il avait observé les hommes et les champs : c'est ce qu'il voulait rendre dans ses poèmes. On objectera le caractère conventionnel de ses bergers. Mais il faut relire les *Bucoliques* pour revoir les plaines qui s'étendent autour de Mantoue et le Mincio cher au cœur du poète. On y sent vivre les animaux, les abeilles, tout un monde qui fait partie de la « petite patrie » comme il le dira dans les *Géorgiques*. Quoi de plus beau que les derniers vers de la *Ire Bucolique* : « Et voici qu'au loin fument les toits de nos fermes et que du haut des monts tombent les ombres qui s'allongent » ?

« *Et jam summa procul villarum culmina fumant*
majoresque cadunt altis de montibus umbrae »
(I, v. 83-84).

Le soir commence à envahir la plaine et le berger évoque presque avec nostalgie, après son travail, l'intimité du foyer où toute abondance provient de la nature : fruits, châtaignes, fromages.

VIRGILE enveloppe en général ses paysages d'une légère brume qui adoucit l'éclat du soleil et leur donne une sorte de flou poétique. On évoque invinciblement Verlaine :

« L'ombre des arbres dans la rivière embrumée
Meurt comme de la fumée
Tandis qu'en l'air, parmi les ramures réelles
Se plaignent les tourterelles
Romances sans paroles

Moins triste et plus nostalgique que Verlaine, VIRGILE fait penser à certains peintres du XVIIe siècle et à Watteau, et ce que dit justement Verlaine dans les *Fêtes galantes* pourrait presque décrire un aspect secret de Virgile :

« Votre âme est un *paysage choisi*
que vont charmant masques et bergamasques
jouant du luth et chantant et *quasi*
tristes sous leurs déguisements fantasques. »

« Un des objets fondamentaux des *Bucoliques* où on rencontre ce qu'il y a de plus neuf, est le sentiment du vague, de l'infini, des fonds sans contours nets, dans lesquels se confond l'âme du personnage : un personnage qui est tout imprégné d'une indéfinissable, languissante douceur à laquelle se mêle, en rapport dialectique, la douleur. La douleur ne contraste pas violemment avec le monde idyllique des bergers, mais contribue à créer cette atmosphère suspendue entre le songe et la réalité, atmosphère dans laquelle le poète aime à se réfugier » (A. Setaioli). On le voit, tout en pratiquant l'alexandrinisme, VIRGILE s'en éloigne, tout comme il commence à prendre ses distances avec les *poetae novi*. Bien qu'il pratique, en utilisant certains thèmes de Théocrite, la contamination, sa personnalité s'impose à son œuvre, ne serait-ce que par son sens du tableau et des couleurs fondues. La délicatesse du trait est proprement virgilienne. Ce que certaines personnes ont appelé des bergeries, est une œuvre profonde qui traduit d'ailleurs les aspirations de l'époque : lassitude des guerres civiles, désir de paix, besoin de repos, de tranquillité.

Les *Bucoliques* sont composées de dix pièces dont la plus longue (*IIIe*) comporte 111 vers, alternativement dialoguées ou narratives. La Xe semble avoir été écrite plus tard que les autres, vers −37. L'ordre des *Bucoliques* pose problème, d'autant que VIRGILE en fit paraître d'abord un *choix* de neuf pièces (d'où le titre qu'on donne parfois à cette œuvre : *Églogues*). Ce qu'il y a de certain, c'est que VIRGILE ne s'est pas soucié de la chronologie. Il leur donne un ordre qui lui est personnel. Le plus important, c'est de pouvoir trouver la structure interne du recueil. Il apparaît bien et semble vraisemblable que le poète a voulu faire alterner les dialogues (pièces impaires : 1, 3, 5, 7, 9) et les monologues (pièces paires) en les faisant se répondre deux par deux en une construction enveloppante : I-IX, II-VIII, III-VII, IV-VI, la cinquième, placée au centre, célèbre l'apothéose de Daphnis (César). La *X*ᵉ, écrite plus tard, réclame la renommée qui doit s'attacher au « poète qui a chanté ces vers, tandis qu'il est assis et tresse en corbeille la guimauve flexible ». P. Maury voit dans les *I*ʳᵉ et *IX*ᵉ *Bucoliques* les « épreuves de la terre », dans les *II*ᵉ et *VIII*ᵉ, les « épreuves de l'amour », la *II*ᵉ et la *VII*ᵉ apportent calme et lumière, la *IV*ᵉ et la *VI*ᵉ opposent l'âge d'or de l'avenir aux ténèbres du passé. Enfin, en face de l'apothéose de la *V*ᵉ, on peut voir Gallus, déchu de son amour et exclu de l'*Arcadie*.

Voici le contenu des *Bucoliques* :

I) *Tityre* : traite des confiscations de terres. Le berger Tityre, grâce à Octave, peut demeurer chez lui tandis que Mélibée doit partir. Tityre lui offre de rester chez lui pour la nuit.

II) *Alexis* : plaintes amoureuses du berger Corydon que dédaigne son esclave Alexis.

III) *Palémon* : tournoi poétique entre deux bergers.

IV) *Pollion* : le poète célèbre un enfant divin qui doit naître sous le consulat de Pollion et ramènera l'âge d'or. C'est ce poème qui a fait prendre VIRGILE pour un prophète par les chrétiens.

V) *Daphnis* : joute poétique entre deux bergers : l'un dit la douleur causée à la nature par la mort du demi-dieu Daphnis (César), l'autre la joie qu'elle ressent de son apothéose.

VI) *Silène* : deux bergers et une nymphe surprennent Silène et l'obligent à chanter. Il chante l'origine du monde et rapporte des légendes mythologiques. Il dit au passage la valeur poétique de Gallus.

VII) *Mélibée* : autre tournoi poétique entre deux bergers.

VIII) *La Magicienne* : ce poème se compose de deux chants : l'un peint la douleur d'un berger trahi par sa bien-aimée, dans l'autre une femme délaissée a recours à des incantations pour ramener son amant infidèle.

IX) *Moeris* : le poète traite comme dans la première pièce le problème de la confiscation de terres.

X) *Gallus* : celui-ci exprime sa passion malheureuse pour Lycoris qui l'a quitté. Virgile va abandonner la poésie bucolique.

Jacques Perret a excellemment exprimé la qualité et la valeur des *Bucoliques* et le sens politique du poète : « L'apothéose de Daphnis s'épanouit au sein d'un renouvellement cosmique, sous la conduite de Rome et en accord avec les révolutions de la politique romaine : Daphnis figure César, et l'âge d'or de la *IV*ᵉ *Bucolique* est un âge d'or romain. Cette triple convergence des perspectives spirituelles, cosmiques, nationales est un fait important; l'*Énéide* n'y ajoutera rien : dès l'origine la note virgilienne est fixée. »

LES GÉORGIQUES

VIRGILE a dédié à Mécène ce poème didactique en quatre livres, consacré aux travaux des champs. Il a dû terminer son ouvrage vers −29 et l'a sans doute publié en −28. Il l'avait probablement commencé en −38. Il avait donc mis dix ans pour le composer. Il le lut à Octave après la victoire d'Actium, pendant que ce dernier soignait sa gorge à Atella. La lecture dura quatre jours. Quand la fatigue l'obligeait à s'arrêter, Mécène le relayait. On a prétendu que Mécène aurait donné l'idée des *Géorgiques* à VIRGILE, car l'éloge de l'agriculture faisait partie des thèmes qu'il orchestrait, suivant en cela le programme politique arrêté par la conférence préparatoire de l'Empire, la *conférence des Trois* : Octave, Agrippa et Mécène. Mais VIRGILE n'est pas l'instrument pur et simple d'une politique. Devant les ravages de la guerre civile, les menaces de Sextus Pompée, il s'adresse aux Romains, leur montre l'intérêt de la culture des céréales, il parle aux petits cultivateurs : Rome ne doit plus dépendre des provinces, des pays d'outremer, elle doit travailler sa terre, si riche et si féconde. Il n'était pas nécessaire d'aiguiller VIRGILE vers ces questions. Homme de la terre, il revenait tout naturellement à la terre.

Lorsqu'on veut trouver les sources des *Géorgiques*, on se heurte à de grosses difficultés. Cependant, on peut le dire, VIRGILE reproduit avec précision la doctrine de son temps. Chaque fois qu'on a cru le prendre en flagrant délit d'inexactitude, un document retrouvé est venu le justifier. Il a probablement lu l'*Économique* de Xénophon, les *Thériaques* de Nicandre de Colophon, l'*Histoire des animaux* d'Aristote, l'*Histoire des plantes* de Théophraste. Cependant, ont eu une influence particulière sur lui : Hésiode, qui lui fournit une philosophie des rapports de l'homme avec la terre et une certaine idée de la loi du travail; Aratos de Soles, qui croyait à la valeur morale du travail; Lucrèce, avec son idée des conquêtes successives de la civilisation; Caton le Censeur; Varron. Mais il demeure original: il connaît certes la littérature agronomique, la science agricole de son temps, toutefois il possède ses idées propres: nécessité de la petite propriété pour rendre à l'Italie sa grandeur, loi ennoblissante du labeur, conquêtes civilisatrices de l'homme.

Les *Géorgiques*, si elles sont un ouvrage technique, sont également un poème didactique où, en dépit de l'influence d'Hésiode et de Lucrèce, VIRGILE montre sa personnalité propre: on y découvre l'amour du sujet, la croyance ardente en son excellence, l'émotion vraie. « C'est parce que VIRGILE est ému qu'il est un véritable poète didactique » (A.M. Guillemin). Son poème est une épopée dont la Terre mère est l'héroïne. Il montre « l'étreinte de ce couple toujours aux prises, la terre et l'agriculteur. Le ton sera moins magnifique que dans *L'Énéide*, mais il sera plus émouvant » (A.M. Guillemin). VIRGILE « est un homme des champs: il en a la connaissance pratique comme aussi la joie et le doux rêve. Il y a dans son coloris poétique et délicieux, ce qu'Horace, parlant de la première manière de VIRGILE a si bien défini par le *molle atque facetum* » (Sainte-Beuve).

Dans les cinq premiers vers des *Géorgiques*, VIRGILE résume son plan: travail des céréales, arboriculture, élevage du bétail, apiculture. D'après le texte, ces quatre livres se répartissent donc deux par deux: I et II, III et IV, chaque groupe étant précédé par un préambule et terminé par un éloge ou un épyllion.

• Le *premier livre* commence par une exposition comprenant une dédicace à Mécène, le plan de l'œuvre, des invocations aux dieux tutélaires de l'agriculture et à Auguste; ensuite, il retrace les travaux des champs: labour, diverses espèces de terres, méthodes de culture, loi du travail, ennemis du laboureur et lutte contre ces ennemis, outillage, météorologie et pronostics (la nature donne les présages des guerres civiles). Le livre se clôt par une prière aux dieux pour la paix.

• Le *deuxième livre*, plus désordonné, est lyrique par excellence. Après une invocation à Bacchus, il traite des arbres et de la vigne, deux des principaux produits de la culture italienne de ce temps. C'est dans ce développement qu'on trouve le fameux éloge de l'Italie (vers 136 à 176). Le livre a pour conclusion un éloge non moins célèbre de la vie rustique (le bonheur des paysans; le poète et la campagne; simplicité, pureté et calme de la vie campagnarde). Le poète marque une pause à la fin du livre II.

• Dans le *troisième livre*, VIRGILE commence par invoquer Palès, et les divinités du troupeau; il fait vœu d'élever un temple sur les bords du Mincio et de célébrer des jeux à la gloire d'Octave. Il invite Mécène à s'associer à ses travaux. Il traite alors du bétail: le gros (génisses, étalons, soins qu'ils nécessitent, action de l'amour, particulièrement sur les cavales), le petit (brebis, chèvres; les bergers nomades de la Libye, les Scythes; chiens de garde et chiens de chasse; précautions à prendre contre les serpents, ennemis des étables). Le livre se termine par la célèbre épizootie du Norique et de l'Iapydie. VIRGILE y atteint facilement le ton épique. On pense alors à Thucydide et à la peste d'Athènes.

• Le *livre IV* se divise presque exactement par le milieu. Il est encadré par une introduction et une conclusion d'égale étendue. Dans l'introduction, après l'adresse habituelle à Mécène, le poète présente le peuple des abeilles. Daigne Apollon se montrer favorable! On passe ensuite au rucher, à la ruche, et c'est alors l'épisode très connu du vieillard de Tarente (v. 116-148). VIRGILE décrit ensuite les mœurs pacifiques et laborieuses des abeilles, la récolte du miel, les ennemis et les maladies des abeilles. En seconde partie vient l'épyllion d'Aristée, Orphée et Eurydice. On a prétendu que se plaçait là un éloge de Gallus: affirmation probablement gratuite. VIRGILE décrit le deuil d'Aristée à la mort de ses abeilles. Il recherche pourquoi elles sont mortes; Protée le lui explique: il est la cause de la mort d'Eurydice. Et Protée poursuit son récit: Orphée, descendu aux Enfers, ramène Eurydice mais, oublieux de la condition imposée, il se retourne; Eurydice est à jamais perdue. Mort d'Orphée, désespéré. Après ce récit, Aristée fait les sacrifices expiatoires et peut restaurer son essaim. Dans l'épilogue, nous apprenons qu'ainsi chantait VIRGILE à Parthénopè (Naples), tandis que César-Octave lançait ses foudres sur l'Euphrate.

VIRGILE, comme il le reconnaît au livre IV, ne traitait pas des jardins. Columelle devait s'en occuper.

La cohésion des *Géorgiques* est due à l'esprit religieux de VIRGILE, à son loyalisme romain, à sa foi dans le travail. «Mais ce qui donne tout son prix à cette œuvre, ce n'est pas le prodige d'avoir, à force d'art, réussi à bannir la recherche et l'apprêt ou tout au moins à les rendre imperceptibles, c'est qu'on y sent que VIRGILE est sous le charme de la nature, en est pénétré [...]. Cette sympathie universelle ne pouvait naître que dans une âme extrêmement sensible, comme l'était celle de VIRGILE, et c'est un sujet d'étonnement et d'admiration de voir qu'elle s'y rencontre associée à la gravité et à la fierté romaines» (H. Goelzer). Ce sentiment de la nature est renforcé par la recherche épicurienne du bonheur et par la sympathie pour les humbles.

Les *Géorgiques* possèdent une rare perfection de forme et un charme sans cesse renouvelé. C'est que l'auteur n'oublie jamais de hausser le ton grâce aux épisodes: éloge de l'Italie, du printemps, peste du Norique, jardinier de Tarente, épyllion d'Aristée; grâce aussi aux préludes où VIRGILE devine et annonce l'immortalité d'Octave. Ce mélange incomparable de sensibilité, d'imagination et de souffle épique fait des *Géorgiques* une œuvre inoubliable et unique. On y trouve déjà dans sa plénitude le génie épique et universel de VIRGILE.

L'ÉNÉIDE

Après −30, après les *Géorgiques,* VIRGILE s'attaque à une œuvre ambitieuse, qui remplit les vœux de ses protecteurs, Octave et Mécène. Il aborde directement le domaine épique. La tendance fréquente est de voir en VIRGILE un auteur qui s'est successivement occupé d'idylles, d'un poème didactique, puis d'une épopée. Mais, depuis un demi-siècle, nous avons la conviction que le domaine véritable de VIRGILE était l'épopée et qu'il l'avait découvert peu à peu, en progressant dans son œuvre où son sens épique se révèle à tout moment. Les sollicitations de ses amis furent certes pour partie dans son entreprise, mais son propre instinct le poussait dans cette direction et c'est dans l'*Énéide* qu'il voulait atteindre le sommet de son art. La preuve en est que, à la veille de sa mort, laissant son travail inachevé, il voulut qu'on le détruisît. Il ne souhaitait qu'une chose: la perfection. Heureusement, Auguste nous conserva cette œuvre qui, même non révisée, est un chef-d'œuvre de tous les temps.

Il tenait, en écrivant ce poème, une promesse qu'il semblait avoir faite dans les *Géorgiques.* Il allait entreprendre un grand poème épique d'inspiration nationale. En principe, le sujet devait en être Auguste. Rappelons que la famille de César, la *gens Julia,* se réclamait de ses origines divines, puisqu'elle prétendait descendre d'Iule, fils d'Énée, lui-même fils de Vénus. Mais c'est ici qu'intervient le génie créateur: le poète renonce à glorifier directement Auguste, ce qui pouvait aboutir à une basse flatterie. Sa puissante imagination lui suggère de partir des origines de Rome, c'est-à-dire d'Énée lui-même. Il donne ainsi à l'ensemble une plus grande crédibilité et il obtient toute liberté dans la mise en œuvre du poème. Il n'oublie pas pour autant son objectif réel et la présence d'Auguste éclate à plusieurs reprises: il est l'homme que les dieux avaient choisi comme aboutissement d'une période et commencement de l'âge d'or. C'est là une affirmation répétée au moins par deux fois dans l'épopée: lors de la descente d'Énée aux Enfers (chant VI) où Anchise montre à son fils tous ceux qui formeront sa descendance (VIRGILE utilise là le thème de la métempsycose) et dans la description du bouclier d'Énée. Le poète donnait ainsi à Auguste la figure de l'homme du *fatum,* du *destin* et, comme l'a dit Tacite, dans les *Annales,* la majesté suprême, vue de loin, impose d'autant plus de respect. En rattachant de cette façon Auguste au premier de la race et par conséquent à Vénus, VIRGILE magnifiait la mystique césarienne et augustéenne. D'ailleurs, dès l'*Iliade,* Énée faisait figure de prédestiné: il est sauvé par les dieux (chant III) et nous savons que très tôt il se trouve rattaché à Rome qui voulait se donner des ancêtres illustres et se procurer l'illusion de continuer l'histoire grecque. À tout cela s'ajoute chez VIRGILE une claire vision historique. Il se sert habilement des travaux érudits de son époque pour montrer la pénétration des éléments grecs et orientaux dans l'Italie qui, sans ces apports, n'aurait pas connu le même essor. Énée règnera donc, et c'est historique, sur une population mixte. Quant à Auguste, il règne désormais sur tant de peuples! Le sujet était encore plus d'actualité qu'on ne pense, car nombre de familles patriciennes prétendaient descendre de compagnons d'Énée et portaient des insignes rappelant cette origine. Toutes proportions gardées, on pense aux Américains se réclamant des passagers du Mayflower...

Il ne faut pas se faire d'illusions: l'*Énéide* est d'abord une épopée savante; VIRGILE n'a pas l'ampleur créatrice d'un Homère ou d'un Hugo et son œuvre repose sur des éléments empruntés. On peut diviser l'*Énéide* en deux parties : chants I à VI, les voyages d'Énée; chants VII à XII, ses combats. VIRGILE rassemble en un seul poème l'*Odyssée* (les voyages d'Ulysse) et l'*Iliade* (les combats devant Troie, en particulier ceux d'Hector et d'Achille). D'où tous les emprunts à Homère : voyages en pays étrangers, roman d'amour, descente aux Enfers, description du bouclier d'Énée et combats devant son camp, duel final entre Turnus et Énée. VIRGILE emprunte aussi à Actinos pour la chute de Troie, à Apollonios de Rhodes et même à Catulle, Naevius et Ennius.

Mais, si l'*Énéide* est une épopée savante, « comme l'a noté A. Bellessort, [c'est aussi] un roman d'aventures chevaleresques, un récit de passion et une histoire de conquête, toute pleine d'événements extraordinaires, baignée de merveilleux, riche en prolongements héroïques et tragiques et mettant en scène des personnages qui, pour être des symboles, n'en sont pas moins attachants; ce sont sans doute des "types éternels" plus que des caractères, mais la sensibilité du poète, son aptitude à saisir sur le vif les aspirations et les passions de l'âme, leur donnent le frémissement de la vie » (B.-A. Taladoire).

Résumer l'*Énéide* est pratiquement impossible. C'est le livre qu'il *faut* lire et jadis, nous voulons dire dans le premier quart du XXe siècle, beaucoup de lycéens le lisaient comme un roman d'aventures. On ne peut donner de cette œuvre qu'un bref aperçu.

Les voyages et aventures

Énée va atteindre l'Italie quand Junon provoque une tempête qui disperse sa flotte et le jette sur la côte africaine où Didon, en train de créer Carthage, l'accueille avec amabilité (I). — Énée raconte la prise de Troie, sa fuite; pendant ce récit, l'amour pour le héros s'éveille en Didon (II). — Énée poursuit son récit; ses pérégrinations vers l'Italie (*L'Hespérie*) constituent le chant III. — Au cours du chant IV, la passion de Didon conquiert Énée; mais Jupiter lui donne l'ordre de continuer sa mission. Il s'enfuit, et Didon se tue. C'est d'ailleurs le livre le plus beau de l'*Énéide* et Fénelon s'en souviendra dans son *Télémaque*. — Arrivé en Sicile, le Troyen fait disputer des Jeux près de la tombe de son père Anchise et laisse chez le roi Aceste les femmes troyennes épuisées par le voyage (V). — Énée consulte la Sibylle et descend aux Enfers muni d'un rameau magique. Il visite le Tartare, l'Élysée, rencontre Didon, puis Anchise qui lui montre sa future descendance. Revenu sur terre, il reprend la mer et aboutit à l'embouchure du Tibre (VI).

Les combats

Arrivé dans le Latium, il est fort bien accueilli par le roi *Latinus* qui lui promet sa fille *Lavinia* en mariage. Junon (ennemie jurée des Troyens) provoque la rage de la reine Amata et de *Turnus*, roi des Rutules, prétendant à la main de Lavinia (VII). — Énée demande du secours à l'Arcadien Évandre installé sur le Palatin. Il se trouve sur le site de la future Rome. Évandre fait alliance avec Énée et lui confie son fils Pallas et deux cents cavaliers. Il lui recommande de s'allier avec les Étrusques. Ici se place l'épisode de la fabrication du bouclier d'Énée (VIII). — Cependant Turnus attaque le camp des Troyens, détruit leurs vaisseaux (épisode de Nisus et Euryale); finalement Turnus est rejeté (IX). — Assemblée des dieux qui sont partagés, à l'image de Junon et de Vénus. Jupiter laissera faire les destins. Énée, revenu avec la flotte étrusque, gagne la bataille. Pallas est tué (X). — Funérailles de Pallas, désespoir d'Évandre. Camille, reine des Volsques, vient aider Turnus, est battue et meurt au combat. Les Latins se réfugient dans la ville de Laurente qui est assiégée par Énée (XI). — Pour en finir, la guerre va se régler par un combat singulier : Turnus périt sous les coups d'Énée, malgré l'aide qu'il reçoit de sa sœur, la nymphe Juturne. Énée va épouser Lavinia et s'installer en Italie (XII).

On voit que VIRGILE a respecté les règles du poème épique : il alterne les aventures, les épisodes (repas et récits chez Didon), les scènes fantastiques (les Enfers), le merveilleux (scènes chez les Dieux), les combats, les sièges. Épopée et récit d'aventures et d'amour, nous l'avons dit. Mais il faut reconnaître que, dans *l'Énéide*, un élément est vraiment artificiel : c'est tout ce qui concerne les dieux; il est trop visible que VIRGILE n'éprouve à leur égard que scepticisme et qu'ils figurent dans son ouvrage parce que l'épopée ne peut se passer de merveilleux. Malheureusement, le merveilleux n'a de puissance que si le poète croit en lui. À preuve la *Chanson de Roland* et, *a contrario*, les *Martyrs* de Chateaubriand.

Les personnages sont dominés par Énée, puisque c'est lui le héros, présent d'un bout à l'autre de l'épopée. Mais son caractère demeure flou et même sans chaleur. C'est l'homme du destin qui annonce déjà Auguste. Pourtant, quand il se trouve devant la passion ou le chagrin, apparaît en lui un autre homme à qui VIRGILE prête de sa sensibilité. La véritable passion se rencontre chez Didon en qui VIRGILE a créé un pathétique personnage de femme. Certains acteurs attirent l'attention, comme Palinure; mais c'est chez les jeunes gens qu'on rencontre vie et action: Turnus, Pallas et la reine Camille. Latinus et Évandre ont la maturité équilibrée de l'âge et de l'expérience.

En définitive, ce qui fait la valeur de *l'Énéide*, c'est, comme dans les autres ouvrages du poète, le sens de la composition picturale, des couleurs; c'est la présence constante de la sensibilité qui anime les instants les plus fugitifs, les personnages les plus épisodiques. Enfin, il faut compter avec la musique virgilienne. Comme Hugo, ou Molière, ou Racine, VIRGILE est un maître du vers. Il sait épuiser toutes les ressources de l'hexamètre dactylique et joue avec les coupes, les sonorités, la place des mots. Il se dégage de tout cet art une musique inoubliable. Comme Racine, VIRGILE est pratiquement intraduisible, ou plutôt toute traduction reste une trahison: on ne peut plus que le lire, on ne peut l'entendre.

En conclusion, VIRGILE concilie, et c'est curieux à constater, traditionalisme, conformisme et originalité. Il accepte toutes les limites, toutes les règles, toutes les images que lui a apportées la tradition. Mais, à l'intérieur de celles-ci, il sait être personnel, car il renouvelle l'expression, la musique et, s'il faut utiliser le cliché, il le fait de manière inattendue. Se mettant à portée de tous, il suscitait l'admiration car ses lecteurs retrouvaient en lui le passé et entrevoyaient l'avenir. Il ne recherchait pas l'effet, le factice. Il savait que toute beauté repose sur le simple, le pur. Si l'on rencontre parfois des artifices chez lui, il faut les attribuer aux exigences du poème, non à la faiblesse du poète.

L'APPENDIX VERGILIANA

VIRGILE a sans doute écrit des poèmes dans sa jeunesse pour mesurer ses forces. Malheureusement le recueil que nous a livré l'antiquité et que nous connaissons par un titre du XVIe siècle, *Appendix Vergiliana*, nous laisse très incertains et il est fort difficile de prouver que les textes sont de VIRGILE.

Ce recueil comprend:

• Le *Catalepton* (pratiquement: *pièces détachées*): on y sent l'influence de Catulle, de son goût de l'ironie élégante et de la parodie. Le *Muletier* en est un exemple caractéristique puisque cette pièce se trouve être la parodie d'un poème de Catulle. Le *Catalepton* est l'œuvre qui a le plus de chances d'être authentique.

• Viennent ensuite toute une série de petits poèmes où se perpétue l'alexandrinisme, mais dont il est difficile de prouver l'authenticité. Citons entre autres: les *Dirae* (*Imprécations*); la *Ciris*, épyllion sur la métamorphose en *aigrette* de Scylla, fille du roi Nisus; le *Culex*, minuscule épopée d'un *moustique*; le *Moretum*: un paysan, à son lever, se prépare une sorte d'*ailloli*; enfin un certain nombre d'autres œuvrettes dont la plus intéressante est la *Copa* (*La Cabaretière*): une danseuse invite les voyageurs à entrer au cabaret.

• On trouve également dans l'*Appendix* le poème de l'*Aetna* (*Etna*) qui laisse perplexes les chercheurs car, en fait, on ignore sa date, son auteur, et, sur un total de 643 hexamètres, il n'en reste que 50 qui n'aient pas été remaniés.

Pour la date, on place ce poème didactique et scientifique entre −50 et +79 (éruption du Vésuve, mais le texte n'y fait pas allusion). Bien des recherches amènent pourtant à penser qu'il est des environs de −50 à −46. On en a attribué la composition à VIRGILE jeune, à Cornelius Severus, contemporain d'Ovide, et à d'autres.

Pour les théories scientifiques, l'auteur subit l'influence de Posidonios, Aristote, Démocrite, Héraclite et même de voyageurs. Il cherche à expliquer, à propos du volcan de l'Etna, les éruptions par l'action des vents comprimés dans les cavités de la terre. Il décrit les périodes de calme et d'activité, le rôle du soufre, de l'alun, du bitume, etc. Il peint les différentes phases d'une éruption et rejette les fables mythologiques. Il y a là une réelle probité scientifique et des qualités de témoin oculaire. Le peu qui nous est parvenu de l'*Etna* ne permet guère de parler du style.

134 Amour malheureux

Damon est un berger trahi. Nysa l'a abandonné pour Mopsus qu'elle va épouser. Virgile imite le Grec Théocrite, grand maître de la pastorale.

Incipe Maenalios[1] mecum, mea tibia, versus.
Mopso Nysa datur : quid non speremus amantes[2] ?
Jungentur jam grypes equis, aevoque sequenti
cum canibus timidi venient ad pocula[3] dammae.
Incipe Maenalios mecum, mea tibia, versus.
Mopse, novas incide faces[4] : tibi ducitur uxor.
Sparge, marite, nuces : tibi deserit Hesperus Oetam[5].
Incipe Maenalios mecum, mea tibia, versus.
O digno conjuncta viro, dum despicis omnes,
dumque tibi est odio mea fistula dumque capellae
hirsutumque supercilium promissaque barba,
nec curare deum credis mortalia quemquam[6] !
Incipe Maenalios mecum, mea tibia, versus.
Saepibus in nostris parvam te roscida mala
(dux ego vester eram) vidi cum matre legentem.
Alter ab undecimo tum me jam acceperat annus.
Jam fragiles poteram a terra contingere ramos :
ut vidi, ut perii, ut me malus abstulit error !
Incipe Maenalios mecum, mea tibia, versus.
Nunc scio quid sit Amor : duris in cautibus illum
aut Tmaros, aut Rhodope, aut extremi Garamantes[7]
nec generis nostri puerum nec sanguinis edunt.

VIRGILE, *Bucoliques*, VIII, v. 25-45.

1. Le Ménale est une montagne d'Arcadie, berceau de la poésie pastorale. — 2. *amantes* = nous, les amants (en général). — 3. *ad pocula* = *ad potum*. — 4. *faces* = les torches nuptiales. — 5. *Oeta* : montagne de l'est de la Thessalie. *Hesperus*, étoile du soir (*vesper*). — 6. les dieux veillent au respect des serments. — 7. le Tmaros (Épire), le Rhodope (Thrace) sont des montagnes sauvages. Les Garamantes (Fezzan) sont des tribus sauvages.

135 Chant magique

Une bergère, aidée de sa servante, essaie de ramener à elle, par des procédés magiques, celui qu'elle aime.

Ducite ab urbe domum, mea carmina, ducite Daphnim.
Carmina vel caelo possunt deducere lunam.
Carminibus Circe socios mutavit Ulixi[1] ;
frigidus in pratis cantando[2] rumpitur anguis.
Ducite ab urbe domum, mea carmina, ducite Daphnim.
Terna tibi[3] haec primum triplici diversa colore
licia circumdo, terque haec altaria circum
effigiem duco : numero deus impare gaudet.

Ducite ab urbe domum, mea carmina, ducite Daphnim.
Necte tribus nodis ternos, Amarylli, colores;
necte, Amarylli[4], modo et « Veneris » dic « vincula necto ».
Ducite ab urbe domum, mea carmina, ducite Daphnim.
Limus[5] ut hic durescit, et haec ut cera liquescit
uno eodemque igni, sic nostro Daphnis amore !
Sparge molam et fragiles[6] incende bitumine laurus.
Daphnis me malus urit, ego hanc in Daphnide[7] laurum.
Ducite ab urbe domum, mea carmina, ducite Daphnim.
Talis amor Daphnim, qualis[8] cum fessa juvencum
per nemora atque altos quaerendo bucula lucos,
propter aquae rivum viridi procumbit in ulva,
perdita, nec serae meminit decedere nocti,
talis amor teneat, nec sit mihi cura mederi.

VIRGILE, *Bucoliques*, VIII, v. 68-90.

1. *Ulixi* : génitif. — 2. *cantando* = quand on chante des formules magiques. — 3. la magicienne s'adresse à une figurine (*effigiem*) représentant Daphnis, qu'elle veut envoûter. — 4. sans doute la servante de la bergère magicienne. — 5. deux poupées, l'une de cire (le cœur de Daphnis s'attendrira pour elle), l'autre d'argile (le cœur de Daphnis se durcira pour les rivales). — 6. *fragiles* : ne pas traduire par « fragiles ». — 7. *in* = à propos de, d'où sans doute = pour (enflammer Daphnis). — 8. constr. : *qualis tenet buculam cum.*

136 *Omnia vincit amor*

La Xᵉ Bucolique *est écrite en l'honneur de G. Cornelius Gallus. Le souvenir d'une infidèle torture Gallus. Tous les remèdes sont vains : retraite dans la nature sauvage, poésie, exercices violents.*

Ibo et Chalcidico[1] quae sunt mihi condita versu
carmina pastoris Siculi modulabor avena.
Certum est in silvis inter spelaea ferarum
malle pati tenerisque meos incidere Amores[2]
arboribus : crescent illae, crescetis, Amores.
Interea mixtis lustrabo Maenala[3] Nymphis,
aut acres venabor apros; non me ulla vetabunt
frigora Parthenios canibus circumdare saltus.
Jam mihi per rupes videor lucosque sonantes
ire; libet Partho torquere Cydonia cornu
spicula[4]; tamquam haec sit nostri medicina furoris,
aut deus ille[5] malis hominum mitescere discat !
Jam neque Hamadryades[6] rursus nec carmina nobis
ipsa placent; ipsae rursus concedite, silvae.
Non illum nostri possunt mutare labores,
nec si frigoribus mediis Hebrumque bibamus
Sithoniasque[7] nives hiemis subeamus aquosae,

nec si, cum moriens alta liber aret in ulmo,
Aethiopum versemus[8] oves sub sidere Cancri.
Omnia vincit Amor : et nos cedamus Amori.

VIRGILE, *Bucoliques*, X, v. 50-69.

1. *Chalcidico* = cher au poète de Chalcis, Euphorion, auteur d'élégies imité par Gallus. *Mihi* = *a me*. — 2. *Amores* = mes Amours (allusion à la fois à un recueil de Gallus et aux mots gravés dans l'écorce). — 3. *Menala, Parthenios* : monts d'Arcadie, berceau de la poésie pastorale. — 4. les Parthes sont de bons archers. Cydon ville de Crète, célèbre par ses roseaux avec lesquels les archers crétois fabriquaient des flèches. — 5. *deus ille* désigne l'Amour. — 6. *Hamadryades* : nymphes des chênes; *rursus* = à leur tour; *concedite* = allez-vous-en loin de moi. — 7. Hèbre, fleuve de Thrace. Les Sithoniens : tribus thraces. La Thrace est considérée comme un pays sauvage et froid. — 8. *verso* = pousser, guider.

137 Des signes accompagnèrent la mort de César et annoncèrent la guerre civile

Selon Virgile, le paysan peut prévoir le temps d'après les signes établis par Jupiter : foudre, oiseaux, flamme de la lampe, astres. En particulier, on peut tirer des pronostics de la lune, du soleil. Des signes solaires se manifestèrent par ailleurs au moment de grands événements : ainsi, lors de la mort de César, que firent présager aussi d'autres phénomènes terrifiants (pour les signes qui précédèrent cette mort, voir Suétone, version n° 429).

Ille[1] etiam extincto miseratus Caesare Romam,
cum caput obscura nitidum ferrugine texit
impiaque aeternam timuerunt saecula noctem.
Tempore quamquam[2] illo tellus quoque et aequora ponti
obscenaeque canes importunaeque volucres
signa dabant. Quotiens Cyclopum effervere in agros
vidimus undantem ruptis fornacibus Aetnam[3]
flammarumque globos liquefactaque volvere saxa !
Armorum sonitum toto Germania caelo
audiit; insolitis tremuerunt motibus Alpes.
Vox quoque per lucos vulgo[4] exaudita silentes
ingens, et simulacra modis pallentia miris
visa sub obscurum noctis, pecudesque locutae
(infandum !); sistunt amnes terraeque dehiscunt
et maestum illacrimat templis ebur aeraque sudant.
Proluit insano contorquens vertice silvas
fluviorum rex Eridanus camposque per omnes
cum stabulis armenta tulit. Nec tempore eodem
tristibus aut extis fibrae apparere minaces,
aut puteis[5] manare cruor cessavit, et altae

per noctem resonare lupis ululantibus urbes.
Non alias caelo ceciderunt plura sereno
fulgura nec diri toties arsere cometae.

VIRGILE, *Géorgiques,* I, v. 466-488.

1. *ille:* il s'agit du soleil, dont Virgile vient déjà de parler; *miseratus (est).* — 2. *quamquam* = d'ailleurs. — 3. *Aetnam-Cyclopum*: Etna, volcan de Sicile près de Catane. Les poètes représentent les Cyclopes (qu'Homère voit différemment) comme les ouvriers de Vulcain, travaillant sous l'Etna (ou à Lipari, ou à Lemnos selon les auteurs). — 4. *vulgo* (adverbe) = en tous lieux. — 5. *puteis* = *e puteis.*

138 Plantez vos vignes en quinconce

Le livre II des Géorgiques *est le livre de la vigne. Virgile donne des conseils précis qu'il emprunte à Varron. Il s'agit ici de la disposition des plants de vigne illustrée par une comparaison avec l'« acies ». La légion en ordre de bataille se présente sur trois lignes; les manipules sont disposés en quinconce (comme s'ils occupaient les cases noires sur un jeu de dames imaginaire). Les sentiers* (limite, viarum) *qui séparent les pieds de vigne se coupent à angle droit* (in unguem quadret) *ou, pour reprendre l'image, comme les lignes perpendiculaires qui forment le quadrillage d'un jeu de dames.*

Collibus an plano melius sit ponere vitem,
quaere prius. Si pinguis agros metabere campi,
densa[1] sere: in denso non segnior ubere[2] Bacchus.
Sin[3] tumulis acclive solum collesque supinos,
indulge ordinibus, nec setius omnis in unguem[4]
arboribus positis secto via limite quadret.
Ut saepe ingenti bello cum longa cohortes
explicuit legio, et campo stetit agmen aperto,
derectaeque acies, ac late fluctuat omnis
aere renidenti tellus, necdum horrida miscent
proelia, sed dubius mediis Mars[5] errat in armis:
omnia sint paribus numeris dimensa viarum[6],
non animum modo uti pascat prospectus inanem[7],
Sed quia non aliter vires dabit omnibus aequas
terra neque in vacuum poterunt se extendere rami.

VIRGILE, *Géorgiques,* II, v. 273-288.

1. *densa*: acc. pluriel utilisé comme adverbe; *denso*: neutre singulier employé comme nom = *vite densa.* — 2. *ubere*: abl. de relation ou de point de vue. Bacchus favorise la croissance de la vigne. — 3. comprendre *sin metabere solum*; *ordinibus*: datif = l'espace entre les rangées. — 4. *in unguem quadrare*: équarrir, d'où = tailler à angle droit. — 5. Mars donne la victoire. — 6. = que toutes les distances entre les sentiers soient égales. — 7. le plaisir de la perspective est, somme toute, vain pour un viticulteur.

139 Origine des fêtes en l'honneur de Bacchus

Il faut protéger les vignes contre les dégâts causés par les animaux, buffles, chevreuils et boucs. Le bouc, pour ce méfait, sera immolé à Bacchus. C'est, pour Virgile, l'occasion d'évoquer les fêtes des vignerons en l'honneur de Bacchus (cf. notes).

Frigora[1] nec tantum cana concreta pruina
aut gravis incumbens scopulis arentibus aestas,
quantum illi nocuere[2] greges durique venenum
dentis et admorso signata in stirpe cicatrix.
Non aliam ob culpam Baccho[3] caper omnibus aris
caeditur, et veteres ineunt proscaenia ludi,
praemiaque ingeniis pagos et compita circum
Thesidae[4] posuere, atque inter pocula laeti
mollibus in pratis unctos saluere per utres.
Nec non[5] Ausonii, Troja gens missa, coloni[6]
versibus incomptis ludunt risuque soluto,
oraque[7] corticibus sumunt horrenda cavatis,
et te, Bacche, vocant per carmina laeta, tibique
oscilla[8] ex alta suspendunt mollia pinu.
Hinc omnis largo pubescit vinea fetu,
complentur vallesque cavae saltusque profundi
et quocumque deus circum caput egit[9] honestum.

VIRGILE, *Géorgiques*, II, v. 376-382.

1. scandez le vers; *nec... aut = neque... neque.* — 2. *nocuere*: parfait d'expérience; *nocuere* est le verbe de la principale. — 3. Bacchus (Dionysos) est le dieu du vin. Le bouc est associé à son culte. En Grèce, la tragédie se rattache à la religion dionysiaque ainsi que la comédie. Les représentations théâtrales à Rome ont lieu dans le cadre des *ludi.* — 4. les descendants de Thésée (les Athéniens). On suppose que, dans les villages, lors des fêtes de Dionysos, il y avait au milieu de beuveries *(inter pocula)* et de jeux assez grossiers *(per utres)* une procession burlesque où on échangeait des quolibets. La comédie est sortie de là. — 5. *nec non = et.* — 6. *coloni* = paysans. — 7. *incomptis* = irréguliers; *ora* = masques. — 8. *oscilla mollia* = figurines souples. — 9. joindre *circum egit* (tmèse); le sens général du vers est: la présence du Dieu est favorable.

140 Combat de taureaux

Les quatre livres des Géorgiques *traitent successivement des labours, de l'arboriculture, de l'élevage des troupeaux (notre texte) et de l'apiculture. La beauté de l'ouvrage vient des tableaux admirables de la vie à la campagne, et de l'amour sincère du poète pour les animaux qu'il décrit. Le présent texte en est une illustration.*

Pascitur in magna Sila[1] formosa juvenca:
illi[2] alternantes multa vi proelia miscent
vulneribus crebris; lavit ater corpora sanguis,
versaque in obnixos urgentur cornua vasto
cum gemitu: reboant silvaeque et longus Olympus[3].
Nec mos[4] bellantes una stabulare; sed alter
victus abit longeque ignotis exsulat oris

multa gemens ignominiam plagasque superbi
victoris, tum quos amisit inultus amores:
et stabula adspectans regnis excessit avitis.
Ergo omni cura vires exercet et inter
dura jacet pernox instrato saxa cubili
frondibus hirsutis et carice pastus acuta,
et temptat sese atque irasci in cornua discit
arboris obnixus trunco, ventosque lacessit
ictibus et sparsa ad pugnam proludit harena.
Post, ubi collectum robur viresque refectae,
signa movet praecepsque oblitum fertur in hostem.

VIRGILE, *Géorgiques*, III, v. 219-236.

1. *Sila*: massif montagneux au sud du Bruttium et couvert de forêts. — 2. *illi*: les taureaux rivaux. — 3. *Olympus* = *caelum;* traduire *longus* par « au loin ». — 4. *nec mos (est)*.

141 *Puissance universelle de l'amour*

Au livre III des Géorgiques, *Virgile recommande d'écarter les taureaux de Vénus qui les rend furieux. L'amour est en effet le maître de tous les êtres vivants.*

Omne adeo[1] genus in terris hominumque ferarumque
et genus aequoreum, pecudes pictaeque volucres,
in furias[2] ignemque ruunt: Amor omnibus idem.
Tempore non alio catulorum oblita leaena
saevior erravit[3] campis nec funera[4] vulgo
tam multa informes ursi stragemque dedere
per silvas; tum saevus aper, tum pessima tigris:
heu! male tum Libyae solis erratur[5] in agris...
Ipse ruit dentesque Sabellicus exacuit sus,
et pede prosubigit terram, fricat arbore costas,
atque hinc atque illinc umeros ad vulnera durat.
Quid juvenis[6], magnum cui versat in ossibus ignem
durus amor? Nempe abruptis[7] turbata procellis
nocte natat caeca[8] serus freta; quem super ingens
porta tonat caeli, et scopulis illisa reclamant
aequora; nec miseri possunt revocare parentes[9]
nec moritura super crudeli funere virgo.

VIRGILE, *Géorgiques*, III, v. 242-249 et 255-263.

1. *adeo* = tant il est vrai que. — 2. *furias ignemque* s.e. *amoris*. — 3. *erravit, dedere*: parfaits d'expérience, à traduire par des présents. — 4. *funera* = massacres; *vulgo* = partout. — 5. *erratur*: passif impersonnel; *male* = pour son malheur. — 6. *quid juvenis* = que dire du jeune homme. Il s'agit de Léandre qui chaque nuit traversait l'Hellespont à la nage pour rejoindre Héro *(virgo)*. — 7. *abruptis* = déchaînés. — 8. *caeca*: scandez. — 9. *parentes... virgo*: la pensée que ses parents... que la jeune fille... (ces mots représentent les pensées qu'aurait pu avoir Léandre); *super* = après lui.

142 L'élevage des chèvres

Après avoir traité du gros bétail, Virgile aborde la question du petit bétail : après une invocation à Palès, Virgile s'attache à l'élevage des brebis, puis à celui des chèvres, productif et facile.

Haec[1] quoque non cura nobis leviore tuendae;
nec minor usus erit, quamvis Milesia magno
vellera mutentur Tyrios incocta rubores :
densior hinc suboles, hinc largi copia lactis.
Quam magis exhausto spumaverit ubere mulctra,
laeta magis pressis manabunt flumina mammis.
Nec minus interea barbas incanaque menta
Cinyphii[2] tondent hirci saetasque comantes
usum in castrorum et miseris velamina nautis.
Pascuntur vero silvas et summa Lycaei[3]
horrentesque rubos et amantes ardua dumos;
atque ipsae memores redeunt in tecta suosque
ducunt et gravido superant vix ubere limen.
Ergo omni studio glaciem ventosque nivales,
quo minor est illis curae mortalis egestas,
avertes victumque feres et virgea laetus
pabula nec tota claudes faenilia bruma.

VIRGILE, *Géorgiques*, III, v. 305-321.

1. *haec* : féminin pluriel = *caprae*. — 2. = de Cinyps (petit port d'Afrique du Nord). — 3. *Lycaeus* : le Lycée, montagne d'Arcadie.

143 Taureaux frappés de la peste

La peste ravage les troupeaux du Norique (région au sud du Danube, Styrie, Carinthie, région de Salzbourg). Un taureau est frappé à son tour.

Ecce autem duro fumans sub vomere taurus
concidit et mixtum spumis vomit ore cruorem
extremosque[1] ciet gemitus. It tristis arator,
maerentem abjungens fraterna morte juvencum,
atque opere in medio defixa relinquit aratra[2].
Non umbrae altorum nemorum, non mollia possunt
prata movere animum[3], non qui per saxa volutus
purior electro campum petit amnis; at ima
solvuntur latera, atque oculos stupor urget inertes,
ad terramque fluit devexo pondere[4] cervix.
Quid labor aut benefacta[5] juvant ? Quid vomere terras
invertisse graves ? Atqui non Massica Bacchi[6]
munera, non illis epulae nocuere repostae[7] :

frondibus et victu pascuntur simplicis herbae:
pocula sunt fontes liquidi atque exercita cursu
flumina, nec somnos abrumpit cura salubres.

VIRGILE, *Géorgiques,* III, v. 515-530.

1. *extremos* = *qui fiunt extrema vita.* — 2. *aratra :* pluriel poétique. — 3. il s'agit maintenant des bœufs en général. — 4. *devexo pondere* = sous le poids qui l'incline. — 5. *benefacta* = services rendus à l'homme. — 6. = *Massicum vinum, munus Bacchi :* le Massique est un cru célèbre. — 7. *repostae* = renouvelés.

144 *Dans la cité des abeilles la tâche de chacun est bien fixée*

Dans le livre IV des Géorgiques, *Virgile se consacre à l'étude des abeilles. Il compare la ruche à une cité soumise à des lois rigoureuses.*

Solae[1] communes natos, consortia tecta
urbis habent, magnisque agitant sub legibus aevum,
et patriam solae et certos novere Penates;
venturaeque hiemis memores aestate laborem
experiuntur et in medium[2] quaesita reponunt.
Namque aliae[3] victu[4] invigilant et foedere pacto
exercentur agris; pars intra saepta domorum
narcissi lacrimam[5] et lentum de cortice gluten
prima favis ponunt fundamina, deinde tenaces
suspendunt ceras; aliae spem gentis adultos
educunt[6] fetus; aliae purissima mella
stipant et liquido distendunt nectares cellas.
Sunt quibus ad portas cecidit custodia sorti[7],
inque vicem speculantur aquas et nubila caeli,
aut onera accipiunt venientum[8] aut, agmine facto,
ignavum fucos pecus a praesaepibus arcent.
Fervet opus redolentque thymo fragrantia mella.

VIRGILE, *Géorgiques,* IV, v. 153-169.

1. *solae :* les abeilles seules parmi les autres animaux. — 2. *in medium* = pour la communauté. — 3. *aliae... pars... aliae* = les unes... d'autres... d'autres encore. — 4. *victu :* datif (forme recommandée par César). — 5. *lacrima* = goutte de nectar. — 6. *educunt* = font sortir (pour leur apprendre à voler, à butiner). — 7. *sorti :* ablatif archaïque. — 8. *venientum* = *venientium.*

145 *Cyrène répond aux appels de son fils Aristée*

Dans le livre IV des Géorgiques, *Virgile traite en principe de l'apiculture. Mais la légende d'Aristée, fils d'Apollon et d'une nymphe, Cyrène, lui-même berger et éleveur d'abeilles, lui fournit un épisode ornemental et poétique sur lequel il s'attarde avec bonheur. Aristée, qui habitait la vallée de Tempé, vallée heureuse et fertile arrosée par le Pénée, a perdu toutes ses abeilles par la maladie et la faim. Désespéré, il vient aux sources du Pénée et s'adresse à sa mère, qui habite au fond du fleuve des grottes souterraines.*

At mater sonitum thalamo sub fluminis alti
sensit. Eam circum Milesia vellera Nymphae

carpebant hyali saturo fucata colore...
Inter quas curam Clymene[1] narrabat inanem
Vulcani Martisque dolos et dulcia furta
aque Chao densos divum numerabat amores.
Carmine quo captae dum fusis mollia pensa
devolvunt, iterum maternas impulit aures
luctus Aristaei, vitreisque sedilibus omnes
obstupuere; sed ante alias Arethusa[2] sorores
prospiciens summa flavum caput extulit unda,
et procul : « O gemitu non frustra exterrita tanto,
Cyrene soror, ipse tibi, tua maxima cura,
tristis Aristaeus Penei genitoris ad undam
stat lacrimans, et te crudelem nomine dicit. »
Huic percussa nova mentem formidine mater :
« Duc age, duc ad nos; fas illi limina divum
tangere », ait. Simul alta jubet discedere late
flumina, qua juvenis gressus inferret : at illum
curvata in montis faciem circumstetit unda
accepitque sinu vasto misitque sub amnem.

VIRGILE, *Géorgiques*, IV, v. 333-5 et 345-362.

1. Clymène. — 2. *Arethusa :* Clymène et Aréthuse sont deux nymphes de la suite de Cyrène.

146 **Un devin peu commode à consulter**

Voir la notice précédente. Ajouter : Cyrène réconforte son fils. Elle offre un sacrifice à l'Océan, et rassurée par les présages heureux, elle donne à Aristée le moyen de consulter Protée, dieu marin et devin. Il apprendra ainsi pourquoi il a attiré la colère des dieux : il a causé involontairement la mort d'Eurydice, l'épouse du poète Orphée, car en la poursuivant il l'a effrayée, et elle a marché faute d'attention sur un serpent qui l'a piquée. Cyrène ordonnera alors un sacrifice expiatoire et, du corps des victimes, naîtront de nouveaux essaims d'abeilles. Nous en sommes au moment où Cyrène donne à son fils des renseignements sur le devin Protée.

Est in Carpathio[1] Neptuni gurgite vates,
caeruleus Proteus, magnum qui piscibus[2] aequor
et juncto bipedum curru metitur equorum...
Hic tibi, nate, prius vinclis capiendus, ut omnem
expediat morbi causam eventusque secundet.
Nam sine vi non ulla dabit praecepta neque illum
orando flectes; vim duram et vincula capto
tende; doli circum haec demum frangentur inanes.
Ipsa ego te, medios cum sol accenderit aestus,
cum sitiunt herbae et pecori jam gratior umbra est,
in secreta senis ducam, quo fessus ab undis
se recipit, facile ut somno adgrediare jacentem.
Verum, ubi correptum manibus vinclisque tenebis,

tum variae eludent species atque ora ferarum:
fiet enim subito sus horridus atraque tigris
squamosusque draco et fulva cervice leaena;
aut acrem flammae sonitum dabit atque ita vinclis
excidet, aut in aquas tenues dilapsus abibit.
Sed quanto ille magis formas se vertet in omnes,
tam tu, nate, magis contende tenacia vincla,
donec talis erit mutato corpore qualem
videris, incepto tegeret cum lumina somno.

VIRGILE, *Géorgiques,* IV, v. 386-89 et 396-414.

1. *Carpathio gurgite:* un gouffre (de la mer) de Carpathos, entre Rhodes et la Crète. — 2. *piscibus* = *piscium* (*bipedum equorum:* périphrase désignant les hippocampes).

147 Orphée perd Eurydice

Orphée a perdu son épouse Eurydice, piquée par un serpent. Il est descendu aux Enfers. Son chant a ému les Ombres et les divinités infernales. Il a obtenu de Proserpine et de Pluton de ramener Eurydice dans le monde des vivants. Mais la déesse avait mis comme condition qu'il ne se retournerait pas pour regarder sa femme.

Jamque pedem referens casus evaserat omnes
redditaque Eurydice superas[1] veniebat ad auras,
pone sequens (namque hanc dederat Proserpina legem)[2],
cum subita incautum dementia cepit amantem,
ignoscenda quidem, scirent si ignoscere Manes[3]:
restitit, Eurydicenque suam, jam luce[4] sub ipsa,
immemor heu! victusque animi[5] respexit. Ibi omnis
effusus labor, atque immitis rupta tyranni
foedera, terque fragor stagni est auditus Averni.
Illa: « Quis et me, inquit, miseram et te perdidit, Orpheu,
quis tantus furor? En iterum crudelia retro
fata vocant, conditque natantia lumina[6] somnus.
Jamque vale: feror ingenti circumdata nocte,
invalidasque tibi tendens, heu! non tua, palmas. »
Dixit, et ex oculis subito, ceu fumus in auras
commixtus tenuis, fugit diversa[7], neque illum
prensantem nequiquam umbras et multa volentem
dicere, praeterea vidit.

VIRGILE, *Géorgiques,* IV, v. 485-502.

1. *superas* (cf. *superi*) = du monde, de la terre (par rapport aux enfers). — 2. *legem* = condition (il s'agit de la convention passée entre les dieux infernaux et Orphée). — 3. *Manes* = les dieux Mânes. — 4. *luce* = la lumière du jour terrestre. — 5. *animi* = dans son cœur. — 6. *lumina* = *oculos.* — 7. *diversa* = du côté opposé.

148 Le monstre « Renommée »

Ce passage se place dans l'épisode des amours de Didon et d'Énée. Pendant une chasse, Didon et Énée se sont réfugiés dans une grotte à cause d'un orage, et Didon s'est abandonnée à son amour. Nul ne devrait savoir sa honte, pourtant, la renommée veille. De là ce rapide portrait d'un monstre imaginé par Virgile.

Fama, malum qua non aliud velocius ullum :
mobilitate viget viresque adquirit eundo,
parva metu primo, mox sese attollit in auras
ingrediturque solo et caput inter nubila condit.
Illam Terra parens[1] ira irritata deorum
extremam, ut perhibent, Coeo Enceladoque[2] sororem
progenuit pedibus celerem et pernicibus alis,
monstrum horrendum, ingens, cui quot sunt corpore plumae,
tot vigiles oculi subter (mirabile dictu),
tot linguae, totidem ora sonant, tot subrigit aures.
Nocte volat caeli medio terraeque per umbram
stridens, nec dulci declinat lumina somno;
luce sedet custos aut summi culmine tecti,
turribus aut altis, et magnas territat urbes,
tam ficti pravique tenax quam nuntia veri.

VIRGILE, *Énéide*, V, v. 835-851.

1. *Terra parens :* divinité primitive « la Terre-Mère ». — 2. *Coeus :* un Titan, fils de la Terre et d'Ouranos; *Enceladus*, un Géant, fils de la Terre; Titans et Géants sont souvent confondus.

149 Énée organise des jeux nautiques

La mer et les vents ont ramené Énée et ses compagnons en Sicile, chez le roi Aceste, fils d'une Troyenne. Anchise est mort en Sicile juste un an avant. On peut donc célébrer l'anniversaire et, neuf jours après, organiser les jeux funèbres. Ces fêtes se composent de régates, d'une course à pied, d'un combat de ceste, d'un tir à l'arc et d'un carrousel. Nous assistons ici aux régates.

Est procul in pelago saxum spumantia contra
litora, quod tumidis submersum tunditur olim
fluctibus, hiberni condunt ubi sidera Cori[1].
Hic viridem Aeneas frondenti ex ilice metam
constituit signum nautis pater, unde reverti
scirent et longos ubi circumflectere cursus.
Tum loca sorte legunt ipsique in puppibus auro
ductores longe effulgent ostroque decori;
cetera populea velatur fronde juventus
nudatosque umeros oleo perfusa nitescit.
Considunt transtris, intentaque bracchia remis [...]
Inde ubi clara dedit sonitum tuba, finibus omnes,
haud mora, prosiluere suis; ferit aethera clamor
nauticus, adductis spumant freta versa lacertis.
Infindunt pariter sulcos, totumque dehiscit

convulsum remis rostrisque tridentibus aequor.
Non tam praecipites bijugo certamine campum
corripuere ruuntque effusi carcere currus,
nec sic immissis aurigae undantia lora
concussere jugis pronique in verbera pendent.

VIRGILE, *Énéide,* V, v. 124-147.

1. *Cori :* vents d'ouest, qui amènent les nuages.

150 Les dieux veulent la mort de Palinure (I)

Énée a fondé la ville d'Aceste en Sicile et sa flotte vogue vers l'Italie. Neptune a accepté de le voir aborder au port de l'Averne. Mais un seul homme paiera de sa tête le salut de beaucoup d'autres, c'est Palinure, le pilote d'Énée, celui qui guide la flotte entière.

Jamque fere mediam caeli nox umida metam[1]
contigerat, placida laxabant membra quiete
sub remis fusi per dura sedilia nautae :
cum levis aetheriis delapsus Somnus ab astris
aera dimovit tenebrosum et dispulit umbras,
te, Palinure, petens, tibi somnia tristia[2] portans
insonti; puppique deus consedit in alta,
Phorbanti similis, funditque has ore loquelas :
« Iaside[3] Palinure, ferunt ipsa aequora classem;
aequatae[4] spirant aurae; datur hora quieti.
Pone caput fessosque oculos furare[5] labori.
Ipse ego paulisper pro te tua munera inibo. »
Cui vix attollens Palinurus lumina fatur :
« Mene salis[6] placidi vultum fluctusque quietos
ignorare jubes ? Mene huic confidere monstro ?
Aenean credam quid enim fallacibus auris
et caelo, totiens deceptus fraude sereni ? »

VIRGILE, *Énéide,* V, v. 835-851.

1. Le ciel est comparé à la piste de l'amphithéâtre, la borne marquait la moitié du parcours si on faisait un aller et retour. — 2. *somnia tristia* = visions funestes. — 3. *Iaside* (voc. sg. de *Iasides, ae*) = fils d'Iasos. — 4. *aequatae* = d'un souffle égal. — 5. *furare* (de *furor*) = dérobe. — 6. *salis* = *maris*; *vultum* ici = aspect (trompeur); *monstro :* l'aspect si calme de la mer est un prodige aux yeux de Palinure méfiant.

151 Les dieux veulent la mort de Palinure (II)

Voir notice de la version précédente. Le dieu Sommeil sous les traits de Phorbas a en vain tenté de convaincre Palinure de prendre quelques instants de repos.

Talia dicta dabat, clavumque affixus et haerens
nusquam amittebat oculosque sub astra tenebat.
Ecce deus[1] ramum Lethaeo rore madentem

vique soporatum Stygia super utraque quassat
tempora[2] cunctantique natantia lumina solvit.
Vix[3] primos inopina quies laxaverat artus,
et super incumbens cum puppis parte revulsa
cumque gubernaclo liquidas projecit in undas
praecipitem ac socios nequiquam saepe vocantem.
Ipse[4] volans tenues se sustulit ales in auras.
Currit iter tutum non setius aequore classis
promissisque patris[5] Neptuni interrita fertur...
... Pater[6] amisso fluitantem errare magistro
sensit et ipse ratem nocturnis rexit in undis,
multa[7] gemens casuque animum concussus amici :
« O nimium caelo et pelago confise sereno,
nudus in ignota, Palinure, jacebis harena ! »

VIRGILE, *Énédide,* V, v. 852-863 et 867-871.

1. *deus* : c'est le dieu Sommeil. Le Léthé, fleuve des enfers, endormait et faisait oublier. Le Styx est aussi un fleuve des enfers. — 2. il y a deux mots *tempus, oris,* n.; *cunctanti* = malgré ses efforts. — 3. *vix... et* = à peine...que. — 4. *ipse* : il s'agit du dieu; *ales* : apposition au sujet. — 5. ne pas traduire par père. — 6. = *pater (Aeneas)* ne pas traduire par père. — 7. *multa* : emploi adverbial.

152 ***Sacrifice aux dieux infernaux avant une descente aux Enfers***

*Énée, qui a pris la direction de la flotte troyenne, aborde en Italie sur le rivage de Cumes. Il se rend au temple d'Apollon et consulte la Sibylle. Il lui demande comment se rendre aux Enfers, car son père l'y appelle. La Sibylle lui ordonne d'accomplir les sacrifices rituels en l'honneur des divinités infernales. Un mugissement s'élève de la terre, les arbres s'agitent. Le héros et son guide s'élancent dans le royaume des ombres. Ce passage de l'*Énéide *inspirera Dante (*La Divine Comédie*).*

Quattuor hic primum nigrantes terga juvencos
constituit[1] frontique invergit vina sacerdos,
et, summas carpens media inter cornua saetas,
ignibus imponit sacris, libamina prima,
voce vocans Hecaten caeloque Ereboque potentem.
Supponunt alii cultros tepidumque cruorem
succipiunt pateris. Ipse atri velleris agnam
Aeneas matri Eumenidum magnaeque sorori[2]
ense ferit, sterilemque tibi, Proserpina, vaccam.
Tum Stygio regi nocturnas inchoat aras
et solida imponit taurorum viscera[3] flammis,
pingue super oleum infundens ardentibus extis.
Ecce autem primi sub[4] limina solis et ortus
sub pedibus mugire solum et juga coepta[5] moveri
silvarum visaeque canes ululare per umbram
adventante dea[6]. « Procul, o, procul este, profani[7] »,

conclamat vates, « totoque absistite luco;
tuque invade viam vaginaque eripe ferrum:
nunc animis opus, Aenea, nunc pectore firmo. ».

VIRGILE, *Énéide*, VI, v. 243-251.

1. *sacerdos* est sujet de *constituit*. — 2. il s'agit de la nuit et de la terre. — 3. *solida viscera :* toute la chair; *flammis = in flammas*. — 4. *sub :* temporel; *limina :* à son lever, le soleil paraît franchir un seuil. — 5. *coepta* (s.e. *sunt*) *:* accord avec le sujet le plus rapproché. — 6. Hécate conduisait une meute de chiennes infernales. — 7. il s'agit des assistants, des Troyens qui ont aidé Énée dans le sacrifice, mais qui ne descendront pas aux Enfers.

153 Le passeur des Enfers et ses clients

Énée s'enfonce sous terre, guidé par la Sibylle. Ils suivent une allée peuplée de fantômes et de monstres, et arrivent enfin au Cocyte que Charon, le passeur, fait traverser aux morts (voir la notice de la version précédente).

Portitor has horrendus aquas et flumina servat,
terribili squalore Charon, cui plurima mento
canities inculta jacet, stant lumina flamma,
sordidus ex umeris nodo dependet amictus.
Ipse ratem conto subigit velisque ministrat
et ferruginea subvectat corpora cumba,
jam senior, sed cruda deo viridisque senectus.
Huc omnis turba ad ripas effusa ruebat,
matres atque viri defunctaque corpora vita
magnanimum heroum, pueri innuptaeque puellae,
impositique rogis juvenes ante ora parentum:
quam multa in silvis autumni frigore primo
lapsa cadunt folia, aut ad terram gurgite ab alto
quam multae glomerantur aves, ubi frigidus annus
trans pontum fugat et terris immittit apricis.
Stabant orantes primi[1] transmittere cursum,
tendebantque manus ripae ulterioris amore.
Navita sed tristis nunc hos nunc accipit illos,
ast alios longe summotos arcet harena.

VIRGILE, *Énéide*, VI, v. 299-317.

1. accord avec le sujet de la principale.

154 Le châtiment des damnés aux Enfers

La Sibylle guide Énée dans le monde des Enfers. La route bifurque à gauche vers le Tartare. Énée voit une large enceinte fermée d'un triple mur, une énorme porte d'acier, il entend des gémissements, des bruits de chaînes. Il demande à la Sibylle de lui donner des explications.

Tum vates sic orsa[1] loqui: « Dux inclute Teucrum,
nulli fas casto sceleratum insistere limen;
sed me cum lucis Hecate praefecit Avernis,

ipsa deum[2] poenas docuit perque omnia duxit.
Gnosius haec Rhadamanthus habet durissima regna
castigatque[3] auditque dolos subigitque fateri
quae quis apud superos furto laetatus inani
distulit in seram commissa piacula mortem[4].
Continuo sontes ultrix accincta flagello
Tisiphone quatit insultans torvosque sinistra
intentans angues vocat agmina saeva sororum[5].
Tum demum horrisono stridentes cardine sacrae
panduntur portae. Cernis custodia qualis
vestibulo sedeat ? facies quae limina servet ?
Quinquaginta atris immanis hiatibus Hydra
saevior intus habet sedem. Tum Tartarus ipse
bis patet in praeceps tantum tenditque sub umbras
quantus[6] ad aetherium caeli suspectus Olympum.

VIRGILE, *Énéide,* VI, v. 562-579.

1. *orsa (est); Teucrum* = *Teucrorum; fas* s.e. *est.* — 2. *deum* = *statutas a deis.* — 3. *castigat* = mettre à la torture (les citoyens n'y sont soumis que s'ils sont coupables des crimes les plus graves). — 4. construire : *subigit fateri piacula commissa apud superos quae quis distulit in seram mortem* = il contraint à avouer les fautes commises sur terre dont on a retardé l'expiation jusqu'à une mort venue trop tard. — 5. *sororum :* le nombre de Furies n'a pas toujours été fixé. — 6. construire : *bis tantum quantus; suspectus* = l'espace embrassé par le regard.

155 La reine Amata en proie au délire

Junon a aperçu les Troyens construisant un camp en Italie. Sa colère éclate. Elle envoie la furie Alecto pour affoler l'esprit de la reine Amata, femme du roi Latinus. La reine, en proie à un délire semblable à celui des Bacchantes, appelle à elle les autres mères latines et se déchaîne contre le mariage projeté entre Énée et sa fille Lavinia.

Evolat et natam frondosis montibus abdit,
quo thalamum eripiat Teucris[1] taedasque moretur,
« Euhoe Bacche[2] » fremens, solum te virgine dignum
vociferans : etenim molles tibi sumere[3] thyrsos,
te lustrare choro, sacrum tibi pascere crinem.
Fama volat, furiisque accensas pectore matres
idem omnes simul ardor agit nova quaerere tecta.
Deseruere domos : ventis dant colla comasque,
ast aliae tremulis ululatibus aethera complent
pampineasque gerunt incinctae pellibus hastas.
Ipsa inter medias flagrantem fervida pinum
sustinet, ac natae Turnique canit hymenaeos,
sanguineam torquens aciem, torvumque repente
clamat : « Io, matres, audite, ubi quaeque, Latinae;

si qua piis animis manet infelicis Amatae[4]
gratia, si juris materni cura remordet,
solvite crinales vittas, capite orgia[5] mecum.

VIRGILE, *Énéide*, VII, v. 387-403.

1. *Teucri* = les Troyens, c'est-à-dire les compagnons d'Énée et ici Énée lui-même. — 2. « *Euhoe Bacche* » : c'est le cri des Bacchantes; *te* reprend l'idée de Bacchus. — 3. *sumere :* sujet s.e. *virginem* (style indirect de *etenim* à *crinem*, dépendant d'un verbe de sens « dire » à tirer de *vociferans*); *lustrare* : les Bacchantes dansent en rond, elles croient danser autour du dieu. — 4. *Amatae gratia* = sympathie pour Amata (génitif objectif). — 5. = orgie (nom grec des mystères en l'honneur de Bacchus); *capite* = *incipite.*

156 *Évandre montre à Énée le site de la Rome future*

L'Arcadien Évandre, établi à Pallantée, le futur site de Rome, est devenu l'ami d'Énée, et le dieu Tibre a invité en songe Énée à rendre visite à Évandre. Ce dernier offrait ce jour-là un sacrifice aux portes de la ville. La cérémonie terminée, il conduit Énée à sa propre demeure et tout en marchant lui décrit la ville. C'est l'occasion pour Virgile de faire à ses contemporains un historique de Rome et de ses hauts lieux. Il désigne ces lieux par leurs vrais noms romains, par une sorte d'anticipation. Toute cette évocation est d'une grande beauté.

Vix ea dicta, dehinc progressus monstrat et aram
et Carmentalem Romani nomine portam
quam memorant, Nymphae priscum Carmentis[1] honorem,
vatis fatidicae, cecinit quae prima futuros
Aenaeadas magnos et nobile Pallanteum.
Hinc lucum ingentem, quem Romulus acer asylum
rettulit, et gelida monstrat sub rupe Lupercal[2],
Parrhasio[3] dictum Panos de more Lycaei.
Nec non et sacri monstrat nemus Argileti[4]
testaturque locum et letum docet hospitis Argi.
Hinc ad Tarpeiam sedem et Capitolia ducit,
aurea nunc, olim silvestribus horrida dumis.
Jam tum religio pavidos terrebat agrestes
dira loci, jam tum silvam saxumque tremebant.
« Hoc nemus, hunc » inquit « frondoso vertice collem
(quis deus, incertum est) habitat deus; Arcades ipsum
credunt se vidisse Jovem, cum saepe nigrantem
aegida concuteret dextra nimbosque cieret... »
Talibus inter se dictis ad tecta subibant
pauperis Evandri passimque armenta videbant
Romanoque foro et lautis mugire Carinis[5].

VIRGILE, *Énéide,* VIII, v. 337-354 et 359-361.

1. *Carmentis* : mère d'Évandre, ainsi nommée parce qu'elle rendait des oracles *(carmina).* — 2. grotte au pied du Palatin, consacrée à *Faunus.* — 3. *Parrhasio* = *Arcadio,* les Parrhasiens sont une tribu arcadienne. — 4. *Argileti :* le nom forme jeu de mots *Argi-Letum. Argus* était un hôte reçu par Évandre et qui avait voulu le tuer. — 5. *Carinis* : quartier riche de Rome.

157 La flotte troyenne est sauvée de l'incendie par un miracle

Énée campe à l'embouchure du Tibre, mais il a quitté le camp pour aller négocier des accords avec Évandre (cf. version n°156). Or Turnus, roi des Rutules, ennemi juré des Troyens parce que Latinus a promis sa fille Lavinia en mariage à Énée, alors que lui, Turnus, la considérait déjà comme sa fiancée, averti par Junon du départ d'Énée, décide d'attaquer le camp troyen. Il provoque les Troyens au combat, mais ceux-ci, suivant les ordres d'Énée, restent enfermés dans leur camp. Fou furieux, Turnus veut alors mettre le feu à la flotte troyenne. Mais cette flotte est faite du bois des pins d'une forêt consacrée à Cybèle : cette dernière les avait donnés à Énée, et Jupiter a jadis promis à sa mère de protéger les vaisseaux. Nous allons assister à l'intervention de Cybèle, à qui son fils a donné l'autorisation d'agir.

Classem, quae lateri castrorum adjuncta latebat,
aggeribus saeptam circum et fluvialibus undis
invadit[1] sociosque incendia poscit ovantes
atque manum pinu flagranti fervidus implet.
Tum vero incumbunt, urget praesentia Turni,
atque omnis facibus pubes accingitur atris.
Diripuere focos, piceum fert fumida lumen
taeda et commixtam Vulcanus ad astra favillam...
Hic primum nova lux oculis offulsit et ingens
visus ab Aurora caelum transcurrere nimbus
Idaeique chori[2]; tum vox horrenda per auras
excidit et Troum Rutulorumque agmina complet :
« Ne trepidate meas, Teucri, defendere naves
neve armate manus; maria ante exurere Turno
quam sacras dabitur pinus. Vos ite solutae,
ite deae pelagi; genitrix jubet ». Et sua quaeque
continuo puppes abrumpunt vincula ripis
delphinumque modo demersis aequora rostris
ima petunt. Hinc virgineae (mirabile monstrum)
reddunt se totidem facies pontoque feruntur.
Obstipuere animi Rutulis, conterritus ipse
turbatis Messapus[3] equis, cunctatur et amnis
rauca sonans revocatque pedem Tiberinus ab alto.

VIRGILE, *Énéide*, IX, v. 69-76 et 110-125.

1. *invadit* : sujet, *Turnus*. — 2. *Idaeique chori* : c'est sur le mont Ida, en Phrygie, que vit Cybèle. — 3. Messape, allié de Turnus, dompteur de chevaux et fils de Neptune.

158 La valeur n'attend pas le nombre des années

Le chef rutule Turnus donne l'assaut au camp des Troyens, à l'embouchure du Tibre. Ascagne, fils d'Énée, insulté par Numanus, qui traite les Phrygiens de « Phrygiennes », tue en combat singulier cet ennemi (beau-frère de Turnus) trois fois gros comme lui. Apollon et les chefs troyens l'éloigneront ensuite du combat à cause de sa jeunesse.

Talia jactantem[1] dictis ac dira canentem
non tulit Ascanius, nervoque obversus equino
contendit telum diversaque bracchia ducens

constitit ante Jovem supplex per vota precatus:
«Juppiter omnipotens, audacibus annue coeptis.
Ipse tibi ad tua templa feram sollemnia dona
et statuam ante aras aurata fronte juvencum
candentem pariterque caput cum matre ferentem,
jam cornu petat et pedibus qui spargat harenam».
Audiit et caeli genitor de parte serena
intonuit laevum, sonat una fatifer arcus.
Effugit horrendum stridens adducta sagitta
perque caput Remuli[2] venit et cava tempora ferro
transigit. «I, verbis virtutem inlude superbis!
bis capti Phryges haec Rutulis responsa remittunt».
Hoc tantum Ascanius, Teucri clamore sequuntur
laetitiaque fremunt animosque ad sidera tollunt.
Aetheria tum forte plaga crinitus Apollo
desuper Ausonias acies urbemque videbat
nube sedens atque his victorem adfatur Iulum:
«Macte nova virtute, puer, sic itur ad astra,
dis genite[3] et geniture deos[4].»

VIRGILE, *Énéide,* IX, v. 621-642.

1. *jactantem: (Numanum).* — 2. *Remulus,* surnom de *Numanus.* — 3. Vénus, mère d'Énée et Jupiter, père de Dardanus. — 4. César et Auguste.

159 Début d'un duel épique

La bataille fait rage entre les Troyens et les Latins. Énée a pour alliés les Arcadiens d'Évandre et des Étrusques. Aux côtés des Latins combattent les Rutules commandés par Turnus et les hommes du tyran de Céré, Mézence. Turnus, averti par sa sœur, la nymphe Juturne, du danger que court Lausus, fils de Mézence, attaqué par Pallas, fils d'Évandre, vient à son secours et prend sa place. Turnus tuera Pallas.

Ut vidit socios[1]: «Tempus desistere pugnae;
solus ego in Pallanta feror, soli mihi Pallas
debetur; cuperem ipse parens spectator adesset.»
Haec ait et socii[2] cesserunt aequore jusso.
At Rutulum abscessu juvenis tum jussa superba
miratus stupet in Turno corpusque per ingens
lumina[3] volvit obitque truci procul omnia visu,
talibus et dictis it contra dicta tyranni:
«Aut spoliis[4] ego jam raptis laudabor opimis,
aut leto insigni; sorti pater aequus utrique est.
Tolle minas». Fatus medium procedit in aequor
frigidus Arcadibus coit in praecordia sanguis...
................Magnumque ita ad aethera fatur[5]:

« Per patris hospitium[6] et mensas quas advena adisti,
te precor, Alcide, coeptis ingentibus adsis.
Cernat[7] semineci sibi me rapere arma cruenta
victoremque ferant morientia lumina Turni. »

VIRGILE, *Énéide*, X, v. 441-452 et 459-463.

1. *socios* : Lausus et ses guerriers; sujet de *vidit* : Turnus. — 2. *socii* : les compagnons de Turnus, les Rutules; *Rutulum* = *Rutulorum*; *aequore jusso* = *ex aequore unde jussi sunt cedere*; *juvenis* = Pallas. — 3. *lumina* = *oculos*; *it contra* = il réplique; *tyranni* = *regis* (cf. sens grec). — 4. *spoliis, leto* : ablatifs de cause; *aequus* = également favorable. — 5. sujet : Pallas. — 6. Évandre a accordé l'hospitalité à Hercule (*Alcide* = vocatif en *-e* long de *Alcides, ae*) après que ce dernier eut tué Cacus. — 7. s.e. *Turnus*; *ferant* = emportent l'image, la vision.

160 Douleur d'un père

Mézence, tyran brutal et athée, a été chassé de sa patrie. Aux prises avec Énée, il est blessé quand son fils Lausus sauve son père d'une mort certaine en attaquant Énée. Mézence s'est retiré près du Tibre et attend des nouvelles de son fils qu'Énée a tué à regret. Vous remarquerez comment la douleur profonde du père réveille la conscience de Mézence et provoque ses remords.

At Lausum socii exanimen super arma ferebant
flentes, ingentem atque ingenti vulnere victum.
Agnovit[1] longe gemitum praesaga mali mens;
canitiem multo deformat pulvere et ambas
ad caelum tendit palmas et corpore inhaeret :
« Tantane me tenuit vivendi, nate, voluptas,
ut pro me hostili paterer succedere[2] dextrae
quem genui ? Tuane haec genitor per vulnera servor,
morte tua vivens ? Heu ! nunc misero mihi demum[3]
exitium infelix ! Nunc alte vulnus adactum !
Idem ego, nate, tuum maculavi crimine[4] nomen,
pulsus ob invidiam solio sceptrisque paternis.
Debueram patriae poenas odiisque meorum :
omnes per mortes[5] animam sontem ipse dedissem.
Nunc vivo neque adhuc homines lucemque relinquo.
Sed linquam. »

VIRGILE, *Énéide*, X, v. 841-856.

1. *agnovit* = a saisi, a perçu; *mens* son cœur. — 2. *succedere* : s.e. *te* (sujet) = prendre ma place. — 3. *nunc demum* = maintenant seulement (il y a longtemps qu'il a été chassé de sa patrie). — 4. *crimine* = opprobre. — 5. *omnes per mortes* = par mille morts; sous-entendre *utinam* devant *dedissem*.

161 La guerrière Camille se laisse tenter par une armure luxueuse

Camille, reine des Volsques, participe à la bataille qui oppose les Latins et les Troyens. Elle poursuit Chlorée, Troyen porteur d'une riche armure.

Forte sacer Cybelo Chloreus olimque sacerdos
insignis longe Phrygiis fulgebat in armis,
spumantemque agitabat equum quem pellis ahenis
in plumam squamis auro conserta tegebat[1].
Ipse peregrina ferrugine clarus et ostro
spicula torquebat Lycio Gortynia cornu;
aureus ex umeris erat arcus et aurea vati
cassida; tum croceam chlamydemque sinusque crepantes
carbaseos fulvo in nodum collegerat auro,
pictus acu tunicas et barbara tegmina[2] crurum.
Hunc virgo, sive ut templis praefigeret arma[3]
Troia, captivo[4] sive ut se ferret in auro,
venatrix unum ex omni certamine pugnae
caeca sequebatur totumque incauta per agmen
femineo praedae et spoliorum ardebat amore,
telum ex insidiis cum tandem tempore capto
concitat et Superos Arruns sic voce precatur[5].

VIRGILE, Énéide XI, v. 768-784.

1. des lamelles d'or et de bronze fixées sur la housse et le caparaçon donnaient à ceux-ci l'aspect d'un plumage; *in* + acc. = de manière à former. — 2. *pictus acu* = brodé; *tunicas, tegmina*: acc. de relation. — 3. comme trophée. — 4. *captivo* = *quod cepisset*. — 5. Arruns se prépare à lancer le trait qui tuera Camille et adresse une prière à Apollon pour lui demander de guider sa flèche.

162 Énée met à mort Turnus

Nous avons dit (version n° 157) que Lavinia, fille de Latinus, avait d'abord été promise à Turnus, chef des Rutules. La guerre a éclaté entre les Latins et leur allié Turnus d'une part, et les Troyens d'autre part. Turnus a provoqué Énée qui l'a blessé d'un coup de javeiot à la cuisse. Turnus est à terre et s'adresse à son ennemi. Turnus a tué sauvagement le jeune Pallas qu'il avait blessé (version n°159). Énée reconnaît les armes du jeune homme dont Turnus s'est paré pour aller à la bataille

...« Equidem merui, nec deprecor, inquit;
utere sorte tua. Miseri te si qua parentis
tangere cura potest, oro (fuit et tibi talis
Anchises genitor), Dauni miserere senectae,
et me[1], seu corpus spolitum lumine mavis,
redde meis. Vicisti et victum tendere palmas

Ausonii videre; tua est Lavinia conjunx;
ulterius ne tende odiis». Stetit acer in armis
Aeneas volvens oculos dextramque repressit;
et jam jamque magis cunctantem flectere sermo
coeperat, infelix[2] umero cum apparuit alto[3]
balteus et notis fulserunt cingula bullis
Pallantis pueri, victum quem vulnere Turnus
straverat atque umeris inimicum insigne gerebat.
Ille, oculis postquam saevi monumenta doloris[4]
exuviasque hausit, furiis accensus et ira
terribilis: «Tune hinc spoliis indute meorum
eripiare mihi? Pallas te hoc vulnere, Pallas
immolat et poenam scelerato ex sanguine sumit.»
Hoc dicens, ferrum adverso sub pectore condit
fervidus. Ast illi solvuntur frigore membra
vitaque cum gemitu fugit indignata sub umbras.

VIRGILE, *Énéide,* XII, v. 931-949.

1. *redde me, seu mavis, redde meum corpus*; *lumine* s.e. *vitae*. — 2. *infelix* = funeste (pour Turnus); les armes ennemies portent malheur. — 3. *alto umero* = *in summo umero*; *bullis*: abl. de cause = clous d'or. — 4. *monumenta doloris* = *ea quae dolorem monerent* (*moneo* au sens de faire souvenir).

HORACE

L'œuvre d'HORACE nous donne de multiples renseignements sur la vie de son auteur. Tandis que Virgile ne nous laisse presque rien deviner de lui-même, le souci d'HORACE de laisser des traces précises de ce qu'il fut dans ses *Épîtres*, ses *Odes*, ses *Satires* non seulement caractérise un homme qui a organisé sa vie et toute son œuvre autour de lui-même, mais aussi souligne la conscience qui fut la sienne, après la mésaventure de *Philippes*, de ne pouvoir jouer un rôle de premier plan que par l'intermédiaire de son art.

La vie

QUINTUS HORATIUS FLACCUS est né à Venouse, à mi-chemin entre Bénévent et Tarente, le 8 décembre −65. Son père avait été esclave. Après son affranchissement, il exerça le métier de *coactor*, en qualité d'assistant d'un commissaire priseur (*praeco*). Il percevait les fonds de l'acquéreur sur lesquels il recevait un pourcentage. Il put ainsi s'acheter une métairie. Cette campagne aux confins de l'Apulie et de la Lucanie est restée gravée dans le cœur d'HORACE qui, remarquons-le, n'a jamais caché ses origines. Le futur poète fut d'abord l'élève d'un certain Flavius à Venouse même. Puis son père l'emmena à Rome où il suivit les cours d'un grammairien réputé, *Orbilius Pupilius*. Son maître, qui était partisan des anciens, est peut-être à l'origine de la réserve d'HORACE vis-à-vis d'une hellénisation poussée de la littérature latine. Le poète a gardé un vif souvenir des soins de son père qui, à cette époque, le fit élever comme un fils de famille.

Avant −45, il semble peu marqué par la philosophie. Sa tendance profonde est celle de son père: il adhère plutôt à une morale pratique, reflet des convictions de la bourgeoisie italienne et de la morale des anciens, à une méfiance des systèmes philosophiques. Son éclectisme recouvre le désir d'une sagesse individuelle bien ancrée dans la vie. En −45, il part pour Athènes où il côtoie de jeunes Romains de famille célèbre. Il s'attache à l'enseignement d'*Aristos* d'Ascalon qui dirige l'*Académie* dont le probabilisme n'exclut pas un large éclectisme.

Horace fait ensuite partie de la jeunesse républicaine des écoles qui se rassemble autour de Brutus et celui-ci l'attache à son état-major. Il participe aux opérations de −43 et c'est à la tête d'une légion qu'il combat à la bataille de *Philippes* (−42) où l'armée républicaine est anéantie. « Retombé comme un oiseau dont on a rogné les ailes » (*Épîtres*, II, 2, 50), il bénéficie d'une amnistie, mais ses biens sont confisqués. D'après Suétone (*Vita Horati*), il achète une charge de *scriba quaestorius*, secrétaire du trésor public auprès d'un magistrat, charge très honorable assurant au poète des moyens d'existence et des loisirs. Il va consacrer ces derniers à la composition de poèmes. Les premières *Épodes* sont composées entre −41 et −38. La *XVII*^e^ (printemps −38) témoigne de l'angoisse du poète à l'heure où les hostilités vont reprendre entre Octave et Sextus Pompée.

Horace fréquentait des cercles mondains dont celui de Messalla qu'il avait rencontré à Athènes et celui d'Asinius Pollion. Il devint l'ami de Virgile. Ils avaient le même âge, une exigence commune d'un travail poétique raffiné les rapprochait. Virgile et Varius le présentèrent à Mécène (fin −39 ou début −38). Ce dernier comprit l'importance de rallier à la thèse de la reconstitution de Rome « un écrivain qui incarnait avec un pareil talent les aspirations d'une opinion provinciale et bourgeoise ». Mais leur amitié dépassa vite le plan de l'intérêt réciproque. « Le miracle de l'amitié épicurienne était de s'élever au-dessus de relations existant entre amis, de leur situation de fortune, de leur puissance, pour parvenir jusqu'à l'idée même d'amitié, qui dépouille les hommes de toutes les contingences et ne considère plus que les valeurs vraies » (P. Grimal). De tous les poètes du cercle de Mécène, Horace paraît avoir été le mieux aimé, car il lui apportait le « sens de l'instant dans sa présence et dans sa plénitude », ce dont Mécène avait le plus besoin.

Horace accompagne Mécène à Brindes (début −37) pour préparer, mais comme simple compagnon, l'entrevue entre Octave et Antoine. C'est sans doute seulement grâce au cercle de Mécène qu'il prend connaissance plus précise de l'épicurisme. Les grandes *Satires* du Ier livre (entre −35 et −33) illustrent les thèmes essentiels de cette philosophie. En −31 (?), Mécène lui fait don d'un domaine en Sabine, domaine d'ailleurs modeste d'après les fouilles. Ces années sont d'une grande activité littéraire : les dernières *Épodes* sont à dater des environs de −31, date à laquelle il commence à composer ses *Odes*. Le IIe livre des *Satires* est de la fin −30. Les trois premiers livres des *Odes* ne seront publiés qu'en −23. Le premier livre des *Épîtres* ne le sera qu'en −20.

À partir de −25, ses liens se resserrèrent avec Auguste qui lui offrit la charge de secrétaire. Il la refusa et, selon Suétone, Auguste ne lui en tint aucune rigueur, bien au contraire. Leurs relations étaient très libres, elles répondaient à l'idéal épicurien qui exige un climat d'indépendance réelle. C'est pourquoi, bien que tenté par une fonction officielle, Horace, sentant par ailleurs qu'il n'était pas fait pour la vie politique de Rome, choisit plutôt sa liberté et préféra la solitude de sa ferme où il pouvait trouver la sérénité de l'âme.

Il ne fut pas pour cela coupé de toutes relations. Il prodigue des conseils aux jeunes gens (*Épîtres*, I, 2, et I, 3). Il contribue à l'édification de la mystique du régime augustéen et les grandes *Odes* romaines lui donnent le rôle d'un *directeur de conscience national*. Après la mort de Virgile, il devient le nouveau poète inspiré qui croit que la poésie provoque un enchantement durable des âmes et qu'elle peut les guider vers un renouveau plus moral et plus spirituel encore que politique. En −17, il se voit confier par Auguste l'honneur de rédiger le *Chant séculaire* pour les Jeux séculaires qui enterrent un siècle et en ouvrent un nouveau.

Il est devenu un poète officiel célèbre. Il renoue avec la poésie lyrique. Parmi les *Odes* qui composent le livre IV publié en −13, certaines sont des *chants de victoire*, célébrant les combats livrés contre les Vindelices et les Rhètes, évoquant la reconnaissance et l'amour du peuple romain pour Auguste. Jamais Horace n'a été aussi près de Pindare. Mais dans les autres *Odes* du livre IV, il reste fidèle à lui-même, attentif à capter le moindre reflet du réel qu'il saisit dans l'instant et fixe pour jamais.

Auguste s'intéressait au théâtre, mais Horace ne met pas d'espoir dans le réveil de la tragédie romaine (*Épître à Auguste*, −13). Dans l'*Épître aux Pisons* (environ −13), plus connue sous le nom d'*Art poétique*, il donne une série de préceptes sur la technique de la poésie, les qualités du poète et exprime son opinion sur le théâtre.

Il n'écrit plus rien et meurt le 27 novembre −8. On l'enterre aux côtés de Mécène dans le domaine que ce dernier possédait aux Esquilies. Il avait désigné Auguste pour héritier.

L'homme

Malgré l'abondance des renseignements que nous offre son œuvre, il est difficile de faire le portrait d'HORACE. Outre sa réserve naturelle, il ne faut pas oublier en effet que, d'une part, chaque poème est écrit dans des circonstances particulières et souvent pour une personne déterminée et que, d'autre part, HORACE ne conçoit pas ses poèmes comme des confidences, mais comme des œuvres d'art exprimant une situation.

Certains traits, cependant, apparaissent avec constance. « HORACE est un délicat, très amoureux de lui-même, mais très ouvert aux spectacles extérieurs » (J. Bayet). Cet *amour de soi* suppose d'abord une forte indépendance. HORACE a toujours voulu rester libre et cultivera même la solitude dans sa retraite de Sabine. Il est *épicurien* et, si son épicurisme ne rejette pas les plaisirs de la chair, il goûte en général ceux d'un esthète qui sait apprécier les flâneries, la conversation pleine de malice d'un paysan, les saillies d'un esclave bavard, les réunions d'amis, les discussions de lettrés. Il sait maîtriser la *mélancolie* qui naît de la fuite du temps et de la jeunesse et il ignore le désespoir qui en pourrait naître. Mais c'est un être à facettes. Il est sociable, compagnon jovial et discret, il pratique de façon admirable l'amitié. Il a su bien souvent apaiser la sensibilité douloureuse de Mécène. D'ailleurs, son *humanitas* est largement ouverte à tous, jeunes gens, gens simples; il est apte à comprendre les points de vue opposés aux siens.

Il a un sens profond de l'*humour*. Il sait se moquer de lui-même, alliant parfois le burlesque et l'outrance au réalisme. D'un autre côté, on sent chez lui une réelle *sagesse*, difficile d'ailleurs à préciser, car son tempérament le portait à trouver une règle de vie plutôt que de pensée. Il a besoin d'*équilibre*; l'amour de la forme et de la sagesse ne doit pas cacher une tendance à la singularité et à l'exubérance. Tel Montaigne, il veut jouir loyalement de son être, sans rien sacrifier d'essentiel. Cependant, à la fin de sa vie, apparaît une certaine tension dont témoignent les *Épîtres*.

Le trait qui éclaire peut-être le plus le tempérament d'HORACE est qu'il possède une *nature d'artiste*, ce don qu'il a de saisir toute l'originalité et l'unicité d'un spectacle, d'un objet, d'un être; s'il cueille l'instant qui passe, c'est d'abord parce qu'il en a reconnu toute la richesse. Conscient de son génie, de son originalité, il a l'amour du beau et même de la perfection. Le seul point sur lequel apparaisse en lui un certain aristocratisme, c'est sa volonté de ne composer que pour un nombre restreint, un *happy few*, seul capable de saisir ses intentions et de goûter ses réussites. Quand il songe à la vieillesse et à la déchéance qu'elle peut apporter, il demande à Apollon (*Odes*, I, 14) de lui permettre de garder la santé du corps et de l'esprit et de ne jamais être privé des joies de la création poétique. Ces vers constituent la teneur des dernières lignes des *Essais* de Montaigne.

Les grands thèmes de son œuvre

Comme Virgile, HORACE avait le *sens de l'Empire* et de l'*otium* privé, ce qui peut n'être pas inconciliable et, dans son œuvre, le poète éclaire le prince. Il suit en cela l'idée de Mécène qui lui assurait assez d'autonomie pour lui permettre de dégager en toute liberté pratique et poétique l'idéal auquel tendait la communauté de l'Empire. Sénèque, plus tard, fera la même tentative en infléchissant la pensée stoïcienne dans une direction identique. Mais on peut trouver une contradiction dans les desseins d'HORACE lorsqu'il recommande aux jeunes gens le métier des armes (service de l'Empire) et conseille le *carpe diem* qui invite à cueillir le jour qui passe en toute plénitude (*otium*). En fait, seule la restauration de la *Pax romana* grâce à Auguste et à certaines vertus traditionnelles — courage militaire, subordination de l'individu à la communauté dans les circonstances où le salut de celle-ci est en jeu, morale sociale sévère —, seule cette restauration permettait l'*otium*. Alors on pourrait connaître la douceur de vivre : conversations avec les amis, pratique des arts et de la philosophie, joies de la vie familiale ou compagnie de quelque maîtresse. Pour jouir de l'instant qui passe ou travailler à acquérir la sagesse, il faut que le cauchemar des guerres civiles soit à jamais fini.

Mais l'œuvre d'HORACE n'est pas seulement au service de l'Empire et d'Auguste. Il y a chez lui un profond *sentiment de la nature* en ce sens qu'il est en accord avec le retour à la campagne de ses contemporains, amateurs de villas dont les murs mêmes sont ornés de peintures représentant des jardins, de perspectives de paysages marins ou sylvestres, et avec son ami Virgile qui sauve la littérature des faux éclairages d'une idyllique Arcadie. Horace aime vivre dans la Sabine, mais son enthousiasme reste réaliste et ne tombe jamais dans la convention pastorale. Dans la nature, il recherche avant tout son équilibre intérieur : donner libre cours à son propre tempérament et satisfaire son goût de la solitude. La fécondité, l'*ubertas* si chère à Virgile, le comble de la même façon. Cette richesse, fruit de la nature et du travail du paysan accordé à elle, est une image de la richesse intérieure du sage. Pour Horace, évoquer la nature, c'est sauvegarder, grâce au chant poétique, le *carmen*, l'impact du réel sur la sensibilité du poète. C'est le rythme de la nature qui éclaire le mieux la sagesse horatienne.

La *ville* ne lui est pas étrangère pour cela : elle est pour lui un terrain d'observation amusée. Il recueille en se promenant types, personnages singuliers, tel ce fâcheux qui l'assiège : «Je flânais sur la Voie Sacrée, à mon habitude, l'esprit occupé par je ne sais quelles bagatelles, perdu dans mes réflexions. Survient un individu — c'est tout juste si je connaissais son nom — qui me prend par la main» (*Épîtres*, I, 9, v. 1). Il passe pourtant assez vite de silhouettes qu'on pourrait reconnaître à la peinture des vices et des travers de la Ville : manque de mesure, indiscrétion, manies culinaires et surtout passions détestables comme l'avidité, l'ambition, la débauche. De ces croquis sort une leçon d'équilibre et de modération. Dans la ville, il ne s'oublie d'ailleurs pas lui-même, parle de son père, de son esclave qui profite de la fête des *Saturnales* pour l'admonester. Enfin, on entrevoit la vie mondaine à laquelle Horace participe : réunions avec les intimes, billets d'invitation. Il est comme un guide de direction spirituelle pour ces courtisans. Horace a toujours insisté sur le rôle social du poète et il se conduit selon ce principe.

Il existe bien d'autres richesses dans l'œuvre d'Horace pour le lecteur attentif. En premier lieu, sa *sagesse*, essentiellement pratique. Elle a évolué. D'abord séduit par l'épicurisme (voir les *Satires*), il s'en écarte par un approfondissement progressif et par fidélité à lui-même. La crainte de la fortune et de la mort explique qu'il ait été tenté par le stoïcisme, dont il ne retiendra que ce qui lui convient. La rigidité de la doctrine du *Portique* ne pouvait le satisfaire, mais elle lui permettait de dépister les fausses valeurs et le mettait en concordance avec les attitudes romaines traditionnelles qui s'accordent si bien avec un stoïcisme pratique : maîtrise de soi, sens de la liberté et des responsabilités sociales. Il n'abandonnera pourtant pas les bases de l'épicurisme. Il luttera contre le désir immodéré des biens et de la gloire (*avaritia* et *ambitio*) et recherchera l'*otium* en modérant son activité, en apprenant à goûter les *instants*. Comme une série d'instants ne forme pourtant pas une vie, Horace tracera la sienne soit par appel au stoïcisme pratique, soit par la fidélité au rythme de la nature. En épousant ce rythme naturel, il finit par accepter la mort elle-même, comme «bien perdable de condition» (Montaigne, *Essais*, III, 1, 3). Donc si la *fortune* soumet l'individu aux coups du sort, elle n'est qu'un aspect de cette loi d'airain contre laquelle il est vain de se lancer. En somme, comme l'a dit P. Wilkinson, l'éthique d'Horace est plutôt «une succession d'états d'âme» qu'une philosophie. Elle n'exclut toutefois pas la grandeur.

Horace est-il *religieux* ? Il s'est prétendu adorateur avare et peu assidu des dieux. En bon Romain, il ne pouvait comme Épicure rejeter la Providence; en fait Horace, dans ce domaine, n'est qu'un homme. Il a écrit des hymnes et des prières aux dieux, tout en suivant une tradition et en s'inspirant de modèles. L'accent de piété s'explique par une volonté poétique et n'implique pas de foi individuelle. Par ailleurs, comme homme de la campagne, Horace baignait dans les croyances naturelles des paysans, croyances antiques, et il gardait plus facilement le contact avec cet aspect sacré de l'univers. Dans cet esprit apparemment équilibré, certains thèmes paraissent témoigner d'inquiétudes irrationnelles : par exemple, celui des *malédictions* pesant sur les Romains. Il ne peut s'empêcher de relater des *miracles*. Pour lui, comme pour le monde antique, le *sacré* est un *donné*. Horace peut se soumettre au réel, il conserve certains traits de son époque : croyance en une Providence, sens de la nécessité qui gouverne le monde, mystère des eaux et des bois.

Il fut un fidèle *ami*, au sens ancien de ce mot. Chez les vrais amis, aux satisfactions que procurent l'échange de pensées secrètes, les longues causeries sur tous les sujets, les plaisirs partagés, s'ajoutaient souvent les services rendus sur le plan politique et social, une alliance pratique s'étendant à tous les domaines. L'amitié de Mécène et d'HORACE en est l'illustration. HORACE se penche constamment sur les problèmes de ses amis. La véritable amitié ne s'éprouve-t-elle pas dans le réconfort apporté à l'ami ? On comprend mieux ce qui pouvait lier Virgile et HORACE. Même le lecteur devient un ami et finit par se trouver uni à l'auteur par des liens indestructibles. C'est sans doute la réunion autour d'une table simple qui symbolise le plus parfaitement ce qu'était l'amitié pour HORACE. On retrouve un peu la même convivialité dans les repas qu'organise Sandoz dans l'*Œuvre* de Zola, ou encore chez La Fontaine.

Dans le domaine de l'*amour*, HORACE partageait le point de vue prudent et cynique des vieux Romains : éviter les adultères et fréquenter les courtisanes. Tibulle, Catulle, Properce ont connu de véritables passions. Mais HORACE semble différent : il ne s'est pas marié et, s'il évoque le souvenir de maintes *puellae* et de plusieurs maîtresses, en fait ses poèmes traduisent rarement une expérience vécue. Souvent, il développe un thème qui lui est fourni par la *tradition littéraire*. Néanmoins, il est assuré qu'HORACE a aimé et on peut parfois deviner ce que fut son attitude devant l'amour. L'idée d'un engagement sérieux et prolongé, la croyance que l'amour est la réalité suprême lui sont étrangères. Il a reconnu la vérité des vers de Sappho où la poétesse affirme que celui qui voit l'être aimé et entend son doux rire est l'égal des dieux. Mais le poète ne se laisse pas atteindre si fort. Ce qui l'attire, c'est la beauté de la jeunesse qui offre un spectacle d'harmonie et de grâce. En *artiste*, il s'abandonne à l'amour-désir auquel il se borne souvent. Il s'est pourtant laissé prendre parfois, car il peut être sujet à des crises de colère jalouse et de rage. En définitive, sa poésie éclaire avec précision une conception égoïste mais sans brutalité de l'amour où la femme n'est qu'un objet de plaisir et par là même HORACE apporte sa contribution à un débat qui ne sera jamais achevé.

L'œuvre

L'œuvre d'HORACE comprend dans un ordre chronologique d'abord les *Épodes*, les *Satires* (2 livres) de −41 à −30; puis les trois premiers livres des *Odes*, le premier livre des *Épîtres* de −30 à −20 et enfin le second livre des *Épîtres*, l'*Art poétique*, qui est en fait une *Épître*; le *Carmen seculare* (le *Chant séculaire*) et le quatrième livre des *Odes*, de −20 à sa mort, quoiqu'il n'ait pas écrit dans les dernières années de sa vie.

On ne peut traiter en détail de toutes ces œuvres qui sont chacune un recueil de pièces séparées.

LES ÉPODES ET LES SATIRES

Pour ces deux ouvrages, HORACE s'est inspiré d'abord de Lucilius et emprunta certains thèmes au vieux poète latin. Mais la brutalité de celui-ci et surtout le manque de protection à ses débuts, la recherche de l'originalité le poussèrent vers le poète grec Archiloque qui lui offrait un modèle artistique plus intéressant, en particulier pour la forme et le rythme. Il s'inspira également du Grec Hipponax, créateur d'un vers particulièrement propre à la parodie. Mais HORACE ne fut pas un pâle imitateur, il sut imprimer à ses poèmes une marque personnelle et latine.

Bien que le Ier livre des *Satires* paraisse avoir été écrit avant les *Épodes*, c'est dans celles-ci que le style d'HORACE marque le plus son incertitude et une sorte d'inquiétude qui ont peut-être suivi chez lui la bataille de Philippes. On ne peut guère attribuer de date précise aux différents poèmes, mais certains doivent avoir été composés avant l'entrée dans le cercle de Mécène. HORACE a toujours désigné cette œuvre sous le nom d'*Iambes* (*Iambi*), car les 17 petites pièces qui la composent sont écrites en distiques iambiques, sauf la dernière, écrite, elle, simplement en trimètres iambiques. Le poète s'est orienté dans cette direction satirique, parce que l'iambe, l'arme même du genre satirique, lui paraissait la plus propre à lui gagner la renommée; il avait peu de rivaux à craindre de ce côté là. Le titre d'*Épodes* fut donné ultérieurement par les grammairiens. Ce mot d'origine grecque (*epodos*), qui possède plusieurs sens en poésie, peut désigner un refrain ou le vers court d'un couplet et on l'attribuait aux distiques qui n'étaient pas élégiaques. Dans ses *Iambes*, HORACE subit encore les influences extérieures : ton brutal, échappées violentes; il se dégage vite de cet esclavage et devient lui-même quand l'ironie malicieuse remplace la grossièreté et la satire légère les lourdes attaques. Apparaissent également, chose inattendue, des poèmes où brillent la fantaisie et l'amour. Les *Épodes* sont donc une œuvre plus complexe qu'on ne pourrait le croire. Toutes les qualités d'Horace apparaissent déjà : finesse, érudition, pathétique, ironie. En grand artiste, il a transformé l'iambe. Dans les *Épodes*, « Horace s'exerce (déjà) au *lyrisme* sur des thèmes généralement satiriques et certaines pièces [...] montrent qu'il ne tardera plus à se frayer une nouvelle voie » (J. Humbert) : celle des *Odes*.

Dans les *Satires*, Horace s'engage donc dans une recherche qui l'amène à dire le vrai en souriant pour améliorer les autres et lui-même. Selon la tradition, cette œuvre, divisée en deux livres de 10 et de 8 satires respectivement, portait le titre de *Sermones* (*Conversations*) et semblait indiquer qu'Horace s'engageait dans la voie qui le mènerait plus tard aux *Épîtres*. Dans les *Satires*, on sent chez le poète une évolution qui l'amène à délaisser peu à peu le vieux maître Lucilius et à se diriger vers l'imitation d'Archiloque, abandonnant une façon brutale pour une manière plus légère et plus badine.

On retrouve l'influence de Lucilius dans la *Satire I,7* (prises de becs entre plaideurs devant le tribunal de Brutus), dans la *Satire I,5* (voyage de Brindes dans la suite de Mécène), dans la *Satire I,2* (difficulté de garder le juste milieu entre deux excès) et dans la *Satire I,3* (indulgence des hommes pour eux-mêmes). La transition entre les deux façons d'Horace se rencontre dans les *Satires* littéraires où, en termes encore vifs et en faisant des personnalités, il défend le genre satirique (*I,4*; *II,1*), ses jugements sur Lucilius (*I,10*), sa personne (*I,6*). Dans les autres satires, le ton devient nettement moral. Il peint des travers : inconstance des hommes mécontents de leur sort (*I,1*), le fâcheux (*I,9*), les sorcières et Priape (*I,8*), les manies culinaires ou les gastronomes (*II,4*), le repas ridicule (*II,8*). L'écrivain prend de la hauteur quand il parle des passions funestes : avarice, ambition, amour, superstition, débauche (*II,3*), puis de la vie simple, de la modération, du progrès vers le mieux (*II,2* et *6*); quand il fait l'éloge de la vie champêtre (*II,6*) ou nous rapporte son dialogue avec son esclave, dialogue qui aboutit à cette idée : seul le sage est libre (*II,7*).

On se rend compte que la satire pour Horace n'est pas une véritable poésie, mais une conversation qui diffère seulement de la prose par l'usage du vers et du rythme. Horace apporte à ce genre l'art raffiné qui donne l'apparence de la simplicité et du naturel en écartant toutes les lourdeurs qui, en général, accompagnent les leçons de morale. Cette morale est proprement horatienne, avec la recherche du juste milieu, la liberté intérieure, l'indépendance. C'est ce qui donne aux *Satires* ce ton de sincérité. Évidemment, l'épicurisme est présent, mais à la manière d'Horace, tempéré par le bon sens populaire et l'expérience. Par la causerie et la « diatribe morale », par le renouvellement de la métrique, Horace crée à Rome la satire moderne qui s'écarte résolument de celle de Lucilius.

LES ODES

Elles sont évidemment la patrie lyrique par essence de l'œuvre horatienne; n'oublions pas que lyrique signifie « qu'on peut accompagner de la lyre ». C'est pourquoi nous rattacherons à ce genre le *Carmen seculare* (*Chant séculaire*). Avec sagesse, Horace s'est refusé (sauf quand les circonstances l'y ont obligé) à suivre le grand maître grec du lyrisme : *Pindare* (manière dorique). Il sentait bien que ce poète était pratiquement inadaptable en sol étranger par la particularité des sujets et par son caractère métrique et musical très spécial. Il s'est tourné vers les Grecs dont la muse est légère, enjouée, et dont la métrique répondait à ses goûts : Alcée, Anacréon, Sappho (manière éolienne). Mais son imitation « n'est pas un esclavage ». Loin de là, il prend à gauche, à droite, ce dont il fera son miel. On pourra parler d'odes pindariques, d'odes anacréontiques : en fait, ce sont des odes horatiennes et romaines. Les sujets de ces *Odes*, ce sont tous les *thèmes* qui ont inspiré Horace. Il n'est que de se reporter plus haut. Tout au plus, on ajoutera que dans certaines odes d'inspiration nationale ou religieuse, on sent l'influence de Pindare, mais Horace ne garde pas sa métrique. Son goût profond est la manière éolienne qui lui permet de traiter avec élégance (et pourtant avec profondeur) les pièces personnelles ou liées à un événement de la vie privée.

Ce qui est intéressant, c'est sa capacité à adapter le style poétique qui était celui de ses prédécesseurs au genre nouveau qu'il traitait : composition à la fois caractérisée par un entrelacement des thèmes et des images, par l'absence apparente de liaison entre les parties, et l'effet obtenu par l'alliance des termes. Horace, comme Plaute, utilise — c'est une caractéristique de la poésie latine — le caractère expressif des sonorités existant dans la langue; écoutez le grincement du cabestan :

Trahuntque siccas machinae carinas (*I,4,2*)
(Les machines tirent à sec les carènes).

Il renforce ce travail par de nombreux effets de rimes et de rimes intérieures ainsi que de refrains. Il utilise des mots étrangers, exotiques, des archaïsmes, et emploie volontiers les noms propres de l'histoire romaine et les noms grecs pour créer tout un climat spécial (d'après J. Marouzeau, 700 noms propres). Ce procédé sera utilisé par A. Chénier et par le romantisme pittoresque (voir la *Nuit de mai* de Musset) et même par Racine (*Phèdre*). Le chevauchement de la phrase syntaxique et du schéma métrique permet à HORACE d'éviter l'écueil de la période oratoire tout en donnant de la carrure et de la vigueur à l'ensemble. En outre, il sait terminer une *Ode* sur une vision élargie:

Cras ingens iterabimur aequor (*I,7,32*)
(Demain nous ferons route sur l'immensité de la plaine liquide).

Avec les mots répartis librement le long de la strophe, il donne l'impression d'une broderie chatoyante montée sur le schéma métrique. Même la syntaxe devient dans ses mains un instrument stylistique. Même le vocabulaire où il recherche une condensation (caractère concret des verbes, brièveté de l'expression). Le résultat est celui d'une poésie complexe requérant un travail patient pour son élaboration, exigeant du créateur comme du lecteur « un effort intellectuel intense, fruit d'une espèce de choc psychologique » (M. Ruch).

LES ÉPÎTRES

Pourquoi HORACE se consacre-t-il aux *Épîtres*, la maturité venue? Il l'a dit lui-même (d'après *Épître*, I, 1, v. 1-10). Il dit adieu aux vers et aux jeux pour se consacrer à la recherche du bien et du beau et c'est sur les instances de Mécène qu'il se résigne à écrire le IVe livre des *Odes*. Il avait eu des prédécesseurs dans cette forme d'écriture comme Catulle et Varron. Mais c'est par la forme poétique qu'il a su lui donner qu'il a élevé la lettre au grand genre littéraire. Dans l'esprit d'HORACE, les *Épistulae* se rattachent aux *Satires* puisqu'il les a toujours désignées comme des *Sermones*. HORACE a contaminé les deux courants de ce genre, le badinage poétique et la recherche du savant et du grave et a adapté sa leçon à chaque destinataire. Les tons seront donc très variés comme les leçons. On distingue parmi les deux livres qui composent l'ouvrage des billets courts (essentiellement dans le livre I) : *Épître 4* à Tibulle, *Épître 5* à Torquatus (invitation à un petit repas), *Épître 9* au futur empereur Tibère. Dans l'*Épître 7*, adressée à Mécène, on trouve l'anecdote du crieur public Vulterius Mena et la fable de la belette et du rat (La Fontaine en fera respectivement *Le Savetier et le Financier* et *La belette entrée dans un grenier*). Dans les *Épîtres morales*, on retrouve des idées qui lui sont chères : le bonheur est dans le calme de l'âme, le poète veut se consacrer à la philosophie (II,1; II,2); le sage ne s'émeut de rien (I,6); le poète conseille la jeunesse, s'intéresse à ses travaux (I,3; I,17 et 18). Des *Épîtres littéraires*, on a surtout retenu l'*Ars poetica* ou *Lettre aux Pisons*, adressée à Gn. et L. Pison, fils de L. Calpurnius Pison, ami d'HORACE. Cette lettre sera dès l'antiquité isolée des autres et étudiée à part. C'est le dernier ouvrage d'HORACE et son testament littéraire. Il y traite des principes généraux de la composition (1re partie), des grands genres (2e partie), des conseils aux poètes (3e partie). En dépit de certains défauts l'opuscule, par son aisance, sa légèreté, son pittoresque, est beaucoup plus attrayant que l'*Art poétique* de Boileau, pourtant inspiré de celui d'HORACE.

Après toute cette étude, on ne s'étonnera pas de la renommée d'HORACE. Il ne fut pas populaire comme Virgile, mais tous ceux qui aiment ou pratiquent la poésie passent inévitablement par lui. Que ce soit Quintilien, Pétrone ou saint Jérôme, tous l'admirent. Le Moyen Âge le suit. À partir de la Renaissance, connaître HORACE devient indispensable; si les romantiques l'ont rejeté, il a été rapidement remis en lumière. C'est un monument de la littérature universelle.

163

Un chanteur capricieux et inconstant

Dans ce portrait d'un original, Horace s'amuse, mais ce portrait n'est qu'une introduction à des réflexions plus sérieuses. Personne n'est sans défaut. Dans le cercle de Mécène, où Horace est entré depuis peu, les amis savent témoigner d'une sage indulgence aux travers de leurs compagnons.

Omnibus hoc vitium est cantoribus, inter amicos
ut numquam inducant animum[1] cantare rogati,
injussi numquam desistant. Sardus habebat
ille Tigellius hoc : Caesar, qui cogere posset[2],
si peteret per amicitiam patris atque suam, non
quicquam proficeret; si collibuisset, ab ovo
usque ad mala citaret « Io Bacchoe », modo summa
voce[3], modo hac, resonat quae chordis quattuor ima.
Nil aequale[4] homini fuit illi : saepe[5] velut qui
currebat fugiens hostem; persaepe[6] velut qui
Junonis sacra ferret; habebat saepe ducentos,
saepe decem servos; modo reges atque tetrarchas,
omnia magna loquens, modo : « Sit mihi mensa tripes et
concha salis puri[7] et toga quae defendere frigus,
quamvis crassa, queat ! » Deciens centena dedisses
huic parco, paucis contento : quinque diebus
nil erat in loculis; noctes vigilabat ad ipsum
mane, diem totum stertebat; nil fuit umquam
sic impar sibi.

HORACE, *Satires,* I, 3, v. 1-19.

1. = *inducant (in) animum.* — 2. les trois imparfaits du subj. de cette phrase ont la valeur d'un potentiel du passé. Traduire comme s'il y avait des plus que parfaits. — 3. *voce* = note; *resonat* = s'accorde à (+ dat.); les quatre cordes désignent ici le tétracorde, instrument de musique. — 4. *aequale* = constant. — 5. = *saepe currebat velut qui curreret fugiens hostem.* — 6. s.e. *incedebat.* — 7. *puri* : auquel on n'avait pas mélangé d'épices.

164

Pauvre avare !

Damasippe, spéculateur ruiné devenu philosophe stoïcien, entreprend de démontrer à Horace que tous les hommes sont fous, en particulier les avares.

Pauper Opimius argenti positi intus[1] et auri,
qui Veientanum[2] festis potare diebus
Campana solitus trulla vappamque profestis,
quondam lethargo grandi est oppressus, ut heres
jam circum loculos et claves laetus ovansque
curreret. Hunc medicus multum celer atque fidelis
excitat hoc pacto : mensam poni jubet atque
effundi saccos nummorum, accedere plures
ad numerandum; hominem sic erigit, addit et illud :
« Ni tua custodis, avidus jam haec auferet heres. » —

« Men[3] vivo ? » — « Ut vivas igitur, vigila; hoc age. »
[— « Quid vis ? »
— « Deficient inopem venae[4] te, ni cibus atque
ingens accedit stomacho fultura[5] ruenti.
Tu cessas ? agedum, sume hoc tisanarium oryzae. » —
« Quanti emptae ? » — « Parvo. » — « Quanti ergo ? »
[— « Octussibus. » — « Eheu.
Quid refert, morbo an furtis pereamque rapinis[6] ? »

Horace, *Satires*, II, 3, v. 142-157.

1. *positi intus* = enfermé dans ses coffres. — 2. le vin de Véies était médiocre, certaines poteries de la Campanie étaient grossières; *solitus* : s.e. *erat*. — 3. *men* = *mene; hoc age* = occupe-toi (uniquement) de cela, d'où = attention ! — 4. *venae* = *sanguis; inopem* = *ut sis inops* (épuisé), prolepse. — 5. *fultura* = nourriture fortifiante; *ruenti* = défaillant. — 6. construire : *utrum peream morbo an furtis et rapinis*.

165 Le rat de ville et le rat des champs (I)

Horace est entré dans le cercle de Mécène : il a obtenu une maison de campagne. Il ne peut plus supporter la vie à Rome où il est constamment importuné par les fâcheux et les solliciteurs. Il évoque les calmes soirées passées dans sa propriété de la Sabine et ses causeries avec ses voisins, tel ce Cervius qui, pour montrer que la vie des campagnards est plus heureuse que celle des riches citadins, conte la fable du rat de ville et du rat des champs.

... Olim
rusticus urbanum murem mus paupere fertur
accepisse cavo, veterem vetus hospes amicum,
asper et attentus quaesitis[1], ut tamen artum
solveret hospitiis[2] animum. Quid multa ? neque ille
sepositi ciceris nec longae invidit avenae;
aridum et ore ferens acinum semesaque lardi
frusta dedit, cupiens varia fastidia cena[3]
vincere tangentis male[4] singula dente superbo,
cum pater ipse domus, palea porrectus in horna,
esset[5] ador loliumque, dapis meliora relinquens.
Tandem urbanus ad hunc : « Quid te juvat, inquit, amice,
praerupti nemoris patientem[6] vivere dorso ?
Vis tu homines urbemque feris praeponere silvis ?
Carpe viam, mihi crede, comes, terrestria[7] quando
mortales animas vivunt sortita, neque ulla est
aut magno aut parvo leti fuga : quo, bone, circa[8],
dum licet, in rebus jucundis vive beatus,
vive memor quam sis aevi brevis. » Haec ubi dicta

agrestem pepulere, domo levis exsilit; inde
ambo propositum peragunt iter, urbis aventes
moenia nocturni subrepere.

HORACE, *Satires*, II, 6, v. 79-100.

1. *quaesitis* = ses provisions. — 2. *hospitiis* = pour les soins de l'hospitalité. — 3. scandez le vers. — 4. *male* = *à peine; singula :* complément d'objet de *tangentis*. — 5. *esset :* d'où vient ce verbe ? — 6. *patientem* = au milieu des privations. — 7. *terrestria* = tout ce qui vit sur la terre. — 8. *quo circa :* joindre les deux mots.

166 *Le rat de ville et le rat des champs (II)*

Voir la notice de la version précédente. Le rat de ville a invité le rat des champs chez lui.

... Jamque tenebat
nox medium caeli spatium, cum ponit uterque[1]
in locuplete domo vestigia, rubro ubi cocco
tincta super lectos canderet vestis eburnos
multaque de magna superessent fercula cena[2],
quae procul[3] exstructis inerant hesterna canistris.
Ergo ubi purpurea porrectum in veste locavit
agrestem, veluti succinctus[4] cursitat hospes
continuatque dapes, nec non[5] verniliter ipsis
fungitur officiis, praelambens omne quod affert.
Ille cubans gaudet mutata sorte bonisque
rebus[6] agit laetum convivam, cum subito ingens
valvarum strepitus lectis excussit utrumque.
Currere per totum pavidi conclave, magisque
exanimes trepidare, simul[7] domus alta Molossis
personuit canibus. Tum rusticus : « Haud mihi vita
est opus hac », ait et : « Valeas ! me silva cavusque
tutus ab insidiis tenui solabitur ervo ».

HORACE, *Satires*, II, 6, v. 100-117.

1. *uterque* (s.e. *mus*). — 2. scandez. — 3. *procul* = à quelque distance, à part. — 4. *succinctus* (s.e. *servus*). — 5. *nec non* = *et*. — 6. *bonis rebus* : ablatif du type *Cicerone consule; agit* = il joue le rôle de. — 7. *simul atque*.

167 *Maître et esclave*

Davus, profitant de la liberté des Saturnales, fait une comparaison de son état à celui de son maître, et affirme qu'en réalité le maître ne vaut pas mieux que l'esclave.

Nil ego[1], si ducor libo fumante; tibi ingens
virtus atque animus cenis responsat[2] opimis ?
Obsequium ventris mihi perniciosius est : cur ?

tergo plector enim. Qui[3] tu impunitior illa,
quae parvo sumi nequeunt, obsonia captas?
Nempe inamarescunt[4] epulae sine fine petitae
illusique[5] pedes vitiosum ferre recusant
corpus. An[6] hic peccat, sub noctem qui puer uvam
furtiva[7] mutat strigili, qui praedia vendit,
nil servile gulae parens habet? Adde, quod idem
non horam tecum esse potes, non otia recte
ponere[8] teque ipsum vitas fugitivus et erro,
jam vino quaerens, jam somno fallere curam:
frustra; nam comes atra premit sequiturque fugacem.

HORACE, *Satires,* II, 7, v. 102-115.

1. *nihil ego (sum)* = je ne vaux rien. — 2. *responsare* + datif = résister à; braver. — 3. *qui* = en quoi, d'où « est-ce que »; *impunitior* joue le rôle d'un adverbe; *parvo :* ablatif de prix. — 4. s.e. : dans l'estomac. — 5. *illusi* = vacillants. — 6. les deux principales sont opposées par asyndète; faire précéder la première de « alors que »; *an* porte sur la deuxième proposition principale. — 7. *furtiva* = *furtim.* — 8. *ponere* = placer (comme un capital).

168 La leçon du printemps

Le printemps est une délivrance et une fête. Mais il passe vite, et il faut savoir en jouir tant qu'il est là. C'est ce que chantera l'épicurien Ronsard. C'est déjà ce que chantait Horace.

Solvitur acris hiems grata vice veris et Favoni
 trahuntque[1] siccas machinae carinas,
ac neque jam stabulis gaudet pecus aut arator igni,
 nec prata canis albicant pruinis.
Jam Cytherea choros ducit Venus imminente luna,
 junctaeque Nymphis Gratiae decentes
alterno terram quatiunt pede, dum graves[2] Cyclopum
 Vulcanus ardens urit officinas.
Nunc decet aut viridi nitidum[3] caput impedire myrto
 aut flore, terrae quem ferunt solutae,
nunc et in umbrosis Fauno decet immolare Lucis,
 seu poscat agna sive malit haedo.
Pallida mors aequo pulsat pede pauperum tabernas
 regumque turres. O beate Sesti,
vitae summa brevis spem nos vetat inchoare longam.
 Jam te premet nox fabulaeque[4] Manes
et domus exilis Plutonia, quo simul mearis[5],
 non regna vini sortiere talis[6].

HORACE, *Odes,* I, 4, v. 1-18.

1. *trahunt (in mare)* : les bateaux restaient au sec sur le rivage tout l'hiver. — 2. *graves* = où l'on peine. — 3. *nitidum (unguentis).* — 4. *fabulae* : apposition à Manes = qui n'existent pas. — 5. *simul (ac) mearis* (= *meaveris*). — 6. *talis* (de *tali* = les dés) : dans chaque festin un « roi » était tiré au sort, il réglait les « toasts ».

169 Propos du coin du feu

Voici une ode d'Horace nettement épicurienne. Elle est adressée à un personnage imaginaire, auquel il donne un nom grec : Thaliarque (le roi du festin). On peut se le représenter jeune et heureux. L'hiver invite au plaisir; auprès d'un bon feu, devant une bonne table, on oublie les ennuis du présent et les soucis de l'avenir : que Thaliarque profite de sa jeunesse (cf. Ronsard et les poètes de la Pléiade). Le Soracte est un mont qui se dresse près de Rome (40 km au nord) à une altitude de 700 mètres.

Vides ut alta stet nive candidum
Soracte, nec jam sustineant onus
silvae laborantes, geluque
flumina constiterint acuto.

Dissolve frigus, ligna super foco
large reponens, atque benignius
deprome quadrimum Sabina,
o Thaliarche, merum diota.

Permitte divis cetera, qui simul
stravere ventos aequore fervido
deproeliantes, nec cupressi
nec veteres agitantur orni.

Quid sit futurum cras, fuge quaerere et
quem fors dierum cumque[1] dabit, lucro
appone[2] nec dulces amores
sperne puer[3] neque tu choreas,

donec virenti canities abest
morosa. Nunc et Campus et areae
lenesque sub noctem susurri
composita repetantur hora,

nunc et latentis proditor intimo
gratus puellae risus ab angulo
pignusque dereptum lacertis
aut digito male pertinaci.

HORACE, *Odes*, I, 9.

1. *quem... cumque* = *quemcumque* (tmèse). — 2. *lucro appone* = considère comme un gain. — 3. *puer* = pendant que tu es jeune.

170 *L'or n'est pas tout*

Le Janus, passage couvert dans le Forum, était bordé de boutiques de changeurs et de bureaux de banquiers. Là, plus qu'ailleurs, l'auteur des Satires *pouvait voir régner l'avidité. Mais toutes les distinctions sociales à l'intérieur de la* civitas *reposaient sur la fortune : pour faire partie de l'ordre des chevaliers, il fallait posséder une fortune de 400 000 sesterces. La loi Roscia réservait aux chevaliers les quatorze premiers gradins du théâtre. Seuls les moralistes et les admirateurs du passé protestent.*

Vilius argentum est auro, virtutibus aurum.
« O cives, cives, quaerenda pecunia primum est;
virtus post nummos » : haec Janus summus ab imo
prodocet; haec recinunt juvenes dictata senesque
laevo suspensi[1] loculos tabulamque lacerto.
Est animus tibi, sunt mores, est lingua fidesque,
sed quadringentis sex septem milia desunt :
plebs eris. At pueri ludentes : « Rex eris, aiunt,
si recte facies » : hic[2] murus aeneus esto
nil conscire sibi, nulla pallescere culpa.
Roscia, dic sodes, melior lex an puerorum est
nenia, quae regnum recte facientibus offert,
et maribus Curiis et decantata Camillis ?
Isne tibi melius suadet, qui « rem[3] facias, rem,
si possis, recte, si non, quocumque modo rem »,
ut propius spectes lacrimosa poemata Pupi,
an qui Fortunae te responsare[4] superbae
liberum et erectum praesens hortatur et aptat ?

HORACE, *Épîtres,* I,1, v. 52-69.

1. *suspensi* = *qui suspenderunt*; les *argentarii* ont une cassette, les écoliers une boîte qui leur sert de casier. — 2. *hic* = *hoc* (attraction de l'attribut); *hoc* est repris par les deux infinitifs; v. 13, *maribus* vient de *mas, maris*. — 3. *rem* = fortune; devant *rem* s.e. *hortatur* construit avec subj. seul; *Pupius* est un auteur de tragédies; *propius,* cf. notice. — 4. *responsare* + dat. = tenir tête à.

171 *Horace veut rester indépendant*

Mécène s'est plaint qu'Horace soit resté trop longtemps à la campagne. Horace explique qu'il est parti à la campagne pour se soigner et qu'il y restera aussi longtemps que les soins de sa santé l'exigeront. Une fois de plus, le poète affirme son indépendance. S'il fait l'éloge de la simplicité populaire, ce n'est pas par raffinement de voluptueux ni pour vendre cher son indépendance : son désintéressement est réel.

Vir bonus et sapiens dignis ait esse paratus[1],
nec tamen ignorat quid distent aera lupinis[2];
dignum praestabo me etiam pro[3] laude merentis.
Quodsi me noles usquam discedere, reddes[4]
forte latus, nigros angusta fronte capillos,
reddes dulce loqui, reddes ridere decorum.
Forte per angustam tenuis vulpecula rimam
repserat in cumeram frumenti, pastaque rursus

ire foras pleno tendebat corpore frustra;
cui mustela procul : « Si vis, ait, effugere istinc,
macra cavum repetes artum, quem macra subisti ».
Hac ego si compellor imagine[5], cuncta resigno;
nec somnum plebis laudo satur altilium nec
otia divitiis Arabum liberrima muto[6].
Saepe verecundum[7] laudasti, rexque paterque
audisti coram nec verbo parcius absens;
inspice, si possum donata reponere laetus.

HORACE, *Épîres*, I,7, v. 22-27 et 29-39.

1. *paratus* = à la disposition de. — 2. les acteurs se servaient de graines de lupin en guise de monnaie sur la scène. — 3. *pro* = en proportion de; *merentis* = du bienfaiteur. — 4. *reddes* s.e. *mihi*, cf. notice. — 5. *hac...imagine* = si la comparaison s'applique à moi; *cuncta* : allusion aux engagements qui lient Horace et Mécène. — 6. son désintéressement est réel, voir la notice. — 7. *verecundum* s.e. *me*; *audisti* = tu t'es entendu appeler par moi; *verbo* = d'un mot (ablatif de différence) ou = dans mes propos.

172 Charmes de la campagne

Cette épître est dédiée à Fuscus « amator urbis ». *Horace compare cet ami et lui-même aux deux pigeons de la fable : ce qui explique le terme* « nidus » *du début de ce passage.*

Tu nidum servas, ego laudo ruris amoeni
rivos et musco circumlita saxa nemusque.
Quid quaeris ? Vivo et regno, simul ista reliqui
quae vos ad caelum fertis rumore secundo.
... Vivere naturae si convenienter oportet,
ponendaeque domo[1] quaerenda est area primum,
novistine locum potiorem rure beato ?
est ubi plus tepeant hiemes, ubi gratior aura
leniat et rabiem Canis[2] et momenta[3] Leonis,
cum semel accepit Solem furibundus acutum ?
est ubi divellat somnos minus invida cura ?
deterius Libycis olet aut nitet herba lapillis ?
purior in vicis aqua tendit rumpere plumbum
quam quae per pronum trepidat cum murmure rivum ?
nempe inter varias nutritur silva columnas,
laudaturque domus longos quae prospicit agros.
Naturam expelles furca, tamen usque recurret
et mala perrumpet furtim fastidia victrix.

HORACE, *Épîtres*, I, 10, v. 6-9 et 12-25.

1. *domo :* datif archaïque. — 2. *Canis :* la canicule : elle commence à paraître le 17 juillet. Le soleil entre dans la constellation du Lion *(Leonis)* vers le 20 juillet. — 3. *momenta :* mouvements (réduction de : *movimenta*).

173 Il ne faut pas se fier à l'apparence

Horace écrit à un ami, Quinctius, qui, dit-il, a la réputation d'un homme parfait et d'un homme heureux. Horace le félicite, mais le met en garde : la foule n'est pas bon juge et brûle facilement ce qu'elle adorait. De tels éloges doivent laisser indifférent, car où est le véritable homme de bien ?

.... Vir bonus est quis ?
« Qui consulta patrum, qui leges juraque servat,
quo multae magnaeque secantur judice lites,
quo res sponsore et quo causae teste tenentur ».
Sed videt hunc omnis domus et vicinia tota
introrsum turpem, speciosum pelle decora.
« Nec furtum feci nec fugi », si mihi dicat
servus : « Habes pretium, loris non ureris », aio.
« Non hominem occidi. — Non pasces in cruce corvos.
— Sum bonus et frugi ». Renuit negitatque Sabellus[1].
Cautus enim metuit foveam lupus accipiterque
suspectos laqueos et opertum miluus hamum.
Oderunt peccare boni virtutis amore;
tu nihil admittes in te formidine poenae;
sit spes fallendi, miscebis sacra profanis.
Nam de mille fabae modiis cum subripis unum,
damnum est, non facinus mihi pacto lenius isto.
... Qui melior servo, qui liberior sit avarus,
in triviis fixum cum se demittit ob assem,
non video; nam qui cupiet, metuet quoque, porro
qui metuens vivet, liber mihi non erit umquam.

HORACE, *Épîtres*, I, 16, v. 40-56 et 63-66.

1. *Sabellus :* Horace lui-même qui habite la Sabine et s'identifie à ses habitants, hommes rudes et droits.

174 Qui veut recevoir ne doit pas crier misère

Horace entretient un ami plus jeune, Scéva, des rapports qu'il faut avoir avec les grands, si on veut vivre la vie brillante de la ville. À Rome en effet, comme en France, du XVIe au XVIIIe siècle, les écrivains dépendaient beaucoup de leurs puissants protecteurs. Horace conseille à son ami une modestie et un silence qui, dit-il, lui rapporteront plus que la mendicité. Rapprocher de Marot et de ses Épîtres au roi.

Coram rege suo de paupertate tacentes
plus poscente ferent : distat, sumasne pudenter
an rapias; atqui rerum caput hoc erat, hic fons.
« Indotata mihi soror est, paupercula mater,
et fundus nec vendibilis nec pascere firmus »,
qui dicit, clamat : « Victum date ! »; succinit alter :
« Et mihi »; dividuo findetur munere quadra.
Sed tacitus pasci si posset corvus[1], haberet

plus dapis et rixae multo minus invidiaeque.
Brundisium comes aut Surrentum ductus amoenum
qui queritur salebras et acerbum frigus et imbres,
aut cistam effractam et subducta viatica plorat,
nota refert meretricis acumina, saepe catellam,
saepe periscelidem raptam sibi flentis, uti mox
nulla fides damnis verisque doloribus adsit.
Nec semel inrisus triviis attollere curat
fracto crure planum[2], licet illi plurima manet
lacrima, per sanctum juratus dicat Osirim[3] :
« Credite, non ludo, crudeles, tollite claudum ».
« Quaere peregrinum », vicinia rauca[4] reclamat.

HORACE, *Épîtres*, I, 17, v. 43-63.

1. sans doute allusion à une fable inconnue. — 2. *planus* = le saltimbanque. — 3. les cultes d'Isis et Osiris étaient à l'époque très répandus dans le peuple (cf. Apulée : *l'Ane d'or*) et les bateleurs étaient souvent des Orientaux. — 4. l'adjectif marque ici le résultat = crie à s'enrouer.

175 *Frivolité du public des théâtres à Rome*

Horace se désole de la place qu'ont prise à Rome, au théâtre, les décors, la machinerie, la figuration (cf. notre Châtelet, et certains films en couleur) au détriment de la valeur des pièces. Il raille le public paresseux qui ne cherche qu'un plaisir facile (voir Térence, version n° 15).

Saepe etiam audacem fugat hoc terretque poetam,
quod numero plures, virtute et honore minores,
indocti stolidique et depugnare parati
si discordet eques, media inter carmina poscunt
aut ursum aut pugiles; his nam plebecula gaudet.
Verum equitis quoque jam migravit ab aure voluptas
omnis ad incertos oculos et gaudia vana.
... Si foret in terris, rideret Democritus[1], seu
diversum confusa genus panthera camelo
sive elephas albus vulgi converteret ora,
spectaret populum ludis attentius ipsis
ut sibi praebentem nimio spectacula plura;
scriptores autem narrare putaret asello
fabellam surdo. Nam quae pervincere voces
evaluere sonum, referunt quem nostra theatra ?
Garganum[2] mugire putes nemus aut mare Tuscum,
tanto cum strepitu ludi spectantur et artes
divitiaeque peregrinae, quibus oblitus actor,

cum stetit in scaena, concurrit dextera laevae.
— Dixit adhuc aliquid ? — Nil sane. — Quid placet ergo ?
lana Tarentino violas imitata veneno.

HORACE, *Épîtres*, II, 1, v. 182-188 et 194-206.

1. Démocrite (vers 460 av. J.-C.), philosophe d'Abdère, inventeur de la théorie des atomes, reprise par Épicure; on disait qu'il riait toujours tandis qu'Héraclite pleurait toujours. — 2. *Garganus :* promontoire d'Apulie.

176 Un poète philosophe médite sur l'Odyssée

Le poète a relu Homère à Préneste. Son œuvre nous fait réfléchir sur la folie humaine. Par exemple, le chant des Sirènes et la coupe de Circé sont les symboles des passions qui font périr ou dégradent l'homme faible. Horace assimile les hommes aux prétendants de Pénélope, à la jeunesse raffinée qui vivait à la cour d'Alcinoüs.

Rursus[1], quid virtus et quid sapientia possit,
utile proposuit nobis exemplar Ulixen,
qui domitor Trojae multorum providus urbes
et mores hominum inspexit latumque per aequor,
dum sibi, dum sociis reditum parat, aspera multa
pertulit, adversis rerum immersabilis undis[2].
Sirenum voces et Circae pocula nosti;
quae si cum sociis stultus cupidusque bibisset,
sub domina meretrice fuisset turpis et excors,
vixisset canis immundus vel amica luto sus.
Nos numerus summus et fruges consumere nati[3],
sponsi Penelopae nebulones, Alcinoique
in cute curanda plus aequo operata juventus,
cui pulchrum fuit in medios dormire dies et
ad strepitum citharae cessatum ducere[4] somnum.

HORACE, *Épîtres*, I, 2, v. 17-31.

1. *rursus* = inversement; sujet de *proposuit :* Homère. — 2. *adversis rerum undis* = les flots de l'adversité. — 3. *nati* + inf. = nés pour, bons à + inf. de but (poétique). — 4. *ducere* = couler; *cessatum* = qui est relâché, d'où : *cessatum somnum* = un demi-sommeil.

177 Avant d'écrire, il faut étudier la vie et les mœurs

*Texte tiré de l'*Épître aux Pisons*, appelé* Art poétique*, où s'expriment les idées chères aux classiques de toute époque. Les premiers vers rappellent Boileau* (A.P.), *I, 153 :*

« Ce que l'on conçoit bien s'énonce clairement
Et les mots, pour le dire, arrivent aisément. »

Dans la suite du texte, Horace rappelle qu'une bonne connaissance de la nature humaine est à la base de toute littérature classique.

Scribendi recte sapere est et principium et fons.
Rem[1] tibi Socraticae poterunt ostendere chartae
verbaque provisam rem non invita sequentur.

Qui didicit, patriae quid debeat et quid amicis,
quo sit amore parens, quo frater amandus et hospes,
quod sit conscripti[2], quod judicis officium, quae
partes in bellum missi ducis, ille profecto
reddere[3] personae scit convenientia cuique.
Respicere exemplar vitae morumque jubebo[4]
doctum imitatorem et vivas[5] hinc ducere voces.
Interdum speciosa locis[6] morataque recte,
fabula nullius veneris, sine pondere et arte,
valdius oblecta populum meliusque moratur
quam versus inopes rerum nugaeque canorae.

HORACE, *Épître aux Pisons (Ars poetica)*, v. 309-322.

1. *rem* = le fond des choses; cf. *rerum*, dernier vers. — 2. *conscripti* s.e. *patris*. — 3. *reddere* (sens littéraire du verbe rendre) = reproduire exactement. — 4. le sujet de la proposition infinitive n'est pas exprimé : *te* ou *poetam; imitatorem* est apposition à *te* ou *poetam*. — 5. *vivas* = qui peignent au vif. — 6. *locis* = idées générales (ablatif de moyen portant sur *speciosa*).

■ *LA POÉSIE ÉLÉGIAQUE*

Les Latins, plutôt que les Grecs, ont déterminé pour nous le genre élégiaque. Ce sont ces derniers pourtant qui ont été les initiateurs de cette forme de poésie. Les premiers, ils ont distingué l'épopée de l'élégie tout en conservant beaucoup de liens avec elle, de langue et de métrique, comme le système hexamétrique; le pentamètre, le second vers du distique élégiaque, ne repose-t-il pas lui-même sur un jeu de dactyles et de spondées ? Mais ce sont les Latins qui ont mis en accord, de la façon la plus harmonieuse, le sentiment et la métrique. Les Grecs ont utilisé le distique élégiaque dès la fin du VIIe siècle av. J.-C. pour des fins littéraires, des compositions poétiques qu'accompagnait le chant de la flûte. L'élégie était guerrière et politique avec Callinos et Tyrtée, philosophique et morale avec Xénophane et Théognis. Mimnerme et Simonide chantent la gaîté des festins, les plaisirs de l'amour, la fuite inexorable du temps. À l'époque alexandrine, Callimaque traitera surtout des sujets érotiques. Mais alors que les poètes alexandrins racontaient le plus souvent des amours mythologiques auxquelles ils mêlaient leurs propres aventures, l'élégie romaine a un caractère bien plus subjectif. Les poètes latins chantent leurs propres expériences amoureuses. L'élégie grecque est narrative, l'élégie romaine est bien plus une biographie intime.

Certes les Romains n'ont pas créé un genre de poésie complètement différent, genre qui a subi l'influence notable de l'épigramme grecque érotique. Toutefois l'élégie latine est bien plus complexe. Cette poésie, à Rome, est libre et profonde, alors que l'épigramme recherche l'effet et le brillant. L'élégie, ainsi conçue, nous révèle toute la personnalité de l'auteur. Mais il ne faut pas rechercher une confession au sens moderne du mot. Le poète écrit plutôt une sorte de roman partagé entre le bonheur et la douleur selon les caprices de la dame, avec, comme il se doit, une conclusion malheureuse. Il est toujours difficile de faire la part de l'autobiographie et celle de la convention. Le lecteur trouvera cependant des caractères individuels très nuancés, qu'il s'agisse des femmes ou du poète.

Ovide citait comme représentants de l'élégie de son temps : Gallus (dont nous avons déjà parlé), Tibulle, Properce et lui-même, ce que confirmera ultérieurement Quintilien.

TIBULLE

Nous connaissons très mal la vie d'ALBIUS TIBULLUS: nos sources essentielles sont l'œuvre même du poète, quelques passages d'Horace et une brève *Vie* anonyme.

Il est mort peu après Virgile, par conséquent en −19 ou −18. Comme il était encore *juvenis* (*homme jeune*), il doit être né entre −60 et −50, aux environs de −54, probablement à Gabies, d'une famille équestre; il perdit une partie de sa fortune dans le partage des terres entre les vétérans (−41). Mais il lui restait quand même une certaine aisance, en particulier des terres à *Pedum*, entre Tibur et Préneste, et la protection de M. Valerius Messalla. Il avait été attaché à l'état-major de ce dernier en Gaule et il fit avec lui la campagne d'Orient (−31), mais il tomba malade à Corcyre (Corfou). Il fréquenta le cercle de Messalla où il rencontra des poètes comme *Lygdamus* et *Sulpicia*. Il y venait en ami et non en client. Il avait renoncé à toute carrière militaire et s'adonnait uniquement à la poésie. Il a chanté ses démêlés avec ses maîtresses: *Délia* (une plébéienne nommée *Plania*), *Glycéra*, *Némésis*, et son mignon *Marathus*. Sa mort a inspiré à Ovide une touchante élégie (*Amours*, III, 9).

Les *Élégies* de TIBULLE forment un ensemble « où ses poèmes voisinent avec ceux de deux auteurs contemporains, un jeune homme nommé Lygdamus et une femme, Sulpicia »; en lisant ces poèmes, on peut mesurer « tout le chemin parcouru, depuis la grande génération du Principat, sur le plan de la sensibilité comme sur celui de la morale » (B.-A. Taladoire).

Admirateur de Virgile, TIBULLE a abandonné ce qui faisait la grandeur de ce poète, le sentiment national: « L'épopée s'en va vers l'églogue galante [...]. Mais à son étude (de Virgile), Tibulle a gagné le goût d'ensembles larges: chacune de ses poésies [...] se développe assez amplement pour qu'on y reconnaisse l'influence classique du poème suivi » (J. Bayet et L. Nougaret). On trouve chez lui les thèmes obligatoires de l'élégie — l'or, la guerre, le rival, l'indifférent —, mais sa poésie est surtout personnelle; à travers son œuvre, on retrouve constamment l'homme et l'amoureux de l'amour. Tendre et nostalgique, sa poésie est d'une douceur pénétrante, d'une mélancolie de rêve qui nous berce *si nous l'écoutons*, car l'ensemble peut paraître parfois monotone. Néanmoins, sous le conventionnel, on peut sentir son horreur de la guerre — il parle d'expérience — et de la vie agitée, son penchant pour la campagne où il est pleinement heureux. L'amour peut se revêtir de sensualité, sa faible constitution et peut-être la maladie n'étant pas étrangères à cet aspect de sa personnalité. Il y met parfois de l'égoïsme. Mais il montre des sentiments quand même plus relevés que ceux de beaucoup de ses contemporains, et il peut se transformer en adorateur humble et dévoué, torturé par l'infidélité de l'aimée. Amour et infidélité sont les thèmes préférés de cette âme triste et tourmentée.

Tout ce qui précède ne ferait de TIBULLE qu'un poète parmi bien d'autres, si la nature ne l'avait doté d'autres qualités. D'abord, le naturel, malgré des sujets artificiels, et aussi la sincérité. Et c'est par le style qu'il nous captive: élégance, langue pure et limpide et enfin par la musique de ses mots et de la métrique. Avec lui, on retrouve le *sermo urbanus*, la légèreté attique, bercés par une délicieuse harmonie: sa poésie est simple comme le monde qu'il chante et tout y est harmonie.

Il a laissé personnellement deux livres: dans le premier domine la figure de *Delia*, la femme aimée avec laquelle il rêve de vivre un tranquille bonheur, mais qui l'abandonnera pour un autre; sur les dix élégies, trois sont pourtant consacrées à son amour pour le très jeune Marathus (IV, VIII et IX). La pièce VII célèbre le triomphe de Messalla sur les Aquitains. Le personnage dominant du second livre, c'est *Némésis* (encore un nom d'emprunt) qui le fit souffrir encore plus que Delia et qu'il décrit comme une courtisane avide et infidèle.

Les deux autres livres du *corpus Tibullianum* ont été composés dans le cercle de Messalla. On n'en connaît pas tous les auteurs. Les six élégies du livre III semblent appartenir à un poète qui dit lui-même s'appeler *Lygdamus*. On pense qu'il était le frère aîné d'Ovide et qu'il avait pris ce pseudonyme. Il chante une seule femme, *Néère*, mais il la perd finalement. Ce travail n'a pas en soi une grande valeur poétique, mais on trouve en Lygdamus une vive sensibilité, une ardeur chaste des sentiments et certainement de l'élévation d'âme.

Le livre IV débute par un *Panégyrique de Messalla*, d'auteur inconnu. Les pièces 2 à 6 peuvent être de TIBULLE et les pièces 7 à 12 sont pratiquement reconnues comme appartenant à *Sulpicia*. Ce sont six billets d'amour où cette nièce de Messalla chante son bien-aimé, un homme de condition supérieure, *Cerinthus*, qu'elle finira d'ailleurs par épouser. Énergique, passionnée, cette jeune femme témoigne d'un réel talent et nous fait participer à la vie de la haute société romaine.

PROPERCE

D'après les seules sources que nous ayons sur cet écrivain, c'est-à-dire deux de ses *Élégies*, SEXTUS PROPERTIUS est né en Ombrie, près d'Assise (territoire où on trouve de nombreuses inscriptions au nom de famille *Propertius*), vers l'année −47. Il était plus jeune que Tibulle. Il était de famille plébéienne et riche. Malheureusement ses biens furent confisqués en −41, lors du partage des terres en faveur des vétérans. Son père mourut tôt, mais il fit quand même, jeune, ses études à Rome où il devait suivre normalement la carrière traditionnelle du forum et de la politique. Il préféra se tourner vers la poésie. Il entra en contact avec le milieu des écrivains où se trouvait Ovide. Il devint l'ami de ce dernier, de Gallus et de Ponticus. Il publia son premier livre (*Cynthia monobiblos* [*Cynthia livre unique*]) qui comprend 22 élégies et porte le nom de sa bien-aimée, *Cynthia*; en fait, d'après Apulée, elle se nommait *Hostia*. C'était une courtisane élégante et raffinée que, peu fortuné, PROPERCE ne pouvait avoir toute à lui. Le livre rencontra un grand succès et Mécène, toujours à la recherche des meilleurs talents, s'intéressa au jeune homme et lui accorda sa protection; il le poussait vers le genre épique, comme l'indique le refus de PROPERCE dans son livre II et la publication simultanée, en −22, de ses livres II et III où il continuait sa route. L'un comprend 34 élégies et l'autre 25. Après la rupture avec Cynthia, il cède aux sollicitations de Mécène et il écrit cinq *Élégies romaines* qui furent publiées avec d'autres poésies dont deux encore en l'honneur de Cynthia. Furent-elles publiées par le poète lui-même ou après sa mort? On l'ignore. En tout cas, on peut dater la publication du livre IV et la mort du poète aux environs de −16/−15.

Les livres I et II des *Élégies* de PROPERCE sont presque uniquement consacrées à Cynthia. Du livre III, le poète ne lui réserve plus que la moitié; les autres élégies sont de caractère varié: deux éloges funèbres, un panégyrique (d'*Aelia Galla*), une pièce à Mécène, des vers en l'honneur d'Auguste, un hymne au vin. Le livre IV est plus complexe: il ne comprend que quatre élégies amoureuses, deux dédiées à Cynthia, une consacrée à la malédiction contre l'entremetteuse Acantis, la dernière exprime sous le masque de la mythologie l'amour d'Aelia Galla pour son mari Postumius (*Lettre d'Aréthuse à Lycotas*). Cette forme de poème qu'on peut appeler *Héroïde* ouvre la voie à Ovide. Comme nous l'avons dit, cinq élégies chantent les légendes italiques et romaines; l'élégie 6 célèbre la victoire d'Actium, et l'élégie 11, magnifique prosopopée, fait parler l'ombre de Cornélie, fille de Livie.

PROPERCE s'inspire de très près des alexandrins Callimaque et Philétas. Il leur doit le souci de l'art, l'érudition mythologique, l'emploi de l'héroïde, l'habileté de la composition. Quand il adopte le genre épique, il sait clairement la place qu'occupent Lucrèce et Virgile et préfère adapter au génie latin le genre littéraire qu'avait créé Callimaque lorsqu'il recherchait les causes lointaines des cérémonies publiques et des institutions. Sa poésie est donc dans ce cas typiquement alexandrine et suppose la lecture attentive de Virgile, bien entendu, mais aussi des érudits et de Varron.

Son anticonformisme peut être positif, mais il ne peut retourner purement et simplement à l'individualisme des *novi poetae*. Évidemment, on rencontre chez lui l'affirmation de l'indépendance de l'individu qui se rebelle contre les conditions de la réalité extérieure et se retourne vers sa propre expérience intime. Mais il a conscience de cette cruelle réalité, d'où un conflit constant à l'intérieur de sa poésie, surtout que sa passion est ardente, irrésistible: c'est un amour-maladie enrichi des chaleurs de la vie. Une vie d'amour est préférable à celle des rois (I, 14). Le poète élève son amour, le transfigure et lui donne une valeur exemplaire auréolant sa propre sensibilité d'une atmosphère pour ainsi dire légendaire.

Les défauts de PROPERCE sont réels : abus de l'esprit, recherche de l'effet et de la pointe, obscurité parfois; mais la passion modifie toute son œuvre et donne à son art un éclat inattendu. Il a été l'élève des *novi poetae* et des alexandrins pour l'emploi du langage familier, des diminutifs, de l'apostrophe. Mais il voulait élever à la pleine dignité littéraire la poésie d'amour. Il recherche donc les constructions insolites, les métaphores hardies, la plus grande concentration expressive, même s'il lui manque la sobriété classique d'un Horace, et, comme Salluste en prose, l'asymétrie, la variété, en employant tantôt les grands moyens stylistiques, tantôt, au contraire, d'autres, peu soignés, en n'hésitant pas à brutaliser la logique. C'est pourquoi on a pu croire qu'il y avait dans ses textes des lacunes. Tibulle s'avance par un vagabondage calme et tranquille, PROPERCE procède « par bonds et par gambades ».

Enfin ajoutons à ses mérites une imagination féconde, un mouvement impétueux, et un sentiment très vif de la grandeur romaine. On comprend facilement l'influence qu'il a pu exercer sur Ovide et sur tous les poètes de l'époque impériale. Dante le remettra à l'honneur et des poètes différents comme Goethe et Ezra Pound l'apprécieront.

178 *Idéal de vie champêtre*

Tibulle avait songé à commencer en Orient une carrière militaire. Malade, il y renonça, et ses rêves se tournèrent alors vers la paix de la vie champêtre, dans son petit domaine, le seul qui lui restât de vastes terres possédées autrefois par sa famille.

Jam modo jam[1] possim contentus vivere parvo
nec semper longae deditus esse viae,
sed Canis[2] aestivos ortus vitare sub umbra
arboris ad rivos praetereuntis aquae;
nec tamen interdum pudeat[3] tenuisse bidentem
aut stimulo tardos increpuisse boves;
non agnamve sinu pigeat fetumve capellae
desertum oblita matre referre domum.
At vos exiguo pecori, furesque lupique,
parcite : de magno praeda petenda grege.
Hic ego pastoremque meum lustrare quotannis
et placidam soleo spargere lacte Palem.
Adsitis, divi, nec vos e paupere mensa
dona nec e puris[4] spernite fictilibus :
fictilia antiquus primum sibi fecit agrestis
pocula, de facili composuitque luto.
Non ego divitias patrum fructusque requiro,
quos tulit antiquo condita messis avo :
parva seges satis est, noto requiescere lecto
si licet et solito membra levare toro.

TIBULLE, I, 1, v. 25-44.

1. *jamjam modo* (seulement) *possim* (subj. de souhait). — 2. *Canis* : de la Canicule (constellation). — 3. *pudeat* : potentiel. Les infinitifs parfaits ont pratiquement le sens d'infinitifs présents. — 4. *puris* = sans ornements.

179 Doulouresuse solitude

Le poète Tibulle, parti pour la Grèce rejoindre son protecteur M. Valerius Messalla Corvinus, est tombé malade à Corcyre (Phéacie), en 29 av. J.-C.

Ibitis Aegaeas sine me, Messalla, per undas,
o utinam memores[1] ipse cohorsque mei!
Me tenet ignotis aegrum Phaeacia terris.
Abstineas[2] avidas, Mors, modo, nigra, manus;
abstineas, Mors atra, precor: non hic mihi mater
quae legat in maestos ossa perusta sinus[3],
non soror, Assyrios cineri quae dedat odores
et fleat effusis ante sepulcra comis,
Delia non usquam[4], quae, me cum mitteret urbe,
dicitur ante omnes consuluisse deos;
illa sacras pueri sortes[5] ter sustulit: illi
rettulit e triviis omnia certa puer;
cuncta dabant reditus[6]; tamen est deterrita numquam
quin fleret, nostras respiceretque[7] vias.
Ipse ego solator, cum jam mandata[8] dedissem,
quaerebam tardas anxius usque moras;
aut ego sum causatus aves aut omina dira
Saturnive sacram me tenuisse diem.
O quotiens ingressus iter mihi tristia dixi
offensum in porta signa dedisse pedem[9]!
Audeat invito ne quis discedere Amore,
aut sciat egressum se prohibente deo.

TIBULLE, I, 3, v. 1-22

1. *memores* s.e. *fiatis; ipse = tu ipse.* — 2. *abstineas = abstine; modo*: adv. — 3. *maestos sinus* = plis de sa robe de deuil. — 4. Délie: jeune fille aimée par le poète; comprendre: « *Delia nusquam hic mihi est* »; *urbe*: ablatif d'éloignement. — 5. de jeunes garçons offraient aux passants, dans les carrefours, des tablettes de sorts *(sortes)* sur lesquelles on pouvait lire des phrases assez vagues pour qu'on pût les interpréter comme des réponses aux questions que l'on pouvait poser. On en tirait une *(sustulit)*. — 6. *reditus*: complément d'objet, le retour (d'Orient) du poète. — 7. *respicere* = envisager avec inquiétude. — 8. *mandata* = ordres (pour le départ). — 9. *offensum in porta pedem*: incident de mauvais augure.

180 Un rêve rustique

Les joies pures de la campagne ont enchanté plus d'un Romain au temps d'Auguste, comme elles enchantèrent les adeptes de Rousseau au temps de Marie-Antoinette. Tibulle connaîtrait le parfait bonheur si Délie, sa maîtresse, jouait dans un cadre rustique le rôle de fermière. Mais hélas, ce bonheur n'est qu'une illusion puisqu'il vient de rompre avec l'infidèle!

Rura colam, frugumque aderit mea Delia custos,
area dum messes sole calente teret[1],
aut mihi servabit plenis in lintribus uvas
pressaque veloci candida[2] musta pede.

Consuescet numerare pecus; consuescet amantis
  garrulus in dominae ludere verna sinu.
Illa deo sciet agricolae[3] pro vitibus uvam,
  pro segete spicas, pro grege ferre dapem.
Illa regat cunctos, illi sint omnia curae:
  at juvet in tota me nihil esse domo.
Huc veniet Messalla meus, cui dulcia poma
  Delia selectis detrahat arboribus,
et, tantum venerata virum, hunc[4] sedula curet,
  huic paret atque epulas ipsa ministra gerat.
Haec mihi fingebam, quae nunc Eurusque Notusque
  jactat odoratos vota[5] per Armenios.

TIBULLE, I, 5, v. 21-36.

1. *area* = l'aire, sujet de *teret*, est comme personnifiée ici. — 2. *candida* = limpide. — 3. *agricolae*: apposition *à deo*. Cette divinité est tour à tour ici: Bacchus, Cérès, Palès. — 4. *hunc* (v. 13) et *huic* (v. 14) sont sur le même plan que *cui* (v. 11), et reprennent le relatif; on peut donc traduire comme s'il y avait: *quem* (v. 13) et *cui* (v. 14). — 5. *quae... vota* = *vota quae*.

181 **Un poète esclave de son amour**

Tibulle aime d'un amour violent Némésis. Celle-ci s'est montrée intéressée, cupide et cruelle.

Sic mihi servitium video dominamque paratam:
  jam mihi, libertas illa paterna, vale;
servitium sed triste datur, teneorque catenis,
  et numquam misero[1] vincla remittit Amor,
et, seu quid merui seu quid peccavimus, urit;
  uror, io! remove, saeva puella, faces.
O ego ne possim tales sentire dolores,
  quam mallem in gelidis montibus esse lapis,
stare vel insanis cautes obnoxia ventis,
  naufraga quam vitrei tunderet unda maris!
Nunc et amara dies et noctis amarior umbra est:
  omnia nam tristi tempora felle madent;
nec prosunt elegi nec carminis auctor Apollo:
  illa cava[2] pretium flagitat usque manu...
Vera quidem moneo[3], sed prosunt quid mihi vera?
  Illius[4] est nobis lege colendus amor;
quin etiam sedes jubeat si vendere avitas,
  ite sub imperium sub titulumque, Lares.

TIBULLE, II, 4, v. 1-14 et 51-54.

1. *misero* s.e. *mihi*. — 2. *cava manu*: cf. expression française: dans le creux de la main. — 3. *vera quidem moneo* = je ne rappelle que la vérité. — 4. *illius*: désigne Némésis. De même au vers suivant *illa* est sujet s.e. de *jubeat*; s.e. après *imperium* au dernier vers: *illius*.

182

Plaintes d'un amant rebuté

La vie de Properce fut emplie de son amour pour une femme qu'il nomme Cynthie dans ses vers. On ne sait pas exactement qui elle était : peut-être Hostia, une courtisane. En tout cas, elle était une femme cultivée, mondaine, coquette, adulée, et le poète souffrit souvent par elle. Ses élégies nous content bien des phases de cet amour. Dans celle-ci, le poète, brouillé, semble-t-il, avec Cynthie, exilé à la campagne, loin de celle qu'il aime, pleure l'amour qu'il croit perdu.

Haec certe deserta loca et taciturna querenti[1],
  et vacuum Zephyri possidet aura nemus.
Hic licet occultos proferre impune dolores,
  si modo sola queant saxa tenere fidem.
Unde tuos primum repetam, mea Cynthia, fastus ?
  Quod mihi das flendi, Cynthia, principium ?
Qui modo felices inter numerabar amantes,
  nunc in amore tuo[2] cogor habere notam.
Quid tantum merui ? quae te mihi carmina mutant ?
  An nova tristitiae causa puella[3] tuae ?..
Omnia consuevi timidus perferre superbae[4]
  jussa neque arguto facta dolore queri;
pro quo divini fontes et frigida rupes
  et datur inculto tramite dura quies,
et, quodcumque meae possunt narrare querelae,
  cogor ad argutas dicere solus aves.
Sed, qualiscumque es, resonent mihi Cynthia silvae
  nec deserta tuo nomine saxa vacent.

PROPERCE, I, 18, v. 1-10 et 25-32.

1. *querenti (mihi)*. — 2. *in amore tuo* = à propos de l'amour que j'ai pour toi. — 3. *puella* : ici sens de « maîtresse » (femme aimée). — 4. sous-entendre : *illius*.

183

Jalousie de poète

Dans cette élégie, c'est Cynthie qui s'est éloignée de Rome et de Properce. Le poète, jaloux un peu à la manière d'Alceste, se réjouit de savoir celle qu'il aime « au désert ».

Etsi me invito discedis, Cynthia, Roma,
  laetor quod sine me devia rura colis.
Nullus erit castis juvenis corruptor in agris,
  qui te blanditiis non sinat esse probam;
nulla neque ante tuas orietur rixa fenestras
  nec tibi clamatae somnus amarus erit.
Sola eris et solos spectabis, Cynthia, montes
  et pecus et fines pauperis agricolae.
Illic te nulli poterunt corrumpere ludi
  fanaque peccatis plurima causa tuis.

Illic assidue tauros spectabis arantes
et vitem docta ponere falce comas;
atque ibi rara feres inculto tura sacello
haedus ubi agrestes corruet ante focos;
protinus et nuda choreas imitabere sura,
omnia ab externo sint modo tuta viro.
Ipse ego venabor: jam nunc me sacra Dianae
suscipere et Veneri ponere vota juvat...
Tu, quotiens aliquid conabere, vita[1], memento
venturum paucis me tibi Luciferis[2].

PROPERCE, II, 19, v. 1-18 et 27-28.

1. le mot désigne Cynthie. — 2. *Lucifer, eri*: planète de Vénus = ici tout simplement: journée, jour; *paucis Luciferis* = dans quelques jours.

184 *Élégie sur la mort de Pétus*

Le jeune Pétus, ami de Properce, est mort en mer. Le poète pleure l'amitié perdue sur un thème que nous retrouvons chez Horace: la malédiction de la mer (Au vaisseau de Virgile)*; la fin de ce poème rappelle par ailleurs l'inspiration de Chénier dans* la Jeune Tarentine.

Ite, rates curvae, et leti texite causas:
ista per humanas mors venit acta manus.
Terra parum fuerat, fatis adjecimus undas;
fortunae miseras auximus arte vias...
Huic[1] fluctus vivo radicitus abstulit ungues
et miser invisam traxit hiatus aquam;
hunc parvo ferri vidit nox improba ligno:
Paetus ut occideret, tot coiere mala.
Flens tamen extremis dedit haec mandata querelis,
cum moribunda niger clauderet ora liquor:
« Di maris Aegaei quos sunt penes aequora, venti
et quaecumque meum degravat unda caput,
quo rapitis miseros primae lanuginis annos?
Attulimus longas in freta vestra manus.
A! miser alcyonum scopulis affligar acutis,
in me caeruleo fuscina sumpta deo est.
At saltem Italiae regionibus evehat aestus:
hoc de me sat erit si modo matris erit[2] ».
Subtrahit haec fantem torta vertigine fluctus;
ultima quae Paeto voxque diesque fuit.
O centum aequoreae Nereo genitore puellae

et tu materno tracta dolore Thetis,
vos decuit[3] lasso supponere bracchia mento:
non poterat vestras ille gravare manus.

PROPERCE, III, 7, v. 29-32 et 51-70.

1. *huic* = *Paeto*. — 2. traduire ce vers par: «il me suffira que ma mère recueille mes restes». — 3. sens d'irréel passé.

185 *La muse de Properce*

Properce, ami de Mécène, le ministre d'Auguste, lui adresse cette élégie. Il s'autorise de son exemple pour exprimer la modestie de ses ambitions : il n'est pas un poète épique, il se contente de chanter ce qu'il sait chanter, le mal d'aimer, c'est là son domaine : l'élégie. Pourtant, Properce, après avoir perdu la volage Cynthie, sentit les appels d'une muse plus héroïque (voir le fragment sur Tarpéia), mais il ne projeta jamais d'œuvre immense, il se satisfit de courts poèmes où il faisait revivre les hauts lieux de Rome. La présente élégie est écrite avant cette période.

Maecenas, eques Etrusco de sanguine regum,
intra fortunam qui cupis esse tuam,
quid me scribendi tam vastum mittis in aequor?
Non sunt apta meae grandia vela rati.
Turpe est quod nequeas, capiti committere pondus
et pressum inflexo mox dare terga genu.
Omnia non pariter rerum sunt omnibus apta
fama nec ex aequo ducitur ulla jugo...
Est quibus Eleae[1] concurrit palma quadrigae,
est quibus in celeres gloria nata pedes;
hic satus ad pacem, hic castrensibus utilis armis:
naturae sequitur semina quisque suae...
Non ego velifera tumidum mare findo carina:
tota sub exiguo flumine nostra mora[2] est.
Non flebo in cineres arcem sedisse paternos
Cadmi[3] nec semper proelia clade pari;
nec referam Scaeas[4] et Pergama[5] Apollinis arces
et Danaum decimo vere redisse rates,
moenia cum Graio Neptunia[6] pressit aratro
victor Palladiae ligneus artis equus.
Inter Callimachi[7] sat erit placuisse libellos
et cecinisse modis, Dore poeta, tuis.
Haec urant pueros, haec urant scripta puellas
meque deum clament et mihi sacra ferant!

PROPERCE, III, 9, v. 1-8, 17-20, 35-46.

1. *quadrigae Eleae* = le quadrige olympique. — 2. *mora*: ce qui nous attarde (retient). — 3. *Cadmi* = de Thèbes, patrie d'Œdipe, ensanglantée par les luttes fratricides d'Étéocle et Polynice, morts tous deux (*sedisse*: d'après dictionnaire de Goelzer = s'affaisser). — 4. *Scaeas* = les portes Scées (à Troie). — 5. *Pergama*, ancien nom de Troie, réduite au versant ouest de l'Ida. — 6. *Neptunia mœnia* = les remparts de Troie. — 7. *Callimachi*: Callimaque, poète grec (320-270 av. J.-C.) élégiaque et épique, modèle de Properce.

186 Tarpéia tombe amoureuse de Tatius et dit adieu à sa patrie

Properce a consacré quelques-unes de ses élégies à l'histoire de Rome : il aurait voulu faire revivre les origines des lieux célèbres et des principaux monuments. Il a consacré une de ces élégies à Tarpéia et à la roche Tarpéienne (voir version n° 206). On connaît l'histoire : Tarpéia, fille du gouverneur de la citadelle de Rome, Tarpéius, pendant la guerre contre les Sabins, ouvrit les portes à ceux-ci. Properce prétend que ce fut par amour pour Tatius, leur roi.

Vidit[1] arenosis Tatium proludere campis
pictaque per flavas arma levare jubas :
obstipuit regis facie et regalibus armis
interque oblitas excidit urna manus...
Dumque subit primo Capitolia nubila fumo,
rettulit hirsutis bracchia secta rubis
et sua Tarpeia residens ita flevit ab arce[2]
vulnera, vicino non patienda Jovi :
« Ignes castrorum et Tatiae praetoria turmae
et famosa oculis arma Sabina meis,
o ! utinam ad vestros sedeam captiva Penates,
dum captiva mei conspicer esse Tati !
Romani montes et montibus addita Roma
et valeat probro Vesta pudenda meo :
ille equus, ille meos in castra reponet amores,
cui Tatius dextras collocat ipse jubas ! »

PROPERCE, IV, 4, v. 19-22 et 27-38.

1. le sujet de *vidit* est *Tarpeia*. — 2. *Tarpeia arce* = la roche Tarpéienne; *sua... vulnera.*

OVIDE

On connaît la vie d'Ovide par des biographies assez tardives conservées dans des manuscrits, par Sénèque le Rhéteur et par le poète lui-même : dans les *Amores* et dans les *Tristes* où l'élégie IV, 10 est une véritable autobiographie.

PUBLIUS OVIDIUS NASO est né le 20 mars −43 à Sulmone (*« Sulmo mihi patria est »*), au pied des Abruzzes. « Il est loin d'être l'héritier d'une noble famille; son ancêtre le plus reculé n'était qu'un chevalier; ses champs sont peu étendus, ses parents économes. Il est né dans l'*humide pays des Péligniens*, qu'il décrit comme fertile en blé, en raisin, en oliviers, et sa femme vient du pays des Falisques, riche en vergers » (S. Viarre). Il ne fut pas touché par la guerre civile, ce qui explique l'indifférence essentielle qu'il éprouve à l'égard d'Auguste. Quand on est né dans la paix et la tranquillité, on croit que ces biens sont naturels.

Il suivit à Rome les cours des rhéteurs *Arellius Fuscus* et *Porcius Latio*, milieu qui exerça sur son esprit une fâcheuse influence dont il ne parvint jamais à se défaire. Dès cette époque, il se tourna vers la poésie malgré les efforts de son père pour le détourner de cette voie. Il compléta son éducation à Athènes. S'il est vrai que cette formation lui sera nuisible à certains point de vue, elle lui permettra d'être le premier à introduire dans la poésie les goûts et les façons d'être du nouvel art oratoire. À son retour, répondant malgré tout aux vœux de son père, il se laissa engager dans des fonctions administratives et judiciaires; mais, rebuté par la vie active, il revint bien vite à la poésie, fréquenta les cercles mondains et les écrivains en renom comme Virgile, Tibulle, Properce, Horace; il devint le poète attitré de toute cette société légère et frivole qu'il flattait par ses écrits tout en dépeignant ses mœurs. Il était bien l'homme de cette société, car sa vie personnelle fut trépidante : il se maria trois fois. Ce n'est qu'avec sa troisième épouse qu'il semble avoir équilibré son ménage, puisque celle-ci lui resta liée même pendant l'exil.

Ce poète à la mode connut immédiatement le succès avec un recueil d'élégies, les *Amores* (les *Amours*, entre −22 et −15), qu'il avait commencé dès sa jeunesse. Il composa une tragédie, *Médée*, qui n'était pas sans mérite d'après Tacite et Quintilien, et qui reçut un accueil très favorable dans les *recitationes*. Il continua par toute une série de poésies érotiques : les *Héroïdes* (de la même époque que les *Amores*). Il s'agit d'un recueil de 21 lettres, en vers élégiaques, supposées écrites par les héroïnes de la légende à leurs amants, fiancés ou maris (certaines de ces *Héroïdes* ne semblent pas être de lui, mais d'un poète postérieur). Ce genre de poèmes se rattache aux monologues dramatiques et aux *suasoriae* des rhéteurs. Le procédé est monotone, artificiel, mais l'idée est ingénieuse et l'art d'Ovide remarquable. L'*Art d'aimer* (*Ars amatoria*), composé vers −2 et +1, poème didactique (3 livres) en vers élégiaques, est une œuvre immorale présentée avec une ingéniosité et une grâce qui en redoublent l'effet. Les *Remèdes à l'amour*, parus en +3 (*Remedia amoris*) en un livre, sont la contre-partie du poème précédent. Mais le rôle convient moins bien au poète; on y sent trop le rhéteur habile aux *controverses* et qui regrette l'imprudence commise avec l'*Art d'aimer*. Les deux œuvres ont l'avantage pour nous de décrire sur un ton léger et ironique tout ce monde ou plutôt ce demi-monde galant et spirituel. Il écrit aussi un *De medicamine faciei* (*Cosmétiques* ou *Fards du visage*). Il n'en reste qu'un fragment.

Mais OVIDE visait beaucoup plus haut que ces poésies érotiques. Il voulut affronter le genre épique et atteindre aux sommets de la renommée dans cette société romaine qui était alors la sienne. À partir de l'an 1, semble-t-il, il rédigea un long poème (15 livres en hexamètres) : les *Métamorphoses*. Il voulait en même temps faire sa cour à Auguste en s'engageant dans une route qu'avaient suivie d'autres grands auteurs. Il croyait réparer ainsi la maladresse qu'il avait commise en écrivant l'*Ars amatoria*. En outre, il était visiblement attiré par le renouveau du pythagorisme à Rome. On comprend ainsi que cette œuvre ait pour thème général des transformations de dieux ou d'hommes en plantes ou en animaux. Elle répondait à la philosophie de Pythagore qui établit une échelle continue des plantes jusqu'à la divinité. Il avait bien des prédécesseurs grecs, mais c'est d'Hésiode et de ses imitateurs qu'il s'inspira, sans pouvoir se déprendre de l'alexandrinisme.

Dans le même temps, il rédige les *Fastes* où, en vers élégiaques, il tentait de chanter, selon le calendrier, les fêtes religieuses et nationales de Rome. Il n'en reste que six livres sur douze. Il s'inspirait du grammairien Verrius Flaccus, de Varron et de Tite-Live. Il mettait la dernière main à ces travaux lorsque, brutalement, il fut exilé à Tomes (Constantza), sur la mer Noire (+8) et ses ouvrages furent retirés des bibliothèques publiques. On comprend le désespoir d'un poète adulé, mondain, qui se retrouvait à cinquante ans dans un monde étranger et pour lui sauvage, ne possédant aucun des conforts de la ville. C'est là, près du Danube, qu'il vécut presque dix ans, sans obtenir de pardon ni d'Auguste ni de Tibère et qu'il mourut en +17.

Il avait pourtant envoyé à Rome des livres d'élégies, les *Tristes* (5 volumes) et les *Pontiques* où, sous forme de lettres, il suppliait — parfois bassement — l'Empereur et sa famille, ses amis et adressait des supplications à sa femme qui, malgré leurs liens, était demeurée à Rome. Il écrivit pendant ce temps une imprécation ou plutôt une satire de 644 vers contre un ami perfide, intitulée l'*Ibis* (oiseau qui s'attaque aux reptiles) et des *Halieutiques* (il en reste les 134 premiers vers), poème didactique en hexamètres sur la pêche et les poissons.

Telles furent la vie et l'œuvre d'OVIDE.

Cet écrivain marque un tournant dans la littérature romaine. Il appartient encore à l'époque classique, mais annonce déjà l'âge baroque qui va suivre. C'est un véritable artiste, il faut le reconnaître. Mais son goût du monde, où il fait figure de bel esprit, l'a amené bien souvent à n'être qu'un amuseur public. Esprit léger, brillant mais superficiel, il manquait de la profondeur nécessaire pour aborder nombre de sujets sérieux qu'il a traités. Toutefois, il a de l'élégance, de la souplesse et un talent réel. On a dit de lui qu'il était plus italien que romain.

Dans ses poèmes érotiques, il n'exprime pas comme Catulle, Tibulle ou Properce des sentiments qu'il éprouve profondément, il ne s'inspire pas de son expérience personnelle. « Il a beau feindre que l'héroïne des Amours, qu'il appelle *Corinne*, a été sa maîtresse, il a plus souvent recours à son imagination qu'à ses souvenirs; il invente la plupart de son *roman* même si, de loin en loin, quelque pièces sont inspirées par des amours réelles. Mais [...] Ovide est le témoin de son temps [...], il représente, fidèlement, l'opinion que ses contemporains pouvaient se faire de l'amour, l'idée qu'ils avaient de son rôle dans la vie des êtres, de la part qu'il convenait de lui attribuer, des fins qu'il poursuivait » (P. Grimal). Si on lit les *Héroïdes*, il est clair que les personnages appartiennent à la légende et l'on imagine autour d'eux un paysage grec. Cependant on peut remarquer des rapports entre la situation de certaines héroïnes et celles d'épouses ou d'esclaves de la Rome contemporaine. « Ici et là apparaissent des traces de moralisme romain et même de son individualisation pré-chrétienne. Partout, la religion traditionnelle se manifeste par l'aspect uniquement social qu'elle revêt à Rome, par l'importance du culte des morts, les allusions de l'âge d'or remises à la mode sous le règne d'Auguste, la confusion partielle avec la magie ou la divination » (S. Viarre). Dans tous ces poèmes érotiques, la Ville est présente, même quand Ovide parle de lui ou pleure Tibulle. On a sous les yeux le tableau d'un jeune romain type. Il fréquente les lieux « chics », sait que l'éloquence apprise à l'école peut séduire une jeune femme et connaît tous les secrets de son habillement et de ses fards. Mais parfois le poète ne peut s'empêcher de songer à la simplicité antique. Son aisance naturelle le sauve des excès et lui évite la fadeur. Ajoutons-y son esprit et sa fine psychologie. Quant à ses capacités théâtrales, elles lui permettent de saisir sur le vif les scènes de la comédie mondaine. Son âme est celle d'un artiste qui transforme délicatement toute image et la sauve de toute vulgarité.

Ce « Musset » antique ne pouvait réussir dans un registre élevé. Pourtant, les *Métamorphoses* sont un de ses titres de gloire et restent son œuvre la plus connue. Peut-être exigeons-nous de lui ce que son public ne lui demandait pas. Il n'a pu renoncer à la frivolité et à la coquetterie du dandy et ses dieux ont par trop les passions, les mœurs et les goûts de ses contemporains. En fait, il répondait à la demande de ses lecteurs, il les amusait par la grâce et le pittoresque de ses contes, et son épopée est le premier début d'un genre qui arrivera à la perfection avec l'Arioste. Son talent, son art si plastique, ses qualités natives masquent le plus souvent ses défauts, et peut-être son penchant pour le pythagorisme donne-t-il à ces œuvres une réelle sincérité, sans atteindre la profondeur.

Ovide a-t-il été réellement exilé à cause de l'*Ars amatoria* ? Ne s'est-il pas compromis dans des intrigues de palais ou a-t-il favorisé les amours de la petite-fille d'Auguste, Julia ? Ne lui a-t-on pas reproché d'appartenir à une secte pythagoricienne ? En fait, il apparaît bien que le succès de son œuvre, scandaleuse aux yeux d'Auguste, fut la cause de sa perte. Dans les *Tristes* et les *Pontiques*, on trouve mêlés aux supplications et parfois aux platitudes du courtisan exilé, des accents pathétiques qui nous touchent profondément. Malgré la rhétorique et les plaintes interminables, le malheur fait de lui un véritable élégiaque, car le mirage du retour n'est en fait qu'une attente sans illusion. Il sait peindre cette terre brûlée par le gel, proche de l'extrémité du monde, les Barbares qui passent le Danube gelé, vêtus de peaux de bêtes, avec de la glace pendue à leurs cheveux et des barbes hirsutes; le printemps fait seulement fondre la neige, il n'y a ni fruits ni raisins. Que peut éprouver Ovide quand il revoit Rome en pensée, embellie par l'éloignement ? Il songe à sa maison, aux lieux qui lui sont chers, à ses amis, et pour sa femme il retrouve des accents déchirants :

Te loquor absentem, te vox mea nominat unam
Nulla venit sine te nox mihi, nulla dies
(*Tristes*, III, 3, v. 17-18)

(C'est à toi, absente, que je parle, c'est toi seule que ma voix appelle
Sans toi, aucune nuit ne se passe, sans toi aucun jour).

Le mondain peu à peu fait place à l'homme éprouvé et exilé. Dans la solitude, il est devenu lui-même.

La renommée d'Ovide ne cessa de grandir : en témoignent les deux Sénèque, Martial, Quintilien, Lactance. Son influence fut grande au Moyen Âge sur l'amour courtois et des écrivains comme Dante ou Pétrarque sont ses débiteurs. Il faudra attendre la critique romantique pour lui rendre ses véritables proportions.

Les poètes mineurs de l'époque d'Auguste

Les grands poètes que nous venons de passer en revue ne doivent pas nous cacher l'existence de toute une génération d'écrivains qui leur sont certes inférieurs, mais qui ont eu leur importance.

• Dans le domaine de la *poésie élégiaque*, on rencontre AULUS SABINUS (mort en +14). Nous ne savons rien de sa vie si ce n'est qu'il fut un ami d'Ovide et qu'il mourut jeune. Il composa des réponses à certaines *Héroïdes* d'Ovide. Comme ce dernier faisait écrire les héroïnes, Aulus Sabinus rédigeait les réponses des héros (par exemple, d'Ulysse à Pénélope, d'Énée à Didon). Nous donnons un extrait de son travail dans la version n° 204. Il a laissé inachevé un volume de *Fastes*.

• La *poésie épique* a de nombreux adeptes :

L. VARIUS RUFUS est l'un des aînés de la première génération augustéenne, ami de Virgile, d'Horace et de Plotius Tucca. Avec ce dernier, il édita l'*Énéide*. Horace (*Sat*., I, 10, v. 43-4) nous le présente comme un poète épique remarquable : « Le bouillant Varius conduit comme personne l'épopée vigoureuse. » Il avait écrit un *De morte*, probablement sur la mort de César. Son poème avait de l'énergie et de la splendeur. Il était en outre un excellent animalier. Il avait également composé une tragédie, *Thyeste*, vivement louée par les Anciens. Il écrivit enfin un ouvrage en prose sur Virgile.

ALBINOVANUS PEDO appartenait à la même génération que son ami Ovide. Il avait composé une *Théséide* en +14. Puis il se tourna vers le monde moderne et rédigea une épopée sur Germanicus. Dans les deux cas, il a du souffle et substitue le merveilleux humain à la mythologie. Enfin il est l'auteur d'épigrammes appréciées par Martial.

RABIRIUS était admiré par Ovide, par Quintilien et Velleius Paterculus et par Sénèque. Il avait traité de la guerre d'Octave contre l'Égypte. Un fragment concernant la bataille d'Actium et découvert à Herculanum lui a été attribué.

CORNELIUS SEVERUS appartenait à l'aristocratique famille des Cornelii, était en relations avec Messalla et Asinius Pollion. Il avait écrit un *Chant royal* (*Carmen regale*); Quintilien lui attribue une *Guerre de Sicile* (*Bellum siculum*) et le grammairien Probus une *Histoire de Rome* (*Res romanae*). Il était meilleur versificateur que poète.

Citons encore DOMITIUS MARSUS, auteur d'une *Guerre des Amazones*, d'élégies et d'un recueil d'épigrammes.

AEMILIUS MACER aîné de Virgile, mort en Asie en −16, se consacra à la *poésie didactique*. Il est l'auteur d'un *Ornithogonia* (*Poème sur les oiseaux*), d'une *Theriaka* (*Les Remèdes contre les morsures de serpents*). Il est plus souvent apprécié comme technicien que comme poète.

GRATTIUS FALISCUS, considéré par Ovide, a composé un poème en plusieurs livres sur la chasse, les *Cynegetica*. Dans les vers qui nous restent il montre l'expérience d'un vrai chasseur et l'aisance d'un réel poète.

Mais le poète le plus remarquable à ce point de vue est MANILIUS.

MANILIUS

MARCUS MANILIUS est un poète didactique dont le nom même est incertain. Il est l'auteur d'un poème en cinq livres : *Astronomica* (les *Astronomiques*) où l'astrologie occupe beaucoup plus de place que l'astronomie. Il fut sans doute un savant et un penseur qui vécut retiré. Les deux premiers livres de son poème furent écrits du vivant d'Auguste (entre +9 et

+11). Le quatrième fut achevé peu après l'avènement de Tibère. Peut-être aurait-il rédigé un sixième chant sur les *Planètes*. Il semble être mort autour de +22.

D'abord, MANILIUS parle de l'origine du monde et de la configuration de la sphère céleste : signes du Zodiaque, Voie lactée, planètes, comètes, météores, propriétés et caractères des corps célestes (livres I et II). Ensuite il enseigne l'art de prendre les horoscopes (livre III). Il étudie finalement les rapports entre les caractères humains, les différents signes du zodiaque et les levers des constellations non zodiacales (livres IV et V).

En stoïcien, croyant que l'âme divine emplit l'univers, l'idée de l'interdépendance de tous les éléments du monde se comprend chez MANILIUS. Elle a l'avantage de réunir science et religion. Comme poète, il imite visiblement Lucrèce et Virgile et a su garder leur grandeur sévère dans l'épopée. Connaissant bien les théories de son époque, il a su les transfigurer par la qualité de son imagination et, lorsqu'il s'agit d'astrologie, ses qualités d'observation, sa connaissance des hommes lui permettent souvent des notations sûres. Évidemment, il y a dans cet ouvrage, du moins à nos yeux, des puérilités, des longueurs, des fautes de syntaxe et de langue. Mais on y trouve de belles pages. Car MANILIUS a su manier la mythologie de façon poétique et travailler son style par la recherche de la diversité. Pour finir, disons que, constamment, recherche scientifique et préoccupation morale sont unies et que la forme est souvent relevée par l'émotion du patriotisme romain.

187 Le poète se rend à l'Amour

Les Amours *d'Ovide sont un recueil d'élégies composées entre 22 et 15 av. J.-C. Le poète y conte ses amours avec une certaine Corinne, fort probablement imaginaire, alors que la Délie de Tibulle et la Cynthia de Properce étaient des êtres réels. Élève des rhéteurs, Ovide se complaît dans le pur jeu de l'esprit.*

Esse quid hoc dicam, quod tam mihi dura videntur
strata, neque in lecto pallia nostra sedent,
et vacuus somno noctem, quam longa, peregi,
lassaque versati corporis ossa dolent ?
Nam, puto, sentirem, si quo temptarer amore.
An subit et tecta callidus arte nocet[1] ?
Sic erit; haeserunt tenues in corde sagittae,
et possessa ferus pectora versat Amor.
Cedimus an subitum luctando accendimus ignem ?
Cedamus; leve fit, quod bene fertur, onus.
Vidi ego jactatas mota face crescere flammas
et rursus nullo concutiente mori;
verbera plura ferunt, quam quos juvat usus aratri,
detractant pressi dum juga prima boves;
asper equus duris contunditur ora lupatis;
frena minus sentit, quisquis ad arma[2] facit.
Acrius invitos multoque ferocius urget,
quam qui servitium ferre fatentur, Amor.
En ego confiteor : tua sum nova praeda, Cupido;
porrigimus victas ad tua jura manus.
Nil opus est bello; veniam pacemque rogamus,
nec tibi laus armis victus inermis ero.

OVIDE, *Amours*, I, 2, v. 1-22.

1. sujet sous-entendu : *amor.* — 2. *arma* (*equestria*) = harnais.

188

Le triomphe de Cupidon

Cette version fait suite à la précédente. Continuant le jeu, Ovide, vaincu par l'Amour, se représente le triomphe de son vainqueur, à la manière du triomphe d'un héros guerrier.

Necte comam myrto, maternas junge columbas[1];
qui deceat, currum vitricus[2] ipse dabit,
inque dato curru, populo clamante trimphum,
stabis et adjunctas arte movebis aves.
Ducentur capti juvenes captaeque puellae:
haec tibi magnificus pompa triumphus erit.
Ipse ego, praeda recens, factum modo vulnus habebo
et nova captiva vincula mente feram.
Mens Bona ducetur manibus post terga retortis
et Pudor et castris quidquid Amoris obest.
Omnia te metuent; ad te sua bracchia tendens
vulgus « Io » magna voce « triumphe » canet.
Blanditiae comites tibi erunt Errorque Furorque,
adsidue partes turba secuta tuas.
His tu militibus superas hominesque deosque:
haec tibi si demas commoda, nudus eris.
Laeta triumphanti de summo mater Olympo
plaudet et adpositas sparget in ora rosas.
Tu pinnas gemma, gemma variante capillos,
ibis in auratis aureus ipse rotis.
Tunc quoque non paucos, si te bene novimus, ures,
tunc quoque praeteriens vulnera multa dabis:
non possunt, licet ipse velis, cessare sagittae.

OVIDE, *Amours*, I, 2, v. 23-45.

1. le char de Vénus est traîné par des colombes. — 2. Vulcain, époux de Vénus.

189

Déclaration d'amour

Ovide est un amoureux par tempérament (cf. notre Ronsard) : sous le nom de Corinne, il a sans doute aimé une multitude de jeunes femmes. Essentiellement volage, il a peu de grandes douleurs, mais, comme bien des don Juan, il est chaque fois persuadé qu'il aimera cette fois pour la vie. De là la saveur de cette déclaration de fidélité absolue.

Justa precor: quae me nuper praedata puella est
aut amet aut faciat cur ego semper amem.
A, nimium volui: tantum patiatur amari,
audierit nostras tot Cytherea[1] preces.
Accipe, per longos tibi qui deserviat annos,
accipe, qui pura norit amare fide.
Si me non veterum commendant magna parentum

nomina, si nostri sanguinis auctor eques
nec meus innumeris renovatur campus aratris,
temperat et sumptus parcus uterque parens,
at Phoebus comitesque novem[2] vitisque repertor[3]
hinc faciunt[4], at me qui tibi donat, Amor,
at nulli cessura fides, sine crimine mores
nudaque simplicitas, purpureusque[5] pudor.
Non mihi mille placent, non sum desultor amoris;
tu mihi, si qua fides, cura perennis eris;
tecum, quos dederint annos mihi fila sororum[6],
vivere contingat teque dolente mori !

OVIDE, *Amours*, I, 3, v. 1 à 18.

1. *Cytherea* (*dea*) = Vénus, déesse de Cythère. — 2. il s'agit des Muses. — 3. il s'agit de Bacchus. — 4. *hinc faciunt* = sont de mon côté. — 5. *purpureus* = qui empourpre. — 6. *sororum* : les Parques.

190 Le poète supplie l'Amour de l'épargner

Le poète souffre par amour. Il supplie son vainqueur de mettre un terme à ses souffrances. Tout le poème a pour thème la métaphore militaire du soldat qui a accompli son temps et demande sa retraite.

O numquam pro me satis indignate Cupido,
o in corde meo desidiose puer,
quid me, qui miles numquam tua signa reliqui,
laedis, et in castris vulneror ipse meis ?
Cur tua fax urit, figit tuus arcus amicos ?
gloria pugnantes vincere major erat...
Venator sequitur fugientia, capta relinquit
semper et inventis ulteriora petit.
Nos tua sentimus, populus tibi deditus, arma;
pigra reluctanti[1] cessat in hoste manus.
Quid juvat in nudis hamata retundere tela
ossibus ? Ossa mihi nuda relinquit amor.
Tot sine amore viri, tot sunt sine amore puellae :
hinc tibi cum magna laude triumphus eat...
Fessus in acceptos miles deducitur agros;
mittitur in saltus carcere liber equus,
longaque subductam celant navalia pinum,
tutaque deposito poscitur ense rudis[2].
Me quoque, qui totiens merui sub amore puellae,
defunctum placide vivere tempus erat.

OVIDE, *Amours*, II, 9 a, v. 1 à 6, 9 à 15, 19 à 24.

1. *reluctanti* : ablatif. — 2. *rudis* : sujet de *poscitur* (il s'agit de la baguette que le préteur, président des jeux, remettait aux gladiateurs avec leur congé).

191 Le poète se livre en victime joyeuse à l'Amour

S'il souffre par amour et se plaint, le poète n'est cependant que trop heureux d'aimer. Ces sentiments contradictoires sont exprimés dans deux poèmes qui se suivent (cf. le poème précédent). Ce procédé (palinodie) fut souvent imité. Voir à ce propos Pétrarque (Bénédiction, Malédiction).

«Vive, deus, posito, si quis mihi dicat, amore»,
deprecer, usque adeo dulce puella malum est.
Cum bene pertaesum est animoque relanguit ardor,
nescio quo miserae turbine mentis agor.
Ut rapit in praeceps dominum spumantia frustra
frena retentantem durior oris[1] equus,
ut subitus, prope jam prensa tellure, carinam
tangentem portus ventus in alta rapit,
sic me saepe refert incerta Cupidinis aura
notaque purpureus tela resumit Amor.
Fige, puer! positis nudus tibi praebeor armis;
hic tibi sunt vires, hic tua dextra facit;
huc tamquam jussae veniunt jam sponte sagittae;
vix illis prae me nota pharetra sua est..
Tu levis es multoque tuis ventosior alis
gaudiaque ambigua dasque negasque fide.
Si tamen exaudis, pulchra cum matre, rogantem,
indeserta meo pectore regna gere;
accedant regno, nimium vaga turba, puellae;
ambobus populis sic venerandus eris.

OVIDE, *Amours*, II, 9 b, v. 25 à 38 et 49 à 54.

1. *durior oris* = trop dur de la bouche (génitif de relation).

192 Ovide, en galante compagnie, assiste aux courses de chars

Voici un charmant passage où Ovide exprime avec humour les émotions que donne une course hippique à l'amoureux dont le bonheur dépend de l'humeur de la belle, spectatrice passionnée.
Pour les renseignements sur les courses de chars, voir Pline, version n° 422.

Maxima jam vacuo praetor[1] spectacula circo
quadrijugos aequo carcere misit equos.
Cui studeas[2], video; vincet, cuicumque favebis;
quid cupias, ipsi scire videntur equi.
Me miserum! metam spatioso circuit orbe.
Quid facis[3]? admoto proximus axe subit.
Quid facis, infelix? perdis bona vota puellae!
tende, precor, valida lora sinistra manu!

Favimus ignavo ! Sed enim revocate[4], Quirites,
et date jactatis undique signa togis !
En, revocant ! At, ne turbet toga mota capillos,
in nostros abdas te licet usque sinus.
Jamque patent iterum reserato carcere postes;
evolat admissis discolor agmen equis.
Nunc saltem supera spatioque insurge patenti.
Sint mea, sint dominae fac rata vota meae !
Sunt dominae rata vota meae, mea vota supersunt :
ille tenet palmam[5], palma petenda mea est !

OVIDE, *Amours*, III, 2, v. 65 à 82.

1. *praetor* : le préteur (qui préside aux jeux). — 2. *studeas* : sujet = la jeune femme qu'accompagne Ovide. — 3. *quid facis* : sujet = le cocher pour qui la jeune femme a parié. — 4. *revocate* = faites recommencer la course. — 5. *palma* = la palme de la victoire.

193 *Un amoureux trahi nie plaisamment l'existence des dieux*

Le dépit amoureux conduit parfois loin. Ovide exprime ici, sous une forme plaisante, la colère de l'amoureux trahi. La grâce de l'expression enlève toute amertume à cette profession d'athéisme.

Esse deos, i, crede. Fidem jurata fefellit[1],
et facies illi, quae fuit ante, manet.
Quam longos habuit nondum perjura capillos,
tam longos, postquam numina laesit, habet.
Candida candorem roseo suffusa rubore
ante fuit : niveo lucet in ore rubor.
Pes erat exiguus; pedis est artissima forma.
Longa decensque fuit; longa decensque manet.
Argutos habuit; radiant ut sidus ocelli,
per quos mentita est perfida saepe mihi.
Scilicet aeterno falsum jurare puellis
di quoque concedunt, formaque numen habet...
Aut sine re nomen[2] deus est frustraque timetur
et stulta populos credulitate movet,
aut, si quis deus est, teneras amat ille puellas
et nimium solas omnia posse jubet.
Nobis[3] fatifero Mavors accingitur ense;
nos petit invicta Palladis hasta manu;
nobis flexibiles curvantur Apollinis arcus;
in nos alta Jovis dextera fulmen habet;
formosas superi metuunt offendere laesi

atque ultro, quae se non timuere, timent.
Et quisquam pia tura focis imponere curat?
certe plus animi debet inesse viris!

OVIDE, *Amours*, III, 3, v. 1 à 12 et 23 à 34.

1. sujet: la bien-aimée. — 2. *sine re nomen*: groupe attribut de *deus* (la divinité). — 3. *nobis* = les hommes.

194 L'âge d'or

Ovide reprend à son compte le lieu commun de l'âge d'or. Il y est conduit par la jalousie; dans le temps où il vit, le poète pauvre et sans naissance se voit préférer un nouveau riche, un ancien soldat. « Le talent, dit-il, était autrefois plus précieux que l'or, mais aujourd'hui c'est être barbare que de ne rien posséder. » De là ce lamento sur la misère des temps modernes et les accents de colère de la fin.

At cum regna senex caeli Saturnus haberet,
omne lucrum tenebris alta premebat humus;
aeraque et argentum cumque auro pondera ferri
Manibus admorat[1] nullaque massa fuit.
At meliora dabat[2], curvo sine vomere fruges
pomaque et in quercu mella reperta cava.
Nec valido quisquam terram scindebat aratro,
signabat nullo limite mensor humum,
non freta demisso verrebant eruta remo:
ultima mortali tum via litus erat.
Contra te sollers, hominum natura, fuisti
et nimium damnis ingeniosa tuis.
Quo tibi turritis incingere moenibus urbes?
quo tibi discordes addere in arma manus?
Quid tibi cum pelago? terra contenta fuisses!
cur non et caelum tertia regna facis?
Eruimus terra solidum pro frugibus aurum;
possidet inventas sanguine miles opes;
curia pauperibus clausa est; dat census honores;
inde gravis judex, inde severus eques.

OVIDE, *Amours*, III, 8, v. 35 à 56.

1. *admorat* = admoverat. — 2. sujet: *humus*.

195 Le poète dit adieu à la muse des Amours

Cette pièce est la dernière des Amours. *Ovide, né à Sulmone, un des chefs-lieux du pays des Péligniens (peuple du Samnium, près de l'Adriatique, appartenant à la confédération marse), rend à la manière de nos poètes de la Pléiade un hommage à sa patrie et à ses vers. Il va changer d'inspiration et abandonner les vers légers pour une inspiration plus ample (peut-être les* Métamorphoses *et les* Fastes*).*

Quaere novum vatem, tenerorum mater Amorum;
raditur hic elegis ultima meta meis;
quos ego composui, Paeligni ruris alumnus
(nec me deliciae dedecuere meae),
si quid id est, usque a proavis vetus ordinis heres,
non modo militiae turbine factus eques,
Mantua Vergilio, gaudet Verona Catullo,
Paelignae dicar gloria gentis ego,
quam sua libertas ad honesta coegerat arma,
cum timuit socias anxia Roma manus.
Atque aliquis spectans hospes Sulmonis aquosi
moenia, quae campi jugera pauca tenent,
« Quae, tantum, dicet, potuistis ferre poetam,
quantulacumque estis, vos ego magna voco. »
Culte puer[1] puerique parens Amathusia[2] culti,
aurea de campo vellite signa meo.
Corniger increpuit thyrso graviore Lyaeus[3] :
pulsanda est magnis area major equis.
Imbelles elegi, genialis Musa, valete,
post mea mansurum fata superstes opus.

OVIDE, *Amours*, III, 15.

1. *culte puer* = Cupidon. — 2. *Amathusia* = Vénus, qui aimait son temple d'Amathonte, à Chypre. — 3. *Lyaeus* = Bacchus, dieu de la tragédie (*thyrsus* = le bâton de Bacchus, entouré de pampre et de lierre, représente par métonymie l'inspiration).

196 Lettre de Briséis à Achille

Dans les Héroïdes, *Ovide imagine les lettres fictives entre les amoureux célèbres déjà par leur légende. La plupart sont écrites par des femmes (Didon, Pénélope, Hermione). Ovide y déploie beaucoup de finesse psychologique.*

*Vous savez d'après l'*Iliade *(chant I) qu'Agamemnon, ayant dû rendre à Chrysès, prêtre d'Apollon, sa fille Chryséis, qui était sa captive, exigea en échange, comme chef de l'expédition, la belle Briséis, captive d'Achille. Ce fut l'origine de la célèbre « colère d'Achille ». Celui-ci se retira sous sa tente et n'en sortit que lorsque Hector eut tué son ami Patrocle. Ovide imagine le chagrin de Briséis, que le silence d'Achille inquiète...*

Quam legis, a rapta Briseide littera venit,
vix bene barbarica Graeca notata manu.
Quascumque adspicies, lacrimae fecere lituras;
sed tamen et lacrimae pondera vocis habent.

Si mihi pauca queri de te dominoque viroque
fas est, de domino pauca viroque querar.
Non, ego poscenti quod sum cito tradita regi,
culpa tua est, quam vis haec quoque culpa tua est...
Differri potui; poenae mora grata fuisset.
Ei mihi ! discedens oscula nulla dedi,
at lacrimas sine fine dedi rupique capillos.
Infelix ! iterum sum mihi visa capi.
Saepe ego decepto volui custode reverti,
sed me qui timidam prenderet, hostis erat.
Si progressa forem, caperere ne, nocte, timebam,
quamlibet ad Priami munus itura nurum.
Sed data sim, quia danda fui ! Tot noctibus absum
nec repetor; cessas, iraque lenta tua est...
Qua merui culpa fieri tibi vilis, Achille ?
Quo levis a nobis tam cito fugit amor ?
An miseros tristis fortuna tenaciter urget,
nec venit inceptis mollior hora meis ?

OVIDE, *Héroïdes*, III, v. 1 à 8, 13 à 22, 41 à 44.

197 *L'amour de Phèdre pour Hippolyte*

*Vous connaissez, grâce à Racine (*Phèdre*) ou à Euripide (*Hippolyte Porte-Couronne*), l'amour incestueux de Phèdre, mariée à Thésée, pour son beau-fils Hippolyte. Dans cet extrait, Ovide imagine que, n'osant parler à Hippolyte, Phèdre lui écrit pour lui révéler son amour. On aura intérêt à relire Racine* (Phèdre *I, 3*).

Ter tecum conata loqui, ter inutilis haesit
lingua, ter in primo destitit ore sonus.
Qua licet et quitur, pudor est miscendus amori;
dicere quae puduit, scribere jussit amor...
Non ego nequitia socialia[1] foedera rumpam;
fama, velim quaeras, crimine nostra vacat.
Venit amor gravius, quo serius[2]. Urimur intus;
urimur et caecum pectora vulnus habent.
Scilicet ut teneros laedunt juga prima juvencos
frenaque vix patitur de grege captus equus,
sic male vixque subit primos rude pectus amores
sarcinaque haec animo non sedet apta meo...
Jam quoque, vix credes, ignotas mutor in artes;
est mihi per saevas impetus ire feras;
jam mihi prima dea est arcu praesignis adunco
Delia[3]; judicium subsequor ipsa tuum.
In nemus ire libet pressisque in retia cervis

hortari celeres per juga summa canes
aut tremulum excusso jaculum vibrare lacerto
aut in graminea ponere corpus humo.

OVIDE, *Héroïdes*, IV, v. 7 à 10, 17 à 34, 37 à 44.

1. *socialia* = du mariage. — 2. comprendre : *amor venit eo gravius quo serius venit.* — 3. *Delia dea* : la déesse de Délos, c'est-à-dire Diane, née dans l'île de Délos, comme son frère Apollon; elle est déesse de la chasteté et de la chasse. Hippolyte la révérait.

198 Ariane, ma sœur, de quel amour blessée ? (Phèdre : *I, 3, vers 253*)

Tout le monde connaît aussi l'histoire de la malheureuse Ariane, sœur de Phèdre, et marquée comme elle par la vengeance de Vénus qui pèse sur sa famille, descendante du Soleil (revoyez Racine, Phèdre*). Ariane, qui avait aidé Thésée à vaincre le Minotaure, fut enlevée par Thésée et ensuite abandonnée sur l'île de Dia, petite île rocheuse au nord de la Crète, en face de Cnosse. Selon certaines légendes, elle avait été endormie par Bacchus, amoureux d'elle, et c'est ce dieu qui aurait inspiré à Thésée son départ. Ovide lui fait ici, par la fiction d'une lettre écrite à Thésée, raconter son réveil.*

Tempus erat, vitrea quo primum terra pruina
spargitur et tectae fronde queruntur aves.
Incertum vigilans, a somno languida, movi
Thesea prensuras semisupina manus;
nullus erat. Referoque manus iterumque retempto
perque torum moveo bracchia; nullus erat.
Excussere metus somnum; conterrita surgo,
membraque sunt viduo praecipitata toro...
Luna fuit; specto si quid nisi litora cernam;
quod videant oculi, nil nisi litus habent.
Nunc huc, nunc illuc, et utroque sine ordine, curro;
alta puellares tardat harena pedes.
Interea toto clamavi in litore : « Theseu ! »;
reddebant nomen concava saxa tuum...
Mons fuit; apparent frutices in vertice rari;
hinc scopulus raucis pendet adesus aquis.
Ascendo (vires animus dabat) atque ita late
aequora prospectu metior alta meo.
Inde ego (nam ventis quoque sum crudelibus usa)
vidi praecipiti carbasa tenta Noto !

OVIDE, *Héroïdes*, X, v. 7 à 14, 17 à 22, 25 à 30.

199 Léandre se plaint à Héro d'être séparé d'elle par les flots

Léandre, jeune Grec d'Abydos, amoureux de Héro, prêtresse de Vénus à Sestos, traversait l'Hellespont à la nage, guidé par un flambeau que, du haut d'une tour, tenait la jeune fille, pour aller la voir en secret. Il se noya pendant une tempête qui emporta le flambeau et Héro se précipita dans la mer. Au moment où Ovide se place, la tempête fait rage et Léandre a déjà trois fois fait une vaine tentative pour quitter le rivage; trois fois la mer l'a rejeté à la côte.

N.B. - Abydos, en Mysie, est en face de Sestos, à l'endroit le plus resserré du détroit de l'Hellespont : c'est là que Xerxès avait construit son célèbre pont de bateaux.

Unus, et hic audax, a quo tibi littera nostra
redditur, e portu navita movit iter.
Ascensurus eram, nisi quod, cum vincula prorae
solveret, in speculis omnis Abydos erat.
Non poteram celare meos, velut ante, parentes,
quemque tegi volumus, non latuisset amor.
Protinus haec scribens : « felix, i, littera », dixi,
« jam tibi formosam porriget illa manum.
Forsitan admotis etiam tangere labellis,
rumpere dum niveo vincula dente volet. »
Talibus exiguo dictis mihi murmure verbis
cetera cum charta dextra locuta mea est.
At quanto mallem, quam scriberet, illa nataret,
meque per adsuetas sedula ferret aquas !...
Septima nox agitur, spatium mihi longius anno,
sollicitum raucis ut mare fervet aquis.
His ego si vidi mulcentem pectora somnum
noctibus, insani sit mora longa freti !
Rupe sedens aliqua specto tua litora tristis,
et, quo non possum corpore, mente feror !

OVIDE, *Héroïdes*, XVIII, v. 9 à 30 (sauf 2 vers).

200 Origine des grenouilles

Poursuivie par la haine de Junon, la déesse Latone, mère de Diane et d'Apollon, meurt de soif en Lycie lorsqu'elle aperçoit un étang. Mais des paysans l'empêchent de boire, bien qu'elle s'abaisse à leur en demander la permission. Mieux même : ils la menacent et l'injurient.

Nec satis est[1]; ipsos etiam pedibusque manuque
turbavere[2] lacus imoque e gurgite mollem
huc illuc limum saltu[3] movere maligno.
Distulit ira sitim; neque enim jam filia Coei[4]
supplicat indignis, nec dicere sustinet ultra
verba minora dea[5]; tollensque ad sidera palmas :
« Aeternum stagno » dixit « vivatis in isto. »
Eveniunt optata deae; juvat[6] esse sub undis
et modo tota cava submergere membra palude,
nunc proferre caput, summo modo gurgite nare,

saepe super ripam stagni considere, saepe
in gelidos resilire lacus. Sed nunc quoque turpes
litibus exercent linguas pulsoque pudore,
quamvis sint sub aqua, sub aqua maledicere temptant.
Vox quoque jam rauca est inflataque colla tumescunt
ipsaque dilatant patulos convicia rictus.
Terga caput tangunt, colla intercepta videntur;
spina viret, venter, pars maxima corporis albet
limosoque novae saliunt in gurgite ranae.

OVIDE, *Métamorphoses*, VI, v. 363-381.

1. *satis est* : de menacer et d'injurier. — 2. *turbavere* et *movere* = *turbaverunt* et *moverunt*. Sujet : les paysans. — 3. *huc illuc* : ces adverbes portent sur le nom *saltu*, qui contient l'idée du verbe *salire*. — 4. *filia Coei* : Latone, fille du Titan Coeus. — 5. *minora dea* : l'abl. *dea* est compl. du comparatif *minora*. Entendez : « paroles inférieures à la dignité d'une déesse, indignes d'elle ». — 6. *juvat* (*agricolas*).

201 *Médée entre l'amour et la raison*

L'illustre Jason, originaire de Thessalie, vient d'aborder en Colchide, d'où il prétend enlever la Toison d'Or malgré les redoutables travaux que lui impose pour cela le roi Éétès. Mais voici que Médée, la fille de ce roi, s'éprend du bel étranger. Suivra-t-elle l'amour qu'elle découvre en elle, ou la fidélité à la patrie ?

Concipit interea validos Aeetias ignes
et luctata diu, postquam ratione furorem
vincere non poterat : « Frustra, Medea, repugnas ;
nescio quis deus obstat ; » ait « mirumque nisi hoc est,
aut aliquid certe simile huic[1], quod amare vocatur.
Nam cur jussa patris nimium mihi dura videntur ?
Sunt quoque[2] dura nimis. Cur, quem modo[3] denique vidi,
ne pereat timeo ? Quae tanti causa timoris ?
Excute virgineo conceptas pectore flammas,
si potes, infelix. Si possem, sanior essem ;
sed trahit invitam nova vis, aliudque cupido,
mens aliud suadet ; video meliora proboque,
deteriora sequor. Quid in hospite, regia virgo,
ureris et thalamos alieni concipis orbis ?
Haec quoque terra potest, quod ames[4], dare. Vivat an ille
occidat, in dis est. Vivat tamen ; idque precari
vel sine amore licet ; quid enim commisit Iason ?
Quem, nisi crudelem, non tangat Iasonis aetas
et genus et virtus ? Quem non, ut cetera desint,
ore movere potest ? Certe mea pectora movit. »

OVIDE, *Métamorphoses*, VII, v. 9 à 28.

1. *huic* : au neutre ; reprend *hoc* du vers précédent. — 2. *quoque* : ce mot insiste sur l'affirmation *sunt* = c'est un fait. — 3. *modo* : au sens temporel. *Is*, sous-entendu devant *quem*, est sujet de *pereat*. — 4. *quod ames* : ce neutre désigne une personne ; cf. langue du XVIIe siècle : « l'objet aimé » pour désigner la femme aimée.

202

Des froids sibériens

En 8 après J.-C., Ovide dut s'exiler sur l'ordre d'Auguste, pour des raisons qui nous sont restées mystérieuses : en pleine gloire, il fut envoyé à Tomes, sur le Pont-Euxin (aujourd'hui, Constantza en Roumanie). Il y mourut en 17. Mais il n'avait pas cessé de composer des poèmes, pour faire comprendre sa misère dans ce pays barbare et inhospitalier, à l'hiver rude et au printemps bien peu italien (cf. encore la version suivante).

Nix jacet, et jactam nec sol pluviaeve resolvunt;
indurat Boreas perpetuamque facit.
Ergo, ubi delicuit nondum prior, altera venit,
et solet in multis bima manere locis;
tantaque commoti vis est Aquilonis, ut altas
aequet humo turres tectaque rapta ferat.
Pellibus et sutis arcent male[1] frigora bracis,
oraque de toto corpore sola patent.
Saepe sonant moti glacie pendente capilli,
et nitet inducto candida barba gelu:
nudaque[2] consistunt formam servantia testae
vina, nec hausta meri[3], sed data frusta bibunt.
Quid loquar ut[4] vincti concrescant frigore rivi
deque lacu fragiles[5] effodiantur aquae?
Ipse, papyrifero qui non angustior amne[6]
miscetur vasto multa per ora freto,
caeruleos ventis latices durantibus, Ister
congelat et tectis[7] in mare serpit aquis.
Quaque rates ierant, pedibus nunc itur, et undas
frigore concretas ungula pulsat equi;
perque novos pontes, subter labentibus undis,
ducunt Sarmatici barbara plaustra boves.

OVIDE, *Tristes*, III, 10, v. 13 à 34.

1. *male*: porte sur *sutis; arcent* (*incolae*). — 2. *nuda*: la cruche forme au vin comme un vêtement dont il peut se passer une fois gelé. — 3. *meri*: gén. partitif portant sur *hausta* et *frusta*. — 4. *ut*: ici adverbe d'interrogation. — 5. *fragiles*: pour bien comprendre ce mot, le rapprocher du verbe *frango* dont il est issu. — 6. *papyrifero amne*: le Nil, où poussent les joncs qu'on appelle papyrus. — 7. *tectis*: Ovide veut faire comprendre que les eaux coulent sous la glace.

203

Ô beau printemps d'Italie!

Voir la notice de la version précédente. Le printemps qui vient rappelle à Ovide exilé son beau printemps d'Italie.

Frigora jam Zephyri minuunt, annoque peracto
longior abscedit vix Tanaitis[1] hiems,
impositamque sibi qui non bene pertulit Hellen[2]
tempora nocturnis aequa diurna facit.
Jam violam puerique legunt hilaresque puellae,
rustica quam nullo terra serente gerit;

prataque pubescunt variorum flore colorum,
indocilique loquax gutture vernat avis.
Utque malae crimen matris[3] deponat, hirundo
sub trabibus cunas parvaque tecta facit;
herbaque, quae latuit Cerealibus obruta sulcis,
exserit e tepida molle cacumen humo;
quoque[4] loco est vitis, de palmite gemma movetur :
nam[5] procul a Getico litore vitis abest;
quoque loco est arbor, turgescit in arbore ramus :
nam procul a Geticis finibus arbor abest.
Otia nunc istic[6], junctisque ex ordine ludis[7]
cedunt verbosi garrula bella fori...
O quater et quotiens (non est[8] numerare) beatum
non interdicta cui licet urbe frui !

OVIDE, *Tristes*, III, 12, v. 1 à 18, 25-26.

1. *Tanaitis* : peuple de l'embouchure du Don. — 2. *qui non bene....* : le Bélier portait Hellé (*Hellen* : acc. grec) sur son dos pour lui faire franchir la mer appelée depuis Hellespont; ayant glissé de sa monture, elle s'y noya. Le Bélier fut ensuite transformé en une constellation du zodiaque, et le soleil y entre en mars (équinoxe). — 3. *malae crimen matris* : allusion mythologique. Pour se venger de son mari, Procné avait tué son fils et en avait servi les membres à table. Elle fut métamorphosée en hirondelle. — 4. *quoque* = *et quo.* — 5. *nam* : il y a une idée sous-entendue : « Mais là seulement, car... ». — 6. *istic* = à Rome. — 7. *ludis* : au datif, compl. de *cedunt.* En mars-avril, plusieurs séries de fêtes se succédaient. — 8. *est* au sens de « il est possible ». *Quotiens* et la parenthèse enchérissent sur *quater; beatum (eum) cui...*

204 ***Réponse d'Ulysse à une lettre de Pénélope***

Ovide, dans ses Héroïdes, *imagine entre autres une lettre de Pénélope inquiète à Ulysse. Tout le monde connaît les aventures du malheureux roi d'Ithaque, condamné à errer dix ans sur les mers pour avoir dérobé la statue de Minerve (le Palladium), avant de pouvoir retrouver son épouse fidèle. Aulus Sabinus, imitant ici Ovide, imagine la réponse d'Ulysse à Pénélope. Il s'inspire du texte d'Ovide pour l'essentiel de ses arguments : ce poète était son maître et son ami.*

Pertulit ad miserum tandem tua casus Ulixen,
Penelope, chartis verba notata piis,
agnovi caramque manum, gemmasque fideles
solamen longis illa fuere malis.
Arguis ut lentum : mallem quoque forsitan esse,
quam tibi quaeque tuli dicere, quaeque feram...
Nil tibi rescribam curae est, properemque venire :
dum propero, adversi vela tulere Noti[1].
Non me Troja tenet, Graiis odiosa puellis;
jam cinis, et tantum flebile, Troja, solum.
Deiphobusque[2] jacet; jacet Asius[3], et jacet Hector;
et quicumque tui causa timoris erat.
Evasi et Thracum caeso duce proelia Rheso,
in mea captivis castra revectus equis.

Tutus et e media Phrygiae Tritonidis[4] arce
fatalis palmae pignora capta tuli.
Nec timui commissus equo, male sedula quamvis
clamabat vates[5]: « Urite, Troes, equum;
urite: mendaci celantur robore Achivi,
et Phrygas in miseros ultima bella ferunt ».
Quid refert?...... non mihi classes,
non socii superant: omnia pontus habet.
Solus adhuc mecum, qui me tot casibus unus
duravit, patiens ad mala, perstat Amor.

AULUS SABINUS, *Héroïdes*, I, v. 1 à 6, 11 à 24, 29 à 32.

1. *Noti*: Notus, vent du Sud. — 2. *Deiphobus*: fils de Priam et d'Hécube. — 3. *Asius*: héros troyen, fils d'Hyrtacus. — 4. *Tritonis* = Pallas. — 5. *vates* = Cassandre.

■ *L'HISTOIRE*

TITE-LIVE

TITUS LIVIUS, le grand historien latin, vivait à Rome, entre −64/59 et +17.

La vie et l'homme

TITE-LIVE naquit à Padoue en −59, d'après saint Jérôme, mais plus probablement en −64. Il sortait d'un milieu bourgeois, sa famille était honorée et riche. Ainsi put-il s'instruire aisément et poursuivre son œuvre sans aucune autre préoccupation. Il étudia à Rome. On ne sait s'il se rendit à Athènes. Il mena la vie d'un homme de lettres, séjournant à Rome, ayant des rapports avec la cour impériale, voyageant peu, gardant cependant des attaches avec Padoue, s'il est vrai qu'il y mourut, comme le dit saint Jérôme, en +17. Il eut deux fils; sa fille (ou l'une de ses filles) épousa L. Magius. On a dit de lui qu'il fréquenta les écoles de rhétorique et de déclamation; rien n'est moins certain.

TITE-LIVE mena une vie stable et réglée. Il avait l'âme honnête, amie de ce qui est bon. Patriote ardent, il avait le respect de la religion. Il était conservateur et penchait pour le patriciat. Notons cependant qu'il avait le jugement indépendant et n'hésita pas à afficher ses préférences républicaines sous le régime impérial et même à louer Pompée et à critiquer César.

L'œuvre

TITE-LIVE avait écrit une *Lettre sur l'éloquence* adressée à son fils où il lui recommandait de lire surtout Cicéron, Démosthène et les historiens dans la mesure où ils leur ressemblent (Quintilien, *Institution oratoire,* X, I, 39), des *Dialogues philosophiques*, très estimés par Sénèque, et surtout l'œuvre de sa vie: les *Histoires* ou l'*Histoire romaine.* Le titre de TITE-LIVE était: *Ab Urbe condita libri* (*Livres depuis la fondation de Rome*); on trouve aussi: *A primordio Urbis* dans la préface générale. Il entreprit cet ouvrage en −27, et seule la mort l'interrompit: ce qui explique probablement qu'il se soit arrêté à une date qui semble arbitraire. En effet, il racontait les événements qui vont de l'arrivée d'Énée en Italie jusqu'à la mort de Drusus, frère de Tibère, en +9. Il aurait probablement poussé son œuvre jusqu'à la mort d'Auguste, en +14, s'il en avait eu le temps. Cette *Histoire* comportait 142 livres dont il ne reste plus que les livres I-X, XXI à XLV, des fragments et des résumés ou *periochae* indiquant ce que contenaient les livres perdus. Ces livres parurent séparément ou par série de volumes, formant récit complet: ainsi les livres XXI à XXX qui racontent la deuxième guerre punique. Comme certains groupes comprenaient dix livres, on a pris l'habitude de diviser l'œuvre de TITE-LIVE en décades. J. Bayet a donné un plan excellent de cette *Histoire romaine*, dans la remarquable édition des Belles Lettres :

— Préface générale
— L. I : Les origines et la royauté.
— L. II (avec préambule)-L. V : Du début de la République à la prise de Rome par les Gaulois.
— L. VI (avec préface)-L. XV : Conquête de l'Italie.
— L. XVI (préface ?)-L. XX : Première guerre punique.
— L. XXI (préface)-L. XXX : Deuxième guerre punique.
— L. XXXI (préface ?)-L. XL : Jusqu'à la mort de Philippe II de Macédoine.
— L. XLI (préambule)-L. XLVII : Jusqu'au triomphe de Persée et au règlement des affaires d'Orient.
— L. XLVIII (préambule ?)-L. LII : Troisième guerre punique et guerre d'Achaïe (jusqu'en −146).
— L. LIII-L. LXX : Jusqu'au tribunat de M. Livius Drusus.
— L. LXXI-L. LXXVI : Guerre sociale.
— L. LXXVII-L. XC : Le conflit Marius-Sylla jusqu'à la mort de Sylla.
— L. XCI-L. XCVI : Jusqu'à la fin des campagnes menées par Pompée en Espagne.
— L. XCVII-L. CIII : De la victoire de Crassus sur les esclaves jusqu'à la salutation de Pompée comme *Magnus*.
— L. CIV-L. CVIII : Jusqu'à la soumission de la Gaule par César.
— L. CIX-L. CXVI : La guerre civile jusqu'à la mort de César.
— L. CXVII-L. CXXXIII : De l'arrivée d'Octave à Rome jusqu'à Actium.
— L. CXXXIV (préambule ?)-L. CXLII : De la salutation de César Octavien comme *Augustus* jusqu'aux honneurs funèbres accordés à Drusus, mort en Germanie.

Si nous ne possédons qu'une partie de l'œuvre alors qu'au Vᵉ siècle on connaissait encore TITE-LIVE en entier, c'est que l'ouvrage était vraiment considérable et qu'il était difficile de le reproduire intégralement. On préféra recourir aux résumés des abréviateurs et l'œuvre même de TITE-LIVE finit par disparaître en grande partie.

L'historien

TITE-LIVE est avant tout un patriote; il veut célébrer la gloire de Rome, contribuer « de son mieux à rappeler les hauts faits du premier peuple du monde » (I, 3); il veut aussi se détourner des « spectacles funestes dont [son] siècle a été si longtemps témoin » (I, 5) par le spectacle du passé. Il cherchera dans ce passé « des exemples instructifs de toute espèce [...]; on y trouve pour son bien et pour celui de son pays des modèles à suivre » (I, 10). Voilà ce qu'il y a de salutaire et de fécond dans l'histoire. Ces exemples seront bénéfiques pour l'époque de TITE-LIVE, corrompue par la cupidité et les plaisirs.

TITE-LIVE, comme ses prédécesseurs, considère l'histoire comme une morale en action, un travail d'éloquence. Frappé par l'avènement d'Auguste, il a la nette impression que l'histoire romaine forme à cette époque un tout. C'est pourquoi il veut faire l'inventaire de cet ensemble en se limitant à Rome, alors que d'autres comme Cornelius Nepos ou Trogue Pompée essaieront d'élargir la vision de l'histoire. Admirateur de Cicéron, TITE-LIVE veut faire de l'histoire une œuvre qui réunisse les qualités de l'éloquence et les charmes de la poésie.

TITE-LIVE a rarement recours aux Annales des prêtres, aux textes de lois, etc. En général, il puise dans les ouvrages des annalistes et historiens anciens, et son œuvre peut apparaître comme un tissu fait d'ouvrages de seconde main, prenant pour chaque décade un ou deux écrivains de base (par exemple, Valerius Antias et Claudius Quadrigarius pour la première décade; Fabius Pictor, Caelius Antipater, Polybe pour la troisième). Pour les auteurs non latins, il paraît les ignorer en dehors de Polybe, et chez les Latins, il ne semble pas avoir consulté Varron ni Caton l'Ancien. Son esprit critique n'est pas très aigu : il accorde souvent plus d'importance à des écrivains de second plan, et, quand plusieurs auteurs s'accordent, il ne soulève jamais d'objections. Il a en fait tendance à suivre l'avis et la tradition du plus grand nombre. Mais en rapportant tout cela, il est loyal et obéit probablement à son tempérament. On ne peut douter de sa bonne foi, d'autant plus qu'elle est soutenue par son indépendance politique et intellectuelle. Peu soucieux des causes physiques, économiques ou politiques, il ne s'intéresse qu'aux causes morales et s'attarde sur les êtres exceptionnels, les passions individuelles, les mœurs, faisant dépendre l'histoire de la volonté des dieux et du destin, car les dieux interviennent par les prodiges et donnent ainsi à l'histoire une couleur épique.

Dans son récit, TITE-LIVE a su parer à la monotonie d'une œuvre aussi vaste, par son aisance et son charme, par son imagination et sa sensibilité. Il sait brosser des tableaux dramatiques (le duel des Horaces et des Curiaces), les animer d'un souffle d'épopée (le passage des Alpes par Hannibal). En outre cette Histoire est une vaste galerie de portraits : portraits de peuples, portraits d'individus, car ce qui intéresse l'auteur, c'est le drame humain avec ce qu'il contient d'âme, de passions, de vertus et de vices. Le meilleur instrument de son art a été le discours (on en relève plus de 400 dans les livres conservés). Il s'intègre au développement et permet à l'historien d'exposer ses propres jugements, de dresser le caractère de ses personnages, de circonscrire la situation. Évidemment, pour nous, modernes, le procédé est étonnant, car nous n'avons pas l'habitude de voir dans l'historien un homme d'imagination (ses discours sont fictifs). Il arrive même qu'il nous gêne, car les harangues coupent le déroulement de l'action; mais elles sont aussi un des meilleurs témoignages de l'éloquence romaine et de l'importance de cette éloquence dans la vie des Romains. Elles nous font comprendre pourquoi TITE-LIVE n'accepte pas la concision de Salluste. Admirateur de Cicéron, il recherche le style oratoire, abondant et majestueux. TITE-LIVE, hélas, tombe souvent dans la lourdeur et les périodes embarrassées. Suivant la conception de l'histoire qui mélange l'éloquence et les couleurs poétiques, il va de soi que son style accepte, dans une langue classique de prose, des expressions et des tournures poétiques. En outre, sa syntaxe annonce déjà l'époque impériale.

Avec TITE-LIVE s'achève le classicisme romain dont il est l'un des plus beaux fleurons. On ne s'étonnera pas qu'il ait été célèbre de son vivant et que son œuvre soit devenue aussi classique que l'*Énéide*. Tout le premier siècle après Jésus-Christ le révéra et, depuis la Renaissance, il est considéré comme un des piliers de la littérature latine.

205 Le règne d'Ascagne

La légende nous parle de deux Ascagne, fils d'Énée, l'un aurait pour mère Créuse, l'autre Lavinie. Le fils d'Énée est encore trop jeune à la mort de son père pour régner; Lavinie, femme d'Énée, exerce la régence à Lavinium.

Nondum maturus imperio Ascanius Aeneae filius erat; tamen id imperium ei ad puberem aetatem incolume mansit; tantisper tutela muliebri — tanta indoles[1] in Lavinia erat — res Latina et regnum avitum paternumque puero stetit. Haud ambigam — quis enim rem tam veterem pro certo adfirmet ? — hicine fuerit Ascanius an major quam hic, Creusa matre Ilio incolumi natus comesque inde paternae fugae, quem Iulum eundem Julia gens auctorem nominis sui nuncupat. Is Ascanius, ubicumque et quacumque matre genitus — certe natum Aenea constat —, abundante Lavinii multitudine florentem jam, ut tum res erant, atque opulentam urbem matri seu novercae relinquit, novam ipse aliam sub Albano monte condidit, quae ab situ porrectae in dorso urbis Longa Alba appellata.

TITE-LIVE, I, 3, 1-3.

1. de quelles qualités naturelles était pourvue Lavinia ? Pourquoi Tite-Live s'en étonne-t-il ?

206 La véritable histoire de Tarpéia

Romulus (753-717 av. J.-C.) eut à combattre de nombreux ennemis : Caeninenses, Antemnates, Crustumi et Sabins, à la suite de l'enlèvement des Sabines. Il eut vite raison des trois premiers peuples; mais la dernière attaque vint des Sabins qui surent agir avec ruse.

Spurius Tarpeius, gouverneur de la citadelle de Rome, avait une fille, Tarpéia, une vestale sans doute, qui se laissa séduire par l'appât du gain. Elle introduisit l'ennemi dans la citadelle, mais elle en fut bien punie (voir Properce, version n° 186).

Novissimum ab Sabinis bellum ortum, multoque id maximum : nihil enim per iram aut cupiditatem actum est, nec ostenderunt bellum prius quam intulerunt. Consilio etiam additus dolus. Sp. Tarpeius Romanae praeerat arci. Hujus filiam virginem[1] auro corrumpit Tatius ut armatos in arcem accipiat : aquam forte ea tum sacris extra moenia petitum ierat. Accepti obrutam armis necavere, seu ut vi capta potius arx videretur seu prodendi exempli causa ne quid usquam fidum proditori esset. Additur fabula, quod vulgo Sabini aureas armillas magni ponderis bracchio laevo gemmatosque magna specie anulos habuerint, pepigisse eam « quod in sinistris manibus haberent » : eo scuta illi pro aureis donis congesta. Sunt qui eam ex pacto tradendi quod in sinistris manibus esset derecto[2] arma petisse dicant et, fraude visam agere, sua ipsam peremptam mercede.

TITE-LIVE, I, 11, 5-9.

1. *virginem* = une vestale. — 2. *derecto* = expressément.

207 Une femme d'action

Les fils d'Ancus Marcius ont envoyé deux bergers assassiner Tarquin l'Ancien qui a occupé le trône de leur père. Le roi a reçu un coup de cognée sur la tête. Les bergers sont arrêtés. La scène s'est passée dans le palais. Tanaquil est la femme de Tarquin. Servius, d'origine discutée et mystérieuse, est le gendre de Tanaquil et de Tarquin.

Tanaquil inter tumultum claudi regiam jubet, arbitros ejicit. Simul quae curando vulneri opus sunt, tamquam spes subesset, sedulo comparat, simul, si destituat spes, alia praesidia molitur. Servio propere accito, cum paene exsanguem virum ostendisset, dextram tenens orat ne inultam mortem soceri, ne socrum inimicis ludibrio esse sinat. « Tuum est, inquit, Servi, si vir es, regnum, non eorum qui alienis manibus pessimum facinus fecere. Erige te deosque[1] duces sequere, qui clarum hoc fore caput divino quondam circumfuso igni portenderunt. Nunc te illa caelestis excitet flamma; nunc expergiscere[2] vere. Et nos peregrini regnavimus; qui sis, non unde natus sis reputa. Si tua re subita consilia torpent, at tu mea consilia sequere. »

TITE-LIVE, I, 41, 1-3.

1. *deosque duces*, etc. : la tête de Servius encore jeune enfant avait été entourée de flammes pendant son sommeil. Les flammes avaient disparu à son réveil. Tanaquil avait interprété cela comme un présage annonçant une grande destinée. — 2. *expergiscere*, etc. : allusion au réveil de l'enfant lors du miracle et à son réveil actuel, à l'heure où il faut agir (cf. plus haut *erige*).

208

Avènement de Servius Tullius

(suite de la version n° 207)

Voir notice précédente. Résumé de la version précédente : la reine Tanaquil exhorte son gendre Servius Tullius à prendre le trône et feint de soigner son mari déjà mort.

Cum clamor impetusque multitudinis vix sustineri posset, ex superiore parte aedium per fenestras in Novam viam versas — habitabat enim rex ad Jovis Statoris — populum Tanaquil adloquitur. Jubet bono animo esse; sopitum fuisse regem subito ictu; ferrum haud alte in corpus descendisse; jam ad se redisse; inspectum vulnus absterso cruore; omnia salubria esse; confidere[1] propediem ipsum eos visuros; interim Ser. Tullio jubere populum dicto audientem esse[2]; eum jura redditurum obiturumque alia regis munia esse. Servius cum trabea[3] et lictoribus prodit ac sede regia sedens, alia decernit, de aliis consulturum se regem esse simulat. Itaque per aliquot dies, cum jam exspirasset Tarquinius, celata morte, per speciem alienae fungendae vicis[4] suas opes firmavit; tum demum palam factum est, comploratione in regia orta. Servius praesidio firmo munitus, primus injussu populi, voluntate patrum regnavit.

TITE-LIVE, I, 41, 4-6.

1. *confidere* : sujet s.e. *se* (la reine Tanaquil). Même remarque pour *jubere*. — 2. *dicto audiens esse* = obéir aux ordres de; *Tullio* : datif; marque en faveur de qui se fait l'action. — 3. trabée : toge de cérémonie, écarlate ou à raies rouges et blanches, d'origine sans doute sabine (Bayet). — 4. *vicis* = rôle.

209

Servius établit le système des classes

Servius Tullius a pris certaines mesures pour assurer sa tranquillité après son avènement. Une guerre victorieuse va affermir son autorité. Il pourra alors réformer la constitution.

Peropportune ad praesentis quietem status bellum cum Veientibus — jam enim indutiae exierant — aliisque Etruscis sumptum. In eo bello et virtus et fortuna enituit Tulli; fusoque ingenti hostium exercitu, haud dubius rex, seu[1] patrum seu plebis animos periclitaretur, Romam redit. Adgrediturque inde ad pacis longe maximum opus, ut[2], quemadmodum Numa divini auctor juris fuisset, ita Servium conditorem omnis in civitate discriminis ordinumque, quibus inter gradus dignitatis fortunaeque aliquid interlucet, posteri fama ferrent. Censum enim instituit, rem saluberrimam tanto futuro imperio, ex quo belli pacisque munia non viritim, ut ante, sed pro habitu pecuniarum fierent; tum classes centuriasque et hunc ordinem ex censu descripsit, vel paci decorum vel bello.

TITE-LIVE, I, 42, 2-5.

1. *seu... periclitaretur* explique *haud dubius rex* : le peuple n'avait pas choisi Servius, seul le Sénat avait donné son consentement. — 2. *ut* : explicatif.

210 Réorganisation de la cavalerie par Servius Tullius et avantage du système censitaire

Le règne de Servius Tullius (578-535) s'intercale entre ceux des deux tyrans étrusques Tarquin l'Ancien et Tarquin le Superbe. On lui attribue l'introduction du régime censitaire. Une enceinte de Rome porte son nom. Il introduit le culte de Diane Aventine. La plupart des réformes qu'on lui attribue sont antidatées. L'introduction du régime censitaire, en fait favorable aux paysans riches, et en contradiction avec le régime nobiliaire, date d'environ 430.

Equitum ex primoribus civitatis duodecim scripsit centurias; sex item alias centurias[1], tribus ab Romulo institutis, sub iisdem quibus inauguratae erant nominibus fecit. Ad equos emendos dena milia aeris[2] ex publico data, et, quibus equos alerent, viduae attributae[3] quae bina milia aeris in annos singulos penderent. Haec omnia in dites a pauperibus inclinata onera. Deinde est honos[4] additus. Non enim, ut ab Romulo traditum ceteri servaverant reges, viritim suffragium eadem vi eodemque jure promisce omnibus datum est; sed gradus facti, ut neque exclusus quisquam suffragio videretur et vis omnis penes primores civitatis esset; equites enim vocabantur primi, octoginta inde primae classis centuriae, ita, ibi si variaret[5] — quod raro incidebat — ut secundae classis vocarentur, nec fere umquam infra ita descenderent ut ad infimos pervenirent.

TITE-LIVE, I, 43, 8-11.

1. *centurias* : s.e. *equitum.* — 2. *milia aeris* = 1 000 as; devant *quibus* s.e. *ad ea emenda.* — 3. *attributae quae penderent* = furent imposées d'une somme de (chercher le m. à m.). — 4. *honos* = charge, rôle honorifique (cf. *honorum cursus*); *vi* = valeur, importance effective. — 5. centuries de cavaliers : 18; 1re classe : 80; 2e classe : 20, etc., dernière classe : 1; total : 193, majorité : 97; *ibi* = à ce moment-là; *variaret* : sujet *prima classis; variaret* = était d'un avis différent de celui des cavaliers.

211 Un crime contre nature

Lucius Tarquin est le fils de Tarquin l'Ancien que Servius Tullius a remplacé sur le trône. Poussé par sa femme Tullia, fille de Servius Tullius, il se révolte contre son beau-père et le provoque dans la Curie. Ses gens assassinent le roi alors qu'il fuyait vers sa demeure.

Carpento — id quod satis constat — in forum invecta nec reverita coetum virorum, evocavit[1] virum e curia regemque prima appellavit. A quo facessere jussa ex tanto tumultu, cum se domum reciperet pervenissetque ad summum Ciprium vicum, ubi Dianium nuper fuit, flexit carpentum dextra in Urbium[2] clivum, ut in collem Esquiliarum eveheretur; restitit pavidus atque inhibuit frenos is qui jumenta agebat jacentemque dominae Servium trucidatum ostendit. Foedum inhumanumque inde traditur scelus, monumentoque locus est — Sceleratum vicum vocant — quo amens, agitantibus furiis[3] sororis ac viri, Tullia per patris corpus carpentum egisse fertur, partemque sanguinis ac caedis paternae cruento vehiculo, contaminata ipsa respersaque, tulisse ad penates suos virique sui, quibus[4] iratis malo regni principio similes propediem exitus sequerentur.

TITE-LIVE, I, 48, 5-7.

1. sujet de la première phrase : *Tullia.* — 2. *Urbius clivus* : la montée Urbius. — 3. les Furies vengeresses, issues du sang des victimes, poussent le coupable à la folie, à des fautes inexpiables (cf. théâtre grec), à sa perte irrévocable. La sœur de Tullia avait épousé en premières noces Lucius Tarquin, Tullia avait épousé Arruns Tarquin, frère de Lucius. Cette sœur et Arruns étaient morts, permettant ainsi à Lucius Tarquin d'épouser Tullia. Cette double mort est ici attribuée aux intrigues de Tullia. — 4. *quibus* : antécédent *penates*; le règne avait commencé par l'assassinat de Servius Tullius et se termine par l'expulsion de Tarquin le Superbe.

212 Les malheurs d'un plébéien : comment on devient esclave pour dettes

Au début du Ve siècle av. J.-C., tandis que Rome combat péniblement contre ses voisins, les dissensions entre patriciens et plébéiens s'aggravent. Les plébéiens se plaignent de se dévouer à l'État sans en recueillir autre chose que la misère; ce qui les blesse surtout, c'est l'esclavage pour dettes; l'argent n'était prêté qu'à des taux vraiment scandaleux, et ceux qui ne pouvaient se libérer de leurs dettes devaient servir comme esclaves chez leur créancier jusqu'à libération de la dette; encore pouvait-on les vendre auparavant; c'est même la solution qui était adoptée lorsqu'il y avait plusieurs créanciers : ils se partageaient le produit de la vente. (Cf., sur l'esclavage pour insolvabilité, la version n° 20 de Térence et la version n° 468 d'Aulu-Gelle.)

Plebeii fremebant se, foris pro libertate et imperio dimicantes, domi a civibus captos et oppressos esse, tutioremque in bello quam in pace et inter hostes quam inter cives libertatem plebis esse; invidiamque eam sua sponte gliscentem insignis unius calamitas accendit. Magno natu quidam cum omnium malorum suorum insignibus se in forum projecit : obsita erat squalore vestis, foedior corporis habitus pallore ac macie perempti; ad hoc promissa[1] barba et capilli efferaverant speciem oris. Noscitabatur tamen in tanta deformitate, et ordinem[2] duxisse aiebant, aliaque militiae decora vulgo miserantes eum jactabant; ipse testes honestarum aliquot locis[3] pugnarum cicatrices adverso pectore ostentabat. Sciscitantibus unde ille habitus, unde deformitas, cum circumfusa turba esset prope in contionis modum, Sabino bello ait se militantem, quia propter populationes agri non fructu modo caruerit, sed villa incensa fuerit, direpta omnia, pecora abacta, tributum iniquo suo tempore imperatum[4], aes alienum fecisse. Id cumulatum usuris primo se agro paterno avitoque exuisse, deinde fortunis aliis; postremo velut tabem pervenisse ad corpus; ductum se ab creditore non in servitium, sed in ergastulum et carnificinam esse. Inde ostentare[5] tergum foedum recentibus vestigiis verberum. Ad haec visa auditaque clamor ingens oritur.

TITE-LIVE, II, 23, 2-7.

1. *promissa* : accord avec *barba* qui est le mot le plus proche, mais porte aussi sur *capilli.* — 2. *ordinem* = « une centurie ». — 3. *locis* : compl. de lieu portant sur *pugnarum. Testes* est apposition à *cicatrices.* — 4. *imperatum* : devant ce participe et les précédents, sous-entendre selon le cas *fuerit* ou *fuerint.* — 5. *ostentare* : infinitif de narration.

213 Stupeur des Gaulois à leur entrée dans Rome

En 390 av. J.-C., les Gaulois Senones écrasèrent les Romains sur l'Allia, non loin de Rome, et entrèrent le lendemain dans la ville. Le Capitole avec la citadelle sont seuls défendus, tout le reste est ouvert et abandonné, la population a fui; quelques vieillards cependant sont restés chez eux, attendant gravement la mort.

Galli sine ira, sine ardore animorum ingressi postero die urbem, patente Collina porta, in forum perveniunt, circumferentes oculos ad templa deum arcemque solam belli speciem tenentem[1]. Inde, modico relicto praesidio, ne quis in dissipatos[2] ex arce aut Capitolio impetus fieret, dilapsi ad praedam vacuis occursu hominum viis, pars in proxima quaeque tectorum agmine ruunt, pars ultima[3], velut ea demum intacta et referta praeda, petunt. Inde rursus[4] ipsa solitudine absterriti ne qua fraus hostilis vagos exciperet, in forum ac propinqua foro loca conglobati redibant; ubi[5] eos, plebis aedificiis obseratis, patentibus atriis principum, major prope cunctatio tenebat aperta quam clausa invadendi[5]; adeo haud secus quam venerabundi intuebantur in aedium vestibulis sedentes viros, praeter ornatum habitumque humano augustiorem, majestate etiam quam vultus gravitasque oris prae se ferebat simillimos dis[6]. Ad eos velut simulacra versi cum starent, M. Papirius, unus ex iis, dicitur Gallo barbam suam, ut tum omnibus promissa erat, permulcenti scipione eburneo in caput incusso iram movisse, atque ab eo initium caedis ortum, ceteros in sedibus suis trucidatos.

TITE-LIVE, V, 41, 4-9.

1. *deum = deorum; solam tenentem = quae sola tenebat.* — 2. *in (se) dissipatos*: valeur temporelle du participe = sur eux, pendant que.... — 3. *ultima (tecta); velut*: dans la pensée que.... — 4. *rursus*: au sens propre; appuie, en l'annonçant déjà, le verbe *redibant. Vagos (se).* — 5. *ubi*: relatif de liaison. *Invadendi*: complément de *cunctatio.* — 6. *simillimos dis*: apposition à *viros.* Tous les mots qui précèdent donnent les raisons de cette étrange ressemblance. *Humano (ornatu habituque)*: complément du comparatif *augustiorem.*

214 Comment les Gaulois refusèrent d'aider les Romains contre Hannibal

Hannibal est prêt à quitter l'Espagne avec ses troupes pour aller attaquer l'Italie en traversant la Gaule. Des ambassadeurs romains essaient en vain d'engager les Gaulois à empêcher Hannibal de passer.

Cum legati, verbis extollentes gloriam virtutemque populi Romani ac magnitudinem imperii, petissent ne Poeno[1] bellum Italiae inferenti per agros urbesque suas transitum darent, tantus cum fremitu risus dicitur ortus ut vix a magistratibus majoribusque natu juventus sedaretur: adeo stolida impudensque postulatio visa est censere[2] ne in Italiam transmittant Galli bellum[3], ipsos id advertere in se, agrosque suos pro alienis populandos objicere. Sedato tandem fremitu, responsum legatis est neque Romanorum in se meritum esse, neque Carthaginiensium injuriam, ob quae aut pro Romanis aut adversus Poenos sumant arma; contra ea, audire sese gentis suae homines agro finibusque Italiae pelli a populo Romano[4], stipendiumque pendere, et cetera indigna pati.

TITE-LIVE, XXI, 20, 2-6.

1. *Poeno* = *Hannibali*. — 2. *censere* est sujet de *visa est*; mais le verbe est accordé avec son attribut *stolida... postulatio*. *Censere* = conseiller. *Adeo* a ici un sens exclamatif. — 3. *transmittere bellum* = laisser passer la guerre. — 4. *audire sese...* : les Romains venaient en effet alors de conquérir la Gaule cisalpine; *cetera* = toutes les autres indignités possibles.

215 Un pays épouvantable

En marche vers l'Italie, en 218, Hannibal franchit le Rhône. Puis, pour éviter P. Scipion qui l'attendait avec son armée en Provence, il remonta la vallée du Rhône et celle de l'Isère, et infléchit sa marche vers la Durance. Ensuite il s'engagea résolument vers les Alpes qu'il voulait franchir pour déboucher en Italie au milieu de la plaine du Pô. Mais les premiers contacts avec les hautes montagnes et leurs farouches habitants furent pénibles pour l'armée.

Hannibal ab Druentia campestri maxime itinere ad Alpes cum bona pace incolentium ea loca Gallorum pervenit. Tum, quamquam fama prius, qua incerta in majus vero[1] ferri solent, praecepta[2] res erat, tamen ex propinquo visa montium altitudo nivesque caelo prope immixtae, tecta informia imposita rupibus, pecora jumentaque torrida frigore, homines intonsi et inculti, animalia inanimaque omnia rigentia gelu, cetera visu quam dictu foediora terrorem renovarunt[3]. Erigentibus[4] in primos agmen clivos apparuerunt imminentes, tumulos insidentes, montani; qui, si valles occultiores insedissent, coorti ad pugnam repente ingentem fugam stragemque dedissent[5]. Hannibal consistere signa jussit; Gallisque[6] ad visenda loca praemissis, postquam comperit transitum ea non esse, castra inter confragosa omnia praeruptaque quam extentissima potest valle locat.

TITE-LIVE, XXI, 32, 6-9.

1. *vero*: adjectif substantivé, complément du comparatif *majus*. L'idée est que la renommée exagère toujours les choses mal connues. — 2. *praecepta* = « connue d'avance ». — 3. *renovarunt*: parce que déjà auparavant l'armée avait eu peur à l'idée de franchir les Alpes. — 4. *erigentibus* (*Carthaginiensibus*). — 5. *repente*: porte sur *coorti; dedissent* garde ici le sens de « causer » pour ses deux compléments d'objet, quoique d'ordinaire l'expression *dare fugam* signifie « fuir ». — 6. *Gallis*: il s'agit de Gaulois qu'Hannibal emploie comme guides et comme interprètes. *Ea*, un peu plus loin, est un adverbe de lieu.

216 Au sommet des Alpes

Voir la notice précédente. Hannibal a dû livrer plusieurs combats pénibles contre les montagnards, mais a réussi à poursuivre sa route dans la montagne, malgré les difficultés des chemins et le peu de confiance que méritaient les guides gaulois.

Nono die in jugum Alpium perventum est per invia pleraque et errores, quos aut ducentium fraus aut, ubi fides iis[1] non esset, temere initae valles a conjectantibus iter faciebant. Biduum in jugo stativa habita, fessisque labore ac pugnando quies data militibus; jumentaque aliquot, quae prolapsa in rupibus erant, sequendo vestigia agminis in castra pervenere. Fessis[2] taedio tot malorum nivis etiam casus, occidente jam sidere Vergiliarum, ingentem terrorem adjecit. Per omnia nive oppleta cum, signis prima luce motis, segniter agmen incederet pigritiaque et desperatio in omnium vultu emineret, praegressus signa Hannibal in promunturio quodam, unde longe ac late prospectus erat, consistere jussis militibus Italiam ostentat subjectosque Alpinis montibus Circumpadanos campos, « moeniaque eos tum transcendere[3] non Italiae modo, sed etiam urbis Romanae; cetera plana, proclivia fore; uno aut summum[4] altero proelio arcem et caput Italiae in manu ac potestate habituros ».

Procedere inde agmen coepit, jam nihil ne hostibus quidem[5] praeter parva furta per occasionem temptantibus. Ceterum iter multo quam in ascensu fuerat, ut pleraque Alpium ab Italia sicut breviora ita arrectiora sunt, difficilius fuit.

TITE-LIVE, XXI, 35, 4-11.

1. *iis* : complément du nom *fides*, au datif comme le serait un complément du verbe *fido*. — 2. *fessis* : datif complément de *adjecit*; sous-entendre *militibus* ou *Poenis*. *Vergiliarum sidere* désigne la constellation des Pléiades, qui se couche vers le 25 octobre. — 3. *transcendere* : style indirect qui dépend d'un verbe dire dont on peut dégager l'idée du verbe *ostentat*. — 4. *summum* : adverbe. — 5. *ne... quidem* : ces mots se justifient, car les Carthaginois avaient en somme deux adversaires : leur propre découragement (qu'ils commencent à vaincre après le discours d'Hannibal), et ensuite les montagnards.

217 Une seule tactique contre Hannibal : la temporisation

En 216 av. J.-C., le fameux « temporisateur » Quintus Fabius Maximus donne des conseils de prudence au consul Paul-Émile qui va partir en campagne à la tête d'une armée, avec son impétueux collègue Varron. Il n'y a qu'une tactique, qu'une voie de salut, lui explique-t-il, celle que j'ai suivie : harceler Hannibal sans livrer de grands combats.

« In Italia bellum gerimus, in sede ac solo nostro; omnia circa plena civium ac sociorum sunt; armis, viris, equis, commeatibus juvant juvabuntque; id jam fidei documentum in adversis rebus nostris dederunt; meliores, prudentiores, constantiores nos tempus diesque[1] facit; Hannibal contra in aliena, in hostili est terra, inter omnia inimica infestaque, procul a domo ac patria; neque illi terra, neque mari est pax; nullae eum urbes accipiunt, nulla moenia; nihil usquam sui videt; in diem rapto vivit; partem vix tertiam exercitus ejus habet, quem Hiberum[2] amnem trajecit; plures fame quam ferro absumpti, nec his paucis[3] jam victum suppeditat. Dubitas ergo quin sedendo superaturi simus eum, qui senescat in dies, non commeatus, non supplementum, non pecuniam habeat ? Nec ego ut nihil agatur moneo, sed ut agentem te ratio ducat, non fortuna; tuae potestatis semper tu tuaque omnia[4] sint; armatus intentusque sis, neque occasioni tuae desis, neque suam occasionem hosti des. Omnia non properanti[5] clara certaque erunt; festinatio improvida est et caeca».

TITE-LIVE, XXII, 39, 11-15 et 21-22.

1. *tempus* = les circonstances; *dies* = le temps qui passe. — 2. *quem Hiberum*: au printemps de 218, il avait fait franchir à ses troupes l'Èbre, frontière fixée entre les zones d'influence romaine et carthaginoise en Espagne. Là commença la marche vers l'Italie. — 3. *his paucis* = au petit nombre qui lui reste actuellement (valeur de proximité du démonstratif). — 4. *tua omnia* = tous tes actes. *Sint*, et les autres subjonctifs qui suivent dépendent toujours de *moneo ut*. *Tuae* et *suam*: valeur forte de ces possessifs = dont tu puisses — dont il puisse — tirer profit. — 5. *properanti (homini)*.

218 Une embuscade dans les bois

Triste année 216 pour Rome; aussitôt après la défaite de Cannes et la prise de Casilinum par Hannibal, on annonce un nouveau désastre : le préteur L. Postumius, consul désigné, a été massacré avec son armée par les Gaulois en Gaule Cisalpine.

Silva erat vasta — Litanam Galli vocabant — qua Postumius exercitum traducturus erat. Ejus silvae dextra laevaque circa viam Galli arbores ita inciderunt ut immotae[1] starent, momento levi impulsae occiderent. Legiones duas Romanas habebat Postumius sociumque[2] a supero mari tantum conscripserat ut viginti quinque milia armatorum in agros hostium induxerit. Galli oram extremae silvae cum circumsedissent, ubi intravit agmen saltum, tum extremas arborum succisarum impellunt. Quae, alia in aliam instabilem per se ac male haerentem incidentes, ancipiti strage[3] arma, viros, equos obruerunt, ut vix decem homines effugerent. Nam cum exanimati plerique essent arborum truncis fragmentisque ramorum, ceteram multitudinem, inopinato malo trepidam, Galli saltum omnem armati circumsedentes interfecerunt, paucis e tanto numero captis, qui, pontem fluminis petentes, obsesso ante ab hostibus ponte, interclusi sunt.

TITE-LIVE, XXIII, 24, 7-10.

1. *immotae* = si on ne les remuait pas; opposé à *impulsae*. — 2. *socium* = *sociorum*. — 3. *ancipiti strage*: ils tombent en effet des deux côtés de la route.

219 Tous les Grecs sont menteurs

216 av. J.-C. : nous sommes après la bataille de Cannes. Hannibal a remporté sur les Romains trois grandes victoires (cf. H. R.) et le roi Philippe V de Macédoine, qui ambitionne de faire la conquête de la Grèce, pense à s'assurer l'alliance des Carthaginois. Hannibal occupe alors la plus grande partie du sol italien : il s'est installé à Capoue. Mais la situation est confuse et les lignes romaines constituent un danger sérieux pour les ambassadeurs grecs.

Philippus, Macedonum rex, ubi primum fama accepit Hannibalem Alpes transgressum, ut bello inter Romanum Poenumque orto laetatus erat, ita, utrius populi mallet victoriam esse, incertis adhuc viribus, fluctuatus animo fuerat. Postquam tertia jam pugna victoria cum Poenis erat, ad fortunam inclinavit, legatosque ad Hannibalem misit. Qui, vitantes portus Brundisinum Tarentinumque[1], quia custodiis navium Romanarum tenebantur, ad Laciniae Junonis[2] templum in terram egressi sunt. Inde per Apuliam petentes Capuam, media in praesidia Romana illati sunt, deductique ad Valerium Laevinum praetorem, circa Luceriam[3] castra habentem. Ibi intrepide Xenophanes[4], legationis princeps, a Philippo rege se missum ait ad amicitiam societatemque jungendam cum populo Romano : « mandata habere ad consules ac senatum populumque Romanum ». Praetor, inter defectiones veterum sociorum nova societate tam clari regis laetus, hostes pro hospitibus comiter accepit; dat qui prosequantur, itinera cum cura demonstrat, quae loca quosque saltus aut Romanus aut hostes teneant. Xenophanes per praesidia Romana in Campaniam, inde, qua proximum fuit, in castra Hannibalis pervenit, fœdusque cum eo atque amicitiam jungit.

TITE-LIVE, XXIII, 33, 3-9.

1. Brindes et Tarente : encore aux mains des Romains. — 2. *Laciniae Junonis* = Junon Lacinia (honorée dans un temple de ce nom, sur un promontoire de la côte de l'Adriatique). — 3. Lucérie : ville au N.-O. de Cannes. — 4. Xénophane est un Athénien, mais il s'est mis au service de la Macédoine, prépondérante en Grèce.

220

Une capture intéressante

Suite de la version précédente. L'ambassadeur de Philippe de Macédoine a réussi, en dupant le préteur romain M. Valerius, à joindre Hannibal. Il revient avec un traité d'alliance à son lieu de débarquement. Mais les garde-côtes veillent...

Legati[1] eodem ad Junonis Laciniae, ubi navis occulta in statione erat, perveniunt. Inde profecti cum altum tenerent, conspecti a classe Romana sunt, quae praesidio erat Calabriae litoribus, Valeriusque Flaccus[2] cercuros ad persequendam retrahendamque navem cum misisset, primo fugere regii conati; deinde, ubi celeritate vinci se senserunt, tradunt se Romanis, et ad praefectum classis adducti. Cum quaereret qui, et unde, et quo tenderent cursum, Xenophanes primo satis jam semel felix[3] mendacium struere, « a Philippo se ad Romanos missum ad M. Valerium, ad quem unum iter tutum fuerit, pervenisse, Campaniam superare nequisse, saeptam hostium praesidiis ». Deinde, ut Punicus cultus habitusque suspectos legatos fecit Hannibalis interrogatosque sermo prodidit, tum, comitibus eorum seductis ac metu territis, litterae quoque ab Hannibale ad Philippum inventae cum pactis inter regem Macedonum Poenumque ducem. Quibus satis cognitis, optimum visum est captivos comitesque eorum Romam ad Senatum aut ad consules, ubicumque essent, quam primum deportare. Ad id celerrimae quinque naves delectae, ac L. Valerius Antias, qui praeesset, missus, eique mandatum ut in omnes naves legatos separatim custodiendos divideret, daretque operam ne quod iis colloquium inter se neve quae communicatio consilii esset.

TITE-LIVE, XXIII, 34, 2-9.

1. *legati*: les envoyés de Philippe de Macédoine dont le chef est Xénophane (ils sont accompagnés de quelques Carthaginois délégués par Hannibal pour prouver sa bonne foi à Philippe); *ad Junonis Laciniae (templum); occulta*: ablatif. — 2. *Flaccus*: commandant de la flotte. — 3. *semel felix*: il a déjà ainsi dupé le préteur (*semel felix mendacium* = le mensonge qui lui avait déjà réussi une fois).

221 *Les machines d'Archimède*

Marcellus en 214 lança une attaque soudaine contre Syracuse qui, auparavant alliée à Rome, venait de passer au camp carthaginois; mais la ville tint bon, défendue par les machines d'Archimède, et ce n'est qu'après un siège de deux ans que Marcellus put la prendre.

Habuisset tanto impetu[1] coepta res fortunam, nisi unus homo Syracusis ea tempestate fuisset. Archimedes is erat, unicus spectator caeli siderumque, mirabilior tamen inventor ac machinator bellicorum tormentorum operumque, quibus quidquid hostes ingenti mole[2] agerent, ipse perlevi momento ludificaretur. Achradinae murum, qui mari adluitur, sexaginta quinqueremibus Marcellus oppugnabat. Adversus hunc navalem apparatum, Archimedes variae magnitudinis tormenta in muris disposuit. In eas quae procul erant naves, saxa ingenti pondere emittebat, propiores levioribus eoque magis crebris petebat telis. Quae propius quaedam[3] subibant naves, quo interiores[4] ictibus tormentorum essent, in eas, tollenone[5] super murum eminente, ferrea manus, firmae catenae illigata, cum injecta prorae esset gravique libramento plumbi recelleret ad caelum, suspensa prora navem in puppim statuebat; dein, remissa[6] subito, velut ex muro cadentem navem, cum ingenti trepidatione nautarum, ita undae adfligebat ut, etiamsi recta recideret, aliquantum aquae acciperet.

TITE-LIVE, XXIV, 34, *passim*.

1. *tanto impetu*: complément de *coepta. Fortunam* = du succès. — 2. *ingenti mole* = avec d'énormes efforts. — 3. *quae quaedam naves,... in eas*: antécédent attiré dans la relative placée en tête de phrase, et repris par *eas* = *in quasdam naves quae... In eas* est d'ailleurs complément de la subordonnée *cum injecta esset...* Si bien qu'au total, la structure est à peu près celle-ci: *Cum in quasdam naves quae... tormentorum essent... ferrea manus injecta esset...* — 4. *interiores ictibus tormentorum*: en deçà de la portée des machines = dans l'angle mort. — 5. *tollenone*: système à bascule formé d'une pièce qui fait levier et s'appuie sur un support fixe, analogue à celui qui permet de tirer l'eau des puits dans certaines régions, comme la Hongrie, les oasis... (cf. gravure de Gaffiot). — 6. *remissa (ferrea manus)*: *ferrea manus* ainsi sous-entendu est en même temps sujet de *adfligebat. Velut* porte sur *ex muro*: le navire tombe comme une masse qu'on jetterait du haut des remparts.

222

Une affaire de baraterie dans l'Antiquité

212 av. J.-C. : la seconde guerre punique se poursuit; nous sommes à la veille de la prise de Tarente par Hannibal, de Syracuse par Marcellus. Mort des deux Scipions (oncle et père de Scipion l'Africain) en Espagne. Comme dans toute guerre il y a des profiteurs : en particulier Postumius de Pyrges et Pomponius de Véies qui avaient monté une affaire de fraude maritime ou « baraterie ». Les consuls Quintus Fulvius Flaccus et Appius Claudius levaient des troupes quand éclata le scandale.

Dilectum consulum M. Postumi Pyrgensis cum magno prope motu rerum factum impediit. Publicanus erat Postumius, qui, multis annis, parem fraude avaritiaque neminem in civitate habuerat, praeter T. Pomponium Veientanum, quem, populantem temere agros in Lucanis, ductu Hannonis[1], priore anno, ceperant Carthaginienses. Hi[2], quia publicum[3] periculum erat a vi tempestatis in iis, quae portarentur ad exercitus, et ementiti erant falsa naufragia, et ea ipsa, quae vera renuntiaverant, fraude ipsorum facta erant, non casu. In veteres quassasque naves paucis et parvi pretii rebus impositis, cum mersissent eas in alto, exceptis in praeparatas scaphas nautis, multiplices fuisse merces ementiebantur. Ea fraus indicata M. Aemilio praetori priore anno fuerat, ac per eum ad senatum delata, nec tamen ullo senatus consulto notata, quia patres ordinem publicanorum in tali tempore offensum nolebant. Populus severior vindex fraudis erat, excitatique tandem duo tribuni plebis, Sp. et L. Carvilii, cum rem invisam infamemque cernerent, ducentum milium aeris multam[4] M. Postumio dixerunt.

TITE-LIVE, XXV, 3, 8-13.

1. Hannon, officier carthaginois. — 2. *hi* = *publicani*. — 3. *publicum* = couvert par l'État. — 4. *multa, ae* = amende.

223

Plaintes des anciens de Cannes

Le Sénat avait décrété que les soldats qui, au nombre de plusieurs milliers, avaient fui le champ de bataille de Cannes (216), où tant des leurs étaient tombés, iraient faire la guerre en Sicile et ne pourraient rentrer en Italie tant qu'il resterait des ennemis sur la terre italienne. Leur sort finit par leur paraître injuste; en 212, ils s'en plaignirent à Marcellus par la bouche de l'un d'eux, et leurs arguments ne manquent pas d'intérêt.

« Sine, quaeso, priusquam de condicione nostra[1] queror, noxam cujus arguimur nos purgare. Si non deum[2] ira, nec fato, cujus lege immobilis rerum humanarum ordo seritur[3], sed culpa periimus ad Cannas, cujus tandem ea culpa fuit ? Militum an imperatorum ? Equidem, miles, nihil unquam dicam de imperatore meo, cui praesertim gratias sciam a senatu actas, quod non desperaverit[4] de republica, cui post fugam a Cannis per omnes annos prorogatum imperium. Ceteros item ex reliquiis cladis ejus, quos tribunos militum habuimus, honores petere et gerere, et provincias obtinere audivimus. An vobis vestrisque liberis ignoscitis facile, patres conscripti[5], in haec vilia capita saevi ? Et consuli primoribusque aliis civitatis fugere, cum spes alia nulla esset, turpe non fuit, milites utique morituros in aciem misistis ? »

TITE-LIVE, XXV, 6, 6-9.

1. *de condicione nostra* : ce point n'est pas développé dans le texte ici présenté, qui n'est qu'un morceau du discours. Construire : *Sine... noxam nos purgare.* — 2. *deum* = *deorum.* — 3. *immobilis seritur* = est enchaîné de façon immuable. *Immobilis* est un adj. attribut à valeur d'adverbe. Cf. le tour cher à la Pléiade : ils combattent obstinés = obstinément. — 4. *non desperaverit* : on félicita en effet Varron, consul survivant, en ces termes. — 5. *patres conscripti* : le soldat qui s'adresse à Marcellus feint, pour le flatter peut-être, de voir en lui le Sénat tout entier; d'ailleurs c'est un peu au Sénat qu'il s'adresse à travers Marcellus, qui a été envoyé par lui en Sicile. Marcellus transmettra la plainte au Sénat, qui la rejettera. Pour comprendre le mot *« liberis »*, se souvenir que les familles nobles avaient pratiquement seules accès aux magistratures, semblant ainsi se les transmettre héréditairement.

224 ***Les petits hasards font les grandes victoires***

212 av. J.-C. (seconde guerre punique). Dominer en Sicile est important pour les Romains comme pour les Carthaginois, ne serait-ce qu'à cause des voies de communication et du ravitaillement en blé. C'est pourquoi en 214 av. J.-C. Marcellus (cf. Glossaire*) entreprend le siège de Syracuse qui penche vers les Carthaginois. Mais Syracuse, défendue par les inventions d'Archimède, résiste. En 212, Marcellus est toujours devant la ville. Un hasard va lui permettre de la prendre. En effet, un plénipotentiaire syracusain avait été pris par les Romains. Syracuse entreprend de le racheter. Les négociations se font près de la tour de Galeagra (située au nord de Syracuse dans le petit golfe de Trogili, formant un port secondaire de Syracuse). Un Romain va faire une remarque capitale qui va décider du dernier assaut de Syracuse.*

Quo[1] cum saepius commearent, unus ex Romanis, ex propinquo murum contemplans, numerando lapides aestimandoque ipse secum quid in fronte paterent singuli, altitudinem muri, quantum proxime conjectura poterat, permensus, humilioremque aliquanto pristina opinione sua et ceterorum omnium ratus esse, et vel mediocribus scalis superabilem, ad Marcellum rem defert. Haud spernenda visa[2]. Sed cum adiri locus, quia ob id ipsum intentius custodiebatur, non posset, occasio quaerebatur; quam obtulit transfuga, nuntians diem festum Dianae per triduum agi, et quia alia in obsidione desint, vino largius epulas celebrari... Id ubi accepit Marcellus, cum paucis tribunorum militum conlocutus, electisque per eos ad rem tantam agendam audendamque idoneis centurionibus militibusque, et scalis in occulto comparatis, ceteris signum dari jubet ut mature corpora curarent quietique darent : nocte in expeditionem eundum esse.

TITE-LIVE, XXV, 23, 11-15.

1. *quo* = *et eo* (*eo* désigne la tour de Galeagra); *Romani* : sujet de *commearent.* — 2. comprendre : *haec haud spernanda visa sunt Marcello.*

225 Marcellus pleure sur Syracuse

212 av J.-C. (seconde guerre punique). Cette version fait suite à la précédente : cf. notice. Les Romains sont entrés dans la ville par la porte qu'on appelle l'Hexapyle. Ils parviennent dans le quartier occidental de Syracuse, les Épipoles. Les Syracusains se réfugient dans l'Achradine, quartier N.-E., entouré d'un énorme mur de pierre : c'est donc une sorte de citadelle. Mais on revient alors au moment où Marcellus a franchi les remparts du nord de la ville et est arrivé dans le quartier des Épipoles : Tite-Live veut insister sur la générosité de Marcellus.

Marcellus, ut, moenia ingressus, ex superioribus locis[1] urbem omnium ferme illa tempestate pulcherrimam subjectam oculis vidit, illacrimasse dicitur, partim gaudio tantae perpetratae rei, partim vetusta gloria urbis. Atheniensium classes[2] demersae, et duo ingentes exercitus cum duobus clarissimis ducibus deleti occurrebant, et tot bella cum Carthaginiensibus tanto cum discrimine gesta, tot tam opulenti tyranni regesque, praeter ceteros Hiero, cum recentissimae memoriae rex, tum, ante omnia quae virtus ei fortunaque sua[3] dederat, beneficiis in populum Romanum insignis. Ea cum universa occurrerent animo, subiretque cogitatio jam illa[4], momento horae, arsura omnia et ad cineres reditura, priusquam signa Achradinam admoveret, praemittit Syracusanos, qui intra praesidia Romana, ut ante dictum est, fuerant, ut adloquio leni impellerent hostes ad dedendam urbem.

TITE-LIVE, XXV, 24, 11-15.

1. *ex superioribus locis*: il s'agit des Épipoles = la ville haute. — 2. les Athéniens en 415 av. J.-C. avaient envoyé contre Syracuse une expédition qui tourna mal et sur terre et sur mer. Les chefs Nicias et Démosthène, qui s'étaient partagé l'armée (*duo exercitus*), durent capituler et périrent. — 3. emploi irrégulier du réfléchi : comprendre *ejus*. — 4. *jam illa* : ces deux mots vont avec *arsura omnia....*

226 Frayeur à Rome à la vue de déserteurs numides

En 211, les Romains assiègent Capoue, alliée à Hannibal. Celui-ci cherche à desserrer l'étreinte des Romains, puis, pour faire diversion, vient camper sous les murs de Rome.

Inter haec Hannibal ad Anienem fluvium tria milia passuum ab urbe castra admovit. Ibi stativis positis, ipse cum duobus milibus equitum ad portam Collinam usque ad Herculis templum est progressus, atque, unde proxime poterat, moenia situmque urbis obequitans contemplabatur. Id eum tam licenter atque otiose facere Flacco[1] indignum visum est; itaque immisit equites, summoverique atque in castra redigi hostium equitatum jussit. Cum commissum proelium esset, consules transfugas Numidarum, qui tum in Aventino ad mille et ducenti erant, media urbe transire Esquilias jusserunt, nullos aptiores inter convalles tectaque hortorum[2] et sepulcra et cavas undique vias ad pugnandum futuros rati. Quos cum, ex arce Capitolioque, clivo Publicio[3] in equis decurrentes, quidam vidissent, captum Aventinum conclamaverunt. Ea res tantum tumultum ac fugam praebuit ut, nisi castra Punica extra urbem fuissent, effusura se omnis pavida multitudo fuerit; tunc in domos atque in tecta refugiebant, vagosque[4] in viis suos pro hostibus lapidibus telisque incessebant. Nec comprimi tumultus aperirique error poterat, refertis itineribus agrestium turba pecorumque, quae repentinus pavor in urbem compulerat.

TITE-LIVE, XXVI, 10, 3-8.

1. *Flacco*: consul de l'année 212. Q. Fulvius Flaccus garda en 211 son commandement à titre de proconsul. — 2. *tecta hortorum* = maisons avec jardins. — 3. *clivio Publicio*: rue en pente qui descendait de l'Aventin vers l'emplacement du Grand Cirque, et qui était donc visible du Capitole. *Quidam (Romani)*. — 4. *vagos (Numidas); suos* = «leurs alliés, en réalité» (opposé à *pro hostibus*, supposition de la foule).

227 Petits et grands moyens pour conquérir le peuple ou l'habileté de Scipion

En 211, les affaires romaines vont mal en Espagne : P. Cornelius Scipion et son frère Cnaeus ont été vaincus et tués par les Carthaginois. On veut élire un proconsul pour rétablir la situation. Personne ne pose sa candidature, sauf le fils de P. Cornelius, le futur Scipion l'Africain. Mais il n'a que 24 ans ! le peuple l'élit dans l'enthousiasme. Mais aussitôt après l'élection, les gens se demandent s'ils ont agi avec bon sens.

Ubi Scipio, a re[1] tanto impetu acta, eam sollicitudinem curamque hominum animadvertit, advocata contione, ita de aetate sua imperioque mandato et bello, quod gerendum esset, magno elatoque animo disseruit ut ardorem eum qui resederat excitaret rursus novaretque, impleret homines certioris spei quam quantam[2] fides promissi humani aut ratio e fiducia rerum[3] subjicere solet. Fuit enim Scipio non veris tantum virtutibus mirabilis, sed arte quoque quadam a juventa in ostentationem earum compositus, pleraque[4] apud multitudinem aut per nocturnas visas species aut velut divinitus mente monita agens, sive et ipse capti quadam superstitione animi[5], sive ut imperia consiliaque, velut sorte oraculi missa, sine cunctatione exsequerentur[6]... Multa alia ejusdem generis, alia vera, alia adsimulata, admirationis humanae[7] in eo juvene excesserant modum; quibus[8] freta tunc civitas aetati haudquaquam maturae tantam rerum molem tantumque imperium permisit.

TITE-LIVE, 19, 1 à 4 et 9.

1. *a re* = aussitôt après un vote... (mot à mot : au sortir de). — 2. *quantam (spem). Humani* : qui vient d'un homme (un homme n'est jamais sûr de pouvoir tenir ses promesses). — 3. *e fiducia* : dépend de *ratio*, lequel est pris au sens étymologique de calcul = calcul fondé sur... — 4. *pleraque...* le participe *agens* explique la méthode employée par Scipion pour attirer l'attention sur lui. Construction : *agens pleraque apud multitudinem aut (velut mente monita) per..., aut velut mente monita divinitus....* — 5. *capti animi* : génitif attribut de *ipse* par l'intermédiaire d'un verbe *esset* sous-entendu. — 6. *exsequerentur (homines)*. — 7. *admirationis humanae* = admiration qu'on peut avoir pour un homme. — 8. *quibus* : reprend *multa alia*.

228 Grandeur d'Hannibal dans les revers

En 206, la guerre contre Carthage se déroule surtout en Espagne d'où les Carthaginois sont chassés. Hannibal, lui, reste bloqué dans le Bruttium, tout au sud de l'Italie, et il n'a plus aucun espoir sérieux de rétablir sa situation depuis la défaite au Métaure (207) de l'armée de secours commandée par son frère Hasdrubal, qui y fut tué.

Cum Hannibale nihil eo anno rei gestum est. Nam neque ipse se obtulit in tam recenti vulnere publico privatoque neque lacessierunt quietum[1] Romani : tantam inesse vim, etsi omnia alia circa eum ruerent, in uno illo duce censebant ! Ac nescio an mirabilior adversis quam secundis rebus fuerit, quippe qui, cum in hostium terra per annos tredecim tam procul ab domo varia fortuna bellum gereret exercitu non suo civili, sed mixto ex colluvione omnium gentium, quibus non lex, non mos, non lingua communis, alius habitus, alia vestis, alia arma, alii ritus, alia sacra, alii prope dei essent, ita quodam uno vinculo copulaverit eos ut nulla nec inter ipsos nec adversus ducem seditio exstiterit, cum et pecunia saepe in stipendium et commeatus in hostium agro deessent, quorum inopia priore Punico bello multa infanda inter duces militesque commissa fuerant. Post Hasdrubalis vero exercitum cum duce, in quibus spes omnis reposita victoriae fuerat, deletum cedendoque in angulum Bruttium cetera Italia concessum[2], cui non videatur mirabile nullum motum in castris factum ?

Tite-Live, XXVIII, 12, 1-6.

1. *quietum (eum)*. — 2. *concessum* : participe à valeur impersonnelle, dépendant de *post*, comme *exercitum deletum* = *postquam concessum erat...*

229 Q. Fabius Maximus s'oppose au passage de Scipion en Afrique

En 205, Scipion est nommé consul et reçoit la province de Sicile; il parle de faire passer ses troupes en Afrique, au besoin en en appelant au peuple, tandis qu'Hannibal campe encore sur le sol italien. En plein Sénat, dans un long et vigoureux discours, Fabius, le vieil aristocrate, héros de la temporisation, dénonce les projets du populaire et ambitieux consul. Voici sa péroraison, où il s'adresse à Scipion.

« Quam compar[1] consilium tuum parentis tui consilio sit reputa ! Ille, consul profectus in Hispaniam, ut Hannibali ab Alpibus descendenti occurreret, in Italiam e provincia rediit; tu, cum Hannibal in Italia sit, relinquere Italiam paras, non quia reipublicae id utile, sed quia tibi amplum et gloriosum censes esse, sicut cum, provincia et exercitu relicto, sine lege, sine senatus consulto, duabus navibus, populi Romani imperator, fortunam publicam et majestatem imperii, quae tum in tuo capite periclitabantur, commisisti[2]. Ego P. Cornelium reipublicae nobisque, non sibi ipsi privatim creatum consulem existimo, exercitusque ad custodiam urbis atque Italiae scriptos esse[3], non quos regio more, per superbiam, consules quo terrarum velint trajiciant. »

TITE-LIVE, XXVIII, 42, 20-22.

1. *quam compar :* ironique; en fait les deux attitudes sont absolument opposées. Fabius rappelle à Scipion la conduite de son père qui ramena ses troupes de Gaule en Italie pour essayer d'arrêter Hannibal (le Tessin, la Trébie...). — 2. *duabus navibus... commisisti*: allusion à un voyage, alors récent, de Scipion en Afrique pour y rencontrer le roi numide Syphax, dont il recherchait l'alliance. — 3. *scriptos* = enrôlées.

230 Hannibal et les patriotes du portefeuille

201 av. J.-C. : Carthage vaincue a signé la paix à des conditions vraiment pénibles; les Romains ont brûlé la flotte qu'ils se sont fait livrer, ils ont interdit à Carthage de faire la guerre au-dehors, ils lui ont imposé un lourd tribut de 10 000 talents d'argent payable en 50 ans. À la première échéance, le Sénat carthaginois est plongé dans une profonde affliction, au milieu de laquelle éclate le rire d'Hannibal. Ses ennemis lui reprochent vivement ce rire en lui rappelant que c'est lui qui a provoqué la guerre, et qu'il est par conséquent la cause de ces larmes. Alors il leur répond :

« Si, quemadmodum oris habitus cernitur oculis, sic et animus intus cerni posset, facile vobis appareret non laeti, sed prope amentis malis[1] cordis hunc, quem increpatis, risum esse; qui tamen nequaquam adeo est intempestivus quam vestrae istae absurdae atque abhorrentes lacrimae sunt. Tunc flesse decuit[2], cum adempta sunt nobis arma, incensae naves, interdictum externis bellis[3]. Illo enim vulnere concidimus, ne vos[4] otio vestro consultum ab Romanis credatis. Nulla magna civitas diu quiescere potest; si foris hostem non habet, domi invenit, ut praevalida corpora ab[5] externis causis tuta videntur, sed suis ipsa viribus onerantur. Tantum nimirum ex publicis malis sentimus quantum ad privatas res pertinet; nec in iis quicquam acrius quam pecuniae damnum stimulat. Itaque cum spolia victae Carthagini detrahebantur, cum inermem jam ac nudam destitui inter tot armatas gentes Africae cerneretis, nemo ingemuit; nunc, quia tributum ex privato conferendum est, tamquam in publico funere comploratis. Quam vereor ne propediem sentiatis levissimo in malo vos hodie lacrimasse ! »

TITE-LIVE, XXX, 44, 6-11.

1. *malis*: au neutre, complément de cause de *amentis; cordis* détermine *hunc risum* par l'intermédiaire du verbe *esse*. — 2. *decuit*: indicatif à valeur de conditionnel (valeur propre aux verbes de possibilité, de convenance, etc.). — 3. *interdictum (est nobis)* : construction impersonnelle, qui laisse au verbe sa construction habituelle (*interdicere alicui aliqua re*). — 4. *ne vos...* : une idée est sous-entendue : (je vous dis cela) « de peur que vous n'alliez croire... » (ironie). — 5. *ab* = du côté de.

231 La difficulté de réformer des institutions aristocratiques

Après la défaite, Hannibal, devenu suffète (les Hébreux disaient : juge), s'efforça de restaurer la grandeur de Carthage. Pour cela il chercha à s'appuyer sur le peuple contre l'aristocratie qui le haïssait et pactisait avec les Romains contre lui. Il entreprit ainsi une réforme financière pour lutter contre la dilapidation du trésor et une réforme politique pour diminuer le pouvoir des tribunaux qui étaient aux mains de l'aristocratie (les juges restaient perpétuellement en fonctions et jouissaient de ce fait d'un pouvoir sans limites).

Legem promulgavit pertulitque, ut in singulos annos judices legerentur, neu[1] quis biennium continuum judex esset. Ceterum, quantam eo facto ad plebem inierat gratiam, tantum magnae partis principum offenderat animos. Adjecit et[2] aliud, quo bono publico sibi proprias simultates irritavit. Vectigalia publica partim neglegentia dilabebantur, partim praedae ac divisui et principum quibusdam et magistratibus erant; quin et pecunia quae in stipendium Romanis quoque anno penderetur deerat, tributumque grave privatis imminere videbatur. Hannibal postquam vectigalia quanta terrestria maritimaque essent animadvertit, et quid eorum ordinarii reipublicae usus[3] consumerent, quantum peculatus averteret, omnibus residuis pecuniis exactis, tributo privatis remisso, satis locupletem rempublicam fore ad vectigal praestandum Romanis pronuntiavit in contione, et praestitit promissum. Tum vero ii quos paverat[4] per aliquot annos publicus peculatus, velut bonis ereptis, non furtorum manubiis extortis, infensi et irati, Romanos in Hannibalem, et ipsos[5] causam odii quaerentes, instigabant.

TITE-LIVE, XXXIII, 46, 6-9 et 47, 1-3.

1. *ut* et *neu* : développent le contenu de la loi. — 2. *et* = *etiam; bono publico* : pour l'intérêt de l'Etat. — 3. *usus* = les besoins. — 4. *paverat* : attention à ce verbe ! — 5. *et ipsos* : porte sur *Romanos* = qui eux aussi....

232 Comment Hannibal s'enfuit de Carthage

195 av. J.-C. : après la bataille de Zama (202) et la paix (201), Hannibal nommé suffète (voir version n° 231) aide à la reconstruction de son pays. Il s'appuie sur la plèbe. La faction qui lui est hostile l'accuse auprès des Romains. Malgré l'opposition de Scipion l'Africain, les Romains profitent de cette accusation et envoient trois ambassadeurs : Servilius, Claudius Marcellus et Terentius Culleo, avec mission de s'emparer d'Hannibal.

Qui[1] cum Carthaginem venissent, e consilio inimicorum Hannibalis, quaerentibus causam adventus dici jusserunt venisse se ad controversias, quae cum Masinissa, rege Numidarum, Carthaginiensibus essent, dirimendas. Id creditum vulgo; unum Hannibalem se peti a Romanis non fallebat, et ita pacem Carthaginiensibus datam esse, ut inexpiabile bellum adversus se unum maneret. Itaque cedere tempori et fortunae statuit; et, praeparatis jam ante omnibus ad fugam, obversatus eo die in foro avertendae suspicionis causa, primis tenebris, vestitu forensi, ad portam cum duobus comitibus ignaris consilii est egressus.

Cum equi quo in loco jusserat praesto fuissent, nocte Byzacium[2] — ita regionem quamdam agri vocant — transgressus, postero die ad mare inter Acyllam et Thapsum ad suam turrim pervenit. Ibi eum parata instructaque remigio excepit navis. Ita Africa Hannibal excessit, saepius patriae quam suum eventum miseratus.

TITE-LIVE, XXXIII, 47, 7-10 et 48, 1-2.

1. *qui* (relatif de liaison) = les trois ambassadeurs. — 2. *Byzacium* = le Byzacium, région maritime au S.-E. de Carthage (ville principale : Hadrumète).

233 Les matrones romaines, privées de leur luxe par les restrictions de guerre, entrent en révolution

195 av. J.-C. : en cette année il va y avoir de graves discussions autour de la loi Oppia. C'est en 215 qu'Oppius promulgua une loi contre le luxe des femmes. Elle était nécessaire, car Rome manquait de métaux précieux. Avant les guerres puniques, elle avait fait peu de commerce international et n'avait eu une véritable monnaie que vers le milieu du IVe siècle avant J.-C. Pendant la première guerre punique (264-241), elle avait dû faire une faillite partielle. Pendant la seconde guerre punique, les défaites successives et les destructions systématiques, auxquelles se livrait Hannibal, avaient porté une grave atteinte aux finances romaines. Ces faits expliquent la nécessité de la loi somptuaire. Mais, après la victoire de Zama et le traité de paix, il y eut à Rome un afflux de numéraire. On comprend que les femmes aient voulu reprendre leurs parures et l'usage des métaux précieux (cf. suite dans la notice de la version n° 234).

Inter bellorum magnorum aut vixdum finitorum[1] aut imminentium curas intercessit res parva dictu, sed quae studiis in magnum certamen excesserit. M. Fundanius et L. Valerius tribuni plebis ad plebem tulerunt de Oppia lege abroganda. Tulerat eam C. Oppius tribunus plebis, Q. Fabio, Ti. Sempronio consulibus, in medio ardore Punici belli, ne qua mulier plus semunciam auri haberet neu vestimento versicolori uteretur neu juncto vehiculo in Urbe oppidove[2] aut propius inde[3] mille passus, nisi sacrorum publicorum causa, veheretur. M. et P. Junii Bruti tribuni plebis legem Oppiam tuebantur nec eam se abrogari passuros aiebant; ad suadendum dissuadendumque multi nobiles prodibant; Capitolium turba hominum faventium adversantiumque legi complebatur. Matronae nulla nec auctoritate nec verecundia nec imperio virorum contineri limine poterant, omnes vias urbis aditusque in forum obsidebant, viros descendentes ad forum orantes ut, florente re publica, crescente in dies privata omnium fortuna, matronis quoque pristinum ornatum reddi paterentur.

TITE-LIVE, XXXIV, 1, 1-5.

1. *bellorum finitorum aut imminentium* : la seconde guerre punique s'est achevée en 202 (bataille de Zama) et la guerre contre Philippe de Macédoine en 197 (bataille de Cynoscéphales). Par ailleurs les Romains ont des difficultés en Espagne et Antiochus, roi de Syrie, menace Rome. — 2. *oppidum* = chef-lieu (toute ville importante habitée par des citoyens romains). — 3. *inde* reprend *Urbe* et *oppido*.

234 Discours d'un Romain antiféministe

195 av. J.-C. (suite de la version précédente). Le consul Caton l'Ancien était opposé à la révocation de la loi Oppia. Il était peu féministe de tempérament, mais il faut ajouter que les Romains se méfiaient des métaux précieux et ne savaient guère les manier. On cite un Cornelius Rufinus, conquérant de Crotone, qui fut noté d'infamie par les censeurs pour en avoir possédé plus de dix livres. La loi Oppia fut pourtant abrogée.

Cependant le discours de Caton est bien caractéristique d'un Romain de l'époque et de son attitude à l'égard des femmes (pour arriver au Sénat, Caton a dû franchir un véritable barrage de femmes).

« Si in sua quisque nostrum matre familiae, Quirites, jus et majestatem viri[1] retinere instituisset, minus cum universis feminis negotii haberemus; nunc domi victa libertas nostra impotentia muliebri hic quoque in foro obteritur et calcatur et, quia singulas sustinere non potuimus, universas horremus... Equidem non sine rubore quodam paulo ante per medium agmen mulierum in forum perveni. Quod nisi me verecundia singularum magis majestatis et pudoris quam universarum tenuisset, ne compellatae a consule viderentur, dixissem : « Qui hic mos est in publicum procurrendi et obsidendi vias et viros alienos appellandi ? Istud ipsum suos[2] quaeque domi rogare non potuistis ? An blandiores in publico quam in privato et alienis quam vestris estis ? Quamquam[3] ne domi quidem vos, si sui juris finibus matronas contineret pudor, quae leges hic rogarentur abrogarenturve curare decuit ». Majores nostri nullam ne privatam quidem rem agere feminas sine tutore auctore voluerunt, in manu esse parentum, fratrum, virorum; nos, si diis placet, jam etiam rem publicam capessere eas patimur et foro quoque et contionibus et comitiis immisceri. »

TITE-LIVE, XXXIV, 2, 1-2 et 8-11.

1. *viri* = mari. — 2. s. e. : *viros*. — 3. *quamquam* = et pourtant.

235 L'amour paternel lui-même n'a pas entamé l'intégrité de Scipion

190 av. J.-C. : Antiochus, roi de Syrie, a, sur les conseils d'Hannibal qui s'est réfugié chez lui, envoyé une armée en Grèce contre les Romains; il convoitait en effet la possession de ce pays. Les Romains délèguent le consul L. Cornelius Scipion (Asiaticus) auquel l'Africain, son frère, se joint comme lieutenant. Les Romains battent d'abord Antiochus en Grèce, puis ils passent en Asie Mineure où ils lui livreront une bataille décisive à Magnésie (190). Antiochus devra renoncer à ses territoires d'Asie Mineure, et c'est alors qu'Hannibal s'empoisonnera pour échapper aux Romains (183). Mais il se trouve qu'au cours des batailles précédentes, le fils de Scipion l'Africain a été fait prisonnier par Antiochus. L'ambassadeur Héraclide de Byzance, envoyé par Antiochus pour traiter de paix, espère se servir de ce fait pour obtenir l'entremise de Scipion, sinon plus.*

Notre histoire commence là. Plus tard, Antiochus, apprenant que Scipion était malade, lui renvoya son fils sans rançon.

Legatus[1] P. Scipionis temptare animum est conatus. Omnium primum filium ei sine pretio redditurum regem dixit; deinde ignarus et animi Scipionis et moris Romani, auri pondus ingens est pollicitus et, nomine tantum regio excepto, societatem omnis regni, si per eum pacem impetrasset. Ad ea Scipio: « Quod Romanos omnes, quod me, ad quem missus es, ignoras, minus miror, cum te fortunam ejus, a quo venis, ignorare cernam. Lysimachia[2] tenenda erat, ne Chersonesum[3] intraremus, aut ad Hellespontum obsistendum[4], ne in Asiam trajiceremus, si pacem tamquam ab sollicitis de belli eventu petituri eratis; concesso vero in Asiam transitu et non solum frenis, sed etiam jugo accepto, quae disceptatio ex aequo, cum imperium patiendum sit[5], relicta est? Ego ex munificentia regia maximum donum filium habebo; aliis, deos precor, ne umquam fortuna egeat mea; animus certe non egebit. Pro tanto in me munere gratum me in se esse sentiet, si privatam gratiam pro privato beneficio desiderabit; publice nec habebo quicquam ab illo nec dabo. Quod in praesentia dare possim, fidele consilium est; abi, nuntia meis verbis, bello absistat, pacis condicionem nullam recuset ».

TITE-LIVE, XXXVII, 36, 1-8.

1. l'envoyé d'Antiochus. — 2. *Lysimachia*: ville à l'entrée de la Chersonèse de Thrace, abandonnée à tort par Antiochus après une cuisante défaite navale à Myonnèse, en Asie Mineure (entre Éphèse et Chios, fin automne 190), ce qui lui enleva toute puissance sur mer. — 3. les Scipion ont traversé la Thrace, puis la Chersonèse de Thrace et enfin l'Hellespont sans difficulté; aidés par le roi Eumène (roi de Pergame), ils n'ont rencontré aucune résistance. — 4. *obsistendum (erat)*. — 5. comprendre: *cum imperium nostrum ei patiendum sit.*

236 *Comment la mère des Gracques épousa son mari*

185 av. J.-C.: au retour de l'expédition victorieuse contre Antiochus, L. Scipion célébra son triomphe, mais rencontra la haine de deux tribuns du peuple (nommés Q. Petilius, tous deux). On fit un procès: le fait que le fils de l'Africain avait été rendu sans rançon, les conditions de paix qui paraissaient encore trop douces à certains, la richesse du butin, firent accuser de vénalité P. Scipion, le vainqueur de Carthage. Ce dernier remporta un succès d'estime en faisant ajourner son procès et se retira à Literne (en Campanie) où il mourut pauvre; un décret du Sénat pourvut à la dot de ses filles (183). Les tribuns du peuple, auxquels L. Scipion en appela en déclarant que son frère était malade, acceptèrent l'excuse, et parmi eux Ti. Sempronius Gracchus, qui pourtant était leur ennemi. Mais les colères se retournèrent contre lui, dont les biens furent séquestrés. La chronologie des faits est confuse, de l'aveu même de Tite-Live, et l'anecdote qu'il nous rapporte ici est présentée par lui sous toutes réserves. Le mariage dont il s'agit eut lieu en 184 av. J.-C.

Huic Graccho minorem ex duabus filiis — nam major P. Cornelio Nasicae haud dubie a patre collocata erat — nuptam fuisse convenit. Illud parum constat, utrum post mortem patris et desponsa sit et nupserit an verae illae opiniones sint, Gracchum, cum L. Scipio in vincula duceretur, nec quisquam collegarum auxilio esset, jurasse sibi inimicitias cum Scipionibus, quae fuissent, manere, nec se gratiae quaerendae causa quicquam facere, sed, in quem carcerem reges et imperatores hostium ducentem vidisset P. Africanum, in eum se fratrem ejus duci non passurum[1]. Senatum eo die forte in Capitolio cenantem consurrexisse et petisse ut inter epulas Graccho filiam Africanus desponderet. Quibus ita inter publicum sollemne sponsalibus rite factis, cum se domum recepisset, Scipionem Aemiliae uxori dixisse filiam se minorem despondisse. Cum illa, muliebriter indignabunda nihil de communi filia secum consultatum[2], adjecisset non, si Ti. Graccho daret, expertem consilii debuisse matrem esse, laetum Scipionem tam concordi judicio ei ipsi desponsam[3] respondisse.

TITE-LIVE, XXXVIII, 57, 2-8.

1. c'est le rôle des tribuns d'empêcher certaines arrestations : il peut donc vraiment agir. — 2. *consultatum (esse); indignabunda* est construit avec prop. inf. (comme *indignor*). — 3. sujet : *filiam* non exprimé.

237 La mort d'Hannibal

Quelques années après la défaite, les Carthaginois, sur le désir des Romains, cherchèrent à se débarrasser d'Hannibal, qui s'exila (195 av. J.-C.). Le grand général se réfugia d'abord auprès d'Antiochus, roi de Syrie, puis auprès de Prusias, roi de Bithynie (190). Mais les Romains, par leur ambassadeur Flamininus, ancien consul et chef militaire glorieux, influencèrent Prusias qui fit encercler la maison où vivait d'Hannibal (une sorte de château fort), soit pour le tuer, soit pour le livrer aux Romains (183 av. J.-C.). Cf. aussi version de Juvénal n° 366, « Destinée d'Hannibal ».

Hannibal, postquam est nuntiatum milites regios in vestibulo esse, postico, quod devium maxime atque occultissimi exitus[1] erat, fugere conatus, ut id quoque occursu militum obsaeptum sensit et omnia circa clausa custodiis dispositis esse, venenum, quod multo ante praeparatum ad tales habebat casus, poposcit. « Liberemus, inquit, diuturna cura populum Romanum, quando mortem senis[2] exspectare longum censent. Nec magnam nec memorabilem ex inermi proditoque Flamininus victoriam feret. Mores quidem populi Romani quantum mutaverint vel[3] hic dies argumento erit. Horum patres Pyrrho regi, hosti armato, exercitum in Italia habenti, ut a veneno caveret praedixerunt[4]; hi legatum consularem, qui auctor esset Prusiae per scelus occidendi hospitis, miserunt ». Exsecratus deinde in caput regnumque Prusiae et hospitales deos violatae ab eo fidei testes invocans, poculum exhausit. Hic vitae exitus fuit Hannibalis.

TITE-LIVE, XXXIX, 51, 7-12.

1. *exitus* : génitif de qualité, attribut de *quod* au même titre que *devium*. — 2. *senis* : Hannibal, né en 247, avait alors 64 ans. — 3. *vel* = même; dans le texte, ici, le traduire par « seul » : « ce seul jour » (n'y en eût-il pas d'autres pour cela). — 4. *praedixerunt* : le médecin de Pyrrhus avait offert aux Romains de les débarrasser de lui en l'empoisonnant; mais les consuls eurent la loyauté de refuser cette traîtrise et prévinrent Pyrrhus.

238 Le censeur sacrilège

Vers 172 av. J.-C. : nous sommes au moment où va se déclarer la guerre contre Persée, fils de Philippe V de Macédoine, sur l'accusation d'Eumène II, roi de Pergame.

Voici une anecdote célèbre : le censeur Q. Fulvius Flaccus faisait construire un temple à la Fortune-Équestre, il en était si fier qu'il voulut que son ouvrage fût couvert de marbre; la matière était rare, aussi usa-t-il d'un stratagème assez indélicat : il fit découvrir à moitié le temple de Junon Lacinia, dans le Bruttium, et, personne n'osant s'opposer à son autorité de censeur, il ramena à Rome ces tuiles et fit entreprendre les travaux; mais la chose s'ébruita...

Postquam censor rediit, tegulae expositae de navibus ad templum portabantur. Quamquam unde essent silebatur, non tamen celari potuit.

Fremitus ejus igitur in curia ortus est: ex omnibus partibus postulabatur ut consules eam rem ad senatum referrent. Ut vero arcessitus in curiam censor venit, multo infestius singuli universique praesentem lacerare: «Templum augustissimum regionis ejus, quod non Pyrrhus, non Hannibal violassent, violare parum habuisse, nisi detexisset foede ac prope diruisset. Detractum culmen templo, nudatum tectum patere imbribus putrefaciendum, et censorem moribus regendis creatum, cui sarta tecta[1] exigere sacris publicis et loca tuenda more majorum traditum esset, eum per sociorum urbes diruentem templa nudantemque tecta aedium sacrarum vagari, et quod, si in privatis sociorum aedificiis faceret, indignum videri posset, id deum immortalium templa demolientem facere, et obstringere religione populum Romanum, ruinis templorum templa aedificantem, tamquam non iidem ubique dii immortales sint, sed spoliis aliorum alii colendi exornandique». Cum, priusquam referretur, appareret quid sentirent patres, relatione facta, in unam omnes sententiam ierunt ut eae tegulae reportandae in templum locarentur[2] piaculariaque Junoni fierent. Quae ad religionem pertinent, cum cura facta: tegulas relictas in area templi, quia reponendarum nemo artifex inire rationem potuerit, redemptores nuntiarunt.

TITE-LIVE, XLII, 3.

1. *tecta* = édifices; *sarta* (de *sarcio*) *tecta exigere* = s'assurer que les réparations ont été faites, assurer le bon entretien des édifices. — 2. *locare* = mettre en adjudication.

239 *La mort de Cicéron*

Après l'assassinat de César, Brutus et Cassius n'ont préparé aucun gouvernement et ce sont Antoine et Lépide qui dominent. Cicéron, sorti de sa retraite, mène une lutte active contre Antoine par ses Philippiques. *Il cherche à lui opposer le jeune Octave; mais celui-ci entend bien n'être pas qu'un jouet entre les mains des républicains, et il forme avec Antoine et Lépide le second Triumvirat (fin octobre 43 av. J.-C.; cf. résumé d'histoire). Les proscriptions commencent et, parmi les concessions mutuelles, Octave abandonne Cicéron à la discrétion d'Antoine, qui envoie des soldats pour le tuer (décembre 43).*

M. Cicero sub adventum triumvirorum urbe cesserat, pro certo habens, id quod erat, non magis Antonio eripi se quam Caesari[1] Cassium et Brutum posse. Primo in Tusculanum[2] fugerat; inde transversis itineribus in Formianum, ut ab Caieta navem conscensurus, proficiscitur. Unde[3] aliquotiens in altum provectum[4] cum modo venti adversi rettulissent, modo ipse jactationem navis, caeco volvente fluctu[5], pati non posset, taedium tandem eum et fugae et vitae cepit, regressusque ad superiorem villam[6], quae paulo plus mille passibus a mari abest: «Moriar, inquit, in patria saepe servata». Satis constat servos fortiter fideliterque paratos fuisse ad dimicandum, ipsum deponi lecticam et quietos pati quod sors iniqua cogeret jussisse. Prominenti ex lectica praebentique immotam cervicem caput praecisum est. Nec satis id stolidae crudelitati militum fuit; manus quoque, scripsisse in Antonium exprobrantes, praeciderunt. Ita relatum caput ad Antonium jussuque ejus inter duas manus in rostris positum.

TITE-LIVE, CXX, 1-2.

1. *Caesari*: Octave (C. Julius Caesar Octavianus, depuis son adoption par César). — 2. *Tusculanum* et ensuite *Formianum* désignent des villas que Cicéron possédait à Tusculum et à Formies (cette dernière ville est dans le Latium, à 120 km de Rome, près du port de Gaète). — 3. *unde*: adverbe relatif de liaison = *a Caieta*. — 4. *provectum* est au masculin singulier (sous-entendre *eum*) et sert de complément à *rettulissent*. Il faut de même sous-entendre un démonstratif auprès de quelques autres participes de la version. — 5. *caeco fluctu*: il s'agit d'un mouvement « sourd » — dirions-nous — des flots. — 6. *ad superiorem villam*: la villa est ainsi désignée parce qu'elle n'est pas exactement sur la plage (voir la précision qui suit).

TROGUE POMPÉE

POMPEIUS TROGUS, historien latin du Ier siècle apr. J.-C., nous est connu par son abréviateur Justin. C'était un Gaulois Voconce, un Gaulois du Dauphiné, dont le grand-père avait reçu le droit de cité de Cn. Pompée, dans la guerre de Sertorius. Sans doute TROGUE POMPÉE lui-même s'était-il fixé à Rome. Il composa en latin l'histoire de la Grèce et de l'univers entier jusqu'à l'Empire macédonien de Philippe, d'où le titre d'*Histoires philippiques* (44 livres). Il s'agissait d'une vaste compilation qui commençait par l'empire des Assyriens, passait aux Perses, puis aux Mèdes, aboutissait à la Grèce et faisait une large place à la Macédoine, à Philippe, à Alexandre et aux royaumes orientaux fondés par les lieutenants de ce dernier. Il ne nous reste plus que les prologues des 44 livres et l'abrégé de Justin. L'œuvre de TROGUE POMPÉE était très documentée et d'un style vif, bien qu'il n'y eût pas d'emploi du style direct. Il semble que dans cette *Histoire* le souci de bien dire et d'être éloquent ait primé souvent le souci de la vérité exacte. Par ailleurs TROGUE POMPÉE aurait composé aussi une *Histoire des animaux*, citée par Pline l'Ancien.

■ *ÉLOQUENCE, RHÉTORIQUE ET ÉRUDITION*

L'éloquence

L'éloquence subit une profonde transformation avec l'arrivée du Principat. On ne retrouve plus cette liberté politique et cette atmosphère de violente contestation qui avaient nourri la grande éloquence des dernières années de la République. Assemblées du peuple et délibérations du Sénat ne sont plus que vaines parades, d'autant que l'Empereur possédant la juridiction au civil comme au criminel, les avocats n'ont plus grand-chose à faire au forum. Par conséquent, l'art de la parole n'est plus qu'un jeu et une recherche de style.

On se déprend de Cicéron et de son style majestueux aux amples périodes pour créer une nouvelle forme accumulant les métaphores, les *sententiae* (traits brillants cachant souvent la pauvreté de l'idée), la couleur. On tombe parfois dans le mauvais goût. En fait, l'éloquence va céder le pas à la rhétorique. On préfère la déclamation avec ses exercices d'école: les *suasoriae*, simulacres de délibération, et les *controversiae*, discussions judiciaires où l'on plaide successivement le pour et le contre. On tombe dans l'exhibition mondaine. Les cours de rhétorique donnés par des maîtres renommés attirent énormément de monde.

Comme orateurs, on peut encore citer deux hommes :

T. LABIENUS, descendant du lieutenant de César, orateur agressif qu'on avait surnommé RABIERUS (l'Enragé). Il ne craignit pas de s'attaquer à un protégé de Mécène. Il avait également écrit une *Histoire*, qui fut brûlée en 12 sur ordre du Sénat. Il s'enferma dans le tombeau de ses ancêtres et s'y laissa mourir. Il apparaissait visiblement comme un révolté.

CASSIUS SEVERUS, fils d'un affranchi, s'attaqua violemment à l'aristocratie romaine et fut exilé successivement en Crète, puis à Seriphos où il mourut très vieux.

Ce sont bien les rhéteurs qui l'emportent à cette époque. Ils sont bon nombre. Le plus connu pour nous est SÉNÈQUE LE PÈRE; chose curieuse, il n'enseigna jamais la rhétorique.

C'est grâce à Sénèque le Père que nous connaissons bien les rhéteurs de l'époque augustéenne :

M. PORCIUS LATRO, un Espagnol ami de Sénèque le Père, mort en −4/−3, était robuste, plein d'énergie et ne ménageait personne. Il avait une mémoire extraordinaire. Il apportait dans son éloquence une sorte de romantisme espagnol. S'il abusait de l'emphase, il ne manquait ni de vivacité ni de finesse. Il fut le maître d'Ovide.

ARELLIUS FUSCUS fut aussi le maître d'Ovide. Brillant et affecté, rehaussant sa rhétorique de citations grecques, il semble revenir à l'asiatisme. Ses développements étaient prolixes et décousus.

Citons encore pour mémoire : C. ALBUCIUS SILUS, né vers −55, mort vers +10, orateur recherché et trivial à la fois; GALLIO et L. CESTIUS PIUS.

SÉNÈQUE LE PÈRE OU LE RHÉTEUR

MARCUS ANNAEUS SENECA vécut de −60/−55 à +37/+39. Il naquit d'une famille équestre romaine établie à Cordoue en Espagne depuis assez longtemps. Mais il vint s'installer très tôt à Rome (vers −43). Il s'y intéressa aux leçons des rhéteurs et en particulier de Porcius Latro. Il vécut à Rome jusqu'à sa mort. C'était un homme de grande intelligence, de vaste érudition et d'une mémoire prodigieuse. C'est grâce à cette mémoire et à des notes prises sous Auguste qu'il put, à l'époque de Caligula, recueillir pour ses fils les thèmes d'exercices, les formules et même des fragments des principaux rhéteurs qu'il avait entendus. Car il avait eu trois fils — Novatus, Méla et Sénèque le Philosophe — d'une Espagnole, Helvia, avec laquelle il s'était marié.

C'est donc à leur demande et dans ses dernières années qu'il écrivit l'*Oratorium et rhetorum sententiae, divisiones, colores*, en dix livres, dont il nous reste cinq, plus des abrégés. SÉNÈQUE pose le sujet, le nom des auteurs, les traits et les pensées brillantes (*sententiae*) des rhéteurs, les plans (*divisiones*), les artifices ingénieux (*colores*). L'ouvrage se divise en deux parties : les *Suasoires* ou *Suasoriae* (il en reste un livre) et les *Controverses* ou *Controversiae* (dont il reste les livres VII, VIII, X et des extraits des autres livres). Les *Suasoires* sont les premiers exercices dans lesquels les élèves feignaient d'engager un personnage à agir dans tel ou tel sens : Agamemnon délibère pour savoir s'il sacrifiera ou non sa fille Iphigénie; Cicéron délibère pour savoir s'il demandera ou non sa grâce à Antoine ou encore s'il brûlera les *Philippiques* pour obtenir la vie sauve. Les *Controverses*, elles, posent, sous forme de débats, des problèmes juridiques : supposons qu'un maître malade ordonne à un esclave de le tuer par le poison et que l'esclave refuse. Le maître ordonne par testament de crucifier l'esclave. Celui-ci fait appel aux tribuns. Un autre exemple : un père riche renie ses trois fils et veut adopter le fils d'un pauvre. Le pauvre y consent, mais le fils de celui-ci refuse l'adoption. Son père le renie. Plaidoyer du fils contre le père. On voit que les rhéteurs ne craignaient pas les complications. Tout d'ailleurs dans ces écrits n'est pas uniquement compliqué ou de mauvais goût. On y trouve de précieuses remarques psychologiques, d'heureuses notations. Et dans les préfaces des différents livres, on rencontre des documents sur la transformation de l'éloquence et on apprend à connaître les principaux orateurs de l'époque.

Remarquons que c'est à tort qu'on a appelé Sénèque le Père, Sénèque le Rhéteur, puisqu'il n'a jamais tenu école de rhétorique.

Le droit

La jurisprudence et l'histoire du droit comptent alors deux écrivains importants qui vont créer des écoles rivales. « Le même siècle vit briller ces deux ornements de la paix [...] : *Labeo*, d'une indépendance inflexible, avait pour cette raison une renommée plus populaire; *Capito*, habile courtisan, était plus avant dans la faveur des maîtres. L'un ne parvint qu'à la préture, ce qui lui valut la considération que fait naître l'injustice; l'autre fut consul ce qui lui valut la haine que fait naître l'envie » (Tacite, *Annales*, III, 75, traduction Burnouf et H. Bornecque). M. ANTISTIUS LABEO était un novateur en jurisprudence; stoïcien, il n'admet en droit que les principes de la raison. Au contraire, C. ATEIUS CAPITO défendait les traditions anciennes.

L'érudition

L'érudition et la science ont quelques écrivains assez connus. Certains d'entre eux s'intéressaient à la grammaire, car elle était devenue une profession lucrative et considérée. Ils ne se contentent pas d'explorer ce domaine, mais deviennent des critiques autorisés parce qu'ils sont amenés, en expliquant les poètes, à les critiquer et à les classer.

M. VERRIUS FLACCUS est avant tout un grammairien qui vécut à l'époque d'Auguste : il fut le précepteur de ses petits-fils; des fragments de son œuvre nous sont parvenus par l'intermédiaire de Festus (IIIe siècle) et de Paul Diacre (VIIIe siècle). Il est l'auteur de traités : *Sur le sens des mots* (*De verborum significatu*), *Sur l'orthographe* (*De orthographia*), *Sur les mots archaïques chez Caton* (*De priscis verbis Catonis*), et de *Fasti praenestini*.

HYGIN (CAIUS JULIUS HYGINUS) vécut entre −64 et +17. Ce polygraphe romain d'origine espagnole suivit les leçons du grammairien Cornelius Alexander. Affranchi d'Auguste, il reçut une solide formation et fut nommé directeur de la bibliothèque Palatine, créée par Auguste. Il fut l'ami d'Ovide. On lui a attribué des *Fabulae* (217 *Fables* mythologiques) et un *De astronomia* (recueil de légendes astronomiques), mais cette attribution est très contestée. Sont assurément de lui des œuvres comme : *Sur les hommes illustres*, *Les Familles troyennes*, *L'Origine et l'Emplacement des villes d'Italie*. On lui attribue surtout des *Commentaires* sur Helvius Cinna et Virgile. Cependant ce qui nous reste de lui est d'une langue si pauvre qu'on a du mal à croire qu'il s'agit de l'œuvre authentique d'un homme si cultivé.

Q. CAECILIUS EPIROTA est un grammairien de l'époque d'Auguste, commentateur de Virgile et des poètes contemporains. On ne cite pas d'ouvrage de lui. Né à Tusculum, affranchi d'Atticus, il fut chargé de l'éducation de la famille de ce dernier. Mais ses rapports avec l'un de ses élèves parurent rapidement suspects. Il dut s'en aller et devint l'intime de Cornelius Gallus. Après la mort de celui-ci, il créa une école ouverte seulement à un petit nombre de jeunes gens. Le premier, en latin, il engagea devant un auditoire des discussions techniques improvisées et commenta les poètes modernes. Considérables furent les répercussions sur l'enseignement du latin et sur la littérature. Par la suite, on étudiera dans ses classes les poètes modernes : ainsi Ovide, puis Lucain, Stace. Il aurait reçu pour cela le sobriquet de « nourrice des poètes au maillot ».

Il ne faut pas oublier M. VIPSANIUS AGRIPPA, le lieutenant, collaborateur et ami d'Auguste qui, en dehors de son activité politique et militaire, eut une intéressante production littéraire et scientifique. Il écrivit une *Autobiographie* (*De vita sua*) en plusieurs livres. Le titre de géographe lui convient davantage. Quand il mourut (+12), il préparait une carte du monde. À propos de cette carte, Pline l'Ancien parle des *Commentaires* d'Agrippa et leur prête le caractère géographique, *Commentaires* qu'il avait consultés personnellement. Frontin fait également allusion aux *Commentaires sur les adductions d'eaux* du même Agrippa. Ce dernier, on le sait, était un urbaniste qui améliora la vie des Romains.

Si Agrippa est l'urbaniste de la Rome nouvelle, VITRUVE en est l'architecte renommé. Il est l'auteur technique le plus important de cette époque. MARCUS VITRUVIUS POLLIO, ancien ingénieur d'Auguste pour les machines militaires, dirigea les embellissements de Rome. Dans un âge avancé, il écrivit un *De architectura* en dix livres, (vers les années −25/−23) et en fit la dédicace à Auguste. Il y traitait en technicien des ordres d'architecture, de la construction des temples, de l'urbanisme public et privé, de l'hydraulique, de la construction des cadrans solaires. Cet ouvrage, écrit dans un style simple et clair, eut une influence considérable sur les hommes de la Renaissance et au XVIIe siècle. L'architecte Claude Perrault le traduisit.

LE PREMIER SIÈCLE APR. J.-C. DE TIBÈRE À TRAJAN (14 À 117)

LE CLIMAT SOCIAL ET ARTISTIQUE SOUS LES JULIO-CLAUDIENS (14 à 68)

« Ovide et les lettrés de la seconde génération augustéenne montraient déjà du détachement sinon du sens critique face à l'autorité de l'empereur. L'*exil* d'Ovide à Tomes symbolise la faillite de cette politique culturelle qui avait eu dans Mécène son grand organisateur et dans Virgile, Horace et Tite Live — éloignés de la vie active et de la noblesse sénatoriale — les artisans d'un succès littéraire qu'il était folie d'espérer » (d'après R. Badali). Les gens n'avaient plus cette raison d'adhérer au régime, car pour cette génération les guerres civiles étaient lointaines; c'est pourquoi les Julio-Claudiens, qui ne pouvaient plus assumer la direction de la vie intellectuelle et les mouvements d'idées, les laissèrent entre les mains de la vieille aristocratie politique.

En dépit des apparences que voulait garder Tibère, l'empereur exerce de plus en plus un pouvoir absolu, soit personnellement, soit par l'intermédiaire de personnes de confiance (on pense à Séjan et aux affranchis Narcisse et Pallas). Se crée autour de l'empereur une cour à l'étiquette rigoureuse. Il pouvait se le permettre, on le vit à l'avènement de Tibère : « À Rome, tous se ruaient à la servitude; consuls, sénateurs, chevaliers, plus faux et plus empressés à la proportion de la splendeur des rangs, se composant le visage pour ne paraître ni joyeux à la mort d'un prince, ni tristes à l'avènement d'un autre, mêlant les pleurs, la joie, l'adulation » (Tacite, *Annales*, I, 7, trad. Burnouf et H. Bornecque). Les empereurs successifs de 14 à 68 sont des lettrés et des hommes cultivés : Tibère bon orateur, Caligula déclamateur brillant, Néron poète et citharède. Mais ce sont des dilettantes.

L'empereur CLAUDE présente un cas particulier. Ce fut un empereur érudit. Il laissa une œuvre considérable dont il ne reste que des fragments : une *Histoire des Tyrrhéniens* (ou *Antiquités étrusques*) en 20 livres et des *Antiquités carthaginoises* en 8 livres. Il entreprit même une *Histoire de Rome* qui commençait à la mort de César. Grammairien averti, il créa trois lettres pour noter certains sons, mais sa tentative ne put aboutir. Il rédigea ses *Mémoires*, une *Autobiographie* en 8 livres que Néron et sa mère refusèrent de transmettre à la postérité, —

ce qui donna l'idée à l'écrivain anglais Robert Graves d'écrire les mémoires apocryphes de cet empereur: *Moi, Claude* —. D'après Suétone, cette autobiographie était un ouvrage bien écrit, mais révélateur d'une intelligence bornée. Deux discours de Claude sont conservés. Ils « mêlent les vues pénétrantes aux vaines observations, les tours élégants et une aisance livienne aux parenthèses, aux anacoluthes, aux arrêts : images d'un esprit mal équilibré où le talent cohabite avec la folie » (H. Bardon).

Si les princes s'intéressent à la littérature, comme tous les despotes ils sont soupçonneux et font peser cette suspicion sur les écrivains. Cremutius Cordus se laisse mourir de faim parce qu'il est accusé de lèse-majesté par des affidés de Séjan. Sénèque sera exilé par Claude et devra s'ouvrir les veines sous le règne de Néron qui, par ailleurs, interdit les lectures de Lucain par jalousie et lui donnera finalement l'ordre de se donner la mort. Ceci explique la défiance des écrivains et parfois leur flagornerie. Car c'est le règne des délateurs. Les grandes familles vont être décimées par ces empereurs qui confisquent leurs biens au profit de ces mêmes délateurs ou de leurs favoris. C'est une société cosmopolite qui va aider et encourager les écrivains : sénateurs, chevaliers, riche bourgeoisie de province et même affranchis enrichis par le régime, le plus souvent originaires d'Orient. L'orgueil national tend à disparaître au profit de multiples curiosités. Cet orientalisme est équilibré par la poussée des provinces occidentales, en particulier de l'Espagne qui fournit à Rome les Sénèque, Lucain, Columelle et, dans la seconde partie du siècle, lui donnera Quintilien et Martial.

La haute société continue à se livrer aux dépenses, aux plaisirs, à la débauche. Mais cette corruption n'est pas aussi générale qu'on pourrait le penser, car l'aristocratie et la bourgeoisie provinciales, gardiennes des anciennes traditions, exercent une véritable réaction contre ces mœurs dépravées. La famille va se transformer, la condition de la femme s'améliorer. Sous l'influence des philosophies et même des religions, des idées d'égalité se répandent à Rome (voir Sénèque, versions n°s 296 et 308).

Cette société, formée à la même école d'*humanités* et par les voyages dans l'Empire, reste passionnée des choses de l'esprit. On continue à créer des cercles littéraires, les *recitationes* se multiplient où on lit poésies, tragédies, épopées, fragments historiques ou discours. Les bibliothèques s'enrichissent et attirent de nombreux lecteurs. Elles constituent d'ailleurs un lieu de rencontres privilégié.

La plèbe romaine s'est habituée à se faire nourrir et amuser par les empereurs : *panem et circenses* (du pain et des jeux). Il existe cependant une plèbe qui vit de petits métiers, par le « clientélisme » ou parfois des activités inavouables. C'est chez les marchands et les artisans qu'on rencontre encore des citoyens romains au sens ancien du mot. Les ruraux sont de plus en plus sacrifiés et la petite propriété disparaît progressivement au profit des latifundia qui emploient une main-d'œuvre servile. Ces ruraux abandonnent la campagne et viennent grossir le nombre des parasites à la ville, phénomène qu'on retrouve à notre époque. Le citoyen romain cède le pas devant l'affranchi triomphant.

La religion nationale se maintient sous la pression des empereurs et même s'affermit en subissant de profondes modifications sous l'influence de la philosophie et des religions orientales. On comprend mieux la prédominance, à cette époque, du stoïcisme qui correspond au vieil esprit latin et, par sa morale, prémunit contre toutes les vicissitudes du moment. Les religions orientales sont de plus en plus populaires et la superstition, même chez les empereurs, exerce toujours son pouvoir. Enfin le christianisme s'introduit à Rome où il fait de rapides progrès.

L'architecture et la sculpture restent florissantes. En opposition avec la simplicité augustéenne, l'architecture impériale devient imposante, fastueuse et solennelle. « On recherche aussi la variété par le mélange des styles, l'effet par la surcharge des ornements et le colossal. Néron fait élever dans sa *Maison d'or* une statue qui a trente mètres de haut et le représente avec les attributs du dieu Soleil » (J. Humbert). Une visite à Pompéi peut montrer toute la diversité des constructions, des ornements et des fresques. Les portraits restent réalistes, dans le goût romain.

Après le classicisme de la période augustéenne, nous nous trouvons en présence d'une réaction baroque, faite de sensibilité, de pathétique et d'étrange. L'influence du « romantisme » espagnol n'y est pas étrangère : pensons aux écrivains originaires d'Espagne. Mais le style tourmenté de Pergame influence art et littérature. Rome garde pourtant son goût de la truculence et de la fantaisie : il suffit de lire le *Satiricon* de Pétrone.

■ *LA PROSE*

Les historiens rhéteurs

Le nouveau régime était peu favorable à l'histoire. C'était un genre où l'on pouvait laisser la vie. Si elle est florissante, elle ne permet guère de garder l'impartialité. Chacun se moque d'être impartial, les uns étant les courtisans du pouvoir, les autres ses ennemis.

Nombre d'auteurs ont disparu complètement. Grâce à quelques vagues allusions, nous savons les noms des écrivains, mais nous ne possédons pas leurs œuvres : A. CREMATIUS CORDUS, AUFIDIUS BASSUS (*Histoire des guerres de Germanie*), ASCONIUS qui composa cinq commentaires des discours de Cicéron et une *Vie de Salluste*. Il faut ajouter les *Mémoires* de Tibère, de Claude, d'Agrippine et des généraux Corbulon et C. Suetonius Paulinus.

Les générations suivantes ont conservé les œuvres de trois historiens qui aimaient les *sententiae* et qui se distinguaient par l'ingéniosité, par le brillant et, hélas !, par les fautes de goût. Ce sont les historiens rhéteurs.

C. VELLEIUS PATERCULUS

D'origine campanienne, il naquit aux environs de −19 d'une famille de militaires et lui-même fut officier. Tout ce que nous savons de lui, nous le puisons dans ce qu'il nous reste de ses *Historiae romanae*. Après avoir servi en Orient (+4), il suivit Tibère en Germanie comme *praefectus equitum* (préfet de cavalerie) et travailla sous ses ordres à peu près huit ans. En 14, il obtint la préture, il avait environ 32 ans.

Rentré dans la vie civile, il put satisfaire ses aspirations littéraires et composa ses *Historiae* en deux volumes qu'il publia sous le consulat de M. Vicinius, ami et créature de Tibère. Il lui dédia son ouvrage : d'où le titre exact *Historiae romanae ad M. Vicinium consulem libri duo*. Il mourut probablement jeune, peut-être impliqué dans l'affaire de Séjan.

Dans le livre I, il raconte l'histoire du monde depuis l'établissement des Grecs en Italie jusqu'à la chute de Carthage et le livre II va jusqu'à la mort de Livie, mère de Tibère (+29). Cet abrégé de l'histoire universelle nous est parvenu avec des lacunes. Visiblement l'auteur n'a guère fait de recherches personnelles et s'est contenté de lire les ouvrages antérieurs. Ces *Historiae* sont mal équilibrées. VELLEIUS résume rapidement l'histoire de la République romaine, mais s'étend à plaisir sur les règnes d'Auguste et de Tibère. La thèse est bien précise : il voulait écrire une œuvre de longue haleine sur Tibère. Seule la mort l'en empêcha. On comprend pourquoi il considère que J. César est plus grand qu'Alexandre, qu'Auguste a sauvé le monde à Actium, que Tibère est un modèle de modestie et de libéralité. Il faut songer que VELLEIUS nous dépeint surtout le jeune général qu'il a connu et non le cruel vieillard misanthrope de Capri.

Il n'est donc pas un adulateur servile et montre parfois de l'indépendance d'esprit en faisant l'éloge de Tiberius Gracchus, de Pompée, de Cicéron. Il a même de l'originalité : en témoin vigilant et intéressé des vicissitudes de Rome et de son époque, il se refuse à séparer l'activité intellectuelle du contexte historique. Il parle même de la science. Il se rend parfaitement compte de la décadence de l'art oratoire qu'il impute aux changements des conditions politiques.

Il recherche la rapidité et la clarté, variant adroitement l'allure et le ton. On retrouve chez lui l'influence de Salluste surtout dans la recherche des réflexions morales, des portraits nets et des formules heureuses. Ce qui lui nuit, c'est l'abus des artifices rhétoriques qui lassent l'attention et donnent l'impression de l'artificiel.

VALÈRE-MAXIME

M. Valerius Maximus est un historien de l'époque d'Auguste et de Tibère (Ier siècle). Nous savons très peu de chose sur cet écrivain. Il suivit en 14 Sextus Pompée, petit-neveu du grand Pompée, en Asie et servit sous ses ordres. Il occupait sans doute un emploi de légat. Il rechercha la faveur de Tibère et fréquenta peut-être la cour.

Il est l'auteur d'une compilation en neuf livres : les *Faits et dits mémorables* (*Factorum et dictorum memorabilium, libri IX*). Cette œuvre semble avoir été lue d'abord en public, et l'ordre dans lequel les différents livres ont été réunis ne reproduit probablement pas l'ordre de la publication. La plus grande partie de l'ouvrage a dû être publiée entre 27 et 37, le second livre a dû l'être à l'époque de Claude. L'auteur a indiqué lui-même son intention dans la *Préface* dédiée à Tibère : « J'ai résolu d'établir un choix tiré des historiens célèbres pour épargner à ceux qui veulent puiser des enseignements dans l'histoire la peine d'une longue enquête. Je n'ai pas eu par ailleurs le désir de tout embrasser. » Son idée était donc de faire un répertoire à l'usage des historiens, des orateurs et autres écrivains. Il s'occupe également, comme il l'a dit, à décrire les vertus et les vices des hommes (*vitae humanae cum bona tum etiam mala*). Il se présente donc aussi comme un moraliste.

Le plan de l'ouvrage, on peut le comprendre d'après ce qui vient d'être dit, n'est pas très cohérent. Dans chaque livre, les exemples étrangers sont rejetés à la fin. Le premier livre traite de la religion, des cultes étrangers refusés par les Romains, des auspices, des présages, des songes, etc.; le second, des usages : mariage, devoirs des magistrats, coutumes militaires, spectacles, etc.; le troisième, du caractère, de la bravoure, de l'endurance, etc.; le quatrième, de la modération, du désintéressement, de la pauvreté, de l'amour conjugal, de l'amitié; le cinquième, de l'humanité, de la reconnaissance, de l'ingratitude, de la piété filiale, etc.; le sixième, de la pudeur, de la sévérité, de la justice, de la foi publique ou matrimoniale, etc.; le septième mélange le bonheur, la sagesse en paroles et en actions, la finesse, la nécessité, etc.; le huitième parle de questions de justice et de jugements publics; le neuvième des défauts et des morts extraordinaires.

D'où Valère-Maxime a-t-il tiré toutes ces anecdotes ? il ne le dit pas; mais visiblement il doit beaucoup à Tite-Live, Cicéron, Salluste, Trogue Pompée et peut-être à Caelius Antipater, Varron et Pomponius Rufus. Malheureusement, il n'a pas un grand sens historique et commet des erreurs grossières, confondant les époques, se contredisant parfois, racontant de manière inexacte. Il n'a pas le goût de la vérité. Il accueille tout ce qu'il rencontre et en général l'embellit. Profondément romain et patriote, il est attaché au passé et voudrait voir revivre la religion de la cité et les vertus ancestrales qui ont fait la grandeur de l'Empire. Cependant il y a en lui une douceur de sentiments qui l'empêche d'approuver toujours la brutalité du passé et lui fait approuver des mœurs plus humaines.

Il a cherché à faire œuvre littéraire : on l'oublie parfois. Son ouvrage, destiné aux lectures publiques, pratique facilement la forme du discours. Par malheur, ses procédés sont monotones et il a recours aux amplifications oratoires et aux formules de l'esprit. Il manque aussi de goût. Bref, avec cet écrivain, nous sommes plus près de la rhétorique que du talent et de l'histoire.

QUINTE-CURCE

QUINTUS CURTIUS RUFUS est un historien latin dont on ignore à peu près tout. D'après certaines allusions de son texte, on pense qu'il fut contemporain de l'empereur Claude (Ier siècle). L'individu reste mystérieux. On n'a aucune raison de le confondre avec le Curtius Rufus dont parlent Tacite et Pline le Jeune.

Il a écrit une *Histoire d'Alexandre* en dix livres dont les deux premiers sont perdus. Le contenu en est à peu près le suivant :

— Livre III : Le nœud gordien, maladie d'Alexandre, bataille d'Issos, près de Damas.

— Livre IV : Soumission de la Syrie, siège de Tyr. Expédition d'Égypte, visite au temple d'Hammon, fondation d'Alexandrie, retour en Syrie, bataille d'Arbèles.

— Livre V : Prise de Babylone et de Suse, incendie de Persépolis; assassinat de Darius par le satrape Bessus.

— Livre VI : Conquête de l'Hyrcanie. Alexandre adopte les mœurs perses; échec d'une conspiration contre lui.

— Livre VII : Meurtre de Parménion; les déserts de la Sogdiane; traversée de l'Oxus, guerre victorieuse contre les Scythes.

— Livre VIII : Meurtre de Clitus; Alexandre décide de conquérir l'Inde; nouvelle conspiration, supplice de Callisthène; victoire sur Porus, conquête de l'Inde.

— Livre IX : Alexandre cède devant les murmures de ses soldats. Construction d'une flotte, le retour.

— Livre X : L'arrivée en Perse. Maladie et mort d'Alexandre. Problèmes de la succession.

Il s'agit d'une vie romancée plus que d'une véritable histoire. Certes l'écrivain a trouvé chez les auteurs qui lui ont servi de sources — Clitarque, Callisthène, Théophraste, Ératosthène, Timée Timagène — bien des fables ou des textes que faussaient soit l'admiration, soit l'esprit antimacédonien, mais il y a en plus chez lui des défauts évidents d'information, imputables parfois à ses sources : erreurs matérielles, lacunes, confusions, obscurités. Il ignore la tactique militaire, la géographie, la chronologie. Son imagination l'entraîne à goûter tout ce qui est invraisemblable ou merveilleux. En outre, en rhéteur, il voit dans l'histoire une matière à belles narrations et à beaux discours. Enfin, guidé par le point de vue moralisant, QUINTE-CURCE a voulu à tout prix montrer Alexandre corrompu par l'Orient et blâmer sa cruauté et sa tentative de divinisation.

Et pourtant, la réussite de QUINTE-CURCE est indéniable. Tout d'abord, en dépit de toutes ses faiblesses d'historien, il sait faire preuve parfois d'un esprit critique inattendu; il sait exprimer des doutes, trancher sur le vague de ses prédécesseurs, prendre position. Il est souvent séduit par le merveilleux, mais il n'altère jamais la figure de son héros dont il a saisi la dualité : un caractère violent et un génie surhumain, expliquant ainsi les attitudes différentes qu'ont pu prendre les historiens à l'égard d'Alexandre. Il a su en outre faire confiance à deux bons historiens : Aristobule et Ptolémée.

Les qualités littéraires sont remarquables : composition nette, mettant en relief les passages essentiels, narration alerte, allant toujours du même rythme, sens du pittoresque et du caractéristique; dans les descriptions de l'Inde, on peut même dire qu'il a le sentiment de l'exotisme. En outre, c'est un esprit curieux qui s'attache à tout : géographie, civilisation, mœurs. Enfin il a su dépasser la rhétorique; il y a en lui de l'orateur et dans certains passages il parvient à l'éloquence, parfois même à celle du cœur. Il atteint ainsi un triple but : charmer, instruire, émouvoir. Le vocabulaire est simple et clair, sans grands archaïsmes, avec quelques tours poétiques. Le style est inégal mais en général soigné, tout en mouvement : répétitions, interrogations, ellipses, brièveté. Il peut avoir également du charme et de la douceur.

Bref, nous nous trouvons en présence d'un écrivain trop souvent décrié, d'un artiste au talent réel qu'appréciait le Moyen Âge et qui inspira les auteurs de la geste d'Alexandre.

240 Considérations sur la grandeur et la décadence des arts

Bien avant Voltaire, Velleius Paterculus fit une place dans son histoire aux grands noms de la littérature. Il vient de noter le grand nombre d'artistes et d'écrivains de talent vers l'époque de Térence et vers celle de Cicéron, et la grande perfection atteinte, qui ne dura qu'un bref espace de temps. Il cherche maintenant les causes générales d'une telle, et si brève, concentration.

Hujus ergo referentis inque saeculum congregantis se ingeniorum similitudinis et in studium par et in emolumentum causas cum saepe requiro[1], numquam reperio quas esse veras confidam, sed fortasse verisimiles; inter quas has maxime: aluntur aemulatione ingenia, et nunc invidia, nunc admiratio imitationem accendit; naturaque[2] quod summo studio petitum est ascendit in summum; difficilisque in perfecto mora[3] est, naturaliterque quod procedere non potest recedit. Et, ut primo ad consequendos quos priores ducimus accendimur, ita, ubi aut praeteriri aut aequari eos posse desperavimus, studium cum spe senescit, et quod adsequi non potest, sequi desinit, et, velut[4] occupatam relinquens materiam, quaerit novam; praeteritoque eo in quo eminere non possumus, aliquid in quo nitamur conquirimus, sequiturque ut frequens ac mobilis transitus maximum perfecti operis impedimentum sit.

VELLEIUS PATERCULUS, I, 17.

1. *hujus... similitudinis* est complément de *causas*; les participes *referentis* et *congregantis*, accordés grammaticalement avec *similitudinis*, se rapportent pour le sens à *ingeniorum* (= *ingeniorum referentium... congregantium...*). *In studium par* et *in emolumentum (par)* : *in* + acc. marque l'orientation, le but cherché. — 2. *natura :* ablatif à valeur adverbiale. — 3. *mora* = arrêt, station, possibilité de se maintenir. — 4. *velut*: porte sur *occupatam* (s.e. *ab aliis*).

241 Les proscriptions

Les guerres civiles, qui déchaînèrent dans les partis les passions les plus violentes, entraînèrent aussi les répressions et les vengeances les plus féroces. Le moyen le plus honteux qu'on utilisa fut la proscription, qui consiste en la mise hors la loi des indésirables : leurs biens sont confisqués, et une prime payée à qui les tue; les délateurs étaient légion, car ils touchaient une part des biens de la victime. Le moyen avait déjà été utilisé avant Sylla, mais c'est avec lui que le système atteignit toute son horreur. Il devait longtemps survivre à son inventeur.

Videbantur finita belli civilis[1] mala, cum Sullae crudelitate aucta sunt. Quippe dictator creatus (cujus honoris usurpatio per annos CXX intermissa; nam proximus[2] post annum quam Hannibal Italia excesserat: uti appareat populum Romanum usum dictatoris instante metu desiderasse, depulso eo timuisse potestatem) imperio, quo priores[3] ad vindicandam a maximis periculis patriam usi erant, eo in immodicae crudelitatis licentiam usus est. Primus ille — et utinam ultimus[4]! — exemplum proscriptionis invenit, ut, in qua civitate petulantis convicii judicium histrioni ex albo redditur, in ea[5] jugulati civis Romani publice constitueretur auctoramentum, plurimumque haberet qui plurimos interemisset, neque occisi hostis quam civis uberius foret praemium, fieretque quisque merces mortis suae. Nec tantum in eos qui contra[6] arma tulerant, sed in multos insontes saevitum. Adjectum etiam ut bona proscriptorum venirent[7], exclusique paternis opibus liberi etiam petendorum honorum jure prohiberentur; simulque, quod indignissimum est, senatorum filii et onera ordinis sustinerent et jura perderent.

VELLEIUS PATERCULUS, II, 28.

1. *belli civilis :* celle de Marius et de Sylla. — 2. *proximus (dictator).* — 3. *priores (dictatores).* — 4. *et utinam ultimus (fuisset).* — 5. *in qua civitate... in ea :* antécédent inclus dans la relative = *in ea civitate, in qua...redditur, jugulati...*; *ex albo* = d'après l'édit du préteur. — 6. *contra :* adverbe = d'une manière hostile, en adversaire. — 7. *venirent :* ne vient pas de *venio,* mais de *veneo.*

242 La famille d'Octave

Octave fut adopté par César, mais il était de sa famille. Voici ce que Velleius Paterculus nous apprend à ce sujet.

Fuit C. Octavius[1], ut non patricia, ita admodum speciosa equestri genitus familia, gravis, sanctus, innocens, dives. Hic praetor inter nobilissimos viros creatus primo loco[2], cum ei dignatio Julia[3] genitam Atiam conciliasset uxorem, ex eo honore sortitus Macedoniam appellatusque in ea imperator, decedens ad petitionem consulatus obiit, praetextato relicto filio : quem C. Caesar, major ejus avunculus[4], educatum apud Philippum vitricum dilexit ut suum, natumque annos XVIII Hispaniensis militiae[5] assecutum se postea comitem habuit, numquam aut alio usum hospitio quam suo aut alio vectum vehiculo; pontificatusque sacerdotio puerum honoravit; et, patratis bellis civilibus, ad erudiendam liberalibus disciplinis singularis indolem juvenis, Apolloniam eum in studia miserat, mox belli Getici ac deinde Parthici habiturus commilitonem.

VELLEIUS PATERCULUS, II, 59.

1. *C. Octavius :* le père du futur empereur. — 2. *loco :* c'est-à-dire qu'il avait obtenu le plus de voix. — 3. *Julia :* la sœur de César. — 4. *major avunculus :* ici « grand-oncle maternel ». L'expression désigne d'ordinaire l'arrière-grand-oncle. — 5. *Hispaniensis militiae :* génitif complément de *comitem* (cf. plus bas *belli Getici... commilitonem).*

243 Oraison funèbre de Cicéron

Arrivé à l'assassinat de Cicéron (décembre 43), l'historien interrompt son récit pour interpeller, par-delà le temps, le coupable Marc-Antoine, et dénoncer la vanité de son crime.

Nihil tamen egisti, M. Antoni, mercedem caelestissimi oris et clarissimi capitis abscissi numerando[1], auctoramentoque funebri ad conservatoris quondam reipublicae tantique consulis irritando necem[2]. Rapuisti tum Ciceroni lucem sollicitam et aetatem senilem et vitam miseriorem, te principe, quam sub te triumviro mortem, famam vero gloriamque factorum atque dictorum adeo non abstulisti ut auxeris : vivit vivetque per omnium saeculorum memoriam; dumque hoc vel forte, vel providentia, vel utcumque constitutum rerum naturae corpus[3], quod ille paene solus Romanorum animo vidit, ingenio complexus est[4], eloquentia illuminavit, manebit incolume, comitem aevi sui laudem Ciceronis trahet, omnisque posteritas illius in te scripta mirabitur, tuum in eum factum exsecrabitur; citiusque e mundo genus hominum quam Ciceronis memoria cadet.

VELLEIUS PATERCULUS, II, 66.

1. *mercedem... numerando* : Cicéron avait été porté sur la liste des proscrits et sa tête mise à prix. Cf. introd. de la version n°239. — 2. *irritando necem* : construire : *irritando ad necem... auctoramento funebri*. — 3. *corpus* : rapprocher *hoc... corpus*; *hoc corpus* est sujet de *manebit* et aussi du verbe principal *trahet*. — 4. *complexus est* : songer aux écrits philosophiques et moraux de Cicéron.

244 Curiosité d'un sauvage

L'auteur fut préfet de la cavalerie dans l'armée de Tibère qui opérait en Germanie, à la fin du règne d'Auguste. Son admiration pour le futur empereur nous vaut la petite anecdote suivante dont il a sûrement été témoin.

Cum citeriorem ripam praedicti fluminis[1] castris occupassemus, et ulterior armata hostium juventute fulgeret, sub omnem motum nostrarum navium protinus refugientium[2], unus e barbaris, aetate senior, corpore excellens, dignitate, quantum ostendebat cultus, eminens, cavatum, ut illis mos est, ex materia[3] conscendit alveum solusque id navigii genus temperans, ad medium processit fluminis, et petiit liceret sibi sine periculo in eam quam armis tenebamus egredi ripam ac videre Caesarem. Data petenti facultas. Tum, appulso lintre, et diu tacitus contemplatus Caesarem : « Nostra quidem », inquit, « furit juventus, quae, cum vestrum[4] numen absentium colat, praesentium potius arma metuit quam sequitur fidem. Sed ego, beneficio et permissu tuo, Caesar, quos ante audiebam hodie vidi deos, nec feliciorem ullum vitae meae aut optavi aut sensi diem ». Impetratoque[5] ut manum contingeret, reversus in naviculam, sine fine respectans Caesarem, ripae suorum appulsus est.

VELLEIUS PATERCULUS, II, 107.

1. *praedicti fluminis* : l'Elbe, dont l'auteur vient de parler. — 2. *refugientium* : dépend de *hostium*. — 3. *materia* = un tronc d'arbre. — 4. *vestrum* = ici génitif du pronom personnel. — 5. *impetrato* : ablatif absolu, formé d'un seul mot. Son sujet réel est « *ut manum Caesaris contingeret* ».

245 Certaines circonstances religieuses entourèrent la mort de Marcellus

Valère-Maxime nous rapporte un certain nombre de faits qu'il prétend historiques concernant l'observance de la religion, les mensonges religieux, les présages, les prodiges, les songes, les miracles. C'est dans ce chapitre des prodiges qu'il nous parle de la mort de Marcellus (208 av. J.-C.) pendant la seconde guerre punique.

Marcellus captarum Syracusarum et Hannibalis ante Nolana[1] moenia a se primum fugere coacti gloria inflammatus, cum summo studio niteretur ut Poenorum exercitum aut in Italia prosterneret aut Italia pelleret solemnique sacrificio voluntates deorum exploraret, quae prima hostia ante foculum cecidit, ejus jecur sine capite[2] inventum est; proxima caput jecinoris duplex habuit. Quibus inspectis haruspex tristi vultu non placere sibi exta, quia secundum[3] truncata laeta apparuissent, respondit. Ita monitus M. Marcellus ne quid temere conaretur, insequenti nocte speculandi gratia cum paucis egredi ausus, a multitudine hostium in Bruttis[4] circumventus aeque magnum dolorem ac detrimentum patriae interitu suo attulit.

VALÈRE-MAXIME, I, 6, 9.

1. Nole : ville située près de Capoue et de Naples. — 2. les Latins tiraient des signes de l'examen des protubérances et des extrémités saillantes du foie. Celle du lobe droit était appelée « *caput* » (tête). On avait des signes favorables ou défavorables selon que les viscères étaient gras *(laeta)*, mal conformés *(turpia)* ou incomplets *(trunca)*. — 3. *secundum* est une préposition. — 4. le Bruttium : au S.-O. de l'Italie; aujourd'hui Calabre ultérieure.

246 *Véracité des présages. La mort de Crassus*

Nous sommes toujours dans le même chapitre que précédemment (version n° 245). C'est maintenant Crassus que Valère-Maxime prend comme exemple. Celui-ci mourut en 53 av. J.-C., à Carrhes, battu par les Parthes.

Non sinit nos M. Crassus, inter gravissimas Romani imperii jacturas numerandus, hoc loco de se silentium agere, plurimis et evidentissimis ante tantam ruinam monstrorum pulsatus ictibus. Ducturus erat a Carris[1] adversus Parthos exercitum; pullum ei traditum est paludamentum, cum in proelium exeuntibus[2] album aut purpureum dari soleret; maesti et taciti milites ad principia[3] convenerunt, qui vetere instituto cum clamore alacri accurrere debebant. Aquilarum altera vix convelli a primipilo potuit; altera, aegerrime extracta, in contrariam ac[4] ferebatur partem se ipsa convertit. Magna haec prodigia; sed et illae clades aliquanto majores : tot pulcherrimarum legionum interitus, tam multa signa hostilibus intercepta manibus, tantum Romanae militiae decus barbarorum obtritum equitatu, optimae indolis filii[5] cruore paterni respersi oculi, corpus imperatoris inter promiscuas cadaverum strues avium ferarumque laniatibus objectum. Sic humana consilia castigantur, ubi se caelestibus praeferunt.

VALÈRE-MAXIME, I, 6, 11.

1. *Carris* : *Carrae* (Carrhes), ville de Mésopotamie au S.-E. d'Édesse. — 2. *exeuntibus* est au datif (comprendre : *exeuntibus imperatoribus*). — 3. *principia* ou *via principalis* : voie dans le camp romain qui longe les tentes de l'état-major *(principes)* ou qui est tracée la toute première *(a principiis)*. C'est là qu'on se rassemble. — 4. *in contrariam partem ac* : *contrarius* est construit comme *alius* et *aliter* avec *ac* = que — 5. *filius* : il s'agit de Publius Licinius Crassus, fils aîné de Crassus, ancien lieutenant de César en Gaule. Il périt à la bataille de Carrhes sous les yeux de son père.

247 Véracité des songes. Le songe du roi Crésus

Dans le chapitre des songes, Valère-Maxime va raconter « combien de fois dans le sommeil des images précises (de la réalité) se sont dessinées devant l'esprit ». Ainsi fut le cas de Crésus, roi de Lydie (560 av. J.-C.), qui soumit une partie de l'Asie Mineure, et eut la réputation d'être le roi le plus riche de son temps; il fut vaincu et pris par le roi de Perse en 548 et fit partie ensuite de ses conseillers. (Voir Cicéron, version n° 79, et Quinte-Curce, version n° 258).

Cette croyance aux songes est utilisée dans la tragédie du XVII*e siècle (songe d'Athalie, songe de Pauline dans* Polyeucte*), mais à des fins bien différentes.*

Efficax et illa quietis imago, quae Croesi regis animum maximo prius metu, deinde etiam dolore confecit. Nam e duobus filiis et ingenti agilitate et corporis dotibus praestantiorem imperiique successioni destinatum Atym existimavit[1] ferro sibi ereptum. Itaque quidquid ad evitandam denuntiatae cladis acerbitatem pertinebat, nulla ex parte patria cura cessavit advertere. Solitus erat juvenis ad bella gerenda mitti : domi retentus est; habebat armamentarium omnis generis telorum copia refertum : id quoque amoveri jussum; gladio cinctis comitibus utebatur : vetiti sunt propius accedere. Necessitas tamen aditum luctui dedit. Cum enim ingentis magnitudinis aper Olympi montis culta crebra cum agrestium strage vastaret inusitatoque malo regium imploratum esset auxilium, filius a patre extorsit ut ad eum opprimendum mitteretur, eo quidem facilius quod non dentis, sed ferri saevitia in metu reponebatur. Verum, dum acri studio interficiendi suem omnes sunt intenti, pertinax casus imminentis violentia lanceam petendae ferae gratia missam in eum detorsit.

VALÈRE-MAXIME, I, 7, exemples étrangers, 4.

1. en songe.

248 Un miracle du dieu Mars

Valère-Maxime s'occupe maintenant des miracles : « On voit, dit-il, se produire des phénomènes qui sont comme enveloppés de l'obscurité de la nuit et des vapeurs du sommeil. Il est bien difficile d'en discerner la cause et la formation. On a raison de les appeler des miracles. » L'anecdote se situe en 282 av. J.-C.

Cum Bruttii atque Lucani odio incitatissimo maximisque viribus Thurinae urbis peterent excidium ac praecipuo studio incolumitatem C. Fabricius Luscinus consul protegeret, resque ancipiti eventu, collatis unum in locum utriusque partis copiis, gereretur, non audentibus Romanis proelium ingredi, eximiae magnitudinis juvenis primum eos hortari ad capessendam fortitudinem coepit. Deinde, ubi tardiores animadvertit, arreptis scalis per mediam hostium aciem ad contraria castra evasit et admotis[1] vallum conscendit. Inde voce ingenti clamitans factum[2] victoriae gradum, et nostros ad aliena castra capienda et Lucanos Bruttiosque ad sua defendenda illuc[3] traxit, ubi conferti dubio certamine terebantur. Sed idem impulsu armorum suorum prostratos hostes jugulandos capiendosque Romanis tradidit... Postero die, cum consul inter honorandos, quorum strenua opera fuerat usus[4], vallarem coronam[5] ei se servare dixisset, a quo castra erant oppressa, nec inveniretur qui id praemium peteret, cognitum pariter atque creditum est Martem Patrem tunc populo suo adfuisse. Inter cetera hujusce rei manifesta indicia, galea quoque duabus distincta pinnis, qua caeleste caput tectum fuerat, argumentum praebuit. Itaque Fabricii edicto supplicatio Marti est habita, et a laureatis militibus magna cum animorum laetitia oblati auxilii testimonium ei est redditum.

VALÈRE-MAXIME, I, 7, 6.

1. *admotis (scalis)*. — 2. *factum (esse)*; *factum... gradum* : propos. infinitive portant sur *clamitans*; construire *et nostros... et Lucanos Bruttiosque* sur *traxit*. — 3. *illuc... ubi* = *ad se... apud quem...* — 4. comprendre : *inter milites quorum... usus fuerat et qui honorandi erant*. — 5. la couronne « vallaire » récompensait celui qui avait forcé le premier le retranchement du camp ennemi.

249 *Respect des magistrats romains pour le secret d'État*

Valère-Maxime nous parle à présent des devoirs et des coutumes des différents magistrats et des différents ordres : en particulier, du respect des magistrats romains pour le secret d'État.

Adeo autem magna caritate patriae tenebantur[1] ut arcana consilia patrum conscriptorum multis seculis nemo senator enuntiaverit. Q. Fabius Maximus tantummodo, et is ipse per imprudentiam, de tertio punico bello indicendo, quod secreto in curia erat actum, P. Crasso rus petens domum revertenti in itinere narravit, memor eum triennio ante quaestorem factum, ignarusque nondum a censoribus in ordinem senatorium allectum; quo uno modo etiam iis, qui jam honores gesserant, aditus in curiam dabatur. Sed, quamvis honestus error Fabii esset, vehementer tamen a consulibus objurgatus est; numquam enim taciturnitatem, optimum ac tutissimum administrandarum rerum vinculum, labefactari volebant. Ergo, cum Asiae rex Eumenes, amantissimus nostrae Urbis, bellum a Perse adversus populum Romanum comparari senatui nuntiasset, non ante sciri potuit quid aut ille locutus esset aut patres respondissent, quam captum Persen cognitum est.

VALÈRE-MAXIME, II, 2, 1.

1. sujet : « les Romains » ou encore « les sénateurs romains ».

250 *Les joueurs de flûte à Rome*

Valère-Maxime cite une série d'anecdotes relatives à la sobriété et à la pureté des mœurs. En voici une qui concerne les joueurs de flûte. Elle est célèbre (Tite-Live, IX, chap. 30, par. 5 à 10). L'événement se passe en 311 av. J.-C.

Tibicinum quoque collegium solet in foro vulgi oculos in se convertere, cum inter publicas privatasque serias actiones, personis tecto capite variaque veste velatum, concentus edit. Inde tracta licentia. Quondam vetiti in aede Jovis, quod prisco more factitaverant, vesci, Tibur[1] irati se contulerunt. Quorum ministerio senatus, deserta sacra non aequo animo ferens, per legatos a Tiburtibus petiit ut eos gratia sua Romanis templis restituerent. Quos illi in proposito perseverantes, interposita festae epulationis simulatione, mero somnoque sopitos plaustris in Urbem devehendos curaverunt. Quibus et honos pristinus restitutus et hujusce[2] lusus jus datum est. Personarum usus pudorem circumventae temulentiae causam habet.

VALÈRE-MAXIME, II, 5, 4.

1. *Tibur :* petite ville au N.-E. de Rome, sur l'Anio, affluent du Tibre. — 2. *hujusce* = mentionné plus haut.

251 Belle parole d'Alexandre sur l'amitié

Valère-Maxime s'occupe ici de l'amitié, « ce bien si ferme et si fort, plus puissant que le lien de parenté, et qui se forme par le libre choix de la volonté ». Il emprunte un exemple à la vie d'Alexandre le Grand (vers 333 av. J.-C.) : voir Quinte-Curce, entrevue d'Alexandre et de la mère de Darius (version n° 262).

Darii castris, in quibus omnes necessarii[1] ejus erant, potitus, Hephaestione gratissimo sibi latus suum tegente[2], ad eos alloquendos venit. Cujus adventu mater Darii recreata humi prostratum caput erexit Hephaestionemque, quia et statura et forma praestabat, more Persarum adulata, tamquam Alexandrum salutavit. Admonita deinde erroris, per summam trepidationem[3] excusationis verba quaerebat. Cui Alexander : « Nihil est, inquit, quod hoc nomine[4] confundaris, nam et hic Alexander est ». Utri prius gratulemur ? qui hoc dicere voluit an cui audire contigit ? Maximi enim animi rex et jam totum terrarum orbem aut victoriis aut spe complexus tam paucis verbis se cum comite suo partitus est. O donum inclitae vocis danti pariter atque accipienti speciosum !

VALÈRE-MAXIME, IV, 7, exemples étrangers, 2.

1. *necessarii* = les parents, les proches. — 2. *tegente* : attention ! Héphestion n'est pas un garde du corps ; *tegere latus* = être aux côté de... — 3. *per* + acc. : comme chez Tacite, cette tournure peut avoir la valeur d'un complément de manière. — 4. *hoc nomine* = par le nom que tu viens d'employer.

252 Intégrité de Manlius Torquatus

Voici un nouveau chapitre : « De la sévérité des pères envers leurs enfants ». Les jeunes gens du XXe siècle verront que chez les Romains cette sévérité pouvait aller loin. La scène se passe en 142 av. J.-C. Il ne s'agit que d'un descendant du célèbre Manlius Torquatus (voir Tite-Live, Periocha 54).

Cum ad senatum Macedonia de filio ejus D. Silano, qui eam provinciam obtinuerat, querelas per legatos detulisset, Manlius Torquatus a patribus conscriptis petiit ne quid ante de ea re statuerent quam ipse Macedonum filiique sui causam inspexisset. Summo deinde cum amplissimi ordinis, tum[1] etiam eorum, qui questum venerant, consensu cognitione suscepta domi consedit : solusque utrique parti per totum biduum vacavit ac tertio plenissime die diligentissimeque auditis testibus ita pronuntiavit : « Cum Silanum filium meum pecunias a sociis accepisse probatum mihi sit, et republica eum et domo mea indignum judico protinusque e conspectu meo abire jubeo. » Tam tristi patris sententia perculsus, Silanus lucem ulterius intueri non sustinuit suspendioque se proxima nocte consumpsit.

VALÈRE-MAXIME, V, 8, 3.

1. *cum... tum...* = d'une part... d'autre part en particulier...; *questum* est un supin.

253 *Liberté de langage d'une vieille femme*

Valère-Maxime nous parle de la liberté dans les paroles; cette liberté « située entre la vertu et le vice, tant qu'elle se contient dans les limites raisonnables, est digne d'éloges », nous dit-il. C'est ce qu'il va nous montrer dans l'exemple ci-dessous. D'après certaines éditions, le Denys dont il parle serait Denys le Jeune (367-343 av. J.-C.) et les deux tyrans précédents : Denys l'Ancien et Gélon. Mais Gélon étant mort en 478 av. J.-C., il faudrait que la vieille femme eût au moins 120 ans à l'époque de l'anecdote; en outre on passe sous silence un tyran : Hiéron I qui a régné entre 478 et 466 av. J.-C. Il serait plus simple de considérer qu'il s'agit ici de Denys l'Ancien, mort en 367 av. J.-C. et qui affermit son pouvoir à Syracuse à partir de 405 av. J.-C. : les deux tyrans auxquels il est fait allusion seraient alors Gélon, mort en 478, et Hiéron I son frère, mort en 466. La vieille femme aurait ainsi environ 90 ans. Par le mot « tyran », les Grecs désignaient un maître au pouvoir absolu.

Jam illa non solum fortis, sed etiam urbana libertas. Senectutis ultimae quaedam, Syracusanis omnibus Dionysii tyranni exitum, propter nimiam morum acerbitatem et intolerabilia onera, votis expetentibus, sola quotidie matutino tempore deos ut incolumis ac sibi superstes esset orabat. Quod ubi is cognovit, non debitam sibi admiratus benevolentiam, arcessivit eam et quid ita hoc aut quo suo merito faceret interrogavit. Tum illa : « Certa est », inquit, « ratio propositi mei. Puella enim, cum gravem tyrannum haberemus, carere eo cupiebam. Quo interfecto, aliquanto taetrior arcem occupavit. Ejus quoque finiri dominationem magni aestimabam. Tertium te superioribus importuniorem habere coepimus rectorem. Itaque ne, si tu fueris absumptus, deterior in locum tuum succedat, caput meum pro salute tua devoveo. » Tam facetam audaciam Dionysius punire erubuit.

VALÈRE-MAXIME, VI, 2, exemples étrangers, 2.

254 *Justice d'Aristide*

*Xerxès, roi de Perse, avait attaqué la Grèce en 480 av. J.-C. (seconde guerre médique). Il avait été vaincu à Salamine par la flotte grecque (en particulier par les navires athéniens et spartiates) grâce à une ruse de Thémistocle, chef du parti populaire à Athènes. Ensuite, grâce à Thémistocle et à son adversaire, le chef du parti aristocratique, Aristide (surnommé le Juste), Athènes se constitua un empire maritime. C'est en 476 av. J.-C. que Thémistocle conçut un projet remarquable mais indélicat. Aristide, renommé pour son équité, fera avorter le projet. Le même trait est rapporté par Cicéron (*De officiis *III, II).*

N.B. : Gythée est un port sur la côte est de la Laconie, dans le Péloponnèse.

Alterius nunc mihi prudentia referenda est, ut alterius repraesentari justitia possit. Cum saluberrimo consilio Themistocles migrare Athenienses in classem coegisset Xerxeque rege et copiis ejus Graecia pulsis, ruinas patriae in pristinum habitum reformaret et opes clandestinis molitionibus ad principatum Graeciae capessendum nutriret, in contione dixit: « Habere se rem deliberatione sua provisam, quam, si fortuna ad effectum perduci passa esset, nihil majus aut potentius Atheniensi populo futurum[1], sed eam vulgari non oportere »; postulavitque ut aliquis sibi, cui tacite illam exponeret, daretur. Datus est Aristides. Is, postquam rem cognovit, classem illum Lacedaemoniorum, quae tota apud Gythaeum subducta erat, velle incendere, ut ea consumpta dominatio maris ipsis[2] cederet, processit ad cives et rettulit Themistoclem ut utile consilium, ita minime justum animo volvere. E vestigio universa contio quod aequum non videretur ne expedire quidem[3] proclamavit, ac protinus Themistoclem incepto desistere jussit.

VALÈRE-MAXIME, VI, 5, exemples étrangers, 2.

1. *futurum (esset).* — 2. *ipsis = Atheniensibus.* — 3. *ne... quidem* = ne pas... non plus; *expedire* = être avantageux.

255 *Xénocrate convertit un débauché*

Valère-Maxime montre les changements qui peuvent survenir dans la vie et dans la fortune. Il ne faut pas se condamner à un éternel malheur, ni abandonner une espérance, ni se laisser aller à un désespoir sans retour. Il prend comme exemple Polémon (il vécut à la fin du IVe siècle av. J.-C. à Athènes et mourut au début du IIIe siècle, en 273). Jeune, il ne faisait que se livrer aux plaisirs. Xénocrate (396-314 av. J.-C.), disciple de Platon, qui dirigea l'Académie créée par ce dernier à Athènes, le convertit de la façon suivante :

Perditae luxuriae Athenis adulescens Polemo, neque illecebris ejus tantummodo, sed etiam ipsa infamia gaudens, cum e convivio non post occasum solis, sed post ortum surrexisset domumque rediens Xenocratis philosophi patentem januam vidisset, vino gravis, unguentis delibutus, sertis capite redimito, perlucida veste amictus, refertam turba doctorum hominum scholam ejus intravit. Nec contentus tam deformi introitu, consedit etiam, ut[1] clarissimum eloquium et prudentissima praecepta temulentiae lasciviis elevaret[2]. Orta deinde, ut par erat, omnium indignatione, Xenocrates vultum in eodem habitu continuit omissaque re, quam disserebat, de modestia ac temperantia loqui coepit. Cujus gravitate sermonis resipiscere[3] coactus, Polemo primum coronam capite detractam projecit; paulo post brachium intra pallium reduxit; procedente tempore, oris convivalis hilaritatem deposuit: ad ultimum totam luxuriam exuit uniusque orationis saluberrima medicina sanatus, ex infami ganeone maximus philosophus evasit. Peregrinatus est hujus animus in nequitia, non habitavit.

VALÈRE-MAXIME, VI, 9, exemples étrangers, 1.

1. *ut:* n'est pas en corrélation avec *tam.* — 2. *elevare* = rabaisser, ravaler en paroles. — 3. *resipiscere* = revenir à de meilleurs sentiments.

256

Sages paroles de Socrate

Valère-Maxime veut décrire cette sorte de bonheur que la nature donne aux hommes de bon sens et qui se manifeste par des paroles et des actions pleines de sagesse. Il ne pouvait prendre meilleur exemple que l'Athénien Socrate (469-399 av. J.-C.) qui enseigna aux Grecs la fameuse formule : « Connais-toi toi-même », et qui s'attacha à définir des notions morales et politiques. Les Athéniens le condamnèrent à mort et le firent périr en l'accusant faussement d'impiété et de corruption de la jeunesse.

N.B. : La femme de Socrate se nommait Xanthippe.

Socrates ab adulescentulo quodam consultus utrum uxorem duceret an se omni matrimonio abstineret, respondit, utrum eorum fecisset, acturum paenitentiam. « Hic[1] te », inquit, « solitudo, hic orbitas, hic generis interitus, hic heres alienus excipiet; illic perpetua sollicitudo, contextus querelarum, dotis exprobratio, affinium grave supercilium, garrula socrus lingua, subsessor alieni matrimonii, incertus liberorum eventus ». Non passus est juvenem in contextu rerum asperarum quasi laetae materiae facere delectum.

Idem, cum Atheniensium scelerata dementia tristem de capite ejus sententiam tulisset fortique animo et constanti vultu potionem veneni e manu carnificis accepisset, admoto jam labris poculo, uxori inter fletum et lamentationem vociferanti innocentem eum periturum : « Quid ergo, inquit, nocenti mihi mori satius esse duxisti ? » Immensam illam sapientiam, quae ne in ipso quidem vitae excessu oblivisci sui potuit !

VALÈRE-MAXIME, VII, 2, exemples étrangers, 1 (fin).

1. *hic* = dans le second cas *(an se omni matrimonio abstineret)*; plus loin = *illic*, dans le premier cas *(utrum uxorem duceret)*.

257

Alexandre et le nœud gordien

Maître de la Grèce, Alexandre réunit 30 000 fantassins, 5 000 cavaliers. Il débarqua en Asie Mineure, près de Troie (printemps 334 av. J.-C.), battit les satrapes près du fleuve du Granique, pénétra en Asie Mineure (nous sommes toujours au nord de cette région), concentra ses troupes à Gordion qu'il soumit. C'est alors que se posa à lui un curieux problème.

Alexander, urbe in dicionem suam redacta, Jovis templum intrat. Vehiculum quo Gordium, Midae patrem, vectum esse constabat, aspexit, cultu haud sane a vilioribus vulgatisque usu abhorrens. Notabile erat jugum adstrictum compluribus nodis in semetipsos implicatis et celantibus nexus. Incolis deinde adfirmantibus editam esse oraculo sortem[1], Asiae potiturum, qui inexplicabile vinculum solvisset, cupido incessit animo sortis ejus explendae. Circa regem erat et Phrygum turba et Macedonum, illa explicatione suspensa, haec sollicita ex temeraria regis fiducia, quippe series vinculorum ita adstricta ut unde nexus inciperet quove se conderet nec ratione nec visu perspici posset; solvere adgressus, injecerat curam ei[2] ne in omen verteretur irritum inceptum. Ille nequaquam diu luctatus cum latentibus nodis : « Nihil », inquit, « interest quomodo solvantur », gladioque ruptis omnibus loris, oraculi sortem vel elusit vel implevit.

QUINTE-CURCE, III, 1, 14-18.

1. *sortem* = prédiction, prophétie. — 2. *ei* = *turbae Macedonum*.

258 Le songe de Darius

Alexandre marche vers la Cappadoce; Darius III Codoman, roi des Perses, réunit ses troupes près de Babylone. Elles sont importantes. Cependant Darius a de nombreux soucis. C'est alors qu'il fait un rêve troublant.

Anxium[1] de instantibus curis agitabant etiam per somnum species imminentium rerum, sive illas aegritudo, sive divinatio animi praesagientis accersit. Castra Alexandri magno ignis fulgore conlucere ei visa sunt, et paulo post Alexander adduci ad ipsum in eo vestis habitu, quo ipse fuisset, equo deinde per Babylona vectus, subito cum ipso equo oculis esse subductus. Ad haec vates varia interpretatione curam distrinxerant. Alii laetum id regi somnium esse dicebant, quod castra hostium arsissent, quod Alexandrum, deposita regia veste, in Persico et vulgari habitu perductum ad se vidisset; quidam non : augurabantur quippe inlustria Macedonum castra visa fulgorem Alexandro portendere; quod vel regnum Asiae occupaturus esset, haud ambiguae rei, quoniam in eodem habitu Darius fuisset, cum appellatus est rex... Ceterum ipse et vatum responso[2], quod edebatur in vulgus, et specie, quae per somnum oblata erat, admodum laetus, castra ad Euphraten movere jubet.

QUINTE-CURCE, III, 3, 2 à 5 et 7.

1. comprendre : *Darium anxium*. — 2. il s'agit évidemment de la première interprétation *(alii laetum... dicebant)*.

259 L'armée perse en ordre de marche

Nous venons de voir l'armée perse s'ébranler vers l'Euphrate (voir la version précédente). Quinte-Curce va nous la décrire. Il nous présentera en particulier les fameux « Immortels ». Dans ce corps de 10 000 hommes, tout vide était immédiatement comblé pour que le chiffre total restât constant. D'où ce nom d'Immortels.

Patrio more Persarum traditum est orto sole demum procedere. Die jam inlustri, signum e tabernaculo regis bucina dabatur : super tabernaculum, unde ab omnibus conspici posset, imago solis crystallo inclusa fulgebat. Ordo autem agminis erat talis. Ignis, quem ipsi sacrum et aeternum vocabant, argenteis altaribus praeferebatur. Magi proximi patrium carmen canebant. Magos trecenti et sexaginta quinque juvenes sequebantur puniceis amiculis velati, diebus totius anni pares numero : quippe Persis quoque in totidem dies discriptus est annus. Currum deinde Jovi sacratum albentes vehebant equi : hos eximiae magnitudinis equus, quem Solis appellabant, sequebatur; aureae virgae et albae vestes regentes equos[1] adornabant. Haud procul erant vehicula decem multo auro argentoque caelata. Sequebatur haec equitatus duodecim gentium, variis armis et moribus. Proximi ibant quos Persae Immortales vocant ad decem milia. Cultus opulentiae barbarae non alios magis honestabat : illi aureos torques, illi vestem auro distinctam habebant, manicatasque tunicas gemmis etiam adornatas.

Quinte-Curce, III, 3, 8 à 13.

1. *regentes equos* = les conducteurs des chevaux.

260 Le char de Darius

Lire tout d'abord la notice de la version précédente. Quinte-Curce vient de nous décrire cette armée perse en marche. Il nous a peint en particulier les « Immortels ». Il continue son récit en décrivant le groupe formé par l'escorte et le char de Darius.

Doryphorae vocabantur proximum his[1] agmen, soliti vestem excipere regalem; hi currum regis anteibant, quo ipse eminens vehebatur. Utrumque currus latus deorum simulacra ex auro argentoque expressa decorabant; distinguebant internitentes gemmae jugum, ex quo eminebant duo aurea simulacra cubitalia, quorum alterum Nini, alterum Beli[2]. Inter haec aquilam auream pennas extendenti[3] similem sacraverant.

Cultus regis inter omnia luxuria notabatur : purpureae tunicae medium album intextum erat, pallam auro distinctam aurei accipitres, velut rostris inter se concurrerent, adornabant; ex zona aurea muliebriter cincta acinacem suspenderat, cui ex gemma vagina erat. Cidarim Persae vocabant regium capitis insigne[4]; hoc caerulea fascia albo distincta circumibat. Currum decem milia hastatorum sequebantur; hastas argento exornatas, spicula auro praefixa gestabant. Dextra laevaque regem ducenti ferme nobilissimi propinquorum comitabantur.

Quinte-Curce, III, 3, 15 à 21.

1. *his* : il s'agit des quinze mille hommes, appelés les « Parents du Roi ». — 2. *Ninus, Belus* sont les fondateurs mythiques du royaume assyrien et du royaume babylonien. — 3. *extendenti (aquilae)*. — 4. *capitis insigne* = bandeau, diadème.

261 Choc entre Perses et Macédoniens à Issos

En 333 av. J.-C., après avoir été malade, Alexandre part vers la Syrie. Il traverse l'Asie Mineure, arrive en Cilicie, franchit le Taurus, massif qui sépare la Cilicie et l'Asie Mineure de la Syrie; et, en un point où se rejoignent les routes de Syrie, de Mésopotamie et d'Asie Mineure, il se heurte à une armée perse de 400 000 hommes commandée par Darius. Les Perses sont complètement battus. Darius s'enfuit en laissant dans les mains d'Alexandre sa mère, sa femme, ses filles et un vaste butin. Voici un épisode de cette bataille où pourtant les Macédoniens sont en difficulté.

Jamque immissi[1] in medium Persarum, undique circumfusi, egregie tuebantur se, sed conferti et quasi cohaerentes tela vibrare non poterant : simul erant emissa, in eosdem concurrentia implicabantur[2], levique et vano ictu pauca in hostem, plura in humum innoxia cadebant. Ergo, comminus pugnam coacti conserere, gladios impigre stringunt. Tum vero multum sanguinis fusum est: duae quippe acies ita cohaerebant ut armis arma pulsarent, mucrones in ora dirigerent. Non timido, non ignavo cessare tum licuit; collato pede, quasi singuli inter se dimicarent, in eodem vestigio stabant, donec vincendo locum sibi facerent. Tum demum ergo promovebant gradum, cum hostem prostraverant. At illos novus excipiebat adversarius fatigatos, nec vulnerati, ut alias solent, acie poterant excedere, cum hostis instaret a fronte, a tergo sui urgerent.

Alexander non ducis magis quam militis munia exsequebatur, opimum decus caeso rege expetens; quippe Darius curru sublimis eminebat, et suis ad se tuendum et hostibus ad incessendum ingens incitamentum.

QUINTE-CURCE, III, 11, 4 à 7.

1. il s'agit des Macédoniens. — 2. les traits se croisent et se mêlent, car les Perses relancent les traits qui leur étaient destinés.

262 *Entrevue d'Alexandre et de la mère de Darius*

333 av. J.-C. : comme nous venons de le voir dans la notice précédente, la famille de Darius est tombée aux mains d'Alexandre. C'est alors que se place la célèbre entrevue entre Sisigambis, mère de Darius, la femme de Darius, et Alexandre (voir Valère-Maxime, version n° 251).

Jamque justis[1] defunctorum corporibus solutis praemittit[2] ad captivas, qui nuntiarent ipsum venire, inhibitaque comitantium turba tabernaculum cum Hephaestione intrat. Is longe omnium carissimus amicorum erat regi, cum ipso pariter eductus secretorum omnium arbiter; sicut aetate par erat regi, ita corporis habitu praestabat. Ergo reginae illum esse regem ratae suo more veneratae sunt. Inde ex captivis spadonibus[3] quis Alexander esset monstrantibus, Sisigambis advoluta est pedibus ejus ignorationem numquam antea visi regis excusans; quam manu adlevans rex: « Non errasti », inquit, « mater: nam et hic Alexander est ». Equidem hac continentia animi[4] si ad ultimum vitae perseverare potuisset, feliciorem fuisse crederem, quam visus est esse, cum Liberi patris imitaretur triumphum[5] ab Hellesponto usque ad Oceanum omnes gentes victoria emensus. Sic vicisset profecto superbiam atque iram, mala invicta, sic abstinuisset inter epulas caedibus amicorum[6], egregiosque bello viros et tot gentium secum domitores indicta causa veritus esset occidere. Sed nondum fortuna se animo ejus superfuderat: itaque orientem[7] tam moderate et prudenter tulit, ad ultimum magnitudinem ejus non cepit.

QUINTE-CURCE, III, 12, 15 à 20.

1. *justa solvere* = rendre les derniers devoirs. — 2. *Alexander* sous-entendu. — 3. comprendre : *quibusdam ex captivis spadonibus monstrantibus quis...* — 4. *hac continentia animi* = cet empire sur lui-même (il se laissera éblouir par le succès, il aura des accès de colère). — 5. Alexandre, enivré par ses victoires, conduisit un cortège triomphal (*triumphum*) qui imitait celui de Dionysos (*Liber*). — 6. voir version n°272. — 7. *orientem (fortunam)*.

263 Noble conduite d'Alexandre à l'égard de la famille de Darius

Suite de la version précédente. Voir la notice.

Tunc quidem ita se gessit, ut omnes ante eum reges et continentia et clementia vincerentur... Conjugem regis, quam nulla aetatis suae pulchritudine corporis vicit, adeo ipse non violavit ut summam adhibuerit curam, ne quis captivo corpori inluderet : omnem cultum reddi feminis jussit, nec quicquam ex pristinae fortunae magnificentia captivis praeter fiduciam defuit. Itaque Sisigambis : « Rex », inquit, « mereris ut ea precemur tibi, quae Dario nostro quondam precatae sumus; et, ut video, dignus es, qui[1] tantum regem non felicitate solum, sed etiam aequitate superaveris. Tu quidem matrem me et reginam vocas, sed ego me tuam famulam esse confiteor. Et praeteritae fortunae fastigium capio[2] et praesentis jugum pati possum : tua interest, quantum in nos licuerit si[3] id potius clementia quam saevitia vis esse testatum. » Rex bonum animum habere eas jussit. Darii filium collo suo admovit, atque nihil ille conspectu tum primum a se visi conterritus cervicem ejus manibus amplectitur. Motus ergo rex constantia pueri Hephaestionem intuens : « Quam vellem », inquit, « aliquid Darius ex hac indole hausisset ! »

QUINTE-CURCE, III, 12, 21 à 26.

1. *qui... superaveris* : relative de cause (toi qui...). — 2. *capio* = soutenir; *praesentis (fortunae)*. — 3. *si... vis* : comprendre *si... vis* comme l'interrogation indirecte *num... velis*. Cette proposition porte sur *interest tua* (il t'importe de savoir si...). *Id* reprend *quantum... licuerit* (cela, à savoir combien...).

264 Alexandre est surpris par la tempête

Bien qu'il soit en fuite depuis la bataille d'Issos (333 av. J.-C.), Darius envoie un message insolent. Alexandre lui répond, puis se dirige vers la Phénicie. Byblos et Sidon se rendent. Bref, pratiquement toute la Syrie, et la Phénicie, sauf Tyr. Les Tyriens préfèrent supporter le siège plutôt que de se rendre. Le siège traîne en longueur. Mais à ce moment la flotte d'Alexandre et de nouvelles troupes grecques le rejoignent. Avec sa flotte, il s'attaque aux remparts de Tyr, mais survient une tempête. (Le siège de Tyr durera sept mois; finalement Alexandre prendra la ville d'assaut, 332 av. J.-C.). Alexandre pour mieux attaquer les murs avait relié les quadrirèmes deux par deux et installé entre elles des planchers où il avait placé des soldats.

Media nox erat, cum classem sic uti dictum est paratam circumire muros jubet[1]; jamque naves urbi undique admovebantur, et Tyrii desperatione torpebant, cum subito spissae nubes intendere se caelo, et, quidquid lucis internitebat, offusa caligine extinctum est. Tum inhorrescens mare paulatim levari, deinde acriore vento concitatum fluctus ciere et inter se navigia conlidere. Jamque scindi coeperant vincula quibus connexae quadriremes erant, ruere tabulata et cum ingenti fragore in profundum secum milites trahere. Neque enim conserta navigia ulla ope in turbido regi poterant : miles ministeria nautarum, remex militis officia turbabat, et, quod in ejusmodi casu accidit, periti ignaris parebant : quippe gubernatores, alias imperare soliti, tum metu mortis jussa exsequebantur. Tandem remis pertinacius everberatum mare velut eripientibus navigia classicis cessit[2], adpulsaque sunt litori, lacerata pleraque.

QUINTE-CURCE, IV, 3, 16 à 18.

1. sujet de *jubet*: Alexandre. — 2. *cessit* + datif = ne résista pas à...

265 Les soldats d'Alexandre font connaissance avec le désert

Après la prise de Tyr (332 av. J.-C.) et le carnage qui s'ensuivit, Darius essaie d'entamer des négociations par lettres. Elles ne mènent à rien. Alexandre, ne sachant où est Darius, prend Gaza, puis marche sur l'Égypte qui lui est favorable par haine des Perses. Ses troupes gagnent Péluse. Lui, remonte le Nil. Il atteint Memphis et le cœur de l'Égypte. Il décide alors d'aller consulter l'oracle de Jupiter Hammon dans l'oasis de Siouah entre le Delta et la Grande Syrte. Il faut donc affronter le désert. Il reçoit une ambassade de Cyréniens et se met en route.

Ac primo quidem et sequente die tolerabilis labor visus, nondum tam vastis nudisque solitudinibus aditis, jam tamen sterili et emoriente terra. Sed ut aperuere se campi alto obruti sabulo, haud secus quam profundum aequor ingressi, terram oculis requirebant: nulla arbor, nullum culti soli occurrebat vestigium; aqua etiam defecerat, quam utribus cameli vexerant, et in arido solo ac fervido sabulo nulla erat. Ad hoc sol omnia incenderat, siccaque et adusta erant ora, cum repente, sive illud deorum munus sive casus fuit, obductae caelo nubes condidere solem, ingens aestu fatigatis, etiam si aqua deficeret, auxilium. Enimvero, ut largum quoque imbrem excusserunt procellae, pro se quisque excipere eum; quidam, ob sitim impotentes sui, ore quoque hianti captare coeperunt. Quadriduum per vastas solitudines absumptum est... Tandem ad sedem consecratam deo ventum est. Incredibile dictu, inter vastas solitudines sita undique ambientibus ramis, vix in densam umbram cadente sole, contecta est[1], multique fontes dulcibus aquis passim manantibus alunt silvas.

QUINTE-CURCE, IV, 7, 10 à 14 et 16.

1. comprendre: *sedes, inter... solitudines sita, contecta est ramis undique ambientibus.*

266 Discours d'Alexandre à ses troupes avant la bataille d'Arbèles

Alexandre quitte l'Égypte et entame sa seconde campagne (331-330 av. J.-C.). Il remonte l'Euphrate, passe le Tigre et attaque Darius dans la plaine d'Arbèles où il va le battre (331 av. J.-C.). Avant d'engager le combat, il harangue les troupes macédoniennes.

« Emensis tot terras in spem victoriae de qua dimicandum foret, hoc unum superesse discrimen. Granicum hic amnem Ciliciaeque montes et Syriam Aegyptumque praetereuntibus raptas, ingentia spei gloriaeque incitamenta, referebat[1]. Reprehensos ex fuga Persas pugnaturos, quia fugere non possent. Tertium jam diem metu exsangues, armis suis oneratos in eodem vestigio haerere. Nullum desperationis illorum majus indicium esse quam quod urbes, quod agros suos urerent, quidquid non corrupissent, hostium esse confessi[2]. Nomina modo vana gentium ignotarum ne extimescerent... Ob id ipsum, quod ignoti[3] essent, ignobiles esse; numquam ignorari viros fortes, at inbelles ex latebris suis erutos nihil praeter nomina adferre; Macedonas virtute adsecutos ne quis toto orbe locus esset, qui tales viros ignoraret. Intuerentur Barbarorum inconditum agmen : alium nihil praeter jaculum habere, alium funda saxa librare, paucis justa arma esse... Nec postulare se ut fortiter capesserent proelium, ni ipse ceteris fortitudinis fuisset exemplum : se ante prima signa dimicaturum. »

QUINTE-CURCE, IV, 14, 1 à 6.

1. dans cette seule phrase, Quinte-Curce oublie le style indirect. — 2. comprendre : *confessi (id), quidquid non corrupissent, esse hostium.* — 3. il s'agit de peuples inconnus nommés dans un passage non cité.

267 Fuite de Darius et de son armée après la bataille d'Arbèles

La bataille d'Arbèles (331 av. J.-C.) est terminée (voir l'introduction précédente). Alexandre est vainqueur. Quinte-Curce nous décrit la fuite de Darius, puis celle de son armée.

Darius paucis fugae comitibus ad Lycum amnem contenderat; quo trajecto, dubitavit an solveret pontem, quippe hostem jam adfore nuntiabatur. Sed tot milia suorum, quae nondum ad amnem pervenerant, ponte reciso videbat hostis praedam fore. Abeuntem, cum intactum sineret pontem, dixisse constat malle se sequentibus iter dare quam auferre fugientibus. Ipse ingens spatium fuga emensus media fere nocte Arbela[1] pervenit.

Quis tot ludibria fortunae, ducum, agminum caedem multiplicem, devictorum fugam, clades nunc singulorum, nunc universorum[2], aut animo adsequi queat aut oratione complecti ? Propemodum saeculi res[3] in unum illum diem proh ! fortuna cumulavit. Alii[4], qua brevissimum patebat iter, alii devios saltus et ignotas sequentibus calles petebant. Eques pedesque confusi sine duce, armatis inermes, integris debiles implicabantur. Deinde misericordia in metum versa[5], qui sequi non poterant, inter mutuos gemitus deserebantur.

QUINTE-CURCE, IV, 16, 8 à 12.

1. *Arbela, orum* (pluriel neutre) = Arbèles. — 2. sous-entendu : *Persarum.* — 3. *saeculi res* = les événements d'un siècle. — 4. sous-entendu : *petebant iter.* — 5. *misericordia... versa* : ablatif absolu.

268 Les jardins suspendus de Babylone

Battu à Arbèles, Darius n'est plus désormais qu'un fuyard. Toutes ses capitales vont tomber dans les mains d'Alexandre : en particulier Babylone. « La beauté de la ville et son antiquité attirèrent à juste titre les regards du roi et aussi ceux de l'armée entière. » Dans Babylone, il y a en particulier une citadelle, et sur cette citadelle des jardins suspendus.

Super arcem, vulgatum Graecorum fabulis miraculum, pensiles horti sunt, summam murorum altitudinem aequantes multarumque arborum umbra et proceritate amoeni. Saxo pilae, quae totum onus sustinent, instructae sunt; super pilas lapide quadrato solum stratum est, patiens terrae, quam altam injiciunt, et humoris, quo rigant terras : adeoque validas arbores sustinent moles ut stipites earum octo cubitorum spatium crassitudine aequent, in quinquaginta pedum altitudinem emineant frugiferaeque aeque sint, ut si terra sua alerentur. Et cum vetustas non opera solum manu facta, sed etiam ipsam naturam paulatim exedendo perimat, haec moles, quae tot arborum radicibus premitur tantique nemoris pondere onerata est, inviolata durat : quippe viginti pedes lati parietes sustinent undecim pedum intervallo distantes, ut procul visentibus[1] silvae montibus suis imminere videantur. Syriae regem Babylone regnantem hoc opus esse molitum memoriae proditum est, amore conjugis victum, quae, desiderio nemorum silvarumque in campestribus locis, virum compulit amoenitatem naturae genere hujus operis imitari[2].

QUINTE-CURCE, V, 1, 32 à 35.

1. *visentibus* : part. au dat. avec sujet indéterminé (pour des gens regardant de loin). — 2. emploi non classique de l'infinitif après *compellere*.

269 Respect d'Alexandre pour Sisigambis, mère de Darius

En 331 av. J.-C., Alexandre quitte Babylone, gagne la région entre le Tigre et la Susiane et entre enfin à Suse. C'est là qu'il laissera la reine-mère perse Sisigambis et les enfants de Darius.

Matrem quoque et liberos Darii in eadem urbe[1] deponit. Ac forte Macedonicas vestes multamque purpuram dono ex Macedonia sibi missam cum his[2], quae confecerant, tradi Sisigambi jubet — omni namque honore eam et filii quoque pietate prosequebatur —, admonerique jussit ut, si cordi quoque vestis esset, conficere eam neptes suas adsuefaceret donoque se, quae[3] docerent, dare. Ad hanc vocem lacrimae obortae prodidere animum aspernantis id munus, quippe non aliud magis in contumeliam Persarum feminae accipiunt quam admovere lanae manus. Nuntiant, qui dona tulerant, tristem esse Sisigambim, dignaque res et excusatione et solacio visa. Ipse ergo pervenit ad eam et : « Mater », inquit, « hanc vestem, qua indutus sum, sororum non donum solum, sed etiam opus vides : nostri decepere me mores. Cave, obsecro, in contumeliam acceperis ignorationem meam. Quae tui moris esse cognovi, ut spero, abunde servata sunt. Scio apud vos filio in conspectu matris nefas esse considere, nisi cum illa permisit : quotienscumque ad te veni, donec, ut considerem, adnueres, steti ». Ita mitigavit animum reginae.

QUINTE-CURCE, V, 2, fin 17 à 22.

1. Suse. — 2. *his* : ce sont les « ouvrières » qui ont confectionné ces tissus. — 3. *quae* a pour antécédent le mot « ouvrières » sous-entendu.

270 Alarme nocturne

Voir les notices précédentes. Alexandre quitte Suse, entre en Perse, arrive aux gorges appelées Portes de Suse (c'est la passe Tang-i-Rashkâvi; elle commande la route de Persépolis). Assailli dans cette passe par les Barbares, il doit reculer. Grâce à un guide lycien, il s'engage avec une troupe dans la montagne par des sentiers muletiers. Il parvient à la crête d'où l'ennemi l'avait dominé. Il y laisse les troupes légères. Avec ses écuyers et un escadron il continue à progresser par un sentier abrupt. Il est midi, et la fatigue commande un repos. C'est à cet endroit que commence la version. (Les troupes ne reprendront leur route qu'à la seconde veille).

Itaque, refectis cibo somnoque militibus, secunda vigilia surgit[1]. Et cetera quidem haud aegre praeterit; ceterum, qua se montium jugum paulatim ad planiora demittit, ingens vorago, concursu cavata torrentium, iter ruperat. Ad hoc arborum rami alius alio implicati et cohaerentes ut perpetuam objecerant saepem. Desperatio igitur ingens, adeo ut vix lacrimis abstinerent, incesserat. Praecipue obscuritas terrori erat : nam, etiam si qua sidera internitebant, continenti fronde tectae arbores conspicere prohibebant. Ne aurium quidem usus supererat, silvas quatiente vento, qui concurrentibus ramis majorem quam pro flatu sonum edebat. Tandem expectata lux omnia quae terribiliora nox fecerat, minuit : circumiri brevi spatio poterat eluvies, et sibi quisque dux itineris coeperat fieri. Evadunt ergo in editum verticem : ex quo hostium statione conspecta, strenue armati a tergo se ostendunt nihil tale metuentibus; quorum pauci, qui congredi ausi erant, caesi sunt.

QUINTE-CURCE, V, 4, 23 à 27.

1. *surgit* : sujet Alexandre.

271 Triste exemple de la cruauté de Darius envers ses prisonniers

Voir les notices précédentes. Alexandre continue à avancer en Perse. Il se dirige sur Persépolis. Il vient de franchir l'Araxe quand se présente devant lui une troupe lamentable.

Jamque haud procul urbe erant[1], cum miserabile agmen, inter pauca fortunae exempla memorandum, regi occurrit. Captivi erant Graeci ad quattuor milia fere, quos Persae vario suppliciorum modo adfecerant. Alios pedibus, quosdam manibus auribusque amputatis inustisque barbararum litterarum notis in longum sui ludibrium reservaverant; et cum se quoque alienae dicionis esse cernerent, volentes regi occurrere non prohibuerant. Invisitata simulacra, non homines videbantur, nec quicquam in illis praeter vocem poterat agnosci. Plures igitur lacrimas commovere, quam profuderant ipsi : quippe in tam multiplici variaque fortuna singulorum, intuentibus[2] similes quidem, sed tamen dispares poenas, quis maxime miserabilis esset, liquere non poterat. Ut vero Jovem illi tandem, Graeciae ultorem, aperuisse oculos conclamavere, omnes pari supplicio adfecti sibi videbantur. Rex, abstersis quas profuderat lacrimis, bonum habere animum jubet, visuros urbes suas conjugesque.

QUINTE-CURCE, V, 5, 5 à 8.

1. *erant*: sujet *Macedones*. — 2. *intuentibus* = pour les gens qui considéraient.

272 Honte et désespoir d'Alexandre après le meurtre de Clitus

Alexandre poursuit Darius qui est assassiné par Bessus en 330 av. J.-C. Le roi cherche à rejoindre Bessus, d'abord en Bactriane (Turkestan), puis en Sogdiane (au nord de la Bactriane); il franchit l'Oxus (Amou Daria), l'Iaxarte (Syr Daria), bat les Scythes. Bessus est pris et supplicié en 328 av. J.-C.

Revenu en Sogdiane, Alexandre va en confier le commandement à son ami Clitus. Mais celui-ci, au cours d'un festin et au milieu de l'ivresse générale, injurie Alexandre en vantant les mérites de Philippe. Alexandre tue Clitus (328 av. J.-C.).

Rex, postquam ira mente decesserat, etiam ebrietate discussa, magnitudinem facinoris sera aestimatione perspexit. Videbat tunc immodica libertate abusum, sed alioqui egregium bello virum et, nisi erubesceret fateri, servatorem sui occisum. Detestabile carnificis ministerium occupaverat rex, verborum licentiam, quae vino poterat imputari, nefanda caede ultus. Manabat toto vestibulo cruor paulo ante convivae; vigiles attoniti et stupentibus similes procul stabant, liberioremque paenitentiam solitudo excipiebat. Ergo hastam ex corpore jacentis evolsam retorsit in semet; jamque admoverat pectori, cum advolant vigiles et repugnanti e manibus extorquent adlevatumque in tabernaculum deferunt. Ille humi prostraverat corpus : gemitu ejulatuque miserabili totam personans regiam; laniare deinde os unguibus et circumstantes rogare ne se tanto dedecori superstitem esse paterentur.

QUINTE-CURCE, VIII, 2, 1 à 5.

273 La mort d'Alexandre

Alexandre, après avoir conquis la Haute Asie (330-328 av. J.-C.), avoir fait une expédition en Inde (327-326) et être revenu à Pasagardes, puis à Suse en suivant le bord de l'océan Indien (325-324), entreprit une politique de fusion entre Macédoniens et Perses. Il dut alors réprimer des complots et des révoltes. Il songeait à une expédition vers l'Ouest : les colonnes d'Hercule. Mais, terrassé par une fièvre, il mourut en dix jours à l'âge de trente-deux ans (323 av. J.-C.). Peu de temps avant sa fin, les Macédoniens, le croyant mort, forcent la porte du palais et défilent tous un à un devant le lit du roi. C'est ici que commence le récit.

Intuentibus[1] lacrimae obortae praebuere speciem jam non regem, sed funus ejus visentis exercitus. Maeror tamen circumstantium lectum eminebat; quos ut rex aspexit : « Invenietis », inquit, « cum excessero, dignum talibus viris regem?» Incredibile dictu audituque, in eodem habitu corporis, in quem se composuerat, cum admissurus milites esset, durasse, donec a toto exercitu illud ultimum persalutatus est; dimissoque vulgo, velut omni vitae debito liberatus, fatigata membra rejecit. Propiusque adire jussis amicis, — nam et vox deficere jam coeperat, — detractum anulum digito Perdiccae tradidit, adjectis mandatis ut corpus suum ad Hammonem ferri juberent. Quaerentibusque his cui relinqueret regnum, respondit[2] ei qui esset optimus, ceterum providere jam se ob id certamen magnos funebres ludos parari sibi. Rursus Perdicca interrogante quando caelestes honores haberi sibi vellet, dixit tum velle, cum ipsi felices essent. Suprema haec vox fuit regis, et paulo post extinguitur.

QUINTE-CURCE, X, 5, 1 à 6.

1. construire : *lacrimae, obortae militibus intuentibus, praebuere speciem exercitus visentis jam non regem sed funus ejus.* — 2. comprendre : *respondit se relinquere regnum ei qui...*

274 *La douleur de Babylone à la mort d'Alexandre (323 av. J.-C.)*

Suite de la version précédente; voir la notice et ajouter : Alexandre vient de mourir à l'instant.

Ac primo ploratu lamentisque et planctibus tota regia personabat; mox, velut in vasta solitudine omnia tristi silentio muta torpebant, ad cogitationes[1] quid deinde futurum esset dolore converso. Nobiles pueri custodiae corporis ejus adsueti nec doloris magnitudinem capere, nec se ipsos intra vestibulum regiae tenere potuerunt; vagique et furentibus similes tantam urbem luctu ac maerore compleverant, nullis questibus omissis quos in tali casu dolor suggerit. Ergo, qui extra regiam adstiterant, Macedones pariter Barbarique, concurrunt; nec poterant victi a victoribus in communi dolore discerni. Persae justissimum ac mitissimum dominum, Macedones optimum ac fortissimum regem invocantes, certamen quoddam maeroris edebant. Nec maestorum solum, sed etiam indignantium voces exaudiebantur, tam viridem et in flore aetatis fortunaeque invidia deum ereptum esse rebus humanis. Vigor ejus et vultus educentis in proelium milites, obsidentis urbes, evadentis in muros, fortes viros pro contione donantis[2] occurrebant oculis.

QUINTE-CURCE, X, 5, 7 à 10.

1. *ad cogitationes = ad cogitandum.* — 2. sous-entendre *Alexandri* à côté de *educentis, obsidentis, evadentis, donantis.*

275 Réactions de Sisigambis après la mort d'Alexandre

Voici encore une réaction intéressante à l'annonce de la mort d'Alexandre (323 av. J.-C.) : c'est celle de la mère de Darius, Sisigambis.

Tanti mali fama ad Darii quoque matrem celeriter perlata est. Abscissa ergo veste, quam induta erat, lugubrem sumpsit laceratisque crinibus humi corpus abjecit. Adsidebat ei altera ex neptibus nuper amissum Hephaestionem, cui nupserat, lugens propriasque causas doloris in communi maestitia retractabat. Sed omnium suorum mala Sisigambis una capiebat; illa suam, illa neptium vicem flebat. Recens dolor etiam praeterita revocaverat. Crederes modo[1] amissum Darium, et pariter miserae duorum filiorum exsequias esse ducendas. Flebat simul mortuos vivosque: quem enim puellarum acturum esse curam? quem alium futurum esse Alexandrum? iterum esse se captas, iterum excidisse regnum; qui mortuo Dario ipsas tueretur, repperisse; qui post Alexandrum respiceret[2], utique non reperturas... Ad ultimum dolori succubuit, obvolutoque capite, accidentes genibus suis neptem nepotemque aversata, cibo pariter abstinuit et luce. Quinto, postquam mori statuerat, die extincta est. Magnum profecto Alexandri indulgentiae in eam documentum est mors reginae.

QUINTE-CURCE, X, 5, 19 à 22 et 24-25.

1. *modo* = récemment; *amissum (esse)*; *miserae*: il s'agit de Sisigambis (datif). — 2. le complément d'objet de *respiceret* est « celles-ci » (les prisonnières).

276 Jugement sur Alexandre : ses qualités

Maintenant qu'Alexandre est mort, Quinte-Curce va juger tout d'abord ses qualités : elles étaient naturelles (voir la version ci-contre); puis ses défauts : ils lui sont venus de l'âge et de la fortune (voir la version suivante).

Et, Hercule, juste aestimantibus regem liquet bona[1] naturae ejus fuisse, vitia vel fortunae vel aetatis. Vis incredibilis animi; laboris patientia propemodum nimia; fortitudo non inter reges modo excellens, sed inter illos quoque, quorum haec sola virtus fuit; liberalitas saepe majora tribuentis[2], quam a dis petuntur; clementia in devictos; tot regna aut reddita, quibus ea dempserat bello, aut dono data; mortis, cujus metus ceteros exanimat, perpetua contemptio; gloriae laudisque ut justo major cupido, ita et juveni et in tantis sane remittenda rebus; jam pietas erga parentes, quorum Olympiada[3] immortalitati consecrare decreverat, Philippum ultus erat; jam in omnes fere amicos benignitas, erga milites benivolentia, consilium par magnitudini animi et, quantam vix poterat aetas ejus capere, sollertia; modus immodicarum cupiditatum; ingenii profecto dotes erant[4].

QUINTE-CURCE, X, 5, 26 à 32.

1. *bona* = ses qualités; *fuisse naturae ejus* = étaient le fait de sa nature. — 2. *tribuentis* = de quelqu'un qui accorde... — 3. *Olympiada*: Olympias, mère d'Alexandre. — 4. donner pour sujet à *erant* tout ce qui précède depuis *vis incredibilis animi*.

277 Jugement sur Alexandre : ses défauts sont dus à la fortune

Lire la notice de la version précédente.

Illa[1] fortunae : dis aequare se et caelestes honores accersere; et talia suadentibus oraculis credere, et dedignantibus venerari ipsum vehementius quam par esset irasci; in externum habitum mutare corporis cultum; imitari devictarum gentium mores, quos ante victoriam spreverat. Nam iracundiam et cupidinem vini, sicuti juventa irritaverat, ita senectus mitigare potuisset. Fatendum est tamen, cum plurimum[2] virtuti debuerit, plus debuisse fortunae, quam solus omnium mortalium in potestate habuit. Quotiens illum a morte revocavit ! quotiens temere in pericula vectum perpetua felicitate protexit ! Vitae quoque finem eumdem illi, quem gloriae, statuit. Exspectavere eum fata, dum, Oriente perdomito aditoque Oceano[3], quidquid mortalitas capiebat impleret. Huic regi ducique successor quaerebatur; sed major moles erat quam ut unus subire eam posset.

QUINTE-CURCE, X, 5, 33 à 37.

1. *illa fuerunt fortunae*; *esse* + génitif : être le fait de, appartenir à . — 2. *plurimum* = extrêmement; *plus* = davantage. — 3. l'Océan Indien.

LA LITTÉRATURE TECHNIQUE
LA GÉOGRAPHIE

POMPONIUS MELA

POMPONIUS MELA, né en Bétique, est un parent de Sénèque. Il vivait au Ier siècle. Il a composé sous les règnes de Caligula et de Claude la première géographie latine, la *Chorographia* ou *De Chorographia libri III*, abrégé des connaissances des anciens sur le monde. Partant des côtes de la Maurétanie, l'auteur continue sa description par les côtes d'Afrique, d'Asie, d'Europe, pour revenir à son point de départ.

L'ouvrage offre une science assez étendue, énoncée avec de l'esprit critique; l'exposé, s'il est bref, peut être pittoresque et vivant. La langue manque de naturel, tend à la poésie.

LA MÉDECINE

CELSE

AULUS CORNELIUS CELSUS est peut-être né à Vérone. Ses écrits sont contemporains de Tibère. À certains points de vue, il est le successeur de Varron et le précurseur de Pline l'Ancien.

Il avait écrit une *Encyclopédie* en vingt livres qui résumait toutes les connaissances humaines (agriculture, philosophie, rhétorique, etc.). Il ne nous reste que les huit derniers volumes consacrés à la médecine et qui forment un *Traité de médecine* (*De arte medica*). Le Ier livre comprend une précieuse histoire des écoles médicales et un exposé de méthodologie et de diététique; les livres II, III et IV concernent les pronostics et la thérapeutique; dans les livres V et VI, on trouve un aperçu historique et une doctrine des remèdes. Enfin, aux livres VII et VIII, chirurgie et maladies des os.

Cet ouvrage est particulièrement intéressant. L'auteur, partisan de l'école empirique, est curieux des autres doctrines. Il nous fait connaître ainsi la science grecque depuis Hippocrate et en particulier les idées d'Hippocrate, d'Érasistrate et d'Asclépiade de Pruse. Il s'agit d'une compilation, certes, mais d'une compilation intelligente, bien documentée (Celse décrit pour la première fois l'opération de la cataracte), écrite dans un latin clair et élégant.

L'AGRICULTURE

COLUMELLE

Lucius Junius Moderatus Columella est un Espagnol de Gadès (Cadix); il vécut à l'époque de Claude et de Néron. Son père avait des possessions dans la province de Bétique. Notre auteur se rendit à Rome. Il fut tribun de la VIe légion Ferrata. Il se retira probablement à Gadès dans le vaste domaine qu'il possédait.

Aimant passionnément l'agriculture, il a laissé un abrégé d'agronomie dont il ne subsiste qu'un livre, le second : *Sur les arbres* (*De arboribus*) et un traité d'agriculture (*De re rustica*) en 12 livres :

— Livre I : utilité et agrément de l'économie rurale; ce qu'il faut faire pour établir une bonne économie (installations, personnel d'exploitation).

— Livre II : culture des champs.

— Livres III, IV, V : des vergers et de la vigne.

— Livre VI : le gros bétail.

— Livre VII : le petit bétail (brebis, chèvres, porcs).

— Livre VIII : la basse-cour.

— Livre IX : les abeilles.

— Livre X : les jardins (écrit en hexamètres).

— Livre XI : les devoirs du fermier.

— Livre XII : instructions et recettes nécessaires à qui s'occupe d'économie rurale.

Le traité est dédié à *Silvinus*, un voisin de l'auteur.

Columelle n'est pas le premier venu en agriculture. Il était le neveu d'un des agronomes les plus réputés de la Bétique. Il avait visité la Gaule, l'Italie, la Grèce et la Syrie et il était au courant des différents procédés de culture. Son ouvrage est donc précis, détaillé et pratique. Le style en est limpide, mais terne. On trouve à côté de son amour de la nature de réelles connaissances personnelles. Columelle se révèle comme un patriote de la vieille tradition romaine. Pour lui, la force de Rome réside dans le travail de la terre et il déplore qu'on l'ait négligé et que l'on continue à le déserter.

Le livre X fut écrit sur les instances de Silvinus et de Gallion, frère de Sénèque. Columelle entreprit, en parlant des jardins, de combler une lacune des *Géorgiques* que Virgile lui-même signalait : «Je laisse à d'autres le soin de traiter après moi ce sujet» (IV, 148). C'est pourquoi ce livre est rédigé en hexamètres. La poésie en est claire et sans prétention, mais non dépourvue de grâce et parfois d'élégance.

Voici quelques extraits du *De rustica* (trad. Saboureux de la Bonnetterie) : «J'ai souvent entendu les hommes les plus illustres de l'État se plaindre de la stérilité du sol et de l'inclémence de la température qui depuis longtemps auraient diminué les productions de la terre. D'autres, pour atténuer par quelque raison la gravité de leurs plaintes, assignent à ces effets une cause déterminée, en disant que la terre, fatiguée et épuisée par une trop grande fertilité, ne peut plus fournir aux besoins des hommes avec la même libéralité qu'autrefois [...]. Comment s'imaginer que la terre, douée par le créateur du monde d'une fécondité toujours nouvelle, ait été frappée tout à coup de stérilité ? [...] Loin d'attribuer à l'instabilité de l'atmosphère les maux dont nous nous plaignons, je pense qu'il faudrait en chercher la cause dans notre insouciance. Nous avons abandonné la culture de nos terres au dernier de nos esclaves, qui les traite comme un véritable bourreau; tandis que les hommes les plus éminents parmi nos ancêtres n'ont pas dédaigné d'en faire leur principale occupation» (I, *Préface*).

On peut voir qu'il connaît les *Géorgiques* à propos des abeilles; dans son livre IX, après avoir cité Virgile, au chapitre IV, il continue en ces termes au chapitre V : «On placera les ruches des abeilles en face du midi d'hiver, loin du tumulte de la compagnie tant des hommes que des bestiaux, et dans un lieu qui ne soit ni chaud ni froid, parce que l'une et l'autre de ces températures leur est également nuisible. Il faut aussi que ce soit au fond d'une vallée, parce que les abeilles qui iront chercher leur pâture trouveront plus d'aisance, lorsqu'elles ne sont point chargées, à s'élever vers le sommet de la montagne, et qu'après avoir ramassé tout ce dont elles auront besoin, elles en descendront sans peine avec leur charge, en suivant la pente de la côte» (IX, 5).

Et voici le problème des jardins : la pauvreté actuelle du peuple «a mis hors de sa portée les mets d'un prix trop élevé et l'a réduit par là aux aliments les plus communs. C'est pour cela même que nous devons donner des préceptes sur la culture des jardins avec plus de soin que ne l'ont fait nos ancêtres, parce que les fruits qui en proviennent sont aujourd'hui d'un usage plus général qu'il ne l'était de leur temps. J'aurais composé ce traité en prose [...], si vous n'eussiez pas combattu mon projet par vos sollicitations continuelles [...] qui m'ont déterminé à mettre en vers des parties qui manquent au poème des *Géorgiques* et que Virgile a déclaré lui-même n'avoir omises que pour laisser à la postérité le soin de les traiter après lui» (X, *Préface*).

On peut cultiver la rue, l'ache, la laitue, le cresson, l'oignon, mais il ne faut pas oublier les fleurs : «Pour vous, gens de la campagne, qui cueillez les tendres fleurs avec vos doigts endurcis, commencez à remplir de jacinthes bleues vos petits paniers blancs; que les roses élargissent le tissu du jonc tortillé, et que les soucis de couleur feu fassent rompre les corbeilles sous leur poids, afin que *Vertumnus* se voie enrichi de ces marchandises printanières jusqu'à en regorger, et que le paysan qui les aura portées à la ville en revienne les poches chargées d'argent, en marchant d'un pas chancelant, après avoir été bien abreuvé par Iacchus» (X, v. 303-310).

■ *LA JURISPRUDENCE*

L'anomaliste M. Ateius Capito et l'analogiste M. Antistius Labeo ont des successeurs intéressants. L'un, jurisconsulte de l'époque de Néron, élève de Labeo, va donner son nom à l'école dite *proculienne*; l'autre, Masurius Sabinus, qui eut toute son importance à l'époque de Tibère et avait été le disciple d'Ateius Capito, donna son nom à l'école *sabinienne*. Le *Digeste* renferme beaucoup de fragments de ses écrits. Le premier, il obtint la permission de donner des consultations publiques.

■ *UN HOMME COMPLEXE, UN ÉCRIVAIN DIVERS*

SÉNÈQUE

«Étudier Sénèque [...] c'est le saisir dans son enracinement, dans le mouvement qui l'élève insensiblement au-dessus des devoirs temporels pour le former à l'universel. Il faut donc suivre sa vie comme un itinéraire spirituel» (P. Aubenque et J.-M. André).

La famille

Nous avons fait connaissance de son père, né à Cordoue et chevalier romain. Comme le dit Sénèque lui-même, il appartenait à cette petite aristocratie provinciale qui, par ses mœurs sévères, fut le plus ferme soutien de la grandeur romaine. Il épousa *Helvia*, femme d'une grande noblesse de cœur, que son fils appelle *mater optima*. De cette union naquirent trois enfants dont Sénèque, appelé habituellement le *Philosophe*. Son frère aîné, *L. Annaeus Novatus*, fut adopté par un ami, le rhéteur *Gallion* (*Junius Gallio*) dont il prit le nom. Ce frère devint gouverneur de l'Achaïe et fit comparaître saint Paul devant son tribunal d'Athènes. Le plus jeune des fils, *M. Annaeus Mela*, même s'il aimait la vie calme et modeste, fut préfet de l'*Annone* (du ravitaillement de Rome). Il fut le père de *Lucain*. Il faut encore citer la sœur aînée d'Helvia qui éleva sa cadette et devint la femme de C. Galerius, gouverneur d'Égypte pendant 16 ans. En somme, comme le dit P. Grimal, c'était une famille où les empereurs pouvaient puiser quand ils désiraient rajeunir « un Sénat qui devenait à chaque génération un peu moins digne de ses antiques traditions ».

La jeunesse

L. ANNAEUS SENECA est né à Cordoue vers l'an 1 de notre ère et vint tout petit à Rome, car le père, voulant donner une brillante éducation à ses enfants, décida de s'installer dans la Ville.

De son aveu, Sénèque perdit son temps chez le grammairien. Puis il suivit les cours d'un rhéteur pour se former à l'éloquence et entrer dans la magistrature (il était alors ambitieux). Cette formation se retrouvera dans toute son œuvre. Son goût cependant l'entraîne vers la philosophie et il suit les cours de Sotion, Attale, Papirius Fabianus, ce qui le mène à vivre de façon ascétique. Son père le dissuade pourtant de suivre de telles pratiques. Nous ne savons rien de ses débuts au forum et dans la magistrature. « En réalité, on ne possède sur les années comprises entre les débuts de Sénèque et son exil, c'est-à-dire entre 19 et 41 que des bribes de renseignements, des indications isolées et douteuses » (P. Faider).

Le séjour en Égypte

La santé de SÉNÈQUE était délicate et il avait souvent des ennuis. Vers sa vingt-cinquième année, son état empira soudain. Il prend la vie en dégoût et songe au suicide, seul le grand âge de son père le retient (*Ad Lucilium*, 78,2). Il doit renoncer à la vie active et, le repos n'étant pas suffisant, il rejoint sa tante en Égypte. Elle le soigne avec tendresse. Il recueille dans ce pays les éléments d'un livre qui ne nous est pas parvenu (*De situ et sacris Aegyptiorum*). À Alexandrie, il put également rencontrer les plus grands esprits de l'époque.

Le retour et la carrière

Après six ans d'absence, il est presque un inconnu à Rome. Mais sa tante lui fait obtenir son entrée au Sénat. Il est questeur en 33/34. Grâce à ses qualités d'orateur et au charme de son esprit, il acquiert la célébrité et pénètre dans la très haute société romaine. Il commence une fortune qui ne fera que grossir et lui vaudra les médisances de ses ennemis. C'est l'époque où tout lui réussit, comme il le dit dans la *Consolation à Helvia* (V, 4). Cependant Caligula, arrivé au trône en 37, déteste Sénèque qu'il considère comme un rival en éloquence. « Il reprochait aux ouvrages de Sénèque, l'auteur alors le plus en vogue, d'être *de pures tirades théâtrales et comme du sable sans chaux* » (Suétone, V, 53, trad. H. Ailloud). SÉNÈQUE lui en gardera rancune et le tournera, après sa mort, en ridicule dans ses œuvres, en particulier dans le *De ira* (vers 41). Malgré cette vie mondaine, il poursuit son apprentissage de la philosophie et s'attache alors à *Démétrius le Cynique*. Il s'entoure de quelques amis plus jeunes: Serenus, Lucilius. Quand Claude arrive au pouvoir, « Sénèque vit heureux, riche, considéré, entouré d'amis et de l'affection de sa mère » (A. Cattin). C'est alors que les catastrophes s'abattent sur lui. Son père est mort en 39. Lui-même s'était marié une première fois mais a perdu sa femme et le fils né de cette union meurt en 41. Il vient de perdre aussi deux neveux quand il reçoit la nouvelle de son exil.

L'exil en Corse (41-49)

Il se trouve mêlé à une sombre histoire qui oppose Messaline aux sœurs de Caligula (en particulier Julia Livilla), auxquelles SÉNÈQUE était lié, malgré la haine de cet empereur. On accusa Julia d'adultère, elle fut reléguée dans une île où on la laissa mourir de faim. Accusé de complicité, SÉNÈQUE fut exilé sans pouvoir se défendre. On lui confisqua aussi la moitié de ses biens. Dans la *Consolation à Helvia* (sa mère) qui date de 42/43, il lui explique qu'il se comporte en philosophe, « l'exil n'est qu'un changement de lieu ». Il lit, médite, recueille tous les documents possibles sur la Corse, ses habitants, sa géographie, son histoire. Il compose également la *Consolation à Marcia*. Mais on a beau être philosophe, on faiblit parfois. Il écrit à Polybe, affranchi de Claude, une *Consolation* qui n'est qu'une plate supplique et fait même le panégyrique de Claude. Rien n'y fait. Ce sera Agrippine qui obtiendra de l'empereur le retour d'exil, la charge de préteur et confiera à SÉNÈQUE le préceptorat de son fils, *Domitius Nero*, enfant d'un premier lit.

Sénèque et Néron

SÉNÈQUE avait hésité à accepter cette fonction. Il aurait aimé voyager. L'enfant, alors âgé de onze ans, avait un caractère détestable et son entourage était corrompu. En outre, Agrippine intriguait pour écarter du trône le fils de Claude, *Britannicus*, et y placer Néron. Atmosphère pénible ! Agrippine réussissait dans ses projets : adoption de Néron, fiançailles avec Octavie, sœur de Britannicus, nomination de Burrus pour la formation militaire de Néron : Agrippine nourrissait l'espoir de régner à travers son fils. A la mort de Claude, empoisonné (54), Néron est proclamé empereur par les prétoriens. « Le jour des obsèques, Néron prononça l'éloge funèbre [...]. Quand il en vint à la prévoyance et à la sagesse, personne ne put s'empêcher de rire. Cependant le discours, ouvrage de Sénèque, était paré de mille ornements; on sait combien cet écrivain avait un talent agréable et assorti au goût de ses contemporains » (Tacite, *Annales*, XIII, 3, trad. Burnouf et H. Bornecque). Cet ouvrage de circonstance n'empêcha pas SÉNÈQUE de composer contre Claude une satire burlesque l'*Apokolokyntosis* (la métamorphose de Claude en citrouille).

Pendant une dizaine d'années, SÉNÈQUE va être pratiquement le maître de l'Empire, car il joue un rôle de premier ministre et intervient quand il y a des tensions entre le fils et la mère. Même si Néron se considère comme un grand artiste, il veut sa part du pouvoir. Le conflit est sous-jacent. Toutes les harangues de Néron étaient rédigées par SÉNÈQUE : « pour bien montrer la sagesse de ses leçons, on voulait faire briller son talent », dit Tacite (*Annales*, XIII, 11). Vers 56, SÉNÈQUE fait l'éloge de Néron, encore jeune, dans le *De clementia*. Peut-être a-t-il écrit aussi dans cette période le *De constantia sapientis*.

Mais les drames surviennent dans la maison impériale. Néron s'éprend d'Actè, une affranchie, malgré l'opposition de sa mère. Il renvoie Pallas, sur qui s'appuyait Agrippine. Elle menace Néron de faire proclamer Britannicus empereur. C'est alors l'empoisonnement de Britannicus. SÉNÈQUE n'a sans doute pas été le complice de ce crime. Mais il reçoit une part des biens du défunt et est nommé consul l'année d'après. On comprend alors Tacite (*Annales*, XIII, 13) quand il parle « des hommes qui professaient une morale austère et qui, dans un pareil moment, s'étaient partagé comme une proie des maisons à la ville et à la campagne » (trad. Burnouf et H. Bornecque).

Les richesses de SÉNÈQUE et la faveur de l'empereur lui valent de violentes attaques, en particulier d'un nommé Suilius, orateur vénal et redouté. Pour se justifier, SÉNÈQUE écrit sa propre défense dans le *De vita beata*, qu'il dédie à son frère Gallion. Survient le meurtre d'Agrippine. SÉNÈQUE y a-t-il participé ? Le doute est permis. Pourtant, dans le manifeste justificatif que Néron envoya au Sénat, les sénateurs reconnurent la *manière* du philosophe. Puis, Néron devient un véritable histrion. SÉNÈQUE et BURRUS doivent applaudir. Burrus meurt à son tour. Empoisonné ? Et la puissance de SÉNÈQUE est brisée : il vit alors dans une période de crainte et d'incertitude.

En 62, au cours d'une audience, il demande la permission de reprendre sa vie d'étude. Néron, hypocritement, refuse. Pourtant, le philosophe se dégage peu à peu de la vie publique et se tourne définitivement vers la philosophie et la science.

Les dernières années et la mort

La fécondité littéraire d'alors prouve que l'homme s'est tourné vers la vie de l'esprit : *De providentia* (entre 60 et 63), *Quaestiones naturales* (même époque), *De otio* (62-64) et enfin *Epistulae ad Lucilium* (63-64). C'est aussi pendant sa retraite que SÉNÈQUE a écrit la plupart de ses *Tragédies*, imitées surtout d'Euripide.

C'est sans doute à ce moment qu'il met enfin en pratique sur lui-même ses propres principes et découvre la vraie sagesse après ses longs errements. Pendant ce temps, Néron épouse Poppée, Rome est en feu, on supplicie les chrétiens. SÉNÈQUE offre à Néron ses richesses pour la construction de la *Domus aurea*. L'empereur accepte, mais ne lui permet pas d'aller vivre dans une terre éloignée.

En 65, une conjuration se forme qui prend pour chef un aristocrate sans caractère, *Pison*. Elle est découverte. Nombreux sont les gens qui sont exécutés ou reçoivent l'ordre de s'ouvrir les veines : Pison, Lucain, Pétrone et SÉNÈQUE. Sa femme *Pompeia Paulina* qu'il avait épousée en 49, dans un mariage d'amour que lui reprocheront ses ennemis, à cause de la différence d'âge, veut mourir avec lui. Tous deux se font couper les veines. Mais « Néron ordonne de bander les plaies de Pauline, qui survivra encore quelques années [...]. Sénèque, devant la lenteur de sa mort, se fait porter dans une étuve dont la chaleur le suffoque [...]. Sa mort met comme un sceau d'authenticité sur toutes ses œuvres où, si souvent, il avait parlé de la mort du Sage, évoqué celle de Socrate, et même prévu la sienne» (A. Cattin).

L'homme

«Sénèque était maigre et de santé délicate. Ses immenses richesses ne l'empêchaient pas de se traiter durement et de se refuser mille délicatesses de l'existence. *Ce fut une âme élevée mais sans ressort.* On s'est fait un jeu [...] de relever de nombreuses contradictions entre ses principes et sa conduite: riche à millions, il prêche la pauvreté; il vante le désintéressement et la charité, tout en se rendant célèbre par ses usures. La réponse qu'il oppose à ses détracteurs est bien faible» (H. Bertaut et Ch. Georgin). Et pourtant, il eut de réelles vertus.

Il fut un bon fils, un bon frère et un bon époux. La conduite de sa femme Pauline le prouve. Il fut «un être très humain qui fait sans cesse appel à la qualité de l'homme, qui défend tous les humains, les esclaves et les brigands comme les autres, parce que ce sont justement des hommes [...]. La cruauté et le crime lui font horreur, témoin le portrait très réaliste du tyran et la description de la terreur qu'il provoque autour de lui» (A. Cattin). Cela peut lui faire pardonner «l'homme de cour qui sait flatter», et qui existait en lui, à cause de son ambition.

C'était un fin psychologue qui devina le monstre naissant en Néron, même s'il fut incapable de le maîtriser. Mais le pouvait-il? Enfin, il se révéla comme un philosophe très strict aux principes sévères en dépit de subtilités de doctrine. Bref, un être divers et ondoyant. Après tous, ce n'était qu'un homme et, par là, il est bien proche de nous.

L'œuvre

Exposer toute l'œuvre de Sénèque est pratiquement impossible, étant donné son étendue et sa variété. En outre, on ne peut en donner de chronologie bien assurée en dépit de la recherche de nombreux érudits.

Entre 40 et 43, il écrivit trois *Consolations*, toutes contemporaines de l'exil:

- *Ad Marciam de consolatione:* il écrit à Marcia, fille de Cremutius Cordus, réputé pour ses convictions républicaines et sa mort courageuse. Cette jeune femme avait perdu deux fils et la mort du second la laissait désemparée. Il entreprend de la consoler par de nombreux exemples. Le thème central est celui de la fragilité des biens et de la brièveté de la vie.
- *Ad Helviam de consolatione:* il raffermit le courage de sa mère, veuve alors et affectée par l'exil de son fils. Cette *Consolation* nous donne des détails sur la vie de Sénèque à Rome et en Corse.
- *Ad Polybium de consolatione:* écrite à Polybe, affranchi de Claude, qui venait de perdre un frère, cette *Consolation* n'est au fond qu'une supplique déshonorante qui fut inutile en définitive.

De 41 à 59 datent les œuvres suivantes:

- *De ira* (entre 41 et 52). Adressé à son frère Gallion, ce dialogue traite en trois livres *De la colère:* c'est une passion contraire à la raison et à la nature (livre I); Sénèque donne le moyen de se guérir de ce vice: ne pas s'emporter sur des soupçons, savoir rester en soi-même (livre II); fuir les violents, réfléchir avant de punir, penser à la mort (livre III).
- *De brevitate vitae* (49-50): ce dialogue sur la brièveté de la vie est dédié à Pompéius Paulinus, son futur beau-frère. Comme la vie est courte, ne l'employons pas à des occupations stériles. Il faut fuir la foule et s'occuper d'acquérir la sagesse.
- *Ludus de morte Claudii* ou *Apokolokyntosis* (54): cette satire est une vengeance de Sénèque à l'égard de Claude. Auguste dénonce les crimes de son descendant devant l'assemblée des Dieux. Claude ira au Tartare où il jouera éternellement aux dés dans un cornet percé. Beaucoup d'esprit, peu de cœur.
- *De clementia* (56): c'est un traité de philosophie politique destiné à Néron. A-t-il été écrit avant ou après l'assassinat de Britannicus? Les critiques sont partagés. En deux livres, l'auteur traite de la clémence, de sa nécessité pour les rois (fameux exemple de la clémence d'Auguste pour Cinna dont Corneille se souviendra). Il traite également de la nature et des formes de la clémence et de sa différence avec la pitié. Le livre II s'interrompt brusquement et un livre III serait perdu. Le traité n'eut pas d'action sur Néron.
- *De constantia sapientis* (vers 56): ce dialogue est adressé à un *Annaeus Serenus* que nous ne connaissons guère; il était l'ami de Sénèque qui suivait son évolution philosophique. Seuls Tacite et Martial disent quelques mots de lui.

SÉNÈQUE, dans cet ouvrage, présente l'idéal du sage stoïcien. Le sage est à l'abri de tout. Il ne peut subir d'injure et il est inaccessible à l'offense. Il ne suit pas les réactions de la foule. « Il remonte le courant de l'opinion commune. »

• *De vita beata* (58-59) : ce dialogue, dédié à son frère Gallion, indique que, pour vivre heureux, il faut vivre selon la nature, selon la vertu et non selon le plaisir. La vertu s'acquiert progressivement, car même les philosophes doivent concilier la sagesse et le monde.

Les dialogues de SÉNÈQUE n'ont rien à voir avec les dialogues de Platon. « Le philosophe expose, longuement parfois, le sujet, divise, démontre point par point; il coupe l'argumentation par quelques objections que lui-même présente et réfute sans laisser l'interlocuteur défendre personnellement ses propres idées. À ce taux, le philosophe a toujours raison » (A. Cattin).

Entre 59 et 64, SÉNÈQUE écrit un traité philosophique, trois dialogues, un traité scientifique et toute une correspondance :

• *De beneficiis* (entre 58 et 62) : c'est une suite de conseils sur l'art de donner et de recevoir. L'ingratitude ne doit pas nous faire renoncer aux bienfaits.

• *De tranquillitate animi* (vers 61) : second écrit adressé à Serenus qui vient de se convertir au stoïcisme. SÉNÈQUE cherche à consolider la foi de son disciple. Dans ce dialogue, il recommande la participation aux affaires publiques, tout en menant une vie simple.

• Le dialogue *De providentia* (60-63) est composé pour Lucilius. S'il y a une Providence, pourquoi arrive-t-il malheur à l'homme de bien ? Le malheur est une épreuve profitable pour celui-ci.

• Encore un dialogue, adressé à Serenus : le *De otio* (entre 62 et 64). Alors que SÉNÈQUE a précédemment recommandé la participation aux affaires publiques, il montre ici que repos et abstention de ces mêmes affaires ne sont pas contraires toutefois au stoïcisme.

• *Quaestiones naturales* (*Recherches sur les phénomènes de la nature*, 62-63) : SÉNÈQUE obéit à la tradition antique qui veut qu'un philosophe écrive un traité scientifique où il expose ses vues sur l'univers. Il nous parle donc en sept livres des comètes, de l'arc-en-ciel, de l'air, de l'orage, des eaux : eaux médicinales mais aussi eaux naturelles qui s'accompagnent d'inondations et de déluges; du Nil, de la grêle, de la glace; du vent; des tremblements de terre. Il rédige en somme un exposé complet des connaissances de l'époque. Il fera autorité jusqu'à Galilée. Il était visiblement doué pour la recherche, mais l'expérimentation lui faisait défaut et il procède trop souvent par analogie. « Aux erreurs inévitables se mêlent des vues profondes, que la science moderne a vérifiées, et l'on y trouve aussi, développée de la manière la plus forte de l'antiquité, la fameuse théorie du *progrès* » (H. Berthaut et Ch. Georgin). Malheureusement, il fait parfois un curieux mélange de science et de morale.

• *Les lettres à Lucilius* (*Epistulae ad Lucilium*, 63-64) sont adressées à Lucilius arrivé au poste de procurateur de Sicile. « Tous les thèmes traités dans les œuvres de SÉNÈQUE se retrouvent dans cette correspondance. Mais le ton est plus familier, moins doctoral » (A. Cattin). Ces lettres nous renseignent abondamment sur la vie de SÉNÈQUE et la vie romaine et nous pouvons toujours profiter des conseils moraux qu'il y donne.

• *Les Tragédies* (d'où le nom de SÉNÈQUE le Tragique). Sous le nom du philosophe, dix tragédies nous sont parvenues, dont neuf sont reconnues de lui : *Agamemnon*, *Les Troyennes*, *Hercule furieux*, *Hercule sur l'Oeta*, *Oedipe*, *Les Phéniciennes*, *Médée*, *Phèdre*, *Thyeste*. Elles ont été composées entre 49 et 65 et surtout entre 54 et 65, probablement pendant sa retraite. Il imite en général les grands tragiques grecs, Eschyle, Sophocle et en particulier Euripide. Ces pièces étaient faites pour des lectures publiques. SÉNÈQUE transforme ses modèles et ne cherche pas à peindre la montée progressive de l'action. Il prend son héros au paroxysme de la passion. L'avantage d'un tel procédé, s'il n'a pas la souplesse de la vie, est de permettre une analyse très fine de la passion elle-même. Le grand usage des confidents autorise de longues tirades où le héros (ou l'héroïne) étudie, détaille ses pensées secrètes; l'auteur y expose aussi ses idées philosophiques et y fait nombre d'allusions historiques. « La tragédie devient une *tribune philosophique* » (A. Cattin). Le style est plus soigné que dans les dialogues, parfois précieux, mais toujours nerveux et brillant.

L'Octavie est une *tragédie praetexte*, de peu postérieure à SÉNÈQUE. Nous n'en connaissons pas l'auteur qui met en scène Néron au moment où il va frapper Octavie. C'est presque, comme l'a montré F. Préchac, une imitation ou une paraphrase du premier livre du *De clementia*. L'aspect le plus curieux de cette pièce est l'évolution de deux chœurs, l'un favorable à Poppée, l'autre à Octavie.

Les idées

SÉNÈQUE s'est fait une idée très haute de la philosophie et on a vu que toute sa vie il a été attiré vers elle, car il la considérait comme la chose la plus importante de la vie et on a pu dire que c'est à SÉNÈQUE seul qu'on doit l'existence d'une véritable philosophie à Rome.

Pourtant, il n'était pas homme à construire un système. Il a butiné dans toutes les écoles, pythagoricienne, stoïcienne..., et il n'hésite pas à prendre chez les épicuriens ce qui lui semble vrai. Il est peut-être stoïcien, mais restera toujours indépendant: on pourrait même dire éclectique.

La logique chez lui n'est qu'un instrument qui aide aux démonstrations, à l'argumentation et permet de démasquer toute ambiguïté du langage et du raisonnement. Pour la physique, étant donné l'époque, il avait des dons réels, comme le montrent ses *Quaestiones naturales*. Son principe fondamental, c'est la force vitale qui est le sang de l'univers entier et permet l'interaction entre le ciel et la terre.

Il n'a pas l'étoffe d'un métaphysicien. Tantôt il est panthéiste, tantôt il s'élève jusqu'à la conception d'un Dieu unique. Son indécision est caractéristique: tour à tour il fait de l'âme une chose matérielle et périssable, comme les épicuriens, une émanation de la Divinité qui l'absorbera après la mort, ou enfin un principe individuel et immortel, selon Platon. En réalité, SÉNÈQUE est essentiellement un moraliste et un directeur de conscience. Il s'adresse à tous ceux qui veulent emprunter la route de la perfection.

La base de cette morale est éminemment stoïcienne. Ce qu'il faut atteindre c'est le *souverain bien*, même si c'est une réalité qui peut nous être extérieure. Il l'appelle aussi *vertu*: elle consiste à vivre selon la raison. Le contraire en est la maladie de l'âme, par conséquent on doit éviter tout ce qui la contamine: biens, fortune, beauté, pouvoir et mépriser ce qui la blesse — douleur, exil, pauvreté, mort. Car vivre, c'est apprendre à mourir. Il faut interdire à la nature sensible de l'homme d'envahir sa nature raisonnable. Il faut par conséquent suivre tout un itinéraire spirituel: rechercher le travail intellectuel, la solitude, dédaigner les biens de ce monde, surmonter les souffrances, savoir affronter la mort; se connaître soi-même par l'examen de conscience; suivre l'exemple des hommes de bien.

Ce sont ces idées qu'il applique lorsqu'il s'adresse à ses disciples, par exemple Serenus et Lucilius. Il a toutes les qualités d'un directeur de conscience: il sait manier les âmes avec prudence et capter les esprits en tempérant les reproches par les encouragements. Enfin, il est psychologue: « De tous les moralistes de l'antiquité, c'est lui qui a le mieux saisi les raisons secrètes et subtiles qui nous gouvernent et tout ce jeu délié, insaisissable des passions qui se mêlent, qui se combattent, sans se détruire » (C. Martha). Comme Diderot l'a souligné, de stoïcien il s'est fait homme. On sait que cet écrivain a composé une vie de SÉNÈQUE pleine d'enthousiasme: ce qui ne peut étonner chez l'inventeur de la critique des beautés.

L'art

Quintilien et Tacite ont reconnu le talent de SÉNÈQUE: facilité, ingéniosité, agrément, tout en faisant des réserves sur d'occasionnels manques de goût. Il ne faut pas chercher en SÉNÈQUE un artiste au sens strict du mot; il a plutôt les qualités de l'improvisateur qui s'abandonne à sa verve en accumulant exemples et expressions. Le défaut, inévitable dans ce cas, est l'amplification et une composition relâchée.

Pour le style, il préfère les phrases brèves, décousues, juxtaposées et s'oppose ainsi aux périodes de Cicéron et de Tite-Live. Sa phrase lui donne une allure très moderne et proche de la conversation. Malheureusement, il arrive à donner à cette phrase de la grandiloquence et de l'affectation. Marqué par les rhéteurs, il prend en morale des allures de prédicateur et va jusqu'à l'emphase et la redondance. Étant un homme du premier jet et de la spontanéité, il aboutit parfois à de l'obscurité. Mais son imagination et son sens de la vie quotidienne lui suggèrent de magnifiques comparaisons et métaphores, sa langue s'autorise toutes les audaces, langue plébéienne, argot sportif, comme aussi langue poétique empruntée à Virgile et à Ovide.

Cet homme et ce philosophe ont été admirés de tout temps, à commencer par Quintilien et Tacite, en dépit de leurs réserves. Les auteurs chrétiens l'ont lu et relu: par exemple Tertullien, Lactance, saint Jérôme et saint Augustin. Pour le Moyen Âge, il a la figure du Sage. Dans les temps modernes, du XVIe siècle à nos jours, il reste un sujet d'admiration.

Malherbe, tous les grands écrivains du XVIIe siècle, puis Rousseau, Diderot lui rendent hommage. Seul le XIXe siècle le tient à l'écart, en dépit de critiques éminents. Comme l'a dit A. Michel : « C'est lui qui pose le premier et le plus hautement les problèmes individuels de la liberté politique pour les sénateurs. Il peut les envisager dans toute leur complexité, parce que les événements de sa vie l'ont conduit à participer en même temps de la façon la plus active au gouvernement et à l'opposition; cette âme ardente n'a rien fait à demi. »

278 *S'ils étaient morts plus tôt*

La « consolation » est un genre très ancien et qui s'est conservé longtemps dans la littérature (Malherbe : Consolation à M. du Périer*). Par des considérations générales ou particulières, on essaie de consoler une personne de son deuil. On montre notamment que la mort n'est pas un mal, qu'elle nous soulage au contraire de nos misères. Ici Sénèque invite à réfléchir à ce point de vue sur quelques exemples historiques.*

Cogita quantum boni opportuna mors habeat, quam multis diutius vixisse nocuerit. Si Cn. Pompeium, decus istud firmamentumque imperii, Neapoli[1] valetudo abstulisset, indubitatus populi Romani princeps excesserat[2]. At nunc exigui temporis adjectio fastigio illum suo depulit : vidit legiones in conspectu suo caesas et ex illo proelio, in quo prima acies senatus fuit, quae[3] infelices reliquiae sunt, ipsum imperatorem superfuisse; vidit Aegyptium carnificem et sacrosanctum victoribus corpus satelliti[4] praestitit, etiam si incolumis fuisset, poenitentiam salutis acturus; quid enim erat turpius quam Pompeium vivere beneficio regis ? M. Cicero, si illo tempore quo Catilinae sicas devitavit, quibus pariter cum patria petitus est, concidisset, si, liberata republica, servator ejus[5], si denique filiae suae funus secutus esset, etiam tunc felix mori potuit : non vidisset strictos in civilia capita mucrones nec divisa percussoribus occisorum bona, ut etiam de suo[6] perirent, non hastam[7] consularia spolia vendentem, nec caedes, nec locata publice latrocinia, bella, rapinas, tantum Catilinarum.

SÉNÈQUE, *De consolatione ad Marciam*, XX, 4-5.

1. *Neapoli :* Pompée y tomba malade en 50 av. J.-C. — 2. *excesserat :* au lieu de *excessisset;* ce tour, qui suppose que la chose s'est produite, donne de la vivacité à la phrase (cf. français : s'il n'avait pas regardé, c'en *était* fait de lui). — 3. *quae* = *quod* (attraction du pronom au genre de l'attribut). — 4. *satelliti :* il s'agit d'un ministre du roi Ptolémée. — 5. *servator ejus (decessisset).* Sur la mort de Tullia, voir version de Cicéron n° 63. — 6. *de suo* = à leurs frais. Allusion aux proscriptions, les dénonciateurs profitaient des biens de leurs victimes. — 7. *hastam :* les ventes à l'encan étaient annoncées par une lance plantée devant le temple de Jupiter Stator.

279 *La mort courageuse de Crémutius Cordus*

Sénèque adresse à Marcia, fille de Crémutius Cordus — historien républicain mort victime de ses idées sous Tibère —, une « consolation » à l'occasion de la mort de son fils cadet, Métilius (vingt ans). Il évoque la mort cruelle de Crémutius pour atténuer la douleur que cause à la mère la mort prématurée de Métilius (voir la version n° 278).

Propone illud acerbissimum tibi tempus, quo Sejanus patrem tuum clienti suo Satrio Secundo[1] congiarium dedit... Decernebatur illi[2] statua in Pompei theatro ponenda, quod exustum Caesar reficiebat : exclamavit

Cordus tunc vere theatrum perire. Quid ergo? non rumperetur[3] supra cineres Cn. Pompei constitui Sejanum et in monumentis maximi imperatoris consecrari perfidum militem? Consignatur subscriptio, et acerrimi canes[4], quos ille, ut sibi uni mansuetos, omnibus feros haberet, sanguine humano pascebat, circumlatrare hominem etiamtum imperturbatum incipiunt. Quid faceret? Si vivere vellet, Sejanus rogandus erat, si mori, filia, uterque inexorabilis. Constituit filiam fallere. Usus itaque balineo, quo plus virium poneret, in cubiculum se quasi gustaturus[5] contulit et, dimissis pueris, quaedam per fenestram, ut videretur edisse, projecit; a cena deinde, quasi jam satis in cubiculo edisset, abstinuit. Altero quoque die et tertio idem fecit. Quartus ipsa infirmitate corporis faciebat indicium. Complexus itaque te: «Carissima, inquit, filia et hoc unum tota celata vita, iter mortis ingressus sum et jam medium fere teneo; revocare me nec debes, nec potes». Atque ita jussit lumen omne praecludi et se in tenebras condidit. Cognito consilio ejus, publica voluptas erat, quod e faucibus avidissimorum luporum educeretur praeda.

SÉNÈQUE, *Ad Marciam*, XXII, 4-7.

1. *Secundus :* délateur, client de Séjan. — 2. *illi = Sejano.* — 3. *non rumperetur :* subj. exclamatif ou de protestation caractérise une éventualité qu'on repousse, négation *non* (lui ! ne pas éclater) = pouvait-il ne pas éclater à l'idée que. — 4. Il s'agit de Secundus et d'un autre délateur : Pinarius Natta. — 5. *quasi gustaturus :* pour faire croire qu'il allait manger un morceau.

280 *Le sage doit savoir supporter l'adversité*

C'est un article de foi de la philosophie stoïcienne qu'aucun mal ne peut advenir à l'homme de bien. Pourtant, le mal existe et l'homme de bien est éprouvé. Sénèque entreprend de montrer qu'en dépit des apparences, la divinité n'est pas hostile aux justes. Comparer aux idées de Voltaire dans Candide.

Athletas videmus, quibus virium cura est, cum fortissimis quibusque confligere et exigere ab iis per quos certamini praeparantur, ut totis contra ipsos viribus utantur: caedi se vexarique patiuntur et, si non inveniunt singulos pares, pluribus simul objiciuntur. Marcet sine adversario virtus; tunc apparet quanta sit quantumque polleat, cum quid possit patientia ostendit. Scias licet idem viris bonis esse faciendum, ut dura ac difficilia non reformident nec de fato querantur, quicquid accidit boni consulant[1], in bonum vertant. Non quid sed quemadmodum feras interest. Non vides quanto aliter patres, aliter matres indulgeant? Illi excitari jubent liberos ad studia mature obeunda, feriatis quoque diebus non patiuntur esse otiosos, et sudorem illis et interdum lacrimas excutiunt; at matres fovere in sinu, continere in umbra volunt, numquam contristari, numquam flere, numquam laborare[2]. Patrium deus habet adversus bonos viros animum, et illos fortiter amat et: «Operibus», inquit, «doloribus, damnis exagitentur, ut verum colligant robur».

SÉNÈQUE, *De providentia*, II, 3 à 6.

1. *boni consulere* = (mot à mot) considérer comme faisant partie de ce qui est bon. — 2. sous-entendre *illos* (= *liberos*), comme complément de *fovere, continere*, et comme sujet de *contristari, flere, laborare*.

281 Le bonheur n'est pas dans les chemins battus

Dans le De vita beata, *Sénèque expose la théorie du bonheur selon les stoïciens. Ceux-ci le définissent comme « une vie conforme à la nature ». Mais ce n'est pas dans la conception vulgaire que le sage trouvera ce bonheur.*

Non eadem hic[1] quae in ceteris peregrinationibus condicio est : in illis comprensus aliquis limes et interrogati incolae non patiuntur errare[2], at hic tritissima quaeque via et celeberrima maxime decipit. Nihil ergo magis praestandum est quam ne pecorum ritu sequamur antecedentium gregem, pergentes non quo eundum est, sed quo itur. Atqui nulla res nos majoribus malis implicat quam quod ad rumorem componimur, optima rati ea quae magno assensu recepta sunt, quodque exempla nobis multa sunt nec ad rationem sed ad similitudinem vivimus. Inde ista tanta coacervatio aliorum super alios ruentium. Quod in strage hominum magna evenit, cum ipse se populus premit (nemo ita cadit ut non et alium in se attrahat, primique exitio sequentibus sunt), hoc in omni vita accidere videas licet : nemo sibi tantummodo errat, sed alieni erroris et causa et auctor est; nocet enim applicari antecedentibus et, dum unusquisque mavult credere quam judicare, numquam de vita judicatur, semper creditur, versatque nos et praecipitat traditus per manus error. Alienis perimus exemplis; sanabimur si separemur modo a coetu.

SÉNÈQUE, *De vita beata,* I, 2 à 4.

1. *hic* : adverbe. Noter qu'il s'agit ici de la quête du bonheur comparée à un voyage. — 2. sujet indéterminé.

282 Les disciples d'Épicure faussent sa philosophie

*Vivre selon la nature : tous les philosophes sont d'accord sur ce point; mais ils ne s'entendent pas sur le sens de cette expression. Épicure est le chef de l'école adverse : il donne pour but à la philosophie la recherche du bonheur, alors que les stoïciens recherchent la vertu. Les épicuriens prétendent que la pratique de la vertu apportera le plaisir (*voluptas*), les stoïciens au contraire prétendent que vertu et plaisir sont incompatibles : les confondre, c'est donner aux vices un prétexte. Épicure ne le faisait pas; ses disciples, trop humains, ont faussé son enseignement.*

Itaque non ab Epicuro impulsi luxuriantur[1], sed, vitiis dediti, luxuriam suam in philosophiae sinu abscondunt et eo concurrunt ubi audiant laudari voluptatem. Nec aestimant voluptas illa Epicuri (ita enim me hercules sentio) quam sobria ac sicca sit, sed ad nomen ipsum advolant, quaerentes libidinibus suis patrocinium aliquod ac velamentum. Itaque quod unum habebant in malis bonum perdunt, peccandi verecundiam... Hoc est cur ista voluptatis laudatio perniciosa sit, quia honesta praecepta intra latent, quod corrumpit apparet. In ea quidem ipse sententia sum (invitis hoc nostris popularibus[2] dicam) sancta Epicurum et recta praecipere et, si propius accesseris, tristia[3] : voluptas enim illa ad parvum et exile revocatur et quam nos virtuti legem dicimus, eam ille dicit voluptati : jubet illam parere naturae; parum est autem luxuriae quod naturae satis est.

SÉNÈQUE, *De vita beata*, XIII, 2 à 5 (coupure à 3).

1. sujet = les disciples d'Épicure. — 2. *popularibus :* signifie ici : gens de la même secte, frères en philosophie. — 3. *tristia* = sévères.

283 Le sage ne repousse pas les avantages terrestres

Le vrai bonheur réside dans la vertu, l'effort même vers la vertu est méritoire. Mais (et Sénèque qui est fort riche est bien placé pour défendre cette opinion) vertu n'exige pas renoncement. Il faut que le sage jouisse de tous les biens de fortune, sans s'y assujettir, mais sans les rejeter. C'est là un aspect de la pensée stoïcienne que l'on oublie trop facilement et qui explique en partie la vie de Sénèque.

Nec enim se sapiens indignum ullis muneribus fortuitis putat : non amat divitias, sed mavult; non in animum illas, sed in domum recipit; nec respuit possessas, sed continet et majorem virtuti suae materiam sumministrari vult.

Quid autem dubii est quin haec major materia sapienti viro sit animum explicandi suum in divitiis quam in paupertate, cum in hac unum genus virtutis sit non inclinari nec deprimi, in divitiis et temperantia et liberalitas et diligentia et dispositio et magnificentia campum habeat patentem ? Non contemnet se sapiens, etiam si fuerit minimae staturae, esse tamen se procerum volet. Et exilis corpore aut amisso oculo valebit, malet tamen sibi esse corporis robur, et hoc ita ut sciat[1] esse aliud in se valentius. Malam valetudinem tolerabit, bonam optabit. Quaedam enim, etiam si in summam rei parva sunt et subduci sine ruina principalis boni possunt, adjiciunt tamen aliquid ad perpetuam laetitiam et ex virtute nascentem : sic illum afficiunt divitiae et exhilarant, ut navigantem secundus et ferens ventus, ut dies bonus et in bruma ac frigore apricus locus.

SÉNÈQUE, *De vita beata*, XXI, 4, et XXII, 1 à 4.

1. *ita ut sciat* = tout en sachant bien...

284 Le sage et l'argent

Poursuivant son exposé sur l'attitude du sage envers les biens terrestres (voir la notice précédente), Sénèque aborde plus nettement la question de la fortune — mobilière ou immobilière. D'aucuns voient en ce texte une justification personnelle, mais dans les Lettres à Lucilius *(I, 5, 6), Sénèque exprimait aussi cette idée, et n'ébauche-t-il pas la pensée de l'Évangile : « Il est plus difficile à un riche d'entrer au royaume du Père qu'à un chameau de passer par le chas de l'aiguille ? ». De plus, il met une condition essentielle à cette richesse.*

Desine[1] ergo philosophis pecunia interdicere : nemo sapientiam paupertate damnavit. Habebit philosophus amplas opes, sed nulli detractas nec alieno sanguine cruentas, sine cujusquam injuria partas, sine sordidis quaestibus, quarum tam honestus sit exitus quam introitus, quibus nemo ingemescat nisi malignus. In quantum vis exaggera illas: honestae sunt in quibus, cum multa sint quae sua quisque dici velit, nihil est quod quisquam suum possit dicere. Ille vero fortunae benignitatem a se non summovebit, et patrimonio per honesta quaesito nec gloriabitur nec erubescet. Habebit tamen etiam quo glorietur, si, aperta domo et admissa in res suas civitate, poterit dicere: « Quod quisque agnoverit[2], tollat ». O magnum virum, optime divitem, si post hanc vocem tantumdem habuerit! Ita dico: si tuto et securus scrutationem populo praebuerit, si nihil quisquam apud illum invenerit quoi[3] manus injiciat, audaciter et propalam erit dives.

SÉNÈQUE, *De vita beata,* XXIII 1-2.

1. forme dialoguée, comme dans tous les autres traités de Sénèque. — 2. sous-entendre : *suum.* — 3. *quoi :* datif archaïque.

285 *Le sage est au-dessus des vicissitudes humaines*

Le philosophe Stilpon, né à Mégare, était célèbre vers 300 av. J.-C. Précurseur du stoïcisme, élève d'Euclide, il faisait de l'impassibilité de l'âme le souverain bien. Sa patrie, Mégare, fut prise en 307 av. J.-C. par Démétrius, futur roi de Macédoine, surnommé Poliorcète, c'est-à-dire « Preneur de villes ». Sénèque fait de Stilpon le modèle du sage moralement invincible.

Megaram Demetrius ceperat, cui cognomen Poliorcetes fuit. Ab hoc Stilpon philosophus interrogatus num aliquid perdidisset: « Nihil, inquit: omnia mea mecum sunt ». Atqui et patrimonium ejus in praedam cesserat, et filias rapuerat hostis, et patria in alienam dicionem pervenerat, et ipsum rex, circumfusus victoris exercitus armis, ex superiore loco rogitabat. At ille victoriam illi excussit et se, urbe capta, non invictum tantum, sed indemnem esse testatus est. Habebat enim vera secum bona, in quae non est manus injectio. At quae dissipata et direpta ferebantur non judicabat sua, sed adventicia et nutum fortunae sequentia; ideo ut non propria dilexerat. Omnium enim extrinsecus affluentium lubrica et incerta possessio est.

Cogita[1] nunc an huic fur aut calumniator aut vicinus impotens[2] aut dives aliquis regnum orbae senectutis exercens facere injuriam possit, cui bellum et hostis et ille egregiam artem quassandarum urbium professus eripere nihil potuit. Inter micantes ubique gladios et militarem in rapina tumultum, inter flammas et sanguinem stragemque impulsae civitatis, inter fragorem templorum super deos suos cadentium, uni homini pax fuit.

SÉNÈQUE, *De constantia sapientis,* V, 6-7.

1. ne pas oublier la forme dialoguée donnée par Sénèque à tous ses écrits philosophiques. — 2. Sous-entendre *sui.*

286 Conduite du sage devant les offenses du vulgaire

Sénèque, comme tous les stoïciens (comparer avec Montaigne), distingue toujours le sage de la foule. Pourtant le sage vit dans la foule, il la côtoie, il se heurte à elle parfois. Quelle doit être son attitude en face des mille petits froissements quotidiens? C'est ce que Sénèque nous expose ici, dans un style pittoresque et vivant. La forme dialoguée, analogue au procédé socratique, est plus sensible ici que dans les textes précédents.

Quidam se a cinerario[1] impulsos moleste ferunt et contumeliam vocant ostiarii difficultatem, nomenclatoris[2] superbiam, cubicularii supercilium. O quantus inter ista risus tollendus est, quanta voluptate implendus animus ex alienorum errorum tumultu contemplanti quietem suam! — Quid ergo? sapiens non accedet ad fores quas durus janitor obsidet? — Ille[3] vero, si res necessaria vocabit, experietur, et illum, quisquis erit, tamquam canem acrem objecto cibo leniet, nec indignabitur aliquid impendere ut limen transeat, cogitans et in pontibus quibusdam pro transitu dari. Itaque illi quoque, quisquis erit, qui hoc salutationum publicum[4] exerceat, donabit: scit emere venalia. Ille pusilli animi est, qui sibi placet quod ostiario libere respondit, quod virgam ejus fregit, quod ad dominum accessit et petiit[5] corium. Facit se adversarium qui contendit, et, ut vincat, par fuit. — At sapiens colapho percussus, quid faciet? — Quod Cato, cum illi os percussum esset: non excanduit, non vindicavit injuriam, ne remisit quidem, sed factam negavit; majore animo non agnovit quam ignovisset.

SÉNÈQUE, *De constantia sapientis*, XIV, 1 à 3.

1. *cinerarius* = coiffeur (esclave chargé de faire chauffer les fers à friser). — 2. *nomenclator:* esclave chargé d'annoncer les visiteurs. — 3. *ille = sapiens; illum = janitorem*; *experior*: emploi absolu. — 4. *publicum exercere:* notation ironique = lever un impôt sur... — 5. *corium petere:* ici = faire fouetter.

287 Portrait de Caligula

Caligula (37-41 apr. J.-C.), fils de Germanicus et désigné comme héritier par Tibère, se distingua par ses cruautés. Il n'était absolument pas maître de lui-même et allait d'extravagance en extravagance. Sénèque se sert de lui comme exemple lorsqu'il veut montrer ce qu'il ne faut pas être. Comme il est en train de démontrer ce que doit être l'attitude du sage en face des offenses, il campe un portrait peu flatteur du susceptible Caligula.

Sur les cruautés de Caligula, voir la version: Amour paternel (n° 291).

G. Caesar, inter cetera vitia quibus abundabat contumeliosus, mira libidine ferebatur omnes aliqua nota feriendi, ipse materia risus benignissima: tanta illi palloris insaniam testantis foeditas erat, tanta oculorum sub fronte anili latentium torvitas, tanta capitis destituti et emendicaticiis[1] capillis aspersi deformitas. Adice obsessam saetis cervicem, et exilitatem crurum, et enormitatem pedum. Immensum est si velim singula referre per quae in parentes avosque suos contumeliosus fuit, per quae in universos ordines... At idem Gaius omnia contumelias putabat, ut sunt ferendarum impatientes faciendarum cupidissimi. Iratus fuit Herennio Macro quod illum Gaium salutaverat, nec impune cessit primipilari[2] quod

Caligulam[3] dixerat: hoc[4] enim in castris natus et alumnus legionum vocari solebat, nullo nomine militibus familiarior umquam factus; sed jam Caligula convicium et probrum[5] judicabat cothurnatus.

SÉNÈQUE, *De constantia sapientis*, XVIII, 1 à 4 (avec coupures).

1. *emendicaticiis* = mot forgé par Sénèque sur *emendico*, mendier; l'adjectif français: misérable (sens ironique) y correspond à peu près. — 2. centurion du plus haut grade = primipilaire. — 3. *Caligula:* diminutif de *caliga*, chaussure du soldat. — 4. *hoc:* neutre = *cognomine*. — 5. *convicium* et *probrum*, attributs d'objet de *cognomen* sous-entendu.

288 Diatribe contre l'humanité

Dans le De ira, *dédié à son frère Novatus, Sénèque, en moraliste, attaque l'une des passions essentielles de l'homme: la colère. Il s'efforce d'en montrer la laideur et les funestes effets, puis il en cherche les remèdes. Dans le livre II du traité, il essaie de détruire les arguments de ceux qui prétendent qu'elle a son utilité. Il s'en prend aux plaideurs qui, dit-il, passent leur temps à s'attaquer entre membres d'une même famille (voir, à ce propos, la comtesse de Pimbêche dans* Les Plaideurs *de Racine); il s'en prend même aux juges et aux avocats qui soutiennent aussi bien la mauvaise cause que la bonne. Voici la conclusion de ce passage qui élargit sa pensée.*

Quid singula persequor? Cum videris forum multitudine refertum et saepta[1] concursu omnis frequentiae plena et illum circum[2] in quo maximam sui partem populus ostendit, hoc[3] scito istic tantumdem esse vitiorum quantum hominum. Inter istos quos togatos vides nulla pax est; alter in alterius exitium levi compendio ducitur; nulli nisi ex alterius injuria quaestus est; felicem oderunt, infelicem contemnunt; majorem gravantur, minori graves sunt; diversis stimulantur cupiditatibus; omnia perdita ob levem voluptatem praedamque cupiunt. Non alia quam in ludo gladiatorio vita est cum isdem viventium pugnantiumque[4]. Ferarum iste[5] conventus est, nisi quod illae inter se placidae sunt morsuque similium abstinent, hi mutua laceratione satiantur. Hoc uno ab animalibus mutis differunt, quod illa mansuescunt alentibus, horum rabies ipsos a quibus est nutrita depascitur.

SÉNÈQUE, *De ira*, II, 8, 1 à 3.

1. *saepta* = le Champ de Mars (proprement: les barrières qu'on y plaçait pour les élections). — 2. *circum*: sans doute le Circus Maximus (deux cent mille places). — 3. *hoc* annonce la proposition infinitive. — 4. *viventium pugnantiumque* portent sur *vita; cum isdem* est complément de ces participes. — 5. attraction du démonstratif.

289 Fraternité

En opposition à la laideur de la colère, Sénèque montre comment l'entente entre les hommes peut être belle, et combien elle est nécessaire.

Illud ante omnia cogita[1] foedam esse et exsecrabilem vim nocendi et alienissimam homini, cujus beneficio etiam saeva mansuescunt. Adspice elephantorum[2] jugo colla submissa et taurorum pueris pariter ac feminis persultantibus terga impune calcata et repentes inter pocula sinusque innoxio lapsu dracones et intra domum ursorum leonumque ora placida tractantibus adulantesque dominum feras: pudebit cum animalibus permutasse mores. Nefas est nocere patriae: ergo civi quoque, nam hic pars patriae est (sanctae partes sunt si universum venerabile est), ergo et homini, nam hic in majore tibi urbe civis est. Quid si nocere velint manus pedibus, manibus oculi? Ut omnia inter se membra consentiunt, quia singula servari totius interest, ita homines singulis parcent, quia ad coetum geniti sunt, salva autem esse societas nisi custodia et amore partium non potest. Ne viperas quidem et natrices et si qua morsu aut ictu nocent effligeremus, si in reliqua mansuefacere possemus aut efficere ne nobis aliisve periculo essent: ergo ne homini quidem nocebimus.

SÉNÈQUE, *De ira*, II, 31, 6 à 8.

1. sujet: le personnage fictif du dialogue. — 2. il s'agit, dans toute cette phrase, d'animaux dressés comme dans nos cirques.

290 Contre la loi du talion

*La vengeance est un des prétextes qui servent aux hommes pour excuser leurs violences. Le problème est éternel (*Le Cid*, et* Cinna *entre autres). Sénèque oppose à cette attitude vulgaire la noble attitude du sage. Il revient à l'exemple de Caton et le développe (voir version n° 286).*

At enim[1] ira habet aliquam voluptatem et dulce est dolorem reddere. — Minime: non enim ut in beneficiis honestum est merita meritis repensare, ita injurias injuriis. Illic vinci turpe est, hic vincere. Inhumanum verbum est et quidem pro justo receptum ultio. Et talio non multum differt injuriae nisi ordine; qui dolorem regerit tantum[2] excusatius peccat. M. Catonem[3] in balineo quidam percussit imprudens (quis enim illi sciens faceret injuriam?). Postea satisfacienti Cato: « Non memini, inquit, me percussum. » Melius putavit non agnoscere quam vindicare. — Nihil, inquis, illi post tantam petulantiam mali factum est? — Immo multum boni: coepit Catonem nosse. Magni animi est injurias despicere; ultionis contumeliosissimum genus est non esse visum dignum ex quo peteretur ultio. Multi leves injurias altius sibi demisere dum vindicant: ille magnus et nobilis qui more magnae ferae latratus minutorum canum securus exaudit.

SÉNÈQUE, *De ira*, II, 32, 1 à 3.

1. c'est le contradicteur imaginaire qui parle. — 2. *tantum*: sens restrictif. — 3. il s'agit de Caton d'Utique.

291 Amour paternel

Savoir se maîtriser est non seulement utile, mais parfois nécessaire. Que faire en effet lorsque le pouvoir tyrannique d'un Caligula s'attaque à vous? Voici un exemple frappant qui ne manque pas de grandeur.

Saepe adeo injuriam vindicare non expedit ut ne fateri quidem expediat. C. Caesar Pastoris splendidi equitis Romani filium cum in custodia habuisset, munditiis ejus et cultioribus capillis offensus, rogante patre ut salutem sibi filii concederet, quasi de supplicio admonitus duci protinus jussit; ne tamen omnia inhumane faceret adversum patrem, ad cenam illum eo die invitavit. Venit Pastor vultu nihil exprobrante. Propinavit[1] illi Caesar heminam et posuit illi custodem : perduravit[2] miser non aliter quam si filii sanguinem biberet. Unguentum et coronas misit et observare jussit an sumeret : sumpsit. Eo die quo filium extulerat[3], immo quo non extulerat, jacebat conviva centesimus et potiones vix honestas natalibus[4] liberorum podagricus senex hauriebat, cum interim non lacrimam emisit, non dolorem aliquo signo erumpere passus est : cenavit tamquam pro filio exorasset[5]. Quaeris quare ? Habebat alterum.

SÉNÈQUE, *De ira*, II, 33, 2 à 4.

1. *propinare* : boire à la santé de quelqu'un, puis lui passer la coupe pour qu'il la finisse. — 2. *perduravit* = endura le supplice. — 3. *extulerat* : le verbe est employé au sens absolu : emporter au bûcher, suivre le convoi de... — 4. *natalibus* = les fêtes célébrant la naissance. — 5. *exorasset* : le verbe signifie : obtenir par prières quelque chose.

292 *L'homme en colère n'est pas beau*

Pour guérir de la colère, Sénèque s'attache à en montrer la laideur. Il étudie ici ses signes extérieurs et les dangers qu'elle fait courir à l'homme qui est en proie à cette passion. Il s'élève à la fin de ce texte jusqu'à un style qui nous fait songer à Sénèque le Tragique.

Nihil tamen aeque profuerit quam primum intueri deformitatem rei, deinde periculum. Non est ullius affectus facies turbatior : pulcherrima ora foedavit, torvos vultus ex tranquillissimis reddit; linquit decor omnis iratos, et sive amictus illis compositus est ad legem, trahent vestem omnemque curam sui effundent, sive capillorum natura vel arte jacentium non informis habitus, cum animo inhorrescunt; tumescunt venae; concutietur crebro spiritu pectus, rabida vocis eruptio colla distendet; tum artus trepidi, inquietae manus, totius corporis fluctuatio. Qualem intus putas[1] esse animum cujus extra imago tam foeda est ? Quanto illi intra pectus terribilior vultus est, acrior spiritus, intentior impetus, rupturus se nisi eruperit ! Quales sunt hostium vel ferarum caede madentium aut ad caedem euntium aspectus, qualia poetae inferna monstra finxerunt succincta serpentibus et igneo flatu, quales ad bella excitanda discordiamque in populos dividendam pacemque lacerandam deterrimae[2] inferum exeunt : talem nobis iram figuremus, flamma lumina ardentia, sibilo mugituque et gemitu et stridore... infestam pariter invisamque.

SÉNÈQUE, *De ira*, II, 35, 1 à 5.

1. le personnage supposé du dialogue. — 2. sous-entendre *deae* (Sénèque parle plus loin de Bellone et de la Discorde). *Inferum* : génitif pluriel.

293

Auguste et l'homme en colère

Sénèque a envisagé au cours de son étude les différentes formes de la colère, distinguant l'irascibilité, la susceptibilité, la cruauté. Il donne le conseil général de ne pas heurter de front l'homme en colère, mais de l'amener par la douceur à changer sa façon de faire. En face de la cruauté pourtant, quelqu'un peut réagir : celui qui a le pouvoir, et il nous donne l'exemple d'Auguste (voir De clementia, *IX, 1-9).*

Castigare irascentem et ultro obirasci incitare est : varie aggredieris blandeque, nisi forte tanta persona eris ut possis iram comminuere, quemadmodum fecit divus Augustus cum cenaret apud Vedium Pollionem[1]. Fregerat unus ex servis ejus crystallinum : rapi eum Vedius jussit ne vulgari quidem more periturum : murenis obici jubebatur quas ingentes in piscina continebat. Quis non hoc illum putaret luxuriae causa facere ? Saevitia erat. Evasit e manibus puer et confugit ad Caesaris pedes nihil aliud petiturus quam ut aliter periret, ne esca fieret. Motus est novitate crudelitatis Caesar et illum quidem mitti, crystallina autem omnia coram se frangi jussit complerique piscinam. Fuit Caesari sic castigandus amicus; bene usus est viribus suis. « E convivio rapi homines imperas et novi generis poenis lancinari ? Si calix tuus fractus est, viscera hominis distrahentur ? Tantum tibi placebis ut[2] ibi aliquem duci jubeas ubi Caesar est ? » Sic cui tantum potentiae est ut iram ex superiore loco aggredi possit male tractet, at talem dumtaxat qualem modo rettuli, feram, immanem, sanguinariam, quae jam insanabilis est nisi majus aliquid extimuit.

SÉNÈQUE, *De ira*, III, 40, 2 à 5.

1. riche affranchi, ami d'Auguste et qui lui légua sa fortune. — 2. tu auras une assez haute idée de toi pour...

294

Un disciple fait don de sa personne à Socrate

Ce n'est pas l'importance matérielle du bienfait qui compte, mais les sentiments qui l'accompagnent. C'est ce que nous prouve une anecdote où entrent en scène Socrate et ses disciples. L'un d'eux est Eschine qui n'est pas l'orateur célèbre du même nom.

Socrati, cum multa pro suis quisque facultatibus offerrent[1], Aeschines, pauper auditor : « Nihil », inquit, « dignum te, quod dare tibi possim, invenio et hoc uno modo[2] pauperem esse me sentio. Itaque dono tibi quod unum habeo, me ipsum. Hoc munus rogo, qualecumque est, boni consulas[3] cogitesque alios, cum multum tibi darent, plus sibi reliquisse ». Cui Socrates : « Quidni tu », inquit, « magnum munus mihi dederis[4], nisi forte te parvo aestimas ? Habebo itaque curae ut te meliorem tibi reddam quam accepi ». Vicit Aeschines hoc munere Alcibiadis parem divitiis animum et omnem juvenum opulentorum munificentiam.

SÉNÈQUE, *De beneficiis*, I, 8.

1. *offerre* = faire des offres (pour pouvoir suivre des leçons). — 2. *modo* : adverbe. — 3. *boni consulere aliquid* = estimer quelque chose comme bon, agréer. — 4. *quidni tu... dederis ?* = comment aurais-tu pu ne pas me donner ?

295 Un bienfait humiliant

L'empereur Tibère fut célèbre par ses cruautés. Il était si peu généreux qu'au dire de Suétone, il exigeait des sénateurs qui lui demandaient un secours d'argent une justification de leur requête. Ici Sénèque rapporte les conditions humiliantes pour l'obligé d'un don que Tibère fit à un ancien préteur, Marius Nepos.

Fabius Verrucosus[1] beneficium ab homine duro aspere datum panem lapidosum vocabat, quem esurienti accipere necessarium sit. Ti. Caesar rogatus a Nepote Mario praetorio ut aeri alieno ejus succurreret, edere illum sibi nomina creditorum jussit; id non est donare, sed creditores convocare. Cum edita[2] essent, scripsit Nepoti jussisse se pecuniam solvi, adjecta contumeliosa admonitione; effecit ut Nepos nec aes alienum haberet nec beneficium: liberavit illum a creditoribus, sibi non obligavit. Aliquid Tiberius secutus est; puto, noluit plures esse qui idem rogaturi concurrerent. Ista fortasse efficax ratio fuerit ad hominum improbas cupiditates pudore reprimendas, beneficium vero danti tota alia sequenda est via. Omni genere, quod des[3], quo sit acceptatius, adornandum est; hoc vero non est beneficium dare, deprehendere[4] est.

SÉNÈQUE, *De beneficiis*, II, 7, 1 à 3.

1. il s'agit de *Fabius Cunctator*. Les comparaisons pittoresques conviennent à un ancien. — 2. *edita*: sujet *nomina creditorum*. — 3. *quod des*: antécédent *id*, sujet de *adornandum est* et de *sit*; *hoc* désigne l'acte de Tibère. — 4. *deprehendere* = prendre en faute.

296 Deux exemples de dévouement d'esclave

Dans le De beneficiis, *Sénèque examine la question de savoir si un esclave peut rendre un vrai service à son maître. Certaines circonstances laissant à l'esclave le libre choix de sa conduite permettant à celui-ci de rendre un service authentique à son maître.*

*Vettius, pendant la guerre sociale, avait battu une armée romaine (90), puis avait été battu par Marius; plus tard, il refusa de se soumettre. Il est fait prisonnier et conduit devant Cn. Pompeius Strabo. Les Marses sont un peuple d'Italie centrale qui prit part à la révolte des alliés. Les proscriptions auxquelles Sénèque fait allusion dans la deuxième anecdote peuvent être celles de Sylla (82-81) ou celles du second Triumvirat (43); l'exécution était confiée à quelques soldats (*speculator *: émissaire).*

Vettius, praetor[1] Marsorum, ducebatur ad Romanum imperatorem; servus ejus gladium militi illi ipsi, a quo trahebatur, eduxit et primum dominum occidit, deinde: « Tempus est », inquit, « me et mihi consulere! Jam dominum manu misi », atque ita trajecit se uno ictu. Da mihi quemquam, qui magnificentius dominum servaverit.

Bello civili proscriptum dominum servus abscondit et, cum anulos ejus sibi aptasset ac vestem induisset, speculatoribus occurrit nihilque se deprecari quo minus imperata peragerent dixit, et deinde cervicem porrexit. Quanti viri est pro domino eo tempore mori velle, quo rara erat fides dominum mori nolle[2]! in publica crudelitate mitem inveniri, in publica perfidia fidelem! cum praemia proditionis ingentia ostendantur, praemium fidei mortem concupiscere!

SÉNÈQUE, *De beneficiis*, III, 23, 5, et 25, 1.

1. *praetor* = chef. — 2. l'esclave pouvait avoir intérêt à trahir son maître et à vouloir sa mort en pareille occasion.

297 Réflexions sur les précautions dont on entoure un prêt d'argent

À Rome on prête quelquefois en passant par des intermédiaires (courtiers, banquiers, ici pararii*) qui tiennent des registres de ces divers prêts (*tabulae*). L'acte d'interrogation (*interrogatio*) est un dialogue entre le créancier et le débiteur où celui-ci s'engage à rembourser. Les témoins étaient quelquefois des personnages en vue qui apposaient leurs cachets sur le billet du débiteur (*manus*) où celui-ci déclare avoir reçu la somme (*accepisse*).*

*Sénèque s'étonne que l'on se fie davantage à des « actes », à des « cachets » qu'à la conscience et à l'honnêteté. En aucun cas, un pareil prêt ne peut être un service rendu (*beneficium*). Voir La Bruyère : « Parchemins inventés pour faire souvenir les hommes de leur parole, honte de l'humanité. »*

Adhibentur ab utraque parte testes; ille per tabulas nomina interpositis parariis facit; ille non est interrogatione contentus, nisi reum manu sua tenuit. O turpem humani generis et fraudis ac nequitiae publicae confessionem! anulis nostris plus quam animis creditur! In[1] quid isti ornati viri adhibiti sunt? in quid imprimunt signa? nempe ne ille neget accepisse se, quod accepit. Hos[2] incorruptos viros et vindices veritatis existimas? at his ipsis non aliter statim pecuniae committentur. Ita non honestius erat a quibusdam fidem falli, quam ab omnibus perfidiam timeri? Hoc unum deest avaritiae, ut beneficia sine sponsore non demus. Generosi animi est et magnifici juvare, prodesse; qui dat beneficia, deos imitatur, qui repetit, feneratores.

SÉNÈQUE, *De beneficiis*, III, 15, 2 à 4.

1. *in quid* indique le but repris par *ne*. — 2. *hos* reprend *ornati viri* ainsi que *his*.

298 Un bienfait ne doit pas ravaler l'obligé au-dessous de la dignité humaine

Sénèque fait dans le De constantia sapientis *un portait de Caligula (version n° 287). Suétone nous montre son aspect furieux, sa folie, sa démesure (version n° 435). Il terrorisa les Romains, ravala leur dignité. Sénèque rappelle à ce sujet les mœurs de l'empire perse (par ex. la prosternation).*

G. Caesar dedit vitam Pompeio Poeno, si[1] dat, qui non aufert; deinde absoluto et agenti gratias porrexit osculandum sinistrum pedem. Qui excusant et negant id insolentiae causa factum, aiunt socculum auratum, immo aureum, margaritis distinctum ostendere eum voluisse. Ita prorsus[2]: quid hic contumeliosum est, si vir consularis aurum et margaritas osculatus est, scilicet alioquin nullam partem in corpore ejus electurus quam purius oscularetur? Homo natus in hoc, ut mores liberae civitatis Persica servitute[3] mutaret, parum judicavit, si senator, senex summis usus honoribus in conspectu principum supplex sibi eo more jacuisset, quo hostes victi hostibus jacuere; invenit aliquid infra genua, quo libertatem detruderet.

SÉNÈQUE, *De beneficiis*, II, 12, 1-2.

1. s.e. *is* après *si*. *Pompeius Poenus* inconnu. — 2. *ita prorsus*: ironique; de *scilicet* à *oscularetur*, toute cette partie de la phrase est ironique et révèle l'indignation de l'auteur. — 3. *Persica servitute* = servitude digne de la Perse; devant *judicavit* on peut s.e. *esse*.

299 *Caractères d'un vrai bienfait*

Le bienfait sous des formes très diverses est une des bases de la morale antique. Sénèque joint dans son étude, à une haute élévation philosophique et morale, un souci de définition pratique.

Si beneficia in rebus, non in ipsa bene faciendi voluntate consisterent, eo majora essent quo majora sunt quae accipimus. Id autem falsum est; non numquam enim magis nos obligat qui dedit parva magnifice[1], qui « regum aequavit opes animo », qui exiguum tribuit sed libenter, qui paupertatis suae est oblitus, dum meam respicit, qui non voluntatem tantum juvandi habuit, sed cupiditatem, qui accipere se putavit beneficium, cum daret, qui dedit tamquam numquam recepturus, recepit tamquam non dedisset, qui occasionem qua prodesset et occupavit et quaesiit. Contra ingrata sunt, ut dixi, licet[2] re ac specie magna videantur, quae danti aut extorquentur aut excidunt, multaque[3] gratius venit, quod facili quam quod plena manu datur.

SÉNÈQUE, *De beneficiis*, I, 7, 1 à 3.

1. essayer de bien rendre les oppositions nombreuses de termes. Ex.: *parva magnifice, voluntatem cupiditatem*. — 2. *licet* + subj. seul : valeur concessive, tourner par : avoir beau. — 3. *multa* : adv. = *multo*.

300 *Sénèque ne se sent pas lié envers un tyran monstrueux, même s'il est son obligé*

Dans tout ce texte, Sénèque examine le cas où un tyran déchaîné a autrefois rendu service à un homme. Ce dernier doit-il garder une certaine neutralité, ou doit-il prendre parti contre le tyran et contribuer à sa perte ? Il semble que Sénèque, qui écrit cette page à la fin de sa vie, à demi disgracié, songe à Néron qui l'a couvert de bienfaits au début de son règne et qui se révèle maintenant sous un jour odieux.

Si vero sanguine humano non tantum gaudet, sed pascitur, sed et suppliciis omnium aetatium crudelitatem insatiabilem exercet, nec ira sed aviditate quadam saeviendi furit, si in ore parentium liberos jugulat, si non contentus simplici morte distorquet, nec urit solum perituros sed excoquit, si arx ejus cruore semper recenti madet[1], parum est huic beneficium non reddere. Quidquid erat quo mihi cohaereret, intercisa juris humani societas[2] abscidit. Si praestitisset quidem aliquid mihi, sed arma patriae meae inferret, quidquid[3] meruerat, perdidisset, et referre illi gratiam scelus haberetur; si non patriam meam impugnat, sed suae gravis est et sepositus a mea gente suam exagitat, abscindit nihilo minus illum[4] tanta pravitas animi; etiam si non inimicum[5], invisum mihi efficit priorque mihi ac potior ejus officii ratio[6] est, quod humano generi, quam quod uni homini debeo.

SÉNÈQUE, *De beneficiis*, VII, 19, 8-9.

1. noter les allusions aux tyrans célèbres par leur cruauté monstrueuse, Phalaris et son taureau d'airain, les tortures, la citadelle, la folie. — 2. *Intercisa societas* (règle *Sicilia amissa*); *juris humani* : expression qui signifie : « fondé sur, garanti par les droits de l'homme » et qui se rapporte à *societas*. — 3. *quidquid* : s.e. *gratiae meae* (reconnaissance). — 4. *abscindit illum* : s.e. *a me*. — 5. s.e. *eum efficit* après *inimicum*; le sujet de *efficit* est *pravitas*. — 6. *ratio* = considération : *officii* = devoir, obligation morale; *ejus* = *in ea re*.

301 *Réflexions sur les raisons qui ont poussé Brutus au meurtre de César*

Brutus faisait l'admiration de ceux qui avaient la nostalgie de la république et de beaucoup de philosophes stoïciens. Brutus est présenté souvent comme une âme pure et intransigeante. Mais les stoïciens, après avoir été longtemps partisans d'une république conservatrice et traditionnelle (Caton), sous l'Empire se sont ralliés au nouveau régime. Sénèque l'estime nécessaire pour maintenir la cohésion d'un empire devenu immense. Par ailleurs, de nombreux stoïciens s'opposèrent fièrement aux empereurs tyrans (cf. version n° 81).

Mihi enim, cum vir magnus in aliis[1] fuerit, in hac re videtur vehementer errasse nec ex institutione Stoica se egisse; qui aut regis[2] nomen extimuit, cum optimus civitatis status sub rege justo sit, aut ibi speravit libertatem futuram, ubi tam magnum praemium erat et imperandi et serviendi[3], aut existimavit civitatem in priorem formam posse revocari, amissis pristinis moribus, futuramque ibi aequalitatem civilis juris et staturas suo loco leges, ubi viderat tot milia[4] hominum pugnantia, non an servirent, sed utri[5]. Quanta vero illum aut rerum naturae aut urbis suae tenuit oblivio, qui, uno interempto, defuturum credidit alium, qui idem vellet, cum Tarquinius esset inventus post tot reges ferro ac fulminibus occisos[6] !

SÉNÈQUE, *De beneficiis*, II, 20, 2.

1. *aliis* s.e. *rebus*. — 2. *regis* : César songeait, pensait-on, à la royauté quand il fut assassiné. — 3. *serviendi* : allusion aux courtisans, aux soldats de Pompée, de César. — 4. allusion à la guerre civile qui s'était déroulée entre les Pompéiens et les Césariens. — 5. s.e. *servirent* : ils se battaient pour savoir s'ils seraient les esclaves de Pompée ou de César. — 6. Romulus disparut au cours d'un orage; Hostilius fut foudroyé; Tarquin l'Ancien et Servius Tullius furent assassinés.

302 Il faut rechercher les causes des tremblements de terre. Le bénéfice en sera la connaissance de la nature

Sénèque a défini la sagesse comme la science des choses divines et humaines. La science des choses divines enseigne ce qui se passe au ciel, la science des choses humaines, ce qui se passe sur la terre. C'est une science pratique. On ne s'étonne donc pas que Sénèque puisse s'intéresser au Nil, aux nuages, aux tremblements de terre. Comme Lucrèce, il veut que l'homme se rassure en pensant que les cataclysmes sont dus, non à la colère des dieux, mais à des causes naturelles.

Quaeramus ergo quid sit quod terram ab infimo[1] moveat, quod tanti molem ponderis pellat; quid sit illa valentius quod tantum onus vi sua labefactet; cur modo tremat, modo laxata subsidat, nunc in partes divisa discedat et alias intervallum ruinae suae diu servet, alias cito comprimat; nunc amnes magnitudinis notae convertat introrsum, nunc novos exprimat; aperiat aliquando aquarum calentium venas, aliquando refrigeret, ignesque nonnumquam per aliquod ignotum antea montis aut rupis foramen emittat, aliquando notos et per saecula nobiles supprimat. Mille miracula movet faciemque mutat locis et defert montes, subrigit plana, valles extuberat, novas in profundo insulas erigit. Haec ex quibus causis accidant, digna res excuti. Quod, inquis, erit pretium operae? Quo[2] nullum majus est, nosse naturam. Neque enim quicquam habet in se hujus materiae tractatio pulchrius, cum multa habeat futura usui, quam quod hominem magnificentia sui detinet nec mercede sed miraculo colitur.

SÉNÈQUE, *Quaestiones naturales*, VI, 4, 1-2.

1. *ab infimo* = en partant des profondeurs. — 2. *quo* : relatif de liaison; complément de *majus*; expliqué par *nosse naturam*.

303 L'homme doit être modeste devant le mystère du monde

Le texte suivant vient pour ainsi dire en conclusion des Quaestiones naturales. *Après avoir examiné une question qui de tous temps a soulevé la curiosité humaine : l'origine et la nature des comètes, Sénèque dit : « Le temps viendra où une étude attentive et poursuivie durant des siècles fera le jour sur ces phénomènes. » Après avoir prophétisé la venue d'astronomes qui expliqueront ces astres errants (ce sera Newton) et déclaré : « Le temps viendra où nos descendants s'étonneront que nous ayons ignoré des choses si manifestes », Sénèque s'élève à des considérations sur le mystère du monde qui ont fait comparer ses paroles à celles de* l'Évangile selon saint Jean *(I,4).*

Quae[1] an vera sint, dii sciunt, quibus est scientia veri. Nobis rimari illa[2] et conjectura ire in occulta tantum licet, nec cum fiducia inveniendi, nec sine spe. Egregie Aristoteles ait numquam nos verecundiores esse debere quam cum de diis agitur. Si intramus templa compositi, si ad sacrificium accessuri vultum submittimus, togam adducimus, si in omne argumentum modestiae fingimur, quanto hoc magis facere debemus, cum de sideribus, de stellis, de deorum natura disputamus, ne quid temere, ne quid impudenter aut ignorantes affirmemus, aut scientes mentiamur!

Nec miremur tam tarde erui quae tam alte jacent!... Neque enim omnia deus homini fecit. Quota pars operis tanti nobis committitur? Ipse[3] qui ista tractat, qui condidit, qui totum hoc fundavit deditque circa se, majorque est pars sui operis ac melior, effugit oculos; cogitatione visendus est... Quid sit hoc sine quo nihil est scire non possumus, et miramur si quos igniculos parum novimus, cum maxima pars mundi, deus[4], lateat! Quam multa animalia hoc primum cognovimus saeculo[5], quam multa negotia[6] ne hoc quidem! Multa venientis aevi populus ignota nobis sciet; multa saeculis tunc futuris, cum memoria nostri exoleverit, reservantur. Pusilla res mundus est, nisi in illo quod quaerat omnis mundus[7] habeat.

SÉNÈQUE, *Quaestiones naturales*, VII, 30, 1 à 5 (avec coupures).

1. *quae* = les théories qu'il vient d'examiner. — 2. *illa* = les phénomènes. — 3. *ipse (deus)*. — 4. *deus* : vocatif. — 5. *hoc saeculo* = en notre siècle. — 6. *negotia* : objets = créatures; construire : *ne hoc quidem (saeculo cognovimus)*. — 7. le premier *mundus* = l'univers; le second *mundus* = les hommes qui habitent cet univers; *quod quaerat* = de quoi chercher.

304 N'augmentons pas nous-mêmes la cruauté du sort

Vous connaissez les Lettres à Lucilius, *qui sont des traités de forme familière sur des questions assez élevées de philosophie, sorte de « direction de conscience » adressée par Sénèque à un disciple sans doute déjà avancé dans la doctrine stoïcienne et en correspondance suivie avec son maître. On date les* Lettres *de 63 et 64 apr. J.-C., donc après la retraite de Sénèque (62). C'est la sagesse d'un homme d'âge, souvent comparable à celle des* Essais *de Montaigne, d'ailleurs grand lecteur de Sénèque. Le destinataire de ces lettres, Lucilius Junior, né à Pompéi, de peu le cadet de Sénèque, fut procurateur de Sicile, il fut d'abord épicurien, puis devint peu à peu stoïcien, sans doute sous l'influence de Sénèque. La présente lettre est destinée à donner à Lucilius des moyens de se prémunir contre la Fortune.*

Seneca Lucilio suo salutem.

Multum tibi esse animi scio... Non potest athleta magnos spiritus ad certamen adferre, qui numquam sugillatus est : ille qui sanguinem suum vidit, cujus dentes crepuere sub pugno, ille, qui subplantatus adversarium toto tulit corpore nec projecit animum projectus, qui quotiens cecidit contumacior resurrexit, cum magna spe descendit ad pugnam. Ergo, ut similitudinem istam prosequar, saepe jam fortuna supra te fuit, nec tamen tradidisti te, sed subsiluisti et acrior constitisti : multum enim adjicit sibi virtus lacessita. Tamen, si tibi videtur, accipe a me auxilia, quibus munire te possis. Plura sunt, Lucili, quae nos terrent quam quae premunt, et saepius opinione quam re laboramus... Illud tibi praecipio ne sis miser ante tempus, cum illa, quae velut imminentia expavisti, fortasse numquam ventura sint, certe non venerint.

SÉNÈQUE, *Ad Lucilium*, II, 13, 1 et 2 à 4.

305 *L'apprentissage de la joie*

Le problème du bonheur est un de ceux qui préoccupent stoïciens comme épicuriens, bien que ces deux écoles de philosophes soient opposées sur la conception du mot. Les stoïciens prétendent que la vertu seule donne la vraie joie, que le philosophe distingue soigneusement du plaisir. La vraie joie vient de la conscience pure : c'est de cette joie que parle Sénèque à son disciple.

Hoc ante omnia fac, mi Lucili : disce gaudere. Existimas nunc me detrahere tibi multas voluptates, qui fortuita submoveo, qui spes, dulcissima oblectamenta, devitandas existimo ? Immo contra nolo tibi umquam deesse laetitiam. Volo illam tibi domi nasci : nascetur, si modo intra te ipsum sit. Ceterae hilaritates non implent pectus, frontem remittunt, leves sunt, nisi forte tu judicas eum gaudere, qui ridet : animus esse debet alacer et fidens et supra omnia erectus. Mihi crede, verum gaudium res severa est...

In hujus gaudii possessione esse te volo : numquam deficiet, cum semel unde petatur inveneris. Levium metallorum fructus in summo est : illa opulentissima sunt, quorum in alto latet vena assidue plenius responsura fodienti. Haec, quibus delectatur vulgus, tenuem habent ac perfusoriam voluptatem, et quodcumque invecticium gaudium est, fundamento caret : hoc, de quo loquor, ad quod te conor perducere, solidum est.

SÉNÈQUE, *Ad Lucilium*, III, 23, 3 à 5.

306 *Un riche pédant confondu*

Dans l'apprentissage de la joie, place est faite à l'effort personnel, le seul qui puisse procurer une satisfaction véritable. Le portrait caricatural de l'affranchi Calvisius Sabinus vient illustrer cette thèse (comparer au portrait de Trimalcion par Pétrone).

Calvisius Sabinus memoria nostra fuit dives : et patrimonium habebat libertini et ingenium : numquam vidi hominem beatum indecentius. Huic memoria tam mala erat, ut illi nomen modo Ulixis excideret, modo Achillis, modo Priami, quos tam bene quam paedagogos nostros novimus... Nihilominus eruditus volebat videri. Hanc ita compendiariam excogitavit : magna summa emit servos, unum, qui Homerum teneret, alterum, qui Hesiodum ; novem praeterea lyricis[1] singulos adsignavit... Postquam haec familia illi comparata est, coepit convivas suos inquietare. Habebat ad pedes hos, a quibus subinde cum peteret versus, quos referret, saepe in medio verbo excidebat... Satellius Quadratus[2] illum hortari coepit, ut luctaretur[3], hominem aegrum, pallidum, gracilem. Cum Sabinus respondisset : « Et quomodo possum ? Vix vivo ! », « Noli, obsecro te, inquit, istuc dicere : non vides quam multos servos valentissimos habeas ? »

Bona mens[4] nec commodatur nec emitur; et puto, si venalis esset, non haberet emptorem: at mala cotidie emitur.

SÉNÈQUE, *Ad Lucilium*, III, 27, extraits de 5 à 8.

1. sous-entendre: *poetis;* les grammairiens d'Alexandrie en avaient retenu neuf *(novem); singulos* a le sens distributif. — 2. parasite connu de Sénèque. — 3. Néron se vantait de pratiquer la lutte, et il était bien porté de le faire. — 4. *bona mens* = le bon sens; *mala mens* la folie.

307 Change d'âme et non de ciel

Toute la pensée stoïcienne est tournée vers la recherche de l'« ataraxie », c'est-à-dire du calme parfait de l'âme. Mais elle ne peut s'obtenir qu'en guérissant l'âme elle-même de ses maux, et tous les moyens extérieurs sont vains pour cela.

C'est ce qu'explique Sénèque à son correspondant Lucilius, en plusieurs images longuement reprises.

Hoc tibi soli putas accidisse et admiraris quasi rem novam, quod peregrinatione tam longa et tot locorum varietatibus non discussisti tristitiam gravitatemque mentis? Animum debes mutare, non caelum. Licet vastum trajeceris mare, licet, ut ait Vergilius noster, « terraeque urbesque recedant »: sequentur te, quocumque perveneris, vitia. Hoc et idem querenti cuidam Socrates ait: « Quid miraris nihil tibi peregrinationes prodesse, cum te circumferas? Premit te eadem causa quae expulit ». Quid terrarum juvare novitas potest? Quid cognitio urbium aut locorum? In irritum cedit ista jactatio. Quaeris quare te fuga ista non adjuvet? Tecum fugis. Onus animi deponendum est: non ante tibi ullus placebit locus. Talem nunc esse habitum tuum cogita, qualem Vergilius noster vatis[1] inducit jam concitatae et instigatae multumque habentis in se spiritus non sui:

Bacchatur vates, magnum si pectore possit
excussisse deum.

Vadis huc illuc, ut excutias insidens pondus, quod ipsa jactatione[2] incommodius fit, sicut in navi onera immota minus urgent, inaequaliter[3] convoluta citius eam partem, in quam incubuere, demergunt. Quicquid facis, contra te facis et motu ipso noces tibi; aegrum enim concutis.

SÉNÈQUE, *Ad Lucilium*, III, 28, 1 à 3.

1. *vatis:* féminin; il s'agit de la Sibylle, qu'Énée est allé consulter. — 2. *jactatione:* abl. de cause. — 3. *inaequaliter* = pêle-mêle.

308 Des esclaves à notre table ? Nous sommes bien leurs égaux !

La philosophie stoïcienne a beaucoup contribué, avant même l'extension du christianisme, à l'amélioration du sort des esclaves : un de ses fondateurs, Épictète, fut d'ailleurs longtemps esclave lui-même. Pour les stoïciens, en effet, la condition de naissance et de fortune est un « accident » sans rapport avec les qualités de l'âme qui seules importent (voir version n° 310). Un homme libre peut donc avoir des amis parmi ses esclaves. Sénèque esquisse ici une discussion avec Lucilius sur ce sujet.

« Quid ergo ? omnes servos admovebo mensae meae ? » Non magis quam omnes liberos. Erras, si existimas me quosdam quasi[1] sordidioris operae rejecturum, ut puta illum mulionem et illum bubulcum : non ministeriis illos aestimabo, sed moribus. Sibi quisque dat mores, ministeria casus adsignat. Quidam cenent tecum, quia digni sunt, quidam, ut sint : si quid enim in illis ex sordida conversatione servile est, honestiorum convictus excutiet. Non est, mi Lucili, quod amicum tantum in foro et in curia quaeras : si diligenter attenderis, et domi invenies. Saepe bona materia cessat sine artifice[2] : tempta et experire. Quemadmodum stultus est qui equum empturus non ipsum inspicit, sed stratum ejus ac frenos, sic stultissimus est qui hominem aut ex veste aut ex condicione, quae vestis modo nobis circumdata est, aestimat. « Servus est. » Sed fortasse liber animo. « Servus est. » Hoc illi nocebit ? Ostende quis non sit : alius libidini servit, alius avaritiae, alius ambitioni, omnes spei, omnes timori. Dabo consularem aniculae[3] servientem, dabo ancillulae divitem, ostendam nobilissimos juvenes mancipia pantomimorum : nulla servitus turpior est quam voluntaria. Quare non est quod fastidiosi isti te deterreant quo minus servis tuis hilarem te praestes et non superbe superiorem : colant potius te quam timeant.

SÉNÈQUE, *Ad Lucilium*, V, 47, 15 à 17.

1. *quasi* = sous prétexte; porte sur *sordidioris operae*. — 2. *cessat sine artifice* = reste sans emploi... faute d'artisan. — 3. *aniculae :* pour capter son héritage.

309 Le sage sait être partout libre et choisit ses amis

Le sage doit savoir utiliser pleinement son temps. Sa quête de la sagesse ne lui permet pas de le perdre. Ce lieu commun, que nous trouvons développé chez Pline et chez Horace entre autres, est ici envisagé sur un plan précis : même au milieu des obligations mondaines, le sage doit savoir être libre (comparer à Montaigne).

Mentiuntur, qui sibi obstare ad studia liberalia turbam negotiorum videri volunt : simulant occupationes et augent et ipsi se occupant. Vaco, Lucili, vaco et ubicumque sum, ibi meus sum. Rebus enim me non trado, sed commodo, nec consector perdendi temporis causas : et quocumque constiti loco, ibi cogitationes meas tracto et aliquid in animo salutare converso. Cum me amicis dedi, non tamen mihi abduco nec cum illis moror, quibus me tempus aliquod congregavit aut causa ex officio nata civili, sed cum optimo quoque sum: ad illos, in quocumque loco, in quocumque saeculo fuerunt, animum meum mitto. Demetrium[1], virorum optimum, mecum circumfero et, relictis conchyliatis, cum illo seminudo loquor, illum admiror. Quidni admirer ? Vidi nihil ei deesse. Contemnere aliquis omnia potest, omnia habere nemo potest: brevissima ad divitias per contemptum divitiarum via est. Demetrius autem noster sic vivit, non tamquam contempserit omnia, sed tamquam aliis habenda[2] permiserit. Vale.

SÉNÈQUE, *Ad Lucilium,* VI, 62.

1. *Demetrius :* ami de Sénèque, disciple du philosophe cynique Diogène, et que Sénèque admire beaucoup. — 2. sous-entendre : *omnia; habenda* a le sens final.

310 La véritable grandeur de l'homme n'est pas dans ses biens de fortune

Sénèque, tout âgé qu'il est, suit les leçons d'un philosophe. Pourquoi ? Parce que la vertu est le bien essentiel et que si l'on ne rougit pas d'aller au spectacle, on ne doit pas non plus rougir de s'instruire. « Il faut apprendre l'art de vivre tant que dure la vie. » Le vulgaire, en général, cherche d'autres titres de gloire, et pourtant la raison est le seul bien qu'il possède en propre. Lucilius en doute-t-il ? C'est qu'il juge avec les yeux du vulgaire (comparer à Pascal : la « grimace »).

Nemo ex istis, quos purpuratos vides, felix est, non magis quam ex illis, quibus sceptrum et chlamydem in scaena fabulae adsignant : cum praesente populo lati incesserunt et coturnati, simul exierunt[1], excalceantur et ad staturam suam redeunt. Nemo istorum, quos divitiae honoresque in altiore fastigio ponunt, magnus est. Quare ergo magnus videtur ? Cum basi illum sua metiris. Non est magnus pumilio, licet in monte constiterit; colossus magnitudinem suam servabit, etiam si steterit in puteo. Hoc laboramus errore, sic nobis imponitur, quod neminem aestimamus eo, quod est, sed adjicimus illi et[2] ea quibus adornatus est. Atqui, cum voles veram hominis aestimationem inire et scire qualis sit, nudum[3] inspice : ponat patrimonium, ponat honores et alia fortunae mendacia, corpus ipsum exuat; animum intuere, qualis quantusque sit, alieno an suo magnus[4]. Si rectis oculis gladios micantes videt et si scit sua nihil interesse, utrum anima per os an per jugulum exeat, beatum voca.

SÉNÈQUE, *Ad Lucilium,* IX, 76, 31 à 33.

1. *simul (ac) exierunt (e scaena).* — 2. *et = etiam.* — 3. sous-entendre *eum.* — 4. *(utrum) alieno (an) suo (sit) magnus.*

311 Dialogue de la nourrice et de Phèdre avant l'aveu

Nous sommes à la scène II de Phèdre. *Hippolyte, fils de Thésée, roi d'Athènes, et d'Antiope, reine des Amazones, est parti à la chasse avec ses compagnons : il est en effet serviteur de Diane, déesse de la chasse. Phèdre, la seconde femme de son père, est au palais avec sa nourrice, sa confidente. Elle se croit abandonnée par son époux, parti depuis longtemps aux Enfers avec un ami, Pirithoüs, dans le dessein d'enlever pour le compte de cet ami la femme du dieu des Enfers. Mais elle est rongée par un mal plus terrible, dont elle parle à mots couverts : elle est bien comme sa mère, Pasiphaé, femme de Minos, roi de Crète, vouée à un amour défendu; une malédiction pèse sur sa famille. La nourrice intervient alors, et la réponse de Phèdre nous donnera une idée de son caractère. Comparer à Racine* (Phèdre) *et à Euripide* (Hippolyte Porte-Couronne).

NUTRIX : Thesea conjux, clara progenies Jovis,
nefanda casto pectore exturba ocius,
extingue flammas neve te dirae spei
praebe obsequentem : quisquis in primo obstitit
pepulitque amorem tutus ac victor fuit;
qui blandiendo dulce nutrivit malum,
sero recusat ferre quod subiit jugum...
PHAEDRA : Quae memoras scio
vera esse, nutrix; sed furor cogit sequi
pejora. Vadit animus in praeceps sciens
remeatque frustra sana consilia appetens.
Sic, cum gravatam navita adversa ratem
propellit unda, cedit in vanum labor
et victa prono puppis aufertur vado.
Quid ratio possit ? Vicit ac regnat furor
potensque tota mente dominatur deus.
Hic volucer omni pollet in terra patens
laesumque flammis torret indomitis Jovem;
Gradivus[1] istas belliger sensit faces,
opifex trisulci fulminis sensit deus,
et qui furentes semper Aetnaeis jugis
versat caminos igne tam parvo calet;
ipsumque Phoebum, tela qui nervo regit,
figit sagitta certior missa puer
volitatque caelo pariter et terris gravis.

SÉNÈQUE, *Phèdre,* v. 129-135 et 177-194.

1. *Gradivus :* surnom de Mars.

312

L'aveu de Phèdre à Hippolyte

Le mal de Phèdre semble incurable. Elle est physiquement rongée par son amour. Aussi la nourrice intervient-elle auprès d'Hippolyte, s'efforçant d'adoucir ce jeune homme farouche, de lui faire quitter sa vie solitaire au palais; elle le pousse à chercher Vénus et ses plaisirs. Mais le jeune homme hait furieusement toute la gent féminine : « La seule consolation que j'aie de la mort de ma mère, dit-il, c'est qu'il m'est désormais permis de haïr toutes les femmes ! » — À ce moment, Phèdre arrive. Elle s'évanouit à la vue d'Hippolyte, puis revient à elle et supplie le jeune homme de lui accorder un entretien seule à seul. Elle s'exprime avec égarement, croit Thésée disparu, hésite, et quand Hippolyte la presse de parler, elle semble délirer. Ici commence le présent dialogue.

HYPPOLYTUS : Amore nempe Thesei casto furis ?

PHAEDRA : Hippolyte, sic est : Thesei vultus amo
illos priores quos tulit quondam puer,
cum prima puras barba signaret genas
monstrique caecam Gnosii[1] vidit domum
et longa curva fila collegit via.
Quis tum ille fulsit ! Presserant vitae comam
et ora flavus tenera tinguebat pudor;
inerant lacertis mollibus fortes tori;
tuaeque Phoebes[2] vultus aut Phoebi mei,
tuusque potius — talis, en talis fuit
cum placuit hosti[3], sic tulit celsum caput :
in te magis refulget incomptus decor;
est genitor in te totus et torvae tamen
pars aliqua matris miscet ex aequo decus :
in ore Graio Scythicus[4] apparet rigor.
Si cum parente Creticum intrasses fretum,
tibi fila potius nostra nevisset soror.
Te, te, soror, quacumque siderei poli
in parte fulges[5], invoco ad causam parem :
domus sorores una corripuit duas,
te genitor, at me gnatus. En[6] supplex jacet
adlapsa genibus regiae proles domus !
Respersa nulla labe et intacta, innocens
tibi mutor uni. Certa descendi ad preces :
finem hic dolori faciet aut vitae dies.
Miserere amantis.

SÉNÈQUE, *Phèdre*, v. 645 à 670.

1. Gnosse, la ville où habite le roi de Crète. — 2. *Phoebes :* génitif de *Phoebe*, nom grec de Diane, sœur de *Phoebus* (Apollon); le Soleil est l'ancêtre de Phèdre. — 3. *hosti :* Ariane, sœur du Minotaure. — 4. *Scythicus :* Antiope, mère d'Hippolyte, est scythe. — 5. une légende veut que Bacchus, amoureux d'Ariane, ait provoqué son abandon, puis l'ait épousée. Transportée au ciel, elle était devenue après sa mort une constellation. — 6. Phèdre s'adresse à Hippolyte.

■ *LA POÉSIE*

LUCAIN

MARCUS ANNAEUS LUCANUS naquit le 3 novembre 39 à Corduba (Cordoue) en Espagne ultérieure ou Bétique, d'une famille équestre d'hommes de lettres. Son grand père était Sénèque le Rhéteur, son oncle Sénèque le Philosophe. Son père, frère cadet de Sénèque, Lucius Annaeus Méla, avait composé un florilège d'orateurs. LUCAIN emprunta son surnom à son grand-père maternel, Acilius Lucanus, célèbre orateur cordouan.

Amené tout jeune à Rome, il reçut la meilleure éducation et, en suivant les leçons du stoïcien Cornutus, se tourna lui-même vers le stoïcisme. Il se rendit à Athènes pour compléter ses études.

À son retour à Rome, grâce au crédit de son oncle et à son propre talent, il gagna la faveur de Néron. Il obtint la questure, l'augurat (vers 59). Néron lui décerna la palme en 60 dans un concours de poésie où il avait loué l'empereur. C'est l'époque où il se lance dans l'épopée et publie en 62 les trois premiers livres de la *Pharsale*.

Mais sa popularité, ses succès littéraires excitèrent la jalousie de Néron et LUCAIN fut entraîné dans la disgrâce de son oncle. L'empereur finit par lui interdire la lecture publique de ses œuvres. Tout en continuant à écrire nombre d'œuvres variées, il se vengeait par des pamphlets. Il se jeta, par dépit, dans la conjuration de Pison. Dénoncé, il reçut l'ordre de se donner la mort et se fit ouvrir les veines le 30 avril 65. Sur sa mort courent des bruits peu favorables : il aurait imploré la clémence de l'empereur et dénoncé sa mère. En fait, celle-ci ne fut pas inquiétée et il semble qu'il s'agisse d'une calomnie de Néron. « Par ce talent précoce et cette fin tragique, il fut, en son genre, l'André Chénier de Rome » (P. Willeumier et H. Le Bonniec).

L'œuvre

LUCAIN avait laissé quantité d'ouvrages, dont il ne nous reste que quelques vers en dehors de la *Pharsale* : un *Éloge de Néron*, un *Poème sur Orphée*, un *Iliacon* (poème sur Ilion), une *Descente aux Enfers* ou *Catachtonion* (dans le cas où l'on ne confond pas cette œuvre avec le poème sur Orphée), des *Silves*, des *Saturnalia*, quatorze livrets de ballets (*salticae fabulae*), une tragédie de *Médée*, inachevée, un discours en vers à sa femme Polla Argentaria, distinguée et instruite, qu'il avait épousée un an avant sa mort, des épigrammes, sans compter ses œuvres en prose : discours et lettres. Nous ne connaissons en fait LUCAIN que par la *Pharsale*, poème épique inachevé en dix chants, portant sur la guerre civile qui opposa César et Pompée et dont le point culminant fut la bataille de Pharsale. Le poète est mort avant d'avoir terminé son œuvre : le chant X est plus court que les autres et s'arrête au soulèvement d'Alexandrie contre César. La *Pharsale* aurait probablement comporté douze chants et se serait terminée par le suicide de Caton d'Utique, la bataille de Pharsale devenant le pivot du livre.

Dans nombre de manuscrits anciens, l'œuvre porte comme titre *Belli civilis libri* (*Livres de la guerre civile* ou *La Guerre civile*). Le titre de *Pharsale* vient d'un passage mal interprété du livre IX (v. 985) et qui signifie « notre bataille de Pharsale ».

L'auteur s'est sérieusement documenté dans les *Commentaires* de César, les *Lettres* de Cicéron, l'*Histoire* de Tite-Live, les livres de Sénèque le Rhéteur, d'Asinius Pollion et nombre d'ouvrages de géographie, d'ethnographie, de divination et de magie, d'astronomie et d'astrologie. Dans les trois premiers livres, il tente de rester impartial et tient la balance égale entre César et Pompée. Les autres livres ne perdent aucune occasion d'exalter les pompéiens et de regretter la liberté républicaine. Stoïcien, LUCAIN concentre de plus en plus ses effets sur Caton, stoïcien lui-même et drapeau, au Iᵉʳ siècle, de l'opposition au régime impérial.

Il suffirait pour résumer le contenu de la *Pharsale*, de retranscrire un livre d'histoire romaine depuis le passage du Rubicon (−49) jusqu'au soulèvement d'Alexandrie (−47). Mais ce ne serait pas rendre compte de l'épopée. Dans l'introduction, LUCAIN annonce son intention de prendre pour sujet la guerre civile; il fait l'éloge de Néron, puis expose les causes de la guerre. César franchit le Rubicon et marche sur Rome, terrifiée par des prodiges (livre I). — Les Romains se lamentent en se souvenant de Marius et de Sylla. Brutus consulte son oncle Caton: ils défendront la liberté. Devant les progrès de César, Pompée se retire sur Brindes, puis en Épire (livre II). — Dans un songe, Julie, première femme de Pompée, lui prédit les malheurs à venir. César, maître de Rome, s'empare du trésor public. Dénombrement des alliés de Pompée. César assiège Marseille, échoue d'abord: ses lieutenants feront capituler la ville (livre III). — César se rend maître de l'Espagne en battant les pompéiens (livre IV). — Le Sénat, en Épire, donne le commandement suprême à Pompée. César, revenu d'Espagne, calme ses légions révoltées et, après avoir été nommé à Rome dictateur et consul, les concentre au-delà de l'Adriatique (livre V). — Pompée envoie sa femme Cornélie à Lesbos et refuse le combat. César assiège Dyracchium. Il échoue et gagne la Thessalie, suivi de Pompée. Sextus Pompée consulte la magicienne Erichto (livre VI). — Pompée fait un songe, de nombreux présages interviennent: après les allocutions des chefs, le combat de Pharsale s'engage; Pompée est vaincu et fuit. Il se réfugie à Larissa. Vision du champ de bataille au lever du soleil (livre VII). — Pompée, après avoir rejoint sa femme à Lesbos, demande asile au roi d'Égypte Ptolémée qui le fait assassiner (livre VIII). — Caton, devenu le chef de l'armée républicaine, prononce l'éloge de Pompée, puis conduit ses troupes à travers le désert de Libye en direction de l'Afrique du Nord. César longe le rivage de Troie, visite la ville, se rend en Égypte, pleure devant la tête tranchée de Pompée. À Alexandrie, il est séduit par la beauté de Cléopâtre. Complot militaire contre César (livre X).

Intérêt et art

Lucain se rattache à la tradition d'Ennius par la volonté d'écrire une épopée historique et non mythologique. Il est probable que, dans l'œuvre complète, le héros véritable aurait été le peuple romain, ce qui aurait donné une unité au poème, partagé entre trois héros: César, Pompée et Caton. D'ailleurs, en dépit des erreurs et des exagérations, Lucain a suivi de près les sources que nous avons indiquées.

En outre, il participe aux préoccupations scientifiques de son siècle: à tout moment interviennent astronomie, géographie, histoire naturelle et apparaissent des vues philosophiques, parfois contradictoires, mais souvent profondes et exprimées de façon concise.

Ce qui précède explique que Lucain ait renoncé au merveilleux proprement épique: il se refuse à faire intervenir les dieux dans l'action. En fait il s'attache surtout à prendre des êtres exceptionnels: en Caton s'incarnent les anciennes vertus romaines, la liberté et tout l'effort du stoïcisme. Lucain place ces êtres dans un cadre cependant extraordinaire: orages, tempêtes, désert, oracles, présages, évocations magiques. N'oublions pas que pour les Romains tout cela apparaissait comme vérité, mais vérité exceptionnelle. La poésie et l'épopée ressortissent chez Lucain au baroque néronien: offensive de la sensibilité, du pathétique et de l'étrange, se nuançant de traits romantiques et de scènes figurées. La rhétorique de ce baroque, si elle est éclatante, fatigue parfois par son emphase et son amplification. Mais Lucain est avant tout grand par sa capacité de trouver de la poésie dans les événements contemporains et de déceler tout élément de beauté, par son imagination qui transfigure les faits à cause de sa compréhension et de sa sympathie, par sa sensibilité frémissante, sa passion, et même sa tendresse: il suffit de penser à la figure de Cornélie.

La forme, évidemment, laisse à désirer: langue mêlée, expressions obscures, fautes de goût. Mais le poète sait allier les mots, trouver la formule, l'expression saisissante et concrète, la *sententia*, et montrer beaucoup de personnalité dans sa pensée, son vocabulaire et sa versification.

313 Pompée en 49 av. J.-C.

En 49 av. J.-C., la guerre civile entre César et Pompée va commencer. C'est cette guerre que Lucain nous décrit dans la Pharsale *avec les trois protagonistes essentiels : César, Pompée, Caton. Avant d'aborder le récit des événements, il nous brosse un portrait de Pompée, un portrait de César, et un tableau de Rome. C'est ce qui fait le sujet de la présente version et des deux suivantes (voir Montherlant :* la Guerre civile*).*

Nec quemquam jam ferre potest Caesarve priorem
Pompeiusve parem. Quis justius induit arma ?
Scire nefas; magno se judice quisque tuetur :
victrix causa deis placuit, sed victa Catoni.
Nec coiere pares. Alter[1] vergentibus annis
in senium, longoque togae tranquillior usu,
dedidicit[2] jam pace ducem, famaeque petitor,
multa dare in vulgus, totus popularibus auris
impelli, plausuque sui gaudere theatri[3],
nec reparare novas vires, multumque priori
credere fortunae. Stat, magni nominis umbra,
qualis frugifero quercus sublimis in agro
exuvias veteris populi sacrataque gestans
dona ducum : nec jam validis radicibus haeret,
pondere fixa suo est, nudosque per aera ramos
effundens, trunco, non frondibus, efficit umbram;
sed quamvis primo nutet casura sub Euro,
tot circum silvae[4] firmo se robore tollant,
sola tamen colitur.

LUCAIN, *Pharsale*, I, v. 125-143.

1. *alter* = Pompée; *vergentibus annis* : abl. de qualité portant sur *alter*. — 2. *dedidicit ducem* = a désappris le métier de chef. — 3. Pompée a fait construire, en 55 av. J.-C., le premier théâtre permanent en pierre. Il portait son nom. — 4. *quamvis tot circum silvae... tollant*; *circum* a la valeur d'un adjectif.

314 César en 49 av. J.-C.

Voir la notice de la version précédente.

Sed non in Caesare tantum
nomen erat nec fama ducis, sed nescia virtus
stare loco, solusque pudor non[1] vincere bello;
acer et indomitus, quo spes quoque ira vocasset
ferre manum, et numquam temerando parcere ferro[2],
successus urguere suos, instare favori
numinis, impellens quidquid sibi summa petenti
obstaret, gaudensque viam fecisse ruina.
Qualiter expressum ventis per nubila fulmen
aetheris impulsi sonitu mundique fragore
emicuit rupitque diem populosque paventes

terruit obliqua praestringens lumina[3] flamma;
in sua templa furit, nullaque exire vetante
materia magnamque cadens magnamque revertens
dat stragem late sparsosque recolligit ignes.

LUCAIN, *Pharsale*, I, v. 143-157.

1. *non* porte sur *bello;* construire *solus pudor Caesari erat vincere nullo bello* (sans combat). — 2. *temerando ferro* = de souiller le fer de sang. — 3. *lumina* = les yeux.

315 *Rome en 49 av. J.-C.*

Voir la notice précédente (ce texte fait penser aux vues politiques de Salluste).

Hae ducibus causae; suberant sed[1] publica belli
semina, quae populos semper mersere potentes.
Namque ut opes nimias mundo fortuna subacto
intulit, et rebus mores cessere secundis,
praedaque et hostiles luxum suasere rapinae,
non auro tectisve modus, mensasque priores
aspernata fames; cultus gestare decoros[2]
vix nuribus rapuere mares; fecunda virorum
paupertas fugitur, totoque accersitur orbe
quo[3] gens quaeque perit : tunc longos jungere fines
agrorum, et quondam duro sulcata Camilli
vomere et antiquos Curiorum passa ligones
longa sub ignotis extendere rura colonis.
Non erat is populus quem pax tranquilla juvaret,
quem sua libertas immotis pasceret armis.
Inde irae faciles et, quod suasisset egestas,
vile nefas[4] magnumque decus ferroque petendum,
plus patria potuisse sua, mensuraque juris
vis erat.

LUCAIN, *Pharsale*, I, v. 158-176.

1. = *sed suberant.* — 2. *decoros :* construit avec l'infinitif sur le modèle de *decorum est.* — 3. *quo :* abl. de moyen (antécédent : *id* sous-entendu). — 4. *nefas,* antécédent de *quod,* a pour attribut *vile.*

316 *César passe le Rubicon*

En 49 av. J.-C., César, exaspéré par les manœuvres de Pompée et du Sénat, craignant pour sa sécurité s'il obéit à leurs ordres, refuse d'abandonner son armée et de venir briguer en simple particulier le consulat. Prenant prétexte des brimades exercées à l'égard de certains tribuns de la plèbe (Marc-Antoine en particulier), César franchit avec son armée le Rubicon (le Pisatello, qui se jette dans l'Adriatique et forme frontière entre l'Italie et la Gaule Cisalpine). C'était là un acte interdit par la loi.

Jam gelidas Caesar cursu superaverat Alpes
ingentesque animo motus bellumque futurum
ceperat. Ut ventum est parvi Rubiconis ad undas,

ingens visa duci[1] Patriae trepidantis imago
clara per obscuram voltu maestissima noctem,
turrigero canos effundens vertice crines,
caesarie lacera nudisque adstare lacertis
et gemitu permixta loqui: « Quo tenditis ultra ?
Quo fertis mea signa, viri ? Si jure venitis,
si cives, huc usque licet. » Tunc perculit horror
membra ducis, riguere comae, gressusque coercens
languor in extrema tenuit vestigia ripa.
Mox ait: « O magnae qui moenia prospicis urbis
Tarpeia de rupe, Tonans, Phrygiique penates[2]
gentis Iuleae et rapti secreta Quirini[3]
et residens celsa Latiaris Juppiter[4] Alba
Vestalesque foci summique o numinis instar,
Roma, fave coeptis; non te furialibus armis[5]
persequor; en adsum, victor terraque marique
Caesar, ubique tuus, liceat modo, nunc quoque, miles.
Ille erit, ille nocens, qui me tibi fecerit hostem. »

LUCAIN, *Pharsale*, I, v. 183-203.

1. *visa (est) duci = (Caesari)*. — 2. *Tonans :* Jupiter Tonnant, il s'agit de Jupiter Capitolin; *Phrygii penates :* Énée, ancêtre de la famille Julia, avait amené de Phrygie ses pénates. — 3. *Quirini :* il s'agit de *Quirinus*, c'est-à-dire de Romulus qui disparut mystérieusement au cours d'un orage. — 4. *Juppiter Latiaris :* Jupiter Latial, protecteur de la confédération latine, était vénéré à Albe. — 5. *armis furialibus* = avec les armes des Furies.

317

Réponse de Caton à Brutus. Il prendra part à la guerre civile

49 av. J.-C., nous sommes au début de la guerre civile. Brutus, le futur assassin de César et le neveu de Caton, vient trouver son oncle, et lui conseille de rester neutre entre les deux ambitieux, César et Pompée. Voici la réponse de Caton, connu sous le nom de Caton d'Utique.

« Summum, Brute, nefas civilia bella fatemur;
sed, quo fata trahunt, virtus secura sequetur;
crimen erit Superis et[1] me fecisse nocentem.
Sidera quis mundumque velit spectare cadentem,
expers ipse metus ? Quis, cum ruat arduus aether,
terra labet[2] mixto coeuntis pondere mundi,
compressas tenuisse manus ? Gentesne furorem
Hesperium[3] ignotae Romanaque bella sequentur
diductique fretis alio sub sidere reges,
otia solus agam ? Procul hunc arcete furorem,
o Superi, motura Dahas ut clade Getasque[4]
securo me Roma cadat ! Ceu morte parentem
natorum orbatum longum producere funus
ad tumulos jubet ipse dolor, juvat ignibus atris

inseruisse manus constructoque aggere busti
ipsum atras tenuisse faces: non ante revellar
exanimem quam te complectar, Roma, tuumque
nomen, libertas, et inanem prosequar umbram.»

LUCAIN, *Pharsale*, II, v. 286-303.

1. *et* = *etiam*. — 2. *(cum) terra labet...; coeuntis*: a le sens de heurter; *mixto*: se rapporte pour le sens à *mundi* (le ciel se heurte à la terre et se confond avec elle). — 3. *Hesperius*: désigne le couchant (Espagne, Italie), c'est-à-dire l'Occident. — 4. *Dahas*: désigne les Scythes; *Getas*: habitants du Danube inférieur. Ces peuples sont censés être les alliés de Pompée.

318 Réponse de César au patron de barque Amyclas

Janvier 48 av. J.-C., c'est la guerre civile. Après avoir pacifié l'Espagne, César est passé en Épire: mais Marc-Antoine qui devait lui amener des troupes n'arrive pas. César, inquiet, se décide à retourner en Italie et par conséquent à franchir l'Adriatique de nuit sur une barque. La tempête menace. Le patron Amyclas accepte cependant de risquer l'aventure, mais au départ le déchaînement des vents lui fait conseiller de « désespérer de la traversée » et de renoncer. Voici la réponse de César.

Fisus cuncta sibi cessura pericula Caesar:
«Sperne minas, inquit, pelagi ventoque furenti
trade sinum[1]. Italiam si caelo auctore recusas[2],
me pete. Sola tibi causa est haec justa timoris
vectorem non nosse tuum, quem numina numquam
destituunt, de quo male tunc Fortuna meretur,
cum post vota venit. Medias perrumpe procellas,
tutela secure mea. Caeli iste fretique,
non puppis nostrae, labor est: hanc Caesare pressam[3]
a fluctu defendet onus. Nec longa furori
ventorum saevo dabitur mora[4]: proderit undis
ista ratis. Ne flecte manum, fuge proxima velis
litora: tunc Calabro portu[5] te crede potitum,
cum jam non poterit puppi nostraeque saluti
altera terra dari. Quid tanta strage paretur,
ignoras: quaerit pelagi caelique tumultu
quid praestet fortuna[6] mihi...»

LUCAIN, *Pharsale*, V, v. 577-593.

1. *sinum*: gonflement de la voile. — 2. comprendre: *si recusas petere Italiam caelo auctore, pete Italiam me auctore*. — 3. César se compare à une cargaison. — 4. *mora* = délai. — 5. *Calabro portu*: il s'agit du port de Brindes. — 6. *fortuna*: sujet de *quaerit* et de *praestet*.

319 Mort de Pompée (septembre 48 av. J.-C.)

Pompée a été vaincu à Pharsale (48 av. J.-C.). Il veut se réfugier à Alexandrie auprès de Ptolémée dont il fut le bienfaiteur. Ce dernier, poussé par son ministre Pothin, décide de le faire assassiner. Les Égyptiens emmènent Pompée tout seul dans une petite barque; à peine arrivés au rivage, ils l'entourent et le frappent.

Ut vidit comminus enses,
involvit vultus atque, indignatus apertum
Fortunae praestare, caput; tunc lumina pressit
continuitque animam, ne quas effundere voces
posset et aeternam fletu corrumpere famam.
At postquam mucrone latus funestus Achillas
perfodit, nullo gemitu consensit ad ictum
despexitque nefas servatque immobile corpus
seque probat moriens atque haec in pectore volvit:
« Saecula Romanos numquam tacitura labores
attendunt, aevumque sequens speculatur ab omni
orbe ratem Phariamque fidem: nunc consule famae.
Fata tibi longae fluxerunt prospera vitae;
ignorant populi, si non in morte probaris,
an scieris adversa pati. Ne cede pudori
auctoremque dole fati: quacumque feriris,
crede manum soceri[1]. Spargant lacerentque licebit,
sum tamen, o Superi, felix; nullique potestas
hoc auferre deo. Mutantur prospera vita:
non fit morte miser.

LUCAIN, *Pharsale*, VIII, v. 613-632.

1. Pompée avait épousé la fille de César, Julia. Donc César avait été le beau-père de Pompée. Après la mort de Julia, Pompée épousa Cornélia.

320 Éloge funèbre de Pompée prononcé par Caton

Après la bataille de Pharsale (9 août 48 av. J.-C.), Pompée se réfugie en Égypte où il est assassiné par les ministres du roi Ptolémée (septembre 48). Caton d'Utique, devenu chef de l'armée républicaine, prononce son éloge funèbre.

« Civis obit[1], inquit, multum majoribus impar
nosse modum juris, sed in hoc tamen utilis aevo,
cui non ulla fuit justi reverentia; salva
libertate potens et solus plebe parata
privatus servire sibi rectorque senatus,
sed regnantis[2], erat. Nil belli jure poposcit,
quaeque dari voluit, voluit sibi posse negari.
Immodicas possedit opes, sed plura retentis[3]

intulit[4]. Invasit ferrum, sed ponere norat;
praetulit arma togae, sed pacem armatus amavit;
juvit sumpta ducem, juvit dimissa potestas.
Casta domus luxuque carens corruptaque numquam
fortuna domini. Clarum et venerabile nomen
gentibus, et multum nostrae quod proderat urbi.
Olim vera fides[5], Sulla Marioque receptis,
libertatis obit: Pompeio rebus[6] adempto,
nunc et ficta[7] perit...

LUCAIN, *Pharsale*, IX, v. 190-206.

1. *obit* est au parfait. — 2. *regnantis (senatus)*. — 3. Abl. de *retenta;* compl. de *plura*. — 4. *intulit in aerarium*. — 5. *fides* = réalité. — 6. *rebus (publicis)*. — 7. *ficta (fides)*.

321 Caton donne l'exemple à son armée qui traverse le désert

Caton, après la défaite de Pharsale (48 av. J.-C.), a rassemblé à Corcyre ce qui reste de l'armée pompéienne. Il débarque en Cyrénaïque où il est rejoint par Cornélie, la femme de Pompée. Il apprend ainsi la mort de son chef (septembre 48). Il emmène son armée à travers le désert en direction de l'Afrique. Il donne l'exemple. On voit alors que pour Lucain, l'homme qui domine la guerre civile, c'est Caton. Il l'admire profondément.

Ipse[1] manu sua pila gerit, praecedit anheli
militis ora[2] pedes, monstrat tolerare vapores,
non jubet, et nulla vehitur cervice[3] supinus
carpentoque sedens; somni parcissimus ipse est,
ultimus haustor aquae. Cum tandem fonte reperto
indiga cogatur latices potare juventus,
stat, dum lixa bibat. Si veris magna paratur
fama bonis et si successu nuda remoto
inspicitur virtus, quidquid laudamus in ullo
majorum, fortuna fuit. Quis Marte secundo,
quis tantum meruit populorum sanguine nomen?
Hunc ego per Syrtes Libyaeque extrema triumphum
ducere maluerim, quam ter Capitolia curru
scandere Pompei, quam frangere colla Jugurthae.
Ecce parens verus patriae, dignissimus aris,
Roma, tuis, per quem numquam jurare pudebit,
et quem, si steteris umquam cervice soluta,
nunc olim[4], factura deum es.

LUCAIN, *Pharsale*, IX, v. 587-604.

1. il s'agit de Caton — 2. *praecedit ora militis* = précède son armée (formule poétique). — 3. *nulla cervice:* comprendre *cervice nullius servi*. — 4. absence de liaison *(aut)* entre *nunc* et *olim*.

PHÈDRE

La fable est un genre aussi ancien que la société des hommes; Ennius et Horace l'avaient pratiqué, mais c'est PHÈDRE qui lui donna valeur artistique dans la littérature latine. Le peu que nous savons de cet écrivain provient presque uniquement de son œuvre.

Son nom, C. JULIUS PHAEDRUS (ou PHAEDER), est d'origine grecque. Esclave sans doute issu de Thrace ou de Macédoine, il fut affranchi par Auguste. Il semble avoir occupé un petit poste dans les finances. Mais Séjan se crut visé par certaines allusions de ses fables (*Le Soleil et les Grenouilles, Les grenouilles qui demandent un roi*) et l'exila. Il revint à Rome après la mort de Tibère et continua à composer sous Caligula et Claude. Il mourut, pense-t-on, au début du règne de Néron.

Le recueil que nous possédons comporte 123 fables, écrites en sénaires iambiques, et divisées en cinq livres. PHÈDRE déclare se contenter de mettre en vers les fables d'Ésope: « Ésope inventa la matière et moi, je l'ai polie en vers sénaires » (I, *Prologue*, v. 12).

En fait, il a su créer des sujets nouveaux, souvent tirés de la vie contemporaine : *L'Âne et le Vieillard, Les Mulets et les Voleurs, La Mésaventure du musicien Princeps,* etc., et a vu dans la fable une satire déguisée, une satire de son temps; elle trahit souvent l'amertume de sa pauvre situation, un recul devant les injustices de son époque et l'oppression des humbles. Il reste attaché à la nécessité morale de l'apologue, mais il donne une forme artistique à la fable. Il ne rejoint évidemment pas La Fontaine sur ce plan, mais il possède de réelles qualités: finesse dans l'observation, vivacité dans le dialogue. La concision et la brièveté n'excluent pas chez lui le pittoresque, car il a le désir de plaire et il sait utiliser l'apologue à des fins dramatiques. La Fontaine, d'ailleurs, se souviendra de lui. Comme l'a dit R. Badali, il est le « fondateur d'un nouveau genre poétique et, tout en reconnaissant en Ésope son modèle, il se détachera toujours plus de lui pour affirmer finalement son originalité ».

T. CALPURNIUS SICULUS

De ce poète qui vivait sous le règne de Néron, nous ne savons rien; il fut appelé SICULUS ou parce qu'il était Sicilien ou parce qu'il aimait la poésie de Théocrite. Nous avons cependant sept petits poèmes pastoraux de lui : c'est donc un auteur de bucoliques et il imite Théocrite et Virgile particulièrement. Ces poèmes nous sont parvenus mélangés avec des poèmes de NÉMÉSIEN, auteur du IIIe siècle.

Contrairement aux écrivains de son temps, il exalte l'empereur: son époque est celle de l'âge d'or. Il exprime ce que ressentaient les humbles qui, alors, voyaient souvent en Néron un prince favorable et qui espéraient atteindre grâce à lui un monde meilleur. L'écrivain a de l'élégance et d'agréables descriptions. Son œuvre est relevée par beaucoup d'allusions contemporaines.

PERSE

C'est à une biographie attribuée à M. Valerius Probus, mais sans absolue certitude, qu'on doit des renseignements sur la vie et l'œuvre d'A. PERSIUS FLACCUS. Il est né en 34 à Volaterra, en Étrurie, d'une famille équestre apparentée à des représentants de l'ordre sénatorial. Il perdit très jeune son père et fit des études jusqu'à 12 ans dans sa ville. Il vint alors à Rome où il eut comme maîtres de rhétorique Remmius Palaemon et Virginius Flaccus. Il se lia d'amitié avec le lettré et philosophe Cornutus, avec Caesius Bassus et

Lucain. Cornutus, qui était un stoïcien, eut sur lui une grande influence, presque égale à celle d'un père et lui inspira l'amour de la vertu. PERSE était un jeune homme exemplaire, très affectueux envers sa mère, ses sœurs et sa tante. Il mourut à 28 ans, en 62, d'une maladie d'estomac et il laissait six courtes satires: sur les poètes ridicules et l'archaïsme en poésie (I); sur les prières intéressées des hommes (II); sur la paresse (III); sur la présomption des grands (IV); sur la vraie liberté qui réside dans l'affranchissement des passions (V); et sur l'avarice (VI). Après sa mort, elles furent revues par Cornutus et publiées par Caesius Bassus.

Dans ses *Satires*, PERSE traite de grands thèmes, souvent traditionnels, dérivés de la diatribe et de la littérature stoïque. En cela, il est de son époque, puisque Sénèque et Lucain feront parfois les mêmes emprunts. En dehors de la satire I qui s'attaque aux poètes des lectures publiques, toutes les autres sont davantage des dissertations plutôt stoïciennes, entrecoupées de réflexions mordantes. Ne nous y trompons pas: il est stoïcien, à preuve sa pensée très élevée, mais il y a en lui un être très humain quand il parle de la bonté, de la charité, de l'amitié. Un cœur bat derrière toute cette philosophie sévère. On comprend mieux la dignité de sa courte vie qui suscita l'admiration dans cette époque corrompue. Il ne faut pas chercher dans cet auteur satirique un peintre des mœurs de son temps. Il est avant tout un moraliste, d'où souvent la rigidité de sa composition.

Son style est réellement obscur et même ses contemporains eurent du mal à le lire; ses développements sont parfois émaillés de grossièretés et trop tendus. Est-ce dû à sa jeunesse? à son inexpérience? ou à une volonté d'hermétisme? Il est difficile de se prononcer. Mais on doit reconnaître au poète la sincérité, une concision parfois saisissante et des qualités de pittoresque. Son éloquence fait à certains moments songer à Juvénal. Cette œuvre est curieuse et sympathique.

322 Malades, ne vous croyez pas guéris

Les passions sont les maladies de l'âme. La philosophie guérit l'homme. Mais il ne faut pas se croire trop vite guéri. Il ne faut pas imiter les malades qui, au premier symptôme favorable, reprennent leurs mauvaises habitudes.

« Inspice[1], nescio quid trepidat mihi pectus et aegris
faucibus exsuperat gravis halitus, inspice, sodes. »
Qui dicit medico, jussus requiescere, postquam
tertia compositas[2] vidit nox currere venas,
de majore domo modice sitiente lagoena[3]
lenia loturo sibi Surrentina rogavit.
« Heus bone, tu palles[4]. » — « Nihil est. » — « Videas tamen istuc,
quidquid id est; surgit tacite tibi lutea pellis. »
— « At tu deterius palles. Ne sis mihi tutor[5];
jam pridem hunc sepeli: tu restas. » — « Perge, tacebo. »
Turgidus hic[6] epulis atque albo ventre lavatur,
gutture sulpureas lente exhalante mefites.
Sed tremor inter vina subit calidumque trientem[7]
excutit e manibus, dentes crepuere retecti,
uncta cadunt laxis tunc pulmentaria labris[8].
Hinc tuba, candelae tandemque beatulus alto

compositus lecto crassisque lutatus amomis
in portam rigidas calces extendit. At illum
hesterni capite induto subiere Quirites[9].

PERSE, III, v. 88 à 106.

1. le malade s'adresse ici au médecin; *nescio quid*: accusatif de qualification; *exsuperat (ex) faucibus*. — 2. *compositas* = calmes, régulières (traduire par un adverbe). — 3. *modice sitiente*: Perse transpose au flacon lui-même l'expression qui convient au convalescent; *loturo*: part. futur de *lavo, as*: ce vin sera bu après le bain comme boisson réconfortante. — 4. propos d'un ami du malade; *videas = vide; tacite* = à ton insu. — 5. le tuteur donne de bons conseils à son pupille. — 6. *hic*: le malade. — 7. *triens*: le tiers d'un setier; ici, il s'agit de son gobelet. — 8. devant *labris* s.e. *a*; dans les trois vers suivants sont évoqués les cérémonies de l'enterrement; s.e. *in* devant *lecto*: le mort est exposé les pieds vers la porte. — 9. les esclaves affranchis par testament sont des citoyens de la veille.

323 *Un élève reconnaissant*

Perse évoque l'époque où il a revêtu la toge virile et où il a suivi les leçons de son maître de philosophie Cornutus. Il exprime sa reconnaissance pour la formation morale que le maître a su lui donner au cours de longues journées de vie commune.

Cum primum pavido custos mihi purpura[1] cessit
bullaque subcinctis Laribus[2] donata pependit,
cum blandi comites[3] totaque inpune Subura
permisit sparsisse oculos jam candidus umbo[4]
cumque iter ambiguum est et vitae nescius error[5]
deducit trepidas ramosa in compita mentes,
me tibi seposui; teneros tu suscipis annos
Socratico, Cornute, sinu. Tunc fallere sollers[6]
adposita intortos extendit regula mores
et premitur ratione animus vincique laborat[7]
artificemque tuo ducit sub pollice vultum.
Tecum etenim longos memini consumere soles
et tecum primas epulis[8] decerpere noctes.
Unum opus et requiem pariter disponimus ambo
atque verecunda laxamus seria mensa.

PERSE, V, v. 30 à 44.

1. les adolescents sont vêtus de la toge prétexte bordée de pourpre. Le jeune poète est effrayé d'avoir à quitter ce symbole qui le gardait d'une mauvaise vie. — 2. après la prise de la toge, le jeune Romain consacrait la bulle, qu'il portait au cou, aux dieux Lares. Les Lares étaient souvent représentés comme prêts à partir, dans une tenue pratique (*subcinctis*). — 3. s.e. *fuerunt*. — 4. *candidus umbo*: le bouffant blanc. La toge blanche revient sur la poitrine en formant une série de plis. — 5. les philosophes représentent le jeune homme à la croisée des chemins hésitant entre le bien et le mal; *vitae nescius error* = l'ignorance de la vie qui nous égare. — 6. *fallere sollers* = habile à tromper, c'est-à-dire qui sait habilement nous surprendre. — 7. *vinci laborat* = travaille à se laisser vaincre; *ducere vultum* = prendre une figure. — 8. *epulis* = pour nos repas.

324 La Mollesse essaie de retenir un marchand qui s'embarque pour son négoce

Après avoir fait l'éloge de son maître Cornutus (voir version n° 323), Perse veut lui montrer qu'il a bien assimilé ses leçons. Il définit la vraie liberté du sage stoïcien qui se défend contre la tyrannie des passions et de la cupidité. Il brosse un tableau plein de verve du marchand qui s'apprête à embarquer malgré les objurgations de la Mollesse.

Jam pueris pellem[1] succinctus et oenophorum aptas.
Ocius ad navem[2]. Nihil obstat quin trabe vasta
Aegeum rapias[3], ni sollers Luxuria ante
seductum moneat : « Quo deinde, insane, ruis ? Quo ?
Quid tibi vis ? Calido sub pectore mascula bilis
intumuit, quam non extinxerit urna cicutae ?
Tu mare transilias ? Tibi torta cannabe fulto
cena sit in transtro Veientanumque rubellum
exhalet vapida laesum pice sessilis obba[4] ?
Quid petis ? Ut nummi, quos hic quincunce[5] modesto
nutrieras, peragant avidos sudore deunces ?
Indulge genio, carpamus dulcia, nostrum est
quod vivis[6], cinis et manes et fabula fies ;
vive memor leti, fugit hora, hoc quod loquor inde est[7]. »

PERSE, V, v. 140 à 154.

1. *pellem* = valise, sac en peau ; *pueris* = *dorso servorum*. — 2. invitation ironique faite par l'auteur au marchand. — 3. *rapias* = tu dévores. — 4. *obba* : sujet, *Veientanum* (s.e. *vinum*) compl. d'objet ; *vapida pice* = la poix éventée = les exhalaisons de la poix. — 5. *quincunce* = à 5 % ; *deunces* = 11 % ; *nutrieras* = tu avais fait fructifier ; *avidos* = gourmands ; *sudore* : le marchand fait suer ici à son capital un énorme intérêt. — 6. l'auteur fait dire à la Mollesse que les seuls moments où l'on vit vraiment sont ceux qu'on lui consacre ; *manes* : il ne sera qu'un des esprits des morts. — 7. *inde est* = est déjà loin.

■ *LE ROMAN*

Le Satiricon

« Tout, dans le *Satiricon*, nous demeure mystérieux : l'identité de son auteur, la date de sa composition, la trame de son intrigue, nous échappent également [...]. Les manuscrits assignent comme auteur au roman un certain *Petronius Arbiter* et, depuis longtemps, ce personnage a été rapproché d'un ami de Néron, mis à mort au temps de Tigellin. Ce rapprochement est légitime » (P. Grimal).

PÉTRONE

Le peu que nous savons de ce personnage nous est essentiellement fourni par Tacite, dans les *Annales* (XVI, 18-19, trad. Burnouf et H. Bornecque) : PÉTRONE « consacrait le jour à dormir, la nuit aux devoirs de la politesse et aux plaisirs. Si d'autres vont à la renommée par le travail, il y alla par la mollesse. Et il avait la réputation, non pas d'un débauché et d'un dissipateur, comme la plupart de ceux qui dévorent leur fortune, mais d'un voluptueux qui se connaît en plaisirs. Et ses actions et ses paroles, plus elles affectaient d'abandon et comme du laisser-aller, plus elles charmaient et passaient pour de la simplicité». Il fut proconsul en Bithynie et ensuite consul; dans ces fonctions, il fit preuve de vigueur et se montra à la hauteur de tous les problèmes. Puis il retomba dans ce qu'on peut appeler l'«imitation des vices». Il figurait parmi les familiers de Néron où on le considérait comme l'arbitre du bon goût (*elegantiae arbiter*), d'où son surnom d'ARBITER. Tout ce qu'il recommandait plaisait à ce prince blasé. Mais il provoqua ainsi la jalousie de Tigellin qui réussit à l'impliquer dans la conjuration de Pison.

Il avait suivi Néron à Cumes quand il reçut l'ordre de ne plus sortir de sa maison. Il s'ouvrit alors les veines, entouré de ses amis et, pour faire durer le «plaisir», se pansait de temps à autre. «Mais dans ses propos rien de sérieux, rien de calculé en vue d'une réputation de fermeté [...]; il entendait en retour [...] des vers badins et des poésies légères [...]. Sous les noms de jeunes impudiques et de femmes perdues, il traça le récit complet des débauches du prince, avec leurs plus monstrueuses recherches, et lui envoya cet écrit en cachette.» Dans ces dernières lignes, il s'agit chez Tacite du souvenir déformé du *Satiricon*, car P. Grimal pense que l'ouvrage fut «mis à l'index» et Tacite suivait plutôt là une légende qui se serait formée très rapidement après la mort de PÉTRONE.

Ce roman peut paraître étrange puisqu'il mêle prose et poésie. En fait, à ce point de vue, l'auteur ne fait que suivre la *satura* traditionnelle, illustrée par Lucilius et par Varron (*Satiricon* peut s'écrire *Satyricon*, de *satura*, avec suffixe grec). Mais les personnages portent des noms grecs ou hellénisés comme *Encolpe* (le *passif*) dont le compagnon est *Ascylte* (l'*infatigable*). Un troisième personnage, ami des deux premiers, se nomme *Giton* (en principe le *voisin*, bien que le sens puisse être quelque peu équivoque). Les escorte le vieux poète *Eumolpe*, un ridicule aède (le nom provient d'un verbe grec signifiant: *bien chanter*) qui versifie et se livre au pastiche de la *Pharsale* de Lucain, du second livre de l'*Énéide*...

Les aventures des trois héros, des coquins, se déroulent dans les cités de la Grande Grèce, à Marseille, en Campanie: toutes régions fortement hellénisées. Et quand interviennent des histoires que l'auteur insère dans son récit, elles sont d'essence grecque. En somme, PÉTRONE réunit le vieux penchant grec pour le récit d'aventures (voir l'*Odyssée* et la tradition orale grecque) à la mise en scène réaliste de la *Satura*, aux *Fables milésiennes* des Grecs et à la *Satire Ménippée*.

Il ne nous reste que des fragments (importants) de cet ouvrage: les deux principaux sont le *Dîner chez Trimalcion* (*Cena Trimalchionis*) et la *Matrone d'Éphèse*. Ce roman, le premier en date des romans antiques, suit la règle qui caractérisera les romans suivants: voyages et aventures de trois jeunes gens dans différents pays ou différentes régions. Ce qui le différencie le plus, c'est que l'intrigue amoureuse (elle existe) apparaît comme secondaire et parodique. L'intrigue chez l'écrivain est avant tout satirique et il manie des personnages grotesques avec délices: on comprend que cette œuvre ait pu attirer le cinéma italien. Le *Dîner chez Trimalcion* à lui seul suffirait: c'est le tableau d'un festin chez un riche affranchi d'origine orientale: il met en relief à la fois le ridicule et parfois la gentillesse de ce monde de parvenus à travers lequel l'auteur vise la société romaine d'alors.

«Curieux roman que ce roman de mœurs [...] dans lequel un familier de Néron, grand seigneur et roi de la mode [...], prend allègrement pour tâche de fustiger ses contemporains, leurs snobismes, leurs travers, leurs vices, au nom du bon sens et de l'esthétique traditionnelle. Car ce qui nous frappe le plus dans ce conte où le plus fin réalisme côtoie sans cesse la bouffonnerie, c'est qu'il est, par ses intentions polémiques ainsi que par la simplicité voulue de son style, en réaction très nette contre le temps» (B.-A. Taladoire). PÉTRONE s'attaque au caractère artificiel de la rhétorique de son temps, aux conceptions de Lucain et semble se rattacher davantage aux poètes comme Ovide en matière artistique.

Ce qui fait de cet écrivain un artiste de tous les temps, c'est la peinture vivante et sans complaisance qu'il brosse de son époque: parvenus, poètes, petit peuple à qui il donne la vérité des attitudes et du langage. On sent chez lui un grand scepticisme devant la vaine comédie du monde dont il a une profonde expérience, ce qui lui donne, à lui mondain et courtisan, une objectivité ironique. Il sait pourtant garder de la délicatesse dans la notation et peut se permettre la fantaisie grâce à un style souple et rapide, une langue pure et parfaite, mais qui ne recule pas devant l'argot et les solécismes du bas-peuple. Il atteint facilement à l'universel.

325 Décadence de l'éloquence sous l'Empire

Le Satiricon *de Pétrone, qui nous est parvenu très incomplet et décousu, commence sur un ton tout à fait différent de celui du reste de l'ouvrage. Encolpe, le narrateur, fait dans l'école du rhéteur Agamemnon la critique de l'éloquence actuelle. Le rhéteur lui répond en faisant le procès des parents des élèves. Puis, comme le compagnon d'Encolpe, Ascylte, s'est esquivé pendant ce temps, Encolpe part à sa recherche et leurs aventures occuperont le reste du roman. Les propos échangés entre Agamemnon et Encolpe ont l'avantage de nous renseigner sur les idées de Pétrone et de nous faire connaître la pureté de son langage quand il s'exprime en son nom propre.*

Nunc et rerum tumore et sententiarum[1] vanissimo strepitu hoc tantum proficiunt[2] ut, cum in forum venerint[3], putent se in alium orbem terrarum delatos. Et ideo ego adulescentulos existimo in scholis stultissimos fieri, quia nihil ex his, quae in usu habemus, aut audiunt, aut vident, sed[4] piratas cum catenis in litore stantes, sed tyrannos edicta scribentes quibus imperent filiis ut patrum suorum capita praecidant, sed responsa in pestilentiam data, ut virgines tres aut plures immolentur, sed mellitos verborum globulos, et omnia dicta factaque quasi papavere et sesamo sparsa.

Qui inter haec nutriuntur, non magis sapere possunt quam bene olere qui in culina habitant. Pace vestra[5] liceat dixisse, primi omnium eloquentiam perdidistis. Levibus enim atque inanibus sonis ludibria quaedam excitando, effecistis ut corpus orationis enervaretur et caderet... Grandis et, ut ita dicam, pudica oratio non est maculosa[6] nec turgida, sed naturali pulchritudine exsurgit. Nuper ventosa ista et enormis loquacitas Athenas ex Asia commigravit animosque juvenum ad magna surgentes veluti pestilenti quodam sidere adflavit, semelque corrupta regula eloquentia stetit et obmutuit.

PÉTRONE, I, 3 et II, 1-2 et 6-7.

1. *res* = les thèmes des discours; *sententiae* = les phrases. — 2. sujet : les rhéteurs, professeurs d'éloquence; on peut traduire par un sujet général : on. — 3. sujet : leurs élèves. — 4. à partir de *sed*, sont évoqués les thèmes *(res)* de la nouvelle éloquence, à l'asiatique, que Pétrone oppose à ceux de l'éloquence traditionnelle, attique. — 5. il s'adresse aux rhéteurs : « ne vous en déplaise ». — 6. *maculosa* = fardée.

326 Réponse du rhéteur Agamemnon aux critiques d'Encolpe

Voir notice précédente.

« Adulescens, inquit, quoniam sermonem habes non publici saporis et, quod rarissimum est, amas bonam mentem[1], non fraudabo te arte secreta. Nihil nimirum in his exercitationibus doctores peccant, qui necesse habent cum insanientibus furere. Nam nisi dixerint quae adulescentuli probent, ut ait Cicero : « Soli in scholis relinquentur... » Quid ergo est[2] ? Parentes objurgatione digni sunt, qui nolunt liberos suos severa lege proficere. Primum enim sic ut omnia, spes quoque suas ambitioni donant. Deinde cum ad vota properant, cruda adhuc studia in forum impellunt, et eloquentiam, qua nihil esse majus confitentur, pueris induunt adhuc nascentibus. Quod si paterentur laborum gradus fieri, ut sapientiae praeceptis animos componerent, ut verba atroci stilo effoderent, ut quod vellent imitari diu audirent, ut persuaderent sibi nihil esse magnificum quod pueris placeret, jam illa grandis oratio haberet majestatis suae pondus. Nunc pueri in scholis ludunt, juvenes ridentur in foro, et quod utroque turpius est, quod quisque puer perperam didicit, in senectute confiteri non vult. »

PÉTRONE, III, 1-2 et IV, 1 à 5.

1. *bona mens* = le bon sens. — 2. = que faut-il conclure ?

327 La maison de Trimalcion

Le Satiricon *est un roman de mœurs, réaliste et pittoresque. Les héros en sont souvent Encolpe, Ascylte et Giton, auxquels se joint un vieux poète, Eumolpe, qui ne cesse de déclamer des vers. Leurs aventures se passent un peu partout, à Marseille, dans le sud de l'Italie, en grande partie à Naples, à Pouzzoles, et à Crotone. Ils vivent d'expédients, escroquent des repas. C'est ainsi qu'ils arrivent, sur les conseils du rhéteur Agamemnon, chez un affranchi, d'origine asiatique, Trimalcion, dont le nom signifie à peu près le Très Puissant et dont la fortune de fraîche date fait un parvenu vaniteux, insolent et débauché. Il a, dit Agamemnon, « une horloge dans sa salle à manger, et un sonneur de cor engagé tout exprès pour qu'il sache à toute heure du jour quelle portion il a perdue de sa vie ».*

In aditu autem ipso stabat ostiarius prasinatus, cerasino succinctus cingulo, atque in lance argentea pisum purgabat. Super limen autem cavea pendebat aurea, in qua pica varia intrantes salutabat. Ceterum ego dum omnia stupeo, paene resupinatus crura mea fregi. Ad sinistram enim intrantibus non longe ab ostiarii cella canis ingens, catena vinctus, in pariete erat pictus superque quadrata littera scriptum : « CAVE CANEM. » Et collegae quidem mei riserunt. Ego autem, collecto spiritu, non destiti totum parietem persequi. Erat autem venalicium cum titulis pictum, et ipse Trimalchio capillatus caduceum tenebat Minervaque ducente Romam intrabat. Hinc quemadmodum ratiocinari didicisset, deinque dispensator factus esset, omnia diligenter curiosus pictor cum inscriptione reddiderat. In deficiente vero jam porticu levatum[1] mento in tribunal excelsum Mercurius rapiebat. Praesto erat Fortuna cornu abundanti copiosa et tres Parcae aurea pensa torquentes. Notavi etiam in porticu gregem cursorum cum magistro se exercentem. Praeterea grande armarium in angulo vidi, in cujus aedicula erant Lares argentei positi Venerisque signum marmoreum et pyxis aurea non pusilla, in qua barbam ipsius[2] conditam esse dicebant.

PÉTRONE, XXVIII, 8-9 et XXIX, 1 à 8.

1. = *Trimalcionem*. — 2. *ipsius* désigne Trimalcion; *barbam* : comprendre la première barbe (sacrifiée aux dieux).

328

Luxe de parvenu

Trimalcion a fait installer ses hôtes avec soin : on leur a lavé les mains, on a même nettoyé leurs pieds, le tout en musique et avec des chants, on leur a servi des olives qu'ils grignotent en guise d'apéritif avec quelques coupes de vin. Mais le maître n'a pas encore paru : il réserve son entrée.

In his[1] eramus lautitiis, cum ipse Trimalchio ad symphoniam allatus est, positusque inter cervicalia minutissima expressit imprudentibus risum. Pallio enim coccineo adrasum excluserat caput, circaque oneratas veste cervices laticlaviam immiserat mappam[2] fimbriis hinc atque illinc pendentibus. Habebat etiam in minimo digito sinistrae manus anulum grandem subauratum, extremo vero articulo digiti sequentis minorem, ut mihi videbatur, totum aureum, sed plane ferreis veluti stellis ferruminatum. Et ne has tantum ostenderet divitias, dextrum nudavit lacertum armilla aurea cultum et eboreo circulo lamina splendente conexo.

Ut deinde pinna argentea dentes perfodit : « Amici », inquit, « nondum mihi suave erat in triclinium venire, sed ne diutius absentivus morae vobis essem, omnem voluptatem mihi negavi. Permittetis tamen finiri lusum ». Sequebatur puer cum tabula terebinthina et crystallinis tesseris, notavique rem omnium delicatissimam. Pro calculis enim albis ac nigris aureos argenteosque habebat denarios.

PÉTRONE, XXXII et XXXIII, 1-2.

1. décrites au chapitre précédent. — 2. *mappam* : un foulard, une écharpe.

329

Les convives de Trimalcion

La tablée de Trimalcion est constituée de gens de son espèce. Pétrone en profite pour faire un rapprochement satirique entre la fortune des affranchis et l'infortune de leurs anciens maîtres. Le texte est en langue familière.

Reliquos autem collibertos ejus cave contemnas ! Valde succosi sunt. Vides illum qui in imo imus recumbit : hodie sua octingenta[1] possidet. De nihilo crevit. Modo solebat collo sua ligna portare... Est tamen sub alapa[2] et non vult sibi male. Itaque proxime cum hoc titulo proscripsit[3] : « C. Pompeius Diogenes ex kalendis Juliis cenaculum locat; ipse enim domum emit. » Quid ille qui libertini loco jacet ? Quam bene se habuit ! Non impropero illi. Sestertium suum vidit decies, sed male vacillavit. Non puto illum capillos liberos habere. Nec mehercules sua culpa; ipso enim homo melior non est; sed liberti scelerati, qui omnia ad se fecerunt. Scito autem : sociorum olla male fervet[4], et ubi semel res inclinata est, amici de medio[5]. Et quam honestam negotiationem exercuit !... Libitinarius fuit.

Solebat sic cenare, quomodo rex : apros gausapatos, opera pistoria, aves, cocos, pistores. Plus vini sub mensa effundebatur, quam aliquis in cella habet. Phantasia, non homo.

PÉTRONE, XXXVIII, 6 à 16.

1. *octingenta* = huit cent mille sesterces. — 2. *alapa* : soufflet dont on frappait l'esclave affranchi. — 3. *proscribere* = mettre une affiche. — 4. allusion à un proverbe grec : « Tant vit la marmite, tant vit l'amitié ». — 5. *amici de medio* = les amis s'en vont.

330 Un festin à grand spectacle

Comme le repas s'éternise, Trimalcion réveille l'attention de ses convives par des mises en scène extraordinaires. Tous les plats sont accompagnés de musique, sont l'occasion de véritables « mimes ».

Advenerunt ministri ac toralia praeposuerunt toris, in quibus retia erant picta subsessoresque cum venabulis et totus venationis apparatus. Necdum sciebamus quo mitteremus suspiciones nostras, cum extra triclinium clamor sublatus est ingens, et ecce canes Laconici etiam circa mensam discurrere coeperunt. Secutum est hos repositorium, in quo positus erat primae magnitudinis aper, et quidem pilleatus, e cujus dentibus sportellae dependebant duae palmulis textae, altera caryotis, altera thebaicis repleta. Circa autem minores porcelli ex coptoplacentis facti, quasi uberibus imminerent[1], scrofam esse positam significabant. Et hi quidem apophoreti fuerunt. Ceterum ad scindendum aprum non ille Carpus[2] accessit, qui altilia laceraverat, sed barbatus ingens, fasciis cruralibus alligatus et alicula subornatus polymita, strictoque venatorio cultro latus apri vehementer percussit, ex cujus plaga turdi evolaverunt. Parati aucupes cum harundinibus fuerunt, et eos circa triclinium volitantes momento exceperunt. Inde cum suum cuique jussisset referri, Trimalchio adjecit : « Etiam videte quam porcus ille silvaticus lautam comederit glandem. » Statim pueri ad sportellas accesserunt quae pendebant e dentibus, thebaicasque et caryotas ad numerum[3] divisere cenantibus.

PÉTRONE, XL (en entier).

1. ici = chercher à atteindre. — 2. *Carpus* : un esclave qui découpait les volailles et dont le nom : « découpeur » servait à la fois pour l'appeler et lui donner l'ordre de « couper » (*carpo* = déchirer) = « Découpe ». — 3. *ad numerum* = en cadence (tout se fait en musique chez Trimalcion).

331 Satire des temps actuels

Les convives de Trimalcion bavardent pendant une absence de leur hôte, généreux mais tyrannique. Un certain Ganymède disserte sur les malheurs du temps. Nous avons par sa bouche le point de vue des petites gens de l'époque impériale. La langue est savoureuse, mais familière, comme chaque fois que Pétrone met en scène un personnage de ce genre.

Ganymedes : « Narrat is quod nec ad terram pertinet, cum interim nemo curat quid annona mordet. Non mehercules hodie buccam panis invenire potui. Et quomodo siccitas perseverat ! Jam annum esuritio fuit. Aediles male eveniat, qui cum pistoribus colludunt : « Serva me, servabo te ». Itaque populus minutus laborat; nam isti majores maxillae[1] semper Saturnalia[2] agunt. O si haberemus illos leones, quos ego hic inveni, cum primum ex Asia veni. Illud erat vivere ! Larvas sic istos[3] percolopabant, ut illis Juppiter iratus esset. Sed memini Safinium; tunc habitabat ad arcum veterem, me puero : piper, non homo... Cum ageret in foro, sic illius vox crescebat tamquam tuba. Nec sudavit umquam nec expuit; puto enim nescio quid Asiadis habuisse[4]. Et quam benignus resalutare, nomina omnium reddere, tamquam unus de nobis ! Itaque illo tempore annona pro luto erat. Asse panem quem emisses, non potuisses cum altero devorare. Nunc oculum bublum vidi majorem. Heu heu, quotidie pejus !

PÉTRONE, XLIV, 1 à 6 et 9 à 12.

1. génitif de relation portant sur *majores; majores maxillae* apposition à *isti*. — 2. *Saturnalia* : fêtes de Saturne, vers le 17 décembre (marquées par de grands repas et des réjouissances). — 3. *larvas istos* = ces marionnettes, désigne les trafiquants. — 4. sujet : *eum* sous-entendu.

332 Comédie culinaire

Chez Trimalcion, les choses se passent un peu comme chez un tyran : les esclaves vivent dans une licence excessive, mais l'humeur du maître passe de l'extrême indulgence à la sévérité draconienne. C'est ce qui explique le succès de la petite comédie suivante dans laquelle tous les hôtes joueront leur partie par flagornerie. Trimalcion, qui est aussi prétentieux que sot, est en train de débiter un discours sur la Sibylle de Cumes, lorsque l'arrivée d'un plat monumental lui coupe la parole. Il s'agit en principe d'un porc qu'on vient de présenter vivant aux convives peu de temps avant. Mais est-ce le même ?

Nondum efflaverat[1] omnia, cum repositorium cum sue ingenti mensam occupavit. Mirari nos celeritatem[2] coepimus, et jurare ne gallum quidem gallinaceum tam cito percoqui potuisse, tanto quidem magis quod longe major nobis porcus videbatur esse, quam paulo ante aper fuerat. Deinde magis magisque Trimalchio intuens eum : « Quid ? quid ? inquit. Porcus his non est exinteratus ? Non mehercules est. Voca, voca cocum in medio ». Cum constitisset ad mensam cocus tristis, et diceret se oblitum esse exinterare : « Quid, oblitus ? » Trimalchio exclamat « putes illum piper et cuminum non conjecisse. Despolia ». Non fit mora, despoliatur cocus atque inter duos tortores maestus consistit. Deprecari tamen omnes coeperunt et dicere : « Solet fieri; rogamus, mittas; postea si fecerit, nemo nostrum pro illo rogabit ». Ego[3] : « Non mehercules illi ignoscerem, si piscem[4] praeterisset! » At Trimalchio, relaxato in hilaritatem vultu: « Ergo, inquit, quia tam malae memoriae es, palam nobis illum exintera ». Recepta cocus tunica cultrum arripuit, porcique ventrem hinc atque illinc timida manu secuit. Nec mora, ex plagis ponderis inclinatione crescentibus tomacula cum botulis effusa sunt.

PÉTRONE, XLIX, 1 à 6 et 8 à 10.

1. sujet: Trimalcion. — 2. cf. version n° 330. — 3. *ego*: il s'agit du narrateur. — 4. sous-entendu: *exinterare*.

333

Combat de chiens

Le repas s'avance. Les convives perdent peu à peu leur sang-froid, à commencer par le maître de maison. De là cette scène étonnante, née d'une fantaisie stupide du maître, taquinant un de ses esclaves favoris, le jeune Crésus. Rapprocher le réalisme burlesque de celui du Repas ridicule *de Boileau.*

Puer Croesus autem lippus, sordidissimis dentibus, catellam nigram atque indecenter pinguem prasina involvebat fascia, panemque semissem ponebat supra torum, ac nausia recusantem saginabat. Quo admonitus officio Trimalchio Scylacem[1] jussit adduci « praesidium domus familiaeque ». Nec mora, ingentis formae adductus est canis catena vinctus, admonitusque ostiarii calce ut cubaret, ante mensam se posuit. Tum Trimalchio jactans candidum panem: « Nemo, inquit, in domo mea me plus amat. » Indignatus puer, quod Scylacem tam effuse laudaret, catellam in terram deposuit hortatusque est ut ad rixam properaret. Scylax, canino scilicet usus ingenio, taeterrimo latratu triclinium implevit, Margaritamque Croesi paene laceravit. Nec intra rixam tumultus constitit, sed candelabrum etiam supra mensam eversum et vasa omnia crystallina comminuit, et oleo ferventi aliquot convivas respersit.

PÉTRONE, LXIV, 6 à 10.

1. *Scylacem*: Scylax, le molosse qui garde la porte de la maison.

334

Trimalcion, après boire, décide de ce que sera son monument funéraire

Trimalcion, sérieusement éméché, car on en est à la fin de la première partie du banquet interminable, s'échauffe, s'attendrit, annonce qu'il affranchit tous ses esclaves dans son testament, qu'il fait héritière sa femme Fortunata, il fait même apporter une copie de ce testament qu'il fait lire publiquement, au milieu des gémissements de tous les convives. Puis il se tourne vers un ami.

Respiciens[1] deinde Habinnam: « Quid dicis », inquit, « amice carissime? Aedificas monumentum meum, quemadmodum te jussi[2]? Valde te rogo... ut sint in fronte pedes centum, in agrum pedes ducenti. Omne genus enim poma volo sint circa cineres meos, et vinearum largiter. Valde enim falsum est vivo quidem domos cultas esse, non curari eas ubi diutius nobis habitandum est. Et ideo ante omnia adjici volo: « Hoc monumentum heredem non sequatur »...

Te rogo ut naves etiam... monumenti mei facias plenis velis euntes, et me in tribunali sedentem praetextatum cum anulis aureis quinque et nummos in publico de sacculo effundentem; scis enim, quod epulum dedi binos denarios[3]. Faciatur, si tibi videtur, et triclinia. Facies et totum populum sibi suaviter facientem. Ad dexteram meam pones statuam Fortunatae meae columbam tenentem, et catellam cingulo alligatam ducat. Et urnam licet fractam sculpas, et super eam puerum plorantem. Horologium in medio, ut quisquis horas inspiciet, velit nolit, nomen meum legat. Inscriptio quoque vide diligenter si haec satis idonea tibi videtur: « C. Pompeius Trimalchio Maecenatianus hic requiescit ».

PÉTRONE, LXXI, 5 à 7 et 9-10 (quelques coupures).

1. sujet: *Trimalcion.* — 2. sous-entendu: *aedificare.* — 3. = j'ai offert un repas et deux deniers par tête.

335 *Jeux de buveurs éméchés*

Trimalcion, après avoir mis en larmes toute la compagnie, change brusquement d'humeur: il décide que puisqu'il faut mourir un jour, autant vaut vivre bien d'abord, et il convie ses invités à prendre un bain chaud, qui les remettra en forme pour le banquet suivant. Nos héros essaient de s'enfuir pendant ce temps, car ils sont assez écœurés, mais, ivres comme ils le sont, ils commencent par tomber dans un vivier; puis, quand enfin ils parviennent à la porte d'entrée, voici ce qui se passe:

Ceterum cum algentes utique petissemus ab atriense ut nos extra januam emitteret: « Erras, inquit, si putas te exire hac posse, qua venisti. Nemo unquam convivarum per eamdem januam emissus est; alia intrant, alia exeunt ».

Quid faciamus homines miserrimi et novi generis labyrintho inclusi, quibus lavari jam coeperat votum esse? Ultro ergo rogavimus ut nos ad balneum duceret, projectisque vestimentis, quae Giton in aditu siccare coepit, balneum intravimus, angustum scilicet et cisternae frigidariae simile, in qua Trimalchio rectus stabat. Ac ne sic quidem putidissimam ejus jactationem licuit effugere; nam nihil melius esse dicebat quam sine turba lavari, et eo ipso loco aliquando pistrinum fuisse. Deinde ut lassatus consedit, invitatus balnei sono, diduxit usque ad cameram os ebrium et coepit Menecratis[1] cantica lacerare, sicut illi dicebant, qui linguam ejus intellegebant. Ceteri convivae circa labrum manibus nexis currebant, et gingilipho ingenti clamore exsonabant. Alii autem aut restrictis manibus anulos de pavimento conabantur tollere, aut posito genu cervices post terga flectere, et pedum extremos pollices tangere. Nos, dum alii sibi ludos faciunt, in solium, quod Trimalchioni parabatur, descendimus.

PÉTRONE, LXXII, 10, et LXXIII, 1 à 5.

1. *Menecratis*: chanteur renommé sous Néron.

336 Fortune rapide d'un affranchi

Pendant la seconde partie du banquet, Trimalcion, complètement ivre, commence par faire une horrible scène à Fortunata son épouse, qu'il injurie et, pour restaurer sa dignité fort ébréchée, il entreprend de faire son propre panégyrique. Je suis venu d'Asie, dit-il, « pas plus haut que ce candélabre », mais j'ai fait fortune par mes propres mérites ! En fait, il a commencé par flatter honteusement son maître, mais il a réussi : celui-ci l'a couché sur son testament, le faisant co-héritier de l'empereur (ainsi devaient faire les riches qui ne voulaient pas voir leur testament cassé ou leurs biens confisqués). Ensuite, vogue la galère !

Nemini tamen nihil satis est[1]. Concupivi negotiari. Ne multis vos morer, quinque naves aedificavi, oneravi vinum — et tunc erat contra aurum — misi Romam. Putares me hoc jussisse : omnes naves naufragarunt. Factum, non fabula. Uno die Neptunus trecenties sestertium devoravit. Putatis me defecisse ? Non mehercules mi haec jactura gusti[2] fuit, tamquam nihil facti. Alteras feci majores et meliores et feliciores, ut nemo non me virum fortem diceret. Scis, magna navis magnam fortitudinem habet. Oneravi rursus vinum, lardum, fabam, seplasium, mancipia. Hoc loco Fortunata rem piam fecit : omne enim aurum suum, omnia vestimenta vendidit et mi centum aureos in manu posuit. Hoc fuit peculii mei fermentum. Cito fit quod di volunt. Uno cursu centies sestertium corrotundavi. Statim redemi fundos omnes, qui patroni mei fuerant. Aedifico domum, venalicia coemo, jumenta; quicquid tangebam, crescebat tamquam favus. Postquam coepi plus habere quam tota patria mea habet, manum de tabula : sustuli me de negotiatione et coepi libertos fenerare... Interim dum Mercurius vigilat, aedificavi hanc domum. Ut scitis, casula erat; nunc templum est. Credite mihi : assem habeas[3], assem valeas; habes, habeberis. Sic amicus vester, qui fuit rana, nunc est rex.

PÉTRONE, LXXVI, 3 à 10, et LXXVII, 4 et 6.

1. le style de ce passage est familier et souvent incorrect; prendre garde au jeu des négations : par exemple *nemini* et *nihil* ne se détruisent pas : elles se renforcent. — 2. *gusti* : génitif emprunté à la 2e déclinaison; génitif de prix. Mot à mot : cette perte n'eut pas pour moi la valeur d'une gorgée. — 3. le personnage s'exprime à la façon populaire, par dictons et images; voir à ce sujet Petit Jean dans *Les Plaideurs* de Racine.

337 Macabre fantaisie d'ivrogne

Dernière fantaisie de Trimalcion : revenant à ses idées noires, il imagine de mettre en scène son propre enterrement. La comédie tourne au burlesque échevelé... (voir Sénèque, Ad Luc., *XII, 8, pour le même genre de cérémonie).*

« Ego gloriosus volo efferri[1] ut totus mihi populus bene imprecetur ». Statim ampullam nardi aperuit omnesque nos unxit et : « Spero, inquit, futurum ut aeque me mortuum juvet tamquam vivum ». Nam vinum quidem in vinarium jussit infundi et : « Putate vos, ait, ad parentalia mea invitatos esse ».

Ibat res ad summam nauseam, cum Trimalchio ebrietate turpissima gravis novum acroama, cornicines, in triclinium jussit adduci, fultusque cervicalibus multis extendit se super torum extremum et : « Fingite me, inquit, mortuum esse. Dicite aliquid belli». Consonuere cornicines funebri strepitu. Unus praecipue servus libitinarii illius[2], qui inter hos honestissimus erat, tam valde intonuit, ut totam concitaret viciniam. Itaque vigiles, qui custodiebant vicinam regionem, rati ardere Trimalchionis domum, effregerunt januam subito et cum aqua securibusque tumultuari suo jure coeperunt. Nos occasionem opportunissimam nacti Agamemnoni[3] verba dedimus[4], raptimque tam plane quam ex incendio fugimus.

PÉTRONE, LXXVIII, 2 à 7.

1. emporté au bûcher. — 2. c'est un des convives dont il a parlé plus haut (voir version n° 329). — 3. Agamemnon le rhéteur qui les a introduits chez Trimalcion. — 4. *verba dedimus* + datif = nous plantâmes là Agamemnon (en le payant de mots).

338 *Noctambules en désarroi*

Nos trois amis se sont échappés, mais il faut revenir à l'auberge, et dans une ville mal connue d'eux (probablement Naples) où ils ne sont que des passants, parfaitement ivres, et sous la nuit noire...

Neque fax ulla in praesidio erat, quae iter aperiret errantibus[1], nec silentium noctis jam mediae promittebat occurrentium lumen. Accedebat huc ebrietas et imprudentia locorum etiam interdiu obscura. Itaque cum hora paene tota per omnes scrupos expliciti acumine Gitonis[2] sumus. Prudens enim pridie, cum luce etiam clara timeret errorem, omnes pilas columnasque notaverat creta, quae lineamenta evicerunt spississimam noctem, et notabili candore ostenderunt errantibus viam. Quamvis non minus sudoris habuimus etiam postquam ad stabulum pervenimus. Anus[3] enim ipsa, inter deversitores diutius ingurgitata, ne ignem quidem admotum sensisset, et forsitan pernoctassemus in limine, ni tabellarius Trimalchionis intervenisset, decem vehiculis dives. Non diu ergo tumultuatus stabuli januam effregit, et nos per eamdem festram admisit.

PÉTRONE, LXIX (en entier).

1. sous-entendre: *nobis*. — 2. *Gitonis*: voir notice de «la Maison de Trimalcion», version n° 327. — 3. *anus*: leur logeuse.

339 *Un naufrage*

Voici une aventure entre autres. Car la carrière de nos héros est fort chargée. Encolpe et Giton se sont brouillés avec Ascylte. Pour le fuir ils s'embarquent sur un bateau en partance. Hélas, c'est celui de Lichas et de sa femme Tryphène, leurs premiers hôtes, de chez qui ils se sont sauvés en les volant, jadis. Ceux-ci leur feraient un mauvais parti et le naufrage présent sera en fait leur salut. Jetés sur le rivage de Crotone (en Grande-Grèce), ils y recommenceront leurs escroqueries. Le roman, incomplet, ne nous renseigne pas sur leur sort final.

Dum haec taliaque jactamus, inhorruit mare, nubesque undique adductae obruere tenebris diem. Discurrunt nautae ad officia trepidantes, velaque tempestati subducunt. Sed nec certos fluctus ventus impulerat, nec quo destinaret cursum gubernator sciebat. Siciliam modo ventus dabat, saepissime in oram Italici litoris aquilo possessor convertebat huc illuc obnoxiam ratem, et quod omnibus procellis periculosius erat, tam spissae repente tenebrae lucem suppresserant ut ne proram quidem totam gubernator videret. Itaque hercules postquam manifeste periculum convaluit, Lichas trepidans ad me supinas porrigit manus et: « Tu, inquit, Encolpi, succurre periclitantibus, et vestem illam divinam sistrumque[1] redde navigio. Per fidem, miserere, quemadmodum quidem soles ». Et illum quidem vociferantem in mare ventus excussit, repetitumque infesto gurgite procella circumegit atque hausit. Tryphaenam autem prope jam[2]... fidelissimi rapuerunt servi, scaphaeque impositam cum maxima sarcinarum parte abduxere certissimae morti.

PÉTRONE, CXIV, 1 à 6.

1. allusion à un épisode qui ne nous est pas parvenu. Sans doute Encolpe a-t-il dérobé ces objets sacrés. Le sistre évoque le culte d'Isis, entre autres protectrice des navires. — 2. lacune du texte : suppléer : *eum sequentem.*

■ *L'ÉRUDITION*

PLINE L'ANCIEN

C. PLINUS SECUNDUS est né en 23, à Côme; il était d'une famille équestre et riche. Il servit comme commandant de cavalerie en Germanie et sans doute contre les Juifs en 70, après une retraite sous Néron. Ami et homme de confiance de Vespasien, il fut procurateur en Espagne, chargé probablement de missions en Égypte; il dirigea un grand bureau administratif et parvint à la préfecture de la flotte de Misène. Au début de sa carrière, il eut une activité probable d'avocat.

Il était en poste à Misène quand se produisit la fameuse éruption du Vésuve qui détruisit Herculanum, Stabies et Pompéi. PLINE, dit-on traditionnellement, voulut observer le phénomène et périt victime de sa curiosité scientifique. En réalité, il voulut porter secours aux victimes du sinistre et c'est le devoir qui fut son bourreau. Il faut lire sur ce sujet la lettre de son neveu Pline le Jeune (VI, 16). Il mourut donc en 79.

PLINE L'ANCIEN était un travailleur acharné. Il prenait des notes et lisait à toute heure et en tout lieu. Il avait rempli d'innombrables volumes de notes ou d'extraits de ses lectures.

On comprend qu'il ait été un polygraphe infatigable.

L'œuvre

Comme Caton l'Ancien et Varron, il écrivait sur tous les sujets. Il avait rédigé : *Sur l'emploi du javelot dans la cavalerie*, écrit d'après son expérience personnelle, quand il commandait en Germanie; *La Vie de Pomponius Secundus* (2 livres), éloge de son ancien général en Germanie; *Les Guerres de Germanie* (20 livres), histoire de toutes les guerres entre Rome et les Germains, qui servit de source à Tacite et Suétone; un traité de formation oratoire et intellectuelle : *Le Studiosus* (3 livres); un traité de grammaire sur les incertitudes du langage, *Dubii sermonis libri VIII*; une *histoire* contemporaine faisant suite à l'ouvrage d'Aufidius Bassus, en 31 livres, *A fine Aufidii Bassi.* On ne sait à quel point il s'était arrêté.

Tous ces ouvrages sont aujourd'hui perdus; mais il nous reste l'*Histoire naturelle* (*Naturae historiarum libri XXXVII*), c'est-à-dire, en respectant le sens du mot histoire en grec : observations sur la nature. Cet ouvrage nous est parvenu à cause de l'intérêt passionné qu'il suscita jusqu'à la fin de la Renaissance. Il s'agit d'une sorte d'encyclopédie concernant la cosmographie, la géographie, l'anthropologie, le monde animal, végétal, l'agriculture, la pharmacopée végétale, animale, les minéraux et leurs usages, techniques et artistiques.

Après une lettre dédicatoire à Vespasien, PLINE L'ANCIEN expose ses sources et donne un sommaire (l. I). Il traite ensuite de physique et d'astronomie (prodiges célestes, air, vent, foudre, terre, séismes, mer) (l. II), puis de géographie et d'ethnographie, parlant des populations des villes, des peuples de la Bétique, de l'Espagne, de la Narbonnaise, de l'Italie, de la Grèce, de la Germanie, de l'Afrique, de l'Arabie, de l'Asie Mineure etc., bref, faisant un tableau du monde habité (l. III à VI). Il parle ensuite de l'homme (l. VII), des animaux terrestres (l. VIII), aquatiques (l. IX), des oiseaux (l. X), des insectes et des organes d'animaux (l. XI), des végétaux et de l'agriculture (l. XII à XIX) : arbres étrangers, fruitiers, arbres sauvages, cultivés; grains, légumes, plantes fourragères, horticulture. Les médicaments tirés des règnes végétal (l. XX à XXVII) et animal (l. XXVIII à XXXII) sont ensuite à l'honneur. Les livres XXXIII à XXXVII dressent la liste des minéraux et des arts qui les utilisent (céramique, peinture, statuaire). Pline donne en même temps la liste des principaux artistes de l'antiquité et de leurs œuvres les plus réputées. C'est une très utile histoire de l'art.

L'écrivain

Pline, pour son *Histoire naturelle*, s'est inspiré de plus de cent auteurs, mais en particulier d'Aristote et de Varron. Si on le compare cependant à Aristote ou encore à Theophraste, il faut bien reconnaître qu'il y a eu décadence.

Notre auteur a certes une curiosité passionnée, un dévouement extrême et désintéressé pour la science. Mais il manque de trois qualités essentielles qui font le savant : l'observation, la méthode et l'esprit critique. Il n'observe pas lui-même; il répète ce que les autres ont dit. Il n'a pas de théorie, ni d'idées générales. Il a entassé une énorme compilation sans grand discernement, acceptant tout ce qu'il a lu, le réel et le mythique.

Il avait cependant une intuition de vrai savant, à savoir qu'il devait se limiter aux réalités physiques sans toucher aux questions métaphysiques. Pourtant ces questions l'inquiètent. Volontiers sceptique, il confondrait sans difficulté Dieu et Nature et croirait à une sorte de panthéisme. Mais il raconte des faits miraculeux et des présages avec un ton qui paraît convaincu. En outre, en Romain, il tient compte de la valeur sociale de la religion. Pessimiste devant la condition et la destinée de l'homme, il pense que la nature a fait tout bien et l'homme tout mal. Regrettant les temps de jadis, il attaque la civilisation tout en étant frappé des progrès matériels (ce qui est contradictoire), et il croit finalement à l'exercice de la raison et à l'élargissement des connaissances. Toutes ces attitudes sont confuses et remplissent le lecteur d'incertitude. Ce dernier ne sait d'ailleurs pas davantage si, en politique, PLINE regrette les avantages de l'antiquité ou s'il admire ceux de l'ordre nouveau. En fait, n'oublions pas qu'il fut ami de Vespasien.

Mais cet ouvrage est une mine de renseignements sur l'antiquité, que recherchent les archéologues et les historiens de l'art. Il remplace toute une série d'ouvrages qui sans lui seraient irrémédiablement perdus et nous apporte mille détails qu'autrement nous ignorerions.

PLINE L'ANCIEN n'a guère cherché à composer : il a juxtaposé tous ses renseignements, toutes ses fiches, y intercalant parfois des réflexions personnelles, rhétoriques, désabusées ou satiriques. Le style est le plus souvent celui de la note, parfois obscur, mais on y trouve aussi la métaphore, la phrase plus élégante mais torturée; dans certains passages, l'écrivain atteint toutefois à l'éloquence et à l'énergie. Mais ce qui passionne peut-être le plus dans cet ouvrage, c'est le vocabulaire : énorme répertoire de termes techniques, l'œuvre de PLINE renferme encore bien des mots précieux, car l'auteur cherche à rendre les moindres différences, quitte à utiliser le mot rare : c'est l'un des dépôts les plus considérables de la langue latine.

PLINE L'ANCIEN n'est plus pour nous qu'un compilateur utile, mais n'oublions pas que, jusqu'au XVIIIe siècle, il a eu une grande influence, inspirant Alcuin et Roger Bacon.

340 Combats d'éléphants dans le cirque

Les organisateurs de jeux romains ont toujours essayé de présenter des spectacles inédits. Des chasses où figuraient des animaux sauvages étaient particulièrement appréciées. Pline l'Ancien note à propos de chaque animal qu'il étudie la date à partir de laquelle chaque espèce a été présentée au cirque.

Pompei altero[1] consulatu, dedicatione templi Veneris Victricis, XX pugnavere in circo aut, ut quidam tradunt XVII, Gaetulis ex adverso jaculantibus, mirabili unius dimicatione[2], qui pedibus confossis repsit genibus in catervas, abrepta scuta jaciens in sublime, quae decidentia voluptati spectantibus erant, in orbem circumacta, velut[3] arte, non furore beluae jacerentur... Amissa fugae spe, misericordiam vulgi inenarrabili habitu[4] quaerentes supplicavere quadam sese lamentatione complorantes, tanto populi dolore[5] ut oblitus imperatoris ac munificentiae honori suo exquisitae, flens universus consurgeret dirasque Pompeio, quas ille mox luit, imprecaretur. Pugnavere et Caesari dictatori[6] tertio consulatu ejus XX contra pedites D, iterumque totidem turriti cum sexagenis propugnatoribus, eodem quo priore numero peditum et pari equitum ex adverso dimicante, postea singuli[7] principibus Claudio et Neroni in consummatione gladiatorum.

PLINE L'ANCIEN, Livre VIII, 7, 7 (20 à 22 avec coupures).

1. *altero* = second; *viginti* (XX) s.e. *elephanti.* — 2. *mirabili unius dimicatione* : peut être considéré comme ablatif absolu (avec verbe être s.e.) marquant une circonstance concomitante. — 3. *velut* = *velut si; arte* = adresse. — 4. *habitu* = attitude; *supplicavere* a pour sujet *elephanti Pompeiani* — 5. *tanto dolore,* cf. note 2. — 6. *Caesari* = devant César. — 7. *singuli* s.e. *elephanti; in consummatione* = au terme de sa carrière.

341 Une panthère reconnaissante

Pline l'Ancien vient de raconter plusieurs anecdotes montrant que les lions sont capables de clémence et de reconnaissance.

Aeque memorandum et[1] de panthera tradit Demetrius physicus : jacentem in media via hominis desiderio[2], repente apparuisse patri cujusdam Philini, adsectatoris sapientiae; illum pavore coepisse regredi, feram vero circumvolutari non dubie blandientem seseque conflictantem maerore qui etiam in panthera intellegi posset. Feta erat, catulis procul[3] in foveam delapsis. Primum[4] ergo miserationis fuit non expavescere, proximum et curam intendere, secutusque qua trahebat vestem unguium levi injectu, ut causam doloris intellexit simulque salutis suae mercedem, exemit[5] catulos, eaque cum his prosequente usque extra solitudines deductus laeta atque gestiente, ut facile appareret gratiam referre et nihil in vicem imputare[6], quod etiam in homine rarum est.

PLINE L'ANCIEN, Livre VIII, 21, 17 (59-60).

1. *et* : adverbe; *physicus* = naturaliste. — 2. *desiderio* = dans l'attente. — 3. *procul* = à quelque distance. — 4. *primum* = le premier effet. — 5. *exemit* : s.e. *ex fovea.* — 6. la panthère ne mettait pas en ligne de compte le fait qu'elle avait laissé la vie sauve à l'homme.

DE LA MORT DE NÉRON À CELLE DE TRAJAN (DE 68 À 117)

LE CLIMAT SOCIAL ET ARTISTIQUE

■ LA SOCIÉTÉ

La mort de Néron fut suivie d'une période de violents troubles et de guerres civiles cruelles pendant les années 68 et 69. Tout n'était que désordre : provinces, Italie, Rome elle-même. Le Capitole, symbole de la puissance romaine, avait été incendié. La conséquence évidente, après de tels désordres, est la transformation de la société et l'orientation en arts et en littérature vers un nouveau classicisme, comme à l'époque d'Auguste.

Les Flaviens changent la composition du Sénat. On les a appelés les empereurs bourgeois : ils s'appuient sur la solide bourgeoisie italienne et provinciale qui a gardé de réels sentiments romains. Ils en peuplent le Sénat. Domitien va détruire les derniers éléments de l'aristocratie et involontairement, par sa cruauté et ses exigences, donnera un esprit de corps à l'institution sénatoriale qui retrouvera sa dignité avec Nerva et Trajan.

Mais, avec la disparition de l'ancienne aristocratie, la société nouvelle est formée d'une grande bourgeoisie, vertueuse assurément, plus simple et plus sévère, plus calme et plus familiale. Elle ne favorise plus autant la littérature, souvent par manque de culture et par d'autres préoccupations. Il ne faut pas oublier non plus les riches parvenus qui sont souvent intellectuellement pauvres. En outre la liberté est relative, quoi qu'en pensent les contemporains : ce qui explique l'affaiblissement de la philosophie, de l'éloquence, et même des *recitationes*, malgré les illusions de Pline le Jeune. Reconnaissons qu'il y a un adoucissement des mœurs qui se marque dans l'amélioration du sort des esclaves et dans le fait qu'on se préoccupe du sort des enfants pauvres.

■ L'ART

Les Flaviens et Trajan furent de grands constructeurs. Ils ont laissé des monuments célèbres :

• Le *Colisée* ou amphithéâtre Flavien. En 75, Vespasien fit assécher le petit étang de la *Domus Aurea*, entre la Velia, le Caelius, et l'Esquilin, et fit entreprendre la construction d'un nouvel amphithéâtre de grandes dimensions. Après la mort de Vespasien, Titus termina et inaugura l'édifice en 80. Domitien compléta l'œuvre par des statues et des frises. Parce que le bâtiment se trouvait près de la statue colossale du Soleil, le peuple l'appela *Colosseum* (Colisée).

• Titus fit construire sur les pentes de l'Esquilin des *thermes* de modestes proportions, dans l'ancien goût classique et luxueusement décorés.

• L'*arc de Titus* fut édifié par Domitien, pour rappeler les victoires de son frère en Palestine.

• Enfin la *colonne Trajane*, élevée par l'architecte Apollodore de Damas, au milieu du Forum de Trajan, commémore les deux campagnes de cet empereur contre les Daces. C'est une des œuvres les plus merveilleuses de l'art romain : les bas-reliefs en sont admirables et peuvent encore illustrer les scènes de la vie militaire romaine.

LA LITTÉRATURE

Le classicisme augustéen n'était pas mort et ceux qui en gardaient le culte arrivaient à l'âge mûr à l'époque des Flaviens. Après un siècle de remarquable baroque apparaît un néo-classicisme qui va précéder une période de décadence. Depuis la mort de Néron, on se méfie des empereurs qui protègent les lettres, d'autant plus que Domitien, tyran cruel, avait privilégié la poésie en instituant des concours.

La rhétorique va garder son influence sur la littérature, favorisée par la création de chaires de rhétorique rétribuées par l'État. Tacite met en relief le goût nouveau dans le *Dialogue des orateurs* et Quintilien combat l'école de Sénèque et pousse à l'imitation de Cicéron. La prose redeviendra cicéronienne et les poètes seront à l'école de Virgile ou d'Horace. Mais Quintilien ou Tacite ont cependant un style différent de celui de Cicéron et chez Tacite, Juvénal ou Martial, il y a un mordant inspiré par une forme de haine des temps antérieurs qu'ils prennent souvent pour du républicanisme.

QUINTILIEN

MARCUS FABIUS QUINTILIANUS est un avocat et rhéteur latin qui vécut approximativement entre 30 et 96/97.

La vie. L'homme

Nous savons peu de choses sur sa vie. Il naquit vers 30 à Calagurris (Calahorra), vieille ville de l'Espagne Tarraconaise (Vieille Castille). Il vint très jeune à Rome où son père exerçait la profession de rhéteur ou d'avocat. Il eut sans doute pour maître Quintus Remmius Palaemon et écouta les orateurs en renom. Il se donna une culture générale complète, ne négligeant absolument rien. Après ses études, il retourna en Espagne vers 60, peut-être avec Galba. Il revint avec celui-ci à Rome en 68 et s'y fixa définitivement, exerçant son activité comme avocat et comme professeur. Il obtint de grands succès dans ces deux métiers: quand Vespasien établit un enseignement officiel, son choix se porta, entre autres, sur QUINTILIEN. Ce dernier prit sa retraite aux environs de 90. C'est alors que Domitien lui confia l'éducation de ses petits-neveux destinés à lui succéder. Il reçut en récompense le laticlave et le consulat, ce qui explique en partie les flatteries de QUINTILIEN à l'égard de Domitien. C'est peut-être en 96 que QUINTILIEN fit paraître l'*Institution oratoire* (ou *Éducation du jeune orateur*). L'auteur ne survécut guère à la publication de son ouvrage. Il avait subi beaucoup de malheurs. En 89 (?), il avait perdu sa femme, puis, vers 90, l'un des deux fils qu'il avait eus d'elle et, pendant qu'il rédigeait l'*Institution oratoire*, le second de ces fils.

Il dut ressentir durement ces coups du sort, d'autant plus que c'était un homme de caractère affectueux et humain. Par ailleurs, il avait du bon sens et une haute moralité. Il se rattachait au stoïcisme, tout en recommandant de ne dépendre d'aucune doctrine. D'après Juvénal, c'était le type même de l'homme sérieux. On comprend aisément qu'il ait eu beaucoup d'élèves et que parmi eux il ait eu de l'influence sur Pline le Jeune et peut-être sur Tacite.

L'œuvre

Des *Déclamations* nous sont parvenues sous son nom, mais ne sont pas de lui. En fait, il avait composé un ouvrage aujourd'hui perdu sur les causes de la corruption de l'éloquence, *De causis corruptae eloquentiae*, et, son ouvrage capital, que nous avons conservé, l'*Institution oratoire*, en douze livres. Il s'y propose de prendre au berceau le futur orateur et de le former. Dans la préface (*Proemium*) du livre I, il explique lui-même la marche qu'il va suivre. Ajoutons que l'*Institution* est un traité complet d'éducation.

QUINTILIEN prend l'enfant au berceau et montre son éducation dans sa famille et chez le grammairien. Il y apprend à bien parler et à bien écrire (l. I). Il passe ensuite chez le rhéteur. Il faut s'adresser au meilleur maître. L'auteur examine diverses questions: les premiers exercices du rhéteur, la lecture des orateurs et des historiens, le plan, les leçons de mémoire, l'utilisation des dispositions naturelles de l'élève, les devoirs. Il expose ce qu'est la rhétorique en général (l. II). Divisions classiques (invention, disposition, élocution) et genres de l'éloquence (démonstratif, délibératif, judiciaire) (l. III). Il traite ensuite en détail de la composition du discours et de ses parties: exorde et narration (l. IV), argumentation et réfutation (l. V), péroraison, plaisanterie et altercation (l. VI),. disposition (l. VII); il s'occupe alors de l'élocution et de l'amplification (l. VIII), des figures de pensée et de mots (l. IX), de l'entraînement (l. X); et il montre que la lecture des poètes et des philosophes peut être utile à la formation de l'orateur, passant en revue les grands auteurs grecs et latins (l. X); il parle de la mémoire et de l'action (l. XI). L'orateur doit avoir des qualités intellectuelles et morales (connaissances philosophiques, historiques, juridiques, générales): on ne peut être orateur que si l'on est homme de bien (l. XII).

L'écrivain

Dans le détail, QUINTILIEN s'est révélé excellent pédagogue; ses observations sur les élèves sont pénétrantes. Malheureusement il a gardé les défauts de son époque: il montre trop de minutie rhétorique dans ses conseils et il a tendance à confondre rhétorique et philosophie. Cependant, ses jugements sont toujours mesurés et loyaux, d'une haute tenue intellectuelle et morale.

Son œuvre apparaît tout d'abord comme peu personnelle car elle garde le plan des anciens traités de rhétorique et elle emprunte aux anciens écrivains grecs et latins. Ce qui est important, c'est l'esprit de l'*Institution*. Dans son ouvrage, QUINTILIEN marque une réaction classique contre le goût de son temps et revient à Cicéron et aux orateurs de la République. Il va peser ainsi, par le retour aux classiques, sur le libre développement de la prose latine, et, quand on songe par exemple à la prose de Tacite, on peut regretter qu'on ait ensuite suivi QUINTILIEN et desséché la langue littéraire latine.

QUINTILIEN a une haute idée de la rhétorique: c'est une discipline morale et intellectuelle à laquelle il faut soumettre toute sa vie. C'est une vertu qui peut supplanter la philosophie. Cependant on rencontre dans sa théorie de curieuses notions morales, car il accepte la délation, les hypothèses et les narrations fausses. En outre, du fait de la médiocrité de son esprit, il est incapable de rattacher les préceptes à un principe général. Il y a chez lui plus d'empirisme que de domination large du sujet.

Les deux premiers livres consacrés à l'éducation plaident beaucoup plus en faveur de l'âme de QUINTILIEN. Il a su observer les enfants. Il y a mis la psychologie la plus délicate, le tact le plus fin. Il a protesté contre les sévices corporels, préféré l'éducation publique à l'éducation privée. Il est pour un effort constant, tout en tenant compte des tempéraments, et ne quitte jamais le domaine de la vie réelle. Il a su donner aux familles des conseils excellents.

Quand il passe en revue, au livre X, les écrivains grecs et latins, s'il met à profit les travaux de ses prédécesseurs et en particulier ceux de Cicéron et de Denys d'Halicarnasse, il ne laisse pas d'être original, il ne se laisse pas aveugler par l'amour-propre national, ne réclamant l'égalité avec les Grecs que dans les domaines de la satire, de l'histoire et de l'élégie, ne surestimant pas non plus les anciens bien qu'il soit le meneur d'une réaction classique. Cependant on rencontre quelques erreurs chez lui: il oublie César et Catulle, traite durement Ovide par exemple, mais il ne faut pas oublier qu'il s'occupe de tous ces écrivains en fonction de leur utilité pour l'orateur.

Inférieure aux œuvres d'Aristote et de Cicéron, l'*Institution oratoire* est cependant l'exposé le plus complet que nous possédions sur l'art oratoire et il est précieux par son livre X, relatant l'histoire littéraire. Par ailleurs, c'est une œuvre de vulgarisation, parfois étroite, mais faite par un érudit et un homme de goût. Sa langue est à l'école de Cicéron, par la recherche de la clarté et de la précision. Mais QUINTILIEN ne sera jamais un vrai classique: de son époque il a l'affectation, les termes poétiques, les néologismes et une syntaxe qui n'est plus celle du Ier siècle av. J.-C.

342 Mœurs et devoir d'un professeur

Dans son institution oratoire (formation du futur orateur), Quintilien consacre son livre I à l'éducation de l'enfant dans sa famille et chez le grammairien. Il y apprend à bien parler et à bien écrire. À seize ans il passe chez le rhéteur (livre II). Quintilien nous décrit ce que doit être ce professeur.

Ergo cum ad eas in studiis vires pervenerit puer, ut, quae prima esse praecepta rhetorum diximus, mente consequi possit, tradendus ejus artis magistris erit; quorum in primis inspici mores oportebit...

Sumat igitur ante omnia parentis erga discipulos suos animum ac succedere se in eorum locum, a quibus sibi liberi tradantur, existimet. Ipse nec habeat vitia nec ferat. Non austeritas ejus tristis, non dissoluta sit comitas, ne inde odium, hinc[1] contemptus oriatur. Plurimus ei de honesto ac bono sermo sit; nam quo saepius monuerit, hoc rarius castigabit. Minime iracundus, nec tamen eorum quae emendanda erunt dissimulator, simplex in docendo, patiens laboris, assiduus potius quam immodicus. Interrogantibus libenter respondeat, non interrogantes percontetur ultro. In laudantis discipulorum dictionibus nec malignus nec effusus, quia res altera taedium laboris, altera securitatem parit. In emendando quae corrigenda erunt, non acerbus, minimeque contumeliosus; nam id quidem multos a proposito studendi fugat, quod quidam sic objurgant quasi oderint.

QUINTILIEN, II, 2, 1 et 4 à 7.

1. *inde = ab illa (austeritate); hinc = ab hac (comitate).*

343 L'orateur doit oser prendre des libertés avec les règles

Voir notice de la version précédente. Quintilien continue : il faut s'adresser au meilleur maître. Il examine diverses questions : les premiers exercices du rhéteur, la lecture des orateurs et des historiens chez ce maître, le plan, les leçons de mémoire, l'utilisation des dispositions naturelles de l'élève, les devoirs. Voici d'autres questions encore : il faut connaître les règles de l'art et savoir dans quelles bornes doit se renfermer cet art.

Equidem id maxime « praecipiam ac repetens iterumque iterumque monebo » : res duas in omni actu spectet orator, quid deceat, quid expediat. Expedit autem saepe mutare ex illo constituto traditoque ordine aliqua, et interim decet, ut in statuis atque picturis videmus variari habitus, vultus, status... Habet in pictura speciem tota facies; Apelles[1] tamen imaginem Antigoni[2] latere tantum altero ostendit, ut amissi oculi deformitas lateret. Quid ? non in oratione operienda sunt quaedam, sive ostendi non debent, sive exprimi pro dignitate non possunt ? Ut fecit Timanthes[3], opinor, Cythnius in ea tabula, qua Coloten Teium vicit. Nam cum in Iphigeniae immolatione pinxisset tristem Calchantem[4], tristiorem Ulixen, addidisset Menelao quem summum poterat ars efficere maerorem, consumptis affectibus, non reperiens quo digne modo patris vultum posset exprimere, velavit ejus caput et suo cuique animo dedit aestimandum. Nonne huic simile est illud Sallustianum : « Nam de Carthagine tacere satius puto quam parum dicere ? »

QUINTILIEN, II, 13, 8 et 12 à 14.

1. *Apelles* : Apelle, peintre contemporain d'Alexandre le Grand, fit le portrait de Philippe, d'Alexandre et des généraux d'Alexandre. — 2. *Antigonus* : Antigone, il s'agit d'un des lieutenants d'Alexandre. — 3. *Timanthes* et *Colotès* : peintres grecs, autour de 400 av. J.-C. — 4. *Calchas* : devin de Mycènes, révéla la nécessité du sacrifice d'Iphigénie à cause de la colère d'Artémis (Diane).

344 Comment émouvoir les juges

Après avoir parlé de l'argumentation et de la réfutation, Quintilien passe à la péroraison. C'est la partie du discours où on fait souvent appel à la pitié des juges. Dans ce passage, Quintilien évoque le procès de Milon. Sur ce procès, voir la version n° 345.

Plurimum tamen valet miseratio, quae judicem non flecti tantum cogit, sed motum quoque animi sui lacrimis confiteri. Haec petetur aut ex iis, quae passus est reus, aut iis, quae cum maxime[1] patitur aut iis, quae damnatum manent; quae et ipsa duplicantur, cum dicimus ex qua illi fortuna et in quam recidendum sit. Affert in his momentum et aetas et sexus et pignora[2], liberi, dico, et parentes et propinqui. Quae omnia tractari varie solent. Nonnumquam etiam ipse patronus has partes subit, ut Cicero pro Milone : « O me miserum ! O te infelicem ! revocare me tu in patriam, Milo, potuisti per hos, ego te in patria per eosdem retinere non potero ? » Maximeque[3], si, ut tum accidit, non conveniunt ei qui accusatur preces; nam quis ferret Milonem pro capite suo supplicantem, qui a se virum nobilem interfectum, quia id fieri oportuisset, fateretur ? Ergo et illi captavit ex ipsa praestantia animi favorem et in locum lacrimarum ejus ipse successit.

QUINTILIEN, VI, 1, 23 à 25.

1. *cum maxime* = maintenant précisément. — 2. *pignora* : gages de tendresse. Quintilien explique ce terme et le précise par *liberi, dico*. — 3. *maximeque (subit)*.

345 Une analyse du procès de Milon par Quintilien

Après avoir traité de la péroraison, de la plaisanterie et de l'altercation, Quintilien en vient à la disposition du discours. En particulier, dans le discours, il faut exposer toutes les hypothèses possibles, puis les réfuter toutes sauf une, celle à laquelle on veut que les auditeurs croient. Il illustre cette idée par le fameux procès de Milon, plaidé par Cicéron en 52 av. J.-C.

Clodius (en réalité Publius Claudius Pulcher, de famille noble), ennemi de Cicéron depuis un procès où l'orateur avait témoigné contre lui (voir versions n°s 49-50), était aussi son adversaire depuis l'affaire de Catilina (63 av. J.-C.). Tribun du peuple, il avait réussi à faire voter une loi condamnant à l'exil tous ceux qui avaient fait périr des citoyens sans jugement, et Cicéron, visé par cette loi à cause de la mort des complices de Catilina, avait dû s'exiler (− 58). Ce fut Milon, un autre tribun, partisan du Sénat, qui obtint le rappel de Cicéron en − 57. Dès lors les hostilités ne cessèrent plus entre les deux tribuns. Clodius réussit à obtenir l'appui de Pompée en soutenant ses candidats aux élections en — 53. Mais le 20 janvier — 52, Milon et Clodius, accompagnés de leurs esclaves en armes, se croisèrent sur la Voie Appienne. Une escarmouche s'ensuivit qui aboutit à la mort de Clodius dans des conditions fort obscures. Comme les désordres continuaient à Rome, le Sénat se tourna vers Pompée, nommé consul sans collègue, pour rétablir l'ordre. Celui-ci fit mettre en jugement Milon devant un tribunal d'exception.

Quae res[1] autem faciliorem divisioni viam praestat, eadem inventioni quoque, excutere quidquid dici potest, et velut rejectione facta ad optimum pervenire. Accusatur Milo quod Clodium occiderit. Aut fecit aut non. Optimum erat negare; sed non potest. Occidit ergo aut jure aut injuria. Utique[2] jure : aut voluntate aut necessitate; nam ignorantia praetendi non potest. Voluntas anceps est, sed quia ita homines putant, attingenda defensio, ut id pro republica fuerit. Necessitate ? Subita igitur pugna, non praeparata; alter igitur insidiatus est. Uter ? Profecto Clodius. Videsne ut ipsa rerum necessitas deducat ad defensionem ? Adhuc : aut utique voluit occidere insidiatorem Clodium aut non. Tutius, si noluit. Fecerunt ergo servi Milonis neque jubente neque sciente Milone. At haec tam timida defensio detrahit auctoritatem illi, qua recte dicebamus occisum. Adjicietur : « quod suos quisque servos in tali re facere voluisset. »

QUINTILIEN, VII, 1, 34 à 37.

1. *quae res* = *et ea res* (annonce les infinitifs *excutere* et *pervenire*). — 2. *utique* = en tout cas.

346 La lecture des historiens est-elle profitable aux orateurs ?

Quintilien pense qu'un orateur doit avoir une large culture. Mais le style de l'éloquence est très particulier et l'auteur se pose, pour chaque genre, la question de savoir quel profit stylistique peut en tirer l'orateur. Voici ce qu'il dit de la lecture des historiens. C'est en même temps pour lui l'occasion de définir les qualités stylistiques de quelques auteurs.

Historia quoque alere oratorem quodam uberi jucundoque suco potest; verum et ipsa sic est legenda ut sciamus plerasque ejus virtutes oratori esse vitandas. Est enim proxima poetis[1] et quodammodo carmen solutum, et scribitur ad narrandum non ad probandum, totumque opus non ad actum rei[2] pugnamque praesentem sed ad memoriam posteritatis et ingenii famam componitur, ideoque et verbis remotioribus et liberioribus figuris narrandi taedium evitat. Itaque, ut dixi, neque illa Sallustiana brevitas, qua nihil apud aures vacuas atque eruditas potest esse perfectius, apud occupatum variis cogitationibus judicem et saepius ineruditum captanda nobis est; neque illa Livii lactea ubertas satis docebit eum qui non speciem expositionis sed fidem[3] quaerit. Ideoque M. Tullius ne Thucydidem quidem aut Xenophontem utiles oratori putat, quamquam illum « bellicum canere », hujus ore « Musas esse locutas » existimet.

Licet tamen nobis in digressionibus uti vel historico nonnumquam nitore, dum in his, de quibus erit quaestio[4], meminerimus non athletarum toris sed militum lacertis opus esse, nec versicolorem illam, qua Demetrius Phalereus[5] dicebatur uti, vestem bene ad forensem pulverem facere.

QUINTILIEN, X, 1, 31 à 33.

1. *poetis* = *poemati* (concret pour abstrait); pour comprendre ce détail, songer d'une part à l'épopée, d'autre part aux nombreux « tours poétiques » auxquels recourent les historiens. — 2. *actum rei* = l'efficacité; (*scriptoris*) *ingenii famam*. — 3. *fidem* : la force persuasive. — 4. *quaestio* : la question essentielle (opposée à *digressionibus*). — 5. *Demetrius Phalereus* : Démétrius de Phalère, dernier orateur attique (mort en 283 av. J.-C.).

347 *Homère est un modèle pour l'orateur*

Quintilien vient de s'occuper, à propos de la formation de l'orateur, de l'élocution : amplification, figures de pensée, figures de mots. Il va montrer maintenant que la lecture des poètes et des philosophes peut être utile à la formation de l'orateur.

Il s'occupe ici d'Homère. Il fait allusion aux deux poèmes de celui-ci, l'Iliade *et* l'Odyssée, *à l'un des héros de* l'Iliade, *Patrocle, ami d'Achille et tué par Hector. La mort de Patrocle est le nœud de l'action : elle ramènera Achille au combat. Cette mort est annoncée par Antiloque, fils de Nestor (*Iliade *XVIII, 1-21).*

Le combat des Curètes et des Étoliens se trouve dans l'Iliade *(chant IX, vers 529 et suivants). Phœnix raconte l'histoire de la chasse de Calydon : le sanglier de Calydon tué par Méléagre, roi des Étoliens, la lutte entre Étoliens et Curètes (autre tribu d'Étolie) pour la possession de la peau et de la hure.*

Igitur, ut Aratus ab Jove incipiendum putat, ita nos rite coepturi ab Homero videmur. Hic enim, quemadmodum ex Oceano dicit ipse amnium fontiumque cursus initium capere, omnibus eloquentiae partibus exemplum et ortum dedit. Hunc nemo in magnis rebus sublimitate, in parvis proprietate superavit. Idem laetus ac pressus, jucundus et gravis, tum copia tum brevitate mirabilis, nec poetica modo sed oratoria virtute eminentissimus...

Age vero, non utriusque operis ingressus[1] in paucissimis versibus legem prooemiorum non dico servavit sed constituit ? Nam benevolum auditorem invocatione dearum, quas praesidere vatibus creditur, et intentum proposita rerum magnitudine et docilem[2] summa celeriter comprehensa facit. Narrare vero quis brevius quam qui mortem nuntiat Patrocli, quis significantius potest quam qui Curetum Aetolorumque proelium exponit ? Jam similitudines, amplificationes, exempla, digressus, signa rerum et argumenta ceteraque probandi ac refutandi sunt ita multa ut etiam qui de artibus scripserunt plurimi harum rerum testimonium ab hoc poeta petant.

QUINTILIEN, X, 1, 46 à 48.

1. *ingressus* est un nom au nominatif. — 2. *docilem* : à rapprocher de *doceo; summa* = l'ensemble, l'essentiel.

348 Cicéron est un autre Démosthène

Après avoir passé en revue tous les grands écrivains grecs, Quintilien examine les grands auteurs latins : Virgile, Ovide, Lucilius, Horace, Accius, Pacuvius, Térence, Tite-Live. Le voici arrivé à Cicéron.

Ciceronem cuicumque eorum[1] fortiter opposuerim, nec ignoro quantam mihi concitem pugnam, cum praesertim non sit id propositi, ut[2] eum Demostheni comparem hoc tempore; neque enim attinet, cum Demosthenem in primis legendum vel ediscendum potius putem.

Quorum ego virtutes plerasque arbitror similes, consilium, ordinem, dividendi, praeparandi, probandi rationem, omnia denique quae sunt inventionis. In eloquendo est aliqua diversitas : densior ille, hic copiosior; ille concludit[3] astrictius, hic latius; pugnat ille acumine semper, hic frequenter et pondere; illi nihil detrahi potest, huic nihil adjici; curae plus in illo, in hoc naturae. Salibus certe et commiseratione, qui duo plurimum affectus valent, vincimus. Et fortasse epilogos illi mos civitatis abstulerit; sed et nobis illa[4], quae Attici mirantur, diversa latini sermonis ratio minus permiserit. In epistulis quidem, quamquam sunt utriusque, dialogisve, quibus nihil[5] ille, nulla contentio est.

Cedendum vero in hoc, quod et prior fuit et ex magna parte Ciceronem, quantus est, fecit.

QUINTILIEN, X, 1, 105 à 108.

1. les écrivains grecs. — 2. *ut* = à supposer que. — 3. *concludo* = construire une période. — 4. *illa* = les qualités. — 5. *quibus nihil (scripsit) ille.*

349 L'orateur doit savoir varier ses effets

Quintilien vient d'étudier l'entraînement oratoire et les lectures de l'orateur. Il en arrive maintenant aux convenances oratoires, à la mémoire, à la prononciation. Il vient de dire que le même genre d'éloquence ne convient pas à tous les orateurs et que celle-ci doit varier avec le client aussi.

Nec tantum quis et pro quo sed etiam apud quem dicas interest. Facit enim et fortuna discrimen et potestas, nec eadem apud principem, magistratum, senatorem, privatum, tantum liberum ratio est, nec eodem sono publica judicia et arbitrorum disceptationes aguntur. Nam ut orantem[1] pro capite sollicitudo deceat et cura et omnes ad amplificandam orationem quasi machinae, ita in parvis rebus judiciisque vana sint eadem, rideaturque merito qui apud disceptatorem de re levissima sedens dicturus utatur illa Ciceronis confessione, « non modo se animo commoveri sed etiam corpore ipso perhorrescere ». Quis vero nesciat quanto aliud dicendi genus poscat gravitas senatoria, aliud aura popularis, cum etiam singulis judicantibus non idem apud graves viros quod leviores, non idem apud eruditum quod militarem ac rusticum deceat, sitque nonnumquam summittenda et contrahenda oratio, ne judex eam vel intelligere vel capere non possit ?

QUINTILIEN, XI, 1, 43 à 45.

1. *orantem* : au sens de « plaider » (cf. *oratio*).

350 — *Les débuts du jeune orateur*

Quintilien en a pratiquement terminé avec la formation de son orateur. Cependant il reste quelques points à examiner : tout d'abord, on ne peut être orateur si l'on n'est pas homme de bien (voir Boileau et sa conception du poète). En outre, on doit connaître la science qui forme le caractère moral et le droit civil. Enfin, Quintilien examine l'âge auquel l'orateur doit commencer à plaider. Et nous assistons aux débuts de ce jeune orateur.

Ceterum illum, quem juvenem tenerisque adhuc viribus nitentem in forum deduximus, et incipere quam maxime facili ac favorabili causa velim, ferarum ut catuli molliore praeda saginantur, et non utique ab hoc initio continuare operam et ingenio adhuc alendo callum inducere, sed jam scientem quid sit pugna et in quam rem studendum sit refici atque renovari. Sic et tirocinii metum, dum facilius est audere, transierit, nec audendi facilitatem usque ad contemptum operis adduxerit.

Usus est hac ratione M. Tullius, et, cum jam clarum meruisset inter patronos, qui tum erant, nomen, in Asiam navigavit, seque et aliis sine dubio eloquentiae ac sapientiae magistris sed praecipue tamen Apollonio Moloni, quem Romae quoque audierat, Rhodi rursus formandum ac velut recoquendum dedit. Tum dignum operae pretium venit, cum inter se congruunt praecepta et experimenta.

QUINTILIEN, XII, 6, 6 et 7.

351 — *L'orateur doit avec soin étudier le dossier de la cause*

Voir introduction de la version précédente. Quintilien examine d'autres points : par exemple, ce que l'orateur doit observer avant de se charger d'une cause, ce qu'il doit observer en l'étudiant, en particulier le dossier.

In summa optimus est in discendo patronus incredulus. Promittit enim litigator omnia, testem populum, paratissimas consignationes, ipsum denique adversarium quaedam non negaturum. Ideoque opus est intueri omne litis instrumentum; quod videre non est satis, perlegendum erit. Nam frequentissime aut non sunt omnino, quae promittebantur, aut minus continent aut cum alio aliquo nocituro permixta sunt aut nimia sunt et fidem hoc ipso detractura, quod non habent modum. Denique linum ruptum aut turbatam ceram[1] aut sine agnitore signa frequenter invenies; quae, nisi domi excusseris, in foro inopinata decipient, plusque nocebunt destituta quam non promissa nocuissent. Multa etiam, quae litigator nihil ad causam pertinere crediderit, patronus eruet, modo[2] per omnes, quos tradidimus, argumentorum locos eat...

Sic causam perscrutatus, propositis ante oculos omnibus, quae prosint noceantve, tertiam deinceps personam induat judicis, fingatque apud se agi causam... Sic eum raro fallet eventus, aut culpa judicis erit.

QUINTILIEN, XII, 8, 11 à 13 et 15.

1. *linum* : la ficelle qui réunit les tablettes; *ceram* : la cire qui couvre les tablettes. — 2. *modo* = *dummodo*.

LA POÉSIE

■ LA POÉSIE ÉPIQUE

VALERIUS FLACCUS

On ne sait pratiquement rien de C. VALERIUS FLACCUS SETINUS BALBUS. Le surnom de SETINUS peut faire penser qu'il est originaire de *Setia*, un bourg du Latium. D'après une allusion de Quintilien (X, 1, 90), il serait mort en 90. On a parfois estimé qu'il serait né vers 45. Il a donc vécu une bonne partie de sa vie sous les empereurs flaviens, ce que confirment dans son œuvre des allusions au siège de Jérusalem (70), à l'éruption du Vésuve (79) et aux guerres de Domitien contre les Daces (environs de 87).

Il est l'auteur d'un poème épique : les *Argonautiques* (*Argonautica*) où il suit, mais très librement, le Grec Apollonios de Rhodes. C'est l'histoire de Jason allant en Colchide pour conquérir la Toison d'or, en compagnie d'Hercule, de Castor et Pollux et d'Orphée. Il y subit une série d'épreuves et, grâce à l'amour de Médée, fille du roi de Colchide, échappe à tous les pièges ! Le héros conquiert la Toison et emmène Médée avec lui. Nombre de péripéties émaillent le récit, comme l'enlèvement d'Hylas par une nymphe.

VALERIUS FLACCUS n'évite ni la rhétorique et les longueurs, ni surtout les interventions divines, ce qui donne de la froideur à l'ensemble. Mais l'auteur est un excellent peintre de caractères et il sait montrer avec une grande finesse la passion naissante chez Médée. En outre, en dépit d'une certaine obscurité, son style est élégant, travaillé; élève de Virgile, il sait en tirer de merveilleux effets.

SILIUS ITALICUS

Chose surprenante, T. CATIUS SILIUS ITALICUS nous est bien connu par une lettre de Pline le Jeune (III, 7) où d'ailleurs ce dernier ne loue guère son talent *oratoire* et rappelle seulement l'usage blâmable qu'il fit de la parole. Martial, lui, vante son éloquence et nous apprend qu'il ne se consacra à la poésie qu'après s'être éloigné des affaires (VII, 62).

Né en 25, SILIUS ITALICUS fut un grand personnage. Orateur célèbre, il fut élevé au consulat en 68. Il s'abaissa une fois, sous le règne de Néron, à être délateur, mais s'en repentit toute sa vie. Il fut proconsul d'Asie sous Vitellius. Il se retira de la vie publique à l'avènement de Vespasien, mena une vie de dilettante, admirant Virgile, dont il célébrait l'anniversaire, et Cicéron dont il acheta la villa de Tusculum. Il était collectionneur de beaux livres et d'objets d'art. Atteint d'un mal incurable, il se laissa mourir en 101.

Il a composé, entre 85 et 101, une épopée en dix-sept chants, les *Puniques* (*Punica*). Il s'inspire directement du récit de la seconde guerre punique de Tite-Live et va de la prise de Sagonte à la bataille de Zama. Les dix premiers chants sont assez bien développés, les derniers sont visiblement précipités. SILIUS brode sur le canevas historique en ajoutant des éléments empruntés à l'épopée traditionnelle: dénombrement des guerriers, songes, apparitions des dieux, etc. Il y ajoute des divinités abstraites comme la Bonne Foi, la Discorde...

On ne peut dire qu'il s'agisse d'un grand poète: il est dépourvu d'invention et ne fait souvent qu'un mélange de Tite-Live et de Virgile; il n'y a pas de véritable héros: ni Hannibal, ni Scipion; la couleur locale est à peine présente et le patriotisme ne semble guère l'inspirer. Certes, il y a des pages curieuses, élégantes, correctes. L'ensemble reste froid et laisse l'impression d'un manque de personnalité. SILIUS paraît dépourvu de génie créateur.

STACE

P. PAPINIUS STATIUS, qui manifesta de grands dons de poète épique à l'époque flavienne, est né à Naples aux environs de 45 et y mourut, semble-t-il, vers 96. Nous connaissons une bonne part de sa vie par le recueil de ses poèmes: les *Silves*. Son père était poète et cultivait par-dessus tout la littérature grecque. Son école était fréquentée par la jeunesse d'une grande partie de l'Italie. Il se distingua d'abord dans sa ville natale, aux *Augustales* de 80 en particulier. Puis il se transporta à Rome où son père mourut. Lui-même y vécut longtemps et se maria à une musicienne, *Claudia*, très attachée à la vie mondaine de Rome. Il participa avec plus ou moins de succès aux concours officiels — jeux Albains, jeux Capitolins — et reçut de Domitien en personne une couronne d'or pour un poème qui célébrait les campagnes contre les Germains et les Daces. Un échec aux jeux Capitolins l'entraîna peut-être à quitter Rome; d'ailleurs, il était tenté de retourner dans sa chère Naples parce que la vie romaine l'oppressait. Il avait probablement déjà composé son premier poème épique, la *Thébaïde*. Il mourut dans son pays sans avoir pu terminer son second: l'*Achilléide*. Il avait écrit un livret de pantomime, *Agavé*, pour le mime Paris: il ne nous est pas parvenu.

Dans la *Thébaïde*, imitée d'Antimaque et de Colophon, il raconte les différentes phases de la guerre fratricide entre Étéocle et Polynice, fils d'Œdipe, roi de Thèbes, qui se tueront en duel: thème recherché par les tragiques grecs et très connu en Italie. Si STACE est grand admirateur de Lucain, on trouve chez lui beaucoup de réminiscences de Virgile et d'Ovide, ainsi que d'Homère et d'Euripide. En dépit de toutes ces dettes, le poème attache le lecteur par des qualités de vie et de mouvement; on découvre un poète plein de sensibilité et d'une grande élégance. On trouve aussi des morceaux très brillants dus aux lectures publiques faites par l'auteur.

La *Thébaïde* était dédiée à Domitien, tout comme l'*Achilléide* dont il ne reste que deux chants. Cette seconde épopée devait raconter toute la vie d'Achille. Du moins peut-on lire la gracieuse description de l'enfance du héros près du centaure Chiron ou de sa vie parmi les filles de Lycomède. On trouve dans ce texte incomplet toutes les caractéristiques de la *Thébaïde*, mais avec une fraîcheur et une vivacité qui manquaient à cette dernière.

Les *Silves* sont des « impromptus » plus ou moins longs et comprennent 32 pièces en 5 livres, la plupart écrites en hexamètres dactyliques. Elles reposent, on l'a compris, avant tout sur l'improvisation et donnent beaucoup plus de liberté au poète instinctif qui cherche son inspiration dans les événements du jour. STACE y parle aussi bien d'un lion apprivoisé, de l'anniversaire de Lucain, de la mort de son père, écrit une lettre remarquable à sa femme, etc. Ce genre de poésie se rencontre chez Catulle, Horace, entre autres. C'est dans les *Silves* qu'on découvre la grande facilité poétique de STACE, libéré de tous les impératifs de l'épopée. Il nous rapproche de la vie contemporaine, de sa vie personnelle, de ses besognes. Il peut libérer toute sa sensibilité, son amour de la Campanie et atteint souvent au pittoresque, ou au pathétique.

352 Hannibal fait franchir les Alpes à son armée

Voici un extrait de Silius Italicus, très connu. Il s'agit du passage des Alpes par Hannibal. Il serait intéressant ici de relire par exemple Tite-Live, livre XXI, chapitre XXXII sqq. (versions nos 215, 216). Hannibal n'a pas hésité à provoquer Rome en s'emparant de Sagonte, ville espagnole protégée par Rome. C'est la guerre. Au printemps 218 av. J.-C., Hannibal part de Carthagène, franchit l'Èbre, les Pyrénées, le Rhône. Au mois d'octobre, il s'engage dans les Alpes de Savoie. Il va passer par un col qu'on a du mal à désigner et finalement déboucher dans les plaines de la Gaule Cisalpine (Hercule, d'après la tradition, avait été le premier à franchir les Alpes).

Nec mora, commotum promissis ditibus agmen
erigit[1] in collem et vestigia linquere nota
Herculis edicit magni crudisque locorum[2]
ferre pedem ac proprio turmas evadere calle.
Rumpit inaccessos aditus atque ardua primus
exsuperat summaque vocat de rupe cohortes.
Tum, qua durati concreto frigore collis[3]
lubrica frustratur canenti semita clivo,
luctantem ferro glaciem premit. Haurit hiatu
nix resoluta viros, altoque e culmine praeceps
humenti turmas operit delapsa ruina[4].
Interdum adverso glomeratas turbine Corus[5]
in media ora nives fuscis agit horridus alis;
aut rursum immani stridens avulsa procella[6]
nudatis rapit arma viris volvensque per orbem
contorto rotat in nubes sublimia flatu.
Quoque magis subiere jugo atque, evadere nisi,
erexere gradum, crescit labor[7].

SILIUS ITALICUS, *Punica*, III, v 512 à 529.

1. sujet : Hannibal. — 2. *crudis locorum* = *in cruda loca* (*cruda* a probablement le sens de *intrita*); *turmas* : sujet de *ferre* et *evadere*. — 3. *collis* est un génitif; *quā* : abl. de lieu; comprendre : *qua semita collis durati concreto frigore, lubrica canenti clivo, frustratur (pedem militis)*. — 4. *(nix) delapsa praeceps ex alto culmine operit turmas ruina humenti*. — 5. vent du nord-ouest. — 6. *procella* : ablatif. — 7. *et quo magis milites subierunt jugo et... erexerunt, eo magis crescit labor (nisi* participe parfait de *nitor*).

353 Marcellus épargne Syracuse

Voir Tite-Live : les versions nos 221, 224, 225. En 214 av. J.-C. (seconde guerre punique), Marcellus entreprend le siège de Syracuse (Sicile) défendue par Archimède. La ville résiste deux ans. Enfin, grâce à un hasard heureux, Marcellus et l'armée romaine peuvent pénétrer dans la ville. Les vainqueurs vont-ils la détruire ? D'une hauteur, Marcellus vient de contempler les palais et les maisons de Syracuse, ses richesses. C'est ici que commence le texte.

Hic testis opibusque potitus
Ausonius ductor[1], postquam sublimis ab alto
aggere despexit trepidam clangoribus urbem,
inque suo positum nutu[2], stent moenia regum,

an nullos oriens videat lux crastina muros,
ingemuit nimio juris tantumque licere
horruit et, propere revocata militis ira,
jussit stare domos, indulgens[3] templa vetustis
incolere atque habitare deis. Sic parcere victis
pro praeda fuit, et sese contenta nec ullo
sanguine pollutis plausit Victoria pennis.
Tu quoque ductoris lacrimas, memorande, tulisti,
defensor[4] patriae, meditantem in pulvere formas
nec turbatum animi tanta feriente ruina[5].
At reliquum vulgus, resoluta in gaudia mente,
certarunt victi victoribus : aemulus ipse
ingenii Superum servando condidit urbem.
Ergo exstat saeclis stabitque insigne tropaeum,
et dabit antiquos ductorum noscere mores.

SILIUS ITALICUS, *Punica*, XIV, v. 665 à 683.

1. Marcellus. — 2. *dexpexit (id) positum esse in suo nutu (= potestate) utrum... an..* (*despexit = intellexit*). — 3. *indulgens* = permettant. — 4. Archimède; rapprocher *« memorande »* de *« defensor »*. — 5. *ruina* : comprendre *tanta ruina feriente (te) meditantem... nec turbatum; animi* : sorte de locatif.

354 Le platane au bord de la fontaine

Le dieu Pan poursuivait une nymphe qui, protégée par Diane, s'est réfugiée au sein d'une fontaine. Il n'ose s'y plonger et plante sur son bord un jeune platane qui promet d'être vigoureux; il lui confie la mission de veiller sur celle qu'il aime.

« Vive diu, nostri pignus memorabile voti,
arbor; et haec durae latebrosa cubilia nymphae
tu saltem declivis ama : preme frondibus undam.
Illa quidem meruit[1]; sed ne, precor, igne superno
aestuet, aut dura feriatur grandine; tantum
spargere tu laticem et foliis turbare memento.
Tunc ego teque diu recolam dominamque benignae
sedis, et illaesa tutabor utramque senecta.
Et Jovis et Phoebi frondes et discolor umbra
populus et nostrae stupeant tua germina pinus[2]. »
Sic ait. Illa dei veteres imitata calores[3],
uberibus stagnis obliquo pendula trunco
incubat, atque umbris scrutatur amantibus undas.
Sperat et amplexus; sed aquarum spiritus arcet,
nec patitur tactus. Tandem eluctata sub auras
libratur fundo, rursusque enode cacumen

ingeniosa levat, veluti descendat[4] in imos
stirpe lacus alia. Jam nec Phoebeïa Naïs
odit, et exclusos invitat gurgite ramos.

STACE, *Silves*, II, 3, v. 43-61.

1. *meruit*: au sens de «être coupable» (puisqu'elle ne l'aime pas); *sed ne = sed fac ne.* — 2. le chêne est l'arbre de Jupiter, le laurier celui d'Apollon, et le pin est l'arbre préféré de Pan. — 3. *dei veteres calores*: désigne la passion de Pan. — 4. *veluti descendat*: allusion à l'image de l'arbre dans le miroir des eaux.

355 Chant funèbre pour son fils adoptif

Stace, qui n'avait pas d'enfant, avait adopté un esclave à sa naissance. Mais l'enfant mourut tout jeune, et le poète en fut profondément affecté.

Non ego mercatus Pharia de plebe loquaces
delicias, doctumve sui convicia[1] Nili
infantem, lingua nimium salibusque protervum
dilexi: meus ille, meus; tellure cadentem[2]
excepi, et vinctum genitali carmine fovi;
pulsantemque novas tremulis ululatibus auras
inserui vitae: quid plus tribuere parentes?
Quin alios ortus[3] libertatemque sub ipsis
uberibus tibi, parve, dedi, tu munera nostra
ridebas, ignarus adhuc: properaverit ille[4],
sed merito properabat, amor; ne perderet ullum
libertas tam parva diem: nonne horridus ipsos
invidia Superos, injustaque Tartara pulsem?
Nonne gemam te, care puer? quo sospite, natos
non cupii; primo gremium qui protenus ortu[5]
implicuit, fixitque mihi; cui verba sonosque
monstravi, quaestusque et murmura caeca resolvens:
reptantemque solo demissus ad oscula nostra
erexi, blandoque sinu, jamjamque cadentes
excipere genas, dulcesque accersere somnos:
cui nomen vox prima meum, ludusque tenello
risus, et a nostro veniebant gaudia vultu.

STACE, *Silves*, V, 5, v. 66 à 87.

1. *convicia* = brocards, accusatif de relation portant sur *doctum. Sui* renvoie à *infantem* quoique celui-ci ne soit pas sujet de la phrase. *Pharia* = de Pharos, ville d'Égypte près d'Alexandrie. — 2. *tellure cadentem* = venant au monde; *vinctum* = emmailloté. — 3. *alios ortus*: en l'affranchissant; *ignarus* (v. 10) = incapable de comprendre. — 4. *ille*: à rapprocher de *amor*. — 5. *protenus ortu* = *protenus ab ortu*.

LA POÉSIE RÉALISTE

MARTIAL

Grâce à ses épigrammes, nous connaissons bien l'existence de MARTIAL, poète vivant et intéressant de l'époque flavienne. Il est Espagnol et naquit à Bilbilis (vers 40), ville dont les ruines sont proches de Calatayud (Tarraconaise). Ses parents le firent débuter par des études de grammaire et de rhétorique, ce qu'il leur reproche dans un mouvement de mauvaise humeur. Il vint à Rome vers 64, dans l'illusion de faire fortune comme les autres écrivains espagnols; il s'appuya d'ailleurs sur la famille Annaeus. Malchance pour lui ! En 65, Sénèque et Lucain durent se donner la mort. Commença une vie difficile et il gagna son pain comme *client* de riches *patrons*, courant d'une porte à l'autre pour obtenir sa *sportule* quotidienne, exactement un panier-repas et parfois quelques piécettes. Avoir vécu dans un tel milieu, souvent corrompu, fournira matière à son œuvre. Ses écrits de jeunesse ne nous sont pas parvenus. Il se fit connaître, à ce que l'on sait, par un *Liber spectaculorum* ou *De spectaculis* (*Livre sur les Spectacles*) où il célébrait l'inauguration du Colisée en 80 (le titre n'est pas d'origine). On lui accorda le *jus trium liberorum* (le droit du père de trois enfants), bien qu'il ne fût pas marié, ce qui lui conférait quelques immunités, mais n'arrangeait pas ses affaires d'argent. Domitien en fit un tribun militaire et un chevalier. Il acquit alors à la longue une modeste aisance, car il avait pensé à rendre sa muse plus commerciale et il publia en 84 deux recueils, les *Xenia* et les *Apophoreta*. Il rechercha l'audience des salons et des lieux publics avec des épigrammes mordantes et malicieuses.

C'est alors qu'on le voit possesseur d'une petite maison sur le Quirinal et d'une modeste propriété à *Nomentum*. Désireux de repos, il se retira à Imola en Émilie (*Forum Cornelii*); il ne supporta pas la vie de province et revint vite à Rome. Il continuait à écrire des *Épigrammes*. Mais, malgré sa célébrité, à la mort de Domitien, et, en dépit de certains vers qui ne lui font pas honneur, il fut considéré comme compromis avec le pouvoir précédent et n'avait plus guère d'accès auprès des puissants. En 98, il retourna à Bilbilis. Marcella, une compatriote et une admiratrice, lui avait fait cadeau d'une propriété d'une certaine importance (voir XII, 31). Pline le Jeune paya le voyage. MARTIAL garda pourtant la nostalgie de Rome. Quand il mourut, vers 104, Pline le Jeune rappela son talent, sa verve, mêlée de sel et parfois de fiel, mais sans malignité : « *qui plurimum in scribendo et salis haberet et fellis nec candoris minus.* »

On a de MARTIAL 15 livres. Le Ier est le *Liber de spectaculis* dont nous avons parlé; le XIVe et le XVe sont formés par les *Xenia* et *Apophoreta*, divisés en distiques élégiaques, et relatifs aux présents des hôtes généreux (*Xenia*) ou aux présents offerts aux convives le jour des Saturnales ou lors d'autres fêtes *Apophoreta*, divisés en distiques élégiaques, et posés d'*Épigrammes*, le douzième ayant été publié en Espagne.

Le genre de l'Épigramme avait été pratiqué à Rome par César, Catulle, Auguste et même Virgile dans sa jeunesse. Mais Martial est le premier à avoir consacré toute son œuvre à cette forme de poésie. Il sait bien qu'il s'exerce à un petit genre et s'amuse à des bagatelles. Mais il y a sans doute eu chez lui la volonté de prendre le contrepied des grands genres et de chercher avant tout à plaire. De toute façon, il n'hésite pas à se réclamer de Catulle, de Perse, de Lucain pour leur verve parfois mordante et aussi parce qu'il n'a pas l'impression de faire œuvre négligeable. À nos yeux, d'ailleurs, ces pièces, courtes en général, renonçant à la rhétorique, sont par conséquent d'un grand naturel. La réussite est inégale : le poète l'a dit lui-même. Parmi ses œuvres « il y en a de bonnes, certaines sont médiocres, les mauvaises sont en plus grand nombre ». En tout cas, c'est un remarquable observateur, car chez lui tous les sens sont en action; il arrive ainsi à un réalisme complet, ce qui ne l'empêche pas d'atteindre à la poésie pure devant un paysage ou quand il analyse un sentiment. En fait, il est plus réaliste que satirique. Si on peut lui reprocher parfois l'adulation envers les puissants, il faut lui reconnaître l'esprit et la malice. Il n'attaque jamais les gens nominalement : il se contente de leur donner des pseudonymes et de croquer leurs traits extérieurs. Dans l'attaque, il peut aller jusqu'à la trivialité. Il a été reconnu par les modernes comme l'un des meilleurs représentants du genre.

JUVÉNAL

Nous connaissons cet écrivain par de nombreuses biographies, toutes dérivées d'une *Vie* qui semble dater de la seconde moitié du IVe siècle et paraît peu digne de créance. Le poète lui-même nous fournit quelques rares informations.

Il paraît avoir vécu des environs de 60 à ceux de 130. D. JUNIUS JUVENALIS est né à Aquinum en Campanie. On a retrouvé dans cette ville une tablette votive dédiée à Cérès par un magistrat municipal : *Junius Juvenalis*. Mais on ne sait s'il sagit de l'écrivain ou d'un parent. D'après Martial, qui le connaissait bien, il a passé la moitié de sa vie comme élève des rhéteurs puis dans les salles de déclamation; peut-être fut-il avocat, si on se réfère à l'adjectif *facundus* utilisé par Martial. Toujours selon le même écrivain, il aurait eu des débuts difficiles et aurait lui aussi fréquenté la porte des riches. Mais à partir d'une certaine époque, il aurait eu de quoi vivre sans aucune préoccupation.

Il commença son activité de poète vers l'année 100 et abandonna l'éloquence. Il mourut sous le règne d'Hadrien. Les biographes prétendent qu'il fut exilé dans sa vieillesse en Égypte ou en Écosse pour avoir attaqué lourdement un favori de l'empereur. Il ne s'agit là, apparemment, que d'une invention romanesque née de l'âpreté de ses *Satires*. Contrairement à Martial, il n'a pas mené une vie de bohème et son existence a plus souvent été celle d'un petit bourgeois.

Il nous a laissé 16 *Satires* réparties en cinq livres. Il explique sa vocation de satirique (I), décrit les hypocrites (II), les embarras de Rome (III), raconte l'histoire du turbot de Domitien (IV), parle des parasites (V), des femmes romaines (VI), des hommes de lettres (VII), de la vraie noblesse (VIII), de la débauche romaine (IX), des vœux (X), du luxe de la table (XI), de la véritable affection (XII), du remords (XIII), de l'exemple dans l'éducation (XIV), des superstitions égyptiennes (XV), de l'état militaire (XVI; satire inachevée). Les satires I à V forment le livre I; le livre II comprend la satire VI; le livre III, les satires VII à IX; le livre IV, les satires X à XII et le livre V les quatre dernières. Ces satires sont de longueur inégale et vont de 130 à 661 vers (la satire VI).

Les jugements qu'on a portés sur JUVÉNAL sont très opposés : les uns le considèrent comme un rhéteur; V. Hugo a vu en lui un représentant de la vieille Rome, indigné de vivre sous l'Empire. Mais ne pensait-il pas un peu à lui-même ? Il est naturel pourtant que ce provincial d'origine, qui fut probablement militaire, ait mal supporté la dépravation romaine. Le spectacle des parvenus, cette aristocratie d'argent pour qui ne comptait que la fortune, leur immoralisme, la prolifération triomphante des Orientaux ne pouvaient que révolter le vieux romain qui était en lui et lui donnèrent sa virulence poétique. Il se calmera en vieillissant et atteindra à une morale de haute élévation.

C'est peut-être l'indignation qui l'a fait poète, comme il l'a dit lui-même, mais (ce n'est là qu'une remarque) il attendra la mort de Domitien et le retour du calme pour clamer cette indignation. Disons qu'il dénonce de toute façon des tares et des corruptions intolérables pour la bourgeoisie de son temps, et, d'ailleurs, de toutes les époques : débauchés, mignons, hypocrites, nobles décavés, etc., lui servent de cibles. Ce qui fait la valeur de sa critique, c'est sa sincérité. Ce qui peut en faire douter, c'est l'exercice de la rhétorique qui donne souvent à son œuvre un caractère artificiel, à cause des procédés et des thèmes artificiels. « Mais, par un étrange retour, c'est la rhétorique elle-même qui le sauve de l'artifice, car elle s'allie chez lui à un souffle, à une puissance verbale, à un don d'entraînement qui lui rendent toutes ses vertus » (B.-A. Taladoire). Ajoutons à ces caractéristiques la force de l'invective, la qualité du réalisme alliée à des dons de peintre, de caricaturiste et à un maniement habile de la *sententia* :

« Autant on a d'argent dans son coffre
Autant on inspire confiance »
(I, v. 143).

356 Les riches ne sont guère généreux

Après des flatteries excessives à l'adresse de Domitien, Martial rappelle que les pauvres ne gagnent rien à cultiver l'amitié des riches. Il s'arrête quand il voit Domitien sourire ironiquement de cette peinture de mœurs trop intéressée. (Domitien est ici appelé Germanicus à cause de la guerre sur le Rhin et le Danube.)

Si qua fides veris[1], praeferri, maxime Caesar,
temporibus possunt saecula nulla tuis.
Quando magis dignos licuit spectare triumphos?
Quando Palatini[2] plus meruere dei?
Pulchrior et major quo sub duce Martia Roma?
Sub quo libertas principe tanta fuit?
Est tamen hoc vitium[3], sed non leve, sit licet unum,
quod colit ingratas pauper amicitias.
Quis largitur opes veteri fidoque sodali,
aut quem prosequitur non alienus[4] eques?
Saturnaliciae[5] ligulam misisse selibrae
e lamnisve Tagi scripula tota decem
luxuria est, tumidique vocant haec munera reges[6]:
qui crepet aureolos, forsitan unus erit.
Quatenus hi non sunt, esto tu, Caesar, amicus:
nulla ducis virtus dulcior esse potest.
Jam dudum tacito rides, Germanice, naso?
utile quod nobis do tibi consilium.

MARTIAL, *Épigrammes*, V, 19.

1. s.e: *est.* — 2. les dieux palatins, Apollon et Minerve, protègent l'empereur dont le palais est sur le Palatin; *meruere* s.e. *gratiam* ou *pietatem nostram.* — 3. s.e.: *nostro saeculo.* — 4. *non alienus* = qu'il a créé (les largesses d'aucun riche n'ont permis à un protégé d'atteindre la fortune de 400 000 sesterces nécessaires pour être chevalier). — 5. aux Saturnales, on envoyait des cadeaux à ses amis. *Tagi :* l'Espagne possédait des mines célèbres. — 6. *reges* = *patroni.*

357 Rêve d'une vie tranquille

Martial s'adresse à son ami Julius Martialis qui possédait une villa sur le Janicule et une bibliothèque bien fournie.

Si tecum mihi, care Martialis,
securis liceat frui diebus,
si disponere tempus otiosum
et verae pariter[1] vacare vitae:
nec nos atria, nec domos potentum,
nec lites tetricas forumque triste
nossemus, nec imagines[2] superbas;
sed gestatio, fabulae, libelli[3],
Campus, porticus, umbra, Virgo, thermae,
haec essent[4] loca semper, hi labores.

Nunc vivit necuter sibi, bonosque
soles[5] effugere atque abire sentit,
qui nobis pereunt et imputantur.
Quisquam vivere cum sciat, moratur?

MARTIAL, *Épigrammes*, V, 20.

1. *pariter* = en même temps (s.e. que toi). — 2. *imagines*: portraits en cire des ancêtres exposés dans les atriums des nobles. — 3. *libelli*: ici boutiques de libraires ou bibliothèques; *Campus* s.e. *Martius*. *Virgo* = *Aqua Virgo* (eau de la Vierge amenée par un aqueduc). — 4. devant *essent*, s.e. *nobis*. — 5. *soles* = *dies*.

358 La traversée de Rome

Martial s'est rendu chez Paulus (personnage inconnu ou imaginaire) pour le saluer. Mais le « patronus » n'était pas chez lui. Peine perdue !

Mane domi nisi te volui meruique videre,
sint[1] mihi, Paule, tuae longius Esquiliae.
Sed Tiburtinae sum proximus accola pilae,
qua[2] videt antiquum rustica Flora Jovem:
alta Suburani vincenda est semita clivi
et numquam sicco sordida saxa[3] gradu,
vixque datur longas mulorum rumpere mandras
quaeque trahi multo marmora fune vides[4].
Illud adhuc gravius[5], quod te post mille labores,
Paule, negat lasso janitor esse domi.
Exitus hic[6] operis vani togulaeque madentis:
vix tanti Paulum mane videre fuit.
Semper inhumanos habet officiosus amicos:
rex[7], nisi dormieris, non potes esse meus.

MARTIAL, *Épigrammes*, V, 22.

1. subj. de concession. Martial consent à ce que la maison de son protecteur soit encore plus éloignée qu'elle ne l'est déjà de la sienne. Martial habite le quartier du Quirinal, il s'est rendu dans le quartier des Esquilies en passant par Subure; *tuae* = où tu habites. — 2. *qua*: adv. de lieu. *Flora* et *Jovem* désignent ici les temples de ces divinités. Du temple de Flore, on voit le temple de Jupiter. — 3. *saxa* = pierre de la ruelle. — 4. 2e pers. du sing. sens indéfini. — 5. sous-entendre *est* après *gravius*; *lasso*: s.e. *mihi*. — 6. *hic*: attraction pour *hoc*; s.e. *est*; *madentis (sudore)*; *tanti*: adv. de prix; *videre*: sujet de *fuit*. — 7. *rex* = *patronus*; *dormieris*: s'il reste au lit, son client pourra le voir.

359 On ne peut plus gagner sa vie à Rome

Dialogue entre l'auteur et un nouveau venu à Rome, Sextus, inconnu attaqué souvent par Martial. Ici, il va se moquer de son outrecuidance.

Quae te causa trahit vel quae fiducia Romam,
Sexte? Quid aut speras aut petis inde? Refer[1].
« Causas, inquis, agam Cicerone disertior ipso

atque erit in triplici[2] par mihi nemo foro. »
Egit Atestinus causas et Civis, — utrumque
noras —; sed neutri pensio[3] tota fuit.
« Si nihil hinc veniet, pangentur carmina nobis[4]:
audieris[5], dices esse Maronis opus. »
Insanis : omnes gelidis[6] quicumque lacernis
sunt ibi, Nasones Vergiliosque vides.
« Atria magna colam[7]. » Vix tres aut quattuor ista
res aluit; pallet cetera turba fame.
« Quid faciam ? suade : nam certum est vivere Romae. »
Si bonus es, casu vivere, Sexte, potes.

MARTIAL, *Épigrammes*, III, 38.

1. *refer* = réponds. — 2. *triplici* : il y a trois forums à cette époque : le forum romanum, celui de César et celui d'Auguste. — 3. *pensio* = paiement de loyer. — 4. *nobis* = *a nobis*. — 5. *audieris* = *cum audieris*. *Maro*, c'est-à-dire *P. Vergilius Maro* (cf. *Nasones*, allusion à *Ovidius Naso*). — 6. *gelidis* = sous lesquels ils gèlent; *Nasones, Vergilios,* attributs du complément d'objet. — 7. les « patrons » recevaient leurs clients dans leur atrium.

360 *Il est facile pour un stoïcien miséreux de mépriser la vie*

Le stoïcisme est devenu une attitude courante dans la vie quotidienne des Romains. Déjà Sénèque s'appliquait dans sa « cella pauperis » *(chambre du pauvre) à vivre artificiellement dans un dénuement momentané afin de méditer sur les vicissitudes du sort et la constance du sage. Mais les esprits moqueurs ne pouvaient manquer de sourire. Ici, Martial considère que la vie ascétique d'un pauvre diable de philosophe (Chaeremon) est sans mérite parce que les biens auxquels il renonce sont vraiment peu de chose.*

Quod nimium mortem, Chaeremon Stoice, laudas,
vis animum mirer suspiciamque tuum ?
Hanc tibi virtutem fracta facit urceus ansa,
et tristis nullo qui tepet igne focus,
et teges et cimex et nudi sponda grabati,
et brevis atque eadem nocte dieque toga.
O quam magnus homo es, qui faece rubentis aceti[1]
et stipula et nigro pane carere potes !
Leuconicis agedum tumeat tibi culcita lanis
constringatque tuos purpura pexa[2] toros,
o quam tu cupies ter vivere Nestoris annos
et nihil ex ulla perdere luce[3] voles !
Rebus in angustis facile est contemnere vitam;
fortiter ille facit, qui miser esse potest[4].

MARTIAL, *Épigrammes*, VI, 11.

1. *acetum* : son vin est aussi aigre que du vinaigre. — 2. = peignée en mot à mot, *cf* en français *« le peigné »*, tissu de laine peignée; *constringo* = border. — 3. *luce* = *die*. — 4. *potest* = est capable de, a la force de.

361 Les casse-pieds

*Les lectures publiques (*recitationes*) que les poètes donnaient de leurs œuvres étaient une mode à Rome vers 100 après J.-C. (voir version de Pline n° 400), — et plus d'une fois une corvée pour les auditeurs; du moins pour des auditeurs comme Juvénal, qui entend bien se venger... en écrivant des satires.*

Semper ego auditor tantum[1] ? Numquamne reponam[2]
vexatus totiens rauci THESEIDE Cordi ?
Impune ergo mihi recitaverit ille togatas,
hic elegos ? Impune diem consumpserit ingens
TELEPHUS aut summi plena jam margine libri
scriptus et in tergo necdum finitus ORESTES ?[3]
Nota magis nulli domus est sua quam mihi lucus
Martis et Aeoliis vicinum rupibus antrum
Vulcani. Quid agant venti, quas torqueat umbras
Aeacus, unde alius furtivae devehat aurum
pelliculae[4], quantas jaculetur Monychus[5] ornos,
Frontonis[6] platani convulsaque marmora clamant
semper et adsiduo ruptae lectore columnae.
Exspectes[7] eadem a summo minimoque poeta.
Et nos ergo[8] manu ferulae subduximus, et nos
consilium dedimus Syllae, privatus ut altum[9]
dormiret. Stulta est clementia, cum tot ubique
vatibus occurras, periturae[10] parcere chartae.

JUVÉNAL, I, v. 1 à 18.

1. *auditor tantum (ero).* — 2. *reponam* (futur) = rendre la pareille. *Cordus* est un auteur dont nous ne savons rien. *Theseide*, comme plus loin *Telephus* et *Orestes,* sont des titres d'épopées ou de tragédies. — 3. *summi*, etc. : l'auteur de cette œuvre démesurée ne respecte pas les usages : on n'écrivait ni dans les marges, ni au verso, et il restait en haut et en bas des blancs. — 4. *pelliculae* : allusion méprisante à la Toison d'or que Jason rapporta. Tout ce qui précède fait aussi allusion à des thèmes habituels aux épopées. — 5. *Monychus* : un des Centaures (allusion au combat des Centaures et des Lapithes). — 6. *Frontonis* : apparemment quelque mécène du temps, qui prêtait sa propriété pour les *recitationes*. — 7. *exspectes* : subj. potentiel; 2e pers. pour « on ». — 8. *et nos ergo* : Juvénal dit de façon imagée qu'il est allé lui aussi à l'école, à celle du grammairien d'abord (*ferulae*), à celle du rhéteur ensuite (*Syllae* : type d'exercice de déclamation sur des sujets conventionnels et rebattus). — 9. *altum* = profondément. — 10. *periturae* : le papier qu'épargnerait Juvénal serait de toute façon gâché par quelque poète.

362 Umbricius, dégoûté de la ville de Rome où règnent les spéculateurs, veut finir sa vie à Cumes

Juvénal met en scène son vieil ami Umbricius. Celui-ci, sans grande fortune, assez âgé déjà, lui annonce qu'il va quitter Rome où la vie lui est devenue insupportable. C'est le début de son réquisitoire contre la ville.

Hic tunc Umbricius : « Quando artibus, inquit, honestis
nullus in urbe locus, nulla emolumenta laborum,
res[1] hodie minor est here quam fuit, atque eadem cras

deteret exiguis aliquid[2], proponimus illuc
ire, fatigatas ubi Daedalus exuit alas[3].
Dum nova canities, dum prima et recta senectus[4],
dum superest Lachesi[5] quod torqueat, et pedibus me
porto meis, nullo dextram subeunte bacillo,
cedamus patria. Vivant Artorius istic
et Catulus; maneant qui nigrum in candida vertunt[6],
quis facile est aedem conducere[7], flumina, portus,
siccandam eluviem, portandum ad busta cadaver,
et praebere caput domina venale sub hasta[8].
Quondam hi[9] cornicines et municipalis harenae
perpetui comites notaeque per oppida buccae
munera nunc edunt et, verso pollice vulgus
cum jubet, occidunt populariter; inde reversi
conducunt[10] foricas; et cur non, omnia[11] cum sint
quales ex humili magna ad fastigia rerum
extollit quotiens voluit Fortuna jocari?

JUVÉNAL, III, v. 19 à 40.

---

1. *res* = bien, patrimoine. — 2. *deteret exiguis aliquid* = verra s'user une partie d'une maigre fortune. — 3. Cette périphrase désigne Cumes. Après son vol célèbre, Dédale s'était posé à Cumes. — 4. *est*: deux fois sous-entendu dans ce vers. — 5. *Lachesis*, une des trois Parques, tord le fil de la destinée de chaque mortel; *quod* = de quoi; s.e. *mihi* devant *torqueat*. — 6. expression familière (français: faire prendre des vessies pour des lanternes). — 7. *conducere* + acc. = soumissionner pour; *quis* = *quibus*. — 8. *sub hasta domina* = sous la lance souveraine (une lance est plantée devant les esclaves vendus aux enchères). — 9. *hi* = de tels personnages; *cornicines, comites* et *buccae* sont apposés à *hi; buccae* est construit librement, c'est la partie caractéristique de ces joueurs de cors = aux joues gonflées. — 10. *conducunt* = afferment. — 11. *omnia* (adverbial) = en tout point; devant *quales* s.e. *tales; Fortuna* est aussi sujet de *extollit*.

---

363 Le turbot de Domitien

L'anecdote suivante est célèbre. V. Hugo y fait allusion dans la Préface de Cromwell. *C'est en partie pour cela que nous l'avons choisie. C'est aussi parce que, sous les dehors d'un fait divers amusant, Juvénal y excelle à montrer l'atmosphère de suspicion, de lâcheté et de flagornerie qui régnait sous Domitien (81-96 apr. J.-C.). Le ton héroï-comique qu'il adopte souligne ses intentions.*

Incipe, Calliope[1]. Licet et considere, non est
cantandum, res vera agitur...
Cum jam semianimum laceraret Flavius orbem
ultimus et calvo serviret Roma Neroni,
incidit Adriaci spatium admirabile rhombi
ante domum Veneris, quam Dorica sustinet Ancon[2],
implevitque sinus...
Destinat hoc monstrum cymbae linique magister
pontifici summo[3]. Quis enim proponere talem
aut emere auderet, cum plena et litora multo
delatore forent? Dispersi protinus algae[4]

inquisitores agerent cum remige nudo
non dubitaturi fugitivum dicere piscem
depastumque diu vivaria Caesaris, inde
elapsum veterem ad dominum debere reverti...
Obstitit intranti miratrix turba parumper.
Ut cessit, facili patuerunt cardine valvae;
exclusi spectant admissa obsonia patres.
Itur ad Atriden[5]. Tum Picens[6] : « Accipe », dixit,
« privatis majora focis. Genialis agatur
iste dies, propera stomachum laxare sagina
et tua servatum consume in saecula rhombum.
Ipse capi voluit. « Quid apertius ? Et tamen illi
surgebant cristae; nihil est quod credere de se
non possit, cum laudatur, dis aequa potestas.
Sed derat[7] pisci patinae mensura. Vocantur
ergo in consilium proceres.

JUVÉNAL, IV, v. 34-35, 37 à 41 et 62 à 72.

1. *Calliope* : muse de l'épopée. — 2. *Dorica Ancon* : ville fondée par les Syracusains, eux-mêmes venus du Péloponnèse; *sinus* = filet. — 3. *pontifici summo* : l'empereur, terme ironiquement choisi par Juvénal par allusion aux banquets des pontifes (cf. Horace, *Odes* II, 14). — 4. *algae inquisitores* : inspecteurs du rivage. — 5. nouvelle appellation ironique : *Atriden* = fils d'Atrée (désigne l'empereur). — 6. *Picens* : le pêcheur qui est picentin, habitant du Picenum (région d'Ancône). Plus bas : *quid apertius* = quelle flatterie plus grossière ? — 7. *derat* = *deerat*.

364 Satire contre les femmes

Un ami de Juvénal, Postumus, songe à se marier. Or les femmes de cette époque sont insupportables : elles ont tous les défauts, tous les vices même et toutes les formes de vanité, depuis celle de la naissance jusqu'à celle du savoir. Juvénal se lance à ce propos dans une diatribe mordante. C'est la plus longue de ses satires. Le passage suivant vous en donnera l'esprit.

« Nullane de tantis gregibus tibi digna videtur ? »
« Sit formosa, decens, dives, fecunda, vetustos
porticibus[1] disponat avos, intactior omni
crinibus effusis bellum dirimente Sabina,
rara avis in terris nigroque simillima cycno :
quis feret uxorem cui constant omnia ? Malo,
malo Venusinam quam te, Cornelia, mater
Gracchorum, si cum magnis virtutibus adfers
grande supercilium et nummeras in dote triumphos.
Tolle tuum, precor, Hannibalem, victumque Syphacem
in castris et cum tota Carthagine migra ! »
... Quae tanti gravitas, quae forma, ut se tibi semper
imputet ? Hujus enim rari summique voluptas
nulla boni, quotiens animo corrupta superbo
plus aloes quam mellis habet. Quis deditus autem
usque adeo est, ut non illam quam laudibus effert
horreat inque diem septenis oderit horis ?

Si tibi simplicitas uxoria, deditus uni
est animus, summitte caput cervice parata
ferre jugum. Nullam invenies quae parcat amanti:
ardeat ipsa licet, tormentis gaudet amantis
et spoliis; igitur longe minus utilis illi
uxor, quisquis erit bonus optandusque maritus.

JUVÉNAL, VI, v. 161 à 171, 178 à 183 et 206 à 211.

1. ablatif sans préposition (question *ubi*).

365 *La vraie noblesse n'est pas dans la naissance*

Dans la présente satire, adressée à un jeune noble, Ponticus, Juvénal le met en garde contre les vices ordinaires de la noblesse. Il commence par un développement d'allure oratoire sur un thème banal : la vraie noblesse, c'est la vertu. Les descendants d'une noble race sont parfois des dégénérés. La seconde partie de la satire comporte une série d'exemples historiques. Juvénal vient de citer Néron comme exemple de la décadence d'une grande race. Il ébauche à présent une antithèse intéressante entre Catilina, qui a voulu brûler la Rome de ses ancêtres, et Cicéron, homme nouveau, qui l'a sauvée.

Quid, Catalina, tuis natalibus atque Cethegi[1]
inveniet quisquam sublimius ? Arma tamen vos
nocturna et flammas domibus templisque paratis,
ut bracatorum pueri Senonumque[2] minores,
ausi quod liceat tunica punire molesta[3].
Sed vigilat consul vexillaque vestra coercet;
hic novus Arpinas, ignobilis et modo Romae
municipalis eques, galeatum ponit ubique
praesidium attonitis et in omni monte laborat.
Tantum igitur muros intra toga contulit illi
nominis ac tituli, quantum vix Leucade[4], quantum
Thessaliae campis Octavius abstulit udo
caedibus adsiduis gladio; sed Roma parentem,
Roma patrem patriae Ciceronem libera dixit...
Malo pater tibi sit Thersites, dummodo tu sis
Aeacidae[5] similis Vulcaniaque arma capessas,
quam te Thersitae[6] similem producat Achilles.
Et tamen, ut longe repetas longeque revolvas
nomen, ab infami gentem deducis asylo;
majorum primus, quisquis fuit ille, tuorum
aut pastor fuit aut illud quod dicere nolo.

JUVÉNAL, VIII, v. 231 à 244 et 269 à 275.

1. *Caius Cornelius Cethegus*, complice de Catilina. — 2. *Senones* : il s'agit des Gaulois qui avaient pris Rome; *minores* = descendants (emploi poétique). — 3. *tunica molesta* : vêtement enduit de certaines matières inflammables et dont on revêtait certains condamnés. (*Cf.* Néron et les chrétiens.) — 4. *Leucade* : île et ville proche d'Actium où Octave battit Antoine. *Thessaliae campis* : allusion à Pharsale. — 5. *Aeacidae* : Achille, descendant d'Éaque, roi d'Égine. — 6. *Thersitae* : Thersite, grec qu'Homère représente comme laid, insolent et outrageant à l'égard des héros; il est devenu le symbole de la lâcheté.

366 La destinée d'Hannibal

Juvénal développe ici un lieu commun de la philosophie antique : l'homme demande aux dieux son propre malheur par ses vœux inconsidérés. Il choisit un grand nombre d'exemples historiques : Séjan, Pompée, César pour la puissance, Démosthène, Cicéron pour l'éloquence. Il en vient à parler de la gloire militaire. Quel plus bel exemple que celui d'Hannibal ? (Pour la mort de ce dernier, voir Histoire romaine *et version de Tite-Live n° 237.)*

Expende Hannibalem[1]; quot libras in duce summo
invenies ? Hic est, quem non capit Africa Mauro
percussa Oceano Niloque admota tepenti
rursus ad Aethiopum populos aliosque elephantos ?
Additur imperiis Hispania, Pyrenaeum
transilit; opposuit natura Alpemque nivemque;
diducit scopulos et montem rumpit aceto.
Jam tenet Italiam, tamen ultra pergere tendit.
« Actum, inquit, nihil est, nisi Poeno milite portas[2]
frangimus et media vexillum pono Subura[3] ».
O qualis facies et quali digna tabella,
cum Gaetula ducem portaret belua luscum !
Exitus ergo quis est ? O gloria, vincitur idem
nempe et in exilium praeceps fugit atque ibi magnus
mirandusque cliens sedet ad praetoria regis,
donec Bithyno libeat vigilare tyranno[4].
Finem animae, quae res humanas miscuit olim,
non gladii, non saxa dabunt nec tela, sed ille
Cannarum vindex et tanti sanguinis ultor
anulus. I demens et saevas curre per Alpes,
ut pueris placeas et declamatio fias !

JUVÉNAL, X, v. 147 à 167.

1. *Hannibalem* = les cendres d'Hannibal. — 2. *portas (Romae)*. — 3. *Subura* : quartier populeux de Rome, au pied de l'Esquilin. — 4. il s'agit de Prusias, roi de Bithynie.

367 Que la mythologie rapetisse la conscience

Calvinus vient d'être volé par un ami à qui il avait remis en dépôt une forte somme. Juvénal écrit à ce propos une satire dans laquelle il fulmine à nouveau contre la corruption de son temps. De cette satire très morale, où Juvénal console Calvinus en lui montrant d'une part que le sage doit être au-dessus de l'esprit de vengeance, et d'autre part que le criminel sera puni par le remords ou, retombant dans sa faute, attirera un jour le châtiment sur lui, nous vous proposons le passage pittoresque où Juvénal compare la mythologie fleurie des poètes à la religion grave des premiers temps, donnant au respect des dieux la première importance pour la moralité publique.

... Dic, senior[1] bulla dignissime, nescis
quas habeat veneres aliena pecunia ? nescis
quem tua simplicitas risum vulgo moveat, cum
exigis a quoquam ne pejeret et putet ullis
esse aliquod numen templis araeque rubenti ?
Quondam hoc indigenae vivebant more, priusquam
sumeret agrestem posito diademate falcem

Saturnus fugiens, tunc cum virguncula Juno
et privatus adhuc Idaeis Juppiter antris,
nulla super nubes convivia caelicolarum
nec puer Iliacus, formosa nec Herculis uxor[2]
ad cyathos, et jam siccato nectare tergens
bracchia Vulcanus Liparaea nigra taberna[3];
prandebat sibi quisque deus, nec turba deorum
talis ut est hodie, contentaque sidera paucis
numinibus miserum urguebant Atlanta[4] minori
pondere, nondum aliquis sortitus triste profundi
imperium aut Sicula torvus cum conjuge Pluton,
nec rota nec Furiae nec saxum aut vulturis atri
poena, sed infernis hilares sine regibus umbrae.
... Nunc si depositum non infitietur amicus,
si reddat veterem cum tota aerugine follem,
prodigiosa fides et Tuscis digna libellis
quaeque coronata lustrari debeat agna!

JUVÉNAL, XIII, v. 32 à 52 et 60 à 64.

1. Calvinus. — 2. *Herculis uxor*: Hébé, qui a épousé Hercule devenu dieu; *puer Iliacus*: Ganymède. — 3. *taberna* = atelier (sens rare). — 4. *Atlas*: géant, participa à la guerre des Dieux et des Géants; condamné par Jupiter à porter sur ses épaules la voûte du ciel. Remarquer plus bas les supplices infligés aux enfers: la roue d'Ixion, le rocher de Sisyphe, le vautour de Prométhée.

368 Tel est le père, tel sera le fils

Dans cette satire consacrée à l'éducation et adressée à Fuscinus, un inconnu, Juvénal reprend les idées de Quintilien, qui accuse les parents de briser le caractère et la volonté de leurs enfants en les habituant trop tôt au plaisir et en leur laissant contempler de mauvais exemples. C'est un problème qui est toujours d'actualité. Juvénal suit en cela le mouvement de néo-stoïcisme de son époque, en réaction contre les dépravations du temps. La forme imaginée qu'il donne à ses critiques en rend la lecture attrayante. (Comparer à Tacite version n° 370: Vices de l'éducation moderne.*)*

Plurima sunt, Fuscine, et fama digna sinistra
et nitidis maculam haesuram figentia rebus,
quae monstrant ipsi pueris traduntque parentes.
Si damnosa senem juvat alea, ludit et heres
bullatus parvoque eadem movet arma fritillo.
Nec melius de se cuiquam sperare propinquo
concedet juvenis, qui radere tubera terrae,
boletum condire et eodem jure[1] natantes
mergere ficedulas didicit nebulone parente
et cana monstrante gula; cum septimus annus
transierit puerum, nondum omni dente renato,
barbatos licet admoveas mille inde magistros,
hinc totidem, cupiet lauto cenare paratu
semper et a magna non degenerare culina...
Sic natura jubet; velocius et citius nos

corrumpunt vitiorum exempla domestica, magnis
cum subeant animos auctoribus..........................
Abstineas igitur damnandis. Hujus enim vel
una potens ratio est, ne crimina nostra sequantur
ex nobis geniti, quoniam dociles imitandis
turpibus ac pravis omnes sumus, et Catilinam
quocumque in populo videas, quocumque sub axe,
sed nec Brutus erit, Bruti nec avunculus[2] usquam.

JUVÉNAL, XIV, v. 1 à 14, 31 à 33 et 38 à 43.

1. *jure* = la sauce (*jus, juris*). — 2. Caton d'Utique, frère de Servilia, mère de *Brutus*.

■ *L'HISTOIRE*

TACITE

PUBLIUS CORNELIUS TACITUS a vécu approximativement entre 55 et 120. Tout est problème dans la vie de Tacite, à commencer par l'origine de sa famille. On pense qu'elle était de Gaule Narbonnaise, en dépit des revendications de la ville d'Interamna (Narni) en Ombrie. On sait aussi qu'un Cornelius Tacitus fut procurateur impérial de Gaule Belgique (sans doute est-ce le père ou l'oncle de l'écrivain) et que la famille de TACITE est d'ordre équestre. Même le prénom de TACITE fait difficulté, puisque Sidoine Apollinaire l'appelle Caius. Mais celui de Publius paraît plus vraisemblable. Notre auteur a dû naître entre 55 et 57, en Gaule Narbonnaise, peut-être à Vaison-la-Romaine. Il eut une éducation sévère et disciplinée, axée sur les arts libéraux, et dirigée par sa mère. Il suit les cours du *grammaticus*, étudie Salluste, un des piliers de la culture latine, puis va à l'école du *rhetor*, sorte d'enseignement supérieur qui lui procure la culture humaniste de l'époque et lui ouvre la carrière du barreau et de la haute administration. Il a peut-être été l'élève de Quintilien. Au Forum, il fréquente les avocats et en particulier deux Gaulois : M. Aper et Julius Secundus (vers 75). Il se fait rapidement une renommée d'avocat. Il épouse en 77 la fille d'Agricola. Vespasien lui accorde, pense-t-on, le vigintisexvirat, le laticlave et le tribunat militaire. À cette occasion, il doit servir dans des bureaux; en 81, sous Titus, il est questeur. Il a dû en 84 être préteur, puis tribun de la plèbe. Il est préteur en 88. Il reçoit également le sacerdoce de *quindecimvir sacris faciundis*. De 89 à 93, il assure la charge de légat de province (s'agissait-il de la Gaule Belgique ?); il rentre à Rome, en 93, après le décès de son beau-père et supporte la tyrannie de Domitien en s'effaçant modestement. En 97, Nerva le nomme consul suffect. Il prononce à cette occasion l'oraison funèbre de L. Verginius, son prédécesseur. Il devient un familier de Trajan qui accède au pouvoir en 98.

Après la fin janvier 98, il fait paraître l'*Agricola*; en fin 98 ou en 99, il publie la *Germanie*. En 102, il commence à rédiger le *Dialogue des orateurs* et en 103 les *Histoires*, pour lesquelles il se documente abondamment (voir les deux lettres de Pline le Jeune sur l'éruption du Vésuve de 79). Il publie le *Dialogue des orateurs* aux environs de 107 et termine ses *Histoires* vers 109. Vers 115, il est gouverneur d'Asie. C'est là le plus haut poste de la carrière sénatoriale. Vers 115-116, il commence les *Annales* (titre exact : *Ab excessu divi Augusti*). On sait qu'en 117, sous le règne d'Hadrien, il les écrivait encore. On ignore la date et les circonstances de sa mort qu'on place traditionnellement vers 120.

L'homme

TACITE était essentiellement affable, conversant patiemment avec des gens qu'il n'avait jamais vus et qui l'abordaient. Malgré sa renommée, il était modeste. Ceci ne doit pas nous étonner, car TACITE était un homme du monde, vivant dans une société agréable «où l'on trouvait beaucoup d'élégance et d'esprit» (G. Boissier); ce qui explique peut-être la présence, dans son œuvre, de ces *sententiae*, de ces traits fort à la mode. Enfin, une certaine attitude ironique à l'égard des femmes ne doit pas nous cacher qu'il les estime à leur valeur pour les avoir connues dans les salons.

Dans la vie privée, il montre de la sensibilité. Il fut certainement un bon fils (il n'est que de voir son attitude envers ses beaux-parents), un bon époux et un bon ami. Son amitié avec Pline le Jeune a été célèbre. Ils appliquent tous deux les grands principes de l'amitié romaine: amitié à la poursuite de la gloire, qui met en commun les jeux comme les occupations sérieuses.

Dans la vie officielle, TACITE est visiblement un aristocrate romain: il en a les préjugés (contre le pouvoir personnel, contre le christianisme, le judaïsme), il en mène la vie de citadin, il en a l'éducation (c'est un avocat, un orateur). Il a été marqué par l'histoire de son époque. Les crimes de Domitien, la lâcheté du Sénat, la connaissance des hommes ont provoqué en lui un profond pessimisme, sans qu'il tombe cependant dans la misanthropie. Il n'en restera pas moins un honnête homme dévoué à l'intérêt général.

L'œuvre

Il nous reste de TACITE cinq ouvrages: deux monographies, l'*Agricola* et la *Germanie*; le *Dialogue des Orateurs*; et deux ouvrages de synthèse, les *Histoires* et les *Annales*. On se reportera à chacun de ces titres pour trouver une étude détaillée de chaque œuvre.

L'écrivain

TACITE est un historien aux principes et à la méthode robustes. Seuls, les croyances personnelles, les défauts de l'homme, les qualités de l'artiste pourront altérer la solidité de l'œuvre.

• *Les principes de l'historien*

TACITE demande à l'historien la connaissance des affaires publiques, la pratique d'une sincérité «aussi étrangère à la flatterie qu'à la calomnie», une loyauté incorruptible, une volonté d'écrire «sans colère et sans faveur». L'historien montrera l'enchaînement logique des faits pour la recherche des causes. Toutefois l'histoire sera morale: elle tirera les leçons du passé en proclamant les vertus et en stigmatisant les vices. Enfin, l'historien doit être un artiste, posséder un talent littéraire, une *eloquentia* digne des temps anciens.

• *Les sources*

TACITE réunit une documentation abondante. Il a recours aux témoignages anciens (voir les lettres de Pline sur l'éruption du Vésuve); il consulte les *Actes* du Sénat, le *Journal* de Rome, les *Archives* du Palais. Il consulte aussi l'œuvre des historiens antérieurs (Aufidius Bassus, Servilius Nonianus, Cluvius Rufus, Fabius Rusticus, Pline l'Ancien) et de simples mémorialistes (l'empereur Claude, Corbulon, Suetonius Paulinus, Messala, Agrippine). Bref, sa documentation est soignée et sérieuse.

• *L'esprit critique*

Il sait discerner le vrai du faux et laisse parfois le lecteur choisir ou conclure, il se défie de la tradition anonyme et des bruits d'origine obscure, redoute la crédulité et le mensonge. Cependant on a pu prétendre qu'il suivait une source choisie sans jamais s'en écarter. En outre, on a relevé dans son œuvre des suppositions volontaires, des omissions involontaires, de l'imprécision parfois. Avouons pourtant qu'il est en général précis et savant, qu'il a l'esprit curieux, qu'il possède une solide connaissance des affaires intérieures et sait expliquer les causes et les conséquences et que ses jugements sur les Césars sont rarement démentis par Pline, Suétone ou Dion Cassius.

Son œuvre a cependant subi l'influence de ses idées politiques et religieuses, de ses préjugés d'aristocrate romain, de sa conception morale et artistique de l'histoire.

• *Les principes religieux et philosophiques*

Il y a chez lui tout d'abord le respect pour la religion officielle: sacerdoces, monuments, rites, pratiques divinatoires, tout ce que l'antiquité garantit comme «religieux». Il a d'ailleurs été un pontife, mais il fait des réserves sur l'apothéose des empereurs.

Son attitude à l'égard des dieux, de l'astrologie, de la providence, est plus confuse et plus incertaine. D'abord très sévère pour l'astrologie, il modifie son attitude: en avançant en âge, il est de plus en plus frappé par la puissance des astres dont le caractère divin est affirmé depuis des temps immémoriaux. La fatalité implacable de certains faits a eu raison de sa défiance d'humaniste romain.

Au point de vue religieux, malgré sa tendance au pessimisme, il ne rejette pas l'existence d'un principe divin et rationnel qui maintient le monde dans une certaine harmonie. Il ne croit pas aux dieux anthropomorphes, tient la philosophie à l'écart. Il est très proche du doute et de l'agnosticisme et aboutit à une sorte de déisme panthéiste, plus ou moins bien associé à l'acceptation de la liturgie ancestrale et à un déterminisme astral.

• *Les principes politiques*

Au point de départ, il est un républicain de principe et non de combat. Il en est venu à une acceptation raisonnable du nouveau régime. Il reconnaît que l'idéal de Polybe et de Cicéron, confondant harmonieusement le monarchique, l'aristocratique et le démocratique est un idéal difficile à établir, impossible à maintenir. L'intérêt de la paix exige l'établissement du Principat, surtout s'il respecte le régime dyarchique d'Auguste. Il veut un régime libéral, posant le problème plus sur le plan humain que constitutionnel. Il attaquera la loi de lèse-majesté, l'oppression de l'esprit : c'est ainsi qu'il accablera certains empereurs comme Tibère.

• *Les principes moraux*

Laissons de côté ses préjugés d'aristocrate que nous avons déjà exposés et rappelons que TACITE écrit l'histoire non pour raconter mais pour prouver, pour apprécier la valeur morale des actes qu'il raconte et pour instruire, imitant en cela Thucydide, Salluste et Tite-Live. L'horreur du vice, l'admiration de la vertu l'empêchent de rendre justice à certains bons côtés de la politique des Césars. Il en oublie la sécurité et la paix des provinces qu'ils ont créées. Il aura ainsi tendance à négliger les petits détails au profit des faits d'ensemble, plus frappants. Il épurera et ennoblira la réalité.

• *Les principes artistiques*

TACITE sait que l'histoire doit joindre l'agréable à l'utile. Pour lui, l'œuvre littéraire est une œuvre d'art.

Il soigne la composition : par exemple il a écrit les *Annales* selon le principe des hexades et des triades et il a secoué la vieille tradition annalistique. Prenons les *Histoires* : dans chaque livre (du moins ceux que nous avons) un empereur en renverse un autre qui meurt au centre du livre tandis qu'à la fin le vainqueur devient le vaincu, la figure de Vespasien provoquant un effet d'obsession.

Il a une conception dramatique de l'histoire et chaque livre est ordonné autour d'une série de tableaux dans lesquels s'intègrent les portraits individuels et collectifs. Il obtient un pathétique fait d'admiration et de pitié, d'horreur et d'épouvante. Cet effet théâtral est renforcé par les discours au style direct ou indirect, et même les réflexions et les digressions, par tout un art subtil, sensible aux formes, aux lignes, au pittoresque, par le fait du trait caractéristique et réaliste : l'art d'un grand écrivain.

En bref, bien que ses principes religieux, philosophiques, artistiques puissent l'amener à éclairer l'histoire d'une façon personnelle, par sa sensibilité d'homme, sa loyauté d'historien, sa clairvoyance de moraliste, TACITE est l'un des grands maîtres de l'histoire et de la littérature.

L'*AGRICOLA*

Le beau-père de TACITE, Agricola, meurt le 23 août 93. TACITE est absent de Rome et ne peut prononcer l'éloge du mort, éloge que n'aurait d'ailleurs sans doute pas permis Domitien. Une fois cet empereur disparu, TACITE veut s'acquitter de ce pieux devoir : « Ce livre, destiné à honorer Agricola, mon beau-père, trouvera dans la piété filiale dont j'ai fait déclaration, ou recommandation ou excuse » (*Agr.*, 3, trad. E. de Saint-Denis). D'après les détails que nous fournit ce volume, on peut conclure que l'*Agricola* parut en 98, après la mort de Nerva (27 janvier) et avant la *Germanie* (vers la fin 98).

Agricola avait suivi la carrière des grands généraux et des grands admirateurs de l'Empire. Il était né à Fréjus, en 40, d'un père appartenant à l'ordre sénatorial, orateur, philosophe et écrivain. Il avait fait ses débuts comme tribun militaire en Bretagne (Angleterre) sous les ordres de *Suetonius Paulinus* (61). En rentrant à Rome, il contracte un brillant mariage en épousant *Domitiana Decidiana* (62). Puis, c'est la grande carrière : questeur en Asie (64), tribun de la plèbe (66), préteur (68). Comme *curator aedium sacrarum et operum publicorum*, il est chargé de rechercher les objets précieux dérobés dans les incendies lors de la prise de Rome. Rallié à Vespasien, il reçoit le commandement de la XXe légion, stationnée en Bretagne à Deva (Chester) et se distingue sous le commandement en chef de *Petilius Cerialis*. Revenu à Rome en 74, il reçoit le gouvernement de l'Aquitaine. Consul du 1er mai au 30 juin 77, il est nommé pontife et envoyé en qualité de gouverneur en Bretagne. Entre-temps, il marie sa fille à TACITE. Sous les règnes de Vespasien, Titus et Domitien, il conquiert la Bretagne et arrive jusqu'à la ligne *Clota* (Clyde)-*Bodotria* (Forth) en Écosse. Il dépasse cette ligne et bat près de Perth les Calédoniens commandés par *Calgacus*. Domitien, en désaccord avec ses vues et jaloux de lui, le rappelle (84). Il vivra désormais dans le calme et la retraite et mourra le 3 août 93. On a parfois soupçonné Domitien de l'avoir fait empoisonner. En fait c'était un solide fonctionnaire et un soldat de valeur qui eut la chance de rencontrer un panégyriste hors de pair.

Deux problèmes se posent à propos de l'*Agricola*: celui du genre et celui du style, questions qui sont d'ailleurs étroitement liées.

Il est un fait que la biographie tient une place essentielle, comme l'indique le titre latin: *De vita et moribus Julii Agricolae*; d'où la présence de tous les actes importants ou non de la vie privée et publique d'Agricola, de tous ses traits de caractère (*mores*). Mais seuls quinze chapitres se rapportent véritablement à Agricola et on a droit à une dissertation géographique et ethnographique sur la Bretagne et les Bretons, à une histoire complète de la conquête de l'île. En outre, l'étude du héros n'est pas objective; Agricola est donné comme l'exemple de toutes les vertus en temps de paix et en temps de guerre. On tombe dans le panégyrique sans résoudre le problème de la dissertation géographique et historique.

J. Martha pense que c'est un essai historique, TACITE ne se sentant pas encore assez expérimenté pour un ouvrage de longue haleine et imitant son maître Salluste qui commença par la *Conjuration de Catilina*. Le centre du livre serait alors la conquête de la Bretagne encadrée par la biographie du conquérant. L'essai historique serait dans ce cas «l'élément générateur» (Doudinot de la Boissière).

TACITE, par goût, est plutôt républicain et se résigne par raison au principe de l'Empire. Mais il a la haine violente de la tyrannie de Domitien. L'*Agricola* pourrait donc être un pamphlet politique, mais ses attaques ne sont pas plus virulentes que celles de Pline le Jeune et de Suétone. Il ne faut pas oublier par ailleurs qu'il existe à Rome, au moment de la rédaction de l'*Agricola*, une sorte de terreur blanche à l'égard de ceux qui ont servi Domitien. TACITE pouvait être cité parmi ceux-là, tout comme Agricola. Il essaierait alors de montrer qu'on peut être le probe serviteur de l'État sans l'être d'un régime ou d'un maître. Il faut remarquer que la modération qu'avaient observée Agricola et TACITE correspondait aux intentions de Nerva et Trajan. Le livre serait-il une apologie?

En réalité, on a affaire à une *laudatio* (éloge) pour lecture publique et, si l'on se reporte au canevas que donne Quintilien de ce genre (III, 7, 10 sqq.), on peut constater que TACITE le suit de très près. Mais la *laudatio* est en évolution à l'époque. On écrit des éloges funèbres *retardés* pour les auditoires de lectures publiques. Peut-être l'*Agricola* a-t-il été lu ainsi. Il fallait donc des éléments de variété pour des auditeurs lettrés, curieux de science exacte et de géographie exotique, ce qui explique la diversité de l'œuvre. On a aussi le goût du morceau traité pour lui-même: voir la description de la Bretagne ou le discours de Calgacus par exemple. Le mélange des genres introduit la variété, pique l'attention. La *laudatio* est devenue mondaine, ce qui explique l'usage de la rhétorique (redondances, parallèles, périodes) et des *sententiae*.

En conséquence, l'*Agricola* serait une œuvre composite, faite pour les auditeurs de l'époque, œuvre qui correspondrait aux goûts et aux idées de cette fin de siècle et où un grand écrivain se révèlerait.

LA *GERMANIE*
(*De situ ac populis Germaniae*)

La *Germanie* est un des *opera minora* qui a été composé vers 98/99. Sous forme de *lectio*, avec les gentillesses de style inséparables du genre, c'est un traité d'ethnographie sur les peuples de la Germanie, en 46 chapitres dont chacun est une notice sur un sujet déterminé. Les 27 premiers comportent des généralités sur l'origine et le type ethnique des Germains, les institutions, la religion, puis sur la vie privée: habitat, vêtement, mariage, hospitalité, nourriture, jeux, etc. Viennent ensuite des exposés sur les peuples particuliers, où Tacite tente de caractériser chacun: peuples des bords du Rhin; du nord-ouest de la Germanie; riverains de la Baltique; confédération suève du Centre; peuples de l'est de la Scandinavie; peuples fabuleux des confins du monde connu, aux abords de la Russie.

TACITE doit beaucoup à la tradition ethnographique grecque: composition par notices simplement juxtaposées, réunies par des liens purement verbaux; schéma d'enquête (peuple autochtone ou immigré; influence du climat sur la physique et les mœurs, êtres étranges caractéristiques du pays); considérations morales sur les primitifs (indifférence à l'or, rudesse et pureté des mœurs, religion sans idole et sans représentation de divinités). Enfin, pour sacrifier à un développement convenu, il lui arrive d'interpréter la vérité.

Cependant les trouvailles archéologiques, l'anthropologie, l'ethnographie comparée, confirment souvent ses dires et surtout dans le détail: c'est que, dans le cadre d'un genre littéraire qui remontait au moins à Hérodote, illustré à Rome par Salluste, César et Sénèque, il a utilisé des sources de première main:

Pline l'Ancien, qui connaissait la Germanie personnellement pour y avoir servi dans l'armée, et sans doute des récits de marchands qui avaient trafiqué dans le pays.

Son intention, du reste, n'est pas d'apporter des faits nouveaux, mais de tirer la leçon de ceux que chacun pouvait connaître en s'informant. *Leçon morale*, d'abord : la pauvreté, la simplicité des institutions maintiennent chez les Germains une pureté de mœurs dont les raffinés de Rome sont bien éloignés — thème stoïcien partout présent dans la *Germanie*, explicite ou implicite. *Leçon politique* aussi : ces vertus, celles mêmes qui ont rendu redoutable l'ancienne Rome sont inquiétantes chez les Germains pour l'avenir de l'Empire; il semble que TACITE, constatant que les légions n'en viennent pas à bout, pressente les Grandes Invasions. Un espoir demeure : utiliser les défauts des Germains, qui coexistent avec leurs vertus, — paresse, ivrognerie, indiscipline, absence d'organisation —, afin de les diviser et de les amollir.

En somme, TACITE éprouve pour ces peuples estime et crainte à la fois : le moraliste en lui admire leur vie dévouée à la *virtus*; le Romain redoute leur valeur guerrière, et l'historien conseille de jouer sur leurs défauts pour les neutraliser.

C'est, du reste, par cette notion de *virtus*, dont les Germains offrent, sur les marches de l'Empire, le dernier exemple, bien plus que les Gaulois, les Bretons et les Parthes, que la *Germanie* se rattache à l'ensemble de l'œuvre de TACITE. L'*Agricola* en analyse un exemple remarquable, les *Histoires* et les *Annales* montrent comment les conditions politiques l'empêchent de se manifester à Rome; le *Dialogue des orateurs* explique que, là où disparaît le goût de la liberté, disparaît aussi la grande éloquence, qui est l'expérience et la voix même de la *virtus*.

LE *DIALOGUE DES ORATEURS*
(*Dialogus de oratoribus*)

On peut considérer que le *Dialogue des orateurs* est une œuvre que TACITE compose entre 102 et 105 et qu'il publie vers 107. Il y rapporte un entretien qui se déroule en 75 d'après les indications du texte (XVII, 3) et TACITE est le jeune étudiant, *juvenis admodum* (I, 2) qui rapporte les propos des avocats célèbres, sans intervenir.

Tous les personnages du *Dialogue* sont des personnages réels, mais les connaissances historiques que nous possédons à leur sujet sont très modestes et certains ne nous sont connus pratiquement que par le *Dialogue*. Remarquons que les Gaulois ont la majorité, ce qui n'est pas étonnant, vu l'origine de TACITE et de son beau-père.

- *Maternus* : c'est chez lui que se déroule l'entretien et il mène la discussion. Il est présenté comme un orateur d'origine gauloise qui a renoncé à l'éloquence pour se consacrer à la poésie dramatique et qui utilise ses pièces pour émettre des critiques contre le pouvoir.
- *Marcus Aper* : lui-même nous fournit les seules indications que nous possédions à son sujet : Gaulois qui a accédé à l'ordre sénatorial, il fut l'un des maîtres de TACITE et le portrait vivant et coloré qu'en donne celui-ci semble indiquer que ce maître exerça sur lui une forte influence. Il a un peu plus de 50 ans en 75.
- *Julius Secundus* : un autre Gaulois, neveu du célèbre avocat gaulois Julius Florus, et un autre maître de Tacite. Quintilien le cite comme un orateur excellent et déplore sa fin prématurée. Son intervention se plaçait sans doute dans un passage du *Dialogue* qui ne nous est pas parvenu (après le chapitre 36).
- *Vipstanus Messala* : TACITE nous en parle avec sympathie dans ses œuvres, tant comme officier que comme orateur et poète. Il a une trentaine d'années en 75. Il était le frère du célèbre délateur *Regulus* dont il prit le parti par pur attachement fraternel quand il fut attaqué au début de 70. Ceci peut expliquer l'arrivée tardive de l'interlocuteur et explique que Messala ne soit pas gêné quand on attaque les délateurs.
- N'oublions pas TACITE lui-même, qui assiste à l'entretien avec la passion de la jeunesse avide de s'instruire et qui termine sa formation oratoire en suivant ses maîtres au Forum et chez eux.

Le *Dialogue* s'attache essentiellement à montrer pourquoi l'éloquence avait perdu, à l'époque où TACITE écrit, son lustre d'antan. Or, nous l'avons déjà souvent vu, cette formation était fondamentale pour les Romains. Il n'y a plus de Caton, plus de Cicéron, parce qu'il n'est plus possible de mettre son talent oratoire au service de grandes causes nationales, mais il existe une génération d'orateurs brillants techniciens. Est-ce une décadence ? Voilà la question.

Le *Dialogue* traite d'abord des rapports de la poésie et de l'éloquence, de la querelle des Anciens et des Modernes. Messala expose les causes morales et intellectuelles de ce déclin : éducation, formation intellectuelle, éducation oratoire moderne — les rhéteurs et leurs méthodes. Maternus en rappelle les causes politiques: les assemblées populaires n'ont plus d'importance, les mœurs électorales ne sont plus ce qu'elles étaient, les grands procès politiques ont disparu; en somme l'éloquence n'a plus d'occasion de briller. Faut-il regretter l'éclat de l'ancienne éloquence? Maternus pense que son affaiblissement suppose une pacification des mœurs et des esprits grâce à l'autorité impériale. Les interlocuteurs se séparent sur un échange de boutades.

Le dialogue tacitien est très différent de ceux de Platon, Cicéron ou Sénèque. L'auteur n'intervient pas lui-même et l'on s'emploie à rechercher quel personnage développe ses idées. Maternus semble jouer le rôle principal et il donne au *Dialogue* sa conclusion provisoire, mais les arguments de Messala sur les raisons morales de la décadence oratoire sont aussi ceux de TACITE. Nous manquons de l'argumentation de Secundus. Et Aper? Jouet-il le rôle de l'avocat du «diable»? Nous serions mieux orientés si nous connaissions davantage les personnages. Mais en réalité TACITE cherche surtout à faire connaître ses propres idées et utilise le dialogue à la façon de Diderot, en présentant par personnages interposés les aspects et les contradictions du problème posé et chaque interlocuteur le représente un peu lui-même.

Quelles sont donc les idées de TACITE? L'éloquence est en déclin pour des raisons morales et politiques et, comme il se fait une très haute idée de son art, il considère que l'apprentissage de la parole doit compléter une culture générale solide et une formation sévère. Il rêve de concilier la plénitude du style avec la hardiesse et la vigueur, espérant ainsi atteindre l'*altitudo* recherchée par les théoriciens du Sublime. «Les anciens croyaient déjà donner à chaque sujet la forme la plus parfaite, mais ils se trompaient. Tacite admet l'existence d'un progrès autant que d'une évolution dans la recherche de la Beauté; la pensée peut s'élever davantage et s'envelopper d'un style plus brillant encore» (B. Gilliot et J.-P. Boulenger). Ces idées, correspondant à l'esthétique de TACITE, ne peuvent plus s'exprimer, car les conditions politiques ne sont plus favorables à l'éloquence. Mais, loin d'approuver l'opposition des stoïciens, il préfère l'autorité d'un prince, s'il n'est pas un tyran, qui écarte les troubles et l'éloquence tumultueuse de l'époque républicaine. Le sage ne peut pourtant se résoudre à l'inaction. TACITE va donc se tourner vers l'Histoire.

LES *HISTOIRES* (*Historiae*)

Cette œuvre de TACITE est très difficile à dater. Les indications sont rares. D'après un passage de Saint Jérôme, on peut deviner que les *Histoires* avaient été écrites avant les *Annales* et qu'elles ne formaient pas comme on avait pu le croire la suite des *Annales* sous prétexte que les *Histoires* racontent les événements postérieurs à ceux des *Annales*. Si on suit certaines indications données par Pline le Jeune, une partie des *Histoires* était écrite vers 106. En définitive, on ne peut atteindre qu'à la précision suivante: les *Histoires* ont été composées entre 102 et 110.

Comme il ne nous reste qu'une partie de cette œuvre, il a paru pendant longtemps difficile d'en établir la longueur et le contenu exact, mais il semble bien que ces *Histoires* comportaient 12 livres et on pourrait même prétendre qu'avant de former un tout complet, les *Histoires* ont été composées par parties de trois livres chacune. La mort de Vitellius ferme le troisième livre et constitue «le terme naturel d'un récit destiné à montrer comment les voies ont été ouvertes à la dynastie flavienne» (H. Goelzer). Les trois livres suivants pouvaient embrasser les règnes de Vespasien et de Titus, c'est-à-dire une période d'un peu plus de dix ans. Les six derniers livres auraient été réservés au règne de Domitien.

• *Le contenu*

Malheureusement, nous n'avons conservé que les quatre premiers livres et probablement le tiers du cinquième (26 paragraphes). Ils relatent les événements de l'année 69 et des premiers mois de 70. La narration s'interrompt brutalement au milieu de l'entrevue de Civilis et de Cérialis qui mit fin à l'insurrection des Bataves. On a gardé aussi quelques phrases empruntées par Orose au VIe livre et on pense que Sulpice Sévère a utilisé dans ses *Chroniques* le récit du siège et de la prise de Jérusalem.

Le premier livre, après une préface importante où TACITE proteste de son impartialité, annonce le sujet de son ouvrage, fait le tableau de la situation à Rome, dans les armées et dans les provinces, à la mort de Néron, décrit l'adoption de Pison par Galba, l'assassinat des deux hommes, la prise de pouvoir par Othon, la révolte de Vitellius, gouverneur de la Germanie et la marche de ses deux armées du Rhin jusqu'en Italie du Nord.

Le second livre expose la campagne qui aboutit à la défaite des Othoniens à Bédriac et à la mort d'Othon. Mais Vespasien, qui commande devant Jérusalem, est proclamé empereur par les provinces orientales de l'Empire. Il est soutenu par Mucien et Antonius Primus. À Rome, Vitellius ne songe qu'à jouir du pouvoir et abandonne à ses lieutenants Caecina et Valens la direction des affaires.

Dans le troisième livre, on assiste à l'invasion de l'Italie par les généraux de Vespasien, à la bataille de Crémone qui marque la défaite du parti vitellien, à l'abdication et à la mort de Vitellius (décembre 69).

Le quatrième livre traite de façon complète de la rébellion de Civilis et des événements sur le Rhin : on n'oublie pas cependant ce qui se passe à Rome : excès des Flaviens; Domitien se conduit en fils d'empereur; mise à mort du fils de Vitellius.

Le cinquième livre prélude d'abord au siège et à la prise de Jérusalem; puis on est transporté sur le Rhin : on arrive au moment de l'entrevue de Cérialis et de Civilis. (Pour comprendre les allusions de ce résumé, se reporter à l'Histoire romaine).

Le manuscrit s'interrompt là. Probablement le livre se serait-il terminé sur le triomphe de Vespasien et de Titus en 71. Il y a, en somme, une composition beaucoup plus serrée qu'on ne pourrait le croire à première vue. Les cinq premiers livres « pourraient s'intituler : 1) Galba et Othon ou le triomphe d'Othon; 2) Othon et Vitellius ou le triomphe de Vitellius; 3) Vitellius et Vespasien ou le triomphe de Vespasien; 4) Civilis; 5) Titus devant Jérusalem » (Doudinot de la Boissière).

• *Les sources, les idées et l'art*

TACITE raconte là des événements qu'il a vécus, que ses parents, son beau-père Agricola, ses prédécesseurs dans les charges ont pu lui commenter, car ils en avaient été souvent les acteurs. En outre, il s'appuie sur les livres d'histoire de Pline l'Ancien. TACITE partage « sa conception des événements et pense, dans ces occasions, que l'accent doit être mis sur les mêmes faits » (A. Michel). L'idéologie de Pline l'Ancien s'inspirait du platonisme de la tradition républicaine à Rome et condamnait la violence et les passions qui l'inspirent. Or TACITE connaissait la pensée de Platon, s'intéressait au stoïcisme, ennemi de toutes les passions. Ce qui explique également l'influence qu'a pu avoir sur TACITE la *Pharsale* de Lucain, en particulier son prologue.

Les *Histoires* semblent faire partie d'un violent courant de propagande contre Hadrien qui, « au nom du principe dynastique, cherchait à obtenir l'adoption impériale, et à capter le pouvoir » (E. Paratore). C'est là évidemment l'objet principal des *Histoires*, car se posait le problème de la succession de Trajan au moment de la rédaction du livre. Or l'histoire récente avait « discrédité la notion de dynastie : Domitien n'avait pas paru digne de son père, ni Néron de ses aïeux » (E. Paratore). Beaucoup de gens dans le Sénat affirmaient que le pouvoir devait être dévolu aux meilleurs serviteurs de l'État. On comprend alors tout l'intérêt du discours de Galba sur l'adoption et du portrait de Domitien, qui commence dans les livres que nous possédons et qui devait faire l'essentiel des derniers livres. Les *Histoires* expriment également la déception de TACITE en constatant que sous Trajan les mœurs politiques n'ont guère changé.

TACITE a le souci essentiel de la morale, il veut sauver les vertus de l'oubli et stigmatiser les vices : les mobiles humains l'intéressent davantage que les causes générales. Influencée par Sénèque et Salluste, sa psychologie est souvent raffinée, mais aussi pessimiste. Dans les *Histoires*, l'âme humaine étale à nu ses laideurs. TACITE peint de beaux cas pathologiques. Ces descriptions sont relevées par les analyses psychologiques et les réflexions personnelles. Mais un procédé d'art permet de mieux préciser les analyses, c'est le « portrait », tantôt individuel, tantôt collectif. L'usage du « discours » précise encore les lignes et les limites du portrait. TACITE est aussi sans rival pour pénétrer les mobiles les plus secrets des passions, pour décrire les âmes complexes, pour dépeindre la psychologie des foules et faire revivre les groupes et les masses. Les discours servent justement à préciser les idées, à exposer une situation ou à résumer des bruits publics. Mais ils permettent encore à l'auteur de développer ses idées politiques et morales (I, 14, 16; IV, 73-74). Enfin, s'il y a de la vie dans tout cela, c'est que TACITE a le sens du dramatique et le goût du pittoresque. Au point de vue du style, dans les *Histoires*, il se dégage de l'influence de Cicéron et crée un style personnel qui s'épanouira dans les *Annales*, style dont les caractères essentiels sont la brièveté, la variété, la couleur poétique. Enfin, la langue est remplie de néologismes, d'archaïsmes, de termes, de formes et d'emplois épiques. Bref, un ensemble extrêmement original.

LES ANNALES

« Les *Histoires*, comme les premiers écrits, exaltent la conquête romaine. Elles sont postérieures aux guerres de Dacie, contemporaines de la colonne Trajane et s'épargnent le doute. C'est dans les *Annales* que la question de l'Empire devient aiguë; TACITE les a sans doute écrites après que le drame se fut joué, réfléchissant sur un échec qui était celui de son idéal. Avec Trajan sont morts l'optimisme et l'esprit cocardier, et les dernières illusions d'un empire libéral. La succession s'est faite dans les intrigues de la Cour» (J.-L. Laugier). À l'époque de la *Germanie*, TACITE croyait que le destin de Rome la poussait éternellement en avant. Il pressent maintenant la décadence et le despotisme. Il y a en lui un désespoir historique et national. «Que la plupart des faits que je rapporte ou vais rapporter puissent sembler sans grande importance et indignes de l'histoire, je ne l'ignore pas [...]. Il peut être utile d'analyser les faits au premier abord sans valeur, mais qui font apparaître souvent les grands mouvements.

Toutes les nations et toutes les villes sont gouvernées soit par le peuple, soit par les nobles, soit par un seul. Une constitution, formée du mélange harmonieux des trois autres, est plus difficile à louer qu'à établir. Rome vit autrefois la plèbe puissante et le Sénat faire la loi [...]. Aujourd'hui, tout est changé et le gouvernement de Rome ne diffère plus d'un État monarchique : aussi la recherche et la connaissance des faits que je rapporte, ont-ils leur utilité» (d'après les *Annales*, IV, 32). Dans l'inquiétude de ses dernières années, TACITE a voulu étudier comment le système politique mis au point par Auguste a pu se dégrader jusqu'au despotisme insensé de Néron et comment la dynastie des Césars a pu aboutir à sa ruine. Ce qui permettait à lui-même et à ses lecteurs de réfléchir sur la succession de Trajan.

Les *Annales*, dont le titre exact était *Ab excessu divi Augusti*, le nom actuel ayant été donné pendant la Renaissance, comportaient seize livres et racontaient les événements de la mort d'Auguste à celle de Néron (14-68). Il nous reste les livres I à IV et XI à XVI (ce dernier mutilé) et des fragments du Ve et du VIe, soit les débuts et la fin du règne de Tibère, la fin du règne de Claude et le règne de Néron jusqu'à l'année 68.

Nous n'avons pas à revenir sur sa documentation. «Ces sources, il se targue de les avoir utilisées avec impartialité. Il n'a pas voulu se tromper, et sa pénétration psychologique, sa défiance pessimiste lui ont permis, à l'ordinaire, d'apprécier avec prudence la valeur des témoignages. Mais sa vigoureuse personnalité d'homme et d'artiste a déformé l'histoire» (J. Bayet et J. Nougaret). Le passé porte parfois la marque du présent.

On retrouve dans cet ouvrage les principes qu'il avait déjà observés auparavant; son idéal politique, qui n'est pas la République, car il sait qu'on ne peut revenir en arrière, mais qui est de mêler «deux choses jusqu'alors inconciliables, le Principat et la liberté» (*Agr.* 3), idéal qui disparaissait en même temps que Trajan; ses idées religieuses, ou plutôt sa position mal définie et très vague devant la religion et la philosophie, avec un penchant pour le stoïcisme. Au fond, il était plutôt rationaliste, en dépit d'une certaine crédulité devant les présages et la magie. Ce qui s'accentue le plus alors, c'est sa tendance à noircir les hommes et les événements. On découvre en lui un réel pessimisme. Mais ses plus grandes qualités deviennent évidentes dans les *Annales*. Racine, dans la préface de *Britannicus*, a déclaré : «J'avais copié mes personnages d'après le plus grand peintre de l'antiquité, je veux dire d'après Tacite.» Il ne faut pas s'en étonner devant la précision de son observation psychologique, son art de pénétrer au plus profond des êtres et devant sa connaissance des foules, la façon dont il ressuscite un peuple féroce, un Sénat dépourvu de dignité et des empereurs parfois monstrueux. L'artiste s'est encore amélioré : les tableaux sont saisissants par leur violence ou leur pathétique et font songer à la tragédie. Son talent satirique en arrive à rivaliser avec celui de Juvénal, tant les déceptions de ses dernières années l'ont poussé vers un désespoir rempli d'amertume.

«*Nobis in arto et inglorius labor* (Mon travail est borné et sans gloire) : tel pourrait être le fin mot des *Annales*, de l'état d'âme avec lequel Tacite les a conçues et écrites. Un travail obscur et humble; c'est seulement par éclairs que TACITE en a su exprimer artistiquement, dans une lumière blême de coucher boueux, la vénéneuse atmosphère. Mais, dans l'ensemble, la phrase est par-dessus tout significative de la répugnance avec laquelle il affrontait la complexité de son travail, soutenu seulement par une rageuse volonté de démontrer le dégât irréparable produit dans la conscience des particuliers et dans la vie de Rome par la consolidation du Principat. Avec cette amère protestation, sa véhémence polémique brisait même souvent l'eurythmie artistique de la représentation; le dernier écrivain latin vraiment grand et intimement romain prenait congé de sa besogne terrestre et exprimait aussi le lugubre adieu de l'antique âme romaine à un présent devenu pour elle incompréhensible» (d'après E. Paratore).

369 *Faible intérêt de la poésie*

Quelques avocats discutent de l'éloquence et comparent ses mérites à ceux de la poésie. L'un d'eux, Maternus, qui compose des tragédies, défend la poésie en citant les succès qu'en tire le poète épique Saleius Bassus. Mais un autre réplique en montrant que la poésie apporte plus d'embarras que de gloire et de profit, contrairement à l'éloquence.

Carmina et versus, quibus totam vitam Maternus insumere optat, neque dignitatem ullam auctoribus suis conciliant neque utilitates alunt; voluptatem autem brevem, laudem inanem et infructuosam consequuntur. Licet haec ipsa et quae deinceps dicturus sum aures tuae, Materne, respuant, cui bono[1] est, si apud te Agamemnon aut Jason diserte loquitur? Quis ideo domum defensus et tibi obligatus redit? quis Saleium nostrum, egregium poetam vel, si hoc honorificentius est, praeclarissimum vatem, deducit aut salutat aut prosequitur?... Cum toto anno, per omnes dies, magna noctium parte unum librum excudit et elucubravit, rogare ultro et ambire cogitur, ut sint qui dignentur audire, et ne id quidem gratis; nam et domum mutuatur et auditorium exstruit et subsellia conducit et libellos dispergit. Et ut[2] beatissimus recitationem ejus eventus prosequatur, omnis illa laus intra unum aut alterum diem, velut in herba vel flore praecerpta, ad nullam certam et solidam pervenit frugem, nec aut amicitiam inde refert aut clientelam aut mansurum in animo cujusquam beneficium, sed clamorem vagum et voces inanes et gaudium volucre... Adjice quod poetis, si modo dignum aliquid elaborare et efficere velint, relinquenda conversatio amicorum et jucunditas urbis, deserenda cetera officia utque ipsi dicunt, in nemora et lucos, id est in solitudinem secedendum est.

TACITE, *Dialogue des orateurs*, IX.

1. *bono*: datif neutre, double datif avec *cui*. — 2. *ut... (prosequatur)*: à supposer que....

370 *Vices de l'éducation moderne*

Tacite vient de vanter l'éducation vertueuse et disciplinée que recevaient les enfants dans l'ancienne Rome. Il va maintenant condamner l'éducation de son temps.

At nunc natus infans delegatur Graeculae alicui ancillae, cui adjungitur unus aut alter ex omnibus servis, plerumque vilissimus nec cuiquam serio ministerio accommodatus. Horum fabulis et erroribus[1] teneri statim et rudes animi imbuuntur; nec quisquam in tota domo pensi habet quid coram infante domino aut dicat aut faciat. Quin etiam ipsi parentes nec probitati neque modestiae parvulos adsuefaciunt, sed lasciviae et dicacitati, per quae paulatim impudentia irrepit et sui alienique contemptus. Jam vero propria et peculiaria hujus urbis vitia paene in utero matris concipi mihi videntur, histrionalis[2] favor et gladiatorum equorumque studia: quibus occupatus et obsessus animus quantulum loci bonis artibus relinquit? Quotumquemque[3] invenies qui domi quicquam aliud loquatur? Quos alios adulescentulorum sermones excipimus, si quando auditoria[4] intravimus? Ne praeceptores quidem ullas crebriores cum auditoribus suis fabulas habent; colligunt enim discipulos non severitate disciplinae nec ingenii experimento, sed ambitione salutationum et inlecebris adulationis.

TACITE, *Dialogue des orateurs*, XXIX.

1. *erroribus* = préjugés. — 2. *histrionalis* = *histrionum*. — 3. *quotumquemque* (sous-entendre: *juvenum*). — 4. *auditoria* = salles de cours.

371 *L'éloquence fleurit dans les troubles*

Voulant expliquer la faiblesse de l'éloquence de son temps (Ier siècle), Tacite soutient (théorie alors originale) que ce genre se développe mieux dans les désordres politiques. Tacite songe surtout à la fin de la République. Après avoir montré qu'on ne pouvait alors s'imposer que par la parole, il va donner comme autre argument l'importance des causes que l'on devait alors traiter.

His[1] accedebat splendor reorum et magnitudo causarum, quae et ipsa plurimum eloquentiae praestant. Nam multum interest, utrumne de furto aut formula et interdicto[2] dicendum habeas, an de ambitu comitiorum, expilatis sociis et civibus trucidatis. Quae mala sicut non accidere melius est isque optimus civitatis status habendus est, in quo nihil tale patimur, ita cum acciderent, ingentem eloquentiae materiam subministrabant. Crescit enim cum amplitudine rerum vis ingenii, nec quisquam claram et illustrem orationem efficere potest nisi qui causam parem invenit. Non, opinor, Demosthenem orationes illustrant, quas adversus tutores suos composuit, nec Ciceronem magnum oratorem P. Quintius defensus aut Licinius Archias faciunt: Catilina et Milo et Verres et Antonius hanc illi famam circumdederunt, non quia tanti fuerit rei publicae malos ferre cives, ut uberem ad dicendum materiam oratores haberent, sed ut subinde admoneo, quaestionis[3] meminerimus sciamusque nos de ea re loqui, quae facilius turbidis et inquietis temporibus existit.

TACITE, *Dialogue des orateurs*, XXXVII, 4 à 6.

1. *his*: au neutre = arguments prouvant qu'on ne s'imposait que par la parole. — 2. *formula* et *interdicto*: termes de procédure. — 3. *quaestionis*: le problème dont discutent les interlocuteurs (l'œuvre dont est extrait ce passage est un dialogue).

372 *Géographie de la Bretagne antique*

Cette description est contenue dans la Vie d'Agricola *parue en 98. Tacite fait allusion à la Bretagne, telle qu'elle était connue en 77 quand Agricola y fut envoyé comme légat, et aux progrès qu'il fit faire à la connaissance de cette île grâce à ses expéditions. Les Romains appellent Britannia ce que nous appelons Grande-Bretagne.*

Formam totius Britanniae Livius veterum, Fabius Rusticus recentium eloquentissimi[1] auctores oblongae scutulae vel bipenni adsimulavere. Et est ea facies citra Caledoniam[2], unde et in universum fama; sed transgressis[3] immensum et enorme spatium procurrentium extremo jam litore terrarum velut in cuneum tenuatur. Hanc oram novissimi maris tunc primum Romana classis circumvecta insulam esse Britanniam adfirmavit, ac simul incognitas ad id tempus insulas, quas Orcadas vocant, invenit domuitque. Dispecta est et Thyle, quia hactenus[4] jussum : et hiems adpetebat. Sed mare pigrum et grave remigantibus perhibent ne ventis quidem proinde attolli, credo quod rariores terrae montesque, causa ac materia tempestatum, et profunda moles continui maris tardius impellitur.

TACITE, *Agricola*, X, 3 à 6.

1. *eloquentissimi* : ne pas traduire par éloquent. *Fabius Rusticus* écrivit une histoire du règne de Claude. C'était un ami de Sénèque. — 2. *est ea facies citra...* = tel est bien son aspect en deçà de...; *Caledonia* : partie au nord de la Clyde et du Forth = l'Ecosse; *in universum* = pour l'ensemble du pays; *et* : adv.; *fama* : s.e. *est talem esse faciem Britanniae.* — 3. *transgressis* : datif, s.e. *hominibus, viatoribus; extremo litore* : abl. d'éloignement = *ab extremo litore* : il s'agit des rivages connus jusqu'alors. — 4. *hactenus* = jusque-là seulement.

373

Climat breton

Voir la notice de la version précédente. La Vie d'Agricola *devait faire l'objet d'une lecture publique. Les Romains étaient curieux de géographie exotique. Or, la Bretagne à leurs yeux est une terre de mystères. En particulier, le soleil de minuit — phénomène qu'on croyait pouvoir observer en Bretagne — excitait leur curiosité. Pour l'expliquer les anciens ont une théorie un peu fantaisiste : la terre a la forme d'un disque aplati et la Bretagne est au bout du monde. On conçoit qu'à leurs yeux dans certaines positions le bord du disque aplati ne donne naissance qu'à une zone d'ombre mince, à ras de terre, n'atteignant pas la région des étoiles.*

Caelum crebis imbribus ac nebulis foedum; asperitas frigorum abest. Dierum spatia ultra nostri orbis mensuram; nox clara et extrema Britanniae parte brevis, ut finem atque initium lucis exiguo discrimine internoscas. Quod si[1] nubes non officiant, aspici per noctem solis fulgorem, nec occidere et exsurgere, sed transire adfirmant. Scilicet extrema et plana terrarum humili umbra non erigunt tenebras, infraque caelum et sidera nox cadit. Solum praeter oleam vitemque et cetera calidioribus terris oriri sueta patiens frugum fecundumque; tarde mitescunt, cito proveniunt; eademque utriusque rei causa, multus umor terrarum caelique.

TACITE, *Agricola*, XII, 5 à 9.

1. *quod si* (tour oratoire) = si.

374

Un débarquement original

Voir la notice des versions précédentes.

Agricola a été envoyé comme gouverneur en Bretagne. Les Ordoviques (nord du Pays de Galles) ont provoqué un soulèvement (77 après J.-C.). Le sujet de la première phrase est Agricola.

Caesaque prope universa gente, non ignarus instandum famae[1] ac, prout prima cessissent, terrorem ceteris fore, Monam[2] insulam, a cujus possessione revocatum Paulinum rebellione totius Britanniae supra memoravi, redigere in potestatem animo intendit. Sed ut in subitis consiliis, naves deerant : ratio et constantia ducis transvexit; depositis omnibus sarcinis lectissimos auxiliarium, quibus nota vada et patrius nandi usus quo simul seque et arma et equos regunt, ita repente inmisit ut obstupefacti hostes, qui classem, qui naves, qui mare exspectabant, nihil arduum aut invictum crediderint sic ad bellum venientibus[3]. Ita petita pace ac dedita insula, clarus ac magnus haberi Agricola, quippe cui ingredienti provinciam, quod tempus alii per ostentationem et officiorum[4] ambitum transigunt, labor et periculum placuisset.

TACITE, *Agricola*, XVIII, 4 à 6.

1. *instandum (esse) famae* = serrer de près la gloire (le succès), c'est-à-dire l'exploiter; les pluriels neutres *prima* et *ceteris* désignent les opérations; *cessissent* = *successissent*. — 2. *Mona*: île d'Anglesey. C. Suetonius Paulinus, légat de Bretagne (59-61). La révolte de la reine Boudicca l'empêcha de continuer la conquête de l'île de Mona. — 3. *venientibus* s.e. *hostibus*. — 4. *officia* = devoirs de politesse, présentations.

375 Un bon gouverneur

Agricola a été envoyé comme gouverneur en Bretagne. Sa première campagne lui a permis de mater la révolte des Ordoviques et de conquérir l'île d'Anglesey. Il procède ensuite à des réformes à l'intérieur de l'administration romaine de la province. Agricola est pour Tacite un administrateur idéal. On peut lire entre les lignes une critique de ce qui devait se passer dans l'entourage de certains gouverneurs (77 apr. J.-C., sous le règne de Vespasien).

A se suisque orsus primum domum[1] suam coercuit, quod plerisque haud minus arduum est quam provinciam regere. Nihil[2] per libertos servosque publicae rei, non studiis privatis nec ex commendatione aut precibus centuriorem militesve adscire, sed optimum quemque fidissimum putare; omnia scire, non omnia exsequi; parvis peccatis veniam, magnis severitatem commodare; nec poena[3] semper, sed saepius paenitentia contentus esse; officiis et administrationibus potius non peccaturos praeponere, quam damnare cum peccassent. Frumenti[4] et tributorum exactionem aequalitate munerum mollire, circumcisis quae in quaestum reperta ipso tributo gravius tolerabantur; namque per ludibrium adsidere clausis horreis et emere ultro frumenta ac luere pretio cogebantur.

TACITE, *Agricola*, XIX, 2 à 4.

1. *domus*: la maison du gouverneur (soldats, administrateurs, courtisans), *cf.* la Maison du Roi. — 2. s.e. *Agricola agere*. — 3. *poena*: sous-entendre *uti* = recourir à. *Contentus* convient seulement à *paenitentia*. — 4. les Bretons doivent livrer du blé et payer des impôts. Agricola réprime certains abus: en particulier, on refusait aux Bretons la possibilité de se libérer de leur livraison de blé en payant. On leur vendait du blé très cher et en les faisant attendre, quand ils ne disposaient pas des quantités nécessaires. Le sujet de *circumcisis* est *eis* (s.e.), antécédent de *quae*.

376 Un réquisitoire passionné contre la domination romaine

Agricola a été envoyé comme gouverneur en Bretagne (77 apr. J.-C.); les campagnes contre les Bretons se succèdent jusqu'en 83. En 82, les Calédoniens font une levée en masse et forment une coalition. Calgacus, autrement inconnu, que distinguaient selon Tacite sa vaillance et sa naissance, s'adresse aux troupes calédoniennes et dresse un réquisitoire passionné contre les conquérants du monde.

«Raptores orbis, postquam cuncta vastantibus defuere terrae, mare[1] scrutantur; si locuples hostis est, avari, si pauper, ambitiosi, quos non Oriens, non Occidens satiaverit; soli omnium opes atque inopiam pari adfectu concupiscunt. Auferre, trucidare, rapere falsis nominibus imperium[2] atque ubi solitudinem faciunt, pacem appellant. Liberos cuique ac propinquos suos natura carissimos esse voluit : hi per dilectus alibi servituri auferuntur... Bona fortunaeque in tributum, ager atque annus[3] in frumentum, corpora ipsa ac manus silvis ac paludibus emuniendis inter verbera et contumelias conteruntur. Nata servituti mancipia semel veneunt, atque ultro a dominis aluntur; Britannia servitutem suam cotidie emit, cotidie pascit. »

TACITE, *Agricola*, XXX, 6-7, et XXXI, 1 à 4 (avec coupures).

1. *mare* : la Calédonie (l'Écosse) est comme perdue au fond des mers; *avari, ambitiosi* s.e. *hoc faciunt. Vastantibus* s.e. *iis. Ambitiosus* = avide de domination. — 2. *imperium* : construire : *auferre, trucidare, rapere* compléments d'objet; *imperium* : attr. — 3. *annus* = la production de l'année (voir *annona*).

377 Tout avantage les Bretons

Voir notice précédente. Calgacus, chef des Bretons, rappelle à ses troupes avant la bataille décisive que les Romains sont isolés dans un pays hostile, que les auxiliaires barbares ne sont pas sûrs, que la colonie est affaiblie (83 apr. J.-C.).

Omnia victoriae incitamenta pro nobis sunt : nullae Romanos conjuges accendunt, nulli parentes fugam exprobraturi sunt; aut nulla[1] plerisque patria aut alia est. Paucos numero, trepidos ignorantia, caelum[2] ipsum ac mare et silvas, ignota omnia circumspectantes, clausos quodam modo ac vinctos di nobis tradiderunt. Ne terreat vanus aspectus et auri fulgor atque argenti, quod neque tegit neque vulnerat. In ipsa hostium acie inveniemus nostras[3] manus. Adgnoscent Britanni suam causam, recordabuntur Galli priorem libertatem : deserent illos ceteri Germani, tamquam nuper Usipi reliquerunt. Nec quicquam ultra[4] formidinis : vacua castella, senum coloniae, inter male parentes et injuste imperantes aegra municipia et discordantia.

TACITE, *Agricola*, XXXII, 3 à 8.

1. *nulla patria* : il s'agit des soldats du métier, apatrides. *Alia patria* : il s'agit des auxiliaires. — 2. *caelum... circumspectantes* : développe *ignorantia*. — 3. *nostras* = à nous, acquis à notre cause. L'armée romaine comprenait des auxiliaires : Bretons, Germains, Bataves, Tongres. Une cohorte d'Usipiens, Germains de la rive droite du Rhin, avait déserté l'année précédente. — 4. *ultra* = après ce combat.

378 Guerriers dans l'âme

Les Germains du temps de Tacite sont avant tout des guerriers. Les chefs sont entourés de « compagnons », jeunes gens qui font ainsi l'apprentissage des armes : elles formeront le seul métier de leur vie.

Cum ventum in aciem, turpe principi virtute vinci, turpe comitatui virtutem principis non adaequare. Jam vero infame in omnem vitam ac probrosum[1] superstitem principi suo ex acie recessisse; illum defendere, tueri, sua quoque fortia facta gloriae ejus adsignare praecipuum sacramentum est : principes pro victoria pugnant, comites pro principe. Si civitas in qua orti sunt longa pace et otio torpeat, plerique nobilium adulescentium petunt ultro eas nationes quae tum bellum aliquod gerunt, quia et ingrata genti quies et facilius inter ancipitia clarescunt magnumque comitatum non nisi vi belloque tueare[2]; exigunt enim principis sui liberalitate illum bellatorem equum, illam cruentam victricemque frameam; nam epulae et quamquam incompti, largi tamen apparatus pro stipendio cedunt; materia munificentiae per bella et raptus. Nec arare terram aut exspectare annum tam facile persuaseris quam vocare hostem et vulnera mereri. Pigrum quin immo et iners videtur sudore adquirere quod possis sanguine parare.

TACITE, *Germanie*, XIV.

1. *infame... ac probrosum (est)*. — 2. *tueare* = *tuearis*; 2ᵉ pers. pour traduire : on.

379 *Splendeurs et richesses des mers du Nord*

Ce que les Romains connaissaient du Nord et de l'extrême Nord restait assez vague, et était l'occasion de poétiques imaginations. Tacite, parlant des Germains, évoque ici l'Océan d'au-delà les Suiones (Scandinavie), et les richesses que les Estes (habitants de l'ancienne Prusse Orientale et de la Lithuanie) tirent de la Baltique.

Trans Suionas aliud mare, pigrum ac propre immotum, quo cingi claudique terrarum orbem hinc fides[1], quod extremus cadentis jam solis fulgor in ortus edurat adeo clarus ut sidera hebetet; sonum insuper emergentis[2] audiri formasque equorum et radios capitis adspici persuasio adjicit. Illuc usque et — fama vera — tantum[3] natura...

Aestii et mare scrutantur, ac soli omnium sucinum, quod ipsi glesum vocant, inter vada atque in ipso litore legunt. Nec quae natura[4] quaeve ratio gignat, ut barbaris[5], quaesitum compertumve; diu quin etiam inter cetera ejectamenta maris jacebat, donec luxuria nostra dedit nomen[6]. Ipsis in nullo usu : rude legitur, informe perfertur, pretiumque mirantes accipiunt. Sucum tamen arborum esse intellegas, quia terrena quaedam atque etiam volucria animalia plerumque interlucent, quae implicata umore mox durescente materia clauduntur. Fecundiora igitur nemora lucosque sicut Orientis secretis, ubi tura balsamaque sudantur, ita Occidentis insulis terrisque inesse crediderim, quae[7] vicini solis radiis expressa atque liquentia in proximum mare labuntur ac vi tempestatum in adversa litora exundant.

TACITE, *Germanie*, XLV, 1 et 4 à 7.

1. *fides (est)* = *credunt; hinc* annonce *quod*. — 2. *emergentis (solis)*. Ne pas oublier que la mythologie parle du char du Soleil et que le dieu porte un orbe de rayons. — 3. *et... tantum* = et seulement jusque-là. *Natura (est)* = ici : le monde. — 4. *quae (sit) natura; ratio* = opération naturelle. — 5. *ut barbaris* se rapporte à un pronom sous-entendu, désignant les Estes et complément de *quaesitum compertumve*. — 6. *nomen* = *famam*. — 7. *quae* : le véritable antécédent n'est pas un des neutres précédents, mais un mot nouveau : « les substances » que l'auteur a dans l'esprit.

380 Après avoir raconté la mort de Galba, Tacite fait le portrait de cet empereur

Néron, à la fin de sa vie, s'attaqua à beaucoup de nobles et de généraux, en particulier à Corbulon, qu'il fit périr. C'était imprudent. Vindex, gouverneur de la Lyonnaise, se souleva en 68 apr. J.-C. et offrit l'empire à Galba. Il fut vaincu, mais Galba marcha sur Rome, et Néron, abandonné de tous, se fit tuer (juin 68 apr. J.-C.). D'abord acclamé, Servius Sulpicius Galba se rendit impopulaire par son avarice. Il ne paya pas le « don de joyeux avènement ». Les prétoriens, poussés d'ailleurs par Othon, le massacrèrent après quelques mois de règne (janvier 69 apr. J.-C.). Il était dans sa soixante-treizième année.

Hunc exitum habuit Servius Galba, tribus et septuaginta annis quinque principes prospera fortuna emensus et alieno imperio felicior quam suo. Vetus in familia nobilitas, magnae opes; ipsi medium ingenium, magis extra vitia quam cum virtutibus. Famae nec incuriosus nec venditator; pecuniae alienae non appetens, suae parcus, publicae avarus; amicorum libertorumque, ubi in bonos incidisset, sine reprehensione patiens, si mali forent, usque ad culpam ignarus. Sed claritas natalium et metus temporum obtentui, ut, quod segnitia erat, sapientia vocaretur. Dum vigebat aetas, militari laude apud Germanias floruit. Pro consule Africam moderate, jam senior citeriorem Hispaniam pari justitia continuit, major privato visus dum privatus fuit, et omnium consensu capax imperii nisi imperasset.

TACITE, *Histoire*, I, 49.

381 Les soldats se mutinent sous le règne d'Othon

Après la mort de Néron (68 apr. J.-C.), puis de Galba (janvier 69), Othon, ancien compagnon de débauche de Néron, ancien époux de Poppée, a pris le pouvoir. Mais l'armée de Germanie, sous les ordres de Vitellius, s'est révoltée. L'atmosphère, dans Rome, est mauvaise. Les moindres incidents provoquent des mouvements dans la foule ou même chez les prétoriens dévoués à Othon. Othon ne régnera que quelques mois (janvier 69-avril 69 apr. J.-C.).

Parvo interim initio, unde[1] nihil timebatur, orta seditio prope urbi excidio fuit. Septimam decimam cohortem e colonia Ostiensi in urbem acciri Otho jusserat; armandae ejus cura Vario Crispino tribuno e praetorianis data. Is quo magis vacuus quietis castris jussa exsequeretur, vehicula cohortis incipiente nocte onerari aperto armamentario jubet. Tempus in suspicionem, causa in crimen, adfectatio quietis in tumultum evaluit, et visa inter temulentos[2] arma cupidinem sui movere. Fremit miles et tribunos centurionesque proditionis arguit, tamquam familiae senatorum ad perniciem Othonis armarentur, pars[3] ignari et vino graves, pessimus quisque in occasionem praedarum, vulgus, ut mos est, cujuscumque motus novi cupidum; et obsequia meliorum nox abstulerat. Resistentem seditioni tribunum et severissimos centurionum obtruncant; rapta arma, nudati gladii; insidentes equis urbem ac Palatium petunt.

TACITE, *Histoires*, I, 80.

1. *[inde]... unde...* — 2. *inter temulentos* : ces mots remplacent pratiquement un ablatif absolu de cause = *eis temulentis*. — 3. avec *pars, pessimus quisque, vulgus,* reprendre le verbe *arguit*.

382 Vitellius rend visite au champ de bataille de Bédriac (fin mai 69)

À la mort de Néron (9 juin 68) l'armée du Rhin ne reconnaît pas Galba comme empereur. Elle ne reconnaît pas davantage Othon après la mort de Galba. Le légat de la Basse Germanie, C. Fabius Valens, et le légat de la Haute Germanie, A. Caecina Alienus, saluent tous deux Vitellius, chef de l'armée de Germanie, empereur. Valens avec 40 000 hommes traverse la Gaule, l'Italie du Nord; Caecina se rend en Italie par les Alpes Pennines. Ils font leur jonction et battent, en mi-avril 69 apr. J.-C., les troupes d'Othon à Bédriac, entre Mantoue et Crémone. Othon se suicide (16 avril 69 apr. J.-C.). Vitellius est encore en Gaule où il ignore sa victoire. Il rentre en Italie entouré d'une armée de plus en plus dissolue. Il arrive à Crémone où sont cantonnés les soldats victorieux. Après avoir assisté à des combats de gladiateurs, il se rend sur le champ de bataille de Bédriac. Les troupes de Vitellius seront vaincues à la fin de l'année à Crémone par l'armée qui avait proclamé Vespasien empereur. Vitellius périt le 22 décembre 69 apr. J.-C.

Inde[1] Vitellius Cremonam flexit, et, spectato munere Caecinae, insistere Bedriacensibus campis ac vestigia recentis victoriae lustrare oculis concupivit, foedum atque atrox spectaculum. Intra quadragesimum pugnae diem lacera corpora, trunci artus, putres virorum equorumque formae, infecta tabo humus, protritis arboribus ac frugibus dira vastitas. Nec minus inhumana pars viae, quam Cremonenses lauro rosaque constraverant, extructis altaribus caesisque victimis regium in morem. Aderant Valens et Caecina, monstrabantque pugnae locos : « hinc irrupisse legionum agmen, hinc equites coortos, inde circumfusas auxiliorum manus ». Jam tribuni praefectique, sua quisque facta extollentes, falsa, vera aut majora vero miscebant. Vulgus quoque militum clamore et gaudio deflectere via, spatia certaminum recognoscere, aggerem armorum, strues corporum intueri, mirari; et erant quos varia sors rerum lacrimaeque et misericordia subiret. At non Vitellius flexit oculos, nec tot milia insepultorum civium exhorruit : laetus ultro[2] et tam propinquae sortis ignarus, instaurabat sacrum dis loci.

TACITE, *Histoires*, II, 70.

1. *inde* : c'est-à-dire de Ticinum (Pavie); *munus* = combats de gladiateurs. — 2. *ultro* = qui plus est; ici « au contraire ».

383 Curieuse histoire de l'exode d'Égypte par un historien latin

Vespasien (empereur de 69-79 apr. J.-C.) avait été chargé de réprimer la révolte de la Judée : C'est peu après qu'il fut proclamé empereur. Cette révolte avait éclaté en 66. Mais à partir de 68 c'est le fils de Vespasien, Titus, le futur empereur (79-81) qui s'occupa de la réprimer. Jérusalem fut prise en 70 et le Temple incendié.

Au moment d'aborder le récit de cette guerre, Tacite nous décrit les mœurs du peuple juif et nous expose son histoire. Vous pourrez constater, par les erreurs considérables que Tacite commet, combien l'empire romain a ignoré l'essence de l'esprit juif. Il n'a d'ailleurs pas plus compris l'esprit chrétien. Voici comment notre auteur raconte la sortie d'Égypte (exode) du peuple juif, sous la conduite de Moïse.

Plurimi auctores consentiunt, orta per Aegyptum tabe, quae corpora foedaret, regem Bocchorim[1], adito Hammonis oraculo, remedium petentem, purgare regnum et id genus hominum ut invisum deis alias in terras avehere jussum. Sic conquisitum collectumque vulgus, postquam vastis locis relictum sit, ceteris per lacrimas torpentibus, Moysen, unum exulum, monuisse ne quam deorum hominumve opem exspectarent, utrisque deserti, sed sibi, ut duci caelesti, crederent, primo cujus auxilio praesentes miserias pepulissent[2]. Assensere atque omnium ignari fortuitum iter incipiunt. Sed nihil aeque quam inopia aquae fatigabat; jamque haud procul exitio totis campis procubuerant, cum grex asinorum agrestium e pastu in rupem nemore opacam concessit. Secutus Moyses conjectura herbidi soli largas aquarum venas aperit. Id levamen[3]; et continuum sex dierum iter emensi, septimo, pulsis cultoribus, obtinuere terras, in quibus urbs et templum dicata.

TACITE, *Histoires,* V, 3.

1. pharaon légendaire; il semble que l'exode eut lieu sous le pharaon Menephta. — 2. *pepulissent* serait au futur antérieur dans le style direct. — 3. *id (fuit eis) levamen.*

384 *Les institutions religieuses juives vues par Tacite*

Voir la notice de la version précédente. Ici apparaît tout ce qui sépare le paganisme du judaïsme. L'incompréhension entre ces deux formes de pensée était obligatoire : on s'explique ainsi les persécutions contre les chrétiens, que les Romains confondaient souvent avec les Juifs.

Moyses, quo sibi in posterum gentem firmaret, novos ritus contrariosque ceteris mortalibus indidit. Profana illic omnia quae apud nos sacra, rursum concessa apud illos quae nobis incesta... Corpora condire quam cremare e more Aegyptio cura, eademque est de infernis persuasio, caelestium[1] contra. Aegyptii pleraque animalia effigiesque compositas venerantur, Judaei mente sola unumque numen intellegunt : profanos[2], qui deum imagines mortalibus materiis in species hominum effingant; summum illud[3] et aeternum neque imitabile neque interiturum. Igitur nulla simulacra urbibus suis, nedum templis sistunt; non regibus haec adulatio, non Caesaribus honor. Sed — quia sacerdotes eorum tibia tympanisque concinebant, hedera vinciebantur vitisque aurea templo reperta — Liberum patrem coli, domitorem Orientis, quidam arbitrati sunt, nequaquam congruentibus institutis. Quippe Liber festos laetosque ritus posuit, Judaeorum mos absurdus sordidusque.

TACITE, *Histoires,* IV, 1-2 et V, 7-11.

1. on attendrait *de caelestibus.* — 2. comprendre : *Judaei ducunt profanos* (attribut) *eos qui...* — 3. *illud (numen).*

385 Il existe encore sous l'Empire des Romains peu féministes

A. Caecina Severus est un ancien « legatus pro praetore » *(lieutenant de l'empereur) à l'armée du Rhin, dévoué à Germanicus et fidèle à la mémoire de celui-ci. Il se trouve en 21 apr. J.-C. à Rome, au Sénat. Il participe à un débat sur les femmes. Celles-ci, depuis qu'on avait abrogé la loi Oppia* (cf. *Tite-Live), avaient pris beaucoup d'importance dans l'Etat. On voulait les empêcher d'accompagner leur époux lorsqu'il était chargé d'une province. Caecina Severus fournit les raisons qui justifient ce projet de décret.*

Severus Caecina censuit ne quem magistratum, cui provincia obvenisset, uxor comitaretur, multum ante repetito[1] concordem sibi conjugem et sex partus enixam, seque quae in publicum statueret domi servavisse, cohibita[2] intra Italiam, quamquam ipse plures per provincias quadraginta stipendia explevisset. « Haud enim frustra placitum olim ne feminae in socios aut gentes externas traherentur : inesse mulierum comitatui quae pacem luxu, bellum formidine morentur et Romanum agmen ad similitudinem barbari incessus convertant. Non imbecillum tantum et imparem laboribus sexum, sed, si licentia adsit, saevum, ambitiosum, potestatis avidum; incedere inter milites, habere ad manum centuriones; praesedisse nuper feminam exercitio cohortium, decursu[3] legionum. Cogitarent ipsi, quotiens repetundarum aliqui arguerentur, plura uxoribus objectari; his statim adhaerescere deterrimum quemque provincialium, ab his negotia suscipi, transigi »... Paucorum haec adsensu audita.

TACITE, *Annales*, III, 33, 1 à 4 et 34, 1.

1. *repetito :* ablatif absolu, a pour sujet l'infinitive qui suit. — 2. *cohibita (uxore)*. — 3. = *decursui*.

386 Tibère inspecteur de police

24 apr. J.-C. : Tacite nous conte un fait divers qui nous découvre un aspect inconnu de Tibère.

Per idem tempus Plautius Silvanus praetor incertis causis Aproniam conjugem in praeceps jecit, tractusque ad Caesarem[1] ab L. Apronio socero turbata mente respondit, tamquam[2] ipse somno gravis atque eo ignarus[3], et uxor sponte mortem sumpsisset. Non cunctanter Tiberius pergit in domum, visit cubiculum, in quo reluctantis et impulsae[4] vestigia cernebantur. Refert ad senatum, datisque judicibus Urgulania, Silvani avia, pugionem nepoti misit. Quod[5] perinde creditum quasi[6] principis monitu ob amicitiam Augustae cum Urgulania. Reus, frustra temptato ferro, venas praebuit exsolvendas. Mox Numantina, prior uxor ejus, accusata injecisse carminibus et veneficiis vaecordiam marito, insons judicatur.

TACITE, *Annales*, IV, 12.

1. *Caesarem* = Tibère. — 2. *tamquam* + subjonctif exprime les allégations de Silvanus = en disant que. — 3. sous-entendre : *fuisset*. — 4. sous-entendre : *mulieris*. — 5. *quod*, relatif de liaison, reprend l'idée de l'acte d'Urgulania. — 6. *perinde creditum (est) quasi* = on ne manqua pas de croire...

387 Un fait divers : un amphithéâtre s'écroule

*27 apr. J.-C. Nous sommes sous le règne de Tibère. Tacite, en bon journaliste, relate un simple fait divers, qui eut lieu à Fidènes, ville située à cinq millles environ de Rome (*cf. *dans le texte :* ob propinquitatem loci*).*

M. Licinio, L. Calpurnio consulibus, ingentium bellorum cladem aequavit malum improvisum : ejus initium simul et finis extitit. Nam, coepto apud Fidenam amphitheatro, Atilius quidam libertini generis, quo spectaculum gladiatorum celebraret, neque fundamenta per solidum subdidit neque firmis nexibus ligneam compagem superstruxit, ut qui non abundantia pecuniae nec municipali ambitione, sed in sordidam mercedem id negotium quaesivisset. Adfluxere avidi talium, imperitante Tiberio procul voluptatibus habiti, virile ac muliebre secus[1], omnis aetas, ob propinquitatem loci effusius; unde gravior pestis fuit, conferta mole, dein convulsa, dum[2] ruit intus aut in exteriora effunditur immensamque vim mortalium, spectaculo intentos aut qui circum adstabant, praeceps trahit atque operit. Et illi quidem quos principium stragis in mortem adflixerat, ut tali sorte, cruciatum effugere; miserandi magis quos, abrupta parte corporis, nondum vita deseruerat; qui per diem visu, per noctem ululatibus et gemitu conjuges aut liberos noscebant[3].

TACITE, *Annales,* IV, 62, 1 à 4.

1. *secus = sexus.* — 2. *dum* gouverne tout le membre de phrase jusqu'à *operit.* — 3. imparfait à valeur d'effort.

388 Cruautés de Tibère

31 apr. J.-C., Tibère, rendu furieux par le complot de Séjan, qui avait causé la mort de son fils Drusus, poursuit d'abord sa famille, puis ses amis, puis tous ceux qui de près ou de loin touchaient à Séjan. Enfin sa fureur et sa cruauté croissant au fur et à mesure qu'il se faisait détester, il imagina de faire périr sous les prétextes les plus futiles tous ceux qui éveillaient ses soupçons. Nous sommes au début de cette période — les provinces sont bien gouvernées : c'est par exemple Tibère qui, sur la plainte des Juifs, rappela puis exila Ponce-Pilate — mais l'empereur, toujours à Capri depuis que Séjan l'a poussé à s'y retirer, n'ose rentrer à Rome et fait décimer tout ce qui lui porte ombrage.

In Pompeiam Macrinam exilium statuitur cujus maritum Argolicum, socerum Laconem e primoribus Achaeorum Caesar adflixerat. Pater quoque illustris eques Romanus ac frater praetorius, cum damnatio instaret, se ipsi interfecere : datum erat crimini quod Theophanen Mytilenaeum proavum eorum Cn. Magnus[1] inter intimos habuisset, quodque defuncto Theophani caelestes honores Graeca adulatio tribuerat. Post quos Sex. Marius, Hispaniarum ditissimus, saxo Tarpeio dejicitur; ac ne dubium haberetur magnitudinem pecuniae malo vertisse[2], aerarias aurariasque ejus, quamquam publicarentur, sibimet Tiberius seposuit. Irritatusque suppliciis cunctos qui carcere attinebantur, accusati societatis cum Sejano necari jubet. Jacuit immensa strages, omnis sexus, omnis aetas, illustres, ignobiles, dispersi aut aggerati. Neque propinquis aut amicis adsistere, inlacrimare, ne visere quidem diutius dabatur, sed circumjecti custodes et in maerorem cujusque intenti corpora putrefacta adsectabantur, dum in Tiberim traherentur, ubi fluitantia aut ripis adpulsa non cremare quisquam, non contingere.

TACITE, *Annales*, VI, 24-25.

1. le grand Pompée. La futilité des motifs de ces condamnations en chaîne est la preuve principale que donne Tacite de la cruauté de l'empereur. — 2. sous-entendre *ei*.

389 Tibère et l'astrologue

Vers 31 apr. J.-C., Tibère est à Caprée. Il s'est toujours préoccupé d'astrologie. Tacite dit même qu'il avait prédit en personne à Servius Galba, alors consul, « toi aussi Galba tu goûteras quelque jour à l'Empire ». Les astrologues, ou « Chaldaei » ou « mathematici », ont été très en faveur à Rome sous l'Empire. C'étaient souvent des charlatans criminels. Il devint même interdit de les consulter sous peine d'être soupçonné de « complot ». Mais les empereurs en usaient. Tibère était méfiant. Thrasylle, philosophe platonicien du Ier siècle, et qui écrivit des traités sur la musique, a pourtant obtenu sa faveur. Voici comment.

Chaldaeorum artis apiscendae otium apud Rhodum, magistrum Thrasyllum Tiberius habuit, peritiam ejus hoc modo expertus.

Quoties[1] super tali negotio consultaret, edita domus parte ac liberti unius conscientia utebatur. Is, litterarum ignarus, corpore valido, per avia ac derupta (nam saxis domus imminet) praeibat eum cujus artem experiri Tiberius statuisset et regredientem, si vanitatis aut fraudum suspicio incesserat, in subjectum mare praecipitabat, ne index arcani existeret. Igitur Thrasyllus isdem rupibus inductus, postquam percontantem commoverat, imperium ipsi et futura sollerter patefaciens, interrogatur an suam quoque genitalem horam comperisset, quem tum annum, qualem diem haberet. Ille, positus siderum ac spatia dimensus, haerere primo, dein pavescere, et quantum introspiceret magis ac magis trepidus admirationis et metus, postremo exclamat ambiguum sibi ac propre ultimum discrimen instare. Tum complexus eum Tiberius praescium periculorum et incolumem fore gratatur; quaeque dixerat oraculi vice accipiens, inter intimos amicorum tenet.

TACITE, *Annales*, VI, fin 26 et 27.

1. *quoties = quotiescumque.*

390 Portrait d'un parvenu

47-48 apr. J.-C., Curtius Rufus, propréteur dans la Germanie supérieure, est un de ces nombreux « parvenus » dont la réussite montre que, sous l'Empire, les lois sévères du « cursus honorum » *se sont bien affaiblies. Tacite exprime son mépris pour de telles fortunes dues à la brigue et pour de telles personnalités.*

De origine Curtii Rufi, quem gladiatore genitum quidam prodidere, neque falsa prompserim et vera exsequi pudet. Postquam adolevit, sectator quaestoris, cui Africa obtigerat, dum in oppido Adrumeto[1] vacuis per medium diei porticibus secretus agitat, oblata ei species muliebris ultra modum humanum et audita est vox : « Tu, Rufe, es qui in hanc provinciam pro consule venies ». Tali omine in spem sublatus degressusque in urbem largitione amicorum, simul acri ingenio quaesturam et mox nobiles inter candidatos praeturam principis suffragio adsequitur, cum hisce verbis Tiberius dedecus natalium ejus velavisset : « Curtius Rufus videtur mihi ex se natus ». Longa post haec senecta, et adversus superiores tristi adulatione, adrogans minoribus, inter pares difficilis, consulare imperium, triumphi insignia ac postremo Africam obtinuit ; atque ibi defunctus fatale praesagium implevit.

TACITE, *Annales*, XI, 21.

1. Adrumète ou Hadrumète : aujourd'hui Sousse, au fond du golfe de Hammamet.

391 ***La mort de Messaline***

48 apr. J.-C., Messaline, troisième femme de Claude, après avoir, au début du règne de son mari, perpétré nombre de crimes avec l'aide des affranchis Polybe et Narcisse, et s'être compromise dans toutes sortes de débauches, a imaginé en dernier lieu de tomber amoureuse d'un certain Silius, consul désigné, et pendant une absence de Claude, d'épouser publiquement ce Silius, comme si Claude était mort. L'empereur, faible et épris, pardonnerait peut-être encore si Narcisse ne le poussait à la rigueur. Claude hésite à cause des deux enfants en bas âge qu'il a eus de Messaline : Britannicus et Octavie (cf. Racine, Britannicus*). Mais Narcisse s'est trop compromis pour laisser faire...*

Interim Messalina Lucullianis in hortis prolatare vitam, componere preces, non nulla spe et aliquando ira : tantum inter extrema superbiae gerebat. Ac ni caedem ejus Narcissus properavisset, verterat pernicies in accusatorem. Nam Claudius domum regressus et tempestivis epulis delenitus, ubi vino incaluit, iri jubet nuntiarique miserae (hoc enim verbo usum ferunt) dicendam ad causam postera die adesset[1]. Quod ubi auditum et languescere ira, et redire[2] amor, prorumpit Narcissus denuntiatque centurionibus et tribuno, qui aderat, exsequi caedem : ita imperatorem jubere. Custos et exactor e libertis[3] Evodus datur ; isque raptim in hortos praegressus repperit fusam[4] humi, adsistente matre Lepida ; lacrimaeque et questus irriti ducebantur, cum impetu venientium pulsae fores adstititque tribunus per silentium, at libertus increpans multis et servilibus probris.

Tunc primum fortunam suam introspexit ferrumque accepit, quod frustra jugulo aut pectori per trepidationem admovens ictu tribuni transigitur. Corpus matri concessum : nuntiatumque Claudio epulanti perisse Messalinam, non distincto sua an aliena manu.

Nec ille quaesivit, poposcitque poculum et solita convivio celebravit.

TACITE, *Annales*, XI, 37 et 38, 1 à 3.

1. comprendre : *nuntiari ut... adesset (nuntiari* marque ici l'ordre). — 2. *languescere, redire* : infinitifs de narration construits avec *ubi* (construction impériale) traduire comme s'il y avait des imparfaits. — 3. *(unus) e libertis.* — 4. *fusam (Messalinam).*

392 La mort de Claude

En 54 apr. J.-C., Agrippine, redoutant Claude, son mari (elle l'a épousé après la mort de Messaline), résolue à assurer l'Empire à Néron et, à travers lui, à elle-même, fit empoisonner l'empereur. Tacite nous décrit la scène.

Adeoque cuncta mox pernotuere ut temporum illorum scriptores prodiderint infusum delectabili boleto venenum, nec vim medicaminis statim intellectam, socordiane an Claudii vinolentia; simul soluta alvus subvenisse videbatur. Igitur exterrita Agrippina et, quando ultima timebantur, spreta praesentium[1] invidia, provisam jam sibi Xenophontis medici conscientiam adhibet. Ille tamquam nisus evomentis[2] adjuvaret, pinnam rapido veneno inlitam faucibus ejus demisisse creditur, haud ignarus summa scelera incipi cum periculo, peragi cum praemio.

Vocabatur interim senatus votaque pro incolumitate principis consules et sacerdotes nuncupabant, cum jam exanimis vestibus et fomentis obtegeretur, dum quae res forent firmando Neronis imperio componuntur.

TACITE, *Annales*, XII, 67-68.

1. il semble préférable de considérer *praesentium* comme un génitif pluriel neutre. — 2. *evomentis (Claudii)*.

393 « La calomnie, Monsieur ! Vous ne savez guère ce que vous dédaignez ! J'ai vu les plus honnêtes gens près d'en être accablés »

Le Barbier de Séville, II,8.

62 apr. J.-C., Néron, après s'être débarrassé de la tutelle de sa mère par le meurtre que l'on sait, s'adonne à ses plaisirs; il se fait conducteur de char et chante avec accompagnement de cithare. Il échappe à l'emprise que pouvaient avoir sur lui encore Sénèque et Burrus. Ce dernier meurt dans des conditions telles qu'on peut croire que Néron l'a fait empoisonner. Pendant ce temps on cherche à perdre Sénèque dans l'esprit du prince.

Mors Burri infregit Senecae potentiam, quia nec bonis artibus[1] idem virium[2] erat, altero velut[3] duce amoto, et Nero ad deteriores inclinabat. Hi variis criminationibus Senecam adoriuntur, tamquam[4] ingentes et privatum modum evectas opes adhuc augeret, quodque studia civium in se verteret, hortorum quoque amoenitate et villarum magnificentia quasi[5] principem supergrederetur. Objiciebant etiam eloquentiae laudem uni sibi adsciscere et carmina crebrius factitare, postquam Neroni amor eorum venisset. Nam oblectamentis principis palam iniquum detrectare vim ejus equos regentis, inludere voces quoties caneret. Quem ad finem nihil in re publica clarum fore quod non ab illo reperiri credatur? Certe finitam Neronis pueritiam et robur juventae adesse: exueret magistrum satis amplis doctoribus instructus, majoribus suis.

TACITE, *Annales*, XIV, 52.

1. *bonis artibus* = le parti de la vertu. — 2. génitif explicatif. — 3. *velut* porte sur *duce*. — 4. *tamquam* + subjonctif = alléguant que. — 5. *quasi* : même sens que *tamquam* (note 4).

394 Plan d'urbanisme et de reconstruction à Rome après le grand incendie

64 apr. J.-C., Rome vient de brûler. L'incendie a commencé près du Circus Maximus pendant que Néron était à Antium, et il a ravagé presque toute la ville : dix quartiers sur quatorze, dont les constructions serrées et vétustes ont été une proie facile pour les flammes. Néron, qui a regagné Rome quand son propre palais a été atteint, a pris des mesures de clémence, ouvert ses jardins au peuple éprouvé, fait installer des baraquements, et fait venir des vivres d'Ostie. Il fait ensuite édifier un magnifique palais au milieu d'immenses jardins, puis il envisage la reconstruction de la ville.

Ceterum urbis quae domui[1] supererant non, ut post Gallica incendia, nulla distinctione nec passim erecta[2], sed dimensis vicorum ordinibus et latis viarum spatiis cohibitaque aedificiorum altitudine ac patefactis areis additisque porticibus quae frontem insularum protegerent. Eas porticus Nero sua pecunia exstructurum purgatasque areas dominis[3] traditurum pollicitus est. Addidit praemia pro cujusque ordine et rei familiaris copiis finivitque tempus intra quod effectis domibus aut insulis apiscerentur. Ruderi accipiendo Ostienses paludes destinabat utique[4] naves quae frumentum Tiberi subvectassent onustae rudere decurrerent; aedificiaque ipsa certa sui parte sine trabibus saxo Gabino Albanove solidarentur, quod is lapis ignibus impervius est; jam aqua privatorum licentia intercepta, quo largior et pluribus locis in publicum flueret, custodes[5]; et subsidia reprimendis ignibus in propatulo quisque haberet; nec communione parietum, sed propriis quaeque muris ambirentur. Ea ex utilitate accepta decorem quoque novae urbi attulere.

TACITE, *Annales*, XV, 43, 1 à 5.

1. *domus* : le palais que Néron s'est fait bâtir au milieu de jardins immenses et qu'on appela la Maison Dorée. — 2. *erecta (sunt)*. — 3. *dominis* : ici, les propriétaires d'immeubles. — 4. *utique* = *et ut*. — 5. sous-entendre *destinabat*, verbe qui domine tout l'ensemble.

395 Néron détourne sur les chrétiens la colère de Rome

64 apr. J.-C. La rumeur qui a fait de Néron le responsable de l'incendie de Rome continue à circuler. Le peuple croit que Néron a fait mettre le feu à la ville pendant son absence, qu'il a chanté sur son théâtre la ruine de Troie pendant que la ville brûlait, et qu'il rêvait de faire reconstruire une ville qui porterait son nom. La construction de son palais n'a fait qu'accroître la haine, en dépit des mesures qu'il a prises pourtant. Néron, inquiet, détourne la colère qu'il sent gronder contre lui sur la secte des chrétiens, qui progresse beaucoup à Rome et que le peuple soupçonne de grands méfaits (voir version n° 441).

Non ope humana, non largitionibus principis aut deum placamentis decedebat infamia quin[1] jussum incendium crederetur. Ergo abolendo rumori Nero subdidit reos et quaesitissimis poenis adfecit quos per flagitia[2] invisos vulgus christianos appellabat. Auctor nominis ejus Christus, Tiberio imperitante, per procuratorem Pontium Pilatum supplicio adfectus erat; repressaque in praesens exitiabilis superstitio rursum erumpebat, non modo per Judaeam, originem ejus mali, sed per urbem etiam quo cuncta undique atrocia aut pudenda confluunt celebranturque. Igitur primum correpti qui fatebantur[3], deinde indicio eorum multitudo ingens haud proinde in crimine incendii quam odio humani generis convicti sunt. Et pereuntibus addita ludibria, ut ferarum tergis contecti laniatu canum interirent, aut crucibus adfixi aut flammandi, atque, ubi defecisset dies, in usum nocturni luminis urerentur. Hortos suos ei spectaculo Nero obtulerat et circense ludicrum edebat, habitu aurigae permixtus plebi vel curriculo insistens. Unde quamquam adversus sontes et novissima exempla meritos miseratio oriebatur, tamquam non utilitate publica, sed in saevitiam unius absumerentur.

TACITE, *Annales*, XV, 44, 3 à 9.

1. l'expression : *non infamia decedebat* équivaut à un verbe de doute; de là *quin*, comme dans *non dubitare quin*. — 2. il s'agit de l'opinion répandue alors (voir notice). — 3. sous-entendre *se christianos esse*.

396 Une conspiration sous Néron

65 apr. J.-C. : il se forme contre Néron une conjuration à la tête de laquelle se trouve Cn. Calpurnius Pison, et à laquelle participent de nombreux Romains, entre autres Lucain, l'auteur de la Pharsale, *furieux de ce que Néron, jaloux de lui, défende qu'il publie ses vers, Pétrone et peut-être Sénèque.*

Interim cunctantibus prolatantibusque[1] spem ac metum, Epicharis quaedam, incertum quonam modo sciscitata (neque illi ante ulla rerum honestarum cura fuerat), accendere et arguere conjuratos, ac postremum, lentitudinis eorum pertaesa et in Campania agens, primores classiariorum Misenensium labefacere et conscientia inligare conisa est tali initio. Erat navarchus in ea classe Volusius Proculus, occidendae matris Neroni inter ministros, non ex magnitudine sceleris provectus, ut rebatur. Is mulieri olim cognitus, seu recens orta amicitia, dum merita erga Neronem sua et quam in irritum cecidissent aperit adjicitque questus et destinationem vindictae, si facultas oreretur, spem dedit[2] posse impelli et plures conciliare: nec leve auxilium in classe, crebras occasiones, quia Nero multo apud Puteolos et Misenum maris usu laetabatur. Ergo Epicharis plura; et omnia scelera principis orditur, neque sancti quidquam manere[3]. Sed provisum[4] quonam modo poenas eversae rei publicae daret... Nomina tamen conjuratorum reticuit. Unde Proculi indicium irritum fuit, quamvis ea quae audierat ad Neronem detulisset.

TACITE, *Annales,* XV, 51, 1 à 6.

1. sujet: les autres conspirateurs *(conjuratis).* — 2. comprendre: *is... spem dedit (mulieri) (ipsum) posse impelli.* — 3. proposition infinitive à rattacher à l'idée de déclaration contenue dans: *orditur.* — 4. sous-entendre: *esse,* c'est toujours Épicharis qui parle.

397 *Torture sous Néron*

Suite de la version précédente: l'affranchi d'un des conjurés a dénoncé à Néron la conjuration. Devant la menace des tortures, des langues se délient: les conjurés trahissent leurs complices. Pison s'ouvre les veines. Lucain livrera même sa mère (Tacite, XV, LVI), Sénèque sera lui aussi nommé par un conjuré, Natalis, qui savait la haine de Néron pour son ancien précepteur et voudra ainsi lui plaire. À ces lâchetés, Tacite oppose l'attitude d'Épicharis.

Atque interim Nero recordatus Volusii Proculi indicio Epicharin attineri ratusque muliebre corpus impar[1] dolori tormentis dilacerari jubet. At illam non verbera, non ignes, non ira eo acrius[2] torquentium ne a femina spernerentur, pervicere quin objecta denegaret. Sic primus questionis dies contemptus. Postero cum ad eosdem cruciatus retraheretur gestamine sellae (nam dissolutis membris insistere nequibat), vinclo fasciae[3], quam pectori detraxerat, in modum laquei ad arcum sellae restricto indidit cervicem et corporis pondere conisa tenuem jam spiritum expressit, clariore exemplo libertina mulier in tanta necessitate alienos ac prope ignotos protegendo, cum ingenui et viri et equites Romani senatoresque intacti tormentis carissima suorum quisque pignorum proderent.

TACITE, *Annales,* XV, 57.

1. sous-entendre: *esse.* — 2. *eo acrius* porte sur *torquentium.* — 3. génitif explicatif.

398 *Néron à la chasse au trésor*

65 apr. J.-C.: Néron avait sans cesse besoin d'argent et il était prêt à croire ceux qui lui en promettaient; c'est ainsi qu'un certain Césellius Bassus, Carthaginois d'origine, ayant prétendu qu'un rêve lui avait découvert les trésors de la reine Didon dans une caverne, et qu'il pourrait les extraire de là facilement, Néron se laisse duper par l'espoir flatteur de ces richesses — immenses au dire du « découvreur ».

Igitur Nero, non auctoris, non ipsius negotii fide satis spectata nec missis per quos nosceret an vera adferrentur, auget ultro rumorem mittitque qui velut paratam praedam adveherent. Dantur[1] triremes et delectum remigium juvandae festinationi. Nec aliud per illos dies populus credulitate, prudentes diversa fama[2] tulere... Gliscebat interim luxuria spe inani consumebanturque veteres opes quasi oblatis quas multos per annos prodigeret. Quin et inde jam largiebatur; et divitiarum expectatio inter causas paupertatis publicae erat. Nam[3] Bassus effosso agro suo latisque circum arvis, dum hunc vel illum locum promissi specus adseverat, sequunturque non modo milites sed populus agrestium efficiendo operi adsumptus, tandem posita vaecordia, non falsa antea somnia sua seque tunc primum elusum admirans, pudorem et metum morte volontaria effugit. Quidam vinctum ac mox dimissum tradidere ademptis bonis in locum regiae gazae...

TACITE, *Annales*, XVI, 2-3.

1. sous-entendre *Basso* (voir notice). — 2. ablatif de cause qui s'oppose à *credulitate*. — 3. *nam* = or.

LA CORRESPONDANCE

PLINE LE JEUNE

Nous connaissons bien PLINE LE JEUNE par des témoignages épigraphiques et par sa propre correspondance. C. PLINIUS CAECILIUS SECUNDUS est né en 61/62 à Côme, d'un père grand propriétaire terrien et d'une sœur de Pline l'Ancien. Son père le laissa orphelin à huit ans. Il fut élevé par un tuteur, Verginius Rufus, et par son oncle Pline qui l'adopta par testament d'où son nom de Plinius. Il était riche et possédait à Côme deux villas sur le lac, qu'il avait appelées *Tragédie* et *Comédie*, et d'autres villas près d'Ostie et à Pérouse.

À Rome, sous la tutelle de son oncle, il suivit les cours d'illustres maîtres, dont Quintilien, et il eut comme condisciple Tacite, avec qui il resta toujours lié. C'est à la mort de Pline l'Ancien qu'il prit le nom que nous lui connaissons actuellement. À l'âge de 19 ans, il débuta au barreau avec succès et parcourut brillamment la carrière politique sous Domitien, puis sous Nerva et Trajan: tribun militaire en Syrie vers 81, puis questeur (90), tribun de la plèbe (91), préteur (96), préfet du trésor de Saturne, consul suffect (100), et entra au collège des augures en 101. Vers 110, il fut nommé par Trajan, avec le titre de légat impérial, au gouvernement du Pont et de la Bithynie. Il mourut probablement en Orient vers 112/113. Cette carrière est attestée par une inscription où on peut lire qu'il fut « consul, augure, légat propréteur de la Province du Pont et de la Bithynie, envoyé dans cette province avec pouvoir consulaire en vertu d'un senatus-consulte par l'empereur César Nerva Trajan Germanicus Dacius, père de la Patrie ». Il avait suivi une carrière très proche de celle de son ami Tacite.

Ses nombreux discours et ses poésies ne nous sont pas parvenus. C'était ce qu'on appelle un honnête homme, très doux, très désintéressé, bon époux, bon maître pour ses esclaves, gentil avec les pauvres gens, fidèle en amitié, aimant la justice et la vertu. On comprend qu'un homme aussi sympathique nous intéresse profondément quand on lit sa *Correspondance*.

Nous avons gardé de lui le *Panégyrique de Trajan* et dix livres de *Lettres*, le dixième contenant toute sa correspondance avec Trajan et les réponses de l'empereur. Il a publié lui-même les neuf premiers livres entre 97 et 109. Les quatorze premières lettres du livre X furent écrites entre 98 et 107 et toutes les autres pendant la légation de Bithynie. Toute la correspondance de PLINE a été écrite en vue de la publication et repose donc sur un choix soigneux. J. Humbert a classé toutes ces lettres de façon intéressante: compliments (anniversaires, naissances, etc.), éloges, portraits, descriptions (œuvres d'art, villas, sites), récits documentaires ou historiques, compte rendus de lectures publiques, dissertations morales, dissertations littéraires. Visiblement, PLINE écrit chaque lettre pour développer un seul sujet. Ce ne sont donc pas des œuvres spontanées, mais artistiques et savantes, faites en vue des lectures publiques.

Elles offrent, c'est évident, un grand intérêt historique: vie de PLINE, vie mondaine à

Rome, relations avec Tacite, pièces officielles quand il s'adresse à Trajan et qui mettent en relief la centralisation de l'Empire et peut-être aussi la difficulté éprouvée par PLINE à exercer une lourde charge loin de Rome. On peut se demander parfois s'il n'importunait pas Trajan et dans ce cas on admire la patience de l'empereur. Mais on découvre surtout un PLINE bien adapté à l'Empire, disciple de Quintilien, sachant juger les œuvres avec un goût très sûr et dirigeant avec gentillesse de jeunes avocats.

Cherchant à plaire, il travaille son style qui allie l'élégance à la finesse spirituelle. On peut lui reprocher une simplicité affectée et parfois de la préciosité. Mais lire PLINE LE JEUNE, c'est rencontrer un brave homme, un esprit délicat avec qui on a plaisir à converser.

Il faut parler du *Panégyrique de Trajan.* C'est une œuvre de circonstance. Il était d'usage, quand on était nommé consul, de prononcer en entrant en charge un *gratiarum actio* (action de grâces). L'ouvrage est pour nous un excellent document sur Trajan et l'attitude de l'auteur devant le pouvoir constitué. Il y montre la supériorité de Trajan sur ses prédécesseurs et célèbre sa vertu, sa vie exemplaire et les mesures qu'il sait prendre. Bien qu'il s'agisse d'un discours officiel, l'œuvre est sauvée par la sincérité de l'écrivain. Malheureusement, il doit avoir recours à toutes les ressources des rhéteurs et l'amplification de l'éloge finit par ennuyer.

L'œuvre de PLINE LE JEUNE, si elle n'atteint pas la grandeur de celle de Tacite, reste quand même un moment de la littérature latine; comme Mme de Sévigné, il a fait de la *Correspondance,* genre souvent documentaire, une œuvre d'art aux registres variés et lui a donné une place à côté des grands genres. Il s'y révèle avec Martial, Tacite et Juvénal, comme un néo-classique. Après ces écrivains, la grande littérature latine est morte.

399 *Réflexions sur la gloire qui peut naître d'une bonne action*

Pline demande à Pompeius Saturninus de revoir le discours qu'il a adressé à ses compatriotes au moment de la remise officielle d'une bibliothèque que lui et ses parents ont offerte à la ville de Côme. Il se demande si ce n'est pas faire preuve de trop de vanité que de publier ce discours et se prend à réfléchir sur la gloire. Celle-ci est devenue le seul but d'action de beaucoup de Romains parce qu'elle assure la survie dans la postérité. Pline dégage la part de vanité dans l'amour de la gloire et se demande si un acte n'est pas bon d'abord en lui-même.

Quamquam[1] hujus cunctationis meae causae non tam in scriptis quam in ipso materiae genere consistunt. Est enim paulo quasi gloriosius et elatius; onerabit hoc modestiam nostram, etiam si stilus ipse pressus[2] demissusque fuerit, propterea quod cogimur cum[3] de munificentia parentum nostrorum, tum de nostra disputare...

Praeterea meminimus quanto majore animo[4] honestatis fructus in conscientia quam in fama reponatur. Sequi enim gloria, non adpeti debet nec, si casu aliquo non sequatur, idcirco quod gloriam non meruit[5], minus pulchrum est. Ii vero qui benefacta sua verbis adornant, non ideo praedicare[5], quia fecerint, sed ut praedicarent, fecisse creduntur. Sic, quod magnificum referente alio fuisset, ipso qui gesserat recensente vanescit[6]. Homines enim, cum rem destruere non possunt, jactationem ejus incessunt.

PLINE LE JEUNE, I, 8, 5 et 14.

1. *quamquam* = *tamen; scriptis* = la valeur de l'écrit (cf. notice). — 2. *pressus* = modeste, plein de retenue. — 3. *cum* est en balancement avec *tum.* — 4. *majore animo :* complément d'agent de *reponatur.* — 5. faux frères. — 6. *vanescit* = n'a plus de valeur, n'est plus rien.

400 Les lectures publiques

À Rome, sous l'Empire, presque tous les Romains cultivés composaient des poèmes. Ils organisaient chez eux ou dans un local loué des « lectures publiques » où ils déclamaient leurs œuvres devant leurs invités et leurs amis. C'était là un moyen de faire connaître les œuvres, dans un temps qui ignorait l'imprimerie. Mais la fréquence de ces lectures en faisait une corvée mondaine pour le Tout-Rome littéraire. Pline le Jeune proteste ici contre cette désinvolture et cette désaffection du public. (Réaction différente de Juvénal; voir version n° 361).

C. Plinius Sosio Senecioni suo s.

Magnum proventum poetarum annus hic attulit; toto mense Aprili nullus fere dies, quo non recitaret aliquis. Juvat me quod vigent studia, proferunt se ingenia hominum et ostentant, tametsi ad audiendum pigre coitur. Plerique in stationibus[1] sedent tempusque audiendi fabulis conterunt ac subinde sibi nuntiari jubent an jam recitator intraverit, an dixerit praefationem, an ex magna parte evolverit[2] librum; tunc demum ac tunc quoque[3] lente cunctanterque veniunt; nec tamen permanent, sed ante finem recedunt, alii dissimulanter et furtim, alii simpliciter et libere.

At hercule memoria parentum Claudium Caesarem[4] ferunt, cum in Palatio spatiaretur audissetque clamorem, causam requisisse; cumque dictum esset recitare Nonianum, subitum recitanti inopinatumque venisse. Nunc otiosissimus quisque multo ante rogatus et identidem admonitus aut non venit aut, si venit, queritur se diem, quia non perdiderit, perdidisse.

PLINE LE JEUNE, I, 13, 1 à 4.

1. *stationibus* = salles de rendez-vous, salles d'attente. — 2. *evolverit*: le manuscrit était un rouleau de bandes de papyrus collées, qu'on déroulait au fur et à mesure de la lecture. — 3. *quoque* = *etiam*. — 4. *Claudium Caesarem*: l'empereur Claude. *Nonianum*: historien (on donnait aussi la lecture des ouvrages historiques).

401 L'attitude d'un sage devant la maladie

Les stoïciens prônaient le suicide comme un moyen éminemment digne de sortir de la vie. Sénèque (ad. Luc. 58/36) en donne la règle : « Non afferam mihi manus propter dolorem... hunc tamen si sciero perpetuo mihi esse patiendum, exibo. » *Le problème est ici posé à Pline par la vie : Titius Aristo est un de ses amis, qu'il admire pour sa science et sa dignité. Or il est très malade. Pline nous dira dans la fin de sa lettre que le diagnostic des médecins est réconfortant. Mais avant ce diagnostic, le malade s'interroge.*

C. Plinius Catilio Severo[1] suo s.

Diu jam in urbe haereo et quidem attonitus. Perturbat me longa et pertinax valetudo Titi Aristonis, quem singulariter et miror et diligo. Nihil est enim illo gravius, sanctius, doctius, ut mihi non unus homo, sed litterae ipsae omnesque bonae artes in uno homine summum periculum adire videantur...

Mirareris, si interesses, qua patientia hanc ipsam valetudinem toleret, ut dolori resistat, ut sitim differat, ut incredibilem febrium ardorem immotus opertusque transmittat. Nuper me paucosque mecum, quos maxime diligit, advocavit rogavitque ut medicos consuleremus de summa valetudinis, ut, si esset insuperabilis, sponte exiret e vita, si tantum difficilis et longa, resisteret maneretque : dandum enim precibus uxoris, dandum filiae lacrimis, dandum etiam nobis amicis, ne spes nostras, si modo non essent inanes, voluntaria morte desereret. Id ego arduum in primis et praecipua laude dignum puto. Nam impetu quodam et instinctu procurrere ad mortem commune cum multis, deliberare vero et causas ejus expendere, utque suaserit ratio, vitae mortisque consilium vel suscipere vel ponere ingentis est animi.

PLINE LE JEUNE, I, 22, 1 et 7-10.

1. *L. Catilius Severus,* important personnage, *« legatus pro praetore »* en Asie, sous le règne de Trajan. Il arriva aux grands honneurs vers 115 apr. J.-C.

402

Un profiteur éhonté

M. Aquilius Regulus (consul en 51) se distingua après la mort de Galba et de Pison par sa conduite abominable. Son fils Aquilius Regulus, sur la tête duquel il prête de faux serments, mourra jeune et sera pleuré bruyamment par ce père indigne qui avait même capté l'héritage de son propre fils (voir version n° 407).

C. Plinius Calvisio[1] suo s.

Assem para[2], et accipe auream fabulam... Verania Pisonis[3] graviter jacebat, hujus dico Pisonis, quem Galba adoptavit. Ad hanc Regulus venit. Primum impudentiam[4] hominis, qui venerit ad aegram, cujus marito inimicissimus, ipsi invisissimus fuerat. Esto[5], si venit tantum, at ille etiam proximus toro sedit, quo die, qua hora nata esset interrogavit. Ubi audiit, componit vultum, intendit oculos, movet labra, agitat digitos, computat; nihil. Ut diu miseram exspectatione suspendit, « Habes » inquit « climactericum tempus, sed evades. Quod ut tibi magis liqueat, haruspicem consulam, quem sum frequenter expertus ». Nec mora, sacrificium facit, affirmat exta cum siderum significatione congruere. Illa, ut in periculo credula, poscit codicillos, legatum Regulo scribit. Mox ingravescit, clamat moriens hominem nequam, perfidum ac plus etiam quam perjurum, qui sibi per salutem filii pejerasset. Facit hoc Regulus non minus scelerate quam frequenter, quod iram deorum, quos ipse cotidie fallit, in caput infelicis pueri detestatur...

PLINE LE JEUNE, II, 20, 1 à 6.

1. *C. Calvisius Rufus* est un familier de Pline, sénateur à Côme. — 2. *assem para* = prépare ton obole. Pline imite plaisamment ceux qui font la quête avant d'exécuter en public un tour, ici : raconter une histoire amusante. — 3. sous-entendre *uxor.* — 4. accusatif exclamatif. — 5. cet impératif futur a le sens de : soit, passe encore.

403 Comment on fait fortune à Rome

Cette version continue l'histoire du « héros » de la version précédente. Velleius Blaesus, peut-être descendant de l'historien Velleius Paterculus, meurt sous Domitien. Sur C. Calvisius Rufus : voir version précédente, note 1.

C. Plinius Calvisio suo s.

Velleius Blaesus, ille locuples consularis, novissima valetudine conflictabatur, cupiebat mutare testamentum. Regulus, qui speraret aliquid ex novis tabulis, quia nuper captare eum coeperat, medicos hortari, rogare quoquo modo spiritum homini prorogarent. Postquam signatum est testamentum, mutat personam, vertit allocutionem isdemque medicis : « Quousque miserum cruciatis ? Quid invidetis bona morte cui dare vitam non potestis ? » Moritur Blaesus et, tamquam omnia audisset, Regulo ne tantulum quidem... Et hic hereditates, hic legata, quasi mereatur, accipit !

Sed in hac civitate non minora praemia, immo majora, nequitia et improbitas quam pudor et virtus habent. Adspice Regulum, qui ex paupere et tenui ad tantas opes per flagitia processit, ut ipse mihi dixerit, cum consuleret quam cito sestertium sescentiens[1] impleturus esset, invenisse se exta duplicia, quibus portendi miliens et ducentiens habiturum. Et habebit, si modo, ut coepit, aliena testamenta, quod est improbissimum genus falsi, ipsis quorum sunt illa[2] dictaverit. Vale.

PLINE LE JEUNE, II, 20, 7-8 et 11 à 14.

1. ellipse de : *centena milia* ; il faut donc comprendre : six cents fois cent mille, et le double avec : *miliens et ducentiens*. — 2. *illa (centena milia sestertium)*.

404 Pline demande conseil à un ami pour un achat

Pline a grande confiance en son ami Calvisius Rufus. Il possède lui-même une grande fortune et cherche à bien la placer. De là sa lettre à cet ami. Il est assez amusant de voir les calculs auxquels il se livre. C'est un propriétaire avisé. Remarquer qu'un Romain ne prenait aucune décision importante sans convoquer le conseil de ses amis et sans leur demander leur avis. C'est un trait de mœurs.

C. Plinius Calvisio Rufo suo s.

Adsumo te in consilium rei familiaris, ut soleo. Praedia agris meis vicina atque etiam inserta venalia sunt. In his me multa sollicitant, aliqua nec minora deterrent. Sollicitat primum ipsa pulchritudo jungendi, deinde, quod non minus utile quam voluptuosum, posse utraque eadem opera, eodem viatico invisere, sub eodem procuratore ac paene isdem actoribus habere, unam villam colere et ornare, alteram tantum tueri. Inest huic computationi sumptus supellectilis, sumptus atriensium, topiariorum, fabrorum atque etiam venatorii instrumenti; quae plurimum refert unum in locum conferas an in diversa dispergas. Contra vereor ne sit incautum rem tam magnam isdem tempestatibus, isdem casibus subdere; tutius videtur incerta fortunae possessionum varietatibus experiri. Habet etiam multum jucunditatis soli caelique mutatio ipsaque illa peregrinatio inter sua...

Superest ut scias quanti videantur posse emi, sestertio triciens[1]... Quaeris an hoc triciens facile colligere possimus[2]; sum quidem prope totus in praediis, aliquid tamen fenero, nec molestum erit mutuari; accipiam a socru, cujus arca non secus ac mea utor...

PLINE LE JEUNE, III, 19, 1 à 4 et 7 à 8.

1. = trois millions de sesterces. — 2. pluriel de majesté.

405 Pline fait l'éloge du poète Martial qui vient de mourir

Pline a bien connu le poète Martial. Ce dernier a eu la nostalgie du pays natal (Bilbilis en Espagne Tarraconaise). Il y est retourné : c'est Pline qui lui a fait cadeau de l'argent nécessaire, car Martial était pauvre. Parti de Rome en 98 apr. J.-C., Martial mourut à Bilbilis en 101 ou 102. Martial a écrit 1 500 épigrammes.

C. Plinius Cornelio Prisco suo s.

Audio Valerium Martialem decessisse et moleste fero. Erat homo ingeniosus, acutus, acer, et qui plurimum in scribendo et salis haberet et fellis nec candoris minus. Prosecutus eram viatico secedentem; dederam hoc amicitiae, dederam etiam versiculis, quos de me composuit. Fuit moris antiquis eos qui vel singulorum laudes vel urbium scripserant, aut honoribus aut pecunia ornare; nostris vero temporibus ut alia speciosa et egregia, ita hoc in primis exolevit. Nam postquam desiimus facere laudanda, laudari quoque ineptum putamus[1]...

Meritone eum qui haec de me scripsit et tunc dimisi amicissime et nunc ut amicissimum defunctum esse doleo? Dedit enim mihi quantum maximum potuit, daturus amplius, si potuisset. Tametsi quid homini potest dari majus quam gloria et laus et aeternitas rerum? At[2] non erunt aeterna quae scripsit; non erunt fortasse, ille tamen scripsit tamquam essent futura. Vale.

PLINE LE JEUNE, III, 21, 1-3 et 6.

1. il y a ici une coupure : Pline cite quelques vers écrits en son honneur par Martial. — 2. objection supposée par Pline.

406 Promesse d'une visite

Cette lettre est adressée à Calpurnius Fabatus, grand-père paternel de Calpurnia, troisième femme de Pline le Jeune. Ce vieillard est originaire de Côme, dont il est le « patronus », il appartient à l'ordre équestre. Pline annonce sa visite à Fabatus. Il doit faire un détour par Tifernium Tiberinum (Toscane) : il y présidera la dédicace d'un temple qu'il a offert à cette bourgade dont il est protecteur (patronus).

C. Plinius Fabato, procero suo, s.

Cupis post longum tempus neptem tuam meque una videre. Gratum est utrique nostrum quod cupis, mutuo[1] mehercule. Nam in vicem nos incredibili quodam desiderio vestri tenemur, quod[2] non ultra differemus; atque adeo jam sarcinulas adligamus festinaturi, quantum itineris ratio permiserit. Erit una, sed brevis mora; deflectemus in Tuscos[3], non ut agros remque familiarem oculis subjiciamus[4] (id enim postponi potest), sed ut fungamur necessario officio. Oppidum est praediis nostris vicinum (nomen Tifernium Tiberinum), quod me paene adhuc puerum patronum cooptavit tanto majore studio quanto minore judicio. Adventus meos celebrat, profectionibus angitur, honoribus gaudet. In hoc ego, ut referrem gratiam (nam vinci in amore turpissimum est), templum pecunia mea exstruxi, cujus dedicationem, cum sit paratum, differre longius inreligiosum est. Erimus ergo ibi dedicationis die, quem epulo celebrare constitui.

PLINE LE JEUNE, IV, I, 1 à 6.

1. *mutuo* : adv. (s.e. *cupimus te videre*). — 2. *quod* : relatif a pour antécédent l'idée contenue dans *vestri* = nous retrouver auprès de vous. — 3. *Tuscos* = propriété de Toscane. — 4. *subjicere* = inspecter.

407 Un indigne père

Il est rare que Pline médise de son prochain. Néanmoins l'attitude de M. Aquilius Regulus, homme dénué de scrupules et de cœur (voir versions nos 402-403), semble l'avoir révolté. Il en parle fielleusement et n'a pas de mots trop durs.

Attius Clemens était un personnage important, peut-être pontife vers 101-102.

C. Plinius Attio Clementi suo s.

Regulus filium amisit, hoc uno malo indignus, quod nescio an malum putet. Erat puer acris ingenii, sed ambigui, qui tamen posset recta sectari, si patrem non referret. Hunc Regulus emancipavit[1], ut heres matris exsisteret; mancipatum (ita vulgo ex moribus hominis loquebantur) foeda et insolita parentibus indulgentiae simulatione captabat[2]. Incredibile, sed Regulum cogita[3]. Amissum tamen luget insane. Habebat puer mannulos multos et junctos et solutos, habebat canes majores minoresque, habebat luscinias, psittacos, merulas; omnes Regulus circa rogum trucidavit. Nec dolor erat ille[4], sed ostentatio doloris. Convenitur ad eum mira celebritate. Cuncti detestantur, oderunt et, quasi probent, quasi diligant, cursant, frequentant... Tenet se trans Tiberim in hortis, in quibus latissimum solum porticibus immensis, ripam statuis suis occupavit, ut est in summa avaritia sumptuosus, in summa infamia gloriosus... Dicit se velle ducere uxorem; hoc quoque, sicut alia, perverse. Audies brevi nuptias lugentis, nuptias senis; quorum[5] alterum immaturum, alterum serum est. Unde hoc augurer quaeris ? Non quia affirmat ipse, quo mendacius nihil est, sed quia certum est Regulum esse facturum quidquid fieri non oportet. Vale.

PLINE LE JEUNE, IV, 2, 1 à 8 (légères coupures).

1. *emancipavit-mancipatum* : attention au jeu de mots (souligné par la parenthèse), essayer d'en rendre l'idée sinon les sonorités. — 2. l'imparfait marque ici l'effort. — 3. pensez (qu'il s'agit de) *Régulus*. — 4. attraction du démonstratif. — 5. neutre pluriel; reprend l'idée et non le mot *nuptias*.

408 Réponse à des félicitations au sujet de l'augurat

À l'époque impériale, la plupart des augures sont nommés par l'empereur (autrefois, il y avait cooptation). Cicéron (M. Tullius dans le texte), auquel se compare Pline, fut consul à 43 ans, augure à 53 ans; Pline fut consul à 39 ans et augure à 41 ans. Lettre adressée à Maturus Arrianus, chevalier romain.

C. Plinius Maturo Arriano suo s.

Gratularis mihi quod acceperim auguratum. Jure gratularis, primum, quod gravissimi principis[1] judicium in minoribus etiam rebus consequi pulchrum est; deinde, quod sacerdotium ipsum cum[2] priscum et religiosum, tum hoc quoque sacrum plane et insigne est, quod non adimitur viventi[3]. Nam alia quamquam dignitate propemodum paria, ut[4] tribuuntur, sic auferuntur; in hoc fortunae hactenus licet, ut dari possit[5]... Te quidem, ut scribis, ob hoc maxime delectat auguratus meus quod M. Tullius augur fuit. Laetaris enim quod honoribus ejus insistam quem aemulari studiis cupio. Sed utinam, ut sacerdotium idem, ut consulatum multo etiam juvenior quam ille sum consecutus, ita senex saltem ingenium ejus aliqua ex parte assequi possim !

PLINE LE JEUNE, IV, 8, 1-2 et 4-5.

1. *principis* : Trajan. — 2. *cum* en balancement avec *tum*. — 3. le sacerdoce est accordé à vie. — 4. *ut... sic* : balancement adversatif. — 5. *in hoc... possit* : la fortune peut seulement le donner (chercher le mot à mot).

409 Projet d'organisation de l'enseignement à Côme (I)

Pline écrit à son ami Tacite pour lui demander de pressentir dans son entourage quelques lettrés qui accepteraient d'être professeurs dans l'école qu'il veut fonder à Côme.

Proxime cum in patria mea fui, venit ad me salutandum municipis mei filius praetextatus. Huic ego : « Studes ? » inquam. Respondit : « Etiam » — « Ubi ? » — « Mediolani. » — « Cur non hic ? ». Et pater ejus (erat enim una atque etiam ipse adduxerat puerum) : « Quia nullos hic praeceptores habemus. » — « Quare nullos ? nam vehementer intererat[1] vestra, qui patres estis, » (et opportune complures patres audiebant) « liberos vestros hic potissimum discere. Ubi enim aut jucundius morarentur quam in patria aut pudicius continerentur quam sub oculis parentum, aut minore sumptu quam domi ? Quantulum[2] est ergo collata pecunia conducere praeceptores, quodque nunc in habitationes, in viatica, in ea quae peregre emuntur (omnia autem peregre emuntur) impenditis, adjicere mercedibus ! Atque adeo ego, qui nondum liberos habeo, paratus sum pro re publica nostra, quasi pro filia vel parente, tertiam partem ejus quod conferre vobis placebit dare ».

PLINE LE JEUNE, IV, 13, 3 à 5.

1. *intererat* : valeur de conditionnel. — 2. *quantulum est* = que ce serait peu de chose de...

410 Projet d'organisation de l'enseignement à Côme (II)

Voir notice précédente.

Pline s'est adressé aux habitants de Côme qui ont des enfants d'âge scolaire. Pourquoi ne fondent-ils pas une école au lieu d'envoyer leurs enfants faire leurs études à Milan ? Au début de la version, il fait des vœux pour une école future. Puis, à partir de « haec putavi », il s'adresse directement à Tacite.

« Atque utinam tam claros praeceptores inducatis ut finitimis oppidis studia hinc petantur utque nunc liberi vestri aliena in loca, ita mox alieni in hunc locum confluant ! »

Haec putavi altius et quasi a fonte repetenda[1], quo magis scires quam gratum mihi foret, si susciperes quod injungo. Injungo autem, et pro rei magnitudine rogo ut ex copia studiosorum quae ad te ex admiratione ingenii tui convenit, circumspicias praeceptores quos sollicitare possimus, sub ea tamen condicione ne cui fidem[2] meam obstringam. Omnia enim libera parentibus servo. Illi judicent, illi eligant ; ego mihi curam tantum et impendium[3] vindico. Proinde si quis[4] fuerit repertus qui ingenio suo fidat, eat illuc ea lege ut hinc nihil aliud certum quam fiduciam suam ferat. Vale.

PLINE LE JEUNE IV, 13, 9 (en partie), 10-11.

1. *repetenda :* s.e. *esse*, accord avec *haec. Repeto* = reprendre à l'origine. — 2. *fidem* = promesse, parole donnée. — 3. Pline voulait organiser l'enseignement à Côme et contribuer pour un tiers à toutes les dépenses. — 4. *quis* : sous-entendre : parmi les maîtres candidats à ce poste.

411 Pline fait l'éloge de sa femme Calpurnia

Pline écrit à Calpurnia Hispulla, fille de Calpurnius Fabatus et tante paternelle de Calpurnia. Calpurnia, orpheline de mère dès son jeune âge, avait été élevée par sa tante.

Summum est acumen, summa frugalitas : amat me, quod castitatis[1] indicium est. Accedit his studium litterarum, quod ex mei caritate concepit. Meos libellos habet, lectitat, ediscit etiam. Qua illa sollicitudine, cum videor[2] acturus, quanto, cum egi, gaudio afficitur ! Disponit qui nuntient sibi, quem assensum, quos clamores excitarim, quem eventum judicii tulerim. Eadem[3] si quando recito[4], in proximo, discreta velo, sedet laudesque nostras avidissimis auribus excipit. Versus quidem meos cantat etiam formatque[5] cithara, non artifice aliquo docente, sed amore, qui magister est optimus. His ex causis in spem certissimam adducor perpetuam nobis majoremque in dies futuram esse concordiam. Non enim aetatem meam aut corpus, quae paulatim occidunt ac senescunt, sed gloriam diligit.

PLINE LE JEUNE, IV, 19, 2 à 5.

1. *castitas* = bonne conduite. C'est un lieu commun chez les moralistes latins de rappeler combien la fidélité conjugale est rare chez les Romains. — 2. *videor* : passif de *video* ; s.e. *ab ea ; acturus* : s.e. *esse* ; *ago* = plaider (Pline est un avocat célèbre). — 3. *eadem* : il s'agit toujours de Calpurnia. — 4. *recitare* = faire une lecture publique (de ses œuvres). — 5. *format* = met en musique ; *cithara* = avec accompagnement de cithare.

412 Une maison entourée de jardins

Un ami de Pline lui a écrit pour lui déconseiller de se rendre dans sa villa de Toscane, qu'il croit insalubre (proximité des marais le long de la côte : la Maremme). Pline lui répond par une louange enthousiaste de cette villa, située en fait loin de la mer et sur une hauteur au pied des Apennins. Il chante d'abord le charme du climat et du pays, puis décrit avec complaisance la maison elle-même.

C. Plinius Domitio Apollinari[1] suo s.

Magna sui[2] parte meridiem spectat aestivumque solem ab hora sexta, hibernum aliquanto maturius quasi invitat in porticum prominulam, latam et pro modo longam. Multa in hac membra, atrium etiam ex more veterum. Ante porticum xystus concisa in plurimas species distinctus buxo; demissus inde pronusque pulvinus, cui bestiarum effigies in vicem adversas buxus inscripsit; acanthus in plano mollis et paene dixerim liquidus. Ambit hunc ambulatio, pressis[3] varieque tonsis viridibus inclusa; ab his gestatio in modum circi, quae buxum multiformem humilesque et retentas manu arbusculas circuit. Omnia maceria muniuntur; hanc gradata buxus operit et subtrahit. Pratum inde non minus natura quam superiora illa arte visendum; campi deinde porro multaque alia prata et arbusta.

PLINE LE JEUNE, V, 6, 15 à 18.

1. *L. Domitius Apollinaris,* consul en 97, puis magistrat en Lycie. — 2. *sui* désigne la villa dont il vient de parler (génitif du pronom personnel au lieu de l'adjectif possessif: non classique). — 3. *pressis* = maintenus bas, (taillés).

413 La demeure d'un amoureux de la nature

Suite de la version précédente.

A capite porticus triclinium excurrit; valvis xystum desinentem et protinus pratum multumque ruris videt, fenestris hac latus xysti et quod prosilit villae, hac adjacentis hippodromi nemus comasque prospectat. Contra mediam fere porticum diaeta paulum recedit, cingit aerolam, quae quattuor platanis inumbratur. Inter has marmoreo labro aqua exundat circumjectasque platanos et subjecta platanis leni aspergine fovet. Est in hac diaeta[1] dormitorium cubiculum, quod diem, clamorem, sonum excludit, junctaque ei cotidiana amicorum cenatio; areolam illam alia, porticum alia eademque omnia quae porticus adspicit. Est et aliud cubiculum a proxima platano[2] viride et umbrosum, marmore excultum podio tenus, nec cedit gratiae marmoris ramos insidentesque ramis aves imitata pictura. Fonticulus in hoc, in fonte crater, circa sipunculi plures miscent jucundissimum murmur.

PLINE LE JEUNE, V, 6, 19 à 23.

1. appartement (de plusieurs pièces). — 2. explique *viride* (= du fait de la proximité d'un platane).

414 Jeux d'eau dans une villa romaine

Suite de la version précédente.

In cornu porticus amplissimum cubiculum triclinio occurrit[1]; aliis fenestris xystum, aliis despicit pratum, sed ante piscinam, quae fenestris servit ac subjacet, strepitu visuque jucundam; nam ex edito desiliens aqua suscepta marmore albescit. Idem cubiculum hieme tepidissimum, quia plurimo sole perfunditur. Cohæret hypocauston et, si dies nubilus, immisso vapore solis vicem supplet. Inde apodyterium balinei laxum et hilare excipit cella frigidaria, in qua baptisterium amplum atque opacum. Si natare latius aut tepidius velis, in area piscina est, in proximo puteus, ex quo possis rursus adstringi, si paeniteat teporis. Frigidariae cellae conectitur media, cui sol benignissime praesto est; caldariae magis; prominet enim. In hac tres descensiones, duae in sole, tertia a sole longius, a luce non longius.

PLINE LE JEUNE, V, 6, 23 à 26.

1. fait pendant à.

415 Le début d'un tremblement de terre (79 apr. J.-C.)

Pline a raconté à son ami Tacite dans une lettre précédente la mort de son oncle Pline l'Ancien qui est survenue lors d'une éruption du Vésuve. Dans sa réponse, son ami lui a demandé ce que le jeune Pline (il a alors dix-huit ans) a fait à partir du moment où il s'est séparé de son oncle. L'éruption date de 79.

Jam hora diei prima, et adhuc dubius et quasi languidus dies; jam quassatis circum jacentibus tectis, quamquam in aperto loco, angusto tamen, magnus et certus ruinae metus[1]. Tum demum excedere oppido visum[2]; sequitur vulgus attonitum, quodque in pavore simile prudentiae, alienum consilium suo praefert ingentique agmine abeuntes[3] premit et impellit. Egressi tecta consistimus. Multa ibi miranda, multas formidines patimur. Nam vehicula quae produci jusseramus, quamquam in planissimo campo, in contrarias partes agebantur ac ne lapidibus quidem fulta in eodem vestigio quiescebant. Praeterea mare in se resorberi et tremore terrae quasi repelli videbamus. Certe processerat litus multaque animalia maris siccis harenis detinebat. Ab altero latere nubes atra et horrenda ignei spiritus tortis vibratisque discursibus rupta in longas flammarum figuras dehiscebat; fulguribus illae et similes et majores erant.

PLINE LE JEUNE, VI, 20, 6 à 9.

1. Pline et sa mère qui habitent Misène (où Pline l'Ancien commande la flotte) se sont assis dans la cour de leur maison. — 2. *visum (est nobis)*. — 3. *abeuntes (nos)*.

416 *Pline et sa mère sont pris dans un tremblement de terre (79 apr. J.-C.)*

Suite de la version précédente. Après le début du tremblement de terre, Pline et sa mère ont quitté leur maison et se sont arrêtés, une fois en dehors de l'agglomération. Une nuée noire, traversée de lueurs, s'avance vers eux.

Nec multo post illa nubes descendere in terras, operire maria; cinxerat Capreas et absconderat, Miseni quod procurrit abstulerat. Tum mater orare, hortari, jubere quoquo modo fugerem; posse enim juvenem, se et annis et corpore gravem bene morituram, si mihi causa mortis non fuisset. Ego contra, salvum me nisi una non futurum. Dein manum ejus amplexus addere gradum cogo. Paret aegre incusatque se, quod me moretur. Jam cinis, adhuc tamen rarus. Respicio; densa caligo tergis imminebat, quae nos torrentis modo infusa terrae sequebatur. « Deflectamus », inquam, « dum videmus, ne in via strati comitantium[1] turba in tenebris obteramur ». Vix consederamus et nox, non qualis[2] inlunis aut nubila, sed qualis in locis clausis lumine exstincto. Audires ululatus feminarum, infantium quiritatus, clamores virorum; alii parentes, alii liberos, alii conjuges vocibus requirebant, vocibus noscitabant; hi suum casum, illi suorum miserabantur; erant qui metu mortis mortem precarentur; multi ad deos manus tollere, plures nusquam jam deos ullos aeternamque illam et novissimam noctem[3] mundo interpretabantur.

PLINE LE JEUNE, VI, 20, 11 à 15.

1. *comitantium* : il s'agit de ceux qui ont accompagné Pline et sa mère dans leur fuite. — 2. *(talis) qualis (est nox)*; après *nox* s.e. : *fuit*. — 3. les anciens croyaient que le monde s'anéantirait au cours d'une dernière nuit due à la disparition du soleil.

417 *La fin d'une grave alerte : Pline et sa mère échappent au tremblement de terre dû à l'éruption du Vésuve*

Pline et sa mère se sont établis un peu en dehors de Misène au début du tremblement de terre. Ils sont dans une obscurité profonde traversée de lueurs. Il s'agit de la cendre projetée par le Vésuve en éruption et de clartés étranges. Suite des deux versions précédentes, voir notices.

Paulum reluxit, quod non dies nobis, sed adventantis ignis[1] indicium videbatur. Et ignis quidem longius substitit, tenebrae rursus, cinis rursus multus et gravis. Hunc identidem adsurgentes excutiebamus; operti alioqui atque etiam oblisi pondere essemus. Possem gloriari non gemitum mihi, non vocem parum fortem in tantis periculis excidisse, nisi me cum omnibus[2], omnia mecum perire misero, magno tamen mortalitatis solacio[3] credidissem.

Tandem illa caligo tenuata quasi in fumum nebulamve discessit; mox dies verus, sol etiam effulsit, luridus tamen, qualis esse cum deficit solet. Occursabant trepidantibus adhuc oculis mutata omnia altoque cinere tamquam nive obducta. Regressi Misenum, curatis utcumque corporibus[4], suspensam dubiamque noctem spe ac metu exegimus. Metus praevalebat; nam et tremor terrae perseverabat, et plerique lymphati terrificis vaticinationibus et sua et aliena mala ludificabantur[5].

Haec nequaquam historia digna non scripturus leges[6] et tibi, scilicet qui requisisti, imputabis, si digna ne epistula quidem videbuntur. Vale.

PLINE LE JEUNE VI, 20, 16 à 19 et fragment de 20.

1. Pline a signalé plus haut l'existence de traînées de flamme qui déchiraient l'obscurité. — 2. les anciens croyaient que le monde périrait dans une dernière nuit après l'extinction du soleil. — 3. *solacio* : datif final, m. à m. comme un objet de consolation. — 4. *corpora curare* = réparer ses forces (en mangeant sans doute). — 5. *ludificabantur* = donnaient une image dérisoire. — 6. *leges* : l'auteur s'adresse à Tacite, l'historien.

418 Pline et ses esclaves

Les esclaves ne sont pour les Romains que des choses dont ils disposent librement, et ils n'ont absolument aucun statut civil. La manière dont ils étaient traités variait beaucoup d'un maître à l'autre. Certains Romains plus évolués, comme Pline, comprenant qu'ils avaient quand même affaire à des hommes, cherchaient à humaniser la servitude, qu'il n'était pas en leur pouvoir de supprimer.

C. Plinius Paterno suo s.

Confecerunt me infirmitates meorum[1], mortes etiam, et quidem juvenum. Solacia duo nequaquam paria tanto dolori, solacia tamen; unum facilitas manumittendi : videor enim non omnino immaturos perdidisse quos jam liberos perdidi; alterum, quod permitto servis quoque quasi testamenta facere eaque ut legitima custodio. Mandant rogantque quod visum[2]; pareo ut jussus. Dividunt, donant, relinquunt, dumtaxat intra domum; nam servis res publica quaedam et quasi civitas domus est. Sed quamquam his solaciis acquiescam, debilitor et frangor eadem illa humanitate quae me ut hoc ipsum permitterem induxit. Non ideo tamen velim durior fieri. Nec ignoro alios[3] ejusmodi casus nihil amplius vocare quam damnum eoque sibi magnos homines et sapientes videri. Qui an magni sapientesque sint nescio, homines non sunt. Hominis est enim adfici dolore, sentire, resistere tamen et solacia admittere, non solaciis non egere. Verum de his plura fortasse quam debui, sed pauciora quam volui. Est enim quaedam etiam dolendi voluptas, praesertim si in amici sinu defleas, apud quem lacrimis tuis vel laus sit parata vel venia. Vale.

PLINE LE JEUNE, VIII, 16.

1. *meorum* = mes gens. — 2. *(id) quod visum (est eis)*. — 3. *alios (dominos)* : sujet de *vocare* et de *videri*.

419

Une épouse dévouée

Dans une lettre adressée à Rufinus, Pline rapporte les commentaires que suscite le testament de Domitius Tullus. Il a partagé ses biens entre sa fille, ses petits-enfants et sa femme. Celle-ci l'avait épousé alors qu'il était vieux et accablé d'infirmités. Rufinus est inconnu. Domitius Tullus meurt paralysé en 108, après une brillante carrière militaire et administrative.

Accepit[1] amoenissimas villas, accepit magnam pecuniam uxor optima et patientissima ac tanto melius de viro merita, quanto magis est reprehensa quod nupsit. Nam mulier natalibus clara, moribus proba, aetate declivis, diu vidua, mater olim, parum decore secuta[2] matrimonium videbatur divitis senis ita perditi morbo ut esse taedio posset uxori quam juvenis sanusque duxisset; quippe, omnibus membris extortus et fractus, tantas opes solis oculis obibat ac ne in lectulo quidem nisi ab aliis movebatur. Quin etiam (foedum miserandumque dictu) dentes lavandos fricandosque praebebat. Auditum frequenter ex ipso, cum quereretur de contumeliis debilitatis suae, digitos se servorum suorum cotidie lingere. Vivebat tamen et vivere volebat sustentante maxime uxore, quae culpam inchoati matrimonii in gloriam perseverantia verterat.

PLINE LE JEUNE, VIII, 18, 8 à 10.

1. s.e. *ex hereditate.* — 2. *secuta (esse)* a pour complément. d'objet *matrimonium.*

420

Éloge de la Grèce

Pline écrit à Sextus Quintilius Valerius Maximus. Après avoir été questeur et préteur, ce dernier est envoyé en Achaïe « ad ordinandum statum liberarum civitatium ». *La province d'Achaïe comprenait alors la Grèce entière, c'était une province sénatoriale, gouvernée par un proconsul qui résidait à Corinthe. Rome affectait de respecter la liberté de certaines villes grecques comme Athènes. L'archontat, la stratégie, l'Aréopage subistaient officiellement, mais les magistrats n'avaient pas de pouvoir réel.*

Cogita te missum in provinciam Achaiam, illam veram et meram Graeciam, in qua primum humanitas, litterae, etiam fruges[1] inventae esse creduntur[1]; missum ad ordinandum statum liberarum civitatium, id est ad homines maxime homines, ad liberos maxime liberos, qui jus[2] a natura datum virtute, meritis, amicitia, foedere denique et religione tenuerint. Reverere conditores deos et nomina deorum, reverere gloriam veterem et hanc ipsam senectutem, quae in homine venerabilis, in urbibus sacra est. Sit apud te honor antiquitati, sit ingentibus factis, sit fabulis quoque. Nihil ex cujusquam dignitate, nihil ex libertate, nihil etiam ex jactatione[3] decerpseris. Habe ante oculos hanc esse terram quae nobis miserit jura, quae leges non victis, sed petentibus dederit, Athenas esse quas adeas, Lacedaemonem esse quam regas; quibus reliquam umbram et residuum libertatis nomen eripere durum, ferum, barbarum est.

PLINE LE JEUNE, VIII, 24, 2 à 5.

1. Déméter passait aux yeux des Grecs pour avoir enseigné aux hommes l'agriculture. — 2. *jus* = ce droit (à la constitution de ville libre). — 3. *jactatio* = vanité.

421 Un Romain ne doit pas se montrer dur envers la Grèce

Suite de la version précédente. Voir notice.

Vides a medicis, quamquam in adversa valetudine nihil servi ac liberi differant, mollius tamen liberos clementiusque tractari. Recordare quid quaeque civitas fuerit, non ut despicias, quod esse desierit[1]; absit superbia, asperitas. Nec timueris contemptum. An contemnitur qui imperium, qui fasces habet, nisi humilis[2] et sordidus et qui se primus ipse contemnit ? Male vim suam potestas aliorum[3] contumeliis experitur, male terrore veneratio acquiritur, longeque valentior amor ad obtinendum quod velis quam timor. Nam timor abit, si recedas; manet amor, ac sicut ille in odium, hic in reverentiam vertitur. Te vero etiam atque etiam (repetam enim) meminisse oportet officii tui titulum[4] ac tibi ipsum interpretari quale quantumque sit ordinare statum liberarum civitatium. Nam quid ordinatione civilius, quid libertate pretiosius ? Porro quam turpe, si ordinatio eversione, libertas servitute mutetur !

PLINE LE JEUNE, VIII, 24, 5 à 8.

1. *desierit* = elle a cessé d'être (s.e. ce qu'elle a été). — 2. *humilis* : péjoratif comme *sordidus*. — 3. *aliorum* : génitif objectif, complément de *contumeliis*. — 4. *titulum* = libellé, intitulé (Maximus a reçu une mission extraordinaire qui ne rentre pas dans le cadre des charges courantes).

422 Dédain d'un homme cultivé pour les courses de chevaux à Rome

Les jeux, très en faveur à Rome, comportaient des courses de chevaux qui se donnaient au Circus Maximus (plus de 200 000 spectateurs; 800 m de long). Il existait des entreprises qui fournissaient cochers et chevaux (cf. nos écuries de course). Elles se distinguaient par leurs couleurs; on en trouve quatre : les blancs, les rouges, les bleus, les verts. Les cochers, idoles du peuple, changeaient souvent de faction, donc de couleur. Le public se passionnait non pour les hommes, mais pour les factions, et n'applaudissait que les couleurs. (Cf. Ovide, version n° 192; également Cicéron, versions n°s 53-54.)

C. Plinius Calvisio suo s.

Omne hoc tempus inter pugillares ac libellos jucundissima quiete transmisi. « Quem ad modum », inquis, « in urbe potuisti » ? Circenses erant, quo genere spectaculi ne levissime quidem teneor. Nihil novum, nihil varium, nihil quod non semel spectasse sufficiat. Quo magis miror tot milia virorum tam pueriliter identidem cupere currentes equos, insistentes curribus homines videre. Si tamen aut velocitate equorum aut hominum arte traherentur, esset ratio non nulla; nunc[1] favent panno, pannum amant, et, si in ipso cursu medioque certamine hic color illuc, ille huc transferatur, studium favorque transibit, et repente agitatores illos, equos illos, quos procul noscitant, quorum clamitant nomina, relinquent. Tanta gratia, tanta auctoritas in una vilissima tunica, mitto[2] apud vulgus, quod vilius[3] tunica, sed apud quosdam graves homines; quos ego cum recordor in re inani, frigida, adsidua tam insatiabiliter desidere, capio aliquam voluptatem, quod hac voluptate non capior. Ac per hos dies libentissime otium meum in litteris colloco, quos alii otiosissimis occupationibus perdunt. Vale.

PLINE LE JEUNE, IX, 6.

1. retour à la réalité, après une hypothèse. — 2. *mitto* a ici le sens de : laisser de côté, passer sous silence. — 3. sous-entendre : *est*.

423 *Pline et ses deux villas ou trop de bonheur donne tracas*

Pline, qui était fort riche, possédait plusieurs villas de plaisance, les unes destinées à la villégiature d'été, les autres à la villégiature d'hiver. Ces villas demandaient de l'entretien, et Pline parle souvent de ses soucis de propriétaire. Il s'agit ici de villas situées sur les bords du lac de Côme (Lacus Larius). Pline plaisante avec esprit à leur sujet.

Hujus in litore plures villae meae, sed duae maxime ut delectant, ita exercent. Altera, imposita saxis, more Baiano lacum prospicit, altera aeque more Baiano lacum tangit. Itaque illam tragoediam, hanc appellare comoediam soleo; illam quod quasi cothurnis, hanc quod quasi socculis sustinetur. Sua utrique[1] amoenitas, et utraque possidenti ipsa diversitate jucundior. Haec lacu propius, illa latius utitur; haec unum sinum molli curvamine amplectitur, illa editissimo dorso duos[2] dirimit; illic recta gestatio[3] longo limite super litus extenditur, hic spatiosissimo xysto leniter inflectitur; illa fluctus non sentit, haec frangit; ex illa possis despicere piscantes, ex hac ipse piscari hamumque de cubiculo ac paene etiam de lectulo ut e naucula jacere. Hae[4] mihi causae utrique quae[5] desunt adstruendi ob ea quae supersunt.

PLINE LE JEUNE, IX, 7, 2 à 4.

1. sous-entendre : *est*. — 2. *duos (sinus)*. — 3. *gestatio* = allée de promenade (pour les litières). — 4. attraction du démonstratif. — 5. relatif sans antécédent; sous-entendre : *ea*.

424 *Un père ne doit pas être trop sévère*

Voici une courte lettre où Pline se révèle moraliste avisé et aimable. Elle est adressée à un personnage qu'on dit être C. Terentius Junior, procurateur de la Narbonnaise dans les premières années du règne de Trajan.

C. Plinius Juniori suo s.

Castigabat quidam filium suum, quod paulo sumptuosius equos et canes emeret. Huic ego juvene digresso : « Heus tu, numquamne fecisti quod a patre corripi posset ? Fecisti, dico ? Non interdum facis quod filius tuus, si repente pater ille, tu filius, pari gravitate reprehendat ? Non omnes homines aliquo errore ducuntur ? Non hic in illo sibi, in hoc alius indulget ? » Haec tibi[1] admonitus[2] immodicae severitatis exemplo pro amore mutuo scripsi, ne quando tu quoque filium tuum acerbius duriusque tractares. Cogita et illum puerum esse et te fuisse, atque ita hoc, quod es pater, utere, ut memineris et hominem esse te et hominis patrem. Vale.

PLINE LE JEUNE, IX, 12.

1. attention: il s'agit à présent du correspondant de Pline; *tibi... scripsi.* — 2. participe à valeur causale.

425 Ce que doit être l'éloquence

À Rome la discussion était vive entre les partisans de l'éloquence dite « attique », sobre et même sèche, et ceux de l'éloquence dite « asiatique », plus enflammée et plus fleurie. Pline, resté jeune de caractère, ne peut s'empêcher, en dépit des enseignements de Quintilien par exemple, d'être partisan d'une certaine chaleur de ton (voir Pétrone, versions nos 325 et 326).

C. Plinius Luperco suo s.

Dixi de quodam oratore saeculi nostri, recto quidem et sano, sed parum grandi et ornato, ut opinor, apte: « Nihil[1] peccat, nisi quod[2] nihil peccat. » Debet enim orator erigi, attolli, interdum etiam effervescere, efferri ac saepe accedere ad praeceps; nam plerumque altis et excelsis adjacent abrupta. Tutius per plana, sed humilius et depressius iter; frequentior currentibus quam reptantibus lapsus, sed his non labentibus nulla, illis non nulla laus, etiamsi labantur; nam ut quasdam artes, ita eloquentiam nihil magis quam ancipitia commendant. Vides qui per funem in summa nituntur quantos soleant excitare clamores, cum jam jamque casuri videntur. Sunt enim maxime mirabilia quae maxime inexpectata, maxime periculosa... Ideo nequaquam par gubernatoris est virtus, cum placido et cum turbato mari vehitur; tunc admirante nullo, illaudatus, inglorius subit portum; at cum strident funes, curvatur arbor, gubernacula gemunt, tunc ille clarus et dis maris proximus.

PLINE LE JEUNE, IX, 26, 1 à 4.

1. accusatif de relation. — 2. même fonction que *nihil; quod* = le fait que.

426 Un tableau de la vie des premiers chrétiens par un haut fonctionnaire de l'Empire romain

111-113 apr. J.-C.: Pline le Jeune est envoyé dans la province de Pont-Bithynie en Asie Mineure par l'empereur Trajan avec les pouvoirs de proconsul et de legatus. C'est de cette province qu'il envoie sur des chrétiens un rapport très célèbre dans l'Antiquité.

Comparer ces propos aux déclarations de Sévère dans Polyeucte *(acte IV, scène 6) de Corneille.*

Christiani adfirmabant hanc fuisse summam vel culpae suae vel erroris, quod essent soliti stato die ante lucem convenire carmenque Christo quasi deo dicere secum invicem seque sacramento non in scelus aliquod obstringere, sed ne furta, ne latrocinia, ne adulteria committerent, ne fidem fallerent, ne depositum appellati abnegarent. Quibus peractis morem sibi discedendi fuisse rursusque coeundi ad capiendum cibum, promiscuum tamen et innoxium; quod ipsum facere desisse post edictum meum, quo secundum mandata tua hetaerias esse vetueram. Quo magis necessarium credidi ex duabus ancillis, quid esset veri, et per tormenta quaerere. Nihil aliud inveni quam superstitionem pravam, immodicam.

Ideo, dilata cognitione, ad consulendum te decurri. Visa est enim mihi res digna consultatione, maxime propter periclitantium numerum... Neque civitates[1] tantum, sed vicos etiam atque agros superstitionis istius contagio pervagata est; quae videtur sisti et corrigi posse.

PLINE LE JEUNE, X, 96, 7 à 9.

1. ici = villes, par opposition à *vicos* et *agros*.

427 ***Châtiment de délateurs***

Pline, en 100, est consul suffect pour septembre et octobre avec C. Julius Cornutus Tertullus (les consuls suffects succèdent en cours d'année aux consuls ordinaires). Il prononce devant le sénat une « gratiarum actio », *un discours de remerciements à l'empereur qui l'a choisi. Le texte, remanié, très allongé, deviendra le* Panégyrique *qui développe la carrière de Trajan. La version rappelle le châtiment des délateurs qui avaient exercé leurs ravages sous Domitien (81-96).*

Vidimus delatorum inductum[1] quasi grassatorum, quasi latronum. Non solitudinem[2] illi, non iter, sed templum, sed forum insederant; nulla jam testamenta[3] secura, nullus status certus; non orbitas, non liberi proderant. Auxerat hoc malum partim avaritia : advertisti[4] oculos atque ut ante castris, ita postea pacem foro reddidisti; excidisti intestinum malum et provida severitate cavisti ne fundata legibus civitas eversa legibus[5] videretur...

Nihil tamen gratius, nihil saeculo dignius quam quod contigit desuper[6] intueri delatorum supina[6] ora retortasque cervices. Agnoscebamus et fruebamur cum velut piaculares publicae sollicitudinis victimae supra sanguinem noxiorum[7] ad lenta supplicia gravioresque poenas ducerentur. Congesti sunt in navigia raptim conquisita ac tempestatibus dediti : abirent, fugerent vastatas delationibus terras, ac, si quem fluctus ac procellae scopulis reservassent, hic nuda saxa et inhospitale litus incoleret, ageret duram et anxiam vitam relictaque post tergum totius generis humani securitate[8] maereret.

PLINE LE JEUNE, *Panégyrique de Trajan,* 34, 1-2 et fin 3 à 5.

1. *inductum* = le fait d'introduire dans l'amphithéâtre (cf. n. 7). — 2. les brigands attaquaient les voyageurs dans les endroits déserts. — 3. se souvenir que les biens de ceux qui étaient condamnés pour crime de lèse-majesté étaient confisqués au profit du trésor, une partie allant aux délateurs. *Orbitas* = le fait d'être sans enfant (et par conséquent sans héritier direct). — 4. Pline s'adresse à Trajan. *Castris* = le camp (des prétoriens). — 5. il s'agit sans doute des lois de majesté; dirigées contre ceux qui s'opposaient aux mesures favorables au parti populaire lors de leur création (vers 100 av. J.-C.), elles étaient un instrument de tyrannie pour Tibère, Domitien et presque tous les empereurs. — 6. représentez-vous la position du condamné à l'amphithéâtre par rapport au spectateur. — 7. il s'agit des criminels de droit commun condamnés à mourir dans ce lieu, l'amphithéâtre. Cf. *grassatorum,* et *latronum* l. 1. — 8. *relicta generis humani securitate* = *quod reliquissent genus humanum securum.*

■ *UN PROSATEUR TECHNIQUE*

FRONTIN

SEXTUS JULIUS FRONTINUS est un administrateur et écrivain latin qui dut naître vers 35 et mourir vers 103/104. Préteur urbain en 70, il exerça ensuite entre 70 et 73 le commandement de la légion Secunda Adjutrix sous l'autorité de Cerialis, qui commandait en chef contre Civilis. Il devint probablement consul en 73 et, en 74, prit le gouvernement de Bretagne (Angleterre), comme successeur de Cerialis. Il pacifia le pays et vainquit les Silures du Pays de Galles. Il laissa des traces visibles de son administration, comme la Via Julia qui passe par Caerwent, dans le comté de Monmouth. Vers 83, il fut pendant quelque temps proconsul d'Asie. Il vécut à l'écart pendant les dernières années du règne de Domitien, mais il revint à la surface avec le règne de Nerva. En 97, il est nommé *curator aquarum* (intendant des eaux), en 98 consul suffect pour la seconde fois avec Trajan pour collègue, en 100 consul ordinaire pour la troisième fois, toujours avec Trajan. Enfin, quelque temps avant sa mort, il était augure. Pline le Jeune devait lui succéder dans sa charge. « Homme public, homme privé, Frontin est le type même du Romain de son temps, dont il avait les goûts, les ambitions et les activités » (P. Grimal).

Il nous a laissé deux ouvrages :

• *Les Stratagèmes* (*Belli stratagemata*) comprennent quatre livres dont le dernier est fort suspect. FRONTIN y explique les ruses de guerre employées par les grands généraux grecs, carthaginois et romains.

• *Les Aqueducs de la ville de Rome* (*De aquaductu urbis Romae*), livre commencé vers 97, alors qu'il était *curator aquarum*, et terminé sous le règne de Trajan vers 98. Le volume contient des renseignements sur le système d'adduction d'eaux de Rome, la construction des aqueducs et l'administration des eaux. Il fait une enquête préliminaire sur sa charge afin de connaître ce qu'il entreprend, car il ne veut pas être à la remorque de ses subordonnés. Il apparaît que FRONTIN veut réformer l'administration des eaux. Il écrit une sorte de rapport pour lui-même sans doute, mais aussi pour l'empereur. Il s'agissait d'enlever aux affranchis impériaux cette partie de l'administration et de la rendre à l'ordre sénatorial. Le *De aquaductu* est donc un livre politique, mais où FRONTIN n'est que le porte-parole du prince.

On attribue encore à cet auteur un *Traité d'arpentage*. Son style, en général, est simple, clair et sans prétention.

LE COMMENCEMENT DE LA DÉCADENCE

LE CLIMAT SOCIAL ET LITTÉRAIRE D'HADRIEN À ALEXANDRE SÉVÈRE (117-235)

Époque curieuse! Elle commence de façon remarquable avec trois empereurs de premier ordre: Hadrien, Antonin et Marc Aurèle. La dynastie finit mal avec Commode et l'anarchie va apparaître avec ceux qu'on a appelés les *Sévères*. Dès lors, à chaque moment, l'Empire risque de se désagréger et les soldats sont rois. Les incursions des Barbares se multiplient aux frontières. Cependant, la romanisation de l'Empire continue avec la *Constitution de Caracalla* (212) qui étend à tous les hommes libres le droit de cité.

Avec l'affaissement du pouvoir impérial commence le déclin de l'Empire romain. Les successeurs de Trajan en sont d'ailleurs responsables en dépit de leur valeur, car, à partir de 117, les empereurs se refusent à l'expansion qui était la politique de Trajan pour pratiquer une politique de défensive. Le *limes* devient l'essentiel, on pense à la muraille de Chine ou, plus près de nous, à la ligne Maginot. Les Barbares s'agitent aux frontières et s'infiltrent dans les pays riverains. Marc Aurèle, l'empereur stoïcien, mourra à la tâche et ne verra pas souvent Rome.

Le pouvoir devient de plus en plus une monarchie administrative et on procède à l'unification de la jurisprudence: *Édit perpétuel* (131). Mais à partir de Commode les soldats deviennent les maîtres et tout empereur dépend d'eux.

Chose étrange: pendant l'époque des Antonins, la littérature reste indifférente aux faits politiques et à l'influence des empereurs. Pourtant ceux-ci encouragent les belles-lettres. Mais on oublie trop qu'ils favorisent essentiellement la Grèce et l'Orient: lorsqu'Hadrien fait exécuter des œuvres d'art, elles consistent surtout à reproduire les sites et les monuments de ces pays (exemple: sa villa de Tibur), et lorsque Marc Aurèle écrit un livre remarquable, *Les Pensées*, il le fait en grec.

Les provinciaux, en particulier les Africains, sauveront ce qui reste de la littérature latine. Carthage était devenue un centre important de la pensée.

Les mœurs continuent à s'adoucir et à se réformer. La femme voit sa condition s'élever au point de vue juridique et les esclaves, sous diverses influences, sont de mieux en mieux traités. Un édit d'Antonin enlève le droit de vie et de mort au maître sur les serviteurs. Mais le contraste s'aggrave entre le luxe de la civilisation urbaine et la vie très attardée des campagnes, et dans les villes mêmes, entre les riches (*honestiores*) et les pauvres (*humiliores*). Les écrivains païens se découvrent incapables de comprendre ces oppositions et vivent littéralement en isolés.

La religion, à certains points de vue, s'épure. Les citoyens recherchent de plus en plus les religions de salut, d'où le succès d'Isis-Osiris, de Mithra, de la Grande-Mère (Cybèle) et les anciens ne reconnaîtraient plus dans Zeus et Apollon les dieux d'autrefois. Le christianisme, fortifié, si l'on ose dire, par les persécutions, progresse à pas de géant dans toutes les classes de la société, parce qu'il est apte à comprendre tous les problèmes sociaux d'alors.

La littérature latine païenne, qui vit à l'écart, qui ne possède plus l'esprit national et n'a plus de puissance créatrice, ne peut fournir des écrivains comme ceux de la renaissance grecque: Plutarque, qui avait commencé le mouvement, Appien, Arien, Dion Cassius, Lucien. Les plus grands des écrivains latins, Suétone, Apulée, écrivent dans les deux langues. On retourne à l'archaïsme, au clinquant, on se tourne vers le passé; la langue elle-même se modifie des apports africains.

Deux genres subissent l'influence de cette évolution: la poésie et l'éloquence ne sont plus que décadence et convention, en dépit du développement culturel et de l'éclosion remarquable des écoles.

Cette pauvreté de la poésie peut se résumer dans quelques vers d'un nommé FLORUS, à ne pas confondre avec l'historien; il écrivait à Hadrien : « Je ne veux pas être César, me promener chez les Bretons ni subir les frimas de Scythie »; et Hadrien de lui répondre : « Je ne veux pas être Florus, me promener par les boutiques, vivre caché dans les tavernes et subir la ronde des moustiques ». On voit le niveau d'une telle inspiration ! À la fin du siècle, allait apparaître une nouvelle littérature. Les chrétiens allaient abandonner la langue grecque et écrire en latin dans une langue plus simple qui se voulait accessible aux humbles.

Le *Pervigilium Veneris* (*La Veillée de Vénus*) : on a attribué souvent à Florus ce joyau de la poésie lyrique, probablement du IIe/IIIe siècle. C'est un petit poème de 93 septénaires trochaïques, répartis en couplets inégaux coupés par des refrains. Il y a dans cette œuvre de la délicatesse, de la décence, de la distinction. L'action se passe dans la plaine de Catane et chante le printemps, saison de Vénus.

LA LITTÉRATURE

L'ÉLOQUENCE

FRONTON

Ce rhéteur latin est né à Cirta (Constantine) vers 100. Il professa son art avec le plus grand éclat. Antonin fit de lui le précepteur de Marc-Aurèle et de Lucius Verus, dont il resta par la suite l'ami. Il reçut le titre de consul en 143. On le considérait comme un des personnages éminents de l'Empire.

On a cru qu'il s'agissait d'un grand penseur, mais la découverte, au XIXe siècle, de quelques-uns de ses écrits, provoqua une forte déception. Il s'agit d'un rhéteur archaïsant, verbeux et futile, d'un esprit vide et diffus. Nous avons de lui des fragments de *Discours*, de *Dissertations* et de sa *Correspondance* avec Marc-Aurèle, Lucius Verus et d'autres.

Cet esprit médiocre est passionné de rhétorique et accorde plus d'importance aux mots qu'aux choses. Il manque de spontanéité. Pour ce qui est de sa futilité, il suffit de lire ses éloges de la fumée, de la poussière, de la négligence, du sommeil. Le principal intérêt de ses lettres est de faire revivre la société des Antonins sur laquelle nous possédons peu de documents. Signalons enfin qu'il fut un défenseur acharné du paganisme.

L'HISTOIRE

SUÉTONE

CAIUS SUETONIUS TRANQUILLUS vécut entre 77 et 141. Nous savons peu de chose sur cet écrivain. Il a dû naître à Rome d'une famille équestre. Son père, tribun militaire, combattit à Bédriac dans l'armée d'Othon. SUÉTONE dut recevoir une éducation complète. À partir de 97, il est en relation avec Pline le Jeune; grâce à la correspondance de ce dernier nous pouvons suivre un peu notre écrivain. Il est alors avant tout un homme de loisir et d'étude, mais fort superstitieux. Tenté un instant par le métier d'avocat, puis par le service militaire (s'il veut prétendre à la carrière équestre), il y renonce. Il semble composer vers 105/6 son *De viris illustribus*. Quand Pline le Jeune meurt (113), il lui laisse un autre protecteur, Caius Septicius Clarus qu'Hadrien éleva en 119 à la préfecture du prétoire. Le nouveau préfet fit nommer Suétone secrétaire *ab epistulis Latinis*. C'était une charge des plus considérables qu'il remplit avec zèle. Mais, avec la chute de Septicius Clarus en 122, lui-même tomba en disgrâce. Il ne reparut jamais à la Cour et se consacra dès lors à ses nombreux ouvrages jusqu'à sa mort.

L'œuvre

Le nombre des livres de Suétone est considérable mais presque tous sont perdus. Ainsi le livre *Sur les jeux des Grecs*, le traité *Sur les mots injurieux*, le livre *Sur les signes de critique ou d'abréviation*, le livre *Sur le « De re publica » de Cicéron*, les deux livres *Sur les jeux publics des Romains*, le livre *Sur l'année romaine*, le traité *Sur le costume des Romains*, les deux livres *Sur les usages et les mœurs des Romains*, le *De institutione officiorum*, le traité *Sur les courtisanes célèbres*, le *De regibus*, le *De rebus variis*. Il fut visiblement un polygraphe abondant dans les domaines les plus divers : études historiques, archéologie, grammaire, histoire naturelle. On pense que deux de ses œuvres étaient écrites en grec.

Il nous reste de SUÉTONE deux ouvrages :

• Le *De grammaticis et rhetoribus*. La fin en est perdue. L'œuvre elle-même fut retrouvée en Allemagne vers 1450. Il semble que ce ne soit qu'une partie d'un livre plus vaste dont le titre était : *De viris illustribus*. Ce livre était consacré aux gloires de la littérature latine et traitait, en cinq parties successivement, des poètes depuis Livius Andronicus, des orateurs depuis Cicéron, des historiens depuis Salluste, des philosophes et enfin des grammairiens et des rhéteurs. Chaque partie devait comprendre une introduction générale sur l'art traité et des notices individuelles. SUÉTONE s'inspirait sans doute de Cornelius Nepos, Varron, Hygin. Il est regrettable qu'on ait perdu la plus grande partie de ce travail.

•Mais SUÉTONE est surtout connu pour les *Douze Césars* (*De vita duodecim Caesarum libri VIII*). Il est facile de résumer cet ouvrage en disant qu'il raconta la vie des Julio-Claudiens (César, Auguste, Tibère, Caligula, Claude, Néron), des empereurs épisodiques des années 68-9 (Galba, Othon, Vitellius) et des trois Flaviens (Vespasien, Titus, Domitien). Nous avons perdu malheureusement la dédicace et les premiers chapitres de la biographie de César. Les *Douze Césars* étaient probablement divisés en huit livres, les six premiers correspondant aux six Julio-Claudiens, le septième à Galba, Othon, Vitellius, le huitième aux trois empereurs flaviens.

L'historien et l'écrivain

Frappé par le rôle dominant des empereurs, SUÉTONE nous présente leurs biographies, mais, derrière l'homme d'État, il cherche à atteindre l'individu, son caractère, ses mœurs, sa manière d'être. Il n'oublie jamais que l'empereur est un homme chargé de passions, de vices et de vertus. Il essaie de voir tous les événements à travers cet individu, de son point de vue; les autres personnages ne sont que mentionnés, même s'ils sont influents. SUÉTONE est donc amené à décrire l'empereur dans sa vie privée et quotidienne, dans ses rapports avec son entourage. Un tel travail obligea l'historien à une documentation consciencieuse et longue et son passage à la cour ne lui fut pas inutile de ce point de vue. Il dut recourir aux documents officiels, archives impériales, *Acta Senatus*, *Acta diurna*, à tous les écrits des empereurs et aux moindres ouvrages parlant de ceux-ci. Il ne négligea ni les bruits qui couraient (*rumores*), ni les plus petits détails. Son livre vaut d'abord par « l'étendue de ses recherches, la variété et la richesse de son érudition, le caractère curieux de ses trouvailles inédites » (R. Ailloud). Le point de vue est différent de celui de Tacite et on peut même dire diamétralement opposé.

Malheureusement, SUÉTONE a tendance à rester un érudit et, en collectionnant les faits, à oublier les idées générales et les vues philosophiques et politiques. Sa composition n'arrange pas les choses, car il semble bien que les *Vies* suivent un schéma monotone et typique : la vie du personnage (origine, naissance, carrière) est racontée jusqu'à son point culminant, le caractère est alors décrit par toute une série d'actes et d'anecdotes, vient enfin le récit de la mort et de ses circonstances. Avouons cependant que SUÉTONE sait varier son schéma suivant les données du sujet et que, dans plus de la moitié des biographies, ce schéma n'est pas respecté scrupuleusement. Si on compare SUÉTONE à Plutarque, on doit même admettre qu'il est le créateur d'une conception biographique nouvelle. Il en a fait un genre littéraire dont s'inspirèrent les auteurs de l'*Histoire Auguste*. Il est en particulier le premier historien à faire le portrait physique de son personnage.

Sincère, ennemi de la rhétorique, ayant le culte du document, se voulant impartial et même impassible, il a de véritables qualités d'historien. Par malheur, dans le triage de ses informations, il est un peu myope et s'attache aussi volontiers au petit détail qu'à l'événement capital. Par ailleurs, il nous informe très mal de ses sources et ses chronologies manquent de précision.

Le style est bref, clair, précis, bien rythmé. SUÉTONE a le sens de l'effet dramatique. Mais il a du mal à ordonner un tableau, à composer un récit. Son œuvre paraît froide parfois, mais cela est sans doute dû à son effort d'impassibilité et il a peut-être eu conscience, comme les écrivains réalistes, qu'on peut arriver à la poésie comme à l'horreur sans avoir recours à la rhétorique.

FLORUS

L. ANNAEUS FLORUS vécut sans doute au IIe siècle. On ne sait rien de cet écrivain. Même son nom n'est pas sûr d'après les allusions d'Horace et de Quintilien à un certain Florus. En lisant Lactance, on a cru pouvoir le confondre avec Sénèque le Père et avec d'autres Florus encore, cités par Aelius Spartianus Charisius. En fait, il semble qu'il ait été le contemporain de Trajan et d'Hadrien et qu'il ait peut-être été Espagnol.

L'antiquité nous a transmis un livre qui lui a été attribué : *Epitoma de Tito-Livio*. « Il s'agit essentiellement d'un exposé des guerres extérieures et des guerres civiles menées par Rome dans la période considérée (de Romulus à César Auguste). L'ensemble s'achève par le récit des guerres de pacification conduites par Auguste et ses lieutenants de la bataille d'Actium à la défaite de Varus (+9) » (P. Jal). L'ouvrage était vraisemblablement bâti en deux livres, malgré la tradition de certains manuscrits. Par ailleurs, il est à remarquer que Florus n'hésite pas à sacrifier la succession chronologique des faits au profit de l'ordre géographique des pays dans lesquels les événements s'étaient déroulés. La morale elle-même n'est pas étrangère au plan.

En réalité le titre *Epitoma de Tito-Livio* n'a pas véritablement de valeur; FLORUS n'a jamais voulu résumer Tite-Live. Il a désiré faire un *Tableau*. D'ailleurs il traite de faits dont Tite-Live ne parle pas ! Il répartit la vie de Rome en quatre âges (théorie importante qui n'apparaît pas chez son modèle). On ne trouve pas non plus chez ce dernier la distinction, fondamentale pour FLORUS, entre guerres civiles et guerres extérieures. Enfin FLORUS puise également sa documentation chez Caton l'Ancien, Salluste, César, Virgile, Sénèque le Père, Lucain, Tacite.

Le *Tableau* n'est pas un ouvrage scolaire, mais un ouvrage rhétorique à sujet historique : l'éloge de Rome. Publié à la fin du règne d'Hadrien, le livre rassurait l'opinion alarmée par la politique trop pacifiste de l'empereur et avertissait en même temps des dangers de la reprise d'une politique belliciste. Il s'agit donc d'un document historique important, « tout à fait représentatif de la fin du règne d'Hadrien » (P. Jal).

FLORUS est tombé souvent dans les excès de la rhétorique et de la préciosité, victime qu'il était du mauvais goût de son époque. Cependant la rhétorique lui a donné l'art de la définition, de la concentration. Il a su aussi trouver des formules saisissantes, provoquant des effets de surprise : enfin il est capable de finesse dans la pensée et la sensibilité.

JUSTIN

Nous ne connaissons à peu près rien de MARCUS JUNIANUS JUSTINIUS, historien latin. Il a dû vivre au IIe siècle sous les Antonins. On le place parfois également au IIIe. Nous avons de lui une *Histoire universelle* en 44 livres qui est le résumé des *Histoires philippiques* de Trogue-Pompée. Le mot livre ne doit pas faire illusion : l'ensemble représente un gros volume de nos éditions. Dans les livres I à VI, JUSTIN fait l'histoire de l'Orient et de la Grèce; dans les livres VII à XII, celle de Philippe et d'Alexandre; dans les livres XIII à XVII, celle des successeurs d'Alexandre. Dans les livres XVIII à XXXVIII, il traite des guerres conduites par les Romains contre Pyrrhus, Carthage, en Macédoine et en Orient (jusqu'à Mithridate). Dans les livres XXXIX à XLII, il parle de la Syrie et des Parthes. Le livre XLIII s'occupe des origines de Rome et de Marseille et le livre XLIV de l'Espagne et de l'histoire de Carthage.

Le principal but de JUSTIN est d'intéresser. Aussi choisit-il dans Trogue-Pompée les belles légendes et les faits les plus curieux de la vie des hommes illustres. En même temps, s'il veut charmer notre curiosité, il désire aussi nous édifier et nous moraliser. Il ne laisse donc pas parler les faits comme le ferait Thucydide. Il ne travaille pas comme les vrais historiens qui se préoccupent avant tout de la vérité. Il n'a aucun esprit critique et admet les fables les plus invraisemblables. En outre, il commet de nombreuses erreurs sur les temps, les lieux, les faits et les personnes. Cependant il a fait œuvre utile, car son livre contient à peu près tout ce que nous savons sur les Carthaginois d'avant les guerres puniques et sur leurs démêlés avec les Romains.

On rencontre dans cet ouvrage des récits brillants, des scènes émouvantes, des portraits bien venus; le style limpide, simple, rappelle celui de l'époque classique. JUSTIN conte avec clarté.

428 *Anecdotes sur l'endurance et la bravoure de César*

Suétone a raconté toutes les aventures et tous les exploits de César. Après avoir vaincu tous ses ennemis, César est rentré à Rome. On le voit alors dans l'exercice du pouvoir. Et Suétone entreprend son portrait. C'est de ce passage que nous avons tiré les anecdotes suivantes. La dernière est célèbre et Rabelais en parle dans Gargantua *(XXIII).*

Armorum et equitandi peritissimus, laboris ultra fidem patiens erat. In agmine nonnumquam equo, saepius pedibus anteibat, capite detecto, seu sol seu imber esset; longissimas vias incredibili celeritate confecit, expeditus, meritoria raeda, centena passuum milia in singulos dies; si flumina morarentur, nando trajiciens vel innixus inflatis utribus, ut persaepe nuntios de se praevenerit.

Ne religione quidem ulla a quoquam incepto absterritus umquam vel retardatus est. Cum immolanti[1] aufugisset hostia, profectionem adversus Scipionem et Jubam non distulit. Prolapsus etiam in egressu navis, verso ad melius omine : « Teneo te », inquit, « Africa ! ».

Inclinatam aciem solus saepe restituit obsistens fugientibus retinensque singulos et contortis faucibus convertens in hostem et quidem adeo plerumque trepidos ut aquilifer moranti[1] se cuspide sit comminatus, alius in manu detinentis[1] reliquerit signum.

Alexandriae circa oppugnationem pontis, eruptione hostium subita compulsus in scapham, pluribus eodem praecipitantibus, cum desilisset in mare, nando per ducentos passus evasit ad proximam navem, elata laeva, ne libelli quos tenebat madefierent, paludamentum mordicus trahens, ne spolio[2] poteretur hostis.

SUÉTONE, I, 57, 59 (1), 62 et 64.

1. *immolanti (Caesari)*; de même, plus loin : *moranti (Caesari), detinentis (Caesaris).* — 2. *spolio* : attribut de *paludamento* (sous-entendu).

429 Des prodiges nombreux avertirent César de sa mort

44 av. J.-C. : nous sommes dans les jours qui précèdent la mort de César. Cassius et Marcus Brutus ont décidé d'assassiner celui-ci au cours d'une réunion du Sénat, dans une salle construite par Pompée au Champ de Mars (curie de Pompée). Ils sont aidés en particulier par Decimus Brutus, parent de Marcus et ancien lieutenant de César dans la guerre des Gaules. Toute une série de présages annoncèrent la mort de César. La Calpurnia que mentionne le texte était la fille de Calpurnius Piso; elle était aussi la troisième femme de César, qu'il avait épousée en 59 av. J.-C.

Proximis diebus[1] equorum greges, quos in trajiciendo Rubiconi flumini consecrarat ac vagos et sine custode dimiserat, comperit pertinacissime pabulo abstinere ubertimque flere. Et immolantem haruspex Spurinna monuit «caveret periculum, quod non ultra Martias Idus proferretur». Pridie autem easdem Idus avem regaliolum cum laureo ramulo Pompeianae curiae se inferentem volucres varii generis ex proximo nemore persecutae ibidem discerpserunt. Ea vero nocte, cui illuxit dies caedis, et ipse sibi visus est per quietem interdum supra nubes volitare, alias cum Jove dextram jungere; et Calpurnia uxor imaginata est conlabi fastigium domus maritumque in gremio suo confodi; ac subito cubiculi fores sponte patuerunt. Ob haec simul et ob infirmam valetudinem diu cunctatus an se contineret et quae apud senatum proposuerat agere differret, tandem Decimo Bruto adhortante ne frequentes[2] ac jamdudum opperientes destitueret, quinta fere hora progressus est.

SUÉTONE, I, 81, 4 à 8.

1. les jours précédant sa mort. — 2. sous-entendre : *patres conscriptos*.

430 La mort de César

Malgré les prodiges qui annonçaient sa mort, César est venu au Sénat où les conjurés l'attendent. Voici les détails précis de l'assassinat.

Assidentem[1] conspirati specie officii circumsteterunt, ilicoque Cimber Tillius, qui primas partes susceperat, quasi aliquid rogaturus propius accessit renuentique et gestu in aliud tempus differenti ab utroque humero togam apprehendit. Deinde clamantem «Ista[2] quidem vis est!» alter e Cascis aversum vulnerat paulum infra jugulum. Caesar Cascae brachium arreptum graphio trajecit, conatusque prosilire alio vulnere tardatus est; utque animadvertit undique se strictis pugionibus peti, toga caput obvolvit, simul sinistra manu sinum ad ima crura deduxit, quo honestius caderet, etiam inferiore corporis parte velata. Atque ita tribus et viginti plagis confossus est, uno modo ad primum ictum gemitu sine voce edito, etsi tradiderunt quidam Marco Bruto irruenti dixisse «καί σύ τέκνον?»[3]. Exanimis, diffugientibus cunctis, aliquandiu jacuit, donec lecticae impositum, dependente brachio, tres servuli domum rettulerunt. Nec in tot vulneribus, ut Antistius medicus existimabat, letale ullum repertum est, nisi quod secundo loco in pectore acceperat.

SUÉTONE, I, 82, 1 à 4.

1. *assidentem (Caesarem)*; sous-entendre de même Caesar (au cas voulu) devant les participes *renuenti, differenti, clamantem...* — 2. *ista* : attraction du sujet neutre (*istud*) au genre de l'attribut (*vis*). — 3. = Toi aussi, mon fils ?

431 *Simplicité et bonté d'Auguste*

L'empereur Auguste, né en 63 av. J.-C. (sous le consulat de Cicéron), mort en 14 apr. J.-C., appelé Octave avant qu'il fût le seul maître, détint le pouvoir de 30 av. J.-C. à 14 apr. J.-C. C'est en 27 av. J.-C. qu'il sera reconnu comme le premier des citoyens, « princeps », *mot que nous traduisons par empereur. Après avoir raconté ses aventures, Suétone traite de son œuvre et de son caractère.*

Domini appellationem ut maledictum et opprobrium semper exhorruit... Non temere urbe oppidove ullo egressus aut quoquam ingressus est nisi vespera aut noctu, ne quem officii causa inquietaret. In consulatu pedibus fere, extra consulatum saepe adoperta sella per publicum incessit. Promiscuis salutationibus admittebat et[1] plebem, tanta comitate adeuntium desideria excipiens ut quemdam joco corripuerit, quod « sic sibi libellum porrigere dubitaret, quasi elephanto stipem ». Die senatus[2] numquam patres nisi in curia salutavit et quidem sedentes ac nominatim singulos, nullo submonente; etiam discedens eodem modo sedentibus valere dicebat. Officia cum multis mutuo exercuit, nec prius dies cujusque sollemnes frequentare desiit, quam grandior jam natu et in turba quondam sponsaliorum die vexatus. Gallum Terrinium senatorem minus sibi familiarem, sed captum repente oculis[3] et ob id inedia mori destinantem praesens consolando revocavit ad vitam.

SUÉTONE, II, 53, 1 et 3 à 8.

1. = *etiam*. — 2. *die senatus* = le jour où le Sénat tenait séance. — 3. *captum oculis* = privé de la vue.

432 *Auguste a-t-il adopté Tibère de bon gré ?*

Tibère n'était pas le fils d'Auguste, mais celui que Livie, sa femme, avait eu d'un précédent mariage avec Claudius Nero. Il ne fut pas de toujours destiné à l'Empire. Il resta même en exil plusieurs années. Mais, après la mort des successeurs auxquels Auguste avait songé (notamment de ses petits-fils), il fut adopté et associé au gouvernement de l'Empire. Était-ce sous l'influence de Livie ? Suétone discute cette question.

Statim ex itinere revocatus[1], jam quidem affectum, sed tamen spirantem adhuc Augustum repperit fuitque una secreto per totum diem. Scio vulgo persuasum quasi[2], egresso post secretum sermonem Tiberio, vox Augusti per cubicularios excepta sit : « Miserum populum Romanum, qui sub tam lentis maxillis erit ! »[3]. Ne illud[4] quidem ignoro aliquos tradidisse Augustum palam nec dissimulanter morum ejus diritatem adeo improbasse ut nonnumquam remissiores hilarioresque sermones, superveniente eo, abrumperet; sed expugnatum precibus uxoris adoptionem non abnuisse[5], vel etiam ambitione tractum, ut tali successore desiderabilior ipse quandoque fieret. Adduci tamen nequeo quin existimem circumspectissimum et prudentissimum principem, in tanto praesertim negotio, nihil temere fecisse; sed, vitiis Tiberii virtutibusque perpensis, potiores duxisse[6] virtutes, praesertim cum et rei publicae causa adoptare se eum pro contione juraverit et epistulis aliquot ut peritissimum rei militaris utque unicum populi Romani praesidium prosequatur[7].

SUÉTONE, III, 21, 2 à 5.

1. *revocatus* : sujet Tibère; il était en route vers l'Illyrie. — 2. *persuasum (esse) quasi* : la proposition par *quasi* remplit ici le rôle d'une complétive et doit être traduite comme telle. — 3. *tam lentis maxillis* : Auguste compare Tibère à un fauve, qui, par plaisir, ferait traîner le supplice de sa victime. — 4. *illud* : développé par la proposition infinitive qui suit (*tradidisse*). — 5. *non abnuisse* (sous-entendu : *aliquos tradidisse non ignoro*). — 6. (*eum*) *duxisse* (*existimo*). — 7. *prosequatur ut...* = le célèbre comme..., l'honore comme...

433 — Le pont de Caligula

Caius César, appelé Caligula, était fils de Germanicus, lui-même neveu de Tibère. Il naquit en 12 apr. J.-C. Tout jeune il montra sa nature vicieuse, prenant plaisir à assister aux supplices et aux exécutions. Pourtant, quand il fut nommé empereur (37 apr. J.-C.), il fut accueilli avec ferveur, car le peuple adorait son père Germanicus. Il donna tout d'abord satisfaction au peuple par quelques mesures spectaculaires, des combats de gladiateurs, et un genre de spectacle absolument nouveau. Mais on connaissait mal ses mobiles.

Novum praeterea atque inauditum genus spectaculi excogitavit. Nam Baiarum medium intervallum Puteolanas[1] ad moles, trium milium et sescentorum fere passuum spatium, ponte conjunxit, contractis undique onerariis navibus et ordine duplici ad ancoras conlocatis superjectoque terreno ac derecto in Appiae viae formam. Per hunc pontem ultro citro commeavit biduo continenti, primo die falerato equo insignisque quercea corona et caetra et gladio aureaque chlamyde, postridie quadrigario habitu curriculoque bijugi famosorum equorum, prae se ferens Dareum puerum ex Parthorum obsidibus, comitante praetorianorum agmine et in essedis cohorte amicorum. Scio plerosque existimasse talem a Gaio pontem excogitatum aemulatione Xerxis, qui non sine admiratione aliquanto angustiorem Hellespontum contabulaverit : alios, ut Germaniam et Britanniam, quibus imminebat, alicujus immensi operis fama territaret. Sed avum meum narrantem puer audiebam causam operis ab interioribus aulicis proditam, quod Thrasyllus mathematicus anxio de successore Tiberio et in verum nepotem[2] proniori affirmasset : « non magis Gaium imperaturum quam per Baianum sinum equis discursurum ».

SUÉTONE, IV, 19, 1 à 4.

1. Baies : ville et port à 17 km, au sud-ouest de Naples. Pouzzoles : port sur le golfe de Naples à 10 km à l'ouest de cette ville; *medium* = intermédiaire, qui sépare. — 2. Tibère avait un petit-fils, né de son fils Drusus et qu'on appelait Tibère; Caligula n'était que son neveu, le fils de son frère.

434 Caligula veut être dieu

Voir la notice de la version précédente. Jusqu'alors, nous dit Suétone, il a parlé d'un prince, il lui reste à décrire le monstre. Caligula, bassement adulé, allant de caprice en caprice, veut enfin être dieu. Comparer à la pièce d'Albert Camus, Caligula.

Admonitus et principum et regum se excessisse fastigium, divinam ex eo majestatem asserere sibi coepit; datoque negotio ut simulacra numinum religione et arte praeclara, inter quae Olympi Jovis, apportarentur e Graecia, quibus capite dempto suum imponeret, partem Palatii ad forum usque promovit, atque aede Castoris et Pollucis in vestibulum transfigurata, consistens saepe inter fratres deos[1], medium adorandum se adeuntibus exhibebat; et quidam eum « Latiarem Jovem[2] » consalutarunt. Templum etiam numini suo proprium et sacerdotes et excogitatissimas hostias instituit. In templo simulacrum stabat aureum iconicum amiciebaturque cotidie veste, quali ipse uteretur. Magisteria sacerdotii ditissimus quisque et ambitione et licitatione maxima vicibus comparabant. Hostiae erant phoenicopteri, pavones, tetraones, numidicae, meleagrides, phasianae, quae generatim per singulos dies immolarentur.

SUÉTONE, IV, 22, 3 à 7.

1. deux traductions = parmi les dieux, ses frères; entre les dieux qui étaient frères (Castor et Pollux). — 2. Jupiter Latial, adoré par la confédération latine.

435 Férocité de Caligula

Voir les notices des deux versions précédentes. Suétone continue à nous décrire le monstre qu'était Caligula. Sa méchanceté naturelle, accrue par l'ivresse du pouvoir, atteint un degré incroyable.
*Opposer à la clémence d'Auguste (*Auguste et l'homme en colère, *Sénèque, version n° 293).*

Puteolis dedicatione pontis, quem excogitatum ab eo significavimus, cum multos e litore invitasset ad se, repente omnes praecipitavit, quosdam gubernacula[1] apprehendentes contis remisque detrusit in mare. Romae publico epulo servum ob detractam lectis argenteam laminam carnifici confestim tradidit, ut manibus abscisis atque ante pectus e collo pendentibus, praecedente titulo qui causam poenae indicaret, per coetus epulantium circumduceretur. Murmillonem e ludo rudibus secum battuentem et sponte prostratum confodit ferrea sica ac more victorum cum palma discucurrit. Admota altaribus victima succinctus poparum habitu elato alte malleo cultrarium mactavit. Lautiore convivio effusus subito in cachinnos, consulibus, qui juxta cubabant, quidnam rideret blande quaerentibus : « Quid[2] », inquit, « nisi uno meo nutu jugulari utrumque vestrum statim posse ? »

SUÉTONE, IV, 32, 3 à 7.

1. le pont a été fait à l'aide de bateaux (voir la version n°433). — 2. *quid aliud rideo nisi...*

436 Mort de Caligula

Les extravagances et les crimes de Caligula inspirèrent à bien des gens l'idée de le tuer. Après quelques échecs, on décida de le tuer pendant les jeux Palatins : Cassius Chaerea, tribun d'une cohorte prétorienne, réclama le premier rôle. Le neuvième jour avant les Calendes de février 41 (apr. J.-C.), Caligula, qui assistait aux jeux Palatins, quitta sa place pour aller déjeuner. Dans une galerie, il rencontra des enfants nobles venus d'Asie pour se produire sur scène. C'est pendant qu'il s'entretenait avec eux qu'il fut assassiné. Il avait vingt-neuf ans.

Duplex dehinc[1] fama est : alii tradunt adloquenti pueros a tergo Chaeream cervicem gladio caesim graviter percussisse, praemissa voce : « Hoc age ! »[2], dehinc[3] Cornelium Sabinum, alterum e conjuratis, tribunum ex adverso trajecisse pectus; alii Sabinum, summota per conscios centuriones turba, signum[4] more militiae petisse et, Gaio « Jovem » dante, Chaeream exclamasse : « Accipe[5] ratum ! » respicientique maxillam ictu discidisse. Jacentem contractisque membris clamitantem « se vivere » ceteri vulneribus triginta confecerunt; nam signum erat omnium : « Repete ! »...

Caligula vixit annis viginti novem, imperavit triennio et decem mensibus diebusque octo. Cadaver ejus clam in hortos Lamianos asportatum et tumultuario rogo semiambustum levi caespite obrutum est, postea per sorores ab exilio reversas erutum et crematum sepultumque. Satis constat, priusquam id fieret, hortorum custodes umbris inquietatos; in ea quoque domo, in qua occubuerit, nullam noctem sine aliquo terrore transactam, donec ipsa domus incendio consumpta sit.

SUÉTONE, IV, 58, 3 à 4, et 59, 1 à 3.

1. *dehinc* = ce qui suivit; *adloquenti (Caligulae)*. — 2. *hoc age* ! expression religieuse. Le sacrificateur demandait au prêtre s'il devait frapper la victime et le prêtre répondait « *Hoc age !* » = fais ceci, c'est-à-dire « frappe ». — 3. *dehinc*, ici, a son sens de « ensuite ». 4. *signum* = le mot de passe. — 5. *accipe ratum* = que ton vœu soit accompli.

437 Popularité de Claude

L'empereur Claude, frère de Germanicus, naquit en 10 av. J.-C. C'est lui qui succéda en 41 apr. J.-C. à Caligula. L'empereur Auguste avait peu d'estime pour lui et Tibère ne lui prêta jamais attention. Il vécut alors dans la retraite et se fit un renom d'ivrogne et de joueur. Cependant les sénateurs et les chevaliers lui gardèrent longtemps du respect. Il devint donc empereur à cinquante ans passés. Il édicta une amnistie complète et définitive et, par toute une série de mesures, il gagna de la popularité.

In semet augendo parcus atque civilis, praenomine Imperatoris abstinuit, nimios honores recusavit, sponsalia filiae natalemque geniti nepotis silentio ac tantum domestica religione transegit. Neminem exulum nisi ex senatus auctoritate restituit. Ut sibi in curiam praefectum praetori tribunosque militum secum inducere liceret utque rata essent quae procuratores sui in judicando statuerent, precario exegit. Jus nundinarum in privata praedia a consulibus petit. Cognitionibus magistratuum ut unus e consiliariis frequenter interfuit; eosdem spectacula edentes surgens et ipse cum cetera turba voce ac manu veneratus est. Tribunis plebis adeuntibus se pro tribunali excusavit, quod propter angustias non posset audire eos nisi stantes. Quare in brevi spatio tantum amoris favorisque collegit ut, cum profectum eum Ostiam perisse ex insidiis nuntiatum esset, magna consternatione populus et militem[1] quasi proditorem et senatum quasi parricidam diris execrationibus incessere non ante destiterit, quam unus atque alter et mox plures a magistratibus in rostra producti salvum et appropinquare confirmarent.

SUÉTONE, V, 12, 1 à 7.

1. *militem*: singulier collectif; *incessere* = invectiver.

438 *Les grands travaux de Claude*

Suétone examine l'empereur Claude dans ses fonctions de juge, de censeur. Au point de vue militaire, il n'entreprit qu'une seule expédition (contre la Grande-Bretagne). Il reçut le triomphe. Il assura avec sollicitude la sécurité et le ravitaillement de Rome. Voici maintenant Claude s'occupant de grands travaux.

Opera magna potius necessariaque quam multa perfecit, sed vel praecipua: ductum aquarum a Gaio inchoatum, item emissarium Fucini lacus portumque Ostiensem, quamquam sciret ex iis alterum ab Augusto, precantibus assidue Marsis[1], negatum, alterum a Divo Julio saepius destinatum ac propter difficultatem omissum. Claudiae aquae gelidos et uberes fontes, simulque rivum Anienis novi lapideo opere in urbem perduxit divisitque in plurimos et ornatissimos lacus... Per tria autem passuum milia partim effosso monte partim exciso canalem absolvit aegre et post undecim annos, quamvis continuis triginta hominum milibus sine intermissione operantibus. Portum Ostiae extruxit circumducto dextra sinistraque brachio[2] et ad introitum profundo jam solo mole objecta; quam quo stabilius fundaret, navem ante demersit, qua magnus obeliscus ex Aegypto fuerat advectus, congestisque pilis[3] superposuit altissimam turrem in exemplum Alexandrini Phari, ut ad nocturnos ignes cursum navigia dirigerent.

SUÉTONE, V, 20, 1-2 et 4-5.

1. *precantibus... Marsis*: ablatif absolu avec la nuance de « malgré... ». — 2. *brachium* = jetée; *solo* = le fond de la mer — 3. *pilis* vient de *pila, ae* = pilier.

439 *Un empereur débonnaire*

Claude était un empereur bon enfant. Et voici des exemples amusants des avantages et des inconvénients de cette attitude pour le Premier de l'État...

Gladiatoria munera plurifariam ac multiplicia exhibuit... Nec ullo spectandi genere communior aut remissior erat, adeo ut oblatos victoribus aureos prolata sinistra pariter cum vulgo voce digitisque numeraret ac saepe hortando rogandoque ad hilaritatem homines provocaret... Illud[1] plane quantumvis salubriter et in tempore: cum essedario, pro quo quattuor filii deprecabantur, magno omnium favore indulsisset rudem[2], tabulam ilico misit admonens populum «quanto opere liberos suscipere deberet, quos videret et gladiatori praesidio gratiaeque esse»... Quin et emissurus Fucinum lacum, naumachiam ante commisit. Sed cum proclamantibus naumachiariis: «Ave imperator, morituri te salutant!» respondisset: «Aut non!» neque post hanc vocem, quasi venia data, quisquam dimicare vellet, diu cunctatus an omnes igni ferroque absumeret, tandem e sede sua prosiluit ac per ambitum lacus non sine foeda vacillatione discurrens, partim minando partim adhortando, ad pugnam compulit.

SUÉTONE, V, 21, 8 à 10 et 12-13.

1. *illud Claudius egit plane quantumvis salubriter et in tempore* = voici une de ses plaisanteries, qui fut parfaitement efficace et opportune. — 2. on donnait la baguette au gladiateur qui, en raison de son âge ou de de ses services, était autorisé à ne plus paraître dans l'arène.

440 Néron eut la passion des chevaux et des courses de chars

Néron, empereur de 54 à 68 apr. J.-C., se passionna pour les spectacles et les jeux du cirque. Les chars étaient montés par des cochers vêtus de vert, de rouge, de blanc ou de bleu (cf. Ben-Hur). Ils constituaient des écuries appelées « factiones *». Le public soutenait l'un ou l'autre de ces partis, formant pour les cochers ce que seront pour les joueurs de football les « supporters ». (Voir Pline, version n° 422, et Ovide, version n° 192.)*

Equorum studio vel praecipue ab ineunte aetate flagravit plurimusque illi sermo, quamquam vetaretur, de circensibus erat; et quondam tractum prasini agitatorem inter condiscipulos querens, objurgante paedagogo, de Hectore[1] se loqui ementitus est. Sed cum inter initia imperii eburneis quadrigis cotidie in abaco luderet, ad omnes etiam minimos circenses e secessu commeabat, primo clam, deinde propalam, ut nemini dubium esset eo die utique affuturum. Neque dissimulabat velle se palmarum numerum ampliari; quare spectaculum multiplicatis missibus[2] in serum protrahebatur, ne dominis quidem jam factionum dignantibus nisi ad totius diei cursum greges ducere. Mox et ipse aurigare atque etiam spectari saepius voluit positoque in hortis inter servitia et sordidam plebem rudimento universorum se oculis in Circo Maximo praebuit.

SUÉTONE, VI, 22, 1 à 4.

1. *Hector :* le défenseur de Troie, tué par Achille, fut traîné derrière le char de son vainqueur autour de Troie. — 2. *missus* (subst. 4e décl.) : le fait d'envoyer les chars dans l'arène = une course.

441 Néron et l'incendie de Rome

Devenu un monstre, Néron n'épargnera plus personne et, ajoute Suétone, il n'épargna même pas le peuple, ni les murs de sa patrie. L'auteur en vient alors à nous parler de l'incendie de Rome (64 apr. J.-C.).

Quasi offensus deformitate veterum aedificiorum et angustiis flexurisque vicorum, incendit Urbem tam palam ut plerique consulares cubicularios ejus cum stuppa taedaque in praediis suis deprehensos non attigerint et quaedam horrea circa Domum Auream, quorum spatium maxime desiderabat, bellicis machinis labefacta atque inflammata sint, quod saxeo muro constructa erant. Per sex dies septemque noctes ea clade saevitum est, ad monumentorum bustorumque deversoria[1] plebe compulsa. Tunc, praeter[2] immensum numerum insularum, domus priscorum ducum arserunt hostilibus adhuc spoliis adornatae deorumque aedes ab regibus ac deinde Punicis et Gallicis bellis votae dedicataeque, et quidquid visendum atque memorabile ex antiquitate duraverat. Hoc incendium e turre Maecenatiana[3] prospectans laetusque « flammae », ut aiebat, « pulchritudine », Halosin Ilii[4] in illo suo scaenico habitu decantavit.

SUÉTONE, VI, 38, 3 à 6.

1. *deversoria* = abris offerts par... — 2. *praeter* = outre... (préposition). — 3. cette tour de Mécène se trouvait dans les jardins de Mécène sur le mont Esquilin. — 4. poème composé par Néron; = la prise d'Ilion (Troie).

442 *Excès de confiance*

En 68, une révolte en Gaule amorça la chute de Néron. Mais l'empereur, confiant dans son étoile, ne se croyait pas à la fin de son règne.

Talem[1] principem paulo minus quattuordecim annos perpessus, terrarum orbis tandem destituit, initium facientibus Gallis duce Julio Vindice qui tum eam provinciam pro praetore obtinebat. Praedictum a mathematicis Neroni olim erat fore ut quandoque destitueretur; unde illa vox ejus celeberrima : τό τέχνιον ἡμᾶζ διαθρέψει[2], quo majore venia meditaretur citharoedicam artem, principi sibi gratam, privato[3] necessariam. Spoponderant tamen quidam destituto[4] Orientis dominationem, nonnulli nominatim regnum Hierosolymorum, plures omnis pristinae fortunae restitutionem. Cui spei pronior, Britannia Armeniaque[5] amissa ac rursus utraque recepta, defunctum se fatalibus malis existimabat. Ut vero consulto Delphis Apolline septuagesimum ac tertium annum cavendum sibi audivit, quasi[6] eo demum obiturus, ac nihil conjectans de aetate Galbae[7], tanta fiducia non modo senectam, sed etiam perpetuam singularemque concepit[8] felicitatem ut, amissis naufragio pretiosissimis rebus, non dubitaverit inter suos dicere pisces eas sibi relaturos[9].

SUÉTONE, VI, 40, 1 à 5.

1. *talem :* Suétone vient de dépeindre l'empereur cruel que fut Néron. — 2. τό τέχνιον ἡμᾶζ διαθρέψει = l'art nous fera vivre. — 3. *privato (sibi).* — 4. *destituto (ei).* — 5. *Britannia Armeniaque :* en 62 et en 63, ces provinces faillirent être arrachées à l'Empire romain, mais la situation fut rétablie. — 6. *quasi* : dans la pensée que (cause plutôt que comparaison); *eo (anno).* — 7. *de aetate Galbae* : son successeur, qui en 68 était dans sa 73e année. — 8. *concepit* = il admit l'idée... — 9. *relaturos (esse)* : allusion à la légende de Polycrate de Samos qui avait retrouvé un anneau d'or, jeté en mer, dans le ventre d'un poisson.

443

Mort de Néron

Les complots se multiplient contre Néron. On connaît le fameux complot de Pison où périrent Pison lui-même, Sénèque, Lucain, Pétrone (65 apr. J.-C.). Tout semblait pourtant réussir à Néron. En mars 68 apr. J.-C., Vindex, gouverneur de la Lyonnaise, se révolta, mais fut battu par l'armée du Rhin. C'est alors que les prétoriens trahirent Néron à l'instigation de leur préfet Nymphidius Sabinus qui se prononça pour Galba, gouverneur de l'Espagne Tarraconaise. Néron, abandonné des siens, s'enfuit dans la banlieue, chez un de ses affranchis. Le Sénat le déclara ennemi public. Voici le récit de sa mort (9 juin 68 apr. J.-C.).

Tunc unoquoque hinc inde instante ut quam primum se impendentibus contumeliis eriperet, scrobem coram fieri imperavit dimensus ad corporis sui modulum, componique simul, si qua invenirentur, frusta marmoris et aquam simul ac ligna conferri curando mox cadaveri, flens ad singula atque identidem dictitans : « Qualis artifex pereo ! » Inter moras perlatos a cursore Phaonti[1] codicillos praeripuit legitque se hostem a senatu judicatum et quaeri, ut puniatur more majorum, interrogavitque quale id genus esset poenae; et cum comperisset nudi hominis cervicem inseri furcae, corpus virgis ad necem caedi, conterritus duos pugiones, quos secum extulerat, arripuit temptataque utriusque acie rursus condidit, causatus « nondum adesse fatalem horam ». Ac modo Sporum[2] hortabatur ut lamentari ac plangere inciperet, modo orabat ut se aliquis ad mortem capessendam exemplo juvaret; interdum segnitiem suam his verbis increpabat : « Vivo deformiter, turpiter ! » Jamque equites appropinquabant, quibus praeceptum erat ut vivum eum adtraherent. Quod ut sensit, ferrum jugulo adegit juvante Epaphrodito.

SUÉTONE, VI, 49, 1 à 5.

1. affranchi de Néron. De même qu'Épaphrodite. — 2. eunuque de l'entourage de Néron.

444

À quel point Othon haïssait les guerres civiles

Othon, qui passait pour un efféminé, eut une attitude digne et courageuse à la fin de sa vie. Suétone nous cite ici le témoignage de son propre père qui fut un des officiers d'Othon.

Pater meus referre crebro solebat Othonem etiam privatum[1] usque adeo detestatum civilia arma ut, memorante quodam inter epulas de Cassi Brutique exitu, cohorruerit; nec concursurum cum Galba[2] fuisse, nisi confideret sine bello rem transigi posse; tunc[3] ad despiciendam vitam exemplo manipularis militis concitatum, qui cum cladem exercitus nuntiaret nec cuiquam fidem faceret ac nunc mendacii nunc timoris, quasi fugisset ex acie, argueretur, gladio ante pedes ejus incubuerit. Hoc viso, proclamasse eum aiebat[4] « non amplius se in periculum tales tamque bene meritos conjecturum. » Fratrem igitur fratrisque filium et singulos amicorum cohortatus ut sibi quisque pro facultate consuleret, ab amplexu et osculo suo dimisit omnes, secretoque capto[5], binos codicillos exaravit, ad sororem consolatorios et ad Messalinam Neronis, quam matrimonio destinarat[6], commendans[7] reliquias suas et memoriam. Quicquid deinde epistularum erat, ne cui periculo aut noxae apud victorem forent, concremavit. Divisit et pecunias domesticis ex copia praesenti[8].

SUÉTONE, VII, *Othon*, 10, 2 à 5.

1. *etiam privatum*: c'est-à-dire avant qu'il fût empereur. — 2. *Galba*: Othon renversa Galba abandonné de presque tous ses gardes en janvier 69. — 3. *tunc*: au moment où les troupes de Vitellius ont écrasé les siennes à Bédriac, et où, renonçant à poursuivre la lutte, il va se suicider. *Concursurum fuisse*, comme plus loin *concitatum (esse)*, dépend de *referre solebat*. — 4. *aiebat*: sujet: le père de Suétone; *eum* = Othon. — 5. *secreto capto* = s'étant retiré dans la solitude. — 6. *matrimonio (suo) destinarat* = qu'il avait décidé d'épouser. — 7. *consolatorios* qualifie le premier des *codicilli*; *commendans* indique l'objet du second. — 8. *praesenti* = qu'il avait alors avec lui.

445 Effarante gloutonnerie de Vitellius

La goinfrerie de Vitellius est légendaire. Suétone nous donne à ce sujet des détails parfois très crus dans leur précision.

Epulas trifariam semper, interdum quadrifariam dispertiebat, in jantacula[1] et prandia et cenas comissationesque, facile omnibus sufficiens vomitandi consuetudine. Indicebat autem aliud alii[2] eadem die, nec cuiquam minus singuli apparatus quadringenis milibus nummum[3] constiterunt. Famosissima super ceteras fuit cena data ei adventicia a fratre, in qua duo milia lectissimorum piscium, septem avium apposita traduntur. Hanc quoque exsuperavit ipse dedicatione patinae[4], quam ob immensam magnitudinem « clipeum Minervae πολιούχου[5] » dictitabat. In hac scarorum jecinora, phasianarum et pavonum cerebella, linguas phoenicopterum[6], murenarum lactes a Parthia usque fretoque Hispanico per navarchos ac triremes petitarum commiscuit. Ut[7] autem homo non profundae modo, sed intempestivae quoque ac sordidae gulae, ne in sacrificio quidem umquam aut itinere ullo temperavit quin inter altaria ibidem statim viscus et farris panes paene rapta e foco mandaret circaque viarum popinas fumantia obsonia vel pridiana atque semesa.

SUÉTONE, VII, *Vitellius*, 13.

1. *in jantacula*, etc., développe *trifariam* et *quadrifariam*. — 2. *indicebat aliud alii* = il s'invitait chez différentes personnes. — 3. *nummum*: gén. pl. habituel de ce mot lorsqu'il signifie sesterce. — 4. *patina* = plat. — 5. πολιούχου = protectrice de la ville (en grec). — 6. *phoenicopterum*: gén. pl. — 7. *ut* = en tant que, en qualité de...; *gulae*: gén. de qualité portant sur *homo*.

446 La mort ignominieuse de Vitellius

Sa goinfrerie et sa cruauté avaient déconsidéré Vitellius; les troupes d'Orient firent défection et jurèrent fidélité à Vespasien. Bientôt le régime de Vitellius chancela; abandonné de tous, l'empereur se cacha dans la loge du portier de son palais.

Irruperant[1] jam agminis antecessores ac nemine obvio rimabantur, ut fit, singula. Ab his extractus[2] e latebra, sciscitantes quis esset (nam ignorabatur) et ubi esse Vitellium sciret[3], mendacio elusit; deinde agnitus rogare non destitit, quasi quaedam de salute Vespasiani dicturus, ut custodiretur interim vel in carcere, donec religatis post terga manibus, injecto cervicibus laqueo, veste discissa seminudus in forum tractus est inter magna rerum verborumque[4] ludibria per totum viae Sacrae spatium, reducto coma capite, ceu noxii solent, atque etiam mento mucrone gladii subrecto, ut visendam praeberet faciem neve submitteret; quibusdam stercore et caeno incessentibus, aliis incendiarium et patinarium vociferantibus, parte vulgi etiam corporis vitia exprobrante... Tandem apud Gemonias minutissimis ictibus excarnificatus atque confectus est et inde unco tractus in Tiberim.

SUÉTONE, VII, *Vitellius*, 17 (sauf 3).

1. *irruperant (in Palatium)*; *agminis (Vespasiani)*. — 2. *extractus (Vitellius)*. — 3. *sciret* dépend de *sciscitantes*; traduire comme s'il y avait *sciretne*. *Ubi esse*: cette proposition interrogative qui dépend de *sciret* est traitée comme une proposition infinitive (normalement: *ubi esset Vitellius*). — 4. *rerum verborumque* = en actes et en paroles.

447 Vespasien, pour raffermir l'État, entreprend de restaurer la discipline et les mœurs

À partir de décembre 69 apr. J.-C., Vespasien, après que l'armée du Danube eut écrasé Vitellius (empereur d'avril à décembre 69), devint empereur et fonda la dynastie des Flaviens. Il entreprit de remettre de l'ordre dans le chaos provoqué par la guerre civile qui avait duré un an: de la mort de Néron (68) à son propre avènement.

Vespasianus nihil habuit antiquius[1] quam prope afflictam nutantemque rem publicam stabilire primo, deinde et ornare. Milites pars[2] victoriae fiducia, pars ignominiae dolore ad omnem licentiam audaciamque processerant; sed et provinciae civitatesque liberae, nec non et regna quaedam tumultuosius inter se agebant. Quare Vitellianorum quidem et exauctoravit plurimos et coercuit, participibus autem victoriae adeo nihil extra ordinem indulsit ut etiam legitima praemia sero persolverit. Ac ne quam occasionem corrigendi disciplinam praetermitteret, adulescentulum fragrantem unguento, cum sibi pro impetrata praefectura gratias ageret, nutu aspernatus, voce etiam gravissima increpuit: « Maluissem alium oboluisses! », litterasque[3] revocavit. Classiarios vero, qui ab Ostia et Puteolis[4] Romam pedibus per vices commeant, petentes constitui aliquid sibi calciarii nomine, quasi parum esset sine responso abegisse, jussit posthac excalciatos cursitare; et ex eo ita cursitant.

SUÉTONE, VIII, *Vespasien*, 8, 1 à 5.

1. *nihil habuit antiquius* (cf. *ante*) = n'eut rien qui se plaçât avant; n'eut rien tant à cœur. — 2. *pars... pars*: les soldats de Vespasien, vainqueurs... ceux de Vitellius, vaincus. — 3. *litteras revocavit* = il révoqua sa nomination. — 4. *Ostia*: Ostie, port de Rome à l'embouchure du Tibre; *Puteolis*: Pouzzoles (plage renommée chez les Romains).

448 Une guerre servile

Rome vécut dans la terreur de voir se révolter les masses d'esclaves qu'elle eut à son service à partir du IIe siècle av. J.-C. Et elle eut effectivement plusieurs fois à affronter de graves révoltes. La plus célèbre est bien sur celle de Spartacus (73 av. J.-C.). Mais il y en eut bien d'autres, comme celle d'Eunus, en Sicile (135-132 av. J.-C.), qui nous est ici racontée.

Terra[1] frugum ferax, et quodam modo suburbana provincia, latifundiis civium Romanorum tenebatur. Hic ad cultum agri frequentia ergastula, catenatique cultores materiam bello praebuere. Syrius quidam nomine Eunus (magnitudo cladium[2] facit ut meminerimus), fanatico furore simulato, dum Syriae deae comas jactat[3], ad libertatem et arma servos quasi numinum imperio concitavit; idque ut divinitus fieri probaret, in ore abdita nuce, quam sulphure et igni stipaverat, leniter inspirans, flammam inter verba fundebat. Hoc miraculum primo duo milia ex obviis, mox, jure belli[4] refractis ergastulis, LX amplius milium fecit exercitum, regiisque, ne quid malis deesset, decoratus insignibus, castella, vicos, oppida miserabili direptione vastavit. Quin, illud quoque ultimum dedecus belli, capta sunt castra praetorum; nec nominare ipsos pudebit, Manlii, Lentuli, Pisonis, Hypsaei. Itaque qui per fugitivarios retrahi debuissent, praetorios duces, profugos proelio, ipsi sequebantur.

Tandem Perperna imperatore supplicium de eis sumptum est. Hic enim victos et apud Hennam novissime obsessos, cum fame, ex qua pestilentia[5], consumpsisset, reliquias latronum compedibus, catenis crucibusque punivit; fuitque de servis ovatione contentus, ne dignitatem triumphi servili inscriptione violaret.

FLORUS, *Épitoma*, III, 20.

1. *terra* : il s'agit de la Sicile. — 2. *cladium* : celles qu'il a infligées aux Romains. — 3. *jactat* = invoque à tout moment, jure par. *Syriae deae* = la Grande Mère, déesse syrienne vénérée comme la mère de tous les êtres vivants, et qui recevra un culte à Rome même. — 4. *jure belli* = en usant de la force. — 5. *ex qua pestilentia (orta est)*.

449 Arguments des Scythes en faveur de leur ancienneté

Voici les timides débuts d'une anthropologie appuyée sur des arguments géologiques. « Le peuple scythe, vient de dire Justin, a toujours été tenu pour le plus ancien, quoiqu'il y ait eu longtemps discussion entre Scythes et Égyptiens sur l'ancienneté de leur race. » Les Égyptiens faisaient valoir, pour prouver qu'ils avaient été les premiers des hommes, la douceur de leur climat et la fécondité de leur sol. Les Scythes, eux, au contraire...

Contra Scythae caeli temperamentum nullum esse vetustatis argumentum putabant. Quippe naturam, cum primum incrementa caloris ac frigoris regionibus distinxit, statim ad locorum patientiam animalia quoque generasse[1], sed et arborum ac frugum pro regionum condicione apte genera variata. Et quanto Scythis sit caelum asperius quam Aegyptiis, tanto et corpora et ingenia esse duriora. Ceterum si mundi quae nunc partes sunt aliquando unitas fuit[2], sive illuvies[3] aquarum principio rerum terras obrutas tenuit, sive ignis, qui et mundum genuit, cuncta possedit, utriusque primordii Scythas origine praestare. Nam si ignis prima possessio rerum fuit, qui paulatim extinctus sedem terris dedit, nullam prius quam septentrionalem partem hiemis rigore ab igne secretam, adeo ut nunc quoque nulla magis rigeat frigoribus; Aegyptum vero et totum Orientem tardissime temperatum, quippe qui etiam nunc torrenti calore solis exaestuet. Quodsi[4] omnes quondam terrae submersae profundo fuerunt, profecto editissimam quamque partem decurrentibus aquis primum detectam; humillimo autem solo eamdem aquam diutissime immoratam; et quanto prior quaeque pars terrarum siccata sit, tanto prius animalia generare coepisse; porro Scythiam editiorem omnibus terris esse.

JUSTIN, II, 1, 10 à 19.

1. *naturam... generasse (putabant)*; de même dans les phrases suivantes. — 2. *si mundi*: construire *si partes mundi quae nunc sunt aliquando unitas fuit* (au lieu de *fuerunt* par accord avec l'attribut singulier). — 3. *illuvies* = l'étendue des eaux stagnantes. — 4. *quodsi* = si; cette conjonction est une redondance oratoire.

450 *Comment mourut la fondatrice de Carthage*

Virgile a raconté comment mourut Didon, amoureuse d'Énée qui l'avait abandonnée. La légende carthaginoise, rapportée ici, est quelque peu différente, mais il s'agit bien de la même reine dont le vrai nom était Élissa.

Cum successu rerum florentes Carthaginis opes essent, rex Maxitanorum[1] Hiarbas, decem Poenorum principibus ad se arcessitis, Elissae nuptias sub belli denuntiatione petit. Quod legati reginae referre metuentes, Punico cum ea ingenio egerunt, nuntiantes regem aliquem poscere qui cultiores victus eum Afrosque perdoceat; sed quem[2] inveniri posse qui ad barbaros et ferarum more viventes transire a consanguineis velit? Tunc a regina castigati si[3] pro salute patriae asperiorem vitam recusarent, cui etiam ipsa vita, si res exigat, debeatur, regis mandata aperuere, dicentes quae praecipiat aliis ipsi facienda esse, si velit urbi consultum esse[4]. Hoc dolo capta, diu Acherbae viri[5] nomine cum multis lacrimis et lamentatione flebili invocato, ad postremum ituram se quo sua et urbis fata vocarent respondit. In hoc[6] trium mensium sumpto spatio, pyra in ultima parte urbis instructa, velut placatura viri manes inferiasque ante nuptias missura, multas hostias caedit et, sumpto gladio, pyram conscendit atque ita ad populum respiciens ituram se ad virum, sicut praeceperint, dixit vitamque gladio finivit. Quamdiu Carthago invicta fuit, pro dea culta est.

JUSTIN, XVII, 6, 1 à 8.

1. *Maxitani*: les Maxitains, peuplade nomade et aborigène. — 2. *quem inveniri posse*: interrogative oratoire, d'où l'infin. au lieu du subj.; l'idée de demander est à tirer du verbe *nuntiantes*. — 3. *castigati si*: équivalent de *castigati quod* (cf. l'expression *miror si...*). — 4. *consultum esse*: passif impersonnel. — 5. *Acherbae viri*: son mari Acherbas avait été assassiné par Pygmalion, roi de Tyr, et c'est ce qui avait déterminé Élissa, sœur de Pygmalion, à s'exiler. — 6. *in hoc*: acc. = pour cela.

451 Fière réponse des Étoliens aux Romains

Vers 215 av. J.-C., tandis qu'Hannibal est en Italie, les Étoliens songent à faire la guerre aux Épirotes et aux Acarnaniens, leurs voisins. Ces derniers font appel à Rome, qui envoie des ambassadeurs aux Étoliens. Mais ceux-ci les reçoivent avec arrogance.

« Quos[1] autem homines Romanos esse ? nempe pastores, qui latrocinio justis dominis ademptum solum teneant, qui uxores, cum propter originis dehonestamenta non invenirent, vi publica rapuerint, qui denique urbem ipsam parricidio[2] condiderint murorumque fundamenta fraterno sanguine adsperserint. Aetolos autem principes Graeciae semper fuisse et, sicut dignitate, ita et virtute ceteris praestitisse; solos denique esse qui Macedonas[3] imperio terrarum semper florentes contempserint, qui Philippum regem non timuerint, qui Alexandri Magni, post Persas Indosque devictos, cum omnes nomen ejus horrerent, edicta spreverint. Monere igitur se Romanos contenti sint[4] fortuna praesenti nec provocent arma quibus et Gallos caesos et Macedonas contemptos videant. » Sic dimissa legatione Romanorum, ne fortius locuti quam fecisse viderentur, fines Epiri regni et Acarnaniae depopulantur.

JUSTIN, XXVIII, 2, 8 à 14.

1. *quos...* : sous-entendre « les Étoliens répondirent » en tête de ce discours indirect. — 2. *parricidium* : pas nécessairement le meurtre d'un père. Allusion ici au meurtre de Rémus. — 3. *Macedonas* : acc. grec. — 4. *monere (ut)... contenti sint.*

452 Discours de Mithridate : on peut vaincre les Romains

Mithridate a préparé une vaste coalition contre les Romains en Asie et a commencé l'offensive en s'emparant de la Bithynie que les Romains protégeaient. Il harangue ses soldats en leur montrant, par des exemples fameux, que les Romains sont loin d'être invincibles (88 av. J.-C.).

« Romanos vinci posse cognitum[1] non sibi magis quam ipsis militibus qui et in Bithynia Aquilium et Malthinum in Cappadocia fuderint. Ac si quem aliena magis exempla quam sua experimenta moveant, audire se a Pyrrho, rege Epiri, non amplius quinque milibus Macedonum instructo[2], fusos tribus proeliis Romanos. Audire Hannibalem sedecim annis Italiae victorem immoratum, et quin ipsam caperet urbem non Romanorum illi vires restitisse, sed domesticae aemulationis atque invidiae studium. Audire populos transalpinae Galliae Italiam ingressos maximis eam pluribusque urbibus[3] possidere et latius aliquanto solum finium quam in Asia, quae dicatur imbellis, idem Galli[4] occupavissent. Nec victam solum dici sibi Romam a Gallis, sed etiam captam[5], ita ut unius illis montis tantum cacumen relinqueretur; nec bello hostem, sed pretio remotum. Gallorum autem nomen, quod semper Romanos terruit, in partem virium suarum ipse numeret[6]. Nam hos qui Asiam incolunt Gallos ab illis qui Italiam occupaverant sedibus tantum distare, originem quidem ac virtutem genusque pugnae idem habere; tantoque his acriora esse quam illis ingenia, quod longiore ac difficiliore spatio per Illyricum Thraciamque prodierint, paene operosius transitis eorum finibus quam ubi consedere possessis. »

JUSTIN, XXXVIII, 4, 4 à 10.

1. *Romanos vinci posse* : cette expression sert de sujet à *cognitum (esse)*. Sous-entendre pour tout le texte en style indirect un verbe *dixit*. — 2. *instructo* : au neutre, le sujet étant l'expression adverbiale *non amplius*. — 3. *urbibus* : ablatif de moyen; traduire par « y possèdent la majorité des villes importantes ». — 4. *idem Galli* : lors de leurs invasions, les Gaulois s'étaient scindés en plusieurs groupes; tandis que l'un gagnait la Gaule et l'Italie, un autre était passé en Asie, notamment en Galatie qu'on appela Gallo-Grèce. — 5. *captam...* : allusion à la fameuse prise de Rome par les Gaulois (390). — 6. *numeret ipse* : subjonctif d'affirmation atténuée (« il peut les compter... »), conservé tel quel dans le style indirect.

■ *LE ROMAN*

APULÉE

APULEIUS est originaire de Madaure, dans le Constantinois. Il est né vers 125 d'une famille de riche bourgeoisie. Il apprit à Carthage l'art de la parole pour parvenir aux honneurs et faire carrière. Sa curiosité l'entraîna vers l'Orient qui se réveillait grâce au renouveau de l'hellénisme. À Athènes, il fut séduit par la pensée des philosophes, visita les Îles et une partie de l'Asie. Il s'était adonné à un platonisme influencé par tout ce qui se réclame d'un spiritualisme mystique et particulièrement du pythagorisme : ces nouveaux platoniciens accueillaient les religions de salut, les déesses d'Éleusis, Dionysos, Isis. Il plaida ensuite quelque temps à Rome, puis regagna l'Afrique. À son retour, malade, il s'arrêta à Oea (Tripoli de Lybie), puis épousa la mère d'un de ses amis, la riche veuve Pudentilla. La parenté, déçue dans ses espoirs d'héritage, lui inventa un procès en magie. Nous avons conservé son discours de défense, l'*Apologie*, où il parle de lui-même. Il fut acquitté. Il rentra à Carthage où sa renommée de philosophe et d'orateur devint si grande qu'on lui éleva une statue de son vivant. Il mourut après 170.

L'homme est multiple. Grand voyageur, on l'a vu, il est friand du pittoresque et de toute anecdote. Les sciences qui s'occupent des énigmes du monde l'attirent au point qu'il s'intéresse à la magie qui fait de constants progrès depuis une centaine d'années. Il se dit platonicien, mais ne dédaigne pas Aristote. Enfin, il est initié aux mystères gréco-orientaux. Il cultivait toutes les formes de littérature grecque ou latine et était aussi remarquable comme conférencier que comme conteur.

Nombreuses sont celles de ses œuvres que nous n'avons pas conservées et qui montrent la diversité de son talent : *Epitome historiarum, De arboribus, De piscibus, De re rustica, Medicinalia, Astronomica, De musica*, etc. Il nous a laissé quelques œuvres philosophiques où il rassemble l'enseignement platonicien : *De Platone et ejus dogmate*, synthèse de cet enseignement (physique, livre I; éthique, livre II); *De deo Socratis*, qui traite du démon de Socrate et des démons intermédiaires entre l'homme et la divinité; *De mundo*, plutôt inspiré d'Aristote.

De ses œuvres oratoires, nous avons l'*Apologie* ou *De magia*, plaidoyer rédigé après coup, dont nous avons déjà parlé et les *Florides* (*Florida*), anthologie des passages les plus brillants de ses déclamations où il traite avec facilité, mais superficiellement, des questions les plus diverses.

L'œuvre capitale d'APULÉE, celle qui mérite vraiment la célébrité, est néanmoins les *Métamorphoses* ou *l'Âne d'or*, œuvre écrite après 161. Dans l'ensemble, il s'agit de l'adaptation d'un petit roman, *Lucius* ou *l'Âne* dont la version grecque est attribuée à Lucien. Les *Métamorphoses* de Lucius de Patras auraient été la source commune de Lucien et d'APULÉE : le premier condensant, le second amplifiant le modèle.

Les *Métamorphoses* se présentent en effet comme un *roman* sur le type du *Satiricon* de Pétrone. C'est l'histoire de Lucius, un jeune homme avide de sensations et curieux de magie. Il nous raconte ses aventures lui-même. Dans un voyage en Thessalie, il apprend que son hôtesse, Pamphila, est une sorcière et peut se transformer en oiseau. Avec l'aide de l'accorte servante de celle-ci, Photis, il tente sur lui-même l'expérience, mais Photis s'est trompée d'onguent et le voilà transformé en âne. Il va longtemps demeurer sous cette forme, car il ne parvient pas à se procurer l'antidote : une touffe de roses. Il va traverser ainsi de multiples aventures qui lui font toucher le fond de la dégradation humaine. Enlevé par des brigands, il se trouve en compagnie d'une jeune fille, enlevée elle aussi. Pour les consoler, la servante des brigands leur raconte l'histoire de *Psychè et l'Amour.* Tous deux s'enfuient et sont enfin délivrés par le fiancé de la jeune fille. Le sort de l'âne est très doux jusqu'à la mort des deux fiancés. Puis il passe successivement au service de prêtres de Cybèle, d'un menuisier, d'un jardinier, d'un soldat, d'un pâtissier, d'un cuisinier. Dégoûté et désespéré, il se sauve. La déesse Isis, dans sa bonté, lui rend sa forme humaine : purifié de corps et d'âme, il s'initie et se voue au culte de la déesse. La fin a réellement valeur de purification et de symbole si on considère la chaîne de transformations : homme-âne-homme.

Le roman répond à l'inspiration des romans grecs et subit l'influence milésienne. Mais APULÉE, pour plaire au public romain, rassemble tous les contes cyniques de la tradition orale : maris trompés, femmes impudiques, aventures amoureuses qui donnent de la diversité aux peintures de mœurs. Comme le dit P. Grimal, « toutes ces histoires ne servent que d'illustration à une intention sérieuse dont la *nouvelle* d'Amour et Psychè, ainsi que la conclusion du roman nous ont livré la clé ».

Dans cette œuvre composite, on découvre la personnalité d'APULÉE, homme curieux, gai, mystique. Styliste brillant, savant manieur de la langue, variant sans difficulté les tons, il est visiblement un conteur né. Il n'hésite pas, quand il le faut, à employer des termes populaires et des néologismes. Il vise un public raffiné et amateur de prose d'art.

Toutes les versions du livre sont tirées des *Métamorphoses.*

453 Une étrange manière de punir un commerçant malhonnête

Les Métamorphoses, *ou* l'Âne d'or, *est le récit que fait de ses aventures un jeune Romain, Lucius, qui voyage en Grèce. Il se trouve ici à Hypata, en Thessalie. Les habitants de cette ville sont très fiers de leur cité et l'édile (magistrat municipal) Pythias, inspecteur des marchés, prétend protéger les « touristes » contre les exactions des commerçants trop avides. Lucius, reçu chez un hôte avare, Milon, vient, en se rendant aux bains, d'acheter, pour corser le menu, des poissons. Comme Pythias est l'ancien condisciple de Lucius à Athènes, il veut lui montrer son pouvoir.*

Pythias, visa sportula succussisque in aspectum planiorem piscibus : « At has quisquilias quanti parasti ? » — « Vix », inquam, « piscatori extorsimus accipere viginti denarium ». Quo audito statim adrepta dextera me in forum reducens : « Et a quo », inquit, « istorum nugamenta haec comparasti ? » Demonstro seniculum : in angulo sedebat. Quem confestim pro aedilitatis imperio voce asperrima increpans : « Jam jam », inquit, « nec amicis quidem nostris vel omnino ullis hospitibus parcitis, quod tam magnis pretiis pisces frivolos indicatis et florem Thessalicae regionis ad instar solitudinis et scopuli edulium caritate deducitis ? Sed non impune. Jam enim faxo scias quem ad modum sub meo magisterio mali debeant coerceri ! » Et, profusa in medium sportula, jubet officialem suum insuper pisces inscendere ac pedibus suis totos obterere. Qua contentus morum severitudine meus Pythias ac mihi ut abirem suadens : « Sufficit mihi, o Luci », inquit, « seniculi tanta haec contumelia ! »

His actis consternatus ac prorsus obstupidus, ad balneas me refero, prudentis condiscipuli valido consilio et nummis simul privatus et cena.

APULÉE, I, 24, 9, et 25.

454 Un riche atrium

Lucius, le héros des Métamorphoses *d'Apulée, qui n'est pas sans présenter des analogies avec l'auteur lui-même (son père a parcouru la carrière des honneurs et exercé des magistratures comme le père d'Apulée), recherche en Thessalie les sources de la magie. Il vient d'être à Hypata l'hôte d'un avare ennuyeux, et voici qu'il rencontre une riche dame qui l'a connu enfant. Elle se nomme Byrrhène, c'est une descendante de Plutarque tout comme la mère de Lucius, et elle possède une magnifique demeure...*

Atria longe pulcherrima columnis quadrifariam per singulos angulos stantibus attolerabant statuas, palmaris deae facies[1], quae pinnis explicitis sine gressu pilae volubilis instabile vestigium plantis roscidis delibantes nec ut maneant inhaerent et jam volare creduntur. Ecce lapis Parius in Dianam factus tenet libratam totius loci medietatem, signum perfecte luculentum, veste reflatum, procursu vegetum, introeuntibus obvium et majestate numinis venerabile; canes utrimquesecus deae latera muniunt, qui canes et ipsi lapis erant; his oculi minantur, aures rigent, nares hiant, ora saeviunt, et sicunde de proximo latratus ingruerit, eum putabis de faucibus lapidis exire... Pone tergum deae saxum insurgit in speluncae modum muscis et herbis et foliis et virgulis et sicubi pampinis et arbusculis alibi de lapide florentibus. Splendet intus umbra signi de nitore lapidis. Sub extrema saxi margine poma et uvae faberrime politae dependent, quas ars aemula naturae veritati similes explicuit. Putes ad cibum inde quaedam, cum mustulentus autumnus maturum colorem adflaverit, posse decerpi, et si fontem, qui deae vestigio discurrens in lenem vibratur undam, pronus aspexeris, credes illos, ut rure pendentes racemos, inter cetera veritatis, nec[2] agitationis officio carere.

APULÉE, II, 4, 1 à 4 et 6 à 9.

1. apposition à *statuas*. — 2. *nec* : ici = *ne... quidem*.

455 Une parole malheureuse

Chez Byrrhène (voir notice précédente), un certain Télyphron fait le récit d'une mésaventure qui lui est arrivée dans sa jeunesse. Il est venu de Milet pour assister aux jeux Olympiques, et se trouve alors à Larissa. Son « viatique » (provision d'argent de voyage) a beaucoup diminué et il s'engage, par appât du gain, pour veiller un mort dans une riche maison. Il s'endort, mais bien sûr, le mort ne s'envole pas et, le lendemain matin...

Commodum noctis indutias cantus perstrepebat cristatae cohortis[1]... Ecce uxor misella flens cum hesternis testibus introrumpit anxia et statim corpori superruens multumque ac diu deosculata sub arbitrio luminis recognoscit omnia[2]; et conversa Philodespotum requirit actorem. Ei praecipit bono custodi redderet sine mora praemium, et oblato[3] statim : « Summas », inquit, « tibi, juvenis, gratias agimus et hercules ob sedulum istud ministerium inter ceteros familiares dehinc numerabimus ».

Ad haec ego insperato lucro diffusus in gaudium et in aureos refulgentes, quos identidem manu mea ventilabam, attonitus : « Immo », inquam, « domina, de famulis tuis unum putato, et quotiens operam nostram desiderabis, fidenter impera ».

Vix effatum me statim familiares omen nefarium[4] exsecrati, raptis cujusque modi telis, insequuntur; pugnis ille malas offendere, scapulas alius cubitis impingere, palmis infestis hic latera suffodere, calcibus insultare, capillos distrahere, vestem discendere. Sic laceratus et discerptus domo proturbor.

Apulée, II, 26, 1 et 3 à 8.

1. parodie du style épique, voir La Fontaine, « La vieille et les deux servantes ». Il s'agit des coqs. — 2. on pensait que les sorcières venaient nuitamment voler des fragments de cadavres pour leur magie noire. Voir version n°457. — 3. s.e. : *praemio*. — 4. les Latins croyaient que toute parole avait un pouvoir : cette superstition explique la suite du texte.

456 *Magie égyptienne : un mort dénonce son assassin*

Suite du récit de Télyphron : le mort qu'il a veillé va être enseveli... On lui fait des funérailles publiques, car il est membre de l'aristocratie. Or voici qu'arrive un vieillard à cheveux blancs, sombre, tout en larmes, et qui parle de meurtre... C'est l'oncle du jeune homme mort. Il prétend que c'est sa veuve qui a tué le malheureux. On s'adresse à un prophète égyptien : Zatchlas, un homme jeune, à la tête rasée, aux sandales de fibre de palmier... qui mélange assez curieusement le culte du soleil et les pratiques de magie.

Phopheta sic propitiatus herbulam quampiam ob os corporis et aliam pectori ejus imponit. Tunc, orientem obversus incrementa solis augusti tacitus imprecatus, venerabilis scaenae facie studia praesentium ad miraculum tantum certatim adrexit.

Immitto me turbae socium et pone ipsum lectulum editiorem quemdam lapidem insistens cuncta curiosis oculis arbitrabar. Jam tumore pectus extolli, jam salebris vena pulsari, jam spiritu corpus impleri; et adsurgit cadaver et profatur adulescens : « Quid, oro, me post Lethaea pocula[1] jam Stygiis paludibus innatantem ad momentariae vitae reducitis officia ? Desine jam, precor, desine acme in meam quitem permitte. »

Haec audita vox de corpore, sed aliquanto propheta commotior : « Quin refers », ait, « populo singula tuaeque mortis illuminas arcana ? An non putas devotionibus meis posse Diras[2] invocari, posse tibi membra lassa torqueri ? »

Suscipit ille de lectulo et imo cum gemitu populum sic adorat : « Malis novae nuptae peremptus artibus et addictus noxio poculo, torum tepentem adultero mancipavi ! »

Tunc uxor egregia capit praesentem audaciam et mente sacrilega coarguenti marito resistens altercat. Populus aestuat diversa tendentes[3], hi pessimam feminam viventem statim cum corpore mariti sepeliendam, alii mendacio cadaveris fidem non habendam.

APULÉE, II, 28, 6-7, et 29.

1. *Lethaea pocula* : expression poétique : les eaux de Léthé, fleuve des Enfers où les âmes boivent l'oubli (voir Lamartine : *Le Vallon*). — 2. *Dirae* : les Furies. — 3. *tendentes* : accord par le sens (*populus* est un nom collectif).

457 Magie noire : une sorcière en train d'officier

*Apulée dit dans un autre de ses ouvrages, l'*Apologie *: « J'ai été initié en Grèce à de nombreux cultes... Il n'est péril qui me fît jamais consentir à divulguer devant des profanes ce qui m'a été confié sous le sceau du secret. » Son héros Lucius, lui aussi, est initié à la sorcellerie, mais il est plus bavard. Il raconte tout ce que Photis, la servante de la sorcière Pamphilè, lui a confié sur sa maîtresse, la femme de Milon son hôte.*

Noctis initio Pamphile jam vecors animi tectum scandulare conscendit, quod altrinsecus aedium patore perflabili nudatum, ad omnes orientales ceterosque aspectus pervium, maxime his artibus suis commodatum secreto colit. Priusque apparatu solito instruit feralem officinam, omne genus aromatis et ignorabiliter laminis litteratis et infelicium navium durantibus damnis repletam, defletorum, sepultorum etiam, cadaverum expositis multis admodum membris; hic nares et digiti, illic carnosi clavi pendentium, alibi trucidatorum servatus cruor et extorta dentibus ferarum trunca calvaria. Tunc decantatis spirantibus fibris litat vario latice, nunc rore fontano, nunc late vaccino, nunc melle montano, litat et mulsa. Sic illos[1] capillos in mutuos nexus obditos atque nodatos cum multis odoribus dat vivis carbonibus adolendos. Tunc protinus inexpugnabili magicae disciplinae potestate et caeca numinum coactorum violentia illa corpora, quorum fumabant stridentes capilli, spiritum mutuantur humanum et sentiunt et audiunt et ambulant.

APULÉE, III, 17, 3 à la fin, et 18, 1 à 4.

1. *illos* : dont j'ai parlé. Pamphilè coupe des mèches de cheveux à des jeunes gens et à des jeunes filles : les nœuds et les tresses servent en magie amoureuse. Cf. dans notre littérature : le philtre de Tristan et Yseut.

458 Une métamorphose manquée

Nous revenons aux aventures de Lucius. C'est ici le texte capital de l'œuvre : Lucius, toujours féru de magie et d'incantations, est intrigué par Pamphilè (voir portrait précédent). Celle-ci sait se transformer en chouette, et l'imprudent Lucius qui courtise Photis, la servante de la dame, en est informé par elle, assiste à la métamorphose, et brûle alors d'essayer lui aussi les onguents magiques. Photis, complaisante, lui procure en cachette ce qu'il désire. Mais elle se trompe de boîte !...

Pyxidem[1] ego amplexus ac deosculatus prius, utque mihi prosperis faveret volatibus deprecatus, abjectis propere laciniis totis, avide manus immersi et haurito plusculo uncto corporis mei membra perfricui. Jamque alternis conatibus libratis brachiis[2] in avem similis gestiebam : nec ullae plumulae nec usquam pinnulae, sed plane pili mei crassantur in setas et cutis tenella duratur in corium et in extimis palmulis perdito numero toti digiti coguntur in singulas ungulas et de spinae meae termino grandis cauda procedit. Jam facies enormis et os prolixum et nares hiantes et labiae pendulae; sic et aures immodicis horripilant auctibus[3].

Quamquam perfectus asinus et pro Lucio[4] jumentum sensum tamen retinebam humanum. Diu denique ac multum mecum ipse deliberavi an nequissimam facinerosissimamque illam feminam spissis calcibus feriens et mordicus adpetens necare deberem. Sed ab incepto temerario melior me sententia revocavit, ne morte multata Photide salutares mihi suppetias rursus extinguerem. Dejecto itaque et quassanti capite ac demussata temporali contumelia durissimo casui meo serviens, ad equum illum vectorem meum probissimum in stabulum concedo.

APULÉE, III, 24, 2 à 5, et 26, 1 à 4.

1. *pyxidem :* la boîte d'onguents magiques. — 2. il a vu faire le geste par Pamphilè. Cette mimique accroît le ridicule de sa méprise. — 3. *immodicis auctibus* : attention ! ce sont les oreilles qui grandissent. — 4. *pro Lucio* : de Lucius devenu...

459 *Une bagarre : le jardinier et le soldat*

Lucius, toujours sous sa forme d'âne, est à présent au service d'un jardinier. Mais voici qu'un soldat romain ivre, probablement un fantassin en garnison dans un « castellum », désire fortement cet âne, et prétend s'en emparer de force. Le jardinier discute désespérément, puis passe aux actes...

Ubi nullis precibus mitigari militem magisque in suam perniciem advertit efferari jamque inversa vite[1] de vastiore nodulo cerebrum suum diffindere, currit ad extrema subsidia simulansque sese ad commovendam miserationem genua ejus velle contingere, summissus atque incurvatus, arreptis ejus utrisque pedibus sublimem elatum terrae graviter adplodit et statim qua pugnis qua cubitis qua morsibus, etiam de via lapide correpto, totam faciem manusque ejus et latera converberat. Nec ille, ut primum humi supinatus est, vel repugnare vel omnino munire se potuit, sed plane identidem comminabatur, si surrexisset, sese concisurum eum machaera sua frustatim. Quo sermone ejus commonefactus, hortulanus eripit ei spatham eaque longissime abjecta rursum saevioribus eum plagis adgreditur. Nec ille prostratus et praeventus vulneribus ullum repperire saluti quiens subsidium, quod solum restabat, simulat sese mortuum. Tunc spatham illam secum asportans hortulanus, inscenso me, concito gradu recta festinat ad civitatem nec hortulum suum saltem curans invisere ad quempiam sibi devertit familiarem. Cunctisque narratis deprecatur, periclitanti sibi ferret auxilium seque cum suo sibi asino occultaret.

APULÉE, IX, 40, 1 à 4.

1. le cep de vigne, insigne des centurions, mais peut-être le soldat *(miles)* l'utilise-t-il abusivement.

460 Un opéra-ballet : le jugement de Pâris

1. Décor et entrée de ballet

Lucius, après être devenu propriété du soldat, est vendu à un nouveau maître, Thiasus. Celui-ci veut le produire comme âne savant dans un théâtre et c'est ainsi que Lucius assiste à la première partie du spectacle : un opéra-ballet. Le texte constitue un document fort rare sur ce genre de représentation.

Aulaeo subducto et complicitis siparis, scaena disponitur.

Erat mons ligneus, ad instar incliti montis illius, quem vates Homerus Idaeum cecinit, sublimi instructus fabrica, consitus virectis et vivis arboribus; summo cacumine, de manibus fabri fonte manante, fluviales aquas eliquans. Capellae pauculae tondebant herbulas et in modum Paridis, Phrygii pastoris, barbaricis amiculis umeris defluentibus, pulchre indusiatus adulescens, aurea tiara contecto capite, pecuarium simulabat magisterium. Adest luculentus puer nudus, nisi quod ephebica chlamida sinistrum tegebat umerum, flavis crinibus usquequaque conspicuus, et inter comas ejus aureae pinnulae colligatione simili sociatae prominebant; quem et virgula Mercurium indicabat. Is saltatorie procurrens malumque bracteis inauratum dextra gerens, adulescenti qui Paris videbatur, porrigit, quid mandaret Juppiter nutu significans, et protinus gradum scitule referens e conspectu facessit.

APULÉE, X, 29, 5 et 30, 1 à 5.

461 Un opéra-ballet : le jugement de Pâris

2. Entrée de Vénus

Le ballet se déroule à la manière de nos modernes ballets d'opéra. Nous avons assisté aux entrées de Junon et de Minerve, chacune de ces déesses arrive en scène sur une musique assortie. Junon escortée de Castor et Pollux danse avec dignité sur un accompagnement de flûte ionienne, Minerve est en guerrière flanquée de l'Épouvante et de l'Effroi et elle mime sur des accents doriens belliqueux les promesses de gloire qu'elle fait à Pâris; puis entre Vénus, accompagnée, elle, de musique lydienne.

Venus ecce cum magno favore caveae in ipso meditullio scaenae, circumfuso populo laetissimorum parvulorum, dulce subridens constitit amoene : illos teretes et lacteos puellos diceres tu Cupidines veros de caelo vel mari commodum involasse; nam et pinnulis et sagittulis et habitu cetero formae praeclare congruebant et velut nuptiales epulas obiturae dominae coruscis praelucebant facibus. Et influunt innuptarum puellarum decorae suboles, hinc Gratiae gratissimae, inde Horae pulcherrimae, quae jaculis[1] floris serti et soluti deam suam propitiantes scitissimum construxerant chorum, dominae voluptatum veris coma[2] blandientes. Jam tibiae multiforabiles cantus Lydios dulciter consonant. Quibus spectatorum pectora suave mulcentibus, longe suavior Venus placide commoveri cunctantique lente vestigio et leniter fluctuante spinula[3] et sensim adnutante capite coepit incedere mollique tibiarum sono delicatis respondere gestibus et nunc mite coniventibus nunc acre comminantibus gestire pupulis et nonnumquam saltare solis oculis.

APULÉE, X, 32, 1 à 3.

1. *jaculis* = pluriel neutre expliqué par les génitifs qui suivent. — 2. *veris coma*: attention à cette périphrase qui désigne les fleurs. — 3. *spinula*: traduire ici par « sa taille ».

462 Un opéra-ballet: le jugement de Pâris

3. Vénus reçoit le prix

Voir notices précédentes.

Haec[1] ut primum ante judicis[2] conspectum facta est, nisu brachiorum polliceri videbatur, si fuisset deabus ceteris antelata, daturam se nuptam Paridi forma praecipuam suique consimilem. Tunc animo volenti Phrygius juvenis malum, quod tenebat, aureum velut victoriae calculum puellae tradidit...

Juno quidem cum Minerva tristes et iratis similes e scaena redeunt, indignationem repulsae gestibus professae; Venus vero gaudens et hilaris laetitiam suam saltando toto cum choro professa est. Tunc de summo montis cacumine per quamdam latentem fistulam in excelsum prorumpit vino crocus diluta sparsimque defluens pascentes circa capellas odoro perpluit imbre, donec in meliorem maculatae speciem canitiem propriam luteo colore mutarent. Jamque tota suave fragrante cavea, montem illum ligneum terrae vorago decepit[3].

APULÉE, X, 32, 4, et 34, 1-2

1. *haec*: Vénus. — 2. Pâris. — 3. ici = absorber, engloutir.

■ *L'ÉRUDITION*

SULPICE APOLLINAIRE

C. SULPICIUS APOLLINARIS est un Africain de Carthage qui vivait à l'époque des Antonins. Il fut le maître d'Aulu-Gelle et de l'empereur Pertinax. Il présentait ses recherches sous forme de lettres. Il a écrit les *Periochae* (résumés des comédies de Térence), des *Hexastica* et des *Tetrastricha* sur l'*Énéide*. Son œuvre grammaticale a disparu. C'était un homme affable et érudit, confrontant usage et théorie, tenant compte des nuances psychologiques: c'est en tout cas Aulu-Gelle qui nous l'assure.

MARIUS MAXIMUS

On pourrait classer ce biographe parmi les historiens, mais son savoir relève plutôt de l'érudition. Il a vécu à cheval sur les IIe et IIIe siècles. Il voulut continuer l'œuvre de Suétone et fit les biographies des empereurs, de Nerva à Héliogabale. Son ouvrage, aujourd'hui perdu, est souvent cité par les auteurs de l'*Histoire Auguste* dont il sera traité au IVe siècle. On l'a identifié avec un *Lucius Marius Maximus Perpetuus Aurelianus*, légat impérial en Coelé-Syrie, en Germanie, en Belgique et qui exerça les plus hautes charges impériales. Il avait la minutie de Suétone, accumulait les détails, savait se montrer psychologue. Mais il était diffus et naïf et on a pu mettre en doute son honnêteté professionnelle. Par rapport à la méthode de Suétone, la sienne marque un recul.

AULU-GELLE

Nous ignorons les dates de naissance et de mort d'AULUS-GELLIUS, l'érudit le plus singulier de cette époque. Les seuls renseignements que nous avons proviennent de son œuvre. Il semble né autour de 130 et était en pleine activité dans la seconde moitié du IIe siècle. Il eut comme maîtres Sulpice Apollinaire et Fronton. Après avoir rempli une charge judiciaire, il vint passer un an à Athènes où il fréquenta les représentants de la culture grecque et en particulier Hérode Atticus. Revenu plus tard en Grèce, dans une propriété d'Attique, il composa pendant les nuits d'hiver son œuvre en vingt livres, d'où le titre *Noctes atticae* : les *Nuits attiques*. Il nous manque le livre VIII dont nous connaissons le contenu par la préface. Celle-ci, ainsi que la fin de l'ouvrage comporte des lacunes.

La connaissance des langues grecque et latine permet à AULU-GELLE de s'attacher aux nouveaux sophistes grecs : Plutarque, Hérode, Atticus, Favorinus, et de se documenter chez Caton, Varron, C. Bassus. Très porté sur les écrivains archaïques, il a copié des fragments étendus de leurs œuvres pour notre plus grand bonheur. Les *Nuits attiques* sont une compilation désordonnée où l'écrivain joint l'utile à l'agréable. Pour nous, modernes, elles sont la source de renseignements multiples sur la langue, la littérature, le droit, l'archéologie, etc. S'y ajoutent, des renseignements sur le mouvement grammatical de cette époque. Écrivain spirituel, AULU-GELLE a du jugement et du goût. S'il est arachaïsant, s'il préfère les anciens, il reconnaît le génie de Cicéron et de Virgile.

463 Comment reconnaître l'authenticité des pièces de Plaute

Plaute avait eu beaucoup de succès. Des faussaires se servirent de son nom pour faire jouer leurs pièces. 130 pièces circulèrent bientôt sous son nom. Des critiques et surtout Varron s'attachèrent à distinguer les pièces que l'on pouvait attribuer sûrement à Plaute. Varron n'en admettait plus que 21. On les appelle Varroniennes.

Verum esse[1] comperior quod quosdam bene litteratos homines dicere audivi, qui plerasque Plauti comoedias curiose atque contente lectitarunt, non indicibus[2] Aelii nec Sedigiti nec Claudii nec Aurelii nec Accii nec Manilii, super his fabulis quae dicuntur ambiguae, credituros, sed ipsi

Plauto moribusque ingenii atque linguae ejus. Hac enim judicii norma Varronem quoque usum[3] videmus. Nam praeter illas unam et viginti, quae Varronianae vocantur, quas idcirco a ceteris segregavit, quoniam dubiosae non erant, sed consensu omnium Plauti esse censebantur, quasdam item alias probavit[4] adductus filo atque facetia sermonis Plauto congruentis easque jam nominibus aliorum occupatas Plauto vindicavit, sicuti istam quam nuperrime legebamus, cui est nomen Boeotia. Nam cum in illis una et viginti non sit et esse Aquilii[5] dicatur, nihil tamen Varro dubitavit quin Plauti foret, neque alius quisquam non infrequens Plauti lector dubitaverit, si vel hos[6] solos ex ea fabula versus cognoverit, qui sunt, ut de illius Plauti more dicam, Plautinissimi.

AULU-GELLE, II, 3 (début).

1. s.e. *hoc*, sujet de *esse* et antécédent de *quod*, annonce la prop. inf. (*eos*) *qui... lectitarunt, non indicibus credituros*. — 2. *indicibus* = catalogues (les noms qui suivent sont ceux des critiques qui ont étudié Plaute). — 3. *usum (esse)*. — 4. *probavit* = il en reconnut (comme lui appartenant); *filo* = style, manière. — 5. *Aquilius*: auteur comique. — 6. *hos*: Aulu-Gelle annonce ici une citation qu'il fera plus loin. *Plautinissimi* = plautinissimes (c'est-à-dire tout à fait dignes de Plaute, mot forgé à la manière du poète comique).

464 *L'éloquence de Caius Gracchus*

Aulu-Gelle cite un fragment de Caius Gracchus sur les mauvais traitements infligés par des magistrats romains tyranniques aux Sidicins et à d'autres Italiens. Puis, il porte un jugement assez sévère sur son éloquence.

Verba haec sunt quae super ea re fecit: « Nuper Teanum Sidicinum consul venit. Uxor ejus dixit se in balneis virilibus lavari velle. Quaestori Sidicino, M. Mario datum est negotium uti balneis exigerentur qui lavabantur. Uxor renuntiat viro parum cito sibi balneas traditas esse et parum lautas[1] fuisse. Idcirco palus destitutus[2] est in foro eoque adductus suae civitatis nobilissimus homo, M. Marius. Vestimenta detracta sunt, virgis caesus est. Caleni, ubi id audierunt, edixerunt ne quis in balneis lavisse vellet, cum magistratus Romanus ibi esset. Ferentini ob eamdem causam praetor noster quaestores arripi jussit: alter se de muro dejecit, alter prensus et virgis caesus est »...

In tam atroci re ac tam misera atque maesta injuriae publicae contestatione, ecquid est quod aut ampliter insigniterque aut lacrimose[3] atque miseranter aut multa copiosaque[4] invidia gravique et penetrabili querimonia dixerit? Brevitas sane et venustas et mundities orationis est, qualis haberi ferme in comoediarum festivitatibus solet.

AULU-GELLE, X, 3, 3-4.

1. *lautas* = nettoyés, propres. — 2. *destituere* = dresser. — 3. *lacrimose* = de façon pathétique. — 4. *multa copiosaque*: adjectifs se rapportant à *invidia*. L'idée est que l'animosité crée l'abondance oratoire.

465 L'éloquence de Cicéron

Voir la notice de la version n° 464. Aulu-Gelle a cité un extrait de Caius Gracchus dont il a trouvé le style simple, précis, mais sans véritable éloquence. Il donne maintenant un extrait de Cicéron où celui-ci traite un sujet identique à celui qu'avait traité Caius Gracchus, et il admire la puissance oratoire et le pathétique de ce morceau.

At cum in simili causa apud M. Tullium cives Romani, innocentes viri, contra jus contraque leges virgis caeduntur aut supplicio extremo necantur, quae ibi tunc miseratio ! quae comploratio ! quae totius rei sub oculos subjectio ! quod et quale invidiae atque acerbitatis fretum[1] effervescit ! animum hercle meum, cum illa Ciceronis lego, imago quaedam et sonus verberum et vocum et ejulationum circumplectitur ; velut sunt ista, quae de C. Verre dicit, quae nos, ut in praesens potuimus, quantum memoria subpeditabat, adscripsimus : « Ipse inflammatus scelere[2] et furore in forum venit. Ardebant oculi, toto ex ore crudelitas eminebat. Exspectabant omnes quo tandem progressurus aut quidnam acturus esset, cum repente hominem[3] proripi atque in foro medio nudari ac deligari et virgas expediri jubet. »

AULU-GELLE, X, 3, 7-10.

1. *fretum* = flots ; *invidiae* = aminosité. — 2. *scelere* = à l'idée du crime. — 3. il s'agit de Gavius, citoyen romain, accusé faussement d'espionnage par Verrès et exécuté sur son ordre (cf. Cicéron, *De suppliciis*).

466 Les colonies

Au IIe siècle apr. J.-C., Aulu-Gelle affirme que les Romains eux-mêmes ignoraient la nature précise des droits des municipes. Il s'efforce de distinguer municipes et colonies. César avait restauré les droits des municipes, mais à la fin du IIe siècle, le déclin de l'autonomie municipale est accompli. Les colonies sont des « Romes en miniature », les plus anciennes n'eurent pas de constitution autonome.

Quotus fere nostrum est qui, cum ex colonia populi Romani sit, non se municipem esse et populares suos municipes esse dicat, quod est a ratione et a veritate longe aversum ?... [*Ici prend place une définition des municipes* (voir *version suivante*)]. Sed coloniarum alia necessitudo[1] est ; non enim veniunt extrinsecus in civitatem nec suis radicibus nituntur, sed ex civitate quasi propagatae sunt et jura institutaque omnia populi Romani, non sui arbitrii, habent. Quae tamen condicio, cum sit magis obnoxia et minus libera, potior tamen et praestabilior existimatur propter amplitudinem majestatemque populi Romani, cujus istae coloniae quasi effigies parvae simulacraque esse quaedam videntur, et simul quia obscura oblitterataque sunt municipiorum jura, quibus uti jam per innotitiam non queunt.

AULU-GELLE, XVI, 13.

1. *necessitudo coloniarum* = liens qui unissent les colonies à l'État

467

Les municipes

Voir la notice de la version n° 466. Aulu-Gelle vient de rappeler que beaucoup de gens s'imaginent que la condition des colonies est meilleure que celle des municipes. Or, à l'origine, quand les Romains avaient conquis une ville, ou ils s'en appropriaient le territoire et le transformaient en colonie après avoir vendu les habitants, ou les anciens habitants conservaient leurs lois et leur patrie et recevaient une partie des droits des citoyens romains sous le nom de municipes.

De cujus opinationis tam promiscae erroribus divus Hadrianus in oratione quam de Italicensibus[1] unde ipse ortus fuit, in senatu habuit, peritissime disseruit mirarique se ostendit quod et ipsi Italicenses et quaedam item alia municipia antiqua, in quibus Uticenses nominat, cum suis moribus legibusque uti possent, in jus coloniarum mutari gestiverint... Municipes ergo sunt cives Romani ex municipiis legibus suis et suo jure utentes, muneris tantum cum populo Romano honorarii[2] participes, a quo munere capessendo appellati videntur, nullis aliis necessitatibus[3] neque ulla populi Romani lege adstricti, nisi[4] populus eorum fundus factus est. Primos autem municipes sine suffragii jure Caerites esse factos accepimus concessumque[5] illis ut civitatis Romanae honorem quidem caperent, sed negotiis tamen atque oneribus vacarent pro sacris bello Gallico receptis custoditisque.

AULU-GELLE, XVI, 13.

1. l'empereur Hadrien était né à Italica (76), dans la province de Bétique (Espagne). — 2. *muneris honorarii* = charge honorifique; *municeps* = celui qui participe aux charges. — 3. *necessitates* = obligations impérieuses. — 4. *nisi* = à moins que; *eorum* renvoie à *municipes; fundus factus est* = n'ait ratifié. — 5. *concessum (esse)* : passif impersonnel.

468

Réflexions sur une disposition barbare de la loi des Douze Tables

La loi des Douze Tables (450 av. J.-C.), rédigée par les décemvirs élus en 451, est la source essentielle du droit romain : on y trouve de nombreuses règles de droit privé, de droit pénal et de procédure. On y trouve des traces de droit primitif : loi du talion, dépècement du corps du débiteur insolvable qui doit de l'argent à plusieurs personnes. Le jurisconsulte Sextus Caecilius et le philosophe Favorinus discutent de cette dernière disposition de la loi (IIe siècle apr. J.-C.).

Si plures forent quibus[1] reus esset judicatus, secare, si vellent, atque partiri corpus addicti[2] sibi hominis permiserunt. Et quidem verba ipsa legis dicam, ne existimes invidiam[3] me istam forte formidare : « Tertiis, inquit, nundinis partis[4] secanto. Si plus minusve secuerunt, se[5] fraude esto. » Nihil profecto inmitius, nihil inmanius, nisi, ut re ipsa apparet, eo consilio tanta immanitas poenae denuntiata est ne ad eam umquam perveniretur. Addici namque nunc et vinciri multos videmus quia vinculorum poenam deterrimi homines contemnunt; dissectum esse antiquitus neminem equidem neque legi neque audivi, quoniam saevitia ista poenae contemni non quitast[6]. An putas, Favorine, si non illa etiam ex duodecim tabulis de testimoniis falsis poena abolevisset et si nunc quoque, ut antea, qui falsum testimonium dixisse convictus esset, e saxo Tarpeio dejiceretur, mentituros fuisse pro testimonio tam multos quam videmus ?

AULU-GELLE, XX, 1, 48-53.

1. *quibus* = à la requête desquels; *reus* = accusé (c'est le débiteur insolvable); sujet de *permiserunt* : les Douze Tables. — 2. *addico* = adjuger (la personne du débiteur au créancier), faire subir la contrainte par corps; *addictus* = esclave pour dette. — 3. *invidiam istam* = révoltante dureté. — 4. *partis* = *partes*; *secanto* a pour sujet « les créanciers ». — 5. *se fraude* = *sine fraude*. — 6. *quitast (de queo)*, mis pour *quita est* = a pu.

■ *LES JURISTES*

Les IIe et IIIe siècles sont l'époque des grands juristes romains.

GAIUS

Juriste de l'école des Sabiniens, contemporain d'Hadrien et de Marc Aurèle, GAIUS vécut entre 110 et 180. Nous ne connaissons que son prénom. Pour le reste il nous est pratiquement inconnu. Fut-il Illyrien ? Grec ? Grec peut-être et plutôt professeur que jurisconsulte. Il a commenté les textes juridiques et son enseignement comportait une partie théorique (les *Institutes*) et une partie pratique (*Res cotidianae*). Il a écrit de nombreux ouvrages dont il ne nous reste rien sauf les 521 citations que contient le *Digeste*.

Il a rédigé sept livres de *Res cotidianae* et nous possédons depuis 1816 le texte des *Institutes* (ou *Institutionum libri IV*). Cet ouvrage comprend quatre commentaires sur les trois branches classiques du droit (qui ont rapport aux êtres, aux choses et aux actes). Sans doute s'agit-il là de cours magistraux professés vers 160-162. Le style en est clair, net et précis. Jusqu'en 1816, on n'a connu cette œuvre que par un résumé dans le *Bréviaire* d'Alaric. La découverte du texte par Niebuhr et l'édition critique qui en fut publiée marquèrent le renouvellement des études du droit romain. Les *Institutes* ont été reprises par les *Institutes* de Justinien et les ouvrages de Gaius ont été l'objet d'une paraphrase du Grec Théophile.

PAPINIEN

AEMILIANUS PAPINIANUS est né en Phénicie vers 142. Il fut, sous Septime-Sévère, maître des requêtes et, en 205, préfet du prétoire. Chargé par l'empereur mourant de veiller sur Géta et Caracalla, il ne put empêcher le meurtre de Géta et fut assassiné lui-même par Caracalla en 212.

Auteur de la plupart des rescrits rendus par Septime-Sèvère, Aemilianus Papinianus avait écrit des traités qui portaient les noms de *Questions*, *Réponses*, *Définitions*, etc. Ces traités servirent de base à l'enseignement dans les écoles de l'Empire. Auteur net et rigoureux, il faisait autorité.

ULPIEN

Domitius Ulpianus, originaire de Tyr, préfet du prétoire de 205 à 211, ami de Septime-Sévère, fut assassiné par les prétoriens en 228. On trouve beaucoup de fragments de son œuvre dans le *Digeste*. Ses travaux sont à la base des *Pandectes* de Justinien. Il avait rédigé des livres très nombreux.

PAUL

Julius Paulus est disciple de Papinien et contemporain d'Ulpien. Il se livre aux mêmes travaux que celui-ci. C'est un spécialiste plus intéressant pour l'histoire de la langue et de l'esprit latins que pour la littérature. Il fut préfet du prétoire sous Alexandre Sévère.

■ *LA GRAMMAIRE*

Deux grammairiens présentent pour nous un certain intérêt :

L. Caesellius Vindex vécut à l'époque d'Hadrien. Il est l'auteur de *Lectures antiques* (*Lectiones antiquae*), de *Mélanges*. Il avait présenté, dans un troisième ouvrage et selon l'ordre alphabétique, des remarques sur l'orthographe et la morphologie. Dans les *Lectures antiques*, Caesellius analysait des passages d'auteurs anciens dont l'interprétation passait pour difficile. Il partait du texte pour se livrer à des considérations de grammaire ou d'histoire. Il eut du sérieux et de l'exactitude.

Pompeius Festus est l'abréviateur, aux IIe - IIIe siècles, de l'ouvrage *Sur le sens des mots* du grammairien Verrius Flaccus. Son travail fut lui-même abrégé par Paul Diacre au VIIIe siècle.

LA LITTÉRATURE CHRÉTIENNE

■ *SA NAISSANCE*

Les premiers textes latins chrétiens apparaissent à la fin du IIe siècle : ce faisant, on peut dire qu'ils inaugurent la littérature post-classique. Les idées, les sentiments qu'ils introduisent vont provoquer un véritable renouvellement. La littérature païenne leur tiendra encore compagnie pendant deux ou trois siècles et s'éteindra. Le latin deviendra alors la langue véhiculaire du christianisme et permettra pendant les siècles noirs et le Moyen Âge d'avoir une langue de communication entre les pays européens. La littérature païenne va périr parce qu'elle n'a plus rien à dire et qu'elle est aux mains des rhéteurs, uniquement préoccupés de la forme. Les chrétiens ont un message brûlant à transmettre et se penchent sur la condition humaine. Leur prosélytisme les amène à utiliser toutes les ressources de la langue.

Le christianisme est d'abord apparu comme lié à l'Orient et à la langue grecque, à cause des communautés juives hellénisées où il s'était répandu facilement. Tacite et Suétone le considèrent comme une superstition orientale qui provoque de l'agitation dans certains milieux romains. Pline le Jeune, quand il parle des chrétiens, se trouve en Bithynie où ils lui posent des problèmes de gouvernement. Pendant quelque temps les Romains ont même confondu judaïsme et christianisme et il a fallu attendre Néron pour que les chrétiens fussent persécutés en tant que tels.

Mais, si le christianisme s'était infiltré en Italie dans les classes pauvres, il s'était répandu en Gaule et surtout en Afrique du Nord où il prospérait et d'où sont venues les premières œuvres latines de cette foi. En outre, il fallait quand même éduquer ces masses populaires souvent ferventes, d'où un des caractères de cette forme de littérature : elle est amenée à employer un latin vivant, compréhensible par tous, sans négliger cependant la correction et même l'élégance. Un écrivain comme Tertullien s'adresse souvent aux puissants de ce monde.

À la fin du second siècle, l'Église de Carthage tient le premier rang dans la littérature chrétienne de l'Occident. C'est dans cette Afrique romanisée que la plus ancienne traduction de la Bible a vu vraisemblablement le jour et ce sont Tertullien et saint Cyprien qui vont créer la langue ecclésiastique et théologique latine. Ils se différencient des Grecs qui se sont orientés vers la théologie *spéculative*, en se tournant vers les thèmes de la théologie *pratique*. Enfin, le développement de cette littérature jusqu'à l'époque de Constantin se fait sous le signe de la menace, de la persécution et du combat pour la foi. Cette fin du IIe siècle et le IIIe en entier sont un temps de persécutions, de crise grave pour l'Empire romain et de menaces sérieuses aux frontières.

La littérature chrétienne latine est d'abord une littérature de combat — contre le judaïsme, contre le paganisme et souvent contre les pouvoirs publics —, c'est pourquoi les écrits prennent souvent la forme de diatribes contre les adversaires, de discours ou de dialogues. Fréquemment habillés de philosophie platonicienne, ou stoïcienne, ils peuvent s'adresser directement à des païens et aussi aux empereurs. Mais c'est également une littérature de réconfort et d'admonestation : il faut aider les chrétiens contre les persécutions, raffermir les courages et montrer leur erreur à ceux qui ont abjuré (*lapsi*).

MINUCIUS FELIX

Il est difficile de placer dans le temps cet avocat romain, originaire d'Afrique, exactement de Numidie. On le considère assez souvent comme le premier des auteurs latins chrétiens, mais si on écoute saint Jérôme, il aurait plutôt suivi Tertullien et précédé saint Cyprien. Dans l'œuvre qu'il nous a laissée, l'*Octavius*, il s'adresse aux païens instruits de tendances philosophiques et parle avec précaution des dogmes chrétiens.

Dans l'*Octavius*, l'auteur se promène le long de la plage d'Ostie en compagnie de deux amis, Octavius Januarius, chrétien et africain comme lui, et un païen, Caecilius Natalis. La discussion naît parce qu'au passage Caecilius a salué une statue de Sérapis. Caecilius expose sa thèse et Octavius lui répond. Il fustige le polythéisme et dresse un tableau édifiant de la vie morale chrétienne. Il n'aborde pas les doctrines spécifiquement chrétiennes et s'occupe plutôt de questions sur l'univers. L'auteur utilise abondamment la pensée stoïcienne et Cicéron. Caecilius est presque convaincu. Probablement deviendra-t-il chrétien ? Ce dialogue est peut-être une réplique à un discours de Fronton contre les chrétiens.

Le style est élégant, d'un classicisme rare à l'époque. Le charme naît de la présentation idyllique de la vie d'un chrétien et aussi de l'atmosphère amicale qui entoure cette conversation.

TERTULLIEN

Quintus Septimius Florens Tertullianus est né entre 150 et 160 à Carthage. Son père était centurion proconsulaire. Il fit des études brillantes, se distingua comme rhéteur, étudia la jurisprudence. On dit qu'il se fit initier au culte de Mithra. Il exerçait sans doute la profession d'avocat lorsqu'il embrassa la religion chrétienne et devint prêtre. Il vint à Rome où il suivit la doctrine de Montanus, un Phrygien dont la foi unissait à une exaltation religieuse effrénée un mode de vie rigoriste et réclamait une extrême sévérité de la discipline, une fuite presque totale du monde. Il mourut vers 220/222.

Supérieurement doué et cultivé, éloquent, malicieux, spirituel, habile à manier les mots et les idées, c'était un redoutable combattant, entraîné par un tempérament de feu, comme le dit saint Jérôme. C'était un ennemi acharné du paganisme. Il a écrit abondamment : 31 de ses ouvrages nous sont conservés où il attaque judaïsme, paganisme, hérésies diverses, et défend le christianisme, se faisant contre les âmes tièdes le défenseur de la morale et de l'ascétisme montaniens.

Nous ne citerons de lui que certaines œuvres marquant les différents aspects de son talent. Il a écrit de remarquables ouvrages apologétiques comme :

- *Ad nationes libri II* où il s'attaque impitoyablement à la mythologie païenne.
- *Apologeticum* (l'*Apologie*) : il y montre qu'on fait revivre contre les chrétiens des lois désuètes; qu'ils n'ont pas commis les crimes qu'on leur reproche; que leurs vertus embellissent la société. C'est le chef-d'œuvre de Tertullien.
- *De testimonio animae* (*Du témoignage de l'âme*), « postface » de la défense et illustration du christianisme qu'est l'*Apologie*.

« Ce tryptique ouvre avec éclat le débat du christianisme et du paganisme en langue latine. Il inaugure et manifeste la mutation romaine d'un genre littéraire illustré en langue grecque au siècle précédent » (J. Fontaine).

Il est également l'auteur d'une série d'écrits soit dogmatiques, ou polémiques, soit de psychologie chrétienne, ou pratiques. Ainsi :

- *De praescriptione hereticorum* (*De la prescription des hérétiques*) : traité de théologie chrétienne qui refuse aux hérétiques le droit de s'occuper des Écritures.
- *Adversus Praxean* (*Contre Praxeas*) : Tertullien jette les bases cohérentes de la théologie trinitaire en Occident en s'attaquant à un hérétique qui identifiait le Père avec le Fils.
- *Adversus Hermogenem* (*Contre Hermogène*), dirigé contre un hérétique qui subit l'influence gnostique.
- *De corona militis* (*Sur la couronne du soldat*) : Tertullien défend un soldat chrétien, emprisonné pour avoir refusé de porter la couronne de lauriers prescrite aux soldats recevant le *donativum* (don de joyeux avènement). Il pose le problème des relations du christianisme et de l'État.
- *De spectaculis* (*Sur les spectacles*) : Tertullien montre les périls que font courir les spectacles à la foi. Il fixe avec rigueur la conduite que les chrétiens doivent suivre dans le monde. Il ne fait qu'une concession en faveur de l'éducation classique, instrument nécessaire à l'homme pour toute la vie.
- *De anima* (*Sur l'âme*). L'auteur recherche une position indépendante face aux philosophes dans sa réflexion théologique sur l'homme. L'âme est corporelle, invisible et immortelle en tant que créée par le souffle divin. Elle est une, raisonnable et uniforme, pourvue de fonctions distinctes. Bonne au départ, mais dotée du libre arbitre, elle peut faire le mal, car elle hérite des parents la tache du péché originel. À la mort, elle se sépare du corps et reçoit sa récompense ou sa punition. C'est la première œuvre psychologique élaborée sur une base chrétienne quoique parfois Tertullien interprète le dogme avec une certaine liberté.

D'autres livres sont surtout des témoignages pastoraux sur la vie chrétienne à Carthage : *Du baptême*, *De la pénitence*, *De la prière*, *Du jeûne*. On voit chez l'écrivain le souci d'organiser l'église et déjà son refus du monde.

Il tend de plus en plus vers une morale stricte et solitaire qui le conduira au montanisme et à un rigorisme presque exagéré, ainsi qu'en témoignent les traités sur l'*idolâtrie*, le *voile des vierges*, l'*exhortation à la chasteté*, la *pudeur*, la *monogamie*.

Comme l'a dit J. Jolivet, « on voit apparaître chez lui la dialectique de la foi et de l'intelligence [...]. La foi ne peut être qu'un donné, puisqu'elle se pose en antithèse à la sagesse humaine, mais cela n'exclut pas que son contenu puisse être exploré à la lumière de ce qu'elle a d'abord surmonté ».

TERTULLIEN est un esprit âpre, caustique et intolérant qui utilise tous les procédés des rhéteurs, « mais les vivifie par l'ardeur de ses convictions et la précision implacable de sa pensée. Sa langue [...] suit droitement le courant de la latinité classique, mais y charrie une foule de vocables nouveaux désormais indispensables à l'expression chrétienne, et dont beaucoup lui doivent l'existence [...]. On a pu l'appeler le véritable créateur du latin d'Église » (Ed. Pognon).

L'EMPIRE ROMAIN

LE BAS-EMPIRE

On fait commencer souvent le Bas-Empire avec *Dioclétien*, mais on peut dire que l'époque effroyable qu'on a appelée l'*Anarchie militaire* l'a bien préparé.

ÉVÉNEMENTS HISTORIQUES

I. L'anarchie militaire et les empereurs illyriens (235-284)

L'ANARCHIE MILITAIRE (235-268)

■ *L'EMPIRE EN PÉRIL*

Ce fut une époque où l'on crut que l'Empire romain allait éclater en morceaux et ceci pour plusieurs raisons.

Raisons intérieures

• Les armées, à recrutement régional, et flattées par les Sévères, veulent chacune nommer leur empereur; d'Alexandre Sévère à Dioclétien, vingt-six généraux sont reconnus empereurs par le Sénat et un seul ne périt pas de mort violente.

• Devant l'armée, le Sénat est dépourvu de toute autorité effective et de toute influence; le Principat n'est plus qu'une monarchie absolue de type militaire.

• En outre sévit une crise économique : dépopulation dans tout l'Empire; on installe à l'intérieur de ce dernier, près des frontières, des populations barbares. L'armée se « déromanise ». Les villes s'enferment derrière des remparts. Les monnaies se dévaluent de plus en plus. Enfin, une terrible épidémie de peste se déchaîne pendant quinze ans.

• À tout cela s'ajoutent les persécutions religieuses : DÉCIUS (vers 250 : voir Corneille, *Polyeucte*, et saint Cyprien) et VALÉRIEN (253-260) persécutent les chrétiens.

Raisons extérieures

La guerre civile se double d'une guerre continuelle aux frontières.

• En Orient, une nouvelle dynastie perse, les Sassanides, s'empare du trône des Parthes (227) et prétend reprendre tous les territoires de l'ancien empire perse.

• Sur le Rhin et le Danube, attaque de peuples, pour la plupart, germaniques : sur le bas Danube : les Goths; sur le Rhin : les Francs et les Alamans.

■ *L'HISTOIRE DE CETTE ÉPOQUE*

On ne peut citer que des noms d'empereurs qui doivent d'ailleurs passer leur temps à combattre l'ennemi extérieur avant de se faire eux-mêmes assassiner : MAXIMIN (235-238) qui lutta contre les Daces et les Sarmates. GORDIEN III (238-244) qui dut combattre (victorieusement d'ailleurs) les Alamans et les Francs, les Goths et les Sarmates, les Parthes. PHILIPPE L'ARABE (244-249) qui traita avec les Parthes. DÉCIUS (249-251) originaire d'Illyrie. GALLUS

(251-253). Valérien (253-260) et Gallien qui se partagent l'Empire pour mieux lutter contre tous les envahisseurs, mais Valérien est battu et pris par Sapor, roi des Parthes (260) et l'Orient est dévasté. Enfin, de 260 à 268, il n'y a plus que des empereurs provinciaux.

Deux empires provinciaux très originaux permirent la défense de l'Empire :

• l'Empire gaulois avec Postumus, qui protégea la Gaule contre Francs et Alamans (258-267);

• l'Empire de Palmyre : Palmyre est une cité qui s'élève en plein désert sur le passage des caravanes. Avec Odénath, puis sa femme Zénobie, cet empire joua le rôle de défenseur de l'Empire contre les Perses, surtout après la captivité de Valérien. Zénobie s'empara de l'Égypte et de l'Asie Mineure.

LE RÉTABLISSEMENT DE L'UNITÉ : LES EMPEREURS ILLYRIENS (268-284)

Quelques empereurs énergiques, originaires d'Illyrie, rétablirent l'unité et dégagèrent les frontières :

Claude II (268-270), proclamé empereur par l'armée du Danube, écrase les Goths à Nich (Serbie), mais meurt de la peste. Les Goths ne se manifesteront plus pendant un moment.

Aurélien (270-275) rétablit l'unité. Après s'être débarrassé des Alamans qui envahissaient l'Italie (270-271) et avoir fait construire le mur dit d'Aurélien autour de Rome (271-275), il ramena à l'obéissance romaine le royaume de Palmyre; l'Égypte fut reprise par Probus et Zénobie vaincue par Aurélien (272). L'Empire gaulois repassa presque sans coup férir sous le joung romain (274). Tetricus, qui était empereur, se démit de lui-même du pouvoir. Mais Aurélien fut assassiné en 275.

L'Empire parut alors retomber dans l'anarchie. Heureusement Probus (276-282) put repousser de nouvelles attaques des Francs et même des Goths. Se succédèrent alors au pouvoir : Carus, Numérien et Carin; enfin, en 284, Dioclétien prend le pouvoir; lui aussi est illyrien.

II. Dioclétien et la tétrarchie

Esprit clair et intelligent, Dioclétien résolut de réformer l'Empire pour mettre fin à l'anarchie et on peut dire qu'il a prolongé cet Empire de deux siècles. Mais par ailleurs, avec lui, les tendances absolutistes l'emportent définitivement sur les traditions du Principat.

LA TÉTRARCHIE ET SON FONCTIONNEMENT

Estimant que défendre l'Empire est au-dessus des forces d'un seul homme, Dioclétien :

• s'adjoint un collègue, Maximien. Ils portent tous deux le titre d'Auguste. Ils sont égaux en principe; en fait, Dioclétien garde la prééminence.

• En 293, on fait un pas de plus; les deux empereurs adoptent chacun un successeur. Ceux-ci prennent le titre de *César*. Dioclétien adopte Galère, Maximien, Constance Chlore.

Chaque César administre et défend un certain nombre de provinces. L'Empire est divisé en quatre circonscriptions avec chacune sa capitale :

• Maximien, empereur d'Occident, a pour capitale Milan.

• Constance Chlore, qui s'occupe de l'Espagne, de la Gaule et de la Bretagne, a pour capitale Trèves.

- Dioclétien, empereur d'Orient, a pour capitale Nicomédie (Asie Mineure).
- Galère, qui dirige la péninsule balkanique, a pour capitale Sirmium (Serbie).

Rome n'est plus la capitale de l'Empire et le Sénat n'a plus aucune autorité.

L'ACTION DE LA TÉTRARCHIE

■ LES PROBLÈMES MILITAIRES

Les révoltes

• Répression des révoltes suscitées par la misère : l'insurrection des Bagaudes, en Gaule, est écrasée par Maximien (285).

• Un officier romain, Carausius, aidé par les Francs et les Saxons, essaie de se créer un empire en Bretagne et dans le nord de la Gaule; Constance Chlore réduit cette tentative séparatiste. Pendant ce temps Dioclétien écrasait un usurpateur en Orient (297).

Les guerres

• Une fois de plus les Parthes ou plutôt les Perses (puisque la dynastie est perse) attaquent : Dioclétien les écrase (297-298). Paix de Nisibis.

• Galère combat les Goths sur le Danube (295).

• Enfin Constance combat victorieusement les Alamans.

Les réformes militaires : on ne se contente plus de garder les frontières; on multiplie les points de résistance à l'intérieur; on entoure toutes les villes de remparts et on installe des garnisons permanentes. Il y eut donc les troupes des frontières et les troupes de l'intérieur.

■ LES RÉFORMES POLITIQUES ET ADMINISTRATIVES

On crée un cérémonial de cour sur le modèle des monarchies asiatiques. Toutes les affaires sont concentrées dans le *Sacrum Consistorium*, présidé par l'empereur (c'est une sorte de Conseil d'État). Le régime a une noblesse, mais c'est une noblesse de fonctionnaires : *clarissimi* et *perfectissimi*. Pour lutter contre la hausse des prix, on fixe un *maximum* (édit sur les prix de vente) et on introduit de nouvelles espèces monétaires de bronze, d'argent et d'or.

■ LA PERSÉCUTION CONTRE LES CHRÉTIENS

Dioclétien était un païen convaincu. Poussé par Galère, il décida de sévir contre les progrès du christianisme. Il ordonna de démolir les églises et de détruire les Livres Saints (303), ensuite d'emprisonner les membres du clergé et de mettre à mort tous ceux qui refuseraient de sacrifier aux dieux. Si la répression fut violente en Orient, elle le fut moins en Occident, où Constance Chlore n'appliqua pas les édits.

■ L'ABDICATION DE DIOCLÉTIEN (305)

Dioclétien, étant tombé malade, décida d'abdiquer, à l'instigation de Galère. Maximien dut aussi abdiquer, mais le fit de mauvaise grâce. *Les deux Césars devinrent Augustes* et Dioclétien désigna comme Césars SÉVÈRE et MAXIMIN DAIA. Dioclétien se retira à Salone où il vécut assez longtemps pour assister à la ruine du système de la tétrarchie. Il mourut en 313.

III. Constantin (306-337) ou le triomphe du christianisme

L'ÉCHEC DE LA TÉTRARCHIE ET LE RÉTABLISSEMENT DE L'UNITÉ (306-324)

Un an après l'abdication de Dioclétien, l'Empire tombait dans l'anarchie; CONSTANCE CHLORE mourait en 306 et ses soldats proclamaient son fils CONSTANTIN empereur. Par ailleurs MAXIMIEN reprenait le titre d'Auguste et son fils MAXENCE voulut également sa part de pouvoir. On avait six empereurs à la fois.

En 307, SÉVÈRE périt, mais fut remplacé par LICINIUS. En 310, MAXIMIEN fut battu et tué; en 311, GALÈRE mourut de maladie. Restaient deux souverains en Occident : CONSTANTIN et MAXENCE et deux en Orient : LICINIUS et MAXIMIN DAIA.

En 312, Constantin vainquit Maxence à Rome non loin du pont Milvius; Maxence se noya. De son côté Licinius se débarrassa de Maximim Daïa par une guerre heureuse (313). La rupture éclata entre Constantin et Licinius. Malgré des succès, Constantin dut composer avec Licinius (314). Ce n'est qu'en 324, par les victoires d'Andrinople et de Chrysopolis, que Constantin rétablit l'unité.

LA DÉFENSE DE L'EMPIRE

CONSTANTIN montra beaucoup d'activité dans la défense des frontières et séjourna souvent sur les bords du Rhin et du Danube.

- La paix fut conclue avec les Goths en 332, ils se montrèrent fidèles à la famille constantinienne.
- Constantin dut lutter contre les Sarmates sur le moyen Danube pendant que l'un de ses fils montait la garde sur le Rhin.
- Contre les Perses la guerre éclata en 336. Elle continuera sous les successeurs de Constantin.

LE TRIOMPHE DU CHRISTIANISME

- Après sa victoire du mont Milvius, Constantin, d'accord avec Licinius, promulgua l'édit de Milan (313) qui proclamait l'égalité du culte chrétien et du culte païen.
- Après avoir vaincu Licinius, il favorisa le christianisme aux dépens du paganisme et commença même à brimer les païens.
- Il transforma et agrandit Byzance qu'il appela Constantinople (330) et en fit la capitale de l'Empire : ville toute chrétienne en face de la Rome païenne.
- Constantin se mêla du gouvernement de l'Église : il intervint dans l'affaire de l'arianisme, participa au concile de Nicée (325 : le *Credo*) et persécuta même les ariens. Pourtant vers la fin de sa vie, il pencha vers ceux-ci.

En somme, le règne de Constantin confirme la monarchie absolue; l'administration s'alourdit et se complique. C'est également à son époque que les Barbares prennent une place de plus en plus grande dans l'armée et dans l'Empire. Avec lui le christianisme triomphe : si bien qu'on a appelé l'Empire au IVe siècle (malgré la réaction de Julien) l'*Empire chrétien*.

IV. Les successeurs de Constantin (337-395)

Si l'Empire fut encore menacé par les querelles familiales et par la pression des Barbares, l'œuvre de Constantin demeura pratiquement intacte.

LES FILS DE CONSTANTIN (337-361)

Le nouveau régime débute par une horrible boucherie. Une partie des princes de la maison impériale périt. Finalement l'Empire est partagé entre CONSTANTIN II, CONSTANCE II et CONSTANT.

Dès 340, CONSTANTIN II est tué alors qu'il voulait s'agrandir aux dépens de CONSTANT. CONSTANT réunit tout l'Occident entre ses mains et CONSTANCE II tout l'Orient. En 350, CONSTANT est assassiné par un soldat de fortune, MAGNENCE, qui se proclame empereur. Il est vaincu par CONSTANCE II en 351 (bataille de Mursa). CONSTANCE conquiert l'Italie (352), la Gaule (353).

■ *LE RÈGNE DE CONSTANCE II (337-361)*

Politique extérieure

• En Gaule, Julien, cousin de Constance II, écrase les Alamans qui ont passé le Rhin en 355, à la bataille de Strasbourg (357).

• Contre les Sarmates, Constance conduit une offensive victorieuse de 357 à 359.

• En Asie, de 338 à 350, Constance fut continuellement en guerre, à part de courts intermèdes, contre les Perses. Puis les hostilités qui s'étaient assoupies en 350, reprennent en 357 : Constance défend Nisibis, Édesse. C'est en Orient qu'il apprend la nomination de JULIEN comme empereur par les troupes de Gaule (360).

Politique intérieure

• Homme médiocre, il eut néanmoins une haute idée de ses devoirs envers ses sujets. Il limita l'influence des militaires. Mais il eut aussi une énorme bureaucratie et beaucoup d'espions. Il maintint longtemps le budget en équilibre.

• La grosse affaire de son règne, ce fut la question religieuse. Il interdit le paganisme, voulut faire fermer les temples et menaça même les païens (356). Au point de vue chrétien, il se mêla aux querelles théologiques, défendit la cause arienne et prétendit imposer son point de vue aux conciles.

• On observa à Rome, dans l'élite païenne, une réaction dévote qui favorisa la tentative de Julien.

JULIEN (361-363)

Il n'eut pas à lutter pour s'emparer de l'Empire, car Constance II mourut en Cilicie, en 361, alors qu'il marchait contre lui.

Avec Julien commence une réaction contre le christianisme; il réforme le paganisme, lui rend tous ses privilèges et interdit aux chrétiens toutes les fonctions d'enseignement, toutes les fonctions publiques, les soumet à des taxes.

Pour mettre fin au danger perse, il prend le commandement de l'armée, marche sur Ctésiphon où il bat l'armée perse (363), mais il est blessé à mort.

JOVIEN (363-364)

Les soldats de l'armée d'Orient le proclament empereur. Il achète très cher la paix avec les Perses en cédant les conquêtes de Dioclétien. Il rétablit la liberté et l'égalité des cultes, mais il meurt en Bithynie.

VALENTINIEN Ier (364-375) ET VALENS (364-378)

Les soldats élurent alors un officier: VALENTINIEN, pannonien d'origine, qui associa son frère VALENS à l'Empire. Il se partagèrent scrupuleusement l'Empire, l'armée, les fonctionnaires. À Valentinien l'Occident, à Valens l'Orient.

■ *VALENTINIEN Ier EN OCCIDENT*

La guerre fut sa principale besogne.

• Il chargea Théodose l'Ancien de recouvrer la Bretagne conquise par les Pictes (369).

• Le même général vainquit la Maurétanie où un chef indigène s'était proclamé empereur (373-375).

• Quant à l'empereur, il passa dix ans en Gaule à repousser les Germains, à relever les vieilles forteresses. Après avoir battu les Alamans et traité avec eux, il se dirigea vers le Danube où les Quades et les Sarmates se faisaient menaçants. Il les écrasa, mais mourut en novembre 375.

• À l'intérieur, son règne fut celui de la tolérance religieuse: respect de l'édit de Milan. Mais il fut cruel à l'égard des riches, des nobles et des hommes cultivés.

■ *VALENS EN ORIENT*

• Valens, s'il laissa les païens tranquilles, sauf quand il les soupçonnait de magie, persécuta les chrétiens et favorisa les ariens.

• Après avoir réprimé au début de son règne une révolte, il consentit à accueillir dans l'Empire les Wisigoths (poussés dans les reins par les Huns); il leur donna la Thrace. Mais, devant leurs pillages, il les attaqua et se fit battre et tuer à Andrinople en 378. La cavalerie se révéla la reine des batailles et elle le demeurera longtemps. Les Wisigoths vont errer à travers les provinces et on ne pourra plus les éliminer de l'Empire.

LES SUCCESSEURS DE VALENTINIEN ET VALENS: THEODOSE (379-395)

L'Empire demeurait aux mains des fils de Valentinien: GRATIEN et VALENTINIEN II. Mais ce dernier n'avait pas six ans. GRATIEN donna l'Orient avec le titre d'Auguste à THÉODOSE, fils de Théodose l'Ancien (379). Mais MAXIME, chef des troupes de Bretagne, fait assassiner GRATIEN en 383. Après l'avoir reconnu comme empereur, et devant son ambition, THÉODOSE attaque MAXIME, le bat et le tue (388). L'Empire restait aux mains de THÉODOSE et de VALENTINIEN II, quand le Franc Arbogast, chef de l'armée d'Occident, tue VALENTINIEN II et mit à sa place EUGÈNE (392). Arbogast et Eugène étaient païens: la guerre que Théodose entreprit contre eux eut la couleur d'une guerre sainte. Il fut vainqueur en 394 à Aquilée. L'Empire était unifié pour peu de temps.

Théodose continua la guerre contre les Wisigoths, les soumit et les fixa en Thrace et en Mésie (382). Ils entraient dans l'Empire en qualité de fédérés. Théodose était un chrétien passionné: il persécuta les païens, les apostats et les hérétiques. Il déclara le paganisme illégal, et fit fermer les temples (384). Le christianisme devint seule religion officielle en 394 après la bataille de la Rivière Froide.

En 395 mourait Théodose; il laissait l'Occident à son fils Honorius et l'Orient à son autre fils Arcadius. L'unité ne fut plus jamais rétablie. Il confiait la sécurité de ses fils au Vandale Stilicon. C'est à cette date qu'officiellement prend fin l'histoire ancienne. Il sera cependant intéressant d'examiner les grandes invasions, car elles sont contemporaines de saint Augustin, de saint Jérôme, et elles marquent la disparition de l'Empire d'Occident (476).

V. Les Barbares dans l'Empire

LES INVASIONS

Depuis Marius (les Cimbres et les Teutons) et César (les Alamans), on a vu les Barbares attaquer l'Empire, et, aux IIe, IIIe et IVe siècles, les empereurs ont dû lutter contre eux. Mais c'est un événement extérieur qui déclencha le déferlement du Ve siècle. L'irruption en Europe de populations barbares diverses, communément désignées sous le nom de Huns, provoqua l'exode vers l'Empire de la Germanie entière.

■ L'INVASION DES WISIGOTHS

Comme Honorius était très jeune, Stilicho (Stilicon) gouvernait l'Occident; il réclamait obstinément certaines provinces à Arcadius et à son ministre Rufin. Ceux-ci poussèrent contre lui les Wisigoths commandés par Alaric. Stilicon les combattit avec succès, mais il fut assassiné (408). C'est alors qu'Alaric envahit l'Italie et, après plusieurs tentatives, entra à Rome en 410. La ville fut pillée. Puis Alaric partit vers le sud de l'Italie où il mourut en Lucanie (410). Son successeur Ataulf passa en Gaule, puis, à la demande d'Honorius, en Espagne pour en chasser les Vandales. Finalement il s'installa en Aquitaine où il fonda le premier royaume barbare.

■ LA GRANDE INVASION (406)

En 404, une immense troupe de Barbares s'était ruée sur l'Italie sous le commandement de Radagaise. Stilicon les avait écrasés à Fésules, mais il avait dû rappeler des troupes de Gaule. La frontière du Rhin était dégarnie : Vandales, Suèves et Burgondes passèrent le fleuve (406). Ce fut une affreuse anarchie. Les Francs installés comme fédérés au nord de la Gaule ne purent rien faire.

Vers 440, on retrouve les Burgondes installés en Savoie et dans le nord du Dauphiné. Quant aux Vandales, ils traversèrent la Gaule qu'ils ravagèrent, puis s'installèrent au sud de l'Espagne (Andalousie : pays des Vandales). Enfin leur roi Genséric les entraîna en Afrique. Celle-ci fut occupée rapidement. Ils prirent en particulier Bône (Hippone); saint Augustin mourut pendant le siège de la ville (430). Genséric finit par être maître de Carthage et de l'Afrique (439). Les Suèves, qui avaient suivi les Vandales, restèrent en Espagne sur l'emplacement de la Galice et du Portugal actuels.

■ L'INVASION DES HUNS

Après avoir longtemps menacé l'Orient, Attila, roi des Huns, se tourna en 450 vers l'Occident. Il attaqua la Gaule, mais échoua devant Paris (sainte Geneviève) et fut vaincu aux Champs Catalauniques par Aetius qui réunit des contingents de Gallo-Romains, Francs Burgondes et Wisigoths (451). L'année suivante, Attila envahit l'Italie, mais le pape Léon le Grand, à prix d'argent, le persuada de repartir. Attila revint en Hongrie où il mourut en 453. Son empire ne lui survécut guère.

L'EMPIRE D'ORIENT

Il resta pratiquement à l'abri des invasions. Tout d'abord RUFIN, puis EUTROPE gouvernèrent pour Arcadius, un incapable. Ensuite, un grand homme, ANTHÉMIUS, sut fortifier l'Empire sur le Danube et réorganiser la flotte (404-414). L'Église d'Orient commença à se déchirer en querelles théologiques (règne de THÉODOSE II). À cette époque Constantinople paie tribut à Attila et perd du terrain sur le Danube. Enfin l'empereur Marcien gouverne sagement, aidé par un chef alain: ASPAR. À Marcien succède LÉON qui essaie de porter secours à l'Occident. Il meurt en 474. Deux ans après, les envoyés d'ODOACRE apportaient à Constantinople les insignes impériaux de l'Occident.

LA FIN DE L'EMPIRE D'OCCIDENT

HONORIUS était mort en 423. En 425 lui succéda VALENTINIEN III : c'est AETIUS, futur vainqueur d'Attila, qui gouverna pratiquement à partir de 433. Aetius arriva à maintenir un semblant d'équilibre, mais Valentinien tua Aetius en 454. Ce fut la dislocation.

GENSÉRIC débarqua en Italie et pilla Rome (455), malgré les prières de Léon le Grand. Puis il retourna à Carthage avec toutes les richesses de Rome. Alors les empereurs se succédèrent sur le trône. Pendant seize ans le véritable maître de l'Italie fut un Germain: RICIMER. À la mort de Ricimer (472), un ancien secrétaire d'Attila, ORESTE, proclama empereur son fils: ROMULUS surnommé AUGUSTULE.

Mais, en 476, des fédérés germains se soulèvent, nomment roi leur chef ODOACRE. Celui-ci tue Oreste, dépose le petit Romulus, auquel il ne donne pas de successeur. Il renvoie les insignes impériaux à Constantinople: l'Empire d'Occident avait vécu. À sa place, on trouvait des royaumes: franc et burgonde en Gaule; wisigoth en Aquitaine et en Espagne; suève en Espagne; vandale en Afrique; et le royaume d'Odoacre en Italie.

Conclusion: l'Empire d'Occident était tombé aux mains des Germains, mais la civilisation romaine n'avait pas complètement disparu. Elle devait continuer à marquer fortement l'évolution de l'Europe. Les Germains conservèrent en partie les lois et les institutions romaines. La langue latine survécut à la ruine de l'Empire. On continua longtemps à parler le latin et bon nombre de langues nationales actuelles sont dérivées du latin. Au XXe siècle enfin, l'Europe occidentale reste attachée, en esprit, à la tradition romaine.

LES INSTITUTIONS SOUS DIOCLÉTIEN ET AUX IVe & Ve SIÈCLES

L'EMPEREUR

La terrible crise de l'anarchie militaire au IIIe siècle imposa une refonte de l'empire accomplie par Dioclétien. Essai de répartition de l'autorité sur plusieurs chefs: la tétrarchie (deux Augustes, assistés de deux Césars). Chaque chef a sa capitale et son administration complète, et Rome n'est plus que la ville-musée. Après les désordres, Constantin rétablit l'unité et transporte la capitale à Constantinople. On ira ensuite de l'unité au partage selon les empereurs, et un fait va modifier l'allure de l'empire: la reconnaissance du christianisme (édit de Milan, 313) va amener une influence de l'Église sur l'État; l'empereur est maintenant de droit divin, mais il doit compter avec la puissance temporelle de l'Église.

L'ADMINISTRATION

Malgré la division de l'Empire, la centralisation et l'absolutisme administratifs s'accentuent, car l'empereur, monarque divin désormais, voit toutes ses décisions et celles de ses subordonnés justifiées par l'*utilitas publica*, à laquelle rien ne peut s'opposer. Avec Constantin, la centralisation est marquée par l'apparition d'un « palais » (le *praepositus* [chambellan] et toute une « maison » de l'empereur), du *comitatus* (le *comes* [futur comte] est un personnage de confiance qui remplit de hautes fonctions de surveillance et d'administration; d'abord en petit nombre, ils tendront à devenir nombreux), du *consistoire* (les membres se tiennent debout devant l'empereur, d'où le nom; sorte de conseil d'État et de tribunal suprême qui légifère pour l'empereur). Ce consistoire avait été ébauché par Dioclétien, qui avait fondu dans des *consilia sacra* l'ancien *consilium principis* et la chancellerie, créant des chefs de bureaux appelés *magistri* (ministres) aux fonctions hiérarchisées.

Le Sénat existe toujours, mais ne sert plus à rien, l'empereur nommant lui-même les consuls (titre purement honorifique).

Les provinces sont morcelées; mais on crée un groupement de provinces ainsi diminuées, appelé *diocèse* (il y en a 12 pour tout l'Empire). À la tête des diocèses, sont des *vicarii*, mais dans les provinces subsistent *correctores* et *consulares*. Les armées échappent à tous ces fonctionnaires et reviennent à des *duces*. Des fonctionnaires itinérants surveillent tous les administrateurs. À la tête de chaque cité le *curator* est maintenant nommé par la cité même et se montre souvent tyrannique. Au-dessus des diocèses on créa encore ensuite un groupe plus élevé, la *préfecture*, avec à sa tête un préfet du prétoire, sorte de vice-roi, appelé *praesentalis* (pouvoirs civils, l'armée revenant à des *magistri militum*). Enfin, profonde influence de l'Église, dont la hiérarchie finit par jouer un certain rôle administratif et judiciaire, voire politique.

LA SOCIÉTÉ

Ce qui caractérise cette époque, c'est la fixation de la société qui se fige en un système de castes : les enfants doivent rester dans la classe ou le corps de métier de leurs pères.

- Les *clarissimes* ont l'hérédité de leur titre et possèdent de vastes domaines. Les chevaliers (*perfectissimes*) ne le sont pas héréditairement et ont leur titre attaché aux fonctions qu'ils remplissent.
- Les *curiales* le restent de père en fils et perdent leurs biens s'ils quittent leur rang, comme ils ont envie de le faire à cause des charges qui pèsent sur eux. La plèbe urbaine comprend une partie riche; ses autres membres sont emprisonnés dans les *corporations*. C'est la plèbe rurale qui est la plus malheureuse. La condition des *colons* se durcit et ce ne sont plus que des hommes à demi libres : s'ils sont toujours théoriquement des hommes libres, ils ne peuvent quitter la terre qu'on leur a concédée (ce sont les débuts du servage). Les *esclaves*, qui sont encore nombreux au début, vont peu à peu disparaître : l'Église ne discute pas le principe de l'esclavage, mais prend des mesures de protection et l'affranchissement est facilité. Des esclaves qui fuient l'esclavage, mêlés à des colons qui répugnent aux dures conditions du colonat, forment des troupes de brigands qui ravagent des régions entières (les Bagaudes en Gaule, entre le IIIe et le Ve siècle). Les Barbares s'établissent en masse dans l'Empire sur des terres concédées et ne sont aussi qu'à demi libres.

LA RELIGION (traits généraux pour toute la durée de l'Empire)

Le culte impérial. Auguste avait institué le collège des Augustales destiné à servir le culte du Génie de l'empereur. Les influences orientales finirent par créer une véritable religion impériale qui fut un grand élément d'unification de l'Empire par-dessus la diversité des croyances. Le culte est rendu à l'empereur et à Rome, considérés comme des divinités, et on leur élève des autels. Culte rendu par des flamines et une *sodalitas* dont les membres sont choisis dans l'aristocratie. Le culte se rend dans les cités et dans les provinces: d'où institution des *concilia provinciae*, dont nous avons parlé. Au IIIe siècle, l'empereur, étant lui-même un dieu, s'assimile aux dieux du Panthéon (Jupiter, Hercule, le Soleil), a son clergé particulier, et tout le monde lui rend l'*adoratio* (génuflexion, baiser à la robe pourpre impériale). Ce culte disparaît avec les empereurs chrétiens.

Les cultes étrangers. Importés à Rome, ils sont surtout originaires d'Orient. Ils prennent un développement considérable et sont peu à peu reconnus officiellement, avec leur clergé: culte d'Isis, culte de Cybèle avec ses Galles et Archigalles, culte de Mithra avec baptême au sang de taureau etc. Allure souvent monothéiste et mystique de ces cultes.

Le paganisme. La vieille religion ne disparaît pas avec le culte impérial qui au contraire s'intègre à elle (l'Empereur est Grand Pontife). Les collèges de prêtres s'enrichissent, dotés fréquemment de terres par les empereurs ou les legs des particuliers. Pour résister au christianisme, il se constitue à la fin un clergé hiérarchisé. Dès le Ier siècle av. J.-C., et ensuite avec la diffusion de la philosophie, notamment du stoïcisme, les croyances s'affaiblissent considérablement surtout dans les milieux élevés de la société.

Le christianisme. Les institutions chrétiennes apparaissent au IIe siècle dans des communautés locales d'abord indépendantes, et vont se développer dans un sens hiérarchique. Chaque communauté a un évêque élu par l'assemblée des chrétiens, et l'évêque délègue des prêtres dans les filiales; mais aucune hiérarchie entre les évêques, qui parfois se réunissent en synode régional pour régler des problèmes communs.

Les persécutions sont fréquentes jusque sous Dioclétien; les chrétiens, en refusant le culte impérial, semblent refuser de s'intégrer à l'Empire et sont pour cela persécutés. D'autres empereurs, comme Gallien, admettent au contraire un certain libéralisme religieux. Tout change avec la reconnaissance officielle du christianisme par Constantin (édit de Milan, 313), et avec les empereurs chrétiens qui suivent. Il en résulte une organisation de l'Église sur le plan de l'Empire, et le paganisme, de persécuteur, devient persécuté.

Les temples païens sont peu à peu fermés et leurs biens confisqués. Un édit de 382 supprimant les vestales et les prêtres romains marque la séparation de l'Empire et du paganisme. Néanmoins, malgré l'appui des empereurs au christianisme, le paganisme reste vivace, et, la première attitude de méfiance des chrétiens vis-à-vis des pouvoirs temporels se continuant, le haut personnel administratif garde fréquemment son attachement au paganisme.

L'Église modèle son organisation sur la structure impériale: l'évêque de Rome au cours du Ve siècle acquiert la suprématie et devient le *pape*, qui peut légiférer et juger pour l'Église entière. La hiérarchie ecclésiastique se complète: au-dessous du pape, les patriarches (pape pour l'Occident, évêques d'Alexandrie, d'Antioche et de Constantinople pour l'Orient); au-dessous, les métropolites (évêques de chef-lieu de province) qui dominent les évêques; enfin les prêtres (*presbyteri*, parfois *sacerdotes* ou *clerici*) et les diacres (*diaconi*). Les synodes provinciaux sont toujours fréquents, et des conciles œcuméniques sont réunis. Enfin apparaissent les premières communautés monastiques, surtout en Orient, et le droit canonique (système juridique propre à l'Église) commence à se constituer.

L'Église, en retour, accepte le pouvoir impérial, et différents synodes imposent aux chrétiens de reconnaître les institutions impériales comme l'armée (qui étaient auparavant mal vues), maintenant qu'elles dépendent d'un empereur chrétien dont le pouvoir vient de Dieu.

Inféodée à l'État, l'Église d'Occident retrouvera sa liberté avec la chute de l'Empire et constituera le véritable pont de civilisation entre Rome et les Barbares.

LA LITTÉRATURE

I. De 235 à 313 (l'édit de Milan)

LE CLIMAT SOCIAL ET LITTÉRAIRE

La banalisation de l'assassinat des empereurs ouvre une ère de catastrophes sans précédent : instabilité du pouvoir impérial qui sombre dans l'anarchie militaire, menaces aux différentes frontières, peste, tremblement de terre à Rome en 262. C'est une véritable ère d'anxiété. Il faut attendre les empereurs illyriens pour retrouver l'ordre et le calme. Ils rétablissent une apparence d'unité mise en cause par les gouverneurs de province. Mais à l'abdication de Dioclétien, de nouvelles luttes vont commencer. Constantin établira enfin l'unité.

L'anarchie militaire s'accompagne d'une diminution de la population et d'un appauvrissement général. En dépit du trouble, depuis Caracalla, la romanisation de l'Empire s'est poursuivie. Le problème religieux se pose alors de façon aiguë. La religion nationale et les cultes orientaux se maintiennent, en lutte constante avec le christianisme. C'est l'époque des grandes persécutions : les plus terribles sont celles de Dèce (250) et de Dioclétien (303-312). Le christianisme est lui-même en proie aux hérésies, bien que le dogme chrétien se définisse peu à peu.

La littérature païenne n'a guère de vie pour plusieurs raisons : celles que nous avons données pour le IIe siècle, le désordre et l'anarchie, et le fait que beaucoup de ces empereurs d'occasion ne sont que des soldats ignorants et grossiers. En revanche, le sang des martyrs et les persécutions vivifient la littérature chrétienne. La langue latine elle-même change sous l'influence des parlers locaux et de la langue créée pour les besoins de la nouvelle foi.

Quant aux arts, il est difficile de les apprécier, car l'architecture évolue peu, l'art du relief gagne en vigueur ce qu'il perd en grâce. Les premières églises se construisent sur le modèle des basiliques et s'ornent de mosaïques.

LA LITTÉRATURE PAÏENNE

L'érudition et la grammaire sont encore représentées par quelques noms :

CENSORIUS vivait sous les Gordiens. Il est l'auteur d'un *De die natali* (*Sur le jour de la naissance*) qui dut être composé vers 238. L'auteur parle dans ce traité d'astrologie et d'horoscopes, intercalant parfois des digressions sur la musique et les mathématiques. C'est un ouvrage curieux et utile, écrit dans un style simple et clair.

ACRON et PORPHYRION commentèrent Horace tout entier, à l'imitation de Q. TERENTIUS SCAURUS qui, avant eux, avait commenté Plaute, Virgile, l'*Art poétique* d'Horace. Enfin PLOTIUS SACERDOS avait une réputation de grammairien qui semble bien méritée. Il a écrit la première grammaire latine arrivée jusqu'à nous.

GARGILIUS MARTIALIS est un agronome du IIIe siècle dont nous savons peu de chose. Trois traités lui sont attribués : *Sur les fruits*, *Sur les légumes*, *Les Soins à donner aux bœufs*. « Qu'il se consacre à l'art vétérinaire ou à l'agriculture, Martialis offre les mêmes qualités d'esprit et les mêmes défaillances d'écrivain. Il a l'intelligence claire, déteste la routine, risque des expériences personnelles dont il analyse les résultats; il s'inquiète peu des opinions reçues» (H. Bardon). Il nous reste des fragments non négligeables de son œuvre.

C. Julianus Solinus (Solin) a écrit aux environs de 250 des *Collectanea rerum memorabilium*, puisant dans l'œuvre de Pomponius Mela et dans l'*Histoire naturelle* de Pline l'Ancien. C'est un résumé de géographie, complété de connaissances archéologiques et de genres variés, très connu jusqu'au Moyen Âge.

En poésie, M. Aurelius Olympius Nemesianus (Némésien), originaire probablement de Carthage, eut du succès autour de 284. Il est l'auteur d'un poème didactique, *Cynegetica* (*Sur la chasse*), dont il nous reste 325 vers et de 4 *Bucoliques* ou *Églogues* imitant Virgile. On les attribua pendant longtemps à Calpurnius Siculus.

Terentius Maurus a consacré 3 000 vers à un traité sur la grammaire et les mètres. On trouve chez lui des renseignements précieux pour l'histoire de la prosodie latine. Il a de la clarté et une réelle virtuosité technique.

Hosidius Geta, contemporain de Tertullien, crée un genre de poésie, le *centon*, qui sera en vogue au IVᵉ siècle. C'est une sorte d'exercice qui consiste à bâtir un poème à l'aide d'expressions, d'hémistiches tirés d'un autre poète. Il compose ainsi une tragédie, *Médée*, à l'aide de fragments de Virgile. Il avait sans doute sous les yeux ou en mémoire la *Médée* d'Ovide.

Ajoutons les *Dicta Catonis*, qu'il est difficile de situer dans le temps. Ce sont des sentences morales en distiques hexamètriques.

LA LITTÉRATURE CHRÉTIENNE

Elle continue sur la lancée que lui ont donnée Tertullien et Minucius Felix et se trouve renforcée par toutes les persécutions et les difficultés inhérentes au IIIᵉ siècle. On va voir apparaître des écrivains autres qu'Africains.

SAINT CYPRIEN

Caecilius Cyprianus Thascius est né d'une famille carthaginoise et reçut une bonne éducation puisqu'il devint professeur de rhétorique. Il était païen comme Tertullien. Après son baptême, il devint prêtre, puis évêque de Carthage (249-258). Il se forma à la lecture de Tertullien sans en épouser les violences et les intransigeances. D'une nature distinguée, amie de la franchise, pleine d'ardeur, il sut lors de la persécution de Dèce et de Valérien se montrer un directeur habile de sa communauté et un défenseur solide de la foi. Il a mérité que saint Augustin l'appelle *catholicus episcopus* et *catholicus martyr*, bien que certaines de ses positions l'aient mis en difficulté avec Rome. Il fut victime de la persécution de Valérien (258).

C'était une personnalité forte et équilibrée. «Ces qualités de l'homme transparaissent en plénitude dans la limpidité d'un style ample, cadencé, volontiers périodique, d'une belle frappe cicéronienne. Rares y sont les concessions aux ornements et aux surprises; le contraste avec la manière de Tertullien est surprenant. Dépouillement de la plume autant que du *vieil homme*: le style de Cyprien devient très vite, après sa conversion, le premier des styles latins chrétiens authentiquement convertis» (J. Fontaine).

Sa *Correspondance*, qui comprend 65 lettres écrites par lui et 16 à lui adressées (nous en tirerons les versions) est son œuvre majeure. Il s'y montre comme le chef de l'Église d'Afrique, le conseiller des Églises d'Espagne, de

Gaule ou de Tripolitaine. Il y est en relation avec les évêques de Rome, de Fabien à Sixte II. Les aspects de cette *Correspondance* sont multiples : tantôt il réconforte les confesseurs de la foi emprisonnés, en méditant avec eux; tantôt il pacifie les communautés bouleversées par les conséquences des persécutions; tantôt il cherche une voie moyenne à l'égard des apostats (*lapsi*) quand ils veulent revenir à l'Église, se tenant à l'écart du rigorisme et du laxisme. Il se montre dans ses *Lettres* conscient des devoirs d'un évêque et de son autorité.

CYPRIEN a écrit aussi douze petits traités à l'usage de son peuple de Carthage, qui vont de la confession autobiographique à la méditation de l'Écriture, en passant par de simples sermons. On peut en citer quelques-uns : le *Ad Donatum* (*À Donat*), écrit peu après sa conversion, qui exploite apologétiquement sa transformation intérieure; *De habitu virginum*, *De dominica oratione*, *De mortalitate*, *De lapsis* (*Sur les apostats*, ou plutôt les *faillis* : il s'agit de ceux qui veulent redevenir chrétiens). Deux de ces ouvrages ont une importance particulière. L'un est le traité *Sur l'unité de l'Église*, premier ouvrage d'ecclésiologie, dont l'influence sera considérable; l'autre est le recueil des *Testimonia ad Quirinum* qui rassemble le dossier des textes bibliques utilisés dans la catéchèse et constitue un témoin essentiel du genre des *Testimonia.*

CYPRIEN a une conception de l'épiscopat très marquée. L'évêque est le principe d'unité de la communauté. Il est souverain dans son ressort. Champion de l'épiscopat, il le défend contre l'évêque de Rome. Non qu'il lui soit toujours opposé, puisque dans le problème des *lapsi*, il le suit, quitte à avoir une attitude différente sur la *réitération* du baptême pour ces mêmes *lapsi*. « Il se trouve au confluent de deux courants auxquels il rend également témoignage, mais dont il ne voit pas encore la conciliation. Il est attaché à l'unité de l'Église universelle et en particulier au primat romain. Mais il est par ailleurs pénétré des droits de l'épiscopat » (J. Daniélou et H. Marrou). Le problème de l'autoritarisme et du particularisme se posera pendant longtemps à l'Église.

469 *Un évêque écrit aux martyrs*

Cyprien est évêque de Carthage quand éclate la persécution de l'empereur Dèce (250). Les chrétiens étaient invités à sacrifier, à brûler de l'encens, à faire une libation et à renier le Christ devant le temple consacré à Jupiter, Junon et Minerve. Les apostats (ou « lapsi » *) recevaient un certificat. Ceux qui restaient fidèles étaient arrêtés. Quand Cyprien écrit, certains avaient déjà souffert le martyre. Cyprien est alors proscrit et écrit à ses frères de Carthage. Il sera martyrisé en 258. L'époque de cette lettre est celle où Corneille situe l'action de* Polyeucte *(cf. acte IV, scène II : « Décie impitoyable »).*

Cyprianus martyribus et confessoribus[1] Jesu Christi domini nostri in Deo patre perpetuam salutem.

Exulto laetus et gratulor, fortissimi ac beatissimi fratres, cognita fide et virtute vestra, in quibus mater ecclesia gloriatur, gloriata et nuper quidem cum confessione perstanti suscepta poena est quae confessores Christi fecit extorres[2]. Confessio tamen praesens quantum[3] in passione fortior, tantum clarior et major in honore est : crevit pugna, crevit et pugnantium gloria. Nec retardati estis ab acie tormentorum metu, sed ipsis tormentis magis estis ad aciem provocati, fortes et stabiles ad maximi certaminis proelium[4] prompta devotione prodistis. Ex quibus[5] quosdam jam comperi coronatos, quosdam vero ad coronam victoriae proximos, universos autem quos agmine glorioso carcer inclusit pari et simili calore virtutis ad gerendum certamen animatos, sicut esse oportet in divinis castris milites Christi, ut incorruptam fidei firmitatem non blanditiae decipiant, non minae terreant, non cruciatus ac tormenta devincant, quia major est qui[6], est in nobis quam qui[7] est in hoc mundo, nec plus ad dejiciendum[8] potest terrena poena quam ad erigendum tutela divina.

SAINT CYPRIEN, X, 1, 1-2.

1. les martyrs sont les chrétiens qui ont souffert pour soutenir la vérité de leur religion. Les confesseurs sont ceux qui ont proclamé leur foi malgré les persécutions qui les attendaient. — 2. les chrétiens qui confessaient leur foi, lors des premières mesures de répression, avaient été parfois simplement proscrits. — 3. *tantum quantum* = en latin classique *tanto quanto*. — 4. *proelium*: la persécution actuelle est une bataille dans la lutte générale et la plus importante de toutes, celle qui oppose les fidèles aux ennemis de Dieu. — 5. *quibus* = *vobis; coronatos* = couronnés (parce qu'ils ont déjà souffert le martyre). — 6. c'est le Christ. — 7. c'est Satan, le prince de ce monde, ou une personnification de la puissance politique. — 8. *dejicere* = faire tomber (cf. les *lapsi* = apostats).

470 *Triomphe des martyrs*

Voir la notice et les notes de la version précédente. Cyprien chante la gloire des martyrs (lors de la persécution de 250 à Carthage).

Vidit admirans praesentium multitudo caeleste certamen Dei[1] et spiritale, proelium Christi, stetisse[2] servos ejus voce libera, mente incorrupta, virtute divina, telis quidem saecularibus nudos, sed armis fidei credentis armatos. Steterunt torti torquentibus fortiores et pulsantes ac laniantes ungulas[3] pulsata ac lanatia membra vicerunt. Inexpugnabilem fidem superare non potuit saeviens diu plaga repetita, quamvis rupta compage viscerum torquerentur in servis Dei jam non membra, sed vulnera. Fluebat sanguis qui incendium persecutionis extingueret, qui flammas et ignes gehennae glorioso cruore sopiret.

O quale illud fuit spectaculum Domini[4], quam sublime, quam magnum, quam Dei oculis sacramento ac devotione militis ejus acceptum, sicut scriptum est in Psalmis Spiritu Sancto loquente ad nos pariter et monente: « Pretiosa est in conspectu Dei mors justorum ejus ». Pretiosa mors haec est quae emit immortalitatem pretio sui sanguinis, quae accipit coronam[5] de consummatione virtutis.

SAINT CYPRIEN, X, 2, 2-3.

1. *certamen Dei* peut avoir deux sens: 1° le combat animé par Dieu; 2° le combat pour Dieu. — 2. *sto* = rester debout (ne pas apostasier); *servus* = serviteur. — 3. *ungula* = ongle de fer (instrument de torture). — 4. *Domini* = donné par Dieu (le martyre est un combat donné par Dieu). — 5. *corona* = la couronne (que mérite le martyr).

471 Règles de pénitence pour les lapsi

Sur les « lapsi *» (apostats), voir la notice de la version n°469. Dans cette lettre adressée à ses « frères du peuple des croyants », Cyprien critique l'attitude de certains prêtres qui réintègrent trop rapidement les* lapsi *dans la communauté chrétienne.*

Audio quosdam tamen de presbyteris, nec evangelii memores, nec quid ad nos martyres scripserint cogitantes, nec episcopo honorem sacerdotii sui et cathedrae reservantes, jam cum lapsis communicare coepisse et offerre pro illis et eucharistiam dare, quando[1] oporteat ad haec per ordinem perveniri. Nam cum in minoribus delictis quae non in Deum committuntur paenitentia agatur justo tempore et exomologesis fiat inspecta vita ejus qui agit paenitentiam, nec ad communicationem[2] venire quis possit nisi prius illi ab episcopo et clero manus fuerit imposita, quam magis in his gravissimis et extremis delictis caute omnia et moderate secundum disciplinam Domini observari oportet. Quod quidem nostros[3] presbyteri et diaconi monere debuerant ut commendatas sibi oves foverent et divino magisterio ad viam deprecandae salutis[4] instruerent.

SAINT CYPRIEN, XVII, 2, 1-2.

1. *quando* = alors que; *per ordinem* = par degrés. — 2. *communicatio* = le fait de faire participer à la communauté chrétienne. — 3. *nostros* = notre peuple, nos fidèles. — 4. *deprecandae salutis* : les *lapsi* ne peuvent obtenir le salut que par leurs supplications.

472 Un évêque consulte Cyprien sur la question des lapsi

Pendant la persécution de 250 à Carthage, Cyprien, qui avait quitté Carthage et était proscrit, a confié l'administration de son église à deux évêques, Caldonius et Herculanus. Caldonius écrit à Cyprien pour lui demander son avis sur un cas particulier : ceux des lapsi *(apostats) qui, sollicitant le pardon de l'Église, ne l'avaient pas encore obtenu, mais avaient cependant subi à nouveau la persécution. Voir notice de la version n°469.*

Necessitas temporis facit ut non temere pacem demus[1]. Sed oportebat vobis scribere de his qui posteaquam sacrificaverunt iterato temptati[2] extorres sunt facti; videntur ergo mihi abluisse prius delictum, dum possessiones et domos dimittunt et paenitentiam agentes Christum sequuntur. Ergo Felix qui presbyterium subministrabat[3] sub Decimo, proximus mihi vinculis (plenius cognovi eumdem Felicem) et Victoria conjunx ejus et Lucius fideles extorres facti reliquerunt possessiones quas nunc fiscus tenet. Sub persecutione mulier nomine Bona quae tracta est a marito ad sacrificandum, quae conscientia[4] nullius commissi (sed tenentes manus ejus sic ipsi[5] sacrificaverunt), sic ipsa coepit dicere contra « non feci, vos fecistis », sic et ipsa extorris facta est[6]. Cum a me ergo universi pacem peterent dicentes « reciperavimus fidem quam amiseramus, paenitentiam agentes Christum publice sumus confessi », quamvis[7] mihi videatur ut debeant pacem accipere, sed[8] ad consultum vestrum eos dimisi, ne quid videar temere aliquid praesumere.

CALDONIUS, dans la *Correspondance de saint Cyprien*, XXIV.

1. *pacem dare* (s.e. *lapsis*) = donner la paix (réconcilier les *lapsi* avec l'Église et les réintégrer dans la communauté chrétienne). — 2. *temptati* = soumis à une épreuve; *vobis* = vous (Cyprien et son conseil). — 3. *presbyterium subministrabat* = faisait le service de la communauté des prêtres; *vinculis* : allusion à la prison où furent enfermés les chrétiens persécutés. — 4. *conscientia* : ablatif de cause. — 5. *ipsi* : datif; sujet de *sacrificaverunt* non exprimé « on », ceux qui l'entouraient. — 6. *sic... facta est* fait partie de la principale dont le sujet est *mulier*. — 7. *quamvis* = *quamquam*. — 8. *sed* mis pour *tamen* = toutefois.

NOVATIEN

NOVATIANUS est un prêtre contemporain de saint Cyprien. Il était peut-être d'origine phrygienne. Par orgueil, il se laissa choisir comme antipape contre le pape Corneille. Il refusait, contrairement à Corneille, le pardon de ceux qui, lors des persécutions, avaient apostasié, étaient tombés (*lapsi*). Il le refusa même aux mourants. Il suscita ainsi un schisme, le *novatisme* (251), qui prétendait reconstituer l'Église des « purs » et des « saints » : d'où leur nom de « cathares » en Orient. Les novatiens furent exclus de l'Église. Saint Cyprien et Denys d'Alexandrie les combattirent, mais ils connurent une large diffusion surtout en Orient jusqu'au VIIe siècle.

NOVATIEN, homme au savoir étendu, de formation philosophique, fin styliste, eut une grande activité littéraire. Le traité *De la Trinité* (*De Trinitate*) ouvre un nouveau genre en latin : c'est une importante monographie qui combat les monarchiens. Novatien s'attaque aux Juifs avec une virulence cinglante dans *Sur les nourritures juives* (*De cibis judaicis*). Il trace un tableau réaliste et indigné de l'amphithéâtre dans *Sur les spectacles* (*De spectaculis*), médite sur l'Écriture dans *Sur le bien de la pudeur* (*De bono pudicitiae*), homélie de qualité. Citons encore trois lettres qui nous ont été conservées par la correspondance de saint Cyprien. Novatien a dû mourir martyr, dans une persécution. Ce fut un personnage complexe et séduisant, un écrivain intelligent et lettré.

ARNOBE

ARNOBE, de Sicca en Numidie, appartient à la seconde moitié du IIIe siècle. C'est un rhéteur, professeur de rhétorique, d'abord ennemi des chrétiens mais qui se convertit, déjà âgé, au christianisme : il avait alors autour de 60 ans. Catéchumène, pour prouver la sincérité de sa foi, il écrivit un *Adversus nationes* (*Contre les païens*) en sept livres, peut-être inachevé, en réponse à *Porphyre* qui écrivit entre 270-280 un traité *Contre les chrétiens*. Il s'agit plus d'une attaque contre l'ancienne religion que d'une apologie de la nouvelle. L'œuvre découvre chez ARNOBE une ignorance très grande de l'Ancien Testament et une connaissance à peine suffisante du Nouveau, signalées par de nombreuses erreurs. En dépit d'un style obscur, il fait penser à Tertullien par son ironie et son réalisme. Il connaît visiblement mieux le paganisme que le christianisme. Cette œuvre médiocre, reconnaissons-le, amuse parfois.

LACTANCE

L. CAECILIUS FIRMIANUS LACTANTIUS, d'après saint Jérôme, disciple d'Arnobe, païen quitta l'Afrique pour devenir rhéteur à Nicomédie (Bithynie) sous Dioclétien et fut appelé vers 316 à Trèves comme précepteur de Crispus, fils de Constantin. Devenu chrétien avant cette date, il écrivit pour occuper ses loisirs. C'était un homme cultivé dont la langue était si pure qu'on l'appela le *Cicéron chrétien.*

Il a écrit :

• le *De opificio Dei*, où il défend la Providence contre les épicuriens.

• le *De ira Dei* où il montre, contre les stoïciens et les épicuriens, que Dieu, par justice, peut montrer sa colère et châtier les méchants.

• les *Institutiones divinae*, en sept livres, qui sont une apologie contre le paganisme et un manuel de philosophie chrétienne. Ces livres, composés entre 307 et 310, comportent particulièrement une démonstration de la divinité par la beauté de la morale.

• *De mortibus persecutorum* (vers 315) : LACTANCE montre la justice de Dieu par la mort cruelle que reçoivent les persécuteurs des chrétiens.

Il ne faut pas rechercher dans l'œuvre de LACTANCE un esprit de haute volée, ni un remarquable théologien. Mais il a la profonde conviction de l'efficacité du christianisme et de la rénovation qu'il apporte aux hommes. Pour nous, en dehors des problèmes religieux, il apporte beaucoup de renseignements historiques, en particulier le récit de la conversion de Constantin. En outre il est le premier, sans doute, à avoir combiné la foi chrétienne et le culte de la littérature païenne.

« Avec Lactance se clôt la première période de la littérature chrétienne [...]. Il annonce aussi la période de triomphe, où le christianisme va devenir la religion maîtresse de l'Empire et religion d'État » (J. Bayet et L. Nougaret).

VICTORIN

VICTORIN, évêque de Poetovio (Pettau ou Ptuj, en Styrie, sur la Drave), martyr sous Dioclétien, est le plus ancien exégète parmi les Pères latins. Il a expliqué, en s'inspirant d'Origène, toute une série biblique. En dehors de quelques fragments, nous possédons un petit traité : *Sur la semaine de la création* (*De fabrica mundi*) et un *Commentaire sur l'Apocalypse*. Saint Jérôme le remania plus tard pour en effacer les idées millénaristes. Les millénaristes annonçaient le prochain retour du Christ ou *parousie*, pour le jugement dernier. Un auteur américain, Morris West, a écrit en 1981 un livre sur ce thème : *The Clowns of God* (*Les Bouffons de Dieu*).

COMMODIEN

L'homme et l'œuvre sont une énigme. Tantôt on en fait un contemporain de saint Cyprien, tantôt on le situe au ve siècle. On le fait vivre soit à Gaza, soit en Arles.

Tout ce qu'on peut dire, c'est que c'est un laïc, qui menait une vie d'ascète, *mendicus Christi*. Il est l'auteur de deux poèmes en hexamètres dactyliques :

• les *Instructions* ou *Instructiones per litteras versuum primas*, en deux livres, comprenant quatre-vingts poèmes acrostiches.

• le *Carmen apologeticum* (1 060 hexamètres) qui s'achève sur un tableau apocalyptique de la fin du monde.

Les deux poèmes s'adressent aux Juifs et aux païens pour les engager à croire et aux chrétiens qu'il exhorte de façon grondeuse à suivre la loi du Christ. L'œuvre est plus curieuse qu'intéressante. Le style et la versification en sont barbares.

II. Le IVe siècle : de Constantin à Théodose

LE CLIMAT SOCIAL ET LITTÉRAIRE

L'unité de l'Empire établie par Constantin est en proie, à sa mort, à de nouvelles dissensions. Mais des empereurs comme Constance et Julien réussissent encore à la maintenir et, même sous les autres empereurs, quand il y a division, il faut bien s'entendre à cause de la menace des Barbares : témoins Valentinien et Valens. L'Empire est donc dans une paix relative jusqu'à la mort du grand Théodose qui avait unifié pour la dernière fois l'Occident et l'Orient et qui commença la persécution des païens, faisant ainsi de l'Église chrétienne une Église d'État. Cette tranquillité du IVe siècle va permettre à la littérature de jeter un dernier et très vif éclat.

Rome n'est plus la capitale, mais elle demeure un symbole respecté : elle est la ville mère et le berceau de la langue latine. Les provinces occidentales ont toutes les yeux tournés vers elle; elles lui doivent leur langue et leur civilisation. Rome n'est plus corrompue par le luxe oriental de la Cour impériale; sa spiritualité y gagne et le nationalisme latin s'appuie sur elle. Elle est en outre pour ces gens, lorsqu'ils sont lettrés, un musée archéologique, mythologique et historique. C'est à cette époque que le mot *Romania* apparaît pour désigner l'Empire.

À la suite de la période anarchique du IIIe siècle, la société s'est transformée. Les vieilles familles ont pratiquement disparu. Ces diverses nationalités, tout en restant attachées à l'Empire, prennent conscience de leurs différences et mènent une vie particulière, ce qui ne les empêche pas de fournir aux empereurs des officiers, des administrateurs et à la société elle-même des écrivains et des artistes. Les villes ne ressemblent plus aux grands ensembles de jadis. Souvent affaiblies et minées, elles s'enferment derrière des murailles pour se défendre, elles annoncent déjà les petites cités du Moyen Âge, resserrées derrière leurs enceintes. La plupart d'entre elles se sont rapidement christianisées à l'exemple de la haute société où l'Église va chercher maintenant ses plus fervents adhérents. En contraste, les campagnes, souvent dévastées, s'organisent à leur manière. Les grands propriétaires se rendent indépendants du gouvernement, fortifient leurs confortables villas, gouvernent esclaves et colons sur l'étendue de leurs terres. Ils continuent à s'intéresser à la littérature. Mais le latin est menacé d'une autre façon : les Barbares installés dans la Romania, servant souvent de barrières contre les invasions, s'ils sont fiers de se romaniser, introduisent des éléments de barbarie chez leurs voisins, ce qui deviendra général au Ve siècle avec les Grandes Invasions. Les Cours impériales, imitant la somptuosité perse, vivent dans un milieu hiérarchisé, parcouru d'intrigues raffinées qui annoncent l'époque byzantine.

Dans ce calme relatif, la littérature prend un nouvel essor. On se tourne vers le classicisme, ce qui donne aux écrivains plus d'aisance de langue et de style et leur permet d'atteindre à une forme plus pure. Il s'agit d'une véritable renaissance. La littérature profane va jeter un ultime et brillant éclat. Nous disons *profane* et non païenne, car des chrétiens écrivent des œuvres de ce genre où on ne trouve pas trace de religion : ainsi Ausone. Le christianisme triomphant va trouver ses grands écrivains, surtout avec les *Pères de l'Église*, et la poésie chrétienne elle-même va essayer de se développer. Les catastrophes du Ve siècle la couperont dans son élan. L'Église d'Occident, tournée vers l'action, garde plus le sens de la romanité que l'Église d'Orient, tournée davantage vers les discussions théologiques et spirituelles.

L'art qui s'était caché dans les catacombes s'épanouit dans les basiliques et les cimetières et adopte les formes et les types de l'art profane. Tant par les procédés (mosaïques) que par une certaine forme de stylisation, c'est l'art byzantin qui s'annonce.

LA LITTÉRATURE PROFANE

■ LA PROSE

Au IVe siècle, avec le retour à un certain ordre, se manifeste la volonté de renouer avec la littérature de l'époque de Trajan : Pline le Jeune, Tacite et Juvénal. L'influence de ces écrivains se manifeste surtout sur la prose, en particulier celle des écoles et celle des païens.

■ L'ÉLOQUENCE

Nous avons voulu nous étendre sur les *Panégyriques* pour deux raisons, d'abord parce qu'ils sont la preuve même de ce que nous venons d'énoncer et parce qu'ils concernent des écrivains gaulois. On pourra mieux percevoir l'influence de la latinité en Gaule et la vie qu'apportent ces Gaulois à la résurrection de la littérature. On aura aussi un tableau historique de l'époque et de notre pays.

Les Panégyriques

Sous le nom de *Panégyriques*, nous possédons, venant de l'Antiquité, un choix de discours d'apparat prononcés devant les empereurs par des orateurs gaulois. Il y en a douze. Pourtant celui qui est placé en tête, modèle du genre, a quelques caractéristiques différentes : il s'agit du *Panégyrique de Trajan* par Pline le Jeune qui a été étudié à propos de cet auteur. Les onze discours qui restent ont été prononcés entre l'année 289 et l'année 389, de l'époque de Dioclétien à celle de Théodose.

Ce nom de *panégyrique* vient de la rhétorique grecque et désignait les discours prononcés dans les assemblées solennelles des Panathénées ou des jeux Olympiques par exemple. On peut penser au *Panégyrique* d'Isocrate. Longtemps, à Rome, ce mot a d'ailleurs désigné l'œuvre d'Isocrate (chez Cicéron en particulier). Il ne prit que plus tard le sens de *laudatio* (louange), encore que, si beaucoup de ces discours sont des éloges des empereurs, d'autres contiennent des remerciements, des demandes, assortis bien entendu d'un éloge obligatoire de l'empereur. Cet usage du panégyrique s'était développé à cause des fêtes, des anniversaires impériaux, puis l'obligation s'était faite pour les consuls entrant en charge d'en prononcer. À l'époque de Cicéron, c'était au peuple qu'on adressait de telles actions de grâces.

Évidemment, il y avait aussi les épitaphes funéraires; puis les poètes, influencés par les Grecs (Simonide, Pindare, Théocrite), avaient loué les empereurs (Virgile, Horace, Ovide, Lucain, etc.). Donc le panégyrique avait derrière lui un long passé et les auteurs suivaient autant certaines traditions ancestrales des mœurs et de la politique qu'une véritable tradition littéraire.

Les ouvrages

En dehors du *Panégyrique de Trajan* par Pline le Jeune, on classe généralement les Panégyriques de la façon suivante :

• *Le Panégyrique de Maximien* par Mamertin, prononcé à Trèves (289).

• *Le Panégyrique de Maximien*, dit *Genethliacus*, prononcé par Mamertin à Trèves (291), voir plus bas.

• *Le Panégyrique de Constance César*, après la conquête de la Bretagne, prononcé à Trèves (297). L'auteur a dû être professeur à Autun, comme Eusèbe, et remplir des fonctions officielles, sans doute comme secrétaire au Palais impérial. Il avait également exercé la charge importante de *magister memoriae*. Il accompagna Maximien dans son expédition contre les Alamans en 287. Quand il renonça à ses charges, il se retira à la campagne près d'Autun et c'est là que ses compatriotes vinrent le chercher pour assurer Constance de leur dévouement. Mais nous ignorons son nom.

Après avoir exprimé modestement son embarras, l'auteur commence le panégyrique de Constance du jour où celui-ci est devenu César. Il montre d'abord la prospérité générale de l'Empire, due à la Tétrarchie, et qui explique d'ailleurs les victoires particulières de Constance : reprise de Gesoriacum, campagne de Batavie et surtout expédition de Bretagne. Ainsi Constance a délivré le monde romain de la piraterie, rendu la sécurité à la Gaule, à l'Espagne, l'Italie, l'Afrique, l'Orient. On comprend l'accueil triomphal qui lui a été fait. L'orateur exprime sa reconnaissance au nom de l'Empire romain et de la Gaule qui se relève de ses ruines.

En fait, notre inconnu se révèle un peu courtisan et fait subir quelques dommages à la vérité de l'histoire; mais il est le seul à donner le récit complet des opérations contre Carausius. Il nous fait sentir la crainte que l'on avait des Barbares et témoigne de la satisfaction et de l'enthousiasme qu'on éprouva alors. La composition du discours est simplement chronologique, l'exposé est clair, la forme soignée; évidemment, on trouve de l'emphase et de la préciosité, mais la netteté, la sobriété, l'aisance dominent.

• *Le Discours* d'Eumène *pour la restauration des écoles d'Autun*, prononcé devant le préfet de la Lyonnaise, à Autun (298) : voir plus bas.

• *Félicitations à Constantin* à l'occasion de son mariage avec Fausta, fille de Maximien, discours peut-être prononcé à Trèves (307). L'auteur reste lui aussi anonyme et il ne nous livre rien de sa vie ni de son passé. Il est visiblement partisan de l'hérédité impériale. On a voulu voir en lui un rhéteur de Trèves, peut-être disciple de Mamertin.

Il se fait l'écho de la joie universelle devant ce mariage qui assure la stabilité impériale. Le discours lui-même comprend successivement l'éloge de Constantin, puis celui de Maximien. L'union de ces deux princes est un gage de renouveau pour l'État.

L'intérêt de ce texte est considérable; il nous montre dans des conjonctures officielles Maximien et Constantin cherchant mutuellement un appui. Le discours est tendancieux, en fait : on ferme les yeux sur les menées de Maximien par exemple. Mais il témoigne des remous de l'opinion au moment des abdications de 305.

Il s'agit d'un des discours les plus courts du recueil, mais il se distingue par la clarté de la composition, son unité, son équilibre et par les qualités de styliste de l'auteur.

• *Discours adressé à Constantin*, au lendemain de la mort de Maximien et après une campagne sur le Rhin, prononcé à Trèves (310). Nous ignorons le nom de l'auteur, mais le discours nous livre des détails sur lui. Sans doute d'âge mûr, né entre 260 et 265, contemporain d'Eumène et originaire d'Autun, il possède l'habitude de la parole publique. Il a été professeur et aussi juriste et il a exercé une activité dans les offices du palais. Il est père de cinq enfants et il recommande son fils aîné, un avocat général du fisc, à l'empereur.

En ce jour anniversaire de la cité, l'orateur réserve à Constantin l'éloge qui lui est dû. Il rappelle pour cela les différentes péripéties de la vie de l'empereur : son ascendance (il est le fils de Constance Chlore), ses débuts et enfin la révolte de Maximien et la victoire généreuse de Constantin qui est vengé par les dieux malgré lui. Lors d'une visite au temple d'Apollon, le dieu présage à Constantin une vie longue et heureuse. L'orateur demande à l'empereur de visiter Autun et lui recommande ses enfants et ses élèves.

Ce panégyrique apporte une contribution à l'histoire en nous parlant du drame où périt Maximien de façon lamentable, des prétentions dynastiques de Constantin et de l'orientation nouvelle de ses croyances religieuses. S'il soutient avec chaleur les ambitions personnelles du prince, il est l'écho de toute une partie de l'opinion.

Les faits sont exposés dans leur ordre de succession naturelle, la composition est donc simple; l'ensemble est aimable, grâce à la variété du ton et des scènes. Aucune préciosité, l'auteur préfère les raccourcis vigoureux, les formules et les traits.

• *Remerciements de la ville d'Autun à Constantin* pour des allègements fiscaux, discours prononcé à Trèves (312). L'orateur est encore un anonyme. Il est originaire d'Autun aux environs de 260. Il a dû être professeur d'éloquence. Il fit partie du sénat de la ville. Il occupait un rôle assez éminent dans cette ville.

Nulle cité plus qu'Autun n'a plus de droits à la faveur impériale et n'a reçu plus de bienfaits. Les Éduens (Autun est leur cité) ont été les premiers rattachés à l'Empire; ils lui ont été toujours fidèles, ce qui récemment a été pour eux la cause de bien des infortunes. Mais l'empereur a compris la misère de la ville : il a réduit l'impôt foncier et fait remise d'un arriéré de cinq ans. Ces largesses ont rendu la vie à la cité qui porte désormais le nom de l'empereur.

Il s'agit là d'un texte d'une grande importance en ce qui concerne l'histoire d'Autun et la bienveillance de Constantin à son égard. L'art de l'orateur est de parler avec sobriété, son discours est un modèle d'habileté et de netteté. Il y joint des qualités d'exactitude et de pittoresque.

• *Félicitations à l'empereur Constantin* pour sa campagne d'Italie et sa victoire sur Maxence, discours prononcé à Trèves (313).

De l'auteur, très réservé sur sa personne, nous savons qu'il est Gaulois. Il a pris à plusieurs reprises la parole pour louer l'empereur. Il a plus de soixante ans. C'est tout ce que nous pouvons en dire.

Il est embarrassé au début de cette action de grâces en l'honneur de la victoire de Constantin sur Maxence. Il rappelle alors les préliminaires de la guerre, puis l'expédition d'Italie, la descente sur Rome et enfin la bataille du pont Milvius. Puis Constantin part immédiatement pour le Rhin, pour châtier et anéantir une peuplade franque qui s'était révoltée. Ces victoires effacent tout ce qui a précédé. Puisse le dieu créateur du monde accorder à Constantin un règne éternel sur la terre.

Ce qui est intéressant dans ce discours, c'est qu'on y trouve la première mention de la guerre qui opposa Constantin à Maxence et l'écho de ces événements considérables dans l'œuvre d'un contemporain. Celui-ci voit déjà dans Constantin le futur souverain du monde, en dépit de Licinius qui gouverne l'Orient.

Le discours est conçu sur le plan chronologique; il est malheureusement encombré de développements parasites ou fastidieux. L'auteur recherche la nouveauté, la formule, l'alliance de mots hardie. Il manque de mesure et de goût. Cependant une certaine tension de la forme le sert parfois.

• *Discours en l'honneur de Constantin* pour sa quinzième année de gouvernement et des Césars pour leur Quinquennalia, prononcé à Rome par Nazarius (321) : voir plus bas.

• *Remerciements* du nouveau consul Claudius Mamertinus *à Julien*, discours prononcé à Constantinople (362).

• *Panégyrique de Théodose* par Latinus Drepanius Pacatus à la victoire sur l'usurpateur Maxime, prononcé à Rome (389) : voir plus bas.

Il faut reconnaître que ces orateurs, avec leurs qualités et leurs défauts, ont fait souvent œuvre d'histoire. On peut trouver chez eux substance et exactitude en dépit d'imprécisions et de réticences. Par ailleurs, ils sont issus d'écoles et pratiquent un genre catalogué, ce qui souvent leur donne un air de famille, ainsi par l'usage immodéré des procédés et de l'art de la période. Cependant ils ont chacun un don particulier de mise en œuvre, des qualités différentes de goût, d'imagination et de vie. Nous allons parler maintenant de quatre auteurs, souvent remarquables, qui nous sont connus: Eumène, Mamertin, Nazarius et Pacatus, même si l'on doit faire des réserves sur Nazarius.

EUMÈNE

EUMÈNE (*Eumenius*), rhéteur gaulois d'Autun, de la fin du IIIe siècle, est l'auteur d'un discours, *Pro restaurandis scholis oratio (Discours pour la restauration des écoles d'Autun),* prononcé au printemps 298 au forum d'Autun en présence du gouverneur de la Lyonnaise, et qui fait partie du recueil des *Panégyriques*.

EUMÈNE était d'origine grecque. Son grand-père était venu s'installer à Autun où EUMÈNE naquit vers 264-265, quelques années après la mort de son aïeul. Il y reçut la formation oratoire et exerça la profession de rhéteur hors de sa ville natale. Sa carrière fut d'abord celle d'un orateur d'école, éloigné de l'éloquence publique et du forum avant de prononcer ce discours. Constance Chlore prit EUMÈNE près de lui en qualité de secrétaire particulier, *magister memoriae* (293). Puis le César, désireux de rendre du lustre à l'école d'Autun, lui en confia la direction (297) en lui laissant un traitement de secrétaire particulier et son rang de personnage officiel. EUMÈNE en exprime sa reconnaissance dans ce discours et met à la disposition de la ville d'Autun la totalité de ses émoluments tant que ce sera nécessaire pour restaurer les écoles.

Dans ce discours, l'orateur exprime d'abord ses appréhensions: il débute à la tribune publique. Dans une première partie, il donne les raisons de la restauration des écoles: raison d'ordre général (le relèvement des écoles entre dans le cadre du relèvement de la ville d'Autun); raison d'ordre moral (la culture est le fondement de toutes les vertus); raison d'ordre esthétique et religieux (les écoles ne peuvent demeurer en ruine à côté des temples des dieux). Dans la seconde partie, l'auteur en vient aux moyens de cette restauration: il abandonnera son traitement pour des raisons morales et sentimentales (son grand-père enseigna à Autun). Ainsi refleuriront des écoles qui donneront à la jeunesse des leçons de patriotisme; puisse le préfet de la Lyonnaise transmettre ces projets avec un avis favorable.

Ce discours est fort intéressant pour l'histoire générale et plus encore pour l'histoire particulière de la ville d'Autun. EUMÈNE est le témoin d'une époque à qui l'action vigoureuse de Dioclétien et de ses collaborateurs a rendu la vie et la confiance. Si le discours par ailleurs traduit les pensées les plus généreuses, l'auteur est victime de l'art de l'école: l'expression se redouble souvent, peut-être sous l'influence de l'étiquette de la cour; en outre, EUMÈNE écrit parfois lourdement, mais il égaie volontiers son style d'une image et même de plusieurs qui vont jusqu'à la préciosité. L'ensemble prend pourtant de la valeur par l'imagination d'EUMÈNE, qui anime tout.

MAMERTIN

Il ne faut pas confondre *Mamertin* et le *Claudius Mamertinus* qui remercia l'empereur Julien en 362. Notre auteur est un homme de la seconde moitié du IIIe siècle. Claudius Mamertinus, consul de 362, est peut-être son fils ou son petit-fils. Nous ne savons pas grand-chose de MAMERTIN sinon qu'il paraît avoir vécu dans les pays du Nord-Est et sur la

Moselle, donc à Trèves. Il s'agit visiblement de l'habitant d'une ville souvent en alerte, d'un maître qui devait tenir école à Trèves et qui devait être *persona grata* auprès de l'empereur Maximien.

Le premier des deux discours, prononcé à l'occasion des fêtes anniversaires de la fondation de Rome, a été prononcé à Trèves en 289. L'auteur y montre les services rendus par Maximien à l'État : guerre contre les Bagaudes, lutte contre les Germains (invasion des Burgondes-Alamans, affaire de Trèves, campagne de Germanie), révolte de Carausius. Donc Rome est bien heureuse de posséder deux princes si unis (Dioclétien et Maximien). La victoire qui est toute proche les y ramènera triomphants.

Le second, prononcé en 291, dit *Genethliacus* (qui concerne le jour de la naissance) semble commémorer le jour où Maximien reçut le titre d'Herculius tandis que Dioclétien prenait pour lui-même celui de Jovius, fondant une véritable souveraineté de droit divin. L'auteur, après un bref résumé des victoires acquises, fait l'éloge de la piété et du bonheur des deux princes. Leurs vertus justifient leurs victoires auxquelles s'ajouteront bientôt des trophées navals.

Au point de vue historique, le premier discours a un intérêt considérable car il groupe toute une série de faits assez mal connus (il y a pénurie de documents sur l'association Dioclétien-Maximien). MAMERTIN a été le témoin d'événements importants; malheureusement, il les raconte de façon succincte. Il justifie la mesure politique que représente la dyarchie. Dans le second discours, MAMERTIN se contente de résumer rapidement les événements passés, dont il avait déjà parlé en 289 et donnera surtout la preuve que les contemporains étaient préoccupés de deux problèmes : l'unité du pouvoir, le danger barbare.

« Mamertin est un des meilleurs écrivains du groupe des panégyristes. » Évidemment, il suit tous les préceptes de la rhétorique. « Mais il domine la technique et, dans un cadre nouveau, il a su manifester des qualités réelles de brièveté élégante, de couleur et de vie » (E. Galletier). Artiste habile, il est aussi patriote.

NAZARIUS

Cet orateur et écrivain, auteur d'un des *Panégyriques*, a vu son apogée se situer, selon saint Jérôme, vers 324. On suppose qu'il s'agit bien de l'écrivain signalé par saint Jérôme et Ausone; il avait grande réputation d'éloquence, tout comme sa fille Eunomia, née vers 305 et qui était chrétienne.

NAZARIUS, comme Pacatus, appartenait à l'université de Bordeaux. Chose curieuse, cette université « entre en scène avec lui et paraît éclipser dès lors la réputation des écoles [...] d'Autun ». (E. Galletier). Il doit être entré en contact également par sa famille et par des collègues avec la foi chrétienne; mais d'après son discours il semble sur ce plan être demeuré ou dans la neutralité ou dans le paganisme.

La réputation de NAZARIUS était grande en Gaule puisqu'on recourut à lui pour les fêtes de Rome de 321. On ne sait s'il vint directement de Bordeaux à Rome ou s'il avait une école de rhétorique dans cette dernière ville. En tous cas, il ne semble pas attaché à la cour impériale, il ne parle du triomphe de Constantin que d'après des on-dit.

L'œuvre

Selon toutes probabilités, le *Discours en l'honneur de Constantin, pour sa quinzième année de gouvernement, et des Césars pour leur Quinquennalia* a été prononcé par NAZARIUS autour du 1er mars 321. Si l'on songe qu'il s'agit de fêter la quinzième année du règne de Constantin et le cinquième anniversaire des Césars — Crispus et Constantin le Jeune, nommés Césars le 1er mars 317 —, et si l'on sait que les Quinquennalia avaient lieu d'ordinaire au début de la cinquième année, le discours fut prononcé uniquement devant les deux Césars.

Il est constitué, après un bref exorde où s'expriment la joie et la modestie de l'orateur, par deux courts éloges des Césars encadrant une vaste louange de Constantin :

- Les Césars sont les héritiers des vertus de Constantin. Ils l'égaleront un jour par admiration et par affection.
- Constantin possède de nombreuses vertus sociales : bienveillance, affabilité. Sa victoire a assuré l'éternité des assises de la ville. Sa cause était celle de la Providence. À partir

de là l'orateur raconte toute la guerre civile qui vit triompher Constantin, les événements avant le conflit avec Maxence, puis la campagne d'Italie jusqu'à la bataille du pont Milvius et l'attitude de Constantin après la victoire.

• NAZARIUS revient à l'éloge des jeunes Césars : Rome n'en attend pas moins d'eux.

• Et c'est la péroraison célébrant la paix, l'ordre instauré par Constantin.

NAZARIUS a consacré essentiellement son discours à l'œuvre de Constantin, en négligeant les jeunes Césars. Comment pouvait-il en être autrement ? Tout en respectant les événements historiques, NAZARIUS a surtout voulu prouver que Constantin était le favori du ciel. Dans ces années où fermentait le conflit avec Licinius, il était utile de montrer la qualité surhumaine de l'empereur et de rappeler que les jeunes Césars assuraient la perpétuité de la dynastie. Il s'agit donc d'un programme politique et d'un plaidoyer dynastique. Malheureusement la valeur artistique n'apparaît guère et ne donne pas grande opinion de la rhétorique. La composition est très lâche, le récit est constamment coupé par les remarques de l'auteur. Le hasard plus qu'un plan véritable semble présider à l'exposé des faits. L'auteur ralentit encore son discours par son goût pour les anecdotes mythologiques et historiques et pour les réflexions morales. Les comparaisons se développent pour elles-mêmes. Le récit s'encombre d'apostrophes, d'interrogations, d'exclamations, de formules et de traits. En fait, on se demande comment NAZARIUS pouvait avoir la réputation d'éloquence que lui prête saint Jérôme.

PACATUS

L'auteur du plus long et du dernier des *Panégyriques*, adressé à Théodose, LATINUS PACATUS DREPANIUS, était un Gaulois venu apporter à l'empereur ses hommages et qui retournerait bientôt en Gaule. Il semble être du littoral atlantique et peut-être de Bordeaux. Il était très lié avec Ausone qui lui dédia plusieurs de ses œuvres; on a été jusqu'à admettre qu'il fut son collègue à l'académie de Bordeaux. Il était aussi lié d'amitié avec Symmaque. Il fut un de ces rhéteurs qui ont connu une haute fortune dans la vie officielle. On le trouve proconsul d'Afrique en 390 et en 394 *comes rerum privatarum*. Il semble qu'il vivait encore en 397.

C'était un homme de goût et de science, qui avait des dons poétiques. On comprend facilement qu'avec sa réputation il ait été chargé de porter à l'empereur, après sa victoire sur l'usurpateur Maxime, les félicitations des Gaules. D'après ce discours, il apparaît que PACATUS n'est pas chrétien. Il est fortement attaché au culte de l'empereur. C'est un homme que la culture philosophique incline à la tolérance et qui refuse les persécutions.

Le panégyrique fut prononcé entre juin et septembre 389, à Rome. PACATUS prit la parole devant le Sénat et devant l'empereur pour célébrer la victoire de celui-ci.

C'est un discours très long où PACATUS expose selon l'usage ses appréhensions et sa timidité, puis fait l'éloge du prince que recommandaient sa personnalité, ses vertus civiques et ses exploits militaires.

• Théodose vient d'Espagne, pays riche en héros; son père, plein de noblesse, a accompli de remarquables exploits militaires. Le prince lui-même est beau, ce qui traduit sa générosité d'âme; enfin l'âge lui a donné la maturité indispensable.

• Théodose, comme compagnon de son père, a eu une vie rude. Puis la retraite l'a initié aux affaires civiles. Il s'est voué au service de ses amis, s'est préoccupé de questions rurales. Plein de modestie, il n'a accepté le pouvoir que sur les instances de Rome. Mais il a su, empereur, rester un simple citoyen, sans passions, donnant à son entourage des leçons de tempérance. Il a su s'entourer de gens de mérite; il n'oublie jamais ses promesses; il est rempli d'affabilité.

• Dans la dernière partie, PACATUS montre les qualités militaires de Théodose devant Maxime. Il raconte toute l'histoire : l'usurpation, les hostilités, le dénouement.

Finalement, PACATUS déclare que, rentré en Gaule, il racontera tout ce qu'il a vu pour donner aux historiens les moyens de retracer l'œuvre de l'empereur.

On a longtemps considéré que ce discours était long et bavard et qu'on n'en pouvait tirer que très peu de réalité historique. Évidemment, la tradition de l'éloge pèse sur les épaules de PACATUS; il était de plus prisonnier de la bienséance qui sied à un tel genre et des nécessités de la technique d'école; cependant, « ce panégyrique est un précieux témoignage, moins pour les débuts du prince que pour l'événement qui occupe la majeure partie du discours, la révolte de Maxime, pour laquelle il demeure la source essentielle » (E. Galletier).

PACATUS, comme écrivain, possède des qualités indéniables de composition et d'équilibre. Certes, il fait des emprunts et notamment à Mamertin; évidemment, il puise dans l'arsenal commode des exemples historiques ou des considérations morales d'école. Mais l'auteur est doué d'imagination, de souffle, de passion; il possède une langue claire, faite de phrases précises et alertes qui atteignent cependant à l'éloquence. Les critiques d'autrefois, comme Scaliger ou Juste Lipse, faisaient grand cas de lui.

473 *Lettre de l'empereur Constance à Eumène*

*À cette époque (298 apr. J.-C.), le pouvoir est partagé entre quatre princes : deux Augustes, Maximien et Dioclétien, et deux Césars, Constance et Galère. Constance a reconquis la Bretagne et rendu la paix à la Gaule. Maximien réside à Trèves. Il avait pour secrétaire particulier (*magister memoriae*) l'ancien professeur Eumène. Maximien et Constance Chlore décident de relever l'école, jadis célèbre, d'Autun et qui a périclité depuis le sac de la ville en 269. Ils nomment Eumène administrateur et professeur de l'école d'Autun.*

Merentur et Galli nostri ut eorum liberis[1], quorum vita in Augustodunensium oppido ingenuis artibus eruditur, et ipsi adulescentes[2] qui hilaro consensu meum Constantii Caesaris ex Italia revertentis suscepere comitatum, ut eorum indoli[3] consulere cupiamus. Proinde quod aliud praemium his quam illud conferre debemus quod nec dare potest nec eripere fortuna ? Unde auditorio[4] huic, quod videtur interitu praeceptoris orbatum, te potissimum praeficere debuimus, cujus eloquentiam et gravitatem morum ex actus nostri habemus administratione[5] compertam. Salvo igitur privilegio dignitatis tuae, hortamur ut professionem oratoriam repetas atque in supra dicta civitate, quam non ignoras nos ad pristinam gloriam reformare, ad vitae melioris studium adulescentium excolas mentes nec[6] putes hoc munere ante partis aliquid tuis honoribus derogari[7], cum honesta professio ornet potius omnem quam destruat dignitatem.

PANÉGYRIQUES LATINS, *Discours d'Eumène pour la restauration des écoles d'Autun,* XIV, 1 à 4.

1. s.e. *consulere cupiamus.* — 2. s.e. *merentur.* — 3. *eorum indoli* = au développement de leurs qualités naturelles. — 4. *auditorium* = école; *praeceptoris* : un maître important venait de mourir. — 5. *ex actus nostri administratione* = quand tu dirigeais notre secrétariat (idée que reprend *dignitatis*). — 6. *nec* = *neve*; *ante* : adv.; *partis*, part. passé passif de *pario.* — 7. construire *derogari aliquid (ex) honoribus ante partis.*

474 La carte du monde dans une école romaine

Dans les écoles d'Autun (cf. version n° 473), des cartes du monde assez détaillées ornaient les portiques, elles permettaient aux maîtres d'illustrer leurs leçons de géographie et aussi d'exalter le patriotisme romain. Les empereurs venaient de remporter une série de victoires sur les barbares. L'empire avait retrouvé la paix et n'avait jamais étendu aussi loin ses frontières.

Videat praeterea in illis porticibus juventus et cotidie spectet omnes terras et cuncta maria et quidquid invictissimi principes[1] urbium, gentium, nationum aut pietate restituunt aut virtute devincunt aut terrore defigunt... Ibi fortissimorum imperatorum pulcherrimae res gestae per diversa regionum argumenta recolantur[2], dum, calentibus semperque venientibus victoriarum nuntiis, revisuntur[3] gemina Persidos flumina et Libyae arva sitientia et convexa Rheni cornua et Nili ora multifida dumque sibi ad haec singula intuentium animus adfingit[4] aut sub tua, Diocletiane Auguste, clementia Aegyptum furore posito quiescentem aut te, Maximiane invicte, perculsa Maurorum agmina fulminantem aut sub dextera tua, domine Constanti, Bataviam Britanniamque squalidum caput silvis et fluctibus exserentem[5] aut te, Maximiane Caesar, Persicos arcus pharetrasque calcantem. Nunc enim, nunc demum juvat orbem spectare depictum, cum in illo nihil videmus alienum.

PANÉGYRIQUES LATINS, *Discours d'Eumène pour la restauration des écoles d'Autun,* XX, 2, et XXI, 1 à 3.

1. *principes* : les empereurs, cf. notice de la version 473. Ils seront évoqués tous les quatre plus bas. — 2. *recolere* = passer en revue; *argumentum* = indication. — 3. *revisuntur* : les élèves voient grâce aux cartes (en imagination). Allusions aux événements récents. En Égypte, Dioclétien a vaincu L. Domitius Domitianus, révolté en 296-297. En Bretagne, Constance a détruit l'état fondé par Carausius (293-296). Après avoir délivré les régions de l'Escaut et la Batavie, Maximien a vaincu les Maures, Galère les Perses; Maximien en 297 a maté une autre révolte en Afrique, sur la côte des Syrtes (cf. Histoire Romaine). — 4. *adfingit* a pour compléments d'objet *Aegyptum, te, Bataviam, Britanniamque, te* (qui sont les centres de 4 groupes grammaticaux correspondant chacun à un tableau offert à l'imagination de celui qui contemple les cartes). — 5. personnification qui s'explique par les nombreuses forêts de la région; *squalidum* = souillée; *silvis* = *e silvis*.

475 Déplorable état de la région d'Autun

Vers 270 apr. J.-C., la Gaule avait formé un empire indépendant éphémère et connu les profonds ravages de la guerre. En 312, Autun ne s'était pas encore relevée du coup, lorsque Constantin visita la ville et lui vint en aide. Un orateur du pays remercia l'empereur de sa générosité et, pour vanter le courage dont il fit preuve en empruntant les routes défectueuses, décrivit l'état lamentable où elles étaient tombées. C'est en effet un détail significatif : les routes, dont les Romains étaient si fiers, donnaient la vie aux cités et leur décadence ruinait l'économie.

Quid ego de ceteris[1] civitatis illius regionibus loquar, quibus illacrimasse te ipse confessus es ? Vidisti enim non, ut per agros aliarum urbium, omnia fere culta, aperta, florentia, vias faciles, navigera flumina ipsas oppidorum portas alluentia, sed statim ab eo flexu, e quo retrorsum[2] via ducit in Belgicam, vasta omnia, inculta, squalentia, muta, tenebrosa, etiam militares vias ita confragosas et alternis montibus[3] arduas atque praecipites ut vix semiplena carpenta, interdum vacua, transmittant. Ex quo saepe accidit ut obsequia[4] nostra tarda sint, cum parvarum frugum nobis difficilior sit evectio quam ceteris plurimarum. Quo magis, imperator, pietati tuae gratias agimus qui, cum scires regionum nostrarum aditum atque adspectum tam foedum tamque asperum, tamen illo[5] deflectere et urbem illam sola opis tuae exspectatione viventem illustrare dignatus es. Boni principis est libenter suos videre felices, sed melioris invisere etiam laborantes.

Panégyriques, auteur anonyme, VII, 1 à 5.

1. *ceteris* : l'auteur vient de peindre la ruine des vignobles de la Côte-d'Or. — 2. *retrorsum* : l'empereur, habitant Trèves, suivait la route de Lyon jusqu'à Chalon-sur-Saône où il prenait à droite vers Autun une route qui remontait vers la Belgique (d'où l'adverbe *retrorsum* pour marquer ce léger retour vers le Nord). — 3. *alternis montibus* : la succession des collines crée une succession de montées et de descentes. — 4. *obsequia* : ici, redevances; *evectio* : le transport hors du pays (cf. verbe *evehere*). — 5. *illo* : adverbe de lieu.

476 Les élections ? Coquineries et bassesses !

Cl. Mamertin vient d'être nommé consul par l'empereur Julien. Il l'en remercie en expliquant que la nomination est supérieure à l'élection. Il brosse donc un sombre tableau des intrigues et des passions, lors des Comices sous la République, comme au temps des empereurs.

An vero, si centuriatis comitiis consul creatus essem, gloriosius mihi universi populi suffragiis declaratus viderer ? Minime, siquidem etiam illis priscis temporibus multorum ambitu fuit Campus[1] infamis. Nota divisorum[2] flagitia, notae loculorum[3] paestigiae, tum operarum ad vim et seditionem manus emptae. Nec sane potest in confusa imperitorum multitudine quicquam esse perpensum. Nam cum boni rari sint, improborum vulgus immensum, in Campo autem numerus et turba praepolleat, sine dubio intellegitur eum suffragiis populi magistratum capere quem plures, id est, quem pejores probarunt. Unde factum ut majores nostri viderent Gabinios designatos et repulsos Catones. Sed haec vetusta : detur recordari quemadmodum paulo ante[4] honor petitus sit. Vix pauci exstiterunt quorum virtutibus deferretur[5], cum quidem ipsis illis tarda industriae ac probitatis merces veniret. Ceteri vero perditissimum quemque ex aulicis[6] frequentabant. Uti quispiam per artes turpissimas imperatori acceptissimus videbatur, eum adsiduis obsequiis emerebantur donisque captabant... Hi, cum in provincias immissi erant, qua sacra qua profana rapiebant, iter sibi ad consulatum pecunia munientes.

Panégyriques (Cl. Mamertinus), XIX (sauf une partie de 4).

1. *Campus* : le Champ de Mars, où se tenaient les Comices. — 2. *divisorum* : ces courtiers électoraux distribuaient aux électeurs l'argent du candidat pour acheter les voix. — 3. *loculorum* = les urnes; *operae* = les mercenaires (cf. Gaffiot, I, 4 b). — 4. *paulo ante* = il y a peu de temps encore. — 5. *deferretur, veniret* (s.e. : *honor*). — 6. *aulicis* = les courtisans.

477 *Julien a sauvé la Gaule*

En 355 apr. J.-C., la Gaule, déjà mal administrée, fut envahie par les Alamans. En 357, Julien, jeune adjoint de l'empereur Constance, les battait à Strasbourg et dans les deux années suivantes rétablissait la frontière du Rhin et l'administration de la Gaule. Ce sont ces exploits que vante Claudius Mamertinus.

Florentissimas quondam antiquissimasque urbes barbari possidebant : Gallorum illa celebrata nobilitas aut ferro occiderat aut immitibus addicta dominis serviebat. Porro aliae[1], quas a vastitate barbarica terrarum intervalla distulerant[2], judicum nomine[3] a nefariis latronibus obtinebantur. Objiciebantur ingenua indignis cruciatibus corpora; nemo ab injuria liber, nemo intactus a contumelia, nisi qui crudelitatem praedonis pretio mitigasset, ut jam barbari desiderarentur, ut praeoptaretur a miseris fortuna captorum. In hoc statu imperator noster Gallias nactus minimum habuit adversus hostem laboris atque discriminis : una acie Germania universa deleta est, uno proelio debellatum. Sed emendatio morum judiciorumque correctio et difficile luctamen et periculi plenum negotium fuit.

Panégyriques (CL. MAMERTINUS), IV, 1 à 3.

1. *aliae (urbes)*. — 2. *differre* = tenir à l'écart, mettre à l'abri. — 3. *judicum nomine* : sous le nom de gouverneurs (*judex*, souvent dans la langue du Bas-Empire, désigne le gouverneur de province).

SYMMAQUE

L'écrivain latin, Q. AURELIUS SYMMACHUS vécut environ entre 340 et 402 et appartenait à la plus haute noblesse romaine. Son père était lui-même un lettré. Il reçut une brillante éducation et en particulier les leçons d'un rhéteur gaulois. Il fit une belle carrière sénatoriale : représentant en Gaule du Sénat aux fêtes quinquennales de l'empereur Valentinien I (il prononça deux *Panégyriques* en l'honneur de l'empereur et de son fils), proconsul d'Afrique en 373, préfet de la ville en 384, consul en 391.

De son œuvre il nous reste :

• Des fragments de discours et en particulier la fameuse *Relation sur l'Autel de la Victoire* (364) où il proteste avec éloquence contre l'enlèvement de la salle des séances du Sénat d'un autel de la Victoire qui s'y trouvait depuis toujours. Ce discours donna de l'inquiétude aux chrétiens qui répliquèrent à Symmaque (Ambroise, Prudence : *Contra Symmachium*);

• Des *Lettres* (dix livres), très goûtées de son temps et comparées à celles de Pline le Jeune; mais dont le style est sans naturel, ni animation.

En dehors de la *Relation*, où Symmaque est profondément ému, le style est en général précieux et recherché. La langue est très classique, la prose est rythmée avec beaucoup de soin et de délicatesse. Mais on y sent trop l'effort.

■ *L'ÉRUDITION ET LA GRAMMAIRE*

La *grammaire* continue à être cultivée et étudiée.

AELIUS DONATUS (DONAT), professeur de grammaire, fut le maître de saint Augustin. Nous lui devons des commentaires de Térence et de Virgile, une *Vie de Virgile* remaniée d'après Suétone. Il est surtout l'auteur d'une grammaire élémentaire (*Ars minor*) et d'une grammaire supérieure (*Ars major*) qui devaient passionner les grammairiens jusqu'en plein Moyen Âge.

CHARITIUS et DIOMÈDE ont écrit tous deux un *Traité de grammaire* (*Ars grammatica*).

L'érudition elle-même est représentée par NONIUS MARCELLUS, auteur d'un *Compendiosa doctrina* (*Lexique*) qui renferme de précieux fragments d'auteurs archaïques et par SERVIUS HONORATUS qui composa sous Théodose un commentaire de Virgile resté fameux.

MACROBE

En ce qui concerne l'érudition littéraire, nous rencontrons une personnalité de plus grand relief: AMBROSIUS MACROBIUS THEODOSIUS, *vir clarissimus et illustris*, sénateur et fonctionnaire royal. Nous ne possédons sur lui que des renseignements rares et contradictoires. Tout ce qu'on peut affirmer, c'est qu'il n'est pas d'origine latine et qu'il avait un fils à qui il dédia ses *Saturnales* et un commentaire du *Songe de Scipion* de Cicéron. On possède aussi quelques fragments d'un traité grammatical: *De differentiis et societatibus Graeci Latinique verbi*.

Le commentaire du *Songe de Scipion* qui nous a conservé le texte même de Cicéron est profondément influencé par le mysticisme néoplatonicien.

Les *Saturnales* appartiennent à une plus haute inspiration. Sous la forme du dialogue (en sept livres), on est en présence des trois plus éminents représentants du paganisme — Symmaque, Nicomachus Flavianus, Praetextatus — et d'autres interlocuteurs qui célèbrent la fête des Saturnales: d'où le titre. MACROBE entend traiter toutes sortes de questions qui intéressent les grammairiens. Mais quatre livres sont en réalité consacrés à Virgile dont on vante toutes les connaissances. On découvre que Macrobe est un sectateur du Soleil et qu'il interprète les légendes en païen monothéiste. L'intérêt est grand pour nous et, d'ailleurs, l'ouvrage n'est pas sans mérite.

PALLADIUS

PALLADIUS RUTILIUS TAURUS AEMILIANUS était peut-être un parent du poète Rutilius Namatianus. Il est le dernier des écrivains latins à avoir traité de l'agriculture et l'auteur d'un *De re rustica* (*Sur l'agriculture*) en quatorze livres. Son ouvrage renferme des extraits d'anciennes œuvres, surtout de Columelle qui est souvent copié. Cependant il traite de façon plus exacte que ce dernier des arbres fruitiers et des jardins potagers.

Le premier livre est une introduction générale. Chacun des douze livres suivants porte le nom d'un des mois de l'année et enseigne les travaux propres à chaque saison; le quatorzième est un poème didactique en vers élégiaques sur la greffe des arbres. Le style est souvent incorrect et l'auteur utilise beaucoup de néologismes. L'ouvrage fut célèbre au Moyen Âge.

MARTINUS MINEUS CAPELLA

Souvent appelé MARTIANUS CAPELLA, c'est un polygraphe, né à Madaure en Numidie. Il composa vers 470, sous le titre *De l'hymen de la philologie et de Mercure*, un ouvrage qui eut une grande autorité pendant tout le début du Moyen Âge. Après avoir traité dans les deux premiers livres de l'allégorie indiquée dans le titre, il parle ensuite des sept arts libéraux qui devaient former plus tard le *trivium* et le *quadrivium* de l'enseignement médiéval (grammaire, dialectique, rhétorique; géométrie, arithmétique, astronomie, musique). Écrit médiocre où se trouvent pourtant des notations intéressantes sur le système semi-héliocentrique.

■ *L'HISTOIRE*

L'Histoire Auguste

L'*Histoire Auguste* ou *Histoire impériale* (*Historia Augusta*) est un recueil de biographies d'empereurs d'Hadrien à Numérien (117-284). Ces livres insolites constituent une mine exceptionnelle de renseignements sur le déclin de Rome, sur le « Crépuscule des Césars » (H. Bardon). En fait nous ignorons même le titre de ce recueil qui s'intitulait peut-être dans l'antiquité *Vies des Césars* ou *des Empereurs* ou encore *Vies des divers princes ou usurpateurs du divin Hadrien à Numérien.*

La date de la rédaction est un mystère. Il y a peut-être deux groupes principaux de biographies, l'un datant de Dioclétien, l'autre de Constantin, ouvrage d'auteurs divers où on trouve la volonté affirmée d'utiliser le passé selon les exigences de la politique contemporaine. La rédaction de ces *Vies* s'étendrait du début du IVe siècle (ou de la fin du IIIe) jusqu'en 337 environ.

Ces biographies sont parvenues dans des manuscrits qui les regroupent parce qu'elles ont été réunies à un moment donné par un éditeur, peut-être l'un des rédacteurs : *Vopiscus.* La collection s'est sans doute constituée vers 360 et les éditions successives en ont souvent changé l'aspect. Des remaniements partiels ont modifié nombre de passages et introduit les incohérences qu'on y relève.

Les auteurs

L'*Histoire Auguste* est l'œuvre de plusieurs auteurs dont on a regroupé ultérieurement les textes. Ce principe de groupement a donc été respecté par la suite, mais on a apporté des modifications partielles. Malgré toutes les rééditions et les transformations, on peut distinguer la personnalité de six écrivains responsables de cet ouvrage.

- AELIUS LAMPIDIUS, auteur des vies de Commode, Diaduménien, Héliogabale, Alexandre Sévère; les deux dernières vies sont adressées à l'empereur Constantin et, selon l'auteur, ont été composées à la requête de cet empereur. Elles ont été écrites après la défaite de Licinius en 323. Il avait l'intention de rédiger également la vie de Dioclétien, de Licinius, de Maxence et de Constantin.

- AELIUS SPARTIANUS, auteur des vies d'Hadrien, d'Aelius, de Didius Julianus, de Septime Sévère, de Pescennius Niger, de Caracalla et de Géta; les quatre premières sont dédiées à Dioclétien, celle de Géta à Constantin; ce premier groupe aurait été rédigé entre 293 et 305. Nous ne savons rien sur l'auteur mais « son œuvre est de qualité; elle prouve un esprit sérieux, intelligent. Il se ferait scrupule d'inventer des documents. Il a un certain sens de l'évolution historique. C'est lui qui approche le plus de Suétone» (H. Bardon).

• Flavius Vopiscus vivait à Rome à l'époque de Dioclétien. Il rédigea en particulier la vie des empereurs Aurélien, Tacite, Probus, Carus et des deux fils de ce dernier, Carin et Numérien. Il déclare dans sa préface qu'il écrivit ces biographies à la demande expresse de son ami le préfet de la ville *Junius Tiberianus* (303-304).

• Julius Capitolinus, auteur des vies d'Antonin le Pieux, Marc Aurèle, Lucius Verus, Pertinax, Clodius Albinus, Macrin, les Maximins, les Gordiens, Maxime et Balbinus. Les biographies de Marc Aurèle, Lucius Verus et Macrin sont dédiées à Dioclétien, celles d'Albinus, des Maximins et des Gordiens à Constantin et ce, après la chute de Licinius, après 324. Nous ne savons rien sur cet auteur, mais on peut dire qu'il ne s'agit pas d'un écrivain de premier ordre: ses documents ne sont pas excellents et il manque d'esprit critique. Parfois il raisonne et prend position, mais la rhétorique, bien vite, l'emporte chez lui.

• Trebellius Pollio; il a composé les biographies de Philippe à Claude II, mais une partie a été perdue et nous avons seulement les vies de Valérien, de Gallien et de leurs fils, des Trente Tyrans et de Claude II. Les biographies de Pollio sont dédiées non à l'empereur, mais à un ami, apparemment un officiel de haut rang (on a perdu le nom de ce personnage). Le grand-père de Pollio était en relation avec Tétricus le Jeune. Païen, rhéteur, il croit aux oracles; il recherche les effets. S'il abuse des formules, il possède une réelle culture. Son patriotisme est sincère, fougueux.

• Vulcaticus Gallicanus, auteur de la biographie d'Avidius Cassius, adressée à Dioclétien. On lui donne dans les manuscrits le titre de *clarissime*, titre que portaient les sénateurs. Sa haute position sociale est confirmée par l'existence d'un consul Gallicanus en 317. Était-ce lui? Était-ce un parent? Comme écrivain, il n'est certes pas le plus remarquable du groupe.

Les sources

Les écrivains de l'*Histoire Auguste* suivaient une longue tradition historique. Ainsi deux historiens grecs ont été utilisés par eux: *Hérodien* et *P. Herennius Dexippus* (Dexippe). Nos écrivains citent encore Marius Maximus, contemporain de Commode, un certain Aelius Cordus et beaucoup de biographes comme Statius Valens, Aurelius Philippus, Fabius Marcellinus, Turdulus Gallicanus, etc.

Il devait en outre exister une *Histoire impériale*, mais nous sommes là dans le domaine des hypothèses. Enfin la documentation livresque de ces écrivains était immense: il serait fastidieux d'en faire le détail. On comprend qu'un tel ouvrage était destiné à un public restreint, à une aristocratie intellectuelle. Ces écrivains continuaient la tradition de Suétone, maître du genre, obéissant à des schémas de la rhétorique. Enfin Plutarque leur donnait le modèle du Romain d'autrefois, dévoué à l'État et Salluste le goût des vues générales et de la morale, goût que soutenait et orientait Tacite.

La valeur de l'œuvre

On a reproché aux auteurs de n'avoir aucun respect de la vérité, de confondre histoire et rhétorique. Certes il y a bien des erreurs, des contradictions, des anachronismes. On trouve également du parti pris et les auteurs, selon leur époque et leurs sympathies, interprètent parfois l'histoire en utilisant les pamphlets diffamatoires de leur temps.

Mais chez eux la conscience historique n'a pas disparu et ils savent éclairer certains personnages ou certaines situations de la lumière de la vérité. En outre, même les documents contestés sont souvent curieux et instructifs. Enfin, tous ces faits rassemblés finissent par avoir une véritable force de suggestion et même d'évocation.

Malheureusement, les auteurs n'ont pas le souci du style et témoignent de la décadence de la littérature latine. Ils reconnaissent d'ailleurs qu'ils n'ont pas le don d'écrire. Ils ne sont pas plus capables d'organiser la vaste matière dont ils disposent. Bref, ils ne sont pas arrivés à construire une œuvre cohérente.

Cependant, ne nous y trompons pas, ils savent par moments développer beaucoup de charme, peut-être parce qu'ils ne se prennent pas pour des hommes de lettres, et ils savent parfois aussi s'arrêter aux détails frappants; ils ne sont pas toujours passés à côté de ce grand drame, la mort d'un empire, surtout que certains d'entre eux ne sont pas dénués de pénétration psychologique et qu'ils savent la relever par l'animation et même la force.

Cette *Histoire Auguste* nous apporte toute une ambiance, celle de la vie quotidienne de Rome, avec ses problèmes, les jeux, les distributions de blé, d'argent, les questions d'urbanisme et, sur cet arrière-plan, nous voyons vivre le Sénat, les empereurs, les usurpateurs et se développer de manière encore floue les problèmes religieux.

« De cet immense brassage des hommes et des événements, *l'Histoire Auguste* donne une idée précise. Il est vrai qu'elle mérite des critiques, mais elle demeure le meilleur témoin sur le déclin de l'Empire de Rome, sur la tragédie d'une civilisation qui est la nôtre » (H. Bardon).

AMMIEN MARCELLIN

AMMIANUS MARCELLINUS est le seul historien original de l'époque. D'après son œuvre, il est né en 330/332 à Antioche, capitale de la Syrie, une des plus grandes cités de l'Empire. Il eut la langue grecque comme langue maternelle, mais apprit le latin très tôt. Il devait appartenir à une famille importante si on se réfère à l'éducation littéraire approfondie qu'il reçut et au grade élevé qui fut le sien quand, encore très jeune, il combattit. Ce fut là son occupation jusqu'à l'époque de Théodose. Il servit Constance II qu'il n'aimait pas et, sous les ordres de Julien, fit campagne contre les Alamans et les Perses, aux deux extrémités de l'Empire.

À partir de 380, il s'établit à Rome, où il obtint le titre de sénateur (*vir clarissimus*), d'après une lettre de Libanius, son ancien maître. AMMIEN MARCELLIN était un païen, mais très tolérant; il était en rapport avec le groupe de Symmaque et de Nicomachus Flavianus. Dans son œuvre, il décrit de façon peu favorable la noblesse de son temps. On ne sait pas très bien comment il supporta la politique résolument chrétienne de Théodose et la persécution des païens. Il mourut vers la fin de 400.

Il a écrit en trente et un livres une *Res gestae* (*Histoire*) qui se veut la continuation des *Histoires* de Tacite, allant du principat de Nerva à la mort de Valens (96-378). Les quinze premiers livres sont perdus, il ne nous reste qu'une partie du XVIe et tous les autres jusqu'au XXXIe. Son œuvre nous fait connaître un homme visiblement lettré qui a continué à lire et à s'instruire également par l'observation des hommes et des pays. Il connaît bien Térence, Cicéron, Salluste, Tacite, Virgile et les Grecs Homère, Hésiode, Hérodote, Thucydide, Sophocle, Euripide. Visiblement il est d'abord un officier, réfléchi, actif, pénétré de la grandeur de Rome et peut-être à ce titre poussé à attacher plus d'importance aux faits militaires. Mais il connaît bien, parce qu'il les a observés avec pénétration et intelligence, les milieux des soldats et les cercles romains. Il juge avec impartialité les hommes, même les plus grands : s'il n'hésite pas à dévoiler les défauts de Constance II, il connaît les faiblesses de Julien, que, pourtant, il admire.

Les livres qui nous restent ont une grande valeur pour la connaissance des années 353 à 378, car il en parle en témoin généralement impartial, avec une profonde exactitude. Sa narration est d'ailleurs relevée par ses connaissances géographiques, balistiques, médicales, astronomiques. Les digressions qu'elles apportent au récit lui donnent de l'ampleur et le font tendre à l'universalité. Imitant en cela Tacite, il s'intéresse à l'ethnologie; il développe plus encore que lui les discours permettant de mieux connaître les individus. Il le suit aussi dans le souci moral, mais avec moins de pessimisme. Il s'attache à découvrir les causes des événements, avec une expression plus brutale, plus proche de celle de Juvénal. Juge de son époque, il ne peut éviter parfois le manque de proportion ou même les confusions. Mais, en homme d'action et de jugement, il n'a aucune illusion sur les réalités et n'hésite pas à montrer son dégoût pour la noblesse et la Cour impériale. Son style est certes pittoresque, mais le latin est sa seconde langue et, comme il est à la recherche d'effets nouveaux, il aboutit dans certains cas à l'obscurité, au manque de naturel, d'autant que sa langue s'alourdit d'hellénismes parfois durs à saisir.

AUTEURS SECONDAIRES

JULIUS OBSEQUENS, auteur d'un livre *Sur les prodiges* (*De prodigiis*) rédigé dans un latin simple et clair pour l'époque où il écrit. Il n'en reste qu'un fragment composé de passages empruntés à Tite-Live.

AURELIUS VICTOR est un abréviateur qui, en 360, composait un *De Caesaribus liber* (*Sur les Empereurs*). Mais il a un certain talent d'historien qui lui permet, sous l'influence de Salluste et de Tacite, de dégager des faits essentiels. Il continua ensuite son œuvre jusqu'à la mort de Théodose. Il nous en reste un *Epitome de Caesaribus*.

FLAVIUS VEGETIUS RENATUS (VÉGÈCE) a écrit en quatre livres un *Epitome rei militaris* (*Résumé d'art militaire*). L'auteur n'a pas la vigueur de l'expérience personnelle, mais il est marqué par le souci des dangers croissants qui menacent l'état romain. Il espère remédier à la décadence par les exemples puisés dans le passé.

On ignore à peu près tout d'EUTROPIUS (EUTROPE) sauf qu'il participa en 363 à l'expédition de l'empereur Julien contre les Perses et qu'il écrivit son *Abrégé de l'histoire romaine depuis les origines* (*Breviarum historiae romanae ab urbe condita*) sous le règne de Valens à qui il dédia son ouvrage, soit entre 367 et 378. Dans cet écrit, Eutrope se refuse à toute considération personnelle et raconte sommairement (*strictim*) les faits de l'histoire romaine en y ajoutant les actions d'éclat « qui ont marqué la vie de nos princes ». Cet *Abrégé* est en réalité bien écrit et donne une vue succincte, mais solide, des principaux événements survenus dans l'empire romain. Obéissant aux lois du genre, l'auteur ne donne que peu de réflexions, mais il sait flétrir certains faits et tracer d'excellents portraits de certains empereurs, tout cela facilité par la clarté du style. L'*Abrégé* eut un grand succès. Il fut traduit en grec, cité par saint Jérôme et fut très lu au Moyen Âge.

■ LA POÉSIE

La poésie profane brille d'un éclat inattendu et paraît même supérieure à la prose. Il existe évidemment des auteurs secondaires comme :

RUFIUS FESTUS AVIENUS, originaire de Volsinies en Étrurie; grand personnage, auteur didactique, il traduisit les *Phénomènes* d'Aratos en hexamètres dactyliques et écrivit dans le même mètre une *Descriptio orbis terrae*, ainsi que l'*Ora Maritima* (*Rivages maritimes*) d'après des voyages personnels et des sources diverses.

AVIANUS composa en distiques élégiaques un recueil de *Fables* dédié à un Théodose (peut-être Macrobe) vers 400. Ces fables sont inspirées du grec *Babrios*, quoique le style soit imité d'Ovide.

DIONYSIUS CATO est l'auteur de *Distiques* en quatre livres, qui contiennent de petites sentences morales.

Citons enfin une comédie anonyme, le *Querolus* (*Le Geignard*), la seule comédie que nous possédions en dehors de celles de Plaute et de Térence. Elle reprend le thème de l'*Aulularia* (voir PLAUTE). On a parfois cru qu'elle était d'Avianus. En fait, à ce qu'il semble, l'auteur était païen et gallo-romain. La caractéristique de cette œuvre assez intéressante est qu'elle repose sur le nombre et non sur la quantité des syllabes.

Mais cette poésie du IVe siècle possède trois écrivains remarquables : AUSONE, CLAUDIEN et RUTILIUS NAMATIANUS. Les deux derniers sont des païens; le premier, chrétien, garde une inspiration et une imagination profanes.

AUSONE

DECIMUS MAGNUS AUSONIUS est né vers 310 à Bordeaux (*Burdigala*) d'un père médecin réputé et d'une mère appartenant à une grande famille du pays éduen. Il fit très jeune ses études auprès de son oncle maternel, avocat célèbre et maître recherché de rhétorique. Il revint à Bordeaux où il se partagea avec éclat entre la carrière d'avocat et l'enseignement de la grammaire et de la rhétorique. Il avait épousé en 334 une femme de noble naissance qui mourut jeune, en 343. AUSONE ne se remaria pas, gardant l'affectueux souvenir d'une épouse perdue si jeune. Vers 367, l'empereur Valentinien l'appela à Trèves comme précepteur de son fils Gratien. Il fut comblé d'honneurs : questeur du palais, préfet en Afrique, en Italie, et consul (379). Après 383, il retourna dans sa patrie où il mourut vers 395. Il éprouva un grand chagrin provoqué par un de ses élèves et ami, saint Paulin, qui se tourna vers la vie monacale et pratiqua un christianisme intransigeant, incompréhensible pour AUSONE.

Dans la première partie de sa vie, il n'avait écrit que quelques textes de circonstance et quelques épigrammes dont une, charmante, adressée à sa femme (*Ad uxorem*). La période où il participa à la vie de la Cour fut féconde en œuvres souvent gracieuses mais qui ne relèvent pas de la grande poésie. Il faut mettre à part *La Moselle* et *De rosis* (*Les Roses*). Enfin, en Aquitaine, il continua à produire abondamment. Nous avons gardé :

— 20 idylles, dont *La Moselle* et *De rosis*;

— 20 poèmes : *Professores* où il chante ses maîtres et ses collègues de Bordeaux;

— 30 *Parentalia* où il adresse de courts poèmes pleins de tendresse à sa famille;

— Dans l'*Ordo nobilium urbium* : il célèbre les villes illustres de l'Empire;

— 27 *Epitaphia* sur les héros morts à la guerre de Troie;

— 446 *Épigrammes*;

— 25 *Lettres*; la plus connue est celle qu'il adresse à saint Paulin quand il se retire dans la vie monacale.

— Enfin, son *Discours* pour remercier Gratien quand il est élu consul : *Gratiarum actio pro consulatu*.

Ce foisonnement d'écrits, en dehors de quelques pièces, laisse voir les limites du poète. Il a une grande souplesse dans la forme, mais — est-ce l'influence de la Cour ? — le fond est extrêmement frivole. En outre, sa culture lui remet trop souvent en mémoire l'exemple des brillants poètes de jadis. « Mis à part un discours emphatique de remerciement à Gratien, l'œuvre d'Ausone révèle surtout le goût du petit, ou l'impuissance du grand; en même temps, l'amour professoral de séries bien classées et menées jusqu'au bout » (J. Bayet et L. Nougaret). Son inspiration est souvent artificielle et la poésie paraît être pour lui un jeu d'esprit. Mais il faut reconnaître ses qualités. Dès qu'il est animé par une émotion sincère, tout change :

nous avons parlé de l'épigramme *Ad uxorem*; on peut citer aussi une composition adressée à *Bissula*, une esclave germanique que lui avait donnée Gratien. Il y exprime un sentiment délicat pour ce personnage féminin qui avait su gagner son cœur. Il montre aussi pour la famille une affection réelle, qui élève son style.

Mais ce qu'il y a de plus fort chez lui, c'est le sentiment de la nature : alors paraît le vrai talent, par la fraîcheur de la vision, le sens pittoresque du trait. Ce sont ces qualités qui ont mis en relief *La Moselle*, un épyllion composé à Trèves, et *De rosis* où il décrit un jardin de *Roses* à l'aurore. L'ensemble de l'œuvre est d'ailleurs traversé de pareilles notations ou impressions.

CLAUDIEN

Claudius Claudianus est originaire d'Alexandrie. Il a dû naître vers 365-370. Il vint à Rome vers 394. Il s'était fait connaître jusque-là par des poèmes grecs : désormais il n'écrivit plus qu'en latin. Il se fit rapidement apprécier de l'empereur Honorius et du beau-père de ce dernier, le général Stilicon. Il devint un chantre officiel, estimé d'ailleurs du public lettré. Fut-il tribun de cohorte ? secrétaire de l'empereur ? On ne peut l'affirmer. Ce qu'on peut dire, c'est que certains de ses poèmes furent lus devant le Sénat et la Cour assemblés. Il fut même gratifié d'une statue de bronze au forum de Trajan. Il fit un riche mariage en Afrique. Il se peut qu'il soit mort vers 404 (mort de Stilicon). En fait, on ne possède aucun renseignement précis sur la fin de sa vie.

Presque toute l'œuvre de Claudien est inspirée par les circonstances : on peut en excepter deux essais de poèmes épiques, incomplets ou inachevés, un *Enlèvement de Proserpine* (*De raptu Proserpinae*) en trois livres et une *Gigantomachie* (*Combat des dieux et des géants*) dont il nous reste 189 vers; quelques idylles et quelques épigrammes ont un caractère littéraire et imaginatif. Nous avons de lui des *Épîtres* (à Hadrien, Olybrius, Probinus, Gennadius), des *Idylles* (*le Phénix, le Porc-Épic, la Torpille, le Nil, le Vieillard de Vérone*, etc.) et plus de quarante *Épigrammes*. Mais la grande masse de son œuvre est constituée par des poèmes historiques consacrés à l'actualité : *Panégyriques* du consulat de Probinus et d'Olybrius, du IIIe, du IVe et du VIe consulats d'Honorius, etc.; *Éloges*, dont celui de Stilicon; *Invectives* contre Rufus et contre Eutrope, ministres de l'Empire d'Orient, adversaires de ses protecteurs; *Épithalames* d'Honorius et de Marie, de Pallade et de Célérine; *Récits* de la guerre menée contre les Goths en 400-403 (*De bello gothico*) ou contre Gildon, roi de Maurétanie (*De bello Gildonico*).

Mais cette poésie de circonstance reçoit, de l'admiration qu'éprouve Claudien pour Stilicon, une portée politique, car elle rend plus vifs la haine ou l'éloge; elle donne aussi à Claudien une place éminente dans son siècle comme panégyriste ou auteur satirique. Il éprouve un véritable culte pour Rome et l'Empire d'Occident; il a le sentiment de la tradition nationale, ce qui aiguise en lui le sens de la grandeur épique. La puissance de son imagination lui permet de soutenir avec bonheur une telle inspiration, aidé qu'il est d'ailleurs par une langue des plus classique et une harmonie naturelle. On peut dire de lui qu'à ce point de vue il est « le dernier des classiques ». Avouons-le, son œuvre témoigne d'une inspiration véritable et s'impose par sa grandeur.

RUTILIUS NAMATIANUS

Il est « le dernier chantre, nostalgiquement passionné, d'une grandeur désormais lointaine de Rome, le témoin d'une réalité politique, économique et sociale en dissolution, le représentant d'une aristocratie de fonctionnaires qui ne peut plus arrêter la [...] décadence de Rome et de son empire » (I. Mariotti).

Né en Gaule (à Poitiers ? à Toulouse ?), il était de noble famille. Son père était gouverneur de Toscane et lui-même maître des offices (412) et préfet de la ville (414). En 416, il quitte Rome pour visiter ses terres de Gaule dévastées par les Wisigoths. Comme, alors, les routes n'étaient plus praticables et que les ponts étaient en ruines, le voyage se faisait par mer à condition d'accoster le moins possible. C'est ce voyage de *retour* en Gaule, sa terre natale, qu'il nous raconte dans le seul ouvrage qu'il ait écrit : *De reditu suo* dont il nous reste le premier chant (644 vers) et un fragment du second (68 vers). Après un hymne vibrant en l'honneur de Rome, défilent devant ses yeux les tristes conditions de l'Italie : villes abandonnées, ruinées ou par la mer ou par le temps, envahies par l'odeur fétide des rats ou des marais. Puis il passe à un récit répondant à une formule rebattue : description de son itinéraire, des côtes, des îles, sorte de guide du voyageur, qui serait monotone sans la recherche de variété et la présence de l'auteur qui se manifeste par des effusions ou des invectives. S'il y a un effort — pas toujours récompensé — de pittoresque dans ce poème, on y rencontre une grande sincérité et de la facilité.

« Il est le témoin des païens survivants, surtout de ceux qui appartiennent aux familles de fonctionnaires impériaux devant le christianisme victorieux, la décadence de Rome et le péril barbare » (I. Mariotti). Ce qui l'exaspère le plus, ce sont les chrétiens qui abandonnent les villes et l'Empire pour se retirer dans la vie monacale. A propos des premiers vers du *De reditu suo*, J. Humbert déclare : « Ces vers sont les plus beaux peut-être qui aient jamais été écrits à la gloire du génie latin. Ils témoignent que la grande œuvre de romanisation de l'ancien monde a été pleinement accomplie, et ils sont d'autant plus touchants qu'ils ont été écrits par un Gaulois, en face du monde barbare, à la veille des terribles invasions qui vont accumuler les ruines et mettre fin à la *paix romaine.* » Ainsi finit la poésie païenne latine.

478

Paysage mosellan

Ausone, professeur et rhéteur à Bordeaux, est désigné en 364 par l'empereur Valentinien comme précepteur de son fils Gratien. La cour impériale résidait à Trèves.

Glaucus opaco
respondet[1] colli fluvius, frondere videntur
fluminei latices et palmite consitus[2] amnis.
Quis color[3] ille vadis, seras cum propulit umbras
Hesperus et viridi perfundit monte[4] Mosellam !
Tota natant crispis juga motibus et tremit absens[5]
pampinus et vitreis vindemia turget in undis.
Annumerat virides derisus[6] navita vites,
navita caudiceo fluitans super aequora lembo,
per medium qua sese amni confundit imago
collis et umbrarum confinia conserit amnis[7].
Haec quoque quam dulces celebrant spectacula pompas[8],

remipedes medio certant cum flumine lembi
et varios ineunt flexus viridesque per oras
stringunt attonsis pubentia germina pratis!
Puppibus et proris alacres gestire magistros
impubemque manum super amnica terga vagantem
dum spectat[9], transire dies.

AUSONE, *La Moselle*, v. 189-206.

1. *respondet* = reflète. Pendant 10 vers, l'auteur va, avec une certaine préciosité, développer le thème : le coteau couvert de vignes se reflète dans l'eau et trompe le regard du spectateur. — 2. *consitus* s.e. *esse videtur*. — 3. *color* s.e. *est*. — 4. s.e. *in* devant *viridi monte*. Cf. note 1 sur l'image de la montagne. — 5. *absens* = qui n'est pas vraiment là, sans consistance. — 6. *derisus* = trompé. — 7. *amnis* : génitif; *umbrarum confinia* = la partie voisine de l'ombre; *conserit* (voir note 1) = montre des plantes, couvre de plantes. — 8. *pompas* = régates. — 9. *spectat* = sujet *aliquis*.

479 *Pêcheurs et poissons*

Voir notice version n° 478.

Ast hic, tranquillo qua labitur agmine flumen,
ducit corticeis[1] fluitantia retia signis;
ille autem scopulis dejectas[2] pronus in undas
inclinat lentae convexa cacumina virgae,
inductos escis[3] jaciens letalibus hamos.
Quos ignara doli postquam vaga turba natantum
rictibus[4] invasit, patulaeque per intima fauces
sera[5] occultati senserunt vulnera ferri,
dum trepidant subit[6] indicium, crispoque tremori
vibrantis setae nutans consentit[7] arundo.
Nec mora, et excussam stridenti verbere praedam
dexter in obliquum raptat puer : excipit ictum
spiritus[8]...
Exsultant udae super arida saxa rapinae
luciferique pavent letalia tela diei[9].
Cuique sub amne suo mansit vigor, aere nostro
segnis anhelatis vitam consumit in auris.
Jam piger invalido vibratur corpore plausus[10],
torpida supremos patitur jam cauda tremores,
nec coeunt rictus[11], haustas sed hiatibus auras
reddit mortiferos exspirans branchia flatus.

AUSONE, *La Moselle*, v. 245-266.

1. *signis corticeis* = que signalent des bouchons de liège. — 2. *dejectas* = qui roulent à ses pieds. — 3. *escis* = *in escas*. — 4. *rictibus* = gueules ouvertes. — 5. *sera* : adjectif utilisé comme adverbe. — 6. *subit indicium* = des indices de la prise se révèlent depuis le fond. — 7. *consentit* = obéit; *crispo* = qui fait onduler l'eau. — 8. *excipit ictum spiritus* = le coup fait vibrer l'air. — 9. *luciferi dei* = la lumière du jour. — 10. *plausus* = palpitations; le sens serait à peu près le même si on avait : *invalidum corpus ejus vibratur plausu pigro*. — 11. *rictus* = bords de la gueule ouverte; *reddit* = rejette; sujet, la bête ou sa gueule.

480 Le vieillard de Vérone

L'auteur reprend un sujet traité par Virgile (le vieillard de Tarente, Géorgiques, IV, 116, sqq).

Felix, qui propriis aevum transegit in arvis,
ipsa domus puerum quem videt, ipsa senem,
qui baculo nitens, in qua[1] reptavit arena,
unius numerat saecula[2] longa casae !
Illum non vario traxit fortuna tumultu,
nec bibit ignotas mobilis hospes aquas :
non freta mercator tremuit, non classica miles,
non rauci lites pertulit ille fori.
Indocilis rerum, vicinae nescius urbis,
adspectu fruitur liberiore poli.
Frugibus alternis, non consule, computat annum[3];
autumnum pomis, ver sibi flore notat.
Idem condit ager soles idemque reducit[4],
metiturque suo rusticus orbe[5] diem.
Ingentem meminit parvo qui germine quercum
æquaevumque videt consenuisse nemus.
Proxima cui nigris Verona[6] remotior Indis,
Benacumque[7] putat litora Rubra lacum.
Sed tamen indomitae vires firmisque lacertis
ætas robustum tertia cernit avum.
Erret et extremos alter scrutetur Iberos;
plus habet hic vitae, plus habet ille viae.

CLAUDIEN, *Idylles*, IX.

1. constr. *in arena in qua*. — 2. *saeculum* = longue suite d'années. — 3. les Romains désignaient les années non par un adjectif numéral, mais par les consuls (les deux en général). *Alternis*, parce que les moissons reviennent chaque année. — 4. il voit le soleil se coucher et se lever dans le même champ. — 5. *suo orbe* : il s'agit du domaine du paysan qui s'ordonne autour de lui. — 6. Vérone, sur l'Adige, en Vénétie. — 7. *Benacus* = le lac de Garde.

481 Un ministre d'Arcadius lance les Barbares sur l'Empire

L'Empire après la mort de Théodose a été partagé en deux. Rufin, ministre d'Arcadius, empereur à Constantinople, est accusé par Claudien d'avoir lancé certains Barbares contre Rome. Claudien craint que le vieil empire ne s'écroule.

Haec fatus[1], ventis veluti si frena remittat
Aeolus, abrupto gentes sic objice fudit
laxavitque viam bellis; et, ne qua maneret
immunis regio, cladem divisit in orbem
disposuitque nefas : alii per terga ferocis
Danubii solidata ruunt expertaque remos[2]
frangunt stagna rotis; alii per Caspia claustra,
Armeniasque nives inopino tramite ducti,

invadunt Orientis opes...
Jam[3] nulli flebile damnum;
sed cursus sollemnis erat campusque furori
expositus sensumque malis detraxerat usus.
Eheu! quam brevibus pereunt ingentia[4] fatis!
Imperium tanto quaesitum sanguine, tanto
servatum, quod mille ducum peperere labores,
quod tantis Romana manus contexuit annis,
proditor unus iners angusto tempore vertit.

CLAUDIEN, *Invectives contre Rufin*, II, v. 22 à 30 et 46 à 54.

1. Rufin: sujet de *fatus; gentes* = les Barbares; sous-entendre *in imperium* après *fudit*. — 2. *remos*: compl. de *experta*; l'auteur oppose à la traversée habituelle du Danube sur des barques son franchissement par les chars de guerre (sans doute le Danube est-il gelé). — 3. après une énumération de malheurs, le poète évoque la lassitude morale qui fait qu'on ne s'étonne plus de rien; *cursus* s.e. *hostium* ou *barbarorum*. — 4. *ingentia*: il s'agit de l'Empire.

482 Un ministre de l'empereur Arcadius pactise avec les Barbares et adopte leur tenue

Après la mort de Théodose, Constantinople est assiégée par les Barbares (395). Le Gaulois Rufin, ministre de l'empereur Arcadius, est accusé de trahison. Il aurait lancé les Barbares contre son pays. Il s'était présenté comme le seul négociateur possible avec les envahisseurs. Dans les vers qui précèdent, Claudien a montré les ravages des ennemis dans la plaine qui entoure Constantinople.

Immensa voluptas,
et risus plerumque subit[1]; dolor afficit unus,
quod feriat non ipse manu: videt omnia late
praeceptis incensa suis, et crimine tanto
luxuriat, carumque sibi non abnuit hostem[2]:
jactabatque ultro, quod soli castra paterent,
sermonumque foret vicibus[3] permissa potestas,
egregii quotiens exisset foederis auctor.
Stipatur sociis circumque armata clientum
agmina privatis ibant famulantia signis.
Ipse inter medios, ne qua de parte relinquat
barbariem, revocat fulvas in pectora pelles
frenaque et immanes pharetras arcusque sonoros
assimulat mentemque palam testatur amictu.
Nec pudet Ausonios[4] currus et jura regentem
sumere deformes ritus vestemque Getarum,
insignemque habitum Latii mutare togaeque.
Moerent captivae pellito judice leges.

CLAUDIEN, *Invectives contre Rufin*, II, v. 68 à 86.

1. *subit*: s.e. *eum* (= Rufin). — 2. *hostem*: s.e. *esse; soli* s.e. *sibi* (= Rufin). — 3. *vicibus* = échange (au datif). — 4. *Ausonios currus*: allusion au triomphe romain. *Ausonia*, ancien nom de l'Italie; *jura* est repris au dernier vers par *leges* (Rufin devait présider des tribunaux). Le magistrat romain traditionnel revêtait la toge.

483 Stilicon exhorte ses soldats à sauver l'Italie des hordes d'Alaric

Les chef des Goths, Alaric, a envahi l'Italie du Nord. Stilicon réussira à refouler Alaric en Illyrie (401-403). Claudien appelle les Goths, Gètes. Alaric pillera Rome en 410.

« Nunc, o nunc, socii ! temeratae sumite tandem
Italiae poenas : obsessi principis armis
excutite nefas[1] deploratumque Timavo
vulnus[2] et Alpinum gladiis abolete pudorem.
Hic est quem toties campis fudistis Achivis[3] ;
quem discors odiisque anceps civilibus orbis,
non sua vis tutata[4] diu, dum foedera fallax
ludit et alternae perjuria venditat aulae.
Credite nunc omnes, quas dira Britannia, gentes,
quas Ister, quas Rhenus alit, pendere paratas
in speculis : uno tot proelia vincite bello.
Romanum reparate decus molemque labantis
imperii fulcite humeris : his omnia campus
vindicat ; haec mundo pacem victoria sancit.
Non in Threiciis Haemi[5] decernimus oris ;
nec super Alpheas umbrantia Maenala ripas
constitimus ; non hic Tegeen Argosque tuemur :
visceribus mediis ipsoque in corde videtis
bella geri. Patrem clypeis defendite Tibrin. »

CLAUDIEN, *Sur la guerre contre les Gètes (Goths)*, v. 561 à 579.

1. *obsessi principis armis nefas* = *nefarios qui obsederunt principem vestrum armis*. — 2. les troupes de l'empire d'Occident avaient été battues sur le Timave en Vénétie. *Timavo*, sans doute cplt. d'agent au datif après participe passé (ou encore = *apud Timavum*). — 3. Stilicon avait combattu les Goths en Grèce et en Thessalie (395-397). *Orbis* : le monde romain avait été séparé en empire d'Orient et empire d'Occident qui étaient rivaux. Les ministres d'Arcadius avaient lancé les Barbares contre l'Illyrie (qui revenait à l'empereur d'Occident). — 4. *tutata (est)*. *Aula* = la cour (des empereurs). — 5. *Hemus* : voir Glossaire ; *Maenala, orum* = le mont Ménale d'Arcadie ; *Alpheus, a, um* = de l'Alphée, fleuve d'Élide, voisine de l'Arcadie, ici confondue avec elle.

484 Rome, reine du monde

Le chant du cygne... Tandis que Rome cède sous les coups des Barbares (prise de Rome par Alaric en 410), un Gaulois, haut fonctionnaire romain, chante la gloire de celle qui domina et unifia le monde.

Exaudi, regina tui[1] pulcherrima mundi,
  inter sidereos Roma recepta[2] polos !
Exaudi, nutrix hominum genitrixque deorum
  (non procul a caelo per tua templa sumus) :
te canimus semperque, sinent dum fata, canemus ;
  hospes nemo potest immemor esse tui.

Obruerint[3] citius scelerata oblivia solem
quam tuus e nostro corde recedat honos.
Nam solis radiis aequalia[4] munera tendis,
qua circumfusus fluctuat Oceanus.
Volvitur ipse tibi qui continet omnia Phoebus
eque tuis ortos in tua[5] condit equos.
Te non flammigeris Libye tardavit arenis,
non armata suo reppulit Ursa gelu.
Quantum vitalis natura tetendit in axes,
tantum virtuti pervia terra tuae.
Fecisti patriam diversis gentibus unam;
profuit invitis, te dominante, capi.
Dumque offers victis proprii consortia juris[6],
urbem fecisti quod prius orbis erat.

RUTILIUS NAMATIANUS, *De reditu suo*, v. 47 à 66.

1. *tui*: qui est tien. — 2. *recepta*: Rome, ici divinisée comme dans le culte impérial, a sa place au ciel. — 3. *obruerint*: ici = éclipser (dans ma mémoire); *tuus honos* = l'estime que je te porte. — 4. *aequalia* : mot à mot: égaux aux rayons du soleil = aussi loin que les rayons du soleil; *circumfusus* = qui entoure le monde. — 5. *tuis* et *tua* sont des neutres = tes domaines. — 6. Allusion à l'extension progressive du droit de cité à tous les peuples de l'Empire et peut-être aussi à la civilisation romaine.

LA LITTÉRATURE CHRÉTIENNE

Les écrivains profanes sont forcément, par le fait de leurs croyances, des gens qui regrettent le passé, tandis que les écrivains chrétiens sont en train de construire le monde et agissent en prosélytes, en directeurs de conscience, en combattants de la foi contre les hérétiques. Bien qu'ils renouvellent ainsi la pensée, ils demeurent prisonniers de leur formation littéraire: un grand écrivain comme saint Jérôme se reprochera d'être plus cicéronien que chrétien. Mais, du point de vue du christianisme, c'est la grande période des Pères de l'Église.

■ *LA PROSE*

SAINT HILAIRE

HILAIRE (*Hilarius*) de Poitiers, évêque, polémiste chrétien, vécut entre 315 et 368. Sa biographie antérieure à 356 demeure dans une profonde obscurité. (Il aurait été marié [?]. Il aurait eu une fille [?]). Il est sans doute né à Poitiers d'une riche famille et reçut une éducation littéraire très soignée qui lui permit d'exercer le métier de rhéteur. Baptisé vers 345, il fut élevé au siège épiscopal de Poitiers vers 353-354. Il regroupe alors autour de lui les pasteurs orthodoxes de Gaule, hostiles à l'arianisme. Il est sommé de venir capituler au concile de Béziers (356), et exilé par l'empereur Constance en Asie Mineure (356-360). « Séjour capital : il rouvre au christianisme de l'Extrême-Occident les sources grecques de la théologie, de l'exégèse, de l'hymnodie, de la spiritualité monastique... Hilaire de Poitiers devient un médiateur de choix entre une foule chrétienne coupée de la *pars orientis*... et une littérature grecque chrétienne tumultueusement stimulée par les rebondissements de la querelle arienne» (J. Fontaine).

Il assiste aux conciles de Séleucie et de Constantinople (359-360). En 360, il adresse un mémoire à l'empereur Constance (*Ad Constantium*) pour demander une confrontation avec Saturnin d'Arles, confrontation qui lui fut refusée. Ayant pu cependant regagner la Gaule, il y écrivit contre l'empereur un violent pamphlet qui ne put paraître qu'après la mort de celui-ci. Sous son inspiration, plusieurs synodes sont tenus en Gaule, dont l'un, celui de Paris (361), anathématise les chefs du mouvement arien: Auxence, Ursace, Valens, Saturnin. En Italie, il ne peut cependant pas triompher auprès de l'empereur Valentinien de l'évêque Auxence. Il consacra les dernières années de sa vie au soin de ses fidèles et à des œuvres exégétiques et historiques. Il mourut vers 367.

Il exprime tous les caractères du christianisme au IVe siècle. Il défendit l'orthodoxie dans les douze livres de son traité *Sur la Trinité*, chef-d'œuvre dogmatique; il commenta les Écritures (*Commentaires sur l'Évangile de saint Matthieu*); il rechercha dans la Bible la préfiguration des mystères chrétiens (*Commentaires sur les Psaumes, sur le livre de Job*; *Traité des mystères*). Il a rassemblé une documentation historique (*Fragmenta historica*), rédigé des *hymnes liturgiques*. Mais une grande partie de son œuvre consiste en écrits de circonstance, historiques et polémiques occasionnés par la controverse doctrinale. La ferveur de la spiritualité profonde est dissimulée sous une expression constamment maîtrisée. Le talent est simple, la culture profonde. La prose est vigoureuse, à l'image de celle de Quintilien.

SAINT AMBROISE

AURELIUS AMBROSIUS est probablement né vers 340 d'une famille distinguée (son père était un haut fonctionnaire de la préfecture des Gaules). Comme membre de la gens *Aurelia*, il était parent de Symmaque. Sa propre famille était chrétienne. Il étudia à Rome la rhétorique et le droit et devint gouverneur de la Haute-Italie avec siège à Milan, dont l'évêque était Auxence, un arien. Quand ce dernier mourut, on lui chercha un successeur, les esprits s'échauffèrent, mais AMBROISE harangua la foule et celle-ci, subjuguée, le proclama évêque (374). Il marquait le triomphe de la doctrine orthodoxe contre l'arianisme. Après avoir hésité à prendre ses fonctions (il n'était encore que catéchumène), il accepta et, en huit jours, fut baptisé et reçut tous les ordres jusqu'à l'épiscopat. Ce fut un homme d'action, pasteur et docteur de son peuple, luttant contre le paganisme, l'arianisme et les autres hérésies. Il fut le conseiller des empereurs Gratien, Valentinien II et Théodose. C'était un champion indomptable de l'indépendance de l'Église, plus doué dans le domaine moral et pratique que dans la spéculation. Il mourut assez jeune en 397.

En littérature, son action est multiple et comporte essentiellement des sermons et des traités; les traités ont d'ailleurs été *parlés* et offrent les mêmes caractéristiques que les sermons. C'est qu'AMBROISE s'est surtout livré à la prédication et à la catéchèse (enseignement pour les nouveaux chrétiens). Tout cela explique que ces œuvres soient diffuses et bourrées de citations. Mais lorsqu'il interprète la Bible, de façon allégorique et mystique, il trouve souvent de la fraîcheur et il offrira de la matière à la spéculation et à l'art du Moyen Âge. Ses *Oraisons funèbres*, impressionnantes (de son frère Satyrus, de Valentinien II, de Théodose), présentent cependant les mêmes défauts que les sermons.

Citons un certain nombre de ses œuvres: un recueil de sermons intitulé l'*Hexaméron* (les six jours de la création); des écrits dogmatiques et polémiques: *De fide ad Gratianum*, *De Spiritu Sancto*, *De mysteriis*, *De paenitentia*, *De sacramentis* où il explique et défend la doctrine de l'Église; un ouvrage curieux: *Traité des devoirs du clergé* (*De officiis ministrorum*) qui emprunte cadre et structure au *De officiis* de Cicéron. Dans le fond, la pensée doit beaucoup à un stoïcisme qu'AMBROISE a christianisé.

Il ne faut pas oublier qu'AMBROISE a créé le lyrisme liturgique. La critique moderne reconnaît quatre hymnes qui lui appartiennent: *Aeterne rerum conditor*, *Deus creator omnium*, *Jam surgit hora tertia*, *Veni redemptor gentium*. C'est cet évêque qui a implanté l'usage de ces chants dans l'Église. Ces hymnes sont partagées en huit strophes de quatre dimètres iambiques et marquent le sentiment profond de la foi chez AMBROISE. Racine devait donner une belle traduction de ces poèmes.

Comme évêque, il a écrit de nombreuses lettres, même aux empereurs à qui il montre parfois les limites de leur pouvoir, s'ils se veulent chrétiens.

« Ambroise n'eut jamais le temps, ni peut-être le souci de perfectionner sa composition et son style... Voilà pourquoi, grand homme et grand penseur, Ambroise n'est pas tout à fait, malgré la réputation immense dont il jouit en son temps, le grand écrivain qu'il eût pu être » (Ed. Pognon).

SAINT JÉRÔME

JÉRÔME (*Hieronymus*) est né vers 347 à Stridon, à la frontière de la Dalmatie et de la Pannonie : il fut à Rome l'élève du grammairien Donat. Ses études terminées, il voyagea en Gaule, passa par Trèves où il mena une vie dissipée, mais où il se convertit brusquement et se tourna vers la vie ascétique. Il demeura quelque temps à Aquilée au milieu d'amis qui partageaient ses idées. En 373, il partit pour l'Orient et vécut ensuite dans le désert de Chalcis où il apprit l'hébreu (il avait déjà appris le grec). Puis il se fit ordonner prêtre à Antioche et alla à Constantinople auprès de Grégoire de Naziance pour se perfectionner dans l'interprétation de la Sainte Écriture. Appelé par le pape Damase comme conseiller et secrétaire, il attira vers l'ascétisme de nobles dames (Marcella, Paula, Eustochium, etc.). Après la mort de Damase, il quitta Rome où ses idées ascétiques étaient mal vues et partit en compagnie de Paula à Bethléem où il se fixa définitivement de 386 jusqu'à sa mort (419-420). Il avait fondé un couvent d'hommes et Paula un couvent de femmes. Il installa une bibliothèque et une école où il enseignait la grammaire aux jeunes gens et expliquait les auteurs classiques. C'est lui qui apprit aux moines à copier les manuscrits. Les moines du Moyen Âge continuèrent la tradition et sauvèrent ainsi ce qui reste de la littérature antique.

Cette vie consacrée à la prière, aux études, aux leçons, et à la plupart de ses ouvrages, fut cependant troublée par les controverses dogmatiques, les malheurs de l'Empire et la perte de personnes qui l'entouraient.

Son œuvre est considérable et on ne peut guère la détailler; on ne peut que la classer en différentes parties :

- Tout d'abord ses *commentaires de la Sainte Écriture* et la traduction latine de la Bible, appelée depuis le XIIe siècle *Vulgate* (*editio vulgata*).
- Ses *écrits polémiques* contre ceux qu'il considère comme des hérétiques et même contre des gens comme Augustin, Ambroise ou Jean Chrysostome.
- Ses *écrits historiques* : les *Vies des moines Paul*, *Malchus*, *Hilarion*, assez proches de contes féeriques; la *traduction et la continuation* de la *Chronique d'Eusèbe*, de la naissance d'Abraham à la mort de Valens, précieuses pour les renseignements qu'on y trouve, mais hâtivement composées; le *De viris illustribus*, première histoire de la littérature chrétienne, depuis la mort du Christ jusqu'à la mort de Théodose.
- Il faut ajouter des homélies et de nombreuses lettres où le directeur de conscience nous laisse dans un style élégant des notations intéressantes sur l'histoire et la civilisation.

Son style correspond à sa nature, loyale, spontanée, enthousiaste. Évidemment, la rhétorique l'influence mais, en général, il est vivant, pittoresque, indépendant et parfois violent. « Jérôme fut sans doute le plus érudit des Pères de l'Église, l'historien le plus averti de son époque, un fin linguiste [...], un styliste brillant (*ancêtre des humanistes*) et un traducteur de talent; ce n'était pas un esprit spéculatif, mais il est resté inégalé dans le domaine des sciences bibliques; animé d'un attachement infrangible envers l'Église, il était de caractère colérique et emporté; dans la polémique [...] il fut souvent amer et passionné » (d'après C. Bihlmeyer et H. Tüchle).

SAINT AUGUSTIN

AURELIUS AUGUSTINUS est né à Thagaste en Numidie en 354. Nous connaissons sa vie par ses *Confessions* (jusqu'en 387) et par une *Vita S. Augustini* de son disciple et ami Possidius. Son père était païen et sa mère *Monnica* (sainte Monique) une chrétienne convaincue. Il fit ses études à Madaure et à Carthage pour devenir professeur de rhétorique. Jeune homme, il se livra à tous les plaisirs, s'intéressa au manichéisme qui représentait la vie comme une lutte à armes égales entre le Bien et le Mal; il s'abandonna également aux idées sceptiques de l'époque. Il gagna Rome, puis Milan, travaillant comme rhéteur, mais il cherchait une voie qu'il ne pouvait trouver. Les exhortations de sa mère, l'exemple de l'évêque Ambroise, la lecture des ouvrages des néoplatoniciens, des Épîtres de saint Paul (*Confessions*, VII, 21) lui firent franchir le pas en 386 et il se tourna vers le christianisme avec une conviction profonde qui ne devait plus l'abandonner. Il reçut en 387 le baptême des mains d'Ambroise, en même temps que son fils Adéodat (mort en 390) et son ami Alypius (*Confessions*, IX, 7). Il rentra en Afrique. Sa mère Monique, qui était venue le rejoindre à Milan, mourut à Ostie pendant ce retour (387). Il fut ordonné prêtre en 391 à Hippo Regius (près de Bône) qu'on appelle Hippone et dont il devint l'évêque en 396. Pendant le reste de son existence, il mena une vie communautaire ascétique avec son clergé. Travailleur infatigable comme pasteur, il fut de plus en plus connu de ses contemporains et mourut en 430 pendant le siège d'Hippone par les Vandales.

Tempérament d'une exceptionnelle puissance, capable de saisir toutes les réalités de la vie, « Augustin joint l'élan pour l'idéal, les dispositions spéculatives et l'ardeur mystique des Grecs au sens pratique et à la pénétration psychologique occidentaux. Il surpassa tous les autres Pères par sa capacité philosophique et théologique, par la profondeur et la force créatrice de son esprit, par l'habileté de sa dialectique et sa fécondité littéraire » (C. Bihlmayer et H. Tüchle). Il fut un guide spirituel pour la chrétienté jusqu'à Thomas d'Aquin. Il est par ailleurs le dernier représentant du monde culturel latin.

Son œuvre est immense — il a même écrit un *Traité sur la musique* — et il est impossible d'énumérer un à un ses ouvrages; il faut donc se contenter d'en citer quelques-uns qui, pour les lecteurs de toutes croyances, sont les plus caractéristiques. Il a en effet écrit des œuvres *philosophiques*, *polémiques* (contre les hérétiques), *morales*, *ascétiques*; 363 *sermons*; plus de 300 *lettres*, etc.

• De discussions qu'il eut avec ses amis près de Milan sont nés des écrits philosophiques comme : *Contre les académiciens*, *Du bonheur*, *De l'ordre* et les *Soliloques* (*Soliloquia*), débat admirablement écrit, d'allure dramatique entre Augustin et la Raison.

• Les *Confessions* (*Confessiones*), vers 400, en treize livres, décrivent sa lente ascension vers la foi catholique. C'est en somme la description d'une recherche spirituelle, la quête de Dieu. Il ouvre la voie à d'autres convertis comme Pascal, Maine de Biran, Newman. Si le livre est tourné vers Dieu, il reste très humain. AUGUSTIN s'y décrit comme un homme parmi les autres, avec ses faiblesses, sa sensualité, son goût pour l'amitié et pour les larmes. Il avoue qu'il adore le savoir et la poésie. Il ne faut pas le confondre avec Rousseau : il s'agit d'un chrétien qui s'humilie devant Dieu et devant ses frères pour la plus grande gloire de Dieu. À la fin de sa vie, il écrit : « Mes *Confessions* louent Dieu juste et bon de mes maux et de mes biens. Elles élèvent vers Dieu l'intelligence et le cœur de l'homme. »

• *La Cité de Dieu* (*De civitate Dei*), de 412 à 426, en vingt-deux livres, est d'abord un livre de réfutation : les païens accusaient les chrétiens d'être les responsables des catastrophes provoquées par les Barbares, à cause de leur impiété envers les dieux. C'est une œuvre de réconfort et de consolation pour les chrétiens qui montre la lutte entre la foi, la *Cité de Dieu*, et l'incroyance, la *Cité terrestre*, et enfin c'est une synthèse de la pensée chrétienne à cette époque.

• Parmi les *Sermons* et les *Lettres*, il faut retenir la correspondance avec Jérôme, alors à Bethléem.

• À la fin de sa vie, Augustin écrit deux livres de *Retractiones*, sorte de rétrospective de ses œuvres à partir de 386.

Comme écrivain, il a certes des défauts. C'est un rhéteur subtil et affecté. Sa documentation est parfois superficielle. Mais « il a, à un suprême degré, le don de la forme, de la formule directe et frappante, que soutient et dont profite son inlassable ardeur à convaincre» (Ed. Pognon). C'est pourquoi il n'hésite pas devant les incorrections et même les barbarismes qu'il met au service d'une écriture colorée, pleine à la fois de verve et de délicatesse. Il mérite mieux que le renom qu'on lui a fait autour du problème de la grâce. C'est un grand écrivain, un puissant théoricien chrétien et un remarquable philosophe.

AUTRES PROSATEURS

En général, il s'agit d'écrivains chrétiens qu'on ne peut comparer aux précédents, mais qui ne sont pas sans mérites.

Turranius Rufinus (*Rufin*), né près d'Aquilée, vers 345, étudia à Rome et, de retour à Aquilée, reçut le baptême. Il devint ermite au mont des Oliviers à Jérusalem et se lia d'amitié avec Jérôme, mais la question d'Origène, un hérétique, les sépara et dès lors ils se combattirent. Il revint à Rome en 396 et mourut en 410 à Messine.

Il s'est fait connaître par ses ouvrages personnels comme le *Commentarius in Symbolum Apostolorum* et ses traductions d'ouvrages grecs d'Origène, de Pamphile, d'Eusèbe, de Basile, de Grégoire de Naziance, etc.

Firmicus Maternus est un sénateur et rhéteur du IVe siècle, ancien avocat, auteur de *Matheseos libri VIII*, manuel d'astrologie traitant aussi de problèmes moraux, qu'il rédigea avant sa conversion à la religion chrétienne. Converti, il écrivit un violent pamphlet adressé aux empereurs Constant et Constance, dirigé contre le paganisme et où il attaque en particulier les cultes des mystères : *De errore profanorum religionum.*

C. Marius Victorinus naquit en Afrique vers 300. Professeur de rhétorique et néoplatonicien, il enseignait à Rome sous le règne de Constance, il y mourut en 362. Sa conversion au christianisme en 355 fut un événement. Il composa des ouvrages de grammaire, de philosophie, traduisit Aristote, Porphyre et Plotin, et créa une langue philosophique nouvelle qui sera utilisée au Moyen Âge. Comme chrétien, malgré son insuffisance en théologie, il attaqua l'arianisme et composa des commentaires sur les Épîtres de saint Paul. Il eut une grande influence sur saint Augustin.

Sulpicius Severus (*Sulpice Sévère*) vécut approximativement entre 360 et 425. Il naquit en Aquitaine d'une bonne famille, fit d'excellentes études à Bordeaux et devint avocat. Après la mort prématurée de sa femme (392), il renonça à son métier, s'attacha à Martin de Tours (saint Martin), fut ordonné prêtre et se consacra à ses travaux littéraires. Il mourut à Marseille dans un monastère où il s'était retiré. Il nous a laissé : une *Chronique*, improprement appelée *Histoire sacrée*, abrégé de l'histoire universelle depuis la création du monde jusqu'au consulat de Stilicon; une *Vie de saint Martin* (*Vita Martini*) complétée de trois *Lettres* sur la mort de son héros et de deux *Dialogues*. Cette *Vie* eut un tel succès qu'elle devait servir de modèle aux hagiographes. Cet écrivain est un lettré qui prend Salluste et Tacite comme modèles. Malicieux, il sait rendre son récit intéressant par son aisance et sa grâce spirituelle.

Paulus Orosius (*Orose*) est un prêtre espagnol, disciple de saint Augustin auprès de qui il se rendit à Hippone. Il alla aussi en Palestine auprès de saint Jérôme. Il écrivit, à la demande de saint Augustin, un ouvrage contre les païens (*Adversus paganos*) en sept livres, qui complétait la *Cité de Dieu* et en reprenait les thèses. Il rédigea plusieurs livres contre les hérésies comme le *De origenis errore*, et surtout le *Livre apologétique*. Il imite les classiques et possède une certaine éloquence.

485 Portrait satirique de veuves chrétiennes

Saint Jérôme réside à Rome de 382 à 385 apr. J.-C. Les conférences sur l'Aventin attirent beaucoup de Romaines de l'aristocratie. Plusieurs d'entre elles, Paula et sa fille Julia Eustochium par exemple, distribuèrent leurs biens, libérèrent leurs innombrables esclaves et partirent pour l'Égypte ou la Terre sainte. Saint Jérôme s'était établi à Bethléem. Dans cette lettre ou ce traité qu'il adresse à Eustochie, il fait l'éloge de l'état de virginité, donne des conseils sur la vie pratique et spirituelle des chrétiennes et fait la critique des mondaines qui ne sont chrétiennes que de nom.

Neque vero earum te tantum[1] cupio declinare congressus quae maritorum inflantur honoribus, quas eunuchorum greges saepiunt et in quarum vestibus adtenuata in filum metalla[2] texuntur, sed etiam eas fuge quas viduas necessitas fecit, non quo mortem optare debuerint maritorum, sed quo[3] datam occasionem pudicitiae libenter arripere. Nunc vero, tantum veste mutata, pristina non mutatur ambitio. Praecedit caveas basternarum ordo semivir et rubentibus buccis cutis farsa distenditur, ut eas putes maritos non amisisse, sed quaerere. Plena adulatoribus domus, plena convivis. Clerici ipsi, quos et magisterio esse oportuerat et timori[4], osculantur capita patronarum et extenta manu, ut benedicere eos putes velle, si nescias, pretium accipiunt salutandi. Illae interim quae sacerdotes suo vident indigere praesidio, eriguntur in superbiam, et quia maritorum expertae dominatum viduitatis praeferunt libertatem, castae vocantur et nonnae, et post cenam dubiam apostolos[5] somniant.

SAINT JÉRÔME, *Épîtres*, XXII, 16.

1. *neque tantum* s'oppose à *sed etiam*. — 2. de quels métaux s'agit-il ? — 3. *quo = quod; non quo... sed quo* : ces explications concernent le reproche contenu dans la proposition : *quas... fecit*. — 4. s.e. *iis viduis* : double datif. — 5. parce qu'elles protègent quelques prêtres, elles s'imaginent envoyer leurs apôtres pour propager la bonne nouvelle; *cenia dubia* = repas où elle ne sait que choisir (tant il est copieux).

486 Comment doit vivre une jeune chrétienne

Saint Jérôme s'adresse ici à Julia Eustochium (voir version précédente) : il lui dresse le tableau de la vie d'une jeune vierge chrétienne accomplie. Les disciples de saint Jérôme, lorsqu'elles étaient définitivement converties à un christianisme fervent, prenaient souvent modèle sur l'ascétisme monastique.

Sint tibi sociae, quas videris quod jejunia tenuant[1], quibus pallor in facie est, quas et aetas probavit et vita, quae cotidie in cordibus suis canunt : « Ubi pascis ? ubi cubas in meridie ? », quae ex affectu dicunt : « Cupio dissolvi et esse cum Christo ». Esto subjecta parentibus : imitare sponsum tuum[2]. Rarus sit egressus in publicum, martyres[3] tibi quaerantur in cubiculo tuo. Numquam causa deerit procedendi[4], si semper, quando necesse est, processura sis. Moderatus cibus et numquam venter repletus.

Plurimae quippe sunt quae, cum vino sint sobriae, ciborum largitate sunt ebriae. Ad orationem tibi nocte surgenti non indigestio ructum faciat, sed inanitas.

SAINT JÉRÔME, *Épîtres*, XXII, 17.

1. complétive par *quod* après *video; quas videris quod jejunia tenuant* = celles que tu verras amincies par le jeûne. — 2. il s'agit du Christ. — 3. au lieu d'aller visiter les catacombes; le pape Damase à cette époque a aménagé les cryptes des martyrs et y a fait mettre des inscriptions. — 4. *procedendi* s.e. *domo, foras.*

487 *L'ostentation et l'orgueil peuvent se glisser dans les occupations les plus pieuses*

Dans sa lettre à Julia Eustochium (cf. les deux versions précédentes), saint Jérôme lui conseille de fuir la singularité, de traquer l'orgueil qui s'insinue même dans les âmes des chrétiens qui professent la plus grande humilité. Le renoncement à toutes les satisfactions de l'orgueil peut être une source d'orgueil plus subtil.

Cum facis eleemosynam, Deus solus videat. Cum jejunas, laeta sit facies tua. Vestis nec satis munda nec sordida et nulla diversitate[1] notabilis, ne ad te obvia praetereuntium turba consistat et digito demonstreris. Frater[2] est mortuus, sororis est corpusculum deducendum : cave ne, dum hoc saepius facis, ipsa moriaris[3]. Ne satis religiosa velis videri nec plus humilis quam necesse est, ne gloriam[4] fugiendo quaeras. Plures enim paupertatis, misericordiae atque jejunii arbitros declinantes, in hoc ipso placere cupiunt quod placere contemnunt; et mirum in modum laus, dum vitatur, adpetitur. Ceteris perturbationibus[5] quibus mens hominis gaudet, aegrescit, sperat et metuit, plures invenio extraneos[6], hoc vitio pauci admodum sunt qui caruerint, et ille est optimus qui quasi in pulchro corpore rara naevorum sorde respergitur.

SAINT JÉRÔME, *Épîtres*, XXII, 27.

1. *diversitate* = singularité. — 2. *frater, soror* = frère ou sœur dans le Christ. — 3. *moriaris* : sans doute ironique. — 4. *gloriam* est complément à la fois de *fugiendo* et de *quaeras*, cf. notice; *in hoc ipso* annonce *quod; mirum in modum* : expression adverbiale. — 5. *perturbationibus* : datif, cplt. de *extraneos*. — 6. après *extraneos*, la simple virgule marque une asyndète.

488 *Saint Jérôme met en garde une jeune chrétienne contre divers pièges du démon et en particulier contre la lecture des auteurs païens*

Saint Jérôme avait achevé ses études à Rome. Donat lui a fait lire Virgile, il a étudié Horace, les comiques, les historiens et surtout Cicéron (cf. version suivante). Il en était ainsi de ses contemporains cultivés, même chrétiens. Les études bibliques lui ont révélé les Écritures. Un conflit ne pouvait manquer de naître entre deux littératures aussi opposées. Voir notice de la version n°489.

Variis callidus hostis[1] pugnat insidiis. Sapientior erat coluber omnibus bestiis quas fecerat Dominus Deus super terram. Unde et apostolus : « Non », inquit, « ignoramus ejus astutias ». Nec affectatae sordes nec exquisitae munditiae conveniunt Christianis... Nec tibi diserta multum velis videri aut lyricis festiva carminibus metro ludere... « Quae enim communicatio luci ad tenebras ? Qui consensus Christo et Belial[2] ? », quid facit cum psalterio Horatius ? cum evangeliis Maro ? cum apostolo Cicero ? Nonne scandalizatur frater, si te viderit in idolio recumbentem ? Et licet[3] « omnia munda mundis et nihil rejiciendum sit, quod cum gratiarum actione percipitur », tamen simul bibere non debemus calicem Christi et calicem daemoniorum.

SAINT JÉRÔME, *Épîtres*, XXII, 29.

1. *hostis* : le diable, représenté aussi par le serpent (*coluber*). — 2. *Belial* : chef des démons. — 3. *licet* + subj. = je veux bien que; *mundus* = pur.

489 « Tu es cicéronien et non pas chrétien » (I)

Saint Jérôme s'est retiré, après 374, au désert de Chalcis (près d'Alep) pour y mener la vie des moines ascétiques. Il se soumet à la mortification que pratiquaient ces derniers, en particulier aux jeûnes. Il eut à combattre des visions tentatrices et il ressentit plus vivement que jamais la contradiction qu'il y avait entre son éducation classique et les textes sacrés qu'il étudiait et traduisait.

Cum ante annos plurimos domo, parentibus, sorore, cognatis et, quod his difficilius est, consuetudine lautioris cibi propter caelorum me regna castrassem et Hierosolymam militaturus[1] pergerem, bibliotheca, quam mihi Romae summo studio ac labore confeceram, carere non poteram. Itaque miser ego, lecturus Tullium[2] jejunabam. Post noctium crebras vigilias, post lacrimas quas mihi praeteritorum recordatio peccatorum ex imis visceribus eruebat, Plautus sumebatur in manibus. Si quando in memet reversus prophetam legere coepissem, sermo horrebat incultus et, quia lumen caecis oculis non videbam, non oculorum putabam culpam esse, sed solis.

SAINT JÉRÔME, *Épîtres*, XXII, 30.

1. *militaturus* = pour y être soldat du Christ (en menant la vie de moine ascétique). *Romae* : il s'agit du premier séjour, où il fit ses études. — 2. *Tullium* : il s'agit de M. Tullius Cicero.

490 « Tu es cicéronien et non pas chrétien » (II)

Voir notice de la version précédente.

Dum ita me antiquus serpens[1] inluderet, in media ferme quadragesima, medullis infusa febris corpus invasit exhaustum et sine ulla requie — quod dictu quoque incredibile sit — sic infelicia membra depasta est ut ossibus vix haererem. Interim parabantur exsequiae, et vitalis animae calor, toto frigente jam corpore, in solo tantum tepente pectusculo palpitabat, cum subito raptus[2] in spiritu ad tribunal judicis pertrahor, ubi tantum luminis et tantum erat ex circumstantium claritate fulgoris ut projectus in terram sursum aspicere non auderem. Interrogatus condicionem, Christianum me esse respondi. Et ille qui residebat : « Mentiris », ait, « Ciceronianus es, non Christianus; ubi thesaurus[3] tuus, ibi et cor tuum ».

SAINT JÉRÔME, *Épîtres*, XXII, 30.

1. c'est le serpent qui symbolise le Démon (cf. le Paradis terrestre). — 2. *raptus in spiritu* : il s'agit de ravissement spirituel, d'une espèce d'extase. — 3. *thesaurus* : il s'agit de sa bibliothèque d'auteurs païens qu'il a emmenée avec lui au désert.

491 *Saint Augustin précurseur de Montaigne. Comment il apprit le grec et le latin*

Saint Augustin, qui est un Africain, nous raconte son enfance à Thagaste, en Numidie (aujourd'hui région de Constantine), et, en particulier, son éducation. Il détestait la langue grecque et aimait le latin. Il va nous expliquer pourquoi.

Cur ergo graecam grammaticam[1] oderam talia cantantem ? Nam et Homerus peritus texere tales fabellas et dulcissime vanus est et mihi tamen amarus erat puero. Credo etiam graecis pueris Vergilium ita esse, cum eum sic discere coguntur ut ego illum. Videlicet difficultas, difficultas omnino ediscendae linguae peregrinae quasi felle aspergebat omnes suavitates graecas fabulosarum narrationum. Nulla enim verba illa noveram et saevis terroribus ac poenis, ut nossem, instabatur mihi vehementer.

Nam et latina aliquando infans utique nulla noveram, et tamen advertendo didici sine ullo metu atque cruciatu inter etiam blandimenta nutricum et joca arridentium et laetitias alludentium. Didici vero illa sine poenali onere urgentium, cum me urgeret cor meum ad parienda concepta sua, id quod non esset[2], nisi aliqua verba didicissem non a docentibus, sed a loquentibus, in quorum et ego auribus parturiebam quidquid sentiebam.

Hinc satis elucet majorem habere vim ad discenda ista liberam curiositatem quam meticulosam necessitatem.

SAINT AUGUSTIN, *Confessions*, I, 14.

1. *grammaticam* = l'art de lire et d'écrire (traduire par « langue »). — 2. *id quod esset* : traduire par un irréel du passé.

492 *La mythologie pervertit les âmes*

Saint Augustin, qui fut un écolier dissipé, puis un étudiant assez paresseux, pour finir par être lui-même professeur, fulmine souvent contre les études profanes. Il les accuse d'être trop formelles, et vides de tout sens humain. Le grand art en effet était de former des orateurs suivant une tradition qui ne semble plus avoir correspondu à la civilisation : voir les critiques de Rabelais contre les études de son temps et la Sorbonne. De plus, pour saint Augustin, converti à la foi chrétienne, ce qui explique la désaffection qu'il montrait pour ses études, ce n'est pas seulement le goût qu'il avait pour l'amusement, mais aussi le fait que tout ce qu'on lui apprenait était futile, et même nocif. Dans le présent texte, il se lance avec un accent passionné dans une diatribe contre la mythologie, et Homère en particulier, qu'il accuse d'être un professeur de vice !

Sed vae tibi, flumen moris[1] humani ! Quis resistet tibi ? Quamdiu non siccaberis ? Quousque volves Evae filios in mare magnum et formidulosum, quod vix transeunt qui lignum[2] conscenderint ? Nonne ego in te legi[3] et tonantem Jovem et adulterantem ? Et utique non posset haec duo, sed actum est, ut haberet auctoritatem ad imitandum verum adulterium, lenocinante falso tonitru. Quis autem paenulatorum magistrorum audit aure sobria ex eodem pulvere hominem[4] clamantem et dicentem : « Fingebat haec Homerus et humana ad deos transferebat, divina mallem[5] ad nos » ? Sed verius dicitur quod fingebat haec quidem ille, sed hominibus flagitiosis divina tribuendo, ne flagitia flagitia putarentur et ut quisquis ea fecisset, non homines perditos, sed caelestes deos videretur imitatus.

Et tamen, o flumen tartareum, jactantur in te filii hominum cum mercedibus, ut haec discant, et magna res agitur, cum hoc agitur publice in foro, in conspectu legum supra mercedem salaria decernentium !

SAINT AUGUSTIN, *Confessions*, I, 16.

1. la coutume = la tradition païenne. — 2. *lignum*, par métonymie, désigne les objets en bois. Ici, la Croix, ou le Vaisseau du Christ, expression imagée. — 3. expression imagée. — 4. Cicéron, dans les *Tusculanes*. — 5. sous-entendre : *eum transferre*.

493 — *L'émotion au théâtre*

Saint Augustin vint jeune à Carthage, y connut les passions de l'amour et s'y enthousiasma pour le théâtre. Mais, dans ce texte écrit plus tard, après sa conversion au christianisme, il condamne durement l'émotion impure et trouble que lui donnaient les pièces.

Rapiebant me spectacula theatrica plena imaginibus miseriarum mearum et fomitibus ignis mei. Quid est quod ibi homo vult dolere cum spectat luctuosa et tragica, quae tamen pati ipse nollet ? Et tamen pati vult ex eis dolorem spectator, et dolor ipse est voluptas ejus. Quid est nisi miserabilis insania ? Nam eo magis eis movetur quisque, quo minus a talibus affectibus sanus est, quamquam, cum ipse patitur, miseria, cum aliis compatitur, misericordia dici solet. Sed qualis tandem misericordia in rebus fictis et scenicis ? Non enim ad subveniendum provocatur auditor, sed tantum ad dolendum invitatur et auctori earum imaginum amplius favet, cum amplius dolet. Et si calamitates illae hominum vel antiquae vel falsae sic agantur ut qui spectat non doleat, abscedit inde fastidiens et reprehendens; si autem doleat, manet intentus et gaudens.

Lacrimae ergo amantur et dolores.

SAINT AUGUSTIN, *Confessions*, III, 2, 2.

494 Augustin et la douleur humaine

Saint Augustin, avant sa conversion (bien qu'il ait déjà ressenti plusieurs fois l'appel de Dieu), a perdu son plus cher ami : il trouve pour en parler les accents de Montaigne parlant de La Boétie. Il évoque sa douleur, mais, sans oublier son dessein chrétien, ce sera pour montrer qu'il n'avait pas le sens de la vie éternelle et qu'il ne voyait bien ni la vie ni la mort. C'était une amitié hors de Dieu, et Dieu l'a frappée au bout d'un an seulement. L'adolescent avait été baptisé à son insu, et la grâce de Dieu avait agi pourtant, car, lorsque saint Augustin le plaisanta à ce sujet, il fut horrifié et le pria de cesser ses sarcasmes. Il mourut peu de temps après, Augustin resta seul avec sa souffrance. En revenant sur ce passé douloureux, Augustin converti comprend mieux les desseins secrets de la Providence.

Ita miser eram et habebam cariorem illo amico meo vitam ipsam miseram. Nam quamvis eam mutare vellem, nollem tamen amittere magis quam illum et nescio an vellem vel pro illo, sicut de Oreste et Pylade traditur, si non fingitur, qui vellent pro invicem simul mori, quia morte pejus eis erat non simul vivere. Sed in me nescio quis[1] affectus nimis huic contrarius ortus erat et taedium vivendi erat in me gravissimum et moriendi metus. Credo, quo magis illum amabam, hoc magis mortem, quae mihi eum abstulerat, tamquam atrocissimam inimicam oderam et timebam et eam repente consumpturam omnes homines putabam, quia illum potuit. Sic eram omnino, memini...

Mirabar ceteros mortales vivere, quia ille, quem quasi non moriturum dilexeram, mortuus erat, et me magis, quia ille alter eram, vivere illo mortuo mirabar. Bene quidam[2] dixit de amico suo : dimidium animae suae. Nam ego sensi animam meam et animam illius unam fuisse animam in duobus corporibus, et ideo mihi horrori erat vita, quia nolebam dimidius vivere, et ideo forte mori metuebam, ne totus ille moreretur, quem multum amaveram. O dementiam nescientem diligere homines humaniter !

SAINT AUGUSTIN, *Confessions*, IV, 6 et début de 7.

1. *nescio quis* : forme ici expression qui équivaut à un adj. indéfini (cf. l'indicatif). — 2. il s'agit d'Horace parlant de Virgile (*Odes*, I, 3).

495 Supériorité des femmes chrétiennes. La mère de saint Augustin

Dans les Confessions, *composées vers 398 apr. J.-C., saint Augustin entreprend d'examiner les bienfaits que son Dieu, le Dieu des chrétiens, produit dans les âmes. La sienne sera l'objet de son étude la plus approfondie, mais il juge aussi son entourage, sa famille, les gens qu'il connaît ou dont il a entendu parler. À propos de la mort de sa mère, Monique (387 à Ostie), il veut rendre grâces à Dieu de ce que fut cette femme admirable : « Ce n'est pas ce qu'elle a donné que je veux dire, mais ce que Vous lui avez donné. Car elle ne s'était pas faite ni élevée elle-même, c'est Vous qui l'aviez créée. » Élevée dans une famille chrétienne, Monique avait des vertus qui surpassaient de beaucoup celles des femmes de son temps.*

Erat vero ille[1] praeterea sicut benevolentia praecipuus, ita ira fervidus. Sed noverat haec[2] non resistere irato viro, non tantum facto, sed ne verbo quidem. Jam vero refractum et quietum cum oportunum viderat, rationem facti sui reddebat, si forte ille inconsideratius commotus fuerat. Denique cum matronae multae, quarum viri mansuetiores erant, plagarum vestigia etiam dehonestata facie gererent, inter amica colloquia illae arguebant maritorum vitam, haec earum linguam, veluti per jocum graviter admonens, ex quo[3] illas tabulas, quae matrimoniales vocantur, recitari audissent, tamquam instrumenta, quibus ancillae factae essent, deputare debuisse; proinde memores conditionis superbire adversus dominos non oportere. Cumque mirarentur illae, scientes quam ferocem conjugem sustineret, numquam fuisse auditum aut aliquo indicio claruisse quod Patricius ceciderit uxorem aut quod a se invicem vel unum diem domestica lite dissenserint, et causam familiariter quaererent, docebat illa institutum suum, quod supra memoravi. Quae observabant, expertae gratulabantur; quae non observabant, subjectae vexabantur.

SAINT AUGUSTIN, *Confessions*, IX, 9.

1. il s'agit du père de l'auteur, païen tolérant, nommé Patricius. — 2. Monique, sa mère, chrétienne. — 3. *ex quo (tempore)*.

496 *Dieu a créé la matière de rien*

Les Confessions *sont, nous l'avons vu, plus une louange de Dieu qu'une autobiographie. Elles constituent aussi un acte de foi. C'est pourquoi saint Augustin y aborde des problèmes qui semblent n'avoir rien de commun avec une pure « confession ». Pris entre un père païen et une mère chrétienne, Augustin a longtemps flotté, indécis : il ressentait l'appel du divin, mais voyait mal clair en lui. Il fut un moment manichéen, c'est-à-dire qu'il voulait expliquer l'existence du mal par l'existence de deux puissances égales du Bien et du Mal; il est parvenu enfin à la conception chrétienne de la divinité Une en Trois Personnes : la Sainte Trinité. Le problème de la création est celui qu'il pose ici (comparer à Lucrèce :* De natura rerum*). Le texte a un accent lyrique qui rappelle certains textes de Pascal.*

Fecisti caelum et terram non de te : nam esset[1] aequale unigenito tuo ac per hoc et tibi, et nullo modo justum esset, ut aequale tibi esset, quod de te non esset. Et aliud praeter te non erat, unde faceres ea, deus, una trinitas et trina unitas : et ideo de nihilo fecisti caelum et terram, magnum quiddam et parvum quiddam, quoniam omnipotens et bonus es ad facienda omnia bona, magnum caelum et parvam terram. Tu eras et aliud nihil, unde fecisti caelum et terram, duo quaedam, unum prope te, alterum prope nihil, unum quo superior tu esses, alterum quo inferius nihil esset.

Sed illud caelum caeli tibi, domine; terra autem, quam dedisti filiis hominum cernendam atque tangendam, non erat talis, qualem nunc cernimus et tangimus. Invisibilis enim erat et incomposita et abyssus erat, super quam non erat lux, aut tenebrae erant super abyssum, id est magis quam in abysso. Ista quippe abyssus aquarum jam visibilium etiam in profundis suis habet speciei suae lucem utcumque sensibilem piscibus et repentibus in suo fundo animantibus : illud autem totum prope nihil erat, quoniam adhuc omnino informe erat; jam tamen erat, quod formari poterat.

Tu enim, domine, fecisti mundum de materia informi, quam fecisti de nulla re paene nullam rem, unde faceres magna, quae miramur filii hominum.

SAINT AUGUSTIN, *Confessions*, XII, 7 et 8.

1. sujet : *caelum et terra*, confondus en : la création.

497 *La piété des païens concevait-elle le droit d'asile ? Exemples de Marcellus et de Fabius*

La prise de Rome par Alaric (410 apr. J.-C.) avait suscité de nouveau des haines contre les chrétiens : le malheur de Rome semblait aux partisans de la religion ancienne une preuve que le dieu des chrétiens était moins puissant que les dieux antiques, puisqu'il permettait des invasions telles que Rome ne se souvenait pas d'en avoir connu. Les gens les plus cultivés accusaient au moins le christianisme d'avoir affaibli l'antique vertu romaine, et certains esprits en venaient à considérer que la religion chrétienne était dangereuse pour l'État. Saint Augustin prit d'abord la défense de sa foi en rappelant la prise de Rome par les Gaulois, puis le grand incendie dû à Néron : il développa plusieurs fois publiquement ces thèmes. Enfin il en vint à écrire La Cité de Dieu *(421-426). Il s'attache d'abord à détruire le préjugé favorable qui subsiste à l'égard de l'ancienne foi. Les grands exemples antiques lui servent à montrer que la vertu païenne n'était pas supérieure, au contraire, à la vertu chrétienne : c'est ainsi qu'une curieuse revue commence, dont nous tirons trois exemples marquants. Voici le premier.*

Egregius Romani nominis[1] Marcus Marcellus, qui Syracusas urbem ornatissimam cepit, refertur eam prius flevisse ruituram et ante ejus sanguinem suas illi lacrimas effudisse. Gessit et curam pudicitiae etiam in hoste servandae. Nam priusquam oppidum victor jussisset invadi, constituit edicto ne quis corpus liberum violaret. Eversa est tamen civitas more bellorum, nec uspiam legitur ab imperatore tam casto atque clementi fuisse praeceptum ut, quisquis ad illud vel illud templum fugisset, haberetur inlaesus...

Fabius[2], Tarentinae urbis eversor, a simulacrorum depraedatione se abstinuisse laudatur. Nam cum ei scriba suggessisset[3] quid de signis deorum, quae multa capta fuerant, fieri juberet, continentiam suam jocando condivit. Quaesivit enim cujus modi essent, et cum ei non solum multa grandia, verum etiam renuntiarentur armata : « Relinquamus, inquit, Tarentinis deos iratos ».

Cum igitur nec illius fletum nec hujus risum, nec illius castam misericordiam nec hujus facetam continentiam Romanarum rerum gestarum scriptores tacere potuerint, quando praetermitteretur, si aliquibus hominibus in honorem cujuspiam deorum suorum sic pepercissent, ut in quoquam templo caedem vel captivitatem fieri prohiberent ?

SAINT AUGUSTIN, *La Cité de Dieu*, I, 6.

1. traduire par : honneur du nom romain. — 2. Fabius Cunctator, en 209 av. J.-C., reconquit Tarente qui avait passé à Hannibal. — 3. *suggessisset* = *quaesivisset*.

498 L'histoire de Régulus selon saint Augustin

À propos de la captivité de Daniel à Babylone et de celle de Jonas (l'épisode de Jonas et de la baleine), saint Augustin nous montre que les dieux païens ne protègent pas non plus leurs dévots des maux de la captivité.

Habent tamen isti[1] de captivitate religionis causa etiam sponte toleranda et in suis praeclaris viris nobilissimum exemplum. Marcus Regulus, imperator populi Romani, captivus apud Carthaginienses fuit. Qui cum sibi mallent a Romanis suos reddi quam eorum tenere captivos, ad hoc impetrandum etiam istum praecipue Regulum cum legatis suis Romam miserunt, prius juratione constrictum, si quod volebant minime peregisset, rediturum esse Carthaginem. Perrexit ille atque in senatu contraria persuasit, quoniam non arbitrabatur utile esse Romanae rei publicae mutare captivos. Nec post hanc persuasionem a suis ad hostes redire compulsus est, sed quia juraverat, id sponte complevit. At illi eum excogitatis atque horrendis cruciatibus necaverunt. Inclusum quippe angusto ligno, ubi stare cogeretur, clavisque acutissimis undique confixo, ut se in nullam ejus partem sine poenis atrocissimis inclinaret, etiam vigilando peremerunt.

Merito certe laudant virtutem tam magna infelicitate majorem. Et per deos ille juraverat, quorum cultu prohibito has generi humano clades isti opinantur infligi. Qui ergo propterea colebantur, ut istam vitam prosperam redderent, si verum juranti has inrogari poenas seu voluerunt seu permiserunt, quid perjuro gravius irati facere potuerunt ?

SAINT AUGUSTIN, *La Cité de Dieu*, I, 15.

1. *isti* : les païens.

499 Est-ce bien par vertu que Caton d'Utique s'est suicidé ?

La question du suicide est évidemment une de celles qui préoccupent les chrétiens dans le monde encore païen : les suicides célèbres sont légion, et on leur donne pour motifs les plus nobles pensées. La plus constante est celle d'échapper au déshonneur par la mort ; d'ailleurs il ne s'agit pas d'une culpabilité, mais d'un malheur (comme celui de la chaste Lucrèce), ou d'un échec, comme celui de Caton d'Utique. Ces mobiles nobles n'excusent pas aux yeux des chrétiens la suppression d'une vie dont ils ne doivent compte qu'à Dieu, et saint Augustin entreprend alors de sonder quelques-uns de ces mobiles.

De cujus[1] facto quid potissimum dicam, nisi quod amici ejus etiam docti quidam viri, qui hoc fieri prudentius dissuadebant, imbecillioris quam fortioris animi facinus esse censuerunt, quo demonstraretur non honestas turpia praecavens, sed infirmitas adversa non sustinens ?

Hoc et ipse Cato in suo carissimo filio judicavit. Nam si turpe erat sub victoria Caesaris vivere, cur auctor hujus turpitudinis filio fuit, quem de Caesaris benignitate omnia sperare praecepit ? Cur non et illum secum coegit ad mortem ? Nam si eum filium, qui contra imperium in hostem pugnaverat, etiam victorem laudabiliter Torquatus occidit, cur victus victo filio pepercit Cato, qui non pepercit sibi? An turpius erat contra imperium esse victorem, quam contra decus ferre victorem?

Nullo modo igitur Cato turpe esse judicavit sub victore Caesare vivere; alioquin ab hac turpitudine paterno ferro filium liberaret. Quid ergo, nisi quod filium quantum amavit, cui parci a Caesare et speravit et voluit, tantum gloriae ipsius Caesaris, ne ab illo etiam sibi parceretur, ut ipse Caesar dixisse fertur, invidit, ut[2] aliquid nos mitius dicamus, erubuit?

SAINT AUGUSTIN, *La Cité de Dieu*, I, 23.

1. Caton d'Utique. — 2. devant *ut*, il faut sous-entendre *aut*, il s'agit d'une autre hypothèse.

500 *La civilisation païenne ne peut être que corruption*

Saint Augustin développe l'idée que la décadence rapide des mœurs privées et publiques révèle l'absence d'un soutien moral tel que les Écritures. Il s'efforce de montrer que la religion païenne ne donne pas à ses fidèles le goût d'un État juste. Il leur suffit qu'il soit fort. Il s'appuiera d'ailleurs sur les jugements sévères de Cicéron et de Salluste pour renforcer sa thèse.

Se reporter aux tableaux faits par Chateaubriand dans Les Martyrs.

Verum tales cultores et dilectores deorum istorum, quorum etiam imitatores in sceleribus et flagitiis se esse laetantur, nullo modo curant pessimam ac flagitiosissimam esse rem publicam. « Tantum stet, inquiunt, tantum floreat copiis referta, victoriis gloriosa, vel, quod est felicius, pace secura sit. Et quid ad nos? Immo id ad nos magis pertinet, si divitias quisque augeat semper, quae cotidianis effusionibus suppetant, per quas sibi etiam infirmiores subdat quisque potentior. Obsequantur divitibus pauperes causa saturitatis[1] atque ut eorum patrociniis quieta inertia perfruantur, divites pauperibus ad clientelas et ad ministerium sui fastus abutantur. Populi plaudant, non consultoribus utilitatum suarum, sed largitoribus voluptatum... Exstruantur amplissimae atque ornatissimae domus, opipara convivia frequententur, ubi cuique libuerit et potuerit, diu noctuque ludatur, bibatur, vomatur, diffluatur. Saltationes undique concrepent, theatra inhonestae laetitiae vocibus atque omni genere sive crudelissimae sive turpissimae voluptatis exaestuent. Ille sit publicus inimicus, cui haec felicitas displicet; quisquis eam mutare vel auferre temptaverit, eum libera multitudo avertat ab auribus, evertat a sedibus, auferat a viventibus ».

SAINT AUGUSTIN, *La Cité de Dieu*, II, 20 (extraits).

1. le latin classique mettrait *saturitatis causa*.

■ *LA POÉSIE*

C'est au IVe siècle que la poésie chrétienne se développe; l'Église n'en avait guère jusqu'alors ressenti le besoin. Tout d'abord, cette poésie tente de s'adapter aux besoins du peuple par le chant en commun d'hymnes ou de psaumes. Nous avons parlé à ce propos de saint Ambroise, on pourrait également parler de saint Hilaire et de saint Cyprien. Mais la fin du siècle où le christianisme a envahi la haute société marque le départ définitif de cette forme d'expression.

JUVENCUS

Né en Espagne à Eliberri (probablement Elvire, près de Grenade), JUVENCUS est un prêtre, auteur d'une *Histoire évangélique* (*Evangeliorum libri quattuor*), écrite en 300, comprenant 3 190 vers. C'est vraiment le plus ancien poète chrétien: il esquisse la première tentative de versification latine des textes évangéliques pour opposer aux fables païennes la vérité de l'histoire chrétienne. Tout en reconnaissant la grandeur de Virgile et d'Homère, il considère comme bien plus grand le poète qui chante la vie du Christ.

Le livre lui-même est un mélange harmonieux des quatre évangiles et repose, pour la forme, sur la technique classique (Lucrèce, Virgile): « Premier exemple d'une poésie chrétienne savante qui appliquera aux sujets bibliques l'art des *centons virgiliens*, avec le dessein apologétique de séduire les lecteurs lettrés en leur offrant une version lisible de l'Écriture dont le style déroutait souvent » (J. Fontaine).

PRUDENCE

MARCUS AURELIUS CLEMENS PRUDENTIUS est né en 348 à Calahorra, sur le haut Èbre, en Espagne; il fut d'abord avocat, puis haut fonctionnaire, conseiller privé de l'empereur Théodose. Vers la cinquantaine, il renonça au monde pour défendre ou célébrer le christianisme. Cet esprit distingué aborde alors une nouvelle carrière, poétique celle-là, qui se révèlera féconde et diverse. Il va se montrer peut-être le plus grand poète chrétien de son époque et de tous les temps. Doué d'une rare fécondité, de 398 jusqu'à sa mort (vers 410) il va écrire une quantité d'ouvrages que nous connaissons et qui comptent 20 000 vers.

Nous avons gardé sept de ces ouvrages: des poésies lyriques, le *Cathemerinon* (12 hymnes consacrées aux parties ou occupations de la journée), le *Peristephanon* (14 poèmes célébrant saints et martyrs); des poésies didactiques et satiriques, l'*Hamartigenia* (sur l'origine du mal), le *Contre Symmaque*, l'*Apotheosis*, poème en hexamètres sur la Trinité et la divinité du Christ; une poésie allégorique: la *Psychomachia* ou *Combat des vertus et des vices* (Foi et Vertu contre Paganisme et Vices: la Foi remporte la victoire); enfin le *Dittochaeon* (49 pièces traitant une scène ou un événement de l'Écriture).

PRUDENCE a su trouver dans le christianisme des sources nouvelles de poésie: la sanctification des heures quotidiennes, l'héroïsme des confesseurs de la foi. Il a su, dans sa poésie lyrique, manier une très grande variété de rythmes, tout en faisant preuve de qualités personnelles: sensibilité, fraîcheur, couleur et diversité. Il fait parfois penser à Horace. Son inspiration jaillit sans cesse, alliant ses qualités d'écrivain et d'homme. Il apporte à son œuvre une vaste culture poétique, classique et biblique. Sa sincérité, la vigueur de son imagination, donnent de la vie à tous ces apports. On a pu parler à son propos de « baroquisme chrétien ». Mais quand ses œuvres sont didactiques ou polémiques, PRUDENCE sait mener les discussions les plus abstraites de façon à les rendre intéressantes, grâce à la souplesse de son style, à la netteté de sa pensée, à la sûreté de sa composition.

Chez lui, réalisme et lyrisme communient étroitement tout comme les deux cultures, païenne et chrétienne, ce qui explique l'ubiquité de son génie. Il est Romain par le patriotisme, Espagnol par le réalisme; il a le don d'enfermer la pensée sous un symbole plastique. Évidemment, sa langue n'est pas d'une pureté absolue, sa prosodie contient des incorrections, mais le poète s'impose cependant à travers ces imperfections.

SAINT PAULIN DE NOLE

MEROPIUS PONTIUS ANICIUS PAULINUS est né d'une famille sénatoriale de Bordeaux, vers 353. Il fut élève d'Ausone, devint sénateur et un des plus grands personnages de l'Empire : consul (378), gouverneur de Campanie. Il était en outre grand propriétaire. Il renonça à sa brillante position (il avait été baptisé à Bordeaux en 390) pour mener, avec son épouse Therasia, une vie d'ascète à Nole en Campanie, près du tombeau du saint confesseur Félix. Il avait été ordonné prêtre en Espagne. En 409, il devint évêque de Nole. Il mourut dans cette ville en 431.

Il a laissé une abondante *correspondance* (51 lettres, notamment à Ausone et Sulpice Sévère), des *poésies* (en particulier les pièces anniversaires consacrées à célébrer tous les 14 janvier la fête de saint Félix, poésies d'un goût délicat et pleines de ferveur). Il fait penser à Ausone ou à Symmaque dans ses Épithalames. Il a laissé nombre d'autres poésies.

PAULIN « cherche une inspiration authentique [...], il tente de surmonter les routines de sa culture pour inventer des accents nouveaux » (J. Fontaine).

III. Le crépuscule : v^{e} et vi^{e} siècles

Les invasions germaniques multiplient les difficultés de communication; les grands centres de rayonnement intellectuel s'éteignent les uns après les autres. Le latin écrit devient un problème pour la plupart des gens. Les évêques et les moines arrivent cependant à sauver ce qu'il est possible de garder de la civilisation latine. En outre, les Barbares, attirés par cette civilisation, en subissent le prestige et une fusion va s'opérer qui annonce le nouvel aspect de l'Occident après un grand nombre d'années noires. Il faut donc citer quelques écrivains qui évitèrent le naufrage de la latinité.

SAINT VINCENT DE LÉRINS

Né en Gaule, il porta les armes, exerça des emplois importants, puis se retira au monastère de Lérins où il devint un profond théologien. Il ne reste de lui qu'un petit traité : *Commonitorium adversus haereses* (434). Il y traite de la théologie traditionnelle pour réfuter les erreurs des donatistes et des ariens. Il y fait un magnifique exposé du principe catholique d'autorité et de tradition. Il polémique d'une manière voilée contre la doctrine d'Augustin et de ses amis gaulois sur la grâce. Il mourut en 450.

SAINT PROSPER D'AQUITAINE

TIRO PROSPER, laïc du ve siècle, habita Marseille et Rome. Partisan zélé de saint Augustin, il fut appelé à Rome par le pape saint Léon vers 444 et y mourut en 463.

Il composa une *Chronique universelle*, qui n'est qu'un extrait de celle de saint Jérôme jusqu'en 378, puis la continue jusqu'en 455. Il est l'auteur de plusieurs traités dont le *De vocatione omnium gentium* et le *Carmen de ingratis* (contre les ennemis de la grâce). Il était également l'auteur d'*épigrammes.*

SAINT LÉON Ier LE GRAND

Il fut pape de 440 à 461. Originaire de Toscane, il commença sa carrière comme clerc romain, influença les papes Célestin Ier et Sixte III. Comme pape, il fit respecter l'autorité de l'Église romaine dans le monde chrétien. En relation avec les évêques, il lutta contre le manichéisme, les priscillanistes (447). Il intervint en Orient pour condamner le monophysisme d'Eutychès. Il rencontra près de Mantoue le roi des Huns Attila, et obtint qu'il se retirât (452); trois ans après, Genséric, le roi des Vandales, sur ses représentations, épargna Rome du meurtre et de l'incendie (455). Il mourut le 10 novembre 461.

Il était persuadé que l'évêque de Rome avait le droit et le devoir de diriger l'ensemble de l'Église; il appliqua constamment l'idée de l'épiscopat universel du pape. On l'a vu intervenir dans les problèmes manichéens ou monophysites. Quand Hilaire d'Arles voulut faire de son siège épiscopal un patriarcat indépendant, LÉON lui retira le vicariat apostolique et l'obligea à se soumettre.

Comme docteur de l'Eglise, LÉON Ier est connu par ses nombreuses *Lettres* qui traitent de questions de foi et de discipline et par ses *Sermons*. Le *Sacramentaire léonien* remonte peut-être en partie à l'époque de LÉON Ier. En fait, c'est une compilation essentiellement achevée vers le milieu du VIe siècle. Elle contient des oraisons pour la messe en usage à Rome.

SAINT GRÉGOIRE DE TOURS

Cet écrivain est né à Clermont-Ferrand en 538 et mort en 594. Il était sorti d'une famille sénatoriale, illustre dans l'État et dans l'Église. Il fut élevé par sa mère *Armentaria*, descendante de saint Grégoire, évêque de Langres, puis par son oncle Gallus, évêque de Clermont, et par le successeur de celui-ci, Avit. Après une jeunesse studieuse, il fut fait évêque de Tours par Sigebert, roi d'Austrasie. Il protégea l'asile de Tours contre Frédégonde, Chilpéric et le jeune prince royal Mérovée. Il servit souvent de médiateur entre les rois francs. Il défendit Prétextat et fut l'ami de Fortunat. Enfin, il fut l'un des artisans du traité d'Andelot (587).

Il a écrit des ouvrages de patristique et des vies de saints : *De cursibus ecclesiasticis* (575-582) où il oppose les merveilles du monde païen aux merveilles de Dieu; *De gloria martyrum*; *De gloria confessorum*; *Vitae patrum* (574); un grand recueil hagiographique (*Miraculorum libri VIII*) où il s'étend sur les miracles du Christ et des saints, notamment saint Martin. Il a surtout laissé une *Histoire des Francs* (*Historia Francorum*) en 10 livres :

— livre I : bref résumé de l'histoire universelle jusqu'en 397;

— livres II à IV : histoire des Francs de Clovis à Sigebert (mort en 575);

— livres V à X : histoire de son temps jusqu'en 591.

Dans les premiers livres, il compile Eusèbe, Jérôme, Orose. Évidemment la langue est lourde, tout comme le style; l'auteur affiche une trop grande crédulité et recherche le merveilleux. Mais, grâce à lui, nous avons connaissance des conditions politiques, religieuses et morales du royaume franc.

SAINT GRÉGOIRE Ier LE GRAND

Cet homme d'église, pape et écrivain, est né en 540, mort en 604. Il était issu de la haute noblesse romaine et reçut une éducation libérale. Tout jeune, il remplit la charge de préfet urbain à Rome (573). Ensuite, il séjourna pendant plusieurs années dans le couvent bénédictin de Saint-André, fondé par lui à Rome. Puis il devint diacre et chargé d'affaires du pape à la cour de Constantinople. À 50 ans, on le nomma pape contre sa volonté (590) et il succéda à Pélage II. En cette période de grands fléaux et de crise, malgré une santé délicate, il sut déployer une grande activité dans tous les domaines et bâtir l'Église de l'avenir. Il jeta les fondations des États de l'Église. Il travailla à la conversion des Lombards ariens et à l'évangélisation des Anglo-Saxons. Il réforma la liturgie romaine (prières du canon, par exemple) et cultiva la musique d'église (il est le père du chant grégorien et organisa à Rome la *Schola Cantorum*); enfin il favorisa le monachisme selon la règle bénédictine, s'efforça de faire disparaître le reste du paganisme dans les îles italiennes. Tout le monde l'aimait pour son action sociale et charitable.

On l'a considéré comme l'un des quatre grands docteurs de l'Église, bien qu'il y ait là une exagération. Ce n'est pas un savant, mais un théologien appliqué. Son œuvre littéraire est importante :

— *Liber regulae pastoralis*, manuel de ministère pastoral, traduit en grec de son vivant, qui exerça une grande influence sur le clergé;

— *Commentaires moraux sur le livre de Job; Homélie sur Ézéchiel*, qui relèvent de l'exégèse allégorique et de la conférence monastique;

— les *Moralia in Job* s'appuient sur une explication allégorique et typologique du livre de Job et analysent la doctrine morale de l'Église; c'est l'une des œuvres les plus lues au Moyen Âge;

— les *Homélies sur l'Évangile* et les *Dialogues sur la vie et les miracles des Pères en Italie* s'adressent à tout le peuple chrétien;

— Dans le *Registrum epistularum* (848 lettres), nous avons une source importante de l'histoire du temps de Grégoire. Il y manifeste « réalisme aisé et rigueur épiscopale ».

« Grégoire est l'un des écrivains les plus admirés, imités, recopiés de son siècle et des siècles suivants. Il est à ce titre un des médiateurs essentiels de la culture, de la pensée et du style de l'antiquité latine chrétienne, sans qu'il faille négliger l'apport original du *docteur de l'expérience intérieure*, dans l'ordre de la spiritualité personnelle comme dans celui du style qui l'exprime » (J. Fontaine).

SAINT AVIT

Il fut évêque de Vienne (en Gaule) de 490 à 518. Il possédait un véritable talent épique et une inspiration personnelle vigoureuse. Il chanta la faute originelle et l'expulsion de l'homme du paradis. Son œuvre principale, *Faits de l'histoire spirituelle*, est une épopée biblique en cinq chants sur le paradis, la chute originelle, le déluge et le passage de la mer Rouge. Il rédigea également des écrits polémiques et 86 lettres, importantes pour l'histoire de son temps. Il y a beaucoup d'allusions mythologiques dans ses poèmes, mais aussi des morceaux brillants et bien écrits.

FORTUNAT

VENANTIUS HONORIUS CLEMENTIANUS FORTUNATUS est né aux environs de Paris (Lutèce) en 530 et mourut à Poitiers vers 600.

D'origine italienne, il fit ses études à Ravenne; plus tard, il aurait été guéri de maladie par saint Martin en 565. Il fait alors un pèlerinage à Tours; grand voyageur, il parcourut la Germanie, la Gaule; il se fixa finalement auprès de sainte Radegonde, veuve de Clotaire I, à Poitiers, en 567. Il reçoit la prêtrise et devient évêque de Poitiers en 597.

Il a écrit des poèmes de circonstance, *Carmina* ou *Miscellanea*, en onze livres (il y célèbre les rois francs, les nobles austrasiens, sainte Radegonde, commente le Pater, le Credo); des *hymnes* (deux d'entre elles ont été adoptées par l'Église, le *Pange, lingua* et le *Vexilla regis prodeunt*), des *Vies* de saints (en prose) et la *Vie de saint Martin* (épopée en quatre livres et 2 343 hexamètres). Sa production est inégale, souvent heureuse. On a vu en lui le premier des poètes latins du Moyen Âge plus que le dernier poète latin de l'Antiquité.

SIDOINE APOLLINAIRE

CAIUS SOLLIUS MODESTUS APOLLINARIS SIDONIUS est né à Lyon aux environs de 430, dans une famille aristocratique. Il reçut une solide éducation et épousa *Papianilla*, fille d'Avitus, préfet du prétoire des Gaules. Après la chute d'Avitus, Majorien s'attacha notre homme qui devint comte. Après l'assassinat de Majorien (461), il se retire en Auvergne et se livre à la poésie et à l'amitié. En mission officielle auprès d'Anthémius, il prononça son panégyrique, devint préfet de Rome (468) et président du Sénat. En 471-472, il est élu évêque de Clermont-Ferrand et défend sa province contre le roi des Wisigoths d'Aquitaine. Il en devient cependant le sujet et meurt en 483.

SIDOINE APOLLINAIRE avait composé 147 *Lettres* en neuf livres, des *Épigrammes* ou *Nugae*, de prosodie correcte mais bourrées de mythologie, et des *Panégyriques* (d'Avitus, de Majorien, d'Anthémius). Ce sont des documents d'histoire plutôt que des œuvres d'art. SIDOINE est le premier à peindre des Barbares, esquisses réussies d'ailleurs. « Ses poèmes et ses lettres nous [...] donnent l'image pittoresque et dramatique (de son existence), en une langue et un style qui font de lui le représentant extrême — en tous sens — de l'esprit précieux en Gaule. Il continuera d'être tenu dans les siècles suivants pour l'un des maîtres de l'art d'écrire, pour le meilleur et pour le pire » (J. Fontaine).

BOÈCE

ANICIUS MANLIUS TORQUATUS SEVERINUS BOETHIUS est né vers 480 d'une famille noble. Il épousa la petite-fille de Symmaque, fut consul en 510; favori de Théodoric, il lui devint suspect; il fut exécuté à Pavie sur son ordre. Cet écrivain encyclopédique n'est connu que par sa *Consolation* (*De consolatione libri V*) écrite en prison.

C'est une œuvre d'inspiration païenne où « il rassemble, en un harmonieux et puissant effort, les valeurs profondes de la sagesse antique et les lègue, implicitement chrétiennes, au Moyen Âge qui commence » (Ed. Pognon).

CASSIODORE

FLAVIUS MAGNUS AURELIUS CASSIODORUS, sénateur appartenant à une vieille famille du Bruttium (Calabre), naquit dans la seconde moitié du Vᵉ siècle et mourut vers 575. Son père, un patricien, fut préfet de Théodoric. Lui-même occupa dans le royaume ostrogoth de Théodoric le Grand et de ses successeurs les plus hautes charges de l'État (consul en 514, préfet du prétoire de 533 à 536). Vers 540, il se retira au monastère du *Vivarium* qu'il avait fondé dans son pays. Il y créa une riche bibliothèque et s'y consacra aux travaux de piété et d'érudition, à l'instruction. Il forma les moines dans ce sens et introduisit dans les ordres les ateliers de copistes qui devaient assurer la conservation des lettres antiques. D'ailleurs, sous son impulsion, quelques-uns de ses amis traduisirent en latin des œuvres grecques. Il travailla également de toutes ses forces à la réconciliation, à l'entente entre Germains et Romains.

Parmi ses œuvres on cite particulièrement :

— les *Institutiones divinarum et saecularium lectionum :* encyclopédie des connaissances religieuses et profanes, véritable méthodologie des études théologiques et introduction aux sept arts libéraux, livre hautement apprécié au Moyen Âge, comme le suivant;

— l'*Historia* (*ecclesiastica*) *tripartita*, abrégé de l'histoire de l'Église;

— son *Expositio in Psalterium* est un commentaire qu'on utilisa beaucoup à son époque et au Moyen Âge;

— les *Variae* (*Epistolae*) reproduisent en douze livres les 468 décrets des rois ostrogoths rédigés par Cassiodore. On s'en servit au Moyen Âge comme modèles du style de chancellerie. Ces *Variae* sont très importantes comme sources historiques;

— son *Histoire des Goths* (*De origine actibusque Getorum*) est également importante; nous n'en possédons que le résumé de Jordanès;

— il avait également écrit d'autres œuvres comme les *Complexiones* ou un *De orthographia*.

Il fut un esprit pratique, au savoir encyclopédique dans les sciences religieuses. Il joua aussi un rôle important dans le rapprochement entre les Barbares et les Romains. Son œuvre influença considérablement le Moyen Âge, en particulier pour le cycle d'étude des arts libéraux.

SAINT ISIDORE DE SÉVILLE

Cet écrivain chrétien vécut entre 570 et 636. Il naquit à Carthagène et fut formé à l'école de son frère, Léandre; il lui succéda au siège épiscopal de Séville (600-636). Il fut le conseiller des rois wisigoths et l'inspirateur de conciles. Il est certainement l'écrivain latin le plus célèbre du VIIᵉ siècle et même le dernier *Père de l'Église*. Le plus souvent, il n'est qu'un compilateur et un adaptateur de matériaux étrangers, ressemblant en cela à Cassiodore, mais il a su exploiter les trésors de l'érudition antique. Il est devenu le « maître d'école du Moyen Âge ». Nombreux sont ses ouvrages; citons particulièrement :

— Les *Étymologies* ou *Origines* (20 livres), première encyclopédie chrétienne; « ce monument récupère donc, et récapitule, toutes les notions incluses dans les œuvres latines, païennes et chrétiennes sans distinction [...]. Elle recueille surtout l'héritage antique et patristique à travers œuvres littéraires et manuels, issus d'Afrique. Cette œuvre réalise mieux encore l'ambition des *Institutions* de Cassiodore et le programme de culture chrétienne esquissé par Augustin dans son *De doctrina christiana* » (J. Fontaine);

— les *Libri tres sententiarum*, manuel de dogmatique et de morale;

— le *De fide catholica contra Judaeos*, ouvrage d'apologétique;

— le *De ecclesiasticis officiis*, description du culte divin et des fonctions ecclésiastiques;

— le *De viris illustribus* (*Les Hommes illustres*) continue les œuvres de Jérôme et de Gennade portant le même titre : il célèbre surtout des Africains et des Espagnols;

— la *Chronique des Wisigoths, des Vandales et des Suèves* est une histoire des royaumes barbares d'Espagne et dénote un véritable nationalisme hispano-gothique.

ISIDORE a éveillé et affermi les peuples romains et germaniques dans l'idée qu'ils avaient une unité culturelle. Il fit naître à Séville une brillante culture latine qui survécut à l'invasion arabe.

Faisons remarquer pour finir tout le travail qui s'est effectué dans le domaine de la jurisprudence. La refonte que l'on fait à partir de 300 donne naissance successivement aux codes Grégorien, Hermogénien et Théodosien (428).

Enfin, sur l'ordre de Justinien (VIe siècle), on fit une *Compilation* (*Digeste* ou *Pandectes*) qui fut rédigée par une commission présidée par Trébonien. On y compte 9 142 fragments qui sont tirés de Gaius, Papinien, Paul, Ulpien et d'un grand nombre d'autres juristes ultérieurs.

Devant les destructions, les ruines, la barbarie, les gens se resserrèrent dans des villes fortifiées ou à l'entour de villas également fortifiées. La population, en proie aux soucis quotidiens, ne lit plus et d'ailleurs ne peut plus comprendre le latin écrit. Pendant que se forment les futures langues européennes, la culture latine se réfugie dans les monastères. C'est l'époque où brillent les couvents anglais et irlandais d'où vont partir des moines cultivés qui vont essaimer en Europe. C'est chez eux que Charlemagne trouvera un esprit religieux reposant sur une longue tradition qui l'aidera à fonder son Empire et à permettre dans la future France, vers le Xe siècle, de créer une nouvelle littérature.

ITALIE ANCIENNE SICILE

LATIUM ET CAMPANIE

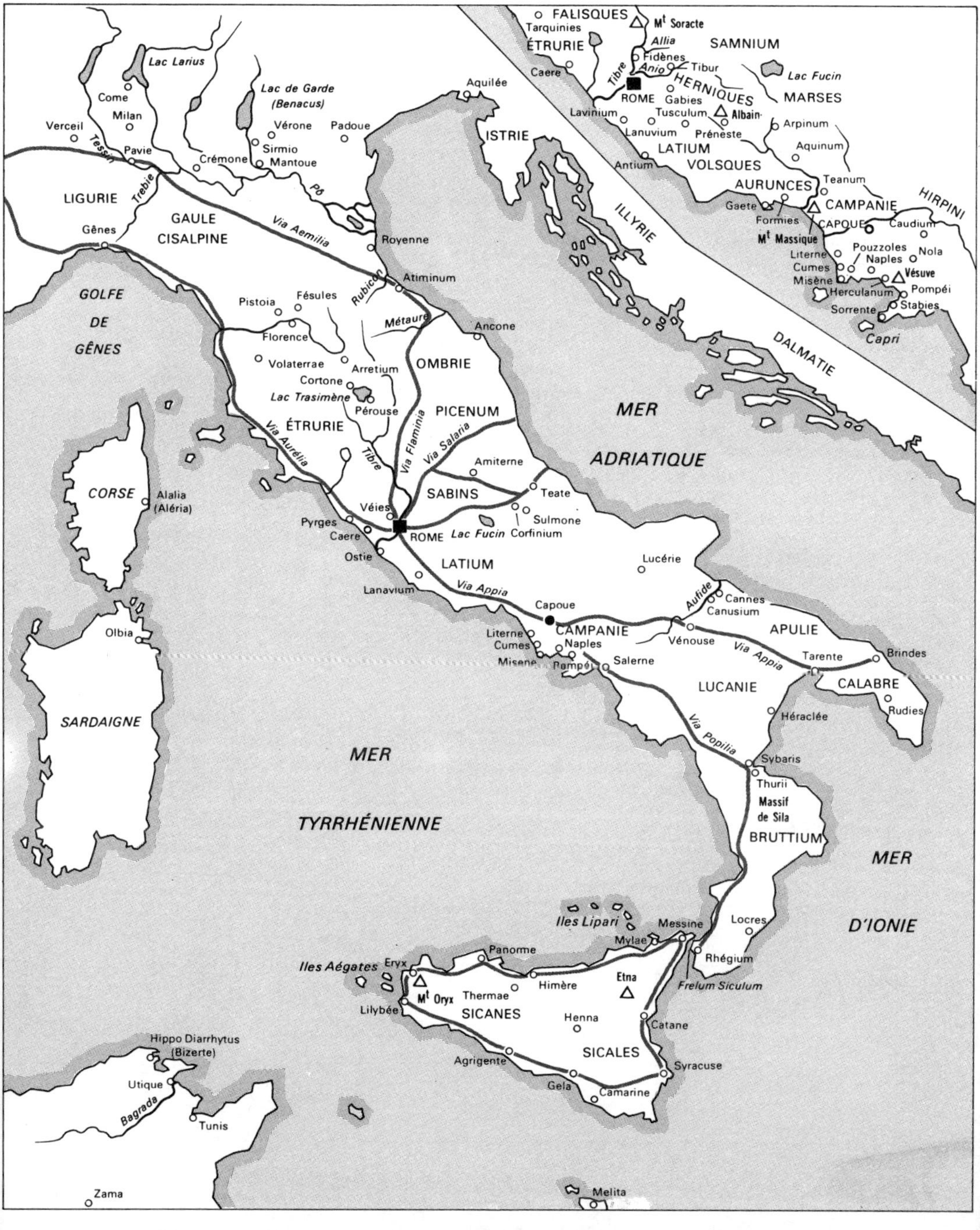

LA GAULE

BRETAGNE
BELGAE
REGNI
CANTII
Rutupiae
Dubris
(Douvres)
Exeter
Chichester
DUMNONII
Ile Vectis
(Wight)
Itius
Portus
Gesoriacum
(Boulogne)
MER BRITANNIQUE
Coriallum
(Cherbourg)
Caesarea
(Jersey)
MORINI
MENAPII
Castellum
Menapiorum
(Cassel)
Scaldis
BELGIQUE
TUNGRI
Mosa
UBII
Aduatuca
(Tongres)
Aix
EBURONES
Turnacum (Tournai)
NERVII
Taruenna
(Thérouanne)
Nemetacum
(Arras)
ATREBATES
AMBIANI
Bagacum
(Bavai)
Camaracum
(Cambrai)
Confluentes
(Coblentz)
Samarobriva
(Amiens)
VEROMANDUI
Mosella
Juliobona
(Lillebonne)
Rotomagus
(Rouen)
SUESSIONES
REMI
Trèves
Durocortorum
(Reims)
LEXOVII
VELIOCASSES
Augusta
Suessionum
(Soissons)
Verdun
MEDIOMATRICI
Lutetia
(Paris)
PARISII
Argentoratum
(Strasbourg)
Autricum
(Chartres)
Sequana
Augustobona
(Troyes)
REDONES
Rhenus
Quimper
CARNUTES
AULERCI
CENOMANI
Cenabum
(Orléans)
VENETI
GAULE
Carnac
Vannes
Langres
SENONES
Liger
LINGONES
Juliomagus
(Angers)
Alésia
Avaricum
(Bourges)
Arar
TURONES
Nevers
Bibracte
HELVETII
BITURIGES
AEDUI
Eburodunum
(Yverdon)
Augustodunum
(Autun)
CELTIQUE
SEQUANI
PICTONES
OCÉAN
Médiolanum
Santonum
(Saintes)
Augustoritum
(Limoges)
Augustonemetum
(Clermont-Ferrand)
AMBARRI
SEGUSIAVI
SANTONES
LEMOVICES
Gergovie
Lugdunum
(Lyon)
Vienne
ALLOBROGES
ARVERNI
ATLANTIQUE
Valence
CADURCI
Burdigala
(Bordeaux)
Vasio
(Vaison)
Rhodanus
VOCONTII
RUTENI
Arausio
(Orange)
AQUITAINE
NARBONNAISE
Nemausus
(Nîmes)
Glanum
(St-Rémy)
Monaco
Garumna
Aquae Tarbellicae
(Dax)
Tolosa
(Toulouse)
Arelate
(Arles)
Aquae Sextiae
(Aix)
Nice
Antipolis
(Antibes)
CONVENAE
VOLCAE
TECTOSAGES
Lugdunum
Convenarum
(St Bertrand
de Comminges)
Narbo Martius
(Narbonne)
Agathe
(Agde)
Massilia
(Marseille)
Forum Julii
(Fréjus)
Pompaleo
(Pampelune)
VASCONES
Portus Veneris
(Port-Vendres)
MER INTÉRIEURE

LES CAMPAGNES D'ALEXANDRE

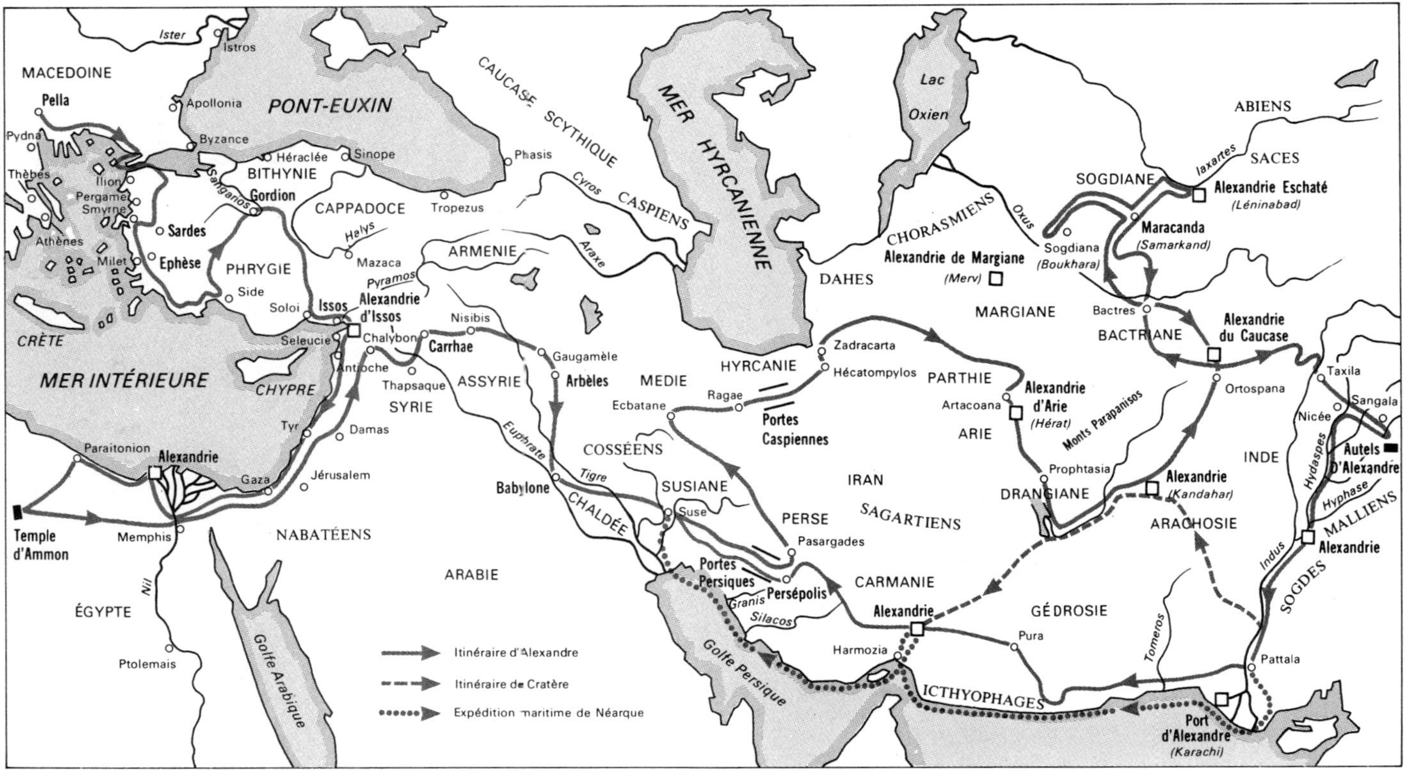

CALÉDONIE
HIBERNIE
Mur d'Hadrien
MER GERMANIQUE
MER SUÈVE
BRETAGNE
Londres
GERMANIE
MER BRITANNIQUE
OCÉAN
BELGIQUE
Lutèce
Trèves
CHAMPS DÉCUMATES
GAULE
ATLANTIQUE
Danube
RÉTIE
CELTIQUE
NORIQUE
MER CANTABRIQUE
Lyon
Bordeaux
PANNONIE
AQUITAINE
Toulouse
NARBONNAISE
Marseille
ESPAGNE
Numance
Ebre
Ilerda
ITALIE
LUSITANIE
TARRACONAISE
CORSE
ILLYRI
Tibre
Tage
ULTÉRIEURE
Tarragone
ROME
CITÉRIEURE
BÉTIQUE
Sagonte
SARDAIGNE
Guadalquivir
Cordoue
Iles Baléares
Munda
Carthagène
Gadès
Iol (Caesarea)
Hippo Regius (Bône)
SICILE
Cirta
Carthage
Syracuse
Timgad
Hadrumète
Lambèse
MÉDITERRANÉE (MER INTÉRIEURE)
NUMIDIE
Leptis Minor
Thapsus
Petite Syrte
MAURÉTANIE
GETULES
GARAMANTES
Leptis Magna
TRIPOLITAINE
Grande Syrte
Autel des Philènes
LIBYE

LE MONDE ROMAIN

ROME A l'ÉPOQUE D'AUGUSTE

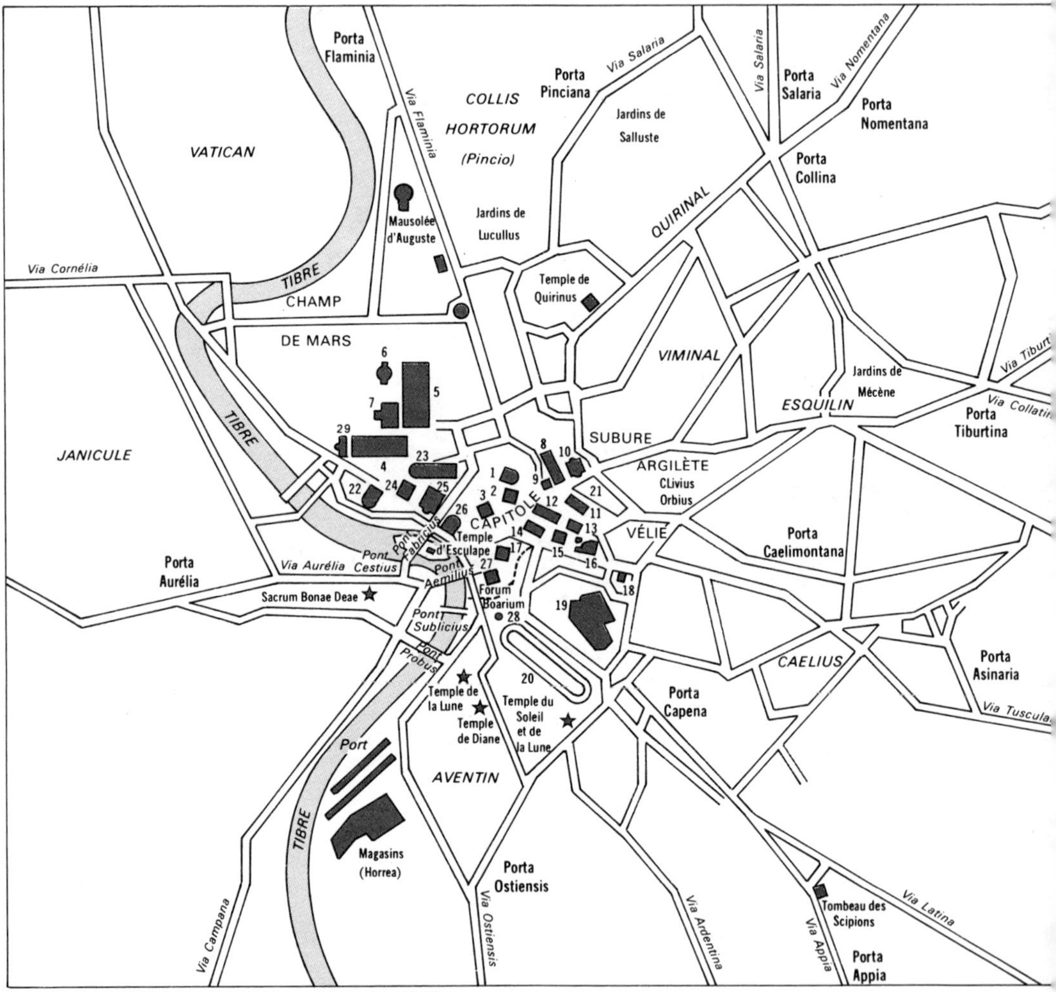

1 - Arx
2 - Tabularium
3 - Temple de Jupiter Capitolin
4 - Portique de Pompée
5 - Saepta Julia
6 - Panthéon
7 - Thermes d'Agrippa
8 - Forum Julium
9 - Curie
10 - Forum d'Auguste
11 - Basilica Aemilia
12 - Forum Romanum
13 - Regia
14 - Basilica Julia
15 - Temple de Castor
16 - Atrium Vestae
17 - Porta Carmentalis
18 - Temple de Jupiter Stator
19 - Demeure d'Auguste Temple d'Apollon Bibliothèque
20 - Circus Maximus
21 - Macellum
22 - Theatrum Bolbi
23 - Circus Flaminius
24 - Porticus Philippi
25 - Porticus Octaviae
26 - Théâtre de Marcellus
27 - Temple Portuni
28 - Ara Maxima et Temple d'Hercule
29 - Théâtre de Pompée Temple de Vénus Victrix

PLAN D'ATHÈNES

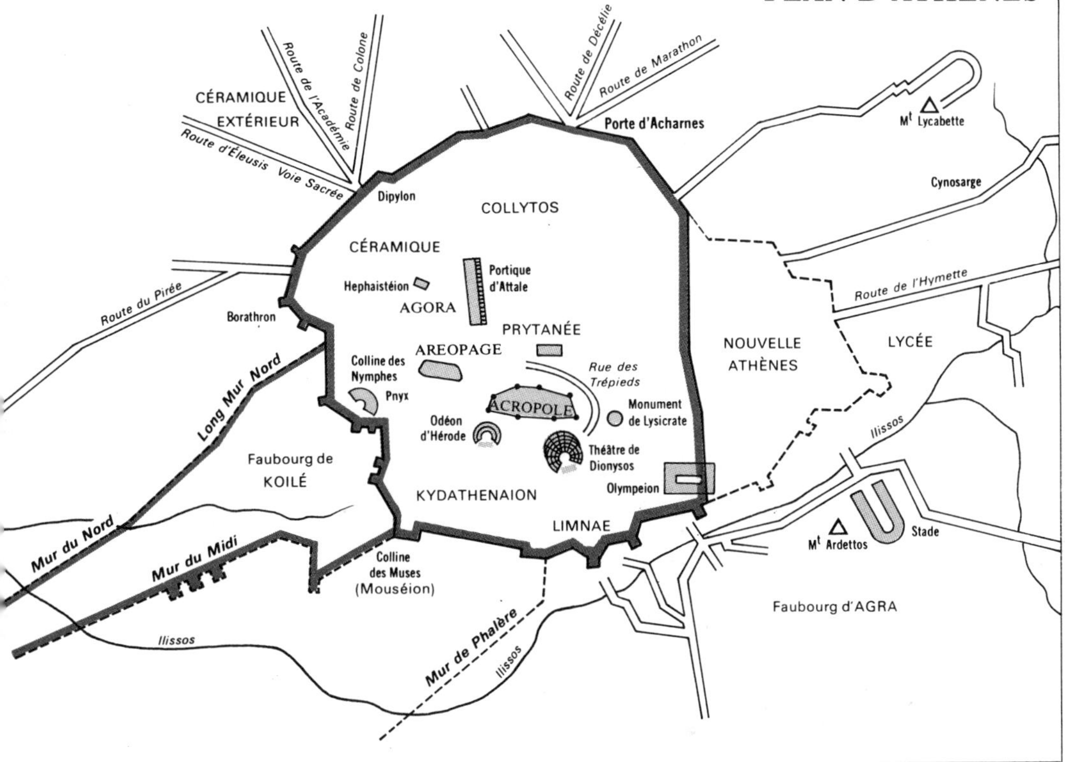

GOLFES DE BAIES ET DE CUMES

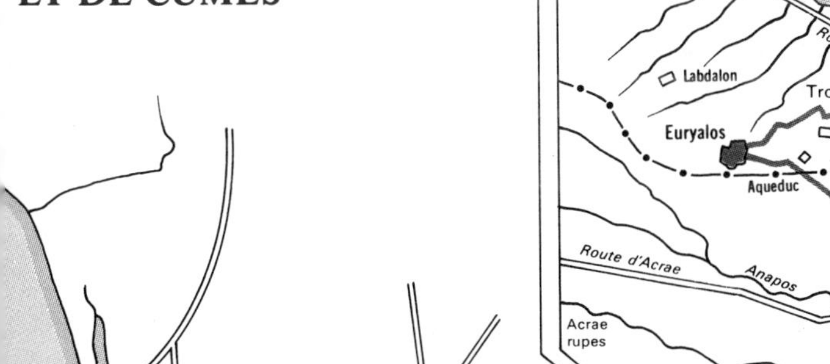

PLAN DE SYRACUSE

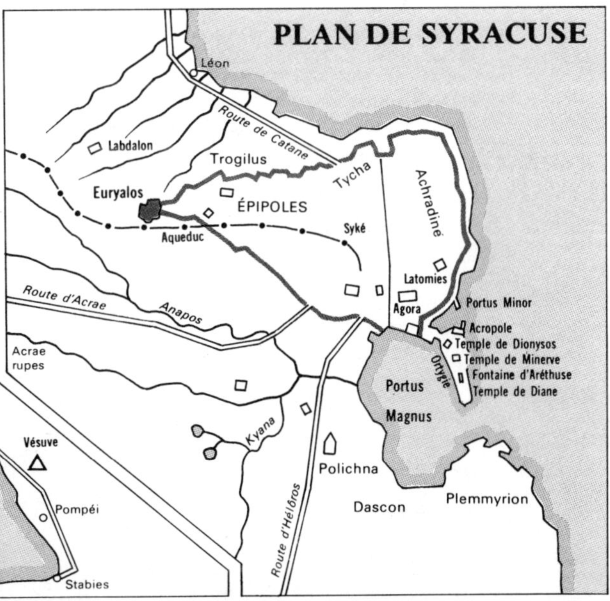

LA GRÈCE

Strymon
Axios
Epidamne
(Dyrrachium)
THRACE
PÉONIENS
Mt Pangée
Amphipolis
Abdère
Selymbrie
BYZANCE
Perinthe
Apollonie
Pella
Galepsus
Therma
Thasos
Lysimachia
Gardia
PROPONTIDE
BITHYNIE
ORESTIDE
Eion
Stagire
Samothrace
MACEDOINE
Méthone
CHALCIDIQUE
Canal de Xerxes
Sestos
Lampsaque
Cyzique
ÉPIRE
CHAONIE
Golfe Thermaïque
Pydna
Olynthe
Chersonèse
MER DE THRACE
Haliacmon
Abydos
Granique
Mt Olympe
V de Tempé
Imbros
Hellespont
PHRYGIE DE L'HELLESPONT
PERRHÉBIE
Lemnos
Dodone
Pénée
Mt Ossa
EOLIDE
Larisa
MAGNÉSIE
CORCYRE
Phères
Chaîne de Pinde
THESSALIE
Halonnèse
Methymne
MYSIE
Sciathos
Mytilène
Pergame
Ambracie
Pharsale
THESSALIOTIDE
Peparethos
Etée
Caïque
PHTIOTIDE
Ile Lesbos
Leucade
ACARNANIE
Achelous
Sperchios
Oréus
Thermopyles
EUBÉE
MER
Cymé
DORIDE
Chéronée
BÉOTIE
Phocée
Hermus
Ithaque
Amphissa
L. Copaïs
Chalcis
Magnésie
LYDIE
Naupacte
Mt Parnasse
Thèbes
Erétrie
Chios
Sardes
Céphallénie
Delphes
Coronée
Smyrne
Calydon
Platées
Marathon
ÉGÉE
G. de Corinthe
Colophon
Caystre
ACHAIE
ATTIQUE
ATHÈNES
Carystos
Méandre
Zacynthe
Mégare
Ephèse
Tralles
PHRYGIE
MER
Elis
ARCADIE
Sicyone
IONIE
Mt Hymette
Le Pirée
Magnésie
ELIDE
Olympie
ARGOLIDE
Corinthe
Égine
Mt Laurion
Mégalopolis
Alphée
Argos
G. Saronique
Cap Sounion
Myconos
Milet
Priène
CARIE
Epidaure
Trézène
SPORADES
Mylasa
MESSÉNIE
Mantinée
Cythnos
Syros
IONIENNE
Eurotas
Tégée
Seriphos
CYCLADES
Halicarnasse
Messène
Paros
Naxos
Pylos
Sparte
LACONIE
Siphnos
Cos
LYCIE
Gythéon
Sphactérie
Mt Taygète
Ios
Amorgos
Ile Cos
Cnide
Melos
Symé
Rhodes
Thera
Cap Tenare
Cap Molée
RHODES
Cythère
Carpathos
CRÈTE
Mt Ida
Cnossos
Palaikastro
Phaistos
Aghia Triada

GLOSSAIRE
DIEUX, PERSONNAGES ET LIEUX
cités dans les textes latins

Abréviations : H.R. = histoire romaine - Nt = notice - B.A. = biographies d'auteurs.

A

ACHAÏE Contrée grecque : au N. du Péloponnèse, confédération de petits États indépendants, elle ne prit de l'importance qu'aux IIe et Ier siècles av. J.-C.; la ligue est détruite par Rome en 146. A ce moment le nom d'Achaïe désigne la province romaine formée du Péloponnèse et de la Grèce centrale.

ACHÉRON Fleuve des Enfers que doivent traverser les âmes pour parvenir au royaume des morts. Le passeur est Charon. Le fleuve est stagnant, bordé de roseaux. Un fleuve d'Épire portait ce nom (côte O. de la Grèce) : une perte et une résurgence de ce fleuve ont fait croire qu'il était en rapport avec les Enfers.

ACHILLAS Général et ministre de Ptolémée Dionysos, conseilla l'assassinat de Pompée (48 av. J.-C.), fut mis à mort par César.

ACHILLE Fils de Pélée, roi de Phthie en Thessalie, descend de Zeus par son père, a pour mère Thétis, fille d'Océanos, dieu de l'Océan. Fut élevé par le centaure Chiron. Sa mère, en le trempant dans le Styx, l'avait rendu invulnérable, sauf au talon par lequel elle l'avait tenu. Homère a raconté dans *L'Iliade* sa querelle avec Agamemnon qui lui avait enlevé sa captive Briséis. Après la mort de son ami Patrocle, tué par Hector, il rentra dans le combat et se vengea en tuant Hector. Il fut percé d'une flèche au talon par Pâris et mourut. Les Grecs lui élevèrent un vaste tumulus dans la campagne troyenne.

ACHRADINE Un des cinq quartiers de Syracuse (Ortygie, Achradine, Tyché, Neapolis, Épipoles). Situé au N.-E., il est entouré d'un énorme mur et forme une sorte de citadelle.

AEÉTÈS Fils du Soleil et de l'Océanide Perséis, avait pour sœurs la magicienne Circé et Pasiphaé, femme de Minos. Régna d'abord à Corinthe, puis en Colchide, au pied du Caucase, sur les bords de la mer Noire. Reçut en cadeau la Toison d'or. Quand Jason parvint en Colchide, il lui promit la toison en le soumettant à des épreuves rudes. Mais sa fille, Médée, aida le héros et s'enfuit avec lui. Aeétès les poursuivit, mais Médée le retarda en jetant à la mer les membres de son jeune frère qu'elle avait tué. Pour les recueillir, Aeétès laissa le couple fuir avec la toison.

AEMILIUS M. Aemilius Scaurus (162-89 av. J.-C.), patricien, chef du parti aristocratique. 125 : questeur, 123 : édile, 119 : préteur, 115 : consul, 109 : censeur, 107 : consul; en 114, prince du Sénat.

AGAMEMNON Fils d'Atrée, frère de Ménélas, époux de Clytemnestre, roi de Mycènes. A pour enfants Iphigénie, Électre, Chrysothémis et Oreste. Commande en chef l'expédition contre Troie. Dut sacrifier sa fille Iphigénie à Diane : il avait offensé cette déesse qui empêchait le départ de la flotte d'Aulis. Il entra en conflit avec Achille, ce qui mit longtemps l'armée grecque en péril. Accomplit sous les murs de Troie des actions d'éclat, eut comme captive Cassandre. Fut tué à son retour par sa femme et son cousin Égisthe.

AGRICOLA Voir Tacite.

ALAMANS (Alemanni). Confédération guerrière de tribus germaines formée au début du IIIe siècle apr. J.-C. sur les bords du Rhin. Repoussés à maintes reprises par des empereurs romains (Caracalla, Alexandre Sévère, Maximin, Postumus, Probus, Constance Chlore), ils s'établirent sur la rive droite du fleuve entre le Main et le lac de Constance, jusqu'au début du IVe siècle. Ils tentèrent de s'établir en Alsace, mais furent repoussés par Julien puis par Valentinien. Seront vaincus par Clovis.

ALARIC Ier Roi wisigoth, début du ve s. apr. J.-C.. Après la mort de Théodose (395) s'installa en Épire après avoir dévasté la Grèce. En 401 il envahit l'Italie. Arrêté plusieurs fois par Stilicon; après la mort de ce dernier, vint assiéger Rome. L'empereur Honorius accepta de lui payer tribut (408). Mais le traité n'étant pas tenu, Alaric s'empara de Rome le 24 août 410 (sac de 3 jours). Se dirigea ensuite vers le sud de l'Italie où il mourut (410).

ALCIBIADE Athénien né vers 450 av. J.-C., eut pour tuteur Périclès, suivit les leçons de Socrate. Séduisant et égoïste. Se distingue dans plusieurs batailles de la guerre du Péloponnèse. Entraîne en 415 Athènes dans la guerre de Sicile contre Syracuse. Mêlé à un scandale religieux (mutilation des Hermès), il s'enfuit à Sparte qu'il conseille contre Athènes. Sa vie ne fut plus que tribulations. Un moment réconcilié avec Athènes, il battit les Spartiates à Abydos (411) et à Cyzique (410). Se retira en Thrace où il mourut dans sa maison incendiée par les Perses.

ALÉSIA Ville célèbre par le siège qu'y soutint Vercingétorix contre César (52 av. J.-C.). On discute sur son emplacement: probablement Alise-Sainte-Reine, sur le mont Auxois (Côte-d'Or).

ALEXANDRE III LE GRAND Roi de Macédoine. Né en 356 av. J.-C. de Philippe II et d'Olympias. Précepteur: Aristote. Dressa le cheval Bucéphale. En 340, exerça la régence ; en 338, se distingua à Chéronée. A la mort de Philippe (336), monte sur le trône. Réprime une révolte grecque. En 334 entreprend la guerre contre les Perses, cf. Nt. Quinte-Curce. Visite le tombeau d'Achille. Victoires du Granique (334), d'Issos (331), d'Arbèles (331). Poursuit Darius aux confins de son empire. Quand ce dernier est assassiné, pénètre en Inde (329). Descend l'Indus et revient à Suse par voie de terre (325). Meurt en 323.

ALEXANDRIE Port égyptien sur la Méditerranée, entre la mer et le lac Maréotis, ville fondée par Alexandre, célèbre par son phare (cf. Pharos).

ALLIA Rivière du Latium, se jetait sur la rive gauche du Tibre à 15 km de Rome (N.-E.). En 390 av. J.-C., les Romains furent vaincus sur ses bords par les Gaulois.

AMBIORIX Roi des Éburons en Belgique. Ne put être gagné par César, vainquit plusieurs de ses lieutenants, assiégea Q. Cicéron, mais César délivra ce dernier et écrasa Ambiorix qui se réfugia dans les Ardennes où il vécut en proscrit.

AMILCAR Cf. Hamilcar.

ANIO Affluent de la rive gauche du Tibre, en amont de Rome, aujourd'hui : Teverone, prend sa source dans l'Apennin romain et forme les cascades de Tivoli.

ANNIBAL Cf. Hannibal.

ANTIOCHUS III Roi de Syrie à partir de 222 av. J.-C. Après quelques victoires en Orient s'allia à Philippe V de Macédoine: voulait dépouiller Ptolémée Épiphanes. Mais fut arrêté par les Romains. Il accueillit Hannibal et se lança contre les Romains. Fut battu aux Thermopyles (191), puis à Magnésie (190) par L. Scipion. Dut abandonner tout le pays au-delà du Taurus, périt misérablement dans une expédition en 178 av. J.-C.

ANTOINE (Marc Antoine). Voir H.R. + Nt. Né en 82 av. J.-C., fit ses premières armes en Égypte. Accompagna César en Gaule (54-50); tribun de la plèbe en 50, opposa son veto à la mise hors la loi de César. Participa à la campagne de César en Italie, gouverna l'Italie pendant que César était en Espagne. Assura le passage des troupes de renfort quand César était en Épire. Participa à la bataille de Pharsale. Pour la suite appartient à l'histoire romaine. Mourut en 30 av. J.-C.

APOLLON Fils de Zeus et de Léto (Latone) et frère d'Artémis (Diane). Héra (Junon), jalouse de Léto, avait poursuivi la jeune femme tout autour de la terre et seule une île flottante, Ortygie, lui donna asile. C'est là que naquirent les deux enfants et Apollon reconnaissant fixa l'île au centre du monde grec et lui donna le nom de Délos: la Brillante. Parti à Delphes sur l'ordre de Zeus, il y tua un dragon qui y gardait un oracle (Python) et fonda en souvenir les jeux Pythiques. Il s'empara du sanctuaire de l'oracle et consacra dans le temple un trépied sur lequel une prêtresse, la Pythie, rendit des oracles en son nom. Les habitants de Delphes chantèrent en son honneur le Péan. Apollon, très beau, eut de nombreuses amours. La nymphe Daphné le repoussa pourtant et demanda à son père, le fleuve Pénée en Thessalie, de la transformer en laurier (arbre consacré ensuite à Apollon). La nymphe Cyrène lui donna pour fils le demi-dieu Aristée. Cassandre, fille de Priam, ayant repoussé son amour, il la punit en lui donnant le don fatal de prédire sans être crue. Il passa aussi pour être le père de Pythagore. Ses attributions sont multiples : dieu de la divination et de la musique, dieu pastoral et dieu guerrier capable par ses flèches de donner une mort rapide (les fils de Niobé). Il envoie la peste aux Grecs pour forcer Agamemnon à rendre sa captive Chryséis, fille de son prêtre Chrysès. Il combat pour les Troyens contre les Grecs. Enfin fut adopté comme protecteur personnel par Auguste qui lui attribua sa victoire sur Antoine à Actium (31 av. J.-C.). En 17 av. J.-C., on célébra en son honneur des Jeux, marqués par le *Chant séculaire* d'Horace.

APOLLONIE Nom de plusieurs villes anciennes — en Illyrie : Octave y apprit la mort de César — en Thrace : port important dans une île du Pont-Euxin, etc.

AQUILON Vent du Nord, violent et impétueux. Se dit aussi de la région septentrionale. Se confond avec le Borée des Grecs.

ARATOS Mathématicien, astronome, poète grec né vers 315 av. J.-C., vécut à la cour du roi de Macédoine, mourut en 240. A écrit un poème scientifique : les *Phénomènes.*

ARCADIE Contrée de la Grèce ancienne au centre du Péloponnèse, habitée par des hommes simples attachés aux traditions de vie pastorale et nomade. Dans la poésie : pays imaginaire du bonheur pastoral.

ARCADIUS Fils de Théodose Ier, empereur d'Orient de 395 à 408. Laissa gouverner Rufin, Eutrope, sa femme Eudoxie. Cf. H.R.

ARCHIMÈDE Savant génial de l'Antiquité (287-212 av. J.-C.), né à Syracuse, très lié au roi Hiéron et à son fils Gélon. En dehors de ses découvertes scientifiques, participa à la défense de Syracuse contre Marcellus (214-212), fut tué au cours du sac de la ville.

ARGONAUTES Compagnons de Jason dans la quête de la Toison d'or sur le navire Argo.

ARIANE Fille de Minos, roi légendaire de Crète, et de Pasiphaé. Conçut un violent amour pour Thésée lorsqu'il vint combattre le Minotaure et lui donna le peloton de fil qui lui permit de se guider et de ressortir du labyrinthe où était enfermé le monstre. Elle s'enfuit avec Thésée pour échapper à la colère de Minos, mais le héros l'abandonna sur l'île de Naxos (ou Dia). Une légende veut que Dionysos, épris d'elle, l'ait épousée et emmenée sur l'Olympe, et qu'il lui ait donné un diadème d'or qui devint plus tard une constellation. Une autre veut qu'elle ait été tuée par Artémis à Dia sur l'ordre de Dionysos.

ARISTÉE Fils d'Apollon et de la nymphe Cyrène, petite-fille par son père du fleuve Pénée, fleuve-dieu thessalien. Apollon confia l'enfant à sa trisaïeule maternelle Gaïa et aux Saisons. Les Muses lui enseignèrent la médecine et la divination, les nymphes l'art de la laiterie et de l'élevage des abeilles, ainsi que la culture de la vigne. On lui attribuait aussi des inventions de chasse (filets).

ARISTIDE Athénien né vers 540 av. J.-C., peu fortuné, intègre et juste. Stratège à Marathon (490), en conflit avec Thémistocle, ostracisé en 483/482, rappelé au moment de la deuxième guerre médique, combattit à Salamine (480) et commanda les Athéniens à Platées. En 477 organisa la ligue maritime à hégémonie athénienne. Mourut, pauvre, en 468 av. J.-C.

ARISTOTE Philosophe grec (384-322 av. J.-C.) né à Stagyre en Chalcidique, élevé à Pella, capitale de la Macédoine, élève de Platon jusqu'en 347. En 342 devint le précepteur d'Alexandre. En 335 revint à Athènes où il fonda une école appelée le Lycée du nom d'un quartier de la ville. En 323 fut accusé d'impiété et se retira à Chalcis. Mourut en 322. Nous possédons beaucoup d'œuvres de lui, certaines sont célèbres : *Physique, Histoire des animaux, Éthique à Nicomaque, Politique, Constitution d'Athènes, Poétique, Rhétorique.*

ARMÉNIE Contrée distincte de l'Asie occidentale, dont les limites ont toujours varié. Hauts plateaux qui comprennent les bassins supérieurs de l'Euphrate et du Tigre, au N.-O. la chaîne du Caucase. Mont Ararat.

ARPINUM Aujourd'hui Arpino au S.-E. de Rome : ville où naquirent Marius et Cicéron.

ARVERNES Occupaient à peu près le pays qui a conservé le nom d'Auvergne (départements du Puy-de-Dôme et du Cantal). Étendirent leur domination sur les pays voisins. Vaincus par les Romains en 120 av. J.-C., luttèrent plus tard sous la conduite de Vercingétorix, furent soumis vers 52 av. J.-C. Leur capitale est Gergovie.

ASCAGNE Deux traditions : fils d'Énée et de Créuse, petit-fils d'Aphrodite par son père et de Priam par sa mère, ou : fils d'Énée et de Lavinia, donc né en Italie. Certaines légendes prétendent qu'il revint avec Scamandrios, fils d'Hector, reconstruire Troie. La plus fréquente dit qu'il s'établit en Italie où il fit souche. Il règne après la mort d'Énée sur les Latins, se bat avec les Étrusques et fonde Albe-la-Longue. Souvent appelé Iule, il est considéré come l'ancêtre des Iulii.

ASDRUBAL Cf. Hasdrubal.

ATRÉBATES Peuple de la Gaule Belgique ; leur territoire correspond au département du Pas-de-Calais et en partie à la Somme (Artois).

ATTICUS B.A.

AULIS Port de l'ancienne Béotie en face de Chalcis en Eubée, sur l'Euripe.

AUSONIE D'après Auson (un bâtard d'Ulysse) qui donna son nom au peuple des Ausones, premiers habitants de l'Italie, appelée souvent Ausonie.

AVERNE Lac de Campanie à 16 km O. de Naples, occupe le cratère d'un volcan. Regardé par les poètes comme une entrée des Enfers à cause des vapeurs méphitiques qui s'en dégagent. On voit au S.-E. les ruines d'un temple d'Apollon et au S.-O. la grotte de la Sibylle de Cumes.

B

BABYLONE Grande ville de Mésopotamie, située sur l'Euphrate, l'une des plus grandes villes du monde ancien.

BACCHUS (ou Dionysos). Dieu de la vigne, du vin et du délire mystique, fils de Zeus et de Sémélé, elle-même fille de Cadmos et d'Harmonie. Était fêté dans des processions tumultueuses où figuraient masqués les génies de la terre et de la fécondité. De ces cortèges naquirent les représentations théâtrales (comédie, tragédie et drame satyrique).

BAIES Ville d'Italie dans la province de Naples, bon port, bonne rade, à 17 km S.-O. de Naples; ville très florissante dans l'Antiquité.

BARCA Puissante famille de Carthage, eut pour chefs Hamilcar et ses fils : Hannibal, Hasdrubal et Magon.

BIBULUS M. Calpurnius Bibulus, gendre de Caton, collègue de César dans l'édilité (65 av. J.-C.), la préture (62), le consulat (59), ne put pratiquement exercer son consulat. Proconsul en Syrie en 50. Commanda la flotte pompéienne de l'Adriatique, ne put empêcher le passage de César et de son armée. Mourut en 48.

BITHYNIE Pays du N.-O. de l'Asie Mineure, bordé par le Pont-Euxin (mer Noire) et la Propontide (mer de Marmara) au Nord, par la Mysie à l'Ouest, par la Phrygie et la Galatie au sud, par la Paphlagonie à l'Est.

BOCCHUS Roi de Mauritanie, beau-père de Jugurtha, le soutint d'abord contre les Romains, mais, battu deux fois par Marius, il livra son gendre par trahison à Sylla (106 av. J.-C.), Cf. Nt. Salluste.

BORÉE Dieu du vent du Nord, habite la Thrace. Fils de l'Aurore, frère de Zéphyr et de Notos, est de la race des Titans qui personnifiaient les forces de la nature.

BRINDES (Brundisium) : port sur l'Adriatique, au sud de l'Italie, près du cap Cavallo : la voie Appienne y aboutissait et les Romains s'y embarquaient pour la Grèce. César y bloqua Pompée. C'est la patrie de Pacuvius. Virgile y mourut.

BRUTIUM (ou Bruttium) aujourd'hui Calabre ultérieure, au S.-O. de l'Italie, bordé par la Lucanie au N., ailleurs par la mer (pointe de la botte).

BRUTUS Marcus Junius Brutus. Né vers 85 av. J.-C., fils de Servilia, sœur de Caton d'Utique. Gendre d'Appius Claudius Pulcher, prêta de l'argent à gros intérêts aux provinciaux, suivit le parti de Pompée (49). Après Pharsale se réconcilie avec César, reçoit un certain nombre de charges. Le souvenir de son oncle Caton le pousse à participer à l'assassinat de César. Se retire en Grèce (44 av. J.-C.). Battu à Philippes, il se donne la mort (42).

C

CALABRE En Italie, au S.-E., bordée d'un côté par le golfe de Tarente, de l'autre par la mer Adriatique. Ville principale : Brindes.

CALIGULA C. Julius Caesar Germanicus, fils de Germanicus et de Vipsania Agrippina, né le 31 août 12 apr. J.-C. à Antium, emmené par son père à l'armée du Rhin où on lui donna le surnom de Caligula d'après le nom d'une chaussure gauloise. Après la chute de Séjan, appelé par Tibère à Capri (32). Fait empereur en 37. Cf. H.R. + Nt. Suétone, Sénèque.

CALLIMAQUE Poète grec, né à Cyrène vers 315-310 av. J.-C. Fidèle courtisan des souverains d'Égypte, s'établit à Alexandrie vers 290-285. Devint poète officiel. Mourut vers 240 av. J.-C. Cf. hymnes à Zeus, à Apollon, à Déméter.

CALPURNIA Troisième épouse de Pline le Jeune. Il la prit pour femme en 105 apr. J.-C. Elle lui survécut.

CAMILLE M. Furius Camillus, censeur en 403 av. J-C., tribun militaire à pouvoir consulaire en 401 et 398. Dictateur en 398. Prend Véies, Capène, Faléries. En 391, exilé à Ardée. C'est l'invasion gauloise : intervient spontanément pour repousser les ennemis, se distingue encore contre les Èques, les Volsques et même paraît à nouveau contre les Gaulois (367). Meurt en 365 av. J.-C.

CANNES Ville de l'ancienne Apulie, sur le bord de l'Adriatique (actuellement province de Bari), près de l'Aufide, aujourd'hui l'Ofanto.

CAPÈNE (porte). Une des portes de Rome d'où partait la via Appia, près du mont Caelius.

CAPOUE Ville de l'ancienne Campanie, sur les bords du Vulturne (Volturno), à 25 km au N. de Naples.

CAPPADOCE Contrée de l'ancienne Asie Mineure, bordée au N. par le Pont et séparée de l'Arménie par l'Euphrate. Atteint la Syrie et la Cilicie au S.

CAPRÉE (ou plutôt Capri) — Ile de la Méditerranée à l'entrée du golfe de Naples, célèbre par le palais qu'y fit bâtir Auguste et par le séjour de Tibère.

CARNUTES Ancien peuple gaulois (Gaule Celtique). Leur territoire : Orléanais et pays Chartrain. Ville importante : Genabum (Orléans).

CASILINUM Ville de l'ancienne Campanie, sur le Vulturne (on pense parfois que la moderne Capoue occupe son emplacement).

CASSIUS C. Cassius Longinus, né vers 85 av. J.-C.; questeur de Crassus en Syrie (54), échappe au désastre de Carrhes et arrête les Parthes. Pompéien pendant la guerre civile, se réconcilie avec César. Préteur en 44, participa à l'assassinat du dictateur. Se tua sur le champ de bataille de Philippes (42).

CASTOR Un des Dioscures (voir ce mot).

CATILINA L. Sergius Catilina, né en 108 av. J.-C., lia d'abord sa fortune à celle de Sylla. Mais échoua dans ses ambitions consulaires en 64, 63 av. J.-C. Pour la suite, cf. H.R. et Nt. Salluste (conjuration de Catilina : 63).

CATON dit l'Ancien, dit le Censeur. Voir B.A.

CATON dit d'Utique (M. Porcius Cato) Arrière-petit-fils de Caton le Censeur. Né en 95 av. J.-C. Tribun militaire en Macédoine, questeur en 65, tribun de la plèbe en 63 : accuse le consul désigné, Muréna, de brigue électorale (cf. Cicéron : *Pro Murena*). Poussa les Sénateurs à frapper de la peine de mort les complices de Catilina. Hostile à Pompée. Chargé en 58 de liquider à Chypre les biens du roi Ptolémée, a des ennuis à propos de cette liquidation. Préteur en 54. Pendant la guerre civile, évacue volontairement la Sicile pour lui éviter les horreurs de la guerre. Après Pharsale, rassemble la flotte, part à la recherche de Pompée. Finalement arrive en Afrique, organise la place d'Utique où après Thapsus il se suicide (avril 46).

CÉRÈS A l'origine, divinité latine, puissance de la végétation, qui s'est totalement identifiée avec la déesse grecque Déméter à partir de 496 av. J.-C. La consultation des livres sibyllins, pendant l'attaque de Rome par les Étrusques et Porsenna, fit naître ce culte, qui eut lieu sur l'Aventin. Pour les légendes, voir Déméter. Comme déesse italique, Cérès avait des fêtes en avril-juin (cf. Lucrèce V, 14).

CÉSAR C. Julius Caesar. Voir B.A., H.R., Nt.

CICÉRON Marcus Tullius Cicero. Voir B.A., H.R.

CICÉRON Quintus Tullius Cicero. Voir B.A. et Nt Cicéron.

CIMBRES Originaires du Jutland ou des bords de la Caspienne, descendirent vers le S. de la Germanie avec les Teutons en 114 av. J.-C. — battirent les armées romaines en Helvétie et dans le pays des Allobroges (112-105). Exterminés près de Verceil par Marius (101 av. J.-C.).

CLAUDE Voir H.R., B.A.

CLITUS le NOIR Général macédonien (380-328 av. J.-C.), frère de la nourrice d'Alexandre le Grand, sauva la vie à ce prince au passage du Granique, se distingua à Arbèles. Hostile aux mœurs orientales adoptées par le roi, fut tué dans un banquet, par Alexandre, ivre.

CNOSSE Ville ancienne de la Crète, longtemps sa capitale. Résidence de Minos.

COCYTE Cf. *Odyssée*, X, 514 : rivière des Gémissements. Sur la terre, affluent de l'Achéron. Il est l'un des fleuves des Enfers : cours d'eau froid qui coule parallèlement au Styx, de même que le Périphlégéton. Ces fleuves forment le marais du Styx.

COLCHIDE Ancien pays de l'Asie, situé entre le Caucase au N., l'Arménie au S., le Pont-Euxin à l'O., arrosé par le Phase.

COLLINE (porte). Une des portes de Rome, au N. près du mont Quirinal, d'où partaient la via Salaria et la via Nomentana.

CONSTANCE 1. Constance Ier, dit Constance Chlore (M. Flavius Valerius Constantius) : empereur romain de 293 à 306. Né en Illyrie vers 279. D'abord simple officier, fut associé au système de la tétrarchie par Dioclétien. Pour la suite, cf. H.R. Il fut le père de Constantin.

2. Constance II : fils de Constantin ; empereur de 337 à 362. Gouverna d'abord l'Orient, puis, ayant battu l'usurpateur Magnence (363), fut seul empereur. Pour la suite, cf. H.R.

CONSTANTIN Ier Caius Flavius Valerius Constantinus. Empereur de 306 à 337 apr. J.-C. Fils de Constance Chlore et d'Hélène (sainte Hélène), vécut tout jeune à la cour de Dioclétien. Combattit les Scots et les Pictes en Bretagne (Angleterre) avec son père. Il fut proclamé empereur par ses soldats à la mort de celui-ci (306). Pour la suite, cf. H.R.

CORBULON Cn. Domitius Corbulo. Général romain, commanda en Germanie sous Claude (47 av. J.-C.), campagne célèbre contre les Parthes (58). Gouverneur de Syrie, dut redresser la situation du côté des Parthes, œuvre gâchée par son successeur (62). Néron lui donna l'ordre de se tuer à Corinthe (66).

CORCYRE Île de la mer Ionienne appelée maintenant Corfou, près de la côte d'Albanie.

CORNELIA Fille cadette de Scipion, le premier Africain. Épouse en 184 av. J.-C. Ti. Sempronius Gracchus : douze enfants, trois survécurent : Tibérius, Gaïus et Sempronia. Veuve en 153, refusa d'épouser Ptolémée VIII Évergète. Se consacra à l'éducation de ses fils, les deux Gracques. Est souvent considérée comme un modèle des vertus de la femme romaine.

Une autre Cornelia était fille de Metellus Scipion et épousa Pompée.

CRASSUS M. Licinius Crassus. Né en 114 av. J.-C. Lutte avec Sylla contre les Marianistes, en 72 : dirige la guerre contre Spartacus. A partir de ce moment, cf. H.R. — Fut tué en 53 dans la guerre contre les Parthes. Son fils Publius, brillant lieutenant de César, mourut avec lui.

CRÉSUS Né en 591 av. J.-C., roi de Lydie en 560. Soumit Éphèse, quelques colonies grecques, une partie de l'Asie Mineure. Roi le plus riche de son temps. Attaqué par Cyrus, roi des Perses, vaincu à la bataille de Thymbrée. Assiégé et pris dans Sardes, sauvé par le cri de son fils jusqu'alors muet, au moment où un soldat allait le tuer. Admis par Cyrus au nombre de ses conseillers.

CURION Caius Scribonius Curio. Bon orateur, ami de Cicéron. Prodigue et débauché. Préteur en Asie, tribun en 50 av. J.-C., d'abord opposé à César ; mais ce dernier paya ses dettes énormes, et il passa de son côté. Propréteur en Sicile (49), il en chassa les Pompéiens, passa en Afrique où il fut vaincu et tué par Juba Ier.

CURIUS Curius Dentatus. Vainqueur des Sabins, des Samnites, des Lucaniens, trois fois consul. Vainqueur de Pyrrhus à Bénévent (275 av. J.-C.). Type du vieux Romain qui cultive son petit champ et vit de peu (comme Fabricius). Mort en 270.

CYBÈLE Grande déesse de Phrygie, souvent appelée Mère des Dieux ou Grande Mère. Fut admise officiellement à Rome comme déesse en 204 av. J.-C. Souvent considérée comme l'incarnation de Rhéa, mère de Zeus. Importante à cause de son culte orgiastique qui se développa autour de son nom. On la représente la tête couronnée de tours sur un char traîné par des lions.

CYCLOPES Suivant Homère : pasteurs anthropophages de Sicile, fils de Neptune et d'Amphitrite, avec un seul œil au milieu du front.
Suivant Hésiode : trois Cyclopes, fils du Ciel et de la Terre, furent percés de flèches par Apollon, parce qu'ils avaient forgé la foudre qui tua Esculape. Les poètes les représentent comme ouvriers de Vulcain sous l'Etna, à Lipari, à Lemnos. On les confond aussi avec les Pélasges primitifs et on leur attribue les constructions dites cyclopéennes.

CYRÈNE Ville capitale de la Cyrénaïque, pays situé au N. de l'Afrique et qui s'étend entre la Grande Syrte et le cap Physcus.

CYTHÉRÉE Nom de Vénus, adorée dans l'île de Cythère.

D

DARIUS III Codoman. Roi de Perse de 336 à 330 av. J.-C., perdit contre Alexandre les batailles du Granique (334), d'Issos (333), d'Arbèles (331). Il s'enfuit et fut tué par Bessus.

DECIUS Trois Romains illustrèrent cette famille : Decius Mus (le père) : sauva une armée romaine entourée par les Samnites en 343 av. J.-C., puis se « dévoua » à Véséris dans la bataille contre les Latins (340).
Decius Mus (le fils) : se fit tuer à Sentinum dans la bataille contre les Gaulois (295 av. J.-C.). — Le petit-fils succomba à Asculum dans la guerre contre Pyrrhus (279 av. J.-C.).
Par ailleurs, nom porté par un empereur (cf. Corneille, *Polyeucte*) : C. Messius Quintius Trajanus Decius Augustus, né en Pannonie vers 200 apr. J.-C., nommé empereur en 248 par ses légions. Pour la suite, cf. H.R.

DÉMÉTER Déesse maternelle de la Terre, fille de Cronos et de Rhéa. Divinité de la terre cultivée et surtout du blé, adorée à Éleusis. Sa fille Perséphone (Proserpine) fut enlevée par Hadès (Pluton). Elle la chercha sur toute la terre. Réfugiée à Éleusis, elle aurait enseigné à Triptolème la culture du blé. Zeus lui fit rendre sa fille six mois par an (printemps, été : époque de la végétation). Durant les six autres mois, le chagrin de Déméter lui fait négliger son œuvre (automne-hiver).

DÉMOCRITE Philosophe grec né à Abdère vers 460 av. J.-C. — Voyagea beaucoup, resta cinq ans en Égypte et parcourut l'Asie. Est le principal représentant de la théorie antique des atomes.

DÉMOSTHÈNE Célèbre orateur grec né en 384 av. J.-C. Né riche, mais orphelin très tôt, fut volé par ses tuteurs et se lança dans la carrière de logographe (écrivait des discours judiciaires pour autrui). Puis entra dans la carrière politique surtout à partir de 355. Il lutta contre la politique envahissante de Philippe, roi de Macédoine, et contre les Athéniens qui le soutenaient (Eschine). Mais Philippe battit les Athéniens à Chéronée (338). Démosthène garda l'estime de ses compatriotes et reçut une couronne d'or. Fut mêlé à une affaire assez louche (affaire d'Harpale, chargé de la garde du trésor d'Alexandre et qui se réfugiait à Athènes : 324) et fut alors exilé. A la mort d'Alexandre, rentra à Athènes et reprit la lutte contre la Macédoine. Mais Antipater écrasa les Grecs, Démosthène s'enfuit et s'empoisonna (322). Œuvres les plus célèbres : *Olynthiennes, Philippiques, Discours sur la couronne.*

DIDON Voir : Élissa.

DIOCLÉTIEN Empereur romain de 285 à 305 apr. J.-C., né en Dalmatie en 245 d'un simple affranchi, fit une carrière d'officier et fut porté à l'empire par les militaires en 284 ap. J.-C. — Pour la suite, cf. H.R.

DIOSCURES Deux fils de Zeus : Castor et Pollux, nés de Léda et frères d'Hélène et de Clytemnestre. Léda étant femme de Tyndare, roi de Lacédémone, et Zeus ayant pris pour l'aimer la forme d'un cygne, les deux couples jumeaux qui naquirent d'un œuf pondu par Léda furent considérés le premier comme enfants de Zeus (Pollux et Hélène), l'autre comme enfants de Tyndare (Castor et Clytemnestre). Ils naquirent sur le Taygète, montagne de Sparte. Les Dioscures firent une expédition contre Athènes lorsque son roi Thésée enleva

Hélène. Ils participèrent à l'expédition des Argonautes. Ils ne figurent pas dans la guerre de Troie, car ils ont déjà été divinisés. Castor ayant été tué dans une aventure amoureuse et Pollux blessé, Zeus enleva Pollux au ciel, mais Pollux n'ayant accepté l'immortalité qu'à condition de la partager avec son frère, Zeus leur permit de demeurer un jour sur deux parmi les dieux. Dans les légendes romaines, ils participent à la bataille du lac Régille et ont un temple sur le Forum, près de celui de Vesta.

DOMITIEN Titus Flavius Sabinus, né en 51 apr. J.-C., fils de Ti. Flavius Vespasianus (Vespasien) et de Flavia Domitilla. Se trouve à Rome le 1er juillet 69 lorsque son père est proclamé empereur. Il est salué César et reçoit le pouvoir proconsulaire. Gouverne en attendant le retour de son père jusqu'à l'automne 71. Pendant le règne de son frère Titus, auquel il est hostile, se fait acclamer Imperator. Succède à Titus en 81. Cf. H.R.

DRUSUS Claudius Nero Drusus. Fils cadet de Livie, épouse d'Auguste, né en 38 av. J.-C.; épouse Antonia, a deux fils : Germanicus et Claude. Conquiert avec son frère Tibère la Rhétie, organise la Gaule, commence la conquête de la Germanie (12-9 av. J.-C.), est tué en 9 av. J.-C.

DRUSUS Drusus César. Fils de Tibère et de Vipsania. Né en 10 av. J.-C. Se révèle un excellent homme de guerre (réprime la révolte des légions de Pannonie en 14 apr. J.-C. et détruit la puissance de Maroboduus). Empoisonné par sa femme Livilla, fille de Germanicus, séduite par Séjan (23 ap. J.-C.).

DYRACCHIUM Aujourd'hui Durrës, ville ancienne de l'Illyrie grecque, sur l'Adriatique. Colonie de Corcyre. Pompée y battit César en 48 av. J.-C.

E

ÉAQUE Fils de Zeus et de la nymphe Égine, fille du fleuve Asopos, né sur l'île qui porte le nom de sa mère. Fut le plus pieux de tous les Grecs. Eut pour fils Pélée. Après sa mort passa pour être juge aux Enfers, mais c'est Platon qui le premier le nomma ainsi. Homère ne citait que Rhadamante.

ÈBRE (Iberus) — Fleuve d'Espagne, prend sa source dans la sierra Sejos, coule du N.-O. au S.-E., passe en Vieille-Castille, en Aragon, en Catalogne et se jette dans la Méditerranée.

ÉBURONS Peuple de Gaule Belgique qui occupait les deux rives de la Meuse et le pays qui s'étend de la Meuse au Rhin entre Liège et Aix-la-Chapelle : Aduatuca (Tongres) est leur ville principale.

ÉDUENS Peuple de la Gaule Celtique, territoire entre Loire et Saône (Saône-et-Loire, Nièvre, sud de la Côte-d'Or) : capitale Bibracte.

ÉÉTÈS Cf. Aeétès.

ELBE Fleuve d'Allemagne, prend sa source en Bohême, se jette dans la mer du Nord en face de Cuxhaven (Hambourg se trouve sur la rive gauche).

ÉLISSA (Didon). Fille du roi de Tyr : son frère Pygmalion fut reconnu roi par le peuple. Élissa épousa son oncle Sicharbas, prêtre d'Héraclès. Pygmalion fit assassiner Sicharbas (= Acherbas) pour s'emparer des trésors qu'il possédait. Didon s'enfuit en Afrique. Elle fonda Carthage, mais le roi Iarbas voulant l'épouser sous menace de guerre, Didon se tua. Sur ce thème Virgile a brodé les amours de Didon et d'Énée. Il appelle son mari Sychée, lui donne une sœur : Anna, et la fait mourir de désespoir, abandonnée par Énée sur l'ordre de Jupiter.

ÉNÉE Héros troyen, fils d'Anchise et d'Aphrodite (Vénus). Le plus vaillant des Troyens après Hector dans la guerre de Troie. Mais il échappe aux dangers car il est protégé par les dieux : sur lui repose le sort futur de la race troyenne. Il échappe à l'incendie de Troie où il perd sa femme Créuse, emmène son père Anchise et son fils Ascagne. Parcourt la Méditerranée, aborde à Carthage où Didon ne peut le retenir et débarque près du Tibre avec sa flotte. Bien reçu par le roi Latinus, il épouse sa fille Lavinia. Doit lutter contre Turnus, roi des Rutules, et le tue de sa main. Fonde la ville de Lavinium. Selon les traditions serait mort noyé dans le Numicius ou aurait disparu au cours d'un orage.

ENNIUS Voir B.A.

ÉOLE Fils de Poséidon, souvent identifié à Éole, le maître des Vents dont parle *L'Odyssée*.

ÉPICTÈTE Philosophe stoïcien né à Hiéropolis en Phrygie. Vécut au Ier siècle de l'ère chrétienne. Amené à Rome, fut l'esclave d'Épaphrodite, affranchi de Néron. Fut cruellement traité par son maître et, après la mort de celui-ci, exilé par un édit de Domitien qui bannissait les philosophes. Se retira à Nicopolis en Épire et y enseigna la philosophie. Son disciple Arrien a rédigé le *Traité de la vie et de la mort d'Épictète* et le *Manuel*.

ÉPICURE Philosophe grec né à Gargette, près d'Athènes, en 337 av. J.-C., mort en 270. Devint philosophe en lisant Démocrite et Hésiode, fut l'élève de Xénocrate et fonda lui-même une école à Mytilène, puis à Lampsaque et Athènes. Il fait du bien-être le but suprême de l'homme, lui refuse la connaissance parce qu'il est trompé par ses sens, déclare que l'univers a toujours été et sera toujours parce que rien ne vient du néant et ne peut y retourner, ne croit pas au Dieu-Créateur, mais à un composé d'atomes indivisibles et immuables : cf. Nt. Lucrèce. Il fonda sa morale sur l'intérêt bien conçu.

ÉPIRE D'un mot grec qui signifie « continent », pays de l'ancienne Grèce au N.-O. entre l'Illyrie au N., la Thessalie à l'E., l'Acarnanie au S., la mer Ionienne à l'O. — Arrosée par le Cocyte et l'Achéron. Placée entre la Macédoine et l'Italie, fut un champ de bataille. Saccagée par Paul Émile après Pydna, perdit 150 000 de ses habitants emmenés en esclavage. Devint province romaine. Peuplée à l'origine de Pélasges, elle reçut Pyrrhus, fils d'Achille, qui y fonda la dynastie des Éacides.

ÉRIDAN Fleuve légendaire placé dans le Nord par Hérodote, grand fleuve de l'Occident d'après Hésiode, identifié avec le Rhône par Eschyle, et surtout avec le Pô à partir d'Euripide et chez les Latins. Par ailleurs, fleuve des Enfers, il coule dans les Champs-Élysées, avec le Léthé.

ÉSOPE Acteur tragique romain, rival de Roscius, ami de Cicéron. Favori du peuple, il amassa une fortune immense. Ne pas le confondre avec le fabuliste.

ESQUILIES Quartier de Rome, situé sur l'Esquilin. Ce nom désignait sous la République la partie urbaine du mont; sous Auguste, il s'étendit à toute la colline.

ETNA (ou Aetna) — Volcan de Sicile sur le versant oriental de l'île; près de Catane.

ÉTOLIE Pays de la Grèce ancienne, bordé au N. par l'Acarnanie et la Thessalie, à l'E. par la Doride et la Locride, au S. par le golfe de Corinthe, à l'O. par l'Acarnanie. L'Acheloüs y coule.

EUMÈNE II Roi de Pergame (197-159 av. J.-C.). Successeur et fils d'Attale Ier, allié des Romains. Il reçut d'eux de vastes territoires en Asie (car il était en quelque sorte leur sentinelle) : en particulier pour l'aide qu'il apporta à Flamininus et à Lucius Scipion, il obtint la Lydie, la Lycaonie, la Phrygie. Il battit Prusias, Pharnace, dénonça Persée à Rome. Finalement dut lutter contre son frère Attale que soutenaient les Romains.

EURIPIDE Un des trois grands poètes tragiques grecs. Né à Salamine en 480 le jour même de la bataille de ce nom, mort en 406 av. J.-C. Son père : cabaretier, sa mère : marchande de légumes. Fut l'ami de Socrate. Il nous reste 18 de ses tragédies, dont *Hippolyte, Andromaque, Iphigénie en Aulide* et *Iphigénie en Tauride*.

EURUS Vent du S.-O., fils de l'Aurore et de Typhon.

F

FABIUS Quintus Fabius Maximus.
1. Cunctator : né en 275 av. J.-C.; consul en 233, triomphe des Ligures; censeur en 230, etc. En 217, après Trasimène, nommé dictateur, lutte en Apulie contre Hannibal en évitant tout combat en force, en « temporisant ». Cependant on revient malgré lui aux grandes batailles : désastre de Cannes en 216. Consul en 215, 214, 209. Reconquiert Tarente. Montre de l'hostilité à Scipion l'Africain, meurt en 203.
2. Q. Fabius Maximus Aemilianus : fils adoptif du précédent. Fils réel de Paul Émile (futur vainqueur de Persée). Consul en 145 av. J.-C., battit Viriathe. Patron de l'écrivain Polybe. C'est de lui que parle Valère-Maxime.

FABRICIUS C. Fabricius Luscinus. Consul romain en 282 av. J.-C., participe à la lutte contre Tarente. Consul pour la deuxième fois en 279. Fait la guerre contre Pyrrhus : refuse les cadeaux que lui offre le roi et la proposition du médecin de celui-ci d'empoisonner son maître. Censeur en 275. Enterré aux frais de l'État qui dota ses filles (cf. Plutarque).

FLAMINIUS T. Quinctius Flaminius. Né en 229 av. J.C. Participa à la guerre contre Hannibal, puis en 197 battit Philippe V de Macédoine à Cynoscéphales. Proclama la liberté des cités grecques aux jeux Isthmiques de 196. Pendant la guerre contre Antiochus, sut maintenir Philippe V dans la neutralité. Censeur en 189. En 183 réclame Hannibal à Prusias, roi de Bithynie. Hannibal se suicide. Meurt en 174 av. J.C.

FLORE Puissance de la végétation qui fait fleurir les arbres. Déesse des jardins et des fleurs. Ce serait le roi Sabin Tatius (H.R.) qui aurait introduit son culte. Ovide a rattaché son histoire à celle de la nymphe Chloris. On célébrait en son honneur des fêtes : Floralia.

FORMIES Ville du Latium, dans le pays des Aurunces. Cicéron y avait une « villa ».

FUCIN Lac d'Italie (aujourd'hui Celano) situé dans le pays Marse, aux limites du Samnium et du Latium.

G

GABINIUS (Aulus) 100-48 av. J.-C. Aimait le plaisir et la dépense. Tribun en 67, fit attribuer la guerre des pirates à Pompée; préteur en 61; consul en 59. Allié de Clodius, contribua à l'exil de Cicéron. Gouverneur de Syrie, s'occupa beaucoup de la politique de la Judée qu'il divisa en cinq districts. Marcha contre l'Égypte pour rétablir Ptolémée Aulète sur son trône (sur la recommandation de Pompée et contre forte récompense). S'enrichit scandaleusement en Égypte (56-55). Accusé de lèse-majesté, corrompit tous ses juges et fut acquitté. Mais sur une accusation de corruption il fut condamné à l'exil malgré l'éloquence de Cicéron et l'appui de César et de Pompée. En 49, rappelé par César, il mourut à Salone où il exerçait un commandement.

GAÈTE Port d'Italie à 70 km N.-O. de Naples (appelé peut-être du nom de la nourrice d'Énée : Caieta).

GAETULIA (Gétulie). Ancienne région de l'Afrique ancienne au S. de la Numidie et de la Maurétanie. Allant du pays des Garamantes à l'océan Atlantique.

GALATIE (ou Gallo-Grèce). Pays au centre de l'ancienne Asie Mineure, partie de la Phrygie, habitée par des Gaulois appelés par Nicodème Ier, roi de Bithynie, en 278 av. J.-C. A l'O. de la Cappadoce, au S. de la Bithynie. Réduite par Auguste en province romaine.

GALBA Servius Sulpicius Galba, né vers 4 av. J.-C., de rang sénatorial. Consul en 33 apr. J.-C., commandant des armées de Germanie supérieure en 39 apr. J.-C. jusqu'en 43. Refusa l'empire à la mort de Caligula. De 44 à 47 fut proconsul d'Afrique et se tint à l'écart sous Néron. En 60 devint gouverneur de l'Espagne Tarraconaise. Lors de la révolte de Vindex en 68 se laissa proclamer empereur. Cf. H.R.

GÈTES Ancienne peuplade de la Scythie, d'abord sur les rives du Danube inférieur. Mêlée ensuite aux Daces, puis dans le pays appelé désert des Gètes, aujourd'hui Bessarabie. Ovide fut exilé dans leur pays, à Tomes.

GORDIUS (ou Gordias). Roi de Phrygie aux temps mythiques; aimé de Cybèle, eut pour fils Midas. Fonda la ville de Gordion, où était son char (nœud gordien).

GRACQUES ou GRACCHUS Voir H.R., B.A.

H

HADRIEN P. Aelius Hadrianus, né en Espagne (Italica) en 76 apr. J.-C.; pupille de Trajan, épousa une nièce de celui-ci. En 102 est en Dacie avec Trajan, dès 105 y exerce un commandement. Gouverne la Pannonie, consul en 108, participe en 114 à la guerre parthique. Gouverne la Syrie en 117 quand Trajan meurt. Il devient empereur; cf. H.R.

HAMILCAR BARCA Ce général carthaginois apparaît dans l'histoire quand il prend le commandement de l'armée carthaginoise en Sicile pendant la première guerre punique; cf. H.R. Réprima la révolte des Mercenaires par la suite, puis fut envoyé en Espagne et occupa une partie du territoire en partant de Cadix. Meurt en 229 av. J.-C., au siège d'Elché.

HANNIBAL Hannibal Barca, fils d'Hamilcar, né vers 247 av. J.-C. Élevé dans la haine de Rome. Vint en Espagne où il fit ses armes sous son beau-frère Hasdrubal. À la mort de celui-ci, prend le commandement de l'armée carthaginoise (221) et c'est la guerre contre Rome; cf. H.R. Après la défaite de Zama (202), réorganise comme suffète l'administration de Carthage. Mais les Romains le contraignent à s'enfuir près d'Antiochus de Syrie (195). Après la défaite de ce roi (190), il se réfugie auprès de Prusias de Bithynie, mais traqué par les Romains, il s'empoisonne (183 av. J.-C.).

HASDRUBAL Fils d'Hamilcal Barca, frère d'Hannibal, né vers 245 av. J.-C., succède à son frère en Espagne quand celui-ci attaque l'Italie. Mène la lutte contre P. et Cn. Scipion, père et oncle de l'Africain. Va aussi combattre Syphax en Afrique. Réussit à battre les deux Scipion qui périssent tous deux. Mais il ne peut résister au jeune Scipion (l'Africain), est battu en 208 à Bécula. Cependant réussit à franchir les lignes romaines et à gagner l'Italie, mais il périt à la bataille du Métaure (207).

HÉCATE (Diane-Artémis pour les Grecs). Fille de Jupiter et de Latone, sœur d'Apollon (voir ces noms). Sanctuaires à Délos et à Éphèse. Déesse du ciel sous les noms de Phébé et de la Lune, des Enfers sous le nom d'Hécate; déesse des enchantements. Son triple caractère l'a fait appeler Trivia (statues à triple face placées aux carrefours). À Rome elle est parfois (comme Junon) déesse de l'enfantement sous le nom de Lucine (qui donne le jour). Est aussi déesse de la chasteté.

HÉLÈNE Célèbre pour sa beauté, fille de Léda et en principe de Tyndare, roi de Sparte, en réalité de Jupiter (voir Dioscures). Mariée à Ménélas, enlevée par Pâris, fils de Priam, roi de Troie. Fut la cause de la guerre de Troie. Après la prise de la ville, retourna à Sparte : après la mort de Ménélas eut des aventures différentes selon les auteurs.

HÉMUS (Haemus) ancien nom des Balkans. On appelait Haemi Extrema l'extrémité de la chaîne qui touchait au Pont-Euxin.

HENNA (Enna) Ancienne ville de Sicile, au centre de l'île. On plaçait dans ses environs l'enlèvement de Proserpine par Pluton. Eunus, chef des esclaves, y commença la première guerre servile en 133 av. J.-C.

HÉPHESTION Ami et compagnon d'Alexandre, né vers 357 av. J.-C., mort à Ecbatane en 324. Alexandre lui fit élever un magnifique tombeau à Babylone.

HÉRACLÉE Plusieurs villes portent ce nom : 1. Ancienne ville de Bithynie sur la côte sud du Pont-Euxin (Erekli). 2. Ancienne ville de Lucanie, colonie de Tarente, première victoire de Pyrrhus sur les Romains en 280 av. J.-C. (Policoro). 3. Ancienne ville de Sicile, près d'Agrigente, fondée par les Crétois et surnommée Minoa.

HIÉRON 1. Hiéron Ier : tyran de Syracuse de 478 à 466 av. J.-C., fut le maître de presque toute la Sicile. Remporta la victoire navale de Cumes où il porta un coup décisif à la suprématie des Étrusques.
2. Hiéron II : roi de Syracuse, né vers 306 av. J.-C., mort en 216. Élu roi en 270. N'en voulut pas porter les insignes. D'abord allié des Carthaginois, devint celui des Romains et leur demeura fidèle jusqu'à sa mort. Douceur, sagesse, économie, telles étaient les qualités de Hiéron. Encouragea les travaux d'Archimède.

HOMÈRE Poète grec, aurait vécu d'après Hérodote vers le milieu du IXe siècle av. J.-C., serait né en Asie Mineure (Smyrne ?), a écrit *L'Iliade, L'Odyssée.*

HORACE Cf. Voir B.A.

HORTENSIUS Voir B.A.

I

ILLYRIE Ce nom désigne des régions très différentes selon les époques. Les Grecs désignent ainsi la région nord-ouest de l'Hellade, puis, après Philippe, on en distingue deux : Illyrie grecque (Épire) et Illyrie barbare (Dalmatie au N.-O.). La première est conquise par les Romains dès 219 av. J.-C. Sous les empereurs on y ajoute la Macédoine et la Thessalie, la partie ouest sera rattachée à l'Empire d'Occident, la partie est à celui d'Orient.

IPHIGÉNIE Fille d'Agamemnon et de Clytemnestre, sacrifiée à Aulis en l'honneur de Diane pour assurer le départ de la flotte grecque. La déesse, au dernier moment, lui substitua une biche et la transporta en Tauride (Crimée) où longtemps prêtresse elle fut délivrée par son frère Oreste et par Pylade.

ISTER Nom du Danube chez les Grecs.

IULE Cf. Ascagne.

J

JASON Fils d'Aeson et descendant d'Éole, né à Iolcos. Fut élevé par le centaure Chiron. Envoyé à la conquête de la Toison d'or par son oncle Pélias qui espérait le faire disparaître (car la toison était gardée par un dragon en Colchide), il conquit la toison, enleva Médée (voir Aeétès) et revint à Iolcos où Médée fit périr Pélias. Chassés, ils vécurent dix ans à Corinthe. Jason s'étant lassé de Médée, celle-ci se vengea en tuant ses deux enfants et disparut dans un char magique. Jason revint ensuite à Iolcos et y régna.

JÉRUSALEM (Vision de la Paix) — appelée par les Latins et les Grecs : Hierosolyma. En Palestine, près de la source du Cédron, sur plusieurs collines : au S. « Sion », où étaient la citadelle et le palais de David, au N.-O. « Acra », prolongée par le Calvaire, au N.-E. le mont Moriah où était le temple de Salomon. A l'E. le Cédron formait la vallée de Josaphat qui la séparait de la Montagne des Oliviers.

JUBA Ier (83-46 av. J.-C.). Roi de Numidie, fils de Hiempsal II, parvenu au trône vers 50 av. J.-C., embrasse le parti de Pompée. Mène campagne contre Curion en 49 et le défait à la bataille du Bagrada. Vaincu à Thapsus (46) avec Metellus Scipion par César, s'enfuit et se donne la mort en compagnie de Pétreius (46 av. J.-C.).

JUGURTHA Roi de Numidie, petit-fils de Masinissa, né vers 154 av. J.-C. Élevé et adopté par son oncle Micipsa, roi de Numidie. Alla combattre au siège de Numance. À la mort de Micipsa reçut une partie du royaume de Numidie, le reste allant à Hiempsal et à Adherbal, ses cousins (118). Il fait égorger Hiempsal immédiatement : sa lutte contre Adherbal va provoquer ce qu'on appelle la guerre de Jugurtha, surtout quand il aura tué Adherbal (112). Cf. H.R. et Nt. Salluste.

JULIEN Empereur romain de 361 à 363 apr. J.-C., né à Constantinople en 331, éduqué par Eusèbe, évêque de Nicodémie. À vingt ans quitte la religion chrétienne : on l'appellera l'Apostat. Demeura plusieurs années en Gaule pour la défendre contre les Barbares, ceci sur l'ordre de l'empereur Constance II, son cousin. Fut proclamé empereur par ses soldats en 360 : il marchait contre Constance quand il apprit la mort de ce dernier. Pour la suite, cf. H.R.

L

LABIENUS (T. Labienus). Né vers 100 av. J.-C. Tribun de la plèbe en 63, sert la politique de César. Le servit ensuite pendant la guerre des Gaules, mais en 49 passa à Pompée. En 48, organisa la résistance en Afrique, après Thapsus passa en Espagne et fut tué à Munda (mars 45).

LANUVIUM Ancienne ville du Latium à 20 km S. de Rome sur la voie Appienne. Patrie d'Auguste (aujourd'hui : Citta di Lavigna).

LARISA (ou Larissa). En Thessalie sur le Pénée. Résidence de Philippe, père d'Alexandre, occupée par Antiochus en 192, refuge de Pompée après Pharsale.

LATONE (Léto). Fille du Titan Coeos et de la Titanide Phoebé, mère d'Apollon et d'Artémis (Diane); cf. Apollon.

LÉPIDE Il y en a deux : le père et le fils. 1. M. Aemilius Lepidus. Débuta tard dans la politique, se rallia à Sylla, s'enrichit dans les proscriptions; préteur de Sicile, pilla sa province (81 av. J.-C.). Quand Sylla abdiqua, passa du côté du parti démocratique et voulut détruire les actes de l'ancien dictateur; cf. alors H.R. + notice dans Salluste. 2. M. Aemilius Lepidus, fils du précédent, préteur en 49 av. J.-C., se rallie à César. Maître de cavalerie en 46 et consul en 46. Après les Ides de Mars, apporte son aide à Antoine. Pour la suite, cf. H.R.

LÉTHÉ L'Oubli, fille d'Éris, la Discorde, avait donné son nom à une source située aux Enfers, où les morts buvaient l'oubli de leur vie terrestre. Était devenue une allégorie : l'Oubli, sœur de la Mort et du Sommeil.

LIBER (Bacchus). Divinité italique identifiée à Bacchus (Lyaeos : le Libérateur est en effet un des surnoms de celui-ci).

LIBYE Nom de l'Afrique chez les Grecs. Chez les Romains, région située entre l'Égypte et le territoire de Carthage (Cyrénaïque, Pentapole, Marmarique et région des Syrtes).

LIVIE (Livia Drusilla). Née le 30 janvier 58 av. J.-C. Son père, de la gens Claudia, avait été adopté par les Livii Drusi. Elle avait épousé Ti. Claudius Nero, et eut un fils Tibère. Après la guerre de Pérouse avait quitté l'Italie avec son mari et n'y rentra qu'après la paix de Brindes. Octave, en 39, en devint amoureux et la fit divorcer. Il l'épousa bien qu'elle attendît alors un enfant (le futur Drusus). Elle eut sur Octave-Auguste une grande influence. À la mort d'Auguste (14 apr. J.-C.), elle passa par adoption à la gens Julia et reçut le titre d'Augusta. Mourut en 29 apr. J.-C.

LUCANIE Contrée de l'Italie ancienne dans la Grande-Grèce. Bornée au N. par la Campanie, le Samnium et l'Apulie, à l'E. par l'Apulie et le golfe de Tarente, au S. par le Bruttium, à l'O. par la mer Tyrrhénienne. Soumise définitivement par Papirius en 272 av. J.-C. Villes : Paestum, Métaponte, Héraclée, Grumentum.

LUCILIUS JUNIOR D'origine plébéienne, devint chevalier, chargé du gouvernement au nom de l'empereur en diverses provinces. Il gouvernait en Sicile quand il devint le correspondant de Sénèque (63-64 apr. J.-C.). Instruit, écrivain lui-même.

LYCIE Ancien pays d'Asie Mineure sur la Méditerranée et la mer Égée. Traversée par le Taurus et le Xanthus, bornée par Carie, Pisidie et Pamphilie. Habitée par les Crétois que chassa Lycus, fils de Pandion, roi d'Athènes. Après Alexandre appartint aux Séleucides. Antiochus le Grand, vaincu par Rome en 190, la céda à Rhodes à qui le Sénat la reprit. Devint protectorat de Rome et province sous Claude.

LYCUS Fleuve d'Assyrie, se jetait dans le Tigre au sud d'Arbèles (il y avait plusieurs fleuves de ce nom).

LYSANDRE Général spartiate mort en 395 av. J.-C., mit fin à la guerre du Péloponnèse. Fut longtemps navarque et s'entendit avec Cyrus le Jeune pour organiser une grande flotte. Il anéantit la flotte athénienne à Aegos-Potamos (405), mit le siège devant Athènes qu'il accula à la famine, mais ne la détruisit pas : la força à démolir ses Longs-Murs et lui imposa le gouvernement des Trente Tyrans. Il installa dans toute la mer Égée des gouverneurs spartiates, les Harmostes. Mais il se rendit odieux et fut écarté du pouvoir. Il avait été de son vivant honoré comme un dieu.

M

MARC ANTOINE Cf. Antoine.

MARCELLUS Marcus Claudius Marcellus, né en 270 av. J.-C., consul en 222, s'illustra en battant Viridomare (ou Virdumar), roi des Gésates, à Clastidium. Préteur après Cannes (216), il arrête Hannibal à Nole. Pour la suite, cf. H.R. et Nt. (Tite-Live, Silius Italicus). Victoire sur Hannibal à Canusium (210). Consul en 208 av. J.-C. Meurt dans une embuscade tendue par Hannibal.

MARIUS (C. Marius). Né en 158 à Arpinum (famille de paysans), dépourvu de culture, carrière de soldat. Va avec Scipion Émilien en Espagne. Tribun de la plèbe en 119, préteur en 116, propréteur d'Espagne en 115. Comme il était protégé par les Caecilii Metelli, il accompagne Q. Caecilius Metellus en Afrique contre Jugurtha. Se distingue à la bataille du Muthul. Consul en 107, prend le commandement de l'armée d'Afrique. Vainqueur de Jugurtha en 105. Arrête l'invasion des Teutons à Aix (102) et des Cimbres à Verceil (101). Est consul sans discontinuer de 104 à 100. Comme on voulait lui confier des pouvoirs exceptionnels pour un partage des terres, il y eut des troubles. Il se rendit en Galatie, en Cappadoce. S'opposa à Sylla et dut s'exiler en Afrique (88). Puis, Sylla parti pour l'Asie, Marius revint à Rome (87). Il mourut cette même année.

MARS (ou Mavors). Dieu de la Guerre, fils de Jupiter et de Junon. À Rome, considéré comme le père de Romulus. On lui consacra le collège des prêtres saliens et on lui dédia le Champ de Mars et divers temples. Le loup lui était consacré.

MARTIAL Cf. B.A.

MASINISSA Né vers 238 av. J.-C., mort en 148 av. J.-C. Fit campagne en Espagne du côté des Carthaginois (211). Revenu en Afrique s'empara du pouvoir chez les Numides, mais les Carthaginois lui suscitèrent un rival heureux en la personne de Syphax. Passa du côté des Romains. Pour son rôle dans la guerre punique, cf. H.R. Après Zama (202), obtint le titre de roi de Numidie. Ne cessa de méditer la perte des Carthaginois qu'il contraignit à la guerre. Ce fut la troisième guerre punique. Cf. H.R.

MAURÉTANIE Ancien royaume, puis province romaine d'Afrique, au nord-ouest, dont les limites ont varié. À l'origine, à peu près le Maroc actuel.

MÉCÈNE Voir B.A.

MÉDÉE Voir Aeétès et Jason.

MÉGARE Capitale de la Mégaride (Grèce ancienne) au N.-E. de l'isthme de Corinthe. Se distingua au cours des guerres médiques. Fut le lieu de naissance des philosophes Euclide et Stilpon (IIIe s. av. J.-C.) qui y fondèrent l'école éristique (disputeuse).

MEMMIUS Caius Memmius Gemellus, gouverneur de Bithynie en 57 av. J.-C. Accusé de brigue, s'exila à Mytilène en 54, mourut en 49. Orateur et poète, ami de Lucrèce qui lui dédia son poème.

MÉNÉLAS Descendant de Pélops, fils d'Atrée, frère d'Agamemnon, mari d'Hélène. Tyndare, roi de Sparte, père d'Hélène, légua son royaume à Ménélas. Celui-ci eut d'Hélène une fille : Hermione. Après l'enlèvement d'Hélène par Pâris, réclama l'aide des prétendants et participa à l'expédition contre Troie avec 60 vaisseaux. Quand il retrouva sa femme, il lui pardonna. (Au début de *L'Iliade* on décrit un combat entre Ménélas et Pâris.) Sur le chemin du retour, dut s'arrêter en Crète et en Égypte.

MESSALINE Valeria Messalina. Fille de M. Valerius Messalla Barbatus et de Domitia Lepida. Descendante d'Octavie, sœur d'Auguste, par sa mère. Épousa l'empereur Claude en 40 apr. J.-C. Elle eut une vie scandaleuse. En 48, amoureuse du jeune patricien Silius, elle divorça de son propre chef d'avec Claude et épousa publiquement Silius. Claude, averti, la fit exécuter.

MÉTAURE (Metaurus) aujourd'hui : Metauro ou Marro, petit fleuve d'Italie, naît sur le versant E. de l'Apennin central et se jette dans l'Adriatique.

MÉTELLUS (Quintus Caecilius Metellus Numidicus). Général romain, vainqueur de Jugurtha. Membre de la famille patricienne des Caecilii, préteur en 112 av. J.-C., propréteur en Sicile, consul en 109, chargé de rétablir la situation en Afrique du Nord contre Jugurtha, mena cette guerre avec fermeté pendant trois ans. Supplanté en 107 par Marius. Obtiendra le triomphe et le cognomen de Numidicus. Censeur en 102, s'exila à Rhodes pendant les troubles causés par Marius. Rappelé à Rome en 99. Mourut vers 91.

MIDAS Roi de Phrygie, mêlé à la légende de Bacchus (qui exauça son vœu de transformer en or tout ce qu'il toucherait jusqu'à ce qu'affamé et mourant de soif il obtînt de pouvoir se laver dans le Pactole, qui dès lors charria des paillettes d'or) et à celle d'Apollon (à qui il préféra Pan dans un concours de musique et qui le punit en le dotant d'oreilles d'âne).

MILON (T. Annius Milo). Tribun de la plèbe en 57 av. J.-C. Partisan du Sénat, défenseur de Cicéron contre Clodius, époux de Fausta, fille de Sylla. En 53, échoue au consulat. Le 20 janvier 52 fait tuer Clodius. Jugé par un tribunal exceptionnel et défendu par Cicéron; doit s'exiler à Marseille. Meurt en 48, en tentant de soulever le Sud contre César.

MITHRIDATE EUPATOR Roi du Pont en 120-63 av. J.-C. Obligea son corps à supporter tous les poisons, apprit toutes les langues parlées par les peuples sur lesquels il devait régner (25). Privé de la Phrygie par les Romains, il s'empara de la Colchide, du Caucase, du littoral N. du Pont-Euxin, voulut s'emparer de la Cappadoce et de la Bithynie : c'est alors que Rome entra en guerre contre lui (90 av. J.-C.). Pour la suite, cf. H.R.

N

NARBONNAISE Partie de la Gaule conquise avant César par les Romains, limitée par le Tarn au N., à l'E. par une ligne Genève-Var, au S. par la Méditerranée et les Pyrénées.

NÉRON L. Domitius Ahenobarbus, puis Nero Claudius Caesar Drusus Germanicus. Fils d'Agrippine la Jeune et de

Cn. Domitius Ahenobarbus, né en 37 apr. J.-C., adopté par Claude en 50, épouse Octavie, fille de Claude, en 53. Proclamé empereur en 54. Épousera plus tard Poppée. Pour la suite, cf. H.R.

NOTUS Vent du Sud chez les Anciens, appelé également Auster.

NUMANCE Ville d'Espagne en Tarraconaise, près des sources du Douro. Cf. H.R. (Scipion Émilien).

NUMA POMPILIUS Second roi de Rome (717-673 av. J.-C.), d'origine sabine, né à Cures, gendre de Tatius. Cf. H.R.

NUMIDIE (NUMIDES) Pays de l'Afrique septentrionale, dont les frontières ont varié. Au IIe siècle av. J.-C., il s'étendait de la Maurétanie (Maroc) au territoire de Carthage : cf. l'Algérie actuelle.

O

OLYMPE Deux monts de ce nom : le plus célèbre, résidence des dieux, situé entre Macédoine et Thessalie. L'autre est le mont où est mort le fils de Crésus, en Asie Mineure, entre Phrygie et Mysie.

ORCUS Divinité populaire, démon de la mort, mal distingué des Enfers eux-mêmes. N'a bientôt plus été qu'un autre nom de Pluton (Dis Pater) dans la langue familière.

ORESTE Fils d'Agamemnon et de Clytemnestre, vengeur de son père (tué par sa femme Clytemnestre et Égisthe, amant de celle-ci). Ami légendaire de Pylade, fils de Strophios.

OSTIE Ville d'Italie, à l'embouchure du Tibre à 19 km S.-O. de Rome, port de Rome dans l'Antiquité.

OTHON M. Salvius Otho, né en 32 apr. J.-C., ami de Néron, premier époux de Poppée. Quand celle-ci divorce d'avec lui par amour pour Néron, est envoyé pour gouverner la Lusitanie où il demeure jusqu'en 68. Suit d'abord Galba. Pour la suite, cf. H.R.

OVIDE Voir B.A.

P

PALÈS Génie protecteur des troupeaux, honoré à Rome : fête des Parilia, le 21 avril, qui passait pour le jour où Romulus avait fondé Rome (féminin ou masculin).

PARTHES Nom d'une tribu scythe établie au sud de l'Hyrcanie. Soumis par les Perses, ils se soulevèrent contre le roi de Syrie Antiochus II vers 250 av. J.-C. Agrandirent leur domaine jusqu'à l'Euphrate vers 160, et même jusqu'à l'Indus. Se trouvèrent face à face avec les Romains après la défaite de Mithridate. Parurent d'abord l'emporter (défaite de Crassus en 53, défaite d'Antoine en 36), mais la politique romaine les affaiblit en suscitant des prétendants au trône. Furent sans cesse en guerre avec Rome pour la possession de l'Arménie (Trajan : 116, Cassius sous Marc Aurèle : 165, Septime Sévère en 197 en furent vainqueurs).

PAUL ÉMILE L. Aemilius Paullus. Né vers 228 av. J.-C. Vers 190 commande en Espagne; puis en 182-181, contre les Ligures; commande la guerre contre Persée, roi de Macédoine (cf. H.R.). Mort en 160. Deux de ses fils furent adoptés l'un par Scipion l'Africain : ce fut P. Cornelius Scipio Aemilianus, l'autre par Q. Fabius Maximus : ce fut Q. Fabius Maximus Aemilianus.

PÉLUSE Pelusinum, ville de l'ancienne Égypte, au N.-E., sur la Méditerranée, et à l'extrémité est des sept bouches du Nil. Porte le nom de « Sin » dans l'Écriture.

PÉNÉE Nom de deux petits fleuves de Grèce ancienne : 1. en Thessalie : aujourd'hui Salembria, arrosait Larisse et la vallée de Tempé, se jetait dans le golfe Thermaïque entre le bas Olympe et l'Ossa. 2. En Élide : né au mont Érymanthe sur les confins de l'Arcadie et de l'Achaïe. Aujourd'hui : Gastouni.

PERDICCAS Un des généraux d'Alexandre le Grand qui lui remit à son lit de mort l'anneau royal. Régent, il excita la jalousie de ses collègues. Antipater, Cratère, Antigone et Ptolémée formèrent une ligue et le battirent. Ses officiers tuèrent alors Perdiccas dans sa tente (321 av. J.C.).

PERSÉE Roi de Macédoine (178-168 av. J.-C.), fils de Philippe V. Prépara pendant six ans la guerre contre les Romains. Résista d'abord, puis fut battu par Paul Émile à Pydna (168). Il se livra et servit au triomphe du vainqueur. On le laissa ensuite mourir de faim. Cf. H.R.

PHAROS Île près d'Alexandrie où l'on construisit le premier phare. Souvent synonyme d'Alexandrie ou d'Égypte.

PHARSALE Ville de l'ancienne Thessalie, près de l'Euripe. Défaite de Pompée par César en août 48 av. J.-C.; aujourd'hui : Fersala.

PHILIPPE II Roi de Macédoine, père d'Alexandre le Grand. Otage de Pélopidas (368 av. J.-C.), il demeura trois ans à Thèbes. En 356 s'empara du trône de Macédoine. Sa seconde femme, Olympias, lui donna Alexandre comme fils. Il rétablit l'unité de la Macédoine. Par négociation et par guerre, il étendit peu à peu sa domination sur l'Épire et la Thessalie, la Chalcidique (348) et enfin sur la Grèce : victoire de Chéronée sur Athéniens et Thébains (338). Il établit en 337 une ligue des États grecs soumise à sa volonté (Corinthe : 337). Mourut assassiné par l'hétaire Pausanias.

PHILIPPE V Roi de Macédoine de 220 à 178 av. J.-C. (né vers 235). S'allia contre les Romains avec Hannibal (215 av. J.-C.). Pour ses démêlés avec les Romains, cf. H.R. et Nt.

PHOEBUS Cf. Apollon.

PISON Lucius Calpurnius Licinianus, adopté par la famille des Pisons, choisi par Galba comme successeur à l'Empire. Massacré par les prétoriens soulevés par Othon en 69 après J.-C. Il ne s'agit pas de l'homme qui donna son nom au complot auquel participèrent Sénèque et Lucain.

PLAUTE Cf. B.A.

PLUTON Dieu des Enfers, fils de Saturne et de Rhéa. Partagea le monde avec Jupiter et Neptune. Enleva Proserpine, fille de Cérès, et l'épousa. Lutta contre les Titans. On lui sacrifia d'abord des hommes, puis des taureaux et des brebis à robe noire (en nombre pair) : les chairs étaient consumées par le feu.

POLLUX Un des Dioscures : voir ce nom.

POMPÉE Cn. Pompeius Magnus, né en 106 av. J.-C., fils de Pompeius Strabo. Fit ses premières armes avec son père en 89. En 87 lutta contre les partisans de Marius. Mit trois légions à la dispositions de Sylla (83), dont il épousa la belle-fille en premières noces. À la mort de Sylla entre dans l'histoire romaine de façon définitive, cf. H.R.

PONT-EUXIN Nom donné par euphémisme à la mer Noire : « Mer Hospitalière », afin d'en détourner les dangers par un nom de bon augure.

POPPÉE Sabina Poppaea. Impératrice romaine, petite-fille du consul Sabinus Poppaeus. Mariée à un chevalier romain : Rufus Crispinus, puis à Othon, elle inspira une vive passion à Néron. À son instigation Néron envoya Othon en Lusitanie, tua sa propre mère Agrippine, puis répudia sa femme Octavie en 62 apr. J.-C. Poppée épousa alors Néron. Elle périt d'ailleurs victime de la violence de ce dernier, qui lui donna au ventre un coup de pied mortel.

PRUSIAS Prusias I (228-179 av. J.-C.). Vainqueur de Philippe V de Macédoine en 207, allié des Romains en 190, vainqueur d'Eumène, roi de Pergame, grâce à Hannibal. Livra ce dernier aux envoyés des Romains (Flamininus), mais Hannibal se suicida.

PTOLÉMÉE XII (Dionysus). Roi d'Égypte (52-48 av. J.-C.). Partagea à l'âge de treize ans le trône avec sa sœur Cléopâtre, âgée de dix-sept ans, qu'il dépouilla en 49. Après Pharsale, en 48, il crut se concilier César en faisant mettre à mort Pompée fugitif, mais César à son arrivée en Égypte se montra favorable à Cléopâtre. Ptolémée l'attaqua et, battu près du Nil, se noya dans le fleuve.

PUTEOLI Aujourd'hui : Pouzzoles, ville de l'ancienne Campanie, colonisée par les Romains pendant la seconde guerre punique. Eaux minérales réputées, grand commerce.

PYRRHUS Né vers 318 av. J.-C., mort en 272. Élevé par le roi d'Illyrie, s'attacha à la fortune d'Antigone et de Démétrius Poliorcète. Otage en Égypte. Rentré en Épire, fit empoisonner un rival. Intervint en Grande-Grèce contre les Romains (cf. H.R.), ensuite passa en Sicile, mais dut se réembarquer. Mourut à Argos, assommé par une tuile qu'une vieille femme lui jeta sur la tête.

R

RÉGULUS M. Attilius Regulus, consul en 267 et 265 av. J.-C. Lors de la première guerre punique battit les Carthaginois au cap Ecnome. Débarqua en Afrique où il fut battu et fait prisonnier (255). Envoyé par les Carthaginois à Rome pour négocier la paix, Régulus déconseilla au Sénat d'accepter. Tenant sa parole, il revint à Carthage où, d'après les Romains, il périt dans d'horribles supplices.

RHADAMANTE Fils de Jupiter et d'Europe, princesse de Phénicie, frère de Minos et de Sarpédon, juge aux Enfers.

ROMULUS Cf. H.R.

RUDIES Ville ancienne d'Apulie, près de Brindes.

RUFIN Ministre de Théodose et d'Arcadius, né à Élusa (Aquitaine), 335-395. Seconda l'empereur Théodose dans ses efforts pour assurer le triomphe du christianisme. Se signala par ses vengeances, ses cruautés, son amour de l'or. Tuteur d'Arcadius, il excita Alaric, roi des Wisigoths, à marcher sur l'Occident. Rufin fut assassiné à l'instigation de Stilicon, tuteur de l'empereur d'Occident, Honorius. Cf. Nt. Claudien et H.R.

S

SABINE Ancienne région de l'Italie centrale, bordée par le Picenum au N., à l'E. par le Samnium, au S. par le Latium, à l'O. par l'Étrurie. Villes: Amiterne, Cures, Reate, Fidènes.

SACRA (VIA) La plus ancienne et la plus importante voie de Rome. Va du Forum au Palatin. C'est par elle que passaient les triomphateurs montant au Capitole. Bordée de magasins, elle était fréquentée par les oisifsK

SAINT JÉRÔME Voir B.A.

SARMATES Selon une vieille tradition, fils des Scythes et des Amazones, habitant une région vague au N. du Pont-Euxin, à l'E. de la Vistule et l'O. de la Caspienne. Occupant le S.-E. de la Russie actuelle, aidèrent les Scythes contre Darius et substituèrent leur empire à celui des Scythes. Les Goths détruisirent leur puissance à la fin du IIIe siècle. Ceux du N. se confondirent avec les Slaves.

SCIPION En fait: Quintus Caecilius Metellus Scipio, petit-fils de Scipion Nasica, adopté par Metellus Pius Consul en 52 av. J.-C.; maria sa fille Cornélie à Pompée dont il soutint la cause contre César. Battu à Thapsus, il se tua (46 av. J.-C.).

SCIPION L'AFRICAIN Publius Cornelius Scipio Africanus (235-183 av. J.-C.), édile curule en 213. Après la mort de son père et de son oncle (211), chargé de la guerre en Espagne. Remporte plusieurs victoires (une sur Hasdrubal en particulier) et se rend maître de l'Espagne. Pour ses campagnes contre Hannibal, la bataille de Zama et la guerre contre Antiochus, cf. H.R. et Nt. Tite-Live. À la fin de sa vie, fut attaqué en justice et se retira à Literne où il mourut.

SCIPION ÉMILIEN P. Cornelius Scipio Aemilianus Africanus. Fils de Paul Émile, adopté par le fils de Scipion l'Africain (184-129 av. J.-C.). Formé par des maîtres grecs et en particulier par Polybe. Pour son activité historique, cf. H.R. et Nt. On trouve autour de Scipion Émilien les écrivains qui forment le cercle des Scipions (Térence, Lucilius). Voir ces auteurs.

SCYTHES Nom ancien donné aux populations disséminées en Russie, Turkestan et Sibérie occidentale.

SÉJAN L. Aelius Seianus, préfet du prétoire de Tibère. Famille de chevaliers. Né en 20 av. J.-C., accompagne C. Caesar en Orient (1-4 apr. J.-C.). Adjoint au père de Tibère qui est alors préfet du prétoire, il lui succède dans ces fonctions de préfet. De 21 à 31 apr. J.-C., très grande influence sur Tibère. Exécuté sur ordre de l'empereur qui le dénonça aux sénateurs en octobre 31.

SÉQUANES Peuple important de Gaule celtique, habitant entre Saône, Jura, Rhin et Vosges (départ. du Jura, Doubs, Haute-Saône, Haut-Rhin). Ville principale: Vesontio (Besançon).

SERTORIUS Né vers 123, compagnon d'armes de Marius contre les Cimbres, lutta contre Sylla avec Marius. Se réfugia en Maurétanie en 81, revint en Espagne en 79. Cf. H.R. (guerre contre Sertorius). Assassiné (72).

SERVIUS TULLIUS Cf. Tullius.

SIBYLLE Essentiellement: nom d'une prêtresse chargée de faire connaître les oracles d'Apollon. Celle de Cumes en Campanie est très connue: elle joue un rôle important dans les légendes romaines. Rendait ses oracles dans une grotte. Virgile la donna comme guide à Énée pour aller aux Enfers. D'après la légende aurait apporté à Rome des recueils d'oracles à l'époque de Tarquin le Superbe (livres sibyllins).

SIGÉE Cap de l'ancienne Asie Mineure, au N.-O. de la Troade, en face de l'entrée de l'Hellespont. Station de la flotte grecque pendant la guerre de Troie. Tombeau d'Achille.

SILANUS Decimus Junius Silanus : consul désigné à l'époque de la conjuration de Catilina. Vota la mort, puis changea d'avis (cf. Nt. Salluste).

SOCRATE Philosophe né à Athènes vers 470 av. J.-C. Fit de l'âme humaine son étude essentielle. Prétendit que la maxime « Connais-toi toi-même » était l'essentiel de la philosophie. Avait pour méthode la « maïeutique » ou accouchement des esprits. N'agit que par la parole : nous le connaissons par ses disciples : Platon, Xénophon, Aristote. Fut brave soldat, homme politique courageux, mais la conduite de certains de ses élèves (Alcibiade) le compromit aux yeux des démocrates, la hardiesse de sa pensée le fit craindre. En 399 Mélétos, Anytos et Lycon l'accusèrent de corrompre la jeunesse et d'introduire de nouveaux dieux (le « Démon » de Socrate le guidait en tout). Condamné à mort, il refusa de s'évader (malgré son ami Criton) et but la ciguë pour ne pas désobéir aux lois. Mourut de façon admirable en discourant au milieu de ses disciples sur l'immortalité de l'âme.

SOPHOCLE Poète tragique grec né à Colone en 496 av. J.-C., mort en 405. Fils d'un riche armurier, se distingua très tôt par ses qualités de poète. Joua un rôle important dans la vie politique : fut stratège et participa en 441 avec Périclès à l'expédition de Samos. Fut encore stratège aux côtés de Nicias. À quatre-vingts ans, après le désastre de la Sicile, fut membre d'une commission de Salut public qui redressa la situation, mais prépara sans le vouloir le pouvoir des « 400 ». Ami de Périclès et d'Hérodote, il fut un très grand poète tragique. Il a composé plus de 100 tragédies. Il ne nous en reste que 7 : *Les Trachiniennes, Antigone, Ajax, Œdipe roi, Électre, Philoctète, Œdipe à Colone.*

SPARTACUS Né en Thrace vers 113 av. J.-C., mort en 71. Soldat auxiliaire dans les armées romaines, déserteur, fait prisonnier, destiné au métier de gladiateur, il s'échappa de Capoue avec quelques compagnons (73), fut rejoint par quantité d'esclaves et commença la guerre des gladiateurs, qui mit Rome en danger. Au Vésuve, il battit le préteur Claudius et eut 10 000 hommes sous ses ordres. Il voulait gagner la Thrace, mais fut ramené par ses compagnons en Lucanie. Remporta encore des victoires. Les Romains effrayés confièrent six légions à Crassus qui réussit à le bloquer en Lucanie et à le battre sur les bords du Silarus. Il y fut tué (71).

STILICHO (Stilicon) fin du IVe siècle apr. J.-C. Vandale romanisé, gouverna l'Empire d'Occident au nom du jeune Honorius de 395 à 408. Lutta contre les Grandes Invasions. Cf. H.R. Détesté par la cour de Ravenne, fut assassiné.

SYLLA L. Cornelius Sylla, patricien né en 138 av. J.-C., fit ses débuts dans la guerre contre Jugurtha, comme questeur, sous les ordres de Marius. C'est lui qui captura Jugurtha en 105. Lieutenant de Marius dans la guerre contre les Cimbres (102), préteur en 93, gouverneur de Cilicie en 92, participa à la guerre sociale en 90-89. Désigné pour la guerre contre Mithridate par le Sénat, il le bat (de 87 à 84). Après la mort de Marius, Cinna, nommé consul en 86, exerça un pouvoir dictatorial. Revenant en Italie en 83, Sylla se débarrassa de Cinna. Dictateur à pouvoirs constituants, il abdique en 79 et meurt en 78 dans un accès de colère. Cf. H.R.

SYRTES Ancien nom de deux golfes de Méditerranée sur la côte N. de l'Afrique : la Grande Syrte à l'E., aujourd'hui golfe de la Sidre (côte de Tripoli); la Petite Syrte à l'O. (golfe de Gabès près de Tunis). Toute cette partie du littoral était appelée région des Syrtes.

T

TACITE Voir B.A.

TANAIS Ancien nom du Don. Ville sur son embouchure (près d'Azov).

TANAQUIL Femme de Tarquin l'Ancien, née à Tarquinies (Étrurie), amena son mari à aller à Rome où il devint roi. Facilita l'arrivée au trône de son gendre Servius Tullius (cf. H.R.).

TARQUIN Pour les deux Tarquins, cf. H.R.

TARRACONAISE En Espagne citérieure : la plus au N. des trois provinces d'Espagne, touchait à la Gaule. Elle comprenait l'Aragon, la Catalogne, une partie de la Nouvelle-Castille, le Léon, la Galice, les Asturies.

TÉLÈPHE Fils d'Héraclès et d'Augé, fille du roi de Tégée (celui qui ressemblait le plus à Héraclès parmi ses fils). Fut très tôt séparé de sa mère et élevé par une biche, puis par des bergers, et remis par eux au roi Corythos. Se rendit en Mysie pour retrouver sa mère sur la foi d'un oracle, et s'y battit contre les Grecs qui allaient attaquer Troie. Fut blessé par Achille.

TEUTONS Peuple germanique des bords de la Baltique. À la fin du IIe siècle av. J.-C., émigra avec les Cimbres pour fuir un raz de marée. Traversa la Germanie jusqu'au Norique où il rencontra les Romains en Helvétie. S'adjoignit d'autres peuplades, envahit la Gaule. Ainsi victorieux de quatre armées romaines, passa en Espagne. Fut exterminé par Marius à Aix en 102. Le nom de Teutons a ensuite désigné tous les Germains.

THAPSUS Ancienne ville d'Afrique, aujourd'hui Demsas.

THÉMISTOCLE Célèbre Athénien, fils de Néoclès, né à Preas (Attique) vers 525, mort en 459 av. J.-C. Archonte en 493. Chef du parti démocratique, préconise une politique d'expansion maritime et coloniale, fait commencer les travaux du port du Pirée et construire des trières. Assure le succès de sa politique en faisant ostraciser son rival Aristide (482). Lors de l'invasion perse fait abandonner la ville d'Athènes par ses habitants et les fait monter sur des vaisseaux. Provoque la bataille de Salamine (480). Fait construire après la victoire les murs d'Athènes. En 471, accusé de favoriser les Spartiates, est ostracisé. Erre de ville en ville et meurt à Magnésie.

THÉSÉE Roi d'Athènes. Héros attique, par opposition à Héraclès, héros dorien. Passait pour avoir vécu avant la guerre de Troie. Naissance controversée : fils d'Égée ou de Poseidon (Neptune). Passa son enfance à Trézène chez Pitthée, son grand-père maternel, car Égée se méfiait de ses neveux, les Pallantides. À seize ans, revint à Athènes, accomplissant sur sa route maint exploit contre des brigands. Attaqué par les Pallantides, il les massacra et régna sur Athènes. Tua le Minotaure, enleva Ariane (voir ce nom), épousa sa sœur Phèdre. Lutta contre les Amazones (eut un fils : Hippolyte, de leur reine : Antiope), enleva Hélène, descendit aux Enfers avec Pirithoüs pour conquérir Perséphone pour le compte de Pirithoüs et fut délivré par Héraclès. Revenu à Athènes, il fut tué par traîtrise par le roi Lycomède qui le précipita d'un rocher.

THESSALIE Contrée de la Grèce, bornée au N. par des montagnes qui la séparent de la Macédoine, à l'E. par la mer Égée, au sud par le golfe Maliaque et le mont Oeta qui la séparent de l'Eubée, à l'O. par la chaîne du Pinde qui la sépare de l'Étolie et de l'Épire.

THURIUM En Lucanie, près de l'ancienne Sybaris (aujourd'hui : Torre-Brodagnato).

TIBÈRE Tiberius Claudius Nero (né vers 42 av. J.-C.), fils de T. Claudius Nero et de Livie, la future épouse d'Octave-Auguste, tribun militaire en 26. Pour la suite, cf. H.R. (guerres d'Auguste et règne de Tibère).

TIBUR Dans le vieux Latium, sur l'Anio, à 30 km N.-E. de Rome. On y trouvait beaucoup de maisons de plaisance.

TISIPHONE Mot à mot : qui punit le crime; une des Furies assise à la porte du Tartare (femme ailée, serpents entrelacés dans la chevelure, larmes de sang dans les yeux); ses sœurs sont Alecto et Mégère.

TITUS T. Flavius Vespasianus. Fils aîné de Vespasien, né en 39 av. J.-C., tribun militaire en Germanie et en Bretagne, lieutenant de son père pendant la guerre de Judée (66). Pour la suite, cf. H.R. Son intrigue avec la reine Bérénice est célèbre.

TOMES (Tomi). Ville de la Mésie au sud du Danube et sur le Pont-Euxin. Ovide y fut exilé.

TRAJAN M. Ulpius Trajanus, né à Italica (Espagne) en 53 apr. J.-C., d'abord tribun militaire, consul en 91, gouverneur de la Germanie supérieure à la mort de Domitien. Adopté par Nerva. Appelé à l'empire en 98. Cf. H.R.

TRÉBATIUS Jurisconsulte du Ier siècle av. J.-C. Accompagna César en Gaule comme tribun. Resta au parti de César pendant la guerre civile et garda son crédit auprès d'Auguste.

TROIE (Ilion, Pergame). Ancienne ville de l'Asie Mineure, capitale de la Troade, près de la côte de l'Hellespont, au pied du mont Ida, célèbre par la guerre de Troie (cf. Homère: *Iliade* et Virgile: *Énéide*).

TULLIUS (Servius Tullius). Cf. H.R. (début) et Nt. Tite-Live.

TURNUS Roi des Rutules au moment de la venue d'Énée en Italie. Sa mère est la nymphe Vénilia. Frère de Juturne et fiancé de Lavinia, fille de Latinus. Il combat Énée, est tué par celui-ci.

TUSCULUM Ville du sud-est du Latium. Cicéron y avait une « villa », il y composa ses *Tusculanes*.

U

ULYSSE Héros grec (cf. *Iliade* et *Odyssée*). Fils de Laërte et d'Anticlée. Succéda à Laërte sur le trône d'Ithaque; épousa Pénélope, eut pour fils Télémaque. Obligé de partir pour la guerre de Troie (il avait simulé la folie pour ne pas y aller), retrouva Achille caché sous des vêtements de femme; se distingua au siège de Troie: se glissa dans la ville avec Diomède, enleva le Palladium, captura les chevaux de Rhésus, obtint les armes d'Achille, imagina le stratagème du cheval de Troie. Dans L'*Odyssée*, Homère raconte ses aventures lors de son voyage de retour à Ithaque (il dura dix ans); cf. l'épisode des Cyclopes, de Circé, de Calypso, des Sirènes. Bien accueilli par Alkinoos, roi des Phéaciens, il put rentrer à Ithaque et tuer les prétendants qui assiégeaient sa femme et son trône.

V

VARRON Voir B.A.

VÉNUS Déesse italique identifiée à Aphrodite. Fille de Jupiter et de Dioné. On la disait aussi née de l'écume des flots. Déesse de l'Amour, déesse également de la reproduction universelle (cf. Lucrèce). Jupiter la donna pour femme à Vulcain, elle trompa ce dernier avec Mars. Elle est mère des Grâces et de Cupidon. Elle aima surtout le bel Adonis. Le berger Pâris lui décerna le prix de la beauté sur le mont Ida. Le myrte, la rose, la colombe lui étaient consacrés. On lui donnait quantité de surnoms souvent d'après l'endroit où se trouvaient ses temples (Cypris, Paphia, Cytherea, etc.).

VERCINGÉTORIX Chef arverne, fils de Celtill, réussit à imposer son autorité sur toute la Gaule et la souleva contre César; cf. H.R.

VERRÈS Né vers 119 av. J.-C. Se déclara pour Sylla, s'enrichit dans les proscriptions; acheta la préture en 74. Puis reçut la plus riche province de la République: la Sicile. Son administration est célèbre: il pilla littéralement sa province. Accusé par les villes de Sicile au sortir de sa charge, il fut jugé. L'avocat adverse était Cicéron (les *Verrines*; 70). Verrès s'exila. Il ne rentra à Rome que vingt-quatre ans après. Mais Antoine le fit comprendre dans les proscriptions (43).

VESPASIEN T. Flavius Vespasianus. Né en Sabine en 9 apr. J.-C. Édile et préteur sous Caligula. Exerça des commandements militaires sous Claude sur le Rhin et en Bretagne. Puis proconsul d'Afrique. En 66, accompagna Néron en Grèce. Chargé de réprimer la rébellion juive. Les troupes d'Orient le proclamèrent empereur à la mort de Néron. Cf. H.R.

VINDEX Caius Julius. Né en Aquitaine, propréteur de Lyonnaise sous Néron. Se souleva et se déclara pour Galba en 68 apr. J.-C. Vindex fut battu par les légions du Rhin près de Vesontio. Il se tua.

VIRGILE Voir B.A.

VITELLIUS Né en 15 apr. J.-C., consul en 48 apr. J.-C., proconsul d'Afrique. Commandait les légions de Germanie inférieure à la mort de Néron. Ses troupes le proclamèrent empereur. Cf. H.R.

X

XERXÈS Roi de Perse, succéda à Darius Ier en 485 av. J.-C., renouvela la guerre contre la Grèce, en 480. Vaincu à Salamine (480), à Platées, à Mycale (479). Fut assassiné en 472.

INDEX
DES
CENTRES D'INTÉRÊT

N.B. Les numéros sont ceux des textes latins. Ceux qui sont en italique concernent plus directement le personnage ou le problème posé.

I. HISTOIRE ET LÉGENDE

1. Personnages célèbres.

2. Les scènes.

II. ROME

III. VIE MATÉRIELLE À ROME

IV. VIE INTELLECTUELLE

V. VIE POLITIQUE

VI. LA SOCIÉTÉ

VII. LES INSTITUTIONS

VIII. CONNAISSANCE DE L'HOMME

IX. LA GUERRE ET L'ARMÉE

X. CONNAISSANCE DU MONDE

INDEX DES TERMES RELATIFS AUX INSTITUTIONS

TABLE DES MATIÈRES

Aubin Imprimeur
LIGUGÉ, POITIERS

Dépôt légal : août 1996
Dépôt légal de la 1re édition : août 1993
N° d'impression L 52224
Imprimé en France

126 F